D1687146

# DER KLEINE
# JOHNSON
## WEINFÜHRER *2020*

Gesamtredaktion: Margaret Rand

**Hallwag**

Die englische Originalausgabe ist unter dem Titel »Hugh Johnson's Pocket Wine Book 2020« beim Verlag Mitchell Beazley, einem Imprint von Octopus Publishing Group Ltd., Carmelite House, 50 Victoria Embankment, London EC 4Y 0DZ, erschienen.
www.octopusbooks.co.uk

© Octopus Publishing Group Limited 1977–2019
First edition published 1977
Revised editions published 1978, 1979, 1980, 1981, 1982, 1983, 1984, 1985, 1986, 1987, 1988, 1989, 1990, 1991, 1992, 1993, 1994, 1995, 1996, 1997, 1998, 1999, 2000, 2001, 2002, 2003, 2004, 2005, 2006, 2007, 2008, 2009, 2010, 2011, 2012, 2013, 2014, 2015, 2016, 2017, 2018, 2019
All rights reserved

41., neu überarbeitete, ergänzte und aktualisierte Ausgabe, 2019, auf der Grundlage der 43. Originalausgabe, 2019

Übersetzung aus dem Englischen: Renate Haen, Britta Nord, Martin Waller, Christine Weiland
Projektleitung: Simone Kohl
Herstellung: Markus Plötz
Redaktion: Werkstatt München · Buchproduktion
Satz: Anja Dengler, Werkstatt München
Umschlaggestaltung: independent Medien-Design, Horst Moser, München
Umschlagfoto: © gettyimages / Kyoshino

Printed and bound in China

Anzeigenmarketing: KV Kommunalverlag GmbH & Co, KG, Ottobrunn
Tel.: 089/92 80 96 25
www.kommunal-verlag.de

Copyright © 1978, 2019 GRÄFE UND UNZER VERLAG GmbH, München
Grillparzerstr. 12, 81675 München

HALLWAG ist ein Unternehmen des GRÄFE UND UNZER VERLAGS,
München, GANSKE VERLAGSGRUPPE
www.hallwag.de

Alle deutschen Rechte vorbehalten

ISBN 978-3-8338-7056-9

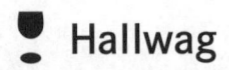

**GRÄFE UND UNZER**

Hallwag

*Ein Unternehmen der*
GANSKE VERLAGSGRUPPE

# Inhalt

| | |
|---|---:|
| Zum richtigen Gebrauch | 4 |
| Hugh Johnson: Zur Ausgabe 2020 | 5 |
| Der Jahrgang 2018 | 8 |
| 2017 unter der Lupe | 10 |
| Alternativen gefällig? | 11 |
| Rebsorten | 13 |
| Wein und Speisen | 27 |
| Technische Weinsprache | 39 |
| Die richtige Temperatur | 41 |
| Übersichtstabelle der Weinjahrgänge | 42 |
| | |
| Frankreich | 44 |
| Die Châteaux von Bordeaux | 133 |
| Italien | 164 |
| Deutschland | 206 |
| Luxemburg | 230 |
| Spanien | 232 |
| Portugal | 257 |
| Schweiz | 276 |
| Österreich | 283 |
| England | 293 |
| Mittel- und Südosteuropa | 296 |
|    Ungarn · Bulgarien · Slowenien · Kroatien · Bosnien-Herzegowina, Kosovo, Nordmazedonien, Serbien, Montenegro · Tschechische Republik · Slowakische Republik · Rumänien · Malta | |
| Griechenland | 318 |
| Östlicher Mittelmeerraum und Nordafrika | 323 |
|    Zypern · Israel · Libanon · Türkei · Nordafrika | |
| Asien und die ehemalige Sowjetunion | 329 |
|    China · Indien · Japan · Armenien · Georgien · Moldawien · Russland · Ukraine | |
| Vereinigte Staaten | 332 |
|    Arizona · Colorado · Idaho · Kalifornien · Michigan · Missouri · New Mexico · New York · North Carolina · Ohio · Oregon · Pennsylvania · Texas · Virginia · Washington | |
| Kanada | 370 |
| Südamerika | 374 |
|    Chile · Argentinien · Brasilien · Uruguay · Bolivien · Peru | |
| Australien | 387 |
| Neuseeland | 406 |
| Südafrika | 423 |
| | |
| Dank und Bildnachweis | 440 |
| | |
| Spezial: Wie Wein schmeckt | 441 |

# Zum richtigen Gebrauch

**Bei den meisten Stichwörtern besteht die erste Zeile aus folgenden Kurzinformationen:**

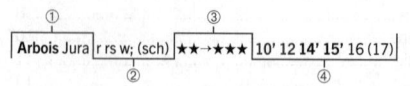

```
    ①              ③
┌─────────────────────────────────────────────────┐
│ Arbois Jura │ r rs w; (sch) │ ★★→★★★ │ 10' 12 14' 15' 16 (17) │
└─────────────────────────────────────────────────┘
              ②                        ④
```

① **Wein-** oder **Erzeugername** und Herkunftsregion im betreffenden Land (eine Liste der verwendeten Abkürzungen steht jeweils am Anfang des Kapitels).

② Die Farbe des Weins; ob er trocken, lieblich oder süß ist; ob er schäumt; bei mehreren erzeugten Weinen: welche dieser Formen vorkommen (und welchen die größte Bedeutung zukommt).

| | | | |
|---|---|---|---|
| **r** | rot | **tr** | trocken* |
| **rs** | rosé | **lbl** | lieblich |
| **w** | weiß | **s** | süß |
| **br** | braun/bernsteingelb | **sch** | schäumend |
| **( )** | in Klammern gesetzte Angaben bedeuten relativ bescheidene Produktionsmengen | | |
| ***** | steht hier keine Angabe, wird von einem trockenen Wein ausgegangen | | |

③ Allgemeiner Qualitätsstand; eine freilich nur grobe Einstufung aufgrund des derzeitigen Ansehens, wie es sich aus dem Preis ergibt.

| | |
|---|---|
| ★ | einfache Qualität für jeden Tag |
| ★★ | überdurchschnittlich |
| ★★★ | bekannt, berühmt |
| ★★★★ | erstklassig, anspruchsvoll, teuer |
| ★ usw. | farbige Sterne erhalten Weine, die nach meiner Erfahrung in der jeweiligen Preisklasse besonders gut sind; das gilt für gute Alltagsweine ebenso wie Luxuskreszenzen. |

④ Der Jahrgang: Angegeben sind die empfehlenswerten neueren Jahrgänge, zusammen mit einer Einschätzung, ob sie bereits trinkreif sind (Ziffer in **fetter** Schrift) oder ob sie sich bei weiterer Lagerung noch entfalten (normale Schrift). Bitte beachten Sie aber, dass die Entwicklung eines Weins vielen Faktoren unterliegt und auch anders verlaufen kann als erwartet. Sind sowohl rote als auch weiße Weine angegeben, so ist der Rotwein gemeint, wenn nicht ausdrücklich anders erwähnt.

| | |
|---|---|
| 15 usw. | allgemein erhältliche, empfohlene Jahrgänge, die sich für weitere Lagerung eignen |
| 17' usw. | nach Angaben der jeweiligen Erzeuger besonders gut ausgefallener Jahrgang |
| **12** usw. | genussreifer Jahrgang |
| **11** usw. | 2020 bevorzugt zu genießender Jahrgang |
| (18) usw. | vorläufige Bewertung |

Deutsche Weinjahrgänge werden nach einem anderen System geführt. Näheres siehe S. 209.

## Sonstige Abkürzungen

| | |
|---|---|
| BV | baldiger Verbrauch, d.h. möglichst jung zu trinken |
| oJ | ohne Jahrgangsangabe auf dem Etikett. Bei Champagner eine einheitlichen Geschmack garantierende Mischung mehrerer Jahrgänge |

Länderspezifische Abkürzungen befinden sich am Anfang des jeweiligen Kapitels.

Erzeuger- oder Weinnamen in Farbe kennzeichnen Hugh Johnsons persönliche Favoriten.

KAPITÄLCHEN verweisen auf eigene Einträge im selben Kapitel oder im Abschnitt »Rebsorten«, S. 13–26.

# Zur Ausgabe 2020

Falls Sie meinen, dass die Weinwelt Jahr für Jahr einfach so vor sich hin dümpelt – Champagner so wie immer, Bordeaux so wie immer, Burgunder noch teurer, Napa auch, Australien so australisch wie nie –, dann lassen Sie sich gesagt sein, dass das aus meiner Warte ganz anders aussieht. Global wie lokal, Klima oder Trauben, Böden, Eigentümer, Maschinen, Chemie, ja sogar die Sprache: alles ist anders.

Die meisten Veränderungen sind organisch, was aber nichts mit Ökoweinbau zu tun hat, sondern Vorgänge meint, die in der Natur der Weinindustrie liegen. Unterschiedliche Interessen wirken darin aufeinander ein, wie das in jeder expandierenden Branche der Fall ist. Das Marketing teilt der Produktion mit, was es möchte, die Produktion versucht, das hinzukriegen, und heraus kommt ein Kompromiss – möglicherweise ein Juwel, vielleicht eine Niete oder auch eine gelbschwänzige Yellow-Tail-Kreatur, mit der man millionenfach Kisten absetzen kann.

Die Natur erzwingt Veränderungen: Frost, Hochwasser und Trockenheit (meistens Trockenheit) stoßen die Winzer mal hierhin, mal dahin. Manche Produzenten schützen sich vor natürlichen Schwankungen: schlaue Leute im Champagnergeschäft oder Sherry-Bodegas oder Weinmacher, die langfristig verschneiden, haben gelegentlich zwar Engpässe bei den Vorräten, sind aber weniger anfällig für die Gemeinheiten der Natur.

Die Mode: Führt sie Veränderungen herbei oder folgt sie ihnen? Modeerscheinungen spielen eine immer größere Rolle für unser Trinkverhalten, aber auf eine undurchschaubare Art. Auf der einen Seite kann sie eher unbekannte Weine wie Albariño zu einem internationalen Hit machen, auf der anderen Seite grandiose Geschöpfe wie deutschen Riesling und die feinsten Sherrys jahre- oder jahrzehntelang aufs Abstellgleis schieben.

Einzelpersonen, die Einfluss auf den allgemeinen Geschmack nehmen, bleiben eine Ausnahme; dass Robert Parker seine bevorzugte Art von Weinen so pushen konnte, ist tatsächlich ein Einzelfall. Aber warum hat das so gut funktioniert? Weil Parker dazu ein einfaches Bewertungssystem einführte, eines, das Amerikaner instinktiv verstanden. Die Benotung in der High School geht bis 100 – doch die ersten 50 Punkte fallen unter den Tisch, somit reicht die tatsächliche Spanne von 50 bis 100. Es ist also ein 50-Punkte-System mit aufgeblasenem Ergebnis: 95 sieht besser aus als 45. In der Praxis benotet auch niemand einen Wein mit weniger als 70 – es ist also im Endeffekt eine 30-Punkte-Skala, in der man bis 100 benoten kann. Nach Schulnoten wäre 70 eine 4 – gerade noch ausreichend. Über 90 ist eine 1, 80–89 eine 2, 71–79 eine 3. Jeder Wein, der einer kritischen Betrachtung für wert befunden wurde, bekam (nach Schulnoten) eine 2, jeder »feine« Wein eine 1. Kein Wunder, dass den Weinmachern das gefiel. Doch Weine sind keine Schulkinder und schreiben keine Examen.

Nun, da das 100-Punkte-System zum Mainstream geworden ist und nicht mehr unter Parkers Aufsicht steht, verliert es immer mehr an Bedeutung. Leider fühlt sich fast jedes Weinmagazin und jede Website verpflichtet, es zu übernehmen. Kann man das ernst nehmen? Verschiedene Autoritäten bombardieren uns mit 89er-, 92er- und 94er-Bewertungen, und am Ende bietet man uns nur noch den Durchschnitt der Durchschnitte. Es gibt etwas Besseres: Man nennt es den Markt.

Das Internet verschafft uns Zugang zu Weinpreisen in Echtzeit. Auf der Website Winesearcher.com erfahren Sie sofort den Preis nahezu jedes Weins von jedem Erzeuger aller verfügbaren Jahrgänge auf fast jedem Markt. Auch Infos über verfügbare Mengen, Auktionspreise und viele Meinungen dazu bekommt man dort (und sogar eine durchschnittliche 100-Punkte-Bewertung). Adam Smith würde es lieben.

In vorderster Linie stehen auch immer mehr Sommeliers. Bei ihnen hat sich eine Menge getan seit dem Tag, als ich in einem Drei-Sterne-Restaurant in Paris dem strahlenden zuständigen Herrn höflich zu verstehen gab, dass das Château, das er als St-Émilion anbot, in Wirklichkeit in St-Estèphe stand. »Oh«, sagte er, »tatsächlich?«, holte ihre Bleistiftstummel hervor und korrigierte die bibelähnliche Carte des Vins. Nein, der heutige moderne Sommelier ist höchst qualifiziert. Ich gebe zurzeit im Restaurant gerne an, was ich esse, erkläre, dass es kein Gala-Abend werden soll, und bitte ihn oder sie, mich zu überraschen. Auf diese Weise lerne ich alle möglichen Schätze aus Griechenland oder Tasmanien kennen.

Das Thema Sommelier leitet über zu Gläsern, und zwar immer spezialisierteren, die so groß und zerbrechlich wirken, dass sie zu Hause keine Chance hätten. Es war der Österreicher George Riedel, der die Welt davon überzeugte, dass jede Art und jeder Stil von Wein ein eigenes Glas benötigt – ein riesiges. In der ganzen Welt wurden die Schränke bis zum Bersten mit seinen eleganten Monstern gefüllt. Doch die Zeiten ändern sich; heute scheint ein Glas mit flachem Boden (immer noch riesig) das Ding der Stunde zu sein – und meine Freundin und Kollegin Jancis Robinson hat die andere Richtung eingeschlagen. Für sie reicht ein einziges Modell (ihres) für alle Arten von Wein (das Glas ist voluminös – und hat einen flachen Boden). Wie sie das zu Hause hinbekommt, bewundere ich: Pro Person steht nur ein Glas auf dem Tisch, egal, wie viele Weine serviert werden. Ein Kübel steht bereit, um die nicht ausgetrunkenen Reste loszuwerden, bevor sie den nächsten Wein einschenkt. Für Weinprofis funktioniert das. Meine Gäste möchten all ihre Gläser immer lieber behalten und noch weiter an ihnen nippen, auch wenn ich schon längst den nächsten Wein serviert habe.

Eine Begleiterscheinung der superdünnen und superleichten Gläser sind natürlich die überschweren Flaschen. Das ging wahrscheinlich in Italien los. Ein Erzeuger möchte hervorheben, wie speziell (und wie teuer) sein Wein ist, und bestellt deswegen Flaschen, die leer so viel wiegen wie normale Flaschen in gefülltem Zustand. Seine Konkurrenten folgen natürlich auf dem Fuße. Supermarktkunden, die vielleicht weniger gut Etiketten lesen als Flaschen in der Hand wiegen können, sind beeindruckt. Die Glasfabriken freuen sich natürlich. Und die Transportkosten steigen. Nur unser armer alter Planet hat eine weitere Bürde zu tragen. Schraubverschlüsse dagegen haben meine uneingeschränkte Unterstützung, ausgenommen nur einige wenige Weine, die sich langsam entwickeln. Für die vielen von uns, die den Wein nach dem Kauf gleich aufmachen, sind sie ideal.

Eine Handvoll Weinautoren hat es sich zur Aufgabe gemacht, neue Weinbegriffe zu erfinden, anstatt nur weitere Analogien zu Früchten zu verwenden. Andrew Jefford ist vielleicht der poetischste und produktivste. Wer könnte einer Beschreibung widerstehen, die da lautet: »Ein Wein, der sich gegen den Wind lehnt und an der Leine zerrt«? Schwierig nur für andere Autoren, darauf einzugehen. Einige Wörter scheinen bei vielen Leuten einen Nerv zu treffen; sie werden sofort übernommen und verlieren, fürchte ich, ebenso schnell ihre ursprüngliche Bedeutung. »Zitrus« ist so etwas wie ein Adjektiv geworden. Jeder Hinweis auf eine Art Schärfe, so wie in Zitronen oder Limetten, wird derzeit »Zitrus« genannt.

Und natürlich »mineralisch«. Ich habe einige Jahre lang versucht, dieses Wort aus diesem Buch zu verbannen, da es so gut wie bedeutungslos ist – im eigentlichen Sinne auf jeden Fall. Dann regte jemand an, dass es die Vorstellung einer elektrischen Energie hervorrufe, die entsteht, wenn zwei komplementäre Mineralien kollidieren. Elektrisch oder zumindest Energie: na gut, meinetwegen. Und was ist mit »kristallin«, der neuesten Prägung, zusammen mit »präzise«? Ich verstehe genau, worum es deren Erfindern ging, aber wenn solche Begriffe in das Sammelsurium von Klischees auf Rückenetiketten oder Bistro-Getränkekarten verrührt werden, müssen neue Metaphern her, um sie zu ersetzen.

Die Mythologie des Weins wird weiter genährt. Man trifft auf mehr und mehr »Einzellagenweine«, als ob Trauben automatisch besser wären, wenn sie von einem einzigen Stückchen Land kommen. Das mag schon sein – oder auch nicht. Oder *vins de garde*. Es stimmt, dass die besten Weine der »besten« Regionen normalerweise ein paar Jahre in der Flasche brauchen, um ihr Potenzial voll zu entfalten. Manchmal viele Jahre. Folgt daraus, dass ein langsamer Starter ein besserer Wein ist? Es könnte auch heißen, dass er in keinem Alter besonders angenehm zu trinken ist.

Kurz, es gibt genügend Wandel, um eine weitere Ausgabe meines Kleinen Johnson zu rechtfertigen – für mich ist es die 43. Die Fakten ändern sich, die Welt ändert sich. Ich hatte einfach Glück, dass ich mich auf diese köstliche Ware mit eingebauter Obsoleszenz verlegt habe, die also schnell veraltet und daher immer wieder Erneuerung fordert.

Hugh Johnson

# Der Jahrgang 2018

Nachdem die Lese 2018 beendet worden war, hörte man aus den Weinbaugebieten vor allem eins: Seufzer der Erleichterung. 2017 hatte es alles gegeben, von Frost bis Feuer, 2018 dagegen würden einige Regionen am liebsten zum Jahrhundertjahrgang ausrufen. Aber sie wissen nur zu gut, dass unsere Reaktion wäre: »Was? Schon wieder einer?«, also lassen sie es.

In **England** gibt es Anzeichen dafür, dass dies der beste aller Jahrgänge überhaupt ist, mit reichlichem Ertrag reifer, gesunder Trauben. Mehr als ein Erzeuger plant dieses Jahr einen roten Pinot noir im Burgunderstil, und die Schaumweinproduzenten sind beste Laune.

Aber nicht überall ging es völlig glatt. Aus dem nassen Frühling in Nordeuropa resultierten einige heftige Mehltau-Attacken in **Bordeaux**, und wenn die Winzer und ihre Teams nicht schnell in ihren Stiefeln waren, konnten sie einen großen Teil ihres Ertrags verlieren. Ein Winzer machte *le pont* – die Gewohnheit, den Freitag schon als Brücke zum Wochenende freizunehmen – für einen Gutteil des Schadens verantwortlich. Wer in diesem Jahr seine Mannschaft nicht auch am Freitag, Samstag und Sonntag – oder wann immer es nötig war – in den Weinberg bekommen konnte, zahlte den Preis dafür. Selbst die gewissenhaftesten Winzer fangen sich aber an zu fragen, ob Ökoweinbau bei einem so hohen Krankheitsdruck in Bordeaux wirklich praktikabel ist. Wer das jedoch überstand – und nicht alle waren betroffen – brachte glänzende Weine hervor. Auch Sauternes ist glücklich; nachdem die reifen Trauben etwas eingeschrumpft waren, folgte reichlich Botrytis.

**Burgund** erlebte dagegen ein relativ ruhiges Jahr. Die üblichen Schreckensnachrichten von Hagelkörnern groß wie Golfbälle blieben diesmal aus. Mehltau war jedoch ein Problem, und wie immer half nur sehr präzise Arbeit im Weinberg. Es sieht nach guter Qualität aus.

Auch an der **Rhône** hatte man Probleme mit Mehltau – manche Teile im Süden verloren die Hälfte ihrer Grenache-Ernte, auch wenn im Juni der Mistral zu Hilfe kam. Der Sommer war glühend heiß, doch ein bisschen Regen im August hielt den Reifungsprozess am Leben. Die Säure ist dennoch ziemlich niedrig. Die Roten haben samtige Tannine; die Weißen wurden häufig früh gelesen, um die kostbare Säure zu bewahren.

In der **Champagne** verwendet man Wörter wie »fabelhaft«, »umwerfend«, »außergewöhnlich«, woraus man auf eine gewisse Zufriedenheit schließen kann. Das Muster war das gleiche: ein nasskalter Frühling, dann ein trockener, heißer Sommer. Es gab ein bisschen Hagel, ein bisschen Mehltau und einen frühen Lesebeginn, was mehr als einen *chef de cave* überstürzt vom Strand zurückkehren ließ. Schon die ersten Verkostungen der *vins clairs* bestätigten, dass es wunderbar reife, ausgewogene Weine sind, wenn auch nicht vollkommen einheitlich. Man kann in den nächsten Jahren eine gute Menge Jahrgangsweine und Prestige Cuvées von 2018 erwarten sowie reichlich gebunkerte Reserveweine als Ersatz für die jüngst aufgebrauchten. Jahrgangschampagner sieht man jetzt häufiger denn je. »Großzügig« war auch das Wort des Jahres im **Elsass**: Nach dem Rekordtief von 2017 sagt Hugel: »Es ist ein gutes Gefühl, Trauben an den Reben hängen zu sehen.« Pinot noir sieht gut aus, ebenso wie die weißen Sorten.

Wenn das nasse Frühjahr in Frankreich Sorgen bereitete, so brachte es am **Douro** ein Ende der 20 trockenen Monate in Folge. Wie üblich überkompensierte die Natur und ließ in Pinhão in weniger als zwei Stunden 90 mm Regen vom Himmel fallen. Das führte zu massiver Erosion und Sturzbächen an den Hängen, wodurch Steine durch die Gegend geschleudert und Olivenbäume geschädigt wurden. Im ganzen Land mit Ausnahme des Alentejo sind die Erträge sehr gering, auch wenn die Qualität sowohl für Port als auch für Douro-Tischweine sehr gut ist.

**Norditalien** erfreute sich hoher Erträge gesunder Trauben; die Toskana hatte Mehltau, aber keinen Hagel, und die Resultate sehen vielversprechend aus, obwohl man im regnerischen Frühling »starke Nerven brauchte«, wie Axel Heinz meint, Kellermeister bei Ornellaia.

**Deutschland** scheint einen schon fast unheimlichen Jahrgang an der Grenze zur Perfektion zu haben: heiß, trocken, krankheitsfrei, schädlingsfrei, mit guten Erträgen und schönen Süßweinen als krönendem Abschluss. Die Erzeuger behaupten, dass sie immer besser mit heißen Sommern umgehen können: Die Weine sollten nicht überreif oder zu schwer sein. Mit Sicherheit ein Jahrgang zum Kaufen.

**Südafrika** hatte aufgrund der anhaltenden Trockenheit 2018 eine insgesamt kleine Ernte, und am kleinsten war sie in Swartland. Trotzdem scheint die Qualität gut zu sein: All die Hitze liebenden Sorten – Buschreben mit Chenin blanc, Grenache, Marsanne, Viognier –, die in Swartland Stars sind, brachten intensive, gewichtige Weine hervor.

Und **Kalifornien**? In vielen Teilen war es recht ruhig. Trockenheit ist weiterhin ein Problem, Waldbrände verursachten schreckliche Schäden, auch in der relativ neuen AVA Malibu Coast, doch die meisten Erzeuger meldeten einen heißen Juli und einen kühlen August; es gab Trockenheit in Santa Barbara County, aber im Allgemeinen gute Aromen bei relativ niedrigen Zuckerwerten. Waldbrände betrafen auch **Oregon** – über dem Willamette Valley hing tagelang eine Rauchwolke –, doch die Weinmacher berichteten von einem schönen Jahr mit rekordverdächtigem Sonnenschein und hohen Temperaturen. Regen gab es gerade rechtzeitig, um die Reben wiederzubeleben und die Temperaturen für die Lese herunterzukühlen, und trotz der Hitze scheinen die Pinot-noir-Weine eine gute Säure zu haben. In **Washington** war es ebenfalls warm, kühlte aber wie in Oregon genau zur rechten Zeit ab. Cabernet Sauvignon sieht gut aus, wie auch Syrah. Nur an den Finger Lakes im Bundesstaat **New York** war der Sommer verregnet, wodurch Fäulnis drohte. Dann wurde es wieder heiß und zur Zeit der Lese mild, aber als einfach würde wohl niemand diesen Jahrgang bezeichnen. Die Zuckerwerte liegen niedriger als üblich, aber an Aroma und Reife mangelt es nicht.

# 2017 unter der Lupe

Wie viele Weine müssen heutzutage wirklich noch altern? Über australische Weine gibt es schon lange den Witz, dass ihre Reifung nur so lange dauert wie die Fahrt vom Laden nach Hause. Wenn man sich umsieht, stellt man fest, dass der Rest der Welt dem still und leise gefolgt ist.

Zum Beispiel der Jahrgang 2017 in **Burgund**. Das sind so saftige, aromatische, straffe Weine, weiß wie rot, dass sie einen förmlich anflehen: »Trink mich! Jetzt!« Sie sind einfach nur bezaubernd, und dazu gibt es zum ersten Mal seit etlichen Jahren genug von ihnen. Die Mengen einzelner Crus von individuellen Gütern mögen gering sein – so ist das nun mal in Burgund –, doch insgesamt können Sie nichts falsch machen, wenn Sie sich in diesem Jahr daranmachen wollen, Pinot noir in seinem Kernland kennenzulernen. Ja, die Grands crus der Spitzenerzeuger dürften inzwischen ausverkauft sein, denn die Einkäufer, die sich auf große Namen spezialisiert haben, klappern die wichtigsten Handelshäuser ab und nehmen, was sie kriegen können. Doch wenn dieses Buch erscheint, wird es noch einfachere Weine in den Listen der Händler geben – Bourgogne Rouge und Blanc, einige Premiers crus, einige Weine aus dem Mâconnais und der Côte Chalonaise. Kaufen Sie sie. Die Weißen sehen großartig aus – es sind die besten weißen Burgunder seit Jahren. Die Roten sind vielleicht einen Tick dahinter, aber immer noch köstlich, voll schwarzer Frucht und knackiger Textur, sehr rein und straff.

Tatsächlich werden viele Händler erfreut sein, wenn Sie anrufen. Sie brauchen Käufer wie Sie, denn das Angebot an geringeren Weinen ist weitaus größer als das der Spitzengewächse, und die Großeinkäufer kann man anscheinend nicht damit belästigen. Also ist das Feld frei für Sie. Gehen Sie zu einem Burgunderspezialisten, denn diese haben von Anfang an die schönsten Weine im Sortiment. Und genießen Sie sie. Doch denken Sie daran: Rotweine aus einem guten Jahrgang wie diesem werden über die Jahre noch besser.

Und andere 2017er? Viele im **Rest von Europa** hatten es richtig schwer. Aber die Weine sind gut, und natürlich gab es für jeden Erzeuger, der von Frost oder Hagel getroffen wurde, einen anderen, der verschont blieb. Gute Weine gibt es überall, und viele können jetzt direkt getrunken werden.

Ja, roter **Bordeaux** kann länger brauchen, so wie auch Burgunder sich zwischendurch für ein paar Jahre verschließt und Zeit benötigt, um sich zu entwickeln. Beim **Riesling** aber ist das offenbar nicht so, er ist überall trinkreif. Ebenso **Grüner Veltliner**. **Garnacha** von Erzeugern der neuen Welle, die ihn nicht mit Eiche erschlagen, schmeckt jung wunderbar. Für junge Weine von der **Rhône** und jungen **Nebbiolo** gilt dasselbe. **Barolo** dagegen braucht Zeit.

Und schließlich **Vintage Port**: Die 2017er, jung geöffnet, bevor sie die Zeit hatten, sich zu verschließen, sind schlicht göttlich. Vergessen Sie staubige alte Flaschen. Ehrlich.

# Alternativen gefällig?

**Sie mögen Rhône-Weißweine – probieren Sie Verdicchio**
Wirklich gleichsetzen kann man die beiden nicht. Rhône-Verschnitte von Marsanne und Roussanne duften intensiv nach den Blüten und Kräutern der *garrigue* und verbinden Schmelz und Geschmeidigkeit mit einer belebenden phenolischen Bitterkeit. Verdicchio ist tanninreich und forsch – einer der Weißen, die die Italiener als »Ersatzrotweine« ansehen – und glänzt mit Zitrusfrucht und Melone sowie Noten von Kamille und Apfel. Er ist ein recht kräftiger Wein, reichhaltig, aber trocken, ein exzellenter Speisenbegleiter, der im Alter Noten von Honig und Bienenwachs annimmt. In den Weinbaugebieten der italienischen Marken liegen die Standards hoch, und die Namen der besten Erzeuger finden Sie auf Seite 203. Lugana vom Gardasee ist die gleiche Traube.

**Sie mögen Riesling aus dem Rheingau – probieren Sie neuseeländischen Riesling**
Vor ein paar Jahren hätte ich das noch nicht geschrieben. Aber die neuesten Rieslinge aus Neuseeland legen nahe, dass man mit der Traube dort jetzt ganz richtig umgeht; die Weine sind spannend, geradlinig, konzentriert. Wer diese Spannung scheut, kommt mit dem Riesling nicht zurecht; man muss sie vielmehr anstreben. Im Rheingau wissen die Winzer genau, was sie tun und versuchen, die Unterschiede der einzelnen Lagen herauszuarbeiten. In dieser Hinsicht hat Neuseeland noch zu lernen, aber Geradlinigkeit und Spannung sind bereits jetzt im Glas vorhanden. Das führende Gut dort ist Felton Road mit charaktervollen, durchdringenden, detailliert bereiteten Weinen von biodynamisch bewirtschafteten Lagen. Sie sind weltweit konkurrenzfähig.

**Sie mögen Loire-Weißweine – probieren Sie welche aus Swartland**
Je mehr Weißweine aus Swartland ich trinke, umso mehr frage ich mich, warum ich überhaupt noch etwas anderes trinke. Von den Roten könnte ich dasselbe sagen, stimmt, aber wir wollen uns hier auf die Weißen konzentrieren. Meist basieren sie auf Chenin blanc, und diese Sorte hatte jahrelang den miesen Ruf, nur für billige Abfüllungen zu taugen. Dann kamen ein paar einfallsreiche Weinmacher, sahen die alten Buschreben im Trockenanbau und die konzentrierte Frucht, die sie hervorbrachten, und fragten sich, ob die Welt hier nicht gerade etwas verpasse. Herausgekommen sind Weißweine, die zu den feinsten überhaupt zählen, mit straffer Konzentration, kräuterwürziger, salziger Frische, großer Eleganz und Komplexität sowie der Fähigkeit zu altern. Alles also, was man auch von Spitzen-Chenin-blanc von der Loire erwartet, ausgenommen die Tendenz zur Süße.

**Sie mögen Sauternes – probieren Sie Vin de Constance**
Es mag pervers erscheinen, Sie von einer ganzen Region auf einen einzelnen Erzeuger zu verweisen, aber ein bisschen Perversität hat noch niemandem geschadet. Vin de Constance gibt es seit 1685, allerdings mit Höhen und Tiefen – im Moment ist er jedoch sehr eindrucksvoll auf der Höhe. Der 2015er ist der beste, den ich je verkostet habe, voller Zitrus- und Ananasnoten, Orangenschale, Säure und Struktur mit einem sehr schmalen Streifen Tannin, der sich durch ein dichtes, geradliniges Gefüge zieht. Dieser Wein hat große Konzentration und eine schwerelose Gewichtigkeit. Er ist süß und erfrischend, vielleicht etwas enger im Profil als Sauternes, und bereitet von anderen Trauben: Muscat de Frontignan statt dem Sauternes-Verschnitt aus Sémillon und Sauvignon blanc. Ich kann ihn mir gut zum britischen Treacle Tart vorstellen, einem Kuchen aus Mürbeteig und Golden Syrup.

# 12 | ALTERNATIVEN GEFÄLLIG?

**Sie mögen Rotweine von der südlichen Rhône – probieren Sie Weine aus dem Libanon**

Okay, die Trauben sind andere, aber das Gefühl des Weins – und das französische Erbe – werden Sie wiedererkennen. Die südliche Rhône setzt auf Grenache, Mourvèdre und den Rest einer beachtlichen mediterranen Crew für Verschnitte mit Lavendel- und Kräuterduft, die gleichermaßen ausladend wie straff sind und bei der Reifung Noten von Leder und Unterholz entwickeln. Im Libanon verschneidet man rote Trauben ganz nach Belieben: Cabernet Sauvignon mit Syrah und/oder Grenache und/oder Cinsault – oder Cinsault reinsortig oder Mourvèdre mit Cabernet Sauvignon. Sie wissen, was ich meine: Es gibt keine Vorschriften in puncto Verschnitte. Die Weine sind unterschiedlich gut, ja, aber wenn es Fehler gibt, dann rühren sie meist von zu viel Eichenholz her. Die besten Weine (siehe dazu Seite 327) sind geschmeidig, komplex und aromatisch, mit Leder, Erde, Gewürzen, balsamischen Kirschnoten, Blumen und Kräutern, und das bei einem mäßigen Alkoholgehalt von unter 14 %.

**Sie mögen Beaujolais – probieren Sie Okanagan Gamay**

Ich könnte auch sagen: Wenn Sie Gamay mögen, trinken Sie mehr davon. Die Region Beaujolais floriert gerade nicht besonders, auch wenn ihre Weine besser sind denn je: mehr Charakter, feiner, präziser. (Nein, ich spreche nicht vom Nouveau; Beaujolais Nouveau vergessen wir einfach.) Gamay in Bestform hat all die Frische, Saftigkeit und Ausdrucksstärke, die man sich nur wünscht, und die Crus sind wie Burgunder für Anfänger. Aber sollte Ihnen einmal ein Gamay aus dem kanadischen Okanagan über den Weg laufen, von den steilen, schönen Hügeln rund um den gleichnamigen See, dann greifen Sie zu. Man baut nicht sehr viel Gamay in Okanagan an, sollte das aber tun, um noch mehr von diesen wunderbar seidigen, geschmeidigen, würzigen Rotweinen zu erzeugen. Es gibt sogar ein wenig Pét-Nat-Gamay voller Aromen von Rosen und Sauerteig.

**Sie mögen St-Émilion – probieren Sie Napa Cabernet**

Napa Cabernet verändert sich. Ja, es gibt noch Erzeuger auf dem »Luxusgüter«-Trip, die der Überreife, Überextraktion und Überholzung nicht entkommen können oder wollen. Doch mehr und mehr geht die Tendenz von Fruchtbomben zu etwas Ernsthafterem. Die Eiche zieht sich zurück, die Frucht tritt mehr hervor – und kann sich als geschmeidig, seidig, würzig, auf süße Weise reif und ziemlich verführerisch präsentieren. In Napa hieß es immer, dass man über wunderbares Terroir verfüge, und nun fängt man auch an, es zu zeigen. Napa Cabernet ist keinesfalls ein genaues Gegenstück zu Bordeaux, doch reifer, von Merlot angeführter St-Émilion mit seinen Noten von Früchtekuchen kommt ihm am nächsten. Und zwar auf sehr schöne Weise.

# Rebsorten

In den vergangenen Jahrzehnten vollzog sich allenthalben ein grundlegender Wandel, von dem nur die Weinländer mit der längsten Tradition ausgenommen waren. Mit einem Schlag wurden die Namen einer Handvoll Rebsorten zur geläufigen Bezeichnung für die verschiedenen Weine. In den alten Weinländern dagegen, insbesondere in Frankreich und Italien, bezeichnet man alle seit Langem renommierten Weine weiterhin mehr oder weniger genau nach ihrem Herkunftsgebiet, weniger nach der Traube, aus der sie gekeltert wurden.

Nach wie vor liegen die beiden Bezeichnungsmöglichkeiten im Wettstreit miteinander. Am Ende dürfte sich die Herkunftsbezeichnung gegenüber der Rebsorte wieder durchsetzen, zumindest für Qualitätsweine. Im Augenblick allerdings ist die Traubensorte und ihr Geschmack für viele Weinfreunde der einfachste und wichtigste Bezugspunkt – ungeachtet der Tatsache, dass der Geschmack oft durch die Eichenholzkomponente nicht unerheblich verändert wird. Käme es nur auf das Traubenaroma an, dann wäre dieses Buch um einiges schmaler.

Gleichwohl spielt die Traubensorte eine wichtige Rolle, und darüber Bescheid zu wissen kann helfen, neue Geschmacksnuancen zu entdecken und Vergleiche zwischen den Regionen anzustellen. Daher ist auch der zuerst in Kalifornien entstandene Begriff »sortenreiner Wein« sinnvoll, unter dem man Wein versteht, der grundsätzlich aus nur einer Traubensorte bereitet wurde.

Bei mindestens sieben Sorten – Cabernet Sauvignon, Pinot noir, Riesling, Sauvignon blanc, Chardonnay, Gewürztraminer und Muscat – sind Geschmack und Duft so eindeutig, dass sie zu internationalen Unterscheidungskategorien geworden sind. Dasselbe gilt für Merlot, Malbec, Syrah, Sémillon, Chenin blanc, Pinot blanc, Pinot gris, Silvaner, Viognier, Nebbiolo, Sangiovese, Tempranillo … Hier nun folgen die besten bzw. beliebtesten Rebsorten.

**ANMERKUNG: Alle Verweise auf Rebsorten und deren Synonyme in anderen Kapiteln dieses Buchs beziehen sich auf dieses Kapitel.**

## Trauben für Rotwein

**Agiorgitiko (Aghiorgitiko)** Griechische Sorte; ursprünglich aus der Region Nemea, heute aber fast überall angebaut. Vielseitig und köstlich, von weich und charmant bis dicht und alterungswürdig. Unbedingt probieren.

**Aglianico** Süditalienische Traube, aus der u. a. der Taurasi bereitet wird: dunkle, tiefgründige Weine, derzeit sehr in Mode.

**Alicante Bouschet** Galt früher wenig; ist nun beliebt im Alentejo und in Chile, v. a. von alten Reben.

**Aragonez** Siehe TEMPRANILLO.

**Auxerrois** Für Rotwein siehe MALBEC. Die weiße Auxerrois hat einen eigenen Eintrag bei den Trauben für Weißwein.

**Băbească Neagră** Die traditionelle »schwarze Großmuttertraube« aus der Moldau-Region liefert rubinrote Weine mit leichtem Körper.

**Babić** Rotweinsorte aus Dalmatien, wächst in steinigen Lagen an der Küste bei Šibenik. Enormes Potenzial für hohe Qualität.

**Baga** Portugiesische Rotweintraube (Bairrada). Dunkel, tanninreich – großes Potenzial, aber schwierig im Weinberg.

**Barbera** Weit verbreitete Rebsorte in Italien, am besten im Piemont. Viel Säure, wenig Tannin, Kirschfrucht. Weine gibt es von seriös mit Barriqueausbau bis halbsüß und perlend. Auch in Kalifornien und Australien in Mode; vielversprechend in Argentinien.

## 14 | Trauben für Rotwein | REBSORTEN

**Blauburger** Österreichische Kreuzung von BLAUEM PORTUGIESER mit BLAUFRÄNKISCH. Einfache Weine.

**Blauburgunder** Siehe PINOT NOIR.

**Blauer Portugieser** Mitteleuropäische Sorte, v. a. in Deutschland (Rheinhessen, Pfalz, meist für Rosé), Österreich, Ungarn. Leichte, fruchtige Rotweine; jung und leicht gekühlt trinken.

**Blaufränkisch (Kékfrankos, Lemberger, Modra Frankinja)** Im österreichischen Mittelburgenland weitverbreitet. Mittelschwere Weine mit pfeffriger Säure, einer charakteristisch salzigen Note sowie Beeren- und Eukalyptusaromen. Häufig mit CABERNET SAUVIGNON oder ZWEIGELT verschnitten. Heißt in Deutschland Lemberger, in Ungarn Kékfrankos, in Slowenien Modra Frankinja.

**Bogazkere** Tanninreiche türkische Sorte, liefert körperreiche Weine.

**Bonarda** Mehrdeutiger Name. Im italienischen Oltrepò Pavese nennt man so die Croatina und erzeugt milden, frischen roten Frizzante und Stillwein aus ihr. In der Lombardei und der Emilia-Romagna ist es ein Synonym für die Uva rara. Wieder anders im Piemont. Bonarda aus Argentinien kann beides sein – oder etwas ganz anderes. Großartig ist keine.

**Bouchet** Anderer Name für CABERNET FRANC in St-Émilion.

**Brunello** Anderer Name des SANGIOVESE, großartig in Montalcino.

**Cabernet franc** Die geringere der beiden in Bordeaux angebauten Cabernet-Sorten; herrscht jedoch in St-Émilion vor. Übertrumpft CABERNET SAUVIGNON an der Loire (Chinon, Saumur, Champigny und Roséwein), in Ungarn (Tiefe und Komplexität in Villány and Szekszárd) und oft in Italien. Viele Reben in Nordostitalien, die man für Cabernet franc gehalten hatte, entpuppten sich als CARMENÈRE. Überall auf der Welt in Bordeaux-Verschnitten mit Cabernet Sauvignon und MERLOT verwendet.

**Cabernet Sauvignon** Traube mit großem Charakter, langsam reifend, würzig, kräuterduftig, gerbstoffreich, Aroma von Schwarzen Johannisbeeren. Die Hauptsorte im Médoc; liefert meist auch die besten kalifornischen, südamerikanischen und osteuropäischen Rotweine. Verträgt sich gut mit Shiraz in Australien. Wird nahezu überall angebaut und leitete etwa in Italien eine Weinrenaissance ein. Spitzenweine brauchen Zeit zum Reifen. Cabernet Sauvignon gewinnt in Verschnitten z. B. mit MERLOT, CABERNET FRANC, SYRAH, TEMPRANILLO, SANGIOVESE usw. Liefert auch aromatischen Rosé.

**Cannonau** Sardische Form der GRENACHE: meist sehr gut und stark.

**Carignan (Carignane, Carignano, Cariñena)** Weine von alten Reben mit geringem Ertrag sind überall von Südfrankreich bis Chile schwer in Mode; am besten in Corbières: sehr tiefgründig und lebhaft. Bei hohem Ertrag flach und harmlos. In Nordafrika, Spanien (als Cariñena) und Kalifornien verbreitet.

**Carignano** Siehe CARIGNAN.

**Cariñena** Siehe CARIGNAN.

**Carmenère** Eine alte Rebsorte aus Bordeaux, jetzt ein Star in Chile (dort »Carminjer« oder auch »Carminaire« ausgesprochen) für volle, tiefe Weine. Wird auch in Bordeaux wieder beachtet.

**Castelão** Siehe PERIQUITA.

**Cencibel** Siehe TEMPRANILLO.

**Chiavannasca** Siehe NEBBIOLO.

**Cinsault (oder Cinsaut)** Bedeutend in Südfrankreich; sehr gut bei niedrigen Erträgen, sonst Massenprodukt. Erbringt guten Rosé. Elternteil von PINOTAGE.

**Cornalin du Valais** Schweizer Spezialität mit großem Potenzial, v. a. im Wallis.

**Corvina** Dunkle, würzige Traube, eine der besten im Valpolicella-Verschnitt. Die noch dunklere Corvinone ist eine eigene Rebsorte.

## REBSORTEN | Trauben für Rotwein | 15

**Côt** Siehe MALBEC.

**Dolcetto** Liefert im Piemont süffige, milde, trockene Rotweine. Heute groß in Mode.

**Dornfelder** In Deutschland, Teilen der USA und England angebaute Sorte, die angenehm leichte, einfache, in der Regel rustikale dunkle Weine erbringt. Die Rebfläche in Deutschland hat sich seit dem Jahr 2000 verdoppelt.

**Duras** Die nur in Gaillac und Teilen des Tarn-Tals (Südwestfrankreich) vorkommende Sorte liefert pfeffrig-würzige, strukturierte Weine.

**Fer Servadou** Kommt nur in Südwestfrankreich vor; heißt in Marcillac auch Mansois, in Gaillac Braucol und in St-Mont Pinenc. Duftet nach roten Sommerfrüchten und Gewürzen.

**Fetească neagră** »Schwarze Mädchentraube«. Die rote Fetească hat das Zeug dazu, Rumäniens Paradestück zu werden. Kann tiefgründige, körperreiche Rotweine mit viel Charakter ergeben. Zunehmende Anbauflächen.

**Frühburgunder** Alte deutsche Mutation von Spätburgunder (PINOT NOIR), die man vor allem an der Ahr findet, aber auch in Franken und in Württemberg, wo man sie verwirrenderweise als Clevner kennt. Nicht so säurereich wie Pinot noir.

**Gamay** Die Beaujolais-Traube: sehr leichter, duftiger Wein, jung am besten, außer in den teilweise sehr guten Beaujolais-Crus (siehe Frankreich), die 2–10 Jahre alt werden können. Wird an der Loire, in Zentralfrankreich, in der Schweiz und in Savoyen angebaut. Kalifornischer Napa Gamay ist in Wirklichkeit Valdiguié (Gros Auxerrois).

**Gamza** Siehe KADARKA.

**Garnacha** Siehe GRENACHE.

**Garnatxa** Siehe GRENACHE.

**Graciano** Die spanische Sorte zählt zu den traditionellen Rioja-Zutaten. Veilchenaroma, tanninreich, schlanke Struktur, ein bisschen wie Petit Verdot. Im Anbau schwierig, doch immer mehr in Mode.

**Grenache (Cannonau, Garnatxa, Garnacha)** Weit verbreitete, blassfarbige, kraftvolle Traube, extrem beliebt bei *terroiristes*, da sie den Lagencharakter sehr gut ausdrückt. Haupttraube im Châteauneuf-du-Pape. Auch gut für Rosé und Vin doux naturel. Wird in Südfrankreich, Spanien und Kalifornien angebaut und bildet der Hauptingredienz des mächtigen Priorat. Weine von alten Reben erfreuen sich in South Australia höchster Anerkennung. Meist in Verschnitten mitverarbeitet. Heißt Cannonau in Sardinien, Garnacha in Spanien, Garnatxa auf Katalanisch.

**Grignolino** Italienische Sorte; liefert im Piemont guten Alltagswein.

**Kadarka (Gamza)** Erbringt in Osteuropa würzige, leichte Rotweine. Wurde in Ungarn v. a. für Bikavér wiederbelebt.

**Kalecik Karası** Türkische Sorte mit Sauerkirschnote, frisch, geschmeidig. Ein bisschen wie GAMAY. Jung trinken.

**Kékfrankos** Ungarisch für BLAUFRÄNKISCH.

**Lagrein** Norditalienische Sorte: dunkel, bitter im Abgang, volle Pflaumennote. DOC in Südtirol (siehe Italien).

**Lambrusco** Ertragreiche Sorte in der unteren Po-Ebene, erbringt lebendigen, lieblichen, perlenden, ausgesprochen italienischen Rotwein.

**Lefkada** Wiederentdeckte autochthone Sorte aus Zypern, von besserer Qualität als MAVRO. Wird wegen ihrer aggressiven Tannine meist verschnitten.

**Lemberger** Siehe BLAUFRÄNKISCH.

**Malbec (Auxerrois, Côt)** In Bordeaux in geringem Maß angebaut, in Cahors (als Auxerrois) und besonders in Argentinien verbreitet. Dunkler, dichter, gerbstoffreicher, aber fleischiger Wein mit echtem Qualitätspotenzial. Exemplare von hoch gelegenen Weinbergen aus Argentinien sind das Allergrößte. So kommt Cahors wieder in Mode.

**Maratheftiko** Dunkle zyprische Traube mit Qualitätspotenzial.

**Marselan** CABERNET SAUVIGNON x GRENACHE, 1961 gekreuzt. Schöne Farbe, Struktur, geschmeidige Tannine, altert gut.

**Mataro** Siehe MOURVÈDRE.

**Mavro** Zyperns meistangebaute dunkle Traube, aber nur passable Qualität. Am besten für Rosé geeignet.

**Mavrodaphne** Griechische Rebsorte, wörtlich »schwarzer Lorbeer«. Gespritete Süßweine von ihr sind eine Spezialität der Region Patras; auch auf Kefallonia anzutreffen. Auch trockene Versionen, die sehr vielversprechend sind.

**Mavrotragano** Nahezu ausgestorbene, nun aber auf Santorini wiederbelebte erstklassige griechische Traube.

**Mavrud** Gilt als Bulgariens beste Rebsorte, in Thrakien heimisch und spät reifend. Bringt alterungsfähige dunkle Rotweine mit Pflaumenaroma hervor.

**Melnik** Bulgarische Traubensorte aus der gleichnamigen Region. Dunkle Weine mit angenehm dichtem Sauerkirschcharakter, die gut altern können.

**Mencía** Schlägt derzeit Wellen im nordspanischen Bierzo. Aromatische Weine mit stahligen Tanninen und viel Säure.

**Merlot** Die Traube hinter den großen, duftigen, pflaumenwürzigen Weinen von Pomerol und (zusammen mit CABERNET FRANC) von St-Émilion; unabdingbar im Médoc. Merlot ergibt in Kalifornien, Washington, Chile und Australien weiche und starke (Mode-)Weine; leichtere, häufig gute Tropfen kommen aus Norditalien (in der Toskana teils Weltklasse), der italienischen Schweiz, Slowenien, Argentinien, Südafrika, Neuseeland usw. Die Anpassungsfähigkeit tut ihr nicht immer gut, manche Weine können auch ziemlich mies sein. Schmeckt grün, wenn sie nicht ganz reif ist. Sehr verbreitet in Osteuropa, v. a. in Rumänien.

**Modra Frankinja** Siehe BLAUFRÄNKISCH.

**Modri Pinot** Siehe PINOT NOIR.

**Monastrell** Siehe MOURVÈDRE.

**Mondeuse** Vorkommen in Savoyen; dunkle Farbe, gute Säure. Mit SYRAH verwandt.

**Montepulciano** Die dunkle Rotweintraube ist vorherrschend in den italienischen Abruzzen und bedeutend entlang der Adriaküste von den Marken bis in den Süden Apuliens. Die gleichnamige bekannte toskanische Stadt hat nichts mit der Traube zu tun.

**Morellino** Synonym für SANGIOVESE in der südtoskanischen Maremma, v. a. Scansano.

**Mourvèdre (Mataro, Monastrell)** Ein Star in Südfrankreich (z. B. Bandol, beeinflusst zunehmend auch Châteauneuf-du-Pape) Australien (alias Mataro) und Spanien (alias Monastrell). Exzellente dunkle, aromatische, tanninstarke Traube, die sich gut in Verschnitten macht. Erfreut sich auch in South Australia und Kalifornien wachsender Beliebtheit.

**Napa Gamay** Identisch mit der südfranzösischen Sorte Valdiguié. Nichts, worüber man ins Schwärmen geraten könnte.

**Nebbiolo (Spanna, Chiavennasca)** Eine der besten roten Trauben Italiens für Barolo, Barbaresco, Gattinara und Valtellina. Intensiv, edle Frucht, volles Bukett, stahlige Tannine – gewinnt durch jahrelanges Altern.

**Negoramaro** Wörtlich »schwarzer Bitterer«. Apulische Traube mit Zeug entweder zu Qualität oder zu Quantität.

**Nerello mascalese** Sizilianische Rotweinsorte mit Charakter (v. a. am Ätna), Potenzial für Eleganz.

**Nero d'Avola** Dunkelrote Traube aus Sizilien, deren Qualitätsniveau von großartig bis industrielle Massenerzeugung reicht.

**Nielluccio** Korsische Sorte; säure- und tanninreich. Gut für Rosé.

## REBSORTEN | Trauben für Rotwein | 17

**Öküzgözü** Türkische Rebsorte, die weiche, fruchtige Rotweine liefert. Oft mit BOĞASKERE verschnitten, so wie man in Bordeaux MERLOT mit CABERNET SAUVIGNON verschneidet.

**País** Spanische Pionier-Traube auf dem amerikanischen Kontinent. Rustikale Weine; einige Erzeuger geben sich jetzt mehr Mühe.

**Pamid** Traube für leichten, weichen Alltagsrotwein aus Bulgarien.

**Periquita (Castelão)** In Portugal verbreitet, insbesondere um Setúbal. Nach der beliebten (eingetragenen) Marke von Fonseca ursprünglich Periquita genannt; der offizielle Name ist aber Castelão. Liefert feste Rotweine mit Himbeeraroma, im Alter entwickeln sich Feigen- und Teernoten.

**Petite Sirah** Traube für rustikale, tanninreiche dunkle Weine, glänzt in Kalifornien in Verschnitten mit ZINFANDEL. Vorkommen auch in Südamerika, Mexiko und Australien. Hat nichts mit SYRAH zu tun.

**Petit Verdot** Ausgezeichnete, aber schwierige Traube im Médoc, weltweit in CABERNET-Gebieten angepflanzt, um Duftigkeit beizusteuern. Wird meist verschnitten, es gibt aber auch einige sehr gute sortenreine Weine, v. a. in Virginia.

**Pinotage** Südafrikanische Kreuzung (PINOT NOIR x CINSAULT). Genoss mal mehr, mal weniger Ansehen, wird bei Spitzenerzeugern aber besser. Auch guter Rosé. »Coffee Pinotage« ist leicht süß, mit Espressonote und hat ein junges Publikum als Zielgruppe.

**Pinot Crni** Siehe PINOT NOIR.

**Pinot Meunier (Schwarzriesling, Meunier)** Die dritte Traube der Champagnerproduktion, besser bekannt als Meunier. Großartige Verschnittsorte, kann aber auch reinsortig, da man sie nun besser versteht als Bindeglied zwischen PINOT NOIR und CHARDONNAY, überraschend feine Weine hervorbringen. Die besten Stillweine kommen von Kreideböden (Damery, Leuvigny, Festigny) bei Epernay.

**Pinot noir (Spät- oder Blauburgunder, Pinot nero, Modri Pinot, Pinot Crni)** Die große Burgundertraube der Côte d'Or hat in Bukett, Geschmack und Fülle nicht ihresgleichen. Auch im Elsass fein. Neuere Bemühungen in Deutschland sind revolutionär. Sehr gut auch in Österreich, v.a. im Kamptal, im Burgenland und in der Thermenregion. Leichte Weine in Ungarn, durchschnittlich und leicht bis mittelgewichtig in der Schweiz (alias Clevner). Ausgezeichnete Ergebnisse in Sonoma, Carneros und an der Central Coast (Kalifornien), in Oregon, in Ontario, im Yarra Valley und in den Adelaide Hills (Australien), in Tasmanien, im neuseeländischen Central Otago und in Südafrika (Walker Bay). Auch in Chile ein paar sehr hübsche Weine. Neue französische Klone lassen auf Verbesserungen in Rumänien hoffen. In Slowenien liefert sie als Modri Pinot die wohl besten Roten des Landes. Die besten Ergebnisse in Italien kommen aus dem Nordosten, Richtung Süden nimmt die Qualität zunehmend ab. PINOT BLANC und PINOT GRIS sind Mutationen von Pinot noir.

**Plavac Mali (Crljenak)** Kroatische Rotweintraube, verwandt mit ZINFANDEL. Gutes Potenzial für hochklassige und langlebige Weine, kann aber auch sehr alkoholstark und stumpf ausfallen.

**Primitivo** Süditalienische Traube, aus Kroatien stammend, die ausladende, rustikale Weine ergibt. Der Name bedeutet nicht »primitiv«, sondern »früh reifend«. Jetzt in Mode, da Primitivo genetisch identisch ist mit ZINFANDEL – ursprünglich hießen die beiden Sorten wohl Tribidag.

**Refosco (Refošk)** Etliche italienische DOCs, v. a. in den Colli Orientali. Ergibt tiefe, hocharomatische, lagerfähige Weine, v. a. in wärmerem Klima. Dunkel, säurereich. Die Refošk in Slowenien und weiter östlich ist genetisch nicht identisch, schmeckt aber ähnlich.

**Refošk** Siehe REFOSCO.

**Rubin** Bulgarische Kreuzung (NEBBIOLO x SYRAH), pfeffrig und körperreich.

## 18 | Trauben für Rotwein | REBSORTEN

**Sagrantino** Italienische Sorte mit Hauptvorkommen in Umbrien; liefert kräftige Weine mit Kirschnote.

**Sangiovese (Brunello, Morellino, Sangioveto)** Die wichtigste Rotweintraube der Toskana und Mittelitaliens. Nicht einfach im Anbau, doch wenn man sie richtig behandelt, ergibt sie vorzügliche, langlebige Weine. Vorherrschend in Chianti, Vino Nobile, Brunello di Montalcino, Morellino di Scansano und verschiedenen feinen IGT-Weinen. Auch in Umbrien (z. B. Montefalco und Torgiano) und jenseits der Apenninen in der Romagna und in den Marken zu finden. Weniger gut geht es ihr in den wärmeren, niedriger gelegenen Weinbergen an der toskanischen Küste oder in anderen Gegenden Italiens (obwohl sie fast allgegenwärtig ist). Auch in Australien interessant.

**Sangioveto** Siehe SANGIOVESE.

**Saperavi** Die wichtigste Rotweinsorte Georgiens, der Ukraine usw. Wird gern mit CABERNET SAUVIGNON verschnitten (v. a. in Moldawien). Das enorme Potenzial wird leider nur selten umgesetzt.

**Schiava** Siehe TROLLINGER.

**Schioppetino** In Nordostitalien heimische Sorte, säurebetont, gute Qualität; liefert elegante, verfeinerte Weine, die alten können.

**Schwarzriesling** Württemberger Name für PINOT MEUNIER.

**Sciacarello** Korsische Sorte mit Kräuter- und Pfeffernote; nicht sehr tanninstark.

**Shiraz** Siehe SYRAH.

**Spanna** Siehe NEBBIOLO.

**Spätburgunder** Name für PINOT NOIR in Deutschland.

**St. Laurent** Dunkle, geschmeidige und hocharomatische österreichische Spezialität. Kann leicht und saftig, aber auch tiefgründig und strukturiert sein. Auch in der Pfalz anzutreffen.

**Syrah (Shiraz)** Die große Traube der Rhône erbringt tanninreichen, pfeffrigen, purpurroten Wein, der sich superb entwickeln kann. In Australien als Shiraz von großer Bedeutung. Unter beiden Namen in Chile und Südafrika immer besser, wunderbar in Neuseeland (v.a. Hawke's Bay). Sehr weit verbreitet.

**Tannat** Gerbstoffreiche Traube mit Himbeerduft, die fest strukturierten Rotweinen aus Südwestfrankreich wie Madiran oder Tursan Kraft verleiht. Auch für Rosé. In Uruguay jetzt ein Star.

**Tempranillo (Aragonez, Cencibel, Tinto fino, Tinta del País, Tinta Roriz, Ull de Llebre)** Die aromatische, feine, früh reifende Rioja-Traube heißt in Katalonien Ull de Llebre, in La Mancha Cencibel, in Ribera del Duero Tinto fino, in Kastilien Tinta del País, am Douro Tinta Roriz und in Südportugal Aragonez. Wird jetzt auch in Australien angebaut. Groß in Mode; erbringt elegante Weine in kühlem, mächtige in heißem Klima. Die Trauben reifen früh, die Weine können lange altern.

**Teran (Terrano)** Naher Verwandter der REFOSCO; wächst vor allem auf Kalkstein (Karst) in Slowenien.

**Teroldego Rotaliano** Die beste einheimische Rebsorte des Trentino erbringt anspruchsvollen, gehaltvollen Wein; v. a. auf dem flachen Campo Rotaliano.

**Tinta Amarela** Siehe TRINCADEIRA.

**Tinta del País** Siehe TEMPRANILLO.

**Tinta Negra (Negramoll)** Bis vor Kurzem Tinta Negra Mole genannt. Die meistangepflanzte rote Rebsorte in Madeira, sehr produktiv und Hauptbestandteil der billigeren Madeira-Weine. Kommt jetzt in Colheitas zu ihrem Recht (siehe Portugal).

**Tinta Roriz** Siehe TEMPRANILLO.

**Tinto fino** Siehe TEMPRANILLO.

**Touriga Nacional** Rote Traube der Spitzenklasse für Port; am Douro mehr und mehr auch für blumige, stilvolle Tischweine verwendet. Bei der austra-

**REBSORTEN** | Trauben für Weißwein | 19

lischen Touriga handelt es sich in der Regel um dieselbe Sorte, die kalifornische auch Touriga Franca sein.

**Trincadeira (Tinta Amarela)** Sehr gute rote Traube im Alentejo (Portugal) für würzige Weine. Am Douro als Tinta Amarela bekannt.

**Trollinger (Schiava, Vernatsch)** In Württemberg beliebte hellrote Traube, in Südtirol Vernatsch/Schiava genannt. Umfasst eine ganz Gruppe von Rebsorten, die nicht unbedingt miteinander verwandt sind. In Italien lebhafte, schmissige Weine.

**Vernatsch** Siehe TROLLINGER.

**Xinomavro** Griechenlands Antwort auf NEBBIOLO; der Name bedeutet »säuerlich schwarz«. Dient als Grundlage für Naoussa, Rapsani, Goumenissa und Amindeo. Auch etwas stiller und schäumender Rosé. Hervorragende Qualität, Jahrzehnte haltbar. Wird auch in China ausprobiert.

**Zinfandel** Vielseitige, fruchtige Sorte aus Kalifornien mit (manchmal metallischem) Brombeeraroma. Kann strukturiert und überaus üppig geraten und hält sich dann jahrzehntelang, wird aber auch weiß bzw. hellrosa *(blush)* gekeltert und ist dann üblicherweise süß und marmeladig. Genetisch identisch mit der süditalienischen PRIMITIVO.

**Zweigelt (Blauer Zweigelt)** Kreuzung aus BLAUFRÄNKISCH X ST. LAURENT; in Österreich beliebt für aromatische, dunkle, geschmeidig-samtige Weine. Wird auch in Ungarn und Deutschland angebaut.

# Trauben für Weißwein

**Airén** Sorte für Massenweine aus La Mancha, Spanien; bei guter Bereitung frisch.

**Albariño (Alvarinho)** Spaniens schicke und teure Sorte liefert Weine mit guter Säure und Aprikosenduft. Hervorragend in Rías Baixas, taucht aber zunehmend auch anderso auf. Wird nicht überall dem Hype gerecht, der um sie gemacht wird. Ebenso gut in Portugal als Alvarinho mit aromatischem Vinho Verde, v. a. in Monção and Melgaço.

**Aligoté** Die zweitwichtigste weiße Traube in Burgund. Scharfer, jung zu trinkender Wein; mit Cassis (Schwarzem Johannisbeerlikör) zum Kir gemixt, ist er hervorragend. Die Sorte ist auch in Osteuropa, v. a. in Russland, verbreitet.

**Alvarinho** Portugiesisch für ALBARIÑO.

**Amigne** Schweizer Spezialität mit Tradition im Wallis, die auf insgesamt 43 ha angebaut wird, v. a. in Vétroz. Körperreiche, schmackhafte Weine, oft mit etwas Restsüße, manchmal sehr trocken.

**Ansonica** Siehe INSOLIA.

**Arinto** Portugiesische Traube, die in Bucelas sehr aromatische, zitrusduftige Weine erbringt und, v. a. im Alentejo, Verschnitten Spritzigkeit verleiht.

**Arneis** Aromatische Traube aus Nordwestitalien mit Apfel-/Pfirsicharoma, die hohe Preise erzielt. Im Roero (Piemont) wurde eine DOCG für sie eingerichtet, in den Langhe eine DOC.

**Arvine** Seltene, aber exzellente Schweizer Spezialität aus dem Wallis (auch Petite Arvine genannt). Wird trocken oder süß ausgebaut und bringt frische, elegante Weine mit langem, leicht salzigem Abgang hervor.

**Assyrtiko** Sorte aus Santorini; eine der besten Weißweintrauben des Mittelmeerraums mit schöner Balance von Kraft, Mineralität, Extrakt und kräftiger Säure. Potenziell langlebige Weine, die die Welt erobern könnten ...

**Auxerrois** Roter Auxerrois ist ein Synonym für MALBEC, während weißer Auxerrois eher wie eine fettere, würzigere Version von PINOT BLANC wirkt. Im Elsass häufig für Crémant verwendet; kommt auch in Deutschland vor.

**Beli Pinot** Siehe PINOT BLANC.

**Blanc fumé** Siehe SAUVIGNON BLANC.

## 20 | Trauben für Weißwein | REBSORTEN

**Boal** Siehe BUAL.

**Bourboulenc** Ergibt, ebenso wie die seltene Rolle-Rebe, einige der besten Weine des Midi.

**Bouvier** Indigene österreichische aromatische Traubensorte, besonders gut für Beeren- und Trockenbeerenauslesen; wird selten trocken ausgebaut.

**Bual (Boal)** Liefert hochwertigen süßen Madeira, weniger voll als MALMSEY.

**Carricante** Italienische Sorte, Hauptzutat im Etna Bianco. Gewinnt wieder an Boden.

**Catarratto** Die ertragreiche Weißweintraube ist in ganz Sizilien anzutreffen, v. a. im Westen in der DOC Alcamo.

**Cerceal** Siehe SERCIAL.

**Chardonnay (Morillon)** Die weiße Traube von Burgund und der Champagne, jetzt weltweit allgegenwärtig – z. T. auch, weil sie so leicht an- und auszubauen ist. Auch eine Mâcon-Villages-Gemeinde heißt so. Die Mode für überholzte Karamellbonbon-Versionen ist glücklicherweise vorüber. In der Steiermark Morillon genannt.

**Chasselas (Fendant, Gutedel)** Schweizer Rebsorte (ursprünglich aus dem Waadtland). Im Geschmack neutral, aber je nach Terroir mit starkem lokalem Charakter, der von elegant (Genf), finessenreich-vollmundig (Waadt) bis zu kräftig-rassig (Wallis) reicht. Im Wallis wird sie Fendant genannt. Fast ein Drittel der Schweizer Weine sind von Chasselas, die Traube wird jedoch mehr und mehr von anderen Sorten verdrängt. Heißt Gutedel in Deutschland und wird v. a. in Südbaden angebaut. In anderen Gegenden meist eine Tafeltraube.

**Chenin blanc** Die großartige weiße Traube an der mittleren Loire (Vouvray, Layon usw.). Ergibt trockenen bis lieblichen (sogar süßen) Wein, doch stets mit reichlich Säure. Wurde in Südafrika früher Steen genannt und erbringt dort viele gewöhnliche, im Bestfall aber sehr edle Weine. In Kalifornien kann sie sich gut schlagen, doch macht man sich dort nicht die Mühe.

**Cirfandl** Siehe ZIERFANDLER.

**Clairette** Schwach säurehaltige Sorte; in Südfrankreich wichtig und in vielen Verschnitten zu finden. Verbesserte Weinbereitungsmethoden wirken sich positiv aus.

**Colombard** Leicht fruchtige, angenehm säuerliche Traube, aus der man in Südafrika, Kalifornien und Südwestfrankreich Alltagsweine bereitet, oft in Verschnitten.

**Dimiat** Stark duftende bulgarische Sorte, die trocken oder halbtrocken ausgebaut oder zur Destillation verwendet wird. Hat weit mehr Synonyme, als eine Traube je braucht.

**Ermitage** Schweizer Name für MARSANNE.

**Ezerjó** Sinngemäß etwa »tausend Segnungen«. Ungarische Rebsorte mit scharfer Säure.

**Falanghina** Die historische italienische Traube aus dem kampanischen Bergland erbringt gute, dichte, aromatische trockene Weißweine.

**Fendant** Siehe CHASSELAS.

**Fernão Pires** Siehe MARIA GOMES.

**Fetească albă/regală** Rumänien hat zwei Weißweinsorten namens Fetească, beide mit leichtem, an MUSCAT erinnerndem Aroma. Fetească regală, eine Kreuzung aus Fetească albă und GRASĂ, besitzt mehr Finesse und eignet sich gut für Spätleseweine. FETEASCĂ NEAGRĂ ist eine Rotweinsorte.

**Fiano** Qualitätstraube, ergibt im süditalienischen Kampanien würzige Weine mit Pfirsichnote.

**Folle blanche (Gros Plant)** Viel Säure, wenig Aroma, ideal für Branntwein. Heißt in der Bretagne Gros Plant, in Armagnac Picpoul, obwohl keine Verwandtschaft mit der echten PICPOUL besteht. Auch in Kalifornien angesehen.

## REBSORTEN | Trauben für Weißwein | 21

**Friulano (Sauvignonasse, Sauvignon vert)** NorditalienischeTraube für frische, pikante, subtil florale Weißweine, am besten in den Gebieten Collio, Isonzo und Colli Orientali. Hieß früher Tocai friulano. Im benachbarten Slowenien Sauvignonasse genannt, ebenso in Chile, wo die Sorte lange mit SAUVIGNON BLANC verwechselt wurde. Der ehemalige Tocai aus Venetien heißt jetzt Tai.

**Fumé blanc** Siehe SAUVIGNON BLANC.

**Furmint (Šipon)** Ausgezeichnete, charaktervolle Rebe, das Gütezeichen Ungarns sowohl als Haupttraube im Tokajer als auch in lebendigen, kräftigen Tafelweinen, die manchmal mineralisch, manchmal mit Aprikosennote und manchmal beides sind. In Slowenien unter der Bezeichnung Šipon. Auch in Rust in Österreich trocken und süß ausgebaut.

**Garganega** Die beste Traube im Soave-Verschnitt, auch in Gambellara. Spitzenweine, v. a. süße, altern vorzüglich.

**Garnacha blanca (Grenache blanc)** Die weiße Ausgabe der GRENACHE/Garnacha, sehr verbreitet in Spanien und Südfrankreich. Säurearm; kann recht harmlos, aber auch überraschend gut ausfallen.

**Gewürztraminer (Traminac, Traminec, Traminer, Tramini)** Eine der ausdrucksvollsten Trauben, identisch mit SAVAGNIN; ausgesprochen würzig, erinnert an Rosenblüten, Gesichtscreme, Litschis und Grapefruit. Die Weine sind oft voll und weich, selbst wenn sie trocken ausgebaut sind. Am besten im Elsass; auch gut in Deutschland (Baden, Pfalz, Sachsen), Osteuropa, Australien, Kalifornien, im pazifischen Nordwesten und in Neuseeland. Kann als »Traminer« (oder Varianten davon) etikettiert relativ unaromatisch ausfallen. Trockene Versionen in Italien heißen Traminer aromatico. Außerhalb deutschsprachiger Länder oft ohne Umlaut »Gewurztraminer" geschrieben.

**Glera** Glanzloser neuer Name für die Prosecco-Traube; in der EU ist Prosecco nur noch der Wein. In Australien allerdings weiterhin Name einer Traubensorte.

**Godello** Erstklassige Rebsorte in Nordwestspanien; erbringt intensive, mineralische Weine. Im portugiesischen Dão heißt sie Verdelho, ist aber nicht verwandt mit der echten VERDELHO.

**Grasă (Kövérszőlő)** Rumänische Sorte; der Name bedeutet »fett«. Anfällig für Botrytis. Die wichtigste Traube in Cotnari, kann herrliche Süßweine hervorbringen. Wird im ungarischen Tokaj unter dem Namen Kövérszőlő angebaut.

**Graševina** Siehe WELSCHRIESLING.

**Grauburgunder** Siehe PINOT GRIS.

**Grechetto** Alte Rebsorte aus Mittel- und Süditalien mit gutem Ruf für lebendige, stilvolle Weine. Wird verschnitten oder (in Orvieto) sortenrein verwendet.

**Greco** In Süditalien tragen einige Weißweinsorten den Namen Greco (wahrscheinlich griechischen Ursprungs), was aber nicht bedeutet, dass sie verwandt sein müssen. Bekannt ist v. a. der Greco di Tufo mit anregenden Pfirsicharomen. Greco di Bianco wird aus halbgetrockneten Trauben gewonnen. Als dunkle Verson gibt es auch Greco nero.

**Grenache blanc** Siehe GARNACHA BLANCA.

**Grillo** Italienische Sorte; Haupttraube im Marsala. Liefert auch sehr gute trockene, körperreiche Tischweine.

**Gros Plant** Siehe FOLLE BLANCHE.

**Grüner Veltliner** Das Flaggschiff unter Österreichs Weißweinsorten ist ausgesprochen vielseitig: von einfachen, pfeffrigen Alltagsweinen zu Kreszenzen mit großer Komplexität und Alterungspotenzial. Kommt auch in anderen Ländern Mitteleuropas und anderswo vor.

**Gutedel** Siehe CHASSELAS.

**Hárslevelű** Die »Lindenblättrige« ist die zweite wichtige Traubensorte im Tokajer, aber weicher und pfirsichfruchtiger als FURMINT. Gut auch in Somló und Eger.

**Heida** Schweizer Name für SAVAGNIN.

**Humagne** Schweizer Spezialität, älter als CHASSELAS, die frische, dralle, nicht sehr aromatische Weine liefert. Humagne rouge ist nicht mit ihr verwandt, sondern identisch mit Cornalin d'Aoste; Cornalin du Valais ist wieder etwas anderes.

**Insolia (Ansonica, Inzolia)** Sizilianische Weißweintraube, heißt an der Toskanaküste Ansonica. Frische, rassige Weine im Bestfall. Für Süßweine werden auch halbgetrocknete Trauben verwendet.

**Irsai Olivér** Ungarische Kreuzung; aromatische Weißweine, die an MUSCAT erinnern und jung zu trinken sind.

**Johannisberg** Schweizer Name für SILVANER.

**Kéknyelű** Wenig ertragreiche, aromareiche Traube für einen der besten ungarischen Weißweine. Hohes Potenzial für feurigen, würzigen Wein.

**Kerner** Recht erfolgreiche deutsche Kreuzung. Reift früh und liefert blumige (manchmal etwas aufdringliche) Weine mit guter Säure.

**Királyleányka** Ungarische Sorte; erbringt sanfte, frische Weine (z. B. in Eger).

**Koshu** Vermutlich autochthone japanische Traube und ihr Wein, der gerade einen Hype erlebt. Frisch, harmlos.

**Kövérszőlő** Siehe GRASĂ.

**Laski Rizling** Siehe WELSCHRIESLING.

**Leányka** Ungarische Sorte (»Mädchentraube«); erbringt weiche, blumige Weine.

**Listán** Siehe PALOMINO.

**Longyan** Autochthone chinesische Traube (wörtlich: Drachenauge). Gute, gehaltvolle, aromatische Weine.

**Loureiro** Die nach ALVARINHO beste Vinho-Verde-Traube ergibt zart blumige Weißweine. Kommt auch in Spanien vor.

**Macabeo** Siehe VIURA.

**Maccabeu** Siehe VIURA.

**Malagousia** Wiederentdeckte griechische Rebsorte für wunderbar aromatische Weine.

**Malmsey** Siehe MALVASIA. Der süßeste Madeira-Stil.

**Malvasia (Malmsey, Malvazija, Malvoisie, Marastina)** Keine einzelne Varietät, sondern gleich eine ganze Gruppe von Rebsorten, die nicht unbedingt miteinander verwandt sind oder auch nur Ähnlichkeiten aufweisen. In Italien, Frankreich und überall auf der iberischen Halbinsel vertreten; die Weine können rot oder weiß, still oder schäumend, kräftig oder mild, süß oder trocken, aromatisch oder neutral sein. Die slowenische bzw. kroatische Version Malvazija istarka (in Kroatien manchmal auch Marastina genannt) liefert knackige und leichte Weine, aber auch reichhaltige Gewächse, die in Eiche ausgebaut werden. Das Wort »Malmsey« (der süßeste Madeira-Stil) ist eine Verballhornung von Malvasia.

**Malvoisie** Siehe MALVASIA. Der Name wird in Frankreich für verschiedene Sorten verwendet, darunter BOURBOULENC, Torbato und VERMENTINO. Im Wallis nennt man den PINOT GRIS so.

**Manseng, Gros/Petit** Traube für wunderbar würzige, florale Weine aus Südwestfrankreich. Der Schlüssel zu Jurançon. Liefert auch ausgezeichnete Spätlesen und Süßweine.

**Maria Gomes (Fernão Pires)** Portugiesische Traube für reif-aromatische, leicht würzige Weißweine aus den Regionen Bairrada und Tejo.

**Marsanne (Ermitage)** Neben ROUSSANNE die Hauptweißweintraube an der nördlichen Rhône (Hermitage, St-Joseph, St-Péray). Auch in Australien, Kalifornien und (als Ermitage blanc) im Wallis mit Erfolg angebaut. Milde, volle Weine, die sehr schön altern.

# REBSORTEN | Trauben für Weißwein | 23

**Melon de Bourgogne** Siehe MUSCADET.

**Misket** Bulgarische mild-aromatische Traubensorte; Grundlage der meisten Weißweine des Landes.

**Morillon** In einigen Teilen Österreichs der Name für CHARDONNAY.

**Moscatel** Siehe MUSCAT.

**Moscato** Siehe MUSCAT.

**Moschofilero** Hochwertige griechische Traube mit Rosenduft, hellroter Schale und kräftiger Säure. Liefert eher alkoholschwache Weine, meist weiß, es gibt aber auch ein paar Rosé-Versionen sowie Schaumwein.

**Müller-Thurgau** Liefert aromatische, jung zu trinkende Weine. Die süßen Varianten können gut sein, die trockenen dagegen sind oft nichtssagende, derbe Wässerchen. In Deutschland v. a. in der Pfalz, in Rheinhessen, an der Nahe, in Baden und in Franken verbreitet. Hat sich in Italien (Trentino–Südtirol, Friaul) einige Meriten verdient. Wird in der Schweiz manchmal noch (inkorrekt) Riesling x Sylvaner genannt.

**Muscadelle** Verleiht manchem weißen Bordeaux (v. a. Sauternes) besondere Würze. Wird im australischen Victoria (zusammen mit MUSCAT, mit dem keine Verwandtschaft besteht) für Rutherglen Muscat verwendet.

**Muscadet (Melon de Bourgogne)** Erbringt leichte, sehr trockene, erfrischende Weine mit einem Hauch von Meer in der Gegend um Nantes (Bretagne). Als Melon de Bourgogne auch in Teilen Burgunds anzutreffen.

**Muscat (Moscatel, Moscato, Muskateller)** Diese Sorte existiert in vielen Varianten, am besten ist Muscat blanc à petits grains (alias Gelber Muskateller, Rumeni Muškat, Sarga Muskotály, Yellow Muscat). Die weit verbreiteten, leicht erkennbaren, ausdrucksvollen Trauben werden meist zu buketttreichen, süßen Weinen verarbeitet, oft auch gespritet (z. B. Vin doux naturel in Frankreich). Wunderbar dunkel und süß in Australien. In Spanien süß, z. T. sehr gut. Ungarischer Muskotály ist meist Muscat Ottonel, nur in Tokaj, wo Sarga Muskotály vorherrscht, bringt er (in kleinen Mengen) Duft in den Verschnitt. Gelegentlich (z. B. im Elsass, in Österreich und in Teilen Süddeutschlands) auch trocken ausgebaut. Süßer Muscat vom Cap Corse kann vorzüglich sein. In Norditalien als Moscato leichter Schaumwein.

**Muskateller** Siehe MUSCAT.

**Narince** Türkische Sorte; frische und fruchtige Weine.

**Neuburger** Lange vernachlässigte österreichische Traube, anzutreffen v. a. in der Wachau (elegante, blumige Weine), in der Thermenregion (körperreich, breit) und in den nördlicheren Teilen des Burgenlands (kräftig, voll).

**Olaszriesling** Siehe WELSCHRIESLING.

**Païen** Siehe SAVAGNIN.

**Palomino (Listán)** Die wichtigste Traube für Sherry. Kaum eigener Charakter, es kommt alles auf die Bereitungsmethode an. Liefert unter dem Namen Listán auf den Kanarischen Inseln trockenen Weißwein.

**Pansa blanca** Siehe XAREL-LO.

**Pecorino** Keine Käsesorte, sondern ein verführerischer trockener Weißwein (IGT Colline Pescaresi) von der gleichnamigen Sorte, die vor Kurzem noch fast ausgestorben war.

**Pedro Ximénez (PX)** Wird für süße, braune Sherry-Stile (reinsortig unter dem eigenen Namen) sowie für Montilla und Málaga verwendet. Auch auf den Kanaren, in Argentinien, Australien, Kalifornien und Südafrika angebaut.

**Picpoul (Piquepoul)** Südfranzösische Traube; am bekanntesten ist der sortenrein von Piquepoul blanc bereitete Picpoul de Pinet. Picpoul noir hat eine dunkle Schale. Sollte säurereich sein.

**Pinela** Lokale slowenische Sorte für subtile, säurearme, jung zu trinkende Weine.

**Pinot bianco** Siehe PINOT BLANC.

**Pinot blanc (Beli Pinot, Pinot bianco, Weißburgunder)** Cousin des PINOT NOIR. Ähnelt CHARDONNAY, ist aber milder im Charakter. Leicht, frisch, fruchtig, kaum aromatisch, jung am besten. Gut für italienischen *spumante*, im Nordosten potenziell exzellent, v. a. in hohen Lagen in Südtirol. Weit verbreitet. Heißt in Deutschland Weißburgunder und glänzt dort v. a. im Süden, da er rassiger ausfällt als Chardonnay.

**Pinot gris (Pinot grigio, Grauburgunder, Ruländer, Sivi Pinot, Szürkebarát)** Als Pinot grigio in Norditalien extrem beliebt, selbst für Rosé – charaktervolle Spitzenweine können aber exzellent sein (Südtirol, Friaul). Billige Versionen sind nur dies: billig. Großartig im Elsass für würzige, körperreiche Weißweine. Heißt in Deutschland Ruländer (süß) oder Grauburgunder (trocken); die besten Weine kommen aus Baden (v. a. vom Kaiserstuhl) und der Südpfalz. Szürkebarát in Ungarn, Sivi Pinot in Slowenien (charaktervoll, aromatisch).

**Pošip** Kroatische Sorte v. a. auf der Insel Korčula. Recht charaktervoll, Zitrusaroma, hohe Erträge.

**Prosecco** So hieß früher die Traube, aus der Prosecco gemacht wird. Heute muss man sie GLERA nennen.

**Renski Rizling** Rheinriesling. Siehe RIESLING.

**Rèze** Sehr seltene alte Sorte aus dem Wallis, die für *Vin du Glacier* verwendet wird.

**Ribolla gialla/Rebula** Säurehaltige Weine mit Charakter; in Italien v. a. aus dem Collio, in Slowenien traditionell aus Brda. Kann sehr gut sein, selbst wenn sie auf exzentrische Weise bereitet wird.

**Rieslaner** Deutsche Kreuzung zwischen Silvaner und Riesling; bekannt für geringe Erträge und schwierige Reifung, inzwischen sehr selten geworden (weniger als 50 ha). Erbringt in Franken und der Pfalz gute Auslesen.

**Riesling italico** Siehe WELSCHRIESLING.

**Riesling (Renski Rizling, Rhine Riesling)** Die großartigste, vielseitigste Weißweintraube, im Stil völlig anders als CHARDONNAY. Riesling bietet eine Fülle von Duft- und Geschmacksnoten – die Bandbreite reicht von stahlig bis üppig, doch immer mit positivem Grundton – und hat viel mehr Alterungspotenzial als Chardonnay. Großartig in allen Stilrichtungen in Deutschland; kraftvoll und stahlig in Österreich; Noten von Limettensirup und gerösteten Früchten in South Australia; reichhaltig und würzig im Elsass; vielversprechend am deutschen Stil augerichtet in Neuseeland, dem Staat New York und dem pazifischen Nordwesten der USA; mit Potenzial in Ontario und Südafrika. Bekommt in warmen Klimata schnell eine Petrolnote (Geruch nach Benzin).

**Rkatsiteli** In Osteuropa, Russland und Georgien sehr verbreitete Sorte, winterhart und säurereich, liefert daher auch bei schlechter Weinbereitung zum Teil noch einigermaßen akzeptable Ergebnisse. Wird auch im Nordosten der USA angebaut.

**Robola** Erstklassige Traube aus Griechenland (Kefallonia) mit blumigem Aroma. Nicht mit Ribolla gialla verwandt.

**Roditis** Rosafarbige Traube, die vorwiegend Weißwein liefert, in ganz Griechenland verbreitet. Bei niedrigen Erträgen gute Ergebnisse.

**Roter Veltliner** Österreichische Sorte, nicht verwandt mit dem GRÜNEN VELTLINER. Es gibt auch Frühroten und (nicht verwandten) Braunen Veltliner.

**Rotgipfler** Einheimische aromatische Traubensorte der österreichischen Thermenregion. Ergibt im Verschnitt mit ZIERFANDLER lebendige, üppige, aromatische Weine.

**Roussanne** Rhône-Traube von echter Finesse, die man jetzt auch in Kalifornien und Australien antrifft. Kann viele Jahre altern.

**Ruländer** Siehe PINOT GRIS.

**Sauvignonasse** Siehe FRIULANO.

**Sauvignon blanc** Erbringt sehr ausdrucksvolle, aromatische Weine mit Noten von Gras bis hin zu tropischen Früchten – pikant in Neuseeland, oft mineralisch in Sancerre, reifer in Australien; gut auch in Rueda, Österreich,

Norditalien (Isonzo, Piemont, Südtirol), dem chilenischen Casablanca-Tal und Südafrika. Wird in Bordeaux mit SÉMILLON verschnitten. Kann herb ausfallen oder auch herzhaft (und manchmal ganz schrecklich). Sauvignon gris ist eine weniger aromatische Version mit rosafarbener Schale und noch unerforschtem Potenzial.

**Sauvignon vert** Siehe FRIULANO.

**Savagnin (Heida, Païen)** Die Traube des Vin jaune aus dem Jura; ihre aromatische Spielart ist der GEWÜRZTRAMINER. In der Schweiz als Heida, Païen oder Traminer bekannt. Körperreiche, säurebetonte Weine.

**Scheurebe** Deutsche Traube mit Grapefruitaroma, wahrscheinlich eine Kreuzung aus RIESLING x SILVANER. In der Pfalz sehr beliebt, besonders für Auslesen und darüber. Als trockener Wein manchmal krautig, nur voll ausgereift gut.

**Sémillon (Semillon)** Verleiht dem Sauternes seine Fülle, ist aber immer weniger von Bedeutung für Graves und andere trockene weiße Bordeaux-Weine. Grasig, wenn nicht voll ausgereift, kann aber weichen, trockenen Wein mit großem Alterungspotenzial liefern. In Australien (wo man sie ohne Akzent schreibt) hervorragend; in Neuseeland und Südafrika vielversprechend.

**Sercial (Cerceal)** Die portugiesische Traube liefert den trockensten Madeira. Als Cerceal (ebenfalls portugiesisch) scheint man dieselbe Sorte zu bezeichnen, aber auch noch einige andere.

**Seyval blanc** In Frankreich gezüchtete Hybride aus französischen und amerikanischen Reben. Sehr widerstandsfähig, angenehm fruchtig. Im Osten der USA und in England recht erfolgreich, von den dogmatischen Richtlinien der Europäischen Union jedoch nicht für »Qualitätswein« zugelassen.

**Silvaner (Johannisberg, Sylvaner)** Kann in Rheinhessen und der Pfalz exzellente Ergebnisse hervorbringen, besonders aber in Franken mit ihren pflanzlich/erdigen und mineralischen Noten. Liefert im Wallis als Johannisberg sehr guten, kraftvollen Wein. Im Elsass die Sorte für die leichtesten Weine.

**Sipon** Siehe FURMINT.

**Sivi Pinot** Siehe PINOT GRIS.

**Spätrot** Siehe ZIERFANDLER.

**Sylvaner** Siehe SILVANER.

**Tămâioasă românească** Zur MUSCAT-Familie gehörige rumänische »frankincense«-Weißweintraube mit exotischem Aroma und Geschmack.

**Torrontés** Eine ganze Reihe von Trauben wird so genannt, die meisten haben einen aromatischen, floralen, manchmal etwas seifigen Charakter. Eine Spezialität in Argentinien, auch in Spanien anzutreffen. Jung zu trinken.

**Traminac** Alias Traminec. Siehe GEWÜRZTRAMINER.

**Traminer** In Ungarn auch Tramini. Siehe GEWÜRZTRAMINER.

**Trebbiano (Ugni blanc)** Die wichtigste weiße Sorte der Toskana, kommt aber in verschiedenster Gestalt in ganz Italien vor. Erhebt sich selten über die Masse, außer im toskanischen Vin Santo. Einige gute trockene Weißweine unter den DOCs Romagna und Abruzzo. Trebbiano di Soave alias VERDICCHIO ist nur entfernt verwandt. Trebbiano di Lugana heißt jetzt Turbiana. Wird in Südfrankreich als Ugni blanc und in Cognac als St-Émilion angebaut. Liefert meist dünnen, neutralen Wein, gut für Verschnitte geeignet. Bräuchte mehr Sorgfalt beim Anbau.

**Ugni blanc** Siehe TREBBIANO.

**Ull de Llebre** Siehe TEMPRANILLO.

**Verdejo** Die Traube von Rueda in Kastilien kann feinen, langlebigen Wein erbringen.

**Verdelho** In Australien hervorragende Qualität (körperreich und etwas scharf); selten, aber gut (und mittelsüß) auf Madeira.

**Verdicchio** Liefert den potenziell guten, muskulösen trockenen Wein gleichen Namens im östlichen Mittelitalien.

**Vermentino** Italienische Traube, die lebhafte Weine mit ordentlicher Textur und guter Alterungsfähigkeit ergibt. Hat Potenzial.

**Vernaccia** Steht für viele Trauben in Italien, die nicht miteinander verwandt sind. Vernaccia di San Gimignano ist frisch und lebhaft, Vernaccia di Oristano eher sherryähnlich.

**Vidal** Französiche Hybridrebe; verbreitet in Kanada für Eiswein angebaut.

**Vidiano** Die meisten Erzeuger auf Kreta lieben diese kraft- und stilvolle Traube mit Noten von Limette und Aprikose und guter Säure.

**Viognier** Die Rhône-Traube ist gerade groß in Mode. Die besten Exemplare stammen aus Condrieu, danach kommen die immer noch aromatischen Weine aus dem Midi. Auch in Kalifornien, Virginia, Uruguay und Australien bereitet man gute Versionen.

**Viura (Macabeo, Maccabéo, Maccabeu)** Die häufigste weiße Sorte Nordspaniens, weitverbreitet in Rioja und den katalanischen Cava-Gebieten. Wird auch jenseits der Grenze in Südwestfrankreich angebaut. Gutes Qualitätspotenzial.

**Weißburgunder** Deutscher Name für PINOT BLANC.

**Welschriesling (Graševina, Laski Rizling, Olaszriesling, Riesling italico)** Liefert leichte und frische bis süße und volle Weine in Österreich; in Osteuropa allgegenwärtig, wo einige bemerkenswert gute trockene und süße Weine aus ihr bereitet werden. Mit RIESLING nicht verwandt.

**Xarel-lo (Pansa blanca)** Traditionelle katalanische Traube, zusammen mit Parellada and MACABEO für Cava verwendet. Neutral, aber sauber. Charaktervoller (mit Noten von Limettensirup) als Pansa blanca in Alella.

**Xynisteri** Die meistangebaute Weißweintraube Zyperns. Kann recht schlicht geraten und wird meist jung getrunken; in Höhenlagen liefert sie allerdings frische, ansprechende, mineralische Weine.

**Zéta** Ungarische Kreuzung von BOUVIER und FURMINT, die einige Winzer für ihren Tokaji Aszú verwenden.

**Zierfandler (Spätrot, Cirfandl)** In der österreichischen Thermenregion vorkommende Weißweinsorte, oft mit ROTGIPFLER zu aromatischen, gewichtigen Weinen mit Orangenschalenduft verschnitten.

# Wein und Speisen

Hat sich jemals die Mode beim Essen schneller verändert? Die Küche scheint der Entwicklung der Weine zu folgen (und was es heute an Weintrends gibt, war vor fünf Jahren noch nicht auf dem Markt). Speisekarten sind heute oft kaum mehr als Zutatenlisten. Eine Reihe Klassiker bleibt natürlich, Gerichte, in denen die Hauptzutat noch die Hauptzutat ist. Bei der Wahl des Weins muss man da nicht originell sein, die erprobte Formel ist ja kein Geheimnis. Wählen Sie Austern zum Chablis, wenn Sie können. Möchten Sie originell und schon fast futuristisch im Trend liegen und Ihr Essen trotzdem genießen, nehmen Sie Sherry. Erst Fino, dann Oloroso.

## Vorspeisen

**Aïoli** Zu so viel Knoblauch braucht man einen Durstlöscher. Kalter junger weißer Rhônewein, Picpoul, Rosé aus der Provence, Verdicchio oder Sauvignon blanc von der Loire. Oder Bier, Marc oder Grappa … Sie werden den Unterschied kaum merken.

**Antipasti** Für den Klassiker mit Schinken, Oliven und eingelegtem Gemüse: trockener oder halbtrockener Weißwein aus Italien (Arneis, Verdicchio, Pinot grigio, Vermentino, Grechetto) oder ein leichter, aber griffiger Rotwein, z. B. Vapolicella. Auch Fino Sherry – in Italien leider nicht zu bekommen.

**Artischocken** Ein ausdrucksvoller, trockener Weißer, z. B. neuseeländischer Sauvignon blanc, Côtes de Gascogne oder ein moderner Grieche (ein vier Jahre alter Malagousia, um genau zu sein). Evtl. Côtes du Rhône, rot oder weiß.

**Auberginenpüree (Melitzanosalata)** Frischer Sauvignon blanc aus der Neuen Welt, oder ein moderner trockener griechischer bzw. sizilianischer Weißer. Auberginengerichte aus dem Ofen brauchen einen kräftigeren Roten: Shiraz, Zinfandel oder tatsächlich türkischen Wein. Oder Weiße aus dem Mittelmeerraum (einschließlich Fino).

**Austern** *Roh:* Champagner oJ, Chablis, Muscadet, weißer Graves, Sancerre – oder Guinness. Probieren Sie Sauternes. Manzanilla passt hervorragend.
*Gegart:* Puligny-Montrachet oder ein guter Chardonnay aus der Neuen Welt. Champagner passt zu allen Austern.

**Avocado** Gerade wieder schwer in Mode, für Wein aber kein Selbstläufer. Trockener bis leicht lieblicher Weißwein, z. B. Pfälzer oder Rheingauer Kabinett, Grüner Veltliner, Riesling aus der Wachau, Sancerre, Pinot grigio, australischer Chardonnay (ohne Eichennote) oder ein trockener Rosé.

**Burrata** Vergessen Sie Mozzarella; dies ist die Crème de la Crème. Also muss ein erstklassiger italienischer Weißer her, Fiano oder der Grillo von Cusumano. Ich werden es auch mal ein Sauternes probieren.

**Carpaccio** *Vom Lachs:* Chardonnay oder Champagner.
*Vom Rind:* Hierzu passt fast jeder Wein, auch ein Roter. Ein Toskaner ist eine gute Wahl, aber auch ein feiner Chardonnay oder ein Jahrgangs- oder Rosé-Champagner. Probieren Sie mal Amontillado.
*Vom Thunfisch:* Viognier, kalifornischer Chardonnay, Marlborough Sauvignon blanc. Oder Sake.

**Ceviche** Australischer Riesling oder Verdelho, Sauvignon blanc aus Chile, Torrontés. Manzanilla.

**Dim-Sum** Klassischerweise: chinesischer Tee. Pinot grigio oder klassischer deutscher Riesling, auch ein leichter Pinot noir. Bei Rotweinen sind weiche Tannine der Schlüssel: Bardolino, Rioja, Côtes du Rhône. Sonst Champagner oJ oder englischer Schaumwein.

## 28 | Vorspeisen | WEIN UND SPEISEN

**Eierspeisen** Siehe auch Soufflé. Nicht einfach: Eier breiten sich recht eigen im Mund aus. Bei Omelettes sollte der Maßstab die anderen Zutaten sein; Pilze wahrscheinlich mit Rotwein. Jahrgangschampagner zu Trüffelomelette. Zu Rührei trinke ich allenfalls Champagner.
*Œufs en meurette:* Ein Geniestreich aus Burgund; die Eier in Rotweinsauce verlangen natürlich nach einem Burgunder.
*Wachteleier:* Blanc-de-Blancs-Champagner, Viognier.

**Fischterrine oder Fischsalat (inkl. Krebse)** Braucht etwas Feines. Trockene Pfälzer Riesling Spätlese, erstklassiger Grüner Veltliner, Chablis Premier cru, Sonoma Chardonnay oder Manzanilla.

**Forelle, geräuchert** Feiner als Räucherlachs. Riesling Kabinett oder Spätlese von der Mosel. Chablis oder Champagner Blanc de Blancs.

**Gänseleberpastete** Süßer Weißwein: Sauternes, Tokaji Aszú 5 Puttonyos, Pinot gris Spätlese oder Riesling, Vouvray, Montlouis, Jurançon moelleux, Gewürztraminer. Ein alter trockener Amontillado kann vorzüglich sein. Zu warmer Gänseleberpastete alter Jahrgangschampagner. Auf keinen Fall Chardonnay, Sauvignon blanc oder irgendein Rotwein.

**Hering, grün oder Matjes** Junger Genever, Aquavit aus Skandinavien oder kühles Bier. Wenn es unbedingt Wein sein soll: Muscadet, aber es wäre schade um ihn.

**Kaviar** Eiskalter Wodka; körperreicher Champagner (z. B. Bollinger, Krug). Niemals rohe Zwiebeln dazugeben!

**Lachs, geräuchert** Trockener, aber ausdrucksvoller Weißwein, z. B. Fino (v. a. Manzanilla), Condrieu, Elsässer Pinot gris, Chablis Grand cru, Pouilly-Fumé, Pfälzer Riesling Spätlese, Jahrgangschampagner. Wodka, Aquavit.

**Mezze (eine Auswahl warmer und kalter Gemüsegerichte)** Ein Heimspiel für Fino Sherry oder einen griechischen Weißen.

**Mozzarella mit Tomaten und Basilikum** Siehe auch Avocado. Ein frischer italienischer Weißwein (z. B. Soave, Südtiroler). Vermentino aus Ligurien oder südfranzösischer Rolle.

**Pasta** Rot- oder Weißwein, je nach Sauce.
*Mit Fleischsauce:* Montepulciano d'Abruzzo, Salice Salentino, Malbec.
*Mit Pesto:* Barbera, Vermentino aus Ligurien, neuseeländischer Sauvignon blanc, ungarischer Furmint.
*Mit Sahnesauce (Carbonara):* Orvieto, Greco di Tufo. Junger Sangiovese.
*Mit Seafood (z. B. Muscheln):* Verdicchio, Lugana, Soave, Grillo, Cirò, Chardonnay ohne Holznote.
*Mit Tomatensauce:* Chianti, Barbera, sizilianischer Rotwein, Zinfandel, südaustralischer Grenache.

**Pastete** *Hühnerleber:* Ein pikanter Weißer (Elsässer Pinot gris oder Marsanne) oder milder Roter (leichter Pomerol, Volnay, neuseeländischer Pinot noir). Zu kräftigeren Pasteten (Entenleber usw.) passt Gigondas, Moulin-à-Vent, Chianti Classico oder guter weißer Graves. Amontillado kann wunderbar passen.

**Pastrami** Elsässer Riesling, junger Sangiovese, St-Émilion.

**Prosciutto (auch mit Melonen, Birnen oder Feigen)** Gehaltvoller trockener bis halbtrockener Weißwein: Orvieto, Grechetto, Grüner Veltliner, Furmint-Tokajer, australischer Semillon, Jurançon Sec. Sercial Madeira. Manzanilla.

**Risotto** Je nach Geschmacksrichtung: *Mit Gemüse (z. B. Primavera):* Pinot grigio aus dem Friaul, Gavi, recht junger Semillon, Dolcetto, Barbera d'Alba.
*Mit Steinpilzen:* Feinster reifer Barolo oder Barbaresco.
*Nero:* Voller trockener Weißer: Viognier oder sogar Corton-Charlemagne.

**Salate** Jeder trockene und appetitanregende Weißwein.
Hinweis: Essig in Salatsaucen zerstört das Aroma des Weins. Will man einen guten Wein zum Essen trinken, sollte der Salat (behutsam) mit Wein oder etwas Zitronensaft angemacht werden. Meersalz und reichlich gutes Öl sind das Geheimnis.

**WEIN UND SPEISEN** | Meeresfrüchte & Fischgerichte | 29

**Schnecken** Rote von der Rhône (z. B. Gigondas, Vacqueyras) oder weißen St-Véran oder Rully. Im Midi nehme man einen Weiß-, Rosé- oder Rotwein in der Gegend zu Petits gris. Im Elsass Pinot blanc oder trockener Muscat.

**Soufflé** Hierzu gehört ein ★★★-Wein. Zu allen Soufflé-Arten passt Champagner, insbesondere Jahrgangschampagner.
*Fischsoufflé:* Trockener Weißwein: Burgunder, Bordeaux, Elsässer, Chardonnay usw.
*Käsesoufflé:* Reifer roter Burgunder oder Bordeaux, Cabernet Sauvignon (nicht aus Chile oder Australien) usw. Oder feiner weißer Burgunder.
*Spinatsoufflé:* Schwierig zu Wein. Mâcon-Villages, St-Véran, Valpolicella.

**Spargel** Sowohl grüner als auch weißer Spargel sind leicht bitter, es muss also ein ausdrucksstarker Tropfen sein. Vielleicht Viognier; Riesling ist immer einen Versuch wert, Rheingau-Riesling ein Klassiker. Sauvignon blanc verstärkt den Spargelgeschmack. Australischer Semillon ist besser als Chardonnay, der wiederum besser zu zerlassener Butter oder Sauce hollandaise passt. Elsässer Pinot gris kann gehen, sogar trockener Muscat oder Jurançon Sec. Auch für einen richtig süßen Wein gibt es Argumente, vielleicht keinen Yquem.

**Tapas** Perfekt ist kalter, frischer Fino Sherry, der die ganze Bandbreite an Geschmacksrichtungen der warmen und kalten Speisen abdeckt. Auch Sake.

**Tapenade** Manzanilla oder Fino Sherry oder jeder leicht scharfe, trockene Weißwein oder Rosé. Auf keinen Fall Champagner.

**Tarama/Taramosalata** Mediterraner, möglichst griechischer Weißwein mit Charakter. Fino Sherry passt gut. Ebenso ein Marsanne von der Rhône.

**Wurstwaren/Salami** Säurebetonte Rotweine ohne Eichennote eignen sich besser als Weiße. Einfacher Valpolicella, Refosco, Schioppettino, Teroldego, Barbera. Wenn es ein Weißer sein muss, braucht er Säure. Chorizo lässt den Wein metallisch schmecken. Feine Kreszenzen wären hier verschwendet.

# Meeresfrüchte & Fischgerichte

**Aal, geräuchert** Erste Wahl ist Fino Sherry. Sonst Riesling aus dem Elsass oder aus Österreich, Grüner Veltliner. Jahrgangschampagner. Schnaps.

**Barsch, See-** Jeder delikate Weißwein eignet sich gut, z. B. trockener Clare-Riesling, Chablis, weißer Châteauneuf-du-Pape, Weißburgunder aus Baden oder der Pfalz. Aber je kräftiger der Fisch gewürzt ist, desto aromareicher sollte der Wein sein: mit Ingwer, Frühlingszwiebeln usw. etwa ein gehaltvoller Riesling, nicht unbedingt trocken.

**Brandade** Chablis Premier cru, roter Sancerre oder Neuseeländer Pinot noir.

**Fisch in Beurre blanc** Bester Muscadet sur lie, Sémillon/Sauvignon-blanc-Verschnitt, Chablis Premier cru, Vouvray, Albariño, Rheingauer Riesling.

**Fischpastete (mit Sahnesauce)** Albariño, Soave Classico, Riesling Erstes Gewächs, spanischer Godello.

**Fish and Chips, Fritto misto, Tempura** Jeder Weißwein geht, solange kein Essig im Spiel ist. Chablis, weißer Bordeaux, Sauvignon blanc, Pinot blanc, Gavi, Fino, weißer Dão, Koshu, Sake; oder Champagner oJ bzw. Cava.

**Forelle, gegrillt oder gebraten** Delikate Weißweine, z. B. Mosel (v. a. von der Saar oder Ruwer), Elsässer Pinot blanc, Fendant.

**Garnelen** *Mit Knoblauch:* leichter, trockener Weiß- oder Roséwein.
*Mit Gewürzen (auch scharf, mit Chili):* Hier ist etwas mehr Körper nötig, aber keine Eichennote: trockener Riesling oder ein Italiener, etwa Fiano, Grillo.
*Mit Mayonnaise:* Menetou-Salon.

## 30 | Meeresfrüchte & Fischgerichte | WEIN UND SPEISEN

**Glattbutt** Delikater als Steinbutt, also ideal für feinen alten Puligny und dergleichen. Mit einer üppigen Sauce Hollandaise wäre sogar ein Montrachet angeraten.

**Graved Lachs** Sercial Madeira (z. B. 10 Jahre alter Henriques), Amontillado, Tokaji Furmint, orangefarbener Wein. Oder Champagner oJ.

**Heilbutt** Siehe Steinbutt.

**Heringe, gebraten, gegrillt** Ein kantiger Weißwein, der dem ausgeprägten Geschmack des Herings entgegenwirkt: Rully, Chablis, Bourgogne Aligoté, griechischer Weißwein, Sauvignon blanc. Oder indischer Tee. Oder Cidre. Ein Speyside Malt Whisky zu Bückling ist denkwürdig.

**Hummer** *Nur gegrillt oder kalt mit Mayonnaise:* Champagner oJ, Elsässer Riesling, Chablis Premier cru, Condrieu, Mosel Spätlese oder ein lokaler Schaumwein.
*Mit reichlich Sauce, z.B. Thermidor:* Jahrgangschampagner, feiner weißer Burgunder, Graves Cru classé. Alternativ Sauternes, um der vorhandenen Süße gerecht zu werden, auch Pfälzer Spät- oder sogar Auslese.

**Jakobsmuscheln** Am besten halbtrockene Weißweine.
*Auf asiatische Art:* ein Neuseeländer Chardonnay, Chenin blanc, Godello, Grüner Veltliner, Gewürztraminer.
*Gegrillt oder sautiert:* weißer Hermitage, Grüner Veltliner, weißer Pessac-Léognan, Jahrgangschampagner oder Pinot noir.
*In Sahnesauce:* Deutsche Spätlese, Montrachet, erstklassiger australischer Chardonnay.

**Kabeljau, gebraten** Eine gute, neutrale Grundlage für feine trockene bis halbtrockene Weißweine, z. B. Chablis, Meursault, Corton-Charlemagne, Graves Cru classé, Grüner Veltliner; Kabinett oder Großes Gewächs aus Deutschland; oder auch ein guter, eher leichter Pinot noir.
*Black cod mit Misosauce:* Pinot noir aus Neuseeland oder Oregon, Meursault Premier cru, Rheingauer Riesling Spätlese. Jahrgangschampagner.

**Kedgeree** (anglo-indisches Fischgericht) Volle Weißweine, auch schäumend: Mâcon-Villages, südafrikanischer Chardonnay, Grüner Veltliner, ein deutsches Großes Gewächs oder (zum Frühstück) Champagner.

**Krabben (Krebse)** Krabben und Riesling (oder Champagner) sind füreinander geschaffen.
*Mit Chili und Knoblauch:* Ein eher kraftvoller Riesling, vielleicht ein Großes Gewächs oder einer aus der Wachau.
*Chinesische Art, mit Ingwer und Zwiebeln:* Deutscher halbtrockener Riesling (Kabinett oder Spätlese); Tokaji Furmint, Gewürztraminer.
*Cioppino:* Sauvignon blanc. An der amerikanischen Westküste trinkt man Zinfandel. Auch kalifornischer Schaumwein.
*Kalt angemacht:* Spitzenriesling von der Mosel, trockener Elsässer oder australischer Riesling, oder Condrieu.
*Mit Schwarzer-Bohnen-Sauce:* Kräftiger Barossa-Shiraz oder Syrah.
*Softshell crabs:* Chardonnay, Albariño oder deutsche Riesling Spätlese.
*Thailändische Crabcakes:* Ausdrucksvoller Sauvignon blanc (von der Loire, aus Südafrika, Australien, Neuseeland) oder Riesling (deutsche Spätlese oder aus Australien).

**Lachs, sautiert oder gegrillt** In Mode ist Pinot noir, doch Chardonnay ist besser. Merlot oder leichter Bordeaux sind auch nicht übel. Am besten ein feiner weißer Burgunder: Puligny- oder Chassagne-Montrachet, Meursault, Corton-Charlemagne, Chablis Grand cru; oder Grüner Veltliner, Condrieu, Chardonnay aus Kalifornien, Idaho oder Neuseeland, Rheingau-Riesling (Kabinett/Spätlese) oder aus Australien.
*Lachsklößchen:* Ähnliche, aber weniger große Weine.

**Makrelen** *Gegrillt:* Weiße mit kräftiger Säure: Sauvignon blanc aus der Touraine, Gaillac, Vinho Verde, weißer Rioja, englischer Weißer. Oder Guiness.

## WEIN UND SPEISEN | Meeresfrüchte & Fischgerichte | 31

*Geräuchert:* Ruiniert Wein mit seiner Öligkeit. Manzanilla, Vinho Verde oder Schnaps, Wodka mit Pfeffer- oder Büffelgrasaroma.

**Meeräsche** Verdicchio, Rully, Chardonnay ohne Eichenwürze.

**Meerbarbe, Rote** Eine feine, köstliche Verwandlungskünstlerin, passt sich sowohl guten Weiß- als auch feinen Rotweinen an, v. a. Pinot noir.

**(Mies)Muscheln** Muscadet *sur lie*, Chablis Premier cru, Chardonnay ohne Eichennote.

*In Curry:* Mittelsüßer Wein; Elsässer Riesling.

*Gefüllt, mit Knoblauch/Petersilie:* Siehe Vorspeisen/Schnecken.

**Paella, mit Schalentieren** Körperreicher Weißwein oder Rosé, Chardonnay ohne Eichennote, Albariño oder Godello. Oder den lokalen spanischen Rotwein.

**Rochen, in brauner Butter** Würziger Weißwein, z. B. Elsässer Pinot gris oder Roussanne, oder sauberer, einfacher Wein wie Muscadet oder Verdicchio.

**Sardellen, mariniert** Die Marinade verträgt sich mit kaum einem Wein. In Salade niçoise vielleicht provençalischer Rosé.

**Sardinen, frisch gegrillt** Sehr trockener Weißwein, z. B. Vinho Verde, Muscadet, moderner griechischer Wein.

**Sashimi** Die Japaner präferieren körperreichen Weißwein (Chablis Premier cru, Elsässer Riesling) zu weißem Fisch, Pinot noir zu rotem. Beide brauchen Säure. Einfacher Chablis ist vielleicht zu dünn. Wenn Sojasauce dabei ist, passt ein tanninarmer Roter (wieder Pinot). Ansonsten Sake (oder Fino). Auf Champagner wären Sie sicher selbst gekommen.

**Schalentiere** Trockener Weißwein zu gekochten Schalentieren, vollere Weine zu gehaltvollen Saucen. Riesling ist die Traube der Wahl.

*Zu einem Meeresfrüchteteller:* Chablis, Muscadet de Sèvre et Maine, Picpoul de Pinet, Pinot bianco aus Südtirol.

**Schellfisch** Reichhaltige trockene Weißweine: Meursault, kalifornischer Chardonnay, Marsanne und Grüner Veltliner.

**Schnapper** Sauvignon blanc, wenn orientalische gewürzt; Rhône-Weißwein oder provençalischer Rosé mit mediterranen Aromen.

**Schwertfisch** Körperreicher, trockener lokaler Weißwein (und warum nicht auch Rotwein?), aber nichts Besonderes.

**Seehecht** Sauvignon blanc oder sonst ein frisch-fruchtiger Weißwein, z. B. Pacherenc du Vic-Bilh, Tursan.

*Kalt mit Mayonnaise:* Feiner Chardonnay.

**Seeohr (Abalone)** Trockener bis halbtrockener Weißwein, z. B. Sauvignon blanc, Meursault, Pinot grigio, Grüner Veltliner.

*In Hongkong:* Mindestens Dom Pérignon.

**Seeteufel** Ein üppiges, aber neutrales Gericht; vollaromatischer Weiß- oder Rotwein, je nach Sauce.

**Seezunge, Scholle u. Ä.** *Gegart, gegrillt oder gebraten:* Ideal zu feinen Weinen: weißer Burgunder und Gleichrangige.

*Mit Sauce:* Je nach den Zutaten der Sauce; säuerlich-trockene Weine bei Tomatensauce; ziemlich reichhaltige Tropfen für sahnigere Varianten.

**Skandinavische Küche** Skandinavische Gerichte sind oft mit Dill, Kümmel und Kardamom gewürzt und verbinden süße und scharfe Noten. Ein Wein dazu braucht Säure und genug Gewicht: Godello, Falanghina, Verdelho, australischer, Elsässer oder österreichischer Riesling. Eingelegter/fermentierter/ roher Fisch stellt eine größere Herausforderung dar: Bier oder Aquavit.

**Steinbutt** Trockener Spitzenweißwein, z. B. Meursault, Chassagne-Montrachet, Corton-Charlemagne, reifer Chablis oder sein kalifornisches, australisches bzw. neuseeländisches Äquivalent; reife Rheingauer, Mosel- oder Nahe-Spätlese oder Auslese (nicht trocken); Condrieu.

**Sushi** Wird meist schon mit scharfem Wasabi zubereitet. Trockener deutscher QbA, einfacher Chablis, Alvarinho oder Champagner Brut oJ passen gut. Nichts mit zu deutlicher Frucht. Ansonsten natürlich Sake und Bier.

**Tagine, mit Couscous** Nordafrikanische Aromen brauchen gehaltvolle Weißweine – aus Österreich oder von der Rhône – oder frische, neutrale Weiße, die nicht mit ihnen konkurrieren. Vorsicht mit Eichennoten. Viognier oder Albariño können gut passen.

**Teriyaki** Eine Zubereitungsmethode ebenso wie eine Sauce, für Fisch wie für Fleisch. Halbtrockener RIESLING mit Körper hat sich in Deutschland durchgesetzt. Ein Kabinett kann zu leicht sein.

**Thunfisch, gegrillt oder sautiert** Wird am besten nicht ganz durchgebraten (oder sogar roh) mit leichtem Rotwein serviert: Junger Cabernet franc von der Loire oder roter Burgunder. Junger Rioja ist auch eine Möglichkeit.

**Zander** Exquisiter Fisch, verlangt feinsten Wein: weißer Spitzenburgunder, Elsässer Riesling Grand cru oder edler Mosel. Oder Chasselas aus der Schweiz (Dézaley, St-Saphorin).

# Fleisch, Geflügel & Wild

**Barbecue** Passende lokale Weine kommen aus Australien, Südafrika, Chile oder Argentinien. Rote brauchen Tannin und Kraft. Oder die Frische eines Beaujolais Cru.

**Bœuf Stroganoff** Massiver Rotwein: Barolo, Amarone della Valpolicella, Priorat, Hermitage, Zinfandel Spätlese, sogar Saperavi aus Georgien oder Negru de Purkar aus Moldawien.

**Boudin blanc** Chenin blanc von der Loire; falls mit Äpfeln serviert: trockener Vouvray, Saumur Savennières; ohne Äpfel: reifer roter Côtes de Beaune.

**Boudin noir (Blutwurst)** Sauvignon blanc oder Chenin blanc aus der Gegend, insbesondere an der Loire. Oder Beaujolais Cru, v.a. Morgan. Oder ein leichter Tempranillo. Oder Fino.

**Brasilianische Küche** Intensive, würzige Speisen, bei denen sich verschiedene kulinarische Traditionen mischen. Mit Sherry käme eine weitere hinzu. Rotweine aus Rhône-Sorten oder Weißweine mit Substanz: Verdicchio, kalifornischer Chardonnay. Oder Caipirinha. Und hinterher ein 15-km-Lauf …

**Bratenreste, Kalte** Besser ein sehr aromatischer Weißer als Rotwein. Sehr gut passen Mosel-Spätlese, Hochheimer oder Weine von der Côte Chalonnaise und aus dem Beaujolais. Den Rest aus der Champagnerflasche.

**Bratwurst** In England trinken wir jungen Malbec aus Argentinien, jedenfalls einen Roten.

**Cajun-Küche** Fleurie, Brouilly oder Sauvignon blanc aus der Neuen Welt.
*Gumbo:* Amontillado.

**Cassoulet** Rotwein aus dem Südwesten Frankreichs (Gaillac, Minervois, Corbières, St. Chinian, Fitou) oder Shiraz. Am besten ist jedoch ein Wein aus Fronton, ein Beaujolais Cru oder junger Tempranillo.

**Chili con Carne** Junger Rotwein: Beaujolais, Tempranillo, Zinfandel, argentinischer Malbec, chilenischer Carmenère. Viele trinken Bier.

**Chinesische Küche** Für die Puristen unter uns: Eine »chinesische Küche« als solches gibt es nicht, sie ist aufgeteilt in viele regionale Varianten – wie in Italien, nur noch verwirrender. Zu chinesischen Speisen biete ich häufig Weiß- und Rotwein gleichzeitig an; kein einzelner Wein deckt die ganze Bandbreite ab. Pekingente verträgt fast alles. Champagner löscht den Durst, Bier natürlich auch.
*Kanton-Art:* Rosé oder trockene bis halbtrockene Weißweine (Riesling Kabinett von der Mosel oder trockene Spätlese). Riesling sollte nicht zu trocken sein; Gewürztraminer wird zwar häufig vorgeschlagen, passt aber

selten; Grünen Veltliner trifft es besser. Der Wein braucht Säure. Trockener Schaumwein (v. a. Cava) passt zur Textur. Rotweine können passen, aber sie dürfen weder junge Tannine noch eine zu starke Eichennote haben und nicht zu trocken sein. Pinot noir ist erste Wahl, probieren Sie auch St-Émilion (★★) oder Châteauneuf-du-Pape.

*Shanghai-Art:* Reichhaltiger und öliger als kantonesisches Essen, nicht der ideale Partner für Wein. Es ist nicht so scharf, enthält aber mehr Essig. Deutsche und Elsässer Weißweine, vielleicht ein bisschen süßer als für kantonesische Gerichte. Bei den Roten ist Merlot eine Option, er passt zum Salz. Oder reifer Pinot noir, doch der ist schon fast wieder verschwendet.

*Szechuan-Art:* Verdicchio, Elsässer Pinot blanc oder sehr kaltes Bier. Auch hier kann reifer Pinot noir passen (aber siehe oben). Der natürliche Partner ist schwarzer Tee.

*Taiwanesisch:* LAMBRUSCO passt zur traditionellen Taiwan-Küche, wenn Sie kein Bier mehr mögen.

**Choucroute garnie (Schlachtplatte)** Elsässer Pinot gris, Pinot blanc, Riesling oder Bier.

**Confit d'oie/de canard** Junger, tanninreicher roter Bordeaux, kalifornischer Cabernet Sauvignon und Merlot sowie Priorat nehmen diesem Gericht die Schwere; Elsässer Pinot gris oder Gewürztraminer passen ebenso.

**Coq au vin** Roter Burgunder. Der Idealfall ist eine Flasche Chambertin im Gericht und zwei auf dem Tisch. Siehe auch Huhn.

**Dirty Rice (kreolisch)** Voller, geschmeidiger Rotwein: neuseeländischer Pinot noir, Garnacha, Bairrada, Malbec.

**Eintopfgerichte** Burgunder wie Nuits St-Georges oder Pommard, aber eher einfachere; andernfalls kräftiger, geschmacksintensiver Rotwein, z. B. junger Côtes du Rhône, Blaufränkisch, Corbières, Barbera, Shiraz, Zinfandel o. Ä.

**Ente oder Gans** Gehaltvoller Weißwein: Pfälzer Spätlese oder halbtrockener Elsässer Grand cru; gut reife Rotweine mit Wildaroma wie Morey-St-Denis, Côte Rôtie oder Pauillac. Mit Orangen oder Pfirsichen ist Sauternes zu empfehlen, aber auch Monbazillac bzw. Riesling Auslese. Darüber hinaus reifer, körperreicher Jahrgangschampagner, der sich zudem überraschend gut mit Rotkohl versteht.

*Peking-Ente:* siehe Chinesische Küche.

*Wildente:* Ausdrucksstarker, üppiger Rotwein, z. B. Hermitage, Bandol, kalifornischer oder südafrikanischer Cabernet Sauvignon, australischer Shiraz – am besten Penfolds Grange, wenn man ihn sich leisten kann.

*Mit Oliven:* Spitzen-Chianti oder ein anderer Toskaner.

*Gebratene Entenbrust sowie Confit mit Puy-Linsen:* Madiran, St-Émilion, Fronsac.

**Gulasch** Aromatischer junger Rotwein: ungarischer Kékoportó, Zinfandel, Tannat aus Uruguay, roter Douro, Mencía, junger australischer Shiraz, Saperavi. Oder trockener Weißwein aus Tokaj.

**Hamburger** Junger Rotwein: australischer Cabernet Sauvignon, Chianti, Zinfandel, argentinischer Malbec, chilenischer Carmenère oder Syrah, Tempranillo. Oder echte Cola (nicht »Light« oder »Zero«). Mit Käse und sonstwas drauf? Da müssen Sie selbst sehen, wo Sie bleiben.

**Hammel** Der Geschmack ist intensiver als bei Lamm, das Fleisch wird meist durchgebraten. Braucht eine kräftige Sauce. Hier ist ein robuster Rotwein angeraten – und auf jeden Fall erstklassig: reifer Cabernet Sauvignon oder Syrah. Eine gewisse süße Fruchtnote (z. B. Barossa) passt gut.

**Hase** Hasenpfeffer verlangt nach einem vollduftigen Rotwein: nicht zu reifer Burgunder oder Bordeaux, von der Rhône (z. B. Gigondas), Bandol, Barbaresco, Ribera del Duero oder Rioja Reserva. Dasselbe gilt für Hasenrücken oder -ragout mit Pappardelle.

**Hühnchen Kiewer Art** Elsässer Riesling, Collio, Chardonnay, roter Bergerac.

**Huhn, Perlhuhn, Pute, gebraten** So gut wie jeder Wein, auch bester trockener bis halbtrockener Weißwein und feiner alter Rotwein (v. a. Burgunder). Welcher Wein am besten passt, entscheidet die Sauce.

**Indische Küche** Hier gibt es viele Möglichkeiten; trockener Sherry passt ausgezeichnet. Wählen Sie einen einigermaßen gewichtigen Fino zu Fisch und einen Palo Cortado, Amontillado oder Oloroso zu Fleisch, je nach Schwere des Essens. Die Schärfe ist kein Problem, und die Textur passt auch. Ansonsten lieblichen Weißwein ohne Holznote, gut gekühlt: Orvieto abboccato, südafrikanischen Chenin blanc, Elsässer Pinot blanc, Torrontés, indischen Schaumwein, Cava oder Champagner oJ. Rosé passt im Prinzip immer. Tannin – Barolo, Barbaresco bzw. andere geschmacksintensive Rotweine wie Châteauneuf-du-Pape, Cornas, australischer Grenache bzw. Mourvèdre oder Amarone della Valpolicella – betont die Schärfe. Sauerscharfe Gerichte brauchen einen säurehaltigen Wein.

**Japanische Küche** Auf Textur und Balance kommt es an, die Aromen sind sehr delikat. Guter reifer Schaumwein passt ebenso wie reifer trockener Riesling: Säure, etwas Körper und Komplexität sind gefragt. Trockener Furmint kann gut passen. Fleischgerichte mit viel Umami freunden sich mit leichten, geschmeidigen Roten wie Beaujolais oder reifem Pinot noir an. Der intensive Geschmack von Yakitori braucht ähnliche Rote in einer lebhaften, fruchtigen, jüngeren Version. Koshu mit rohem Fisch, Orange Koshu mit Wagyu-Rindfleisch. Siehe auch Sushi, Sashimi, Teriyaki (Fischgerichte).

**Kalbfleisch, gebraten** Gut für feine alte Rotweine, die mit der Zeit ein wenig Aroma verloren haben (Rioja Reserva, alter Médoc, Côte de Nuits). Oder deutscher bzw. österreichischer Riesling, Vouvray oder Elsässer Pinot gris.

**Kalbsbries** Ein reichhaltiges Gericht, also ein großer Weißwein: Rheingau-Riesling, Silvaner Spätlese aus Franken, Elsässer Grand cru Pinot gris oder Condrieu, abhängig von der Sauce.

**Kaninchen** Lebendiger, mittelschwerer, junger italienischer Rotwein, etwa Aglianico del Vulture, Refosco; Chiroubles, Chinon, Saumur Champigny oder Roséwein von der Rhône.
*Mit Pflaumen:* Mächtigerer, gehaltvollerer, fruchtigerer Rotwein.
*Als Ragout:* Mittelschwerer Rotwein mit genug Säure.
*Mit Senf:* Cahors.

**Kebab** Kräftiger Rotwein, z. B. ein moderner griechischer Wein, Corbières, chilenischer Cabernet Sauvignon, Zinfandel oder Barossa-Shiraz. Viel Knoblauch wird von Sauvignon blanc gemeistert.

**Kohl, gefüllt** Ungarischer Kadarka; Côtes du Rhône-Villages; Salice Salentino, Primitivo und andere würzige Rotweine aus Süditalien. Oder argentinischer Malbec (ohne Eichennote, wenn möglich).

**Koreanische Küche** Fruchtbetonte Weine scheinen am besten mit dem kräftigen, scharfen Geschmack koreanischer Speisen zurechtzukommen. Probieren Sie Pinot noir, Beaujolais oder Valpolicella, wichtig ist die Säure. Oder nichtaromatische Weiße: Grüner Veltliner, Silvaner, Vernaccia. Ich trinke allerdings Bier.

**Lamm, gebraten** Traditionell einer der besten Partner für sehr guten roten Bordeaux oder entsprechenden Cabernet Sauvignon aus der Neuen Welt. In Spanien feinster alter Rioja, Ribera del Duero Reserva oder Priorat, in Italien ebensolchen Sangiovese.
*Langsam geschmorter Braten:* Ideal für Spitzenrotweine, allerdings mit weniger Tannin als für rosa gebratenes Fleisch.

**Leber** Junger Roter: Beaujolais-Villages, St-Joseph, italienischer Merlot, Breganze-Cabernet-Sauvignon, Zinfandel, Priorat, Bairrada.
*Kalbsleber:* Roter Rioja Crianza, Fleurie. Oder eine mächtige Pfälzer Riesling-Spätlese.

## WEIN UND SPEISEN | Fleisch, Geflügel & Wild | 35

**Mexikanische Küche** Kalifornier bevorzugen Riesling: Das Restaurant Calavera in Oakland führt 33 Rieslinge auf, die meisten aus Deutschland.

**Moussaka** Rot- oder Roséwein, z. B. griechischer Naoussa, Sangiovese, Corbières, Côtes de Provence, Ajaccio, junger Zinfandel, Tempranillo.

**Ochsenbrust, geschmort** Ein wunderbar zartes, schmackhaftes Fleisch, das den besten körperreichen Rotweinen schmeichelt: Vega Sicilia, St-Émilion.

**Ochsenschwanz** Ziemlich gehaltvoller Rotwein: St-Émilion, Pomerol, Pommard, Nuits-St-Georges, Barolo, Rioja Reserva, Priorat oder Ribera del Duero, kalifornischer oder Coonawarra-Cabernet-Sauvignon, Chateauneuf-du-Pape, mittelschwerer Shiraz, Amarone.

**Osso buco** Geschmeidige, tanninarme Rotweine: Dolcetto d'Alba oder Pinot noir. Auch trockener italienischer Weißwein wie Soave.

**Paella** Junge spanische Weine: Rote, trockene Weiß- oder Roséweine, z. B. Penedès, Somontano, Navarra oder Rioja.

**Pot au feu, Bollito misto, Cocido** Rustikale Rotweine aus dem jeweiligen Heimatland; Sangiovese di Romagna, Chusclan, Lirac, Rasteau, portugiesischer Alentejo oder spanischer Yecla bzw. Jumilla.

**Quiche** Eier und Speck sind nicht ideal für Wein, aber man muss ja etwas trinken. Klassiker sind Elsässer Riesling oder Pinot gris, sogar Gewürztraminer. Beaujolais könnte auch gut sein.

**Rindfleisch (siehe auch Steak)** *Gebraten:* Hierzu passt jede Art von feinem Rotwein. Vielleicht Amarone? Siehe auch im Folgenden die Bemerkung zu Senf.

*Gekocht:* Rotwein, z. B. Bordeaux (Bourg oder Fronsac), Roussillon, Gevrey-Chambertin oder Côte Rôtie. Gut ist auch weißer Burgunder aus dem mittleren Segment, z. B. Auxey-Duresses. In Österreich könnten man Ihnen dazu einen Traminer anbieten. Senf lässt tanninreiche Rote sanfter erscheinen, Meerrettich ruiniert Ihren Geschmackssinn – aber manchmal muss man eben Opfer bringen.

*Geschmort:* Stämmige Rote: Pomerol oder St-Émilion, Hermitage, Cornas, Barbera, Shiraz, Ribera del Duero, roter Douro.

**Saté** Shiraz aus dem McLaren Vale oder Elsässer bzw. neuseeländischer Gewürztraminer. Mit der Erdnusssauce hat es kein Wein leicht.

**Schinken, gegart** Weichere rote Burgunder, z. B. Volnay, Savigny, Beaune, Chinon oder Bourgueil; lieblicher deutscher Weißwein, z. B. Riesling Spätlese; ein leichter Cabernet Sauvignon (z. B. aus Chile) oder Pinot noir aus der Neuen Welt. Schinken und Sherry sind eine göttliche Kombination.

**Schweinefleisch** *Gebraten:* Eine kräftige Grundlage für leichte Rote oder reichhaltige Weiße. Aber ein ★★★-Wein sollte es schon sein, z. B. ein Médoc. Zu portugiesischem Spanferkel trinkt man Bairrada-Garrafeira, zu Schweinefleischgerichten aus Südamerika Carignan, zu chinesischen Pinot noir.

*Schweinebauch:* Langsam gegart und sehr zart, benötigt er einen Roten mit ausreichend Tannin oder Säure, vielleicht einen Italiener: Barolo, Dolcetto oder Barbera. Sonst Loire-Rotwein, leichter argentinischer Malbec.

**Singapur-Küche** Teils indisch, teils malaysisch, teils chinesisch. Sehr kräftige Geschmacksnoten, nicht einfach mit Wein. Halbtrockener Riesling ist einen Versuch wert. Zu Fleischgerichten reife, geschmeidige Rote: Valpolicella, Pinot noir, Dornfelder, Merlot ohne Holznote oder Carmenère.

**Steak** *Bistecca alla fiorentina:* Chianti Classico Riserva oder Brunello. Je roher das Steak ist, desto klassischer sollte der Wein sein, je durchgebratener, desto mehr passt ein süßer/kräftiger Tropfen aus der Neuen Welt. Argentinischer Malbec ist ideal für Steaks auf argentinische Art (d. h. komplett durchgebraten).

*Filet, Ribeye oder Tournedos:* Jeder gute Rotwein, v. a. Burgunder (doch zu Sauce béarnaise keinen alten Wein, dann ist ein Spitzen-Pinot-noir aus der Neuen Welt besser).

*Koreanisches Yuk Whe (das weltbeste Steak Tatar):* Sake.
*Pfeffersteak:* Eher junger Roter von der Rhône oder Cabernet Sauvignon.
*Tatar:* Wodka oder leichter junger Roter: Beaujolais, Bergerac, Valpolicella.
*T-Bone:* Strukturreicher Rotwein wie Barolo, Hermitage, australischer Cabernet Sauvignon oder Shiraz, chilenischer Syrah, Douro.

**Tagine (nordafrikanisches Schmorgericht)** Kommt drauf an, was unter dem Deckel schmort, doch fruchtige junge Rote sind meist gut: Beaujolais, Tempranillo, Sangiovese, Merlot, Shiraz. Amontillado ist großartig.
*Huhn mit eingelegten Zitronen und Oliven:* Viognier.

**Tandoori Chicken** Riesling, Sauvignon blanc oder junger roter Bordeaux, auch leichter, gekühlter Roter aus Norditalien. Ebenso Cava oder Champagner oJ, oder aber Palo Cortado oder Amontillado Sherry.

**Taube** Pinot noir passt perfekt; sonst junger Rhône-Wein, argentinischer Malbec, junger Sangiovese. Oder probieren Sie eine Silvaner Spätlese aus Franken.

**Thai-Küche** Ingwer und Zitronengras passen zu pikantem Sauvignon blanc (Loire, Australien, Neuseeland, Südafrika) oder Riesling (Spätlese oder aus Australien). Die meisten Currys mögen aromatische Weiße mit einem Hauch Süße wie Gewürztraminer.

**Vietnamesische Küche** Das berühmte vietnamesische Restaurant The Slanted Door in San Francisco bevorzugt trockenen oder Spätlese-Riesling aus Deutschland, Österreich, Neuseeland. Auch Grüner Veltliner oder Sémillon; bei Rotwein Pinot noir, Cabernet franc, Blaufränkisch.

**Vitello tonnato** Körperreicher Weißwein, v. a. Chardonnay; leichter Rotwein (z. B. Valpolicella), kühl serviert. Oder ein Rosé aus dem Süden.

**Wachtel** Rioja Reserva, reifer roter Bordeaux, Pinot noir. Oder ein milder Weißer wie Vouvray oder St-Péray.

**Wild** Mächtige Rotweine, u. a. Mourvèdre – reinsortig wie aus Bandol oder in Verschnitten. Rhône-Wein, Languedoc, Bordeaux, Gimblett Gravels (Neuseeland) oder kalifornischer Cabernet Sauvignon eines reifen Jahrgangs; auch voller Weißwein, z. B. Pfälzer Spätlese oder Elsässer Pinot gris. Zu Wild mit süß-scharfer Beerensauce probieren Sie einen deutschen Riesling Großes Gewächs oder einen chilenischen Carmenère oder Syrah.

**Wildgeflügel** *Jung, gebraten:* Der beste Rotwein, den man auftreiben kann, aber nicht zu schwer.
*Ältere Exemplare in der Kasserolle:* Rotwein, z. B. Gevrey-Chambertin, Pommard, Châteauneuf-du-Pape, St-Émilion Grand cru classé, Rhône-Wein.
*Gut abgehangen:* Vega Sicilia, ein großer Roter von der Rhône, Château Musar aus dem Libanon.
*Kaltes Wildgeflügel:* Bester deutscher Riesling oder reifer Jahrgangschampagner.

**Wildpastete** *Kalt:* Guter weißer Burgunder oder ein Erstes Gewächs aus Deutschland, Beaujolais Cru oder Champagner.
*Warm:* Rotwein: Pinot noir aus Oregon, St-Émilion Grand cru classé.

**Wildschwein** Spitzen-Toskaner oder Rioja, neuseeländischer Syrah.

**Zunge** Ausladender Rot- oder Weißwein, besonders italienischer. Auch Beaujolais, Rotwein von der Loire, Tempranillo sowie voller, trockener Rosé.

# Vegetarische Gerichte

Siehe auch Vorspeisen.

**Bärlauch** Nicht einfach. Am ehesten ein neutraler Weißer mit guter Säure.

**Blumenkohl** *Geröstet, gebraten etc.:* Richten Sie sich nach den (meist kräftigen) Geschmacksnoten und probieren Sie österreichischen Grünen Veltliner, Valpolicella, neuseeländischen Pinot noir.

## WEIN UND SPEISEN | Vegetarische Gerichte | 37

*Mit Käse überbacken:* Frischer, aromatischer Weißwein: Sancerre, Riesling Spätlese, Muscat, Albariño, Godello. Beaujolais Villages.
*Mit Kaviar:* doch wirklich. Jahrgangschampagner.

**Couscous mit Gemüse** Junger Rotwein mit Biss: Shiraz, Corbières, Minervois; Rosé; orangefarbener Wein; italienischer Refosco oder Schioppettino.

**Fenchelgerichte** Sauvignon blanc (Pouilly-Fumé oder aus Neuseeland), Sylvaner oder englischer Seyval blanc oder auch ein junger Tempranillo.

**Fermentierte Speisen** Siehe auch Choucroute garnie, koreanische Küche (Fleisch). Kimchi und Miso sind Teil vieler asiatischer Speisen. Hier wird generell Frucht und Säure benötigt. Zu vegetarischen Gerichten mit erkennbarer Süße passt vielleicht ein Elsässer.

**Kürbis in Ravioli/Risotto** Körperreicher, fruchtiger, trockener oder halbtrockener Weißwein: Viognier oder Marsanne, halbtrockener Vouvray, Gavi, südafrikanischer Chenin blanc.

**Linsengerichte** Ein stämmiger Roter: Corbières, Zinfandel oder Shiraz.
*Dhal mit Spinat:* Schwierig. Am besten ein leichter, weicher Roter oder Rosé – und keineswegs ein Spitzengewächs.

**Makkaroniauflauf, mit Käse überbacken** Wie für überbackenen Blumenkohl.

**Mediterranes Gemüse, gegrillt** Ein weißer Italiener; oder rot: Brouilly, Barbera, Tempranillo oder Shiraz.

**Nudeln und Pasta, überbacken** Vegetarisch gefüllte Lasagne, Cannelloni oder Pasticcio bieten großen Weinen Raum zur Entfaltung, etwa sehr feinem rotem Toskaner, aber auch Bordeaux oder Burgunder.

**Paprika oder Auberginen, gefüllt** Lebhafter Rotwein: Nemea, Chianti, Dolcetto, Zinfandel, Bandol, Vacqueyras.

**Pilze** Die meisten Roten und einige Weiße passen ganz ausgezeichnet. Art und Zubereitung spielen eine große Rolle. Pomerol, kalifornischer Merlot, Rioja Reserva, Spitzen-Burgunder und Vega Sicilia. Champignons mit Sahne passen zu feinen Weißen, sogar zu Jahrgangschampagner. Für Pilze auf Toast nehmen Sie Ihren besten Bordeaux – oder sogar Port. Zu Steinpilzen schmecken am besten Ribera del Duero, Barolo, Chianti Rufina, Pauillac, St-Estèphe oder Gimblett Gravels (Neuseeland).

**Ratatouille** Kräftiger junger Rotwein: Chianti; Cabernet Sauvignon aus Neuseeland, Merlot, Malbec, Tempranillo; junger roter Bordeaux, Gigondas oder Coteaux du Languedoc. Auch Fino Sherry könnte gehen.

**Rote Bete** Hat eine Note, die auch roter Burgunder zeigt. Bleiben Sie dabei. Gut ist auch Grenache/Garnacha der neuen Welle (sprich: leicht).

**Seetang** Hängt ab vom Kontext. Siehe auch Sushi (Fisch). Die Jodnote passt gut zu Grünem Veltliner oder Riesling aus Österreich.

**Trüffel** Schwarze Trüffel passen zu feinstem Bordeaux von rechten Ufer, aber noch besser zu gereiftem weißen Hermitage oder Châteauneuf. Weiße Trüffel verlangen nach dem besten Barolo oder Barbaresco aus ihrer Heimat Piemont. Mit Pasta und Butter: Lugana. Zum Frühstück auf Rührei: Barbera.

**Vegetarische Gerichte (scharf)** Siehe indische bzw. Thai-Küche (Fleisch).

**Wurzelgemüse, gebraten** Süßkartoffeln, Möhren usw., oft zusammen mit Roter Bete, Kohl, Knoblauch, Zwiebeln usw. haben jede Menge Süße. Rosé, v. a. mit etwas Körper, oder orangefarbiger Wein. Mit Pesto eher Weißwein.

**Zwiebel-/Lauchtarte** Fruchtiger, trockener bis halbtrockener Weißer: Elsässer Pinot gris oder Gewürztraminer, Riesling aus Kanada, Australien oder Neuseeland, Jurançon. Oder Cabernet franc von der Loire.

# Desserts

**Apfelkuchen, -strudel oder -tarte** Süßer Weißwein aus Deutschland, Österreich oder von der Loire, Tokaji Aszú oder kanadischer Eiswein.

**Birnen in Rotwein** Rivesaltes, Banyuls oder Riesling Beerenauslese.

**Crème brûlée** Sauternes oder Rheinwein-Beerenauslese bzw. bester Madeira oder Tokajer. (Mit Früchten: einfacherer Süßwein, z. B. Monbazillac.)

**Crèmes und Puddings** Sauternes, Loupiac, Ste-Croix-du-Mont oder Monbazillac. Siehe auch Schokoladen-, Kaffee-, Rumdesserts.

**Eiscreme und Sorbet** Lassen Sie dem Wein eine Pause.

**Erdbeeren** *Mit Sahne:* Sauternes oder ähnlicher süßer Bordeaux, Vouvray moelleux oder Jurançon Vendange tardive.
*Walderdbeeren (ohne Sahne):* Mit rotem Bordeaux (sehr erlesen ist Margaux) übergießen.

**Himbeeren (ohne Sahne, wenig Zucker)** Sehr gut zu feinen Rotweinen, die selbst eine Himbeernuance besitzen: junger Juliénas, Régnié.

**Kaffeedesserts** Süßer Muscat, australischer Liqueur Muscat, Tokaji Aszù.

**Käsekuchen** Süßer Weißwein (Vouvray, Anjou) oder Vin Santo – nichts zu Spezielles.

**Kuchen und Gebäck** Bual- oder Malmsey-Madeira, Oloroso oder Cream Sherry. Siehe auch Schokoladen-, Kaffee-, Rumdesserts.

**Meringen** Recioto di Soave, Asti oder reifer Jahrgangschampagner.

**Nüsse** Feinster Oloroso Sherry, Madeira, Jahrgangs-Port oder Tawny (ideal für Walnüsse), Tokáji Aszú, Vin Santo, Moscatel de Setúbal. Cashews mit Champagner sind fantastisch, Pistazien passen besser zu Fino.
*Salziges Nussparfait:* Tokaji Aszú, Vin Santo.

**Orangengeschmack, Desserts mit** Versuchsweise alter Sauternes, Tokaji Aszú oder kalifornischer Orange Muscat.

**Panettone** Vinsanto. Jurançon moelleux, Riesling Spätlese, Barsac, Tokaji Aszú.

**Rumdesserts (Baba, Mousse, Eiscreme)** Muscat – vom Asti bis zu australischem Likörwein, je nach Schwere des Desserts.

**Schokoladendesserts** Kräftige Geschmacksnoten sind gefragt: Bual, kalifornischer Orange Muscat, Tokaji Aszú, australischer Liqueur Muscat, 10-Year-Old Tawny oder sogar junger Vintage Port, Asti für leichte, luftige Mousse. Versuchen Sie auch volle, reife Rote: Syrah, Zinfandel, vielleicht sogar Shiraz-Schaumwein. Banyuls, wenn man es etwas schwerer mag. Médoc nimmt es auch mit schwarzer Bitterschokolade auf, ist aber eher eine Verschwendung: Amarone macht mehr Spaß. Oder guter Rum.
*Schokoladen-Olivenöl-Mousse:* 10 Jahre alter Tawny, oder wie für Bitterschokolade oben.

**Soufflés, süß** Sauternes oder Vouvray moelleux; süßer (oder reichhaltiger) Champagner.

**Tiramisù** Vin Santo, junger Tawny, Muscat de Beaumes-de-Venise, Sauternes oder australischer Liqueur Muscat. Noch besser: gar kein Wein.

**Trifle** Sollte bereits reichlich mit Sherry (Oloroso) getränkt sein.

**Zabaglione** Leichter, goldener Marsala, edelfauler australischer Semillon oder Asti.

**Zitronengeschmack, Desserts mit** Für Nachspeisen wie Tarte au Citron bietet sich süßer deutscher oder österreichischer Riesling an, aber auch Tokaji Aszú – je saurer, desto süßer.

# Technische Weinsprache

**Alkoholgehalt** (vorwiegend Ethanol) Er wird in Volumenprozent (Vol.-%) angegeben, d.h. in Prozent des Gesamtflüssigkeitsvolumens. Tischwein enthält in der Regel zwischen 12,5 und 14,5 Vol.-%; zu viele Weine erreichen heute sogar bis zu 16 Vol.-%.

**Alte Reben** ergeben einen intensiveren Geschmack. Der Begriff ist aber gesetzlich nicht definiert: manche »*vieilles vignes*« sind ca. 30 Jahre alt, doch 50 oder mehr Jahre sollten es schon sein, um ernst genommen zu werden.

**Amphoren** Das Gärgefäß von vor 7.000 Jahren feiert gerade fröhliche Urständ. Amphore öffnen, Trauben einfüllen, Amphore wieder verschießen und in sechs Monaten wiederkommen. Das Ergebnis kann wunderbar sein oder einfach nur scheußlich.

**Barriques** Kleines (225 l) Eichenfass, das in Bordeaux und dem Rest der Welt für die Gärung und/oder Reifung von Wein verwendet wird. Je neuer das Holz, umso stärker wirkt sich der Eicheneinfluss auf Geruch und Geschmack aus; französische Eiche wirkt subtiler als amerikanische. Die Mode, alle möglichen Weine mit neuer Eiche zu erschlagen, ist vergangen; heute wird Eichenholz rund um den Globus wieder mit viel mehr Fingerspitzengefühl eingesetzt.

**Biodynamisch** Diese Methode des Weinbaus verwendet Präparate aus Kräutern, Mineralien und organischen Stoffen in homöopathischen Mengen, und richtet sich auch nach den Mondphasen und den Bewegungen der Planeten. Klingt wie Hokuspokus, doch einige Spitzenerzeuger schwören darauf.

**Biologischer Säureabbau (BSA)** Inkorrekt auch malolaktische oder Zweitgärung genannt, findet der BSA nach der alkoholischen Gärung statt: Die scharfe Apfelsäure wird in die mildere Milchsäure umgewandelt. Sowohl Rot- als auch Weißweine können dabei komplexer werden. Wird in heißen Gegenden, wo der Säuregehalt von Natur aus gering und daher kostbar ist, meist vermieden.

**Bio/öko** Beim ökologischen/biologischen Weinbau (die Begriffe werden gleichbedeutend verwendet) sind die meisten chemischen Produkte im Weinberg verboten. Ein als Biowein etikettierter Wein darf nur in geringem Umfang geschwefelt werden und muss von biologisch angebauten Trauben erzeugt sein.

**Ganztraubenvergärung** ist vor allem in Burgund für Pinot noir beliebt: Ganze Trauben werden mit Stielen in den Gärbehälter gefüllt. Liefert eine merkliche Herzhaftigkeit, Pfeffer, Lebhaftigkeit, Länge, Raffinesse, Geradlinigkeit, kann aber auch grüne Tannine einbringen.

**Mikrooxidation** heißt eine weitverbreitete Methode, den Wein während der Reifezeit kontrolliert mit Sauerstoff in Kontakt treten zu lassen. Sie macht den Geschmack weicher und hilft, den Wein zu stabilisieren.

**Mineralisch** Ein Verkostungsbegriff, der mit Vorsicht verwendet werden sollte: als Beschreibung für kreidige/steinige Eigenschaften eines Weins in Ordnung; oft aber falsch verwendet, um zu implizieren, dass Mineralien aus dem Boden in den Wein gelangt seien. Das ist unmöglich.

**Naturwein** Es gibt keine feste Definition für diese Art Weine, hat aber auf jeden Fall mit ökologischem oder biodynamischem Weinbau zu tun sowie mit minimalen Eingriffen in der Kellerei und so wenig wie möglich bis gar keiner Zugabe von $SO_2$. Die Weine können exzellent und charakterstark sein – oder oxidiert und/oder schmutzig. Hat manchmal ein bisschen was von des Kaisers neuen Kleidern.

**Orangefarbige** Weine sind tanninhaltige, auf den Schalen vergorene Weißweine, womöglich in Amphoren. Vorsicht: Wie bei den Naturweinen gibt es gute und weniger gute.

# TECHNISCHE WEINSPRACHE

**Pét Nat (pétillant naturel)** Wein, der vor dem Ende der Gärung in Flaschen abgefüllt wird. Die Gärung setzt sich dort fort; der Wein perlt, behält etwas Restsüße und ist relativ alkoholarm. Derzeit ungeheuer in Mode.

**pH-Wert** Das Maß für die Säure: je niedriger der pH-Wert, umso schärfer ist die Säure. Im Wein beträgt der pH-Wert normalerweise 2,8 bis 3,8. In heißen Ländern kann ein zu hoher pH-Wert zum Problem werden. Ein niedriger pH-Wert ergibt eine bessere Farbe, wirkt schädlichen Bakterien entgegen und lässt mehr freies, konservierendes $SO_2$ zu – ist also im Allgemeinen ein gutes Zeichen.

**Restsüße** ist der nach Beendigung oder Unterbrechung der Gärung im Wein verbliebene Gesamtzucker, gemessen in Gramm pro Liter (g/l). Trockener Wein hat fast keine Restsüße.

**Säure** kommt im Wein in nichtflüchtiger und in flüchtiger Form vor. **Nichtflüchtige Säuren** sind v. a. Wein-, Apfel- und Zitronensäure aus der Traube sowie Milch- und Bernsteinsäure aus der Gärung. Die Säure kann von Natur aus vorhanden oder (in warmen Klimata) künstlich zugesetzt sein. Die wichtigste **flüchtige Säure** ist Essigsäure, die bei Sauerstoffkontakt von Bakterien gebildet wird. Ein Hauch an flüchtiger Säure ist unvermeidlich und kann die Komplexität erhöhen. Zu viel davon, und es gibt Essig. Gesamtsäure nennt man die Summe aus flüchtigen und nichtflüchtigen Säuren.

**Schwefeldioxid ($SO_2$)** gibt man dem Wein bei, um Oxidation oder andere Fehlentwicklungen bei der Weinbereitung zu verhindern. Ein Teil des $SO_2$ verbindet sich mit dem Zucker und ist also »gebunden«. Nur »freies« $SO_2$ wirkt konservierend. Der Trend weltweit geht dahin, weniger zu $SO_2$ verwenden. Ganz darauf zu verzichten, verlangt Mut.

**Tannine (Gerbstoffe)** sind ein wesentlicher Bestandteil der meisten Rotweine und auch einiger Weißer. Sie stammen aus den Traubenschalen und -kernen und sind deshalb auch in Weißweinen zu finden, die in Amphoren vinifiziert wurden. Rotweinerzeuger konzentrieren sich auf reife, seidige Tannine, indem sie bei der Traubenlese mehr auf die Tanninreife achten als auf den Zuckergehalt. Das kann man auch übertreiben.

**Terroir** Die Grundidee (und der Begriff) stammen aus Frankreich: Boden, Klima, Ausrichtung zur Sonne und Höhenlage verleihen im Zusammenspiel jedem Weinberg einen eigenen Fingerabdruck. Je kleiner und besser das betreffende Gebiet ist, umso mehr gewinnt das Terroir an Bedeutung. Hohe Erträge, überreife Trauben, stark interventionistische Weinbereitung usw. tendieren dazu, das Terroir zu verschleiern. Mehr Kellermeister reden darüber, »das Terroir auszudrücken«, als es tatsächlich zu tun.

**Toastwürze** kommt von der Anröstung des Fasses auf der Innenseite, die dafür sorgt, dass der Wein die Holzaromen integrieren kann. Eine zu starke Anröstung verleiht dem Wein karamellähnliche, verkohlte Aromen, zu wenig kann paradoxerweise die Holznote zu stark werden lassen.

# Die richtige Temperatur

Nichts tut einem Wein beim Servieren so wohl oder weh wie die Temperatur. Weißwein schmeckt unweigerlich flach und langweilig, wenn er zu warm ins Glas kommt, und Rotwein zeigt enttäuschend wenig Duft und Geschmacksfülle, wenn er zu kalt ist. Nachstehend sollen einige Hinweise auf die richtige Serviertemperatur für verschiedene Weine gegeben werden.

| | °C | |
|---|---|---|
| | 20 | |
| | 19 | |
| Zimmertemperatur | 18 | Die besten Rotweine, besonders Bordeaux |
| | 17 | |
| Roter Burgunder | 16 | |
| | | Chianti, Zinfandel, Côtes du Rhône |
| Beste weiße Burgunder, Port, Madeira | 15 | |
| | 14 | Alltagsrotweine |
| | 13 | |
| Ideale Kellertemperatur | 12 | Leichtere Rotweine, z. B. Beaujolais |
| Sherry | 11 | |
| Champagner | 10 | Rosé, Lambrusco |
| Trockener Weißwein | 9 | |
| Fino Sherry, Tokaji Aszú | 8 | |
| Kühlschranktemperatur | 7 | |
| | 6 | Die meisten süßen Weißweine, Schaumweine |
| | 5 | |
| | 4 | |
| | 3 | |
| | 2 | |
| | 1 | |
| | 0 | |

# Übersichtstabelle der Weinjahrgänge

Diese Tabellen sollen ein allgemeines Bild der in den Hauptanbaugebiete erzeugten Qualitäten vermitteln und als Anleitung dienen, ob ein Wei getrunken oder noch aufbewahrt werden sollte. Verallgemeinerungen sin unvermeidlich.

- ⌕ jetzt trinken
- ⌕ kann jetzt mit Genuss getrunken werden, bessere Weine lohnen jedoch weitere Aufbewahrung
- ⌕ muss noch länger lagern
- ⌕ meiden
- 0 nicht gut
- 10 am besten

| Jahrgang | Deutschland | | Italien | | Spanien |
|---|---|---|---|---|---|
| | Rhein | Mosel | Piemont rot | Toskana rot | Rioja |
| 2018 | 8–9 ⌕ | 8–9 ⌕ | 7–8 ⌕ | 7–8 ⌕ | 7–9 ⌕ |
| 2017 | 7 ⌕ | 7–8 ⌕ | 7–8 ⌕ | 6–7 ⌕ | 7–9 ⌕ |
| 2016 | 7–8 ⌕ | 7–8 ⌕ | 8–9 ⌕ | 7–9 ⌕ | 5–7 ⌕ |
| 2015 | 8–9 ⌕ | 8–9 ⌕ | 8–9 ⌕ | 8–9 ⌕ | 8–9 ⌕ |
| 2014 | 5–6 ⌕ | 6–7 ⌕ | 6–7 ⌕ | 6–7 ⌕ | 7–8 ⌕ |
| 2013 | 6–7 ⌕ | 5–6 ⌕ | 6–7 ⌕ | 6–8 ⌕ | 6–8 ⌕ |
| 2012 | 7–8 ⌕ | 7–8 ⌕ | 5–7 ⌕ | 5–7 ⌕ | 7–9 ⌕ |
| 2011 | 8–9 ⌕ | 8–10 ⌕ | 6–7 ⌕ | 5–8 ⌕ | 7–8 ⌕ |
| 2010 | 6–8 ⌕ | 6–8 ⌕ | 8–9 ⌕ | 7–8 ⌕ | 8–9 ⌕ |
| 2009 | 7–9 ⌕ | 6–8 ⌕ | 7–9 ⌕ | 7–8 ⌕ | 8–9 ⌕ |
| 2008 | 6–8 ⌕ | 6–8 ⌕ | 7–9 ⌕ | 7–8 ⌕ | 7–8 ⌕ |
| 2007 | 8–9 ⌕ | 8–9 ⌕ | 7–9 ⌕ | 8–9 ⌕ | 6–7 ⌕ |
| 2006 | 6–7 ⌕ | 6–9 ⌕ | 8–9 ⌕ | 7–10 ⌕ | 6–7 ⌕ |

| Jahrgang | Australien | | Jahrgang | Champagne | Jahrgang | Port |
|---|---|---|---|---|---|---|
| | Barossa Shiraz | Marg R. Chard. | | | | |
| 2018 | 7–8 ⌕ | 7–8 ⌕ | 2018 | 8–10 ⌕ | 2018 | 7–9 ⌕ |
| 2017 | 7–8 ⌕ | 7–8 ⌕ | 2017 | 6–8 ⌕ | 2017 | 8–9 ⌕ |
| 2016 | 8–9 ⌕ | 7–9 ⌕ | 2016 | 7–9 ⌕ | 2016 | 7–8 ⌕ |
| 2015 | 8–9 ⌕ | 8–9 ⌕ | 2015 | 8–9 ⌕ | 2015 | 8–9 ⌕ |
| 2014 | 6–7 ⌕ | 8–9 ⌕ | 2014 | 6–7 ⌕ | 2014 | 6–9 ⌕ |
| 2013 | 7–9 ⌕ | 8–10 ⌕ | 2013 | 7–8 ⌕ | 2013 | 5–7 ⌕ |
| 2012 | 8–9 ⌕ | 8–9 ⌕ | 2012 | 6–7 ⌕ | 2012 | 7–8 ⌕ |
| 2011 | 4–5 ⌕ | 8–9 ⌕ | 2011 | 6–7 ⌕ | 2011 | 8–10 ⌕ |
| 2010 | 9–10 ⌕ | 9–10 ⌕ | 2010 | 6–7 ⌕ | 2010 | 6–8 ⌕ |
| 2009 | 8–9 ⌕ | 9–10 ⌕ | 2009 | 8–9 ⌕ | 2009 | 7–9 ⌕ |
| 2008 | 7–8 ⌕ | 9–10 ⌕ | 2008 | 8–9 ⌕ | 2008 | 7–8 ⌕ |
| 2007 | 7–8 ⌕ | 9–10 ⌕ | 2007 | 6–7 ⌕ | 2007 | 8–10 ⌕ |

| Jahrgang | Kalifornien | | Neuseeland | | Südafrika |
|---|---|---|---|---|---|
| | Cabernet | Chardonnay | Hawke's B. rot | Marlb. weiß | Stellenbosch rot |
| 2018 | 6–9 ⌕ | 6–9 ⌕ | 6–7 ⌕ | 6–7 ⌕ | 7–8 ⌕ |
| 2017 | 6–8 ⌕ | 7–8 ⌕ | 6–8 ⌕ | 6–8 ⌕ | 8–10 ⌕ |
| 2016 | 7–8 ⌕ | 7–8 ⌕ | 7–8 ⌕ | 6–8 ⌕ | 7–9 ⌕ |
| 2015 | 7–8 ⌕ | 7–8 ⌕ | 7–8 ⌕ | 7–8 ⌕ | 8–10 ⌕ |
| 2014 | 7–8 ⌕ | 6–8 ⌕ | 7–8 ⌕ | 7–8 ⌕ | 6–8 ⌕ |

## ÜBERSICHTSTABELLE DER WEINJAHRGÄNGE | 43

| Frankreich | | | | | | | | | |
|---|---|---|---|---|---|---|---|---|---|
| | Roter Bordeaux | | | | Weißer Bordeaux | | | | Elsass |
| Jahrgang | Médoc/Graves | | Pom./St-Ém. | | Sauternes & süß | | Graves & trocken | | |
| 2018 | 8–9 | 🍷 | 8–9 | 🍷 | 7–9 | 🍷 | 7–8 | 🍷 | 7–9 | 🍷 |
| 2017 | 6–8 | 🍷 | 6–7 | 🍷 | 8–9 | 🍷 | 7–8 | 🍷 | 9–10 | 🍷 |
| 2016 | 8–9 | 🍷 | 8–9 | 🍷 | 8–10 | 🍷 | 7–9 | 🍷 | 7–8 | 🍷 |
| 2015 | 7–9 | 🍷 | 8–10 | 🍷 | 8–10 | 🍷 | 7–9 | 🍷 | 7–9 | 🍷 |
| 2014 | 7–8 | 🍷 | 6–8 | 🍷 | 8–9 | 🍷 | 8–9 | 🍷 | 7–8 | 🍷 |
| 2013 | 4–7 | 🍷 | 4–7 | 🍷 | 8–9 | 🍷 | 7–8 | 🍷 | 8–9 | 🍷 |
| 2012 | 6–8 | 🍷 | 6–8 | 🍷 | 5–6 | 🍷 | 7–9 | 🍷 | 8–9 | 🍷 |
| 2011 | 7–8 | 🍷 | 7–8 | 🍷 | 8–10 | 🍷 | 7–8 | 🍷 | 5–7 | 🍷 |
| 2010 | 8–10 | 🍷 | 7–10 | 🍷 | 7–8 | 🍷 | 7–9 | 🍷 | 8–9 | 🍷 |
| 2009 | 7–10 | 🍷 | 7–10 | 🍷 | 8–10 | 🍷 | 7–9 | 🍷 | 8–9 | 🍷 |
| 2008 | 6–8 | 🍷 | 6–9 | 🍷 | 6–7 | 🍷 | 7–8 | 🍷 | 7–8 | 🍷 |
| 2007 | 5–7 | 🍷 | 6–7 | 🥂 | 8–9 | 🍷 | 8–9 | 🍷 | 6–8 | 🥂 |
| 2006 | 7–8 | 🍷 | 7–8 | 🍷 | 7–9 | 🍷 | 8–9 | 🍷 | 6–8 | 🍷 |
| 2005 | 9–10 | 🍷 | 8–9 | 🍷 | 7–9 | 🍷 | 8–10 | 🍷 | 8–9 | 🍷 |
| 2004 | 7–8 | 🍷 | 7–9 | 🍷 | 5–7 | 🥂 | 6–7 | 🥂 | 6–8 | 🍷 |
| 2003 | 5–9 | 🥂 | 5–8 | 🥂 | 7–8 | 🍷 | 6–7 | 🥂 | 6–7 | 🍷 |
| 2002 | 6–8 | 🍷 | 5–8 | 🥂 | 7–8 | 🍷 | 7–8 | 🍷 | 7–8 | 🥂 |
| 2001 | 6–8 | 🍷 | 7–8 | 🍷 | 8–10 | 🍷 | 7–9 | 🍷 | 6–8 | 🍷 |
| 2000 | 8–10 | 🍷 | 7–9 | 🍷 | 6–8 | 🥂 | 6–8 | 🥂 | 8–10 | 🍷 |

| Frankreich Fortsetzung | | | | | | | | | |
|---|---|---|---|---|---|---|---|---|---|
| | Burgund | | | | | | Rhône | | |
| Jahrgang | Côte d'Or rot | | Côte d'Or weiß | | Chablis | | Norden | | Süden |
| 2018 | 8–10 | 🍷 | 7–8 | 🍷 | 8–9 | 🍷 | 7–9 | 🍷 | 7–8 | 🍷 |
| 2017 | 6–9 | 🍷 | 8–9 | 🍷 | 6–8 | 🍷 | 7–9 | 🍷 | 7–9 | 🍷 |
| 2016 | 7–8 | 🍷 | 7–8 | 🍷 | 7–8 | 🍷 | 7–9 | 🍷 | 7–9 | 🍷 |
| 2015 | 7–9 | 🍷 | 7–8 | 🍷 | 7–9 | 🍷 | 8–9 | 🍷 | 8–9 | 🍷 |
| 2014 | 6–8 | 🍷 | 7–9 | 🍷 | 7–9 | 🍷 | 7–9 | 🍷 | 6–8 | 🍷 |
| 2013 | 5–7 | 🍷 | 7–8 | 🥂 | 6–8 | 🥂 | 7–9 | 🍷 | 7–8 | 🍷 |
| 2012 | 8–9 | 🍷 | 7–8 | 🍷 | 7–8 | 🍷 | 7–9 | 🍷 | 7–9 | 🍷 |
| 2011 | 7–8 | 🍷 | 7–8 | 🥂 | 7–8 | 🥂 | 7–8 | 🍷 | 6–8 | 🥂 |
| 2010 | 8–10 | 🍷 | 8–10 | 🥂 | 8–10 | 🍷 | 8–10 | 🍷 | 8–9 | 🍷 |
| 2009 | 7–10 | 🍷 | 7–8 | 🥂 | 7–8 | 🍷 | 7–9 | 🍷 | 7–8 | 🍷 |
| 2008 | 7–9 | 🍷 | 7–9 | 🥂 | 7–9 | 🍷 | 6–7 | 🥂 | 5–7 | 🥂 |
| 2007 | 7–8 | 🥂 | 8–9 | 🥂 | 8–9 | 🍷 | 6–8 | 🍷 | 7–8 | 🍷 |
| 2006 | 7–8 | 🍷 | 8–10 | 🥂 | 8–9 | 🥂 | 7–8 | 🍷 | 7–9 | 🍷 |
| 2005 | 7–9 | 🍷 | 7–9 | 🥂 | 7–9 | 🥂 | 7–8 | 🍷 | 6–8 | 🍷 |

**Beaujolais** 18, 17, 15, 14, 11. Crus länger haltbar. **Mâcon-Villages** (weiß) 18, 17, 15, 14 jetzt trinken. **Loire** (süße Weine aus dem Anjou und der Touraine) beste neuere Jahrgänge: 18, 15, 10, 09, 07, 05, 02, 97, 96, 93, 90, 89; Bourgueil, Chinon und Saumur-Champigny: 18, 17, 15, 14, 10, 09, 06, 05, 04, 02. **Obere Loire** (Sancerre, Pouilly-Fumé): 18, 17, 15, 14, 12. **Muscadet** BV.

# Frankreich

Die folgenden Abkürzungen werden im Text verwendet:

| | |
|---|---|
| Beauj | Beaujolais |
| Bg | Burgund |
| Bx | Bordeaux |
| Cas | Castillon |
| Champ | Champagne |
| El | Elsass |
| Fron | Fronsac |
| H-Méd | Haut-Médoc |
| Lang | Languedoc |
| Lo | Loire |
| Méd | Médoc |
| N-Rh | Nördliche Rhône |
| OF | Ostfrankreich |
| Prov | Provence |
| Rh | Rhône |
| Rouss | Roussillon |
| Saut | Sauternes |
| Sav | Savoyen |
| S-Rh | Südliche Rhône |
| SWF | Südwestfrankreich |
| ZF | Zentralfrankreich |
| | |
| AC | Appellation Contrôlée |
| Ch. | Château |
| Dom. | Domaine |

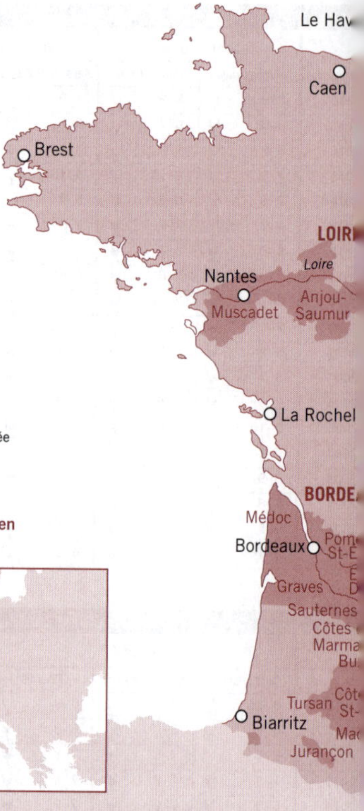

**Die dunklen Flächen bezeichnen die Weinbaugebiete**

M an hat mir Einseitigkeit, Voreingenommenheit, ja sogar Vergreisung vorgeworfen, aber mir ist nichts untergekommen, was meine Meinung geändert hätte. Frankreich gehört hierher, an den Anfang des Buches und an die Spitze jeglicher Weinländerliste. Die Franzosen stellen nicht nur das Original der weltweit beliebtesten Weine und haben die zugehörigen Rebsorten »erfunden«, sie bereiten sie auch besser, in mehr Fällen, mit einem – ich will nicht sagen: unfehlbaren – Blick für Stil, Größenordnung, Werthaltigkeit und puren Trinkgenuss. Wenn Sie diese Frankreich-Seiten durchlesen, werden Sie staunen. Liegt es an der Geografie? Liegt es am Genie? Es liegt natürlich an beidem.

Frankreich steht jetzt an vorderster Front einer Debatte über Weinstile: ob nämlich Wein perfekt oder ob er einzigartig sein sollte. Dies veranschaulicht der Gegensatz zwischen Bordeaux und Burgund: beide ungeheuer en vogue, beide weltweit vehement nachgefragt. Bordeaux jedoch strebt nach Perfektion, während Burgund – auf der Basis terroirbedingter Besonderheiten – auf Einzigartigkeit abzielt. Doch auch Bordeaux will das Terroir ins Glas bringen und setzt auf noch größere Besonderheiten. Wie wir im diesjährigen Sonderteil darlegen, soll guter Wein das Terroir zum Ausdruck bringen, denn das Terroir ist die Visitenkarte eines guten Weins. Wenn er dies nicht zum Ausdruck bringt, was dann? Die Antwort lautet: Kellertechnologie. Jawohl, man kann den Terroirausdruck durch Kellertechnik sozusagen massieren und polieren – wie bei Spitzen-Bordeaux. Der Luxusgütermarkt gestattet keine Unvollkommenheiten.

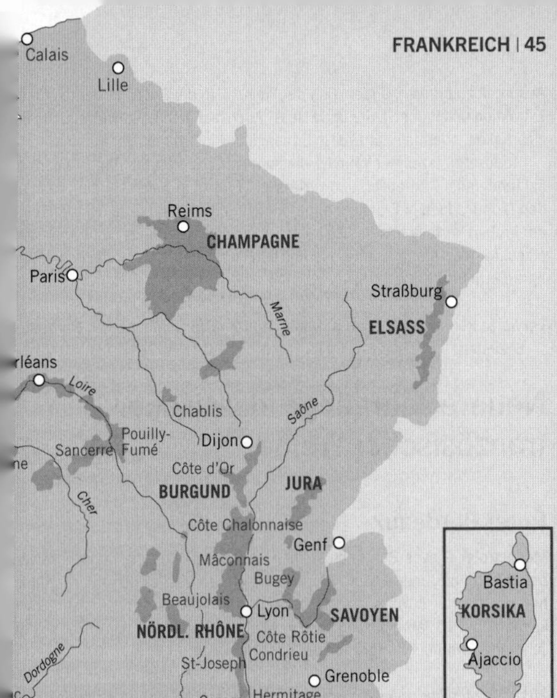

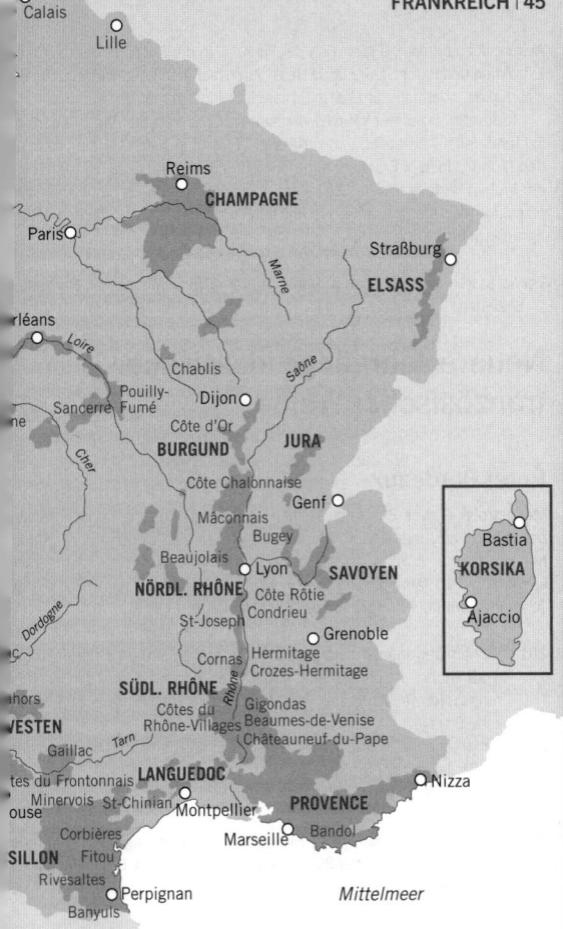

Überall in Frankreich begegnet man dieser Gegensätzlichkeit. In der Champagne streben die großen Häuser nach Perfektion, die kleinen Betriebe hingegen nach Einzigartigkeit. (Ich sollte betonen, dass beide überragende Qualität hervorbringen, allerdings auf unterschiedlichen Wegen.) An der Rhône und im Midi findet sich beides – sobald der oder die Weinmacher/-in das Ziel hat, bei einem Wein weniger das Terroir als vielmehr sich selbst zum

Ausdruck zu bringen, ändert sich der Weinstil; in der Regel in Richtung me
Extraktion und Wucht. Loire und Elsass? Auch hier geht es vorwiegend um Ei
zigartigkeit, abermals zum Teil in Ermangelung internationaler Marken.

Industriell erzeugter Wein ist wieder etwas anderes: (im Allgemeinen) b
lig, (hoffentlich) erfreulich und verlässlich. Er wird in vielen Ländern rund u
den Globus, auch in Frankreich, produziert und ist in gewisser Hinsicht ein
der großen Vorteile unseres Zeitalters. In anderer allerdings nicht: Industrie
erzeugter Wein stammt von industriell bewirtschafteten Anbauflächen riesig
Agrarbetriebe.

Verweise können sich auch auf das Kapitel »Die Châteaux von Bordeaux
beziehen.

# Neuere Jahrgänge klassischer französischer Weine

## Roter Bordeaux

**Médoc/roter Graves** Bei vielen Weinen ist Flaschenalterung wünschenswer
bei diesen aber unerlässlich. Kleinere Gewächse aus leichteren Jahrgänge
brauchen nur 2–3 Jahre, aber selbst einfache Weine aus großen Jahrgänge
können über 15 Jahre hinweg noch gewinnen; die großen Kreszenzen solche
Jahrgänge profitieren sogar von der doppelten Zeit.

- 2018 Reintöniger, intensiv aromatischer Cabernet Sauvignon mit Fülle un
Kraft (hoher Alkoholgehalt), dabei aber ausgewogen – großes Alte
rungspotenzial. Aufgrund von Mehltau und Hagelschäden uneinheit
liche Erträge.
- 2017 Ansprechende Weine: schön ausgewogen, frisch, relativ früh zu trinken
Großteils geringer Ertrag.
- 2016 Cabernet Sauvignon zeigt Farbe, Tiefe und Struktur – ein Jahrgang zum
Einkellern.
- 2015 Hervorragendes Cabernet-Sauvignon-Jahr, allerdings nicht mit de
Struktur von 2005 oder 2010. Einige Schwankungen. Liegen lassen.
- 2014 Cabernet Sauvignon ist strahlend und nachklingend. Gut bis sehr gut
und klassisch im Stil; beginnt sich zu öffnen.
- 2013 Der schlechteste Jahrgang seit 1992. Ungleichmäßige Erfolge klassifizierter Gewächse. Muss früh getrunken werden.
- 2012 Cabernet Sauvignon reifte nicht überall aus, verfügt aber über frühreifen
Charme.
- 2011 Unterschiedliche Qualität, aber besser als ihr Ruf. Klassische Frische
mit moderatem Alkoholgehalt. Beginnt sich nach einer plumpen Phase
jetzt zu öffnen.
- 2010 Herausragendes Jahr. Großartiger Cabernet Sauvignon mit tiefdunkler
Farbe, Konzentration, fester Struktur. Wird sich Jahre halten.
- 2009 Hervorragendes Jahr, strukturierte Weine mit überbordender Frucht.
Jetzt zugänglich, können aber auch noch im Keller bleiben.
- 2008 Viel besser als erwartet: frische, klassische Geschmacksnoten. Jetzt
trinken.

**Weitere gute Jahrgänge:** 2006, 2005, 2000, 1998, 1996, 1995, 1990, 1989, 1988, 1986, 1985, 1982, 1975, 1970, 1966, 1962, 1961, 1959, 1955, 1953, 1949, 1948, 1947, 1945, 1929, 1928.

## FRANKREICH | 47

### t-Émilion/Pomerol

**2018** Kraftvoll, jedoch reintönig. Am besten von Kalkstein- und Lehmböden. Ertragseinbußen durch Mehltau.

**2017** Schöne Ausgewogenheit, klassische Früchtekuchennoten. Wird bald getrunken werden müssen.

**2016** Dieselben Bedingungen wie im Médoc. Einige junge Reben litten unter Trockenstress, die Qualität ist aber durchweg exzellent.

**2015** Großartiges Merlot-Jahr, perfekte Bedingungen: Farbe, Konzentration, Ausgewogenheit.

**2014** Mehr Regen als im Médoc, weshalb Merlot unterschiedlich ausfiel. Sehr guter Cabernet franc. Jetzt trinken.

**2013** Merlot mit schwieriger Blüteperiode (deshalb geringer Ertrag) und Fäulnis. Mäßiger Jahrgang, früh zu trinken.

**2012** Dieselben Bedingungen wie im Médoc; Merlot fiel ein klein wenig besser aus. Jetzt trinken.

**2011** Ebenso schwierig wie im Médoc. Guter Cabernet franc. Pomerol schneidet womöglich am besten ab. Nicht links liegen lassen.

**2010** Ausgezeichnet. Abermals kraftvolle, sehr konzentrierte Weine mit hohem Alkoholgehalt. Braucht noch Zeit.

**2009** Erneut ausgezeichnet. Kraftvolle Weine (mit viel Alkohol), doch offenbar ausgewogen. In St-Émilion zog Hagel den Ertrag einiger Güter in Mitleidenschaft.

**2008** Ähnliche Bedingungen wie im Médoc. Sehr geringe Erträge, dennoch überraschend hohe Qualität. Ab jetzt trinkreif, aber den Besten sollte man noch Zeit lassen.

**Weitere gute Jahrgänge:** 2005, 2001, 2000, 1998, 1995, 1990, 1989, 1988, 1985, 1982, 1971, 1970, 1967, 1966, 1964, 1961, 1959, 1953, 1952, 1949, 1947, 1945.

## Roter Burgunder

**Côte d'Or** Die Rotweine von der Côte de Beaune sind meist früher ausgereift als die gewichtigeren Kreszenzen von der Côte de Nuits. Die leichteren Weine, z. B. Volnay und Beaune, sind am frühesten trinkreif, am längsten brauchen die Grands crus z. B. von Chambertin und Musigny. Aber auch der beste Burgunder ist jung ansprechender als gleichwertiger roter Bordeaux. Und wenn er Jahre später zu voller Entfaltung gelangt, ist das mitunter ein magisches Erlebnis.

**2018** Wow: ein womöglich legendärer Jahrgang mit durchweg üppigen, reifen Roten. Die Zuckerhändler sind unzufrieden, die Winzer überglücklich.

**2017** Die Reben überlebten trotz Frost. Großer Ertrag, ansprechende Weine, in der Regel von ausreichender Reife und stilvoll leichterer Art. Côte de Beaune siegt um eine Nasenlänge.

**2016** Trotz Frostschäden und geringem Ertrag sind einige Rote spektakulär: voller Energie und frischer Säure. Schließen Sie sie trotzdem im Keller ein.

**2015** Dicht gewirkte, konzentrierte Weine, ähnlich wie 2005, aber mit der zusätzlichen Fruchtigkeit der 2010er. Erwerben sich gerade ein großes Renommee – unbedingt zugreifen! Weine aus geringeren Appellationen sind jetzt ansprechend.

**2014** Beaune, Volnay und Pommard hatten wieder unter Hagel zu leiden. Ansprechende, frische Rotweine von mittlerer Dichte mit bezauberndem Duft. Sollten demnächst verkostet werden.

## 48 | FRANKREICH

- **2013** Furchtbarer Hagelschlag an der Côte de Beaune. Kleine Ernte an der Côte de Nuits; wer spät las, wurde mit fein duftenden Weinen von knackiger Vitalität belohnt. Die geringeren Qualitäten sind trinkreif.
- **2012** An der Côte de Beaune machte Hagel den Ertrag gänzlich zunichte. Sehr geringe Ausbeute an feinen Weinen an der Côte de Nuits: sehr üppig und trotzdem erstklassig. Sollten trotzdem vorerst im Keller bleiben.
- **2011** Einige Parallelen zu 2007: frühe Lese, Weine von leichterer Art, die jetzt zugänglich sind und allmählich getrunken werden sollten.
- **2010** Entwickelt sich zu einem großartigen klassischen Jahrgang: reintönige, feingliedrige und dennoch beeindruckend dichte Rote. Village-Weine und einige Premiers crus sind jetzt genussreif.
- **2009** Schöne, reife, füllige Rotweine, die das Babyspeckstadium hinter sich gelassen haben. Teilweise sind sie etwas »verkocht«, die anderen aber werden sich lange halten.
- **2008** Schlanke und doch lebhafte Weine, die eher Puristen als Hedonister ansprechen. Die Besten sind Pinots in Reinform, die sich jetzt schön entfalten. Jetzt bis Anfang der 2020er.

**Weitere gute Jahrgänge:** 2005, 2003, 2002, 1999, 1996 (trinken oder noch lagern), 1995, 1993, 1990, 1988, 1985, 1978, 1971, 1969, 1966, 1964, 1962, 1961, 1959 (reif).

## Weißer Burgunder

**Côte de Beaune** Anders als noch vor 20 Jahren werden weiße Burgunder heutzutage nur selten für eine lange Lagerung bereitet, doch sollten Spitzengewächse nach wie vor bis zu 10 Jahre von einer Alterung profitieren. Die meisten Mâconnais- und Châlonnais-Weine (St-Véran, Mâcon-Villages, Montagny) sollten jung (nach 2–3 Jahren) getrunken werden.

- **2018** Sehr großer, gut ausgereifter Ertrag; die Weine sind offenherzig, ansprechend, wenn auch nicht so intensiv wie Chablis.
- **2017** Ordentlicher Ertrag; reife, ausgewogene, qualitativ einheitliche Weine mit ausreichend Säure. Der beste Jahrgang seit 2014.
- **2016** Vielfach Frostschäden, uneinheitliche Ergebnisse. Die Weinberge, die verschont blieben, erbrachten gute Weine, den anderen fehlt es auf lange Sicht an Ausgewogenheit.
- **2015** Volle, konzentrierte Weine dank eines warmen, trockenen Sommers. Die meisten Winzer lasen früh und erzielten gute Ergebnisse, ansonsten können die Weine zu schwer ausfallen. 2009 ist ein vergleichbarer, aber erfolgreicherer Jahrgang.
- **2014** Der feinste, einheitlichste Jahrgang seit einer Generation: Aromen weißer Frucht, reif und trotzdem frisch, elegant und ausgewogen. Ab jetzt trinkreif, lassen Sie die Besten aber unbedingt noch im Keller.
- **2013** Schwieriger Jahrgang, vielfach flaue Weine. Sorgfältig auswählen und bald trinken.
- **2012** Sehr geringe Erträge nach magerer Blüte und wiederholtem Hagel, später annehmbares Wetter. Die Weine sind enegiegeladen und machen sich gut. Ein guter Tipp für 2020.
- **2011** Feines Material für gewissenhafte Erzeuger, einige fleischige, schön ausgewogene Weine – aber die Versuchung, es mit der Ernte zu übertreiben, war groß. Bereits in der Jugend ansprechend, sollte jetzt ausgetrunken werden.

# FRANKREICH | 49

**2010** Aufregende Weine mit schönem Frucht-Säure-Spiel, die jetzt exotische Aromen zu entwickeln beginnen. Sicherheitshalber bald trinken.
**2009** Vollständige Ernte, gesunde Trauben, zwei Stile: einerseits erstklassige Weine zum Einlagern aus früher Lese, andererseits teils flaue Versionen.

**Weitere gute Jahrgänge (alle trinkreif):** 2005 2002 1999 1996 1993 1992 1985 1979 1973 1959

**Chablis.** Grands crus aus Jahrgängen mit Kraft und gutem Säuregehalt müssen mindestens 5 Jahre eingelagert werden und können sich dann 15 Jahre und länger herrlich entwickeln, Premiers crus entsprechend kürzer, aber auch sie brauchen mindestens 3 Jahre. Vor dem Trinken sollte man sie unbedingt dekantieren.

**2018** Sieht nach etwas Außergewöhnlichem aus – sehr konzentrierte Weine.
**2017** Trotz abermaligem Frost Weine im klassischen Stil, viel begeisternder als 2016.
**2016** Hagel, Frost, noch mehr Hagel, so gut wie kein Wein – und wenn, dann ist er oft unausgewogen.
**2015** Ein heißer, trockener Sommer ergab ausgereifte Trauben und volle Weine mit konzentriertem Kern. Die Grands crus noch einlagern.
**2014** Hervorragend: frühe Lese, ideale Ausgewogenheit, salzige Noten. Chablis trinken, Crus in den Keller legen.
**2013** Kleine Erträge, späte Ernte, Fäulnisprobleme. Gemischtes Ergebnis, das Gros sollte ausgetrunken werden.

## Beaujolais

**2018** Heißer Sommer, daher weitere »Wuchtbrummen«.
**2017** Hoher Ertrag, allerdings grauenhafte Hagelschäden v. a. in Fleurie und Moulin-à-Vent.
**2016** Hoher Ertrag und saftige Weine; Hagelschäden in Fleurie.
**2015** Massive Weine, die besten sind hervorragend, die anderen Alkoholmonster.
**2014** Schöner Ertrag, ab jetzt trinken.
**2013** Späte Ernte mit gemischten Ergebnissen.
**2012** Winziger Ertrag, Existenzkampf, aufgegebene Weinberge.

## Südwestfrankreich

**2018** Fruchtige, konzentrierte Weine. Die trockenen Weißen und Rosés sind 2020 trinkreif, die meisten Roten (v. a. wenn in Eiche ausgebaut) und Süßweine ab 2021. Mächtigere Versionen werden länger brauchen.
**2017** Finesse statt Kraft, die Weine sind durchweg trinkreif. Die Roten werden sich noch etwa 3 Jahre halten, Madiran und Cahors länger.
**2016** Eher zufriedenstellend als brillant; jetzt trinken, obgleich sich wuchtigere Versionen noch halten werden.
**2015** Ein überragender Jahrgang mit vollen, fruchtigen, schönen Weinen. Die »Hämmer« werden noch viele Jahre überdauern.
**2014** Fein ausgewogene Süßweine; auch das Übrige wird hochgepriesen und kann jetzt getrunken werden.
**2013** Am besten meidet man diesen Jahrgang, außer man hat einen guten Tipp für eine Ausnahme von der Regel.
**2012** Das Gros sollte man trinken; die meisten Weine zeigen Ermüdungserscheinungen, abgesehen von Cahors und Madiran.

## Midi

**2018** Mehltaubefall, doch bei rechtzeitiger Lese nach dem langen heißen Sommer entstanden lebhafte Rot- und Weißweine. Kraftvolle, reichhaltige, sehr gute Rote aus Pic St-Loup.
**2017** Geringer Ertrag, hervorragende Qualität. Roussillon schnitt eventuell besser ab als 2015. Kraftvolle, reichhaltige Rote mit feinen Tanninen aus Pic St-Loup. Die Cabardès-Rotweine sind ausgewogen und werden sich lang halten, die Weißen besitzen exzellente Säure und Frucht.
**2016** Durchweg hervorragend: Die ausgewogenen Roten kann man einlagern, die Weißen sind frisch und fruchtig.
**2015** Die Rotweine zeigen intensive reife Frucht und elegante Tannine. Einige Weiße sind sehr gut, andere zu säurearm.
**2014** Das Gros ist früh zu trinken. Erfreuliche leichte Rote aus dem Roussillon; die Weißweine schneiden durchweg besser ab.

## Nördliche Rhône

Je nach Lage und Stil können diese Weine so langlebig sein wie Burgunder. Weißer Hermitage hält sich mitunter genauso lang wie roter. Verallgemeinerungen sind unmöglich – probieren Sie's, ob rot oder weiß, einfach in aller Ruhe aus.

**2018** Sehr gut; mächtige Weine, einige zu alkoholstark. Erstaunlicher, sehr voller roter Hermitage. Die fetten, säurearmen Weißen sollte man früh trinken, ausgenommen Hermitage.
**2017** Sehr gut; volle Rote mit mehr Tiefe als 2016 zeigen Sonne satt und viel Tannin. Die Weißen schmecken prima zu herzhaften Speisen. Condrieu fällt unterschiedlich aus.
**2016** Gut bis sehr gut; die Roten von der Côte Rôtie sind reintönig, harmonisch und klassisch, ebenfalls bemerkenswert die Cornas- und Crozes-Hermitage-Gewächse. Fantastische Hermitage-Weiße, die anderen Weißen sind gelungen und rein.
**2015** Durchweg exzellente Rotweine, wundervoll und sehr langlebig die Hermitage- und Côte-Rôtie-Gewächse. Volle, teils alkoholstarke Weiße.
**2014** Füllige Rotweine, die mit der Zeit an Tiefe gewinnen können. Hervorragende, frische, stil- und gehaltvolle Weißweine.
**2013** Sehr gute körperreiche, frische Rotweine mit knackigem Tannin, die 15–20 Jahre vor sich haben. Außergewöhnliche Weiße, v. a. Hermitage, Saint-Joseph, Saint-Péray.
**2012** Sehr guter Jahrgang für Hermitage und offenherzigen Côte Rôtie. Frische Rotweine, die sich jetzt schön entfalten und mindestens 15 Jahre halten werden. Weiße mit Stil und Frische, v. a. Condrieu.
**2011** Gut in Hermitage und Cornas. Die Côte-Rôtie-Weine zeigen jetzt mehr Körper. Weiße zufriedenstellend.
**2010** Großartig. Herrliche Tiefe, Ausgewogenheit, Frische und Langlebigkeit bei den Roten. Côte Rôtie ist so gut wie 1978. Sehr guter Condrieu und andere volle Weiße.
**2009** Hervorragende Weine mit viel Sonne im Gepäck. Einige volle rote Hermitage- und üppige Côte-Rôtie-Weine. Die besten Crozes- und St-Joseph-Abfüllungen sind gut gealtert. Recht mächtige Weiße, die lagern können.

**FRANKREICH | 51**

## Südliche Rhône

**2018** Teilweise sehr gut. Schockierende Ernteverluste in Châteauneuf, v. a. in den Ökobereichen. Dank der heißen Sonne Rote mit Tiefe. Gute Weine aus Gigondas, Valréas, Visan, Vinsobres, wo die Rebflächen höher liegen und die Trauben später gelesen werden.

**2017** Sehr gut, kann aber divergieren. Sonnenverwöhnte, wuchtig-volle Rote mit normal reifen Tanninen trotz Dürrre. Am besten schnitt die Mehrzahl der pingeligen Spitzengüter ab, gut schlug sich Rasteau. Volle, echt südliche Weiße.

**2016** Ein Wunderjahr: durchweg hervorragend, triumphal von den alten Grenache-Reben in Châteauneuf. Volle, sinnliche Rotweine mit langem Abgang und enorm viel Frucht. Sonnendurchglühte Weiße mit sehr viel Körper – man sollte sich jetzt ein paar Flaschen sichern und einlagern.

**2015** Sehr gute Rotweine: voll, dunkel, jede Menge Körper, feste Tannine und oft verführerisches Flair. Durchweg hohe Qualität (v. a. Gigondas); die Roten der unteren Preisklasse sind ein Schnäppchen. Sehr gute, körperreiche Weiße.

**2014** Teilweise guter Jahrgang; in Châteauneuf-du-Pape setzt man wieder auf aromatische Finesse. Halten Sie sich an die renommierten Erzeuger (v. a. Gigondas, Rasteau, Cairanne), der Rest ist verwässert. Frische Weißweine.

**2013** Sehr geringer Ertrag, v.a. von Grenache, sodass die Weine untypisch ausfallen. Funkelnde, lebhafte, nachhaltige Rote; das Beste aus Châteauneuf-du-Pape stammt von alten Reben. Gutes Preis-Leistungs-Verhältnis beim Côtes du Rhône. Sehr gute Weiße.

**2012** Ein Bilderbuchjahrgang: Die Rotweine sind voll und lebhaft mit schönen Tanninen, die Weißen geben feine Essensbegleiter ab.

**2011** Viel Sonne und geschmeidige, teilweise ölige Weine, die bald getrunken werden sollten. Problematisch ist der hohe Alkoholgehalt. Ordentliche Weiße.

**2010** Überragender Jahrgang. Körperreiche, ausgewogene Rote. Ein Spitzenjahr für Châteauneuf-du-Pape. Weine von klarer Frucht und gut eingebundenen Tanninen. Tiefgründige Weiße mit langem Abgang.

**2009** Dicht gewirkte Rote. Trockenheit sorgte bei einigen für körnige Tannine; Rasteau schnitt gut ab. Solide Weiße.

## Champagne

**2018** Ein außergewöhnlicher Jahrgang, vielleicht von Überfliegerqualität: praktisch keine Fäule, sehr heißer, trockener Sommer. Könnte 1959 oder 1976 heraufbeschwören …

**2017** Chardonnay von Nobelhäusern (Krug, Roederer) ist gut, doch Pinot noir und v. a. Pinot Meunier ertranken im Regen.

**2016** Reintönige Frucht und Eleganz; Pinot noir schneidet am besten ab.

**2015** Großartiger Pinot noir, raffinierter Pinot Meunier; Chardonnay teils überreif, teils üppig.

**2014** Chardonnay schlug sich am besten. Wohl kein Jahr für Jahrgangschampagner, aber vielleicht für Blanc de Blancs.

**2013** Ein potenziell brillanter Jahrgang für Chardonnay von der Côte des Blancs. Pinot noir ordentlich, mit glorreicher Ausnahme in Aÿ.

**2012** Hervorragender Pinot noir, womöglich der beste seit 1952, und feiner Meunier. Chardonnay etwas schwerfällig, es fehlt ihm an Verve. Gut für jahrgangslose Weine.

**2011** Es fehlt an echter Reife und Struktur, dennoch haben einige gute Winzer Feines zu bieten.

**Weitere gute Jahrgänge:** 2009', 2008', 2006, 2004, 2002', 2000, 1998, 1996', 1995, 1992, 1990, 1989, 1988', 1982, 1976.

## Loire

**2018** Außergewöhnliche Qualität und Quantität dank des trockenen, heißen Sommers nach dem verregneten Juni. Der fünfte »gut bis sehr gut«-Jahrgang in Folge – das gab's noch nie! Einige vergleichen ihn mit 1947.
**2017** Gute Qualität, doch im April wiederum Frost in Muscadet, Savennières und Teilen der Touraine sowie Pouilly-Fumé. Bourgueil und Menetou-Salon wurden verschont.
**2016** Geringer Ertrag, doch wer überhaupt etwas zu lesen hatte, brachte gute Qualität hervor. Sancerre entging dem Desaster.
**2015** Durchweg gut bis sehr gut; feine Süßweine in Layon und den Coteaux de l'Aubance.
**2014** Schön ausgewogene trockene Weiße und reife Rote, die jetzt köstlich zu trinken sind, aber auch noch im Keller bleiben können; überragender Muscadet.

## Elsass

**2018** Warme, gleichwohl frische Weine; Spitzenreiter sind Gewürztraminer, Pinot gris und Riesling aus hoch gelegenen Grand-cru-Parzellen.
**2017** Einer der besten Jahrgänge seit dem Zweiten Weltkrieg, einschließlich 1947, 1971 und 2008.
**2016** Klassischer, fein ausgewogener Jahrgang, und davon jede Menge – ganz anders als 2013, 2014 und 2015.
**2015** Üppiger Jahrgang, einer der trockensten überhaupt. Großartiger Pinot noir, allerdings nur in recht geringer Menge.
**2014** Gewürztraminer und Pinot gris litten unter dem Befall der Kirschessigfliege (asiatische Fruchtfliege). Wunderbarer Riesling mit fantastischem Säurespiel.
**2013** Entwickelt sich zu einem Klassikerjahrgang mit großartigem Potenzial für Riesling. Die Weine beginnen sich jetzt zu öffen.
**2012** Kleiner Ertrag, konzentrierte Weine im trockenen Stil des Jahrgangs 2010.

**Abymes** Sav w ★→★★ BV – Hügeliger Bereich südlich von Chambéry unweit von APREMONT; seit 1973 AC Vin de Savoie (261 ha) von der Jacquère-Traube (mindestens 80%). Probierenswert: des Anges, Ducret, Giachino, Labbé, Perrier, Ravier, Sabots de Venus.
**Ackerman** Lo r rs w; (tr) (s); sch ★→★★★ Das erste Schaumweinhaus in SAUMUR, gegründet 1811, ist auf Expansionskurs. Handelsfirmen und Weingüter: Les Celliers du Prieuré, Donatien Bahuaud und Drouet (Pays Nantais), Monmousseau, Perruche, Rémy-Pannier, Varière und Ch. de SANCERRE.
**AC oder AOC (Appellation Contrôlée)/AOP** Staatliche Herkunfts- und Produktionskontrolle (aber nicht für Qualität!) für das Gros der französischen Spitzenweine; etwa 45% der Gesamtmenge. Wird sukzessive in AOP (Appellation d'Origine Protégée) umbenannt – was der Wahrheit deutlich näher kommt als »Contrôlée« ...
**Agenais** SWF r rs w ★ BV – IGP aus dem Departement Lot-et-Garonne, das eher für seine Pflaumen berühmt ist – zu Recht. Einige Erzeuger wie die

**FRANKREICH | Ala–Anj | 53**

DOMAINES du Boiron, Campet und Lou Gaillot stellen löbliche Ausnahmen von der Regel dar, während die Genossenschaften … o je!

**Alain Chabanon, Domaine** Lang ★★★ Der einst wegweisender Erzeuger in MONTPEYROUX hält sich wacker mit den Weinen Campredon, L'Esprit de Font Caude sowie Le Merle aux Alouettes auf MERLOT-Basis. Zwei köstliche Weiße: Le Petit Trélans (100% VERMENTINO) und Trélans (Vermentino/CHENIN BLANC), Letzterer mit Alterungspotenzial.

**Allemand, Thierry** N-Rh r ★★★→★★★★ 90' 91' 95' 99' 01' 05' 06' 07' 08' 09' 10' 12' 13' 15' 16' 17' 18' – Die prachtvolle 5-ha-DOMAINE in CORNAS wird ökologisch bewirtschaftet und hält den Einsatz von Schwefel gering. Zwei sehr tiefe, rauchige Weine: Spitzengewächs ist der profunde, komplexe, langlebige Reynard (20 Jahre und mehr), der Chaillot mit sehr schöner Frucht ist früher zugänglich.

**Alliet, Philippe** Lo r w ★★★→★★★★ 05' 09' 10' 11 14' 15' 16 17 18' – Sehr angesehener Erzeuger in CHINON, jetzt unterstützt durch Sohn Pierre. Traditionsbewusstsein, alte Reben und zwei Steillagen östlich von Chinon liefern den L'Huisserie und den Coteau de Noiré. Die Weine brauchen Zeit. Der Jahrgang 2018 war qualitativ wie quantitativ sehr gut.

**Aloxe-Corton** Bg r w ★★ 05' 09' 10' 12' 14 15' 17 18' – Weinort am Nordende der CÔTE DE BEAUNE; berühmt für seine GRAND-CRU-Lagen CORTON und CORTON-CHARLEMAGNE; die PREMIER-CRU- und Village-Weine sind weniger interessant. Wenn Überextraktion vermieden wurde, können die Roten ansprechend sein. Beste Erzeuger sind die Domaines Follin-Arbelet, Comte Senard, Rapet, des Terregelesses und TOLLOT-BEAUT.

**Alquier, Jean-Michel** Lang r w ★★★ Herausragender Erzeuger in FAUGÈRES mit den Weißen Les Vignes du Puits (MARSANNE/ROUSSANNE/GRENACHE BLANC) und Les Pierres Blanches (SAUVIGNON BLANC). Bei den Rotweinen liegt der Schwerpunkt auf SYRAH aus höheren Lagen (340 m), wobei die Schieferböden für Finesse sorgen. Les Bastides, ein Syrah von alten Reben, und Les Grandes Bastides d'Alquier werden länger in neuer Eiche ausgebaut. Außerdem Les Premières (von jüngeren Reben) und Maison Jaune (nur in guten Grenache-Jahren).

**Alsace Grand cru** El w ★★★→★★★★ 06 07 08' 10 12 13 (v. a. Riesling) 15' 17' – AC nur für die 51 besten Lagen (ca. 1.600 ha, 800 ha in Produktion) und vier Edelrebsorten: RIESLING, PINOT GRIS, GEWÜRZTRAMINER und MUSCAT. Die Produktionsvorschriften sehen u. a. einen höheren Mindestreifegrad vor, außerdem sind spezifische Regelungen für jeden einzelnen Cru gestattet. Der GRAND-CRU-Status für PINOT NOIR steht bevor, außerdem ist die Einführung von Premiers crus für Spitzenlagen in Planung.

**Amirault, Yannick** Lo ★★★→★★★★ 05' 08' 09' 10' 11 12 14' 15' 16' 17' 18' – Ökologisch wirtschaftender, tadelloser Erzeuger in BOURGUEIL (20 ha) und ST-NICOLAS-DE-BOURGUEIL (10 ha). Spitzenweine: La Mine (St-Nicolas) sowie La Petite Cave, Le Grand Clos und Les Quartiers (alle Bourgueil). Der Jahrgang 2018 versetzte Yannick in Staunen.

**Angerville, Marquis d'** Côte d'Or r w ★★★★ Der Superstar in VOLNAY mit biologisch-dynamischem Anbau: nicht nur klasse, sondern sogar klassisch. Legendärer Clos des Ducs (MONOPOLE-Lage) sowie köstliche Champans und Taillepieds. Siehe auch das Projekt Dom. du PÉLICAN im Jura.

**Anglès, Château d'** Lang ★★★ Eric Fabre, früher Kellermeister von Ch. LAFITE ROTHSCHILD, hat das herausragende Weingut in LA CLAPE erfolgreich umgemodelt und ist fasziniert von MOURVÈDRE. Erzeugt werden nicht in Eiche ausgebauter Classique (rot, rosé, weiß) sowie roter und weißer *grand vin* zum Einlagern.

**Anjou** Lo r rs w; (tr) (s); (sch) ★→★★★★ Region, aber auch übergeordnete AC an der Loire, die ANJOU und SAUMUR beinhaltet und oft besser ist als ihr Ruf. Das stilistische Spektrum der trockenen CHENIN-BLANC-Weißweine reicht von leichten Alltagstropfen bis zu komplexen Gewächsen – alles drängt auf Cru-Status für trockene Weine, v. a. Chaume. Unter den saftigen Roten findet man z. B. den AC Anjou GAMAY, den fruchtigen Anjou Rouge auf CABERNET-FRANC-Basis und den kernigen, tanninstarken ANJOU-VILLAGES, der auch CABERNET SAUVIGNON enthält. Daneben der meist trocken ausgebaute SAVENNIÈRES, der leicht süße bis üppige COTEAUX DU LAYON (Chenin blanc), trockene und liebliche Rosés sowie Schaumweine (vorwiegend CRÉMANT). Nährboden für Naturweine, die oft als VIN DE FRANCE etikettiert sind. Gut möglich, dass sich der Jahrgang 2018 als großartig entpuppt.

**Anjou-Coteaux de la Loire** Lo w; lbl s ★★→★★★ 09 10' 11' **14 15'** 16 17 18 – Kleine AC (30 ha, 15 Erzeuger) westlich von Angers für süße CHENIN-BLANC-Weißweine, die rassiger sind als COTEAUX DU LAYON. Erzeuger: v. a. Doms. Delaunay, Fresche, Musset-Roullier (exzellent) und Ch. de Putille.

**Anjou-Villages** Lo r ★→★★★ 09' 10' **14' 15' 16'** 17 (18') – AC für schön strukturierte ANJOU-Rotweine (CABERNET FRANC/CABERNET SAUVIGNON sowie geringere Mengen von reinsortigem Cabernet Sauvignon). Die zupackenden Tannine sind mitunter problematisch und machen Flaschenreifung erforderlich. Die Spitzenweine sind vergleichsweise preiswert, v. a. von Bergerie, Branchereau, Brizé, CADY, Clos de Coulaine, Philippe Delesvaux, Ogereau, Ch. PIERRE-BISE, Sauveroy und Soucherie. Der Unterbereich Anjou-Villages-Brissac liegt im selben Gebiet wie COTEAUX DE L'AUBANCE; Erzeuger hier v. a.: Bablut, Haute Perche, Montigilet, Princé, Richou, Rochelles, Ch. de Varière (Teil von ACKERMAN). 2018 ist sehr vielversprechend.

**Apremont** Sav w ★★ BV (bis zu 5 Jahre) – Die größte Weinbaugemeinde in SAVOYEN (378 ha, 20,6 % der Gesamtproduktion), umittelbar südlich von Chambéry gelegen. Angebaut wird ausschließlich die Jacquère-Traube. Erzeuger: v. a. Aphyllantes, Blard, Boniface, Dacquin, Giachino, Masson, Perrier, Rouzan.

**Arbin** Sav r ★★ Dunkler, lebhafter Rotwein aus MONDEUSE-Trauben von einem 39-ha-Cru in SAVOYEN, ideal zum Après-Ski. Kann sich 8 Jahre und länger halten. Empfehlenswerte Erzeuger: l'Idylle, Magnin, Quenard, Tosset.

**Arbois** Jura r rs w; (sch) ★★→★★★ 10' 12 **14' 15'** 16 (17) – Die AC im nördlichen Jura, glänzt mit Wein, Käse, Schokolade, Wanderwegen und Louis Pasteur (Museum). Weißweine von CHARDONNAY und/oder SAVAGNIN, außerdem VIN JAUNE und Rote von den Sorten Poulsard, Trousseau oder PINOT NOIR. Probieren Sie die Weine des terroirbesessenen Stéphane TISSOT, frische ouillé-Stile von der Dom. du PÉLICAN oder die oxidativ ausgebauten Weißen von Overnoy/Houillon. Allround-Erzeuger sind AVIET, Pinte, Renardières und Ratte.

**Ardèche, IGP** S-Rh r rs w ★→★★ 16' 17' 18 – Ehemals Coteaux de l'Ardèche. Bergiges Gebiet westlich der Rhône mit gutem, an Qualität zulegendem, oft preiswertem Angebot. Neue Erzeuger und frische, z. T. (unnötigerweise) in Eiche ausgebaute Rote sowie VIOGNIER (z. B. CHAPOUTIER, Mas de Libian) und MARSANNE. Die besten Rotweine sind von SYRAH bereitet, außerdem GAMAY (oft von alten Reben) und CABERNET SAUVIGNON (Serret). Burgunderartigen, verhaltenen Ardèche-CHARDONNAY erzeugt Louis LATOUR (der Grand Ardèche bekommt sehr viel Eiche mit). Empfehlenswert: DOMAINES du Colombier, du Grangeon, du Mazel, de Vigier, Flacher, Jacouton sowie Ch. de la Selve, Ferraton, Mas d'Intras (Ökoanbau).

**Ariège** SWF r rs w ★ 17 18 – Lokal beliebte IGP an der Strecke nach Andorra. Empfehlenswert sind die DOMAINE Les Coteaux d'Engraviès (v. a.

sortenreiner SYRAH) und der Beau Regard (rot, rosé, weiß) des Schweizers Dominik Benz.

**Arjolle, Domaine de l'** Lang ★★★ Das große, familiengeführte Gut in den CÔTES DE THONGUE bietet u. a. den Equilibre, den Equinoxe und den Paradoxe, außerdem sortenreine Weine und Verschnitte sowie zwei originäre Vins-de-France-Weine: »Z« steht für ZINFANDEL und »K« für CARMENÈRE.

> **AOP und IGP: Was tut sich in Frankreich?**
>
> Die europaweite Einführung der Bezeichnungen AOP (Appellation d'Origine Protégée) und IGP (Indication Géographique Protégée) bedeutet, dass diese Begriffe nun auf den Etiketten auftauchen. AC/AOC wird weiterhin verwendet, für alle ehemaligen VINS DE PAYS wird aus Gründen der Einfachheit und Kürze in diesem Buch aber nur noch der Ausdruck IGP verwendet.

**Arlaud** Côte d'Or r ★★★→★★★★★ Führendes Weingut in MOREY-ST-DENIS, das von der Energie Cyprien Arlauds und seiner Geschwister profitiert. Schön ausgewogene, moderne Weine mit Tiefe und Klasse, angefangen vom hervorragenden BOURGOGNE Roncevie bis hin zu Grand-cru-Gewächsen. Feines Angebot an PREMIER-CRU-Weinen aus Morey-St-Denis, v. a. Les Ruchots.

**Arlay, Château d'** Jura r rs w; s ★★ Einer der größeren Jura-Erzeuger, mit aristokratischer Geschichte und soliden Weinen. Interessant ist der VIN JAUNE.

**Arlot, Domaine de l'** Côte d'Or r w ★★→★★★ Das Weingut im Besitz von AXA in NUITS-ST-GEORGES bietet stilvoll duftende Weiß- und Rotweine, allen voran Clos des Fôrets St-Georges (rot). Spitzengewächs ist der ROMANÉE-ST-VIVANT. Das Thema Ganztraubenvergärung sieht man nun gelassener.

**Armand, Comte** Côte d'Or r ★★★★ Der alleinige Besitzer des großartigen Clos des Épeneaux erzeugt das anmutigste aller POMMARD-Gewächse. Fantastische, ausgewogene, raffinierte, langlebige Weine, v. a. seit 1999. Außerdem solider AUXEY und VOLNEY.

**Arnoux-Lachaux, Domaine** Côte d'Or r ★★★→★★★★ Alteingesessene DOMAINE in Burgund, die unter der jungen Generation eine neue Blüte erlebt. Die eichenwürzig-konzentrierten Weine wurden durch ätherische Schmuckstücke von hellerer Farbe ersetzt. Gut sind sie alle, v. a. aber der Premier cru Les Suchots (VOSNE-ROMANÉE).

**Aube** Champ – Von dem südlichen Ausläufer der Champagne (auch Côte des Bars genannt) kommt sehr guter PINOT NOIR, der von Häusern in der gesamten Champagne verwendet wird. Besondere Beachtung verdient der Grande Sendrée von Drappier.

**Aupilhac, Domaine d'** Lang – Sylvain Fadat kultiviert in MONTPEYROUX in Lagen mit Südausrichtung alte MOURVÈDRE- und CARIGNAN-Reben: Le Carignan war sein erster Wein (erzeugt seit 1989). Die höhere, nach Norden ausgerichtete Lage Les Cocalières liefert SYRAH- und Weißweintrauben.

**Auxey-Duresses** Côte d'Or r w ★★→★★★ r 09' 10' 12 15' 16 17 18' (w) 14' 15' 17' 18 – Ort der CÔTE DE BEAUNE-Villages im Tal hinter MEURSAULT. Die frischen Weißweine sind vergleichsweise preiswert, die Roten stammen heute von meist ausgereiftem Traubengut. Beste Beispiele (rot): COCHE-DURY, COMTE ARMAND, Gras, MAISON LEROY (Les Boutonniers), Moulin aux Moines, Paquet, Prunier; (weiß): Lafouge, LEROUX, Paquet, ROULOT.

**Aveyron** SWF r rs w ★ IGP BV – Eine Handvoll engagierter hiesiger Erzeuger wie Nicolas Carmarans (★★) ist dabei, einen lokalen Markt für Weine aus den (seltenen) Rebsorten der Region zu entwickeln. Probierenswert von den Domaines Bertau, Bias (PINOT NOIR) und Pleyjean (alle ★). Siehe auch die AOPS ENTRAYGUES, ESTAING und MARCILLAC.

**Aviet, Lucien** Jura ★★ Guter Erzeuger (Spitzname »Bacchus«) in der AC ARBOIS mit gutem Preis-Leistungs-Verhältnis, z. B. beim ansprechenden, leichten Poulsard und dem leicht scharfen SAVAGNIN.

**Avize** Champ ★★★★ Der Ort an der Côte des Blancs mit Grand cru CHARDONNAY ist die Heimat der hervorragenden Erzeuger Agrapart, Corbon, Selosse und De Sousa. Die Genossenschaft Union Champagne versorgt die großen Champagnerhäuser mit Grundweinen.

**Aÿ** Champ – Hochgeschätzter Ort für PINOT NOIR, Heimat von BOLLINGER und DEUTZ. Mischung aus Négociant- und Winzerweinen, die teils in Tanks, teils in Fässern ausgebaut werden: z. B. von Claude Giraud, dem Meister der Argonne-Eiche. Der Noirs d'Aÿ von Gosset-Brabant übertrifft alle. Der Aÿ Rouge (COTEAUX CHAMPENOIS) ist in Jahrgängen mit ausgereifter Frucht (v. a. 15') hervorragend.

**Ayala** Champ – Neugeborenes Champagnerhaus in AŸ im Besitz von BOLLINGER. Schöner BRUT Nature Zéro Dosage und Blanc de Blancs. Fantastische Prestige-CUVÉE Perle d'Ayala (**08' 09 12'** 13 15' 16). Präzision und Reintönigkeit. Kellerchefin Caroline Latrine bringt frischen Wind herein.

**Bachelet** Bg r w ★★→★★★★★ Weitverbreiteter Familienname an der CÔTE D'OR. Exzellente Weißweine kommen von Bachelet-Monnot (v. a. PULIGNY, BÂTARD-MONTRACHET) und Jean-Claude Bachelet (z. B. CHASSAGNE-MONTRACHET, ST-AUBIN). Nicht verwandt mit Denis Bachelet (großartiger GEVREY-CHAMBERTIN.

**Bandol** Prov r rs (w) ★★★ Aus der kompakten AC an der Küste kommen hervorragende, in Eiche ausgebaute Rotweine, vorwiegend von MOURVÈDRE plus GRENACHE und CINSAULT, mit enormem Alterungspotenzial, dazu ein paar Weiße von CLAIRETTE, UGNI BLANC und gelegentlich SAUVIGNON BLANC sowie Rosés auf Mourvèdre-Basis, die sich oft etliche Jahre halten. Spitzenerzeuger: Ch. La Bastide Blanche, Dom. de la Bégude, Dom. du Gros'Noré, Dom. Lafran Veyrolles, Ch. Mas de la Rouvière, Ch. Pibarnon, Ch. Pradeaux, Dom. La Suffrène, Dom. de Terrebrune, Dom. TEMPIER, Ch. Vannières.

**Banyuls** Rouss r br; s ★★→★★★ Der ursprüngliche, köstliche und zu Unrecht verkannte VIN DOUX NATUREL, hauptsächlich von alten GRENACHE-NOIR-, GRENACHE-BLANC- und Grenache-gris-Reben. Die RIMAGES (neuere Jahrgangsweine) schmecken frisch und fruchtig, wesentlich lohnender sind aber die traditionellen, viele Jahre gereiften RANCIOS – eine echte Alternative zu feinem altem Tawny Port. Am besten sind die DOMAINES du Mas Blanc, la Rectorie, de la Tour Vieille (alle ★★★), Les Clos de Paulilles, Coume del Mas (beide ★★), Dom. Madeloc und Vial Magnères. Siehe auch MAURY.

**Baronne, Château la** Lang ★★★ Biologisch-dynamisch wirtschaftendes Familiengut in CORBIÈRES. Die Weine werden – in Fässern, Amphoren, Betoneiern – mit möglichst wenigen Eingriffen bereitet: Corbières Alaric, Les Chemins und Les Lanes sowie Pièce de Roche (die CARIGNAN-Reben wurden 1892 angepflanzt). Außerdem IGP Hauterive, ungeschwefelter Les Chemins de Traverse und VIN DE FRANCE VERMENTINO/Grenache gris (weiß).

**Barral, Léon** Rouss r w – Biodynamisch wirtschaftender Erzeuger in FAUGÈRES mit Schwerpunkt auf konzentriertem MOURVÈDRE, SYRAH und CARIGNAN. Die Spitzenverschnitte heißen Valinière und Jadis, der Weiße enthält vorwiegend Terret blanc und Terret gris.

**Barrique** In Bordeaux (und Cognac) gebräuchliche Bezeichnung für ein 225-l-Eichenfass. Kommt nicht zum Einsatz, doch die Allerweltsbegeisterung für die exzessive Verwendung neuer Eiche flaut zum Glück allmählich ab. Der Preis für ein Fass liegt im Durchschnitt bei 750 Euro.

**Barsac** Saut w; s ★★→★★★★ 90' 01' 05 09' 11' 15' 16' – Nachbar von SAUTERNES mit sehr ähnlichen edelfaulen Weinen von tiefer liegenden Kalksteinböden: Sie sind frischer und nicht so wuchtig. Spitzenweine von CAILLOU, CLIMENS, COUTET, DOISY-DAËNE, DOISY-VÉDRINES, NAIRAC. 2017 von schlimmen Frostschäden betroffen.

**Barthod, Ghislaine** Côte d'Or r ★★★→★★★★ Ein Grund, sich in CHAMBOLLE-MUSIGNY zu verlieben, falls das nicht bereits geschehen ist: duftende, zarte Weine, die dennoch Tiefe und Konzentration mitbringen. Eindrucksvolle Reihe von neun PREMIERS CRUS, darunter Les Baudes, Charmes, Cras und Fuées.

**Bâtard-Montrachet** Côte d'Or w ★★★★ 04' 07' 08' 09' 10 11 12 14' 15 17' 18 – GRAND CRU (12 ha) unterhalb von MONTRACHET selbst. Grandiose, stämmige Weißweine, denen man Zeit geben sollte. Sie sind kraftvoller als die Gewächse aus den Nachbarlagen BIENVENUES-BÂTARD-MONTRACHET und CRIOTS-BÂTARD-MONTRACHET. Besonders empfehlenswert: BACHELET-Monnot, Henri BOILLOT, Jean-Marc BOILLOT, CARILLON, FAIVELEY, GAGNARD, LATOUR, Dom. LEFLAIVE, Olivier LEFLAIVE, LEROUX, MOREY, Pernot, Ramonet, SAUZET, VOUGERAIE.

**Baudry, Domaine Bernard** Lo r rs w ★★→★★★ 09' 10' 14' 15' 16' 17' (18') – 32 ha auf Kies und Kalkstein in Cravant-les-Coteaux. Sehr gute CHINON-Weine: Weiße von CHENIN BLANC, Rosés und Rote auf CABERNET-FRANC-Basis. Den Les Granges sollte man früh trinken, komplexer sind Clos Guillot, La Croix Boissée und Les Grézeaux. Ökoanbau, verlässliche Qualität, Weine mit Alterungspotenzial. Chef ist Mathieu Baudry.

**Baudry-Dutour** Lo r rs w; (sch) ★★→★★★ 14' 15' 16' 17' (18') – Größter Erzeuger in CHINON, geleitet von Jean-Martin Dutour und Christophe Baudry; zum Besitz zählen u. a. die Châteaux de la Grille, La Perrière, La Roncée und de St-Louans nebst einer modernen, funktionellen Kellerei in Panzoult. Stets verlässliche Qualität von leichten, jung zu genießenden Alltagsweinen bis hin zu Roten und Weißen zum Einkellern. Außerdem SAUVIGNON BLANC IGP.

**Baumard, Domaine des** Lo r rs w; tr s; sch ★★→★★★ 14 15 16 17 (18') – Die 40-ha-Domaine in ANJOU erzeugt v. a. Weißweine von CHENIN-BLANC, darunter SAVENNIÈRES (Clos St-Yves, Clos du Papillon) und Clos Ste-Catherine. Streitbarer Vertreter der Kryoextraktion (Tiefgefrieren der Trauben zur Konzentration des Zuckergehalts) beim QUARTS DE CHAUME, die ab 2020 nicht mehr erlaubt ist. Neue Kellerei.

**Baux-de-Provence, Les** Prov r rs w ★★→★★★ Weinberge an den spektakulären Bauxit-Abbaustellen der Alpilles, die den kühleren Norden vom heißeren Süden trennen. Weißweine von CLAIRETTE, GRENACHE BLANC, Rolle und ROUSSANNE, Rote von CABERNET SAUVIGNON, SYRAH und GRENACHE. Meist ökologischer Anbau. Bester Erzeuger ist nach wie vor die Dom. de Trévallon mit ihrem Cabernet Sauvignon/Syrah-Verschnitt (IGP). Weitere Erzeuger: Ch. d'Estoublon, Dom. Hauvette, Ch. Romanin, Mas de la Dame, Mas Ste Berthe, Dom. Milan (atypisch), Dom. des Terres Blanches, Dom. de Valdition.

**Béarn** SWF r rs w ★→★★ r 15 17 18; rs w BV – Die Rosés der Genossenschaft in Bellocq (★) sind im Sommer der Hit; gute Rotweine erzeugen Dom. de la Callabère und Dom. Lapeyre et Guilhemas (beide ★). Außerdem Weißwein von der lokalen Sorte Raffiat de Moncade.

**Beaucastel, Château de** S-Rh r w ★★★★ 90' 95' 99' 05' 06' **07' 09'** 10' 12 13' 15' 16' 17' 18' – Großes, ökologisch bewirtschaftetes CHÂTEAUNEUF-Gut mit alten MOURVÈDRE- und 100 Jahre alten ROUSSANNE-Reben. Gehört zur Firma Famille Perrin, die mit Maison Les Alexandrins (elegant) auch ein expandierendes Handelshaus an der nördlichen Rhône betreibt. In letzter Zeit geschmeidigere Weine mit dunkler Frucht, die in den ersten beiden Jahren oder aber erst nach 7–8 Jahren getrunken werden sollten. Hochklassig der intensive, strahlende rote Hommage à Jacques Perrin mit 60 % Mourvèdre. Wundervoller Roussanne Vieilles Vignes (alte Reben), 5–25 Jahre haltbar. Unverfälschter, seriöser roter CÔTES DU RHÔNE Coudoulet de Beaucastel (Lebensdauer 10 Jahre und mehr, 2016 sehr gut). Fein und authentisch sind Famille Perrin GIGONDAS (sehr gut), RASTEAU und VINSOBRES (am besten). Bemerkenswert ist der Ökowein Perrin Nature Côtes du Rhône (rot und weiß). Siehe auch Tablas Creek im Kapitel »Kalifornien«.

**Beaujolais** r (rs) (w) ★ BV – Einfache Appellation der großen Region Beaujolais, deren leichte Weine oft, aber nicht zwangsläufig langweilig sind – probieren Sie die Erzeugnisse aus den Hügeln um den Ort Le Bois d'Oingt. Die Vermarktung ist jetzt auch unter dem Etikett COTEAUX BOURGUIGNONS zulässig.

> ### Stars im Beaujolais
>
> Das BEAUJOLAIS ist eine der größeren unter den dynamischsten Anbaubereichen in Burgund und nach wie vor relativ erschwinglich. Sogar so erschwinglich, dass viele CÔTE-D'OR-Erzeuger dort Land erwerben: JADOT, Louis Boillot und Thibault LIGER-BELAIR in MOULIN-À-VENT, BOUCHARD, DROUHIN und Lafarge-Vial in FLEURIE. Andere sondieren gerade das Terrain … Sie können sich aber auch an Neuzugänge halten wie Julie Balagny und Julien Sunier in Fleurie oder P.-H. Thillardon in CHÉNAS und Richard Rottiers in Moulin-à-Vent. Allerdings handelt es sich um GAMAY-Weine, was man sich bewusst machen sollte, falls man (immer noch) PINOT NOIR bevorzugt.

**Beaujolais Primeur (oder Nouveau)** Beauj – Ist eher ein Ereignis als ein Getränk. Der BEAUJOLAIS des neuen Jahrgangs wird im Schnellverfahren bereitet, damit er am dritten Mittwoch im November um Mitternacht freigegeben werden kann. Genießen Sie seine saftige Fruchtigkeit, lassen Sie sich dadurch aber nicht von den wahren Genüssen abbringen.

**Beaujolais-Villages** Beauj r ★★ 15' 17 18' – Nach den zehn »Crus« (z. B. MOULIN-À-VENT) die nächstbeste Kategorie. Die Namensnennung der besten Gemeinden, z. B. Lantigné, ist zulässig. Spitzenerzeuger: Burgaud, Chemarin und Lacarelle.

**Beaumes-de-Venise** S-Rh r (rs) (w) br ★★ r 09' 10' 12' 13' 15' 16' 17'; Muscat BV – Gemeinde der CÔTES DU RHÔNE südlich von GIGONDAS mit hoch gelegenen Weinbergen, berühmt für VIN DOUX NATUREL von der MUSCAT-Traube. Der als Aperitif oder zum Dessert getrunkene Wein hat Aromen von Trauben und Honig und sollte sehr kalt getrunken werden. Stilvolle Versionen bieten z. B. die Doms. Beaumalric, Bernardins (moschusartig, traditionell), Coyeux, Durban (voll, langlebig), Fenouillet (lebhaft), JABOULET, Pigeade (frisch, sehr gut), VIDAL-FLEURY und die Genossenschaft Rhônéa. Auch ausdrucksstarke, griffig texturierte Rote, v. a. von den Domaines Cassan, Durban, Fenouillet, Ferme St Martin (bio), St-Amant (guter Weißer).

**Beaumont des Crayères** Champ sch – Genossenschaft an der Côte d'Épernay, deren Grande Réserve oJ auf PINOT-MEUNIER-Basis vorbildlich ist. Der Jahrgangschampagner Fleur de Prestige ist sein Geld mehr als wert (12' 13 14 15'). Außerdem großartige Cuvée Nostalgie (02' 13) auf CHARDONNAY-Basis und neuerdings Fleur de Meunier Brut Nature (12' 15'). Weitere Chardonnay-Anpflanzungen sind geplant.

und Ch. Redortier, die 2–3 Jahre lagern sollten. Auch einfache Weiße (ein wenig trockener MUSCAT und VIOGNIER).

**Beaune** Côte d'Or r (w) ★★★ 05' 09' 10' 11 12 14 15' 16 17 18' – Das Zentrum des burgundischen Weinhandels, Sitz der berühmten HOSPICES DE BEAUNE sowie klassischer Weinhändler à la BOUCHARD, Champy, CHANSON, DROUHIN, JADOT, LATOUR und Remoissenet, aber auch junger Anwärter wie Gambal, Lemoine, Leroux und Roche de Bellène. Spitzenerzeuger sind die Domaines Croix, LAFARGE, MONTILLE und Hospices de Beaune. Anmutige, duftende, günstige PREMIER-CRU-Rotweine, z. B. aus Bressandes, Cras und Vignes Franches, kraftvollere Gewächse aus Grèves. Probierenswert sind auch die Weißen von Aigrots, Clos St-Landry und v. a. der Clos des Mouches von Drouhin.

**Becker, Caves J.** El r w ★→★★★ Das seit 1999 ökologisch bewirtschaftete, zertifizierte Gut erzeugt stilvolle Weine. Der ausgewogene, straffe GRAND CRU Froehn aus dem Ort Zellenberg zwischen Riquewihr und Ribeauvillé, dem wichtigsten RIESLING-Bereich, bietet einen interessanten Kontrast zum Riesling Grand cru Mandelberg.

**Bel Argus, Domaine** Lo – Ambitionierte neue Unternehmung (26 ha) des Pariser Kapitalgebers und CHENIN-BLANC-Liebhabers Ivan Massonat, der die Domaine Pithon-Paillé gekauft und umbenannt hat; außerdem erwarb er 10 ha QUARTS DE CHAUME von Pascal Laffourcade und 3 ha in SAVENNIÈRES.

**Bellet** Prov r rs w ★★ Winzige AC, deren knapp 70 ha innerhalb Nizzas liegen, wo der Wein auch überwiegend konsumiert wird. Die lohnenden Weißen von der Rolle-Traube sind überraschend langlebig; von der Sorte Folle noire werden leichte Rote bereitet (BV), von Braquet Rosés. Unter den 10 Erzeugerbetrieben ist Ch. de Bellet (jetzt im Besitz der Immobilienfirma REM) der älteste, außerdem CLOS St-Vincent, Collet de Bovis, Ch. de Cremat, Dom. Julia Augusta, Dom. de la Source und Toasc.

**Bellivière, Domaine de** Lo r w; s; (sch) ★★→★★★ 15' 16 17 18' – Die 15-ha-Domaine wird biologisch-dynamisch bewirtschaftet und bietet feinen JASNIÈRES und COTEAUX DU LOIR sowie pfeffrigen roten Pineau d'Aunis. Das zum Betrieb gehörende Handelshaus heißt Les Arches de Bellivière.

**Bergerac** SWF r rs w; tr s ★→★★★ 15' 16 17 18 – An BORDEAUX grenzende AOP mit deutlich niedrigeren Preisen. Sehr verschiedenartige Stile und enorme Qualitätsunterschiede. Empfehlenswert: Clos des Verdots (★★★), La Tour des Gendres (★★★), Dom. du Cantonnet, Ch. Cluzeau, Clos d'Yvigne, Dom. Jonc Blanc, Dom. Julien Auroux und der Fleur de Thénac von Ch. Thénac (alle ★★). Einige der besten AOP-Bergerac-Weine stammen von Erzeugern in den Sub-AOPs MONBAZILLAC, MONTRAVEL, PÉCHARMANT, ROSETTE und SAUSSIGNAC.

**Berlioz, Domaine Gilles** Sav – Sehr guter, biologisch-dynamisch arbeitender Boutique-Erzeuger in CHIGNIN; die vier Parzellchen (3,5 ha) sind mit Altesse, JAQUÈRE, MONDEUSE und Persan bestockt. Die Weine: u. a. Les Christine, La Deuse, Les Filles, Les Fripons, El Hem und Le Jaja.

**Berthet-Bondet, Domaine** Jura r w ★★ Der größte Erzeuger von (trotzdem nicht üppigen Mengen) VIN JAUNE (AC CHÂTEAU-CHALON) hat auch rote und weiße Jura-Weine sowie Crémant von verlässlicher Qualität zu bieten. Ein Schnäppchen ist der CÔTES DU JURA Tradition.

## Ber–Bla | FRANKREICH

**Bertrand, Gérard Lang** r rs w ★★ Ehrgeiziger Erzeuger und Négociant, inzwischen einer der größten im MIDI: Villemajou (im CORBIÈRES-Cru Boutenac), Laville-Bertou (MINERVOIS-LA LIVINIÈRE), Dom. de l'Aigle (LIMOUX), Cigalus (IGP Hauterive), Ch. la Sauvageonne (TERRASSES DU LARZAC; sehr guter Rosé); hat kürzlich Ch. de la Soujeole (Malepère) Dom. du Temple und Deux Roc in Cabrières erworben. Flaggschiff ist Ch. l'Hospitalet (La CLAPE) mit dem Spitzengewächs Hospitalis. Ambitioniert und teuer: CLOS d'Ora (Minervois-La Livinière). Außerdem ungeschwefelter Prima Nature. Derzeit Umstellung auf biodynamischen Anbau.

**Besserat de Bellefon** Champ ★★ Champagnerhaus in Épernay, das sich auf sanft schäumende Weine (nach Art des früheren CRÉMANT) spezialisiert hat. Gehört zu Lanson-BCC. Respektable, steigende Qualität, stets moderate Preise (v. a. 13 14 15); 2017 geringe Mengen, aber hervorragend.

**Beyer, Léon** El r w ★★→★★★ Der erstklassige, erztraditionelle Familienbetrieb erzeugt intensive trockene Weine, die sich auf den Karten vieler Sternerestaurants finden. Aushängeschild und Spitzengewächs ist der bezaubernde RIESLING Comtes d'Eguisheim (14 17'). Im Zuge des Klimawandels verblüffend gut gerät der PINOT NOIR (v. a. 16 17) in ausgewogen burgundischem Stil.

**Bichot, Maison Albert** Bg r w ★★→★★★ Bedeutendes Handelshaus in Beaune mit eigenem Anbau, das eindrucksvolle Weine in strammem Stil mit mehr Gewicht auf Konzentration als auf Duft erzeugt. Die besten stammen von den hauseigenen DOMAINES Adélie (MERCUREY), Clos Frantin (NUITS-ST-GEORGES), LONG-DEPAQUIT (CHABLIS) und Pavillon (BEAUNE).

**Bienvenues-Bâtard-Montrachet** Côte d'Or w ★★★→★★★★ 04 07 08 09 10 12 14' 15 17' 18 – Die einen Tick leichtere und früher reifende Version des BÂTARD-MONTRACHET mit mehr jugendlicher Anmut und üppiger Saftigkeit. Am besten von BACHELET, CARILLON, FAIVELEY, LEFLAIVE, Ramonet und VOUGERAIE.

**Billaud** Chablis w ★★★→★★★★ Die Domaine Billaud-Simon, schon lange führend in Chablis, kehrt unter der Eigentümerschaft von FAIVELEY nun in die Riege der Spitzenerzeuger zurück. Ebenso brillant sind Samuel Billauds Weine, allen voran Les Vaillons und Les Clos.

**Billecart-Salmon** Champ ★★★ Die junge Generation hat in dem familiengeführten Champagnerhaus das Ruder übernommen; der neue chef de cave wurde von Maestro François Domi eingewiesen, der in den Ruhestand geht. Brillant ist die Cuvée 200 (oJ) zum 200-jährigen Firmenjubiläum, die bis 2035 im Keller bleiben kann. Die Cuvée Louis BLANC DE BLANCS ist wohl der beste CHARDONNAY-Schaumwein des Jahres 2006. Ausgezeichnet ist der Clos St-Hilaire (98 99 02), der NF Billecart wahrscheinlich der Jahrgangsbeste 2002. Erlesene Cuvée Elisabeth Salmon Rosé (02 06 07).

**Bize, Simon** Côte d'Or r w ★★★ Erzeuger hochwertiger SAVIGNY-LÈS-BEAUNE-Abfüllungen aus einem breiten Spektrum an PREMIER-CRU-Lagen. Besonders empfehlenswert sind Aux Guettes und Vergelesses; außerdem leckere einfache Burgunder (AC BOURGOGNE).

**Blagny** Côte d'Or ★★→★★★ 05' 09' 10' 12 14 15' 16' 17 18' – Weinbaugemeinde auf einem Hügel oberhalb von MEURSAULT und PULIGNY-MONTRACHET. Die recht strengen, aber herrlich duftenden Roten mit eigener AC werden immer seltener erzeugt. Die Weißen sind als PREMIER CRU Meursault-Blagny etikettiert. Die besten Lagen sind Jeunelotte, Pièce sous le Bois und Sous le Dos d'Âne. Beste Erzeuger: Chérisey (weiß), JOBARD (weiß), LATOUR (weiß), LEROUX (rot), Matrot (rot und weiß).

**Blanc de Blancs** Ein Weißwein nur aus weißen Trauben, insbesondere bei CHAMPAGNER. Eine Bezeichnung für den Stil, nicht für Qualität.

**Blanc de Noirs** Weißwein aus roten Trauben (oft mit rosigem Schimmer); insbesondere CHAMPAGNER. Im Stil üblicherweise reichhaltig, manchmal sogar plump. Dank des feiner gewordenen PINOT NOIR und neuer Bereitungstechniken fallen viele Weine jedoch inzwischen kultivierter aus.

**Blanck, Paul et Fils** El r w ★★→★★★ Die feinsten Gewächse des Kientzheimer Erzeugers stammen von den 6 ha des GRAND CRU Furstentum (RIESLING, GEWÜRZTRAMINER, PINOT GRIS) und von der Grand-cru-Lage SCHLOSSBERG (großartiger Riesling; **14 16** 17'). Hervorragende Qualität bietet die Reihe Classique: alles tipptopp, tolles Preis-Leistungs-Verhältnis.

**Blanquette de Limoux** Lang w; sch ★★ Sehr preisgünstiger Schaumwein aus einem kühlen, hügeligen Gebiet südwestlich von Carcassonne, älter als CHAMPAGNER. Wird von 90 % Mauzac mit ein wenig CHARDONNAY und CHENIN BLANC bereitet. Eleganter sind die Gewächse der AC CRÉMANT de LIMOUX mit Chardonnay, Chenin blanc, PINOT NOIR und weniger Mauzac im Verschnitt. Die große Genossenschaft heißt Sieur d'Arques; weitere Erzeuger: Antech, Delmas, Laurens, RIVES-BLANQUES, Robert sowie Newcomer wie die Domaines La Coume-Lumet, Les Hautes Terres, Jo Riu und Monsieur S.

**Blaye** Bx r ★→★★ **10' 11 12 14 15 16** – Bezeichnung für die besseren Rotweine (Ertragsbeschränkung, höhere Pflanzdichte, längere Reifung) aus der AC BLAYE — CÔTES DE BORDEAUX.

**Blaye – Côtes de Bordeaux** Bx r w ★→★★ **10' 12 14 15 16'** – AC am rechten Ufer der Gironde, hauptsächlich für – in der Regel preiswerte – Rotweine mit hohem MERLOT-Anteil und wenige trockene Weiße (vorwiegend SAUVIGNON BLANC). Die besten CHÂTEAUX: Bel Air la Royère, Bourdieu, Cailleteau Bergeron, Cantinot, Gigault (CUVÉE Viva), Haut-Bertinerie, Haut-Grelot, Jonqueyres, Monconseil-Gazin, Mondésir-Gazin, Montfollet, Roland la Garde und Segonzac. Für Weißweine empfiehlt sich die Genossenschaft Les Vignerons de Tutiac. Schlimme Hagelschäden 2018.

**Boeckel** El ★★★ Die Familie ist seit dem 17. Jh. im Weinbau tätig, das Gut wurde 1853 gegründet und umfasst heute 23 ha, die ökologisch bewirtschaftet werden. Empfehlenswert sind die RIESLINGE GRAND CRU Wiebelsberg und der volle, runde Clos Eugénie (**13 16 17**). Grand cru Zotzenberg ist eine Spitzenlage für Sylvaner. Außerdem vorbildlicher CRÉMANT d'Alsace.

**Boillot** Côte d'Or r w – Führende Winzerfamilie in Burgund. Rotweine mit Eichennote und feine, langlebige Weiße finden Sie bei Jean-Marc in POMMARD (★★★), mächtige Weiße und moderne Rote bei Henri (★★→★★★★) in MEURSAULT, stets an Qualität zulegende Rote bei dem mit Ghislaine BARTHOD verheirateten Louis (★★★) in CHAMBOLLE-MUSIGNY sowie bei dessen Bruder Pierre in GEVREY-CHAMBERTIN (★★→★★★).

**Boisset, Jean-Claude** Bg – Überaus erfolgreiche, im Lauf der vergangenen 50 Jahre entstandene Handelsgruppe. Exzellente Weine unter dem Etikett Boisset und v. a. vom eigenen Weingut Dom. de la Vougeraie. Neuere Errungenschaften sind der Ankauf der Marke Vincent GIRARDIN (Burgund) und des Erzeugers Henri MAIRE im JURA. Außerdem Unternehmungen in Kalifornien (familiäre Verbindungen zu Gallo), Kanada, Chile und Uruguay.

**Boizel** Champ ★★★ Familienbetrieb mit rigorosem Qualitätsanspruch und sehr günstigen Preisen. Der gut gereifte BLANC DE BLANCS OJ ist ein echtes Schnäppchen. Die CUVÉE Sous Bois präsentiert sich ausdrucksstark, aber nicht holzlastig. Das Vorzeigegewächs Joyau de France wird 2020 schön zu trinken sein, v. a. in der Rosé-Version (**12**).

**Bollinger** Champ ★★★★ Großartiges, stets an Qualität zulegendes klassisches Champagnerhaus, deutlich frischer denn je. Der Brut Spécial OJ ist seit 2012 in Höchstform; außerdem »R.D.« (**04**) und unterschätzter Grande Année (07 08'). Der auf PINOT NOIR basierende, innovative Vintage Rosé (06) ist üppig und kraftvoll, mit satten 30% rotem Côte aux Enfants – lecker zu Wildgerichten. Neuer Geschäftsführer (seit März 2018) ist der Burgunder Charles-Armand de Belenet. Siehe auch LANGLOIS-CHATEAU.

**Bonneau du Martray, Domaine** Côte d'Or r ★★★ w ★★★★ Wegweisender Erzeuger von CORTON-CHARLEMAGNE, 2016 von Stanley Kroenke erworben, der neben Screaming Eagle (Kalifornien) auch den britischen Fußballklub FC Arsenal besitzt. Die prachtvollen Weine, eine gloriose Verbindung aus intensiver Frucht und mineralischer Unterfütterung, sind zum Einlagern (etwa 10 Jahre) gemacht. Außerdem kleine Mengen von feinem rotem CORTON.

**Bonnes-Mares** Côte d'Or r ★★★★ 90' 93 96' 99' 02' 05' 09' 10' 12' 15' 16' 18' – GRAND-CRU-Lage zwischen CHAMBOLLE-MUSIGNY und MOREY-ST-DENIS, die ein wenig von der wilderen Art Letzterer hat. Robuste, langlebige Weine, weniger duftend als MUSIGNY. Spitzenerzeuger: ARLAUD, Bernstein, Bruno CLAIR, Drouhin-Laroze, DUJAC, Groffier, JADOT, MORTET, MUGNIER, ROUMIER, de VOGÜÉ, VOUGERAIE.

**Bonnezeaux** Lo w; s ★★★→★★★★ 05' 09 10' 11' 14 15' 16 17 18' – Der jahrzehntelang haltbare CHENIN-BLANC-Wein aus einer nach Süden ausgerichteten 80-ha-Hanglage in den COTEAUX DU LAYON kann als bester Süßwein der Loire gelten. 40 Erzeuger: v. a. Ch. de Fesles, Dom. Les Grandes Vignes, Dom. de Mihoudy, Dom. du Petit Val, Ch. La Varière (ACKERMAN).

**Bordeaux** r (rs) w ★→★★ 16 (18) – Riesige, alles umfassende AC für Bordeaux-Weine (unter der fast die Hälfte der Produktion der Region läuft). Die meisten Markenweine (Dourthe, Michel Lynch, MOUTON CADET, Sichel) fallen in diese Kategorie. Empfehlenswert: Chx. Barreyre, Bauduc, Bonhoste, BONNET, Reignac und Tour de Mirambeau. 2018 Quantitätseinbußen durch Mehltau und Hagelschäden.

**Bordeaux Supérieur** Bx r ★→★★ 10' 14 15 16 (18) – Eine Stufe über der einfachen AC BORDEAUX, mit vorschriftsmäßig etwas höherem Alkoholmindestgehalt, geringeren Erträgen und längerer Reifezeit. Das Gros der Produktion sind Erzeugerabfüllungen. Beständige Qualität von: Chx. de Camarsac, Jean Faux, Fleur Haut Gaussens, Grand Village, Grée-Laroque, Landereau, Parenchère (Cuvée Raphaël), Penin, Pey la Tour (Réserve), Reignac, Thieuley, Turcaud (Cuvée Majeure). 2018 Ertragseinbußen durch Mehltau.

**Borie-Manoux** Bx – Bewundernswertes Weinhandelshaus mit eigenen Gütern in BORDEAUX: u. a. Chx. BATAILLEY, BEAU-SITE, LYNCH-MOUSSAS, TROTTE VIEILLE und Dom. DE L'EGLISE. Außerdem im Besitz des Négociant Mähler-Besse.

**Bouchard Père et Fils** Bg r w ★★→★★★★ Erstklassiges Handelshaus in BEAUNE, die Qualität ist durchweg sehr ordentlich. Die besten Weißen kommen aus MEURSAULT und von GRAND-CRU-Lagen, v. a. CHEVALIER-MONTRACHET. Aushängeschilder unter den Roten sind Beaune Vigne de L'Enfant Jésus und Volnay Caillerets Ancienne Cuvée Carnot. Gehört zur selben Firmengruppe wie William FÈVRE (CHABLIS) und Ch. de Poncié (BEAUJOLAIS).

**Bouches-du-Rhône** Prov r rs w ★ IGP in der Gegend um Marseille. Einfache, (hoffentlich) fruchtige Rotweine von Lokalrebsorten sowie CABERNET SAUVIGNON, SYRAH und MERLOT.

**Bourgeois, Henri** Lo r rs w ★★→★★★ 10 12 14' 15' 16' 17' 18' – Der vorbildliche SANCERRE-Erzeuger und -Händler in Chavignol ist im Besitz einer sehr engagierten Familie, die beständig nach Qualitätsverbesserung strebt. Sehr gut sind die Weine der ACS CHÂTEAUMEILLANT, COTEAUX DU GIENNOIS, MENETOU-SALON, POUILLY-FUMÉ, QUINCY und der IGP Petit Bourgeois. Die Spitzengewächse entwickeln sich mit dem Alter sehr schön: La Bourgeoise (rot und weiß), Etienne Henri, Jadis, MD de Bourgeois und Sancerre d'Antan. Betreibt auch Clos Henri im neuseeländischen Marlborough.

**Bourgogne** Bg r (rs) w ★→★★ r 15' 16 **17** 18'; w 14' 15 17' 18 — Umfassende AC für Burgund; die Qualität reicht von Massenerzeugnissen bis zu preiswerten Schätzen. Manchmal wird der Unterbereich, z. B. CÔTE CHALONNAISE, HAUTES CÔTES oder seit Neuestem CÔTE D'OR an den AC-Namen angehängt. CHARDONNAY-Weißwein, der nicht unter die AC Bourgogne ALIGOTÉ fällt, und Rotwein von PINOT NOIR, aber auch herabgestufter BEAUJOLAIS Cru kann als Bourgogne etikettiert werden (und wird als Bourgogne GAMAY verkauft). Unter die AC Bourgogne passe-tout-grains fallen Pinot-noir/GAMAY-Verschnitte, die mehr als 30 % Pinot noir enthalten.

**Bourgueil** Lo r (rs) ★★→★★★ 10' 14' 15' **16 17'** 18' — AC (1.400 ha) für körperreiche, langlebige rote TOURAINE-Weine und Rosés auf CABERNET-FRANC-Basis. Gute Jahrgänge können 50 Jahre und älter werden. Erzeuger: u. a. Yannick AMIRAULT, Ansodelles, Audebert, Dom. de la Butte, Dom. de la Chevalerie, Courant, Gambier, Lamé Delisle Boucard, Ménard, Minière, Nau Frères, Omasson, Revillot, Rochouard. Anders als 2016 konnte 2017 der Frost weitgehend abgewehrt werden; 2018 war exzellent.

**Bouscassé, Château** SWF r w ★★★ 12 14 15' (17) (18) — MADIRAN-König Alain BRUMONT lebt hier im Napa-Valley-Stil. Die Rotweine sind ein klein wenig früher trinkreif als sein eichenstrotzendes Flaggschiff MONTUS. Der trockene PACHERENC DU VIC-BILH (★★★) auf Basis der Weißweinsorte Petit Courbu ist der beste seiner Art.

**Bouvet-Ladubay** Lo (r) rs w; sch ★★→★★★ Der Erzeuger von SAUMUR-Schaumwein und CRÉMANT DE LOIRE wird jetzt wieder von der Familie Monmousseau geführt. Chef ist Patrice Monmousseau (Président), CEO seine Tochter Juliette. Beste Gewächse sind die CUVÉE Trésor (weiß und rosé), der BRUT Extra Zéro und Les Nonpareils (SAUMUR-CHAMPIGNY).

**Bouzereau** Côte d'Or r w ★★★→★★★★ Die Familie Bouzerau ist — auf positive Weise — überall in MEURSAULT zugange. Probierenswerte Weiße gibt's bei Jean-Baptiste (Dom. Michel Bouzereau), Vincent Bouzereau und Bouzereau-Gruère & Filles.

**Bouzeron** Bg w ★★ 15' 17' 18 — Ort an der CÔTE CHALONNAISE mit der einzigen auf ALIGOTÉ-Weine beschränkten AC. Das Potenzial ist größer und das Regelwerk strenger als für Weine der einfachen AC BOURGOGNE Aligoté. Gut sind Briday, BOUCHARD PÈRE, FAIVELEY und Jacqueson, überragend ist die Domaine A. et P. de Villaine.

**Bouzy Rouge** Champ r ★★★ 09 12 15' — Roter Stillwein aus dem für PINOT NOIR berühmten Ort, ähnelte früher einem sehr leichten Burgunder, ist mittlerweile dank Klimawandel und besserer Weinbaumethoden aber intensiver und raffinierter. Beste Erzeuger sind Veuve Clicquot (Les Clos Colin) und Paul Bara.

**Boxler, Albert** El ★★★★ Der klassische Elsässer Wein der recht kleinen Domaine (13,5 ha) ist so komplex wie großer Burgunder und wird nach handwerklichen Vorgaben erzeugt. Brillant sind der RIESLING GRAND CRU Sommerberg und der PINOT GRIS Réserve (10), die beide bereits trinkreif sind, sich aber auch noch etliche Jahre halten werden.

**Brocard, J.-M.** Chablis w ★★→★★★ Erfolgreicher Erzeuger und Händler. Zu Vater Jean-Marcs Flair kamen mit Sohn Julien biodynamische Anbaumethoden — ein tragfähiger Mix aus preiswerten CHABLIS-Reihen und hochklassigen individuellen Abfüllungen. Probieren Sie mal den GRAND CRU Les Preuses.

**Brochet, Emmanuel** Champ – Der ökozertifizierte Boutique-Erzeuger hat außergewöhnlichen Champagner aus einer Steillage zu bieten. Der reintönige, beglückende Mont Benoît Extra Brut wird langsam und geduldig vinifiziert und bleibt 9 Monate im Fass. Keine Schönung oder Filtration.

**Brouilly** Beauj r ★★ 15' 16 17 18' – Der größte der zehn BEAUJOLAIS-Crus: solide, abgerundete Weine mit einem gewissen fruchtigen Tiefgang, die früh zugänglich, aber auch 3–5 Jahre haltbar sind. Spitzenerzeuger: Chx. de la Chaize, Piron, Thivin, DOM. Chermette, L&R Dufaitre, J.C. Lapalu.

**Brumont, Alain** SWF r w ★★★ Der Star von MADIRAN erzeugt immer noch hammermäßigen Ch. BOUSCASSÉ, Ch. MONTUS und La Tyre, aber auch leichter Zugängliches wie den Torus (★) und eine Reihe süffiger IGP-Weine. Überragend sind die trockenen und süßen PACHERENC-DU-VIC-BILH-Gewächse (★★★).

**Brut** Champ – Bezeichnung für trockenen klassischen Schaumwein. In den letzten Jahren haben die meisten Champagnerhäuser die *dosage* (Zusatz von Süße) reduziert. Nichtsdestotrotz werden immer noch fantastische Champagner mit 8–9 g Restzucker erzeugt.

**Brut Ultra/Zéro** Bezeichnung für knochentrockene CHAMPAGNER (ohne *dosage*) – auch als Brut Nature bekannt –, die jetzt bei generell zunehmender Qualität wieder in Mode sind. Brauchen Reife, alte Reben und ein Maximum an Sorgfalt. Empfehlenswert: z. B. POL ROGER Pure, ROEDERER Brut Nature, Veuve Fourny Nature.

**Bugey** Sav r rs w; sch ★→★★ AC (490 ha) für helle, frische Schaumweine (56%) sowie Perl- und Stillweine aus den drei Anbaubereichen Belley, Cerdon und Montagnieu. Es gibt acht assoziierte ACs Bugey. Die Weißen (50% der Gesamtproduktion, inkl. Schaumwein) werden vorwiegend aus CHARDONNAY bereitet, ebenfalls zugelassen sind ALIGOTÉ, Jacquère und Roussette. Die Sorten für Rosé (33%) und Rotwein (17%) sind GAMAY, MONDEUSE und PINOT NOIR. Empfehlenswerte Erzeuger: Angelot, Lingot-Martin, Monin, Peillot, Pellerin, Trichon.

**Buxy, Vignerons de** Bg r (rs) w ★→★★ Führende Genossenschaft der CÔTE CHALONNAISE mit anständigem CHARDONNAY und PINOT NOIR. Außerdem Traubenlieferant für die Markenweine diverser Handelshäuser und größter Lieferant der AC MONTAGNY.

**Buzet** SWF r (rs) (w) ★★ 15' 17 18 – Der füllige Cousin von BORDEAUX. Führender Erzeuger der AOP ist die biodynamisch arbeitende, auch Naturwein erzeugende Dom. du Pech (★★★), gefolgt von Dom. du Frandat, Dom. Salisquet (biodynamisch) und Ch. de Gueyze (Marke der Genossenschaft).

**Cabernet d'Anjou** Lo rs; lbl ★→★★ BV – Die 5.485 ha umfassende AC ist mengenmäßig die größte an der Loire und liefert lieblichen bis süßen Rosé. Erzeuger: v. a. Bablut, Bergerie, CADY, Chauvin, Clau de Nell, Grandes Vignes, Montgilet, Ogereau, Ch. PIERRE-BISE, de Sauveroy, Varière.

**Cadillac – Côtes de Bordeaux** Bx r ★→★★ 10' 14 15 16 (18) – In dem lang gestreckten, schmalen, hügeligen Bereich am rechten Ufer der Garonne wird vorwiegend MERLOT angebaut, außerdem CABERNET SAUVIGNON und CABERNET FRANC. Mittelschwere, frische Rotweine von sehr unterschiedlicher Qualität, am besten von: Alios de Ste-Marie, Biac, Carignan, Carsin, Clos Chaumont, Clos Ste-Anne, Le Doyenné, Grand-Mouëys, Lamothe de Haux, Laroche, Mont-Pérat, Plaisance, Réaut (Carat), Reynon, de Ricaud und Suau.

**Cady, Domaine** Lo r rs w; s; sch ★★→★★★ s 14' 15' 16' 17' (18') – Sehr gute Winzerfamilie in St-Aubin-de-Luigné, Chef ist jetzt Alexandre. Schönes Angebot an ökologisch erzeugten ANJOU-Weinen mit Schwerpunkt auf CHENIN BLANC, einschließlich COTEAUX DE LAYON, v. a. aus Chaume und Les Varennes. Der Jahrgang 2018 ist sehr vielversprechend.

**FRANKREICH** | Cah–Cas | 65

**Cahors** SWF r ★★→★★★★ 12 15' 16 (17) (18) – Die AOP behauptet jetzt wieder ihren Anspruch, die wahre Heimat des MALBEC zu sein. Erzeugt wird ausschließlich Rotwein (die wenigen Weißweine sind als IGP etikettiert), und das in großer stilistischer Bandbreite. Traditionelle Versionen bietet Clos de Gamot (★★★), moderne Ch. du Cèdre und trendige die Dom. Cosse-Maisonneuve (★★★★). Früh zugängliche Abfüllungen kommen von Clos Coutale, Combel La Serre und Ch. Paillas (alle ★★), etwas mehr Zeit brauchen die Weine von Dom. de la Bérengeraie, Ch. Chambert, Clos Triguedina, Clos Troteligotte, Haut-Monplaisir und Lo Domeni (alle ★★★) sowie von den CHÂTEAUX Armandière, La Coustarelle, Gaudou und Vincens (alle ★★). Weine in unterschidlichen Stilen erzeugen Clos d'Un Jour, Les Croisille, Lamartine, Mas del Périé, Dom. du Prince und La Reyne (alle ★★★) sowie La Caminade und Eugénie (beide ★★). Zum Imperium der einflussreichen, von Argentinien geprägten Familie Vigouroux zählen die Châteaux Hautes-Serres Léret-Monpézat und Mercuès (alle ★★).

**Cailloux, Les** S-Rh r (w) ★★★ 78' 81' 90' 98' 03' 05' 09' 10' 16' – Die 18-ha-Domaine in CHÂTEAUNEUF-DU-PAPE erzeugt elegante, tiefgründige GRENACHE-Weine – vorbildliche, handwerklich bereitete Rote zu sehr günstigen Preisen. Die kostspielige, edle CUVÉE Centenaire wird aus den ältesten Grenache-Reben (von 1889) bereitet. Außerdem Weine unter dem Etikett Dom. André Brunel (v. a. der preiswerte rote CÔTES DU RHÔNE Est-Ouest) und der Marke Féraud-Brunel Côtes du Rhône (solide).

**Cairanne** S-Rh r rs w ★★→★★★ 10' 15' 16' 17' 18' – Die Rot-und Weißweine der Gemeinde besitzen seit 2015 Cru-Status und rangieren damit oberhalb der Kategorie CÔTES DU RHÔNE-VILLAGES. Exzellente Auswahl an charaktervollen Weinen von *garrigue*-Böden mit dunkler Frucht, Kräuternoten und einer gewissen Finesse. Besonders empfehlenswert: Alary (stilvoll), Amadieu (reintönig, biodynamisch), Boisson (ausdrucksstark), Brusset (tiefgründig), Cros de Romet, Escaravailles (mit Flair), Féraud-Brunel, Grands Bois (öko), Grosset, Hautes Cances (unverfälscht, traditionell), Jubain, Oratoire St Martin (nuancenreich, erstklassig), Présidente, Rabasse-Charavin (ausdrucksstark) und Richaud (süßartige Frucht). Außerdem umfangreiche Weiße, die gut zum Essen passen.

**Canard-Duchêne** Champ – Das Champagnerhaus im Besitz von Alain THIÉNOT wird jetzt von seinen Kindern Frédéric und Garance geleitet. Jahrgangschampagner BRUT (**09 12'** 13), Prestige-Cuvée Charles VII (aus mehreren Jahrgängen) und CUVÉE Léonie (★★★). Die Cuvée Authentique aus Ökoanbau ist besser geworden (**09** 12'). Der Avize Gamin (12 13 16') stammt aus einer Einzellage.

**Canon-Fronsac** Bx r ★★→★★★ 09' 10' 14 15 16 (18) – Kleine Enklave in FRONSAC mit recht ähnlichen Weinen und 47 Erzeugerbetrieben. Die besten Gewächse sind reichhaltig, voll und fein strukturiert. Empfehlenswerte CHÂTEAUX: Barrabaque, Canon Pécresse, Cassagne Haut-Canon (La Truffière), La Fleur Caillou, GABY, Grand-Renouil, MOULIN PEY-LABRIE, Pavillon, Vrai Canon Bouché.

**Carillon** Côte d'Or w ★★★ Zwei unterschiedliche Erzeuger in PULIGNY-MONTRACHET: Jacques führt die Tradition fort, sein bester PREMIER CRU ist Referts. Einen moderneren Ansatz verfolgt sein Bruder François, dessen Angebot umfangreicher ist. Probierenswert: Combettes, Folatières. Die Puligny-Village-Weine sind von beiden großartig.

**Cassis** Prov (r) (rs) w ★★ BV – Ferienort in den Hügeln östlich von Marseille, bekannt für leckere trockene Weiße auf der Basis von CLAIRETTE und MARSANNE, z. B. von CLOS Ste-Magdelaine, Dom. de la Ferme Blanche, Fontcreuse, Paternel. Die Winzer kämpfen mit den Grundstücksmaklern, deshalb sind die Preise hoch, die Weine jedoch qualitativ durchaus interessant.

**Castelnau, Champagne de** Champ – Aufstrebende Genossenschaft mit guten Weinbergen bzw. Vertragswinzern. Kellermeisterin Elisabeth Sarcelet setzt auf längere Hefesatzreifung beim exzellenten BLANC DE BLANCS Millésime (v. a. 02). Innovative Premiumreihe Hors Catégorie, verschnitten aus den besten Weinen im Keller und jedes Jahr anders; in der aktuellen Ausgabe namens CCF2067 spielt feiner PINOT MEUNIER die Hauptrolle.

> **Champagnererzeuger für 2020**
>
> Philippe Brun, Didier Doué, Nathalie Falmet, Lancelot-Pienne, Lilbert et Fils, Nicolas Maillart, Armand (Arnaud) Margaine, Anselme SELOSSE, Veuve Fourny, Vilmart.

**Castillon – Côtes de Bordeaux** Bx r ★★→★★★ 09' 10' 14 **15 16** (18) – Reizvoller Anbaugebiet östlich von ST-ÉMILION, heute besser denn je. Die Weine sind ähnlich wie in der Nachbarregion, in der Regel aber weniger füllig. Spitzenerzeuger: de l'A, d'Aiguilhe, Alcée, Ampélia, l'Aurage, Joanin Bécot, Cap de Faugères, l'Hêtre, La Clarière-Laithwaite, Clos Louie, Clos Les Lunelles, Clos Puy Arnaud, Côte Montpezat, Montlandrie, Poupille, Veyry, Vieux Château Champs de Mars.

**Cathiard, Domaine Sylvain** Côte d'Or r ★★★ Sébastien Cathiard bereitet Weine von erstaunlicher Qualität aus Lagen in VOSNE-ROMANÉE (v. a. Les Malconsorts, Orveaux, Reignots) und NUITS-ST-GEORGES (v. a. Aux Thorey, Murgers). Sie sind bereits in der Jugend verführerisch und werden sich im Lauf der Zeit schön entwickeln.

**Cave** Kellerei; auch jede beliebige Weinfirma.

**Cave coopérative** Genossenschaftskellerei. Auf Betriebe dieser Art entfällt mehr als die Hälfte der französischen Weinerzeugung. Etliche Genossenschaften sind gut geführt und ausgestattet, mit Weinen, die ihren Preis wert sind, dennoch geben viele Betriebe auf.

**Cazes** Rouss r rs w; s ★★→★★★ Der alteingesessene Betrieb, größter Erzeuger von Weinen aus biologisch-dynamischem Anbau im ROUSSILLON, ist noch immer familiengeführt, inzwischen aber im Besitz von AdVini. Er zählte zu den Ersten, die hier Bordeaux-Reben anpflanzten, setzt jetzt aber stärker auf MIDI-Sorten: Der Le Canon du Maréchal enthält GRENACHE und SYRAH, und Le Crédo ist wie Ego und Alter ein CÔTES DU ROUSSILLON-VILLAGES. Außerdem sensationell gereifter RIVESALTES namens CUVÉE Aimé Cazes. Weine aus BANYULS und COLLIOURE kommen vom Gut Les Clos de Paulilles. Neu sind der ungeschwefelte Hommage sowie kraftvoller SYRAH; außerdem MAURY Sec. Der weiße Süßwein Ambré wird sortenrein von GRENACHE BLANC erzeugt. Tolles Preis-Leistungs-Verhältnis.

**Cèdre, Château du** SWF r w ★★→★★★ **12 14 15'** 16 (17) – Namhafter Vertreter der modernen CAHORS-Stilrichtung. Le Prestige (★★★; seit 2006 umbenannt in Ch. du Cèdre) ist etwas leichter und und preiswerter als die gewichtigeren Spitzengewächse (★★). Außerdem köstlicher IGP-Weißwein von VIOGNIER (★★) und beachtlicher Weinhandel.

**Cépage** Rebsorte. Siehe Gesamtverzeichnis S. 13–26.

**Cérons** Bx w; s ★★ **10' 11 13 14 15' 16** – Kleine, SAUTERNES benachbarte 23-ha-AC für Süßweine, die jedoch weniger intensiv sind: z. B. Ch. de Cérons, Ch. Grand Enclos, Ch. Haura, Ch. du Seuil.

**Chablis** w ★★→★★★ **12' 14' 15** 17 **18'** – Sowohl Wein als auch Anbaubereich für energiegeladenen CHARDONNAY von Kimmeridgium-Böden mit einem Hauch maritimer Mineralität. Köstlich!

**Chablis Grand cru** Chablis w ★★★→★★★★ 07' 08' 09 10' 12' 14' 15 17 18' – Ein zusammenhängender Weinbergblock oberhalb des Flusses Serein bringt die konzentriertesten aller CHABLIS-Gewächse hervor; der Wein braucht 5 bis 15 Jahre, um seine Nuancen zu entfalten. Die sieben Lagen: Blanchots (blumig), Bougros (einschließlich Côte Bougerots), LES CLOS (in der Regel am besten), Grenouilles (würzig), Les Preuses (weich wie Kaschmir), Valmur (strukturiert) und Vaudésir (mit der nicht klassifizierten Enklave La Moutonne). Viele gute Erzeuger.

**Chablisienne, La** Chablis r w ★★→★★★ Die vorbildliche Winzergenossenschaft ist für ein Gutteil der CHABLIS-Produktion verantwortlich und verbirgt sich hinter diversen Eigenetiketten von Supermarktketten, erzeugt aber auch gute eigene Cuvées, z. B. den GRAND CRU Château Grenouilles.

**Chablis Premier cru** Chablis w ★★★ 09' 10' 12' 14' 15 17 18' – Etwas teurer als einfacher CHABLIS, aber lohnend. Die besseren Lagen erstrecken sich an sanften Hügeln; hier die Favoriten in puncto Mineralität: Montmains, Vaillons, Vaucoupin sowie, opulenter: Mont de Milieu, Montée de Tonnerre und Vaulorent.

**Chambertin** Côte d'Or r ★★★★ 90' 93 96' 99' 02' 05' 09' 10' 12' 14 15' 16 17 18' – Vermutlich der gebieterischste Wein Burgunds: erstaunlich dicht, opulent, langlebig und teuer. Erzeuger, die dem hohen Anspruch gerecht werden: Bernstein, BOUCHARD Père et Fils, Charlopin, Damoy, DROUHIN, DUGAT-Py, Dom. LEROY, MORTET, ROSSIGNOL-TRAPET, ROUSSEAU und TRAPET.

**Chambertin-Clos de Bèze** Côte d'Or r ★★★★ 90' 93 96' 99' 02' 03 05' 09' 10' 12' 14 15' 16 17 18' – Prachtvoller Nachbar von CHAMBERTIN mit in der Jugend etwas zugänglicheren Weinen, die mit samtiger Textur und höchster Anmut glänzen. Am besten von: Bart, Bruno CLAIR, Damoy, DROUHIN, Drouhin-Laroze, Duroché, FAIVELEY (u. a. Super-Cuvée Les Ouvrées Rodin), Groffier, JADOT, Dominique Laurent, Prieuré-Roch, ROUSSEAU.

**Chambolle-Musigny** Côte d'Or r ★★★→★★★★ 93 99' 02' 05' 09' 10' 12' 15' 16 17 18' – Samtig-seidige Weine von der CÔTE DE NUITS: Stoffigkeit bieten Gewächse aus der PREMIER-CRU-Lage Les Charmes, in feiner ziselierter Form aus Cras und Fuées, während die Weine aus Les Amoureuses und den GRAND-CRU-Lagen BONNES-MARES und MUSIGNY majestätisch ausfallen. Die Superstars unter den Erzeugern heißen BARTHOD, MUGNIER, ROUMIER und de VOGÜÉ, empfehlenswert sind aber auch Felettig, HUDELOT-Baillet und Sigaut. Gute Erzeuger außerhalb der Ortschaft sind DROUHIN, Groffier, Pousse d'Or und RION.

**Champagne Le Mesnil** Champ ★★★ Erstklassige Genossenschaft im großartigsten GRAND-CRU-Dorf für CHARDONNAY. Hervorragende CUVÉE Sublime (08' 09 13 15 17) von besten Lagen; die majestätische Cuvée Prestige (05) schlägt alles. Echte Schnäppchen!

**Champagner** Schaumwein aus PINOT NOIR, PINOT MEUNIER und/oder CHARDONNAY aus der 33.805 ha (unter Produktion) umfassenden Champagne, etwa 145 km östlich von Paris, hergestellt nach der MÉTHODE CHAMPENOISE. Für Frische sorgt etwas PINOT BLANC aus AUBE. Schaumwein anderer Herkunft, so gut er auch sein mag, darf sich nicht Champagner nennen.

**Chandon de Briailles, Domaine** Côte d'Or r w ★★★ Bekannt für feine, leichtere, aber bukettreiche Rotweine, v. a. PERNAND-VERGELESSES, Île de Vergelesses und CORTON Les Bressandes. Stilistisch durch biologisch-dynamischen Anbau, jede Menge Stiele im Gärbottich, minimalen Schwefelzusatz und den Verzicht auf neue Eiche gekennzeichnet.

**Chanson Père et Fils** Bg r w ★→★★★ Wieder auflebendes Handelshaus in BEAUNE mit hochwertigen Weißweinen und feinen, wenn auch eigentümlichen Roten (aus der Ganztraubenvergärung herrührende Aromatik). Probierenswert sind die Beaune-Weine, v. a. der rote Clos des Fèves und der weiße CLOS DES MOUCHES. Außerdem großartiger weißer CORTON-Vergennes.

**Chapelle-Chambertin** Côte d'Or r ★★★ 99' 02' 05' 09' 10' 12' 14' 15' 16' 18' – Nachbar von CHAMBERTIN mit leichteren Weinen; die dünnere Bodenauflage erweist sich in feuchtkühlen Jahren als vorteilhaft. Feingliedrige, nicht ganz so fleischige Weine. Spitzenerzeuger: Damoy, Drouhin Laroze, JADOT, ROSSIGNOL-TRAPET, TRAPET, Tremblay.

**Chapoutier** N-Rh ★★→★★★★ Der Winzer und Weinhändler in Hermitage, ein entschiedener Verfechter des biologisch-dynamischen Anbaus, bietet großteils stilvolle, teure rote CUVÉES aus ertragsbeschränkten, ausgewählten Parzellen. Dicht gewirkte GRENACHE-Weine aus CHÂTEAUNEUF-DU-PAPE, z. B. Barbe Rac, Croix de Bois (beide rot), CÔTE RÔTIE La Mordorée, rote Hermitage-Weine L'Ermite (hervorragend) und Le Pavillon (tief), weiße Hermitage-Weine L'Ermite (hervorragend), Cuvée de l'Orée und Le Méal. Die fantastischen weißen Hermitage-Gewächse werden von 100% MARSANNE (alte Reben) bereitet. Außerdem ST-JOSEPH Les Granits (rot und weiß). Preiswerter Crozes Meysonniers. Auch Besitzungen in den COTEAUX D'AIX-EN-PROVENCE, CÔTES DU ROUSSILLON-VILLAGES (guter Dom. Bila-Haut) und in RIVESALTES. Neben Weinbergbesitz im ELSASS gehören auch Ferraton in Hermitage, das Handelshaus Trenel im BEAUJOLAIS und Ch. des Ferrages in der PROVENCE zu Michel Chapoutiers Imperium; außerdem unterhält er Joint Ventures in Australien (v. a. Doms. Tournon und Terlato & Chapoutier mit duftenden Weinen), ist in Portugal (Lisboa und Douro) engagiert, betreibt ein Hotel mit Vinothek in Tain und, und, und ... (Die Liste wird jedes Jahr länger.)

**Charbonnière, Domaine de la** S-Rh r (w) ★★★ 05' 09' 10' 16' – Von Schwestern geführtes 17-ha-Gut in CHÂTEAUNEUF-DU-PAPE. Solider roter Tradition, außerdem tiefgründige Gewächse der besonderen Art: bemerkenswerter, authentischer Mourre des Perdrix sowie Hautes Brusquières, L'Envol (neu) und VIEILLES VIGNES. Sehr eleganter, leckerer Weißer und pfeffriger roter VACQUEYRAS in geringen Mengen.

**Chardonnay** Nicht nur eine Weißweintraube, sondern auch der Name eines MÂCON-VILLAGES-Weinorts; daher Mâcon-Chardonnay.

**Charlemagne** Côte d'Or w ★★★★ 13 14' 15' 17' 18 – Die nahezu verschwundene Schwesterappellation von CORTON-CHARLEMAGNE wurde 2013 von der Domaine de la VOUGERAIE neubelebt, die hier wie dort denselben Maximen folgt.

**Charmes-Chambertin** Côte d'Or r ★★★★ 99' 02' 03 05' 09' 10' 12' 15' 16 17 18' – GRAND-CRU-Lage mit 31 ha, einschließlich der Nachbarlage MAZOYÈRES-CHAMBERTIN, in GEVREY-CHAMBERTIN. Die besten Weine zeigen Noten von Himbeere und Sahne nebst Schwarzkirschfrucht, haben eine opulente Textur und einen aromatischen Abgang. Probierenswert von ARLAUD, BACHELET, Castagnier, Coquard-Loison-Fleurot, DUGAT, DUJAC, Duroché, LEROY, MORTET, Perrot-Minot, Roty, ROUSSEAU, Taupenot-Merme oder VOUGERAIE.

**Chartogne-Taillet** Champ – Alexandre Chartogne, ein Schüler von Anselme SELOSSE, ist ein neuer Star in der Champagne. Außergewöhnlicher Brut Ste Anne oJ sowie Einzellagenweine Le Chemin de Reims und Les Barres mit frappanter Energie.

**Charvin, Domaine** S-Rh ★★★ 98' 99' 01' 06' 07' 09' 10' 12' 15' 16' 17' – Das 8-ha-Gut in CHÂTEAUNEUF-DU-PAPE setzt auf Terroir. Die Rebflächen sind zu 85% mit GRENACHE bestockt, Eiche wird nicht verwendet, und es gibt nur eine einzige, handwerklich bereitete Cuvée: Der Rotwein ist würzig, mi-

## FRANKREICH | Cha–Châ | 69

neralisch, energiegeladen und bringt präzise den jeweiligen Jahrgang zum Ausdruck. Außerdem sehr preiswerter, unverfälschter, langlebiger roter CÔTES DU RHÔNE.

**Chassagne-Montrachet** Côte d'Or r w ★★→★★★★ w 02' 04' 05' 08' 09' 12' 14' 15 17 18' – Großes Dorf am Südende der CÔTE DE BEAUNE. Die PREMIER-CRU-Lagen wie z. B. Blanchot, Cailleret und La Romanée liefern großartige Weißweine. Die besten Roten kommen aus den Lagen CLOS St-Jean und Morgeot, die anderen fallen rustikaler aus. Empfehlenswert sind die Erzeugerfamilien Coffinet, COLIN, GAGNARD, MOREY und Pillot sowie die Domaines Heitz-Lochardet, MOREAU, Niellon und Ramonet (auch die Roten). Allerdings wird zu viel mittelmäßiger Weißwein von Anbauflächen erzeugt, die für Rote besser geeignet wären.

**Château** Bezeichnung für ein Weingut, egal ob groß oder klein, gut oder mittelmäßig, v. a. in BORDEAUX gebräuchlich (s. Kapitel »Die Châteaux von Bordeaux«). Im wörtlichen Sinn Schloss oder großes Haus. In Burgund herrscht der Ausdruck DOMAINE vor.

> ### Chablis
> 
> Nirgends findet der alles und alle erobernde CHARDONNAY einen besseren Ausdruck als in den vollen, aber straffen, klaren, mineralischen Weinen, die er auf den schweren Kalkböden in CHABLIS hervorbringt. Die besten Erzeuger machen wenig oder keinen Gebrauch von neuen Eichenfässern, um die deutliche Prägung durch Rebsorte und Terroir nicht zu übedecken: Barat, Bessin*, Samuel Billaud*, Billaud-Simon*, Boudin*, J.-M. BROCARD, J. Collet*, V. DAUVISSAT*, B. Defaix, Droin*, DROUHIN*, Duplessis, J. DURUP, N. Fèvre, W. Fèvre*, J.-P. Grossot*, LAROCHE, Long-Depaquit, Dom. des Malandes, L. Michel, C. Moreau*, MOREAU-Naudet*, Picq*, Pinson*, Piuze, RAVENEAU*, G. Robin, Servin, Temps Perdu, Tribut, Vignoble Dampt*, E. Vocoret. Einfacher Chablis ohne Zusatzbezeichnung ist oft dünn und Petit Chablis noch dünner; halten Sie sich an PREMIER-CRU- und GRAND-CRU-Weine und gönnen Sie Ihnen unbedingt 3–15 Jahre Flaschenreifung. Die Genossenschaftskellerei La Chablisienne hat einen hohen Standard (v. a. Grenouille*) und viele verschiedene Etiketten. (* = herausragend)

**Château-Chalon** Jura w ★★★★ 96 99' 00 05' 09' 10' 12 – Kein Weingut, sondern eine AC und eine Ortschaft, wo die Krönung des VIN JAUNE aus der SAVAGNIN-Traube erzeugt wird: ein mindestens 6 Jahre im Fass gereifter, nicht ganz billiger Wein – eine nicht gespritete, etwas säuerlichere Version des Sherry. Er ist nach der Abfüllung genussreif, gewinnt aber mit zunehmendem Alter. Glühende Liebhaber halten sich an BERTHET-BONDET, MACLE, Mossu oder TISSOT; alte Jahrgänge findet man bei Bourdy.

**Château-Grillet** N-Rh w ★★★★ 01' 04' 07' 09' 10' 12' 14' 15' 16' 17' – Frankreichs kleinste AC, mit halbkreisförmigem 3,7-ha-Weinberg bei CONDRIEU auf Sand-Granit-Boden. Seit dem Erwerb durch F. Pinault von Ch. LATOUR im Jahr 2011 sind die Weine raffinierter, wenngleich weniger tiefgründig als früher, und die Preise rasant gestiegen. Der seidenglatte, präzise bereitete VIOGNIER sollte dekantiert und bei Kellertemperatur getrunken werden, am besten zu innovativer Küche.

**Châteaumeillant** Lo r rs ★→★★ Aufstrebende 76-ha-AC südwestlich von Bourges mit 23 Erzeugerbetrieben. Von GAMAY und PINOT NOIR werden leichte Rote (75 % der Produktion) und VIN GRIS (25 %) erzeugt. Im Prinzip am besten ist Pinot noir, sortenreine Versionen wurden jedoch idiotischerweise verboten. Empfehlenswerte Erzeuger: BOURGEOIS, Chaillot, Gabrielle, Goyer, Joffre, Lecomte, Joseph Mellot, Nairaud-Suberville, Roux Rouzé und Siret-Courtaud. Der Jahrgang 2018 ist vielversprechend.

**Châteauneuf-du-Pape** S-Rh r (w) ★★★→★★★★ 78' 81' 90' 95' 01' 07' 09' 10' 16' – Gebiet bei Avignon mit rund 50 guten Erzeugern (die Qualität der anderen 85 ist gemischt bis dürftig). Verschnitte von bis zu 13 roten und weißen Rebsorten, angeführt von GRENACHE, plus SYRAH, (zunehmend MOURVÈDRE und Counoise. Die warmen, würzig-blumigen, langlebigen Gewächse mit schöner Textur können märchenhaft fein und reintönig sein, doch bis Mitte der 2010er-Jahre gab es zu viele schwere, schlicht süffige Weine (wie Robert Parker sie liebt). Kleinere, traditionelle Betriebe bieten oft ein gutes Preis-Leistungs-Verhältnis (sehr guter Grenache 2016'). Auf der anderen Seite stehen die Premiumgewächse von alten Reben; meiden sollte man spät gelesene, in neuer Eiche ausgebaute, alkoholstarke (16 Vol.-%), überteuerte Versionen. Die Weißen sind frisch und fruchtig oder robust; die besten halten sich mindestens 15 Jahre. Die bekanntesten Namen: Châteaux de BEAUCASTEL, Fortia, Gardine (angenehm modern, auch Weiße), Mont-Redon, RAYAS (einzigartig, fantastisch), Sixtine, Vaudieu; Domaines du Banneret (traditionell), Barroche, Beaurenard, Biscarelle (rassige Frucht), Bois de Boursan (preiswert), Bosquet des Papes (preiswert), les CAILLOUX, Chante Cigale, Chante Perdrix, CHARBONNIÈRE, CHARVIN (Terroircharakter), Cristia, Font-de-Michelle (stilvoll), Grand Tinel (preiswert), Grand Veneur (eichenwürzig), de la Janasse (wuchtig), Marcoux (großartiger VIEILLES VIGNES), Mas du Boislauzon (voll), Pegaü (der da Capo ist Kult), Roger Sabon, St-Préfert (geschmeidig), Sénéchaux (modern), de la Vieille Juienne, VIEUX TÉLÉGRAPHE sowie Pierre André (biodynamisch, traditionell), Henri Bonneau, Clos du Caillou, Clos du Mont-Olivet, CLOS DES PAPES (fantastisch), Clos St-Jean (süffig), Porte Rouge (2,5 ha), P. Usseglio, R. Usseglio (biodynamisch) und Vieux Donjon.

**Chave, Domaine Jean-Louis** N-Rh r w ★★★★ 99' 00 01' 03' 04 05' 07' 09' 10' **11'** 12' 13' 15' 16' 17' 18' – Erstklassig familiengeführte Domaine im Herzen von HERMITAGE mit klassischen, seidigen, langlebigen Rotweinen (in letzter Zeit voller), gelegentlich auch (teurem) Cathelin. Sehr gute, komplexe Weiße (v. a. von MARSANNE), manchmal auch VIN DE PAILLE. Rauchiger, tiefer roter ST-JOSEPH; sehr stilvoll ist der Clos Florentin (seit 2015) aus Einzellagen. Außerdem die fruchtige Abfüllung St-Joseph Offerus unter der Marke J.-L. Chave, herzwärmender CÔTES DU RHÔNE Mon Cœur sowie solider Hermitage Farconnet (rot und weiß), den Chave als Négociant vertreibt.

**Chavignol** Lo r rs w – Weinbaugemeinde in SANCERRE mit den das Dorf umgebenden Steillagen Cul de Beaujeu (vorwiegend Weißwein) und Les Monts Damnés sowie der Lage Grande Côte, die man sich mit dem Ort Amigny teilt. Der ton- und kalkhaltige Boden bringt körperreiche, mineralische, langlebige (mind. 15 Jahre) Weiß- und Rotweine hervor. Sehr gute junge Erzeuger: Matthieu Delaporte (Vincent Delaporte) und Pierre Martin. Weitere empfehlenswerte Erzeuger: Boulay (sehr gut), BOURGEOIS, Cotat, DAGUENEAU, Thomas Laballe, Alphonse MELLOT und Paul Thomas.

**Chénas** Beauj r ★★★ 14' 15' 16 18' – Der kleinste der BEAUJOLAIS-Crus liegt zwischen MOULIN-À-VENT und JULIÉNAS und verdiente mehr Aufmerksamkeit. Die Weine sind fleischig und können eingelagert werden, die Preise sind moderat. Vorbildlich ist die Domaine Thillardon, probierenswert sind aber auch Janodet, LAPIERRE, Pacalet, Piron, Trichard und die Genossenschaft.

**FRANKREICH** | Chê–Chi | 71

hêne Bleu Prov ★★ Ambitionierte, teilweise biodynamisch bewirtschaftete Domaine in den Hügeln von SÉGURET mit extravaganten, teuren Weinen, vorwiegend aus der AC VENTOUX. Stilvoller, teils in Eiche ausgebauter Rosé.

hevalier-Montrachet Côte d'Or w ★★★★ 04 08 09' 10 **12** 14' 15 17' 18 – Geografisch ein wenig oberhalb von MONTRACHET, qualitativ ein ganz klein wenig unterhalb, bringt nichtsdestotrotz strahlende, kristalline Weine hervor, die sich lang halten, aber häufig auch schon in der Jugend ansprechend sind. Spitzenerzeuger ist Dom. LEFLAIVE; Spezialcuvées aus der Lage Les Demoiselles von JADOT und Louis LATOUR, aus La Cabotte von BOUCHARD. Ebenfalls empfehlenswert: Chartron, Philippe COLIN, Dancer, Niellon, Ch. de Puligny.

> **Châteauneuf-du-Pape, wie er sein sollte**
>
> Ein CHÂTEAUNEUF-DU-PAPE sollte ein verführerischer Wein sein, mit Finesse, Rasse, milden Tanninen, floralen Anklängen, Noten von Zedernholz und provenzalischen Kräutern – also alles andere als eine Fruchtbombe. Er sollte rund anmuten. Gott sei Dank ist all dies erfüllt im fabelhaften Jahrgang 2016; einige (oft jüngere) Winzer wissen Überextraktion zu vermeiden und stattdessen der Natur ihren Lauf zu lassen. Kosten Sie Dom. Chante Cigale Vieilles Vignes, Dom. de la Solitude Cornelia Constanza, Dom. Font de Michelle Cuvée Étienne Gonnet, Dom. de Marcoux Vieilles Vignes oder Dom. Usseglio Raymond Cuvée Impériale.

Cheverny Lo r rs w ★→★★★ 16 17 18' – AC an der Loire bei Blois. Weißweine großteils als Verschnitt von SAUVIGNON BLANC und CHARDONNAY; leichte Rote, vorwiegend von GAMAY und PINOT NOIR (auch von CABERNET FRANC, CÔT). Der von der Romorantin-Traube bereitete weiße Cour Cheverny (48 ha) benötigt Flaschenreifung. Empfehlenswerte Erzeuger: Cazin, Clos Tue-Bœuf, Gendrier, Huards, de Montcy, Tessier sowie die Doms. de la Desoucherie, du Moulin, Veillox und Villemade. 2018 lief alles prima.

Chevillon, R. Côte d'Or r ★★★ Fabelhaftes Angebot an früh zugänglichen und dennoch alterungswürdigen PREMIER-CRU-Gewächsen aus NUITS-ST-GEORGES: Les St-Georges und Vaucrains strotzen vor Kraft, die anderen, z. B. Pruliers und Chaignots, sind aber ebenfalls nicht zu verachten.

Chidaine, François Lo (r) w; tr s; sch ★★★ 14 15 16 17 18' – Champion in Sachen biologisch-dynamischer Anbau: brillanter, auf den Punkt bereiteter MONTLOUIS-SUR-LOIRE aus Einzellagen (20 ha), VIN DE FRANCE, VOUVRAY (10 ha) und Touraine (7 ha) vorwiegend im trockenen und halbtrockenen Stil. Besitzt auch den altehrwürdigen Clos Baudoin (Vouvray). Außerdem weißer Chenin d'Ailleurs (LIMOUX) zur Kompensation der (häufigen) Frostschäden an der Loire sowie Rote und Weiße aus Spanien.

Chignin Sav (r) w ★ BV – 108-ha-AC, davon 95 ha für Weiß- und 13 ha für Rotwein. Leichter Weißer aus der Jacquère-Traube, die roten Sorten sind MONDEUSE, GAMAY und PINOT NOIR. Der Chignin-Bergeron (92 ha) wird sortenrein von ROUSSANNE bereitet.

Chinon Lo r rs (w) ★★→★★★ 14' 15' 16' 17' 18' – AC mit 2.300 ha, davon 10 % für Rosé, 2 % für Weißwein, und 200 Erzeugerbetrieben. Von Sand-, Kies- und Kalksteinböden kommt leichter bis gehaltvoller CABERNET FRANC aus der TOURAINE. Spitzenjahrgänge halten sich 30 Jahre und mehr. Auch einige trockene CHENIN-BLANC-Weiße, teils in Holz ausgebaut. Die besten Erzeuger: ALLIET, BAUDRY, BAUDRY-DUTOUR, Coulaine, Pierre et Bertrand Couly, Couly-Dutheil, Dozon, Grosbois, Jourdan-Pichard, Landry, Moulin à

Tan, Dom. de la Noblaie, Pain, Petit Thouars, Dom. de l'R, J. M. Raffault Hervorragender Jahrgang 2018.

**Chiroubles** Beauj r ★★ 15' 17 18' – Der BEAUJOLAIS-Cru in den Hügeln oberhalb von FLEURIE liefert frischen, fruchtigen, schmackhaften Wein. Winzer Cheysson, Ch. de Javernand, Lafarge-Vial, Métrat, Passot, Raousset; Handelshäuser: DUBŒUF, Trenel.

**Chorey-lès-Beaune** Côte d'Or r (w) ★★ 09' 10' 12 15' 17 18 – TOLLOT-BEAUT ist die Messlatte für die erschwinglichen, unkomplizierten Weine dieser AC. Außerdem probierenswert von Arnoux, DROUHIN, Guyon, JADOT und Rapet.

**Chusclan** S-Rh r rs w ★→★★ 16' 17' – Eine der CÔTES DU RHÔNE-VILLAGES mit der überdurchschnittlichen Genossenschaft Laudun-Chusclan, die neben guten, frischen Weißen und kühlen Rosés auch sanfte Rote erzeugt. Die besten Marken der Genossenschaft sind Dom. de l'Olivette (Chusclan, rot), Femme de Gicon (CÔTES DU RHÔNE, rot), Enfant Terrible (weiß) sowie Excellence und Domaine St-Nicolas (LIRAC). Ferner voller Ch. Signac (am besten ist Chusclan, mit Alterungspotenzial) und Dom. La Romance (frisch, ökologisch) sowie Spezialcuvées von André Roux.

**Clair, Bruno** Côte d'Or r rs w ★★★→★★★★ Erstklassiges Gut an der CÔTE DE NUITS mit geschmeidigen, subtilen, aromatischen Weinen: preiswerter MARSANNAY, La Dominode von alten Reben (SAVIGNY), CLOS ST-JACQUES und Cazetiers (beide GEVREY-CHAMBERTIN) sowie überragender CHAMBERTIN-CLOS DE BÈZE. Unter den Weißen am besten sind die MOREY-ST-DENIS- und CORTON-CHARLEMAGNE-Gewächse.

**Clairet** Bx – Sehr heller Rotwein, fast Rosé. BORDEAUX Clairet ist eine AC. Empfehlenswert: Ch. Fontenille, Ch. Penin, Ch. Turcaud.

**Clairette de Die** N-Rh w; tr lbl; sch ★★ oJ – Unterschätzter, günstiger MUSCAT-Schaumwein mit Feuerstein- oder (besser) lieblicher Note aus einer wunderschönen Landschaft. Auch trockener Clairette-Weißwein, 3–4 Jahre haltbar. Empfehlenswert: Achard-Vincent, Carod, Jaillance (preiswert), Poulet et Fils (Terroircharakter, guter Châtillon-en-Diois), J.-C. Raspail (Ökoanbau, guter IGP SYRAH). Unbedingt probieren!

**Clape, Auguste, Pierre und Olivier** N-Rh r (w) ★★★→★★★★ 89' 90' 91' 95' 99' 01' 03' 05' 06' 07' 09' 10' 12' 13' 14' 15' 16' 17' 18' – Die Könige von CORNAS: erstklassige SYRAH-Rebflächen, viele alte Reben, gute Bodenbearbeitung. Tiefgründige Rotweine mit langem Abgang und präziser Jahrgangscharakteristik, die mind. 6 Jahre zur Entfaltung brauchen und mind. 25 Jahre alt werden können. Lebhafte Frucht zeigt der Renaissance von jüngeren Reben. Außerdem hervorragender CÔTES DU RHÔNE, VIN DE FRANCE (rot) und St-Péray (schöner Stil, noch besser geworden). Auguste Clape starb 2018.

La Clape ist okzitanisch für »der Steinhaufen«.

**Clape, La** Lang r rs w ★★→★★★ Spektakuläres Kalksteinhügelgebiet an der Küste bei Narbonne, einst eine Insel; neuerdings mit AC-Status und Klassifikation zum Languedoc-Cru. Viel Sonne sorgt für warme, würzige Rotweine, v. a. von MOURVÈDRE, und die Seeluft für köstlich salzige, kräuterwürzige Weiße auf BOURBOULENC-Basis mit Alterungspotenzial. Empfehlenswert Erzeuger: Chx. d'ANGLÈS, Camplazens, l'Hospitalet, Mire l'Etang, La Négly, Pech-Céleyran, Pech-Redon, Ricardelle, Rouquette-sur-Mer sowie Mas du Soleilla und Sarrat de Goundy.

**Climat** Bg – Ausdruck für eine Einzellage mit eigenem Namen an der CÔTE D'OR, z. B. MEURSAULT Tesson oder MAZOYÈRES-CHAMBERTIN. Die burgundischen Climats zählen seit 2015 zum UNESCO-Weltkulturerbe.

**Clos** Ein prestigeträchtiger Ausdruck, einzelnen, meist umfriedeten Weinbergen vorbehalten, die sich oft in einer einzigen Hand befinden. In Burgund, der Champagne und im ELSASS häufig anzutreffen.

**Clos de Gamot** SWF r ★★★ 12 15' 16 – Hier wurde schon vorbildlicher traditioneller (auch heute noch geschätzter) CAHORS erzeugt, lange bevor irgendwelche Zugereisten auf diesem Gebiet herumzupfuschen begannen. Die CUVÉE Vignes Centenaires (★★★★) aus beschränktem Ertrag, die nur in den besten Jahren bereitet wird, trotzt auf bewundernswerte Weise neueren Cahors-Moden, Rotwild und gefräßigen Wildschweinen, doch leider gehen die Reben nun ihrem Lebensende entgegen. Genießen Sie sie, solange es sie noch gibt.

**Clos de la Roche** Côte d'Or r ★★★★ 90' 93' 96' 99' 02' 05' 08 09' 10' 15' 16' 17 18 – Wohl der feinste GRAND CRU von MOREY-ST-DENIS. Die Weine besitzen ebenso viel Grazie wie Kraft und sind eher aromatisch (Blaubeere) als opulent. Brauchen viel Zeit zur Entfaltung. Sehr empfehlenswert von DUJAC und PONSOT, aber auch von Amiot, ARLAUD, Bernstein, Castagnier, Coquard, LEROY, Hubert LIGNIER, Lignier-Michelot, Pousse d'Or, Remy und ROUSSEAU.

**Clos des Fées** Rouss r w – Das kleine, höchst individuelle Gut bietet u. a. einen fassvergorenen Verschnitt von SYRAH, GRENACHE, MOURVÈDRE und CARIGNAN. De battre mon cœur s'est arrêté (»Mein Herz hat aufgehört zu schlagen«) wird von Syrah aus hohen Lagen bereitet. Guter weißer GRENACHE BLANC von alten Reben (IGP CÔTES CATALANES).

**Clos des Lambrays** Côte d'Or r ★★★ 99' 02 05' 09' 10' 12' 15' 16' 17 18' – Die GRAND-CRU-Lage in MOREY-ST-DENIS, praktisch ein MONOPOLE, ist jetzt im Besitz von LVMH. Der Stil der Weine – frühe Lese, keine Entrappung, Gewürznoten – wird sich unter dem neuen Weinmacher (seit 2018) möglicherweise weiterentwickeln.

**Clos des Mouches** Côte d'Or r w ★★★ w 02 05' 09' 10' 15 17' 18 – PREMIER-CRU-Lage in mehreren burgundischen ACs. Mit *mouches* sind Honigbienen gemeint, die auch das Etikett von DROUHINS berühmter BEAUNE-Abfüllung zieren. Ebenfalls empfehlenswert: BICHOT, CHANSON (Beaune) sowie Clair, Germain (MEURSAULT), Moreau und Muzard (SANTENAY).

**Clos des Papes** S-Rh r w ★★★★ 99' 01' 03' 04' 05' 07' 09' 10' 14' 15' 16' 17' – Stets erstklassiges CHÂTEAUNEUF-DU-PAPE-Gut der Familie Avril, die auf rigide Ertragsbeschränkung Wert legt. Gehaltvolle, komplexe, schön texturierte Rotweine (v. a. von GRENACHE und MOURVÈDRE, trinkreif mit 2–3 Jahren oder erst nach mind. 8 Jahren) sowie komplexe großartige Weiße (sechs verschiedene Rebsorten), denen man Zeit gönnen und die zu üppigen Gerichten getrunken werden sollten; nach 2–3 oder erst nach 10–20 Jahren genießen.

**Clos de Tart** Côte d'Or r ★★★★ 02' 03 05' 08' 10' 13' 14 15' 17 18' – Der Wein von diesem GRAND CRU in MOREY-ST-DENIS hat seinen Preis. Sylvain Pitiot, Gutsleiter von 1996 bis 2014, kreierte einen kaftvollen, von spät gelesenen Trauben herrührenden Stil; seit seinem Weggang fallen die Weine leichter aus. Jetzt im Besitz des Artemis-Imperiums (u. a. Ch. LATOUR, Ch. GRILLET).

**Clos de Vougeot** Côte d'Or r ★★★→★★★★ 90' 99' 02' 03' 05' 09' 10' 12' 13' 15' 16 17' 18' – Der GRAND CRU an der CÔTE DE NUITS ist unter viele Besitzer aufgeteilt. Der Wein fällt manchmal grandios aus und braucht mind. 10 Jahre, um echte Klasse zu zeigen. Stil und Qualität hängen vom Können, von den Ideen und Techniken des Erzeugers sowie der Lage am Hang ab. Am besten von: ARNOUX-LACHAUX, BOUCHARD, Castagnier, DROUHIN, EUGÉNIE (Intensität), Faiveley, Forey, GRIVOT, Gros, HUDELOT-Noëllat, JADOT, LEROY, Conte LIGER-BELAIR, Thibault LIGER-BELAIR, MÉO-

## 74 | Clo–Col | **FRANKREICH**

CAMUZET, MONTILLE, MORTET, MUGNERET, Ch. de la Tour (Vergärung mit Stielen), Vougeraie.

**Clos du Mesnil** Champ ★★★★ Von dem berühmten ummauerten Weinberg des Champagnerhauses KRUG in der GRAND-CRU-Lage Le Mesnil kommen langlebige, reintönige CHARDONNAY-Jahrgangs-CUVÉES: Der 95er z. B. ist jetzt à point und wird es bis mind. 2020 bleiben. Die Jahrgänge 2002 und insbesondere 2003, 2008' und 2013' werden zu den Klassikern zählen ebenso wie 2017'.

**Clos du Roi** Côte d'Or r ★★→★★★ Dieser Lagenname kommt in Burgund häufiger vor – der König pflegte gut zu wählen. Im GRAND CRU CORTON ist es die beste Parzelle; empfehlenswerte Erzeuger: de MONTILLE, Pousse d'Or, VOUGERAIE. In MERCUREY ist es die beste PREMIER-CRU-Lage, in BEAUNE eine weniger gute und in MARSANNAY eine Spitzenlage (möglicherweise demnächst Premier cru).

**Clos Rougeard** Lo r w; (s) ★★★★ 14 15 16 17 18' – Die legendäre, Kultstatus genießende kleine DOMAINE des verstorbenen Charly Foucault und seines Bruders Nady erzeugte Weine von großer Finesse, die sich im Lauf der Jahre prachtvoll entfalten: SAUMUR-CHAMPIGNY, SAUMUR Blanc und COTEAUX DE SAUMUR. 2017 wurde das Gut an Martin und Olivier Bouygues (Ch. MONTROSE, Bordeaux) verkauft, die Preise sind in astronomische Höhen gestiegen.

**Clos St-Denis** Côte d'Or r ★★★ 90' 93' 96' 99' 02' 03 05' 09' 10' 12' 15' 16 17 18' – GRAND CRU in MOREY-ST-DENIS. Der Wein ist in der Jugend üppig und gewinnt mit zunehmendem Alter an seidiger Textur. Empfehlenswerte Erzeuger: ARLAUD, Bertagna, Castagnier, Coquard-Loison-Fleurot, DUJAC, JADOT, Jouan, Leroux, PONSOT (ab 2016 Laurent Ponsot).

**Clos Ste-Hune** El w ★★★★ Aus TRIMBACHS legendärer Einzellage im GRAND CRU ROSACKER kommt der womöglich großartigste RIESLING des ELSASS (super: 10 13 16 17). Der zunächst verschlossene Wein braucht ein Jahrzehnt Flaschenreife – ein komplexes Gewächs, perfekt für die Gastronomie. Die Neuerwerbung im Grand cru SCHLOSSBERG liefert Riesling der schwelgerischeren, floraleren Art.

**Clos St-Jacques** Côte d'Or r ★★★★ 90' 93 96' 99' 02' 05' 09' 10' 12' 15' 16 17 18' – PREMIER-CRU-Hanglage in GEVREY-CHAMBERTIN mit perfekter Südostausrichtung. Erstklassige Erzeuger sind CLAIR, ESMONIN, FOURRIER, JADOT und ROUSSEAU; ihre kraftvollen, samtigen Weine werden oft höher eingeschätzt als viele GRANDS CRUS – und sind teurer.

**Clovallon, Domaine de** Lang r w ★★ Als IGP-Weine Haute Vallée de l'Orb werden der elegante PINOT NOIR Les Pomarèdes, mit dem sich Catherine Roque einen Namen gemacht hat, und der ursprüngliche weiße Verschnitt Aurièges erzeugt. Das Gut wird jetzt von Tochter Alix geleitet, die die neue Cuvée Les Indigènes kreiert hat, während sich die Mama um Mas d'Alezon (AC FAUGÈRES), sprich den Presbytère, den Montfalette und den weißen Cabretta (alle ★★★), kümmert.

**Coche-Dury** Côte d'Or r w ★★★★ Die ausgezeichnete DOMAINE in MEURSAULT wird von Jean-François Coche und seinem Sohn Raphaël geführt. Außergewöhnliche Weißweine von ALIGOTÉ bis CORTON-CHARLEMAGNE sowie sehr schöne Rotweine. Nur schwer zu erschwinglichen Preisen aufzutreiben. Deutlich günstiger, aber stilistisch anders sind die Weine vom Dom. Coche-Bizouard (z. B. Meursault Goutte d'Or) von Cousin Fabien Coche.

**Colin** Côte d'Or (r) w ★★★→★★★★ Führende Erzeugerfamilie in CHASSAGNE-MONTRACHET und ST-AUBIN. Die junge Generation erregt Aufsehen mit brillanten Weißen, v. a. Pierre-Yves COLIN-MOREY, Domaine Marc Colin, Joseph Colin (neu!) und deren Cousins Philippe Colin und Bruno Colin.

**FRANKREICH** | Col–Cor | 75

**:olin-Morey** Bg ★★★ Pierre-Yves Colin-Morey hat einen Nerv getroffen mit seinen lebhaften, prickelnden Weißweinen nebst charakteristischem Feuersteinbukett, v. a. Saint-Aubin und CHASSAGNE-MONTRACHET PREMIER CRU. Schon in der Jugend großartig, aber auch zum Einkellern geeignet.

**:ollines Rhodaniennes** N-Rh r w ★★ Die IGP an der nördlichen Rhône (mit der sehr guten Lage Seyssuel auf Schieferboden) hat Charakter und Qualität zu bieten: energiegeladene Rote von Granithanglagen zu sehr günstigen Preisen, oft von Spitzenerzeugern. Können aus Lesegut von jungen Reben der CÔTE RÔTIE enthalten und werden vorwiegend von SYRAH (die besten) bereitet, plus MERLOT und GAMAY. Die Weißen werden qualitativ von der Miniaturausgabe eines CONDRIEU VIOGNIER angeführt. Rotweine von: E. Barou, Bonnefond, N. Champagneux, L. Chèze, J.-M. Gérin, Jamet (sehr gut), Jasmin, Monier-Pérreol (biodynamisch), S. Ogier, A. Paret, A. Perret, S. Pichat und Rostaing. Weißweine von: Alexandrins, Barou, Y. Cuilleron, X. Gérard, F. Merlin, P. Marthouret, A. Perret (sehr gut) und G. Vernay (sehr gut).

**:ollioure** Rouss r rs w ★★ Zwillingsappellation von BANYULS für Tischweine von denselben terrassierten Küstenlagen. Charaktervolle Rotweine, vorwiegend von GRENACHE – man schmeckt die Meeresluft. Die guten Weißen basieren auf GRENACHE BLANC und seit 2002 auch auf Grenache gris (besser). Spitzenerzeuger: Bila-Haut, Les Clos de Paulilles, Coume del Mas, Madeloc, Dom. du Mas Blanc, Dom. de la Rectorie, Dom. La Tour Vieille, Dom. Vial-Magnères sowie die Genossenschaften Banyuls l'Etoile und Cellier des Templiers.

**:omté Tolosan** SWF r rs w ★→★★ Die IGP umfasst einen Großteil des Südwestens und jede Menge Sünden. Nur die Dom. de Ribonnet (★★) mit Weinen aller Farben und einem enormen Rebsortenspektrum ragt aus der Masse der meist bescheidenen Erzeugnisse (BV) heraus. Siehe PYRÉNÉES-ATLANTIQUES.

**:ondrieu** N-Rh w ★★★→★★★★ 14' 16' – Blumiger Weißwein von Sand-Granit-Hängen aus der Heimat der VIOGNIER mit moschusartigem Duft und Aromen von Aprikose und Pfirsich. Die Besten sind reintönig und präzise (2016 besser noch als 2015, 2017 und 2018) und passen wie kaum ein anderer Weißer zu Spargel; bei den weniger guten Exemplaren ist zu viel Eiche, Süße und Alkohol im Spiel, v. a. in heißen Jahren. 75 Winzer mit unterschiedlicher Qualität. Führende Erzeuger: Boissonnet, CHAPOUTIER, Clos de la Bonnette (Ökoanbau), Y. Cuilleron, DELAS, Faury (v. a. La Berne), Gangloff (großartige Stilistik), X. Gérard (preiswert), GUIGAL (wuchtig), F. Merlin, Monteillet, Niéro, A. Paret, A. Perret (alle drei Weine sind gut), C. Pichon, ROSTAING, St Cosme, G. Vernay (fein, klassisch), F. Villard (in letzter Zeit leichtere Weine).

**:orbières** Lang r (rs) (w) ★★→★★★★ 09 10 **11 12 13** 14 15 16 17 – Die größte AC des LANGUEDOC mit der (10 Gemeinden umfassenden) Cru-Lage Boutenac an nach Süden ausgerichteten Hängen. Erzeugt werden fast ausschließlich Rotweine, in deren unterschiedlichen Stilen sich das vielfältige Terroir widerspiegelt – von den Lagunen an der Küste bis zu den Ausläufern der Pyrenäen. CARIGNAN spielt eine wichtige Rolle. Empfehlenswerte Erzeuger: CHÂTEAUX Aiguilloux, Aussières, la BARONNE, Borde-Rouge, Les Clos Perdus, Lastours, Ollieux Romanis, Les Palais, Pech-Latt, la Voulte Gasparets und die DOMAINES Fontsainte, Grand Crès, Trillol, Vieux Parc, Villemajou und Villerouge sowie Clos de l'Anhel, Grand Arc und SERRES-MAZARD. Hervorragend ist die Genossenschaft Castelmaure.

**:ornas** N-Rh r ★★★ 99' 01' 05' **09'** 10' 12' 15' 16' 17' 18' – SYRAH in Spitzenqualität von der nördlichen Rhône, derzeit *très à la mode* (gilt insbesondere für Weine von inzwischen aufgegebenen Erzeugerbetrieben). Tiefgründiger, fruchtbetonter, mineralisch konturierter Wein, den man z. T. jung (mit lebhafter Frucht) trinken kann, in der Regel aber mindestens 5 Jahre einlagern muss. Der Jahrgänge 2010 und 2015 sind umwerfend. Spitzenerzeuger: ALLEMAND (Überflieger), Balthazar (traditionell), M. Barret (biodynamisch, besser geworden) Clape (der Maßstab), Colombo (neue Eiche), Courbis (modern), Delas, Dumien Serrette, E. & J. Durand (rassige Frucht), G. Gilles, P. & V. Jaboulet, Lemenicier, V. Paris, Tardieu Laurent (Tiefe, Eichenausbau), Dom. du Tunnel, Voge (Eiche).

**Corton** Côte d'Or r (w) ★★★→★★★★ 90' 99' 02' 03' 05' 09' 10' 12' 15' 16 17 18' – Der GRAND CRU wird seinem Ruf oft nicht gerecht, andererseits aber auch bisweilen unterschätzt, was seine besten Lagen angeht: CLOS DU ROI, Les Bressandes, Les Renardes und Le Rognet. Diese Weine können fein und elegant ausfallen und sind alles andere als Kraftmeier. Maßstäbe setzende Erzeuger: BONNEAU DU MARTRAY, BOUCHARD, CHANDON DE BRIAILLES, Dubreuil-Fontaine, FAIVELEY (CLOS DES CORTONS), Follin Arbelet, MÉO-CAMUZET, Dom. de la ROMANÉE-CONTI, Senard und TOLLOT-BEAUT; probierenswert sind aber auch H. & G. Buisson, Dom. des Croix Camille Giroud, Mallard, Rapet und Terregelesses. Gelegentlich auch Weißwein, etwa von den HOSPICES DE BEAUNE und CHANSON aus der Lage Vergennes.

**Corton-Charlemagne** Côte d'Or w ★★★→★★★★ 04 05' 09' 10' 14' 15' 17' 18 – Potenziell strahlender GRAND-CRU-Weißwein aus Burgund mit vielschichtigen mineralischen Noten, der eigentlich gut altern sollte. Wächst auf den nach Südwesten und Westen ausgerichteten Kalksteinlagen des Corton-Hügels, dazu kommt ein östlicher Streifen um den Gipfel herum. Spitzenerzeuger: Bonneau du Martray, BOUCHARD, CLAIR, Coche-Dury, FAIVELEY, HOSPICES DE BEAUNE, JADOT, P. Javillier, LATOUR, Mallard, MONTILLE, Rapet, Rollin. Siehe auch CHARLEMAGNE.

**Costières de Nîmes** S-Rh r rs w ★→★★ Anbaugebiet südwestlich von CHÂTEAUNEUF-DU-PAPE mit Qualitätsanspruch und ähnlich steinigen Böden im nördlichen Rhône-Delta. Die strammen Roten (GRENACHE, SYRAH) entfalten sich schön und bieten würzige Frucht sowie ein gutes Preis-Leistungs-Verhältnis. Am besten von den CHÂTEAUX Grande Cassagne, L'Ermitage, Mas des Bressades, Mas Carlot (erstklassige Frucht), Mas Carlot (schöne Frucht), Mas Neuf, Monfrin (öko), Mourgues-du-Grès, de Nages, d'Or et des Gueules, Roubaud, Tour de Béraud (Vessière, weiß), de Valcombe sowie den DOMAINES Galus, M. KREYDENWEISS, de la Patience (öko), Petit Romain und du Vieux Relais. Dazu gute, lebhafte Rosés sowie stilvolle Weiße (ROUSSANNE).

**Coteaux Bourguignons** Bg ★ BV – Die seit 2011 vorwiegend für Rotweine (GAMAY, PINOT NOIR) geltende AC ersetzt die AC BOURGOGNE GRAND ORDINAIRE und pimpt einfachen BEAUJOLAIS mit einem »schickeren« Namen auf. Auch geringe Mengen Weißwein von ALIGOTÉ, CHARDONNAY, MELON DE BOURGOGNE, PINOT BLANC und PINOT GRIS.

**Coteaux Champenois** Champ r (rs) w ★★★ BV (Weißwein) – Die AC für die Stillweine der Champagne, z. B. BOUZY. Jahrgänge wie bei CHAMPAGNER. Die Rotweine gewinnen im Zuge des Klimawandels und besserer Weinbaupraktiken (v. a. 12').

**Coteaux d'Aix-en-Provence** Prov r rs w ★★ Ausgedehnte AC um Aix, die sich vom Fluss Durance bis zum Mittelmeer und von der Rhône bis zur Montagne Saint-Victoire erstreckt und einen bunten Stilmix bietet; im kühleren Norden wird mehr CABERNET SAUVIGNON angebaut. Empfehlenswert v. a. von den CHÂTEAUX Bas, Beaupré, Calissanne, Pigoudet, Revelette sowie den DOMAINES Les Bastides, Les Béates, Eole und La Réaltière. Siehe auch LES BAUX-DE-PROVENCE, PALETTE.

Coteaux d'Ancenis Lo r rs w; (s) ★→★★ 16 17 18' – AOP (200 ha) östlich des Pays Nantais. Von den 40 Erzeugerbetrieben kommen v. a. trockene, halbtrockene und süße Weißweine von CHENIN BLANC sowie Malvoisie (PINOT GRIS) zum Einkellern; außerdem leichte Rotweine und Rosés, v. a. von GAMAY plus CABERNET FRANC und CABERNET SAUVIGNON. Empfehlenswert: Guindon, Landron Chartier, Paonnerie, Pléiade, Quarteron.

Coteaux de Chalosse SWF r rs w ★ BV – Selten außerhalb der Region zu findende IGP-Weine aus Les Landes von lokalen Rebsorten wie Arriloba, Baroque oder Egiodola. Rührige Genossenschaft Cave des Vignerons Landais in TURSAN. Empfehlenswert: Domaines de Labaigt, Tastet (beide ★).

Coteaux de Glanes SWF r rs ★★ BV – IGP-Wein vom Oberlauf der Dordogne. Die hiesige Neun-Mann-Genossenschaft kann gar nicht genug erzeugen, um den Durst der Einheimischen zu löschen. Die Ségalin-Traube sorgt für den Unterschied zu anderen Allerweltsverschnitten.

Coteaux de l'Ardèche siehe ARDÈCHE.

Coteaux de l'Aubance Lo w; s ★★→★★★ 10' 11' 13 14' 15' 16 17 18' – Kleine AC (209 ha, 40 Erzeuger) für langlebige Süßweine von CHENIN BLANC. Von sanften Hügeln (südlich der Loire bei Angers), nerviger und allgemein weniger üppig als COTEAUX DU LAYON, ausgenommen SÉLECTION DE GRAINS NOBLES. Erzeuger: v. a. Bablut, Haute-Perche, Montgilet, Ch. Princé, Richou, Rochelles, Ch. la Varière. 2018 fällt wahrscheinlich sehr gut aus.

Coteaux de Saumur Lo w; s ★★→★★★ 14' 15' 16 17 18' – Süßer CHENIN BLANC aus spät gelesenen Trauben (nur 12 ha, abhängig vom Jahrgang), der an COTEAUX DU LAYON erinnert, aber zarter, zitrusfruchtiger und weniger voll ist. Am besten schmeckt er zu Käse oder solo. Erzeuger: v. a. CHAMPS-FLEURIS, Nerleux, St-Just, Targé, Vatan.

Coteaux des Baronnies S-Rh r rs w ★→★★ BV – Rhône-IGP mit hoch gelegenen Hängen östlich von VINSOBRES, unweit von Nyons. Am besten ist SYRAH, gut und (einstweilen) günstig sind MERLOT, CABERNET SAUVIGNON und CHARDONNAY; dazu GRENACHE, CINSAULT usw. Es sind echte Landweine: besser werdende, unkomplizierte Rote, außerdem klarer VIOGNIER. Probierenswert sind die DOMAINES Le Mas Sylvia, du Rieu-Frais und Rosière.

Coteaux du Giennois Lo r rs w ★→★★ 17 18' – Kleine AC (194 ha) mit verstreut liegenden Weinbergen entlang der Loire von Cosne bis Gien. Der strahlende, zitrusfruchtige SAUVIGNON BLANC (von 103 ha) ist die stilistisch leichtere Version eines SANCERRE oder POUILLY-FUMÉ und kann sehr gut sein. Leichte Rotweine als GAMAY/PINOT-NOIR-Verschnitt. Am besten von: Émile Balland, Berthier (v. a. L'Inédit), BOURGEOIS, Charrier, Catherine & Michel Langlois, Paulat, Treuillet, Villargeau. Schwere Frostschäden 2016 und 2017, 2018 sieht gut.

Coteaux du Layon Lo w; s ★★→★★★★ 10' 11' 14' 15' 16 17 18' – Das Kernstück von ANJOU, mit langlebigem süßem CHENIN BLANC, der oft von großartiger Qualität, aber dennoch schwer an den Mann zu bringen ist. Sieben Orte dürfen ihren Namen vor die AC setzen, wobei Chaume jetzt als PREMIER CRU klassifiziert ist. Spitzenappellationen: BONNEZEAUX und QUARTS DE CHAUME. Erzeuger: v. a. Baudouin, BAUMARD, Breuil, Pierre Chauvin, Delesvaux, des Forges, Guegniard, Juchepie, Ogereau, Ch. Pierre-Bise, Pithon-Paillé, Soucherie. 2017 abermals Frostschäden.

Coteaux du Loir Lo r rs w; tr s ★→★★★ 15' 16 17 18' – Der Loir ist ein von Norden kommender Nebenfluss der Loire; das dazugehörige Weinbaugebiet mit den Appellationen Coteaux du Loir und Jasnières ist ebenso malerisch wie spannend. Stahlige, feine, präzise bereitete und langlebige Weine von CHENIN BLANC, dazu GAMAY, pfeffriger, gelegentlich schäumende Pineau d'Aunis sowie Grolleau (rosé), CABERNET FRANC und Côt. Spitzenerzeuger: Ange Vin, Dom. de BELLIVIÈRE (sehr gut), Breton, Le Briseau Fresneau, Gigou, Janvier, Les Maisons Rouges, Roche Bleue.

**Coteaux du Lyonnais** Beauj r rs (w) ★ BV – Kleinere AC des BEAUJOLAIS. Als PRIMEUR-Weine am besten.

**Coteaux du Quercy** SWF r rs ★ 15' 16 17 (18) – AOP südlich von CAHORS. CABERNET FRANC bildet das Herzstück herzhafter, recht langlebiger Winterweine. Der rührigen Genossenschaft die Stirn bieten können lediglich die ★★-DOMAINES de Guillau und du Merchien (IGP) sowie die ★-Domaines d'Aries, Mazuc und de Revel (Mystère d'Éléna).

**Coteaux du Vendômois** Lo r rs w ★ 16 17 18' – AC (150 ha) mit 28 Gemeinden zwischen Vendôme und Montoire im Loir-Tal. Erzeugt wird vorwiegend VIN GRIS von der Pineau-d'Aunis-Traube (Chenin noir), die auch den Rotweinen ihre pfeffrige Eigenart verleiht; außerdem Verschnitte von CABERNET FRANC, PINOT NOIR und GAMAY. Weiße von CHENIN BLANC und CHARDONNAY. Beste Erzeuger: Brazilier, Patrice Colin, Dom. du Four à Chaux, Dom. J. Martellière, Dom. de Montrieux und CAVE du Vendômois (insgesamt 200 ha).

**Coteaux et Terrasses de Montauban** SWF r rs w ★→★★ BV – Der von der (auch in Cahors aktiven) DOMAINE de Montels geschaffene und noch immer beherrschte IGP-Bereich bietet ein breites Spektrum an zugänglichen, preiswerten Weinen, die man in der Gegend häufig findet. Ebenfalls empfehlenswert sind Dom. Biarnès und Mas des Anges (beide ★).

**Coteaux Varois-en-Provence** Prov r rs w ★→★★ Kleine AC zwischen den größeren Appellationen COTEAUX D'AIX und CÔTES DE PROVENCE, mit kühleren, höheren Hanglagen. Liefert Rotweine mit warmem Charakter sowie frische Rosés hauptsächlich von südlichen Rebsorten. Ist dabei, ihr Potenzial umzusetzen, v. a. mit SYRAH. Empfehlenswert: Chx. la Calisse, Duvivier, Margüi, Trians sowie Doms. du Deffends, du Loou, St-Mitre, Les Terres Promises.

**Côte Chalonnaise** Bg r w; sch ★★ Weinbaugebiet unmittelbar südlich der CÔTE-D'OR-Weinberge mit leichteren und nicht ganz so teuren Weinen, das immer in Gefahr schwebt, »entdeckt« zu werden. Aus BOUZERON kommen Weiße von der ALIGOTÉ-Traube, aus Rully zugängliche, fruchtbetonte Weine beider Farben, aus Mercurey und GIVRY etwas strukturiertere Gewächse mit Alterungspotenzial und aus MONTAGNY eher schlanker CHARDONNAY.

**Côte de Beaune** Côte d'Or r w ★★→★★★★ Die südliche Hälfte der CÔTE D'OR, aber auch ein eigenständiger AC-Bereich auf der Hügelkuppe oberhalb von BEAUNE. Empfehlenswert: DROUHIN (großteils herabgestufter Beaune PREMIER CRU), ferner VOUGERAIE.

**Côte de Beaune-Villages** Côte d'Or r ★★ 10' 12 15' 16 17 18 – Rotweine aus den geringeren Gemeinden der Südhälfte der CÔTE D'OR, heutzutage in der Regel Négociant-Verschnitte.

**Côte de Brouilly** Beauj r ★★ 15' 16 17 18' – Große Bandbreite an Stilen und Bodenarten von unterschiedlichen Hanglagen des Mont Brouilly. Der Wein hätte eine Höherstufung gegenüber einfachem BROUILLY verdient. Maß aller Dinge ist Ch. Thivin, gefolgt von Blain, Brun, Léonis und Pacalet.

**Côte de Nuits** Côte d'Or r (w) ★★→★★★★ In der nördlichen Hälfte der CÔTE D'OR wird nahezu ausschließlich Rotwein erzeugt: CHAMBOLLE-MUSIGNY, FIXIN, GEVREY-CHAMBERTIN, MARSANNAY, MOREY-ST DENIS, NUITS-ST GEORGES, VOSNE-ROMANÉE, VOUGEOT.

**Côte de Nuits-Villages** Côte d'Or r (w) ★★ 05' 09' 10' 12' 15' 16 17 18' – Eine neuere AC für das äußerste Nord- und Südende der CÔTE DE NUITS;

oft sehr preiswerte Weine. Nun kommen auch Einzellagenabfüllungen auf den Markt. Spezialisierte Erzeuger sind Chopin, Gachot-Monot und Jourdan; ebenfalls gut: Ardhuy, Arlot, Denis BACHELET und FOURNIER.

Côte d'Or Bg – Departementname, gilt für den mittleren, wichtigsten der burgundischen Weinberghänge, bestehend aus der CÔTE DE BEAUNE und der CÔTE DE NUITS. Der Name wird auf Etiketten nicht verwendet, außer für die AC BOURGOGNE Côte d'Or, die 2017 endlich eingeführt wurde.

**Die ideale Lage für reife Weine an der Côte d'Or liegt nun 50 m höher: Der Klimawandel beschert wärmere Sommer.**

Côte Roannaise Lo r rs ★★ 16' 17' 18' – Spannende AC auf den niedrigeren Hängen des Granithügel westlich von Roanne mit sehr gutem GAMAY. Empfehlenswerte Erzeuger: Bonneton, Désormière, Fontenay, Giraudon, Paroisse, Plasse, Pothiers, Sérol, Vial. Außerdem sehr guter IGP-Weißwein Urfé von ALIGOTÉ, CHARDONNAY, ROUSSANNE und VIOGNIER. Die letzten Jahrgänge waren alle gut.

Côte Rôtie N-Rh r ★★★→★★★★★ 99' 01' 05' 09' 10' 12' 15' 16' 17' 18' – Der feinste Rhône-Rotwein, vorwiegend von SYRAH plus etwas VIOGNIER; stilistisch nah am Burgunder. Duftet nach Veilchen, ist reintönig (besonders 2016), komplex und sehr fein mit zunehmendem Alter (nach 5–10 oder mehr Jahren). Sensationell und sehr langlebig sind die Jahrgänge 2010 und 2015. Beste Erzeuger: Barge (traditionell), Benetière, Billon, Bonnefond (Eiche), Bonserine (v. a. La Garde), Burgaud, B. Chambeyron, CHAPOUTIER, Clusel-Roch (Ökoanbau), DELAS, Duclaux, Gaillard (Eiche), Garon, J.-M. Gérin, Guigal (langer Eichenausbau), Jamet (herrlich), Jean-Luc Jamet, Jasmin, Lafoy, Levet (traditionell), S. Ogier (rassig, Eiche), Dom. de Rosiers, Rostaing (fein), J.-M. Stéphan (öko), VIDAL-FLEURY (La Chatillonne).

Côtes Catalanes Rouss r rs w ★★ Der bescheidene Ruf des IGP-Bereichs steht in keinem Verhältnis zur Qualität seiner Weine, die zu den besten von ROUSSILLON zählen. Innovative Winzer arbeiten mit altehrwürdigen Reben, v. a. GRENACHE und CARIGNAN (rouge, blanc und gris). Am besten von den DOMAINES of the Bee, Casenove, Gérard GAUBY, L'Horizon, Jones, Matassa, Padié, Olivier Pithon, La Préceptorie Centernach, Roc des Anges, Le Soula, Soulanes, Treloar, Vaquer.

Côtes d'Auvergne ZF r rs (w) ★★→★★★ 17 18' – Ausgedehnte AC (410 ha); überwiegend GAMAY, aber auch etwas PINOT NOIR und CHARDONNAY. Die besten Roten profitieren von 3–4 Jahren Flaschenreife. Gemeinden: Boudes, Chanturgue, Châteaugay, Corent (Rosé) und Madargues (Rotwein). Erzeuger: v. a. Bernard, Cave St-Verny (sehr gut), Goigoux, Maupertuis, Montel, Pradier, Sauvat.

Côtes de Bordeaux Bx ★ 2008 eingerichtete AC für Rotwein, die den bereichsübergreifenden Verschnitt von Lesegut aus CASTILLON, FRANCS, BLAYE, CADILLAC und (seit 2016) Ste-Foy gestattet. Winzer, die die Identität bestimmter Terroirs bewahren wollen, unterliegen nun strengeren Auflagen, dürfen aber Namen wie Cadillac, Castillon usw. der AC-Bezeichnung voranstellen. BLAYE — CÔTES DE BORDEAUX, FRANCS — CÔTES DE BORDEAUX und Sainte Foy — Côtes de Bordeaux erzeugen auch etwas trockenen Weißwein. Die alles in allem rund 1.000 Winzer stehen für 10 % der gesamten Bordeaux-Produktion. Probierenswert: Châteaux Dudon, Lamothe de Haux, Malagar.

Côtes de Bourg Bx r w ★→★★ 09' 10' 14 15 16 (18) – AC für solide, aromatische Rotweine (vorwiegend MERLOT, aber auch 10 % MALBEC) und einige trockene Weißweine vom östlichen Gironde-Ufer. Spitzen-CHÂTEAUX:

Brulesécaille, Bujan, Civrac, Falfas, Fougas-Maldoror, Grand-Maison, Grave (Nectar VIEILLES VIGNES), Haut-Guiraud, Haut-Macô, Haut-Mondésir, Macay, Mercier, Nodoz, Roc de Cambes, Rousset, Sociondo. Hagelschäden 2018.

**Côtes de Duras** SWF r rs w ★→★★★ 15' 16 17' 18' – AOP südlich von Bergerac mit preiswerten Weinen, bekannt als Hort leidenschaftlicher Ökoerzeuger wie Nadine Lussau, Mont Ramé, Mouthes-les-Bihan (am besten) und Petit Malromé (sehr preiswert; alle ★★★), gefolgt von Les Cours, La Font Longue, Les Hauts de Riquet, Mauro Guicheney und La Tuilerie la Brille (alle ★★). Der Süßwein von Ch. Condom (★★★) ist nach wie vor überragend. Weitere gute Betriebe: Doms. Chater, Grand Mayne und de Laulan (alle ★★).

**Côtes de Gascogne** SWF (r) (rs) w ★★ BV – Die PRODUCTEURS PLAIMONT und v. a. die gut 900 ha große DOMAINE du Tariquet (beide ★★) stellen das Gros der Produktion dieser süffigen, leichten, oft aromatischen, erquicklichen IGP-Weine. Süß-verkochte und Nagellackentferner-Noten sind anscheinend beliebt. Empfehlenswert: Domaines d'Arton, des Cassagnoles, Chiroulet, d'Espérance, de l'Herré, Horgelus, de Ménard, de Millet, de Miselle und de Pellehaut (alle ★★), außerdem die Domaines de Lauroux, de Magnaut, de Papolle, St-Lannes sowie Ch. Laballe (alle ★). Das beste Erzeugnis von Tariquet ist übrigens Armagnac.

**Côtes de Millau** SWF r rs w ★ BV – Lokal sehr beliebter IGP-Wein aus dem landschaftlich reizvollen Tarn-Tal. Die achtbare Genossenschaft feierte mit ihren Weinen den Viadukt Norman Fosters. Unter den unabhängigen Erzeugern ist die Dom. du Vieux Noyer (★) wahrscheinlich am besten.

**Côtes de Montravel** SWF w; s ★★ 15 16' 17 18' – Die Sub-AOP von BERGERAC erzeugt Gewächse (in der Regel auf SÉMILLON-Basis), die nicht trocken, aber auch nicht süß sind: reizvoll, aus der Mode gekommen und ideal zu Foie gras. Auch als Aperitif nicht zu verachten.

**Côtes de Provence** Prov r rs w ★→★★★ rs w BV – Die riesige AC steht hauptsächlich für Roséweine (90 %), überwiegend aus GRENACHE und CINSAULT, deren Qualität dank intensiver Forschung stetig steigt, und setzt Maßstäbe für andernorts erzeugten sehr blassen Rosé. Auch angenehme Rote, vorwiegend von SYRAH, Grenache und (in Küstennähe) MOURVÈDRE, sowie trockene Weiße, zunehmend sortenrein von Rolle bereitet. Unterbereiche sind Fréjus, La Londe Pierrefeu, NOTRE DAME DES ANGES und SAINTE-VICTOIRE. Führende Erzeuger: DOMAINE Gavoty (großartig), CHÂTEAUX d'Esclans, Gasqui, de Selle sowie Clos Cibonne (vorwiegend Tibouren) und Estandon Vignerons. Siehe auch BANDOL, COTEAUX D'AIX, COTEAUX VAROIS.

**Côtes de Thongue** Lang r rs w ★★ rs w BV – Die beste IGP-Region von HÉRAULT, im Thongue-Tal unweit des Meeres, bietet ursprüngliche Verschnitte und sortenreine Weine. Die besten Roten kann man einlagern. Erzeuger: v. a. DOMAINES Arjolle, La Condamine l'Évêque, la CROIX BELLE, l'Horte.

**Côtes de Toul** El r rs w ★ BV – Sehr leichte Weine aus Lothringen, v. a. VIN GRIS.

**Côtes du Brulhois** SWF r rs (w) ★→★★ 15' 16 17 18 – Die muntere AC bei Agen macht mit ihrem »schwarzen Wein« Anleihen bei Cahors; ein gewisser TANNAT-Anteil ist vorgeschrieben, auch Prunelard hat den einen oder anderen Auftritt. Die Handvoll unabhängiger Erzeuger – Dom. du Bois de Simon, Dom. du Pountet, Dom. des Thermes (alle ★★), Ch. La Bastide (★) – werden ungewöhnlicherweise von der (guten) Genossenschaft unterstützt.

**FRANKREICH** | Côt–Côt | 81

- **Côtes du Forez** Lo r rs; (sch) ★→★★ 17 18' – Die südlichste AC (147 ha) der Loire auf Höhe der CÔTE ROTIE mit sehr guten Rotweinen und Rosés von GAMAY. Wichtigste Erzeuger: Bonnefoy, Clos de Chozieux, Guillot, Mondon et Demeure, Stéphane Réal und Verdier/Logel. Hervorragende AC- sowie spannende IGP-Weißweine von CHARDONNAY, CHENIN BLANC, PINOT GRIS, ROUSSANNE und VIOGNIER. Guter Jahrgang 2017, 2018 sehr gut.
- **Côtes du Jura** Jura r rs w; (sch) ★★→★★★ 05' 09 10 12 14 15' 16 18' – Wiederbelebter Anbaubereich mit starker Tendenz zu Naturweinen sowie derzeit in Sommelierkreisen beliebten (und daher teuren) Gewächsen. Leichte Rotweine mit schönem Bukett von PINOT NOIR, Poulsard und Trousseau; empfehlenswerte Erzeuger: J.-M. Petit, PIGNIER. Außerdem wunderbar zum Essen passende Weiße in verschiedenen Stilen: von frisch und fruchtig (CHARDONNAY) bis kontrolliert oxidativ (SAVAGNIN oder Verschnitte); Erzeuger: v. a. Ch. d'ARLAY, Lucien AVIET, BERTHET-BONDET, Bourdy, Ganevat, LABET, PÉLICAN, Stéphane TISSOT. Siehe auch die ACS ARBOIS und L'ETOILE.

> ### Spitzenerzeuger der Côtes du Rhône
>
> Setzen Sie Ihre Brille auf und studieren Sie das Folgende: CHÂTEAUX La Borie, La Courançonne, Fonsalette (wunderschön), Gigognan, Hugues, Montfaucon (auch Weißwein), Rochecolombe (Ökoanbau), St-Cosme, St-Estève, Trignon (u. a. VIOGNIER); DOMAINES La Bastide St-Dominique, Bramadou, André Brunel (stilvoll), Carabiniers (biologisch-dynamisch), Charvin (Terroir, sehr gut), Chaume-Arnaud (öko), Combebelle, Coudoulet de BEAUCASTEL (Rotwein mit Klasse), Cros de la Mûre (sehr preiswert), M. Dumarcher (Ökoanbau), Espigouette, Ferrand (voll), Gramenon (biodynamisch), Grand Nicolet (authentisch), Haut-Musiel, Janasse (alte GRENACHE-Reben), Jaume, M.-F. Laurent (öko), Manarine, Réméjeanne (auch Weißwein), Romarins, Soumade, Vieille Julienne (klassisch); CAVE Estézargues, Clos des Cîmes (sehr hoch gelegene Weinberge), DELAS FRÈRES, Georges DUBŒUF, Famille Perrin, E. GUIGAL (sehr preiswert), Maison Bouachon, Mas Poupéras; Winzergenossenschaften CAIRANNE, RASTEAU.

- **Côtes du Rhône** S-Rh r rs w ★→★★ 16' 18' – Die breite Basis der südlichen Rhône mit rund 170 Weinbaugemeinden, unter die auch die guten SYRAH-Weine leichteren Stils aus Brézème und St-Julien-en-St-Alban (nördliche Rhône) fallen. Zwischen erfreulichen, handwerklich erzeugten, hochwertigen Weinen (v. a. von CHÂTEAUNEUF-DU-PAPE-Gütern, Tendenz steigend) und Massenware klafft eine große Lücke. Inzwischen wird entschieden mehr Wert auf lebhafte Frucht gelegt, 2016 fantastisch. Vorwiegend GRENACHE, aber auch Syrah und CARIGNAN; in der Regel jung trinken. Die Vaucluse schneidet am besten ab, gefolgt von GARD (Syrah).
- **Côtes du Rhône-Villages** S-Rh r rs w ★→★★ 16' 17' 18 – Körperreiche, würzige Rotweine von 7.700 ha, darunter die 21 renommiertesten Orte der südlichen Rhône (2018 kam St-Andéol). Die besten Gewächse geizen nicht mit Lebhaftigkeit und sind preiswert; die Grundlage bildet GRENACHE, dazu kommen SYRAH und MOURVÈDRE. Auch Weißweine von steigender Qualität, oft unter Zugabe von etwas VIOGNIER und ROUSSANNE zu CLAIRETTE und GRENACHE BLANC – gut zum Essen. Siehe auch CHUSCLAN, LAUDUN, PLAN DE DIEU, SABLET, ST-GERVAIS, SÉGURET, VALRÉAS, VISAN. Seit 2016 gehören auch die Gemeinden Ste-Cécile (mit einer Reihe guter DOMAINES),

Suze-la-Rousse und Vaison-la-Romaine dazu. Besonders zu empfehlen sind die Gemeinden Gadagne, MASSIF D'UCHAUX, Plan de Dieu, PUYMÉRAS und SIGNARGUES. Empfehlenswerte Erzeuger: Ch. Fontségune, Ch. Signac und die Domaines Aphillanthes, Aure, Bastide St-Dominique, du Bois St Jean, Biscarelle, Cabotte, Coulange, Coste Chaude, Crève Cœur, Grand Veneur, Grands Bois, Gravennes, Janasse, Jérôme, Montbayon, Montmartel, Mourchon, Pasquiers, Pique-Basse, Rabasse-Charavin, Réméjeanne, Renjarde, Romarins, Ste-Anne, St-Siffrein, Saladin, Valériane, Viret sowie Mas de Libian, CAVE RASTEAU und Les Vignerons d'Estézargues.

**Côtes du Roussillon-Villages** Rouss r ★→★★★ 11 12 13 14 15 16 17 – 32 Gemeinden im nördlichen Teil von ROUSSILLON; die besten Lagen befinden sich an den Ausläufern der Pyrenäen. Auf den Etiketten namentlich erwähnt werden Caramany, Latour de France, Les Aspres, Lesquerde und Tauravel. Hauptrebsorte ist CARIGNAN. Die Genossenschaften spielen zwangsläufig eine große Rolle, für Qualität und Charakter sorgen jedoch unabhängige Erzeuger wie Boucabeille, Cazes, des Chênes, Clos des Fées, Clot de l'Oum, Gauby, Mas Bécha, Mas Crémat, Modat, Piquemal, Rancy, Roc des Anges, Thunevin-Calvet oder Les Vignes de Bila Haut. Die einfache AC Côtes du Roussillon liegt weiter südlich und erzeugt unkomplizierte wärmende Rote. Siehe auch CÔTES CATALANES.

**Côtes du Tarn** SWF r rs w ★ BV – Der IGP-Bereich ist weitgehend deckungsgleich mit der AOP GAILLAC, reicht jedoch weiter nach Süden. Der SAUVIGNON BLANC Moelleux der Dom. D'en Ségur und die Bioweinreihe Lou von Les Vignes de Garbasses (beide ★★) sind hervorragend.

**Côtes du Vivarais** S-Rh r rs w ★ 16' 18 großteils BV – Die AC liegt im Hügelland der Ardèche westlich von Montélimar. Die kühl-fruchtigen, süffigen Weine auf GRENACHE- und SYRAH-Basis sind deutlich besser geworden; zudem gibt es robustere, in Eiche ausgebaute Rote. Beachtenswerte Erzeuger: Gallety (am besten, Weine mit Tiefe, die sich ein paar Jahre halten), Mas de Bagnols und Vignerons de Ruoms (sehr preiswert).

**Coulée de Serrant** Lo w; tr s ★★★ 10' 11 12 13 14 15 16 18' – Historische, mit CHENIN-BLANC bestockte und biodynamisch bewirtschaftete MONOPOLE-Steillage (7 ha) im Herzen der AC SAVENNIÈRES. Gutsleiterin ist Virginie Joly. Die Weine werden betont oxidativ ausgebaut, was keineswegs auf ungeteilte Zustimmung stößt – am besten dekantieren; Abweichungen von Flasche zu Flasche. Schwere Frostschäden 2017, aber 2018 ist vielversprechend.

**Courcel, Domaine de** Côte d'Or r ★★★ Führendes Gut in POMMARD, dessen feine, blumige Weine von reifem Lesegut stammen und eine Ganztraubenvergärung durchlaufen. Die Spitzen-PREMIERS-CRUS sind Rugiens und Les Epenots (beide langlebig), außerdem interessante CUVÉE Croix Noires.

**Crémant** Bedeutete früher »Perlwein« in der Champagne und heißt dort jetzt *demi-mousse* oder *perle*. Seit 1975 AC für Schaumweine hoher Qualität nach der klassischen Methode aus BORDEAUX, Burgund, dem ELSASS, Die, dem Jura, LIMOUX und von der Loire. Auch Luxemburg verfügt über eine Crémant-Appellation. Viele gute Versionen.

**Crépy** Sav w ★★ AC (35 ha) für leichten, milden Weißwein vom Südufer des Genfer Sees, sortenrein von CHASSELAS bereitet. Probierenswert: Fichard, Grande Cave de Crépy Mercier.

**Criots-Bâtard-Montrachet** Côte d'Or w ★★★ 09 10 12 14' 15 17' 18 – Mit nur 1,57 ha die kleinste Lage der MONTRACHET-Familie, die Weine sind weniger konzentriert als BÂTARD-MONTRACHET-Gewächse. Empfehlenswerte Erzeuger: Belland, Blain-GAGNARD, Fontaine-Gagnard, Lamy und Caroline MOREY – oder d'Auvenay, wenn Sie sehr vermögend sind.

**FRANKREICH** | Cro–Del | 83

**Cros Parantoux** Bg ★★★★ Der PREMIER CRU in VOSNE-ROMANÉE erlangte durch den 2006 verstorbenen Henri Jayer Kultstatus. Die DOMAINES ROUGET und MÉO-CAMUZET verhelfen ihm nun zu noch höherem Ansehen, die Preise steigen entsprechend. Aber ist der Premier cru Brûlées nicht doch besser?

**Crozes-Hermitage** N-Rh r w ★★→★★★ 10' 15' 16' 17' 18' – Mit SYRAH bestockte, großteils flache Lagen in der Nähe des Flusses Isère erbringen Weine mit dunklen Beeren-, Lakritze- und Teernoten, die meist jung (nach 2–5 Jahren) zu trinken sind. Die stilvolleren, komplexeren, kühleren Versionen stammen oft von Granithängen bei HERMITAGE: feine, rotfruchtige Gewächse mit Alterungspotenzial (die 2016er sind ein echtes Vergnügen). Die Besten (einfache CUVÉES) sind ideale Begleiter bei Grillabenden und Partys; eichenholzwürzige Exemplare von alten Reben sind teurer. Spitzenerzeuger: Aléofane (rot und weiß), Belle (Ökoanbau), Les Bruyères (biologisch-dynamisch, mächtige Frucht), Y. Chave, Chapoutier, Dom. du Colombier, Dom. Combier (Ökoanbau), Dard & Ribo (öko), E. Darnaud, Delas (sehr gut ist Le Clos, außerdem Dom. des Grands Chemins), Dumaine (öko), des Entrefaux (Eiche), Fayolle Fils et Fille (stilvoll), A. Graillot, Habrard (öko), Hauts-Châssis, des Lises (fein), Machon, Melody, Mucyn, Remizières (Eiche), G. Robin, Rousset, de Thalabert (JABOULET), Ville Rouge, Vins de Vienne. Weißweine (von MARSANNE) jung trinken; die letzten Jahrgänge sind sehr gut. Gutes Preis-Leistungs-Verhältnis.

**Cuve close** Abgekürztes Verfahren der Schaumweinherstellung im Tank. Die Bläschenbildung im Glas kommt schneller zum Stillstand als bei der traditionellen Methode.

**Cuvée** In einer *cuve*, d. hs in einem Bottich enthaltener Wein. Sonst auch Allerweltswort, bei CHAMPAGNER z. B. Bezeichnung für »Verschnitt« und erstgepresste Weine. Bezeichnet oft einfach einen »Posten« Wein.

**Dagueneau, Didier** Lo w ★★★→★★★★ 12' 13 14' 15' 16' 17 18' – Der beste Erzeuger von POUILLY-FUMÉ (12 ha): präzise bereiteter SAUVIGNON BLANC zum Einkellern. Der Betrieb wird von Didiers Kindern Louis-Benjamin (sein Name steht auf dem Etikett) und Charlotte geführt, die mit tadelloser Weinberg- und Kellerarbeit punkten. Zu den CUVÉES zählen Buisson Renard, Pur Sang und Silex. Außerdem SANCERRE Le Mont Damné (CHAVIGNOL) und Les Jardins de Babylone (JURANÇON).

**Dauvissat, Vincent** Chablis w ★★★★ Unbeirrbar biologisch-dynamisch arbeitender Erzeuger von CHABLIS, der in alten Fässern, u. a. den lokalen, 132 Liter fassenden *feuillettes,* ausgebaut wird. Grandiose, langlebige Weine, vergleichbar mit denen seiner Cousins RAVENEAU. Am besten sind Les Clos, Les Fôrets, Preuses und Séchet. Ebenfalls probierenswert sind die Weine der Dom. Jean Dauvissat (nicht mit Vincent verwandt).

**Deiss, Domaine Marcel** El r w ★★★ Biologisch-dynamisch arbeitendes Weingut in Bergheim, das u. a. Verschnitte aus Lesegut von oft gemischt bestockten Einzellagen bereitet. Nicht durchweg gelungen, die Qualität schwankt. Bester Wein: RIESLING Schoenenbourg (**13 14** 17).

**Delamotte** Champ BRUT; brillanter Blanc de Blancs 07 **08'** 13 17; CUVÉE Nicolas Delamotte – Kleines Haus mit feinen CHAMPAGNERN (vorwiegend von CHARDONNAY) in Le Mesnil. Der Rosé ist einer der wenigen, die nach der echten *méthode saignée* erzeugt werden. Wird zusammen mit SALON von LAURENT-PERRIER geleitet. Gilt als Salon-Gewächs des kleinen Mannes, übertrifft jenen aber manchmal (z. B. **85'** 02).

**Delas Frères** N-Rh r rs w ★★→★★★ Handelshaus im Besitz von ROEDERER an der nördlichen Rhône mit verlässlicher Qualität von (teils in eigenem Besitz befindlichen) Lagen in CONDRIEU, CROZES-HERMITAGE, CÔTE RÔTIE und HERMITAGE. Spitzengewächse: Côte Rôtie Landonne, Hermitage Domaine des Tourettes (rot, weiß), Les Bessards (rot; sehr fein, rauchig, langlebig Terroircharakter) und St-Joseph Ste-Épine (rot). Besonders empfehlenswerte Rote von der südlichen Rhône: St-Esprit (CÔTES DU RHÔNE) und Grignan-les-Adhémar (preiswert). Die Weißen fallen in letzter Zeit leichter aus.

**Demi-sec** »Halbtrocken«, eher lieblich (z. B. beträgt die *dosage* bei CHAMPAGNER in der Regel 45 g/l).

**Derenoncourt, Stéphane** Bx – Führender international tätiger önologischer Berater; ein Autodidakt. Terroir, Frucht und Ausgewogenheit stehen bei ihm im Mittelpunkt. Hat in CASTILLON mit der Domaine de l'A ein eigenes Gut.

**Deutz** Champ BRUT Classic oJ (gelingt immer besser); Brut 06 08 (bezaubernd, harmonisch) 12 – Eines der besten unter den kleineren Champagnerhäusern, zählte einst zu den bedeutendsten Grandes Marques und erlebt jetzt einen neuerlichen Aufschwung; im Besitz von ROEDERER. Spitzenreiter: die CHARDONNAY-CUVÉE Amour de Deutz (06) und Amour de Deutz Rosé (06). Grandiose Cuvée William Deutz (95). Außerdem neuer Parcelles d'Aÿ (12).

**Dirler-Cadé, Domaine** El – Das 23-ha-Gut im warmen Süden des ELSASS verfügt über gute GRAND-CRU-Lagen und erzeugt gewichtige Weine mit Persönlichkeit: fantastischer MUSCAT Grand cru Saering (13 16 17) und exzellenter voller, aber fein gezeichneter RIESLING Grand cru Saering (10 14).

**Domaine** Gutshof, Weingut.

**Dom Pérignon** Champ – Vincent Chaperon ist jetzt Kellerchef der Luxusmarke von MOËT & CHANDON, die ungemein beständige Qualität in unglaublichen Mengen bietet. Cremiger Charakter, v. a. nach 10–15 Jahren Flaschenreife, aber in der Jugend sehr straff. Der Oenothèque (viele Jahre in der Flasche gereift, erst kürzlich degorgiert, astronomische Preise) heißt jetzt Plénitude P1, P2, P3 usw., je nach Reifestufe (7,16, über 30 Jahre). Der P2 (98) ist grandios, der P3 (70) immer noch voller Leben. Der hervorragende Jahrgang 02 steht an der Schwelle zur Reifestufe P2. Beim Dom Pérignon liegt der Fokus seit 2000 stärker auf PINOT NOIR, v. a. beim exquisiten Jahrgang 06 (Blanc und Rosé).

**Dopff au Moulin** El w ★★★→★★★★ Alteingesessener Spitzenerzeuger in Familienbesitz in Riquewihr, ein Spezialist für klassisch trockene Weine. Erstklassig sind die GEWÜRZTRAMINER GRAND CRU Brand und Sporen (09 12 15' 16 17'); außerdem charmanter RIESLING SCHOENENBOURG – der überragende Jahrgang 13 kommt 2020 auf den Markt – und Sylvaner de Riquewihr (14). Wegbereiter des CRÉMANT d'Alsace, empfehlenswert sind die CUVÉES Bartholdi, Julien und der Crémant Brut Nature Bio. Hochkarätig.

**Dourthe, Vins et Vignobles** Bx – Großes Handelshaus und Erzeuger mit breit gefächertem, qualitätsorientiertem Angebot: u. a. Chx. BELGRAVE, Le BOSCQ, La GARDE, Grand Barrail Lamarzelle Figeac, PEY LA TOUR, RAHOUL, REYSSON. Dourthe No. 1 (v. a. die Weiße) bietet gut bereitete Qualität der einfachen AC BORDEAUX.

**Drappier, André** Champ – Großartiges familiengeführtes Champagnerhaus in der Region AUBE mit mehr als 60 ha Weinbergbesitz, wovon 15 ha Demeter-zertifiziert sind. Von Pinot noir dominierter Champagner oJ, BRUT ZÉRO, Brut *sans souffre* (ungeschwefelt), Millésime Exception (12 mit großem Potenzial), fantastische Prestige-CUVÉE Grande Sendrée (12 17 18), dazu Cuvée Quatuor (von vier Rebsorten) und superbe ältere Weine (82 85 95') in Magnumflaschen.

**DRC (Domaine de la Romanée-Conti)** Côte d'Or r w ★★★★ Das grandioseste Weingut in Burgund. Der Besitz umfasst die MONOPOLE-Lagen ROMANÉE-CONTI und LA TÂCHE sowie größere Teile von ÉCHEZEAUX, GRANDS-ÉCHEZEAUX, RICHEBOURG und ROMANÉE-ST-VIVANT, zudem einen sehr kleinen

Teil von LE MONTRACHET. Seit 2009 auch CORTON- und ab 2019 CORTON-CHARLEMAGNE-Wein. Majestätische Preise. Spitzenjahrgänge brauchen jahrzehntelange Reife.

**Drouhin, Maison Joseph** Bg r w ★★★→★★★★ Feines BEAUNE-Handelshaus und Erzeugerbetrieb in Familienhand; der Weinbergbesitz wird durchweg biodynamisch bewirtschaftet, etwa für die Weißweine Clos de Mouches und MONTRACHET (Marquis de LAGUICHE; beide Beaune). Auch umfangreiche Besitzungen in CHABLIS. Stilvolle Rotweine mit schönem Bukett, vom hübschen CHOREY-LÈS-BEAUNE bis hin zu majestätischen GRAND-CRU-Gewächsen wie Musigny und GRANDS-ÉCHEZEAUX. Auch die Domaine Drouhin Oregon (DDO) gehört zum Besitz; siehe Kapitel »Vereinigte Staaten«.

**Dubœuf, Georges** Beauj r w ★★→★★★ Vom Helden – als Retter des BEAUJOLAIS – zum nicht mehr ganz so tollen Hecht (allzu viel BEAUJOLAIS PRIMEUR) gewandelt, aber immer noch ein bedeutender Akteur und Quelle sehr ordentlicher Abfüllungen aus diversen Beaujolais-Crus und MÂCON.

**Dugat** Côte d'Or r ★★★ Die Cousins Claude und Bernard (Dugat-Py) erzeugten jeweils ausgezeichnete, tieffarbige GEVREY-CHAMBERTIN- bzw. Markenweine. Die junge Generation führt die Tradition fort. Geringe Mengen, v. a. aus GRAND-CRU-Lagen, gepfefferte Preise (v. a. Dugat-Py).

**Dujac, Domaine** Côte d'Or r w ★★★→★★★★ Erzeuger in MOREY-ST-DENIS, bekannt für die Einmaischung mit Stielen, die für Sinnlichkeit und Rauch-aromen sorgt. Das Angebot an Roten reicht von unschlagbaren Morey-Village-Weinen bis hin zu überragenden GRAND-CRU-Gewächsen, v. a. CLOS ST-DENIS, CLOS DE LA ROCHE und ÉCHEZEAUX, die heute etwas mehr dem Mainstream angepasst sind. Négociant-Weine der leichteren Art bieten z. B. Dujac Fils et Père und Dom. Triennes (COTEAUX VAROIS).

**Dureuil-Janthial** Bg r w ★★ Die Leitung des Spitzenguts in RULLY liegt in den fähigen Händen von Vincent Dureuil-Janthial, der frische, ausdrucksstarke Weiße und fruchtig-muntere Rote bereitet. Kosten Sie den Maizières (rot und weiß) oder den weißen PREMIER CRU Meix Cadot.

**Durup, Jean** Chablis r w ★★ Riesiger CHABLIS-Erzeuger, dessen Dom. de l'Eglantière und Ch. de Maligny durch Heirat mit der Dom. Colinot in IRANCY vermählt wurden.

**Duval-Leroy** Champ – Rühriges Champagnerhaus in Familienhand mit 200 ha Weinbergbesitz, vorwiegend gute, mit CHARDONNAY bestockte Cru-Lagen. Neuerdings setzt man auf »veganen« CHAMPAGNER, bei dem Klärung und Absetzen auf natürliche Weise, d. h. ohne Schönung durch Milchproteine, geschieht. Sehr guter Fleur de Champagne oJ und exzellente Prestige-CUVÉE Femme de Champagne (**13**).

**Échezeaux** Côte d'Or r ★★★ 99' 02' 05' 09' **10'** 12' 15' 16 17 18' – GRAND CRU neben CLOS DE VOUGEOT mit stilistisch ganz anderen, nämlich filigranen, ätherischen, funkelnden Weinen, deren Art sehr stark vom jeweiligen Standort der Reben abhängen kann. Am besten von: ARNOUX-LACHAUX, Berthaut-Gerbet, Coquard-Loison-Fleurot, DRC, DUJAC, EUGÉNIE, GRIVOT, GROS, Guyon, Lamarche, LIGER-BELAIR, Mongeard-MUGNERET, Mugneret-Gibourg, ROUGET, Tardy und Tremblay.

**Ecu, Domaine de l'** Lo (r) w; tr; (sch) ★★★ 12 14' **15'** 18' – Biologisch-dynamisch erzeugter MUSCADET-SÈVRE-ET-MAINE (Granite, Taurus), GROS PLANT und VIN DE FRANCE. Guy Bossard schuf das Renommee der DOMAINE, die inzwischen von Frédéric Niger van Herck geleitet wird. Guter CABERNET FRANC und PINOT NOIR. Umfangreiches Sortiment und große Amphorensammlung. Nach den Frostschäden 2016 und 2017 brachte 2018 das große Aufatmen.

**Edelzwicker** El w ★ BV – Leichter Weißweinverschnitt. Gut sind Ch. d'Ittenwiller und der Gentil von HUGEL.

**Eguisheim, Cave Vinicole d' El** r w ★★ Tadellose Winzergenossenschaft mit sehr fairen Preisen: feine GRANDS CRUS Hatschbourg, HENGST, Ollwiller und Spiegel. Zum Besitz gehört auch Willm. Spitzenmarke WOLFBERGER. Am besten: Grande Réserve (10), Sigillé und Armorié. Guter CRÉMANT und PINOT NOIR (v. a. 15' 17 18).

**Elsass** (r) w; (s); (sch) ★★→★★★★ Die Region an den geschützten Ostausläufern der Vogesen und jährlich 1.800 Sonnenstunden erzeugt Frankreichs Rheinweine: aromatisch, fruchtig, sehr voll und im trockenen Stil wieder in Mode. Werden meist mit der Nennung der Rebsorte etikettiert (PINOT BLANC, GEWÜRZTRAMINER). Die große geologische Vielfalt (u. a. Granit, Gneis, Kalkstein) prägt die besten vom Terroir bestimmten Weine, die alt werden können − RIESLING aus GRAND-CRU-Lagen z. B. bis zu 20 Jahre. Der Pinot noir ist im Höhenflug (v. a. 16 17 18). Siehe auch VENDANGE TARDIVE, SÉLECTION DE GRAINS NOBLES.

**Entraygues et du Fel und d'Estaing, Vins d'** SWF r rs w ★→★★ BV − Zwei kleine, benachbarte AOPS auf extrem steilen Terrassen über dem LOT-Tal. Knochentrockene CHENIN-BLANC-Weißweine gibt es v. a. bei den ★★-Domaines Méjannassère und Laurent Mousset; Letzere hat auch gute Rote, v. a. den La Pauca (★★), und hervorragenden Rosé im Angebot. Nicolas Carmarans (★★) erzeugt Weine innerhalb und außerhalb der Appellation.

**Entre-Deux-Mers** Bx w ★→★★ BV − Oft preiswerter trockener weißer BORDEAUX (*entre deux huitres* zu trinken) aus der Gegend zwischen Garonne und Dordogne. Die besten CHÂTEAUX: Les Arromans, Beauregard Ducourt, BONNET, Chantelouve, Le Coin (Sauvignon gris), Fontenille, Haut Rian, Landereau, Lestrille, Marjosse, Martinon, Nardique-la-Gravière, Sainte-Marie, Tour de Mirambeau und Turcaud.

**Esmonin, Domaine Sylvie** Côte d'Or r ★★★ Volle, dunkle Weine von gänzlich ausgereiften Beeren, Ganztraubenvergärung und neue Eiche. Spitzenreiter: GEVREY-CHAMBERTIN VIEILLES VIGNES und CLOS ST-JACQUES. Cousin Frédéric betreibt das Gut Estournelles St-Jacques.

**Etoile, L'** Jura w ★★ AC im JURA mit gutem Ruf für eleganten CHARDONNAY aus Kalkstein- und Mergelböden. Ebenfalls zugelassen sind VIN JAUNE und VIN DE PAILLE, nicht jedoch Rotwein. Spitzenerzeuger ist die Domaine de Montbourgeau (v. a. En Banode), gefolgt von Dom. Cartaux-Bougaud und Philippe Vandelle.

**Eugénie, Domaine** Côte d'Or r (w) ★★★→★★★★ Die frühere Dom. Engel ist jetzt im Besitz von Artemis Estates. Die Weine sind kraftvoll und von tiefdunkler Farbe. Am besten sind CLOS VOUGEOT und GRANDS-ÉCHEZEAUX, probierenswert ist der VOSNE-ROMANEE-Village Clos d'Eugénie.

**Faiveley, Domaine** Bg r w ★★→★★★★ Eher Winzer als Weinhändler, der hochklassige Rot- und solide Weißweine erzeugt; Hauptakteur an der CÔTE CHALONNAISE. Noch besser angelegt ist Ihr Geld jedoch in den Spitzenweinen aus CHAMBERTIN-CLOS DE BÈZE, CHAMBOLLE-MUSIGNY, CORTON Clos des Cortons und NUITS-ST-GEORGES. Ehrgeizige Neuerwerbungen an der ganzen Côte d'Or, hinzu kommt die Dom. Billaud-Simon in CHABLIS.

**Faller, Théo/Domaine Weinbach** El w ★★★→★★★★ Die Reblagen sind womöglich die feinsten des ELSASS und erbringen Weine von herrlich charaktervoller, eleganter Art. Die 2014 verstorbene Laurence Faller erzeugte Gewächse im trockenen, für die Gastronomie geeigneten Stil, wie er im GRAND CRU SCHLOSSBERG (10) herrlich zum Ausdruck gelangt. Außerdem RIESLING L'Inédit (13) von mineralischer Komplexität. DER GEWÜRZTRAMINER SÉLECTION DE GRAINS NOBLES ist das Nonplusultra.

**Faugères** Lang r (rs) (w) ★→★★★ 12 13 14 15 16 17 − Bereits seit 1982 AC und mittlerweile Cru du LANGUEDOC: ein kompakter Bereich mit nur sieben Weinbaugemeinden, charakterisiert durch Schieferböden an den südlichen Ausläufern der Cevennen. Hier finden sich sowohl alteingesessene Familienbetriebe als auch Newcomer. Erzeugt werden vorwiegend frische, würzige Rote zum Einkellern, außerdem elegante Weißweine von MARSANNE, ROUSSANNE, VERMENTINO und GRENACHE BLANC. Neben vielen anderen empfehlenswert: Dom. Jean-Michel ALQUIER, Dom. Léon Barral, Dom. Cébène, Ch. Chabert, Ch. Chenaie, Mas d'Alezon, Dom. Ollier-Taillefer, Dom. St Antonin, Dom. La Sarabande, Dom. des Trinités. Hoher Anteil an ökologisch wirtschaftenden Erzeugern.

**Fèvre, William** Chablis w ★★★→★★★★ Größter Eigentümer von GRAND-CRU-Lagen in CHABLIS; Bougros Côte Bougueros und Les Clos sind hervorragend. Es werden keine Kosten gescheut und die Erträge beschränkt, die Preise sind dementsprechend. Erstklassige Quelle für reichhaltige Gewächse zum Einlagern, aber auch einige beschiedenere Abfüllungen.

**Fiefs Vendéens** Lo r rs w ★→★★★ 15' 16 17 18', meist BV – AC in der Vendée bei Les Sables d'Olonne, deren Spektrum vom süffigen Touristenwein bis hin zu seriösen Gewächsen zum Einlagern reicht. Rebsorten: CHARDONNAY, CHENIN BLANC, MELON und SAUVIGNON BLANC (weiß); CABERNET FRANC, CABERNET SAUVIGNON, GAMAY, Grolleau gris, Négrette und PINOT NOIR (rot und rosé). Empfehlenswert: Coirier, Mourat (122 ha), Prieuré-la-Chaume (biologisch-dynamisch) und Dom. St-Nicolas (biologisch-dynamisch; sehr gut). 2016 und 2017 Frostschäden, 2018 vielversprechend.

**Fitou** Lang r ★★ 12 13 14 15 16 17 – Charaktervolle Rotweine aus den zerklüfteten Hügeln südlich von Narbonne sowie von weniger spektakulären Lagen an der Küste. Die älteste AC des MIDI für Tischweine (seit 1948) verlangt 11 Monate Ausbau, die Weine profitieren außerdem von weiterer Flaschenreife. Halten Sie Ausschau nach: DOMAINES Bergé-Bertrand, Jones, Lérys, de Rolland sowie Ch. Champ des Sœurs und Ch. de Nouvelles.

**Fixin** Côte d'Or r (w) ★★★ 05' 09' 10' 12' 14 15' 16 17 18' – Ebenbürtiger, aber unterbewerteter nördlicher Nachbar von GEVREY-CHAMBERTIN. Stämmige Rotweine, die manchmal prachtvoll, mitunter jedoch auch rustikal geraten. Beste Weinberge: Les Arvelets, CLOS de la Perrière, Clos du Chapître, Clos Napoléon. Die hiesigen Stars: Berthaut-Gerbet, Gelin und Joliet, gefolgt von Bart, Bichot, CLAIR, FAIVELEY und MORTET.

**Fleurie** Beauj r ★★★ 14 15' 18' – Der beste der BEAUJOLAIS-Crus, mit herrlich duftenden, seidig texturierten, erdbeerfruchtigen Weinen. Rassigere Exemplare kommen von der Hanglage La Madone, vollere von tieferen Lagen. Bewährte Erzeuger: Ch. Beauregard, Chatelard, Chignard, Clos de la Roilette, Depardon, DUBŒUF, Metrat, Ch. de Poncié und die Genossenschaft. Naturweine bieten: Balagny, Dutraive, Métras und Sunier. Neuere Betriebe: Clos de Mez, Dom. de Fa und Lafarge-Vial. 2016 und 2017 verheerende Hagelschäden.

**Fourrier, Domaine** Côte d'Or r ★★★★ Jean-Marie Fourrier hat die tadellose DOMAINE in GEVREY-CHAMBERTIN zu neuen Höhen geführt – die Preise sind entsprechend. Sinnliche, beschwingte Rotweine aller Qualitätsstufen; am besten sind CLOS ST-JACQUES, Combe aux Moines und GRIOTTE-CHAMBERTIN.

**Francs – Côtes de Bordeaux** Bx r w ★★ 10' 14 15 16 (18) – Die kleine BORDEAUX-AC nahe CASTILLON ist fest in der Hand der Familie Thienpont (von Ch. PAVIE-MACQUIN). Überwiegend Rotwein (MERLOT), daneben auch einige gute Weiße (z. B. Ch. Les Charmes-Godard); die Roten vertragen ein wenig Alterung. Am besten von den CHÂTEAUX de Francs, Marsau, La Prade, Le Puy (Emilien), Marsau, Puyanché, Puyfromage und Puygueraud.

**Fréjus** Prov r rs ★★ Unterbereich der CÔTES DE PROVENCE mit vulkanischen Böden im östlichsten Teil. Die Weine sind in der Jugend verschlossen, entwickeln sich aber schön. Empfehlenswert: Château de Rouet. Ch.

d'Esclans ist ebenfalls hier aktiv, verwendet das Wort »Fréjus« aber nicht auf dem Etikett.

**Fronsac** Bx r ★★→★★★ 09' 10' 14 15 16 (18) – Unterschätzte hügelige AC westlich von ST-ÉMILION mit einigen der preiswertesten Rotweine des Bordelais, die z. T. auch lagern können. Spitzen-CHÂTEAUX: Arnauton, DALEM, la Dauphine, Fontenil, La Grave, Haut-Carles, Mayne-Vieil (CUVÉE Aliénor), Moulin Haut Laroque, de la Rivière, La Rousselle, Tour du Moulin, Les TROIS CROIX, La VIEILLE CURE, Villars. Siehe auch CANON-FRONSAC.

**Fronton** SWF r rs ★★ 15' 16' 17 – In der AOP unweit von Toulouse ist die Verwendung der Rebsorte Négrette vorgeschrieben. Sie wird oft sortenrein aus- und praktisch nur hier angebaut und erbringt Weine mit Veilchen-, Kirsch- und Lakritznoten. Am bekanntesten sind die CHÂTEAUX Bellevue-la-Forêt und Bouissel (beide ★★), probierenswert sind aber auch die Chx. Boujac, Caze, Fayet, Lautou, Plaisance (v. a. der ungeschwefelte Alabets), du Roc sowie die DOMAINES des Pradelles und Viguerie de Belaygues. Bis dato gibt es keine AOP für die Weißweine.

**Fuissé, Château** Bg w ★★→★★★ In kommerzieller wie qualitativer Hinsicht der führende Erzeuger von POUILLY-FUISSÉ mit den Spitzenterroirs Les Clos und Combettes. Besitzt außerdem Rebflächen in BEAUJOLAIS-Crus wie JULIÉNAS.

**Gagnard** Côte d'Or (r) w ★★★→★★★★ Bekannter Clan in CHASSAGNE-MONTRACHET. Langlebige Weine, v. a. Caillerets und BÂTARD-MONTRACHET von Jean-Noël Gagnard. Das umfassende Angebot von Blain-Gagnard und Fontaine Gagnard schließt auch raren CRIOTS-BÂTARD-MONTRACHET sowie MONTRACHET selbst ein. Die Preise sind bei allen durchweg fair. Außerdem erzeugen alle sehr annehmbare Rote.

**Gaillac** SWF r rs w; tr s; sch ★→★★ 15' 16 18' – Aufstrebende historische AOP westlich von Albi, die sich auf seltene Rebsorten wie Braucol, DURAS, Len de l'El, Mauzac und Prunelard stützt und das Erkunden lohnt. Die jungen, biologisch-dynamisch arbeitenden Erzeuger laufen den alteingesessenen Betrieben den Rang ab. Empfehlenswert: Causse-Marines, Le Champ d'Orphée, Peyres-Roses, PLAGEOLES, La Ramaye und La Vignereuse (alle ★★★) sowie L'Enclos des Braves, L'Enclos des Roses, La Ferme du Vert (alle ★★) und die DOMAINES de Brin, d'Escausses, Mayragues, du Moulin, Rotier (alle ★★). Traditionellere Versionen bieten die CHÂTEAUX Larroque und Palvié, die Doms. de la Chanade, Labarthe und Mas Pignou. Außerdem Ch. Bourguet (weißer Süßwein; ★★).

**Ganevat** Jura r w ★★★→★★★★★ Der Superstar der CÔTES DU JURA. Die Einzellagen-CHARDONNAYS sind teuer, aber sagenhaft gut (z. B. Les Chalasses, Les Grand Teppes). Auch innovative Rote.

**Gauby, Domaine Gérard** Rouss r w ★★★ Der vorbildliche Erzeuger in der Ortschaft Calce im ROUSSILLON hat etliche Nachahmer gefunden. Die Weinberge liegen bis zu 550 m hoch, wobei Kreideuntergrund den Weinen Frische verleiht. Hier wird biologisch-dynamischer Anbau betrieben; Naturweine sind auf dem Vormarsch. IGP CÔTES CATALANES und AOP CÔTES DU ROUSSILLON-VILLAGES Muntada, außerdem Les Calcinaires VIEILLES VIGNES. Der Dessertwein heißt La Pain du Sucre. Ist auch an Dom. Le Soula beteiligt.

**Gers** SWF r rs w ★ BV – IGP, in der Regel als CÔTES DE GASCOGNE verkauft und von diesem nicht zu unterscheiden.

**Gevrey-Chambertin** Côte d'Or r ★★★ 99' 02' 05' 09' 10' 12' 15' 16 17 18' – Bedeutende AC für interessante, aromatische Rote aller Qualitätsstufen bis hin zum großartigen CHAMBERTIN und seinen GRAND-CRU-Cousins. Spitzenlagen sind die PREMIERS CRUS Cazetiers, Combe aux Moines, Combottes und CLOS ST-JACQUES. Preiswerte Einzellagenweine auf Village-Niveau (En Champs, La Justice) und VIEILLES-VIGNES-Abfüllungen. Spitzenerzeuger: BACHELET, L. BOILLOT, BURGUET, Damoy, DROUHIN, Drouhin-Laroze, DUGAT, Dugat-Py, Duroché, ESMONIN, FAIVELEY, FOURRIER, Géantet-Pansiot, Harmand-Geoffroy, Heresztyn-Mazzini, JADOT, LEROY, Magnien, MORTET, ROSSIGNOL-TRAPET, Roty, ROUSSEAU, Roy, SÉRAFIN und TRAPET.

**Gigondas** S-Rh r rs ★★→★★★ 01' 05' 06' 09' 10' 12' 13' 15' 16' 17' 18' – Erstklassige Rote aus dem südlichen Rhône-Tal von hübschen Weinbergen auf steinigem Lehm-Sand-Boden, die zu gebirgigen Kalksteinhängen östlich von Avignon ansteigen. Stramme, klare, rauchige Weine von GRENACHE, ergänzt durch SYRAH und MOURVÈDRE, die besten mit schöner dunkelroter Frucht. Die Jahrgänge 2010, 2015 und 2016 sind fantastisch. In neuerer Zeit mehr Einsatz von Eichenholz und entsprechend höhere Preise; viele Weine zeigen aber einen unverfälscht lokalen Charakter. Empfehlenswerte Erzeuger: P. Amadieu (sehr beständig), Dom. Boissan, Dom. des Bosquets (modern und gut), Dom. Bouïssière (schwungvoll), Brusset, Cayron, Clos des Cazaux (preiswert), Clos du Joncuas (traditionell, Ökoanbau), Famille Perrin, Goubert, Gour de Chaulé (fein), Grapillon d'Or, Longue Toque, Ch. de Montmirail, Moulin de la Gardette (stilvoll), Dom. Notre Dame des Pallières, Dom. les Pallières, Dom. du Pesquier, Pourra (robust), Dom. Raspail-Ay, Roubine, Ch. de Saint-Cosme (nobel), Dom. Santa-Duc (jetzt mit Stil), Dom. St-Gayan (langlebig), Dom. Les Semelles de Vent, Dom. les Teyssonnières. Alkoholstarke Rosés.

**Gimonnet, Pierre** Champ ★★→★★★ 28 ha Grand- und PREMIER-CRU-Lagen an der nördlichen Côte des Blancs sowie ein neuer Weinberg in Oger. CHARDONNAY von beneidenswerter Beständigkeit. Die Cuvée Gastronome (13 16 17) passt fantastisch zu Meeresfrüchten. Gimonnet ist kein Fan von Einzellagenchampagner.

**Girardin, Vincent** Côte d'Or r w ★★→★★★ Handelshaus und Erzeugerbetrieb in MEURSAULT mit Spezialgebiet Weißwein, jetzt im Besitz von BOISSET. Vincent Girard selbst hat die Firma verkauft und widmet sich nun seiner Domaine Pierre Vincent in Meursault.

**Givry** Bg r (w) ★★ 15' 16 17 18' – Geheimtipp für die CÔTE CHALONNAISE: köstliche Rotweine mit Alterungspotenzial und besserem Preis-Leistungs-Verhältnis als MERCUREY. Am besten von CLOS Salomon, Faiveley, JOBLOT, F. Lumpp, Masse und Thénard. Auch ein wenig Weißwein in nussigem Stil.

**Goisot** Bg r w ★★★ Guilhem und Jean-Hugues Goisot arbeiten biologisch-dynamisch und erzeugen hervorragende Einzellagenabfüllungen aus ST-BRIS (SAUVIGNON BLANC) sowie unter der AC Bourgogne Côtes d'Auxerre CHARDONNAY und PINOT NOIR. Da kommt keiner auch nur annähernd ran.

**Gonon, Domaine** N-Rh r w ★★★ 10' 13' 15' 16' 17' 18' – Eine der ersten Adressen in SAINT-JOSEPH: ökologisch bewirtschaftete, aufs Sorgfältigste gepflegte Weinberge mit alten Reben rings um Tournon. Der Rote mit aufregender dunkler Frucht altert schön, ebenso der volle, verführerische weiße Les Oliviers.

**Gosset** Champ – Der neue Kellerchef Odilon de Varine, früher bei HENRIOT, begeistert sich für Terroir. Der neue Grand Blanc de Meunier ist der erste sortenreine Champagner eines Grande-Marque-Hauses aus dieser Sorte: elegant und auf CHARDONNAY-Hefesatz gereift (die Weine stammen großteils aus dem Jahrgang 2007). Die Prestige-CUVÉE Celebris Bris Extra Brut zählt zu den besten ihrer Art. Außerdem Jahrgangschampagner Grande Millésime (nobel 95, klassisch 04).

**Gouges, Henri** Côte d'Or r w ★★★ Grégory Gouges bereitet fleischigen, langlebigen NUITS-ST-GEORGES aus verschiedenen PREMIER-CRU-Lagen, der wegen des dominierenden Tannins in jungen Jahren allerdings nicht allen schmeckt. Empfehlenswert sind Clos des Porrets, Vaucrains und der ikonische Les St-Georges. Auch interessante Weiße aus Nuits-St-Georges, u. a. PINOT BLANC.

**Grand cru** Offizieller Begriff, der aber in den verschiedenen Anbaugebieten unterschiedliche Bedeutungen hat. In Burgund bezeichnet er eine Spitzenlage mit eigener AC, im Elsass eine der 51 Spitzenlagen innerhalb des AC-Bereichs ALSACE GRAND CRU, für die nun jeweils eigene Vorschriften gelten. In ST-ÉMILION fallen 60 % der – oft mittelmäßigen – Produktion unter die AC St-Émilion Grand cru. Im MÉDOC gibt es fünf Grand-cru-classé-Stufen. In der Champagne werden die besten Gemeinden als Grands crus bezeichnet. An der Loire gibt es seit 2011 eine Grand-cru-Kategorie für QUARTS DE CHAUME, im LANGUEDOC entsteht momentan ein Cru-System. In der Provence ist der Begriff mit Vorsicht zu genießen.

**Grande Rue, La** Côte d'Or r ★★★ 02' 03 05' 06 09' **10'** 12' 15' 16 17 18' – GRAND-CRU-Lage zwischen LA TÂCHE und ROMANÉE-CONTI, ein MONOPOLE der Dom. Lamarche. Qualität und Beständigkeit der Weine haben unter Nicole Lamarche zugelegt.

**Grands-Échezeaux** Côte d'Or r ★★★★ 90' 93 96' 99' 02' 03 05' 09' 10' 12' 15' 17 18' – GRAND-CRU-Spitzenlage neben CLOS DE VOUGEOT. Die Weine gleichen mit ihrer seidigen Art jedoch eher MUSIGNY und sind gewichtiger als das Gros der ÉCHEZEAUX-Erzeugnisse. Am besten von: BICHOT (Clos Frantin), Coquard-Loison-Fleurot, DRC, DROUHIN, EUGÉNIE, Lamarche, G. Noëllat.

**Grange des Pères, Domaine de la** Lang r w ★★★ IGP Pays de l'HERAULT vom Kultweingut gleich neben MAS DE DAUMAS GASSAC; erster Jahrgang 1992. Rotweine von SYRAH, MOURVÈDRE und CABERNET SAUVIGNON, Weißweine von 80 % ROUSSANNE plus MARSANNE und CHARDONNAY. Stilvolle Gewächse mit Alterungspotenzial.

**Gratien, Alfred und Gratien & Meyer** Champ ★★★ BRUT 93 12 13 15' 18' (klein, aber fein); Brut oJ; Prestige-CUVÉE Paradis Brut auf CHARDONNAY-Basis; Rosé (Verschnitt aus mehreren Jahrgängen) – Exzellentes, unkonventionelles Champagnerhaus und Erzeuger von Loire-Weinen im Besitz der Henkell-Freixenet-Gruppe. Feine, sehr trockene, langlebige Schaumweine, die im Eichenfass vergoren werden, u. a. Hauschampagner von The Wine Society. Das Traubengut wird von Spitzen-Crus sorgfältig ausgewählter Winzer bezogen. Betreibt auch Gratien & Meyer in SAUMUR.

**Graves** Bx r w ★→★★ **10'** 14 15 16 (18) – Der Name ist von den Kiesböden (frz. *gravier*) der Stadt Bordeaux abgeleitet. Leckere, stoffige Rotweine von MERLOT und CABERNET SAUVIGNON sowie frische trockene Weiße von SAUVIGNON BLANC/SÉMILLON mit Alterungspotenzial. Bieten derzeit mit das beste Preis-Leistungs-Verhältnis unter den Bordeaux-Erzeugnissen. Spitzen-CHÂTEAUX: d'ARCHAMBEAU, Brondelle, de Cérons, CHANTEGRIVE, Clos Bourgelat, Clos Floridène, CRABITEY, Ferrande, Fougères, Grand Enclos du Château de Cérons, Haura, Magneau, Pont de Brion, Rahoul, Respide-Médeville, Roquetaillade La Grange, St-Robert (CUVÉE Poncet Deville), Vieux Château Gaubert und Villa Bel Air.

**Graves de Vayres** Bx r w ★ BV – Winzige APPELLATION innerhalb des Gebiets ENTRE-DEUX-MERS; Rot-, Weißwein und *moelleux* (lieblich).

**Grignan-les-Adhémar** S-Rh r (rs) w ★→★★ **16' 17' 18** – AC an der mittleren Rhône; die besten Roten sind herzhaft und würzig mit Kräuternoten. Führende Erzeuger: Baron d'Escalin, Ch. Bizard, Dom. de Bonetto-Fabrol, Ch. la Décelle (auch weißer CÔTES DU RHÔNE), Delas (preiswert), Dom. de Grangeneuve (am besten, v. a. der VIEILLES VIGNES), Mas Théo (biodynamisch), Dom. de Montine (stilvolle Rote, gute Weißweine und Rosés, außerdem roter CÔTES DU RHÔNE), Dom. St-Luc und La Suzienne (preiswert).

**Griotte-Chambertin** Côte d'Or r ★★★★ 90' 96' 99' 02' 03 05' 09' 10' 12' 15' 16 17 18' – Kleine GRAND-CRU-Lage neben CHAMBERTIN; viel Platz hat hier keiner. Die Weine zeigen lebhafte Noten von roten Früchten mit Tiefgang und Alterungspotenzial, v. a. von DROUHIN, DUGAT, FOURRIER und (Laurent) Ponsot.

**Grivot, Jean** Côte d'Or r w ★★★→★★★★ In dieser DOMAINE in VOSNE-ROMANÉE wurden im vergangenen Jahrzehnt enorme Fortschritte erzielt, was sich in den höheren Preisen widerspiegelt. Die erstklassige Auswahl wird von den GRANDS CRUS CLOS DE VOUGEOT, ÉCHEZEAUX und RICHEBOURG angeführt.

**Gros, Domaines** Côte d'Or r w ★★★→★★★★ Winzerfamilie in VOSNE-ROMANÉE: Anne bereitet stilvolle Gewächse (üppiger RICHEBOURG), Michel saftig-fruchtige Rote (CLOS de Réas); weitere Familienmitglieder sind Anne-Françoise (jetzt in BEAUNE) und Gros Frère et Sœur (Clos VOUGEOT Musigni). Abgesehen von den GRANDS CRUS gibt es aber auch probierenswerte, günstige HAUTES-CÔTES-DE-NUITS-Weine. Anne ist außerdem Mitbesitzerin der Dom. Gros-Tollot im MINERVOIS.

**Gros Plant du Pays Nantais** Lo w; (sch) ★→★★ BV – AC für sehr viel besser gewordene Weißweine von GROS PLANT (FOLLE BLANCHE), die im Idealfall rassig und leicht salzig ausfallen und ideale Begleiter zu Austern sind. Erzeuger: v. a. Basse Ville, de l'ECU, Haut-Bourg, Luneau-Papin, Preuille und Poiron-Dabin. Auch Schaumwein, entweder sortenrein oder verschnitten. 2017 Frost im April, 2018 alles gut.

**Guigal, E.** N-Rh r w ★★→★★★★ Berühmter Erzeuger für CÔTE-RÔTIE-Wein, auch CONDRIEU, CROZES-HERMITAGE, HERMITAGE und ST-JOSEPH, sowie Handelshaus: Condrieu, Côte Rôtie, Crozes-Hermitage, Hermitage, südliche Rhône. Besitzer von VIDAL-FLEURY (fruchtbetonte Weine von steigender Qualität) und der Dom. de Bonserine (stämmiger Côte Rôtie), zudem 53 ha Rebflächen der Dom. de Nalys. Erstklassige, sehr teure Côte-Rôtie-Weine La Mouline, La Landonne und La Turque (ungeheuer voll, 42 Monate Ausbau in neuen Eichenfässern, daher eher untypisch). Außerdem sehr guter, dichter roter Hermitage und St-Joseph Vignes de l'Hospice. Die Standardweine sind von guter Qualität, v. a. die unglaublich preiswerten Côtes-du-Rhône-Abfüllungen (rot, rosé, weiß). Die besten Weißen sind Condrieu, Condrieu La Doriane (eichenwürzig) und Hermitage.

**Hautes Côtes de Beaune/de Nuits** Côte d'Or r w ★★ r 15' 17 18'; w 14' 15' 17' 18 – ACs für die Dörfer in den Bergen hinter der CÔTE DE BEAUNE und der CÔTE DE NUITS. Attraktive, eher leichte Rot- und Weißweine für frühen Genuss. Spitzenerzeuger für Weißwein: Devevey, MÉO-CAMUZET, Montchovet und Thevenot-le-Brun; für Rotwein: Carré, Duband, Féry, GROS, Jacob, Jouan, LIGER-BELAIR, Magnien, Naudin-Ferrand, Parigot und Verdet. Auch eine brauchbare große Genossenschaft bei BEAUNE.

**Haut-Médoc** Bx r ★★→★★★ 09' 10' 14 15 16' (18) – Erstklassige Quelle für bekömmliche trockene Rotweine von CABERNET und MERLOT, die im Norden meist stämmiger und im Süden graziler ausfallen. Alle sind in der Regel erschwinglich. Cru-bourgeois- und 5.-Cru-classé-CHÂTEAUX: BELGRAVE, CAMENSAC, Cantemerle, La LAGUNE und La TOUR-CARNET. Weitere Spitzen-Châteaux: d'Agassac, Arnauld, BELLE-VUE, CAMBON LA PELOUSE, Charmail, CISSAC, CITRAN, Clément-Pichon, COUFRAN, Gironville, de Lamarque, Lamothe-Bergeron, LANESSAN, Larose Perganson, Malescasse, SÉNÉJAC und Sociando-Mallet.

**Haut-Montravel** SWF w; s ★★ 15 16' 17 18' – AOP für den süßesten Stil der MONTRAVEL-Weißweine, die man trotz der bekannteren ACS MONBAZILLAC und SAUSIGNAC nicht übersehen sollte. Am besten ist der Terrement von

Ch. Puy Servain (★★★), gefolgt von Ch. Moulin Caresse und Dom. de Libarde (sehr preiswert; beide ★★).

**Haut-Poitou** Lo r rs w; sch ★→★★ **16 17 18'** – AC (ca. 750 ha) nördlich vor Poitiers mit Weinen von CABERNET SAUVIGNON, CABERNET FRANC, GAMAY, PINOT NOIR (die besten Exemplare halten sich mind. 5–6 Jahre) sowie CHARDONNAY und SAUVIGNON BLANC. Frédéric Brochet, der tatkräftige Besitzer des Weinguts Ampelidae, beherrscht das Feld mit 120 ha für IGP-Weine. Weitere empfehlenswerte Erzeuger: Morgeau La Tour, La Tour Beaumont.

**Heidsieck, Charles** Champ – Das legendäre Champagnerhaus ist jetzt nicht mehr so groß wie früher, doch die Weine sind brillant wie eh und je. Der Brut Réserve ist pure toastwürzige Eleganz, der Blanc des Millénaires (**04**) unvergleichlich. Außerdem Brut Réserve Vintage in Bestform (v. a. **81 83**); die Prestige-Cuvée Champagne Charlie soll ab 2023 wieder eingeführt werden. Der neue Blanc de Blancs oJ kostet nicht viel und ist köstlich.

**Heidsieck Monopole** Champ – Das ehemals glanzvolle Champagnerhaus ist nun Teil der Vranken-Gruppe und bietet ordentliche Qualität zu vernünftigen Preisen. Bester Wein ist der Gold Top (**09 12 15**).

**Hengst** El – GRAND CRU in Wintzenheim, erbringt kraftvolle Weine. Herausragend durch Spitzen-GEWÜRZTRAMINER von JOSMEYER und ZIND-HUMBRECHT; außerdem AUXERROIS, CHASSELAS und PINOT NOIR.

**Henri Abelé** Champ – Neuer Name für das traditionsreiche Champagnerhaus Abel Lepitre, das sich jetzt auf den Export konzentriert. Die beste CUVÉE ist Sourire de Reims Brut (**12**), außerdem neuer Sourire de Reims Rosé (**15**) aus der Gemeinde Les Riceys (AUBE) in sinnlich burgundischem Stil. Preiswert.

**Henriot** Champ BRUT Souverain oJ (jetzt sehr viel besser); BLANC DE BLANCS de CHARDONNAY oJ (fantastisch); Brut **98' 02' 08**; Brut Rosé **06 09** – Feines Champagnerhaus in Familienbesitz. Neuer, lang gereifter Cuve 38 (Chardonnay aus GRAND-CRU-Lagen) aus einer mit dem Jahrgang 1990 beginnenden Solera. Außergewöhnliche neue Nobelabfüllung Hemera (**05**); von der langlebigen Prestige-CUVÉE Les Enchanteleurs (**90**) sind immer noch Vorräte vorhanden. BOUCHARD PÈRE ET FILS und FÈVRE gehören ebenfalls zum Besitz.

**Der Hermitage-Hügel wird überwiegend ökologisch oder biodynamisch bewirtschaftet, Crozes-Hermitage überwiegend weder noch. Seltsam.**

**Hermitage** N-Rh r w ★★★→★★★★★ **99' 01' 05' 06' 07' 09' 10' 11' 12'** 13' 15' 16' 17' 18' – Von einem markanten Hügel (teils Granit) am Ostufer der Rhône kommen SYRAH-Gewächse der grandiosesten, vollsten und stilvollsten Art (die Jahrgänge 2010 und 2015 sind brillant) sowie sehr langlebige, komplexe, nussig-fruchtige, faszinierende Weiße (MARSANNE mit etwas ROUSSANNE), die man mindestens die ersten 6–7 Jahre lang am besten in Ruhe lässt. Spitzenerzeuger: Alexandrins, Belle, Chapoutier (biodynamisch), J.-L. Chave (voll, elegant), Colombier, DELAS, Faurie (reintönig), GUIGAL, Habrard (Weißwein), Paul Jaboulet Aîné, Philippe & Vincent Jaboulet (rot und weiß), M. Sorrel (mächtiger roter Le Gréal) und Tardieu-Laurent (Eiche). Gute Weine auch von der Genossenschaft in TAIN (v. a. roter Gambert de Loche und weißer VIN DE PAILLE).

**Hortus, Domaine de l'** Lang r w ★★★ Vier Geschwister übernehmen auf diesem ausgedehnten PIC ST-LOUP-Familiengut nun das Ruder. Sie erzeugen feine Rotweine auf SYRAH-Basis, u. a. eleganten Bergerie und Grande Cuvée (in Eiche ausgebaut). Daneben verführerischer weißer Bergerie IGP Val de Montferrand von sieben Rebsorten; außerdem roter CLOS du Prieur aus dem kühleren Bereich TERRASSES DU LARZAC.

**Hospices de Beaune** Côte d'Or – Die seit dem Mittelalter bestehende Stiftung versteigert im spektakulären Gebäudekomplex des Hôtel-Dieu jeweils am dritten Sonntag im November in einer großen Wohltätigkeitsauktion (seit 2005 von Christie's durchgeführt) ihre von 61 ha Weinbergbesitz stammenden Fassweine. Privatpersonen dürfen ebenso mitbieten wie der Handel. Erwerben können sie hier BEAUNE-CUVÉES, VOLNAY-Weine sowie teure GRANDS CRUS, etwa CORTON, ÉCHEZEAUX oder MAZIS-CHAMBERTIN (rot) bzw. BÂTARD-MONTRACHET (weiß) – unter Weinmacherin Ludivine Griveau fällt die Produktion beständig fein aus. Schnäppchen werden Sie allerdings eher nicht machen, hier geht's um Wohltätigkeit.

**Hudelot** Côte d'Or r w ★★★ Winzerfamilie an der CÔTE DE NUITS. Bei Hudelot-Noëllat (VOUGEOT) regt sich neues Leben, doch Hudelot-Baillet (CHAMBOLLE) macht ihm harte Konkurrenz. Im Stil ist Ersterer eher elegant, Letzterer eher wuchtig.

**Huet** Lo w ★★★★ 09' 10' 11' 14 15' 16' 17 18' – Das berühmtest Weingut in VOUVRAY, schon seit Langem biologisch-dynamisch bewirtschaftet, erzeugt Maßstäbe setzenden CHENIN BLANC. Besitzer ist Anthony Hwang, dem auch die Kellerei Királyudvar in Tokaji (siehe Abschnitt »Ungarn« im Kapitel »Mittel- und Osteuropa«) gehört; Weinmacher ist Jean-Bernard Berthomé. Einzellagengewächse: Le Haut Lieu, Le Mont, Clos du Bourg. Die Weine halten sich unendlich lang, insbesondere die Süßweine (1919, 1921, 1924, 1947, 1959, 1989, 1990, 1996, 1997, 2003, 2005). Dekantieren lohnt sich. Auch Pétillant (Perlwein).

**Hugel et Fils** El r w; s ★★→★★★ Der gefeierte Erzeugerbetrieb in Riquewihr wird in zwölfter Generation von Jean-Philippe Hugel geleitet, der sich dem elsässischen GRAND-CRU-System nun nicht länger widersetzt. Berühmt sind seine Spätlesen, v. a. RIESLING und GEWÜRZTAMINER VENDAGE TARDIVE sowie SÉLECTION DE GRAINS NOBLES. Der Riesling Schoelhammer (07 10 13 17) von der gleichnamigen Grand-cru-Lage ist grandios.

**IGP (Indication Géographique Protégée)** Potenziell die dynamischste Kategorie im französischen Weinsystem (mit mehr als 150 Regionen), da sie jede Menge Spielraum bietet. Hat seit dem Jahrgang 2009 den VIN DE PAYS abgelöst. Die Position ist allerdings unverändert, und es haben auch noch nicht alle Gebiete die neue Bezeichnung akzeptiert. Die Namen der einzelnen Zonen sind höchst individuell, z. B. etwa CÔTES DE GASCOGNE, CÔTES DE THONGUE, Pays des Cévennes oder Haute Vallée de l'Orb. Enorme Vielfalt in Geschmack und Qualität und immer wieder überraschend.

**Irancy** Bg r (rs) ★★ 05' 14' 15' 16 18 – Leichter und dennoch schön strukturierter Rotwein aus der Nähe von CHABLIS, bereitet von PINOT NOIR und der etwas rustikaleren Lokaltraube César. Ein Wein für gemütliche Gesellligkeit. Die besten Lagen sind Mazelots und Palotte, die besten Erzeuger Cantin, Colinot, Dauvissat, Goisot, Renaud und Richoux.

**Irouléguy** SWF r rs (w) ★→★★★ 15' 16 18 – Die einzige AOP im Baskenland. Hier kann man nichts falsch machen. Die herzhaften Rotweine basieren auf TANNAT, abgemildert durch CABERNET FRANC. Empfehlenswerte Erzeuger: Ameztia, Arretxea, Bordaxuria, Brana, Ilarria, Mourguy (alle ★★★). Außerdem gute Weiße von der Petit-Courbu-Traube, v. a. der Xuri d'Ansa (★★★) von der hervorragenden Genossenschaft, und Dom. Xubialdea. Der Rosé ist ein perfekter Sommerwein.

**Jaboulet Aîné, Paul** N-Rh r w – Erzeuger und Weinhandelsfirma in Tain mit gut gepflegten Reblagen und Weinen in geschliffen-modernem Stil. Einst führender Erzeuger von HERMITAGE (v. a. La Chapelle ★★★★ mit den legendären Jahrgängen 1961, 1978, 1990), dann wechselnde Qualität, seit

2010 wieder halbwegs im Kommen. Außerdem CORNAS St-Pierre, Crozes Thalabert (kann stilvoll ausfallen) und Roure (reell). Besitzt die Dom. de Terre Ferme in CHATEAUNEUF-DU-PAPE und handelt zudem mit anderen Rhône-Weinen, v. a. CÔTES DU RHÔNE Parallèle 45, CONDRIEU, VACQUEYRAS, VENTOUX (rot; hochwertig und günstig). Den Weißweinen (meist BV) fehlt es an Rhône-typischem Körper; der neue, sehr teure weiße La Chaelle wird nicht jedes Jahr erzeugt.

**Jacquart** Champ – Champagnermarke im Besitz einer Genossenschaft, das Sortiment eingeschränkt hat und sich auf das konzentriert, was sie am besten beherrscht: CHARDONNAY aus PREMIER-CRU-Lagen der Côte de Blancs von Mitgliedswinzern. Feine, für die Gastronomie gedachte BLANC-DE-BLANCS-Auswahl (08 13) und sehr guter Jahrgangsrosé (06).

**Jacquesson** Champ – Eine Perle von einem Champagnerhaus in Dizy mit präzise bereiteten, sehr trockenen Weinen. Herausragend der Einzellagenchampagner Avize Caïn (08 12'), außerdem Corne Bautray (CHARDONNAY) und Dizy (09) sowie die ausgezeichneten nummerierten Cuvées oJ: **730', 731, 732, 733, 734, 735, 738, 739, 740** (bislang am besten), **741, 742**.

**Jadot, Louis** Bg r rs w ★★→★★★★ Rühriges Handelshaus mit bedeutendem Weinbergbesitz in der CÔTE D'OR und in MÂCON, v. a. POUILLY-FUISSÉ (Dom. Ferret), sowie im Beaujolais in MOULIN-À-VENT (Ch. des Jacques, Clos du Grand Carquelin). Die Weißen sind kraftvoll und werden mit Korken der Firma Diam Bouchage (garantierter Ausschluss von Korkfehlern) verschlossen, die Roten sind gut gebaut und langlebig.

**Jamet, Domaine** N-Rh r w ★★★→★★★★ 99' 05' 10' 13' 15' 16' 17' 18' – Spitzenerzeuger an der CÔTE RÔTIE. Jean-Paul Jamets 8 ha erstrecken sich auf 16 verschiedene Lagen, deren Trauben sich zu einem wunderbaren, komplexen, ausgeklügelten und langlebigen Wein vereinen. Die ungewöhnliche Côte Brune, vorwiegend von rund 80 Jahre alten SYRAH-Reben, ist magisch, tief und hat eine Lebensdauer von mind. 30 Jahren. Außerdem preiswerter, unverfälschter CÔTES DU RHÔNE (rot, weiß) und VIN DE PAYS.

**Jasnières** Lo w; tr (s) ★★→★★★ 14' 15' 16 17' 18' – Trocken bis süß ausgebauter, lebhaft-scharfer, sehr langlebiger CHENIN BLANC aus einer 70-ha-AC im Loir-Tal mit Südhängen. Erzeuger: v. a. de L'Ange Vin (auch VIN DE FRANCE), de BELLIVIÈRE, Breton, Le Briseau, Gigou, Janvier, Les Maisons Rouges, J.-B. Métais, Roche Bleue, de Rycke. Der 2018er wurde früh gelesen und ist sehr vielversprechend.

**Jobard** Côte d'Or r w ★★★ Winzerfamilie in MEURSAULT. Die besten DOMAINES sind Antoine Jobard, bekannt v. a. für seine langlebigen Gewächse Charmes, Genevrières und Poruzots, sowie Rémi Jobard, der unmittelbar ansprechende Meursault-Weine sowie Rote aus Lagen in MONTHÉLIE und VOLNAY erzeugt.

**Joblot** Bg r w ★★ Maßstäbe setzender Erzeuger in GIVRY mit den neuen Cuvées Empreinte und Mademoiselle (seit 2016) sowie den Klassikern La Servoisine und Clos du Cellier Aux Moines.

**Joseph Perrier** Champ – Feines familiengeführtes Champagnerhaus mit guten Lagen für PINOT NOIR und MEUNIER, v. a. die in eigenem Besitz befindlichen Lagen in Cumières. Fantastische Prestige-CUVÉE Joséphine (02 08'09 12'), außerdem hervorragende Cuvée Royale BRUT oJ – so üppig wie eh und je, dank geringerer Dosage nun jedoch präziser – und markant-herber BLANC DE BLANCS (08 13' 15'), der gut zum Essen passt.

**Josmeyer** El w ★★→★★★ Außergewöhnlicher Familienbetrieb, Wegbereiter des biologisch-dynamischen Weinbaus im ELSASS. Herzstück der Produktion ist der RIESLING GRAND CRU Hengst (13 14 16 17); außerdem interessanter Pinot Auxerrois sowie Riesling Le Dragon auf Einsteigerniveau.

**Juliénas** Beauj r ★★★ 15' **16 17** 18' – Der Cru verdiente einen höheren Bekanntheitsgrad, liefert je doch Weine voller Frucht, v. a. von Climats wie Beauvernay. Die Dom. Perrachon gibt die Richtung vor, ihr folgen Aufranc, Ch. Beauregard, Burrier, Chignard, Ch. FUISSÉ und Trenel.

**Jurançon** SWF w; tr s ★→★★★ tr **16' 17' 18'**; s **12 13 15' 16'** (18) – Separate AOPS für trockene und süße Weißweine, die sich durch schöne Ausgewogenheit von Fülle und Säure auszeichnen. Die Boutiquekellerei Jardins de Babylon (★★★★) im Besitz von DAGUENEAU setzt den Maßstab für die bekannten Größen DOMAINES Cauhapé, Lapeyre, Larrédya, de Souch (alle ★★★), Ch. Jolys, Domaines Bellauc, Bellegarde, Bordenave, Capdevielle, Castéra, Guirardel, Nigri, Uroulat sowie Clos Benguères (alle ★★). Gute, preiswerte Genossenschaft in Gan (★).

> ### Prunelard, Vater des berühmteren Malbec
>
> Die GAILLAC-Rebsorte, offiziell zum echten Vater des MALBEC erklärt, war durch die Reblaus fast ausgerottet, ist jetzt aber wieder im Kommen. Wurde sie im Jahr 2000 nur von PLAGEOLES angebaut (auf gerade mal 4 ha), sind es heute mindestens 15 Erzeugerbetriebe. Sie reift spät und schmeckt nach Pflaume, was wohl den ersten Teil ihres Namens erklärt (frz. prune, »Pflaume«). Der zweite Teil, manchmal auch »lart« geschrieben, bezieht sich angeblich auf den weißen Flaum, der sich auf der reifen Traube bildet (*lard* bedeutet »Speck«). Die Weine, die diese Sorte erbringt, sind stilistisch so unterschiedlich wie jene von Malbec, aber im Großen und Ganzen von dunkler Farbe, kräftiger Statur und schöner Ausgewogenheit bei mittlerem Alkoholgehalt. Die meisten erinnern an dunkle Wildbeeren, einige an Minze und andere an Lakritze oder auch Veilchen. Weitere Erzeuger neben Plageoles sind z. B. die DOMAINES Carcenac, Labarthe und de la Ramaye sowie die Genossenschaft in Labastide-de-Lévis.

**Kaefferkopf** El w; tr (s) ★★★ Die Lage in Ammerschwihr ist der 51. GRAND CRU des ELSASS, von dem nicht nur sortenreine, sondern auch Verschnittweine kommen dürfen – wohl nicht allererste Qualität.

**Kientzler, André** El w; s ★★→★★★ Familienbetrieb in fünfter Generation mit opulent-sinnlichem GEWÜRZTRAMINER vom Grand cru Kirchberg (**09 16** 17) und klassischen VENDANGE-tardive-Süßweinen. Vorbildliche Weinbergpflege.

**Korsika (Vin de Corse)** r rs w ★→★★★★ Die Insel verfügt über die ACS Ajaccio und PATRIMONIO sowie die Crus Coteaux du Cap Corse, Sartène und Calvi; die IGP-Bereiche heißen Île de Beauté und Mediterranée. Höhe und Seewinde mildern die Hitze. Es herrscht eine große Rebsortenvielfalt. Elegante, würzige Rote von der SCIACARELLO-Traube, strukturierter von der – in geringerem Umfang angebauten – NIELLUCCIO, außerdem gute Rosés und herbe Vermentino-Weißweine mit Kräuternote. Auch süßer MUSCAT. Spitzenerzeuger: Abbatucci, Alzipratu, Canarelli, Clos d'Alzeto, Clos Capitoro, Clos Poggiale, Fiumicicoli, Nicrosi, Peraldi, Pieretti, Saperale, Torraccia und Vaccelli. Die Weine sind schwer aufzutreiben, passen aber zum gegenwärtigen Run auf das Seltene und Autochthone.

**Kreydenweiss, Marc** El w; s ★★→★★★★ Seit 1968 biologisch-dynamisch bewirtschaftete DOMAINE mit Rebflächen auf sehr unterschiedlichen Böden: PINOT GRIS GRAND CRU Moenchberg von Kalkstein und majestätischer RIESLING Grand cru Kastelberg (**07 10**) von Schwarzschiefer, der sich bis zu 20 Jahre hält. Kreydenweiss ist auch in COSTIÈRES DE NÎMES tätig.

**Krug** Champ – Das De-luxe-Champagnerhaus mit enormem Prestige bietet gehaltvolle, nussige, in Eiche vergorene Weine von höchster Qualität zu entsprechenden Preisen. Grande CUVÉE (★★★★), v. a. die 160ème Édition (auf 2004er-Basis), die 164ème Édition (Basis 2008) ist noch sehr jung; Vintage (**98 00 02 04**); Rosé; Clos du Mesnil (**00' 02 03**); Clos d'Ambonnay (**95' 98' 00**); Krug Collection (**69 76' 81 85**). Der Vintage des Jahrgangs 2003 ist eine angenehme Überraschung, der 2002er wird 2020 prachtvoll sein.

**Kuentz-Bas** El w; s ★★→★★★ Seit Jean-Baptiste Adam die Domaine 2004 erwarb, ging es mit Riesenschritten bergauf. Seine biologisch-dynamisch bewirtschafteten Weinberge zählen zu den höchstgelegenen des ELSASS. Ernst zu nehmende und doch zugängliche Weine: RIESLING in eher trockenem Stil (**13 16 17**), des Weiteren feiner PINOT GRIS und GEWÜRZTRAMINER VENDANGE tardive (**09 12 17**).

**Labet, Domaine** Jura ★★★ Das wichtigste Weingut im südlichen Teil der CÔTES DU JURA (Rotalier) hat sich mit seinen CHARDONNAY-Weinen aus Einzellagen einen Namen gemacht, darunter La Bardette, En Billat und En Chalasse. Außerdem guter PINOT NOIR und VIN JAUNE.

**Ladoix** Côte d'Or r w ★★ **09' 10' 12 15' 16 17 18'**; w **14' 15 17' 18** – Hier gibt es frische, überschwängliche Weißweine, z. B. Les Gréchons, und fruchtige Rote zu entdecken, v. a. vom PREMIER CRU Les Joyeuses der hiesigen DOMAINES Chevalier, Loichet, Mallard und Ravaut. Wer etwas tiefer in die Tasche greifen will, gönnt sich den Le Cloud von Dom. Prieuré Roch.

**Ladoucette, de** Lo (r) (rs) w ★★★ **14 15 16 17 18'** – Der größte Erzeuger von POUILLY-FUMÉ, mit CHÂTEAU de Nozet (165 ha) als Firmensitz. Baron de L ist die Luxusmarke; ferner die SANCERRE-Weine Comte Lafond und La Poussie (die beeindruckendste Lage in Bué liefert Rote, Rosés und Weiße). Ist mit weiteren DOMAINES auch in anderen Anbaubereichen vertreten, u. a. in CHINON, VOUVRAY (Dom. Marc Brédif), MUSCADET und TOURAINE.

**Lafarge, Michel** Côte d'Or r (w) ★★★★ Das klassische VOLNAY-Gut unter Leitung von Frédéric Lafarge, dem Sohn des stets gegenwärtigen Michel, wird biologisch-dynamisch bewirtschaftet. Überragende, langlebige PREMIERS CRUS Clos des Chênes, Caillerets und CLOS du Château des Ducs. Außerdem feine BEAUNE-Gewächse, v. a. Grèves (rot) und Clos des Aigrots (weiß). Das neue Projekt in FLEURIE heißt Lafarge-Vial.

**Lafon, Domaine des Comtes** Bg r w ★★★★ Die legendäre, biologisch-dynamisch bewirtschaftete DOMAINE zählt mit ihren MEURSAULT-Weinen und dem ebenso hervorragenden, langlebigen roten VOLNAY Santenots wieder verlässlich zu den Besten. Ein ausgezeichnetes, preiswertes Mâconnais-Sortiment bietet die Domaine Les Héritiers du Comte Lafon. Dominique Lafon hat seinen eigenen Betrieb an der CÔTE DE BEAUNE.

**Laguiche, Marquis de** Côte d'Or w ★★★★ Größter Grundbesitzer in Le MONTRACHET. Herrliche Weine, auch feiner PREMIER CRU CHASSAGNE-MONTRACHET, hervorragend von DROUHIN bereitet.

**Lalande de Pomerol** Bx r ★★ **08 09' 10' 14 15 16** (**18**) – Qualitativ zulegender Satellitennachbar von POMEROL mit Weinen auf MERLOT-Basis und Terroirvielfalt: Lehm, Kies und Sand. Spitzen-CHÂTEAUX: Ame de Musset, Bertineau St-Vincent, Chambrun, La Chenade, Les Cruzelles, LA FLEUR DE BOÜARD, Garraud, Grand Ormeau, Jean de Gué, Haut-Chaigneau, Les Hauts-Conseillants, Labordérie-Mondésir, Pavillon Beauregard, Perron (La Fleur), Sabines, La Sergue, Siaurac, TOURNEFEUILLE.

**La Londe** Prov r rs ★★ Unterbereich der CÔTES DE PROVENCE auf Schieferboden an der Küste, daher maritimer Einfluss. Empfehlenswerte Erzeuger: Clos Mireille, Léoube, Ste Marguerite.

**FRANKREICH** | La M–Lar | 97

**La Madura, Domaine** Lang r w ★★★ Der frühere Geschäftsführer von Ch. FIEUZAL in Bordeaux erzeugt nun auf seinem eigenen Gut in ST-CHINIAN stilvollen Classic und Grand Vin. Der Weiße ist ein urtümlicher Verschnitt von SAUVIGNON BLANC und Picpoul.

**Lamy, Domaine Hubert** Côte d'Or (r) w ★★★ Die erste Adresse in SAINT-AUBIN: atemberaubend frische, konzentrierte Weißweine, oft aus Lagen mit höherer Pflanzdichte. Außerdem ordentliche Rote.

**Landron, Domaines** Lo w; tr; sch ★★→★★★ 14' 15' 16 17 18 — Sehr guter Erzeuger von MUSCADET DE SÈVRE-ET-MAINE aus ökologischem und biologisch-dynamischem Anbau (46 ha): Fief du Breil und La Louvetrie.

**Langlois-Chateau** Lo (r) (w); sch ★★→★★★ Erzeuger von feinem CRÉMANT de Loire in SAUMUR und SANCERRE (Fontaine-Audon), im Besitz von BOLLINGER (insgesamt 89 ha). Auch Stillweine, u. a. der sehr gute Saumur Blanc VIEILLES VIGNES (14 15) sowie SAUMUR-CHAMPIGNY und POUILLY-FUMÉ.

**Languedoc** r rs w — Die große regionale AC umfasst u. a. MINERVOIS, CORBIÈRES und ROUSSILLON von Cabardès bis Sommières, nicht jedoch Malepère; sie ersetzt seit 2007 die AC Coteaux du Languedoc, die Vorschriften sind dieselben. An dem neuen Stufensystem für (hochwertige) CRUS wird nach wie vor gearbeitet. Zu den Unterbereichen zählen Cabrières (historische AC für Rosé mit hohem CINSAULT-Anteil), Grès de Montpellier, Pézenas, Quatourze und St-Saturnin, hier werden in der Regel Languedoc-Rebsorten angebaut. Die kleinen AOPs Cabardès und Côtes de la Malepère grenzen ans Bordelais. Aus der AOP Clairette du Languedoc kommt der gleichnamige, ehemals sehr beliebte Weißwein. Nicht alle Bereiche zeichnen sich durch klar erkennbare eigene Identität aus, halten Sie sich daher an die Erzeuger.

Im Languedoc gibt es fünf Winde mit eigenem Namen: Tramontane, Cers, Scirocco, Autan und Marin. Ein zugiges Fleckchen Erde ...

**Lanson Père et Fils** Champ Black Label oJ; Rosé oJ; BRUT im Aufwind, v. a. 02 08 12' 15 — Runderneuertes Champagnerhaus; gehört jetzt zu Lanson-BCC. Fantastisch sind Lanson Père et Fils oJ sowie die Noble Cuvée als BLANC DE BLANCS, Rosé und Jahrgangschampagner; neu ist der Jahrgangs-Brut Clos Lanson (08 09 12) aus einer Einzellage. Der Extra Age (aus mehreren Jahrgängen) und der Blanc de Blancs sind besonders gut. Der erfahrene Kellermeister Hervé Dantan (seit 2015 bei Lanson) lässt in gewissem Umfang biologischen Säureabbau zu, um einen runderen Stil zu erhalten.

**Lapierre, Marcel** Beauj r ★★★ Mathieu und Camille Lapierre erzeugen auf der Kult-DOMAINE weiterhin MORGON ohne Schwefeldioxidzusatz. Das Angebot umfasst eine schöne Palette an Stilen und CUVÉES.

**Laplace, Domaine** SWF — Vom schlichten bäuerlichen Familienbetrieb zum smarten modernen Unternehmen: Der älteste aller MADIRAN-Erzeuger ist berühmt für seinen Château d'Aydie (★★★), der sehr viel mehr Zeit braucht als der Odé d'Aydie. Zugänglicher sind die leichteren, sortenreinen TANNAT-IGP-Weine Les 2 Vaches (★★) und Aramis (★). Außerdem exzellente trockene und süße PACHERENC-DU-VIC-BILH-Gewächse (★★★) und süßer, gespriteter Maydie (à la BANYULS), der gut zu Schokolade passt.

**Laroche** Chablis w ★★ Bedeutender Akteur in CHABLIS, mit dem hochwertigen Verschnitt St-Martin, der Spezialcuvée Vieille Voye und dem außergewöhnlichen GRAND CRU Réserve de l'Obédiencerie (das gleichnamige historische Gebäude, der Firmensitz, lohnt einen Besuch). Besitzt auch Mas La Chevalière im LANGUEDOC.

**Latour, Louis** Bg r w ★★→★★★★ Berühmtes traditionelles Handelshaus und Erzeugerbetrieb in Familienbesitz mit körperreichen Weißweinen von Lagen an der CÔTE D'OR (v. a. CORTON-CHARLEMAGNE), dem Mâconnais und der Ardèche (alle CHARDONNAY). Klassischer wirken die CORTON- und ROMANÉE-ST-VIVANT-Rotweine. Zum Besitz gehört auch Henry Fessy im BEAUJOLAIS.

**Latricières-Chambertin** Côte d'Or r ★★★★ 90' 93 96' 99' 03 05' 09' 10' 12' 15' 16 17 18' – GRAND CRU neben CHAMBERTIN. Der Wein ist ähnlich gehaltvoll, aber nicht ganz so intensiv und gerät in warmen, trockenen Jahren am besten. Spitzenerzeuger: ARNOUX-LACHAUX, BIZE, Drouhin-Laroze, Duband, FAIVELEY, LEROY, Remy, ROSSIGNOL-TRAPET und TRAPET.

**Laudun** S-Rh r rs w ★→★★ 16' 17' – Solider Weinbauort der CÔTES DU RHÔNE-VILLAGES am Westufer: schmissig-frische Weißweine, fruchtig-pfeffrige Rote (viel SYRAH) und lebhafte Rosés. Weine mit unmittelbar ansprechender Aromatik bietet die Genossenschaft Laudun CHUSCLAN Vignerons. Die Domaine Pelaquié ist am besten, v. a. der elegante Weiße; daneben die CHÂTEAUX de Bord, Courac, Juliette, St-Maurice sowie die DOMAINES Carmélisa, Duseigneur (biodynamisch), des Maravilhas (biodynamisch; Rot- und Weißwein) und Olibrius.

---

### Aufgehende Sterne im Languedoc

Echte Weinfreunde wenden sich dem Languedoc jetzt mit wachsenden Erwartungen zu. Da wird sich noch einiges tun! Alle folgenden Weingüter wurden ab 2008 gegründet und machen sich gut: **Cabardès** Guilhem Barré; **La Clape** La Combe de St Paul; **Corbières** L'Espérou, Olivier Mavit; **Faugères** Grain Sauvage, Mas Lou, Les Serrals; **Fitou** Sarrat d'en Sol; **Limoux** Cathare, Monsieur S.; **Pézenas** La Grange des Bouys, Ste Cécile du Parc; **Pic St Loup** Ch. Fontanès, Mas Gourdou, Mas Peyrolle; **St-Chinian** Lanye Barrac, La Lauzeta, Les Païssels; **Terrasses du Larzac** Les Chemins de Carabote, Clos Maïa, Mas Combarèla. Es liegt also eine Menge Arbeit vor Ihnen …

---

**Laurent-Perrier** Champ – Bedeutende Champagnerfirma; die Besitzerfamilie tritt jetzt weniger in Erscheinung (ein Hinweis auf einen bevorstehenden Besitzerwechsel?). Der BRUT oJ (auf CHARDONNAY-Basis) ist ein idealer Aperitif, der sehr gute Rosé wird mit Schalenkontakt vinifiziert. Feine Jahrgangschampagner (v. a. 02 08 09 12). Gut in Form ist die aus mehreren Jahrgängen bereitete CUVÉE Grand Siècle, unvergleichlich der Grand Siècle Alexandra Rosé (09). Der Ultra Brut fällt weniger beeindruckend aus, seit die Familie nicht mehr am Ruder ist.

**Laurent Vauversin** Champ – Der in den Familienbetrieb zurückgekehrte junge Winzer bietet sauber und präzise bereiteten, nach ökologischen Prinzipien erzeugten Original BLANC DE BLANCS GRAND CRU, zu 15 % in Eiche ausgebaut. Voller ist der Aubeline Grand cru, der in Skandinavien beliebt ist.

**Leflaive, Domaine** Bg r w ★★★★ Die Maßstäbe setzende DOMAINE in Puligny-Montrachet ist jetzt wieder auf dem Weg an die Spitze. Es wurden bereits Schritte unternommen, um den großartigen Weinen wieder zu Langlebigkeit zu verhelfen. Sie stammen von GRANDS CRUS wie Le MONTRACHET und CHEVALIER-MONTRACHET sowie von legendären Premiers crus wie Combettes, Folatières und Pucelles. Nicht so tief in die Tasche greifen muss man für die wachsende Reihe an einfachen Burgundern, z. B. MÂCON Verzé.

**FRANKREICH** | Lef–Lis | 99

eflaive, Olivier Côte d'Or r w ★★→★★★ Auf Weißwein spezialisiertes Handelshaus in PULIGNY-MONTRACHET. In letzter Zeit pfiffige Weine, allen voran der BOURGOGNE Les Sétilles, auch aus eigenen GRAND-CRU-Lagen. Das Hotel-Restaurant »La Maison d'Olivier« mit Verkostungsraum gehört ebenfalls zum Besitz.

.eroux, Benjamin Côte d'Or r w ★★★ Wachsendes Renommee als Négociant in BEAUNE, der sowohl bei Rot- als auch bei Weißweinen zu Hause ist. Diese zeichnen sich durch Ausgewogenheit und Geradlinigkeit aus. Ausschließlich CÔTE-D'OR-Gewächse, v. a. GEVREY-CHAMBERTIN, MEURSAULT und VOLNAY.

.eroy, Domaine Côte d'Or r w ★★★★ Lalou Bize Leroy, eine Wegbereiterin des biologisch-dynamischen Anbaus, bietet außerordentliche Qualität von winzigen Erträgen in VOSNE-ROMANÉE und von der Dom. d'Auvenay – zu verteufelt hohen Preisen, sogar ab Hof. Außerdem ein staunenswerter Schatz von älteren Weinen aus dem Handelshaus der Familie, Maison Leroy.

Liger-Belair, Comte Côte d'Or r ★★★★ Comte Louis-Michel Liger-Belair erzeugt strahlend ätherische Weine in VOSNE-ROMANÉE, einen stetig wachsenden Schatz, der vom La ROMANÉE angeführt wird. Außerdem probierenswert: La Colombière, PREMIER CRU Aux Reignots und die NUITS-ST-GEORGES-Crus. Auch in Oregon und Chile tätig.

Liger-Belair, Thibault Côte d'Or r ★★★→★★★★ Der fleischig-saftige, biologisch-dynamisch erzeugte Burgunder entsteht jetzt in einer neuen Kellerei in NUITS-ST-GEORGES, angefangen von den einfachen ACS bis hin zu Les St-Georges und GRAND CRU RICHEBOURG. Außerdem eine Reihe überragender MOULIN-À-VENT-Einzellagenweine von alten Reben.

Lignier Côte d'Or r w ★★★ Familie in MOREY-ST-DENIS. Gut in Form ist die DOMAINE Hubert Lignier (z. B. CLOS DE LA ROCHE) unter der Leitung von Sohn Laurent. Sehr gut sind auch de PREMIERS CRUS von Virgile Lignier-Michelot (v. a. Faconnières); bezüglich der Dom. Georges Lignier sind die Meinungen geteilt.

Limoux Lang r w ★★ Interessante AC für Stillwein als Ergänzung zu den Schaumweinappellationen BLANQUETTE DE LIMOUX und CRÉMANT de Limoux. Ausbau in Eiche ist für Weißen obligatorisch, bereitet werden sie – sortenrein oder als Verschnitt – von CHARDONNAY, CHENIN BLANC und Mauzac. Die Roten der AC basieren auf MERLOT plus SYRAH, GRENACHE und beiden CABERNET-Sorten. Trotz des kühlen Klimas ist PINOT NOIR unverständlicherweise nur für Crémant und die IGP Haute Vallée de l'Aude zugelassen. Erzeuger: u. a. DOMAINES de Baronarques, Cathare, de Fourn, de Mouscaillo, Ch. RIVES-BLANQUES und Jean-Louis Denois.

Lirac S-Rh r rs w ★★ 10' 15' 16' 17' 18 – Vier Gemeinden auf steinigen, guten Böden nahe TAVEL. Würzige Rote (können 5 Jahre und länger reifen); neue Impulse kommen von einigen CHÂTEAUNEUF-DU-PAPE-Erzeugern, die für reinere Frucht und mehr Flair sorgen. Empfehlenswert: v. a. DOMAINES Carabiniers (biologisch-dynamisch), Duseigneur (biodynamisch), Giraud, Joncier (biologisch-dynamisch, Charakter), Lafond Roc-Epine, La Lôyane, Maby (La Fermade, guter Weißwein), Marcoux (stilvoll), de la Mordorée (bei Rot und Weißwein der Beste), Plateau des Chênes, la Rocalière (schöne Frucht), CHÂTEAUX de Bouchassy, de Manissy, de Montfaucon (sehr guter weißer CÔTES DU RHÔNE), Mont-Redon, St-Roch sowie Mas Isabelle (handwerkliche Bereitung), Rocca Maura und R. Sabon. Die frischen, körperreichen Weißen legen rasant an Qualität zu (halten sich 5 Jahre).

Listrac-Médoc H-Méd r ★★→★★★ 09' 10' 14 15 16' (18) – Aufstrebende AC für schmackhaften roten Bordeaux: Die Weine zeichnen sich jetzt durch mehr Frucht, Tiefe und MERLOT (dank Lehmböden) aus. Auch immer mehr guter Weißwein, als AC BORDEAUX etikettiert. Beste CHÂTEAUX: Ca[...] Léon Veyrin, CLARKE, Ducluzeau, l'Ermitage, FONRÉAUD, Fourcas-Borie[...] FOURCAS DUPRÉ, FOURCAS HOSTEN, Liouner, MAYNE LALANDE, Reverd[...] SARANSOT-DUPRÉ.

**Long-Depaquit** Chablis w ★★★ Tadellose CHABLIS-DOMAINE mit der berühm[...]ten Spitzenmarke des Hauses, La Moutonne. Teil des BICHOT-Imperiums.

**Lorentz, Gustave** El w ★★→★★★ Erzeuger und Händler in Bergheim; v. a[...] RIESLING aus den GRAND-CRU-Lagen Altenberg de Bergheim und Kanzler[...]berg (12 13 14 16 17) mit Alterungspotenzial. Ebenfalls gut bereitet sin[...] die jungen, in größerer Menge erzeugten Weine (v. a. Gewürztraminer). Au[...]ßerdem feiner neuer Gewürztraminer Evidence (16 17) aus Ökoanbau.

**Lot** SWF ★→★★ BV – Die IGP im Departement Lot wird zunehmend vor[...] CAHORS-Erzeugern (z. B. Château du CÈDRE, CLOS DE GAMOT) für Rosés und Weiße genutzt, da in der AOP nur Rotwein zugelassen ist. Außerdem probierenswert: Dom. Belmont, Dom. de Sully, Tour de Belfort (alle ★★) und insbesondere CLOS d'Auxonne (★★) unweit der Ortschaft Montcuq.

**Loupiac** Bx w; s ★★ 11 13 14 15 16 – In geringerem Ansehen stehender Dessertwein (*liquoreux*) auf SÉMILLON-Basis in leichterem, frischerem Stil als die SAUTERNES-Gewächse vom anderen Garonne-Ufer. Spitzen-CHÂTEAUX: Clos Jean, Dauphiné-Rondillon, Loupiac-Gaudiet, Noble, de Ricaud, Les Roques.

**Luberon** S-Rh r rs w ★→★★ 16' 17' 18 – Angesagter hügeliger Anbaubereich im Anschluss an die südliche Rhône. Das Terroir ist trocken und brauchbar, mehr nicht; zu viele technische, seelenlose Weine, hauptsächlich von SYRAH. Die Weißen werden besser. Herausragend ist Ch. de la Canorgue. Außerdem gut: Dom. de la Citadelle, Chx. Clapier, Edem, Fontvert (biodynamisch, guter Weißwein), Dom. de Fontenille, Marrenon, Dom. Le Novi (terroirbetont), Puy des Arts (weiß), O. Ravoire, Ch. St-Estève de Neri (stetig steigende Qualität), Tardieu Laurent (gehaltvoll, Eichenausbau), Ch. Val-Joanis und La Vieille Ferme (teils als VIN DE FRANCE etikettiert, preiswert).

**Lussac St-Émilion** Bx r ★★ 10' 14 15 16 (18) – Satellit von ST-ÉMILION, der zweitgrößte nach MONTAGNE ST-ÉMILION, mit den leichtesten Weinen. Spitzen-CHÂTEAUX: Barbe-Blanche, Bel Air, Bellevue, Courlat, la Grenière, de LUSSAC, du LYONNAT, Mayne Blanc, Le Rival, La Rose-Perrière.

**Macération carbonique** Kohlensäuremaischung. Traditionelle Methode der Gärung von ganzen, unzerquetschten Trauben in einem geschlossenen Tank. Die in den einzelnen Trauben stattfindende Gärung bringt sie zum Aufplatzen. Das Ergebnis ist ein spritziger, sehr fruchtiger, milder Wein, der sich nicht lange lagern lässt. Kohlensäuremaischung ist typisch für die BEAUJOLAIS-Bereitung (allerdings nicht für die Spitzenweine), wird heute aber auch in vielen anderen Gegenden, z. B. im MIDI, angewandt, sogar bei CHÂTEAUNEUF-DU-PAPE.

**Macle, Domaine** Jura ★★★ Legendärer Erzeuger von sehr langlebigem VIN JAUNE (AC CHÂTEAU-CHALON).

**Mâcon** Bg r (rs) w; BV – Einfache, saftig-fruchtige Rote (von GAMAY) und die schlichteste Spielart von Weißweinen (CHARDONNAY) aus dem Mâconnais.

**Mâcon-Villages** Bg w ★★ 14' 15 17 18 – Hauptappellation für Weißweine aus dem Mâconnais, es kann aber auch der Name der jeweiligen Ortschaft genannt werden, z. B. Mâcon-Lugny. Das beste Preis-Leistungs-Verhältnis bieten die Genossenschaften Lugny, Terres Secrètes und Viré, brillante Winzerweine gibt's bei Guffens-Heynen, Guillot, Guillot-Broux, LAFON, LEFLAIVE, Maillet und Merlin. Außerdem sind große Handelshäuser wie DROUHIN und LATOUR hier ansässig.

**Macvin** Jura – Likörwein aus dem Südosten Frankreichs: Traubensaft wird mit regional gewonnenem Tresterbrand (Marc) gespritet, was einen süßen Aperitif mit 16–22 Vol.-% Alkohol ergibt. Die meisten Jura-Erzeuger haben einen Macvin im Angebot.

**Madiran** SWF r ★★→★★★★ 00' 05 10 12 15' 16 (18) – AOP in der Gascogne, die französische Heimat der Rebsorte TANNAT (die einen an Stierkampf und Rugby denken lässt). Den dunkelfarbigen, traditionell eichenwürzigen Stil vertreten die ★★★-CHÂTEAUX BOUSCASSÉ, Laffitte-Teston, Laplace und MONTUS (dem Eigentümer Alain BRUMONT gehören 15 % der gesamten AOP). Fruchtigere und manchmal leichter zugängliche Versionen bieten die DOMAINES Berthoumieu, Capmartin, Damiens, Dou Bernés, Labranche Laffont, Laffont, Pichard sowie Clos Basté und Ch. de Gayon (alle ★★★). Dicht dahinter folgen Barréjat (★★), Crampilh und Maouries (beide ★★).

**Mailly Grand Cru** Champ – Erstklassige Genossenschaft in der Champagne, das gesamte Lesegut stammt aus GRAND-CRU-Lagen. Die Prestige-CUVÉE des Echansons (08) 12) kann sehr alt werden. Außerdem üppiger Echansons Rosé (09) und raffinierter, klassischer L'Intemporelle (06 06). Kellermeister Sébastien Moncuit (seit 2014) ist auf dem Weg zum Star.

**Maire, Henri** Jura r r rs w ★ Einst legendärer Schöpfer des Vin Fou, ist Henri Maire heute immer noch ein sehr großer Erzeuger mit ausgedehntem Weinbergbesitz. Die Weine gelangen teils unter Domaine-Namen wie Sobief oder Brégand und teils unter dem Supermarktetikett Auguste Pirou in den Handel. Teil des BOISSET-Imperiums.

**Mann, Albert** El r w ★★→★★★★ Spitzenerzeuger in Wettolsheim mit reichhaltigen, eleganten Weinen. Sehr guter AUXERROIS, fantastische Reihe von GRAND-CRU-Weinen aus den Lagen HENGST, SCHLOSSBERG und Steingrubler. Außerdem PINOT NOIR Les Saintes Claires (großartig: 15). Tadellose biologisch-dynamische Weinbergbewirtschaftung.

**Maranges** Côte d'Or r (w) ★★ 12 15' 16 17 18' – Den Namen sollte man sich merken, denn aus dieser südlichsten AC der CÔTE DE BEAUNE kommen stramme Rotweine zu günstigen Preisen. Probierensert aus den PREMIERS CRUS Boutière, Croix Moines und Fussière, am besten von: BACHELET-Monnot, Chevrot, Contat-Grangé, Giroud und Moreau.

**Marcillac** SWF r rs ★★ Die AOP ist für ihre leichten, johannisbeerfruchtigen Roten bekannt, die (praktisch sortenrein) von der Mansois-Traube (FER SERVADOU) bereitet werden und mit 3 Jahren am besten sind. Lecker zu Aufschnitt, Toulouser Bratwurst oder Erdbeeren. Größter unabhängiger Erzeuger ist Dom. du Cros (★★, auch gute IGP-Weißweine), daneben die DOMAINES Costes und Vieux Porche. Der Chef der exzellenten Genossenschaft ist Eigentümer der Dom. de Ladrecht. Ebenso gut wie die Roten sind die hiesigen Rosés.

**Margaux** H-Méd r ★★→★★★★★ 05' 09' 10' 14 15 16' (18) – Die größte kommunale APPELLATION des MÉDOC ist berühmt für ihre eleganten, duftigen Weine, hat aber auch noch andere Stile zu bieten. Spitzen-CHÂTEAUX: BOYD-CANTENAC, BRANE-CANTENAC, DAUZAC, FERRIÈRE, GISCOURS, ISSAN, KIRWAN, LASCOMBES, MALESCOT ST-EXUPÉRY, MARGAUX, PALMER, RAUZAN-SÉGLA, DU TERTRE. Ein gutes Preis-Leistungs-Verhältnis bieten die Châteaux ANGLUDET, Haut Breton Larigaudière, LABÉGORCE, Paveil de Luze, SIRAN und LA TOUR DE MONS.

**Marionnet, Henry** Lo r w ★★→★★★★ 16 17 18' – Der verwegene Erzeuger (60 ha) ganz im Osten der TOURAINE verfügt über einige Lagen mit wurzelechten Reben. Gutsleiter ist Sohn Jean-Sébastien. SAUVIGNON BLANC (angeführt vom L'Origine Touraine), GAMAY, Provignage (von sehr alten Romorantin-Reben), La Pucelle de Romorantin sowie Renaissance. Bewirtschaftet den historischen Weinberg von Ch. de Chambord (erster Jahrgang:

**Marmande** SWF r rs (w) ★→★★ r 15' 16 18 – Die AOP in der Gascogne ist qualitativ im Aufwind. Die Rebsorte Abouriou werden Sie sonst nirgendwo finden. Sie steht bei Kultweinmacher Elian da Ros (★★★) und seiner gleichnamigen Domaine im Mittelpunkt, während sie bei Dom. Beyssac, Dom. Bonnet, Dom. Cavenac und Ch. Lassolle (alle ★★) mit den üblichen Bordeaux-Sorten verschnitten wird. Ch. de Beaulieu (★★) bevorzugt SYRAH. Die Erzeugnisse der Genossenschaften (95 % der Gesamtproduktion) sind immer noch langweilig.

**Marsannay** Côte d'Or r rs (w) ★★→★★★ r 12' 14 15' 17 18' – AOC ganz im Norden der CÔTE DE NUITS, die auf PREMIER-CRU-Status z. B. für ihre Lagen Champ Salomon, Clos du Roy und Longeroies hofft. Zugängliche, knackige, äußerst fruchtbetonte Weine, z. B. von Audoin, Bart, Bouvier, Charlopin, CLAIR, Fournier, Pataille und TRAPET. Den sehr guten Rosé sollte man erst nach 1–2 Jahren trinken; die Weißen sind weniger aufregend.

**Mas Amiel** Rouss r w; s ★★★ Das führende Gut in MAURY bietet CÔTES-DU-ROUSSILLON-, Maury- und IGP-Weine. Der Vol de Nuit von sehr alten CARIGNAN-Reben, der Vers le Nord auf GRENACHE-Basis, der Origine und der Altaïr lohnen die Suche. Außerdem gibt es jungen Grenat (die Maury-Version des RIMAGE) und ehrwürdige (20–40 Jahre alte) VINS DOUX NATURELS RANCIO (AOC Maury), die 12 Monate lang in 1.000 gläsernen Ballonflaschen (à 60 l) auf spektakuläre Weise im prallen Sonnenlicht reifen.

**Mas Bruguière** Lang ★★★ Das erfolgreiche Gut in PIC ST-LOUP ist seit sieben Generationen in Familienbeitz und wird jetzt vom talentierten Xavier Bruguière geleitet. Besonders empfehlenswert: L'Arbousé, La Grenadière und Le Septième.

**Mas Cal Demoura** Lang r rs w ★★★ Das Gut in den TERRASSES DU LARZAC sollte man im Auge behalten. Die Weine werden von Vincent Goumard sehr sorgfältig bereitet: Paroles de Pierre, weißer L'Etincelle (sechs verschiedene Rebsorten) sowie die roten LANGUEDOC-CUVÉES Les Combariolles, Feu Sacré (vorwiegend GRENACHE), Terres de Jonquières und Fragments (hauptsächlich SYRAH von alten Reben).

**Mas de Daumas Gassac** Lang r rs w ★★★ Das Gut setzte in den 1980er-Jahren neue Standards im MIDI, als Aimé Guibert seine von Bordeaux beeinflussten, langlebigen Weine auf CABERNET-Basis (von offenbar einzigartigen Böden) schuf. Jetzt ist mit Samuel Guibert die zweite Generation am Ruder, und er hat die Weinbergbearbeitung per Pferd eingeführt. Außerdem gibt es einen herrlich duftenden Weißen von CHENIN BLANC, die rote Super-Cuvée Emile Peynaud und den köstlichen Rosé Frizant. Sehr gut ist auch der süße Vin de Laurence (MUSCAT/SERCIAL).

**Mas, Domaines Paul** Lang r rs w ★★ Ein äußerst ambitionierter großer Akteur im Süden mit 650 ha eigenem Rebbesitz und 1.312 ha von Vertragswinzern bewirtschafteten Weinbergen, die sich von Grès de Montpellier bis ins ROUSSILLON erstrecken. Der Firmensitz ist in Pézenas. Erzeugt überwiegend IGP-Weine; innovatives Marketing. Besonders bekannt ist die IGP-Reihe Arrogant Frog; außerdem La Forge, Les Tannes und Les Vignes de Nicole. Die Güter Ferrandière und Crès Richard in TERRASSES DU LARZAC sowie de Martinolles in LIMOUX und Ch. Lauriga (Roussillon) gehören ebenfalls zum Besitz. Die Marke für Pézenas-Weine heißt Côté Mas. An Ökoanbau und verringertem Schwefeleinsatz wird gearbeitet.

**Mas Jullien** Lang ★★★ Das Gut von Olivier Jullien, einem der ersten führenden TERRASSES-DU-LARZAC-Erzeuger, bietet Weine mit typischer Larzac-Frische. Bei den Weißen liegt der Schwerpunkt auf Carignan blanc und gris sowie CHENIN BLANC, bei den Roten auf CARIGNAN und MOURVÈDRE. Bei den Weinen Autour de Jonquières, Carlan, États d'âme und Lous Rougeos (alle rot) stehen LANGUEDOC-Rebsorten im Mittelpunkt.

**Massif d'Uchaux** S-Rh r ★★ 16' 17' 18' — Gute Weinbaugemeinde der CÔTES DU RHÔNE-VILLAGES mit strahlend fruchtigen, würzigen Rotweinen, die nicht leicht an den Mann zu bringen sind, aber im Bestfall unverfälscht und stilvoll sind. Beachtenswert: Ch. St-Estève (auch guter VIOGNIER), Doms. La Cabotte (biologisch-dynamisch, in Bestform), Cros de la Mûre (charaktervoll, preiswert), de la Guicharde, Renjarde (geschmeidige Frucht).

**Maury** Rouss r; s ★★→★★★ Das Renommee gründet sich auf VIN DOUX NATUREL von GRENACHE noir, blanc und gris auf Schieferboden (inmitten von Kalkstein). Inzwischen werden auch ausdrucksstarke trockene Rote erzeugt. In letzter Zeit ist die Qualität deutlich gestiegen, angeführt von Mas Amiel. Mehrere neue Weingüter, z. B. Dom. of the Bee, Jones. Ordentliche Genossenschaft. Sehr lohnend sind Rancio-Weine alter Jahrgänge, v. a. zu Schokolade.

**Mazis- (oder Mazy-)Chambertin** Côte d'Or r ★★★★ 90' 93 96' 99' 05' 09' 10' 12' 15' 16' 17 18' — GRAND CRU von GEVREY-CHAMBERTIN; der obere Teil des Hangs ist Spitzenklasse und liefert intensive, himmlische Weine. Beste Erzeuger: Bernstein, DUGAT-Py, FAIVELEY, HOSPICES DE BEAUNE, LEROY, Maume-Tawse, Mortet und ROUSSEAU.

**Mazoyères-Chambertin** Côte d'Or ★★★★ Darf als CHARMES-CHAMBERTIN etikettiert werden, doch immer mehr Erzeuger entscheiden sich für Mazoyères. Der stilistische Unterschied besteht in mehr Saftigkeit und eher von Stein geprägter Sturktur. Empfehlenswert: DUGAT-Py, LEROUX, Mortet, Perrot-Minot, Taupenot-Merme.

**Médoc** Bx r ★★ 10' 14 15 16 (18) — AC für Rotwein aus dem flacheren nördlichen Teil der Médoc-Halbinsel, dem Bas-Médoc. Oft mehr Power als Anmut. Es gibt viele Erzeuger, seien Sie also wählerisch. Spitzen-CHÂTEAUX: Bournac, Fleur La Mothe, Fontis, Goulée, GREYSAC, Lousteauneuf, Les ORMES SORBET, Patache d'Aux, POITEVIN, Potensac, PREUILLAC, Ramafort, La Tour de By, LA TOUR HAUT CAUSSAN, TOUR ST-BONNET, Vieux Robin sowie Dom. Rollan de By (Ch. HAUT CONDISSAS) und Clos Manou.

**Meffre, Gabriel** S-Rh r w ★★→★★★ Rhône-Handelshaus mit beständiger Qualität, besitzt auch die gute Dom. Longue Toque in GIGONDAS. Neuerdings bessere Frucht und weniger Eicheneinfluss. Auch im Angebot: CHÂTEAUNEUF-DU-PAPE (gut ist Chapelle Saint-Théodoric; außerdem kleine Doms.) und VACQUEYRAS (St-Barthélemy). Verlässliche ist gute Reihe Laurus (in neuer Eiche ausgebaut; gute 2015er) von der südlichen und nördlichen Rhône, v. a. CONDRIEU, HERMITAGE (beide weiß) und ST-JOSEPH.

**Mellot, Alphonse** Lo r rs w ★★→★★★★ 14' 15' 16' 17 18 — Erstklassiges Angebot an weißen und roten SANCERRE-Weinen (biologisch-dynamisch): La Moussière, CUVÉE Edmond, Génération XIX, dazu mehrere gute Einzellagenweine, u. a. Satellite, La Demoiselle und En Champs (alle rot). Erzeugt zudem in Les Pénitents (IGP Côtes de La Charité) CHARDONNAY und PINOT NOIR. Alphonse jr. hat nun die Gutsleitung inne. Laut Alphonse sen. ist der Jahrgang 2018 mit 1947 vergleichbar.

**Menetou-Salon** Lo r rs w ★★→★★★ 15' 17' 18' — SANCERRE benachbarte 561-ha-AOP (376 ha für Weiß-, 185 ha für Rotwein) mit ähnlichen SAUVIGNON-BLANC-Weinen. Dazu immer mehr feine Rote (PINOT NOIR). Beste Erzeuger: Bourgeois, Clément (Dom. de Chatenoy), Philippe Gilbert (biologisch-dynamisch, gute Rote und Weiße), Jacolin, Henry Pellé, Jean-Max Roger, Teiller, Tour St-Martin. Der Jahrgang 2018 fiel hervorragend und reichlich aus.

**Méo-Camuzet** Côte d'Or r w ★★★★ Namhafte DOMAINE in VOSNE-ROMANÉE mit Anteilen an den berühmten Lagen Aux Brûlées, Cros Parantoux und

RICHEBOURG. Stämmige, eichenwürzige Weine, die schön altern. Günstig von Méo-Camuzet Frère et Sœurs (der Négociant-Zweig), ansonsten jede Menge Auswahl jeder Preisklasse.

**Mérande, Château de** Sav r ★★ Das Spitzengut erzeugt aus einer großartigen Weinberglage langlebigen roten MONDEUSE (12) mit Noten von Veilchen, Gewürzen, schwarzen Früchten und salzigem Abgang – und das auch noch preiswert.

**Mercurey** Bg r (w) ★★–★★★ 15' 16 17 18' – Führender Rotweinort der CÔTE CHALONNAISE; vorwiegend muskulöse Rote, daneben aromatische Weiße. Empfehlenswerte Erzeuger: BICHOT, Ch. de Chamirey, FAIVELEY, M. Juillot, Juillot-Theulot, Lorenzon, Raquillet und de Suremain.

**Mesnil-sur-Oger, Le** Champ – Aus dem besten Ort der Côte des Blancs-Villages kommt sehr langlebiger CHARDONNAY, der mind. 10 Jahre Flaschenreife braucht. Am besten von: André Jacquart-Doyard, KRUG Clos du Mesnil, Pierre Péters und J. L. Vergnon (bis 2017).

**Méthode champenoise** Champ – Traditionelle aufwendige Methode der Champagnerbereitung durch Zweitgärung in der Flasche. Außerhalb der Champagne ist nur die Bezeichnung »Méthode traditionnelle« oder »klassische Methode« zulässig.

**Meursault** Côte d'Or (r) w ★★★–★★★★ 09' 10' 11 12 14' 15 17' 18' – Potenziell herrlich körperreiche Weißweine aus den PREMIERS CRUS Charmes, Genevrières, Perrières, nerviger aus den höheren Lagen Narvaux, Tesson, Tillets. Erzeuger: u. a. Boisson-Vadot, M. BOUZEREAU, V. Bouzereau, Boyer-Martenot, COCHE-DURY, Ente, Fichet, GIRARDIN, Javillier, JOBARD, Lafon, V. Latour, LEROUX, Matrot, Ch. DE MEURSAULT, Mikulski, P. Morey, Potinet-Ampeau, PRIEUR, Roulot. Empfehlenswerter Meursault-BLAGNY von Dom. de Chérisey.

**Der Name Meursault ist von lateinisch *muris saltus*, »Maussprung«, abgeleitet.**

**Meursault, Château de** Côte d'Or r w ★★★ Das im Besitz der Unternehmerfamilie Halley befindliche Gut mit 61 ha Weinlagen hat enorme Fortschritte gemacht. Die Roten aus Lagen in BEAUNE, POMMARD und VOLNAY sind sehr ordentlich, die Weißweine jedoch neuerdings Weltklasse: großteils MEURSAULT, außerdem guter BOURGOGNE Blanc und PULIGNY-MONTRACHET PREMIER CRU.

**Minervois** Lang r (rs) (w) ★★ 10 11 12 13 14 15 16 17 – Bergiger AC-Bereich, einer der besten im LANGUEDOC. Für den Cru La Livinière (eigene AC in spe) ist striktere Traubenselektion, Ertragsbeschränkung und längere Reifung vorgeschrieben. Charaktervolle, aromatische Rotweine, v. a. von den Erzeugern Abbaye de Tholomies, Borie-de-Maurel, Clos Centeilles, Combe Blanche, Coupe-Roses, de Gourgazaud, la Grave, Laville-Bertrou, Maris, l'Ostal Cazes, Oupia, Ste-Eulalie, St-Jacques d'Albas, La Tour Boisée und Villerambert-Julien. Gros und Tollot (aus Burgund) legen die Messlatte höher. Anwärter auf den Cru-Status sind Cazelles und Laure.

**Miquel, Laurent** Lang ★★★ Der Erzeuger mit 200 ha Weinbergbesitz in CORBIÈRES (Les Auzines) und ST-CHINIAN (Cazal Viel) hat sich ungewöhnlicherweise auf aromatischen Weißwein – IGP VIOGNIER – spezialisiert. Der beeindruckende ALBARIÑO sei, wie es heißt, hier am Jakobswegs Tradition, verbindet dieser doch das MIDI mit Spanien. Zu den Négociant-Marken zählen Nord Sud, Solas und Vendanges Nocturnes.

**Mise en bouteille au Château, au Domaine** Erzeugerabfüllung. Häufig gebrauchte Angaben wie *dans nos caves* (in eigener Kellerei abgefüllt) oder *dans la région de production* (im Erzeugungsgebiet abgefüllt) haben dagegen nicht viel zu besagen.

**Moët & Chandon** Champ – Das mit Abstand größte Champagnerhaus bietet eine für solch einen Giganten beeindruckende Qualität. Der BRUT Impérial oJ gerät jetzt frischer und weniger süß und wird beständig besser. Die in geringer Menge verfügbare neue Luxuscuvée MCIII aus einer »Solera« ist was für vermögende Technikfreaks und Exklusivitätssüchtige. Ein besseres Preis-Leistungs-Verhältnis bietet die Grand Vintages Collection mit lang auf dem Hefesatz gereiften Jahrgangsweinen, mal luxuriös-elegant (09), mal eher streng (08). Hat Ableger in ganz Europa sowie in der Neuen Welt. Siehe auch DOM PÉRIGNON.

**Monbazillac** SWF w; s ★★→★★★★ 12 14' 15' 17 18 – Sub-AOP von BERGERAC: Tirecul La Gravière (★★★★) macht den besten SAUTERNES-Süßweinen Konkurrenz, gefolgt von L'Ancienne Cure, CLOS des Verdots, Les Hauts de Caillavel und Ch. de Monbazillac von der Genossenschaft (alle ★★★). Außerdem die Chx. de Belingard-Chayne, Grande Maison, Haut-Theulet, Pécoula, La Rayre und Theulet (alle ★★).

**Mondeuse** Sav r ★★ Rebsorte mit roten und weißen Varietäten sowie Wein aus SAVOYEN. Rotwein wird z. B. in Arbin, BUGEY und Chignin erzeugt. Die besten Exemplare können alt werden.

**Monopole** Lage in der Hand eines einzigen Besitzers.

**Montagne St-Émilion** Bx r ★★ 10' 14 15 16 (18) – Größter Satellit von ST-ÉMILION mit solidem Ruf. Spitzen-CHÂTEAUX: Beauséjour, Clos de Boüard, La Couronne, Croix Beauséjour, Faizeau, Maison Blanche, Messile Aubert, Montaiguillon, Roudier, Teyssier, Vieux Bonneau und Vieux Château St-André.

**Montagny** Bg w ★★ 14' 15 16 17 18 – Ort an der CÔTE CHALONNAISE mit knackig-frischen Weißweinen, vorwiegend in der Hand der Genossenschaft Cave de BUXY, doch es gibt auch gute Négociants, z. B. Louis LATOUR, O. LEFLAIVE, J.M. PILLOT. Der beste hiesige Winzer ist S. Aladame, doch Berthenet, Cognat und Feuillat-Juillot sind ebenfalls empfehlenswert.

**Montcalmès, Domaine de** Lang ★★★ Das talentierte Bruder-Schwester-Gespann in den TERRASSES DU LARZAC bewirtschaftet seine Reblagen ökologisch. Kühle Winde aus den Cevennen verleihen den Weinen frische Eleganz. Weiße AC-Gewächse von MARSANNE/ROUSSANNE sowie sortenreiner CHARDONNAY und eine verführerische VIN-DE-FRANCE-Cuvée. Außerdem stilvolle Verschnitte von SYRAH, GRENACHE und MOURVÈDRE, sortenreiner Grenache und Le Geai (AC LANGUEDOC) auf Grenache-Basis.

**Monthélie** Côte d'Or r (w) ★★→★★★ 09' 10' 12 15' 16 17 18 – Dorf auf dem Hügel oberhalb von VOLNAY mit netten, aber etwas rustikaleren Weinen. Der beste PREMIER CRU ist Les Duresses. Empfehlenswerte Erzeuger: BOUCHARD PÈRE ET FILS, Coche-Dury, Darviot-Perrin, Florent Garaudet, LAFON und Ch. de Monthelie (Suremain).

**Montille, Domaine de** Côte d'Or r w ★★★ Dichte, würzige Rotweine (Ganztraubenvergärung) aus BEAUNE (v. a. Taillepieds), Pommard (Rugiens) und den Côte de Nuits (Malconsorts) sowie außergewöhnliche Weiße aus Meursault und hervorragender PULIGNY-MONTRACHET Caillerets. Seit 2107 tragen die Weine von Ch. de Puligny ebenfalls das Etikett der Dom. de Montille.

**Montlouis-sur-Loire** Lo w; tr s; sch ★★→★★★ 14' 15' 16 17 18' – Aufstrebende Schwester-AC (450 ha) von VOUVRAY am südlichen Ufer der Loire, mit CHENIN BLANC (erstklassig) als Hauptsorte. 55 % der Produktion entfallen auf Schaumwein, darunter Pétillant Originel. Spitzenerzeuger: Berger, BLOT, CHANSON, CHIDAINE, Delecheneau, Jousset, Mérias, Moyer,

Saumon, Taille aux Loups, Vallée Moray, Weisskopf. 2016 und 2017 gab es Spätfröste, 2018 fiel, abgesehen von etwas Mehltaubefall, sehr gut aus.

**Montpeyroux** Lang ★★→★★★ Rührige, Cru-Status anstrebende Gemeinde in TERRASSES DU LARZAC mit einer wachsenden Anzahl talentierter Erzeuger wie z. B. Dom d'Aupilhac, Dom. A. CHABANON oder Villa Dondona. Neuzugänge: Dom. du Joncas, Mas d'Amile; auch ernst zu nehmende Genossenschaft.

**Montrachet, (Le)** Côte d'Or w ★★★★ 92' 02' 04 05' 08 09' 10 12 14' 15 17 18 – GRAND-CRU-Lage in PULIGNY und CHASSAGNE-MONTRACHET. Der potenziell großartigste weiße Burgunder: intensiv, reich an Frucht, mit anhaltendem Duft. Spitzenerzeuger: BOUCHARD, COLIN, DRC, LAFON, LAGUICHE (DROUHIN), LEFLAIVE und Ramonet.

**Montravel** SWF r rs w; tr ★★★ r 12 15 16; rs w BV – Sub-AOP von BERGERAC. Für Rotweine im modernen Stil ist in Eiche ausgebauter MERLOT obligatorisch. Spitzenerzeuger: DOMAINES du Bloy und de Krevel (beide ★★★), gefolgt von den CHÂTEAUX Jonc Blanc, Laulerie, Masburel (neuer Eigentümer), Masmontet und Moulin-Caresse (alle ★★). Diese und weitere Erzeuger bieten trockene Weiße (★★) und Rote, Süßweine findet man in den Unterbereichen CÔTES DE MONTRAVEL und HAUT-MONTRAVEL.

**Montus, Château** SWF r w ★★★ 00' 05 09 10 12' 14 15' – Die langlebigen, sortenreinen TANNAT-Rotweine mit kräftiger Eichenwürze von Alain BRUMONTS Spitzenbetrieb verlangen Liebhabern des altmodischen MADIRAN Geduld ab. Außerdem klassisch süße und trockene, lang im Fass ausgebaute weiße PACHERENC-DU-VIC-BILH-Abfüllungen (trinkreif frühestens nach 4 Jahren Flaschenreife) auf demselben hohen Niveau.

**Moreau** Bg r w ★★→★★★ Weitverzweigte Winzerfamilie mit erstklassigem CHABLIS, v. a. von der Domaine Christian Moreau (probieren Sie den CLOS des Hospices) und der DOMAINE Moreau-Naudet. Weitere Mitglieder der Familie findet man an der CÔTE DE BEAUNE; besonders empfehlenswert sind Bernard Moreau (kraftstrotzender CHASSAGNE-MONTRACHET) und David Moreau (SANTENAY).

**Morey, Domaines** Côte d'Or r w ★★★ Winzerfamilie in CHASSAGNE-MONTRACHET. Als Vertreter der gegenwärtig aktiven Generation besonders hervorzuheben sind Caroline Moret und Ehemann Pierre-Yves Colin-Morey, Sylvain, Thomas (feiner Baudines), Vincent (Embrazées, fülliger) und Thibault Morey-Coffinet (La ROMANÉE). Pierre Morey in MEURSAULT erzeugt Perrières- und BÂTARD-MONTRACHET-Weine.

**Morey-Saint-Denis** Côte d'Or r (w) ★★★→★★★★ 99' 02' 05' 09' 10' 12' 15' 16' 17 18' – Fantastische Quelle für roten Burgunder der Spitzenklasse, den Nachbarorten GEVREY-CHAMBERTIN und CHAMBOLLE-MUSIGNY ebenbürtig. GRAND-CRU-Lagen: CLOS DES LAMBRAYS, CLOS DE LA ROCHE, CLOS ST-DENIS und CLOS DE TART. Viele gute Erzeuger: Amiot, ARLAUD, Castagnier, Clos de Tart, Coquard-Loison-Fleurot, Dujac, Jeanniard, Dom. des Lambrays (Clos des Lambrays), H. LIGNIER, Lignier-Michelot, Perrot-Minot, PONSOT, Remy, Roumier, Taupenot-Merme und Tremblay.

**Morgon** Beauj r ★★★ 14 15' 17 18' – Kraftvoller BEAUJOLAIS-Cru; der Vulkanschiefer der Côte du Py liefert fleischige Weine mit Alterungspotenzial, der Lehmboden von Les Charmes weichere, früher trinkreife Versionen. Die Lagen Grands Cras und Javernières sind ebenfalls interessant. Probierenswert: Burgaud, Chemarin, Clos de Mez, Desvignes, Foillard, Gaget, Godard, Grange-Cochard, LAPIERRE, Ch. des Lumières (JADOT), Piron, Ch. de Pizay, A. Sunier und J. Sunier.

**Mortet, Denis** Côte d'Or r ★★★→★★★★ Arnaud Mortet ist in Hochform mit seinen kraftvollen und dennoch raffinierten Roten – vom BOURGOGNE Rouge bis hin zum CHAMBERTIN. Paradepferde sind der Mes Cinq Terroirs (GEVREY-CHAMBERTIN) sowie die PREMIER-CRU-Gewächse Lavaut St-Jacques und Champeaux. Seit 2016 gibt es eine separate Reihe unter dem Etikett Arnaud Mortet, u. a. mit CHARMES-CHAMBERTIN- und MAZOYÈRES-CHAMBERTIN-Gewächsen.

**Moueix, J.-P. et Cie** Bx – Das Erzeuger- und Handelshaus mit Hauptsitz in Libourne ist nach dem legendären Gründer Jean-Pierre Moueix benannt und wird heute von dessen Sohn Christian und Enkel Edouard geleitet. CHÂTEAUX: u. a. BELAIR-MONANGE, La Grave à Pomerol, HOSANNA, La FLEUR-PÉTRUS, LATOUR À POMEROL, TROTANOY. Besorgt den Vertrieb für Ch. PETRUS. In Kalifornien besitzt Moueix das Gut Dominus Estate (siehe dort).

**Moulin-à-Vent** Beauj r ★★★ 09' 11' 14 15' 18' – Der erhabenste Cru des Beaujolais, in dem die GAMAY-Traube über sich hinauswächst. Kommt an Körper und Würzigkeit der Rhône nahe, entwickelt bei Reifung aber Fülle und die Wildnoten von PINOT NOIR. Zunehmendes Interesse an Einzellagenabfüllungen, u. a. von L. BOILLOT (Les Brussellions), Ch. des Jacques (im Besitz von JADOT), Janin, Janodet, Dom. Labruyère, LIGER-BELAIR (Les Rouchaux), Merlin (La Rochelle), Ch. du Moulin-à-Vent und Prieur.

**Moulis** H-Méd r ★★→★★★ 05' 09' 10' **15 16** (18) – Im Landesinneren gelegene kleine AC westlich von MARGAUX mit einigen ehrenwerten, günstigen Weinen; die besten können alt werden. Spitzen-CHÂTEAUX: Anthonic, Biston-Brillette, BRANAS GRAND POUJEAUX, BRILLETTE, Chasse-Spleen, Dutruch Grand Poujeaux, Garricq, Gressier Grand Poujeaux, MAUCAILLOU, Mauvesin Barton, Poujeaux.

**Moutard** Champ – Der ursprüngliche Meister der hiesigen Rebsorte Arbanne erzeugt auch Eaux de vie. Die Qualität ist enorm verbessert. v. a. beim Persin (CHARDONNAY) und der CUVÉE des 6 Cépages (**11 15**).

**Mugneret** Côte d'Or r w ★★★→★★★★ Winzerfamilie in VOSNE-ROMANÉE. Sublim-stilvolle Weine gibt's bei Georges Mugneret-Gibourg (v. a. ÉCHEZEAUX), fast ebenso gut (und qualitativ enorm im Aufwind) ist Gérard Mugneret. Außerdem probierenswert: Dominique Mugneret und die Dom. Mongeard-Mugneret.

**Mugnier, J.-F.** Côte d'Or r w ★★★→★★★★ Überragender Erzeuger von CHAMBOLLE-MUSIGNY Les Amoureuses und Musigny, die sich durch Finesse statt durch kraftstrotzende Art auszeichnen. Ebenso gut gelingt der MONOPOLE Clos de la Maréchale (NUITS-ST-GEORGES). Dass die jungen Musigny-Jahrgänge vom Markt genommen wurden, um (sozusagen) Kindsmord zu vermeiden, war eine mutige Entscheidung.

**Mumm, G. H. & Cie** Champ – Die unvermittelte Abreise Didier Marotttis gen Australien stellt die Zukunft des Champagnerhauses infrage, das seine Renaissance im 21. Jh. ebendiesem Kellerchef zu verdanken hat. Besonders hervorzuheben sind Mumm de Verzenay BLANC DE NOIRS (08 12) und RSVR Blanc de Blancs (12). Der Mumm de Cramant hieß früher Blanc de Blancs und zeigt nach wie vor subtile Eleganz. Sehr viel besser geworden ist der Cordon Rouge (oJ und Jahrgangschampagner).

**Muré, Veronique et Thomas Clos St Landelin** El r w ★★→★★★★ Einer der ganz großen Namen im ELSASS; besonders gut sind der körperreiche Riesling Grand cru Vorbourg und der PINOT GRIS (**13 14**). Die reife, weinige Pinotnoir-Cuvée »V« ist die beste der Region (15' überragend).

**Muscadet** Lo w ★★ 16 17 18' – Beliebter knochentrockener Wein aus der Gegend von Nantes (insgesamt 8.200 ha). Er ist oft günstig zu haben, passt besonders gut zu Fisch und Meeresfrüchten und schmeckt am besten, wenn er SUR LIE ausgebaut wurde. Halten Sie sich an Abfüllungen aus AC-Bereichen (siehe die folgenden Einträge). Unbedingt probieren sollten Sie die langlebigen Weine der MUSCADET CRUS COMMUNAUX. In der einfachen AC Muscadet sind bis zu 10% CHARDONNAY zulässig. Die Jahrgänge 2016 und 2017 waren durch Frost beeinträchtigt, 2018 ist jedoch in puncto Qualität wie Quantität sehr gut.

**Muscadet Coteaux de la Loire** Lo w ★→★★ 16 17 18' – Kleiner Bereich (150 ha, 40 Erzeugerbetriebe) an beiden Loire-Ufern östlich von Nantes. Empfehlenswert: Carroget, Pierre Guindon, Landron-Chartier, La Pléiada, Ch. du Ponceau, Quarteron, Les Vignerons de la Noëlle.

**Muscadet Côtes de Grand Lieu** Lo w ★→★★ 16 17 18' – AOP-Bereich für MUSCADET (230 ha, 30 Erzeugerbetriebe) in Atlantiknähe. Die besten SUR LIE ausgebauten Versionen kommen von Eric Chevalier, Dom. du Haut Bourg, Dom. des Herbauges (107 ha) und Malidain. 2016 und 2017 Frostschäden, 2018 ist hervorragend.

**Muscadet Crus Communaux** Lo ★★→★★★ Die neue Spitzenkategorie für Muscadet: Lange Hefesatzlagerung und Lesegut aus ausgewählten Lagen ergeben verblüffend gute, komplexe Weine. Seit 2011 haben drei Weinbaugemeinden diesen Status: Clisson, Gorges und Le Pallet. Demnächst sollen Goulaine, La Haye Fouassière, Monnières-St Fiacre und Mouzillon-Tillières hinzukommen, weitere Kandidaten sind Champtoceaux und Vallet.

---

### Muscadet – die Freuden des Alter(n)s

Bei MUSCADET schaut man in aller Regel nach dem neuesten Jahrgang, dabei können sich Spitzenexemplare (erstklassiger Erzeuger, guter Jahrgang, vorzugsweise auf der Hefe gereift) 20 Jahre und länger halten und immer besser werden, bis sie einem alten CHABLIS ähneln. Entdecken Sie die neuen Crus communaux Clisson, Gorges und Le Pallet (Goulaine, Château-Thébaud, Monnières-Saint-Fiacre und Mouzillon-Tillières stehen gewissermaßen in den Startlöchern), deren *sur lie* gereiften Weine mit größerer Komplexität aufwarten. Empfehlenswerte Erzeuger: Bonnet-Huteau, Michel Brégeon, Vincent Caillé (Le Faye d'Homme), Bruno Cormerais, Dom. de l'ECU (Frédéric Niger van Herck/Guy Bossard), Ch. de la Gravelle (Gunther Chereau), Jérémie Huchet, Jo Landron, Luneau-Papin, Jérémie Mourat, Marc Ollivier (Dom. de la Pépière), Daniel Rineau, Les VIGNERONS du Pallet. Mit dieser Begleitung werden Ihnen die Austern noch besser munden.

---

**Muscadet-Sèvre-et-Maine** Lo w ★→★★★ 15' 16 17 18' – Der größte (5.890 ha) und beste der MUSCADET-Bereiche liefert zunehmend Qualität, und das auch noch preiswert. Spitzenerzeuger: Bonnet-Huteau, Ch. Briacé, Caillé, Chéreau Carré, Cormerais, Delhommeau, Douillard, Dom. de l'ECU, Gadais, Véronique Günther Chéreau, Dom. de la Haute Fevrie, Huchet, Landron, Lieubeau, Luneau-Papin, Métaireau, Olivier, Sauvion. Die Weine halten sich teils ein Jahrzehnt und länger. Probieren Sie die CRUS-COMMUNAUX-Weine. Der Jahrgang 2018 bescherte außergewöhnliche Qualität und Quantität.

**Muscat de Frontignan** Lang w; s ★★ oJ – Kleine AC an der Küste bei Sète für VIN DOUX NATUREL von MUSCAT, dessen Duft an Holunderblüte erinnert. Auch ungespritete, spät gelesene, in Eiche ausgebaute IGP-Weine. Spitzenreiter ist nach wie vor Ch. la Peyrade. Die nahe gelegenen ACs Muscat de Lunel (Dom. du Clos de Bellevue) und Muscat de Mireval (Dom. de la Rencontre) erzeugen sehr ähnliche Weine.

**Muscat de Rivesaltes** Rouss w; s ★★ Die AC für süßen gespriteten MUSCAT (VIN DOUX NATUREL) umfasst ein ausgehntes Gebiet mit der Ortschaft Rivesaltes als Zentrum. Im Zuge des abnehmenden Interesses an Süßwein erfreut sich Muscat Sec (IGP) wachsender Beliebtheit: am besten von Dom. CAZES, Corneilla, Treloar und der Genossenschaft in Baixas.

**Muscat de Saint-Jean de Minervois** Lang w; s ★★ Sehr kleine AC für frischen VIN DOUX NATUREL von MUSCAT mit Honignote. Probierenswert von Dom. de Barroubio, CLOS Bagatelle und Clos du Gravillas. Die örtliche Genossenschaft erzeugt vorwiegend trockenen Muscat.

**Musigny** Côte d'Or r (w) ★★★★ 90' 93 96' 99' 02' 05' 09' 10' 12' 15' 17 18 – GRAND CRU in CHAMBOLLE-MUSIGNY. Oft der am schönsten duftende, wenn auch nicht der kraftvollste aller roten Burgunder. Beste Erzeuger: DROUHIN, FAIVELEY, JADOT, LEROY, MUGNIER, PRIEUR, ROUMIER, de VOGÜÉ, VOUGERAIE.

**Nature** Ungesüßt, v. a. bei CHAMPAGNER: ohne Dosage. Lecker, wenn von ausgereiften Trauben bereitet, ansonsten eher grobschlächtig.

**Négociant-éleveur** Händler, der den Ausbau des Weins übernimmt.

**Noëllat** Côte d'Or r ★★★ Bekannte Familie in VOSNE-ROMANÉE. Georges Noëllat sorgt seit 2010 für Aufsehen und expandiert rasch, Michel Noëllat bietet ein tadelloses Sortiment. Die Dom. HUDELOT-Noëllat in VOUGEOT (sehr stilvolle Weine) gehört ebenfalls zum Clan.

**Notre Dame des Anges** Prov r rs ★★ Der neueste der CÔTES-DE-PROVENCE-Unterbereiche, mit einem heißen Tal im Zentrum. Empfehlenswert: Rimauresq.

**Nuits-St-Georges** Côte d'Or r ★★→★★★★ 99' 02' 03 05' 09' 10' 12' 15' 16 17 18' – Die große AC ist dreigeteilt: Aus der Lage Prémeaux kommen elegante Gewächse (diverse Clos: des Corvées, des Forêts, de la Maréchale, St-Marc), aus dem Zentrum (Cailles, Les St-Georges, Vaucrains) dichte, dunkle, pflaumenwürzige Weine und aus dem Norden (Boudots, Cras, Murgers) die alkoholstärksten. Viele gute Erzeuger: Ambroise, l'ARLOT, ARNOUX-LACHAUX, CATHIARD, J. Chauvenet, R. CHEVILLON, Confuron, Faiveley, Gavignet, GOUGES, GRIVOT, Lechéneaut, LEROY, Liger-Belair, Machard de Gramont, Michelot, Mugnier, Rion.

**Ollier-Taillefer, Domaine** Lang r rs w ★★★ Rühriges Familiengut in FAUGÈRES, die Reben wachsen auf terrassierten Steillagen. Köstliche VERMENTINO/ROUSSANNE-Cuvée Allegro (weiß), Les Collines (rot, rosé), Grande Réserve (rot) von alten Reben sowie eichengereifter roter Castel Fossibus. Außerdem SYRAH/MOURVÈDRE-Verschnitt Le Rêve de Noé.

**Orléans** Lo r rs w ★ BV – 13 Gemeinden im Umland der Stadt Orléans umfassende kleine AC (69 ha) für Weißwein (vorwiegend CHARDONNAY), VIN GRIS, Rosé und Rotwein (PINOT NOIR und v. a. PINOT MEUNIER). Empfehlenswerte Erzeuger: Chante d'Oiseaux, Clos St-Fiacre und Deneufbourg.

**Orléans-Cléry** Lo r ★ BV – Mikro-AOP (25 ha) an der Loire mit sandigen Böden für einfachen CABERNET FRANC, südwestlich der Stadt Orléans. Erzeuger: v. a. Chante d'Oiseaux, Clos St-Fiacre, Deneufbourg. 2018 ist vielversprechend.

**Ostertag, Domaine** El r w ★★★ Der zertifiziert biologisch-dynamisch wirtschaftende Erzeuger legt mehr wert auf Terroirnuancen als auf Rebsortentypizität. Großartig ist der RIESLING, v. a. der barriquevergorene GRAND CRU Muenchberg (10), intensiv der PINOT GRIS Muenchberg (15). Außerdem hübscher PINOT NOIR Fronholz (12 15 17).

**Pacherenc du Vic-Bilh** SWF w; tr s ★★→★★★ AOP für trockenen und süßen Madiran-Weißwein von Gros und Petit MANSENG, manchmal auch Petit Courbu und der lokalen Arufiac-Traube. Die trockenen Versionen sollte man jung trinken, die süßen kann man einlagern, v. a. die in Eiche ausgebauten Versionen. Empfehlenswerte Erzeuger siehe MADIRAN, plus Ch. de Mascaraàs (★★).

**Paillard, Bruno** Champ ★★★→★★★★ Das jüngste der großen Champagnerhäuser. BRUT Première CUVÉE oJ und Rosé Première Cuvée. Raffinierter Stil, v. a. beim lang gereiften BLANC DE BLANCS (04) und dem N.P.U. (02) Der Brut Nature zeugt von cleverem Umgang mit PINOT MEUNIER. Bruno Paillard steht Lanson-BCC vor; bei Paillard übernimmt nun Tochter Alice das Ruder.

**Palette** Prov r rs w ★★★ Sehr kleine AC bei Aix-en-Provence mit charaktervollen Roten vorwiegend von MOURVÈDRE und GRENACHE, duftenden Rosé und verlockenden, nach Wald duftenden Weißen. Ch. Crémade und Ch. Simone stehen für traditionelle, seriöse Weine.

**Patrimonio** Korsika r rs w ★★→★★★ AC in den spektakulären Kalksteinhügeln im Norden KORSIKAS; einige der feinsten Gewächse der Insel stammen von hier: individuelle Rotweine von der NIELLUCCIO-Traube und verführerische Weiße, darunter sogar Vermentino-Spätlesen. Spitzenerzeuger: Antoine Arena, Clos de Bernardi, Gentile, Yves Leccia mit der Dom. d'E Croce, Montemagni, Pastricciola. Definitiv eine Reise wert!

**Pauillac** H-Méd r ★★★→★★★★ 90' 96' 00' 05' 09' 10' 15 16' — Kommunale AC im MÉDOC mit 18 Crus classés (u. a. die CHÂTEAUX LAFITE, LATOUR, MOUTON ROTHSCHILD), berühmt für langlebige Weine — CABERNET SAUVIGNON in Vollendung. Weitere Spitzen-CHÂTEAUX sind CLERC MILON, GRAND-PUY-LACOSTE, LYNCH-BAGES, PICHON BARON, PICHON LALANDE und PONTET-CANET. Ein gutes Preis-Leistungs-Verhältnis bieten die Chx. FONBADET, La Fleur Peyrabon und PIBRAN.

**Pays d'Oc, IGP** Lang r rs w ★→★★★ Die größte IGP-Region umfasst das gesamte LANGUEDOC-ROUSSILLON und liefert v. a. sortenreine Weine — 58 verschiedene Rebsorten sind zugelassen. Zunehmend beliebt sind ALBARIÑO (der jüngste Neuzugang) und CARIGNAN, v. a. alte Reben. Technisch geht es weiter rasch voran. Wichtigste Erzeuger: Gérard BERTRAND, Jeanjean, Paul MAS, außerdem örtliche Genossenschaften. Das Qualitätsspektrum ist riesig, die besten Weine sind innovativ und spannend.

**Pécharmant** SWF r ★★ 12 14 15' (17) (18) — Sub-AOP von BERGERAC mit — dank der eisen- und manganhaltigen Böden — ausgesprochen wuchtigen Weinen zum Einlagern. Empfehlenswerte Erzeuger: die Veteranen Les Chemins d'Orient, Dom. du Haut-Pécharmant und Ch. de Tiregand (alle ★★★) sowie Dom. des Bertranoux, Ch. Beauportail, Ch. de Biran, Ch. Champarel, CLOS des Côtes, Ch. Corbiac, Ch. Hugon, Dom. La Métairie, Ch. du Rooy und Ch. Terre Vieille (alle ★★).

**Peira, La** Lang r w — Das Weingut in englischem Besitz mit Elsässer Weinmacherin erzeugt volle, intensive Rotweine: La Peira (SYRAH/GRENACHE), Las Flors de la Peira (Syrah/Grenache/MOURVÈDRE) und Obriers de la Peira (CARIGNAN/CINSAULT).

**Pélican, Domaine du** Jura — Die Weinberge des legendären Jacques Puffeney werden nach dessen Rückzug in den Ruhestand nun von Marquis d'ANGERVILLE (VOLNAY) bewirtschaftet und erbringen vorerst Weine in feinem, frischem Stil. Alles Weitere wird man sehen.

**Pernand-Vergelesses** Côte d'Or r w ★★★ r 05' 09' 10' 12 14 15' 17 18' — Ort bei ALOXE-CORTON, in dessen Gemarkung sich Teile der Spitzenlagen CORTON und CORTON-CHARLEMAGNE befinden; auch Île des Vergelesses ist ein erstklassiger Weinberg für Rote. Die Weißen sind von präziser, geschliffener Art. Die Erzeugerriege wird angeführt von den Domaines Rapet und Rollin; außerdem empfehlenswert: CHANDON DE BRIAILLES, CHANSON, Dubreuil-Fontaine, JADOT.

**Perret, André** N-Rh r w ★★★ 16' 17' 18' — Hochwertiger CONDRIEU in drei Varianten, zwei davon aus Einzellagen: Chanson (voll, in kühlen Jahren mineralisch) und Chéry (sehr voll, reif, nachhaltig). Außerdem guter, an Qualität zulegender roter SAINT-JOSEPH, v.a. der Grisières (pfeffrig, dunkelfruchtig, gewichtig) von alten Reben sowie guter VIN DE PAYS (rot, weiß).

**Perrier-Jouët** Champ BRUT 0J; Blason de France 0J; Blason de France Rosé 0J; Brut **02 04 06** 08; feiner neuer BLANC DE BLANCS – Das erste Haus, das bereits im 19. Jahrhundert trockenen CHAMPAGNER (für den britischen Markt) erzeugte; stark mit CHARDONNAY aus GRAND-CRU-Lagen, der am besten in den guten Jahrgangsweinen zum Ausdruck kommt, v.a. in der Luxusmarke Belle Epoque (**95 04 06 07** 08' 12 15; Rosé 04 **06**) in bemalten Flaschen.

**Pessac-Léognan** Bx r w ★★★→★★★★ **00' 05' 09' 10' 15** 16 – 1987 eingerichtete AC für den besten Teil des nördlichen GRAVES mit den Weinbergen all der CRU-CLASSÉ-Güter (des Jahres 1959) wie HAUT-BAILLY, HAUT-BRION, LA MISSION HAUT-BRION, PAPE CLÉMENT usw. Feste, körperreiche, erdige Rote und zudem die feinsten trockenen weißen BORDEAUX-Gewächse. Ein gutes Preis-Leistungs-Verhältnis bieten die CHÂTEAUX Brown, Haut-Vigneau, Lafont-Menaut, Lespault-Martillac, de ROCHEMORIN, Rouillac und Le Sartre.

**Petit Chablis** Chablis w ★ BV – Frischer, einfacher Beinahe-CHABLIS von etwas außerhalb und nicht auf Kimmeridge-Böden gelegenen Weinbergen. Die Preise reichen allerdings bedenklich nah an echten Chablis heran. Die besten Weine kommen von Billaud, Brocard, Defaix, DAUVISSAT, RAVENEAU und der Genossenschaft La CHABLISIENNE.

**Pfersigberg** El – GRAND CRU in Eguisheim mit zwei Parzellen, die sehr aromatische Weine liefern. GEWÜRZTRAMINER gedeiht hier prächtig. Guter RIESLING von Léon BEYER (Comtes d'Eguisheim), Paul Ginglinger und Bruno SORG.

**Philipponnat** Champ – Kleiner Erzeuger, jetzt im Besitz von Lanson-BCC, mit intensivem CHAMPAGNER, v.a. die unter wohlbedachtem Einsatz von Eiche bereiteten, reintönige CUVÉE Mareuil-sur-Ay. Champagne 0J, Rosé 0J, BRUT, Cuvée »1522« (**04**). Beachtlicher Einzellagenwein Clos des Goisses (**04**; auf CHARDONNAY-Basis: **08**; außergewöhnlich: **09**; kürzlich degorgierter Jahrgang: **90**).

**Picpoul de Pinet** Lang w ★★→★★ BV – Der MUSCADET des MIDI, von der Rebsorte PICPOUL, die rund um die Ortschaft Pinet wächst; seit 2013 AC. Frisch und leicht salzig, ideal zu Austern; die besten Versionen zeigen eine saftig-kernige Eigenart und manchmal Mandel- und/oder garrigue-Noten. Die Spitzenerzeuger experimentieren mit Ertragsbeschränkung, Lesezeitpunkt und Hefesatzreifung, um ihren Weinen mehr Tiefe zu verleihen. Auf den Einsatz von Eiche wird in der Regel verzichtet. Besonders empfehlenswert: La Croix Gratiot, Félines-Jourdan, St-Martin de la Garrigue und die Genossenschaften in Pinet und Pomérols.

**Pic St-Loup** Lang r (rs) ★★→★★★ Der kühlste und regenreichste Teil des LANGUEDOC mit spektakulärer Landschaft und einigen Weinbergen in höheren Lagen. Die AC-Vorschriften sehen einen hohen SYRAH-Anteil vor, plus GRENACHE und MOURVÈDRE – die nahe gelegene Rhône lässt grüßen. Die Roten sind zum Einlagern gemacht; für Weißwein bestünde Potenzial, er muss aber einstweilen als AC Languedoc oder IGP Val de Montferrand etikettiert werden. Erzeuger: u.a. Bergerie du Capucin, Cazeneuve, Clos de la Matane, Clos Marie, Gourdou, Dom. de l'Hortus, Lancyre, Lascaux, MAS BRUGUIÈRE, Mas Peyrolle, Valflaunès.

**Pierre-Bise, Château** Lo r rs w ★★→★★★★ **10' 11 14' 15** 16 17 18' – Untadeliger Erzeuger in den COTEAUX DU LAYON; auch Chaume, QUARTS DE CHAUME und SAVENNIÈRES, v.a. Clos de Grand Beaupréau und ROCHE-AUX-MOINES. Sehr gut sind die CUVÉES Schist (Anjou-GAMAY) und Spilite (ANJOU-VILLAGES) sowie die Anjou Blanc Haut de la Garde. Patriarch

Claude Papin, Initiator des GRAND CRU QUARTS DE CHAUME, zieht sich allmählich in den Ruhestand zurück, die Gutsleitung hat Sohn René übernommen.

**Pierrefeu** Prov r rs ★★ Unterbereich der CÔTES DE PROVENCE nördlich von La LONDE mit wärmerem, ebenfalls maritimem Klima. Empfehlenswert Château la Gordonne.

**Pinon, François** Lo w; s; sch ★★★ 09 10' 11 14' 15' 16 17 18' – François und sein Sohn Julien erzeugen sehr gute VOUVRAY-Ökoweine (seit 2003) aus dem Vallée de Cousse und Vernou-sur-Brenne, die hervorragend altern.

**Piper-Heidsieck** Champ – Die historische Champagnerfirma surft jetzt auf einer Welle der Qualität. Lebhafter Brut Essentiel mit längerer Reifezeit und weniger Zucker – blumig und doch kraftvoll, passt perfekt zu Sushi und Sashimi. Der Prestige Rare, jetzt als separate Marke im Haus erzeugt, ist ein Juwel an Präzision, Reinheit und Raffinesse (98 02 08), außerdem erste Ausgabe des Rare Rosé: 07.

**Plageoles, Domaine** SWF r w; sch – Eine Winzerfamilie, die Kollegen in Sachen echter GAILLAC-Stil berät und sich für seltene Rebsorten begeistert wie z. B. Ondenc (Grundlage des berühmten süßen Vin d'Autan; ★★★★), Prunelard (fruchtiger Rotwein mit Tiefe; ★★) oder Verdanel (weiß, trocken, eichengereift) sowie zahllose Mauzac-Unterarten. Weitere Rotweine liefern Duras und Braucol (der hiesige Name für FER SERVANDOU). Ebenfalls ein echtes Original ist der brillante trockene Schaumwein Mauzac Nature.

**Plan de Dieu** S-Rh r ★→★★ 15' 16' 17' 18 – AC der CÔTES DU RHÔNE-VILLAGES auf einer steinigen, windigen Ebene bei CAIRANNE mit alkoholstarken, strammen, pfeffrigen, authentischen Weinen (vorwiegend GRENACHE), die gut zu Wild- und Eintopfgerichten passen. Immer eine gute Wahl! Beste Erzeuger: CHÂTEAUX La Couranҫonne, Le Plaisir, DOMAINES Aphillanthes (charaktervoll), Arnesque, La Bastide St-Vincent, Durieu (voll), Espigouette, Longue Toque, Martin (traditionell), Pasquiers, St-Pierre sowie Clos St-Antonin.

**Pol Roger** Champ BRUT Réserve oJ; Brut 02' 04 06 08 09 12' (★★★); Rosé 09; BLANC DE BLANCS 09 – Champagnerhaus in Familienbesitz in Épernay. Der Brut Réserve oJ, seit 2012 mit etwas geringerer Dosage, ist überragend. Feiner Pure (dosage zéro), außerdem üppige CUVÉE Sir Winston Churchill (88 02), stets erste Wahl zum Einlagern und die preiswerteste aller Prestigecuvées.

**Pomerol** Bx r ★★★→★★★★ 98' 00' 01 04 05' 06' 08 09' 10' 11 12 14 15 16 – Kleine AC an der Grenze zu ST-ÉMILION, berühmt für ihren von MERLOT dominierten vollen, geschmeidigen und dennoch langlebigen Stil. Spitzengüter: CLINET, La CONSEILLANTE, L'EGLISE-CLINET, L'ÉVANGILE, La FLEUR-PÉTRUS, HOSANNA, LAFLEUR, PETRUS, Le PIN, TROTANOY und VIEUX CHÂTEAU CERTAN. Die Preise sind in generell hoch, doch es gibt – gelegentlich – Ausnahmen (BOURGNEUF, Clos du Clocher, MAZEYRES, La POINTE).

**Pommard** Côte d'Or r ★★★(★) 90' 96' 99' 03 05' 09' 10' 12 15' 16' 17 18' – Gegenpol zum Nachbarn VOLNAY: mächtige Weine mit viel Tannin und mindestens 10 Jahren Lebensdauer. Beste Lagen: Epenots liefert anmutige, Rugiens kraftvolle Weine. Erzeuger: v. a. Comte ARMAND, J.-M. BOILLOT, Clerget, COURCEL, HOSPICES DE BEAUNE, Huber-Vedereau, Lejeune, de MONTILLE, Parent, Ch. de Pommard, Pothier-Rieusset, Rebourgeon, Violot-Guillemard.

**Pommery** Champ BRUT oJ immer verlässlich; Rosé oJ; Brut 04 08 09 12' – Historisches Champagnerhaus mit spektakulären Kellergewölben; die Marke gehört jetzt Vranken. Die einst hervorragende Cuvée Louise (02 04) ge-

**Ponsot** Côte d'Or r w ★★→★★★★ Eigenwilliger Spitzenerzeuger in MOREY-ST-DENIS, jetzt von Rose-Marie Ponsot geleitet. Paradeweine: Clos de la Roche (rot) und der einzigartige weiße PREMIER CRU Monts Luisants (ALIGOTÉ). Rose-Maries Bruder Laurent betreibt seit 2016 ein (hervorragendes) Handelshaus.

**Pouilly-Fuissé** Bg w ★★→★★★ 14' 15 17 18 — Spitzenappellation des Mâconnais mit kraftvollen, runden und zugleich intensiven Weißen aus der Umgebung von Fuissé, während die aus Vergisson mineralischer ausfallen — entweder jung oder nach etlichen Jahre Flaschenreife trinken. Demnächst wird auch die lang erwartete PREMIER-CRU-Einstufung erfolgen. Spitzenerzeuger: Barraud, Ch. de Beauregard, Bouchacourt, Bret, Cordier, Cornin, Drouin, Ferret, Forest, Ch. de FUISSÉ, Merlin, Paquet, Ch. des Quarts, Robert-Denogent, Rollet, Ch. des Rontets, Saumaize, Saumaize-Michelin, VERGET.

**Pouilly-Fumé** Lo w ★→★★★★ 14' 15' 16 17' 18' — AC gegenüber von SANCERRE am anderen Loire-Ufer: 1.352 ha bestockt mit SAUVIGNON BLANC. Die besten Weine können sich 8–10 Jahre und länger entwickeln. Erzeuger: v. a. Bain, Belair, BOURGEOIS, Cailbourdin, Champeau, Chatelain, Didier DAGUENEAU, Serge Dagueneau et Filles, Ch. de Favray, Edmond et André Figeat, Ladoucette, Masson-Blondelet, Jean Pabiot, Jonathan Pabiot, Redde, Saget, Tabordet, Ch. de Tracy, Treuillet. 2016 und 2017 Frostschäden, 2018 sehr gut.

**Pouilly-Loché** Bg w ★★ 14' 15 17 18 — Das am wenigsten bekannte Mitglied der Pouilly-Familie im Mâconnais. Führender Erzeuger ist Clos des Rocs, gefolgt von Bret Brothers, Tripoz und der Genossenschaft.

**Pouilly-sur-Loire** Lo w ★★ BV — Im 19. Jahrhundert versorgte Pouilly ganz Paris mit CHASSELAS-Tafeltrauben, heute sind nur noch 27 ha übrig geblieben; der Anbaubereich liegt im selben Gebiet wie POUILLY-FUMÉ. Entschlossen die Tradition bewahren Serge Dagueneau et Filles, Gitton, Landrat-Guyollot, Masson-Blondelet, Jonathan Pabiot und Redde.

**Pouilly-Vinzelles** Bg w ★★ 14' 15 17 — Die AC liegt sowohl geografisch als auch qualitativ zwischen POUILLY-LOCHÉ und PUILLY-FUISSÉ; mit Abstand am besten ist die Lage Les Quarts. Beste Erzeuger: Bret Brothers, DROUHIN und Valette. Mengenmäßig größter Erzeuger ist die Genossenschaft Cave des Grands Crus Blancs.

**Premier cru** In BORDEAUX Lagen 1. Klasse, in Burgund (einschließlich CHABLIS) jedoch Lagen 2. Klasse, hinter GRAND CRU. An der Loire neuerdings Einstufung für Lagen 2. Klasse; bislang gilt sie einzig für COTEAUX DU LAYON Chaume.

**Premières Côtes de Bordeaux** Bx w; s ★→★★ 10' 15' 16 (18) — Geografisch mit CADILLAC — CÔTES DE BORDEAUX identische, aber ausschließlich für weißen Süßwein geltende AC. Weine in lieblichem (*moelleux*) Stil auf SÉMILLON-Basis, in der Regel BV. Beste CHÂTEAUX: Crabitan-Bellevue, Fayau, du Juge, Suau.

**Prieur, Domaine Jacques** Côte d'Or ★★★ Bedeutendes Weingut in MEURSAULT, das auch über eine Reihe hervorragender GRAND-CRU-Lagen von MONTRACHET bis MUSIGNY verfügt. Der Stil zielt eher auf Gewichtigkeit durch späte Lese und Eichenausbau ab als auf Finesse. Die Eigentümerfamilie Labruyère ist zudem in der Champagne und in MOULIN-À-VENT engagiert und besitzt Ch. ROUGET in POMEROL.

**Prieuré Saint Jean de Bébian** Lang ★★★ Das Gut in Pézenas verfügt über vielfältige Böden: Kies, Vulkanerde, Lehm und Kalkstein. Jetzt in russischem Besitz; Weinmacherin ist die Australierin Karen Turner. Die drei Reihen

(Rot- und Weißwein) heißen La Chapelle, La Croix und Prieuré, außerdem roter »1152« von alten Reben.

**Primeur** Frischer, belebender junger Wein, besonders BEAUJOLAIS, auch IGP. *En primeur*-Verkauf bezieht sich dagegen auf Wein, der noch im Fass liegt und erst nach der Flaschenabfüllung ausgeliefert wird.

**Producteurs Plaimont** SWF – Die rührigste Genossenschaft Frankreichs führt Rebsorten ein, die im Südwesten nicht heimisch sind, kümmert sich aber auch um die Wiederbelebung vergessener lokaler Trauben. Ihr Expansionskurs erstreckt sich auf das nördliche MADIRAN (wo unabhängige Erzeuger angeworben werden) und ST-MONT (demnächst mit genossenschaftseigenem Hotelrestaurant im alten Kloster St-Mont). Weine aller Farben und Stile (überwiegend ★★), aller Geschmacksrichtungen und aller Preisklassen.

**Propriétaire-récoltant** Champ – Besitzer und Betriebsleiter; *récoltant* ist vom Verb *récolter* abgeleitet, das »ernten«, »sammeln« bedeutet.

**Bei Rosé-Champagner muss man wählen zwischen Farbe und Geschmack. Beides zusammen geht nicht.**

**Puisseguin St-Émilion** Bx r ★★ 10' 14 15 16 (18) – Der östlichste der vier »Satelliten« von ST-ÉMILION mit festen, robusten Weinen, die bis zu 10 Jahre alt werden können. Spitzen-CHÂTEAUX: Beauséjour, Le Bernat, Branda, Clarisse, Durand-Laplagne, Fongaban, Guibot La Fourvieille, Haut-Bernat, des LAURETS, La Mauriane, de Môle, Soleil.

**Puligny-Montrachet** Côte d'Or (r) w ★★★→★★★★ 09' 10' 12 14' 15 17 18 – Blumiger, feingliedriger, flirrender weißer Burgunder: auf Village-Niveau ordentlich, hervorragend aus höheren Lagen, allen voran Caillerets, Champ Canet, Combettes, Folatières, Pucelles plus die unglaublichen MONTRACHET-GRANDS-CRUS. Erzeuger: v. a. J.-M. Boillot, Bouchard Père et Fils, CARILLON, Chartron, Drouhin, Ente, JADOT, Dom. Leflaive, O. Leflaive, Pernot, Ch. de Puligny, Sauzet.

**Puyméras** S-Rh r w ★ 16' 17' 18 – Etwas abgeschiedener Weinbauort mit Weinbergen in höherer Lage und annehmbarer Genossenschaft. Solide geschmeidige, pflaumenfruchtige Rote auf GRENACHE-Basis, ordentliche Weiße. Empfehlenswert sind Cave la Comtadine, Dom. du Faucon Doré (biologisch-dynamisch) und Puy du Maupas.

**Pyrénées-Atlantiques** SWF Meist BV – IGP-Bezeichnung für Weine, die den AOP-Bestimmungen im äußersten Südwesten nicht entsprechen. Empfehlenswert sind die sortenreinen Nicht-AOP-Weine und -Cuvées von CHÂTEAU Cabidos (ausgezeichnete sortenreine, langlebige, trockene und süße weiße Petit-MANSENG-Versionen; ★★★), Dom. Moncaut bei Pau (★★) und BRUMONT (★). Ansonsten auf gut Glück.

**Quarts de Chaume** Lo w; s ★★★→★★★★ 07' 10' 11' 14' 15' 16 17 18 40 – Kleine Hanglage (40 ha) in der Nähe von Layon, ausschließlich für CHENIN BLANC. Die bewundernswert strengen Vorschriften müssten strikter durchgesetzt werden, um GRAND-CRU-Status und -Preise zu rechtfertigen. Aus einigen Parzellen wird noch immer zu viel Ertrag herausgeholt. Die besten Weine bestechen durch ihre reichhaltige Textur. Beste Erzeuger: Baudouin, Bellerive, Branchereau, FL, Guegniard, Ogereau, Ch. PIERRE-BISE, Pithon-Paillé, Suronde (gehört zu Ch. de Minière in BOURGUEIL).

**Quincy** Lo w ★→★★ 16 17 18' – Wiederbelebter AOP-Bereich (303 ha, 1990 waren es lediglich 60 ha) mit SAUVIGNON-BLANC-Weinen aus Sand- und Kiesböden im Cher-Tal südöstlich von Vierzon – die erste AC an der Loire (1936). Erzeuger: v. a. Mardon, Portier, Rouzé, Siret-Courtaud, Tatin-Wilk (Doms. Ballandors und Tremblay), Villalin.

**FRANKREICH** | Ran–Ric | 115

**Rancio** Rouss – Der ursprünglichste, nachhaltigste und köstlichste Stil eines VIN DOUX NATUREL, der an Tawny Port oder alten Oloroso (Sherry) erinnert, wird in BANYULS, MAURY, RASTEAU und RIVESALTES erzeugt. Unbedingt probieren! Er reift in Holzfässern, die unter Sauerstoff- und Hitzeeinwirkung stehen. Bei Tischweinen wäre der daraus resultierende (stechend-durchdringende) Geschmack ein Fehler.

**Rangen** El – Der südlichste elsässische GRAND CRU in Thann auf extrem steilen Hängen (im Durchschnitt 90 % Gefälle) mit vulkanischem Boden. Spitzenweine: majestätischer RIESLING von ZIND-HUMBRECHT (CLOS St Urbain, 05' 08' 10' 17') und SCHOFFIT (Clos St-Théobald, 08' 10 17'). 2015 mit ganz besonderer Finesse.

**Rasteau** S-Rh r (rs) (w) br; (tr) s 10' 12' 15' 16' 17' 18 – Vollgas-Rote von Tonböden, hauptsächlich von GRENACHE, am besten in heißen Jahren. Empfehlenswerte Erzeuger: Beaurenard (seriös, mit schönem Entfaltungspotenzial), Cave Ortas (gut), Famille Perrin, Ch. La Gardine und Ch. du Trignon sowie die DOMAINES Beau Mistral, M. Boutin, Didier Charavin, Collière, Combe Julière, Coteaux des Travers, Élodie Balme, Escaravailles, Girasols, Gourt de Mautens (talentiert; seit 2010 auch IGP-Weine), Grand Nicolet (charaktervoll), Grange Blanche, Rabasse-Charavin, St-Gayan, Soumade (geschliffen) und Trapadis. Die Qualität des als VIN DOUX NATUREL von Grenache erzeugten Dessertweins steigt (Doms. Banquettes, Combe Julière, Coteaux des Travers, Escaravailles, Trapadis). Die Rasteau-Güter sind auch eine gute Quelle für roten CÔTES DU RHÔNE.

**Raveneau** Chablis w ★★★★ Zusammen mit seinen Cousins DAUVISSAT der großartigste CHABLIS-Erzeuger. Dank traditionellen Methoden sind die Weine außerordentlich langlebig, weshalb sie einen echten Wert darstellen, wenn auch nicht auf dem Sekundärmarkt. Empfehlenswert: Blanchots, Les CLOS, Vaillons.

**Rayas, Château** S-Rh r w ★★★★ 98' 99 05' 06' 07' 09' 10' 11' 15' 16' 17' – Faszinierendes, extrem auf Tradition und strikteste Ertragsbeschränkung bedachtes 13-ha-Gut in CHÂTEAUNEUF-DU-PAPE. Die blassen, subtilen, aromatischen, sinnlichen Roten (100 % GRENACHE) verraten ihre Qualität im Flüsterton, schenken Freude und altern großartig. Der weiße Rayas (GRENACHE BLANC, CLAIRETTE) hält sich gut und gern 18 und mehr Jahre. Günstiger, stilvoller Zweitwein Pignan. Zudem erlesener Ch. Fonsalette (CÔTES DU RHÔNE), u. a. fantastischer SYRAH. Alle müssen dekantiert werden, und jeder ist ein Ereignis. Ferner guter Ch. des Tours (pfeffriger VACQUEYRAS) und Dom. des Tours (VIN DE PAYS de Vaucluse).

**Régnié** Beauj r ★★ 15' 16 17 18' – Die sandigen Böden des jüngsten unter den BEAUJOLAIS-Crus erbringen Weine in leichterem Stil; fleischiger geraten sie in der Gegend von MORGON. Probierenswert von Burgaud, Dupré, de la Plaigne, Rochette und Sunier.

**Reuilly** Lo r rs w ★→★★★ 15' 16 17 18' – An QUINCY grenzende, wiederbelebte 259-ha-AC (1990 nur 30 ha) südlich von Vierzon für Weißweine von SAUVIGNON BLANC (127 ha) sowie Rosé und Vin gris von PINOT NOIR (75 ha) und/oder PINOT GRIS (50 ha). Auch für – z. T. gute – Rotweine von Pinot noir. Beste Erzeuger: Jamain, Claude Lafond (Chefin ist jetzt Tochter Nathalie), Mardon, Renaudat, Rouze, Sorbe. 2018 hat das Zeug zu einem sehr guten Jahrgang.

**Riceys, Rosé des** Champ rs BV – Bedeudendste AC in AUBE, ausschließlich für einen beachtenswerten PINOT-NOIR-Rosé. Erzeuger: A. Bonnet, Jacques Defrance und Morize. Großartiger Jahrgang 09 und vielversprechender Jahrgang 14 nach den mageren Jahren 2011 bis 2013; 15' ist überragend.

**Richebourg** Côte d'Or r ★★★★ 90' 93' 96' 99' 02' 03 05' 09' 10' 12' 15' 16 17 18 – GRAND CRU in VOSNE-ROMANÉE. Das Nonplusultra des Burgunders, mit unendlicher Geschmackstiefe, unglaublich teuer. Erzeuger: DRC GRIVOT, GROS, Hudelot-NOËLLAT, LEROY, LIGER-BELAIR, MÉO-CAMUZET.

**Rimage** Rouss – Zunehmend im Trend liegende, überaus fruchtige VINS DOUX NATURELS mit Jahrgangsbezeichnung. Jung trinken. Ähneln gutem Ruby Port. Die Variante aus MAURY heißt Grenat.

**Rion** Côte d'Or r (w) ★★→★★★ DOMAINES in NUITS-ST-GEORGES und VOSNE-ROMANÉE, deren Besitzer verwandt sind. Patrice Rions hervorragende Weine stammen aus Nuits-St-Georges (Clos St Marc, Clos des Argillières) und CHAMBOLLE-MUSIGNY, Daniel Rions PREMIER-CRU-Gewächse aus den Bereichen Nuits-St-Georges und Vosne-Romanée. Bernard Rions Weine kommen großteils aus Vosne-Romanée. Alle drei zeichnen sich durch faire Preisgestaltung aus.

> ### Funken schlagen
>
> Der Geschmack von Burgunder ist Moden unterworfen – aber was haben diese Aromen von abgebranntem Streichholz oder Feuerstein in meinem CHARDONNAY zu suchen? In den vergangenen Jahren liegen sie mehr und mehr im Trend, in Burgund und anderswo. Sie sind beabsichtigt und das Resultat reduktiver Weinbereitung, wodurch eine Schwefelverbindung entsteht, die im Kampf gegen vorzeitige Oxidation höchst willkommen ist. Aber wir wollen es nicht zu weit treiben. Führende Vertreter dieser Richtung sind in Burgund COCHE-DURY, COLIN-MOREY und ROULOT; in Australien Giaconda.

**Rivesaltes** Rouss r w br; tr s ★★ meist oJ oder Solera, aber auch mit Jahrgangsbezeichnung – Gröblich unterschätzter, junger und alter VIN DOUX NATUREL aus einem großen Bereich im ROUSSILLON, der eigentlich deutlich mehr Beachtung verdient. Langlebige Weine, v. a. RANCIOS. Die Suche lohnen: CAZES sowie die DOMAINES Boucabeille, des Chênes, de Rancy, Le Roc des Anges, Sarda-Malet, des Schistes und Vaquer. Sie werden nicht enttäuscht sein.

**Rives-Blanques, Château** Lang w; sch ★★★ Caryl und Jan Panman – sie Irin, er Holländer – erzeugen nun gemeinsam mit Sohn Jan-Ailbe BLANQUETTE de LIMOUX und CRÉMANT. Zu den Limoux-Stillweinen zählen der ungewöhnliche sortenreine Mauzac Occitania, der Verschnitt Trilogie und der CHENIN BLANC Dédicace zum Einlagern. Außerdem gibt es einen Dessertwein namens Lagremas d'Aur.

**Roche-aux-Moines, La** Lo w; s ★★→★★★ 10' 11 12 14' 15' 16 – Für die potenziell langlebigen CHENIN-BLANC-Weine aus dem 33-ha-Cru in SAVENNIÈRES in ANJOU bestehen strenge Vorschriften. Erzeuger: v. a. Le Clos de la Bergerie (Joly), Dom. des Forges, FL, Laureau, Dom. aux Moines, Ch. Pierre-Bise. Nach dem minimalen Ertrag 2017 ist 2018 sehr vielversprechend ausgefallen.

**Roederer, Louis** Champ Brut 08 12; Blanc de Blancs 12 13 15; Brut Saignée Rosé 09 – Das einzigartige Champagnerhaus in Familienhand verfügt über beneidenswerten Weinbergbesitz (240 ha), der jetzt großteils ökologisch bzw. biodynamisch bewirtschaftet wird. Der BRUT Premier oJ (★★★) ist Finesse und Geschmack pur; außerdem herrlicher Cristal (08), seit 2012 aus biodynamischem Anbau, sowie ausgezeichneter Cristal Vinothèque Blanc (96) und Rosé (95). Ferner Brut Nature Philippe Starck (09 12 15; ausschließlich aus dem Cru Cumières). Eigentümer von DEUTZ, DELAS, Ch. de PEZ und Ch. PICHON LALANDE. Siehe auch »Kalifornien« im Kapitel »Vereinigte Staaten«.

**Rolland, Michel** Bx – Ein Veteran unter den französischen önologischen Beratern und MERLOT-Spezialist (in BORDEAUX und weltweit). Eigentümer von Ch. FONTENIL in FRONSAC. Siehe auch »Argentinien« (Clos de los Siete).

**Rolly Gassmann** El w; s ★★★ Bewunderter Erzeuger, v. a. wegen seiner Weine aus der Lage Moenchreben: halbtrockener voller, sinnlicher GEWÜRZTRAMINER CUVÉE Yves (**08 09 12 15**). Die jetzt durchweg angewandten biologisch-dynamischen Methoden sorgen für mehr Finesse. Ferner mineralisch-aromatischer RIESLING (**13**) und feiner, intensiver PINOT NOIR (**15**) mit milden Tanninen. Außergewöhnlicher Jahrgang 2017, allerdings geringe Mengen.

**Romanée-Conti** Côte d'Or r ★★★★ 85' **89' 90' 93'** 96' **99' 00 02'** 03 05' 09' 10' 12' 14' 15' 16' 17 18' – GRAND-CRU-Lage in VOSNE-ROMANÉE, MONOPOLE von DRC; fabelhaft in Form. Hüten Sie sich aber vor »Kennern«, die Ihnen Fälschungen ins Haus schleppen!

**Romanée, La** Côte d'Or r ★★★★ **09'** 10' 12' 15' 16' 17 18 – Der kleinste GRAND CRU in VOSNE-ROMANÉE; MONOPOLE von Comte LIGER-BELAIR. Außerordentlich feine, duftende, intensive Weine, die gegenwärtig auf höchstem Niveau erzeugt werden und verständlicherweise sehr teuer sind.

**Romanée-St-Vivant** Côte d'Or r ★★★★ **90' 99' 02'** 05' 09' 10' 12' 15' 16' 17 18' – GRAND CRU in VOSNE-ROMANÉE, etwas tiefer gelegen als ROMANÉE-CONTI. Der Wein hat ein betörendes Bukett und ist eher zart, aber intensiv; etwas früher trinkreif als seine berühmten Nachbarn. Erzeuger: wenn Sie sich DRC oder LEROY und inzwischen auch CATHIARD nicht leisten können, probieren Sie ARLOT, ARNOUX-LACHAUX, J.J. Confuron, Follin-Arbelet, HUDELOT-NOËLLAT, LATOUR oder Poisot.

**Rosacker** El – GRAND CRU in Hunawihr mit Kalk-Lehm-Boden. Von hier kommt der langlebigste RIESLING des ELSASS (CLOS STE-HUNE).

**Rosé d'Anjou** Lo rs ★→★★ BV – Große AOP (2.084 ha, 280 Erzeugerbetriebe) für lieblichen bis süßen Rosé (vorwiegend von Grolleau). Sehr beliebt und zunehmend gut bereitet. Empfehlenswert von: Mark Angeli (VIN DE FRANCE), Bougrier, Clau de Nell sowie den DOMAINES de la Bergerie, les Grandes Vignes und des Sablonnettes.

**Rosé de Loire** Lo rs ★→★★ BV – AC (1.044 ha) für trockenen ANJOU-Rosé von sechs Rebsorten, u. a. CABERNET FRANC, GAMAY und Grolleau. Beste Erzeuger: Bablut, Bois Brinçon, Branchereau, CADY, Cave de Saumur, Ogereau, Passavant, Ch. PIERRE-BISE, Richou, Soucherie. Der Anbaubereich umfasst zwar ANJOU, SAUMUR und die TOURAINE, beschränkt sich im Grunde aber auf Anjou.

**Rosette** SWF w; lbl ★★ BV – Die Geburtsstätte der BERGERAC-Weine ist nun die Heimat köstlicher halbtrockener Aperitifweine aus dieser kleinen AOP. Sie schmecken gut zu Foie gras oder Pilzgerichten; in Eiche ausgebaute Versionen widersprechen allerdings dem Stil. Probierenswert von CLOS Romain, den DOMAINES de la Cardinolle, de Coutancie, du Grand-Jaure und den CHÂTEAUX Combrillac, Monplaisir, de Peyrel, Puypezat-Rosette und Spinguliére.

**Rossignol-Trapet** Côte d'Or r ★★★ Ebenfalls biologisch-dynamisch arbeitende Cousins der Eigentümer von Dom. TRAPET, im Besitz etlicher GRAND-CRU-Lagen, v. a. CHAMBERTIN. Angefangen vom GEVREY VIEILLES VIGNES bietet das gesamte Sortiment ein gutes Preis-Leistungs-Verhältnis. Auch einige Lagen in BEAUNE (aus Rossignol-Besitz).

**Rostaing, Domaine** N-Rh r w ★★★ **99' 01' 05' 09'** 10' 12' 13' 15' 16' 17' 18' – Sehr qualitätsbewusster Erzeuger an der CÔTE-RÔTIE mit fünf sehr feinen, reintönigen, klaren und unter dezentem Eicheneinsatz bereiteten Weinen, die 6 Jahre reifen und dekantiert werden sollten: verführerischer, komplexer, erstklassiger Côte Blonde (mit 5 % VIOGNIER), Côte Brune (von eisenhaltigem Boden) und La Landonne (dunkle Früchte, 15–20 Jahre haltbar). Dazu herber, fester Condrieu sowie roter und weißer Dom. Puech Noble (LANGUEDOC). Seit 2015 ist René Rostaings Sohn Pierre der Chef.

**Rouget, Emmanuel** Côte d'Or r ★★★★ Berühmt als Erbe (Neffe) von Henri Jayers Weinbergbesitz, allen voran CROS PARANTOUX. Nun bringt die junge Generation frischen Wind hinein. Feine NUITS-ST-GEORGES- und VOSNE-ROMANÉE- sowie Grand-cru-Gewächse.

**Roulot, Domaine** Côte d'Or w ★★★→★★★★ Die hervorragende Domaine in MEURSAULT wird von Jean-Marc Roulot geleitet und hat inzwischen Kultstatus erlangt, was für die Preise auf dem Sekundärmarkt nichts Gutes verheißt. Großartig sind die PREMIER-CRU-Gewächse wie Charmes, Clos des Bouchères und Perrières, preiswerter diejenigen aus besten Villages-Lagen wie Les Luchets, Meix Chavaux und v. a. Clos du Haut Tesson.

**Roumier, Georges** Côte d'Or w ★★★★ Das Musterweingut für BONNES-MARES und andere brillante Chambolle-Musigny-Weine, bereitet von Christophe Roumier. Langlebige, aber auch in der Jugend ansprechende Gewächse, die als »Kultweine« inzwischen sehr hoch gehandelt werden. Das beste Preis-Leistungs-Verhältnis bietet der Clos de la Bussière (MOREY-SAINT-DENIS).

**Rousseau, Domaine Armand** Côte d'Or r ★★★★ Die unvergleichliche DOMAINE in GEVREY-CHAMBERTIN brilliert mit ausgewogenen, duftenden, raffinierten und langlebigen Weinen, angefangen von Village- bis hin zu GRAND-CRU-Gewächsen, allen voran CLOS ST-JACQUES. Und dabei soll es in absehbarer Zukunft auch bleiben.

**Roussette de Savoie** Sav w ★★ Reinsortig von ROUSSETTE bereiteter Weißwein aus der Gegend südlich des Genfer Sees (150 ha), teils zum Einlagern; er macht 10 % der Gesamtweinproduktion SAVOYENS aus. Erzeuger: v. a. Curtet, Grisard, Maillet, de la Mar, Mérande, Quenard.

**Roussillon** In dem oft mit dem LANGUEDOC in einen Topf geworfenen und inzwischen der AC Languedoc eingegliederten Anbaubereich macht sich starker spanischer Einfluss bemerkbar; Hauptrebsorte ist GRENACHE. Ursprünglicher, traditioneller VIN DOUX NATUREL (z. B. BANYULS, MAURY, RIVESALTES). Jüngere Jahrgangsweine (RIMAGE/Grenat) konkurrieren nun mit gereiftem RANCIO. Zudem ernst zu nehmende rote und weiße Tischweine mit Alterungspotenzial. Siehe auch COLLIOURE, CÔTES DU ROUSSILLON-VILLAGES, MAURY und CÔTES CATALANES (IGP).

**Ruchottes-Chambertin** Côte d'Or r ★★★★ 99' 02' 05' 09' 10' 12' 15' 16 17' 18' – Winziger GRAND-CRU-Nachbar von CHAMBERTIN; weniger körperreicher, dafür ätherischer, fein gewirkter, langlebiger Wein von großer Finesse. Spitzenerzeuger: MUGNERET-Gibourg, ROUMIER, ROUSSEAU, gefolgt von H. Magnien und Ch. de Marsannay.

**Ruinart** Champ »R« de Ruinart BRUT oJ; Ruinart Rosé oJ; »R« de Ruinart Brut 08 – Die älteste Champagnerfirma, gegründet 1729. Das bereits hohe Niveau steigt immer weiter: Die Weine sind reichhaltig und elegant. Die Prestige-CUVÉE Dom Ruinart ist einer der beiden besten BLANC-DE-BLANCS-Jahrgangsweine der Champagne (z. B. 90' in der Magnumflasche; 02 04 07 09), im heiklen Jahrgang 06 zeigt er herrliche Struktur. Auch der Dom Ruinart Rosé (98') ist etwas ganz Besonderes. Der Blanc de Blancs oJ ist sehr viel besser geworden. In den klassisch kühlen Jahrgang 2013 werden große Hoffnungen gesetzt.

**Rully** Bg r w ★★ r 15' 16 17 18'; w 14' 16' 17' 18 – Ort an der CÔTE CHALONNAISE für leichten, frischen, leckeren, preiswerten Weißwein. Bei den Roten steht nicht so sehr Struktur als vielmehr die Frucht im Vordergrund. Probierenswert: Devevey, DROUHIN, Dureuil-Janthial, FAIVELEY, Jacqueson, Jaeger-Defaix, C. Jobart, Olivier Leflaive, Ninot, Rodet.

## FRANKREICH | Sab–Sai | 119

**blet** S-Rh r (rs) w ★★ 15' 16' 17' — Aus dem in der Ebene unterhalb von GIGONDAS gelegenen Ort der CÔTES DU RHÔNE-VILLAGES kommen unkomplizierte, manchmal auch gewichtigere Weine. Saubere, beerenfruchtige Rote von sandigen Böden, v. a. von der Genossenschaft CAVE des Vignerons du Gravillas, Ch. Cohola (Ökoanbau), Ch. du Trignon sowie den DOMAINES de Boissan (öko, voll), Les Goubert (rot und weiß), Pasquiers (voll) und Piaugier (rot und weiß). Auch gute, volle Weißweine, sowohl als Aperitif wie auch zum Essen, v. a. von Boissan, St-Gayan.

**aint-Amour** Beauj r ★★ 15' 17 18' — Nördlichster Cru im BEAUJOLAIS mit unterschiedlichen Böden und daher unterschiedlichen Weinen. Empfehlenswerte Erzeuger: Dom. de Fa, Janin, Patissier, Pirolette und Revillon.

**aint-Aubin** Côte d'Or r w ★★★ w 10' 12 14' 15 17 18 — Gute Quelle für lebhafte, erfrischende Weißweine, mit denen die Ortschaft ihren Nachbarn PULIGNY- und CHASSAGNE-MONTRACHET nicht zuletzt in preislicher Hinsicht die Stirn bietet. Außerdem nette Rote (meist BV). Beste Lagen: Chatenière, En Remilly, Murgers Dent de Chien. Beste Erzeuger: J.C. Bachelet, Marc COLIN, Joseph Colin, Colin-Morey und Lamy. Preiswertes findet man bei Prudhon.

**aint-Bris** Bg w ★ BV — Die einzige AC für SAUVIGNON BLANC in Burgund. Frische, lebhafte Weine von GOISOT und de Moor, die sich zum Einkellern eignen. Auch interessant: Bersan, Davenne, Simonnet-Febvre.

**aint-Chinian** Lang r ★→★★★ 11 12 13 14 15 16 17 — Großes, hügeliges Gebiet bei Béziers mit solidem Ruf; enthält die Crus du Languedoc Berlou (vorwiegend CARIGNAN) und Roquebrun (Schieferböden, vorwiegend SYRAH). Warme, würzige Rotweine auf Basis von Syrah, Carignan, GRENACHE und MOURVÈDRE. Die Weißen werden von GRENACHE BLANC, MARSANNE, ROUSSANNE und VERMENTINO bereitet. Erzeuger: die Genossenschaft in Roquebrun (gut), Dom. Borie la Vitarèle, CLOS Bagatelle, Dom. la Dournie, Dom. des Jougla, Dom. La Madura, Mas Champart, Dom. Navarre, Dom. Rimbert und Ch. Viranel. Etliche neue Betriebe.

**ainte-Croix-du-Mont** Bx w; s ★★ 07 09' 10' 11' 15 16 — AC für süße Weißweine (liquoreux) gegenüber von SAUTERNES auf dem anderen Garonne-Ufer. Die besten Exemplare sind voll, cremig und langlebig. Spitzen-CHÂTEAUX: Crabitan-Bellevue, Loubens, du Mont, Pavillon und la Rame.

**st ein eiförmiger Tank ein *coque au vin*? Oder ein *vin à la coque*?**

**Saint-Émilion** Bx r ★★→★★★★ 98' 00 01' 05' 09' 10' 15' 16 — Großer Bereich von BORDEAUX auf dem rechten Ufer, gegenwärtig äußerst erfolgreich – seit 1999 UNESCO-Weltkulturerbe. Angebaut wird vorwiegend MERLOT, gefolgt von CABERNET FRANC. Umfasst die ACs St-Émilion und einen großen Teil von St-Émilion GRAND CRU; St-Émilion PREMIER GRAND CRU CLASSÉ ist die Klassifikation der Spitzengewächse. Warmer, voller, runder Stil; aufgrund unterschiedlicher Terroirs und Bereitungsmethoden ist die Bandbreite allerdings groß – die besten Weine sind fest und sehr langlebig. Spitzen-CHÂTEAUX: ANGÉLUS, AUSONE, CANON, CHEVAL BLANC, FIGEAC und PAVIE. Viele auch in preislicher Hinsicht ansprechende Weine.

**Saint-Estèphe** H-Méd r ★★→★★★★ 95 00' 05' 09' 10' 15 16' — Nördlichste kommunale AC im MÉDOC. Solide, strukturierte, auf Langlebigkeit angelegte Weine, häufig vergleichsweise preiswert. Fünf Crus classés: CALON-SÉGUR, COS D'ESTOURNEL, COS LABORY, LAFON-ROCHET und MONTROSE. Die besten Châteaux ohne Klassifizierung: Le BOSCQ, LE CROCK, HAUT-MARBUZET, MEYNEY, ORMES DE PEZ, de PEZ, PHÉLAN SÉGUR.

**Sainte-Victoire** Prov r rs ★★ Unterbereich der CÔTES DE PROVENCE an den südlichen Kalksteinhängen (in bis zu 400 m Höhe) der Montagne Ste-Vic-

toire. Weine mit ausladender, cremiger Säure. Die DOMAINES St-Ser u
Gassier profitieren von der Höhenlage. Sehr gut ist die Dom. Richeaum
die IGP-Weine erzeugt.

**Saint-Gall, De** Champ BRUT oJ; Extra Brut oJ; Brut BLANC DE BLANCS oJ; Br
Rosé oJ; Brut Blanc de Blancs 08; CUVÉE Orpale Blanc de Blancs 02' C
17' – Markenname der Union Champagne, der von Spitzenwinzern geb
deten Genossenschaft in AVIZE. Feiner und preiswerter Pierre Vaudon
auf Pinot-Basis. Erzeugt auch erstklassige Grundweine für andere Cha
pagnerhäuser.

**Saint-Georges d'Orques** Lang r rs ★★→★★★ Der individuellste und ältes
Teil der ausgedehnten AOP Grès de Montpellier strebt Cru-Status an. P
bierenswert sind Dom. Belles Pierres, Ch. l'Engarran, Dom. Henry, Dom.
Marfée und Dom. la Prose.

**Saint-Gervais** S-Rh r (rs) (w) ★→★★ 16' 17' 18 – Ort am Westufer der Rh
ne mit guten Böden, aber sehr begrenzter Auswahl. Die Genossenscha
bietet lediglich ein bescheidenes Niveau. Der beste Wein ist der langlebig
(10 Jahre und mehr) Rote der Dom. Sainte-Anne (frisch, fest, mit ausg
prägten MOURVÈDRE-typischen Lakritzaromen), auch der VIOGNIER ist gu
Außerdem: Dom. Clavel mit dem roten Regulus.

**Saint-Jacques d'Albas, Château** Lang r rs w ★★ Seit 2001 bestehende
engagiertes Gut des Briten Graham Nutter und seines Sohns Andrew i
MINERVOIS. Der australische Kellerchef legt Wert auf fruchtbetonte Wein
Le Petit St-Jacques, Domaine d'Albas, Château d'Albas und der SYRAF
dominierte La Chapelle (alle rot). Der Coteaux de Peyriac ist eine Cuvée vc
VIOGNIER, VERMENTINO und ROUSSANNE.

**Saint-Joseph** N-Rh r w ★★ 99' 05' 09' 10' 12' 15' 16' 17' 18' – Rund 65 k
lange AC entlang dem Westufer der nördlichen Rhône mit teils höheren La
gen und vorwiegend Granitböden. Rotweine von SYRAH. Aus den ältestε
und besten Lagen bei Tournon kommen abgerundete, stilvolle Gewächs
mit Noten roter Früchte, weiter nördlich sind die Weine dunkler, lebhafte
pfeffriger, und es wird mehr Eiche verwendet. Vollständigere, nuancenre
chere Weine wie CROZES-HERMITAGE, v. a. von CHAPOUTIER (Les Granits
J.-L. Chave (stilvoll), GONON (Spitzenklasse), B. Gripa und GUIGAL (Vigne
de l'Hospice); daneben: Alexandrins, Amphores (biodynamisch), Chèze
Courbis (modern), Coursodon (rassig, modern), Cuilleron, Delas, E. Da
naud, J. & E. Durand (fruchtig), Faury, Ferraton, Gaillard, Marsanne (trad
tionell), P. Marthouret (traditionell), Monier-Perréol (Ökoanbau) A. PERRE
(Grisières), Vallet, P.-J. Villa, F. Villard, Vins de Vienne. Gute, zum Esse
passende Weiße (hauptsächlich Marsanne), v. a. von Barge, Chapoutie
(Les Granits), Cuilleron, Faury, Gonon (fabelhaft), Gouye (traditionell), Gr
pa, A. Perret, J. Pilon.

**Saint-Julien** H-Méd r ★★★→★★★★★ 90' 96' 05' 09' 10' 15 16' – Kommu
nale AC im mittleren MÉDOC mit ungeheuer stilvollen Gewächsen – Inbe
griff des harmonischen, duftenden und aromatischen Rotweins. Elf CHÂ
TEAUX, die in die Klassifizierung von 1855 aufgenommen wurden, besitze
95 % der Rebfläche (daher gibt es kaum Crus bourgeois), u. a. die drei LÉO
VILLE-Châteaux, BEYCHEVELLE, DUCRU-BEAUCAILLOU, GRUAUD LAROSI
und LAGRANGE.

**Saint-Mont** SWF r rs w ★★ r **15'** 16 17 18; rs w BV – AOP im Herzen de
Gascogne. Genossenschaftsgigant PRODUCTEURS PLAIMONT würde di
Appellation gern als Markennamen übernehmen, doch der Saxofonis
J.-L. Garoussia von der Dom. de Turet (★) tritt diesem Plan gemeinsan
mit Ch. de Bergalasse und Dom. des Maouries (★★) entgegen.

**Saint-Nicolas-de-Bourgueil** Lo r rs ★→★★★ 15' 16 **17'** 18' – AC westlich
von BOURGUEIL mit ähnlichen (aber populäreren) Weinen von CABERNET

FRANC, die von den überwiegend vorkommenden Sand-/Kiesböden leicht, von den Kalkhängen aber strukturierter ausfallen. Empfehlenswerte Erzeuger: Yannick Amirault, Clos des Quarterons, David, Delanoue, Lorieux, Frédéric Mabileau, Laurent Mabileau, Mabileau-Rezé, Mortier, Taluau-Foltzenlogel, Vallée. Zum Schutz gegen Frost werden Windmaschinen eingesetzt. Der Jahrgang 2018 ist sehr gut.

**Saint-Péray** N-Rh w; sch ★★ 16' 17' 18' – Weißer Rhône-Wein (MARSANNE plus ROUSSANNE) mit wachsendem Renommee von Weinbergen auf Granit- sowie einigen Kalksteinhügeln gegenüber von Valence; jede Menge Neuanpflanzungen. Einst berühmt für Schaumwein nach der *méthode champenoise*, der auch heute noch das Probieren lohnt (R. Nodin, J.-L. Thiers, A. Voge, die Genossenschaft in TAIN). Der weiße Stillwein sollte zupackend und rauchig mit Feuersteinnote sein. Spitzenerzeuger: CHAPOUTIER, Clape (reintönig), Colombo (stilvoll), Cuilleron, Durand, Gripa (sehr gut), R. Nodin, J.-L. Thiers, du Tunnel (sehr elegant), Vins de Vienne, Voge (Eiche) sowie die Genossenschaft in Tain.

**Saint-Pourçain** ZF r rs w ★→★★ 557-ha-AC am Oberlauf der Loire (Allier). Vorwiegend leichte Rot- und Roséweine von GAMAY und PINOT NOIR (sortenreinen Pinot verbieten die AOP-Vorschriften unsinnigerweise) sowie Weißweine von der Lokalsorte Tressalier und/oder CHARDONNAY bzw. SAUVIGNON BLANC. Erzeuger: Dom. de Bellevue, Bérioles (kommender Star), Grosbot-Barbara, Laurent, Nebout, Pétillat, Ray und die gute Genossenschaft VIGNERONS de St-Pourçain.

**Saint-Romain** Côte d'Or r w ★★ w 14' 15 17 18' – Knackig-frische Weißweine aus einem Nebental der CÔTE DE BEAUNE, für burgundische Verhältnisse äußerst preiswert. Die besten Lagen heißen Sous le Château, Sous la Roche und Combe Bazin. Die Spezialisten sind H. & J. Buisson, Dom. de Chassorney und Alain Gras, aber auch die meisten Négociants führen gute Exemplare. Ferner etwas Rotwein frischer Art.

**Saint-Véran** Bg w ★★ 14' 15 17 18' – AC im Mâconnais nördlich und südlich von POUILLY-FUISSÉ. Cuvées aus Einzellagen findet man bei Chagnoleau, Corsin, Deux Roches, Litaud und Merlin, Preiswertes bei DUBŒUF, Poncetys und der Genossenschaft TERRES SECRÈTES.

**Salon** Champ ★★★★ Der ursprüngliche BLANC DE BLANCS aus Le MESNIL an der Côte des Blancs. Winzige Produktion. Die langlebigen, ungeheuer kostspieligen Weine genießen ein Ehrfurcht gebietendes Renommee, fallen in Wirklichkeit aber ungleichmäßig aus. In letzter Zeit sind sie jedoch ganz auf der Höhe (z. B. 83' 90 97'), nur der 1999er enttäuscht, und was aus dem 2002er wird, ist fraglich. Vielversprechend sieht es dagegen für den 2006er aus. Siehe auch DELAMOTTE.

**Sancerre** Lo r (rs) w ★→★★★★ 14' 15' 16' 17' 18' – Der Maßstab für SAUVIGNON BLANC (2.987 ha), außerdem viele feine Rote (600 ha für PINOT NOIR). Jetzt ist eine spannende Generation am Ruder. Seit 2014 waren alle Jahrgänge gut bis sehr gut; 62% der Produktion gingen ins Ausland. Spitzenerzeuger: Boulay, Bourgeois, Cotat (wechselhaft), François Crochet, Lucien Crochet, Vincent Delaporte, Dezat, Fouassier, Thomas Laballe, Alphonse MELLOT, Joseph Mellot, Pierre Martin, Mollet, Neveu, Pinard, Paul Prieur, Pascal et Nicolas Reverdy, Raimbault, Claude Riffault, Roblin, Jean-Max Roger, Thomas, Vacheron, Vatan, Vattan.

**Santenay** Côte d'Or r (w) ★★→★★★ 05' 09' 12 14 15' 16 17 18' – Das Südende der CÔTE DE BEAUNE hat Potenzial für feine Rotweine und sollte daher nicht links liegen gelassen werden. Die besten Lagen sind CLOS Rousseau, Clos de Tavannes und Les Gravières (rot und weiß). Erzeuger:

v. a. Belland, Camille Giroud, Chevrot, LAMY, MOREAU, Muzard und Vincent. Auch einige gute Weiße, z. B. von Dom. Charmes.

**Saumur** Lo r rs w; sch ★→★★★ 15' 16 17 **18'** – Große AC für leichte bis ernst zu nehmende, langlebige Weißweine, und meist unkomplizierte Rote, mit Ausnahme des Bereichs SAUMUR-CHAMPIGNY. Der Rosé heißt jetzt Saumur Rosé, nicht mehr Cabernet de Saumur. Ansonsten CRÉMANT (inzwischen am bedeutendsten) und SAUMUR Mousseux aus dem Zentrum der Schaumweinbereitung an der Loire. Saumur Le-Puy-Notre-Dame heißt die AOP für CABERNET-FRANC-Rotweine. Beste Erzeuger: BOUVET-LADUBAY, CHAMPS-FLEURIS, Clos Mélaric, CLOS ROUGEARD, Ditterie, Antoine Foucault, René-Hugues Gay, Guiberteau, Nerleux, Paleine, Ch. Parnay, Robert et Marcel, Rocheville, St-Just, Ch. de Targé, Ch. de VILLENEUVE und Ch. Yvonne.

---

### Jura-Juwelen

Welche andere Region hat so viele Stile zu bieten? Für Konsumenten ist das offenbar verwirrend, Sommeliers hingegen lieben dieses Spiel.

**Trockene Weißweine** von CHARDONNAY, jetzt auch häufig aus Einzellagen. Außerdem würzig-scharfe Verschnitte mit SAVAGNIN. Auch frischer oder (bewusst) **oxidativ** ausgebauter sortenreiner Savagnin ist spannend; Naturwein-Versionen haben allerdings oft einen kräftigen Hautgout. Siehe CÔTES DU JURA, ARBOIS, L'ETOILE. Der Begriff *Vin typé* auf Etiketten bedeutet, dass der Wein Richtung Sherry geht. *Vin ouillé* besagt, dass der Verdunstungsschwund im Fass durch Nachfüllen ausgeglichen wurde, um Oxidation zu vermeiden. **Leichte Rotweine** von den Sorten PINOT NOIR, Poulsard, Trousseau sowie Verschnitte. Es wird etwas mehr Rosé erzeugt als Rotwein (Côtes du Jura und Arbois). Lang gereifte, **sherryartige Weine** heißen VIN JAUNE; siehe CHÂTEAU-CHALON. Der intensiv süße **Vin de paille** wird aus roten wie weißen Trauben erzeugt. Der gespritete **Macvin** ist die hiesige Version des Ratafia aus der Champagne.

Der Tradition verpflichtete Erzeuger: Bourdy, MACLE, Overnoy, Puffeney. Avantgarde-Erzeuger: GANEVAT, PIGNIER, A. et M. TISSOT. Quantität und günstige Preise bieten die Genossenschaften (hier Caves Fruitières genannt) sowie Boilley, LABET, Henri MAIRE und J. TISSOT.

---

**Saumur-Champigny** Lo r ★★→★★★ 14' 15' 16' 17 **18'** – 9 Gemeinden umfassende AC für sehr gute CABERNET-FRANC-Rotweine; gute Jahrgänge halten sich 15–20 Jahre und länger. Beste Erzeuger: Bonnelière (preiswert), Bruno Dubois, CHAMPS-FLEURIS, CLOS Cristal, CLOS ROUGEARD (Kult), de la Cune, Filliatreau, Hureau, Nerleux, Petit Saint-Vincent, Robert et Marcel (Genossenschaft), Roches Neuves, de Rocheville, St-Just, St-Vincent, Seigneurie, Antoine Sanzay, Ch. de Targé, P. Vadé, du Val Brun, Ch. de VILLENEUVE und Ch. Yvonne. Hier legt man Wert auf Biodiversität.

**Saussignac** SWF w; s ★★ 15 16' 17 **18'** – Sub-AOP von BERGERAC, westlich an MONBAZILLAC grenzend, deren Weine aber etwas mehr Säure aufweisen. Beste Erzeuger: die DOMAINES Lestevénie, La Maurigne, Les Miaudoux und de Richard (alle ★★★) sowie die CHÂTEAUX Le Chabrier, Le Payral und Le Tap (alle ★★).

**Sauternes** Bx w; s ★★→★★★★ 90' 01' 05' 07' 09' 11' 15' 16 – In dieser AC werden aus edelfaulen Trauben Frankreichs beste *liquoreux*-Weine bereitet: üppig, goldfarben, langlebig und überraschend gut zum Essen passend. Zu den 1855 klassifizierten CHÂTEAUX zählen CLOS HAUT-PEY-RAGUEY, GUIRAUD, LAFAURIE-PEYRAGUEY, RIEUSSEC, SIGALAS RABAUD, SUDUIRAUT, La TOUR BLANCHE und natürlich d'YQUEM. Günstigere Preise bieten Dom. de l'Alliance, HAUT-BERGERON, Les Justices, RAYMOND-LAFON. 2018 teilweise von Hagel betroffen.

**Sauzet, Etienne** Côte d'Or w ★★★★ Führendes biologisch-dynamisch bewirtschaftetes Gut in PULIGNY mit großartigen PREMIERS CRUS (am besten sind Champ Canet und Les Combettes) sowie Montrachet und Bâtard-Montrachet. Konzentrierte, lebhafte, jetzt auch wieder langlebige Weine.

**Savennières** Lo w; tr (s) ★★→★★★★ 12 14' 15' 16 18' – Kleine AC in ANJOU mit großem Renommee und langlebigen, von markanter Säure gekennzeichneten Weißen (CHENIN BLANC) unterschiedlicher Machart und Güte, darunter auch ein paar DEMI-SEC-Versionen. Empfehlenswerte Erzeuger: Baudouin, Baumard, Bergerie, Boudignon, Closel, Ch. d'Epiré, Dom. FL, Laureau, Mahé, Mathieu-Tijou, Morgat, Ogereau, Ch. Pierre-Bise, Pithon-Paillé (Massonat) und Ch. Soucherie. Spitzenlagen: CLOS du Papillon, COULÉE DE SERRANT und La ROCHE-AUX-MOINES. Nach dem praktisch nicht existenten Jahrgang 2017 ist 2018 gut ausgefallen.

**Savigny-lès-Beaune** Côte d'Or r (w) ★★★ 05' 09' 10' 12 14 15' 18' – Bedeutender Ort bei BEAUNE mit ähnlich mittelschweren Weinen, deren aromatische Art allerdings manchmal ins Rustikale abgleitet. Beste Lagen: Dominode, Les Guettes, Lavières, Marconnets, Vergelesses. Erzeuger: Bize, Camus, Chandon de Briailles, Chenu, CLAIR, DROUHIN, Girard, Guillemot (weiß), Guyon, LEROY, Pavelot, Tollot-Beaut.

**Savoyen (Savoie)** r w; sch ★★→★★★ BV – Alpiner Bereich. Die AC Vin de Savoie (2.100 ha) verfügt über 20 »Crus«, darunter APREMONT, CHIGNIN, CRÉPY, Jongieux und Ripaille. Separate ACs sind Roussette de Savoie (Altesse) und SEYSSEL. Die Rotweine werden vorwiegend von den Sorten GAMAY und MONDEUSE bereitet, die Weißen von Altesse, CHASSELAS, Jacquère, Mondeuse blanc und ROUSSANNE.

**Schlossberg** El – GRAND CRU in Kientzheim, berühmt seit dem 15. Jahrhundert. Glorioser, unwiderstehlicher RIESLING von FALLER (10) und neuerdings von TRIMBACH. Der Jahrgang 2015 dürfte für Riesling großartig sein.

**Schlumberger, Domaines** El w; s ★→★★★ Riesiger, erstklassiger Betrieb in Guebwiller, dem etwa 1% aller Weinberge im Elsass gehören. Besitzt Lagen in den GRANDS CRUS Kitterlé, Kessler, Saering (rassig; 13 15 16 außergewöhnlich: 17) und Spiegel. Reichhaltige Weine. Das Angebot umfasst u. a. seltenen RIESLING, die unverwechselbare CUVÉE Ernest, den neuen GEWÜRZTRAMINER Grand Cru Kessler (anmutig 14) sowie großartigen PINOT GRIS.

**Schoenenbourg** El – Der GRAND CRU in Riquewihr liefert sehr volle, erfolgreiche Weine: PINOT GRIS, RIESLING, sehr feine VENDAGE TARDIVE und SÉLECTION DE GRAINS NOBLES, v. a. von DOPFF AU MOULIN. Auch sehr guter MUSCAT. HUGELS Riesling Schoelhammer stammt von hier. Der Ertrag fiel 2017 gering aus, die Qualität könnte sich aber als ausgezeichnet erweisen.

**Schoffit, Domaine** El w ★★★★ Der außergewöhnliche Winzer Bernard Schoffit in Colmar erzeugt exzellente VENDANGE-TARDIVE-Weine von vulkanischen Böden: GEWÜRZTRAMINER und PINOT GRIS GRAND CRU RANGEN Clos St-Théobald (10' 15). Ein Kontrast ist der RIESLING Grand cru Sonnenberg (13 15 16 17') von Kalksteinboden. Außerdem köstlicher CHASSELAS Harth. Dem Verzicht auf Eiche verdanken die Weine höchste Eleganz, v. a. die trockener ausgebauten Versionen.

**Sec** Wörtlich: trocken; so bezeichneter CHAMPAGNER ist allerdings eher lieblich (geeignet für Sektfrühstück und Hochzeiten).

**Séguret** S-Rh r rs w ★★ 15' 16' 17' 18 — Weinbauort bei GIGONDAS mit Lager in der Ebene und auf Hügeln, zählt zu den besten drei CÔTES-DU-RHÔNE-VILLAGES. Pfeffrige, recht tiefe, mitunter sogar sehr volle Rotweine, vorwiegend von GRENACHE, sowie knackig-fruchtige Weißweine. Erzeuger v. a. Ch. La Courançonne (gute Weiße), DOMAINES Amandine, de l'Amauve (fein), de Cabasse (elegant), J. David (Ökoanbau), Fontaine des Fées, Garancière, Maison Plantevin, Malmont (stilvoll), Mourchon (stramm), Pourra (intensiv, muss lagern), Soleil Romain.

**Sélection de grains nobles** El — Von HUGEL geprägter Ausdruck für das elsässische Gegenstück zur deutschen BEERENAUSLESE; wird immer strengeren Bestimmungen unterworfen. *Grains nobles* sind Trauben mit Edelfäule für Süßweine.

**Selosse, Anselme** Champ ★★★★ Ein führender Erzeuger, für viele eine Ikone. Selosse baut seine Weine in »weinigem«, oxidativem Stil aus und lässt sie in Eiche vergären; der Version Originale ist nach 7 Jahren auf der Hefe immer noch lebhaft. Spitzengewächs ist wohl der MESNIL Les Carelles (99 sehr stilvoll) aus Spitzenlagen: salzig, komplex, ein schäumender Verwandter des MEURSAULT Perrières; der 2002er ist noch ein Baby.

**Sérafin Père et Fils** Côte d'Or r ★★★ Tiefdunkle Farbe, intensive Aromen und neue Eiche — Sérafin-Weine brauchen Zeit zur Entfaltung, z. B. GEVREY-CHAMBERTIN VIEILLES VIGNES, Les Cazetiers und CHARMES-CHAMBERTIN.

**Serres Mazard** Lang r rs w — Der Familienbetrieb in CORBIÈRES verfügt über ein breites Spektrum an Rebsorten, darunter MACABEU, Terret und CARIGNAN (alte Reben). Die langlebigen Roten, u. a. Joseph Mazard und Annie, werden in Eiche ausgebaut, der weiße Jules in Akazienholz.

**Seyssel** Sav w; sch ★★ AC mit 72 ha: 55 ha für Weiß- und 17 ha für Schaumwein. Die Rebsorten sind Altesse, Molette sowie CHASSELAS (ausschließlich Schaumwein). Empfehlenswerte Erzeuger: Lambert de Seyssel (Ökoanbau), Mollex und Vens-le-Haut.

**Sichel & Co.** Bx r w — Renommiertes, familiengeführtes BORDEAUX-Handelshaus, gegründet 1883 (eine Spitzenmarke ist Sirius), bei dem nun die sechste Generation die Leitung innehat. Beteiligungen an den CHÂTEAUX d'ANGLUDET, Argadens und PALMER sowie Ch. Trillol in CORBIÈRES.

**Signargues** S-Rh ★→★★ 16' 17' 18 — Bescheidener Ort der CÔTES DU RHÔNE-VILLAGES mit trockenen Böden am Westufer des Flusses zwischen Avignon und Nîmes. Die würzigen, eher stämmigen Rotweine sollten innerhalb von 4 Jahren getrunken werden. Beachtenswerte Erzeuger: CAVE des Vignerons d'Estézargues (schwungvoll), Clos d'Alzan, La Font du Vent (fruchtig), Haut-Musiel, Dom. des Romarins (tief), Ch. Terre Forte (biodynamisch) und Dom. Valériane.

**Simone, Château** Prov r rs w ★★→★★★ Geschichtsträchtiges Familienweingut südlich von Aix-en-Provence, auf dem Winston Churchill einst die Montagne Ste-Victoire malte. Seit fast zwei Jahrhunderten im Besitz der Familie Rougier. Praktisch ein Synonym für die AC PALETTE. Die langlebigen Weißweine aufzuspüren lohnt sich sehr; außerdem charaktervoller Rosé und elegante Rotweine (GRENACHE, MOURVÈDRE). Teilweise seltene Rebsorten wie Castets und Manosquin (beide rot).

**Sipp, Louis** El w; s ★★→★★★ Großer Négociant für junge Weine, aber auch Winzer mit Besitz in zwei GRAND-CRU-Lagen. Feiner RIESLING GRAND CRU Kirchberg (13), üppiger Grand cru Osterberg GEWÜRZTRAMINER VENDANGE TARDIVE (09). Ferner gute klassisch trockene Weine.

**Sipp-Mack** El w; s ★★→★★★ Gute, traditionelle DOMAINE im Ort Hunawihr, aus dem so unvergleichlich trockene mineralische Gewächse kommen (CLOS STE-HUNE). Die Weine von Sipp-Mack sind qualitativ vergleichbar, aber deutlich günstiger: u. a. RIESLING GRAND CRU ROSACKER (13) und ausladender PINOT GRIS. Auch zauberhafte Ferienunterkünfte.

**Sorg, Bruno** El w ★★→★★★ Erstklassiger kleiner Winzer in Eguisheim mit den GRANDS CRUS Florimont (RIESLING 13 14 16′ großartig: 17) und PFERSIGBERG (MUSCAT). Tadellose, umweltfreundlich bewirtschaftete Weinberge.

**St-Georges Saint-Emilion** Bx r ★★ 10′ 14 15 16 (18) – Kleiner »Satellit« von ST-ÉMILION mit stämmigen, gut strukturierten Weinen. Spitzen-CHÂTEAUX: Calon, Macquin St-Georges, St-André Corbin, ST-GEORGES, TOUR DU PAS ST-GEORGES sowie Clos Albertus.

**Sur lie** »Auf der Hefe«. MUSCADET wird meist direkt vom Fass abgefüllt, um Schwung, Körper und Charakter zu bewahren.

**Tâche, La** Côte d'Or r ★★★★ 90′ 93′ 96′ 99′ 02′ 03 05′ 09′ 10′ 12′ 14 15′ 16′ 17 18 – GRAND CRU in VOSNE-ROMANÉE, MONOPOLE von DRC. Der betörend duftende, luxuriöse Wein ist in der Jugend verschlossen, im Alter aber einfach glorios.

**Taille aux Loups, Domaine de la** Lo w; s; sch ★★★ 14′ 15′ 16 17 18′ – Spitzenwinzer Jacky BLOT wird nun von Sohn Jean-Philippe unterstützt. Fassvergorener MONTLOUIS-SUR-LOIRE und VIN DE FRANCE (VOUVRAY), großteils trocken ausgebaut (Remus), besonders fein von den Einzellagen CLOS Mosny, Clos Michet (beide Montlouis) und Clos de Venise (Vouvray). Außerdem Perlwein (*pétillant*) Triple Zéro Montlouis (weiß und rosé) sowie sehr gute BOURGUEIL-Gewächse von der DOMAINE de la Butte. Die Weine lohnen das Einkellern. 2018 ist ein sehr vielversprechender Jahrgang.

**Tain, Cave de** N-Rh ★★→★★★ Spitzengenossenschaft der nördlichen Rhône: viele Weinberge mit älterem Rebbestand, darunter ein Viertel der Gesamtrebfläche von HERMITAGE. Solider bis sehr guter roter Hermitage, v. a. Epsilon (Eichenwürze) und Gambert de Loche, opulenter weißer Hermitage Au Cœur des Siècles mit gutem Preis-Leistungs-Verhältnis. Guter ST-JOSEPH (rot und weiß) und interessante Ökoreihe namens Bio (CROZES-HERMITAGE, St-Joseph), sonst eher moderne Mainstream-Weine. Außerdem gute neuere Crozes-Hermitage-Gewächse, z. B. Saviaux. Erlesener VIN DE PAILLE.

**Taittinger** Champ BRUT oJ; Rosé oJ; Brut 06 08 09; Collection Brut 89 90 95′ – Diese Weine sind die Juwelen des jetzt wieder familiengeführten Hauses in Reims, dessen Champagner mit ihrer exquisiten Leichtgewichtigkeit der Inbegriff der klassischen Aperitifstils sind. Fantastisch der luxuriöse Comtes de Champagne (95′ 99 02′ 06 08′); der Comtes de Champagne Rosé brilliert (v. a. 06) 12). Außerdem ein ausgezeichneter Einzellagenwein namens La Marquetterie. Ein neues Schaumweinprojekt ist die Domaine Evremond in der englischen Grafschaft Kent. (Siehe auch Dom. Carneros im Kapitel »Vereinigte Staaten«, Abschnitt »Kalifornien«.) Ein neuer Kellermeister ist in die großen Fußstapfen Loïc Duponts getreten.

**Tavel** S-Rh rs ★★ BV – Der gefeierte Rosé auf GRENACHE-Basis (plus Weißweinsorten) sollte hellrot und kernig sein, passend zur hocharomatischen Mittelmeerküche. Wird heute vielfach im leichteren Provence-Stil ausgebaut und oft als Aperitif getrunken – ein Jammer. Spitzenerzeuger: Dom. de l'Anglore (ungeschwefelte Weine), Ch. Aquéria, Dom. Corne-Loup, GUIGAL (gut), Lafond Roc-Epine, Maby, Ch. de Manissy, Dom. de la Mordorée (voll), Moulin-La-Viguerie (traditionell, Ökoanbau), Prieuré de Montézargues (fein), Rocalière (sehr fein), Ségriès, Tardieu-Laurent, Trinquevedel (fein), VIDAL-FLEURY.

**Tempier, Domaine** Prov r rs w ★★★★ Auf diesem Gut sorgte Lucien Peyraud in den 1930er-Jahren mit der traditionellen MOURVÈDRE-Traube für die Wiederbelebung der AC BANDOL. In den Weinen verbindet sich Eleganz mit Konzentration und Langlebigkeit. Die Qualität ist nach wie vor hervorragend, es gibt jetzt allerdings durch etliche andere Erzeuger Konkurrenz.

**Terrasses du Larzac** Lang r ★★→★★★ Der nördlichste Teil der AC LANGUEDOC, seit 2014 eine eigenständige AC – eine wilde, bergige Region vom Lac du Salagou bis Aniane, einschließlich MONTPEYROUX und St-Saturnin. Die Tag-Nacht-Temperaturen variieren stark; Kühle verleiht den Weinen mehr Frische. In den vergangenen sechs Jahren haben sich hier 25 neue Erzeugerbetriebe angesiedelt, neben den alteingesessenen wie CLOS des Serres, Jonquières, MAS CAL DEMOURA, Mas Conscience, Mas de l'Ecriture, Mas Jullien, MONTCALMÈS, La PEIRA und Pas de l'Escalette. Unbedingt im Auge behalten. Mehr als die Hälfte der Anbaufläche wird ökologisch bzw. biodynamisch bewirtschaftet. Weiße und Rosés sind als AC Languedoc oder IGP etikettiert.

**Thénard, Domaine** Bg r w ★★→★★★★ Traditionsreicher Erzeuger mit großem Besitz an Le MONTRACHET, der Wein wird jedoch großteils an Négociants verkauft. Die sehr guten Roten aus GIVRY, wo die Domaine beheimatet ist, verdienten mehr Beachtung.

**Thévenet, Jean** Bg r w; s ★★★ Erstklassiger Erzeuger von gehaltvollem, teilweise edelfaulem CHARDONNAY im Mâconnais, z. B. CUVÉE Levroutée von der Domaine de la Bongran. Die Dom. de Roally und Emilian Gillet gehören ebenfalls zum Besitz.

**Thézac-Perricard** SWF r rs w ★★ 16 18 – CAHORS benachbarter IGP-Bereich mit Rotweinen von MALBEC und MERLOT, empfehlenswert v. a. von Sandrine Annibals Dom. de Lancement (★★), insbesondere die spannenden halbtrockenen Weißen aus den beiden MANSENG-Sorten. Die Roten sind etwas leichter, aber ansonsten von Cahors-Gewächsen nicht zu unterscheiden. Die rührige Genossenschaft ist fast ebenso gut.

**Thiénot, Alain** Champ BRUT oJ ★★★; Rosé Brut oJ; CUVÉE Stanislas **02 04 06 08' 09 12'** 13 15; füllliger Vigne aux Gamins BLANC DE BLANCS (Einzellagen-Avize **02 04 08**); Cuvée Garance CHARDONNAY, strahlend **07**, klassisch **08** (braucht noch Zeit) – Die nachfolgende Generation hat jetzt das Ruder übernommen. Stets steigende Qualität, faire Preisgestaltung. Auch Eigentümer von CANARD-DUCHÊNE in der Champagne sowie von Ch. Ricaud in LOUPIAC.

**Thomas, André et Fils** El w ★★★ Boutique-Erzeuger mit 6 ha in Ammerschwihr, die strikt ökologisch bewirtschaftet werden: PINOT BLANC von 50 Jahre alten Reben, hervorragender RIESLING KAEFFERKOPF (**10 13 16 17**) und grandioser GEWÜRZTRAMINER VIEILLES VIGNES (**05 09** 15 17).

**Tissot** Jura – Tonangebende Winzerfamilie in der AC ARBOIS. Jacques Tissot (★★) setzt mehr auf Quantität, ist aber preiswert. Stéphane Tissot (★★★), der auch die Dom. André et Mireille Tissot führt, ist ein Pionier und Idol in Sachen Einzellagen-CHARDONNAY und VIN JAUNE aus ökologischem/naturnahem Anbau; auch Spitzen-CRÉMANT de Jura Indigène.

**Tollot-Beaut** Côte d'Or r ★★★ Verlässlicher Erzeuger mit 20 ha Weinbergbesitz in BEAUNE, (u. a. BEAUNE-Grèves und CLOS du Roi), CORTON (Bressandes), SAVIGNY-LÈS-BEAUNE und in seinem Heimatort CHOREY-LÈS-BEAUNE (v. a. Pièce du Chapitre). Die Frucht-und-Eiche-Kombi der Weine ist einfach zum Verlieben.

**Touraine** Lo r rs w; tr s; sch ★→★★★ 16 17 18' – Riesige Region mit einer Vielzahl von APPELLATIONEN (z. B. VOUVRAY, CHINON, BOURGUEIL) sowie der umfassenden AC Touraine. Die Qualität ist unterschiedlich: fruchtige Rote (CABERNET FRANC, CÔT, GAMAY, PINOT NOIR), Weiße (SAUVIGNON BLANC), Rosés und Schaumweine. Die Touraine-Village-ACs (siehe auch nachfolgende Einträge) heißen Azay-le-Rideau, Chenonceaux, Mesland, Noble-Joué und Oisly. Erzeuger: v. a. Biet, Bois-Vaudons, Corbillières, La

**Touraine-Amboise** Lo r rs (w) ★→★★★ TOURAINE-Village-AC für 60% Rotwein, 30% Rosé, 10% Weißwein. François 1er ist ein lokal beliebter Verschnitt (GAMAY/CÔT/CABERNET FRANC). Rote Spitzengewächse werden von Côt und/oder Cabernet franc bereitet, weiße von CHENIN BLANC. Beste Erzeuger: Bessons, Closerie de Chanteloup, Dutertre, Frissant, Gabillière, La Grange Tiphaine, Mesliard, Truet. Für Chenin-blanc- und Côt-Lagen wird Cru-Status angestrebt.

**Touraine Azay-le-Rideau** Lo rs w; (s) ★→★★ Kleine Subappellation der AC TOURAINE (60 ha) mit 60% Rosé (von mindestens 60% Grolleau) sowie trockenen und halbtrockenen Weißweinen auf CHENIN-BLANC-Basis. Beste Erzeuger: de l'Aulée, Bourse, Grosbois, Nicolas Paget, de la Roche. Der Bereich ist frostgefährdet, 2018 ging aber alles gut.

> **Sancerre – so schmeckt Kreide**
>
> Sancerre ist stolz auf seine drei Bodenarten: *caillottes* (reiner Kalkstein), *terres blanches* (Ton-Kalkstein) und *silex* (Feuerstein). Caillottes und Terres blanches machen jeweils 40% der Appellation aus, Silex 20%. Die Geschmacksrichtungen? Caillottes: aromatisch, früh zu trinken. Terres blanches: braucht Zeit, gutes Alterungspotenzial; einige der berühmtesten Lagen der AC – Les Monts Damnés, Le Cul de Beaujeu (beide Chavignol) und Clos de la Poussie (Bué) haben Terres-blanches-Böden. Silex: mineralisch, manchmal mit rauchigem Charakter und ebenfalls langlebig. Empfehlenswert: **Caillottes** Claude Riffault (Les Chasseignes), François Crochet (Le Chêne Marchand); **Silex** Pascal Jolivet (Le Roc), Dom. Vacheron (Les Romains); **Terres blanches** Gérard Boulay (Clos de Beujeu), Henri Bourgeois (La Côte des Monts Damnés).

**Touraine-Mesland** Lo r rs w ★→★★ 15 16 17 18' – Kleine TOURAINE-Village-AC (110 ha) westlich von Blois, vorwiegend für Rotwein und Rosé. Bester Erzeuger ist Dom. des Grandes Espérances. Girault (biologisch-dynamisch) wurde an die Dom. Cocteaux verkauft.

**Touraine-Noble-Joué** Lo rs ★→★★ BV – AOP südlich von Tours, großteils im Indre-Tal, mit sehr gutem Rosé von PINOT NOIR, PINOT GRIS und PINOT MEUNIER. Beste Erzeuger: Astraly, Cosson, Rousseau und Sard-Pierru. Außerdem VIN DE FRANCE Malvoisie (Pinot gris). Feiner Jahrgang 2018.

**Trapet Père et Fils, Domaine** Côte d'Or r ★★★ Alteingesessene DOMAINE in GEVREY-CHAMBERTIN mit sinnlichen Gewächsen aus biologisch-dynamischem Anbau, deren Spektrum von Village-Weinen bis zum CHAMBERTIN GRAND CRU reicht; außerdem Weißweine von »angeheiratetem« Besitz im ELSASS. Siehe auch Dom. ROSSIGNOL-TRAPET (Cousins).

**Treloar, Domaine** Rouss r rs w – Das Gut in englisch-neuseeländischem Besitz legt Wert auf alte Reben, traditionelle Sorten und Ökoanbau. Sehr interessant sind der im Fass spontan vergorene weiße La Terre Promise (IGP CÔTES CATALANES), ein Verschnitt von MACABEU, Grenache gris und Carignan blanc, sowie der rote One Block Grenache (GRENACHE von alten Reben plus Lledoner Pelut).

**Trévallon, Domaine de** Prov r w ★★★ Das provenzalische Spitzengut in in Le BAUX wurde von Eloi Dürrbach geschaffen, dem nun Tochter Ostiane zu Seite steht. Da seine Weine keinen GRENACHE-Anteil enthalten, muss er sie als IGP Alpilles etikettieren. Nichtsdestotrotz ist sein ausgezeichneter Ru gerechtfertigt. Der rote CABERNET SAUVIGNON/SYRAH-Verschnitt ist intensiv und langlebig. Außerdem im Barrique ausgebauter Weißwein von MARSANNE und ROUSSANNE mit einem Spritzer CHARDONNAY und jetzt auch GRENACHE BLANC.

**Trimbach, F. E.** El w ★★★★ Unnachahmlicher Erzeuger von Elsässer RIESLING aus den Kalksteinböden um Ribeauvillé, v. a. der strenge CLOS STE-HUNE (71 89 sind immer noch großartig) und der beinahe ebenso gute (und viel preiswertere) Frédéric Emile (10 112 **13 14** 16 17). Trockene, elegante Weine für die gehobene Cuisine. Sehr lohnender GRAND CRU Geisberg aus den Lagen des Couvent de Ribeauvillé, die von Trimbach bewirtschaftet werden.

**Tursan** SWF r rs w ★★ Meist BV – AOP in den Landes. Die anmutigen Weine, die Starkoch Michel Guérard in seinem kapellenartigen Keller auf CHÂTEAU de Bachen erzeugt, sind weniger authentisch als die Gewächse der Domaine de Perchade (★★). Schöne Weiße aus den beiden MANSENG-Sorten plus der seltenen Baroque bietet die Dom. de Perchade (★★). Die achtbare Genossenschaft kann da nicht ganz mithalten.

**Vacqueyras** S-Rh r (rs) w ★★ 07' 09' 10' 15' 16' 17' 18 – Nachbar-AC von GIGONDAS mit sehr warmen Reblagen und herzhaften, pfeffrigen Weinen auf GRENACHE-Basis, die gut zu Wild und anderen Gerichten mit ausgeprägter Aromatik passen. Halten sich 10 und mehr Jahre. Empfehlenswert: JABOULET, CHÂTEAUX de Montmirail, des Tours (sehr fein), Clos des Cazaux (günstig) sowie die DOMAINES Amouriers, Archimbaud-Vache, Charbonnière, Couroulu (sehr gut, traditionell), Famille Perrin, Font de Papier (Ökoanbau), Fourmone (gut in Form), Garrigue (traditionell), Grapillon d'Or, Monardière (sehr gut), Montirius (biologisch-dynamisch), Montvac (elegant), Roucas Toumba (Ökoanbau), Sang des Cailloux (sehr gut, v. a. Cuvée de Lopy), Semelles de Vent, Verde. Volle Weiße, z. B. von Ch. des Roques, Clos des Cazaux, Sang des Cailloux.

**Val de Loire** Lo r rs w; meist BV – Einer der vier regionalen IGP-Bereiche Frankreichs; hieß früher Jardin de la France.

**Valençay** Lo r rs w ★→★★ AOP (170 ha) in der östlichen TOURAINE. Weine v. a. von SAUVIGNON BLANC (und CHARDONNAY), die Roten werden von CÔT, GAMAY und PINOT NOIR bereitet. Beste Erzeuger: Delorme, Lafond, Preys, Sinson, Sébastien Vaillant, VIGNERONs de Valençay. Feiner Jahrgang 2018.

**Valréas** S-Rh r (rs) (w) ★★ 15' 16' 17' 18' – Der Ort der CÔTES DU RHÔNE-VILLAGES im Norden der Trüffelregion Vaucluse wird immer besser; es gibt eine große Genossenschaft. Strukturierte, pfeffrige, lebhafte, mitunter alkoholstarke, rotfruchtige Rotweine (hauptsächlich GRENACHE) und Weiße von zunehmender Qualität. Empfehlenswert: CLOS Bellane (guter Weißwein), Ch. la Décelle, Dom. Gramenon (biologisch-dynamisch, stillvoll), Dom. des Grands Devers, Dom. de la Prévosse (Ökoanbau), Mas de Sainte Croix, Dom. du Séminaire (Ökoanbau) und Dom. du Val des Rois (am besten, Ökoanbau).

**VDQS** Vin Délimité de Qualité Supérieure. Diese Qualitätsstufe wird nicht mehr verwendet.

**Vendange** Lese. *Vendange tardive* bedeutet wörtlich »Spätlese«, ist im Elsass aber das Pendant zur deutschen Auslese – in der Regel allerdings mit höherem Alkoholgehalt.

**Venoge, Champagne de** Champ – Das altehrwürdige Champagnerhaus hat an Präzision und Eleganz gewonnen, seit es im Besitz von Lanson-BCC ist. Gute Nischenweine: Cordon Bleu Extra BRUT, Jahrgangs-BLANC-DE-BLANCS (00 04 06 08 12 13 14 16 17), exzellenter Jahrgangs-Rosé (09), CUVÉE 20 Ans und die Prestige-Cuvée Louis XV, ein 10 Jahre alter BLANC DE NOIRS.

**Ventenac, Maison** Lang r (rs) w ★★★ Der Erzeuger in der AOP Cabardès verfügt über ein breites Spektrum an Bordeaux- und Languedoc-Rebsorten. Die Atlantikluft verleiht den Weinen Eleganz und Frische. Der CABERNET FRANC Paul wird in *jarres* (eiförmigen Terrakottabehältern) vergoren, Le Paria (GRENACHE) zeigt hervorragende Frucht und Lebhaftigkeit; durchweg exzellent sind L'idiot (MERLOT), Candide (in Eiche vergorener CHENIN BLANC) und Préjugés (CHARDONNAY mit Eichenwürze).

**Ventoux** S-Rh r rs w ★★ 16' 17' 18 — AC mit verstreuten Reblagen rings um den Mont Ventoux zwischen Rhône und PROVENCE. Einige führende Erzeuger bieten ein gutes Preis-Leistungs-Verhältnis. Saftig-fruchtige, herbe Rotweine (GRENACHE/SYRAH, vom Hauswein bis zu volleren, pfeffrigen Versionen; Qualität steigend), Rosés und gute Weiße (zunehmend in Eiche ausgebaut). Am besten von: CLOS des Patris, Ferme St-Pierre, Gonnet, Ch. Unang, Ch. Valcombe, La Vieille Ferme, St-Marc, Terra Ventoux, Les Vignerons du Mont-Ventoux sowie den DOMAINES Allois, Anges, Berane, Brusset, Cascavel, Champ-Long, Croix des Pins, Fondrèche, Grand Jacquet, Paul JABOULET, Martinelle, Murmurium, Olivier B., Pesquié, Pigeade, St-Jean du Barroux, Terres de Solence, du Tix, Verrière, Vieux Lazaret und VIDAL-FLEURY.

**Vernay, Domaine Georges** N-Rh r w ★★★★ 14' 15' 16' 17' 18' — Einer der Spitzenerzeuger in CONDRIEU; drei kühle, elegante Weine: Les Terrasses de l'Empire ist ein Aperitif de luxe, Chaillées de l'Enfer zeigt Reichhaltigkeit, und Coteau de Vernon in geheimnisvoll-erlesenem Stil hält sich mindestens 20 Jahre. Die zurückhaltenden CÔTE-RÔTIE- und ST-JOSEPH-Rotweine setzen auf reintönige Frucht. Ferner sehr guter VIN DE PAYS (rot und weiß).

**Veuve Clicquot** Champ — Historisches Champagnerhaus von höchstem Ansehen. Qualitativ verbesserter Carte Jaune oJ mit einem Hauch von Eiche, DEMI-SEC oJ (der beste seiner Art) und neue CUVÉE Extra Brut Extra Old ausschließlich auf Basis von Réserve-Weinen der Jahrgänge 1990 bis 2010. Ferner Vintage Réserve (04 06 08 12') und Rosé Réserve (08 12'). Luxusweine: La Grande Dame (06 12 fast ein Blanc de Noirs) und La Grande Dame Rosé (06). In der Reihe Cave Privée (Magnumflaschen) werden ältere Jahrgänge neu herausgebracht (v. a. 89 95).

**Veuve Devaux** Champ — Der Spitzen-CHAMPAGNER der mächtigen Genossenschaft Union Auboise in Bar-sur-Seine. Hervorragend sind die gereifte Grande Réserve oJ, der Rosé Œil de Perdrix, die Prestige-CUVÉE »D« (09 12) sowie der Jahrgangs-BRUT (09 11 12 15' 17).

**Vézelay** Bg r w ★→★★ Hübscher Ort (mit Abtei) im Nordwesten Burgunds und seit 2017 AOP für leckere Weiße von CHARDONNAY, die man 1–2 Jahre lagern sollte. Ebenfalls probierenswert sind die Weine von der wiederauferstandenen Sorte MELON (COTEAUX BOURGUIGNONS) und die leichten PINOT-NOIR-Gewächse (einfache AC Bourgogne). Am besten von: Dom. de la Cadette, La Croix Montjoie, Les Faverelles, Elise Villiers.

**Vidal-Fleury, J.** N-Rh r w; s ★★→★★★ Im Besitz von GUIGAL befindliches Rhône-Handelshaus und -Erzeuger von CÔTE-RÔTIE-Weinen. Das Angebot ist umfangreich und wird immer besser. Erstklassiger, straffer, sehr stilvoller La Chatillonne (12% VIOGNIER, kräftige Eichennote, mindestens 7 Jahre lagern), guter CAIRANNE, CHÂTEAUNEUF-DU PAPE (rot), CÔTES DU RHÔNE (rot, rosé), ST-JOSEPH (rot, weiß), TAVEL, VENTOUX und MUSCAT de BEAUMES-DE-VENISE.

**Vieille Ferme, La** S-Rh r w ★→★★ Verlässliche, preiswerte Marke von Famille Perrin (Ch. de BEAUCASTEL), jetzt zu einem beträchtlichen Teil VIN DE FRANCE, für roten VENTOUX und weißen LUBERON. Seit 2015 wieder in Form, auch der Rosé.

**Vieilles Vignes** »Alte Reben«, und diese sollten eigentlich die besten Weine hervorbringen, z. B. de VOGÜÉ MUSIGNY Vieilles Vignes. Allerdings ist das genaue Alter nicht festgelegt, deshalb kann die Bezeichnung auch ein Marketingschwindel sein.

**Vieux Télégraphe, Domaine du** S-Rh r w ★★★ 01' 05' 07' 09' 10' 12' 15' 16' 17' 18 – Große DOMAINE erster Güte mit Lagen auf klassisch steinigen Böden, Erzeuger von vielschichtigem, stämmigem rotem CHÂTEAU-NEUF-DU-PAPE, der Zeit zur Entfaltung braucht, allen voran La Crau (knackig, supervoll) und seit 2011 Pied Long et Pignan (sehr reintönig, elegant). Außerdem die körperreichen Weißweine La Crau (15 16 sehr gut) und CLOS La Roquète (v. a. 15 16; ausgezeichneter Essensbegleiter). Besitzt zusammen mit der US-Importfirma Kermit Lynch die Dom. Les Pallières in Gigondas, die feine, komplexe, langsam sich entfaltende Weine erzeugt.

**Vigne** Weinberg; Rebe.

**Vigneron** Winzer.

**Villeneuve, Château de** Lo r w ★★★★ 10' 11 12 14' 15' 16' 17' 18' – Vorbildlicher Erzeuger mit beeindruckender Kellerei in alten Gewölben. Herrlicher SAUMUR Blanc (potenziell langlebiger Les Cormiers) und SAUMUR-CHAMPIGNY (v. a. VIEILLES VIGNES und Grand CLOS) aus ökologischem Anbau. Vielversprechender Jahrgang 2018, trotz etwas Mehltaubefall.

**Vin de France** Ersetzt die Kategorie VIN DE TABLE und gestattet wenigstens die Angabe von Rebsorte(n) und Jahrgang. Oft handelt sich um Verschnitte aus mehreren Bereichen unter einem Markennamen. Kann ein Quell unerwarteter Genüsse sein, wenn ein talentierter Weinmacher diese Kategorie zur Umgehung bürokratischer Zwänge nutzt; ein Beispiel ist der VIOGNIER von Cave Yves Cuilleron (nördliche Rhône). Auch im ANJOU gibt es jede Menge Vins de France.

**Vin de paille** »Strohwein«, aus auf Strohmatten getrockneten Trauben, daher sehr süß, etwa wie italienischer Passito. Besonders im Jura zu finden. Siehe auch CHAVE und VIN PAILLÉ DE CORRÈZE.

**Vin de pays (VdP)** Siehe IGP.

**Vin de table** Kategorie für Alltagswein, der keinen besonderen Bestimmungen über Trauben und Herkunft unterliegt; heißt jetzt VIN DE FRANCE.

**Vin doux naturel (VDN)** Rouss – Süßer, mit Weingeist gespriteter Wein – »natürlich« ist also die Süße, nicht aber der Alkoholgehalt. Eine Spezialität des ROUSSILLON; basiert auf GRENACHE noir, gris, blanc oder MUSCAT. Spitzenweine, v. a. ältere RANCIOS, können ein Menü mit einem herrlichen Schlusspunkt krönen.

**Vin gris** »Grauer Wein«; er ist blass rötlich und wird aus roten Trauben hergestellt, die vor Einsetzen der Gärung gepresst werden – anders als beim Rosé, der nach kurzer Gärung abgepresst wird. Oder er wird von nicht ganz so hellen weißen Sorten wie z. B. PINOT GRIS bereitet. Œil de Perdrix ist ungefähr dasselbe. In Kalifornien sagt man »*blush*« dazu.

**Vin jaune** Jura w ★★★ Spezialität des Jura: Der unnachahmliche gelbe SAVAGNIN-Wein reift mindestens 6 Jahre im Fass, wobei sich Flor entwickelt – ähnlich wie Sherry, aber ohne zugesetzten Alkohol. Die Bereitung ist aufwendig, der Verkaufspreis daher hoch. Die besten Versionen liefert die AC CHÂTEAU-CHALON. Wird in spezielle 62-cl-Flaschen namens Clavelin abgefüllt.

**Vin Paillé de Corrèze** SWF r w – 25 Winzer und die kleine Genossenschaft haben die alte Tradition wiederbelebt, Trauben auf Stroh auszulegen, um daraus einen (beim ersten Mal etwas penetrant wirkenden) Wein zu bereiten, der früher angeblich stillenden Müttern empfohlen wurde. Unendlich lang haltbar; für Tapfere probierenswert von Christian Tronche (★).

**Vinsobres** S-Rh r (rs) (w) ★★ 15' 16' 17' 18' – Unaufgeregte AC mit beachtenswertem SYRAH. Die besten Rotweine fallen manchmal alkoholstark aus, bieten klar erkennbare rote Frucht und kräftigen Körper, sodass sie gut zu rotem Fleisch passen. Führende Erzeuger: CAVE la Vinsobraise, Doms. Bicarelle, Chaume-Arnaud (Ökoanbau), Constant-Duquesnoy, Coriançon, Famille Perrin (erstklassig ist der Hauts de Julien, preiswert der Cornuds), Jaume (modern, verlässlich), Moulin (traditionell, auch gute Weiße), Péquélette (biologisch-dynamisch), Peysson (öko) sowie Ch. Rouanne.

**Viré-Clessé** Bg w ★★ 14' 15 16 17 18 – AC im Umkreis der zwei besten Weißweinorte des Mâconnais. Bekannt für einen ausgesprochen üppigen Stil, manchmal auch Spätleseweine. Beachtenswerte Erzeuger: A. Bonhomme, Bret Brothers, Chaland, Gandines, Gondard-Perrin, Guillemot, LAFON, J.-P. Michel, Thévenet, Dom. de la Verpaille.

**Visan** S-Rh r (rs) (w) ★★ 16' 17' 18' – Fortschrittliche Weinbaugemeinde der CÔTES DU RHÔNE-VILLAGES. Die Roten, häufig aus ökologischem Anbau, besitzen einige Tiefe nebst klarer Frucht und pfeffriger Würze, einige auch etwas Schmelz. Außerdem ordentliche Weiße. Am besten sind die DOMAINES Coste Chaude (Ökoanbau, schöne Frucht), Dieulefit (biodynamisch, geringer Schwefeleinsatz), Florane, Fourmente (v. a. der Nature; biologisch-dynamisch), Guintrandy (öko), Montmartel (öko), Philippe Plantevin, Roche-Audran (öko), VIGNOBLE Art Mas.

**Vogüé, Comte Georges de** Côte d'Or r w ★★★★ Dem aristokratischen Weingut in CHAMBOLLE-MUSIGNY gehört der Löwenanteil an der Lage MUSIGNY. Aus dem Fass genossen ist der Wein schon großartig, doch braucht er viele Jahre Flaschenreife, um seine ganze Glorie zu entfalten. Ferner einzigartiger weißer Musigny.

**Volnay** Côte d'Or r ★★★→★★★★ 90' 99' 02' 05' 09' 10' 15' 16 17 18 – Quelle für erstklassige Rotweine von der CÔTE DE BEAUNE, außer wenn es hagelt. Können strukturiert und sollten seidig sein, überraschen mit zunehmendem Alter. Beste Lagen: Caillerets, Champans, CLOS des Chênes, Clos des Ducs, Santenots, Taillepieds. Spitzenerzeuger: d'ANGERVILLE, Bitouzet-Prieur, H. BOILLOT, Bouley, Buffet, Clerget, HOSPICES DE BEAUNE, LAFARGE, LAFON, de MONTILLE, Pousse d'Or, N. Rossignol.

**Vosne-Romanée** Côte d'Or r ★★★→★★★★ 90' 93' 96' 99' 02' 05' 09' 10' 12 15' 16' 17 18' – Der Ort mit den grandiosesten Crus von Burgund (z. B. ROMANÉE-CONTI, La TÂCHE) und herausragenden PREMIERS CRUS wie Beaumonts, Brûlées, Malconsorts u. a. Gewöhnlichen Wein gibt es in Vosne nicht (sollte es zumindest nicht geben), das einzige Problem ist der Preis … Spitzenerzeuger: ARNOUX-LACHAUX, CATHIARD, Clavelier, DRC, EUGÉNIE, Forey, GRIVOT, GROS, Guyon, Lamarche, LEROY, LIGER-BELAIR, MÉOCAMUZET, MUGNERET, NOËLLAT, ROUGET und Tardy.

**Vougeot** Côte d'Or r w ★★★ 99' 02' 05' 09' 10' 12' 15' 16 17 18 – Vorwiegend GRAND-CRU- (u. a. CLOS DE VOUGEOT), aber auch Villages- und PREMIER-CRU-Weine (wie Cras oder Petits Vougeots) tragen diesen Namen, einschließlich des außergewöhnlichen weißen Clos Blanc de Vougeot (MONOPOLE der Dom. de la VOUGERAIE). Die besten Erzeuger sind Clerget, HUDELOT-Noëllat und Vougeraie.

**Vougeraie, Domaine de la** Côte d'Or r ★★★→★★★★ In dieser DOMAINE sind sämtliche Weinberge der Firma BOISSET vereinigt. Feingliedrige, herrlich duftende Weine; besonders bekannt sind die sinnlichen GRAND-CRU-Gewächse, v. a. BONNES-MARES, CHARMES-CHAMBERTIN oder MUSIGNY.

Außerdem feine Weiße, darunter der einzigartige Clos Blanc de Vougeot, nebst vier Grands crus, u. a. CORTON-CHARLEMAGNE.

**Vouvray** Lo w; tr s; sch ★★→★★★★ tr 10 12 14 15' **16 17** 18'; s 08 09' 10 11 **15**' 16 18' − AC östlich von Tours am nördlichen Loire-Ufer; die höheren Lagen an der *première côte* sind die besten. Gute, verlässliche Weine von Spitzenerzeugern. DEMI-SEC ist der klassische Stil, in guten Jahren jedoch kann *moelleux* intensiv süß, doch mit ausbalancierender Säure (und fast ewig haltbar) ausfallen. Auf Schaumwein entfallen 60% der Produktion; *pétillant* ist eine hiesige (perlende) Spezialität. Beste Erzeuger: Aubuisières, Autran (kommender Star), Bonneau, Brunet, Carême, Champalou, CLOS Baudoin, Florent Cosme, Mathieu Cosme, Fontainerie, Foreau, Ch. Gaudrelle, Huët, Meslerie (Hahn), Perrault-Jadaud, F. PINON, Dom. de la Taille aux Loups, Vigneau-Chevreau. Falls Sie alte Jahrgänge wie 1919, 1921, 1924, 1937, 1947, 1959, 1970, 1971, 1976, 1989, 1990, 1996, 1997, 2003 oder 2005 entdecken sollten, greifen Sie zu. 2018 ist außergewöhnlich.

**Zind-Humbrecht, Domaine** El w; s ★★★★ Einer der ganz Großen im ELSASS. Zu den Reblagen zählen die GRANDS CRUS Brand, Hengst und Rangen (Vulkanboden) in Thann. Die Weine haben ihren Preis. Günstiger ist der MUSCAT Goldert (**16**) aus einem alten Weinberg: trocken, blumig, schön strukturiert und köstlich zu Spargel.

# Die Châteaux von Bordeaux

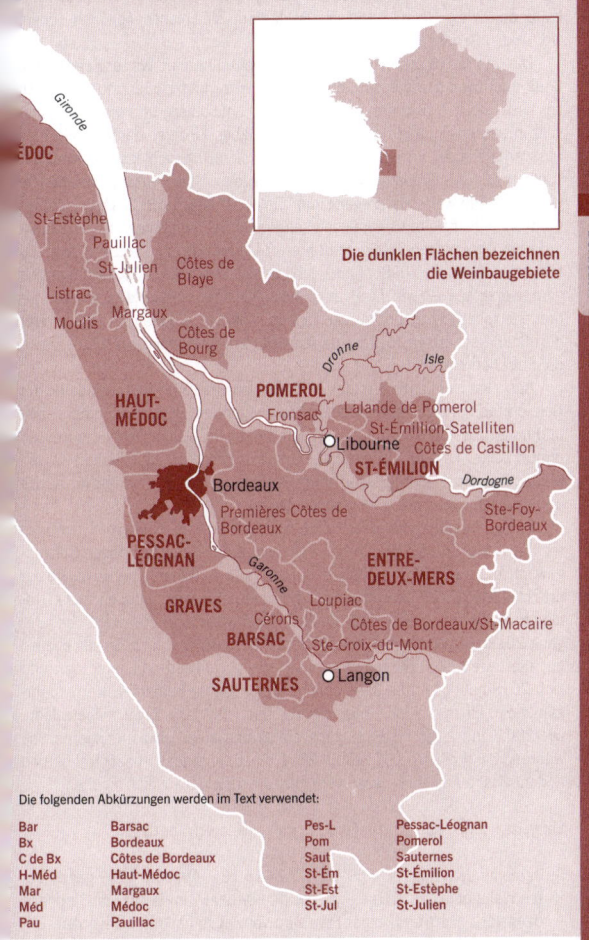

Die dunklen Flächen bezeichnen die Weinbaugebiete

Die folgenden Abkürzungen werden im Text verwendet:

| | | | |
|---|---|---|---|
| Bar | Barsac | Pes-L | Pessac-Léognan |
| Bx | Bordeaux | Pom | Pomerol |
| C de Bx | Côtes de Bordeaux | Saut | Sauternes |
| H-Méd | Haut-Médoc | St-Ém | St-Émilion |
| Mar | Margaux | St-Est | St-Estèphe |
| Méd | Médoc | St-Jul | St-Julien |
| Pau | Pauillac | | |

Eine bemerkenswerte Anzahl der im Folgenden aufgeführten Bordeaux-Châteaux ist (in Rot) als Erzeuger mit gutem Preis-Leistungs-Verhältnis gekennzeichnet. Bemerkenswert deshalb, weil es im Allgemeinen heißt, der Welt größte Region für hochwertigen Wein sei überteuert. Diesen Eindruck hat man oft, wenn man sich die Weinkarten in Restaurants ansieht, wo ein in Beton gegossenes Renommee preislich noch überhöht wird. Es stimmt, dass die Spitzengüter – manche groß, andere sehr klein – »Sammler« anziehen, bei denen es sich in Wirklichkeit allerdings oft bloß um Investoren auf der Suche nach einem neuen Dreh handelt. Vergleicht man die Preise von Bordeaux-Weinen mittlerer bis geringerer Kategorie mit ähnlichen Weinen aus Kalifornien oder Italien, wird man feststellen, dass Erstere absolut wettbewerbsfähig sind – und berechenbarer. Es mag nicht viel Neues geben und daher auch nicht so viel Aufregendes für Sommeliers. Der wachsende chinesische Markt kommt Bordeaux sicherlich zupass – prima, wir alle profitieren von diesem anhaltenden Erfolg. Noch ein Hinweis: Restaurants sind nicht der ökonomischste Ort für den Genuss berühmter Weine.

Das Jahr 2018 zerfiel in Bordeaux in zwei Hälften: im Winter Regen ohne Ende und dann den ganzen Sommer über Hitze und große Trockenheit bis zur Lese. Doch sei's drum, das Rezept hat funktioniert, und die Weine sind voll, intensiv, reintönig und sicherlich langlebig. Einziger Dämpfer war das Missverhältnis der Erträge, das Ergebnis lokalen Hagelschlags und einer der schlimmsten Mehltauattacken, die die gegenwärtige Winzergeneration je erlebt hat. Ein weiterer Jahrgang zum Einlagern also, nach 2015 und 2016. Glücklicherweise gibt es genügend schöne Rotweinjahrgänge, die jetzt trinkreif sind. Die üppigen 2009er verführen auf jedem Niveau (trotzdem nicht zu früh entkorken), die 2008er finden jetzt zu sich selbst. Die 2010er öffnen sich gerade erst (ebenso wie die »klassischen« 2014er), die Grand-cru-Gewächse brauchen allerdings noch Zeit. Jetzt schon Trinkgenuss bieten die 2012er oder die oft unterschätzten 2011er – zunächst streng, gewinnen sie mit zunehmender Flaschenreife.

Aus allen möglichen Gründen ist St-Émilion eben jetzt im Aufwind und der Bereich, wo man sich nach soliden, überzeugenden, modern schmeckenden und innerhalb von zwei bis drei Jahren trinkreifen Weinen zu fairen Preisen umtun sollte. Es sind vielleicht keine klassischen Bordeaux-Gewächse von Médoc-Zuschnitt und -Frische, aber sie passen zu unserer Crossover-Küche und munden auch ohne begleitende Speisen.

Reife Jahrgänge der klassifizierten Châteaux sind 1998 (vor allem vom rechten Ufer), 2000, 2001 (ebenfalls rechtes Ufer), 2002 (Médoc-Spitzengewächse) und 2004. Die 2006er beginnen sich zu öffnen, ebenso einige der prachtvollen 2005er, obwohl man auch hier Geduld walten lassen sollte. Trockener weißer Bordeaux ist nach wie vor hochwertig und preiswert, der Jahrgang 2018 fiel gut aus. Denken Sie daran, dass feiner weißer Graves ebenso gut altert wie weißer Burgunder – manchmal sogar besser. In Sauternes reiht sich 2018 nahtlos in die Serie aufeinanderfolgender bemerkenswerter Jahrgänge ein. Einziges Problem ist hier die Qual der Wahl. Sogar mäßige Jahre wie 2002 und 2006 bieten Zugänglichkeit und einen etwas frischeren Stil, während die großen (2001, 2009, 2011, 2015) über jene Konzentration und hedonistische Anziehungskraft verfügen, die sie unverwüstlich machen.

Verweise können sich auch auf das Kapitel »Frankreich« beziehen.

**A, Domaine de l'** Cas r ★★ 09' 10' 12 **14 15** 16 — Auf dem 1999 gegründeten Weingut in CASTILLON — CÔTES DE BORDEAUX im Besitz von Stéphane DERENONCOURT und seiner Frau wird vorwiegend MERLOT angebaut. Beständige Qualität.

**Agassac, d'** H-Méd r ★★ 09' 10' 12 **14 15 16'** — CHÂTEAU im südlichen HAUT-MÉDOC. Moderner, zugänglicher Wein von verlässlicher Qualität auf Basis von CABERNET SAUVIGNON. Nachhaltige Bewirtschaftung.

**Aiguilhe, d'** Cas r ★★ 10' 11 **12 14** 15 16 18 — Großes Gut in CASTILLON — CÔTES DE BORDEAUX auf der Hochebene; ebenso wie CANON LA GAFFELIÈRE und LA MONDOTTE im Besitz Stephan von Neippergs. Langlebige Weine auf MERLOT-Basis mit Kraft und Finesse.

**Andron Blanquet** St-Est r ★★ 09' 10' 11 **14 15** 16' — Schwester-CHÂTEAU von COS LABORY. Oft preiswert.

**Angélus** St-Ém r ★★★★ 98' 00' 04 **05 10'** 15' 16' 18 — Seit 2012 PREMIER GRAND CRU CLASSÉ (A), daher sind die Preise hoch. Imposante Kellerei

**Angludet** Mar r (w) ★★ 08 09' 10' 14 15' 16' – Das Gut im Besitz und unter der Leitung der Familie SICHEL (seit 1961) erzeugt duftende, stilvolle Weine von CABERNET SAUVIGNON, MERLOT und PETIT VERDOT (13%). Frost machte den gesamten Jahrgang 2017 zunichte.

**Archambeau, d'** Graves r w; tr (s) ★★ r 10 15 16; w 115 16 17 – Gut im Besitz der Familie Dubourdieu mit Reblagen auf einem Hügel in Illats, die einen zusammenhängenden Block bilden. Guter, fruchtiger trockener Weißwein und fassgereifter Roter mit schönem Bukett. Außerdem Rosé.

**Arche, d'** Saut w; s ★★ 05' 10' 11 13 15 17' – Cru-classé-Gut mit Luxushotel (ein Spa-Bereich ist in Planung) am Rand von SAUTERNES. Preiswert.

**Armailhac, d'** Pau r ★★★ 00 02 05' 09' 10' 15' 16' 18 – Großer 5. Cru im nördlichen PAUILLAC, seit 1934 im Besitz der Familie (MOUTON) ROTHSCHILD. In Bestform, die Preise sind fair. Die Weine sind schon recht früh geschmeidig und ausdrucksstark.

**Aurelius** St-Ém r ★★ 09 10 12 14 15 16 – Spitzen-CUVÉE der fortschrittlichen Genossenschaft ST-ÉMILION; die Trauben stammen von acht Terroirs. Moderner, konzentrierter Stil, neue Eiche, vorwiegend MERLOT.

**Ausone** St-Ém r ★★★★ 89' 90 98' 00' 05' 09' 10' 15' 16' 17 18 – Sehr kleiner, aber legendärer ST-ÉMILION-Premier-cru (rund 1.500 Kisten), benannt nach dem galloromischen Dichter Ausonius. Die windgeschützten Reblagen sind nach Süden und Südosten ausgerichtet und mit reichlich CABERNET FRANC (55%) bestockt. Langlebige, voluminöse Weine mit wunderbarer Textur und Finesse, sehr teuer. Zweitetikett: Chapelle d'Ausone (500 Kisten). Schwester-Châteaux sind La Clotte, FONBEL, MOULIN-ST-GEORGES und Simard.

**Balestard la Tonnelle** St-Ém r ★★ 09 10 12 14 15 16 – Historisches Gut auf dem Kalksteinplateau im Besitz der Familie Capdemourlin. Die Weine werden jetzt in modernem Stil bereitet.

**Barde-Haut** St-Ém r ★★→★★★ 05' 08 09 10 15' 16 – GRAND CRU CLASSÉ in St-Christophe-des-Bardes, Schwestergut von CLOS L'ÉGLISE, HAUT-BERGEY und Branon in Léognan. Voller, opulenter, moderner Stil.

**Bastor-Lamontagne** Saut w; s ★★ 10 13 14 15 16 17 – Das nicht klassifizierte, seit 2016 ökologisch zertifizierte große Gut in Preignac wurde 2018 von Grands Chais de France erworben. Recht früh trinkreife Weine. Zweitetikett: Les Remparts de Bastor.

**Batailley** Pau r ★★★ 05' 08 09' 10' 12 15 16 18 – Der 5. Cru im Besitz der Familie Castéja von BORIE-MANOUX mit (vergleichsweise) günstigen Weinen hat derzeit einen Lauf. Zweitetikett: Lions de Batailley.

**Beaumont** H-Méd r ★★ 10' 12 14 15 16 – Großes Gut (rund 42.000 Kisten) im Besitz von Castel und Suntory. Früh trinkreife, wunderbar zugängliche Weine.

**Beauregard** Pom r ★★★ 05' 09' 10' 14 15 16' – Das umweltfreundlich bewirtschaftete POMEROL-Gut ist im Besitz von SMITH HAUT LAFITTE und Galeries Lafayette. Mittelschwere Weine, seit 2015 mit mehr Tiefe. Zweitetikett: Benjamin de Beauregard. Ch. Pavillon Beauregard (LALANDE DE POMEROL) gehört ebenfalls dazu.

**Beau-Séjour Bécot** St-Ém r ★★★ 08 09' 10' 14 15 16 18 – Unverwechselbarer PREMIER GRAND CRU CLASSÉ (B) auf dem Kalksteinplateau, im Besitz und unter der Leitung der Familie Bécot. Die Weine sind heutzutage von etwas leichterer Art, aber immer noch langlebig.

## Bea–Bon | BORDEAUX

**Beauséjour Duffau** St-Ém r ★★★ **01 05' 09' 10'** 15 16 18 – Sehr kleiner PREMIER GRAND CRU CLASSÉ am Westhang der Côtes, seit 1847 im Besitz der Familie Duffau-Lagarrosse. Volle, intensive Weine zum Einlagern. Zweitetikett: Croix de Beauséjour.

**Beau-Site** St-Est r ★★ 05 09 10 11 15 16 – CRU BOURGEOIS-Weingut in Besitz des Négociant BORIE-MANOUX; 70% CABERNET SAUVIGNON. Geschmeidige, frische, zugängliche Weine, günstig.

**Belair-Monange** St-Ém r ★★★ **08 09'** 10' 15 16' 17 18 – PREMIER-GRAND-CRU-CLASSÉ mit Reblagen auf dem Kalksteinplateau und in den Côtes seit 2008 im Besitz von J.-P. MOUEIX. In die Weinberge wurde viel Geld gesteckt, ein neuer Keller ist in Planung. Feine, duftende Weine, seit einigen Jahren intensiver und von reiferer Frucht. Zweitetikett: Annonce de Belair-Monange.

**Belgrave** H-Méd r ★★ 08 09' 10' 14 15 16 – 5. Cru im HAUT-MÉDOC, direkter Nachbar von LAGRANGE (ST-JULIEN). Weine auf CABERNET-SAUVIGNON-Basis in modern-klassischem Stil, jetzt von beständiger Qualität. Zweitetikett: Diane de Belgrave.

**Bellefont-Belcier** St-Ém r ★★ **09' 10'** 12 15' 16 17 18 – GRAND CRU CLASSÉ in ST-ÉMILION im Besitz des Hongkonger Unternehmers Peter Kwok (d. h. der Vignobles K Group). Einschmeichelnde, volle, frische Weine.

**Belle-Vue** H-Méd r ★★ 10 11 14 **15'** 16 17 – Beständig guter, vergleichsweise günstiger Rotwein aus dem südlichen HAUT-MÉDOC: dunkel und dicht, aber fest, frisch und aromatisch. Im Verschnitt sind 15–25% PETIT VERDOT enthalten.

**Berliquet** St-Ém r ★★ 05 09 10 14 **15' 16'** – Sehr kleiner GRAND CRU CLASSÉ in den Côtes, wurde 2017 an die Eigentümer von Ch. CANON verkauft. Frische, elegante Weine, die gut altern. Zweitetikett: Les Ailes de Berliquet.

**Bernadotte** H-Méd r ★★→★★★ 05 09 10 14 **15' 16'** – Umweltfreundlich bewirtschaftetes Gut im nördlichen HAUT-MÉDOC. Gehört einem Hongkonger Unternehmen; önologischer Berater ist Hubert de Boüard (ANGÉLUS). Weine in herzhaftem Stil, die letzten Jahrgänge zeigen mehr Finesse.

**Beychevelle** St-Jul r ★★★ **09' 10' 14** 15' 16' 17 18 – 4. Cru mit einprägsamem Etikett: ein Wikingerschiff mit einem geflügelten Greif als Galionsfigur. Die Weine sind durchweg eher elegant als kraftvoll. Supermoderne Kellerei mit gläsernen Wänden. Zweitetikett: Amiral de Beychevelle.

Im Jahr 2017 wechselten 2,6 Prozent der Bordeaux-Reblagen den Besitzer.

**Biston-Brillette** Moulis r ★★ 09 10' 12 14 15 **16'** – CRU BOURGEOIS (50% MERLOT, 50% CABERNET SAUVIGNON) im Besitz der Familie Barbarin mit preiswerten, ansprechenden, früh trinkreifen Weinen.

**Bonalgue** Pom r ★★ 08 09 10 14 15 16 – Dunkler, sehr voller, fleischiger Wein; 90% MERLOT aus Sand-, Kies- und Lehmböden. Fantastisches Preis-Leistungs-Verhältnis. Das Gut ist im Besitz des Libournaiser Négociant J.B. Auby. Schwestergüter: Clos du Clocher und Ch. du Courlat (LUSSAC ST-ÉMILION).

**Bonnet** Bx r w ★★ r **14** 15 16; w BV – Im Besitz des 94-jährigen Veteranen André Lurton. Die Weine des Großproduzenten gehören mit zum Besten, was ENTRE-DEUX-MERS und roter BORDEAUX (Réserve) zu bieten haben. Couhins-Lurton, Cruzeau, La LOUVIÈRE und ROCHEMORIN (alle in PESSAC-LÉOGNAN) sind Stallgefährten.

**Bon Pasteur, Le** Pom r ★★★ **08 09' 10'** 15 16 17 18 – Sehr kleines Weingut an der Grenze zu ST-ÉMILION. Die Weinbereitung liegt in den Händen des Vorbesitzers Michel ROLLAND – eine Garantie für reife, opulente, verführerische Gewächse. Zweitetikett: L'Etoile de Bon Pasteur.

**BORDEAUX** | Bos–Cam | 137

**Boscq, Le** St-Est r ★★ 09' 10 14 15' 16' 17 – Das qualitätsorientierte CRU-BOURGEOIS-Gut wird seit 1995 von DOURTHE gemanagt. Stets hervorragendes Preis-Leistungs-Verhältnis.

**Bourgneuf** Pom r ★★ 05' 09 10 14 15' 16' 18 – Gut mit Rebland westlich des POMEROL-Plateaus. Subtile, aromatische Weine; die Jahrgänge 2015 und 2016 waren bislang die besten (rassig und ausgewogen). Fantastisches Preis-Leistungs-Verhältnis.

**Bouscaut** Pes-L r w ★★★ r 08 10' 15 16'; w 13 15 16 17 – Cru-classé-Gut in GRAVES. Rotweine auf MERLOT-Basis, plus 10% MALBEC, sowie süffige Weiße mit Alterungspotenzial. Besucher sind willkommen.

> **Bed & Breakfast & Bordeaux**
>
> Möchten Sie Bordeaux besuchen und einmal eine komfortable Nacht mitten im Weinberg verbringen? Hier einige Châteaux mit Bed & Breakfast-Unterkunft, die Ihnen diese Erfahrung bieten können: BEAUREGARD (Pomérol), FOMBRAUGE (St-Émilion), ORMES DE PEZ (St-Estèphe), Le PAPE (Pessac-Léognan), La RIVIÈRE (Fronsac) und du TERTRE (Margaux).

**Boyd-Cantenac** Mar r ★★★ 05' 09' 10' 14 15 16 – Sehr kleiner 3. Cru im Ort Cantenac, seit 1996 im Besitz und unter der Leitung von Lucien Guillemet, dem auch Ch. POUGET gehört. In den Weinen dominiert CABERNET SAUVIGNON. Günstig. Zweitetikett: Jacques Boyd.

**Branaire-Ducru** St-Jul r ★★★ 08 09' 10' 15 16' 17 18 – Verlässlicher 4. Cru mit stets preiswerten, potenziell langlebigen Weinen. Eigentümer und Gutsleiter ist seit 2017 François-Xavier Maroteaux. Zweitetikett: Duluc.

**Branas Grand Poujeaux** Moulis r ★★ 05' 09 10 15 16' – Sehr kleines Nachbargut von CHASSE-SPLEEN und POUJEAUX; 50% MERLOT. Weine in vollem, modernem Stil. Hubert de Boüard (Ch. ANGÉLUS) berät. Schwester-Château von Villemaurine in ST-ÉMILION. Zweitetikett: Les Eclats de Branas.

**Brane-Cantenac** Mar r ★★★★→★★★ 08 09' 10' 14 15' 16' 18 – 2. Cru auf dem Plateau von Cantenac mit klassischem, duftendem MARGAUX (vorwiegend CABERNET SAUVIGNON), der ausreichend Struktur für ein langes Leben besitzt. Zweitetikett: Baron de Brane, beständig gut und preiswert.

**Brillette** Moulis r ★★ 09 10 12 14 15 16 – Angesehenes CRU-BOURGEOIS-Gut in MOULIS mit Reblagen auf Kiesböden. Weine mit schöner Tiefe und Frucht. Zweitetikett: Haut Brillette.

**Cabanne, La** Pom r ★★ 05 09 10 15' 16 17 18 – Die Reblagen westlich des POMEROL-Plateaus sind fast gänzlich mit MERLOT (94%) bestockt. Der Wein ist in der Jugend sehr verschlossen, er braucht Flaschenreifung. Zweitetikett: Dom. de Compostelle.

**Caillou** Saut w; s ★★ 05 06 10' 13 15' 16 – Das unauffällige 2.-Cru-Gut in BARSAC erzeugt reintönigen, fruchtigen *liquoreux* (90% SÉMILLON). Zweitetikett: Les Erables, Drittetikett: Les Tourelles.

**Calon-Ségur** St-Est r ★★★★ 08 10' 14 15' 16' 17' 18 – 3. Cru mit großem historischem Renommee und jetzt, nach fünfjähriger umfassender Renovierung, im Höhenflug. Der CABERNET-SAUVIGNON-Anteil ist nun höher; die Weine sind fest, aber fein und komplex. Zweitetikett: Le Marquis de Calon.

**Cambon la Pelouse** H-Méd r ★★ 09 10' 12 14 15 16' – Wuchtiger, fruchtbetonter Wein von einem verlässlichen CRU-BOURGEOIS-Gut im südlichen HAUT-MÉDOC. Seit 2018 zertifiziert umweltfreundlicher Anbau.

**Camensac, de** H-Méd r ★★ 05 09 10' 14 15 16 – Mit dem 5. Cru im nördlichen HAUT-MÉDOC, seit 2005 im Besitz der Familie Merlaut (CHASSE-

SPLEEN, GRUAUD LAROSE), geht es stetig aufwärts. Der Wein profitiert in der Regel von Flaschenreifung. Zweitetikett: Second de Camensac.

**Canon** St-Ém r ★★★→★★★★ 08' 09' 10' 11 14 15' 16' 17 – Berühmter umfriedeter PREMIER GRAND CRU CLASSÉ (B) auf dem Kalksteinplateau, ebenso wie BERLIQUET, RAUZAN-SÉGLA und St-Supéry im Besitz von Wertheimer. Jetzt in Hochform mit eleganten, langlebigen Weinen. Die Jahrgänge 2015 und 2016 sind ausgezeichnet. Geschäftsführer ist Nicolas Audebert (früher bei LVMH). Zweitetikett: Croix Canon (hieß bis 2011 Clos Canon).

> ### Blaues Ökoblut
>
> Nur acht Prozent der Bordeaux-Rebflächen werden ökologisch oder biologisch-dynamisch bewirtschaftet, allerdings zunehmend von prestigeträchtigen Erzeugern. Zu den 1855 klassifizierten Châteaux, die nun offiziell ökologisch oder biodynamisch zertifiziert sind, zählen CLIMENS, DURFORT-VIVENS, FERRIÈRE, GUIRAUD, LA LAGUNE, LATOUR, PALMER und PONTET-CANET. Das adelt den Ökoanbau. Nun warf der Mehltau-Jahrgang 2018 jedoch die Frage auf, ob öko in Bordeaux wirklich Zukunft hat.

**Canon La Gaffelière** St-Ém r ★★★ 08 09' 10' 14 15' 16 18 – PREMIER GRAND CRU CLASSÉ (B) am unteren Südhang; im selben Besitz wie d'AIGUILHE, CLOS DE L'ORATOIRE und La MONDOTTE. Hoher CABERNET-FRANC-Anteil (40%) plus CABERNET SAUVIGNON (10%). Stilvolle, beeindruckende Weine. Zertifiziert ökologischer Anbau.

**Cantemerle** H-Méd r ★★★ 05' 09' 10' 14 15 16 – Großer 5. Cru, derzeit gut in Form, im südlichen HAUT-MÉDOC mit schönem bewaldetem Park. Preiswerte Weine auf CABERNET-SAUVIGNON-Basis. Zweitetikett: Les Allées de Cantemerle.

**Cantenac Brown** Mar r ★★→★★★ 05' 08 10' 14 15 16 18 – 3. Cru im Besitz der Familie Simon Halabi. Nachhaltige Bewirtschaftung; 65% CABERNET SAUVIGNON. Beim Wein pflegt man heute einen sinnlicheren, raffinierteren Stil. Empfehlenswert ist auch der trockene weiße Alto (90% SAUVIGNON BLANC). Zweitetikett: BriO de Cantenac Brown.

**Capbern** St-Est r ★★ 09' 10' 14' 15 16' 17 18 – Das Gut hieß bis 2013 Capbern-Gasqueton und hat denselben Besitzer und Geschäftsführer wie das Schwester-CHÂTEAU CALON-SÉGUR. Gut in Form und preiswert.

**Cap de Mourlin** St-Ém r ★★→★★★ 08 09 10 11 15 16 – Nach der Besitzerfamilie benannter GRAND CRU CLASSÉ auf Hanglagen mit Nordausrichtung. Jetzt kraftvollere, konzentriertere Weine (65% MERLOT) als in der Vergangenheit. Michel ROLLAND berät.

**Carbonnieux** Pes-L r w ★★★ 09' 11 15' 16 – Das Cru-classé-Gut in GRAVES erzeugt gediegene Rot- und Weißweine in beträchtlichen Mengen. Die Weißen mit 65% SAUVIGNON-BLANC-Anteil (z. B. 15 16 17) können recht alt werden. Auch die Roten sind langlebig. Zweitetikett: La Croix de Carbonnieux. Besucher sind willkommen.

**Carles, de** Bx r ★★★ 09 10 12 14 15 16 – Die Prestige-Cuvée des Guts in FRONSAC heißt Haut-Carles; sie wird zum Teil in 500-l-Eichenfässern vinifiziert. Opulenter, moderner Stil.

**Carmes Haut-Brion, Les** Pes-L r ★★★ 08 09' 10' 14 15 16' – Kleine, ummauerte Lage im Herzen der Stadt Bordeaux. 42% MERLOT, 58% CABERNET FRANC und 18% CABERNET SAUVIGNON ergeben einen strukturierten, aber einschmeichelnden Wein. Seit 2016 neue Kellerei, entworfen von Philippe

**BORDEAUX** | Car–Cla | **139**

Starck. Zweitetikett: Le C des Carmes Haut-Brion; die Trauben stammen aus Martillac.

**Caronne Ste Gemme** H-Méd r ★★ 10' 11 14 15 16 17 – Größeres Gut im nördlichen HAUT-MÉDOC, seit 1900 im Besitz derselben Familie. Frische, strukturierte Weine, neuerdings mit mehr Tiefe.

**Carruades de Lafite** Pau ★★★ Das Zweitetikett von Ch. LAFITE; 2. Cru seit 1855, entsprechende Preise. 20.000 Kisten jährlich. Der Wein ist kultiviert, weich, aromatisch – ein echter Lafite junior. Er ist auch früher zugänglich, der 2009er z. B. dürfte jetzt so langsam trinkreif sein.

**Carteau Côtes Daugay** St-Ém r ★★ 09 10' 14 15 16' 18 – GRAND-CRU-Gut in ST-ÉMILION, seit 1850 im Besitz der Familie Bertrand, mit preiswerten, hocharomatischen, geschmeidigen Weinen.

**Certan de May** Pom r ★★★ 10' 11 12' 14 15' 16' 18 – Das Gut mit kleiner Reblage auf dem Plateau von POMEROL erzeugt langlebigen Wein. Önologischer Berater ist seit 2013 der frühere Weinmacher von PETRUS.

**Chantegrive, de** Graves r w ★★→★★★ 12 14 15 16 – Das führende Gut in GRAVES erzeugt hochwertige, preiswerte, volle Rotweine mit feiner Eichennote. Der Jahrgang 2017 fiel dem Frost zum Opfer. Cuvée Caroline heißt der **wunderbar duftende weiße Spitzenwein (15 16 17)**.

**Chasse-Spleen** Moulis r (w) ★★★ 05' 08 09' 10' 15 16 – Das große, bekannte Gut (100 ha) in MOULIS wird von Céline Villars geleitet und erzeugt guten, oft ausgezeichneten, lang reifenden Wein mit klassischer Struktur und schönem Bukett. Außerdem etwas Weißwein namens Blanc de Chasse-Spleen. Zertifiziert umweltfreundlicher Anbau.

**Chauvin** St-Ém r ★★ 09 10' 12 14 15 16' – Das GRAND-CRU-CLASSÉ-Gut gehört seit 2014 Sylvie Cazes (Ch. LYNCH-BAGES). 2016 war der bislang beste Jahrgang. Das neue Etikett zeigt Amor, der auf einem Löwen reitet.

**Bordeaux-Weine machen 11 Prozent der gesamten französischen und 1,8 Prozent der globalen Weinproduktion aus.**

**Cheval Blanc** St-Ém r ★★★★ 98' 01' 04 05' 09' 10' 14 15' 16' 17 18 – PREMIER GRAND CRU CLASSÉ (A), der Superstar von ST-ÉMILION, in dessen Weine man sich sofort verliebt. Feste, duftende Gewächse mit hohem Anteil an CABERNET FRANC (60 %) und POMEROL-Einschlag; Presswein wird nie verwendet. Schmecken auch jung schon köstlich und leben doch eine Generation lang – oder zwei. Miteigentümer Albert Frère starb 2018. Zweitetikett: Le Petit Cheval. Neu ist der seit 2014 erzeugte Le Petit Cheval Blanc.

**Chevalier, Domaine de** Pes-L r w ★★★★ 08 09' 14 15' 16' 17; w 02 08 14 15' 16' 17' – Eine Oase in den Kiefernwäldern von Léognan, seit 1983 im Besitz der Familie Bernard und inzwischen dreimal so groß wie damals. Reintöniger, dichter, fein texturierter Rotwein. Zweitetikett: Esprit de Chevalier. Der beeindruckende, komplexe, langlebige Weißwein besticht durch Beständigkeit und reift langsam zu vollem Geschmack heran. Clos des Lunes, Ch. Lespault-Martillac und Dom. de la Solitude gehören ebenfalls dazu.

**Cissac** H-Méd r ★★ 09 10 14 15 16' 17 – Gut im nördlichen HAUT-MÉDOC, seit 1895 in Familienbesitz. Klassische, von CABERNET SAUVIGNON dominierte Weine, die früher streng ausfielen; neuere Jahrgänge zeigen mehr Frucht. Zweitetikett: Reflets du Ch. Cissac.

**Citran** H-Méd r ★★ 10' 14 15 16 17 – Großes Gut im südlichen HAUT-MÉDOC mit denkmalgeschütztem CHÂTEAU. Wein von mittlerem Körper, der bis zu 10 Jahre reifen kann. Zweitetikett: Moulins de Citran.

**Clarence de Haut-Brion, Le** Pes-L r ★★★ 08 09' 10' 15 16' 17 18 – Zweitetikett von Ch. HAUT-BRION, hieß bis 2007 Bahans Haut-Brion. Der Verschnitt ändert sich mit jedem Jahrgang erheblich (in der Regel vorwiegend

## 140 | Cla–Clo | **BORDEAUX**

MERLOT), doch was die geschmeidige Textur und Eleganz anbelangt, folg
er immer dem *grand vin*. Der neue Weiße heißt La Clarté.

**Clarke** Listrac r (rs) (w) ★★ 09' 12 14 15 16 17 – Führendes LISTRAC-Gut
1973 von Edmond de Rothschild erworben und jetzt im Besitz seines Sohnes Benjamin. Sehr guter, auf MERLOT (70%) basierender Rotwein mit
dunkler Frucht und feinen Tanninen. Önologischer Berater ist Eric Boissenot. Außerdem der trockene weiße Le Merle Blanc du CHÂTEAU Clarke. Ch
Malmaison in MOULIS gehört ebenfalls dazu.

---

### Cru-bourgeois-Qualitätsstufen – auf ein Neues

Ab 2020 wird wieder eine dreistufige Klassifikation eingeführt. Dies
bedeutet die Rückkehr zu den drei Qualitätsstufen CRU BOURGEOIS,
Cru bourgeois supérieur und Cru bourgeois exceptionnel. Die Klassifikation soll alle fünf Jahre stattfinden und sich auf eine von einer unabhängigen Organisation durchgeführte Qualitätsbeurteilung stützen,
wobei auch technische und Umweltfaktoren einbezogen werden. Die
Bewerber müssen fünf Jahrgänge zur Verkostung einreichen, ausgewählt aus den Jahren 2008 bis 2016. Stellen Sie sich mal den Papierkram vor!

---

**Clauzet** St-Est r ★★ 09 10 11 14 15 16' – CRU-BOURGEOIS-Gut mit Weinen
von beständiger Qualität auf CABERNET-SAUVIGNON-Basis zu günstigen
Preisen. Der Betrieb wurde 2018 verkauft: Die Reblagen gingen an Ch.
LILIAN LADOUYS, Marke und Gebäude übernahm Ch. La Haye.

**Clerc Milon** Pau r ★★★ 04 06 10' 15 16' 17 18 – Seit die Rothschilds (MOUTON) das Gut 1970 erwarben, hat sich der Weinbergbesitz verdreifacht.
Ausladendere und gewichtigere Weine als beim Schwester-CHÂTEAU
d'ARMAILHAC; der Verschnitt enthält 1% CARMENÈRE. Beständige Qualität, allerdings zu hohen Preisen. Zweitetikett: Pastourelle de Clerc Milon.

**Climens** Saut w; s 96 05 08 11' 14 15 16' – Cru classé in BARSAC, mit Aplomb
geleitet von Bérénice Lurton. Konzentrierte Weine mit lebhafter Säure und
garantierter Langlebigkeit. Zertifiziert biologisch-dynamisch. Zweitetikett:
Les Cyprès (preiswert). 2017 schwere Frostschäden, sodass kein *grand vin*
erzeugt wurde.

**Clinet** Pom r ★★★ 05' 09' 10 11 15' 16 – Gut im Besitz der Familie Laborde, geleitet von Ronan Laborde, auf dem Plateau von POMEROL. MERLOT herrscht vor (90%), daneben je 10% CABERNET FRANC und CABERNET
SAUVIGNON. Weine in üppig-modernem Stil. Zweitetikett: Fleur de Clinet.

**Clos de l'Oratoire** St-Ém r ★★ 05' 09 10' 14 15 16 – GRAND CRU CLASSÉ
auf den Nordosthängen von ST-ÉMILION, im Besitz Stephan von Neippergs
(CANON LA GAFFELIÈRE etc.). Preiswert.

**Clos des Jacobins** St-Ém r ★★→★★★ 08 09 10' 12 15 16 – Das Cru-classé-Gut ist derzeit in Bestform: Renoviert und modernisiert, zeigt es jetzt tolle
Beständigkeit mit Weinen in kraftvollem, modernem Stil. Ch. de Candale
und das Restaurant »L'Atelier de Candale« (ST-ÉMILION) gehören ebenfalls dazu.

**Clos du Marquis** St-Jul r ★★ 06 09' 10' 15' 16' 17' 18 – Typischeres ST-JULIEN-Gewächs als beim vornehmen Stallgefährten LÉOVILLE-LAS CASES;
der Weinberg ist von 2. Crus (St-Julien) umgeben. Zweitetikett: La Petite
Marquise.

**Clos Floridène** Graves r w ★★ r 14 15' 16 18; w 15' 16 17' 18 – Nach dem
Tod Denis Dubourdieus 2016 wird seine Schöpfung Clos Floridène nun von
den Söhnen Fabrice und Jean-Jacques geleitet. SAUVIGNON BLANC/SÉ-

MILLON von Kalksteinböden liefert feinen, modernen weißen Graves, der alt werden kann; der Rote (vorwiegend CABERNET SAUVIGNON) ist erheblich besser geworden. Die Chx. DOISY-DAËNE und REYNON gehören ebenfalls zum Besitz.

Clos Fourtet St-Ém r ★★★ 06 09' 10' 12 15' 16 18 — PREMIER GRAND CRU CLASSÉ (B) auf dem Kalksteinplateau mit darunterliegenden, in den Fels gehauenen Kellern (12 ha). Klassisch-stilvoller ST-ÉMILION; beständig in guter Form. Önologischer Berater ist Stéphane DERENONCOURT. Zweitetikett: La Closerie de Fourtet. CHÂTEAU Poujeux in MOULIS gehört ebenfalls dazu.

Clos Haut-Peyraguey Saut w; s ★★★ 08 11' 13 15 16 17 — PREMIER CRU im Besitz des Weinmagnaten Bernard Magrez (dem auch FOMBRAUGE, PAPE CLÉMENT und La TOUR CARNET gehören). Elegante, harmonische, langlebige Weine. Zweitetikett: Symphonie.

Clos l'Église Pom r ★★★ 05' 07 09' 14 15' 16 — Verlässliches Spitzengut am Rand des Plateaus von POMEROL, im Besitz von Vignobles Garcin (wie auch BARDE-HAUT, Branon, HAUT-BERGEY). Eleganter, langlebiger Wein. Zweitetikett: Esprit de l'Église.

Clos Puy Arnaud Cas r ★★ 10 11 12 14 15 16' 18 — Das zertifiziert biodynamische Weingut gibt in CASTILLON — CÔTES DE BORDEAUX den Ton an und wird von Thierry Valette mit Leidenschaft geführt. Die Weine zeigen Tiefe und strahlende Säure. Früher zugänglich ist die CUVÉE Pervenche.

Clos René Pom r ★★ 09 10 11 14 15' 16 — Seit Generationen im Besitz derselben Familie. Weine mit hohem MERLOT-Anteil und ein wenig würzigem MALBEC. Nicht so sinnlich und umjubelt wie ein Spitzen-POMEROL, dafür aber preiswerter und ebenfalls potenziell langlebig.

Clotte, La St-Ém r ★★ 10' 12 14 15' 16' 17 18 — Kleines GRAND-CRU-CLASSÉ-Gut in den Côtes, 2014 von AUSONE erworben und seither qualitativ im Aufwind. Zweitetikett: L de La Clotte.

Conseillante, La Pom r ★★★★ 01 04 05' 08 09' 10' 15' 16' 18 — Seit 1871 im Besitz der Familie Nicolas. Eines der nobelsten und am üppigsten duftenden POMEROL-Gewächse (80 % MERLOT von Lehm- und Kiesböden) mit der Struktur für ein langes Leben. Zweitetikett: Duo de Conseillante. Tendenz zu Ökoanbau.

Corbin St-Ém r ★★ 10' 11 12 14 15' 16 — Verlässlicher GRAND CRU CLASSÉ; die Weine (preiswert) zeigen Kraft und Finesse. Der Jahrgang 2017 fiel dem Frost zum Opfer.

**China ist heute der wichtigste Exportmarkt für Bordeaux, sowohl in quantitativer als auch in finanzieller Hinsicht.**

Cos d'Estournel St-Est r ★★★★ 90' 95 98 05' 09' 10' 14 15' 16' 17 18 — Großes 2.-Cru-Gut an der Grenze zu Pauillac mit einem exzentrischen pagodenähnlichen *chai* (Fasslager) und hochmoderner Kellerei. Kultivierter, schmeichelnder, hohe Wertungen erzielender ST-ESTÈPHE. Die 2015 erzeugte MERLOT-Cuvée COS100 gibt es nur in Übergrößen: Doppelmagnum (3 l) und Balthazar (12 l). Der Weißwein auf SAUVIGNON-BLANC-Basis ist übeteuert, zeigt jetzt aber mehr Finesse. Zweitetikett: Les Pagodes de Cos.

Cos Labory St-Est r ★★ 08 09' 10' 15 16' 17 18 — Kleiner 5. Cru im Besitz der Familie Audory, Nachbar von COS D'ESTOURNEL; gutes Preis-Leistungs-Verhältnis. Der Wein hat jetzt mehr Tiefe und Struktur. Zweitetikett: Charme de Cos Labory.

Coufran H-Méd r ★★ 09' 10 12 15 16 17 18 — Für das nördliche HAUT-MÉDOC untypisches Gut mit 85 % MERLOT-Rebbestand, seit 1924 im Besitz der Familie Miailhe. Geschmeidige und dennoch alterungsfähige Weine. Schwestergut ist Ch. Verdignan.

**Couhins-Lurton** Pes-L r w ★★→★★★ r 09 10' 14 15 16 17; w 05 06 09' 1 15' 16 – Cru-classé-Gut mit feinen Weißweinen von SAUVIGNON BLAN (100 %), straff und langlebig. Sehr viel besser gewordener Roter auf MERLOT-Basis (erster Jahrgang: 2002).

**Couspaude, La** St-Ém r ★★★ 10' 11 14 15 16 17 18 – GRAND CRU CLASSÉ au dem Kalksteinplateau. Sehr voller, cremiger Stil mit viel Eichenholzwürze Schwestergut ist Ch. Jean de Gué in LALANDE DE POMEROL.

**Coutet** Saut w; s ★★★ 89' 10' 14' 15' 16 17 – Großes Gut in BARSAC, im Besitz der Familie Baly, mit beständig sehr feinen Weinen. Cuvée Madam (01 03 09) ist eine sehr volle Auslese von alten Reben. Zweitetikett: L Chartreuse de Coutet. Außerdem sehr guter trockener weißer Opalie.

**Die einzigen Märkte für alte Graves-Spitzenweißweine sind Großbritannien un Japan. Die anderen verpassen was.**

**Couvent des Jacobins** St-Ém r ★★ 09 10 12 14 15 16 – GRAND CRU CLASSÉ mit Kellerei in der Stadt, seit 1902 im Besitz derselben Familie. Auf MERLOT basierender Wein mit etwas CABERNET FRANC und PETIT VERDOT. Eher leichter Stil, kann dennoch alt werden.

**Crabitey** Graves r w ★★ r 15 16 17 18; w 15 16 17 – Früher ein Waisenhaus in Portets. Von einer zusammenhängenden Reblage erzeugt Eigentümer Arnaud de Butler jetzt harmonischen MERLOT/CABERNET-SAUVIGNON und ein wenig lebhaften SÉMILLON/SAUVIGNON BLANC (70 %).

**Crock, Le** St-Est r ★★ 08 09' 10 15 16' 17 – CRU BOURGEOIS mit moderaten Preisen, Anwärter auf den Status Cru bourgeois exceptionel in der neuen Klassifizierung (2020). Solider, fruchtstrotzender Wein, der alt werden kann.

**Croix de Gay, La** Pom r ★★★ 09' 10' 12 14 15 16 18 – Kleiner, vorwiegend mit MERLOT (95 %) bestockter Weinberg auf dem POMEROL-Plateau. Besitzerin ist Chantal Raynaud-Lebreton. Weine in rassigem, elegantem Stil. Die CUVÉE La Fleur de Gay stammt von ausgewählten Parzellen.

**Croix du Casse, La** Pom r ★★ 09 10 12 14 15' 16 – Das Gut mit Sand-Kies-Böden in POMEROL, im Besitz von BORIE-MANOUX, macht stetige Fortschritte. Weine von mittlerem Körper, preiswert.

**Croix, La** Pom r ★★ 09 10 12 14 15 16 – Ökologisch bewirtschaftetes Gut mit Weinen vorwiegend von MERLOT (60 %). Im Besitz des Négociant Janoueix, dem auch Ch. La Croix St-Georges und Ch. HAUT-SARPE gehören.

**Croizet-Bages** Pau r ★★→★★★ 05 09 10' 14 15 16 18 – Aufstrebender 5. Cru, es ist aber immer noch Luft nach oben. Neuerdings zeigen die Weine mehr Beständigkeit, besonders aufregend sind sie trotzdem nicht. Im selben Besitz wie RAUZAN-GASSIES.

**Cru bourgeois** Méd – Jährlich neu vergebenes Zertifikat; 2016 ging es an 270 CHÂTEAUX. Unterschiedliche Qualität. Siehe auch Kasten S. 140.

**Cruzelles, Les** Lalande de Pomerol r ★★ 09 10 14 15' 16' 17 18 – Verlässlicher, preisgünstiger Wein; Spitzenjahrgänge können alt werden. Schwestergut in LALANDE DE POMEROL ist La Chenade; Ch. L'EGLISE-CLINET gehört ebenfalls zum Besitz.

**Dalem** Fron r ★★ 09' 10' 12 15 16 17 18 – Milde, frische Weine von reifer Frucht (90 % MERLOT). Zweitetikett: Tentation de Dalem.

**Dassault** St-Ém r ★★ 09 10 12 14 15 16 – GRAND CRU CLASSÉ im Norden der AC auf Sand- und Kiesböden (70 % MERLOT, 30 % CABERNET FRANC und CABERNET SAUVIGNON), 1955 von Marcel Dassault erworben. Moderner, fruchtig-saftiger Wein von beständiger Qualität. Das Zweitetikett heißt D de Dassault.

**Dauphine, de La** Fron r ★★→★★★ 09′ 12 **14 15** 16 17 18 – Großes Gut in FRONSAC, seit 2000 ständigem Wandel unterworfen: Instandsetzung von Gebäuden und Weinbergen, neue Kellereianlagen, zusätzlicher Landerwerb, Zertifizierung als Ökoerzeuger, biologisch-dynamische Methoden. Seit 2015 im Besitz der Familie Labrune. Die Weine zeigen jetzt mehr Substanz und Finesse. Zweitetikett: Delphis. Ferner ein Rosé.

**Dauzac** Mar r ★★→★★★ 08′ 09′ **10′** 14 15 16′ – 5.-Cru-Gut in Labarde. Jetzt dichte, volle, dunkle Weine. Seit 2016 sind Abfüllungen im Primat-Format (27 l) erhältlich (Vorbestellung erforderlich). Zweitetikett: La Bastide Dauzac. Außerdem fruchtiger Aurore de Dauzac und D de Dauzac (AC BORDEAUX). Neuer Besitzer 2019.

**Desmirail** Mar r ★★→★★★ 06 09′ **10′** 14 15 16′ – 3. Cru im Besitz von Denis Lurton mit Weinen in feinem, delikatem Stil, vorwiegend von CABERNET SAUVIGNON (70 %). Zweitetikett: Initial de Desmirail. Besucher sind willkommen.

**Destieux** St-Ém r ★★ 08 09′ 14 15 16 17 18 – GRAND-CRU-CLASSÉ-Gut in St-Hippolyte mit Weinen verlässlicher Qualität in robust-kraftvollem Stil, die Flaschenreifung brauchen. Berater ist Michel ROLLAND.

**Doisy-Daëne** Bar (r) w; tr s ★★★ 01 08 **11′** 15′ 16 17 – Das 2.-Cru-Gut im Besitz der Familie Dubourdieu (CLOS FLORIDÈNE) erzeugt feinen süßen Barsac. Die Rebstöcke sind mindestens 40 Jahre alt. L'Extravagant (06 16 17) ist eine ungeheuer volle und teure CUVÉE. Auch trockener weißer Doisy-Daëne Sec.

**Doisy-Védrines** Saut w; s ★★★ 01′ 04 **05′ 13** 15′ 16′ – Gut in BARSAC mit zusammenhängenden Reblagen, die zu 82 % mit SÉMILLON bestockt sind. Voller Still als DOISY-DAËNE. Seit Langem einer meiner Favoriten: köstlich und preiswert. Zweitetikett: Petit Védrines.

**Dôme, Le** St-Ém r ★★★ 05 09 **10′** 15 16 17 – Kleinsterzeuger mit sehr vollem, modernem, kraftstrotzendem Wein. Zwei Drittel alte CABERNET-FRANC-Reben in der Nähe von Ch. ANGÉLUS. Eigentümer Jonathan Maltus besitzt auch eine Reihe weiterer empfehlenswerter CHÂTEAUX in ST-ÉMILION: Les Astéries, Le Carré, Laforge, Le Pontet, Teyssier (preiswert) und Vieux Château Mazerat.

**Dominique, La** St-Ém r ★★★ 08 09′ **11** 15 16′ 17 18 – An CHEVAL BLANC grenzender GRAND CRU CLASSÉ im Besitz der Familie Fayat. Weine in reichhaltigem, kraftvollem, saftigem Stil, vorwiegend von MERLOT (81 %). Zertifiziert umweltfreundlicher Anbau. Von Jean Nouvel gestaltete Kellerei mit Dachrestaurant (»La Terrasse Rouge«) und Laden. Zweitetikett: Relais de la Dominique.

**Ducru-Beaucaillou** St-Jul r ★★★★ 95 01 **05′ 06** 08 09′ 14 15′ 16 17 – Überragendes 2.-Cru-CHÂTEAU in den Händen des gewitzten Bruno Borie, der vorwiegend auf CABERNET SAUVIGNON (mind. 85 %) setzt. Hervorragend in Form: klassisch nach Zedernholz duftender Bordeaux, der auf ein langes Leben ausgelegt ist. Croix de Beaucaillou und Lalande-Borie sind die Schwesterbetriebe.

**Duhart-Milon Rothschild** Pau r ★★★ 00′ 09′ **10′** 14 15 16′ 18 – Der 4. Cru ist seit 1962 im Besitz der Rothschilds von LAFITE. CABERNET SAUVIGNON herrscht vor (65–80 %), die Qualität ist sehr fein, v. a. in den vergangenen 10 Jahren. Zweitetikett: Moulin de Duhart.

**Durfort-Vivens** Mar r ★★★ 05 08 09′ 15′ 16′ 17 – Erheblich besser gewordenes 2.-Cru-Gut in MARGAUX: Die von CABERNET SAUVIGNON (70 %) dominierten Weine sind jetzt durchweg von lebhafter Art. Seit 2016 zertifiziert biodynamischer Anbau (womöglich der Grund für die Fortschritte). Zweitetiketten: Vivens und Relais de Durfort-Vivens.

**Eglise-Clinet, L'** Pom r ★★★→★★★★ 95 98' 01' 05' 09' 10' 14 15 16' 18 – Das kleine, aber erstklassige Gut zeichnet sich durch enorme Beständigkeit aus – Eigentümer Denis Durantou ist die treibende Kraft. Der Wein ist voll, konzentriert und fleischig, allerdings ziemlich teuer. Zweitetikett: La Petite Eglise.

**Eglise, Domaine de l'** Pom r ★★ 08 09 10' 15 16 17 – Gut auf dem Kies-Ton-Plateau mit dem ältesten, 1589 angelegten Weinberg in Pomerol. In letzter Zeit beständig gute, fleischige Weine. Gehört zum BORIE-MANOUX-Stall.

**Évangile, L'** Pom r ★★★★ 98' 01 05' 08 09' 10' 12 14 15' 16' 18 – Seit das Gut 1990 in den Besitz der (LAFITE-)Rothschilds gelangte, wurden jede Menge Investitionen getätigt. Die Reblage begünstigt frühe Traubenreife. Weine in stets vollem, opulentem Stil, vorwiegend von MERLOT (80%) plus CABERNET FRANC. Zweitetikett: Blason de l'Évangile.

**Fargues, de** Saut w; s ★★★ 04 08 14 15' 16' 17 – Nicht klassifiziertes, aber hochklassiges Gut im Besitz der der Familie Lur Saluces. Klassischer SAUTERNES: überaus volle, ölige und dennoch raffinierte Weine. 2018 sehr schwere Hagelschäden.

**Faugères** St-Ém r ★★→★★★ 08 09' 12 14 15 16 – Größerer GRAND CRU CLASSÉ im Osten von ST-ÉMILION, im Besitz von Silvio Denz, mit vollen, modernen Weinen. Das Schwestergut Ch. Péby Faugères (100% MERLOT) ist ebenfalls klassifiziert. Cap de Faugères (CASTILLON – CÔTES DE BORDEAUX) und LAFAURIE-PEYRAGUEY gehören ebenfalls dazu.

**Ferrand, de** St-Ém r ★★→★★★ 09' 10' 12 14 15 16 – Das große GRAND CRU-CLASSÉ-Gut in St-Hippolyte gehört Marie-Pauline Chandon-Moët. Frische, feste, ausdrucksstarke Weine. Besucher sind willkommen; sehenswert ist auch die Ende des 17. Jh. geschaffene künstliche Grotte (Grotte de Ferrand).

**Ferrande** Graves r (w) ★★ 09 10 14 15 16' 17 – Größeres Gut in Castres-sur-Gironde, im Besitz des Négociant Castel (seit 1992), der für erhebliche Verbesserungen gesorgt hat. Zugänglicher, gefälliger Roter und sauberer, frischer Weißer.

**Ferrière** Mar r ★★★ 09 10' 14 15 16' 17 – Kleiner 3. Cru in der Ortschaft MARGAUX. Zertifizierter Ökoanbau, jetzt Umstellung auf biologisch-dynamischen Anbau. Dunkle, feste Weine mit herrlichem Bukett, die in den letzten Jahren an Finesse gewannen.

**Feytit-Clinet** Pom r ★★→★★★ 08 09' 10' 14 15 16' 18 – Das kleine Gut (6 ha), früher im Besitz von MOUEIX, wird von Jérémy Chasseuil geleitet. Beständig in Bestform: volle, verführerische Weine (90% MERLOT von Kies-Lehm-Boden). Für POMEROL-Verhältnisse relativ preiswert.

**Fieuzal** Pes-L r (w) ★★★ r 08 15 16; w **14 15 16** – Cru classé in PESSAC-LÉOGNAN im Besitz der irischen Familie Quinn. Sehr volle Weiße zum Einlagern (Ausbau in Eichen- und Akazienfässern) und üppige Rote. Zweitetikett: L'Abeille de Fieuzal (rot und weiß). 2017 wurde aufgrund verheerender Frostschäden überhaupt kein Wein erzeugt.

**Figeac** St-Ém r ★★★★ 90 95 98' 00' 01' 05' 14 15' 16' 17' 18 – Der große PREMIER GRAND CRU CLASSÉ (B) ist gegenwärtig im Höhenflug (die Jahrgänge 2015, 2016 und 2017 sind prachtvoll). Klassisches CHÂTEAU; die Reblagen (Kies) sind zu einem ungewöhnlich hohen Anteil mit CABERNET FRANC (70%) sowie CABERNET SAUVIGNON bestockt. In letzter Zeit vollere, aber stets elegante Weine, die lange reifen müssen. Zweitetikett: Petit-Figeac. Eine neue Kellerei ist im Bau.

**Filhot** Saut w; tr s ★★ 09' 11' 12 15 16 17' – Größeres 2.-Cru-Gut mit 62 ha Reblagen, bestockt mit 60% SÉMILLON, 36% SAUVIGNON BLANC und

4 % MUSCADELLE. Die Weine sind seit 2009 reintöniger und voller. Schwere Hagelschäden 2018.

**eur Cardinale** St-Ém r ★★ 08 09' 10' 14 15 16 – GRAND-CRU-CLASSÉ-Gut in St-Étienne-de-Lisse, in den vergangenen 15 Jahren in Höchstform. Reifer, öliger, moderner Stil. Den Wein aus dem Frostjahr 2017 gibt es aufgrund der geringen Menge nur in Magnumflaschen.

**eur de Boüard, La** Bx r ★★→★★★ 09 10 11 14 15 16' 18 – Führendes Gut in LALANDE DE POMEROL mit dunklen, dichten, modernen Weinen; im Besitz der Familie Boüard (ANGÉLUS). Die Spezial-CUVÉE Le Plus, ein sortenreiner MERLOT, ist von extremerer Art. Zweitetikett: Le Lion. 2017 war der Ertrag aufgrund von Frostschäden minimal (22 hl anstatt der sonst üblichen 2000 hl).

**eur-Pétrus, La** Pom r ★★★★ 98' 05' 06 09' 10' 15 16 17' 17 – Das absolute Spitzengut im Besitz von J.-P. MOUEIX umfasst etwa 18,7 ha, bestockt mit MERLOT (91 %), CABERNET FRANC (6 %) und PETIT VERDOT (3 %). Feinerer Stil als PETRUS oder TROTANOY. Braucht Zeit.

**ombrauge** St-Ém r ★★→★★★ 05' 10 12 14 15 16' 18 – Auf das 16. Jh. zurückgehendes GRAND-CRU-CLASSÉ-Gut (seit 2012), im Besitz von Bernard Magrez (PAPE CLÉMENT). Sehr volle, dunkle, cremige, opulente Weine. Magrez-Fombrauge ist eine rote Spezial-CUVÉE und außerdem der Name für den trockenen weißen BORDEAUX. Zweitetikett: Prélude de Fombrauge.

*ine Impériale-Flasche (6 l) Petrus aus dem Jahr 1989 erbrachte 2018 auf einer Auktion 47.450 Euro – das sind fast 1.000 Euro pro Glas …*

**onbadet** Pau r ★★ 10' 12 14 15 16' 17 18 – Kleines, nicht klassifiziertes Gut in PAUILLAC, dessen Rebparzellen in der Nachbarschaft von Spitzen-Crus liegen. Der Wein (60 % CABERNET SAUVIGNON) ist nicht ganz so langlebig wie andere, dafür aber von verlässlicher Qualität.

**Fonbel, de** St-Ém r ★★ 10 11 12 **14** 15 16 – Verlässliche Quelle für fruchtigsaftigen, frischen, nicht überteuerten ST-ÉMILION-Wein. Im selben Besitz wie AUSONE. 2017 sehr geringer Ertrag aufgrund von Frostschäden.

**Fonplégade** St-Ém r ★★ 08 09 12 14 15 16' – GRAND CRU CLASSÉ in amerikanischem Besitz. Der Stil der Weine war früher modern-konzentriert, jetzt legt man mehr Wert auf Frucht und Ausgewogenheit. Zertifizierter Ökoanbau. Zweitwein: Fleur de Fonplégade. Besucher sind willkommen.

**Fonréaud** Listrac r ★★ 09' **10'** 11 15 16' 17 – Eines der größeren und besseren LISTRAC-Güter mit überzeugenden, leckeren Weinen auf CABERNET-SAUVIGNON-Basis (53 %), die ein gewisses Alter erreichen können. Ferner sehr guter trockener weißer Le Cygne in kleinen Mengen.

**Fonroque** St-Ém r ★★★ 09 **10'** 12 14 15 16 18 – GRAND CRU CLASSÉ in den Côtes, im Besitz eines Versicherungsmaklers. Zertifiziert ökologischer und biologisch-dynamischer Anbau. Feste, aber frische, fruchtig-saftige Weine.

**Fontenil** Fron r ★★ 09' 10' 12 **14** 15' 16 18 – Führendes Gut in FRONSAC, seit 1986 im Besitz von Michel ROLLAND. Reife, opulente, ausgewogene Weine.

**Forts de Latour, Les** Pau r ★★★★ 90' 95' 07 15 16' 17 – Das Zweitetikett von Ch. LATOUR (etwa 40 % der Gesamtproduktion): authentischer Geschmack in etwas leichterem Format zu hohen Preisen. Ein En-PRIMEUR-Verkauf findet nicht mehr statt, die Freigabe der Weine erfolgt nun, wenn sie für trinkreif erachtet werden – der 2012er kam 2018 heraus –, obgleich sie dann immer noch Zeit brauchen.

**Fourcas Dupré** Listrac r ★★ 09 **10'** 12 **14** 15' 16' – Gut geführtes CHÂTEAU mit einigermaßen beständigem Wein im festen LISTRAC-Stil; die Reblagen bilden ein zusammenhängendes Gelände. Zudem etwas Weißwein von SAUVIGNON BLANC (67 %) und SÉMILLON (33 %).

**Fourcas Hosten** Listrac r ★★→★★★ 09 **10'** **12** **14** 15 16 – In das umweltfreundlich bewirtschaftete große Gut wurde seit 2006 beträchtlich investiert, was den Weinen zu mehr Präzision und Finesse verhalf. Außerdem ein trockener Weißer (vorwiegend SAUVIGNON BLANC).

**France, de** Pes-L r w ★★ r 09 15 16; w **15 16 17** – Nicht klassifiziertes Gut in Léognan, geleitet von Arnaud Thomassin, mit reifen, modernen, verlässlichen Weinen. Die Weißen sind frisch und ausgewogen.

**Franc Mayne** St-Ém r ★★ 09 **10' 11 14** 15' 16 – Der kleine GRAND CRU CLASSÉ in den Côtes wechselte 2018 den Besitzer und hat nun dasselbe Management wie Ch. Palouney im HAUT-MÉDOC. Weine in frischem, fruchtigem Stil – rund, aber mit schöner Struktur.

---

### Die St-Émilion-Klassifikation – die derzeitige Version

Die aktuelle Klassifikation (2012) umfasst insgesamt 82 CHÂTEAUX: 18 PREMIERS GRANDS CRUS CLASSSÉS und 64 GRANDS CRUS CLASSÉS. Diese Klassifikation, die von Gesetzes wegen nun eher als Prüfung denn als Konkurrenzkampf angelegt ist, wurde von einer Kommission durchgeführt, die aus sieben von der INAO benannten, sämtlich nicht in BORDEAUX ansässigen Fachleuten bestand. Ch. ANGÉLUS und Ch. PAVIE wurden in den Rang Premier grand cru classé (A) erhoben, während der Kategorie Premier grand cru classé (B) die Châteaux CANON LA GAFFELIÈRE, LARCIS DUCASSE, La MONDOTTE und VALANDRAUD hinzugefügt wurden. Erstmals den Status Grand cru classé erhielten die Châteaux BARDE-HAUT, Le Chatelet, Clos de Sarpe, Clos la Madeleine, La Commanderie, Côte de Baleau, FAUGÈRES, de FERRAND, La Fleur Morange, FOMBRAUGE, JEAN FAURE, Péby Faugères, de PRESSAC, QUINAULT L'ENCLOS, Rochebelle und SANSONNET. Obwohl für die Erzeuger ein motivierender Ansporn, ist und bleibt die (seit 1955 alle zehn Jahre zu überprüfende) Klassifikation für Konsumenten ein unhandliches Richtmaß.

---

**Gaby** Fron r ★★ 09 10 **12 15** 16 17 18 – Herrliche Südlagen in CANON-Fronsac, zertifiziert ökologisch bewirtschaftet, erbringen von MERLOT dominierte Weine zum Einlagern. Schwester-CHÂTEAUX sind du Parc (ST-ÉMILION) und Moya (CASTILLON – CÔTES DE BORDEAUX).

**Gaffelière, La** St-Ém r ★★★ 08 **10' 11** 14 15' 16 18 – PREMIER CRU gallorömischen Ursprungs am Fuß der Côtes. Investitionen und Fortschritte; ein Teil der Rebbflächen wurde neu bestockt. Elegante, langlebige Weine (75 % MERLOT, 25 % CABERNET FRANC). Zweitetikett: Clos la Gaffelière.

**Garde, La** Pes-L r w ★★ r 05 15 16'; w **15 16 17** – Gut im Besitz von DOURTHE mit geschmeidigen Roten (CABERNET SAUVIGNON/MERLOT). Außerdem Weißwein von SAUVIGNON BLANC (90 %) und SÉMILLON in geringen Mengen. Zweitetikett: La Terrasse de La Garde.

**Gay, Le** Pom r ★★★ 08 **09' 10'** 14 15' 16 – Schöne Reblagen am nördlichen Rand von POMEROL, Eigentümer ist Vignobles Péré-Vergé. Beträchtliche Investitionen; Michel ROLLAND berät. Rassige und doch einschmeichelnde Weine mit Alterungspotenzial. Ch. Montviel und Ch. La Violette gehören ebenfalls zum Besitz. Zweitwein: Manoir de Gay.

**Gazin** Pom r ★★★ **05' 06** 10' 14 15' 16 18 – Großes Gut in POMEROL, seit 1917 in Familienbesitz; 90 % MERLOT. Sehr gut in Form: generöse, langlebige Weine. Zweitetikett: L'Hospitalet de Gazin.

**Gilette** Saut w; s ★★★ 88 89 90 96 97 99 – Außergewöhnliches kleines Gut in Preignac, seit dem 18. Jh. in Familienbesitz, das seine schwelgerischen

Weine 16–20 Jahre in Betontanks lagert. Der Vorrat reicht bis ins Jahr 1953 zurück. CHÂTEAU Les Justices in SAUTERNES ist das Schwestergut.

**Giscours** Mar r ★★★ **08 09' 10'** 15 16' 17 18 – Größerer 3. Cru in Labarde; die Reben wachsen auf drei kiesigen Erhebungen. Die körperreichen, langlebigen MARGAUX-Weine können großartig sein (z. B. 1970). Der verstorbene Besitzer Albada Jelgersma managte während der vergangenen 20 Jahre die Qualitätsverbesserungen hier und auf Ch. du Tertre. Zweitetikett: La Sirène de Giscours. Außerdem ein wenig Rosé (AC BORDEAUX).

**Glana, du** St-Jul r ★★ **08 09 10'** 15 16' 17 – Großes, nicht klassifiziertes Gut mit anspruchslosen, strammen, preiswerten Weinen auf CABERNET-SAUVIGNON-Basis (65%). Während der vergangenen 20 Jahre wurde umfangreich renoviert. Zweitetikett: Pavillon du Glana.

**Gloria** St-Jul r ★★→★★★ **08 09' 10'** 15' 16 17 18 – Die Reblagen sind auf drei Bereiche in ST-JULIEN verteilt; CABERNET SAUVIGNON herrscht mit 65% vor, das durchschnittliche Rebenalter liegt bei 40 Jahren. In neuerer Zeit hervorragend in Form. Das Gut ist nicht klassifiziert (wie GLANA), verkauft seinen Wein aber zu 4.-Cru-Preisen.

**Grand Corbin-Despagne** St-Ém r ★★→★★★ **08 09' 10'** 14 15 16' – GRAND CRU CLASSÉ in Familienbesitz im Norden von ST-ÉMILION; jetzt hat die siebte Generation das Sagen. Die aromatischen Weine mit Alterungspotenzial haben nun eine reifere, vollere Note. Gutes Preis-Leistungs-Verhältnis. Zum Besitz gehört auch Ch. Ampélia (CASTILLON – CÔTES DE BORDEAUX). Zweitetikett: Petit Corbin-Despagne. 2017 wurde aufgrund von Frostschäden kein *grand vin* erzeugt.

**Grand cru classé** St-Ém – Die Einstufung wird alle 10 Jahre einer Revision unterzogen; 2012 wurden 64 CHÂTEAUX klassifiziert. Siehe auch Kasten »Die ST-ÉMILION-Klassifikation«, S. 146.

**Grand Mayne** St-Ém r ★★★ **09' 10' 12** 14 15 16' – Beeindruckendes GRAND-CRU-CLASSÉ-Gut mit Louis Mitjavile (TERTRE-RÔTEBŒUF) als önologischem Berater. Beständige, körperreiche Weine mit schöner Struktur. Zweitetikett: Les Plantes du Mayne.

**Grand-Puy Ducasse** Pau r ★★ **05' 08 10'** 14 15' 16' 18 – Der 5. Cru glänzt in den letzten Jahren mit stetig steigender Qualität; 62% CABERNET SAUVIGNON, 38% MERLOT. Berater ist Hubert de Boüard (ANGÉLUS). Zweitetikett: Prélude à Grand-Puy Ducasse. Vernünftige Preise.

**Grand-Puy-Lacoste** Pau r ★★★ **96' 02 06' 09' 10'** 14' 15' 16' 18 – Der 5. Cru ist berühmt für seinen PAUILLAC zum Einkellern (75% CABERNET SAUVIGNON). Leider steigen auch die Preise. Besitzer und (cleverer) Manager ist François-Xavier Borie, Eric Boissenot berät. Zweitetikett: Lacoste-Borie.

**Grave à Pomerol, La** Pom r ★★★ **08 09' 10** 15 16' 17 18 – Das J.-P. MOUEIX gehörende kleine Gut am Westhang des POMEROL-Plateaus (vorwiegend Kiesböden) erzeugt Weine mit hohem MERLOT-Anteil (85%), die alt werden können. Angemessene Preise.

**Greysac** Méd r ★★ **09 10' 12** 15 16' 17 – Dem Besitzer gehört u. a. CHÂTEAU HAUT CONDISSAS. Feine, frische Weine aus Lehm-Kies-Böden mit hohem MERLOT-Anteil (65%) von beständiger Qualität.

**Gruaud Larose** St-Jul r ★★★★ **95' 00' 05' 09' 10'** 14 15' 16' 18 – Eines der größten und beliebtesten 2.-Cru-Güter, im Besitz der Familie Merlaut (Ch. CITRAN). Runder, voller, kraftstrotzender roter Bordeaux zum Einlagern. Zweitetikett: Sarget de Gruaud Larose. Besucher sind willkommen.

**Guadet** St-Ém r ★★ **08 09 10 14** 15 16' – Kleines GRAND-CRU-CLASSÉ-Gut, seit 1844 von der Familie Lignac geleitet, jetzt in siebter Generation. In den vergangenen 10 Jahren besser in Form. Zertifiziert ökologischer und biologisch-dynamischer Anbau. Stéphane DERENONCOURT berät.

**Guiraud** Saut (r) w; (tr) ★★★ 98 02 **05' 11' 14** 15' 16' 17' – Relativ großes, CHÂTEAU D'YQUEM benachbartes Gut mit Ökosiegel. Zu den Besitzern gehört auch der langjährige Geschäftsführer Xavier Planty. Empfehlenswert ist das gutseigene Restaurant »La Chapelle«; überhaupt sind Besucher hier willkommen. Der trockene Weißwein heißt Le G de Château Guiraud, das Zweitetikett Petit Guiraud. Wegen Hagelschäden wurde 2018 kein *grand vin* erzeugt.

> **Hätten Sie gern was Eigenes?**
>
> Saint-Émilion ist und bleibt eine erstrebenswerte Gegend für Weinbergakquisitionen. Die Nachfrage ist hoch, und der Preis steigt immer weiter: Ein Hektar kostet knapp 250.000 Euro, in Spitzenlagen auf dem Plateau sogar bis zu über drei Millionen. Unter den klassifizierten CHÂTEAUX (2012) haben folgende kürzlich den Besitzer gewechselt: BELLEFONT BELCIER, BERLIQUET, Clos La Madeleine, FONROQUE, FRANC MAYNE und TROPLONG MONDOT.

**Gurgue, La** Mar r ★★★ **08 09'** 10 14 15 16' – Nachbargut von Ch. MARGAUX mit feinem, nicht übertereurtem Wein aus zertifiziert ökologischem Anbau; steht unter derselben Leitung wie FERRIÈRE und HAUT-BAGES LIBÉRAL.

**Hanteillan** H-Méd r ★★ **09 10** 12 14 15 16 – Großer CRU BOURGEOIS mit runden, ausgewogenen, jung zu trinkenden Weinen (50 % CABERNET SAUVIGNON, 50 % MERLOT). Önologischer Berater ist Stéphane DERENONCOURT. Zweitetikett: Ch. Laborde.

**Haut-Bages Libéral** Pau r ★★★ **05' 09' 10'** 14 15' 16 – Das 5.-Cru-Gut (neben LATOUR) erzeugt Weine auf CABERNET-SAUVIGNON-Basis (70 %) von mittlerem Körper. Önologischer Berater ist Eric Boissenot. Zweitetikett: La Fleur de Haut-Bages Libéral. Vernünftige Preise.

**Haut-Bailly** Pes-L r ★★★★ **98' 00' 05' 06 09' 10'** 14 15' 16' 17 18 – Erstklassiges Cru-classé-Gut in PESSAC-LÉOGNAN; Eigentümer Bob Wilmers starb 2017, jetzt hat Sohn Chris die Leitung inne. Der Rotwein glänzt durch einen raffinierten, eleganten Stil (Parzelle mit mind. 100 Jahre alten Reben). Zweitetikett: La Parde de Haut-Bailly. Ch. Le Pape (Pessac-Léognan) gehört ebenfalls zum Besitz.

**Haut-Batailley** Pau r ★★★ **96 06** 14 15 16' 17' – Der 5. Cru gehört seit 2017 (Achtung: neues Etikett) der Familie Cazes von Ch. LYNCH-BAGES – eine sichere Sache also. Im vergangenen Jahrzehnt wurden stetig Fortschritte erzielt. Zweitetikett: La Tour l'Aspic.

**Haut-Beauséjour** St-Est r ★★ **09** 10 11 14 15 16 – Das vom Eigentümer, dem Champagnerhaus ROEDERER, geschaffene und weiterentwickelte Gut wurde 2017 verkauft. Ein hoher MERLOT-Anteil (mind. 60 %) ergibt fruchtigsaftige, aber strukturierte Weine.

**Haut-Bergeron** Saut w; s ★★ **05 10 11** 15' 16 17' – Das nicht klassifizierte Gut in Preignac im Besitz der Familie Lamothe erzeugt verlässlich hochwertigen SAUTERNES. Der Rebbestand ist sehr alt (im Schnitt 50 Jahre), vorwiegend SÉMILLON (90 %). Voller, opulenter, nicht übertereuter Wein. Daneben L'Ilot aus einer Parzelle auf einer Insel im Fluss Ciron.

**Haut-Bergey** Pes-L r (w) ★★ → ★★★ r **09** 15 16; w **14 16 17** – Nicht klassifiziertes Gut, das sich aber wie ein Cru classé gibt. Voller, mächtiger Rotwein sowie frischer, konzentrierter trockener Weißer. Schwester-Château ist CLOS L'ÉGLISE in POMEROL. Aufgrund von Frostschäden wurde 2017 kein *grand vin* erzeugt.

# BORDEAUX | Hau–Lab | 149

**Haut-Brion** Pes-L r (w) ★★★★ r 86' 95' 07 15' 16' 17' 18; w 13 15' 16' 17 18 – Der einzige Premier cru in der Klassifikation von 1855, der nicht im MÉDOC liegt; seit 1935 im Besitz der US-amerikanischen Familie Dillon. Weinbau ist hier jedoch seit 1521 beurkundet. Auf dem Gut wird ständig renoviert; aktuell ist ein neuer *cuvier* (Fasskeller) im Entstehen. Überaus harmonische Gewächse mit wundervoller Textur, für viele die erste (zumindest aber die zweite) Wahl unter den Bordeaux-Weinen. Probieren kann man sie im Zwei-Sterne-Restaurant »Le Clarence« in Paris. Für sehr reiche Menschen auch schwelgerischer trockener Weißwein (SAUVIGNON BLANC/SÉMILLON) in kleinen Mengen. Außerdem neuer weißer La Clarté, ein Gemeinschaftsprojekt von Haut-Brion und La MISSION HAUT-BRION. Siehe auch LE CLARENCE DE HAUT-BRION, La Mission Haut-Brion und QUINTUS.

**Haut Condissas** Méd r ★★★ 09' 10' 14 15 16 17 18 – Spitzenwein des Jean-Guyon-Stalls (u. a. Ch. Rollan de By), kreiert im Jahr 1995, von dem jährlich nur 5.000 Kisten erzeugt werden: überaus voll, konzentriert und von verlässlicher Qualität (vorwiegend MERLOT plus 20% PETIT VERDOT).

**Haut-Marbuzet** St-Est r ★★→★★★ 05' 09' 10' 14 15 16 – Der Betrieb im Besitz der Familie Duboscq wurde 1952 mit gerade mal 7 ha Weinbergbesitz gegründet, jetzt sind es 70 ha. Nicht klassifiziertes Gut mit Weinen zum Verlieben (vorwiegend CABERNET SAUVIGNON plus MERLOT, Cabernet franc und Petit Verdot): herrlich duftend, ölig-opulent, ausgebaut in BARRIQUES aus neuer Eiche. Knapp zwei Drittel der Produktion werden direkt ab CHÂTEAU verkauft. Zweitetikett: MacCarthy.

**Haut-Sarpe** St-Ém r ★★ 05 10 12 14 15 16 – GRAND CRU CLASSÉ im Besitz der Familie Janoueix. Sehr volle, dunkle, moderne Weine mit deutlicher Eichennote; önologischer Berater ist Hubert de Boüard (ANGÉLUS).

**Hosanna** Pom r ★★★★ 01 05' 08 15 16' 17 18 – Kleines Rebgelände (4,5 ha) mitten auf dem POMEROL-Plateau, bestockt mit 70% MERLOT und 30% CABERNET FRANC. Der Name stammt von J.-P. MOUEIX, der im Jahr 1999 Parzellen des früheren Ch. Certan Guiraud erwarb. Die Weine besitzen Kraft, Reintönigkeit, Ausgewogenheit und brauchen Zeit.

**Issan, d'** Mar r ★★★ 00' 05' 08 14 15' 16' – 3. Cru mit schönem, burgähnlichem CHÂTEAU, seit 1945 im Besitz der Familie Cruse. Jetzt in Bestform mit herrlich duftenden Weinen. Die Lesemannschaft kommt jedes Jahr aus Dänemark. Zweitetikett: Blason d'Issan.

**Das derzeitige Statussymbol in Bordeaux ist der Kran: Überall werden neue Kellereigebäude errichtet.**

**Jean Faure** St-Ém r ★★ 09 10 12 14 15 16 – GRAND CRU CLASSÉ mit Lehm-, Sand- und Kiesböden, die ökologisch bewirtschaftet werden (zertifiziert seit 2017). Zum Pflügen werden Pferde eingesetzt. Frisch-eleganter Stil dank 50% CABERNET FRANC. Önologischer Berater ist Hubert de Boüard (ANGÉLUS).

**Kirwan** Mar r ★★★ 05' 09 10' 15' 16' 17 18 – 3. Cru auf dem Plateau von Cantenac; vorwiegend CABERNET SAUVIGNON (60%). In den 1990er-Jahren waren die Weine dicht gewirkt und fleischig, jetzt zeigen sie mehr Finesse. Seit 2017 neue Kellerei, gestaltet von den Künstlern Kinga und Anatoly Stolnikoff. Zweitetikett: Charmes de Kirwan. Besucher sind willkommen.

**Labégorce** Mar r ★★→★★★ 09 10' 12 14 15 16' – Das nicht klassifizierte MARGAUX-Gut größeren Zuschnitts ist im Besitz der Familie Perrodo; 2009 ging das frühere Ch. Labégorce Zédé darin auf. Beträchtliche Investitionen und Fortschritte – schöner Wein in modernem Stil. Ch. MARQUIS D'ALESME gehört ebenfalls dazu.

## Laf–Lam | BORDEAUX

**Lafaurie-Peyraguey** Saut w; s ★★★ 01' 05' 08 **09' 11'** 15' 16' 17' 18 – Führender Cru classé im Besitz von Silvio Denz (Luxusgüterunternehmen Lalique; siehe auch FAUGÈRES). Sehr voller, harmonischer Süßwein (90 % SÉMILLON), außerdem trockener weißer BORDEAUX auf Sémillon-Basis. 2018 wurde ein Relais & Châteaux-Hotel mit Restaurant eröffnet. Zweitetikett: La Chapelle de Lafaurie-Peyraguey.

**Lafite Rothschild** Pau r ★★★★ 89' **95' 99' 02** 05' 09' 10' 14' 15' 16' 18 – Von dem großen PREMIER CRU (112 ha) kommen Weine mit dem berühmten verschwenderischen Duft und Stil, die niemals schwer, heutzutage allerdings dichter gewirkt und geschmeidiger sind. Große Jahrgänge brauchen jahrzehntelange Flaschenreifung. Geschäftsführerin ist Saskia de Rothschild, die Weinbereitung obliegt Eric Kohler. Zweitetikett: CARRUADES DE LAFITE. Joint Ventures im MIDI, in Argentinien, Chile, China, Italien, Kalifornien und Portugal. Zum Besitz gehören auch die CHÂTEAUX DUHART-MILON, L'ÉVANGILE und RIEUSSEC.

---

### Ein Unglück kommt selten allein

Denken Sie auch mal an die glücklosen unter den Bordeaux-Winzern: Im Jahr 2017 erlebten sie den schlimmsten Spätfrost seit 1991, gefolgt von einer aggressiven Attacke durch Falschen Mehltau 2018. Und für einige Erzeuger in Blaye, den Côtes de Bourg, in Castillon, Graves, Sauternes und im südlichen Haut-Médoc kam auch noch schlimmer Hagel im Mai und Juni hinzu. Das sind nun mal die Risiken …

---

**Lafleur** Pom r ★★★★ **95' 00' 01'** 05' 09' 10' 15' 16' 17' – Ausgezeichnetes, allerdings sehr kleines Gut in Familienhand, kultiviert wie ein Garten. Elegante, intensive Weine zum Einkellern; teuer. Zweitetikett: Pensées de Lafleur. Außerdem sortenreiner SAUVIGNON BLANC Les Champs Libres.

**Lafleur-Gazin** Pom r ★★ 09 10 **11** 14 15 16' – Kleines Gut im Besitz von J.-P. MOUEIX; 85 % MERLOT, 15 % CABERNET FRANC. Feine, zugängliche Weine mit schönem Bukett, preiswert.

**Lafon-Rochet** St-Est r ★★★ 04 06 **09'** 14 15' 16' 18 – Der 4. Cru, Nachbar von Ch. COS LABORY, wird von Michel und Basile Tesseron geleitet und ist in guter Form. Der frühere PETRUS-Weinmacher berät. Auffallende goldgelbe Etiketten und Gebäude. Die Ökobestrebungen sind ins Stocken geraten – in die Böden wurde zu viel Kupfer eingetragen. Zweitetikett: Les Pélerins de Lafon-Rochet.

**Lagrange** St-Jul r ★★★ 01 05' **08'** 15' 16' 17 18 – Das große 3.-Cru-Gut (118 ha), seit 1983 im Besitz des japanischen Getränkekonzerns Suntory, erzeugt Wein in klassischem MÉDOC-Stil. In Weinberge und Keller wurde kräftig investiert; Eric Boissenot berät. Zweitetikett: Les Fiefs de Lagrange (günstig). Außerdem trockener Weißer Les Arums de Lagrange.

**Lagrange** Pom r ★★ 09 10 14 **15'** 16' 17 18 – Kleine Reblage in POMEROL mit Lehm und Kiesböden (95 % MERLOT), seit 1953 im Besitz von J.-P. MOUEIX. Geschmeidige, früh zugängliche Weine.

**Lagune, La** H-Méd r ★★★ **06 08** 15' 16' 17' – 3. Cru ganz im Süden des MÉDOC, seit 2016 mit Ökosiegel. Schwächelte in den 1990er-Jahren, ist aber inzwischen wieder in Form. Schön konturierte Weine, die jetzt mehr Struktur und Tiefe haben. Zweitetikett: Moulin de La Lagune. Außerdem CUVÉE Mademoiselle L von einem Weinberg in Cussac-Fort-Médoc. 2018 beträchtliche Hagelschäden.

**Lamarque, de** H-Méd r ★★ 08 **09'** 10' 14 15 16 – HAUT-MÉDOC-Gut mit mittelalterlicher Burg. Preiswerte, sachkundig bereitete, charmante Weine

# BORDEAUX | Lan–Lat | 151

von mittlerer Lebensdauer (vorwiegend CABERNET SAUVIGNON plus ein zunehmender Prozentsatz an PETIT VERDOT). Zweitetikett: D de Lamarque.

**Lanessan** H-Méd r ★★ 09 **10' 12 14 15'** 16' – Gut unmittelbar südlich von ST-JULIEN mit preiswertem Bordeaux im MÉDOC-Stil. Hat sich unter Geschäftsführer Paz Espejo in den letzten 10 Jahren gesteigert. Besucher sind willkommen.

**Langoa Barton** St-Jul r ★★★ **05' 08' 10'** 15' 16' 17 18 – Kleiner 3. Cru mit CHÂTEAU aus dem 17. Jahrhundert, seit 1821 in den Händen der Bartons. Schwestergut von LÉOVILLE BARTON. Die Weine besitzen Charme und Eleganz (57% CABERNET SAUVIGNON). Beständig gutes Preis-Leistungs-Verhältnis.

**Larcis Ducasse** St-Ém r ★★★ **05' 08 10'** 14 15' 16 18 – PREMIER GRAND CRU CLASSÉ mit terrassiertem Rebhang in Südlage (85% MERLOT), heute in Bestform. Geschäftsführer ist Nicolas Thienpont. Zweitetikett: Murmure de Larcis Ducasse.

**Larmande** St-Ém r ★★ **08 10 12 14** 15 16 18 – GRAND-CRU-CLASSÉ-Gut, wie auch Ch. SOUTARD im Besitz der Versicherungsgesellschaft La Mondiale. Tadellose Weine, allerdings in leichterem Stil, auf MERLOT-Basis (65%) plus CABERNET FRANC (30%) und CABERNET SAUVIGNON (5%).

**Laroque** St-Ém r ★★→★★★ **08 09' 10'** 15 16 17 – Großer GRAND CRU CLASSÉ an einem der höchsten Punkte von ST-ÉMILION. Vom Terroir geprägte Weine. Zweitetikett: Les Tours de Laroque.

**Larose Trintaudon** H-Méd r ★★ **09' 10 12 14 15** 16 – Größte Rebfläche im MÉDOC: 165 ha, nachhaltig bewirtschaftet; 75.000 Kisten/Jahr. Der in der Regel auf frühen Genuss ausgelegte Wein wird zu jeweils knapp 50% von MERLOT und CABERNET SAUVIGNON bereitet, plus 7% PETIT VERDOT. Zweitetikett: Les Hauts de Trintaudon. Die CHÂTEAUX Arnauld und Larose Perganson gehören ebenfalls zum Besitz.

**Laroze** St-Ém r ★★ **09' 10' 12 14** 15 16' – GRAND CRU CLASSÉ, seit 1990 von Guy Meslin geleitet, mit Weinen leichterer Art (von Sandböden), die neuerdings mehr Tiefe aufweisen. Zertifiziert umweltfreundliche Bewirtschaftung. Zweitetikett: La Fleur Laroze.

**Larrivet Haut-Brion** Pes-L r w ★★★ r 08 15 16; w **15 16 17** – Nicht klassifiziertes Gut in PESSAC-LÉOGNAN, seit 1987 Jahren im Besitz der Familie Gervoson (Konfitürenhersteller Bonne Maman), die die Rebfläche von 17 ha auf 72,5 ha vergößert hat. Weinmacher ist seit 2007 Bruno Lemoine (früher bei MONTROSE). Voller, moderner Rotwein; außerdem sinnlicher, aromatischer Weißer (SAUVIGNON BLANC/SÉMILLON). Besucher sind willkommen.

**Lascombes** Mar r (rs) ★★★ **05'** 06 08 14 15' 16 18 – Großer 2. Cru (112 ha) mit wechselvoller Geschichte, heute im Besitz einer französischen Versicherungsgesellschaft. Die Weine sind voll, dunkel, konzentriert und modern mit einem Hauch des MARGAUX-typischen Dufts; mehr als 50% MERLOT. Zweitetikett: Chevalier de Lascombes.

**Der jährliche Umsatz mit Bordeaux-Weinen beträgt rund 3,8 Milliarden Euro.**

**Latour** Pau r ★★★★ **90' 96' 00' 05' 08** 09' 10' 15' 16' 17 – Der PREMIER CRU gilt als großartigste Verkörperung des roten Bordeaux. Die Weine sind tiefgründig, intensiv, aus guten Jahrgängen fast ewig haltbar, und sogar schwächere Jahrgänge zeigen den unverwechselbaren Geschmack und halten sich viele Jahre. Der Weinberg ist seit 2018 zertifiziert ökologisch (damit ist Latour der Vorreiter unter den Premier-cru-Gütern), Teile der historischen Lage Enclos werden biodynamisch bewirtschaftet. Der En-PRIMEUR-Verkauf wurde 2012 eingestellt – die Freigabe erfolgt jetzt erst, wenn der Wein als genussreif erachtet wird (z. B. 2018 der Jahrgang 2006 – immer noch zu früh). Neue Keller bieten mehr Lagerfläche. Eigentümer ist die Familie Pinault, die auch Reblagen in Burgund, an der Rhône und im Napa Valley besitzt. Zweitetikett: Les FORTS DE LATOUR, Drittetikett: Pauillac; selbst Letzterer hält sich bis zu 20 Jahre.

**Latour à Pomerol** Pom r ★★★ 01 09' 10' 15' 16' 17 18 — Geschäftsführer J.-P. MOUEIX (seit 1962) sorgt für außerordentlich verlässliche, schön strukturierte Weine, die gut altern und vergleichsweise preiswert sind.

> **Sie wollen alles**
>
> Die Produktion von trockenem weißem Bordeaux mag auf acht Prozent zurückgegangen sein, doch anscheinend sind mehr und mehr Spitzengüter scharf auf Weißwein. Im Médoc erzeugen ihn die CHÂTEAUX LYNCH-BAGES, MARGAUX und MOUTON ROTHSCHILD schon seit einiger Zeit, und CANTENAC BROWN, COS D'ESTOURNEL, LAGRANGE, PALMER, TALBOT und du TERTRE sind ihnen gefolgt. In ST-ÉMILION bieten CHEVAL BLANC und VALANDRAUD trockene Weiße und einem Gerücht zufolge bald auch PAVIE.

**Latour-Martillac** Pes-L r w ★★ r 05' 15' 16; w 15 16 17 — Der GRAVES-Cruclassé ist seit 1930 im Besitz der Familie Kressmann. Ordentliche Qualität; die Preise der Weißen sind angesichts des Niveaus moderat. Zweitetikett: Lagrave-Martillac (rot und weiß).

**Laurets, des** St-Ém ★★ 09 10 12 14 15 16 — Größeres Gut im Besitz von Benjamin de Rothschild mit herzhaftem, von MERLOT dominiertem Wein. Les Laurets ist eine Spezial-CUVÉE von 100 % Merlot. Außerdem Ch. de Malengin.

**Laville** Saut w; s ★★ 09' 11' 13 14 15 16 — Jean-Christophe Barbe, der auch Professor an der Önologischen Fakultät der Universität Bordeaux ist (Spezialgebiet: Botrytis), leitet das – nicht klassifizierte – Gut seiner Familie in Preignac. Die von SÉMILLON (85 %) sowie etwas SAUVIGNON BLANC und MUSCADELLE bereiteten edelfaulen Weine sind üppig und preiswert.

**Léoville Barton** St-Jul r ★★★★ 90' 96' 00' 05' 08' 09' 10' 14' 15' 16' 18 — 2.-Cru-Gut, seit 1826 im Besitz der anglo-irischen Familie Barton, derzeit in neunter Generation geleitet von Lilian Barton Sartorius mit Unterstützung ihrer Kinder Mélanie und Damien. Harmonischer, klassischer roter Bordeaux mit hohem CABERNET-SAUVIGNON-Anteil (86 %). Zweitetikett: La Réserve de Léoville Barton.

**Léoville-Las Cases** St-Jul r ★★★★ 90' 96' 00' 01 05' 09' 10' 15' 16' 17' 18 — Das größte der drei Léoville-CHÂTEAUX und seit jeher ein »Super-Deuxième-cru«; der *grand vin* stammt vom Kernstück, dem Grand Enclos. Elegante, komplexe Weine, die auf ein langes Leben ausgelegt sind. Zweitetikett: Le Petit Lion. DER CLOS DU MARQUIS ist ein eigenständiger Wein (ST-JULIEN). Die CHÂTEAUX NÉNIN und POTENSAC sind im selben Besitz.

**Léoville Poyferré** St-Jul r ★★★★ 90' 96' 01 05' 08 09' 10' 14 15' 16' — Seit 1920 im Besitz der Familie Cuvelier. Jetzt auf dem Niveau eines »Super-Deuxième-cru«, mit dunklen, vollen, würzigen, langlebigen Weinen. Önologischer Berater ist Michel ROLLAND. Der Ch. Moulin Riche stammt von einer separaten 21-ha-Parzelle. Zweitetikett: Pavillon de Léoville Poyferré.

**Lestage** Listrac r ★★ 09 10 12 14 15 16 — Wie Ch. FONRÉAUD im Besitz der Familie Chanfreau. Feste, etwas verschlossene Weine, vorwiegend von MERLOT. Außerdem trockener weißer La Mouette.

**BORDEAUX** | Lil–Mal | **153**

**ilian Ladouys** St-Est r ★★ 09' **10' 12 14 15** 16 – Das Gut besitzt nun insgesamt 80 ha und verfügt über zusätzliche Parzellen von Ch. CLAUZET und Ch. Tour de Pez. Zertifiziert umweltfreundlicher Anbau. Die neueren Jahrgänge zeigen größere Finesse. Zweitetikett: La Devise de Lilian. Ch. PÉDESCLAUX gehört ebenfalls zum Besitz.

**iversan** H-Méd r ★★ **10 12 14 15** 16 – Der CRU BOURGEOIS verfügt über eine zusammenhängende Reblage. Weine in rundem, aromatischem, früh trinkreifem Stil. Schwestergut ist PATACHE D'AUX.

**oudenne** Méd r w ★★ **09 10 12 14 15** 16 – Großes CRU-BOURGEOIS-Gut, gehörte erst der britischen Weinhandelsfirma Gilbey's, dann der Familie Lafragette und ist nun in chinesischem Besitz. Auf dem Etikett steht neuerdings »Loudenne Le Château«. Denkmalgeschützte rosafarbene *chartreuse* (Kartause) aus dem 17. Jh. am Flussufer. Rotweine von 50 % MERLOT und 50 % CABERNET SAUVIGNON; außerdem SAUVIGNON BLANC mit leichter Eichennote. Besucher sind willkommen.

**ouvière, La** Pes-L r w ★★★ r 09' 15' 16'; w **14 15** 16 – Seit 1965 im Besitz von André Lurton. Exzellenter Weißwein (100 % SAUVIGNON BLANC) sowie Rotwein in Cru-classé-Qualität (60 % CABERNET SAUVIGNON, 40 % MERLOT). Siehe auch BONNET und COUHINS-LURTON.

**ussac, de** St-Ém r ★★ **09 10 12 14 15** 16 – Spitzengut in LUSSAC ST-ÉMILION, in das viel Geld gesteckt wurde. Geschmeidiger Rotwein und Rosé sowie trockener weißer Le Libertun.

**Lynch-Bages** Pau r (w) ★★★★ 95' 01 **05' 08 09' 10'** 14 15 16' 17 18 – Seit eh und je beliebtes Weingut, heute ein regelrechter Star, der das übliche 5.-Cru-Niveau weit überstrahlt. Eigentümer ist die Familie Cazes. Dicht gewirkter Wein mit hohem CABERNET-SAUVIGNON-Anteil. Zweitetikett: Echo de Lynch-Bages. Außerdem ein guter, jetzt frischerer Weißwein: Blanc de Lynch-Bages. Die derzeit im Bau befindliche neue Kellerei wurde vom chinesischen Architekten Chien Chung Pei entworfen. Ch. Haut-Batailley gehört seit 2017 ebenfalls dazu.

**Lynch-Moussas** Pau r ★★ **05' 09 10'** 14 15' 16 18 – Das 5.-Cru-Gut im Besitz der Familie Castéja erzeugt Wein in leichterem PAUILLAC-Stil (75 % CABERNET SAUVIGNON), der in den vergangenen Jahren qualitativ allerdings deutlich zugelegt hat.

**Lyonnat** St-Ém r ★★ **10 12 14 15** 16 – Führendes Gut in LUSSAC ST-ÉMILION, im Besitz der Familie Milhade. In letzter Zeit präziser bereitete Weine (vorwiegend MERLOT). Auch Spezial-CUVÉE Emotion.

**Malartic-Lagravière** Pes-L r (w) ★★★ r 01 15' 16'; w **15 16** 17 – Cru classé in GRAVES, seit 1997 im Besitz der Familie Bonnie, die sehr viel Geld in den Betrieb und dessen Expansion gesteckt hat. Volle, moderne Rote (65 % CABERNET SAUVIGNON) sowie opulenter Weißwein (überwiegend SAUVIGNON BLANC) in kleiner Auflage. Ch. Gazin Rocquencourt (PESSAC-LÉOGNAN) gehört ebenfalls zum Besitz.

**Malescasse** H-Méd r ★★ **10 12 14 15'** 16' 17 18 – CRU BOURGEOIS bei MOULIS, in dessen Aufrüstung kürzlich kräftig investiert wurde. Stéphane DERENONCOURT berät. Geschmeidige Weine zu erschwinglichen Preisen, jetzt mit mehr Tiefe.

**Malescot St-Exupéry** Mar r ★★★ 08 **09' 10'** 14 15' 16 – 3. Cru im Besitz der Familie Zuger, derzeit gut in Form mit reifem, duftendem, fein strukturiertem MARGAUX. Zweitetikett: Dame de Malescot.

**Malle, de** Saut r w; trs ★★★ w s **05 06 09** 15' 16' 17' – 2. Cru (seit 1855) in Preignac mit klassischem Château, im Besitz der Familie Bournazel. Sehr feiner, mittelsreifer SAUTERNES; außerdem trockener weißer M. de Malle (GRAVES).

## 154 | Mar–Mon | BORDEAUX

**Margaux, Château** Mar r (w) ★★★★ 95' 96' 01' 05' 09' 10' 14 15' 16 1̵7̵ 18 – Premier cru; der verführerischste und beständigste aller MARGAUX-Weine mit dem legendären Bukett. Seit 1977 im Besitz der Familie Mentze̵-lopoulos. Der verstorbene Weinmacher Paul Pontallier inspirierte das Gu̵t̵ 33 Jahre lang. Neueste Ergänzung ist das von Norman Foster entworfen̵e̵ Kellergebäude. Zweitetikett: Pavillon Rouge (04' 08' 15' 18). Drittetikett Margaux du Château Margaux (seit 2009). Der Pavillon Blanc (100 % Sau̵-vignon blanc) ist der beste Weißwein des MÉDOC und in den letzten Jahren̵ (13' 15' 16' 18) frischer ausgefallen.

**Marojallia** Mar r ★★★ 10 11 12 15 16 17' – Das Mikro-CHÂTEAU zielt mi̵t̵ mächtigen, sehr vollen und MARGAUX-untypischen Weinen aufs Hochpreis̵-segment ab. Die neueren Jahrgänge zeigen etwas mehr Duft. Zweitetikett CLOS Margalaine.

**Marquis d'Alesme** Mar r ★★ 09' 10' 12 15 16' 17 – 3. Cru im Ort MARGAUX. Investitionen brachten stetige Fortschritte, die Qualität ist jetzt beständi̵-ger. Von CABERNET SAUVIGNON (63 %) dominierte Weine. Der Besitzer̵-familie Perrodo gehört auch Ch. LABÉGORCE.

**Marquis de Terme** Mar r ★★→★★★ 10' 11 12 14 15' 16 18 – 4.-Cru-Gut mi̵t̵ Weinbergbesitz im Umkreis der Ortschaft MARGAUX, kürzlich aufgerüste̵t̵ und renoviert. Eigentümer ist seit 1935 die Familie Sénéclauze. Der früher eher robuste Wein ist jetzt verführerischer.

**Maucaillou** Moulis r ★★ 09 10 12 15' 16 17 – Großes, verlässliches Weingut in MOULIS mit Kiesböden aus der Günz-Eiszeit. Saubere, frische, günstige̵ Weine. Zweitetikett: N°2 de Maucaillou.

**Mayne Lalande** Listrac r ★★ 09 10 12 14 15 16 – Führendes LISTRAC-Gut mit vollen, fein texturierten Weinen. Hubert de Boüard (ANGELUS) berät. Bed & Breakfast für Besucher.

**Mazeyres** Pom r ★★ 09 10 12 14 15 16' 17 18 – Eher leichter, aber verläss̵-licher POMEROL, geschmeidig und jung zu genießen. Ungewöhnlich sind die 2–3 % PETIT VERDOT. Derzeit wird auf biologisch-dynamischen Anbau umgestellt. Zweitetikett: Le Seuil.

**Der Wert eines Hektars Rebfläche in Pauillac beträgt etwa zwei Millionen Euro.**

**Meyney** St-Est r ★★→★★★ 06 09' 10' 14 15 16' – Großer Besitz am Ufer̵-hang, hervorragende Reblage neben Ch. MONTROSE; Stallgefährten sind die CHÂTEAUX GRAND-PUY DUCASSE und La TOUR DE MONS (seit 2004). Vor Kurzem wurde kräftig investiert. Schön strukturierte Weine zum Einlagern, die unter Weinmacherin Anne Le Naour noch besser geworden sind. Hu̵-bert de Boüard (ANGÉLUS) berät. Zweitetikett: Prieur de Meyney.

**Mission Haut-Brion, La** Pes-L r ★★★★ 89' 96' 01 05' 09' 10' 15' 16' 17' 18 – 1983 von der Familie Dillon vom benachbarten HAUT-BRION erwor̵-benes Gut. Beständig hochklassiger, vollblütiger Wein mit langer Reifezeit. Zweitetikett: La Chapelle de La Mission. Außerdem überwältigender, von SÉMILLON dominierter Weißwein: früher Laville Haut-Brion, seit 2009 in La Mission Haut-Brion Blanc (15 **16** 17' 18) umbenannt. Weißes Zweitetikett: La Clarté de Haut-Brion (aus Lesegut von beiden Haut-Brion-CHÂTEAUX).

**Monbousquet** St-Ém r (w) ★★★ 08 09' 10' 14 15 16' – GRAND CRU CLASSÉ auf Kies-Sand-Boden, der von Gérard Perse (Ch. PAVIE) gründlich umge̵-krempelt wurde. Konzentrierte Weine der üppigsten Art mit Eichennote. Zudem sehr guter Sauvignon blanc/Sauvignon gris (AC BORDEAUX) in sehr kleiner Auflage. Zweitetikett: Angélique de Monbousquet. 2017 aufgrund von Frostschäden nur halb so viel Ertrag wie sonst.

**Monbrison** Mar r ★★→★★★★ 09' 12 14 15 16 17 18 – Kleiner Familienbetrieb (13,2 ha) in Arsac mit zartem, duftendem MARGAUX (60% CABERNET SAUVIGNON).

**Mondotte, La** St-Ém r ★★★★ 01 08 09' 15 16 17' 18 – Sehr kleiner PREMIER GRAND CRU CLASSÉ (4,5 ha) auf dem Kalkstein-Lehm-Plateau; 60 Jahre alte Reben, zertifizierter Ökoanbau. Intensive, feste und kraftstrotzende Weine. Im selben Besitz wie AIGUILHE, CANON LA GAFFELIÈRE und CLOS DE L'ORATOIRE.

> **Lass bloß die Erde an deinen Schuhen!**
>
> Dass die Familie Moueix einen 20-Prozent-Anteil an PETRUS an den kolumbianisch-amerikanischen Unternehmer Alexandro Santo Domingo verkauft hat, wurde offiziell bestätigt. Bloßes Gerücht ist hingegen, dass der Wert von Petrus auf eine Milliarde Euro geschätzt wurde und Santo Domingo folglich 200 Millionen Euro auf den Tisch gelegt haben müsse. Weitere Berechnungen ergaben dann einen hypothetischen Wert von 87 Millionen Euro pro Hektar auf dem 11,4-ha-Anwesen, was es zum weltweit teuersten Stückchen Land machen würde. Die Erde an den Schuhen der Weinbergarbeiter könnte also mehr wert sein, als sie im ganzen Jahr verdienen.

**Montrose** St-Est r ★★★★ 90 96' 00' 05' 08 09' 10' 14 15' 16' 18 – 2. Cru mit Reblagen an der Gironde, berühmt für wuchtigen, langlebigen Rotwein. Die Jahrgänge 1979 bis 1985 fielen leichter aus. Besitzer sind die Brüder Martin und Olivier Bouygues, die gerade auf umweltfreundlichen Anbau umstellen. Zweitetikett: La Dame de Montrose. Zum Besitz gehören auch CLOS ROUGEARD (Loire) und 51% der Dom. Henri Rebourseau (Burgund).

**Moulin du Cadet** St-Ém r rs ★★ 10' 12 14 15 16 17' – Winziger GRAND CRU CLASSÉ (2,85 ha; 100% MERLOT), im selben Besitz wie Ch. SANSONNET. Die einstmals strammen Weine zeigen jetzt mehr Finesse.

**Moulinet** Pom r ★★ 10 11 12 15 – Für POMEROL-Verhältnisse großes Gut: 25 ha, vorwiegend mit MERLOT bestockt; seit 2016 in chinesischem Besitz. Weine in leichterem Stil.

**Moulin Haut Laroque** Fron r ★★ 09' 10' 12 14 15' 16 18 – Führendes Gut in FRONSAC, geleitet von Thomas Hervé. Verlässliche Qualität, strukturierte Weine mit Alterungspotenzial, vorwiegend von Merlot (65%) nebst einem Schuss MALBEC (5%).

**Moulin Pey-Labrie** Fron r ★★ 09' 10' 12 15 16 17 18 – Gut in FRONSAC mit Rebflächen auf Kalkstein-Lehm-Böden, seit 1988 im Besitz derselben Familie. Stämmige Weine mit guter Struktur, die alt werden können.

**Moulin St-Georges** St-Ém r ★★★ 09' 10' 12 15' 16' 17 18 – Gut im Besitz der Familie Vauthier, der auch die CHÂTEAUX AUSONE und LA CLOTTE gehören. Dichte, geschliffene Weine (80% MERLOT, 20% Cabernet FRANC).

**Mouton Rothschild** Pau r (w) ★★★★ 89' 95' 01' 05' 06' 09' 10' 15' 16' 17' 18 – Das Gut ist seit 1853 in Rothschild-Besitz, gegenwärtig sind Camille, Philippe und Julien am Ruder. Der exotischste und sinnlichste der PREMIERS CRUS von PAUILLAC ist jetzt in Bestform. Das Etikett für den Jahrgang 2016 hat der afrikanische Künstler William Kentridge gestaltet. Zweitetikett: Le Petit Mouton. Der Weißwein namens Aile d'Argent (SAUVIGNON BLANC/SÉMILLION) fällt heutzutage anmutiger aus. Siehe auch d'ARMAILHAC und CLERC MILON.

**Nairac** Saut w; s ★★ 01' 05' 11 13 14 15 – Aufs 17. Jahrhundert zurüc gehendes 2.-Cru-Gut in BARSAC, geleitet von den Geschwistern Nicola und Eloïse Heeter Tari. Sehr voller und doch frischer Wein. Zweitetike Esquisse de Nairac.

**Nénin** Pom r ★★★ 05 06 09' 15' 16' 17 18 – Die Familie Delon, der auch C LÉOVILLE-LAS CASES gehört, hat seit 1997 viel Geld in die Entwicklung un Modernisierung ihres großen POMEROL-Guts gesteckt, was in den Jahrgä gen ab 2015 deutlich zum Ausdruck kommt. Der Wein gibt sich etwas zu rückhaltend, ist aber generös, präzise bereitet und auf ein langes Lebe ausgelegt. Zweitetikett: Fugue de Nénin (günstig).

**Olivier** Pes-L r w ★★★ r 05' 08 10' 14 15 16'; w 15 16 17 – Das hübsche Cru classé-Gut ist seit dem 19. Jahrhundert im Besitz der Familie Bethmann Die Investionen der vergangenen 15 Jahre haben sich ausgezahlt: Der Rot wein (55% CABERNET SAUVIGNON) ist jetzt schön strukturiert, der Weiße (75% SAUVIGNON BLANC) fruchtig-saftig.

**Ormes de Pez, Les** St-Est r ★★ 01 05 08' 15' 16' 17 18 – Seit 1940 im Besit der Familie Cazes von Ch. LYNCH-BAGES, die Qualität der vollen, langlebi gen Weine ist also verlässlich.

**Ormes Sorbet, Les** Méd r ★★ 10' 12 14 15 16' 17 – Stets verlässlicher CRU BOURGEOIS in Familienbesitz (seit 1764); elegante, leicht eichenwürzige Weine (65% CABERNET SAUVIGNON, 30% MERLOT, 5% PETIT VERDOT).

**Palmer** Mar r ★★★★ 95 00 06' 08' 09' 10' 14 15' 16' 17 18 – 3. Cru, der der »Super-Deuxième-crus« (und bisweilen so manchem PREMIER CRU) eben bürtig ist. Sinnlicher Wein mit Wucht, Komplexität und viel MERLOT (40%) Ein Identifizierungscode auf den Flaschen bürgt für garantierte Echtheit. Das Gut ist in holländischem (MÄHLER-BESSE) und britischem (Familie SICHEL) Besitz. Zweitetikett: Alter Ego de Palmer. Origineller Vin Blanc de Palmer (Lauzet/MUSCADELLE/Sauvignon gris).

**Pape Clément** Pes-L r (w) ★★★★ r 05 09' 10' 15' 16' 17; w 15 16 17' – Das historische Gut im Besitz des Weinmagnaten Bernard Magrez liegt am Rand der Stadt Bordeaux und bietet auch Weinverkauf und -verkostung. Erzeugt werden dichte, langlebige Rotweine sowie ein voller Weißer mit Eichennote, allerdings in sehr kleinen Mengen (2017 fiel er frischer aus). Zweitetikett (rot und weiß): Clémentin.

**Patache d'Aux** Méd r ★★ 09 10 12 14 15 16' – Größeres CRU-BOURGEOIS-Gut in Bégadan mit verlässlichem, von CABERNET SAUVIGNON (60%) geprägtem Wein. Stéphane DERENONCOURT berät. Gehört zur AdVini-Gruppe.

**Pavie** St-Ém r ★★★★ 98 06 07 09' 10' 15' 16' 17 18 – PREMIER GRAND CRU CLASSÉ (A) mit prachtvollen Reblagen auf dem Plateau und in den südlichen Côtes. Die Weine sind intensiv, eichenwürzig und kraftvoll, in den letzten Jahren jedoch weniger extrem. MERLOT herrscht vor, neuerdings wird aber der Anteil an CABERNET FRANC und CABERNET SAUVIGNON erhöht. Imposante Hightechkellerei. Zweitetikett: Arômes de Pavie.

**Pavie-Decesse** St-Ém r ★★★ 08 09' 10' 14 15' 16 18 – Sehr kleiner Cru classé (3,5 ha) mit 90% MERLOT. Die Weine sind ebenso kraftvoll und muskulös wie die des Schwesterguts PAVIE.

**Pavie-Macquin** St-Ém r ★★★ 05' 06 09' 15' 16' 17 18 – PREMIER GRAND CRU CLASSÉ (B) mit Reblagen auf dem Kalksteinplateau; 80% MERLOT, 20% CABERNET SAUVIGNON. Weinmacher sind Nicolas Thienpont und sein Sohn Cyrille. Stämmige, sehr körperreiche Weine, die Flaschenreife benötigen. Zweitetikett: Les Chênes de Macquin.

**Pédesclaux** Pau r ★★ 05 09 10' 14' 15 16' – Der 5. Cru schöpfte sein Potenzial nicht aus, wurde aber vom Eigentümer Jacky Lorenzetti komplett umgekrempelt. Er investiert seit 2014 massiv in Kellerei und Weinbergankauf.

**Petit-Village** Pom r ★★★ 01 05 09' 15' 16 17 18 — Das POMEROL-Gut gegenüber von VIEUX CHÂTEAU CERTAN, im Besitz der AXA-Versicherung, hat qualitativ erheblich zugelegt. Für die Weinbereitung ist Diana Berrouet Garcia zuständig. Schmeichelnder, dicht gewirkter Wein mit zunehmend feineren Tanninen. Zweitetikett: Le Jardin de Petit-Village.

**Petrus** Pom r ★★★★ 88' 98' 01 05' 07 09' 10' 15' 16' 17' 19 — Das inoffizielle Spitzengewächs von POMEROL: reiner, himmlischer MERLOT. Der Blaulehmboden (11,5 ha) erbringt Weine von unvergleichlicher Fülle und Konzentration (2.500 Kisten), die zum Einlagern gemacht sind und zu den 50 teuersten Gewächsen der Welt zählen. 2018 wurde ein 20-Prozent-Anteil am Gut an einen kolumbianisch-amerikanischen Investor verkauft, angeblich für 200 Millionen Euro. Kein Zweitetikett.

**Pey La Tour** Bx r ★★ 14 15 16 — Großes Gut (176 ha) im Besitz von DOURTHE mit qualitätsorientiertem BORDEAUX SUPÉRIEUR. Drei rote Cuvées, die Réserve du Château ist die Spitzenauslese. Außerdem Rosé und trockener weißer BORDEAUX.

**Peyrabon** H-Méd r ★★ 09' 10 11 12 15 16 — CRU BOURGEOIS im Besitz des Handelshauses Millésima mit leckerem, aromatischem Wein. La Fleur Peyrabon in PAUILLAC gehört auch dazu.

**Pez, de** St-Est r ★★★ 05' 08 09' 15' 16' 17 18 — Beständiger Erzeuger, ebenso wie PICHON COMTESSE im Besitz von ROEDERER. Verlässliche, dicht gewirkte Weine.

**Phélan Ségur** St-Est r ★★★ 05' 06 08 15' 16' 17 18 — Verlässlicher, ausgezeichneter, nicht klassifizierter Erzeuger von Weinen in nachhaltigem, geschmeidigem Stil. Das Gut wurde 2017 von einem belgischen Logistikunternehmer erworben. Zweitetikett: Frank Phélan.

**Pibran** Pau r ★★ 09' 10' 11 15 16' 17 18 — Das mit PICHON BARON verbundene Gut erzeugt klassischen, MERLOT-betonten PAUILLAC, der relativ früh trinkreif ist.

**Pichon Baron** Pau r ★★★★ 96 04 05' 07 08 09' 10' 15' 16' 17 18 — Im Besitz der AXA-Versicherung, hieß zuvor Ch. Pichon-Longueville (bis 2012). Das wiederbelebte 2.-Cru-Gut wurde auf seine urprünglichen (Kern-)Lagen zurückgestutzt. Es liefert kraftvollen und langlebigen, allerdings ziemlich teuren PAUILLAC. Zweitetiketten: Les Tourelles de Longueville (zugänglich dank höherem MERLOT-Anteil) und Les Griffons de Pichon Baron (vorwiegend CABERNET SAUVIGNON).

**Pichon Longueville Comtesse de Lalande (Pichon Lalande)** Pau r ★★★★ 95 96 01 05' 08 09' 10' 15' 16' 17 18 — 2. Cru neben Ch. LATOUR, im Besitz von ROEDERER. Stets Spitzenerzeugnisse: langlebige Weine von fabelhafter Rasse. In den 1980ern und 90ern war MERLOT dominiert, seit einigen Jahren mehr CABERNET SAUVIGNON (Jahrgang 2017: 70%). Neue Gebäude, u. a. eine nur mit Schwerkraft arbeitende Hightechkellerei. Zweitetikett: Réserve de la Comtesse.

**Pin, Le** Pom r ★★★★ 01' 05' 06' 07 08' 09' 10' 15 16' 17' — Der allererste BORDEAUX-Kultwein (von nur 2,8 ha): 2018 ist bereits der 40. Jahrgang. Der einstige Minikeller ist inzwischen einem moderneren Kellerei gewichen. Langlebiger, sortenreiner MERLOT — er ist fast so üppig wie das Vermögen seiner Genießer, sprich, die Preise sind jenseits von Gut und Böse. Ebenfalls zum Besitz zählen Ch. L'If (ST-ÉMILION) und neuerdings L'Hêtre in CASTILLON — CÔTES DE BORDEAUX.

**Plince** Pom r ★★ 09 10 11 12 14 15 16 — Den Châteaux NÉNIN und La POINTE benachbartes Gut mit J.-P. MOUEIX als Exklusivabnehmer. Weine in leichterem POMEROL-Stil.

**Pointe, La** Pom r ★★ 09' 11 12 14 15 16 18 – Der (für POMEROL-Verhältnisse) große, gut geführte Betrieb profitiert jetzt von den im vergangenen Jahrzehnt getätigten Investitionen. Zweitetikett: Ballade de La Pointe.

**Poitevin** Méd r ★★ 11 12 14 15 16 17 – Geschmeidig-elegante CRU-BOURGEOIS-Gewächse von verlässlicher Qualität. Guillaume Poitevin ist die treibende Kraft.

**Pontet-Canet** Pau r ★★★★ 05' 07 08 09' 10' 14 15 16' – Der 5. Cru im Besitz der Familie Tesseron mit Zertifikat für biologisch-dynamischen Weinbau ist derzeit sehr en vogue. Im Zuge der umfassenden Verbesserungsmaßnahmen sind die Preise rasant gestiegen. Neuer *cuvier* mit 32 Gärbehältern in Amphorenform. Zweitetikett: Les Hauts de Pontet-Canet. 2018 schwere Ertragseinbußen durch Mehltau.

**Potensac** Méd r ★★ 05' 08 09' 15 16' 17' 18 – Feste, langlebige, preiswerte Weine auf MERLOT-Basis (45%) mit beträchtlichem Anteil an CABERNET FRANC von alten Reben. Zweitetikett: Chapelle de Potensac. Ch. LÉOVILLE-LAS CASES gehört ebenfalls zum Besitz.

**Pouget** Mar r ★★ 09' 10' 12 14 15 16 – Zu Ch. BOYD-CANTENAC gehörendes, kaum bekanntes 4.-Cru-Gut. Eher stämmiger MARGAUX (66% CABERNET SAUVIGNON), der Flaschenreife benötigt.

**Poujeaux** Moulis r ★★ 05 08 09 14 15' 16' – Volle, robuste Weine zum Einlagern (50% CABERNET SAUVIGNON). Zweitetikett: La Salle de Poujeaux. CLOS FOURTET gehört ebenfalls dazu.

**Premier grand cru classé** St-Ém – 2012 wurden 18 Klassifizierungen vergeben, aufgeteilt in 4-mal »A« und 14-mal »B«. Siehe Kasten »Die ST-ÉMILION-Klassifikation«, S. 146.

**Pressac, de** St-Ém r ★★ 09 10 12 15 16 17 18 – GRAND CRU CLASSÉ in St-Étienne-de-Lisse. Preiswerte Weine auf MERLOT-Basis plus CABERNET FRANC, CABERNET SAUVIGNON, MALBEC und CARMENÈRE.

**Preuillac** Méd r ★★ 09 10 11 14 15 16 – CRU BOURGEOIS in chinesischem Besitz mit aromatischem, schön strukturiertem Wein (53% MERLOT). Zweitetikett: Esprit de Preuillac.

**Prieuré-Lichine** Mar r ★★★ 05 08 09' 15' 16' 17 18 – 4. Cru im Besitz eines Négociant; in den 1960er-Jahren von Alexis Lichine hochgebracht und gegenwärtig in guter Verfassung: MARGAUX mit schönem Bukett aus Parzellen in allen fünf Margaux-Gemeinden. Zweitetikett: Confidences du Prieuré-Lichine.

**Puygueraud** Bx r ★★ 10 11 12 15' 16' 17' – Führender Erzeuger in der kleinen AC FRANCS – CÔTES DE BORDEAUX; vorwiegend MERLOT. Für die Vinifikation sind Nicolas Thienpont und sein Sohn Cyrille (PAVIE-MACQUIN) zuständig. In Eiche ausgebaute Weine von überraschender Klasse. Auch etwas Weißwein (SAUVIGNON BLANC/Sauvignon gris). 2017 gingen zwei Drittel der Ernte durch Frost verloren, am schlimmsten traf es die CABERNET-FRANC-Reben.

**Quinault l'Enclos** St-Ém r ★★→★★★ 09 10 11 15 16 17 18 – Der GRAND CRU CLASSÉ in Libourne hat denselben Besitzer wie CHEVAL BLANC, auch das Team ist dasselbe. Seit 2017 neue *cuverie* (Fasskeller). In letzter Zeit mehr Frische und Finesse (22% CABERNET SAUVIGNON); die Weine reifen in 500-l-Fässern.

**Quintus** St-Ém r ★★★ 11 12 14 15 16' 17' – Das Gut wurde von der Besitzerfamilie Dillon (HAUT-BRION) durch Zusammenlegung der einstigen CHÂTEAUX Tertre Daugay und L'Arrosée geschaffen. Der Wein gewinnt an Statur, 2017 verlieh ihm der höhere CABERNET-FRANC-Anteil (45,6%) zusätzlichen Nachhall und Duft. Der Preis ist allerdings enorm gestiegen. Zweitetikett: Le Dragon de Quintus.

**Rabaud-Promis** Saut w; s ★★→★★★ 09' 11 12 14 15 16 17' – PREMIER CRU classé in Bommes, im Besitz der Familie Déjean. Gute Qualität zu günstigen Preisen. Zweitetikett: Promesse.

**Rahoul** Graves r w ★★ r 10 12 14 15 16; w 15 16 17 – Gut im Besitz von DOURTHE: verlässlicher Rotwein auf MERLOT-Basis und von SÉMILLON geprägter Weißer. Preiswert.

**Ramage la Bâtisse** H-Méd r ★★ 10 11 12 14 15 16 – CRU BOURGEOIS von einigermaßen beständiger Qualität: klassischer, international vertriebener roter BORDEAUX auf CABERNET-SAUVIGNON-Basis plus MERLOT, PETIT VERDOT und CABERNET FRANC.

**Rauzan-Gassies** Mar r ★★★ 02 03 04 05' 06 07 08 09' 10' 11 12 15 16 – Der 2. Cru im Besitz der Familie Quié war im 18. Jahrhundert Teil des Riesenguts Rauzan. Die Qualität hat in den letzten 10 Jahren zugelegt. Zweitetikett: Gassies.

**Rauzan-Ségla** Mar r ★★★★ 96 04 05' 06 09' 10' 14 15' 16' – Führender 2. Cru in MARGAUX, dessen Weine seit Langem für ihr Bukett berühmt sind; seit 1994 im Besitz des Chanel-Mehrheitseigentümer Wertheimer. Man ist hier fortwährend auf Qualitätsverbesserung bedacht. Die Weine sind von CABERNET SAUVIGNON (60%) geprägt. Zweitetikett: Ségla (preiswert).

**Raymond-Lafon** Saut w; s ★★★ 05' 09' 11' 15' 16 17' 18 – Nicht klassifiziertes SAUTERNES-Gut im Besitz der Familie Meslier mit Weinen in PREMIER-CRU-Qualität: voll, komplex und langlebig, vorwiegend von SÉMILLON (80%).

**Rayne Vigneau, de** Saut w; s ★★★ 01' 04 10' 15 16' 17 – Größeres PREMIER-CRU-Gut, im Besitz des Onlinehändlers Trésor du Patrimoine. Die Weine sind voll, schmeichelnd und langlebig. Zweitetikett: Madame de Rayne. Außerdem trockener weißer Le Sec. Besucher sind willkommen.

**Respide-Médeville** Graves r w ★★ r 14 15 16; w 14 15 16 – Erstklassiges Gut in GRAVES mit eleganten Roten und komplexen Weißweinen. Eigentümer ist Vignobles Gonet-Médeville (auch CHAMPAGNER).

**Reynon** Bx r w ★★★ r 15' 16' 17 – Führendes Weingut der AC CADILLAC – CÔTES DE BORDEAUX, im Besitz der Familie Dubourdieu (DOISY-DAËNE). Seriöser, von MERLOT dominierter Rotwein und duftender weißer BORDEAUX von SAUVIGNON BLANC (BV).

**Reysson** H-Méd r ★★ 10' 12 14 15 16 17 – CRU BOURGEOIS im Besitz des Handelshauses DOURTHE; überwiegend MERLOT (88%) und ungewöhnlicherweise kein CABERNET SAUVIGNON. Neuer voller, moderner Stil.

**Rieussec** Saut w; s ★★★★ 01' 05' 08 09' 10' 14 15' 16 – PREMIER CRU mit umfangreichem Weinbergbesitz in Fargues; Eigentümer sind die (LAFITE-)Rothschilds. Der stets kraftvolle, opulente SAUTERNES (90% SÉMILLON) ist ein echtes Schnäppchen. Zweitetikett: Carmes de Rieussec. Die trockene Version heißt »R« de Rieussec.

**Rivière, de la** Fron r ★★ 10 12 14 15 16' 17 18 – Das größte (65 ha) und eindrucksvollste Gut in FRONSAC mit 25 km langen Bruchsteinmauern ist in chinesischem Besitz. Die ehemals mächtigen, tanninstarken Weine sind inzwischen kultivierter geworden. Önologischer Berater ist Claude Gros. Zweitetikett: Les Sources.

**Roc de Cambes** Bx ★★★ 07 10 12 14 15' 16 17 18 – Unangefochtener Spitzenreiter in den CÔTES DE BOURG mit Weinen von 80% MERLOT sowie CABERNET SAUVIGNON (von 50 Jahre alten Reben): aromatisch und opulent, allerdings auch teuer. TERTRE-ROTEBOEUF gehört ebenfalls zum Besitz.

**Rochemorin, de** Pes-L r w ★★→★★★ r 10' 12 14 15 16 17; w 15 16 17 – Das große Weingut in Martillac gehört André Lurton von Ch. COUHINS-LURTON. Fleischiger Rotwein (55% MERLOT) und aromatischer Weißer (100% SAU-

**Rol Valentin** St-Ém r ★★★ 09' 11 12 15 16' 17' 18 – Früher ein Gut von *garagiste*-Größe, jetzt mit vergrößertem Weinbergbesitz (Lehm-Kalkstein-Böden). Sehr volle, moderne, aber ausgewogene Weine (90 % MERLOT).

**Rouget** Pom r ★★ 10' 11 12 14 15 16' – Fortschrittliches Gut am Nordrand von POMEROL, seit 1992 im Besitz der burgundischen Familie Labruyère, mit gehaltvoll-üppigen Weinen. Michel ROLLAND berät. Zweitetikett: Le Carillon de Rouget.

**Saint-Georges** St-Ém r ★★ 09 10 12 14 15 16 – Der Weinbergbesitz umfasst ein Viertel der AC ST-GEORGES; Jean-Philippe Janoueix ist Miteigentümer und Geschäftsführer. Weine auf MERLOT-Basis plus CABERNET FRANC und CABERNET SAUVIGNON: gute Qualität, Direktverkauf ab Château. Zweitetikett: Puy St-Georges.

### Ein äußerst rühriger Prinz

In seiner Amtszeit als CEO und Président der DOMAINE Clarence Dillon (das Familiengut seiner Mutter) sowie Eigentümer von CHÂTEAU HAUT-BRION war Prinz Robert de Luxembourg bislang alles andere als schlafmützig. In den vergangenen 15 Jahren hat er eine neue Bordeaux-Handelsfirma und -Marke (Clarendelle) ins Leben gerufen, die Renovierung von LA MISSION HAUT-BRION überwacht, einen neuen Erzeugerbetrieb in St-Émilion (QUINTUS) etabliert und ein Restaurant in Paris, Le Clarence (zwei Michelin-Sterne), eröffnet. Momentan werden die Keller von Haut-Brion renoviert und neue Werbemaßnahmen ergriffen, zusammen mit Primum Familiae Vini, einer Gruppe von Besitzer- bzw. Erzeugerfamilien.

**Saint-Pierre** St-Jul r ★★★ 08 09' 10' 14 15' 16' 18 – Das kleine 4.-Cru-Gut im Besitz der Familie Triaud sollte man im Auge behalten: stilvoller, verlässlicher, klassischer ST-JULIEN. Zweitetikett: Esprit de St-Pierre.

**Sales, de** Pom r ★★ 09 10' 12 15 16 17 – Das größte Rebenareal von POMEROL erbringt jährlich 10.000 Kisten Wein. Im Betrieb hat jetzt die jüngere Generation das Sagen; der frühere Weinmacher von PETRUS berät. Der Wein ist rechtschaffen und zum Einkellern geeignet. Zweitetikett: Ch. Chantalouette (5.000 Kisten).

**Sansonnet** St-Ém r ★★ 10' 12 14 15 16' 17 18 – Ambitioniertes GRAND-CRU-CLASSÉ-Gut, Nachbar von TROTTE VIEILLE. Weine im modernen Stil, aber durchaus erfrischend. Zweitetikett: Envol de Sansonnet.

**Saransot-Dupré** Listrac r (w) ★★ 09' 10' 11 12 15 16 – Kleines Gut im Besitz von Yves Raymond mit festen, fleischigen Roten (v. a. MERLOT, 2 % CARMENÈRE); auch trockener Weißwein.

**Sénéjac** H-Méd r (w) ★★ 09 10' 12 14 15 16' – Gut im südlichen HAUT-MÉDOC (Le Pian-Médoc) mit verlässlichen, schön ausgewogenen Weinen, die schon jung genossen Freude bereiten, aber auch alt werden können. Schwester-CHÂTEAU von TALBOT.

**Serre, La** St-Ém r ★★ 10 12 14 15 16' 17 – Der kleine GRAND CRU CLASSÉ auf dem Kalksteinplateau erzeugt frische, fruchtige, stilvolle Weine (80 % MERLOT).

**Sigalas Rabaud** Saut w; s ★★★ 05 10' 13 15' 16' 17' – Das kleine PREMIER-CRU-classé-Gut im Besitz von Laure de Lambert erzeugt anmutige Weine mit herrlichem Duft. Zweitetikett: Le Lieutenant de Sigalas. Außerdem trockener weißer La Sémillante.

**Siran** Mar r ★★→★★★ 09' 10' 12 14 15' 16' 18 – Überraschenderweise ist das MARGAUX-Gut in Labarde nicht klassifiziert. Investitionen haben einen positiven Wandel bewirkt: Die Weine besitzen Substanz und Duft. Der Eigentümer Édouard Miailhe ist Vorsitzender des Syndicat Viticole de Margaux (Erzeugervereinigung der AC). Zweitetikett: S de Siran. Besucher sind willkommen.

**Smith Haut Lafitte** Pes-L r (rs) (w) ★★★★ r 01 08 10' 15' 16' 17; w 15 16 17 – Das gefeierte Cru-classé-Gut mit Wellnesshotel (»Les Sources de Caudalie«) zählt regelmäßig zu den Stars von PESSAC-LÉOGNAN. Die Weißen sind voll, reif und süffig, die Roten präzise und großzügig. Zweitetikett: Les Hauts de Smith. Außerdem Le Petit Haut Lafitte auf CABERNET-SAUVIGNON-Basis. Wurde 2019 mit dem Award Best of Wine Tourism ausgezeichnet

**Sociando-Mallet** H-Méd r ★★★ 96' 00' 05' 15' 16' 17 – Größeres HAUT-MÉDOC-Gut in St-Seurin-de-Cadourne, das der frühere Négociant Jean Gautreau aus dem Nichts aufgebaut hat. Wuchtig-schwere Weine auf Cru-classé-Niveau, die viele Jahre reifen müssen. Zweitetikett: La Demoiselle de Sociando-Mallet. Außerdem Spezial-CUVÉE Jean Gautreau.

**Sours, de** Bx r rs w ★★ Erzeuger mit gutem Ruf für BORDEAUX-Rosé (BV); außerdem guter Weißwein und zunehmend besserer roter BORDEAUX. Seit 2016 im Besitz des chinesischen Unternehmens Jack Ma (Alibaba).

**Soutard** St-Ém r ★★★ 10 11 12 15 16' 17 18 – Potenziell hervorragender GRAND CRU CLASSÉ auf dem Kalksteinplateau. Trotz beträchtliche Investitionen bleibt noch Spielraum für Verbesserungen; der Jahrgang 2016 war bislang der beste. Zweitetikett: seit 2016 Petit Soutard (zuvor Les Jardins de Soutard). Besucher sind willkommen.

**Suduiraut** Saut w; s ★★★★ 99' 06 09' 10' 13 15' 16' 17 18 – Einer der allerbesten SAUTERNES-Erzeuger (mind. 90% SÉMILLON). Die Qualität der köstlichen Weine ist inzwischen beständiger. Zweitetiketten: Castelnau de Suduiraut und Les Lions de Suduiraut (fruchtiger). Außerdem die trockenen Weißweine »S« und Le Blanc Sec (Einstiegsniveau). 2018 machte Mehltau einen Großteil des Ertrags zunichte.

**Taillefer** Pom r ★★ 10 11 12 14 15 16 – Gut in Familienbesitz mit eher sandigen Böden. Die Weine (75% MERLOT) sind zwar von etwas leichterer Art, dafür aber geschliffen, raffiniert und potenziell langlebig.

**Talbot** St-Jul r (w) ★★★ 06 05' 08 09' 10' 14 15 16 18 – Sehr großer 4. Cru (110 ha) im Herzen der AC ST-JULIEN. Sehr voller, absolut bezaubernder Wein von verlässlicher Qualität (66% CABERNET SAUVIGNON). Neuer Geschäftsführer und Kellerchef ist seit 2018 Jean-Michel Laporte (früher bei La CONSEILLANTE). Zweitetikett: Connétable de Talbot. Außerdem zugänglicher Caillou Blanc auf SAUVIGNON-BLANC-Basis.

Der Weißweinanteil an der Bordeaux-Gesamtproduktion beträgt 12% – vor 70 Jahren waren es 45%.

**Tertre, du** Mar r ★★★ 05' 09' 10' 15' 16' 17 – Isoliert gelegener 5. Cru südlich von MARGAUX, Schwester-Château von GISCOURS. Frische, fruchtige Weine auf CABERNET-SAUVIGNON-Basis mit schöner Struktur und herrlichem Duft (20% CABERNET FRANC). Zweitetikett: Les Hauts du Tertre. Auch trockener exotischer VIN DE FRANCE namens Tertre Blanc (CHARDONNAY/VIOGNIER/GROS MANSENG/SAUVIGNON BLANC). Besucher sind willkommen und werden auch gern beherbergt (Bed & Breakfast).

**Tertre Rotebœuf** St-Ém r ★★★★ 95 00' 05' 08 09' 10' 14' 15' 16' 17 – Das kleine, nicht klassifizierte Gut in Familienbesitz, der Star von ST-ÉMILION, erzeugt konzentrierten, exotischen Wein auf MERLOT-Basis – Langlebigkeit und enorme Beständigkeit, gepaart mit erschreckend hohen Preisen. Auch sehr guter ROC DE CAMBES und Dom. de Cambes.

**Thieuley** Bx r rs w ★★ Das ENTRE-DEUX-MERS-Weingut erzeugt verlässlich guten roten und weißen AC BORDEAUX sowie die in Eiche ausgebaute CUVÉE Francis Courselle (rot und weiß). Chefinnen sind die Schwestern Marie und Sylvie Courselle.

**Tour Blanche, La** Saut (r) w; s ★★★ 05' 08 09' 11' 13 15 16 17' – Hervorragender PREMIER CRU CLASSÉ in SAUTERNES mit sehr vollen, ausladend-kraftvollen Weine der eher süßen Art. SÉMILLON (83 %) herrscht vor, MUSCADELLE (5 %) darf auch mitspielen. Zweitetikett: Les Charmilles de La Tour Blanche. Außerdem trockener weißer BORDEAUX Duo de La Tour Blanche.

**Tour Carnet, La** H-Méd r ★★★ 08 09' 10' 14 15 16' – Cru-classé-Gut im nördlichen HAUT-MÉDOC im Besitz von Bernard Magrez (FOMBRAUGE, PAPE CLÉMENT); önologischer Berater ist Michel ROLLAND. Konzentrierte, opulente Weine. Zweitetikett: Les Pensées de La Tour Carnet. Außerdem trockener weißer BORDEAUX Blanc de La Tour Carnet.

**Tour de By, La** Méd r ★★ 09 10 11 14 15' 16 – Größerer Familienbetrieb im nördlichen MÉDOC. Stämmige, aber beliebte und verlässliche Weine auf CABERNET-SAUVIGON-Basis (60 %) mit 5 % PETIT VERDOT. Außerdem Rosé und die Spezial-CUVÉE Héritage Marc Pagès.

**Tour de Mons, La** Mar r ★★ 05' 09' 10 14 15' 16' – CRU BOURGEOIS in MARGAUX; Weinmacherin Anne Le Naour ist auch für Ch. MEYNEY zuständig. Merlot gibt den Ton an (56 %). Stetige Fortschritte.

**Tour du Haut-Moulin** H-Méd r ★★ 05' 09 14 15' 16' 17 – CRU BOURGEOIS im nördlichen HAUT-MÉDOC, seit fünf Generationen in Familienbesitz, mit intensiven, schön strukturierten Weinen zum Einlagern.

**Tour du Pas St-Georges** St-Ém r ★★ 09' 10 12 14 15 16 – Gut in ST-GEORGES ST-ÉMILION unter Leitung der Familie Delbeck. Weine in klassischem Stil (60 % MERLOT), die auch einen Spritzer CARMENÈRE (2 %) enthalten.

**Tour Figeac, La** St-Ém r ★★ 05' 09' 10' 12 14 15' 16' 18 – GRAND CRU CLASSÉ im Kiesbodenbereich von ST-ÉMILION; relativ hoher CABERNET-FRANC-Anteil (35 %). Feine, blumige, harmonische Weine. Frostschäden 2017.

**Tour Haut Caussan, La** Méd r ★★ 10' 12 14 15 16 17 – Von der Familie Courrian geführter CRU BOURGEOIS mit verlässlichen, günstigen Weinen von jeweils 50 % CABERNET SAUVIGNON und MERLOT.

**Tournefeuille** Lalande de Pomerol r ★★ 10' 12 14 15 16 – Verlässliches Gut in LALANDE DE POMEROL, im Besitz der Familie Petit. Ton- und Kiesböden, bestockt mit MERLOT (70 %) und CABERNET FRANC (30 %), erbringen runde, fleischige Weine.

**Tour St-Bonnet, La** Méd r ★★ 10' 11 12 14 15 16 – CRU BOURGEOIS in St-Christoly im nördlichen MÉDOC (Kiesböden). Verlässliche, preiswerte Weine (jeweils 45 % MERLOT und CABERNET SAUVIGNON/CABERNET FRANC).

**Trois Croix, Les** Fron r ★★ 10 12 14 15 16 17 – Verlässlicher Erzeuger mit ausgewogenen, feinen und preiswerten Weinen (80 % MERLOT) von Lehm-Kalkstein-Böden. Der verstorbene Eigentümer Patrick Léon war früher bei MOUTON ROTHSCHILD für die Weinbereitung verantwortlich.

**Tronquoy-Lalande** St-Est r ★★ 10' 12 14 15' 16' 17 18 – Im selben Besitz wie Ch. MONTROSE, viele Investitionen: Die Weine (vorwiegend MERLOT) sind von beständiger Qualität, tiefdunkel und überzeugend. Zweitetikett: Tronquoy de Ste-Anne. Außerdem ein wenig weißer BORDEAUX (SÉMILLON/Sauvignon gris).

**Troplong Mondot** St-Ém r ★★★ 07 12 14 15' 16 17 18 – PREMIER GRAND CRU CLASSÉ (B) auf dem Kalksteinplateau; seit 2017 mit neuem Eigentümer. Beträchtliche Investitionen, eine neue Kellerei ist im Bau. Zunehmend elegantere – und immer teurere – Weine mit Kraft und Tiefe (frühere Lese, weniger neue Eiche). Zweitetikett: Mondot.

**rotanoy** Pom r ★★★★ 90 01 05' 09' 10' 15' 16' 17 18 — Eines der Juwelen in der Krone von Jean-Pierre MOUEIX: Die Weine sind kraftvoll, elegant und langlebig (90 % MERLOT, 10 % CABERNET FRANC). Zweitetikett: L'Espérance de Trotanoy.

**rotte Vieille** St-Ém r ★★★ 05' 09' 11 14 15' 16' — PREMIER GRAND CRU CLASSÉ (B) auf dem Kalksteinplateau, im Besitz von BORIE-MANOUX. Deutliche Qualitätssteigerung seit 2000, die Weine sind frisch und strukturiert mit langem Abgang. Der Anteil an CABERNET-FRANC-Reben ist hoch (40–50 %), darunter einige wurzelechte aus der Zeit vor dem Reblausbefall. Zweitetikett: La Vieille Dame de Trotte Vieille.

**Valandraud** St-Ém r ★★★★ 98 01' 05' 09' 14 15 16' 17' 18 — PREMIER GRAND CRU CLASSÉ (B) in ST-ÉMILION, ursprünglich ein Garagenwein-Wunder. Früher extrem konzentriert, heute voll und dicht, aber ausgewogen. Teuer. Außerdem Virginie de Valandraud aus nicht klassifizierten Lagen und Valandraud Blanc (SAUVIGNON BLANC/Sauvignon gris).

**Vieille Cure, La** Fron r ★★ 06 10' 12 15 16 17 18 — Führendes Gut in FRONSAC, seit 2018 mit neuem Eigentümer, mit fruchtigen, verlockenden und preiswerten Weinen. Jean-Luc Thunevin (VALANDRAUD) berät.

**Vieux Château Certan** Pom r ★★★★ 90' 01' 05' 06 09' 10' 14' 15' 16' 17' 18 — In puncto Qualität oft in die Nähe des PETRUS gerückt, in der Art aber ganz anders: elegant, harmonisch, mit herrlichem Duft. Einer der Gründe ist der hohe Anteil an CABERNET FRANC und CABERNET SAUVIGNON (30 %). Geleitet wird der Betrieb von Alexandre Thienpont und seinem Sohn Guillaume. Zweitetikett: La Gravette de Certan.

**Vieux Château St-André** St-Ém r ★★ 10 11 12 14 15' — Kleines Weingut in MONTAGNE ST-ÉMILION (vorwiegend MERLOT); Besitzer sind Vater und Sohn Berrouet (Ersterer war früher Weinmacher von PETRUS). Gutes Preis-Leistungs-Verhältnis.

**Villegeorge, de** H-Méd r ★★ 10 12 14 15 16 — Kleines Gut im südlichen HAUT-MÉDOC mit leichten, aber eleganten Weinen (63 % CABERNET SAUVIGNON). Önologischer Berater ist Eric Boissenot.

**Vray Croix de Gay** Pom r ★★ 05' 09' 14 15 16' 17 — Sehr kleine Reblage in der besten Gegend von POMEROL, seit 2018 zertifiziert biologisch-dynamischer Anbau. Mitbesitzer ist die Familie Pinault (LATOUR). Die Weine zeigen neuerdings mehr Finesse. Die CHÂTEAUX Siaurac (LALANDE DE POMEROL) und Le Prieuré (ST-ÉMILION) sind Stallgefährten.

**Yquem, d'** Saut w; (tr) s ★★★★ 89' 96 01' 09' 11' 13' 14 15' 16' 17' — Der König der *liquoreux* (Süßweine): stark, intensiv und üppig, 3 Jahre Fassausbau. Die meisten Jahrgänge sollten mindestens 15 Jahre reifen; einige überdauern auch 100 Jahre und mehr in überirdischer Grandezza. Derzeit stehen 100 ha unter Ertrag (75 % SÉMILLON, 25 % SAUVIGNON BLANC). Kein Yquem wurde in den Jahren 51, 52, 64, 72, 92 und 2012 erzeugt. Es gibt kein Zweitetikett, dafür aber den halbtrockenen »Y« (sprich: Igrek) von 75 % SAUVIGNON BLANC und 25 % SÉMILLON, wenn auch in geringen Mengen (800 Kisten pro Jahr).

# Italien

Die folgenden Abkürzungen werden im Text verwendet:

| | |
|---|---|
| Abr | Abruzzen |
| Ao | Aostatal |
| Apu | Apulien |
| Bas | Basilikata |
| Em-Ro | Emilia-Romagna |
| F-JV | Friaul–Julisch Venetien |
| Kal | Kalabrien |
| Kamp | Kampanien |
| Lat | Latium |
| Lig | Ligurien |
| Lomb | Lombardei |
| Mar | Marken |
| Mol | Molise |
| Piem | Piemont |
| Sar | Sardinien |
| Siz | Sizilien |
| Tosk | Toskana |
| T-S | Trentino–Südtirol |
| Umb | Umbrien |
| Ven | Venetien |
| DOC(G) | Denominazione di Origine Controllata (e Garantita): Kontrollierte (und garantierte) Herkunftsbezeichnung; DOCG ist die höchste Stufe der DOC; siehe auch Seite 169. |
| IGT | Indicazione Geografica Tipica |
| fz | frizzante |
| Pa | Passito |

Beständigkeit ist nicht Italiens größte Stärke, besser gesagt: überhaupt nicht Italiens Stärke, doch wer wäre nicht bereit, die Beständigkeit für Vielfalt, Stil, Originalität und alles andere als sporadische Anflüge von Brillanz zu opfern? Italien hat viele Weine, die man meiden sollte: für gewöhnlich entweder laienhafte Versionen oder gar Karikaturen der bekanntesten Namen; »Prosecco«, »Chianti« und »Amarone« sind ebenso wenig ein Gütesiegel wie die Bezeichnung »Bordeaux«. Andererseits bietet die wellige Landschaft vom Schaft bis zur Spitze des Stiefels enorm viele und enorm unterschiedliche potenzielle Anbauflächen, von denen die meisten im Lauf der letzten 2000 Jahre (sinnvoll oder weniger sinnvoll) genutzt wurden. Hunderte davon haben eigene Trauben hervorgebracht: Italien stellt rund 30 Prozent aller weltweit vorhandenen Rebsorten, und man kann wohl mit Fug und Recht behaupten, dass niemand über ein komplettes Verzeichnis verfügt. Und deshalb bekommt man Jahr für Jahr neben Weinen, die genauso berühmt und geschätzt (das heißt teuer) sind wie ihre Pendants aus anderen Teilen der Welt, auch welche vorgesetzt, von denen man noch nie etwas gehört hat.

Es ist daher eine Herausforderung für einen Weinführer im Taschenformat, alle oder zumindest die allermeisten Ursprungsorte und die besten Erzeuger aufzulisten, und wie überall sind »die besten Erzeuger« der Knackpunkt. Falls Sie es noch nicht gemerkt haben sollten: Italien ist die Heimat motivierter, eigensinniger Menschen mit ausgeprägtem Geschäftssinn und jeder Menge Stil. Und wir sind auf die Weine aus, in denen der Stil und nicht so sehr der Geschäftssinn zum Ausdruck kommt.

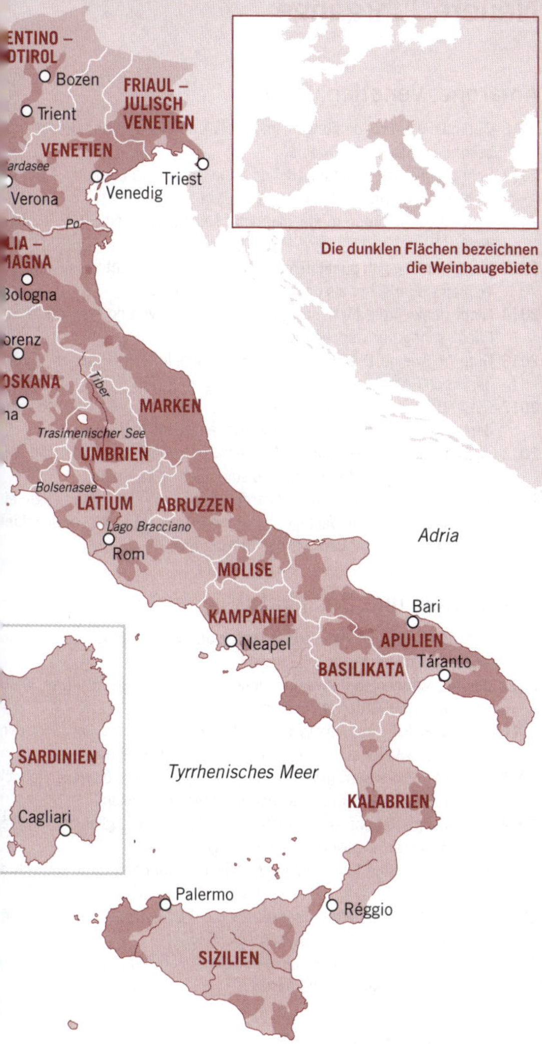

**ITALIEN | 165**

*(Kartenbeschriftungen:)*
ENTINO-
OTIROL
Bozen
FRIAUL-JULISCH VENETIEN
Trient
VENETIEN
ardasee
Triest
Verona
Venedig
Po
IA-MAGNA
Bologna
orenz
Tiber
OSKANA
MARKEN
Trasimenischer See
UMBRIEN
Bolsenasee
LATIUM
ABRUZZEN
Lago Bracciano
Rom
MOLISE
Adria
KAMPANIEN
Bari
Neapel
APULIEN
BASILIKATA
Táranto
SARDINIEN
Tyrrhenisches Meer
Cagliari
KALABRIEN
Palermo
Réggio
SIZILIEN

**Die dunklen Flächen bezeichnen die Weinbaugebiete**

Auf das offizielle System der Ursprungsbezeichnungen ist kein Verlass, und das ist wirklich sehr schade, denn die guten DOC- und DOCG-Weine sind mit die leckersten, besten und preiswertesten der Welt. Man darf nicht vergessen, dass italienischer Wein Teil eines Ökosystems ist: Das Glas steht neben dem Teller. Warum sind italienische Restaurants überall auf der Welt, sogar in China, so beliebt? Weil jeder halbwegs vernünftige Mensch, der es sich irgendwie leisten kann, seinen Gaumen verwöhnt. Und dafür lohnt es sich allemal, etwas tiefer in die Materie einzudringen.

# Neuere Jahrgänge

## Amarone, Venetien, Friaul

2018 Optimale Wetterbedingungen. Im Hinblick auf Mengen und Qualität gu besonders frische Weißweine.

2017 Sehr schwieriger Jahrgang (Regen ohne Unterlass); krautiger Amaron steht zu befürchten, allgemein grüne Rotweine.

2016 Sehr heißer Sommer; runde, allerdings säurearme üppige Rote, robust Weiße.

2015 Mengenmäßig gut, qualitätsmäßig besser; sehr gute Rote aus Friaul. D Weißen sind frischer als ursprünglich angenommen.

2014 Nicht denkwürdig für Amarone, besser für Soave und Weißweine au Friaul; sehr guter Valpolicella.

2013 Gute Weißweine. Die Roten, vor allem Passito, litten im Oktober/Novem ber durch Regen und Hagel.

2012 Die andauernde Hitze und Trockenheit sorgte für prächtige, aber äu ßerst tanninbetonte Rote und übertrieben fruchtige Weiße.

2011 »Das beste Jahr überhaupt« ist für Amarone übertrieben, manche Wei ne sind zu tanninhaltig und alkoholstark. Sehr gute Weiße.

2014 Von Juni bis August war es katastrophal kühl und nass, dann folgte ei guter September (für Weiße) und Oktober (für Rote). Im November dan wieder Regen. Nicht denkwürdig für Amarone.

## Kampanien und Basilikata

2018 Regnerisch, aber die Weißen sind frisch und lebhaft; geschmeidige Rot (Aglianico am besten).

2017 Geringe Mengen an Rotweinen, denen körnige Tannine zusetzen. Weiß weine oft flach; Greco am besten.

2016 Ein kühler Frühling verzögerte die Blüte, dank des heißen Sommer konnte das wieder aufgeholt werden. Am besten für Fiano.

2015 Ein heißer, trockener, früher Sommer sorgte für reife, bisweilen jedoc anspruchsvolle Rote und ausladende Weiße. Austrinken.

2014 Jede Menge Regen; wechselhafte Qualität. Grünen Aglianico und Pie dirosso meiden. Die Weißen sind recht gut.

2013 Klassische, duftende, frische Weißweine, dünnerer spät gelesene Aglianico.

2012 Zu heiß; Regen im September rettete die Weißweine. Der schöne Spät sommer sorgte für denkwürdigen Aglianico.

2011 Konzentrierte Weine, doch meist zu hoher Alkohol- und Tanningehalt be den Roten. Die Weißen sind besser.

## Marken und Abruzzen

2018 Wechselhafter Frühling. Weine ausgewogener als 2017. Sehr große Mengen, gute Qualität bei Roten und Weißen.

2017 Kann man getrost vergessen: heiß und trocken. Rote körnig, Weiße überreif. Geringe Mengen.

2016 Regen, Kälte und Sonnenmangel bescherten ein schwieriges Jahr. A besten schlug sich wahrscheinlich der Pecorino: Zitronen- und Feigen noten.

**2015** Heißer Sommer; die Weißen sind frischer als erwartet (v.a. Trebbiano), die Roten reif, aber nicht überreif.
**2014** Marken: geschmeidige Rot-, klassische Weißweine. Abruzzen: Pecorino am besten.
**2013** Die Weißen sind klassisch-mineralisch und lagernswert, die Roten ausgefeilt, klassisch, keineswegs mager.
**2012** Zu heiß: anspruchsvolle Rote, übertrieben fruchtige Weiße.

## Piemont

**2018** Trotz eines schwierigen Frühlings potenziell klassischer Barolo/Barbaresco.
**2017** Man kann sich an kaum ein Jahr erinnern, in dem so früh gelesen wurde. Meist prächtige Weine, manchen fehlt es an Tiefe.
**2016** Potenzieller Spitzenjahrgang; klassischer, duftender, lagernswerter Barolo/Barbaresco.
**2015** Hervorragender Barolo/Barbaresco. Sollte lange halten. Barbera/Dolcetto gut, Grignolino weniger.
**2014** Spät gelesene Trauben entwickelten sich dank Regen prächtig, frühere (z.B. Dolcetto) nicht. Barbaresco (nicht Barolo) am besten.
**2013** Glanzhelle, frische Rot- und Weißweine, die mit der Zeit besser werden; klassischer Jahrgang mit stahligen, tiefgründigen Weinen.
**2012** Überschätzter Barolo/Barbaresco mit stets grünen, körnigen Tanninen. Der Kult ist nicht gerechtfertigt.
**2011** Trotz des recht hohen Alkoholgehalts und wuchtiger Tannine geradlinige, früh trinkreife, duftende Rotweine.

**Weitere gute Jahrgänge:** 2010, 2008, 2006, 2004, 2001, 2000, 1999, 1998, 1997, 1996, 1995, 1990, 1989, 1988. Jahrgänge, die noch lagern können: 2001, 1999, 1996. Jahrgänge, die man austrinken sollte: 2003, 2000, 1997, 1990, 1988.

## Toskana

**2018** Rotweine guter Qualität mit stahliger Persönlichkeit und Langlebigkeit.
**2017** Sehr schwieriger, heißer Jahrgang. Besser im Chianti Classico als an der Küste.
**2016** Heißer Sommer, frischerer September; Erfolg von Chianti über Montalcino bis Maremma. Geringe Mengen.
**2015** Gesunde, aber kleine Trauben: reichhaltige, geschmacksintensive Rote mit guter Reife; manche weich.
**2014** Kühler, feuchter Sommer, schöne Spätsaison. Gesteigerte Mengen, wechselhafte Qualität, Vorsicht beim Kauf.
**2013** Uneinheitliche Reife. Kein überragendes Jahr, aber einige Höhepunkte.
**2012** Trockenheit und lang andauernde Hitze; größtenteils überschätzte Weine.
**2011** Einige fruchtige, aber alkoholstarke Rotweine. Die Weißen sind manchmal etwas unausgewogen. Bald trinken.

**Weitere gute Jahrgänge:** 2008, 2007, 2006, 2004, 2001, 1999, 1997, 1995, 1990. Jahrgänge, die noch lagern können: 2001, 1999. Jahrgänge, die man austrinken sollte: 2003, 2000, 1997, 1995, 1990.

**Abrigo Orlando** Piem ★★★ Die Barbaresco-Einzellagen Montersino und Meruzzano sind weitgehend unbekannt, aber erstklassig, und Abrigos saubere, präzise Interpretationen bringen das Terroir zum Klingen.

**Accornero** Piem ★★★★ Der beste Grignolino-Erzeuger in Italien. Sehr gut: Bricco del Bosco (Stahltanks) und Vigne Vecchie (Eichenfässer; 2013 sehr gut). Ebenfalls gut: BARBERA del Monferrato (Bricco Battista, Cima) und der süße Brigantino (MALVASIA di Casorzo).

**Adriano, Marco e Vittorio** ★★★ Hohe Qualität, niedrige Preise, Barbaresco voller früher Anmut. Eine der sicheren Empfehlungen für italienischen Wein.

**Aglianico del Taburno** Kamp DOCG r; tr ★→★★★ Rund um Benevento. Würzigere Noten (Leder und Tabak) und Kräuter, mehr Säure als andere AGLIANICO-Weine. Gute Erzeuger: CANTINA del Taburno, Fontanavecchia, La Rivolta.

**Aglianico del Vulture** Bas DOC(G) r; tr ★→★★★ 11 **12 13** 15 16 – DOC nach einem Jahr Reife, SUPERIORE nach 3 Jahren, RISERVA nach 5 Jahren. Von den Hängen des erloschenen Vulkans Monte Vulture. Floraler (Veilchen), mehr dunkle Früchte (Pflaumen), Rauch und Gewürze als andere AGLIANICO-Weine. Sehr gut: Elena Fucci, Grifalco. Ebenfalls gut: Armando Martino, Basilisco, Cantina di Venosa, Cantine del Notaio, D'Angelo, Eubea, Madonna delle Grazie, Mastrodomenico, Paternoster, Re Manfredi, Terre dei Re.

**Alba** Piem – Bedeutende Weinstadt im PIEMONT, südöstlich von Turin in den LANGHE, mit Trüffeln, Haselnüssen und den prestigeträchtigsten Weinen des Piemont, wenn nicht Italiens: BAROLO, BARBARESCO, NEBBIOLO D'ALBA, Langhe, ROERO, BARBERA d'Alba, DOGLIANI (Dolcetto).

**Albana di Romagna** Em-Ro DOCG w; tr lbl s; (sch) ★→★★★ BV – Die erste »weiße« DOCG in Italien – die nur der süße PASSITO rechtfertigt, denn der trockene Wein und der Schaumwein sind oft unbedeutend. Fattoria Zerbina (v. a. AR Passito Riserva), Giovanna Madonia, Podere Morini (Cuore Matto Riserva Passito), Tre Monti.

**Allegrini** Ven ★★ Beliebter VALPOLICELLA-Erzeuger. Der beste Wein ist der ausgefeilte, nicht überladene AMARONE. Eigentümer von Poggio al Tesoro in BOLGHERI und Poggio San Polo in MONTALCINO (TOSKANA).

**Alta Langa** Piem DOCG w (rs); sch ★★→★★★ Wichtigster Bereich im PIEMONT für erstklassigen Metodo-Classico-Jahrgangsschaumwein, ausschließlich von PINOT NERO und CHARDONNAY. Beste Erzeuger: BANFI, Cocchi, Enrico Serafino, ETTORE GERMANO, FONTANAFREDDA, GANCIA, Rizzi.

**Altare, Elio** Piem ★★★ Früher führender Erzeuger von modernem BAROLO, jetzt unter Leitung von Elios Tochter Silvia. Besonders empfehlenswert sind die Barolo-Weine Arborina, Cannubi, Cerretta Vigna Bricco, Unoperuno (eine Auslese aus der Lage Arborina); außerdem Giarborina (LANGHE NEBBIOLO), Larigi (Barbera d'Alba), LANGHE Rosso La Villa (Barbera/Nebbiolo).

**Alto Adige (Südtirol)** T-S DOC r rs w; tr s; sch – Aus der gebirgigen Provinz Bozen kommen heute mit die besten Weißweine Italiens. Es dominieren deutsche Rebsorten: GEWÜRZTRAMINER, Kerner, Sylvaner, aber auch PINOT GRIGIO; der PINOT BIANCO hat das Zeug zum Weltbesten. Der PINOT NERO ist manchmal ausgezeichnet (wenn auch oft zu eichenlastig), der Lagrein in guten Jahren ebenfalls.

**Alto Piemonte** Piem – Das Mikroklima und die Böden im nordöstlichen PIEMONT bieten ideale Bedingungen für NEBBIOLO (der hier Spanna heißt); die Weine sind selten sortenrein, es werden andere einheimische Reben (Croatina, Uva Rara, Vespolina) beigemischt. Heimat der DOC(G)S BOCA, BRAMATERRA, Colline Novaresi, Coste della Sesia, Fara, GATTINARA, GHEMME, LESSONA, Sizzano, Valli Ossolane. Viele herausragende Weine.

**Ama, Castello di** Tosk ★★★★ Erstklassiges CHIANTI-CLASSICO-Weingut bei Gaiole. Der normale Chianti Classico ist einer der Besten – und Teuersten. Empfehlenswert sind der Toskana-Bordeaux-Verschnitt Haiku und der MERLOT L'Apparita, trotz des saftigen Preises. Hervorragend sind Chianti Classico GRAN SELEZIONE Vigneto Bellavista und La Casuccia.

**Amarone della Valpolicella** Ven DOCG r ★★→★★★★ 10 11' 13 15 (16) – Intensiver, starker Rotwein von in der Kellerei rosinierten VALPOLICELLA-Trauben, eine relativ trockene Version des älteren RECIOTO DELLA VALPOLICELLA, mit Zusatzbezeichnung CLASSICO, wenn aus dem historischen Gebiet. Ältere Jahrgänge sind rar; entstand in den 1950er-Jahren. Siehe auch VALPOLICELLA und Kasten S. 204.

> **Was die Abkürzungen bedeuten**
>
> **Denominazione di Origine Controllata (DOC)** Geprüfte Herkunftsangabe; entspricht der französischen AC.
>
> **Denominazione di Origine Controllata e Garantita (DOCG)** Geprüfte und garantierte Herkunftsangabe; die höchste Qualitätsstufe in Italien.
>
> **Indicazione Geografica Tipica (IGT)** Geografische Angabe des Typs. Umfassender und weniger reguliert als DOC, vergleichbar mit dem französischen Vin de pays bzw. neuerdings IGP.
>
> **Denominazione di Origine Protetta/Indicazione Geografica Protetta (DOP/IGP)** P = »geschützt«. Wenn es nach der EU ginge, würden diese Kategorien Italiens DOC/IGT ersetzen.

**Angelini, Paolo** Piem ★★→★★★ Kleiner Familienbetrieb in MONFERRATO mit sehr gutem GRIGNOLINO del Monferrato Casalese Arbian (Stahltank) und Golden Dream (Eichenfass).

**Angelini, Tenimenti** Tosk – Siehe BERTANI DOMAINS (Toskana).

**Antinori, Marchesi L. & P.** Tosk ★★→★★★★ Geschichtsträchtiges Florentiner Haus der traditionsreichen Familie Antinori unter Leitung von Piero und drei seiner Töchter. Wegbereiter der italienischen Weinrenaissance. Bekannt für CHIANTI CLASSICO (Tenute Marchese Antinori und Badia a Passignano, der nun zum Gran Selezione befördert wurde) sowie den ausgefeilten, aber eichenbetonten Weißwein Cervaro (Castello della Sala, Umbrien) und Weinen aus dem PIEMONT (PRUNOTTO). Die Pioniere TIGNANELLO und SOLAIA gehören zu den wenigen Weltklasse-SUPERTOSKANERN. Besitzt auch Güter in BOLGHERI (Guado al Tasso), in der FRANCIACORTA (Montenisa), in der toskanischen Maremma (Fattoria Aldobrandesca), in Montepulciano (La Braccesca), in Montalcino (Pian delle Vigne) und in APULIEN (Tormaresca). Auch ein Weißwein auf RIESLING-Basis von dem Gut Monteloro nördlich von Florenz. Beteiligungen in Kalifornien, Rumänien und anderswo.

**Antoniolo** Piem ★★★ Langlebiger mustergültiger GATTINARA. Herausragend sind auch Osso San Grato und San Francesco.

**Apulien** Italienisch Puglia, der Absatz des italienischen Stiefels. Im Allgemeinen preiswerte, einfache (Rot-)Weine von Reben wie NEGROAMARO, PRIMITIVO und Uva di Troia, doch das fragwürdige Weinbereitungstalent und die veraltete Ausstattung sind ein echtes Problem. Die interessantesten Weine kommen von der Halbinsel SALENTO, allen voran die DOCS BRINDISI, COPERTINO und SALICE SALENTINO.

**Argiano, Castello di** Tosk ★★★ Wunderschönes Gut (nicht zu verwechseln mit dem Nachbarn namens Argiano), das die Familie Sesti zu einem der besten

BRUNELLO-Erzeugerbetriebe in MONTALCINO gemacht hat. Spitzenreiter is der Brunello Riserva Phenomena.

**Argiolas, Antonio** Sar ★★→★★★ Der Spitzenerzeuger verarbeitet Trauber von der Insel zu den hervorragenden Einzellagenweinen Turriga (★★★) Iselis MONICA, Iselis Nasco, Vermentino di Sardegna und dem Spitzen süßwein Angialis (hauptsächlich von der einheimischen Nasco-Rebe). Sehr guter Cannonau Riserva Senes.

---

### Barbaresco-Unterbereiche

Die vier wichtigsten BARBARESCO-Gemeinden unterscheiden sich deutlich: **Barbaresco** – am vollendetsten, ausgewogensten: Asili (BRUNO GIACOSA, CERETTO, CA' DEL BAIO, PRODUTTORI DEL BARBARESCO), Martinenga (Marchesi di Gresy), Montefico (Produttori del Barbaresco, Roagna), Montestefano (Giordano Luigi, Produttori del Barbaresco, Rivella Serafino), Ovello (CANTINA del Pino, ROCCA ALBINO), Pora (Ca' del Baio, Produttori del Barbaresco), Rabaja (CASTELLO DI VERDUNO, Cortese Giuseppe, Bruno GIACOSA, Produttori del Barbaresco, Rocca Bruno), Rio Sordo (Cascina Bruciata, Cascina delle Rose, Produttori del Barbaresco), Roncaglie (Poderi Colla). **Neive** – am kraftvollsten, fleischigsten: Albesani (Castello di Neive, Cantina del Pino), Basarin (Adriano Marco e Vittorio, Giacosa Fratelli, Negro Angelo, Sottimano), Bordini (La Spinetta), Currá (Rocca Bruno, Sottimano), Gallina (Castello di Neive, Lequio Ugo, ODDERO), Serraboella (Cigliuti). **San Rocco Seno d'Elvio** – am zugänglichsten, weichsten: Sanadaive (Adriano Marco e Vittorio). **Treiso** – am frischesten, ausgefeiltesten: Bernardot (CERETTO), Bricco di Treiso (PIO CESARE), Marcarini (Ca' del Baio), Montersino (Abrigo Orlando, Rocca Albino), Nervo (RIZZI), Pajoré (Rizzi, Sottimano).

---

**Asti** Piem DOCG s; sch ★→★★ oJ – Piemontesischer Schaumwein von MOSCATO bianco, geringere Qualität als MOSCATO D'ASTI und seinen DOCG-Status nicht wirklich wert. Verkaufsschlager in Russland. Probierenswert: Bera, Cascina Fonda, Caudrina, Vignaioli di Santo Stefano. Jetzt auch trockener Asti Secco.

**Avignonesi** Tosk ★★★ Großes biodynamisch arbeitendes Gut, seit 2007 in belgischem Besitz, mit 200 ha Rebland in MONTEPULCIANO und Cortona. Italiens bester Vin Santo. Der VINO NOBILE ist, nachdem man ihn eine Zeit lang hatte verwildern lassen, zurück in der ersten Liga. Spitzenwein ist der VN Grandi Annate; MERLOT Desiderio, 50&50 (Merlot/Sangiovese) und CHARDONNAY Il Marzocco sind beachtliche internationale Weine.

**Azienda agricola** (oder **agraria**) Ein – großes oder kleines – Weingut, das selbst angebaute Trauben verkeltert.

**Badia a Coltibuono** Tosk ★★★ Historischer CHIANTI CLASSICO. Zertifiziertes Bioweingut. Star ist der von 100 % SANGIOVESE bereitete, im Barrique ausgebaute Sangioveto, aber auch der Chianti Classico auf Einstiegsniveau ist einer der besten seiner Art. Langlebig. 2014 kein RISERVA.

**Banfi (Castello** oder **Villa)** Tosk ★→★★★ Riesenkellerei in MONTALCINO, Hunderte von Hektar, allerdings nicht in idealer Lage, am südlichen Ende des Bereichs, doch der erstklassige, in limitierten Mengen erzeugte POGGIO all'Oro ist ein großartiger BRUNELLO. Sehr guter Moscadello.

**Barbaresco** Piem DOCG r ★★→★★★★★ **10** 11 **12** 13 14 15 (16) – Zu Unrecht als der arme Cousin des BAROLO geschmäht. Beide werden reinsortig von NEBBIOLO bereitet und besitzen eine ähnlich große Komplexität, weisen jedoch auch jede Menge Unterschiede auf. Der Barbaresco ist aufgrund des wärmeren Mikroklimas, fruchtbarerer Böden und niedrigerer Hänge weniger spröde und »muskulös« als der Barolo. Mindestalterung 26 Monate, davon 9 im Holz; nach 4 Jahren RISERVA. Wird wie Barolo heutzutage meist unter einem Einzellagennamen oder mit *menzione geografica* (»geografischer Spezifizierung«) verkauft. Beste Erzeuger: siehe Kasten links.

**Barbera d'Alba** DOC r – Der reichhaltigste, samtigste BARBERA. Gute Erzeuger: Cavallotto (Vignadel Cucculo), Giacomo CONTERNO (Cascina Francia und Ceretta), RINALDI GIUSEPPE, VIETTI (Scarrone).

**Barbera d'Asti** DOCG r – Fruchtiges, säurereiches Produkt der BARBERA-Rebe. Von höherer Qualität ist der Barbera d'Asti SUPERIORE Nizza (oder schlicht Nizza). Gute Erzeuger: BERSANO (Nizza La Generala), BRAIDA (Bricco dell'Uccellone, Bricco della Bigotta, Ai Suma), Cascina Castlet, Chiarlo Michele (Nizza La Court), Dacapo (Nizza), Tenuta Olim Bauda (Nizza), Vietti (La Crena).

**Barbera del Monferrato Superiore** Piem DOCG r – Relativ leichter, fruchtiger BARBERA mit recht scharfen Tanninen und schöner Säure. Gute Erzeuger: Accornero (Cima Riserva della Casa ), Iuli (Barabba).

**Barberani** ★★→★★★ Die Brüder Bernardo und Niccolò leiten das ökologische Gut an den Hängen des Lago di Corbara und erzeugen guten bis ausgezeichneten ORVIETO. Cru Luigi e Giovanna ist der Star, Orvieto Castagneto und Calcaia (mit Edelfäule) sind ebenfalls ausgezeichnet. Auch gute Rotweine.

**Bardolino** Ven DOC(G) r rs BV – Leichter, sommerlicher Rotwein vom Lago di GARDA. Der Bardolino SUPERIORE DOCG stammt von viel geringeren Erträgen als der Bardolino DOC. Der hellrosa CHIARETTO ist einer der besten Roséweine Italiens, preiswert. Gute Erzeuger: Albino Piona, Cavalchina, Guerrieri Rizzardi, Le Fraghe (Spitzenwein: Bol Grande), ZENATO, Zeni.

**Barolo** Piem DOCG r **06 07 08 09** 10' **11** 12 13 15 (16) (17) – Italiens großartigster Rotwein? Hundertprozentiger NEBBIOLO aus elf Gemeinden inklusive Barolo selbst. Traditionell ein Verschnitt aus verschiedenen Lagen oder Gemeinden, heute sind jedoch die meisten Einzellagenweine (wie die Burgunder-Crus), hier mit *menzione geografica aggiuntiva* betitelt. Die Besten sind langlebige Weine mit Kraft und Eleganz, einem verlockenden floralen Duft und Sauerkirscharoma. Sie müssen bei der Freigabe 38 Monate (5 Jahre für RISERVA) ausgebaut worden sein, davon 18 Monate im Holzfass. (Spitzenerzeuger siehe Kasten S. 179.) Die Unterscheidung zwischen Traditionalisten (lange Maischestandzeit, große Eichenfässer) und Modernisten (kürzere Maischestandzeit, oft Barrique) ist inzwischen nicht mehr so hilfreich, da die Erzeuger Methoden beider Schulen nutzen.

**Bastianich** ★★→★★★ Der Amerikaner Joe Bastianich verfügt von seinem Sitz in den USA aus mit Unterstützung des Beraters Maurizio Castelli über 35 ha. Umwerfender Bianco Vespa, ein typisch friaulischer Verschnitt von CHARDONNAY und SAUVIGNON BLANC mit einem *pizzico* des einheimischen Picolit sowie hervorragender FRIULANO Plus.

**Belisario** Mar ★★→★★★ Größter Erzeuger von VERDICCHIO DI MATELICA. Viele verschiedene Abfüllungen; gutes Preis-Leistungs-Verhältnis. Spitzenweine: Riserva Cambrugiano und Del Cerro. Sehr guter Meridia und Vigneti B (öko).

**Bellavista** Lomb r w; sch ★★★ Einer der besten FRANCIACORTA-Erzeuger, im Besitz von Francesca Moretti. Gran Cuvée Alma ist das Flaggschiff, Vittorio Moretti der Spitzenwein.

**Benanti** Siz r w ★★★ Dank der Familie Benanti ruhen die Augen der Welt auf dem Wein vom Ätna. Der Bianco Superiore Pietramarina ist einer der besten italienischen Weißweine. Sehr gut ist auch der Etna Rosso Rovittello sortenrein von Nerello Cappuccio und NERELLO MASCALESE.

**Berlucchi, Guido** Lomb sch ★★ Mit über fünf Millionen Flaschen von 100 ha Rebland der größte Hersteller von METODO-CLASSICO-Schaumwein in Italien. Flaggschiff ist der FRANCIACORTA Brut Cuvée Imperiale. Neue Cuvée J. R. E. N° 4 Extra Brut Riserva.

**Bersano** Piem ★★★ Große Mengen, aber gute Qualität. Sehr gut: BARBERA d'Asti, Freisa, GRIGNOLINO und Ruchè, alle nicht teuer und köstlich.

**Bertani** Ven ★★→★★★ Alteingesessener Erzeuger von VALPOLICELLA und SOAVE; Weinberge in verschiedenen Teilen der Provinz Verona. Basisproduktreihen Veronese und Valpantena plus Rückkehr zu aufgegebener Weinbereitungsstilen, etwa zur Hülsenmaischung bei Weißweinen; daneben Rotwein (Secco Original Vintage Edition). Siehe auch BERTANI DOMAINS (Toskana).

**Bertani Domains (Toskana)** Tosk ★★→★★★ Hieß früher Tenimenti Angelini. Das Unternehmen Angelini hat den Namen übernommen und verwendet ihn für alle Betriebe, auch in der Toskana. Drei große Kellereien: San Leonino im CHIANTI CLASSICO, Trerose in MONTEPULCIANO und Val di Suga in MONTALCINO (v. a. BRUNELLO Spuntali).

**Biondi-Santi** Tosk ★★★★ Klassische Weine von dem traditionellen Gut in MONTALCINO, das als erstes BRUNELLO erzeugte; vor Kurzem an Epi (Piper-Heidsieck) verkauft: Der Brunello, v. a. der RISERVA, hat so viel Säure und Tannin, dass er Jahrzehnte braucht, bis er sich vollständig entfaltet hat. Versucht sich nun an einem benutzerfreundlicheren Stil.

**Bisol** Ven ★★★ Hochklassige PROSECCO-Marke, jetzt im Besitz der Familie Lunelli (Ferrari). Hervorragender Cartizze. Empfehlenswert sind die neuen Etiketten Prosecco Superiore Rive di Campea und Rive di Guia Relio. Sehr interessanter Weißwein von der seltenen Dorona-Rebe (aus dem Resort auf der Laguneninsel Venissa, das beim Deal mit Lunelli ausgespart blieb).

**Boca** Piem DOC r – Siehe ALTO PIEMONTE. Gehört zum Kreis der großartigsten Rotweine. NEBBIOLO (70–90 %) sowie bis zu 30 % Uva Rara und/oder Vespolina. Vulkanische Böden. Muss lang gelagert werden. Spitzenerzeuger: Le Piane. Gut: Carlone Davide, Castello Conti.

**Bolgheri** Tosk DOC r rs w; (s) – Das von einer Stadtmauer umgebene Künstlerdorf an der Küste steht Pate für stilvolle, teure SUPERTOSKANER, vornehmlich von französischen Sorten. Klingende Namen: ALLEGRINI (Poggio al Tesoro), ANTINORI (Guado al Tasso), FRESCOBALDI (ORNELLAIA), FOLONARI (Campo al Mare), GAJA (CÀ MARCANDA), Grattamacco. Hervorragend sind Le Macchiole, Michele Satta, San Guido (Sassicaia, das Original).

**Bolla** Ven ★★ Historischer Veroneser Erzeuger von AMARONE, RECIOTO DELLA VALPOLICELLA, RECIOTO DI SOAVE, SOAVE, VALPOLICELLA. Heute im Besitz des mächtigen GRUPPO ITALIANO VINI.

**Borgo del Tiglio** F-JV ★★★→★★★★ Nicola Manferrari ist einer der besten Weißweinerzeuger in Italien. Besonders eindrucksvoll sind COLLIO FRIULANO RONCO della Chiesa, Malvasia Selezione und Studio di Bianco.

**Boscarelli, Poderi** Tosk ★★★ Kleines Weingut der Genueser Familie Ferrari mit stets hochwertigem VINO NOBILE DI MONTEPULCIANO, Einzellagenwein Nocio del Boscarelli und RISERVA Sotto Casa. Neu: Costa Grande (100 % Sangiovese).

**Botte** (Plural *botti*) Großes Fass mit 6 bis 250 hl, meist aber zwischen 20 und 50 hl Kapazität, traditionell aus slawonischer, immer öfter jedoch auch aus französischer Eiche. Für Traditionalisten der ideale Behälter für den Ausbau italienischer Weine, in denen kein zu deutlicher Eichenton erwünscht ist.

**Brachetto d'Acqui** Piem DOCG r; s; (sch) BV – Von Brachetto erzeugte Roséversion des Asti; größtenteils ähnlich unqualifiziert für den DOCG-Status.

**Braida** Piem ★★★ Giacomo Bolognas Kinder Giuseppe und Raffaella treten in seine Fußstapfen. Spitze ist und bleibt der BARBERA d'Asti Bricco dell'Uccellone, gefolgt von Bricco della Bigotta und Ai Suma. Sehr guter Grignolino d'Asti Limonte. Guter MOSCATO D'ASTI.

---

### Barolo-Unterbereiche

Der »Cru« setzt sich langsam durch, auch wenn das Wort selbst nicht auf dem Etikett erscheinen darf. Es wird (zumindest in BAROLO und BARBARESCO) durch »geografische Erwähnung« ersetzt und inoffiziell als »Unterbereich« bezeichnet. Zurzeit gibt es für Barolo 11 Ortserwähnungen und 170 zusätzliche geografische Erwähnungen. Zu den besten zählen Folgende (nach Ortschaften geordnet):

**Barolo:** Bricco delle Viole, Brunate, Bussia, Cannubi, Cannubi Boschis, Cannubi Muscatel, Cannubi San Lorenzo, Cerequio, Le Coste, Sarmassa

**Castiglione Falletto:** Bricco Boschis, Bricco Rocche, Fiasco, Monprivato, Rocche di Castiglione, Vignolo, Villero

**Cherasco:** Mantoetto

**Diano d'Alba:** La VIGNA, Sorano (teilweise gemeinsam mit Serralunga)

**Grinzane Cavour:** Canova, Castello

**La Morra:** Annunziata, Arborina, Bricco Manzoni, Bricco San Biagio, Brunate, Cerequio, Fossati, La Serra, Rocche dell'Annunziata, Rocchettevino, Roggeri

**Monforte d'Alba:** Bussia, Ginestra, Gramolere, Mosconi, Perno

**Novello:** Bergera, Ravera

**Roddi:** Bricco Ambrogio

**Serralunga d'Alba:** Baudana, Boscareto, Cerretta, Falletto, Francia, Gabutti, Lazzarito, Marenca, Ornato, Parafada, Prapò, Vignarionda

**Verduno:** Massara, Monvigliero

---

**Bramaterra** Piem DOC r – Siehe ALTO PIEMONTE. Gut von Antoniotti Odilio.

**Brezza** Piem ★★→★★★ Zertifiziertes Ökoweingut. Die Familie Brezza führt das Hotel BAROLO im gleichnamigen Ort, während Enzo Brezza mit die preiswertesten Einzellagenweine in Barolo erzeugt, u. a. Cannubi, Castellero, Sarmassa. Das Angebot umfasst auch BARBERA, DOLCETTO, Freisa sowie erstaunlich guten CHARDONNAY und LANGHE NEBBIOLO.

**Brigaldara** Ven ★★★ Stefano Cesari erzeugt auf seinem Gut eleganten, aber kraftvollen AMARONE, der Zeichen setzt. Spitzenwein: Case Vecie. Empfehlenswert ist der anmutige Dindarella Rosato, wenn er denn erzeugt wird.

**Brolio, Castello di** Tosk ★★→★★★ Das historische Gut ist das größte und älteste im CHIANTI-CLASSICO-Gebiet und gedeiht nun unter Francesco RICASOLI so, dass der Sangiovese wieder glänzen kann. Sehr guter Chianti Classico und Chianti Classico Colledilà Gran Selezione.

**Brunelli, Gianni** Tosk ★★★ Herrlich ausgefeilter, benutzerfreundlicher BRUNELLO (Spitzen-RISERVA) und ROSSO aus zwei Lagen: Le Chiuse di Sotto nördlich von MONTALCINO und Podernovone im Süden, mit Blick auf den Monte Amiata.

**Brunello di Montalcino** Tosk DOCG r ★★★→★★★★★ 07 09 10' 12 **13** (15') (16) (17) – Spitzenwein der Toskana, kompakt, aber elegant mit Duft und Struktur, potenziell äußerst langlebig. Mindestens 4 Jahre Reife, 5 Jahre für RISERVA. Initiativen zur Beimischung anderer Trauben wie z. B. MERLOT zum reinsortigen SANGIOVESE wurden abgewehrt, doch Produzenten mit schlechten Weinbergen versuchen weiterhin, das Gesetz zu ändern. (Beste Erzeuger: siehe Kasten unten.)

> **Die besten Brunellos**
>
> Jeder der folgenden Erzeuger liefert einen anständigen BRUNELLO DI MONTALCINO; diejenigen, die wir für die besten halten, sind mit einem Stern gekennzeichnet.
> Pieri Agostina, Altesino, Castello di ARGIANO, Baricci*, BIONDI-SANTI*, Gianni BRUNELLI*, Campogiovanni, Canalicchio di Sopra, Canalicchio di Sotto, Caparzo, CASE BASSE*, CASTELGIOCONDO, Castiglion del Bosco, Ciacci Piccolomini, Donatella Cinelli, COL D'ORCIA, Il Colle, Collemattoni, Colombini, Costanti, Cupano, Eredi FULIGNI, Fossacolle, La Gerla, LISINI*, La Magia, Il Marroneto*, Mastrojanni*, Franco Pacenti, Siro Pacenti, Il Paradiso di Manfredi, PIAN DELL'ORINO*, Pieve di Santa Restituta, La Poderina, POGGIO ANTICO, POGGIO DI SOTTO*, Tenuta Il POGGIONE*, Le Potazzine, Le Ragnaie*, Salvioni*, San Filippo, Tenuta di Sesta, Stella di Campalto*, Uccelliera, Val di Suga.

**Bucci** Mar ★★★→★★★★★ Fast burgundischer VERDICCHIO, der langsam reift, aber im Alter komplex wird, v. a. der RISERVA. Der rote Pongelli ist benutzerfreundlich und fruchtig. Guter Rosso Piceno.

**Burlotto, Commendatore G. B.** Piem ★★★→★★★★ Commendatore G. B. Burlotto war 1880 einer der Ersten, die erstklassigen BAROLO bereiteten und abfüllten. Die Spitzenprodukte seines Nachfahren Fabio Alessandria sind die Einzellagenweine Cannubi und Monvigliero sowie der traditionelle Barolo Acclivi. Sehr guter Verduno Pelaverga.

**Bussola, Tommaso** Ven ★★★★ Der Autodidakt erzeugt AMARONE, RECIOTO und RIPASSO der Spitzenriege. Der große Bepi Quintarelli war sein Mentor, Tommaso übernimmt diese Funktion nun für seine beiden Söhne. Die Reihe TB ist top.

**Cà dei Frati** Lomb ★★★ Führender Qualitätserzeuger in der wiederbelebten DOC LUGANA. Der I Frati ist ein guter Wein auf Einstiegsniveau, der Brolettino ein Spitzen-Cru.

**Ca' del Baio** Piem ★★★ Der kleine Familienbetrieb bietet das beste Preis-Leistungs-Verhältnis von allen Erzeugern in BARBARESCO. Hervorragend sind Asili (auch Riserva) und Pora, sehr gut Vallegrande, Autinbe und LANGHE RIESLING.

**Ca' del Bosco** Lomb ★★★★ Die Nummer eins der Weingüter in der FRANCIACORTA gehört dem großen PINOT-GRIGIO-Erzeuger Santa Margherita und wird immer noch vom energiegeladenen Gründer Maurizio Zanella geleitet. Hervorragender Schaumwein nach der klassischen Methode, v. a. Annamaria Clementi, auch als Rosé, beide Krug-ähnlich. Großartiger Dosage Zéro und Dosage Zéro Noir Vintage Collection; ausgezeichneter roter Maurizio Zanella im Bordeaux-Stil.

**Ca' del Prete** Piem ★★→★★★ Das kleine Gut erzeugt großartigen Freisa d'ASTI und MALVASIA di Castelnuovo Don Bosco.

**Caiarossa** Tosk ★★★ Gut in niederländischem Besitz (siehe auch Château Giscours, Bordeaux) nördlich von BOLGHERI. Ausgezeichnet sind der Caiarossa Rosso sowie die Rotweine Aria und Pergolaia.

**ITALIEN** | Cal–Car | 175

**Calcagno** Siz r w ★★★ Herausragender Familienbetrieb an der Spitze der Etna-Qualitätsriege. Feudo di Mezzo und Rosso Arcurìa sind vortrefflich; sehr gut auch der weiße Ginestra und der Rosé Pomice die Sciare.

**Calì, Paolo** Siz r w ★★→★★★ In Paolo Calìs Weinen zeigt sich der Bereich Vittoria von seiner besten Seite. Spitze: Cerasuolo di Vittoria Forfice und Frappato. Sehr gut auch der rote Manene, der weiße Grillo Blues und der Rosé Osa.

**Caluso/Erbaluce di Caluso** Piem DOCG w ★→★★★ Still-, (trockene) Schaum- und Süßweine (Caluso PASSITO). Sehr gut: Bruno Giacometto, Cieck (Misobolo, Brut San Giorgio). Gut: Favaro, Ferrando, Orsolani (La Rustia), Salvetti (Brut).

**Ca' Marcanda** Tosk ★★★★ GAJAS Weingut in BOLGHERI. Drei Weine in preislicher Reihenfolge (hoch, höher, am höchsten): Promis, Magari und Ca' Marcanda; hauptsächlich internationale Rebsorten.

**Canalicchio di Sopra** Tosk ★★★ Die dynamische Familie Ripaccioli bereitet herrlich ausgewogenen, komplexen BRUNELLO (auch RISERVA) und ROSSO DI MONTALCINO. Empfehlenswert ist der neue Brunello-Cru Casaccia (15), hervorragend der 2013er Brunello.

**Cantina** Kellerei; auch Weinbars schmücken sich mit diesem Namen.

**Cantina del Notaio** Bas ★★→★★★ Das auf AGLIANICO spezialisierte ökologisch-biodynamische Gut bietet auch Weißwein, Rosé, Schaumwein und PASSITO. Star ist La Firma, aber der superreife AMARONE-ähnliche Il Sigillo ist fast ebenso gut.

**Capezzana, Tenuta di** Tosk ★★★ Das zertifiziert ökologische Weingut der Familie des kürzlich verstorbenen legendären toskanischen Erzeugers Graf Ugo Contini Bonacossi wird nun von seinen Kindern geführt. Ausgezeichneter CARMIGNANO (Villa di Capezzana und Selezione, Trefiano Riserva) und hervorragender VIN SANTO, einer der fünf besten Italiens.

**Capichera** Sar ★★★ Die Familie Ragnedda erzeugt mit die besten Weißweine in Sardinien und beachtliche Rotweine (Assajè von 100% CARIGNANO). Herausragend sind Isola dei Nuraghi Bianco Santigaìni, Vendemmia Tardiva und Vigna'ngena.

**Cappellano** Piem ★★★ Der verstorbene Teobaldo Cappellano, ein Held des BAROLO, reservierte einen Teil seines Cru Gabutti für wurzelechte NEBBIOLO-Reben (Pie Franco); Sohn Augusto behält den ausgeprägt traditionellen Stil bei. Auch »medizinischer« Barolo Chinato, der von einem Vorfahren erfunden wurde.

**Caprai** Umb ★★★→★★★★ Marco Caprai und Berater Attilio Pagli haben dieses große Gut (knapp 200 ha) zum Inbegriff von MONTEFALCO gemacht. Viele herausragende Weine, z. B. 25 Anni. Der Nicht-Cru Collepiano ist besser, weil weniger eichenlastig; der ROSSO DI MONTEFALCO ist geschmeidig und elegant. Der GRECHETTO Grecante ist preislich korrekt.

**Carema** Piem DOC ★★→★★★ 07 08 09 10 11 13 15 (16) – Kaum bekannter, leichter, intensiver, hervorragender NEBBIOLO von Trauben, die auf niedrigen, aber steilen Hängen bei Aosta wachsen. Am besten von Luigi Ferrando (v. a. Etichetta Nera) und Produttori Nebbiolo di Carema.

**Carignano del Sulcis** Sar DOC r rs ★★→★★★ 08 09 10 12 13 14 15 (16) – Milder, aber intensiver Rotwein aus dem Südwesten SARDINIENS. Am besten sind Rocca Rubia von der CS von SANTADI, Mesa und Terre Brune.

**Carmignano** Tosk DOCG r ★★★ 08 09 10 11 12 13 15 – Feiner Verschnitt aus SANGIOVESE und Bordeaux-Trauben, der im 20. Jh. vom verstorbenen Grafen Bonacossi (Capezzana) erfunden wurde. Am besten von Ambra (Montalbiolo), CAPEZZANA, Farnete, Piaggia (Il Sasso), Le Poggiarelle, Pratesi (Il Circo Rosso).

**Carpenè Malvolti** Ven ★★ Die womöglich erste auf PROSECCO spezialisierte Kellerei wurde 1868 von Antonio Carpenè gegründet. Das Angebot umfasst Brut-, Dry- und Extra-Dry-Schaumweine, wobei keiner ganz furchtbar trocken ist (und das ist wohl auch gut so).

**Carpineti, Marco** Lat w; s ★★ Phänomenale Weißweine aus biodynamischem Anbau von den kaum bekannten Rebsorten Bellone, GRECO moro und Greco giallo. Maßstäbe setzen Caro und Ludum, einer der besten italienischen Süßweine.

**Cartizze** Ven ★★ PROSECCO DOCG aus einem hügeligen, steilen 106 ha großen Gebiet im Herzen von CONEGLIANO VALDOBBIADENE. Normalerweise eher süß. Am besten von Col Vetoraz und Nino FRANCO; gut von BISOL, Bortolomiol, Le Colture, Ruggeri.

**Case Basse** Tosk ★★★★ Gianfranco Soldera erzeugt lang in Eiche ausgebaute, hochwertige Weine im BRUNELLO-Stil (wenn auch keinen DOCG), großteils aus biodynamischem Anbau. Rar und kostbar.

**Castel del Monte** Apu DOC r rs w ★→★★ r **10** 11 13 14 (15); (w rs) BV – Trockene, frische, zunehmend anspruchsvolle Weine aus einer DOC in APULIENS Mitte. Besonders empfehlenswert ist der Bocca di Lupo von Tormaresca (ANTINORI). Il Falcone RISERVA (Rivera) ist Kult.

**Castel Juval, Unterortl** T-S ★★★ Im Besitz von Reinhold Messner. Markante, kristallklare Weine. Leider schwierig zu kontaktieren. Am besten sind RIESLING Windbichel und WEISSBURGUNDER. Sehr guter Pinot noir.

**Castellare** Tosk ★★★ Alteingesessener Spitzenerzeuger in Castellina in CHIANTI mit erstklassigem SANGIOVESE/MALVASIA NERA I Sodi di San Niccolò und zeitgemäßem CHIANTI CLASSICO, v. a. RISERVA Il Poggiale. Außerdem POGGIO ai Merli (MERLOT) und Coniale (CABERNET SAUVIGNON).

**Castell' in Villa** Tosk ★★★ Individuelles, traditionalistisches CHIANTI-CLASSICO-Weingut im äußersten Südwesten des Gebiets. Weine großer Klasse von der Autodidaktin Prinzessin Coralia Pignatelli. Äußerst langlebig. Spitzen-RISERVA.

**Castelluccio** Em-Ro ★★→★★★ Hochwertiger SANGIOVESE vom Weingut des berühmten Önologen Vittorio Fiore in der Romagna, das nun Sohn Claudio führt. IGT Ronco dei Ciliegi und RONCO delle Ginestre sind die Stars. Der Le More ist ein schmackhafter und relativ preiswerter Romagna DOC.

**Castiglion del Bosco** Tosk ★★★ Aufstrebender BRUNELLO-Erzeuger im Besitz von Ferragamo.

**Cataldi Madonna** Abr ★★★ Zertifiziertes ökologisches Weingut. Am besten ist der Pecorino Frontone, der von den ältesten Pecorino-Reben in den Abruzzen erzeugt wird. Sehr gut: Cerasuolo d'Abruzzo Piè delle Vigne, Montepulciano d'Abruzzo Tonì.

**Cavallotto** Piem ★★★ In Castiglione Falletto ansässiger, führender BAROLO-Traditionalist mit Weinbergen im Herzen des Anbaugebiets. Herausragender Barolo RISERVA Bricco Boschis VIGNA San Giuseppe und Riserva Vignolo, sehr guter LANGHE NEBBIOLO. Außerdem überraschend guter GRIGNOLINO und Freisa.

**Cave Mont Blanc** Ao – Erstklassige Genossenschaftskellerei am Fuß des Mont Blanc mit 60 bis 100 Jahre alten ungepfropften einheimischen Prie-blanc-Reben und Ökozertifizierung. Hervorragender Schaumwein. Am besten sind Blanc de Morgex et de la Salle Rayon und Brut MC Extreme. Sehr gut auch die Cuvée du Prince.

**Cerasuolo d'Abruzzo** Abr DOC rs ★ Die BV-ROSATO-Version von MONTEPULCIANO D'ABRUZZO, nicht zu verwechseln mit dem roten CERASUOLO DI VITTORIA aus SIZILIEN. Ist manchmal hervorragend; die (mit Abstand) besten Erzeuger sind CATALDI MADONNA (Pie delle Vigne), Emidio PEPE, Praesidium, TIBERIO und VALENTINI.

**ITALIEN** | Cer–Chi | 177

**Cerasuolo di Vittoria** Siz DOCG r ★★ 11 13 15 16 17 – Potenziell anmutiger frischer Rotwein von FRAPPATO- und NERO-D'AVOLA-Trauben in Südost-SIZILIEN. Absurderweise weiterhin die einzige DOCG in Sizilien. Empfehlenswert von Arianna Occhipinti, COS, Gulfi, Paolo CALÌ, PLANETA und Valle dell'Acate.

**Ceretto** Piem ★★★ Führender Erzeuger von BARBARESCO (Asili, Bernardot) und BAROLO (Bricco Rocche, Brunate, Prapò, Cannubi San Lorenzo) sowie LANGHE Bianco Blange (ARNEIS). Die ältere Generation übergibt das Ruder. Zertifizierter ökologischer und biodynamischer (über 60 %, seit 2015) Anbau. Die Weine sind in letzter Zeit klassischer.

> **Wer macht wirklich guten Chianti Classico?**
>
> Da das Chianti-Classico-Gebiet groß ist und sich dort Hunderte von Erzeugern tummeln, ist es gar nicht so einfach, die besten herauszupicken. Die Allerbesten sind mit einem Stern gekennzeichnet.
> AMA*, ANTINORI, BADIA A COLTIBUONO*, Bibbiano, Le Boncie, BROLIO, Cacchiano, CAFAGGIO, Capannelle, Casaloste, Casa Sola, CASTELLARE, CASTELL'IN VILLA, Le Cinciole*, Le Corti, Mannucci Droandi, FELSINA*, Le Filigare, FONTERUTOLI, FONTODI*, ISOLE E OLENA*, Lilliano, Il Molino di Grace, MONSANTO*, Monte Bernardi, Monteraponi*, NITTARDI, NOZZOLE, Palazzino, Paneretta, Poggerino, Poggiopiano, QUERCIABELLA*, RAMPOLLA, Riecine, Rocca di Castagnoli, Rocca di Montegrossi*, RUFFINO, San Fabiano Calcinaia, SAN FELICE, SAN GIUSTO A RENTENNANO*, Savignola Paolina, Selvole, Vecchie Terre di Montefili, Verrazzano, Vicchiomaggio, VIGNAMAGGIO, Villa Calcinaia*, Villa La Rosa*, Viticcio, VOLPAIA*.

**Cerro, Fattoria del** Tosk ★★★ Weingut im Besitz des Versicherungsgiganten UnipolSai, das sehr guten DOCG VINO NOBILE DI MONTEPULCIANO (v. a. Einzellagenwein Antica Chiusina) erzeugt. Zum Besitz gehören auch Colpetrone (MONTEFALCO SAGRANTINO), La Poderina (BRUNELLO DI MONTALCINO) und Monterufoli (MAREMMA).

**Cerruti, Ezio** Piem ★★→★★★ Kleines Gut in gutem Gebiet für MOSCATO. Am besten ist der süße Sol von natürlich getrockneten Moscato-Trauben. Neuer Sol 10 (2006 nach 10 Jahren Reife). Sehr gut auch der trockene Fol.

**Cesanese del Piglio oder Piglio** Lat DOCG r ★→★★ Mittelschwerer Rotwein, kann gut eine Zeit lang gelagert werden. Am besten von Petrucca e Vela und Terre del Cesanese. Die Weine Cesanese di Olevano Romano und Cesanese di Affile sind ähnlich.

**Chianti** Tosk DOCG r ★→★★★ Traditionelles Anbaugebiet zwischen Florenz und Siena und der dort erzeugte leichte Rotwein. Der Chianti hat einen weiten Weg zurückgelegt seit den Korbflasche-als-Lampe-Zeiten, als er mit weißen Trauben versetzt und mit Importen aus dem Süden frisiert wurde. Jetzt sollte er ein typischer toskanischer Wein zu vernünftigem Preis sein.

**Chianti Classico** Tosk DOCG r ★★→★★★★ 11 12 13 15 16 – Das historische Gebiet wurde »CLASSICO«, als die Weinbauregion CHIANTI Anfang des 20. Jahrhunderts auf praktisch die ganze mittlere Toskana ausgeweitet wurde. Es umfasst ganz oder teilweise 9 Gemeinden in felsigem, hügeligem (250–500 m) Gelände. Der Wein mit dem schwarzen Hahn ist traditionell ein Verschnitt, und es wird weiter darüber debattiert, ob dem SANGIOVESE französische (z. B. CABERNET SAUVIGNON) oder einheimische Trauben zugesetzt werden sollen. Gran Selezione ist die neue Spitzenkategorie, über RISERVA. Siehe auch Kasten oben.

**Chiaretto** Ven – Heller Rosé mit ganz leichtem rötlichen Einschlag, v. a. vom Gardasee. Siehe BARDOLINO.

**Ciabot Berton** Piem ★★★ Marco und Paola Oberto sind in die Fußstapfen ihres Vaters getreten und haben dieses Gut in La Morra zu einem Erzeuger mit sehr gutem Preis-Leistungs-Verhältnis gemacht. Sehr guter verschnittener BAROLO (»1961« und Barolo del Comune di La Morra); die Crus Roggeri und Rochettevino haben einen ausgeprägten Einzellagencharakter.

**Cinque Terre** Lig DOC w; tr s ★★ Trockene Weißweine auf VERMENTINO-Basis von der ligurischen Steilküste. Die süße Version heißt Sciacchetrà. Empfehlenswerte Erzeuger: Arrigoni, Bisson, Buranco, De Battè.

**Ciolli, Damiano** Lat ★★★ r – Eine der interessantesten Kellereien in Italien. Am besten ist der Cirsium, 100 % Cesanese d'Affile von 80 Jahre alten Reben. Sehr gut auch der Silene (Cesanese d'Affile/Cesanese comune).

**Cirò** Kal DOC r (rs w) ★→★★★ Frischer, kräftiger Rotwein von der wichtigsten kalabrischen Traube Gaglioppo oder leichter, fruchtiger Weißwein von GRECO (BV). Spitzenerzeuger: Caparra & Siciliani, IPPOLITO 1845, Librandi (Duca San Felice ★★★), San Francesco (Donna Madda und RONCO dei Quattro Venti), SANTA VENERE.

**Classico** Bezeichnung für Wein aus einem begrenzten, meist historischen und edleren Bereich innerhalb einer kommerziell ausgeweiteten DOC. Kommt häufig vor, siehe z. B. CHIANTI CLASSICO, VALPOLICELLA, VERDICCHIO oder SOAVE.

**Clerico, Domenico** Piem ★★★ 2017 verstorben, einer der größten Neuerer des italienischen Weins und BAROLO-Erzeuger der modernistischen Fraktion in Monforte d'ALBA, v. a. mit den Crus Ginestra (Ciabot Mentin und Pajana) und Mosconi (Percristina nur in den besten Jahrgängen). Der Weinbereitungsstil wandelt sich glücklicherweise zu viel weniger Eiche.

**Coffele** Ven ★★★ Sensibler Kellermeister im aufstrebenden SOAVE-Land. Guter Soave CLASSICO, Cru Ca' Visco, Alzari (100 % Garganega) und RECIOTO Le Sponde.

**Cogno, Elvio** Piem ★★★ Spitzenweingut mit absolut erstklassigem, sprödem, elegantem Barolo. Am besten sind Riserva Vigna Elena (von NEBBIOLO Rosé), Bricco Pernice, Ravera. Sehr gut: Anas-Cëtta (100 % Nascetta) und Barbera d'Alba Pre-Phylloxera (100 Jahre alte Reben).

**Col d'Orcia** Tosk ★★★ Das drittgrößte Weingut in MONTALCINO (Besitzer Francesco Marone Cinzano) bietet Topqualität. Am besten ist der BRUNELLO RISERVA POGGIO al Vento, neu der Brunello Nastagio. Col d'Orcia heißt das Tal zwischen Montalcino und Monte Amiata.

**Colla, Poderi** Piem ★★★ Tino, Federica und Pietro führen jetzt diese Kellerei, hinter der die Erfahrung von Beppe Colla steckt. Klassisch, traditionell, zum Einlagern. Spitzenweine: BARBARESCO Roncaglie, BAROLO Bussia Dardi Le Rose, LANGHE Bricco del Drago. Sehr gut auch LANGHE NEBBIOLO und Pietro Colla Extra Brut.

**Colli** bedeutet »Hügel«, Einzahl: *colle*. **Colline** (Einzahl: *collina*) sind kleinere Hügel. Siehe auch COLLIO, POGGIO.

**Colli di Catone** Lat ★→★★★ Spitzenerzeuger von FRASCATI und IGT. Herausragende gereifte Weine von MALVASIA del Lazio (alias Malvasia Puntinata) und GRECHETTO. Empfehlenswert sind die Marken Colle Gaio und Casal Pilozzo.

**Colli di Lapio** Kamp ★★★ Auf Clelia Romanos Gut entsteht der beste Fiano in Italien.

**Colli di Luni** Lig, Tosk DOC r w ★★→★★★ In der Nähe von La Spezia. VERMENTINO- und Albarola-Weißweine; die Rotweine auf SANGIOVESE-Basis sind angenehm zu trinken und ansprechend. Gute Erzeuger: La Baia del

Sole (Oro d'Isèe), Bisson (VIGNA Erta), Giacomelli (Boboli), Ottaviano Lambruschi (Costa Marina).

**Collio** F-JV DOC r w ★★→★★★★ Hügeliges Anbaugebiet an der slowenischen Grenze. In letzter Zeit angesagt wegen der komplexen, manchmal absichtlich oxidierten Weißweine, die teilweise auf den Schalen in eingegrabenen irdenen Gefäßen/Amphoren vinifiziert werden. Aus verschiedenen französischen, deutschen und slawischen Sorten entstehen einige exzellente, einige schauerliche Weine. Zu den vielen guten bis ausgezeichneten Erzeugern gehören Aldo Polencic, BORGO DEL TIGLIO, Castello di Spessa, La Castellada, Fiegl, GRAVNER, Marco FELLUGA, Livon, Podversic, Primosic, Princic, Radikon, Renato Keber, RUSSIZ SUPERIORE, Schiopetto, Tercic, Terpin, Venica & Venica und VILLA RUSSIZ.

---

#### Spitzen-Barolos

Hier sind einige erstklassige Einzellagen und ihre besten Erzeuger:
**Bricco Boschis** (Castiglione Falletto) CAVALLOTTO (RISERVA VIGNA San Giuseppe
**Bricco delle Viole** (BAROLO) G. D. VAJRA
**Bricco Rocche** (Castiglione Falletto) CERETTO
**Brunate** (La Morra, Barolo) Ceretto, ODDERO, Giuseppe RINALDI, VIETTI
**Bussia** (Monforte) Poderi Colla (Dardi Le Rose), Aldo CONTERNO (Gran Bussia e Romirasco), Oddero (Bussia Vigna Mondoca)
**Cannubi** (Barolo): BREZZA, E. Pira e Figli – Chiara Boschis, Luciano SANDRONE (Cannubi Boschis)
**Cerequio** (La Morra, Barolo): Boroli, Chiarlo Michele, Roberto VOERZIO
**Falletto** (Serralunga): Bruno GIACOSA (Riserva Vigna Le Rocche)
**Francia** (Serralunga): Giacomo CONTERNO (Barolo Cascina Francia und Monfortino)
**Ginestra** (Monforte): Domenico CLERICO (Ciabot Mentin), CONTERNO FANTINO (Sorì Ginestra und Vigna del Gris)
**Lazzarito** (Serralunga): Germano Ettore (Riserva), Vietti
**Monprivato** (Castiglione Falletto): Giuseppe MASCARELLO (Mauro)
**Monvigliero** (VERDUNO): Comm. G. B. BURLOTTO, CASTELLO DI VERDUNO, Paolo SCAVINO
**Ornato** (Serralunga): PIO CESARE
**Ravera** (Novello): Elvio Cogno (Bricco Pernice), G. D. Vajra, Vietti
**Rocche dell'Annunziata** (La Morra): Rocche Costamagna, Paolo Scavino (Riserva), Trediberri, Roberto Voerzio
**Rocche di Castiglione** (Castiglione Falletto): Brovia, Oddero, Vietti
**Vigna Rionda** (Serralunga): Massolino, Oddero
**Villero** (Castiglione Falletto): Boroli, Brovia, Giacomo Fenocchio. Der Barolo von Bartolo Mascarello enthält Rebgut aus Cannubi San Lorenzo, Ruè und Rocche dell'Annunziata.

---

**Colli Piacentini** Em-Ro DOC r rs w ★→★★ BV – Süffige leichte Weine, oft perlend, u. a. von BARBERA und BONARDA (r), MALVASIA di Candia Aromatica und Pignoletto (w).

**Colterenzio, Cantina Produttori (Schreckbichl)** T-S ★★→★★★ Protagonist unter den Kellereigenossenschaften SÜDTIROLS mit Sitz in Girlan. Die Weißweine (SAUVIGNON Lafoa, CHARDONNAY Altkirch, PINOT BIANCO Weisshaus Praedium) sind trotz des guten Rufs des CABERNET SAUVIGNON Lafoa insgesamt besser als die Rotweine.

**Conegliano Valdobbiadene** Ven DOCG w; sch ★→★★ BV – Zungenbrecherische Bezeichnungen für Spitzen-PROSECCO, die einzeln oder zusammen verwendet werden können.

**Conero** DOCG r ★★→★★★ 15 17 – Alias Rosso Conero. In dem kleinen Gebiet entsteht kraftvoller, bisweilen zu eichenlastiger MONTEPULCIANO. Empfehlenswert: GAROFOLI (Grosso Agontano), Le Terrazze (Praeludium), Marchetti (RISERVA Villa Bonomi), Moncaro, Monteschiavo (Adeodato), Moroder (Riserva Dorico), UMANI RONCHI (Riserva Campo San Giorgio).

**Conterno, Aldo** Piem ★★★★ Der Spitzenerzeuger in Monforte d'ALBA galt als Traditionalist, v. a. im Hinblick auf seine erstklassigen BAROLO-Weine Granbussia (2009 herausragend), Cicala, Colonnello und besonders Romirasco.

**Conterno Fantino** Piem ★★★ Zertifiziertes ökologisches Weingut. Zusammenschluss zweier Familien, die in Monforte d'ALBA die ausgezeichneten BAROLO-Crus (im modernen Stil) Ginestra (Vigna Sorì Ginestra und Vigna del Gris), Mosconi (Vigna Ped) und Castelletto (Vigna Pressenda) erzeugen. Außerdem ein NEBBIOLO-BARBERA-Verschnitt namens Monprà.

**Conterno, Giacomo** Piem ★★★★ Für viele ist der Spitzenwein Monfortino der beste italienische Wein überhaupt. Roberto Conterno hält sich streng an das Rezept seiner Vorfahren und erwarb vor Kurzem das Weingut Nervi in Gattinara. Hervorragender BARBERA. Unübertroffen sind Barolo Cascina Francia und Cerretta. Wir warten auf den Barolo Airone 15.

**Conterno, Paolo** Piem ★★→★★★ Die Familie baut seit 1886 NEBBIOLO und BARBERA an; der derzeitige *titolare* Giorgio führt die Tradition fort und erzeugt die mustergültigen BAROLO-Einzellagenweine Ginestra und Riva del Bric sowie den besonders feinen LANGHE Nebbiolo Bric Ginestra.

**Contini** Sar ★★★ Mustergültiger VERNACCIA DI ORISTANO; die Weißweine im oxidativen Stil sind sehr gutem Amontillado oder Oloroso nicht unähnlich. Der Antico Gregori ist einer der besten italienischen Weißen. Beeindruckender Flor 22, sehr guter Nieddera Maluentu.

**Conti Zecca** Apu ★★→★★★ Gut im SALENTO. Die IGT-Salento-Reihe Donna Marzia ist preiswert, ebenso der SALICE SALENTINO Cantalupi. Am bekanntesten ist der Nero (NEGROAMARO/CABERNET SAUVIGNON).

**Cornelissen, Frank** ★★★ Von Belgien zum Ätna, um einige der interessantesten Rotweine Italiens zu erzeugen. Herausragend: NERELLO MASCALESE Magma. Sehr gut: VA und CS (rot).

**Correggia, Matteo** Piem r ★★★ Ökozertifizierung. Führender Erzeuger von ROERO (RISERVA Rochè d'Ampsej, Val dei Preti) und Roero ARNEIS sowie BARBERA D'ALBA (Marun). Wir warten auf den 6 Jahre lang gereiften Roero Arneis Val dei Preti 12.

**Cretes, Les** Ao ★★★ Costantino Charrère ist der Vater des modernen Weinbaus im VALLE D'AOSTA und rettete viele in Vergessenheit geratene Rebsorten. Hervorragender Petite Arvine, zwei der besten CHARDONNAYS in Italien; sehr guter Fumin, NEBBIOLO Sommet und Neige d'Or (weißer Verschnitt).

**CS (Cantina Sociale)** Genossenschaftskellerei.

**Cuomo, Marisa** Kamp ★★★ Der Fiorduva ist einer der besten Weißweine Italiens. Sehr gut sind auch Furore Bianco und Rosso (Costa d'Amalfi).

**Cusumano** Siz ★★→★★★ Relativ neuer, wichtiger Erzeuger mit 500 ha in verschiedenen Teilen SIZILIENS. Rotweine von NERO D'AVOLA, CABERNET SAUVIGNON, SYRAH; Weißweine von CHARDONNAY, INZOLIA. Gute Qualität, preiswert. Am besten sind die Weine aus dem Bereich Etna (Alta Mora).

**Dal Forno, Romano** Ven ★★★★ Erzeuger von VALPOLICELLA, AMARONE und RECIOTO (der nicht mehr als solcher bezeichnet wird) sehr hoher Qualität. Die Weinberge liegen außerhalb des CLASSICO-Gebiets, aber die Weine sind großartig.

**ITALIEN** | D'Am–Etn | **181**

**D'Ambra** Kamp r w ★★→★★★ Auf ISCHIA; fördert seltene Reben von der Insel. Am besten ist der weiße Einzellagenwein Frassitelli (100% Biancolella), sehr gut auch der weiße Forastera und der La Vigna dei Mille Anni auf AGLIANICO-Basis.

**De Bartoli, Marco** Siz ★★★ Der große Marco de Bartoli kämpfte zeit seines Lebens für »echten« Marsala und gegen Kochwein- und aromatisierte Varianten. Sein trockener Vecchio Samperi durfte nicht »Marsala« heißen, weil er nicht gespritet war. Am besten ist der 20-jährige Ventennale, ein Verschnitt aus alten und jungen Weinen. Köstliche Tafelweine (z. B. GRILLO Vignaverde, ZIBIBBO Pietranera und Pignatello) und ein hervorragender süßer Zibibbo di PANTELLERIA namens Bukkuram.

**Dei** Piem ★★→★★★ Die Pianistin Caterina Dei führt dieses aristokratische Gut in MONTEPULCIANO, auf dem sie mit Kunstfertigkeit und Leidenschaft VINO NOBILE erzeugt. Ihr Meisterwerk ist der Bossona.

**Derthona** Piem w ★→★★★ Von in den COLLI Tortonesi angebauten Timorasso-Trauben. Einer der einzigartigen Weißweine Italiens (wie sehr trockener RIESLING aus Rheinhessen). Gute Erzeuger: Poggio Paolo, Mariotto, La Colombera, Mutti, VIGNETI MASSA.

**Di Majo Norante** Mol ★★→★★★ Der bekannteste Erzeuger in Molise bietet ordentlichen Biferno Rosso Ramitello, Molise Rosso RISERVA Don Luigi und Molise AGLIANICO Contado. Die Weißweine sind uninteressant, der MOSCATO PASSITO Apianae ist recht gut.

**DOC, DOCG** Qualitätsweinbezeichnung; siehe Kasten S. 169.

**Dogliani** Piem DOCG r ★→★★★ 12 13 15 16 (17) – Sortenreiner Dolcetto, zum Teil jung zu trinken, zum Teil für eine nicht allzu lange Lagerung geeignet. Gut: Marziano Abbona, Francesco Boschis, Chionetti, Clavesana, EINAUDI, Pecchenino.

**Donnafugata** Siz r w ★★→★★★ Hochklassiges Angebot, u. a. die Roten Mille e Una Notte und Tancredi sowie die Weißen Chiarandà und Lighea. Dazu sehr feiner MOSCATO PASSITO di PANTELLERIA Ben Ryé.

**Duca di Salaparuta** Siz ★★ Der Corvo war einst in jedem italienischen Restaurant im Ausland auf der Weinkarte zu finden. Jetzt im Besitz von Illva Saronno. Zu den anspruchsvolleren Weißweinen zählen der Kados von GRILLO-Trauben und der Insolia (Colomba Platino); bei den Roten stechen der Nerello Mascalese Làvico und der NERO D'AVOLA Suormarchesa hervor. Außerdem der alte Favorit Duca Enrico.

**Einaudi, Luigi** Piem ★★★ Ende des 19. Jh. vom späteren italienischen Staatspräsidenten gegründetes 52-ha-Gut in DOGLIANI. Solide BAROLOS aus den Lagen Cannubi und Terlo Costa Grimaldi. Spitzen-Dogliani (DOLCETTO) aus der Lage VIGNA Tecc. Jetzt auch in Bussia und Monvigliero.

**Elba** Tosk r w; (sch) ★→★★ BV – Der Weißwein der Insel, TREBBIANO/ANSONICA, passt gut zu Fisch. Trockene Rotweine basieren auf SANGIOVESE. Dazu gute weiße (MOSCATO) und rote (Aleatico Passito DOCG) Süßweine. Gut: Acquabona, La Mola, Ripalte, Sapereta.

**Enoteca** »Vinothek«; das kann eine Weinhandlung sein oder auch ein Restaurant mit anspruchsvoller Weinkarte. In der Fortezza von Siena gibt es die nationale Enoteca Italiana.

**Est! Est!! Est!!!** Lat DOC w; tr lbl ★ BV – Wenig bemerkenswerter Weißwein aus Montefiascone nördlich von Rom.

**Etna** Siz DOC r rs w ★★→★★★★ r 12 13 14 15 16 (17) – Wein von hohen Lagen am Nordhang des Ätna, zurzeit sehr im Trend. Neues Geld ermöglicht Neuanpflanzungen sowie einige ausgezeichnete (und einige überschätzte) Weine, die burgunderartig sind, aber auf den Sorten NERELLO MASCALESE (rot) und CARRICANTE (weiß) beruhen. Empfehlenswerte Rotweine von Benanti, Calcagno (Arcuria), Cottanera, Franchetti (ehemals Passopisciaro), Graci (Quota 600), I VIGNERI (Vinupetra), Girolamo Russo, TASCA D'ALMERITA, Tenuta delle TERRE NERE. Empfehlenswerte Weißweine von Barone di Villagrande (EBS), BENANTI (EBS – Pietramarina), Femin. (Patria), Fessina (EB – Bianco A' Puddara), I Vigneri (EB – Aurora), Girolamo Russo, Tenuta delle Terre Nere.

**Falchini** Tosk ★★→★★★ Erzeuger von gutem DOCG VERNACCIA DI SAN GIMIGNANO.

**Falerno del Massico** Kamp DOC r w ★★→★★★ r 13 15 – Der Falernum (oder Falerner) war der Yquem des alten Rom, heute ist er nur noch so lala. Am besten sind die eleganten AGLIANICO-Rotweine und die fruchtigen trockenen FALANGHINA-Weißweine. Empfehlenswert: Masseria Felicia, VILLA MATILDE.

**Fara** Piem – Siehe ALTO PIEMONTE.

**Faro** Siz DOC r ★★★ 12 13 14 15 16 (17) – Intensive, harmonische Rotweine von NERELLO MASCALESE, NERO D'AVOLA und Nocera in den Hügeln im Hinterland von Messina. Palari ist am bekanntesten, aber Bonavita, Le Casematte und Cuppari sind ebenso gut, wenn nicht besser.

**Felluga, Livio** F-JV ★★★ Beständig feine Weine des Bereichs FRIULI Colli Orientali, v. a. die Verschnitte Terre Alte und Abbazia di Rosazzo sowie Pinot grigio, PICOLIT (Italiens bester?) und der MERLOT-REFOSCO-Verschnitt Sossò.

**Felluga, Marco** F-JV – Siehe RUSSIZ SUPERIORE.

**Felsina** Tosk ★★★ Ausgezeichnetes CHIANTI-CLASSICO-Gut im südöstlichen Zipfel des Gebiets: klassischer RISERVA Rancia und IGT Fontalloro, beides reinsortige SANGIOVESE-Weine. Sehr gut auch der Maestro Raro (CABERNET SAUVIGNON).

**Fenocchio Giacomo** Piem ★★★ Kleine, aber hervorragende BAROLO-Kellerei mit Sitz in Monforte d'ALBA. Traditioneller Stil. Einzellagen Bussia, Cannubi und Villero. Spitzenwein ist der Bussia 90 Dì Riserva.

**Ferrara, Benito** Kamp ★★★ Vielleicht der beste Erzeuger von GRECO DI TUFO in Italien (Vigna Cicogna und Terra d'Uva). Sein Talent äußert sich auch in dem ausgezeichneten TAURASI.

**Ferrari** T-S sch ★★→★★★★ Trientiner Produzent eines der zwei besten italienischen METODO-CLASSICO-Schaumweine. Sein Spitzenwein ist der Giulio Ferrari. Herausragender neuer Giulio Ferrari Rosé. Ebenfalls gut sind der Brut RISERVA Lunelli auf CHARDONNAY-Basis, der neue Perlé Bianco (preiswert) und der Extra Brut Perlé Nero auf PINOT-NOIR-Basis.

**Ferraris, Luca** Piem r ★★★ Spitzenerzeuger von Ruchè di Castagnole Monferrato. Am besten sind Opera Prima und VIGNA del Parroco. Sehr gut auch der Clàsic.

**Feudi di San Gregorio** Kamp ★★→★★★ Äußerst angesagter Erzeuger in KAMPANIEN mit DOCG FIANO DI AVELLINO Pietracalda, GRECO DI TUFO Cutizzi und TAURASI Piano di Montevergine. Ebenfalls gut: Serpico (AGLIANICO) sowie die weißen Campanaro (Fiano/Greco) und FALANGHINA.

**Feudo di San Maurizio** Ao ★★★★ Hervorragende Weine von den seltenen einheimischen Reben Cornalin, Mayolet und Vuillermin; die letzteren beiden zählen zu den besten italienischen Rotweinen. Sehr guter Petite Arvine.

**Feudo Montoni** Siz r w ★★★★ Herausragendes Gut in höheren Lagen im Osten Siziliens. Am besten sind NERO D'AVOLA Lagnusa und Vrucara. Sehr gut auch der weiße Grillo della Timpa und der rote Perricone del Core.

**Fiano di Avellino** Kamp DOCG w ★★→★★★★ 10 12 15 16 – Ist entweder stahlig (am typischsten) oder saftig. Die vulkanischen Böden sind am besten. Gute Erzeuger: Colli di Lapio-Romana Clelio, MASTROBERARDINO, Ciro Picariello, Pietracupa, QUINTODECIMO, Vadiaperti, Villa Diamante.

**Fino, Gianfranco** Apu ★★★★ PRIMITIVO der Spitzenklasse von alten, ertragsarmen Buschreben. Der herausragende Es gehört zu den 20 besten italienischen Rotweinen. Sehr gut auch der Jo (Negroamaro).

**Florio** Siz – Historischer Qualitätserzeuger von MARSALA; Spezialist für Marsala Vergine Secco Baglio Florio. Bester Wein: Terre Arse (»verbranntes Land«).

**Folonari** Tosk ★★→★★★ Ambrogio Folonari und sein Sohn Giovanni, früher bei RUFFINO, haben Weinberge in der Toskana und anderswo. Güter/Weine: u. a. Cabreo (CHARDONNAY bzw. SANGIOVESE/CABERNET SAUVIGNON), La Fuga (BRUNELLO DI MONTALCINO), NOZZOLE (u. a. der erstklassige Cabernet Sauvignon Pareto), Gracciano Svetoni (VINO NOBILE DI MONTEPULCIANO). Außerdem Weine aus BOLGHERI, FRIULI Colli Orientali und MONTECUCCO.

**Fongaro** Ven – Erzeugt den METODO-CLASSICO-Schaumwein Lessini Durello (Durello ist der Name der Rebe). Hohe Qualität, noch höherer Säuregehalt, lagernswert.

**Fontana Candida** Lat ★★ Der größte Erzeuger des einst angesagten FRASCATI; der Einzellagenwein Santa Teresa wird hochgelobt, und das bringt das große Problem des Frascati auf den Punkt. Teil der riesigen GRUPPO ITALIANO VINI.

**Fontanafredda** Piem ★★ Großer Erzeuger von Weinen aus dem PIEMONT auf ehemals königlichen Gütern, darunter BAROLO. Sehr gut sind Barolo La Rosa, Alta Langa Brut Nature Vigna Gatinera und LANGHE Freisa.

**Fonterutoli** Tosk ★★★ Historisches CHIANTI-CLASSICO-Gut der Familie Mazzei in Castellina. Bemerkenswert der Castello di Fonterutoli (einst sehr dunkel und eichenholzwürzig, jetzt trinkbarer) sowie IGT Mix 36 (Sangiovese) und Siepi (Sangiovese/MERLOT). Die Tenuta di Belguardo in der MAREMMA (guter MORELLINO DI SCANSANO) und Zisola in SIZILIEN haben denselben Besitzer.

**Fontodi** Tosk ★★★★ Mit der allerbeste CHIANTI CLASSICO, auch Gran Selezione VIGNA del Sorbo und denkwürdiger 100-prozentiger SANGIOVESE Flaccianello. Die IGT-Weine Case Via PINOT NERO und SYRAH zählen zu den besten Weinen von diesen Trauben in der TOSKANA. Experimentelle Vergärung in Keramik, der daraus entstehende Wein heißt Dino (äußerst limitierte Produktion).

**Foradori** T-S ★★★ Elisabetta Foradori ist seit 30 Jahren eine Pionierin, hauptsächlich mit der großen roten Traube des TRENTINO, dem Teroldego. Inzwischen verkeltert sie Rotweine wie Morei und Sgarzon sowie Weißweine wie den Nosiola Fontanasanta in Amphoren. Das Spitzenprodukt ist weiterhin der Granato auf TEROLDEGO-Basis.

**Franciacorta** Lomb DOCG (rs) w; sch ★★→★★★★ Italiens Gebiet für erstklassige METODO-CLASSICO-Schaumweine. Spitzenerzeuger: Barone Pizzini, Bellavista, Ca' del Bosco, Cavalleri, Uberti, Villa; ebenfalls sehr gut: Bersi Serlini, Contadi Castaldi, Gatti, Monte Rossa, Mosnel, Ricci Curbastro.

**Franco, Nino** Ven ★★★→★★★★ Die Kellerei von Primo Franco ist nach seinem Großvater benannt. Zu den allerbesten PROSECCOS zählen Primo Franco Dry und Riva di San Floriano Brut. Ausgezeichneter CARTIZZE, köstlicher normaler Prosecco di Valdobbiadene Brut.

**Frascati** Lat DOC w; tr lbl s; (sch) ★→★★ BV – Der bekannteste Wein von den Hügeln um Rom wird von MALVASIA di Candia und/oder TREBBIANO toscano erzeugt und ist meistens enttäuschend neutral. Gut ist Malvasia del Lazio (alias Malvasia Puntinata), aber aufgrund des niedrigen Ertrags nicht wettbewerbsfähig. Zu empfehlen sind Castel de Paolis, Conte Zandotti, Villa Simone und Santa Teresa von FONTANA CANDIDA sowie Colle Gaio von COLLI DI CATONE, 100% Malvasia del Lazio, obwohl IGT.

**Frascole** Tosk ★★→★★★★ Der nördlichste Erzeugerbetrieb im nördlichsten Teil des Chianti-Rufina-Gebiets. Enrico Lippi führt das kleine Ökogut mit Augenmerk auf Typizität. Der CHIANTI RUFINA ist das Zugpferd, aber für den VIN SANTO würde man alles geben.

**Frescobaldi** Tosk ★★→★★★★★ Alte Adelsfamilie und führender Pionier für CHIANTI RUFINA auf dem Gut NIPOZZANO (probieren Sie den Montesod ★★★); außerdem BRUNELLO vom Gut CASTELGIOCONDO in MONTALCINO. Alleineigentümer des Guts LUCE (Montalcino), von ORNELLAIA (BOLGHERI) und der neuen Tenuta Perano (CHIANTI CLASSICO). Weinberge auch im COLLIO, in der MAREMMA, in Montespertoli und auf der Insel Gorgona.

**Friaul–Julisch Venetien** Region im Nordosten. In puncto Wein sind die Hügel an der slowenischen Grenze den Schwemmtälern im Westen überlegen. Bei DOCs wie Isonzo, Colli Orientali, Latisana und Aquileia ist auf dem Etikett jetzt »Friuli« vorangestellt, nur COLLIO, theoretisch die beste, hat ihren alten Namen behalten. Ungeachtet einiger guter Rotweine gilt die Region neben Südtirol als Heimat der besten Weißweine Italiens.

**Friuli Colli Orientali** F-JV DOC r w; tr s – Früher Colli Orientali del Friuli. Hügel im Osten von FRIAUL an der slowenischen Grenze, ähnlich wie COLLIO, aber weniger experimentell und mehr auf Rot- und Süßweine ausgerichtet. Spitzenerzeuger: Aquila del Torre, Ermacora, Gigante, Iole Grillo, La Buse dal Lôf, La Sclusa, Livio FELLUGA, Meroi, Miani, Moschioni, Petrussa, Rodaro, Ronchi di Cialla, Ronco del Gnemiz, Vigna Petrussa. Die Süßweine von VERDUZZO (alias Ramandolo, wenn aus speziellem DOCG-Gebiet: am besten von Anna Berra) oder PICOLIT-Trauben (Aquila del Torre, Livio Felluga, Ronchi di Cialla, Marco Sara, Vigna Petrussa) sind oft großartig.

**Friuli Grave** F-JV DOC r w ★→★★ r **12** 15 16 – Früher Grave del Friuli. Die größte DOC in FRIAUL, v. a. in der Ebene gelegen. Bedeutende Mengen kaum überzeugender Weine. Lobenswerte Ausnahmen sind Borgo Magredo, Di Lenardo, RONCO Cliona, San Simone, Villa Chiopris.

**Friuli Isonzo** F-JV DOC r w ★★★ Früher schlicht Isonzo. Luftige Kiesebene mit vielen sortenreinen Weinen und Verschnitten. Die Stars sind fast durchweg duftende, strukturierte Weißweine: Vintage Tunina von JERMANN; Gris, Lis und Tal Luc von LIS NERIS; MALVASIA, PINOT GRIGIO (Sot lis rivis) und FRIULANO (Toc Bas) von RONCO del Gelso; Flors d'Uis und Dessimis von VIE DI ROMANS. Gut auch: Borgo Conventi, Pierpaolo Pecorari.

**Frizzante** Leicht schäumend, mit einem Druck von bis zu 2,5 bar – etwa MOSCATO D'ASTI, der meiste PROSECCO, LAMBRUSCO und Co.

**Fucci, Elena Bas** ★★★★ Der AGLIANICO DEL VULTURE Titolo wird von 55 bis 70 Jahre alten Reben bereitet, die im Grand cru Vulture wachsen, und ist einer der 20 besten italienischen Weine. Öko. Besonders empfehlenswert sind 08 und 11, herausragend 13 und 15 (auch Superiore Riserva).

**Fuligni** Tosk ★★★★ Hervorragender Erzeuger von BRUNELLO (auch Riserva) und ROSSO DI MONTALCINO.

**Gaja** Piem ★★★★ Altes Familienunternehmen in BARBARESCO unter der Leitung des beredten Angelo Gaja, in dessen Fußstapfen nun Tochter Gaia Gaja tritt. Hohe Qualität, höhere Preise. Spitzenweine: Barbaresco (Costa Russi, Sorì San Lorenzo und Sorì Tildìn) und BAROLO (Conteisa, Sperss). Herrlicher CHARDONNAY (Gaia e Rey). Besitzt außerdem CA' MARCANDA in BOLGHERI und Pieve di Santa Restituta in MONTALCINO.

**Galardi** Kamp ★★★ Erzeuger von Terra di Lavoro (und nur diesem!), einem vielfach ausgezeichneten Verschnitt von AGLIANICO und Piedirosso, im nördlichen KAMPANIEN.

**ITALIEN** | Gan–Gre | **185**

**Gancia** Piem – Berühmte alte MUSCAT-Schaumweinmarke, auch Alta Langa, immer noch gut.

**Garda** Ven DOC r rs w ★→★★ r 13 15 16; rs w BV – Übergeordnete DOC für jung zu trinkende Weine aller Farben aus den Provinzen Verona (Venetien), Brescia und Mantova (Lombardei). Gute Erzeuger sind Cavalchina und Zeni.

**Garofoli** Mar ★★→★★★ Spitzenreiter in puncto Qualität in den Marken (bei Ancona), Spezialist für VERDICCHIO (Podium, Serra Fiorese und Brut-Riserva-Schaumwein) sowie CONERO (Grosso Agontano).

**Gattinara** Piem DOCG r **11 12** 13 15 – Bekanntester einer Gruppe nordpiemontesischer DOC(G)-Bereiche auf der Basis von NEBBIOLO. Vulkanische Böden; für lange Lagerung geeignet. Am besten von Antoniolo (Osso San Grato, San Francesco), Iarretti Paride, Nervi, Torraccia del Piantavigna, Travaglini (RISERVA und Tre Vigne). Siehe auch ALTO PIEMONTE.

**Gavi** Piem DOCG w ★→★★★ BV – Von Cortese-Trauben gekelterter, bestenfalls subtiler, trockener, meistens jedoch stumpfer, einfacher oder scharfer Weißwein. Ein Großteil kommt aus der Gemeinde Gavi und heißt dann Gavi del Comune di Gavi. Am besten von Bruno Broglia/La Meirana, Castellari Bergaglio (Rovereto Vignavecchia und Rolona; der Fornaci ist ein sehr guter Gavi di Tassarolo), Franco Martinetti, La Raia, La Toledana, Tenuta San Pietro, Villa Sparina.

**Germano, Ettore** Piem ★★★ Der kleine Familienbetrieb in Serralunga wird von Sergio und seiner Frau Elena geführt. Spitzen-BAROLOS: RISERVA Lazzarito und Cerretta. Empfehlenswert der Premier Cru Vigna Rionda. Sehr gut: LANGHE RIESLING Herzü und ALTA LANGA.

**Ghemme** Piem DOCG r – NEBBIOLO (mindestens 85%) sowie bis zu 15% Uva Rara und/oder Vespolina. Am besten von Antichi Vigneti di Cantalupo (Collis Braclemae und Collis Carellae), Ioppa (Balsina). Sehr gut auch von Torraccia del Piantavigna (VIGNA Pelizzane). Siehe auch ALTO PIEMONTE.

**Giacosa, Bruno** Piem ★★★★ 2018 verstorben. Der größte Kellermeister Italiens? Herrlicher BARBARESCO (Asili, Rabajà) und BAROLO (Falletto und Falletto Vigna Rocche) im traditionellen Stil. Spitzenweine (d. h. RISERVAS) bekommen das berühmte rote Etikett. Sehr gute Rotweine (BARBERA, DOLCETTO, NEBBIOLO) sowie erstaunlicher METODO CLASSICO Brut und (weißer) ROERO Arneis.

**Grappa** Kräftiger Tresterbranntwein (d. h. aus den nach dem Pressen übrig gebliebenen Traubenschalen usw. bereitet). Die Bandbreite reicht von scheußlich bis ausgezeichnet. Entspricht dem französischen Marc.

**Grasso, Elio** Piem ★★★→★★★★ Erstklassiger BAROLO-Erzeuger (mit den Crus Gavarini VIGNA Chiniera und Ginestra Casa Maté sowie Riserva Rüncot). Auch sehr guter BARBERA D'ALBA Vigna Martina, DOLCETTO d'Alba.

**Gravner, Josko** F-JV ★★★→★★★★ Der umstrittene, aber (anders als manche seiner Nachahmer) talentierte Erzeuger im COLLIO bereitet Rot- und Weißweine ohne Temperaturregelung auf den Hülsen in vergrabenen Amphoren, baut sie lange aus und füllt sie unfiltriert ab: Sie werden entweder für ihre Komplexität geliebt oder für ihre Oxidiertheit und die Phenolkomponenten gehasst. Empfehlenswert sind der weiße Verschnitt Breg und der 2006er RIBOLLA GIALLA – für Liebhaber des etwas anderen.

**Greco di Tufo** Kamp DOCG w; (sch) BV – Die besseren Versionen gehören zu den besten Weißweinen Italiens. Sehr gute Erzeuger: Bambinuto (Picoli), Caggiano (Devon), Colli di Lapio (Alexandros), Donnachiara, Ferrara Benito (Vigna Cicogna), Feudi di San Gregorio (Cutizzi), Macchialupa, Mastroberadino (Nova Serra, Vignadangelo), Pietracupa, Quintodecimo, Vadiaperti (Tornante).

**Grifalco** Bas ★★★ Kleines Gut in den erstklassigen Unterbereichen Ginestra und Maschito. Am besten sind Aglianico del Vulture Daginestra und Damaschito (seit 2015 Superiore DOCG).

**Grignolino** Piem DOC r BV – Zwei DOCS: GRIGNOLINO D'ASTI und Grignolino del MONFERRATO Casalese. Bestenfalls lebhaft, leicht, mit viel Säure und Tanninen. Empfehlenswerter Grignolino d'Asti von BRAIDA, Cascina Tavijin, Crivelli, Incisa della Rocchetta und Spertino, Grignolino del Monferrato Casalese von Accornero (Bricco del Bosco, Bricco del Bosco Vigne Vecchie – wie BAROLO bereitet), Bricco Mondalino, Canato (Celio), Il Mongetto, PIO CESARE.

**Grosjean** Ao r ★★★ Spitzenqualität; am besten sind Cornalin und Premetta. Vigna Rovettaz ist eine der ältesten und größten Einzellagen im Aostatal.

**Gruppo Italiano Vini (GIV)** Zusammenschluss von Genossenschaften und Kellereien mit dem größten Weinbergbesitz Italiens. Dazu gehören: Bigi, BOLLA, Ca' Bianca, Conti Serristori, FONTANA CANDIDA, Lamberti, Machiavelli, MELINI, Negri, Santi und Vignaioli di San Floriano. Auch im Süden in SIZILIEN und der Basilikata tätig.

**Guardiense, La** Kamp ★★→★★★ Dynamische Genossenschaft mit ordentlichen, preiswerten Weißweinen (FALANGHINA Senete, FIANO COLLI di Tilio, GRECO Pietralata) und Rotweinen (v. a. I Mille bei AGLIANICO). Weltgrößter Erzeuger von FALANGHINA, doch das hat nicht viel zu sagen.

**Guerrieri Rizzardi** Ven ★★→★★★ Alteingesessener, adliger Erzeuger der Weine aus Verona, v. a. Veronese GARDA. Guter BARDOLINO CLASSICO Tacchetto, eleganter AMARONE Villa Rizzardi und Cru Calcarole sowie ROSATO Rosa Rosae. Sehr guter SOAVE Classico Costeggiola. Historischer Garten.

**Gulfi** Siz ★★★ Der beste Erzeuger von NERO D'AVOLA in SIZILIEN und der erste, der Wein aus einer einzelnen *contrada* (Lage) abfüllte. Ökozertifizierung. Herausragend: Nerobufaleffj und Nerosanlorè. Sehr gut: Cerasuolo di Vittoria Classico, Nerobaronj und Nerojbleo. Interessant: Pinò (PINOT NOIR).

**Gutturnio dei Colli Piacentini** Em-Ro DOC r; tr ★→★★ BV – Ein BARBERA-BONARDA-Verschnitt aus den COLLI PIACENTINI, manchmal schäumend.

**Haas, Franz** T-S ★★★ Ausgezeichneter und manchmal brillanter Erzeuger in SÜDTIROL mit sehr gutem PINOT NOIR und LAGREIN (Schweizer) sowie IGT-Verschnittweinen, v. a. dem weißen Manna. Der Moscato Rosa ist der beste Wein.

**Hofstätter** T-S ★★★ Spitzenerzeuger mit gutem PINOT NOIR. Besonders empfehlenswert ist der Barthenau VIGNA Sant'Urbano. Auch Weißweine, hauptsächlich GEWÜRZTRAMINER (v. a. Kolbenhof, einer der zwei besten in Italien). Besitzt jetzt auch Dr. Fischer an der Mosel.

**Indicazione Geografica Tipica (IGT)** Immer häufiger als Indicazione Geografica Protetta (IGP) bezeichnet. Siehe Kasten S. 169.

**Ippolito 1845** Kal ★→★★ Die Kellerei mit Sitz in CIRÒ Marina ist angeblich die älteste in Kalabrien. Quasiökologischer Anbau, internationale und einheimische Reben. Spitzenweine: Cirò RISERVA COLLI del Mancuso, Pecorello Bianco und Greco Bianco (Gemma del Sole).

**Ischia** Kamp DOC (r) w ★→★★ BV – Vor Neapel liegende Insel mit eigenen Rebsorten (weiß: Biancolella, Forastera; rot: Piedirosso, auch in Kampanien anzutreffen). Die Lage Frassitelli bringt den besten Biancolella hervor. Spitzenerzeuger: Cenatiempo (Kalimera), D'Ambra (Biancolella Frassitelli, Forastera), Antonio Mazzella (VIGNA del Lume).

**Isole e Olena** Tosk ★★★★ Erstklassiges CHIANTI-CLASSICO-Weingut unter Leitung des gewitzten Paolo de Marchi mit großartigem rotem IGT Cepparello. Hervorragender VIN SANTO: sehr guter Chianti Classico, CABERNET SAUVIGNON, CHARDONNAY und SYRAH. Besitzt auch die fantastische Proprietà SPERINO in LESSONA.

…ermann, Silvio F-JV ★★→★★★ Berühmtes Gut mit Weinbergen im COLLIO und in FRIULI ISONZO. Spitzenweine sind der weiße Verschnitt Vintage Tunina und Capo Martino. Sehr gut: Vinnae (hauptsächlich RIBOLLA GIALLA) und »Where Dreams …« (Chardonnay).

**Kampanien** Die Region, zu der Neapel und der Vesuv, Capri und Ischia, Amalfi und Ravello gehören: ehemals die Zuflucht der Römer auf dem »Land« *(campania)*. Doch der beste Wein kommt aus den Bergen im Landesinneren. Die herausragende rote Traube AGLIANICO und mindestens drei faszinierende weiße Sorten, FALANGHINA, GRECO und FIANO, haben alle das Zeug zu Frische, Komplexität und Charakter. Die Preise sind nicht hoch. Die klassischen DOCs sind FIANO d'Avellino, GRECO DI TUFO und TAURASI, doch neuere Anbaugebiete wie Sannio oder Benevento machen nun ebenfalls von sich reden. Gute Erzeuger: Caggiano, CANTINA del Taburno, Cantine Lonardo, Caputo, Colli di Lapio, Marisa Cuomo, D'Ambra, De Angelis, Benito Ferrara, Feudi di San Gregorio, GALARDI, La GUARDIENSE, Guastaferro, Mastroberardino, Molettieri, MONTEVETRANO, Mustilli, Pietracupa, Quintodecimo, Luigi Tecce, Terredora, Traerte, VILLA MATILDE.

**Köfererhof** T-S ★★→★★★ Großartige Weißweine: KERNER und SYLVANER. Auch der MÜLLER-THURGAU ist ausgezeichnet.

**Lacrima di Morro d'Alba** Mar BV – Aromatischer, mittelgewichtiger Rotwein mit kuriosem Namen aus einer kleinen Gemeinde in den Marken – mit dem piemontesischen ALBA oder La Morra hat er nichts zu tun. Gute Erzeuger: Mario Lucchetti (SUPERIORE Guardengo), Stefano Mancinelli (Superiore, Sensazioni di Frutto), Marotti Campi (Superiore Orgiolo und Rubico) und Vicari. Für PASSITO: Lucchetti, Stefano Mancinelli (Re Sole).

**Lacryma (oder Lacrima) Christi del Vesuvio** Kamp r rs w; tr (s); (sch) ★→★★ Weine der DOC Vesuvio auf Grundlage der Trauben Coda di Volpe (weiß) und Piedirosso (rot). Trotz des romantischen Namens kann der Vesuv in puncto Qualität nicht im Entferntesten mit dem Ätna mithalten. Am besten von Sorrentino und De Angelis; Caputo, MASTROBERARDINO und Terredora erzeugen eher uninspirierte Versionen.

**Lageder, Alois** T-S ★★→★★★ Berühmter Erzeuger in SÜDTIROL. Am faszinierendsten sind die sortenreinen Einzellagengewächse: Lehenhof (Sauvignon blanc), Benefizium Porer (PINOT GRIGIO), Löwengang (CHARDONNAY), Am Sand (GEWÜRZTRAMINER), Krafuss (PINOT NOIR), Lindenberg (LAGREIN) und Cor Römigberg (CABERNET SAUVIGNON). Mit zum Besitz gehört das Gut Casón Hirschprunn mit sehr guten IGT-Verschnitten.

**Lagrein** T-S DOC r rs ★★→★★★ 11 12 13 15 (16) – Alpiner Rotwein mit dunkler Farbe, vollem Geschmack (inklusive bittere Note im Hintergrund); auch im erfrischenden Rosé Kretzer ist Lagrein enthalten. Spitzenerzeuger in Südtirol: CS Andriano, Cantina Bolzano, Cantina Santa Maddalena, LAGEDER, MURI GRIES (Cru Abtei), Niedermayr, Ignaz Niedrist, Plattner, Elena Walch. Ein empfehlenswerter Lagrein aus dem Trentino ist der Deamater von Francesco Moser.

**Lambrusco** Em-Ro (teilweise) DOC r rs w; tr lbl ★→★★★ BV – »Lambrusco« gibt es eigentlich gar nicht: Wir haben es mit 17 unterschiedlichen Varianten der Rebsorte und einer Vielzahl von Bereichen zu tun. Der perlende Rotwein aus der Nähe von Modena, der in seiner lieblichen Massenversion (ohne DOC) früher sehr beliebt war, ist im Idealfall frisch und lebhaft und passt hervorragend zu den reichhaltigen Spezialitäten der Emilia-Romagna. DOCs: Lambrusco Grasparossa di Castelvetro, Lambrusco Salamino di Santa Croce und Lambrusco di Sorbara. Beste Erzeuger für Lambrusco di Sorbara: Cavicchioli (VIGNA del Cristo Secco und Vigna del Cristo Rose), Cleto Chiarli (Antica Modena Premium), Paltrinieri; für Lambrusco Grasparossa: Cleto Chiarli (Vigneto Enrico Cialdini), Moretto (Monovitigno und Vigna Canova), Pederzana (Canto Libero Semi Secco), Vittorio Graziano (Fontana dei Boschi); für Lambrusco Maestri: Ceci (Nero di Lambrusco Otello), Dall'Asta (Mefistofele); für Lambrusco Salamino: Cavicchioli (Tre Medaglie Semi Secco), Luciano Saetti (Vigneto Saetti), Medici Ermete (Concerto Granconcerto).

**Langhe** Piem – Die Hügel in der Mitte des PIEMONT, Heimat von BAROLO, BARBARESCO usw. DOC für mehrere sortenreine Piemonteser Weine sowie die Verschnitte Bianco und Rosso. Erzeuger, die andere Rebsorten in den NEBBIOLO einbringen möchten, können dies unter der DOC LANGHE NEBBIOLO bis zu einem Limit von 15 % tun – im Auge behalten!

**Langhe Nebbiolo** Piem ★★ Wie NEBBIOLO D'ALBA (mehr als 85 % NEBBIOLO), aber aus einem größeren Gebiet, den LANGHE. Darf anders als Nebbiolo d'Alba für herabgestuften BAROLO oder BARBARESCO verwendet werden. Gute Erzeuger: BURLOTTO, PIO CESARE, Giuseppe RINALDI und Vajra.

**Lessona** Piem DOCG r – Siehe ALTO PIEMONTE. NEBBIOLO (mindestens 85 %). Elegant, lagernswert, feines Bukett, nachhaltiger herzhafter Geschmack. Am besten von Proprietà SPERINO. Gut auch von Cassina, Colombera & Garella, La Prevostura und Tenute Sella.

**Librandi** Kal ★★★ Spitzenerzeuger und Vorreiter bei der Nutzbarmachung kalabresischer Rebsorten. Sehr guter roter CIRÒ (Riserva Duca Sanfelice ★★★), IGT Gravello (CABERNET SAUVIGNON/Gaglioppo), roter Magno Megonio (Magliocco) und weißer IGT Efeso (Mantonico).

**Ligurien** r w; s ★→★★ Steile, felsige italienische Riviera: Die meisten Weine verkaufen sich mit sattem Gewinn an sonnenhungrige Touristen und kommen daher nicht weit. Die wichtigste Weißweintrauben sind VERMENTINO (am besten von Lambruschi, Giacomelli und La Baia del Sole) und Pigato (am besten von Bio Vio und Lupi), doch auch den süßen SCIACCHETRÀ aus den CINQUE TERRE sowie die beiden Rotweine Ormeasco di Pornassio und Rossese di Dolceacqua sollte man sich nicht entgehen lassen.

**Lisini** Tosk ★★★→★★★★ Historisches Weingut mit besonders feinem und lange haltbarem BRUNELLO di Montalcino, v. a. RISERVA Ugolaia.

**Lis Neris** F-JV ★★★ Spitzenweingut im Bereich FRIULI ISONZO, bekannt für Weiße, v. a. PINOT GRIGIO (Gris), SAUVIGNON BLANC (Picol), FRIULANO (Fiore di Campo) sowie die hervorragenden Verschnittweine Confini und Lis. Sehr gut sind auch der Lis Neris Rosso (MERLOT/CABERNET SAUVIGNON) und der süße weiße Tal Luc (VERDUZZO/RIESLING).

**Lo Triolet** Ao r w ★★★ Erstklassiger Pinot gris, sehr guter Fumin, Coteau Barrage (Syrah/Fumin), Muscat und süßer Mistigri.

**Luce** Tosk ★★★ FRESCOBALDI ist inzwischen alleiniger Besitzer (früher Partnerschaft mit Mondavi). Luce heißt ein SANGIOVESE-MERLOT-Verschnitt für Oligarchen, aber auch ein herrlicher BRUNELLO DI MONTALCINO. Seit 2015 Lux Vitis (CABERNET SAUVIGNON/Sangiovese).

**Lugana** DOC w; (sch) ★★→★★★★ BV – Viel besser gewordener Weißwein vom südlichen Gardasee, der gutem SOAVE aus der Nachbarschaft Konkurrenz macht; Hauptrebe Turbiana (ehemals TREBBIANO di Lugana). Die besten Erzeuger: CÀ DEI FRATI (I Frati, v. a. Brolettino), ZENATO (in Eiche ausgebaut), Fratelli Zeni, Le Morette (im Besitz von Valerio ZENATO).

**Lungarotti** Umb ★★→★★★★ Führender TORGIANO-Erzeuger. Spitzenweine sind DOC Rubesco und DOCG RISERVA Monticchio. Ebenfalls gut: Vigna Il Pino, Sangiorgio (SANGIOVESE/CABERNET SAUVIGNON), Giubilante und MONTEFALCO SAGRANTINO.

**Macchiole, Le** Tosk ★★★★ Öko. Eine der wenigen Kellereien in einheimischem Besitz in BOLGHERI und eine der ersten, die nach SASSICAIA in Erscheinung traten. Cinzia Merli erzeugt gemeinsam mit dem Önologen Luca

**ITALIEN** | Mac–Mas | 189

Rettondini Italiens besten Cabernet franc (Paleo Rosso) sowie mit den besten MERLOT (Messorio) und SYRAH (Scrio). Sehr guter Bolgheri Rosso.

**Maculan** Ven ★★★ Fausto Maculan, Qualitätspionier in Venetien, erzeugt nach wie vor ausgezeichneten CABERNET SAUVIGNON (Fratta, Palazzotto), ist aber wohl hauptsächlich für seinen süßen TORCOLATO (v. a. die RISERVA Acininobili) bekannt.

**Malvasia delle Lipari** Siz DOC w; s ★★★ Vollmundiger Süßwein von einer der vielen Reben namens MALVASIA. Die besten Erzeuger sind Capofaro, Caravaglio, Fenech, Lantieri und Marchetta. Gut: Hauner.

**Manduria (Primitivo di)** Apu DOC r; lbl ★★→★★★ Manduria ist die geistige Heimat von PRIMITIVO alias ZINFANDEL, man mache sich also auf herzhafte, alkoholstarke, manchmal portweinartige Weine gefasst, die zu würzigen Speisen passen. Am besten von Gianfranco FINO. Gute Erzeuger in Manduria und anderswo: Cantele, de Castris, CS Manduria, Morella, Polvanera, Racemi.

**Marcato** Ven – Der neue Eigentümer Gianni Tessari wird die jetzt schon sehr guten Schaumweine namens Lessini Durello und den Durella PASSITO wohl noch weiter verbessern.

**Marchesi di Barolo** Piem ★→★★ Großer, historischer BAROLO-Erzeuger, der Weine von den Einzellagen Cannubi, Coste di Rose und Sarmassa bereitet, aber auch andere Gewächse aus ALBA.

**Maremma** Tosk – Angesagtes Küstengebiet im Süden der TOSKANA, das größtenteils Anfang des 19. Jh. aus Weideland und durch die Trockenlegung von Malaria-Sumpfland gewonnen wurde. DOC(G)S: MONTEREGIO, MORELLINO DI SCANSANO, PARRINA, Pitigliano, SOVANA (Grosseto). Die IGT Maremma Toscana ist nun zur DOC Maremma Toscana geworden.

**Marrone, Agricola** Piem ★★★ Kleines Gut, niedrige Preise, aber hohe Qualität beim BAROLO. Gut: ARNEIS, BARBERA D'ALBA, Barolo Pichemej.

**Marsala** Siz DOC w; s – Der einstmals berühmte gespritete Wein SIZILIENS (★→★★★★), 1773 von den Gebrüdern Woodhouse aus Liverpool »erfunden«, wurde im 20. Jh. zur Kochzutat degradiert und ist nicht mehr als DOC anerkannt. Das Spektrum reicht von trocken bis sehr süß. Der beste ist der sehr trockene Marsala Vergine. Siehe auch DE BARTOLI.

**Marzemino (Trentino)** T-S DOC r ★→★★ Angenehmer Alltagsrotwein. Isera und Ziresi sind Unterbereiche. Am besten von Riccardo Battistotti, Conti Bossi Fedrigotti, Bruno Grigoletti, Eugenio Rosi (Poiema). Gut auch von De Tarczal, Letrari, Longariva, Enrico Spagnolli, Vallarom, VallisAgri (Vigna Fornas).

**Mascarello** Piem Zwei führende BAROLO-Erzeuger tragen diesen Namen: der verstorbene Bartolo Mascarello in Barolo, dessen Tochter Maria Teresa den sehr traditionellen Weg ihres Vaters weitergeht (sehr guter Freisa), und Giuseppe Mascarello in Monchiero, dessen Sohn Mauro großartigen Barolo im ausgeprägt traditionellen Stil von der Spitzenlage Monprivato in Castiglione Falletto bereitet. Beide sind zu Recht Kult.

**Masi** Ven ★★→★★★ Der typische und gleichzeitig innovative Erzeuger von Veroneser Weinen wird von Sandro Boscaini geführt, dessen Begeisterung ansteckend ist. Sehr gut sind Rosso Veronese Campo Fiorin und Osar (Oseleta). Die besten AMARONE-Versionen sind Costasera, Mazzon und Campolongo di Torbe. Neu ist der friulische Schaumwein Moxxé von PINOT GRIGIO und teilweise getrockneten VERDUZZO-Trauben.

**Massa, Vigneti** Piem ★★★ Walter Massa verhalf der schon fast ausgestorbenen weißen Rebe Timorasso zum Comeback. Hervorragend: Coste del Vento, Monticetorio, Sterpi. Gut: BARBERA Bigolla, Monleale.

**Massolino Vigna Rionda** Piem ★★★ Eines der besten BAROLO-Güter in Serralunga. Parafada und Margheria, beide ausgezeichnet, haben eine feste

Struktur und eine fruchtige Süffigkeit. Am besten ist der langlebige VIGNA Rionda. Sehr guter Parussi. Ab 2019 neuer LANGHE RIESLING.

**Mastroberardino** Kamp ★★★ Erstklassiger historischer Erzeuger in der gebirgigen kampanischen Provinz Avellino. Spitzen-Taurasi (v. a. Historia Naturalis und Radici) sowie FIANO DI AVELLINO (More Maiorum und der neue Stilèma) und GRECO DI TUFO Nova Serra. Vor allem Antonio Mastroberardino bewahrte Fiano (und vielleicht auch Greco) vor dem Aussterben.

**Melini** Tosk ★★ Großer Erzeuger von CHIANTI CLASSICO in Poggibonsi; gehört zu GRUPPO ITALIANO VINI. Gute Qualität, guter Preis, v. a. Chianti Classico Selvanella.

**Meroi** F-JV ★★★ Ambitioniertes Gut; hervorragender FRIULANO, MALVASIA Zittelle Duri, RIBOLLA GIALLA, SAUVIGNON BLANC Zittelle Barchetta.

**Metodo classico/tradizionale** Italienisch für »Champagnermethode«.

**Mezzacorona** T-S ★→★★ Sehr große Genossenschaft in der Gemeinde Mezzocorona (sic!) im TRENTINO mit breitem Angebot an guten Weinen, v. a. TEROLDEGO ROTALIANO Nos und Rotari METODO CLASSICO.

**Miani** F-JV ★★★ Enzo Pontoni ist Italiens bester Weißweinbereiter. Spitze FRIULANO (Buri und Filip), RIBOLLA GIALLA Pettarin, SAUVIGNON BLANC Zittelle. Sehr gut: Sauvignon blanc Saurint, CHARDONNAY Zittelle, MERLOT, REFOSCO Buri.

**Mogoro, Cantina di** Sar ★★→★★★ Die Genossenschaftskellerei mit mehr als 450 ha und 900.000 Flaschen Qualitätswein im Jahr verarbeitet die Weißweintraube Semidano, was eine Seltenheit ist. Am besten sind Monica San Bernardino und Semidano Superiore Puistéris. Sehr gut auch der Nuragus Ajò.

**Mollettieri, Salvatore** Kamp ★★★ Hervorragend: Taurasi, Riserva Vigna Cinque Querce. Gut: Fiano di Avellino Apianum.

**Monaci, Azienda** Apu r rs ★★→★★★ Gehört zu GRUPPO ITALIANO VINI. Charaktervoller NEGROAMARO-Rosé Kreos, PRIMITIVO Artas und roter SALICE SALENTINO Aiace.

**Monferrato** Piem DOC r rs w; s ★→★★ Im Hügelland zwischen Po und Apennin entstehen einige der köstlichsten und preiswertesten Weine von den typischen einheimischen Reben BARBERA, Freisa, GRIGNOLINO, MALVASIA di Casorzo und Malvasia di Schierano, Ruché di Castagnole Monferrato.

**Monica di Sardegna** Sar DOC r ★→★★★ BV – Köstlich duftender, mittelschwerer Wein. Dieselbe Rebe bringt auch einen DOC-Wein in Cagliari hervor. Am besten von Argiolas (Iselis), Contini, Ferruccio Deiana (Karel), Dettori (Chimbanta), Cantina di Mogoro, Josto Puddu (Torremora) und SANTADI (Antigua).

**Monsanto** Tosk ★★★ Hoch angesehenes CHIANTI-CLASSICO-Weingut mit Il Poggio RISERVA (dem ersten Chianti Classico aus einer Einzellage), Chianti Classico (RISERVA und Fabrizio Bianchi) und Nemo (CABERNET SAUVIGNON).

**Montagnetta, La** Piem ★★→★★★ Der wohl beste Erzeuger vieler verschiedener Freisa-Weine in Italien. Sehr gut: Freisa d'ASTI SUPERIORE Bugianen.

**Montalcino** Tosk – Das Hügelstädtchen in der Provinz Siena ist angesagt und berühmt für seinen konzentrierten, teuren BRUNELLO und den etwas zugänglicheren, günstigeren ROSSO DI MONTALCINO, die beide nach wie vor sortenrein von SANGIOVESE bereitet werden (Puristen ärgern sich über die gelegentlichen Versuche großer Fische, dem Rosso ein wenig MERLOT unterzujubeln).

**Montecarlo** Tosk DOC r w ★★ w BV – Weiß- und immer mehr Rotwein aus einem Bereich bei Lucca.

**Monte Carrubo** Siz r ★★★ Pionier Peter Vinding-Diers pflanzte SYRAH auf einem Vulkan südlich des Ätna an – mit äußerst interessanten, komplexen Ergebnissen.

**Montecucco** Tosk – Toskanischer DOC-Bereich auf SANGIOVESE-Basis zwischen Monte Amiata und Grosseto; als Montecucco Sangiovese DOCG. Nicht zu verwechseln mit MONTALCINO.

**Montefalco Sagrantino** Umb DOCG r; tr (s) ★★★→★★★★ Enorm tanninstark, kraftvoll und langlebig, mit großem Potenzial, doch schwer zu zähmen, ohne dem Wein unrecht zu tun. Die traditionelle bittersüße PASSITO-Version ist der Traube vielleicht angemessener, verkauft sich aber nicht so gut. Gute Erzeuger: Adanti, Antonelli, Paolo Bea, CAPRAI, Colpetrone, LUNGAROTTI, Antano Milziade, Scacciadiavoli und Tabarrini.

**Montepulciano d'Abruzzo** Abr DOC r rs ★★→★★★ (r) **12 13** 14 15 – Die erste regionenübergreifende DOC in Italien. Unterbezeichnungen: Colline Teramane (jetzt DOCG) mit trotz des Hypes oft robusten, wenig ansprechenden Weinen und Controguerra (DOC) mit meist ausgewogeneren Weinen. Die Rotweine sind entweder leicht und lässig oder fest und sehr voll. Empfehlenswert sind Cataldi Madonna (Toni, leichterer Malandrino), Marina Cvetic (S. Martino Rosso), Emidio PEPE, TIBERIO (Colle Vota und normaler Montepulciano), Torre dei Beati (Cocciapazza, Mazzamurello), Valentini (am besten, lagernswert) und Zaccagnini.

**Montevertine** Tosk ★★★★ Zertifiziertes ökologisches Weingut in Radda. Der hervorragende IGT Le Pergole Torte ist ein reinsortiger, lange haltbarer Weltklasse-SANGIOVESE. Sehr gut auch der Montevertine.

**Montevetrano** Kamp ★★★ Angesehene kampanische AZIENDA im Besitz von Silvia Imparato; Berater ist Riccardo Cotarella. Hervorragender IGT Montevetrano (AGLIANICO/CABERNET SAUVIGNON/MERLOT), sehr guter Core Rosso (Aglianico).

**Morella** Apu ★★★→★★★★ Gaetano Morella und seine Frau Lisa Gilbee erzeugen herausragenden PRIMITIVO (Old Vines, La Signora und den neuen Mondo Nuovo) von rund 90 Jahre alten Reben.

**Morellino di Scansano** Tosk DOCG r ★★→★★★ **11** 13 15 16 – Der SANGIOVESE-Rotwein aus der MAREMMA war früher ein schlichtes, leckeres Weinchen, gewinnt jetzt aber (in manchen Fällen: leider) an Gewicht und Substanz, vielleicht um seinen DOCG-Status zu rechtfertigen. Am besten von Mantellasi, Moris Farms, PODERE 414, POGGIO Argentiera, Le Pupille, Terre di Talamo und der Genossenschaft Vignaioli.

**Moris Farms** Tosk ★★★ Einer der ersten modernen Erzeuger in der toskanischen MAREMMA mit den DOC-Weinen MONTEREGIO und Morellino di Scansano sowie IGT VERMENTINO. Spitzen-Cru ist der jetzt hoch angesehene IGT Avvoltore, ein reichhaltiger Verschnitt aus SANGIOVESE, CABERNET SAUVIGNON und SYRAH. Empfehlenswert ist der einfache Morellino.

**Moscato d'Asti** Piem DOCG w; s; sch ★★→★★★ BV – Die Weine sind ähnlich wie die der DOCG ASTI, doch gewöhnlich von besserem Rebgut gekeltert, außerdem weniger alkoholstark, weniger kohlensäurehaltig, süßer und fruchtiger und meist von kleineren Gütern bereitet. Spitzenerzeuger: L'Armangia, Bera, Braida, Ca' d'Gal, Cascina Fonda, Caudrina, Il Falchetto, Forteto della Luja, Marchesi di Grésy, Icardi, Isolabella, Marino, La Morandina, Marco Negri, Elio Perrone, Rivetti, Rizzi, Saracco, Scagliola, Vajra, VIETTI, Vignaioli di Santo Stefano.

**Muri-Gries** T-S ★★→★★★ Das Kloster im Bozener Vorort Gries ist ein traditioneller und immer noch erstklassiger Erzeuger von SÜDTIROLER LAGREIN DOC. Empfehlenswert v. a. die Reihe Abtei Muri.

**Nals Margreid** T-S ★★→★★★ Kleine, qualitätsbewusste Winzergenossenschaft mit alpenfrischen Weißweinen (v. a. PINOT BIANCO Sirmian) aus zwei

**Gemeinden** in SÜDTIROL. Harald Schraffl ist ein erfindungsreicher Kellermeister.

**Nebbiolo d'Alba** Piem DOC r; tr ★★→★★★ **11 12** 13 14 15 16 – 100 % NEBBIOLO. Manchmal ein vollwertiger Ersatz für BAROLO/BARBARESCO, obwohl er aus einem dazwischengelegenen Gebiet kommt und nicht für herabgestufte Versionen der beiden Spitzen-DOCGS verwendet werden darf. Gut von BREZZA (VIGNA Santa Rosalia), Bruno GIACOSA (Valmaggiore), Fratelli Giacosa, PAITIN, Luciano SANDRONE (Valmaggiore).

**Negrar, Cantina** Ven ★★ Alias CS VALPOLICELLA. Wichtiger Erzeuger von Valpolicella, RIPASSO, AMARONE; die Trauben stammen aus verschiedenen Teilen des CLASSICO-Gebiets. Empfehlenswert ist die Marke Domini Veneti. So-lala-Qualität, aber erschwinglich.

**Niedriest, Ignaz** r w ★★★ Der LAGREIN Berger Gei setzt Maßstäbe, ebenso wie RIESLING und WEISSBURGUNDER (Limes). Sehr guter BLAUBURGUNDER, SAUVIGNON BLANC und weißer Verschnitt Trias.

**Nipozzano, Castello di** Tosk ★★★ Das FRESCOBALDI-Weingut im Bereich RUFINA östlich von Florenz erzeugt exzellenten CHIANTI Rufina. Spitzenweine sind Nipozzano Riserva (v. a. Vecchie Viti) und IGT Montesodi. Gut auch Mormoreto (Bordeaux-Verschnitt).

**Nittardi** Tosk ★★→★★★ Verlässliche Quelle für modernen CHIANTI CLASSICO guter Qualität in deutschem Besitz; Önologe ist Carlo Ferrini.

**Nössing, Manni** T-S ★★★ Hervorragender KERNER, MÜLLER-THURGAU Sass Rigais, SYLVANER. Die Weine setzen Zeichen.

**Nozzole** Tosk ★★→★★★ Berühmtes Gut im Zentrum des CHIANTI-CLASSICO-Bereichs, nördlich von Greve; im Besitz von Ambrogio und Giovanni FOLONARI. Sehr guter Chianti Classico Riserva und ausgezeichneter CABERNET SAUVIGNON Pareto.

**Nuragus di Cagliari** Sar DOC w ★★ BV – Lebhafter, unkomplizierter sardischer Weißwein von der Nuragus-Traube, der endlich größere Bekanntheit erlangt. Die besten Erzeuger sind Argiolas (S'Elegas), Mogoro (Ajò) und Pala (I Fiori).

**Occhio di Pernice** Tosk – »Rebhuhnauge«. Eine Art von VIN SANTO, der vorwiegend von dunklen Trauben, insbesondere SANGIOVESE, bereitet wird. Bester Erzeuger ist Avignonesi. Auch eine seltene dunkle Rebsorte, die u. a. im Chianti Rufina anzutreffen ist.

**Occhipinti, Arianna** Siz ★★★ Kulterzeugerbetrieb, und das zu Recht. Ökozertifizierung. Glücklicherweise sind die Weine jetzt weniger oxidiert und setzen mehr auf Finesse als auf Wucht. Am besten ist Il Frappato. Sehr gut auch NERO D'AVOLA Siccagno, Nero d'Avola Frappato SP 68 und Bianco SP 68.

**Oddero** Piem ★★★ Traditionalistisches Weingut in La Morra mit ausgezeichnetem Einzellagen-BAROLO (Brunate, Villero und VIGNA Rionda RISERVA, jetzt 10 Jahre gelagert) und Einzellagen-BARBARESCO (Gallina) sowie anderen anspruchsvollen piemontesischen Weinen. Sehr guter preiswerter Barolo. Neuerwerb in Monvigliero.

**Oltrepò Pavese** Lomb DOC r w; tr s; sch ★→★★★ Multi-DOC mit zahlreichen sortenreinen und verschnittenen Weinen aus der Provinz Pavia; am besten ist der SPUMANTE. Gute Erzeuger: Anteo, Barbacarlo, CS Casteggio, Frecciarossa, Le Fracce, Mazzolino, Monsupello, Ruiz de Cardenas, Travaglino und die Genossenschaft La Versa.

**Ornellaia** Tosk ★★★★ **10 11 12** 13 15 (16) – Das angesagte, ja legendäre Weingut bei BOLGHERI wurde von Lodovico ANTINORI gegründet, inzwischen befindet es sich im Besitz von FRESCOBALDI. Die Spitzenweine, Bolgheri DOC Ornellaia, IGT Masseto (MERLOT) und Ornellaia Bianco (SAUVIGNON BLANC/VIOGNIER), sind im Hinblick auf Rebsorten und Methode an

Bordeaux orientiert. Ebenfalls gut sind Bolgheri DOC Le Serre Nuove und der weiße Poggio alle Gazze.

**Orvieto** Umb DOC w; tr lbl s ★→★★★ BV – Der klassische umbrische Weißwein, ein Verschnitt hauptsächlich von Procanico (TREBBIANO) und GRECHETTO. Heute ist *secco* der beliebteste Stil, Paradebeispiel ist der Luigi e Giovanna von BARBERANI; *amabile* ist die traditionelle Variante. Süße Exemplare von edelfaulen (*muffa nobile*) Trauben können großartig ausfallen, z. B. der Calcaia von Barberani. Weitere gute Erzeuger: Bigi, Cardeto, Castello della Sala, Decugnano dei Barbi, Palazzone; Sergio Mottura (Latium).

**Pacenti, Siro** Tosk ★★★ BRUNELLO und ROSSO DI MONTALCINO im modernen Stil von einem kleinen, sorgfältig arbeitenden Erzeuger.

**Paitin** Piem ★★→★★★ Die Familie Pasquero-Elia füllt seit Ende des 19. Jh. BARBARESCO ab. Sie war zunächst ausgesprochen traditionell, versuchte ihr Glück dann mit modernen Techniken (neuen Barriques) und erzeugt heute wieder »echten« Barbaresco in großen Fässern. Sorì Paitin ist der Spitzenwein.

**Paltrinieri** ★★→★★★ Einer der drei besten LAMBRUSCO-Erzeuger; produzierte als einer der Ersten reinsortigen Lambrusco di Sorbara. Spitzenwein: Secco Radice; sehr gut auch the Leclisse.

**Pantelleria** Siz – Zu SIZILIEN gehörige windige Insel mit schwarzer (vulkanischer) Erde vor der Küste Tunesiens, berühmt für ihre großartigen Süßweine von MOSCATO d'Alessandria. Die PASSITO-Versionen sind besonders dicht und intensiv. Empfehlenswert: DE BARTOLI (Bukkuram), DONNAFUGATA (Ben Ryé), Ferrandes.

**Parrina, La** Tosk ★★ Das beliebte Gut mit Agriturismo an der toskanischen Küste ist der Protagonist der DOC Parrina. Solide statt außerordentliche Weine.

**Passito** Tosk, Ven – Einer der ältesten und charakteristischsten italienischen Weinstile von Trauben, die aufgehängt oder auf Gestellen ausgebreitet kurz in der Spätsommersonne (im Süden) bzw. wochen- oder gar monatelang auf den luftigen Dachböden des Weinguts getrocknet werden; der Vorgang heißt *appassimento*. Die bekanntesten Vertreter sind VIN SANTO (TOSKANA), AMARONE/RECIOTO (Venetien) und VALPOLICELLA/SOAVE. Siehe auch MONTEFALCO, ORVIETO, TORCOLATO. Nie billig.

**Paternoster** Bas ★★★ Das alte Gut ist jetzt im Besitz der Familie TOMMASI. Die 25 ha werden ökologisch bewirtschaftet. Am besten ist der Don Anselmo, sehr gut auch der Aglianico del Vulture Rotondo.

**Pepe, Emidio** Abr ★★★ Handwerklich arbeitende Kellerei, 15 ha mit biodynamischer und ökologischer Zertifizierung. Erstklassiger MONTEPULCIANO D'ABRUZZO. Gut: Trebbiano d'Abruzzo (Vecchie Vigne Selezione).

**Petrussa, Vigna** F-JV ★★★ Kleiner Familienbetrieb mit Schioppettino und PICOLIT hoher Qualität.

**Pian dell'Orino** ★★★ Das kleine Weingut in MONTALCINO hat sich dem biodynamischen Anbau verschrieben. Der BRUNELLO ist verführerisch und technisch perfekt, der Rosso fast ebenso gut. Viele monumentale Weine.

**Piane, Le** Piem ★★★ Christoph Künzli hat die DOC BOCA zu neuem Leben erweckt. Gut: Maggiorina, Piane (Croatina) und Mimmo (Nebbiolo/Croatina).

**Piave** Ven DOC r w ★→★★★ r 12 13 15; w BV – Massen-DOC in einer Ebene im Osten Venetiens für preiswerte sortenreine Weine. Die CABERNET-SAUVIGNON-, MERLOT- und Raboso-Rotweine vertragen alle eine gewisse Reifezeit. Überdurchschnittliche Exemplare liefern Loredan Gasparini, Molon und Villa Sandi.

**Picolit** F-JV DOCG w; lbl s ★★→★★★ 10 12 13 15 (16) – Fast mythischer, aber unbeständiger Süßwein aus FRIULI COLLI ORIENTALI; könnte diejenigen enttäuschen, die ihn a) auftreiben und b) bezahlen können. Meist vo luftgetrockneten Trauben. Reicht von leicht/süß (selten) bis superdick Gute Erzeuger: Aquila del Torre, I Comelli, Girolamo Dorigo, Ermacora, Li vio FELLUGA, Paolo Rodaro, Ronchi di Cialla, Marco Sara, VIGNA Petrussa.

**Piemont** Neben der TOSKANA Italiens bedeutendste Region für Spitzenqua lität; in den Ausläufern der Alpen gelegen. Turin ist die Hauptstadt, MON FERRATO (ASTI) und LANGHE (ALBA) sind die Weinzentren. Keine IGT-Wei ne zugelassen; DOC Piemonte ist die niedrigste Herkunftsbezeichnung, die einfache Rote, Weiße, SPUMANTE und FRIZZANTE umfasst. Rebsorten: u. a. BARBERA, Brachetto, Cortese, DOLCETTO, Freisa, GRIGNOLINO, MALVASIA d Casorzo, Malvasia di Schierano, MOSCATO, NEBBIOLO, Ruché, Timorasso Siehe auch ALTO PIEMONTE, BARBARESCO, BAROLO, ROERO.

**Pieropan** Ven ★★★ Der 2018 verstorbene Leonildo Pieropan war Protagonist der SOAVE-Renaissance, die diesem edlen Wein wieder zu Glaubwürdigkeit verhalf. Der Cru La Rocca ist nach wie vor der ultimative in Eiche ausgebau te Soave, der Calvarino der beste überhaupt. Sehr guter Amarone.

**Pio Cesare** Piem ★★→★★★ Erzeugerveteran in ALBA, der BAROLO und BAR BARESCO in modernen, barriquegereiften Versionen und im traditionellen Stil mit Ausbau in großen Fässern anbietet. Besonders gut ist der NEBBIOLO D'ALBA, ein kleiner Barolo zum halben Preis.

**Planeta** Siz ★★★ Führendes sizilianisches Gut mit sechs Besitzungen in verschiedenen Teilen der Insel, u. a. in Vittoria (CERASUOLO Dorilli), Noto (NERO D'AVOLA Santa Cecilia) und seit Kurzem auch am Ätna (Carrican te, Nerello Mascalese Eruzione 1614). Ebenfalls gut: La Segreta (Rot- und Weißweine), Cometa (FIANO).

**Podere** Tosk – Toskanische Bezeichnung für einen kleinen Hof, der ehemals zu einem größeren Gut gehörte.

**Poggio** Tosk – Das Wort für »Hügel« im toskanischen Dialekt. **Poggione** heißt »großer Hügel«.

**Poggio Antico** Tosk ★★★ Paola Gloder leitet dieses mit 32 ha recht große Gut, auf rund 500 m eines der am höchsten gelegenen in MONTALCINO. Der Stil ist verhalten, beständig, manchmal zu vegetabil.

**Poggio di Sotto** ★★★★ Kleines Gut in MONTALCINO, das sich in jüngster Zeit hohes Ansehen erworben hat. Hat angrenzende Weinberge zugekauft. Herausragender BRUNELLO, RISERVA und Rosso traditionellen Charakters mit individueller Note.

**Poggione, Tenuta Il** Tosk ★★★ Das Gut im Süden von MONTALCINO erzeugt beständig ausgezeichneten BRUNELLO und Rosso. Spitzenwein: Brunello RISERVA Vigna Paganelli.

**Poggiopiano** Tosk ★★ Üppiger CHIANTI CLASSICO von der Familie Bartoli. Der Chianti ist sortenreiner SANGIOVESE, der SUPERTOSKANER Rosso di Sera enthält bis zu 15% Colorino-Trauben. Sehr gut ist der Colorino Taffe Ta'.

**Poggio Scalette** Tosk ★★ Vittorio Fiore und sein Sohn Jury führen das CHIAN TI-Ökoweingut in Greve. Der Spitzenwein Il Carbonaione (100% SAN GIOVESE) braucht mehrere Jahre Flaschenreife. Überdurchschnittlicher CHIANTI CLASSICO und Bordeaux-Verschnitt Capogatto.

**Poliziano** Tosk ★★★ Federico Carlettis Ökoweingut in MONTEPULCIANO mit hervorragendem, wenn auch oft sehr dunklem, vegetabilem VINO NOBILE (v. a. Einzellagenwein Asinone) sowie gutem IGT Le Stanze (CABERNET SAU VIGNON/MERLOT) und Cortona In Violas (Merlot).

**Pomino** Tosk DOC r w ★★★ r 12 13 15 16 – Ein Anhängsel von RUFINA mit feinen roten und weißen Verschnitten (v. a. Il Benefizio). FRESCOBALDI ist hier praktisch exklusiv vertreten.

**Potazzine, Le** Tosk ★★★ Bioweingut der Familie Gorelli am südlichen Rand von Montalcino. Hervorragender BRUNELLO (auch RISERVA) und Rosso, anspruchsvoll und äußerst angenehm zu trinken. Sie können sie im Restaurant der Familie im Ort probieren.

**Prà Ven ★★★** Führender Erzeuger von SOAVE CLASSICO. Empfehlenswert v. a. die Einzellagenweine Monte Grande und Staforte; Letzterer liegt 6 Monate in Tanks auf dem (regelmäßig mechanisch aufgerührten) Hefesatz: sehr schmackhaft. Ausgezeichneter VALPOLICELLA La Morandina und AMARONE.

> ### Der beste Prosecco
> 
> PROSECCO ist der Wein, GLERA die Rebsorte, von der er erzeugt wird (wodurch Imitaten der Garaus gemacht werden soll). Das meiste ist Durchschnitt, höher ist die Qualität in Valdobbiadene. Empfehlenswerte Erzeuger: Adami, Biancavigna, BISOL, Bortolin, Canevel, CARPENÈ-MALVOLTI, Case Bianche, Col Salice, Le Colture, Col Vetoraz, Silvano Follador, Nino FRANCO, Gregoletto, Mionetto, La Riva dei Frati, Ruggeri, Zardetto.

**Produttori del Barbaresco Piem ★★★** Eine der ersten Genossenschaften in Italien, vielleicht die beste der Welt. Aldo Vacca und sein Team erzeugen ausgezeichneten traditionellen einfachen BARBARESCO sowie die Crus Asili, Montefico, Montestefano, Ovello, Pora, Rio Sordo. Hervorragendes Preis-Leistungs-Verhältnis.

**Prosecco Ven DOC(G) w; sch ★→★★ BV** – Die Welt ist verrückt nach Italiens beliebtestem Perlwein, man fragt sich nur, warum. Einzelheiten und eine Auswahl von Erzeugern siehe Kasten oben.

**Prunotto, Alfredo Piem ★★★→★★★★** Das traditionelle Haus in ALBA wurde in den 1990er-Jahren von ANTINORI modernisiert. Sehr guter BARBARESCO (Bric Turot), BAROLO (Bussia und Vigna Colonnello), NEBBIOLO (Occhetti) und BARBERA D'ALBA (Pian Romualdo).

**Querciabella Tosk ★★★** Erstklassiges CHIANTI-CLASSICO-Gut, seit 2000 biodynamisch. Am besten sind IGT Camartina (CABERNET SAUVIGNON/SANGIOVESE) und Batàr (CHARDONNAY/PINOT BIANCO) sowie die neuen Weine aus einzelnen Gemeinden (Greve in Chianti, Radda in Chianti, Gaiole). Sehr guter Chianti Classico (und RISERVA).

**Quintarelli, Giuseppe Ven ★★★★** Erztraditionalistischer Erzeuger von feinem VALPOLICELLA, RECIOTO und AMARONE sowie einem guten Bianco Secco, einem Verschnitt aus verschiedenen Trauben, in handwerklicher Qualität. Tochter Fiorenza und ihre Söhne haben das Ruder übernommen und nichts geändert, auch nicht das Verbot des Alten, den Wein beim Verkosten auszuspucken.

**Quintodecimo Kamp ★★★** Auf dem wunderschönen Gut des Önologieprofessors und Kellermeisters Luigi Moio entstehen herausragender Taurasi Vigna Grande Cerzit sowie großartiger Aglianico (Terra d'Eclano) und GRECO DI TUFO (Giallo d'Arles).

**Ratti, Renato ★★→★★★★** Legendäres BAROLO-Gut, nun mit Sohn Pietro am Steuer. Moderne Weine mit kurzer Maischezeit, aber viel Substanz, v. a. Barolo Rocche dell'Annunziata und Barolo Conca.

**Recioto della Valpolicella Ven DOCG r; lbl; (sch) ★★★→★★★★** Dieser geschichtsträchtige Wein von PASSITO-Trauben wird nach Methoden erzeugt, die vor dem 6. Jh. entwickelt wurden, und ist mit seiner üppigen, süßen Kirsch- und Schokoladenfruchtigkeit einzigartig und potenziell umwerfend.

**Recioto di Soave Ven DOCG w; s; (sch) ★★★→★★★★** SOAVE von rosinierten Trauben: süß, fruchtig, leichte Mandelnoten; der hohe Säuregehalt hält die Süße in Schach. Zu Käse trinken. Am besten von Anselmi, COFFELE, Gini,

PIEROPAN, Tamellini; häufig auch sehr gut von Ca' Rugate, Pasqua, PRÀ Suavia und Trabuchi.

**Refosco (dal Peduncolo Rosso)** F-JV ★★ **12** 13 15 (16) – Tanninstarker Rotwein in appetitanregendem, rustikalem Stil. Am besten aus der DOC FRIULI COLLI ORIENTALI von Volpe Pasini. Auch gut von Ca' Bolani, Dorigo, Livio FELLUGA, MIANI, Denis Montanara, Ronchi di Manzano und Venica in der DOC Friuli Aquileia.

**Ricasoli** Tosk – Geschichtsträchtige Familie in der Toskana; der erste italienische Premierminister, Bettino Ricasoli, erfand den Verschnitt für den CHIANTI. Der wichtigste Zweig der Familie lebt im mittelalterlichen Castello di BROLIO.

**Riecine** Tosk ★★★→★★★★ Seit den 1970er-Jahren ein SANGIOVESE-Spezialist in Gaiole. Riecine di Riecine und La Gioia (100 % Sangiovese) sind potenziell hervorragend.

**Rinaldi Giuseppe** Piem ★★★ Marta und Carlotta, die Töchter des 2018 verstorbenen Beppe Rinaldi, treten in seine äußerst traditionellen Fußstapfen. Hervorragend: Brunate und Tre Tine. Nicht entgehen lassen sollte man sich den sehr guten Freisa und den LANGHE NEBBIOLO.

**Ripasso** Ven – Siehe VALPOLICELLA RIPASSO.

**Riserva** Über eine vorgeschriebene Zeit meist im (großen oder kleinen) Fass gelagerter Wein.

**Rivetti, Giorgio (La Spinetta)** Piem ★★★ Feiner MOSCATO D'ASTI, ausgezeichneter BARBERA und eine Reihe von äußerst konzentrierten, in Eiche ausgebauten BARBARESCOS. Besitzt auch Weinberge in den DOCGS BAROLO und CHIANTI Colline Pisane sowie den traditionellen SPUMANTE-Erzeuger Contratto.

**Rizzi** Piem ★★★ Unterbereich in Treiso, Gemeinde des BARBARESCO-Gebiets, in dem die Familie Dellapiana 35 ha Rebland besitzt. Öko. Spitzen-Crus sind Barbaresco Pajore und Rizzi Riserva Boito. Sehr gut: Nervo und Rizzi; ebenfalls gut: Metodo Classico Pas Dosè und Moscato d'Asti.

**Rocca Albino** Piem ★★★ Führender Erzeuger von elegantem, komplexem BARBARESCO; Spitzen-Crus sind Ovello Vigna Loreto, Ronchi und der neue Cottà.

**Rocca, Bruno** Piem ★★★★ Herausragender BARBARESCO in modernem Stil (Rabajà, Coparossa, Maria Adelaide) und andere ALBA-Weine, auch sehr feiner BARBERA D'ASTI.

**Rocca delle Macìe** Tosk ★★ Das große Gut in Castellina-in-Chianti wird von Sergio Zingarelli geführt. Guter, süffiger CHIANTI und Spitzenweine wie Gran Selezione Sergio Zingarelli und Fizzano. Auch Besitzer des Guts Campo Macione bei Scansano.

**Roero** Piem DOCG r w ★★→★★★ **10 11** 13 15 16 (17) – Seriöse, gelegentlich BAROLO-Niveau erreichende NEBBIOLO-Weine aus den Hügeln der LANGHE. Auch guter ARNEIS-Weißwein (★★→★★★). Am besten von Almondo, Ca' Rossa, Cascina Chicco, Cornarea, Correggia, Bruno GIACOSA, Malvirà (Trinità, Renesio), Morra, Negro (Perdaudin), Rosso, Taliano, Val di Prete, Valfaccenda.

**Ronco** In Nordostitalien, v. a. in FRIAUL–JULISCH VENETIEN, Bezeichnung für eine Hanglage.

**Ronco del Gelso** F-JV ★★★ Straffer, reintöniger Isonzo: PINOT GRIS Sot lis Rivis, FRIULANO Toc Bas und MALVASIA VIGNA della Permuta setzen Maßstäbe in der Region.

**Rosato** Die allgemeine italienische Bezeichnung für Rosé. Andere Namen für Rosé sind CHIARETTO (um den Gardasee), CERASUOLO (Abruzzen) und Kretzer (SÜDTIROL).

Rossese di Dolceacqua/Dolceacqua Lig DOC r ★★→★★★ Interessante, mineralische Rotweine; intensiv, salzig, würzig und fruchtiger als die meisten anderen. Gute Erzeuger: Ka Mancine, Maccario-Dringberg, Poggi dell'Elmo, Tenuta Anfosso, Terre Bianche.

Rosso Conero Mar – Siehe CONERO.

Rosso di Montalcino Tosk DOC r ★★→★★★ 11 12 13 15 16 – DOC für früher reifende Weine von BRUNELLO-Trauben, die meist aus jüngeren Rebbeständen oder weniger guten Lagen kommen, doch es gibt durchaus Schnäppchen.

Rosso di Montefalco Umb DOC r ★★ 12 13 15 16 – Verschnitt von SANGIOVESE und SAGRANTINO, oft mit einem Schuss milderndem MERLOT. Siehe MONTEFALCO SAGRANTINO.

Rosso di Montepulciano Tosk DOC r ★ 13 15 16 – Juniorversion des VINO NOBILE DI MONTEPULCIANO; Erzeuger siehe dort.

Rosso Piceno/Piceno Mar DOC r ★ 13 15 (17) – Im Allgemeinen ansprechender Verschnitt von MONTEPULCIANO und SANGIOVESE, der heutzutage oft unter dem Kurznamen Piceno verkauft wird, um ihn von all den anderen italienischen Rosso-Weinen zu unterscheiden. SUPERIORE heißt er, wenn er aus dem äußersten Süden des Gebiets kommt. Gute Erzeuger: Boccadigabbia, BUCCI, GAROFOLI, Moncaro, MONTE SCHIAVO, Saladini Pilastri, Santa Barbara, Tenuta di Tavignano, Velenosi.

Ruffino Tosk ★→★★★ Der ehrwürdige Chianti-Erzeuger, seit 100 Jahren in den Händen der Familie FOLONARI, ging vor ein paar Jahren eigene Wege. Dieser Teil, in Pontassieve bei Florenz ansässig, wurde dann vom US-Konzern Constellation Brands aufgekauft und produziert verlässliche Weine, etwa CHIANTI CLASSICO RISERVA Ducale und Ducale Oro, Greppone Mazzi in MONTALCINO und Lodola Nuova in MONTEPULCIANO sowie Borgo Conventi in FRIAUL.

Rufina Tosk ★★→★★★ Der nördlichste CHIANTI-Unterbereich, östlich von Florenz in den nach Süden ausgerichteten Apenninausläufern gelegen, ist für seine straffen, ausgefeilten, potenziell langlebigen Weine bekannt. Gute bis hervorragende Erzeuger: Tenuta Bossi, Castello del Trebbio, CASTELLO DI NIPOZZANO (FRESCOBALDI), Colognole, Frascole, Grati/Villa di Vetrice, Lavacchio, Selvapiana, Travignoli, I Veroni. Nicht zu verwechseln mit RUFFINO, dessen Hauptsitz sich zufällig in Pontassieve befindet.

Russiz Superiore F-JV ★★→★★★ Livio FELLUGAS Bruder Marco hat Weinberge in verschiedenen Teilen von FRIAUL angelegt. Jetzt hat Marcos Sohn Roberto das Sagen. Breites Angebot; am besten sind der PINOT GRIGIO und der COLLIO-Bianco-Verschnitt Col Disôre. Sehr guter Pinot Bianco RISERVA.

Salento Apu – Die flache Halbinsel am Absatz des italienischen Stiefels scheint für Qualität nicht gerade geeignet, doch die tiefgründigen Böden, die alten Alberello-Reben und der Wind vom Meer sorgen gemeinsam für bemerkenswerte Rot- und Roséweine von NEGROAMARO und PRIMITIVO mit ein bisschen Unterstützung von MALVASIA nera, MONTEPULCIANO und der einheimischen Traube Sussumaniello. Siehe auch APULIEN, SALICE SALENTINO.

Salice Salentino Apu DOC r ★★→★★★ 11 13 15 16 – Der bekannteste der zu vielen auf NEGROAMARO basierenden DOC-Weine des SALENTO. Nach 2 Jahren RISERVA. Gute Erzeuger: Cantele, Leone de Castris (Riserva), Due Palme, Mocavero, Agricole Vallone (Vereto Riserva).

Salvioni Tosk ★★★★ Alias La Cerbaiola. Kleiner, äußerst qualitätsorientierter Betrieb des unverwüstlichen Giulio Salvioni und seiner ebenso unverwüstlichen Tochter in MONTALCINO. BRUNELLO und ROSSO DI MONTALCINO gehören zum Besten, was man bekommen kann, und sind ihren nicht gerade unbedeutenden Preis wert.

**Sandrone, Luciano** Piem ★★★★ ALBA-Weine im modernen Stil. Tiefgründige BAROLO: Aleste (ehemals Cannubi Boschis), Le VIGNE und der neue Vite Talin. Auch guter NEBBIOLO D'ALBA.

**San Felice** Tosk ★★→★★★ Bedeutender historischer Erzeuger in der TOSKANA, im Besitz von Gruppo Allianz und von Leonardo Bellaccini geführt. Feiner CHIANTI CLASSICO und RISERVA POGGIO Rosso von einem Gut in Castelnuovo Berardenga. Ebenfalls gut: IGT Vigorello (im Jahr 1968 der allererste SUPERTOSKANER) und BRUNELLO DI MONTALCINO Campogiovanni.

**San Gimignano** Tosk – Das von Touristen überlaufene toskanische Städtcher ist für seine Türme und seinen trockenen weißen VERNACCIA DI SAN GIMIGNANO DOCG berühmt. Die Roten kann man vergessen. Erzeuger: Cesani, FALCHINI, Guiccardini Strozza, Montenidoli, Mormoraia, Il Palagione, Panizzi, Pietrafitta, Pietrasereno, Poderi del Paradiso.

In Venetien heißt ein Glas Weißwein »un'ombra«, ein Schatten.

**Sangiovese di Romagna** Mar DOC r ★★→★★★ Stets zu vegetabiler und eichenlastiger, aber oft gut gemachter, ja sogar erstklassiger Rotwein von SANGIOVESE. Gute Erzeuger: Cesari, Drei Donà, Nicolucci, Papiano, Paradiso, Tre Monti, Trere (DOC Emilia-Romagna), Villa Venti (Primo Segno), Fattoria ZERBINA. Empfehlenswert sind auch die IGT-Weine RONCO delle Ginestre und Ronco dei Ciliegi von CASTELLUCCIO.

**San Giusto a Rentennano** Tosk ★★★★ Erstklassiges CHIANTI-CLASSICO-Gut. Hervorragender IGT Percarlo von SANGIOVESE, feiner VIN SANTO namens Vin San Giusto und MERLOT (La Ricolma) sowie sehr guter Chianti Classico und Riserva Le Baroncole.

**San Guido, Tenuta** Tosk – Siehe SASSICAIA.

**Sankt Magdalener (Santa Maddalena)** T-S DOC r ★★→★★★ BV – Rotwein in deutsch-österreichischem Stil von Vernatsch (SCHIAVA), der auf sehr steilen Hängen hinter Bozen wächst. Empfehlenswerte Erzeuger: CS Santa Maddalena (Huck am Bach), Gojer, Hans Rottensteiner (Premstallerhof), Untermoserhof, Waldgries.

**Sankt Michael-Eppan (San Michele Appiano)** T-S ★★★ Historische Genossenschaft. Spezialität sind die überaus sortentypischen und süffigen alpenfrischen Weißweine. Besonders empfehlenswert ist The Wine Collection (von Hans Terzer). Am besten sind der PINOT BIANCO Schulthauser und die Reihe Sanct Valentin.

**San Leonardo** T-S ★★★★ Spitzenweingut von Marchesi Guerrieri Gonzaga im TRENTINO. Hauptwein ist der Bordeaux-Verschnitt San Leonardo, der seinem französischen Vorbild am nächsten kommende Wein in Italien, mit dem beständigen Stil eines Spitzen-Château.

**Santadi** Sar ★★★ Die beste sardische Winzergenossenschaft und eine der besten Italiens, v. a. wegen der auf CARIGNANO basierenden Rotweine Terre Brune, Grotta Rossa und Rocca Rubia RISERVA (alle DOC CARIGNANO DEL SULCIS). Sehr guter Monica di Sardegna Antigua.

**Sant'Antimo** Tosk DOC r w; s ★★ Eine hübsche kleine romanische Abtei stand Pate für diese umfassende DOC für (fast) alles im Montalcino-Gebiet, was nicht der DOCG BRUNELLO DI MONTALCINO oder der DOC ROSSO DI MONTALCINO angehört.

**Saracco, Paolo** Piem ★★★ Erstklassiger MOSCATO d'ASTI. Sehr gut auch LANGHE RIESLING und PINOT NOIR.

**Sardinien** Die zweitgrößte Insel des Mittelmeers bringt viele ordentliche und einige ausgezeichnete Weine hervor, u. a. Vermentino di Gallura DOCG, VERMENTINO DI SARDEGNA (etwas weniger alkoholstark und charaktervoll), den Sherry-ähnlichen VERNACCIA DI ORISTANO und den Nuragus bei den

Weißen, die süße Spätlese Nasco sowie CANNONAU (GRENACHE) und CA-RIGNANO bei den Roten. Hervorragend sind Terre Brune und Rocca Rubia von Santadi, der rote Turriga von ARGIOLAS und VERMENTINO von Capichera. Sella & Mosca ist eine großartige zweite Wahl.

**Sassicaia** Tosk DOC r ★★★★ 04' 05 06 07' 08 09 10 13 15' – Italiens einzige DOC (BOLGHERI), die aus einer Einzellage besteht, ein Verschnitt aus CABERNET SAUVIGNON und CABERNET FRANC, der in Premier-Cru-Manier von Marchese Incisa della Rocchetta auf der TENUTA San Guido bereitet wird: eher elegant als üppig, für lange Lagerung gemacht – und oft als Investitionsobjekt gekauft, aber einer der wichtigsten Faktoren für Italiens Spitzenqualitätsimage. Der 2015er könnte in die Annalen eingehen.

**Satta, Michele** Tosk ★★★ Praktisch der einzige BOLGHERI-Erzeuger, der mit reinsortigem SANGIOVESE (Cavaliere) Erfolg hat. Daneben gibt es die guten roten Verschnitte Piastraia und I Castagni SUPERIORE (beide DOC DOCG).

**Scavino, Paolo** Piem ★★★ Modernistischer BAROLO-Erzeuger in Castiglione Falletto. Empfehlenswert v. a. die Einzellagenweine Bric del Fiasc, Canubi, Monvigliero und Rocche dell'Annunziata. Jetzt ist der Stil weniger eichenlastig. Nicht entgehen lassen sollte man sich den neuen Barolo RISERVA Novantesimo.

**Schiava** T-S DOC r ★ BV – Schiava (auf Deutsch VERNATSCH) liefert praktisch tanninfreien, süffigen Rotwein aus dem südlichsten Teil der deutschsprachigen Welt, verschwindet jedoch leider aus den Südtiroler Weinbergen.

**Schiopetto, Mario** F-JV ★★★ Das legendäre COLLIO-Pionierweingut gehört inzwischen der Familie Rotolo. Sehr guter SAUVIGNON BLANC, Pinot bianco, RIBOLLA GIALLA (alle DOC), Friulano, IGT-Verschnitt Blanc de Rosis usw.

**Schreckbichl** T-S – siehe COLTERENZIO.

**Sella & Mosca** Sar ★★ Bedeutendes Erzeuger- und Handelshaus in SARDINIEN. Sehr angenehmer weißer Torbato (v. a. Terre Bianche) sowie leichter, fruchtiger VERMENTINO Cala Viola (BV). Daneben gibt es guten roten DOC Alghero Marchese di Villamarina (CABERNET SAUVIGNON) und Tanca Farrà (CANNONAU/Cabernet Sauvignon) sowie den interessanten Anghelu Ruju im Port-Stil.

**Selvapiana** Tosk ★★★ Das CHIANTI-RUFINA-Gut gehört zur italienischen Spitzenriege. Am besten sind der RISERVA Bucerchiale und der IGT Fornace, doch schon der einfache Chianti Rufina ist köstlich. Auch ein feiner roter POMINO namens Villa Petrognano.

**Settesoli, CS** Siz ★→★★ Die Genossenschaftskellerei mit rund 6.000 ha Rebland ist mit ihren verlässlichen und preiswerten Weinen ein Aushängeschild für SIZILIEN.

**Sforzato** Lomb ★★★ AMARONE-ähnlicher NEBBIOLO von getrockneten Trauben aus dem VALTELLINA im äußersten Norden der Lombardei. Entwickelt sich beim Lagern wundervoll.

**Sizilien** Die größte Mittelmeerinsel ist eine moderne Quelle für interessante, originelle Weine mit gutem Preis-Leistungs-Verhältnis. Einheimische Trauben (rot: Frappato, NERELLO MASCALESE, NERO D'AVOLA; weiß: CATARRATTO, Grecanico, GRILLO, INZOLIA) und internationale Rebsorten. Die Rebflächen liegen in der Ebene im Westen, auf den Hügeln in der Mitte der Insel und an den Hängen des Ätna.

**Soave** Ven DOC w; (s) ★→★★★ BV – Berühmter, immer noch unterschätzter Weißwein aus Verona. CHARDONNAY, GARGANEGA, TREBBIANO di Soave. Die Weine von den vulkanischen Böden des CLASSICO-Gebiets sind oft intensiv, mineralisch, sehr fein und ziemlich langlebig.

**Solaia** Tosk r ★★★★ 04 06 07 08 09 10 11 12 13 15 – Gelegentlich grandioser CABERNET SAUVIGNON/SANGIOVESE-Verschnitt von ANTINORI, der im Einklang mit höchsten Bordeaux-Anforderungen bereitet wird; beda[rf] jahrelanger Lagerung.

**Sottimano** Piem ★★★→★★★★ In Familienhand; einer der bestechendste[n] Erzeuger in BARBARESCO (Einzellagen: Basarin, Cottà, Currà, Fausoni, Pa[jorè). Sehr guter Dolcetto d'Alba, Barbera d'Alba.

**Speri** Ven ★★★ Familienbetrieb in VALPOLICELLA, seit 2015 zertifiziert öko[logisch, mit Lagen wie dem hervorragenden Monte Sant'Urbano. Traditio[neller Stil. Hervorragend: Amarone Vigneto Monte Sant'Urbano.

**Sperino, Proprietà** Piem ★★★→★★★★ Spitzenweingut in LESSONA un[d] eines der besten im Alto Piemonte, geführt von Luca De Marchi (sieh[e] ISOLE E OLENA). Hervorragend: Lessona; sehr gut: L Franc (einer der bes[ten italienischen CABERNET-FRANC-Weine), Rosa del Rosa (Rosé-Ver[schnitt von NEBBIOLO und Vespolina).

**Spumante** Schaumwein. Der ehemalige ASTI Spumante heißt jetzt nur noc[h] Asti.

**Südtirol** T-S – Deutschsprachiger Teil der Region TRENTINO–Alto Adige. Sie[he ALTO ADIGE.

**Superiore** Wein mit längerer Fassreife sowie mit 0,5–1 % mehr Alkoholgehal[t] als normaler DOC-Wein. Bezeichnet manchmal auch einen Teil eines Anbaugebiets, z. B. ROSSO PICENO Superiore.

**Supertoskaner** Tosk – Weine mit hoher Qualität und hohen Preisen, die in de[n] 1970er- und 1980er-Jahren entwickelt wurden, um die damals geltende[n] unsinnigen Regelungen zu umgehen, heute jedoch, vor allem angesicht[s] der wachsenden Bedeutung der Gran Selezione, kaum noch relevant. Nach wie vor allgemein der (völlig inoffiziellen) Supertoskaner-Kategorie zugerechnet würden CA' MARCANDA, Flaccianello, Guado al Tasso, Messorio, ORNELLAIA, Redigaffi, SASSICAIA, SOLAIA und TIGNANELLO.

**Sylla Sebaste** Piem ★★★ Verleiht den Vorzügen der seltenen Rebsorte Nebbiolo Rosé Ausdruck: leichterer, herrlich duftender BAROLO. Die reinste Pracht.

**Tasca d'Almerita** Siz ★★★ Eine neue Generation der Familie führt nun das historische und immer noch angesehene Gut. Weinberge in großer Höhe; ausgewogene IGT-Weine unter dem alten Namen Regaleali. Spitzenwein ist der hauptsächlich von NERO D'AVOLA erzeugte Rosso del Conte. Sehr guter Malvasia delle Lipari Capofaro und Grillo Mozia Tenuta Whitaker.

**Taurasi** Kamp DOCG r ★★★ 09 10 11 12 13 15 (16) – Die Antwort des Südens auf den BAROLO Nord- und den BRUNELLO Mittelitaliens bedarf großer Sorgfalt und langer Alterung. Es gibt freundlichere Versionen von AGLIANICO, aber keine ist potenziell so komplex, anspruchsvoll und schließlich lohnenswert. Berühmt wurde der Wein durch MASTROBERARDINO, weitere hervorragende Erzeuger sind Caggiano, Caputo, FEUDI DI SAN GREGORIO, Molettieri, Quintodecimo, Luigi Tecce und Terredora.

**Tedeschi** Ven ★★★ Jede Menge sehr feiner AMARONE, VALPOLICELLA. Am besten sind der Amarone Capitel Monte Olmi und der RECIOTO Capitel Monte Fontana.

**Tedeschi, Fratelli** Ven ★★→★★★ Einer der Anbauer von VALPOLICELLA, die schon Qualität erzeugten, als in dem Gebiet noch Mittelmäßigkeit die Regel war.

**Tenuta** Landwirtschaftliches Gut (siehe unter dem Eigennamen, z. B. TRINORO, Tenuta di).

**Terlan** T-S w ★★→★★★ BV – Die Bezeichnung DOC ALTO ADIGE Terlano (bzw. Terlaner DOC) steht für einen Weißweinverschnitt und acht sortenreine Weißweine, v. a. PINOT BIANCO und SAUVIGNON BLANC, die manchmal sehr frisch und spritzig, manchmal aber auch anspruchsvoll und überraschend langlebig sind. Am besten von der cs Terlan (v. a. der Pinot bianco Vorberg), LAGEDER, Niedermayr, Niedrist.

**Teroldego Rotaliano** T-S DOC r rs ★★→★★★ Die beste einheimische Rebsorte des TRENTINO erbringt auf dem flachen Campo Rotaliano wirklich schmackhaften Wein. Spitzenerzeuger ist Foradori. Ebenfalls gut: Dorigati, Endrizzi, die RISERVA Nos von MEZZACORONA sowie Zeni.

**Terre del Barolo** Piem ★→★★ Die Genossenschaft in Castiglione Falletto erzeugt Millionen von Flaschen BAROLO und anderer Weine aus den LANGHE; bemerkenswert beständige Qualität. Empfehlenswert ist der neue, dem Gründer gewidmete Aldo Rivera.

**Terre Nere, Tenuta delle** Siz ★★★★ Marc de Grazia beweist, dass von NERELLO und CARRICANTE an der begehrten Nordflanke des Ätna großartiger Wein bereitet werden kann. Am besten: Guardiola, Vigne Niche und La VIGNA di Don Peppino von Reben aus der Zeit vor der Reblaus. Sehr gut auch der Le Vigne di Eli.

**Terriccio, Castello del** Tosk ★★★ Großes Weingut südlich von Livorno mit vorzüglichem, sehr teurem IGT Lupicaia und sehr gutem IGT Tassinaia im Bordeaux-Stil. Eindrucksvoll der IGT Terriccio, ein ungewöhnlicher Verschnitt hauptsächlich von Rhône-Sorten.

Eine über 350 Jahre alte Rebe, die auf 350 m² wächst? Auf Schloss Katzenzungen, Südtirol.

**Tiberio** ★★★★ Der herausragende TREBBIANO D'ABRUZZO Fonte Canale (von 60 Jahre alten Reben) ist einer der besten italienischen Weißweine. Neu im Angebot: Montepulciano d'Abruzzo Colle Vota. Cerasuolo d'Abruzzo und PECORINO sind ebenfalls außergewöhnlich.

**Tiefenbrunner** T-S ★★★→★★★★ Erzeuger- und Handelsbetrieb im Schloss Turmhof im südlichen SÜDTIROL. Breites Spektrum an gebirgsfrischen Weiß- und klar definierten Rotweinen von französischen, deutschen und einheimischen Reben, v. a. der MÜLLER-THURGAU Feldmarschall aus Weingärten auf 1.000 m Höhe – einer der besten Weißweine Italiens.

**Tignanello** Tosk r ★★★★ 07' 08 09 10 11 12 13 15 – Im Barrique ausgebauter Verschnitt von SANGIOVESE und CABERNET SAUVIGNON, von ANTINORIS Spitzenönologen Giacomo Tachis Anfang der 1970er-Jahre eingeführt und der Wein, mit dem die SUPERTOSKANER groß herauskamen. Heute einer der größten Goldesel der Weinwelt.

**Tommasi** Ven ★★★ Die vierte Generation ist jetzt am Ruder. Spitzenweine: AMARONE, (RISERVA Ca' Florian und der neue Riserva De Buris), VALPOLICELLA Rafael. Weiter Güter in der Basilikata (Paternoster), dem OLTREPÒ PAVESE (TENUTA Caseo), APULIEN (Masseria Surani) und Venetien (Filodora).

**Torcolato** Ven – Der süße Wein aus BREGANZE in Venetien wird von Vespaiolo-Trauben bereitet, die wie beim RECIOTO DI SOAVE monatelang zum Trocknen aufgehängt oder auf Matten ausgelegt wurden. Beste Erzeuger: CS Beato Bartolomeo da Breganze, MACULAN.

**Torgiano** Umb DOC r rs w; (sch) ★★ und **Torgiano Rosso Riserva** DOCG r ★★→★★★★ 08 09 10 11 12 13 15 – Guter bis hervorragender Rotwein aus Umbrien, praktisch exklusiv von LUNGAROTTI. Am besten ist der Rubesco RISERVA Vigna Monticchio. Kann viele Jahre lagern.

**Torrette** Ao DOC r ★→★★★★ Verschnitt von Petit Rouge und anderen einheimischen Rebsorten. Am besten ist der Torrette Superieur. Gute Erzeuger: Anselmet, Les CRETES, D&D, FEUDO DI SAN MAURIZIO, Didier Gerbelle, Grosjean, Elio Ottin.

**Toskana** Brennpunkt der »Renaissance« des italienischen Weins gegen Ende des 20. Jh. mit experimentellen Abfüllungen wie den SUPERTOSKANERN und dann modernisierten Klassikern wie CHIANTI, VINO NOBILE, BRUNELLO. Die Entwicklung von Küstenanbaugebieten wie BOLGHERI und MAREMMA hat den toskanischen Wein in den letzten 50 Jahren entscheidend geprägt.

**Travaglini** Piem ★★★ Neben Antoniolo solider Erzeuger von nordpiemontesischem NEBBIOLO, mit sehr gutem GATTINARA RISERVA, Gattinara Tre Vigne und einem ziemlich guten Metodo-classico-Schaumwein von 100 % NEBBIOLO namens Nebolé. Empfehlenswert: Riserva 60° Anniversario.

**Trebbiano d'Abruzzo** Abr DOC w ★→★★★★★ BV – Für gewöhnlich frischer, einfacher Wein, aber der von VALENTINI und der Fonte Canale von Tiberio sind zwei der besten italienischen Weißweine.

**Trediberri** Piem ★★★ Dynamisches Gut mit erstklassigem (äußerst preiswertem) BAROLO Rocche dell'Annunziata sowie sehr gutem LANGHE NEBBIOLO und BARBERA D'ALBA.

**Trentino** T-S DOC r w; tr s ★→★★★ DOC für rund 20 meist nach der Traubensorte benannte Weine; am besten sind CHARDONNAY, PINOT BIANCO, MARZEMINO und TEROLDEGO. Die Hauptstadt der Provinz ist Trento, und das ist der auch der Name der DOC für potenziell erstklassige Metodo-Classico-Weine.

**Die kleinste DOCG in Italien? Moscato di Scanzo, 31 ha. Zu Gorgonzola oder Bitterschokolade.**

**Trinoro, Tenuta di** Tosk ★★★★ Individualistisches Gut für Rotweine, Pionier in der DOC Val d'Orcia zwischen MONTEPULCIANO und MONTALCINO. Großer Anteil an Bordeaux-Trauben im Flaggschiffwein TENUTA di Trinoro sowie in Palazzi, Le Cupole und Magnacosta. Siehe auch VINI FRANCHETTI (Etna).

**Tua Rita** Tosk ★★★★ Der erste Erzeuger, der in den 1990er-Jahren das rund 20 km weiter südlich gelegene Suvereto als das »neue BOLGHERI« etablierte. Der Redigaffi ist vielleicht Italiens großartigster MERLOT; empfehlenswert sind auch der Bordeaux-Verschnitt Giusto di Notri und der SYRAH Per Sempre. Siehe auch VAL DI CORNIA.

**Uberti** Lomb ★★★→★★★★★ Das historische Gut bringt das Terroir der Franciacorta hervorragend zum Ausdruck. Ausgezeichnet sind Quinque (ein Verschnitt von 5 Jahrgängen) und Comarì del Salem. Sehr gut auch der Dosaggio Zero Sublimis. Empfehlenswert: DeQuinque (ein Verschnitt von 10 Jahrgängen).

**Umani Ronchi** Mar ★★→★★★ Führender Erzeuger in den Marken; v. a. Verdicchio (Casal di Serra, Plenio), CONERO Cumaro, IGT-Weine Le Busche (weiß) und Pelago (rot).

**Vajra, G. D.** Piem ★★★ Führender BAROLO-Qualitätserzeuger in Vergne. Hervorragender Bricco delle Viole und LANGHE Freisa Kyè. Gut: Langhe RIESLING Petracine, Barolo Albe, Dolcetto Costesossati und die Barolos von Luigi Baudana aus Serralunga.

**Valdadige (Etschtaler)** T-S DOC r w; tr lbl ★ Bezeichnung für die einfachen Weine, die an der Etsch (italienisch Adige) entstehen, d. h. in SÜDTIROL, im TRENTINO und in Nordvenetien.

**Val di Cornia** Tosk DOC r rs w ★★→★★★ 10 11 12 13 15 16 – Qualitätsbereich südlich von BOLGHERI. CABERNET SAUVIGNON, MERLOT, MONTEPULCIANO, SYRAH. Erzeuger: Ambrosini, Jacopo Banti, Bulichella, Gualdo del Re, Incontri, Montepeloso, Petra, Russo, San Michele, TENUTA Casa Dei, Terricciola, TUA RITA.

**Valentini, Edoardo** Abr r w ★★★→★★★★ Sammler reißen sich um den MONTEPULCIANO D'ABRUZZO und den TREBBIANO D'ABRUZZO, die zu den allerbesten Italiens zählen. Traditionell, lagernswert; die Weine aus den 1970ern sind besonders denkwürdig.

**Valle d'Aosta** DOC r rs w ★★→★★★ DOC für etwa 25 Weine aus dem Aostatal, die geografische oder Rebsortenbezeichnungen tragen, u. a. Arnad Montjovet, Blanc de Morgex, Chambave, Donnas, Enfer d'Arvier, Fumin, Nus MALVOISIE, Premetta, Torrette. Sehr kleine Produktion, die Weine gelangen nur selten ins Ausland, sind aber oft sehr lohnenswert.

**Valle Isarco (Eisacktaler)** T-S DOC w ★★ BV – DOC in SÜDTIROL für 7 sortenreine Weißweine, die entlang des Eisack (italienisch Isarco) nordöstlich von Bozen entstehen. Guter GEWÜRZTRAMINER, MÜLLER-THURGAU, RIESLING und SILVANER. Spitzenerzeuger sind CS Eisacktaler, Kloster Neustift, Kofererhof, Kuenhof, Manni Nossing.

**Valpolicella** Ven DOC r ★→★★★★ Vielfältige Appellation, die vom leichten Durstlöscher mit einer gewissen fruchtigen Wärme über stärkeren SUPERIORE (der manchmal RIPASSO ist, manchmal nicht) bis hin zu AMARONE und RECIOTO reicht. Normaler Valpolicella ist heutzutage schwer aufzutreiben, weil die guten Trauben alle für den trendigen, profitablen Amarone verwendet werden, der oft enttäuscht. (Erzeuger siehe Kasten S. 204.)

**Valpolicella Ripasso** Ven DOC r ★★→★★★ 09 10 11 12 13 (15) Äußerst gefragt, deshalb seit 2016 veränderte Bedingungen: Früher wurde nur Valpolicella Superiore (nur einmal) auf den Traubenschalen von RECIOTO oder AMARONE erneut vergoren, um einen lagernswerteren Wein zu erhalten; jetzt darf man zehn Prozent Amarone mit normalem Valpolicella verschneiden und das dann Ripasso nennen. Am besten von BUSSOLA, Castellani, DAL FORNO, QUINTARELLI und ZENATO.

**Valtellina** Lomb DOC/DOCG r ★★→★★★ Langes, von Osten nach Westen verlaufendes Tal an der Schweizer Grenze, auf dessen steilen Terrassen seit Jahrtausenden NEBBIOLO (der hier CHIAVENNASCA genannt wird) und verwandte Reben wachsen. Die DOCG Valtellina SUPERIORE ist in fünf Bereiche unterteilt: Grumello, Inferno, Maroggia, Sassella und Valgella. Die besten Erzeuger sind derzeit Ar.Pe.Pe., Fay, MAMETE PREVOSTINI, Nera, Nino Negri, Plozza, Rainoldi, Triacca. In der DOC Valtellina sind die Anforderungen weniger streng. Sforzato ist der hiesige AMARONE.

**Vecchio Samperi** Siz – Siehe DE BARTOLI.

**Verdicchio dei Castelli di Jesi** Mar DOC w; (sch) ★★→★★★ BV – Vielseitiger Weißwein aus der Gegend um Ancona an der Adria. Leicht und süffig oder schäumend oder strukturiert, komplex und langlebig (v. a. als RISERVA DOCG mit mindestens zwei Jahren Reifung). Auch CLASSICO. Die besten Erzeuger sind Bucci (Riserva), Casalfarneto, Colognola, Coroncino (Gaiospino e Stracacio), Fazi-Battaglia (Riserva San Sisto), Andrea Felici, GAROFOLI (Podium), La Staffa, Marotti Campi (Salmariano), MONTE SCHIAVO (Le Giuncare), Montecappone (Federico II), Santa Barbara, Sartarelli (Balciana, eine seltene Spätlese, und Tralivio), Tenuta di Tavignano (Misco und Riserva), UMANI RONCHI (Plenio und Casal di Serra).

**Verdicchio di Matelica** Mar DOC w; (sch) ★★→★★★ BV – Ähnlich wie Jesi (vgl. vorigen Eintrag), kleiner, weiter im Landesinneren und höher gelegen, daher säurereichere und langlebigere Weine, die aber jung nicht so ansprechend sind. Der RISERVA ist ebenfalls DOCG. Erzeuger: v. a. Belisario, Bisci, Borgo Pagliagnetto, Collestefano, La Monacesca (Mirum), Pagliano Tre, San Biagio.

**Verduno** Piem DOC r ★★★ (BV) – Beeren und Kräuteraromen. Spitzenerzeuger: CASTELLO DI VERDUNO (Basadone), Fratelli Alessandria, G. B. Burlotto. Gut: Ascheri (Do ut Des), Bel Colle (Le Masche), Reverdito.

**Verduno, Castello di** Piem ★★★ Ein Ehepaar erzeugt sehr guten BARBARESCO Rabajà, BAROLO Monvigliero und Verduno Basadone.

**Verduzzo** F-JV DOC w; tr lbl s ★★→★★★ Körperreicher Weißwein (DOC Friuli Colli Orientali) von einer einheimischen Traube. Ramandolo (DOCG) ist der bedeutendste Unterbereich für Süßweine. Spitzenerzeuger: Anna Berra, Dorigo, Meroi.

**Vermentino di Gallura** Sar DOCG w ★★→★★★ BV – VERMENTINO bringt in der Toskana, Ligurien und ganz Sardinien gute leichte Weine hervor, aber der beste, intensivste entsteht im äußersten Nordosten der Insel unter dieser DOCG-Bezeichnung. Empfehlenswert sind Capichera, CS di Gallura, CS del Vermentino/Monti, Depperu, Mura, Zanatta.

---

### Valpolicella – die Besten

Der VALPOLICELLA war nie besser als heute. AMARONE DELLA VALPOLICELLA und RECIOTO DELLA VALPOLICELLA sind nun zur DOCG befördert worden, während der VALPOLICELLA RIPASSO endlich als eigenständiger historischer Wein anerkannt wurde. Folgende Betriebe erzeugen gute bis großartige Weine (die Crème de la Crème ist mit einem Stern gekennzeichnet): Accordini Stefano\*, Serego Alighieri\*, ALLEGRINI\*, Begali, BERTANI, BOLLA, Boscaini, Brigaldara\*, BRUNELLI, BUSSOLA\*, Ca' la Bianca, Campagnola, Ca' Rugate, Castellani, Corteforte, Corte Sant'Alda, CS Valpantena, Cantina Valpolicella, Valentina Cubi, DAL FORNO\*, Guerrieri-Rizzardi, MASI\*, Mazzi\*, Nicolis, PRÀ, QUINTARELLI\*, Roccolo Grassi\*, Le Ragose, Le Salette, Speri\*, TEDESCHI\*, Tommasi\*, Venturini, VIVIANI\*, ZENATO, Zeni.

---

**Vermentino di Sardegna** Lig DOC w ★★ BV – Aus allen Teilen SARDINIENS, kann sich aber in Struktur und Geschmacksintensität meist nicht mit VERMENTINO DI GALLURA messen. Gute Erzeuger: Argiolas, Santadi, Sella & Mosca.

**Vernaccia di Oristano** Sar DOC w; tr (s); (fz) ★→★★★ Unter Flor gereifte sardische Spezialität, ähnlich leichtem Sherry, ein wenig bitter und körperreich. SUPERIORE mit 15,5 Vol.-% Alkohol und 3 Jahren Alterung. Köstlich zu Bottarga (getrocknetem und gesalzenem Fischrogen). Unbedingt probieren! Spitzenerzeuger: CONTINI. Gut sind auch Silvio Carta und Serra.

**Vernaccia di San Gimignano** Tosk – Siehe bei SAN GIMIGNANO.

**Vie di Romans** F-JV ★★★→★★★★ Gianfranco Gallo hat das Gut seines Vaters im DOC-Bereich FRIULI ISONZO an die Spitze der Erzeuger in FRIAUL geführt. Hervorragend sind Friuli Isonzo PINOT GRIGIO Dessimis, SAUVIGNON BLANC Piere und Vieris (in Eiche ausgebaut) sowie der Verschnitt Flors di Uis und MALVASIA.

**Vietti** Piem ★★★★ Ökoweingut in Castiglione Falletto im Besitz der Krause Group, aber weiterhin von Luca Currdo und Mario Cordero geführt. Charaktervolle piemontesische Weinen; mustergültiger BAROLO: Brunate, Lazzarito, Ravera, Rocche, Villero. Sehr gut: BARBARESCO Masseria, BARBERA D'ALBA Scarrone und BARBERA D'ASTI La Crena.

**Vignamaggio** Tosk ★★→★★★★ Sehr schönes historisches CHIANTI-CLASSICO-Gut bei Greve. Leonardo da Vinci malte hier die Mona Lisa. Wie die RISERVA heißt, ist nicht schwer zu erraten.

**Vigna oder vigneto** Einzellage. In der Regel ein Zeichen für bessere Qualität.

**Villa Matilde** Kamp ★★★ Spitzenweingut in KAMPANIEN mit FALERNO Rosso (VIGNA Camarato) und Bianco (Vigna Caracci) sowie Eleusi PASSITO.

**Villa Russiz** F-JV ★★★ Historisches Gut mit DOC-COLLIO-Weinen. Sehr guter SAUVIGNON BLANC und MERLOT (v. a. die Auslesen namens De la Tour), außerdem PINOT BIANCO, PINOT GRIGIO, Chardonnay und Friulano.

**Vini Franchetti** Siz ★★★ Das Gut am Ätna (das früher Passopisciaro hieß) wird von Franchetti (siehe TRINORO) geführt und trägt maßgeblich zum Ruhm des Bereichs Etna bei. Hervorragende Einzel-*contrada*-Weine von Nerello Mascalese. Am besten sind Contrada G (Guardiola) und Contrada C (Chiappemacine). Sehr gut auch Contrada R (Rampante).

**Vino Nobile di Montepulciano** Tosk DOCG r ★★→★★★ 08 09 10 11 12 13 15 (16) – Traditionsreicher SANGIOVESE (hier Prugnolo gentile genannt) aus der toskanischen Stadt MONTEPULCIANO (nicht zu verwechseln mit der gleichnamigen Rebsorte der Abruzzen). Häufig anspruchsvolle Weine mit adstringierenden Tanninen, doch komplex und nachhaltig von den besten Erzeugern: AVIGNONESI, Bindella, Boscarelli, La Braccesca, Caneto, Fattoria del Cerro, Contucci, DEI, Montemercurio, POLIZIANO, Romeo, Salcheto, Fattoria della Talosa, Valdipiatta, Villa Sant'Anna. Nach 3 Jahren RISERVA.

**Vin Santo, Vinsanto oder Vino Santo** T-S, Tosk DOC w; s ★★→★★★★ PASSITO-Süßwein, in der TOSKANA (Vin Santo) meist von TREBBIANO, MALVASIA und/oder SANGIOVESE, im TRENTINO (Vino Santo) von Nosiola. Toskanische Exemplare sind sehr unterschiedlich, von trocken und sherryartig bis süß und unglaublich reichhaltig. Viele reifen zwischen drei und zehn Jahren in kleinen Fässern, den *caratelli*, ohne umgefüllt zu werden. Legendär ist der Vin Santo von Avignonesi, doch es gibt auch andere hervorragende Erzeuger: CAPEZZANA, Fattoria del Cerro, FELSINA, FRASCOLE, ISOLE E OLENA, Rocca di Montegrossi, SAN GIUSTO A RENTENNANO, SELVAPIANA, Villa Sant'Anna, Villa di Vetrice. Siehe auch OCCHIO DI PERNICE.

**Voerzio, Roberto** Piem ★★★★ Modernistischer BAROLO-Erzeuger: konzentrierte, tanninstarke Weine. Eher eindrucksvoll/teuer als köstlich, meist in angerösteten Barriques ausgebaut. Das Angebot umfasst Brunate, Cerequio, Rocche dell'Annunziata, Rocche dell'Annunziata-Torriglione, Sarmassa, La Serra, Torriglione, Fossati Case Nere Riserva 10 anni; auch ausgezeichneter BARBERA D'ALBA. Seit dem Jahrgang 2016 zwei neue Barolo-Weine.

**Volpaia, Castello di** Tosk ★★→★★★ Sehr gutes CHIANTI-CLASSICO-Gut in Radda. Ökozertifizierung. Erstklassiger Chianti Classico Riserva, Gran Selezione Coltassala (Sangiovese/Mammolo) und Balifico (Sangiovese/Cabernet Sauvignon).

**Zenato** Ven ★★★ Sehr verlässliche, manchmal bestechende Weine vom Gardasee; auch AMARONE, LUGANA, SOAVE und VALPOLICELLA. Empfehlenswerte Etiketten: RISERVA Sergio Zenato.

**Zerbina, Fattoria** Em-Ro ★★★ Führendes Weingut in der Romagna mit dem besten süßen DOCG ALBANA (Scacco Matto und AR), sehr gutem SANGIOVESE (Pietramora) und im Barrique ausgebautem IGT Marzieno.

**Europas höchster Weinberg liegt in Südtirol: auf 1.340 m.**

**Zibibbo** Siz tr s ★★★ Verlockender sizilianischer Tafelwein von MUSCAT d'Alessandria, der hauptsächlich auf der Insel PANTELLERIA und im äußersten Westen SIZILIENS entsteht. Musterbeispiele für die trockene Version kommen von DE BARTOLI.

**Zonin** Ven ★→★★ Einer der größten Eigentümer von Weingütern in Italien, beheimatet in Gambellara (Venetien), aber auch einflussreich im FRIAUL, in der TOSKANA, in APULIEN, auf SIZILIEN und anderswo auf der Welt (z. B. im US-Bundesstaat Virginia).

# Deutschland

Die folgenden Abkürzungen
werden im Text verwendet:

| | |
|---|---|
| **Bad** | Baden |
| **Fran** | Franken |
| **Hess-B** | Hessische Bergstraße |
| **M** | Mosel (einschließlich Saar und Ruwer) |
| **MM** | Mittelmosel |
| **MR** | Mittelrhein |
| **Na** | Nahe |
| **Pfz** | Pfalz |
| **Rhg** | Rheingau |
| **Rhh** | Rheinhessen |
| **Sa-Un** | Saale-Unstrut |
| **Würt** | Württemberg |

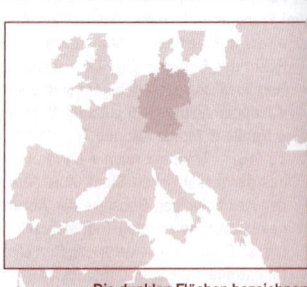

**Die dunklen Flächen bezeichnen die Weinbaugebiete**

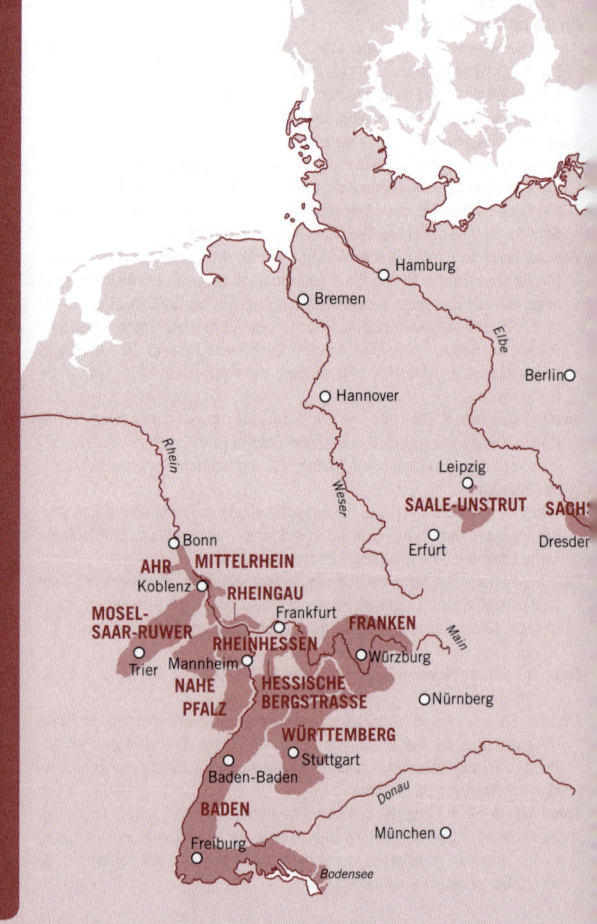

Die Lese des Jahres 2018 hat ein Lächeln in wirklich jedes deutsche Winzergesicht gezaubert: so viel Wein und dazu noch von so guter Qualität! Das ist allein dem Klimawandel geschuldet. Es ist erst 25 Jahre her, dass die Weinbauern hart um den Reifegrad kämpfen mussten. Jedes Quäntchen Extrazucker in den Trauben galt als großes Glück. Heute hat sich das ins Gegenteil verkehrt. Die Reifung muss eher verlangsamt werden, um allzu schwere und plumpe Weine zu vermeiden. Vor zehn bis 15 Jahren begann die Lese Mitte/Ende September und dauerte mindestens sechs Wochen. 2018 ging es in vielen Bereichen bereits Ende August los, und schon nach zwei bis drei Wochen war alles vorbei.

Größtenteils sind es gute Nachrichten, nur die Säure in einigen unreifen Weinen könnte sich rächen. Aber reifer Riesling ist viel schöner als überreifer, und wer würde sich schon über ein weiteres großartiges Jahr beschweren? Für die Winzer bedeutet das, in Zukunft anders zu arbeiten und sich auf die veränderten Bedingungen einzustellen. Der Kabinett als leichtester und filigranster unter den deutschen Weinen ist zunehmend schwieriger zu erzeugen. Vielleicht wird er eines Tages der Teuerste von allen sein. Immerhin gilt er dann nicht mehr als unterbewertet.

# Neuere Jahrgänge

## Mosel

Weine von der Mosel (inkl. Saar und Ruwer) sind jung so ansprechend, dass ihr Entwicklungspotenzial selten auf die Probe gestellt wird. Aber gute Kabinettweine gewinnen deutlich bei 5 Jahren Flaschenlagerung oder länger, Spätlesen bei 5–20 Jahren und Auslesen sowie BA bei über 10–30 Jahren. »Rassig« lautet die Parole. Trockene Moselweine konnten schon mal ziemlich fies sein, der Klimawandel macht sie deutlich runder. Saar und Ruwer bringen schlankere Weine hervor als die Mosel, übertreffen jedoch den Rest der Welt an Eleganz und erregender, stahliger Rasse.

- **2018** Starke, zum Teil richtig große Weine, dabei gut ausbalanciert. Bessere Säurestruktur als 2003.
- **2017** Frostbedingt niedriger Ertrag und folglich sehr extraktreiche Weine. Brillanter Kabinett, Spätlesen mit stahliger Säure.
- **2016** Gut ausbalancierte, vorbildlich rassige Weine.
- **2015** Ein warmes Jahr, gehaltvolle trockene Weine und Spätlesen. Auslesen mit Lagerpotenzial.
- **2014** Schwieriges Jahr, eine sorgfältige Auswahl ist notwendig.
- **2013** Premiumgewächse bringen Frische und Eleganz mit, sind aber rar. Die Mittelmosel schnitt besser ab als Saar und Ruwer.
- **2012** Klassische zurückhaltende Weine, die sich als langlebig erweisen könnten.
- **2011** Ein brillanter Jahrgang, besonders an Saar und Ruwer. Sensationelle Trockenbeerenauslesen.
- **2010** Hauptmerkmal der Weine ist der hohe Säuregehalt; einige gute Spät- und Auslesen.
- **2009** Prachtvolle Spät- und Auslesen, schön ausgewogen. Einlagern.
- **2008** Kabinette und Spätlesen können fein und elegant sein. Perfekte Trinkreife.
- **2007** Runde, schöne Weine, die jetzt ihre Reife erreichen.

**Weitere gute Jahrgänge:** 2005, 2004, 2003, 2001, 1999, 1997, 1995, 1994, 1993, 1990, 1989, 1988, 1976, 1971, 1969, 1964, 1959, 1953, 1949, 1945, 1937, 1934, 1921.

# Ahr/Rheingau/Rheinhessen/Nahe/Pfalz

Neben den Moselweinen sind die Rheingaugewächse die potenziell langlebigsten aller deutschen Erzeugnisse. Sie entfalten sich über 15 Jahre hinweg und länger, jedoch können Spitzengewächse aus Rheinhessen, aus der Pfalz oder von der Nahe ebenso lange halten. Moderne trockene Weine wie die Großen Gewächse sollten im Allgemeinen innerhalb von 2–5 Jahren getrunken werden, die besten aber besitzen zweifellos Alterungspotenzial. Das Gleiche gilt für Rotweine von der Ahr (und ihre Kameraden aus Baden und anderen süddeutschen Regionen): Dank ihrer Fruchtigkeit sind sie bereits in der Jugend ansprechend, doch die besten unter ihnen entwickeln sich 10 Jahre und länger. Aber wer wird ihnen diese Chance geben?

**2018** Ein Rekordsommer, kraftvolle Weine. Den Winzern war das Aufsäuern erlaubt.
**2017** Am besten aus den südlichen Regionen und Steillagen: eine seltene Kombination aus Frische und Extrakt. Roter Hang und Mittelhaardt sind herausragend.
**2016** Sehr durchwachsen in Qualität und Quantität, schön ausgewogener Spätburgunder.
**2015** Heißer, trockener Sommer. Rheingauweine ausgezeichnet, sowohl die trockenen als auch die edelsüßen.
**2014** Kompliziert, mit sehr unterschiedlichen Ergebnissen. Jetzt größtenteils trinkreif.
**2013** Große Unterschiede: Die besten Weine kommen aus dem südlichen Rheinhessen, Franken und dem Ahrtal.
**2012** Unterdurchschnittliche Mengen, aber sehr gute, auf jeder Qualitätsstufe klassische Weine.
**2011** Fruchtige Weine mit ausgewogener Säure.
**2010** Uneinheitliche Qualität, teilweise sehr guter Spätburgunder; die trockenen Weißweine sollten jetzt getrunken werden.
**2009** Exzellente Weine, v.a. die trockenen. Teilweise musste aufgesäuert werden.
**2008** Außerordentlich rassige Rieslinge mit gutem Lagerpotenzial.
**2007** Die trockenen Weine sind jetzt trinkreif.

**Weitere gute Jahrgänge:** 2005, 2003, 2002, 2001, 1999, 1998, 1997, 1996, 1993, 1990, 1983, 1976, 1971, 1969, 1964, 1959, 1953, 1949, 1945, 1937, 1934, 1921.

**Adams** Rhh ★★→★★★ Simone Adams liefert die Erklärung, warum der SPÄTBURGUNDER aus INGELHEIM schon im 19. Jh. als einer der besten von ganz Deutschland galt.
**Adelmann, Weingut Graf** Würt ★★→★★★ Der junge Felix Graf Adelmann hat auf der idyllischen Burg Schaubeck das Zepter in der Hand. Sehr gut sind der 2015er Clevner (FRÜHBURGUNDER) und der 2016er GRAUBURGUNDER.
**Ahr** ★★→★★★★ 09' 15' **16** 18 – Flusstal südlich von Bonn, eine Art Canyon für SPÄTBURGUNDER. Schieferböden sorgen für Fruchtigkeit und Mineralität. Beste Produzenten: Adeneuer, Bertram, Deutzerhof, Heiner-Kreuzberg, Kreuzberg, MEYER-NÄKEL, Nelles, Riske, Schumacher, STODDEN und die Winzergenossenschaften Mayschoß-Altenahr und Dagernova.

**Aldinger, Weingut Gerhard** Würt ★★★→★★★★ Das Familienweingut besticht durch seine Vielseitigkeit. Weiße und Rote voller Tiefgang und Dichte, sensationell der SEKT Brut Nature (5 Jahre auf dem Hefelager; 09' 10 11' 12').

**Alte Reben** Analogie zu den französischen *vieilles vignes*. Wie in Frankreich ist kein Mindestalter festgelegt.

> **Jahrgangsangaben im Kapitel Deutschland**
>
> Die Jahrgangsangaben bei den Stichwörtern im Kapitel Deutschland erfolgen meist nach einem anderen Schema als sonst in diesem Buch üblich. Wird der Jahrgang eines bestimmten Weins bewertet oder auf Rotweingebiete Bezug genommen, entspricht die Angabe dem in diesem Buch ansonsten üblichen Schema (siehe »Zum richtigen Gebrauch« S. 4). Für Bereiche, Gemeinden und Erzeuger aber gibt es zwei verschiedene Kategorien:
>
> **Fettdruck** (z. B. **16**) – Klassischer, reifer Jahrgang mit einem hohen Anteil von Spät- und Auslesen bzw. bei Rotweinen mit schöner phenolischer Reife und einem guten Mostgewicht.
>
> Normaldruck (z. B. 17) – Erfolgreicher, aber nicht außergewöhnlicher Jahrgang.
>
> Deutsche Weißweine, insbesondere Riesling, kann man in der Regel jung trinken, um ihre intensive Fruchtigkeit zu genießen, aber auch 10–20 Jahre lagern, wodurch sie eine größere aromatische Finesse entwickeln.

**Alter Satz** Fran – Weine von alten Weinbergen, v. a. in FRANKEN, auf denen bunt durcheinander oft über 100 Jahre alte, unveredelte Reben verschiedener Sorten wachsen. Empfehlenswert: Weißweine von Otmar Zang, Scheuring, Scholtens oder Rotweine von Stritzinger.

**Amtliche Prüfungsnummer (A.P.Nr.)** Muss auf jedem Etikett eines Qualitätsweins abgedruckt sein. Besonders nützlich zur Unterscheidung von AUSLESEN aus verschiedenen Parzellen desselben Weinbergs.

**Assmannshausen** Rhg ★★→★★★★★ 05' 09 10 13 15' 16 – Der einzige Ort im RHEINGAU mit jahrhundertealter Spätburgunder-Tradition. Weine von der GROSSEN LAGE Höllenberg (45 ha Schieferböden) haben enormes Reifepotenzial. Erzeuger: BISCHÖFLICHES WEINGUT RÜDESHEIM, CHAT SAUVAGE, Karl Schön, KESSELER, König, KRONE, KÜNSTLER und Schloss Reinhartshausen.

**Auslese** Weine von ausgelesenen, besonders reifen Trauben, oft durch Edelfäule verfeinert und entsprechend gehaltvoll im Geschmack. Traditionell sollte eine Auslese aber eher elegant als superkonzentriert daherkommen. Wird sie trocken ausgebaut, kann das zulasten der Eleganz gehen.

**Ayl** M ★→★★★ Alle Weinberge sind seit 1971 unter dem Namen der historisch besten Lage bekannt: Kupp (was viel über das deutsche Weingesetz aussagt). Erzeuger: BISCHÖFLICHE WEINGÜTER TRIER, Lauer, Vols.

**Bacharach** MR ★→★★★ – Idyllisches kleines Städtchen, Zentrum der RIESLING-Erzeugung am MITTELRHEIN. Klassifizierte GROSSE LAGEN: Hahn, Posten, Wolfshöhle. Erzeuger: Bastian, JOST, KAUER, RATZENBERGER.

**Baden** Große Region im Südwesten und früheres Großherzogtum. Sie umfasst 15.000 ha, die sich über eine Länge von 230 km ziehen. Vor allem bekannt für die verschiedenen Burgundertrauben (BLAU- bzw. SPÄT-, GRAU- und WEISSBURGUNDER) mit Enklaven von RIESLING, der in der Regel trocken ausgebaut wird. Zwei Drittel des Leseguts gehen an Winzergenossenschaften.

**Bassermann-Jordan** Pfz ★★★ Berühmtes Weingut in DEIDESHEIM mit Parzellen in den FORSTER Ausnahmelagen Kirchenstück und Jesuitengarten. Majestätischer trockener Riesling, aber auch ganz traditionelle TROCKENBEERENAUSLESEN. Es gibt einen Bestand an historischen Jahrgängen: Eine Flasche Forster Ungeheuer von 1811 präsentierte sich 2018 in Bestform.

**Becker, Friedrich** Pfz ★★→★★★★ Herausragender SPÄTBURGUNDER (Kammerberg, Sankt Paul, Res, Heydenreich) aus dem südlichsten Teil der PFALZ. Besitzt einige Weinberge auf der anderen Seite der Grenze im Elsass. 5–10 Jahre Kellerreife bekommen den Weinen prima. Auch gute Weißweine (CHARDONNAY, RIESLING, GRAUBURGUNDER).

**Becker, J. B.** Rhg ★★→★★★★ Herrlich altmodische, fassgereifte und langlebige trockene RIESLINGE und SPÄTBURGUNDER in WALLUF und Martinsthal. Ältere Jahrgänge (z. B. 89 90 92) sind außerordentlich preisgünstig.

**Beerenauslese** Köstlich süßer Wein aus besonders reifen, einzeln ausgelesenen Beeren, durch Edelfäule verfeinert. Rar und teuer.

**Bercher** Bad ★★★ Familienweingut am KAISERSTUHL, bekannt für barriquegereifte rote und weiße BURGUNDER aus Burkheim.

**Bergdolt** Pfz ★★★ Ökoweingut in Neustadt-Duttweiler, bekannt für duftigen WEISSBURGUNDER mit Lagerpotenzial aus der GROSSEN LAGE Mandelberg (98' 01' 04'). RIESLING und SPÄTBURGUNDER ebenfalls empfehlenswert.

**Bernkastel** MM ★→★★★★ Erstklassige Weinstadt an der MITTELMOSEL, bekannt für ihre Fachwerkhäuser und duftige, perfekt abgerundete RIESLINGE. GROSSE LAGEN: DOCTOR und Lay. Spitzenerzeuger: Kerpen, J. J. PRÜM, LOOSEN, Studert-Prüm, THANISCH (beide Güter), WEGELER. Der Name Kurfürstlay (GROSSLAGE) ist irreführend, meiden!

**Biffar** Pfz ★★→★★★ Ein altbekannter Name in DEIDESHEIM, wiederbelebt von der japanischen Önologin Fumiko Tokuoka; das lange Hefesatzlager verleiht dem RIESLING Reifepotenzial.

**Bischöfliches Weingut Rüdesheim** Rhg ★★★ 8 ha bester Lagen in RÜDESHEIM, ASSMANNSHAUSEN und JOHANNISBERG. Gewölbekeller im berühmten Kloster der Hildegard von Bingen. Peter Perabo, früher Kellermeister bei KRONE, ist Spezialist für Spätburgunder, aber auch der RIESLING ist sehr gut.

**Bischöfliche Weingüter Trier** M ★★ In den 120 ha meist erstklassiger Lagen sind verschiedene Schenkungen vereinigt. Die Qualität ist nach wie vor schwankend, kaufen sollte man nur nach vorheriger Verkostung.

**Bocksbeutel** Fran – Die typisch bauchige Flaschenform datiert zurück auf das 18. Jh. Ihre Verwendung ist heute nur in FRANKEN und Neuweier, BADEN-BADEN, erlaubt. Im neuen Design von Peter Schmidt (sogar stapelbar) heißt er jetzt »Bocksbeutel PS«.

**Bodensee** Bad – Idyllischer Bereich im südlichen BADEN mit Lagen in 400 bis 580 m Höhe. Trockener, eleganter MÜLLER-THURGAU, leichter, aber delikater SPÄTBURGUNDER. Spitzenweinbauorte: Hagnau, Meersburg und Reichenau. Nette Urlaubsweine.

**Boppard** MR ★→★★★ Weinstadt am MITTELRHEIN mit der GROSSEN LAGE Bopparder Hamm, die wie ein Amphitheater geformt ist. Erzeuger: Heilig Grab, Lorenz, M. Müller, Perll, WEINGART. Unschlagbares Preis-Leistungs-Verhältnis.

**Braunberg** MM ★★★→★★★★ Erstklassiger Weinbauort bei BERNKASTEL mit sehr aromatischen und herrlich rassigen RIESLINGEN. GROSSE LAGEN: Juffer, Juffer-Sonnenuhr. Erzeuger: Fritz Haag, Willi Haag, KESSELSTATT, Paulinshof, MAX FERD. RICHTER, SCHLOSS LIESER, THANISCH.

**Bremer Ratskeller** Der 1405 erbaute Keller des Bremer Rathauses (UNESCO-Welterbe) birgt die größte Sammlung deutscher Weine. Der älteste ist ein 1653er RÜDESHEIMER Apostelwein.

**Breuer, Georg** Rhg ★★★→★★★★ Exquisiter RIESLING aus RÜDESHEIM und RAUENTHAL. Berg Schlossberg zeigt viel Tiefe bei 12 Vol.-%, Nonnenberg altert in Würde. Theresa Breuer übernimmt von Verwandten zusätzlich das 15 ha große Weingut Altenkirch in LORCH.

**Buhl, Reichsrat von** Pfz ★★★ Historisches Pfälzer Weingut in DEIDESHEIM. Gutsleiter ist seit 2013 Mathieu Kauffmann, zuvor Kellermeister bei Bollinger. Er steht für überragenden SEKT und GROSSE GEWÄCHSE im französischen Stil wie aus dem Bilderbuch – reichhaltig (viel Extrakt) und gleichzeitig knochentrocken.

**Bürgerspital zum Heiligen Geist** Fran ★★★ Alter Stiftsbesitz mit großer Kontinuität. Es gab nur sechs Gutsleiter in den vergangenen 180 Jahren. Traditionell bereitete Weißweine (Silvaner und RIESLING) von den besten Lagen in und um WÜRZBURG. Der SILVANER GROSSES GEWÄCHS aus der Monopollage Stein-Harfe aus den Jahrgängen 2015, 16 und 17 ist ein Monument.

**Bürklin-Wolf, Dr.** Pfz ★★→★★★★ 30 ha der besten Lagen der MITTELHAARDT, darunter so herausragende wie FORST'S Kirchenstück, Jesuitengarten und Pechstein. Gutseigene Klassifikation seit 1994, biodynamisch bewirtschaftet (mit Pferden). Weine mit Lagerpotenzial.

**Busch, Clemens** M ★★★ Weine aus der Steillage Pünderícher Marienburg werden ausschließlich in Handarbeit und biodynamisch produziert. Dabei entstehen Reihen an GROSSEN GEWÄCHSEN aus den Parzellen Fahrlay, Falkenlay, Rothenpfad und Raffes. Relativ neu ist die »Reserve«-Reihe mit 2 Jahren Fassreife (monumental die 15er Reserve Rothenpfad).

**Chat Sauvage** Rhg ★★★→★★★★★ Im Jahr 2000 quasi aus dem Nichts entstanden – kreiert im RHEINGAU PINOT NOIR im Burgunderstil. Der Jahrgang 2015 ist sensationell (ASSMANNSHAUSEN Höllenberg, Clos de Schultz, LORCH Schlossberg). Dazu etwas CHARDONNAY und delikater SEKT.

**Christmann** Pfz ★★★ VDP-Präsident Steffen Christmann, Pionier des biologisch-dynamischen Anbaus in der MITTELHAARDT bekommt jetzt Unterstützung von seiner Tochter Sophie. Bestens bekannt ist sein RIESLING Königsbacher Idig (05' 08'). Dazu gesellen sich feine GROSSE GEWÄCHSE wie z. B. der 2017er Mandelgarten Meerspinne.

**Clüsserath, Ansgar** M ★★★ Straffer RIESLING aus der TRITTENHEIMER Apotheke. Köstlich und von kristalliner Klarheit die KABINETT-Versionen.

**Corvers-Kauter** Rhg ★★★ Das Ökoweingut in Mittelheim hat sich einen Namen gemacht mit mineralischem RÜDESHEIMER RIESLING wie aus dem Bilderbuch. Übernimmt jetzt den Großteil der Weinberge des Guts LANGWERTH von Simmern. u. a. Lagen wie MARCOBRUNN und RAUENTHAL Baiken und verdoppelt damit seine Rebflächen auf 31 ha.

**Crusius, Dr.** Na ★★→★★★ Familiengut in TRAISEN. Lebhafter RIESLING mit Alterungspotenzial aus den sonnensatten Traiser Lagen Bastei und Rotenfels sowie aus SCHLOSSBÖCKELHEIM.

**Deidesheim** Pfz ★★→★★★★★ Der Ort im Zentrum der MITTELHAARDT verfügt über eine ganze Reihe GROSSER LAGEN: Grainhübel, Hohenmorgen, Kalkofen, Kieselberg und Langenmorgen. Spitzenerzeuger: BASSERMANN-JORDAN, BIFFAR, BUHL, BÜRKLIN-WOLF, CHRISTMANN, Fusser, J. F. Kimich, MOSBACHER, Seckinger, Siben, Stern und VON WINNING. Gute Winzergenossenschaft.

**Deinhard, Dr.** Pfz ★★→★★★★ Seit 2008 Teil des Weinguts von WINNING, erzeugt Weine ohne jeden Einfluss von Eiche.

**Diel, Schlossgut** Na ★★★→★★★★★ Caroline Diel folgt dem Beispiel ihres Vaters: Sie bereitet exquisiten Riesling Großes Gewächs (am besten ist meist der Dorsheimer Burgberg), prachtvolle SPÄTLESEN und ernst zu nehmenden Sekt (Cuvée Mo mit 6-jähriger Lagerung auf der Hefe oder der herausragende Brut Nature aus der Einzellage Dorsheimer Goldloch).

**Doctor** MM – Exemplarische Steillage in BERNKASTEL und der Ort, an dem die TROCKENBEERENAUSLESE erfunden wurde (1921 von Thanisch). Nur 3,2 ha groß, aber von 5 Besitzern bewirtschaftet: beide THANISCH-Weingüter, WEGELER (1,1 ha, von denen 0,06 ha an KESSELSTADT verpachtet sind), Patrick Lauerburg und der hiesigen Heilig-Geist-Stiftung (0,26 ha bis 2024 an SCHLOSS LIESER und MARKUS MOLITOR verpachtet). Die RIESLINGE sind außerordentlich umfangreich, aber kostspielig.

**Dönnhoff, Hermann** Na ★★★→★★★★ Cornelius Dönnhoff knüpft nahtlos an den Erfolg seines Vaters Helmut an mit einer herausragenden Kollektion GROSSER GEWÄCHSE aus Roxheim (Höllenpfad, bis 2016 ERSTE LAGE, wurde zur Großes-Gewächs-Lage heraufgestuft), NIEDERHAUSEN (Hermannshöhle), Norheim (Dellchen) und SCHLOSSBÖCKELHEIM (Felsenberg). Außerdem umwerfender EISWEIN.

**Durbach** Bad ★★→★★★ Weinbauort in der ORTENAU, bekannt für körperreichen RIESLING, hier Klingelberger genannt. Der Wein wächst auf Granitböden. Erzeuger: Graf Metternich, LAIBLE (beide), Männle (beide), MARKGRAF VON BADEN. Verlässliche Winzergenossenschaft.

**Egon Müller – Scharzhof** M ★★★★ 59 71 83 90 03 15 16 17 18 – Legendärer Erzeuger an der SAAR in WILTINGEN mit einem wahren Schatz an alten Weinen. Sein rassiger SCHARZHOFBERGER RIESLING zählt zu den besten Weinen der Welt: erhaben, lebhaft, unsterblich. Die Kabinette präsentieren sich federleicht und langlebig.

**Einzellage** Individuelle Weinberglage. Nicht mit GROSSLAGE verwechseln!

**Eiswein** Wein aus am Stock gefrorenen Trauben mit stark herabgesetztem Wassergehalt, daher sehr konzentriert und mit mindestens dem Reifegrad der BEERENAUSLESE. Herausragende Jahrgänge für Eiswein waren 1998, 2002, 2004 und 2008. Im vergangenen Jahrzehnt wurde immer weniger erzeugt – die globale Erwärmung ist der größte Feind des Eisweins.

**Emrich-Schönleber** Na ★★★ Werner Schönleber und Sohn Frank erzeugen präzise umrissenen RIESLING aus den klassifizierten Lagen Monzinger Frühlingsplätzchen und Halenberg – Letzterer ist meist besser.

**Erden** MM ★★★→★★★★ Ort mit Lagen auf roten Schieferböden. Edle AUSLESEN und trockene RIESLINGE von seltener Delikatesse. GROSSE LAGEN: Prälat, Treppchen. Weingüter: BREMER RATSKELLER, J. J. CHRISTOFFEL, LOOSEN, MERKELBACH, MARKUS MOLITOR, Mönchhof, Rebenhof, Schmitges.

**Erste Lage** Die zweithöchste Stufe der VDP-Qualitätspyramide, vergleichbar dem Premier cru in Burgund. Die Bezeichnung wird von allen VDP-Mitgliedern geführt, außer in den Anbaugebieten AHR, MITTELRHEIN, MOSEL, NAHE und RHEINHESSEN.

**Erstes Gewächs** Rhg – Wein von einem als Spitzenlage klassifizierten Weinberg; diese Bezeichnung darf nur im RHEINGAU verwendet werden. Die dortigen Mitglieder des VDP benutzen seit 2012 die Bezeichnung GROSSES GEWÄCHS.

**Erzeugerabfüllung** Vom Erzeuger (bei dem es sich auch um eine Winzergenossenschaft handeln kann) aus eigenem Lesegut gekelterter und selbst abgefüllter Wein. Die strengeren Kriterien unterliegende GUTSABFÜLLUNG ist, wie der Name sagt, Weingütern vorbehalten.

**Escherndorf** Fran ★★★ Weinbauort mit der GROSSEN LAGE Lump (Steillage). Der Name spielt möglicherweise darauf an, dass die schmalen Flurstücke nach einem Regen wie graue Lappen oder »Lumpen« aussehen. Fabelhafter SILVANER und RIESLING, trocken und süß. Weingüter: Michael Fröhlich, HORST SAUER, RAINER SAUER, Egon Schäffer, zur Schwane.

**Feinherb** Nicht genau definierter Begriff für Weine mit 10–25 g/l Restsüße, die man nicht unbedingt immer herausschmeckt. Flexiblere Bezeichnung als HALBTROCKEN. Ich entscheide mich oft für feinherbe Weine.

**orst** Pfz ★★→★★★★ Herausragender Weinbauort in der MITTELHARDT mit 100% RIESLING, bringt zugleich körperreiche und feine Weine hervor, die sehr langlebig sind. Die ganz GROSSEN LAGEN sind Kirchenstück, Jesuitengarten und Pechstein, Ungeheuer und Freundstück folgen auf dem Fuße. Spitzenerzeuger: Acham-Magin, BASSERMANN-JORDAN, BÜRKLIN-WOLF, MOSBACHER, REICHSRAT VON BUHL, H. Spindler, VON WINNING, WOLF. Gute Genossenschaft.

---

### Die deutschen Qualitätsstufen

Die amtlichen Qualitätsstufen in aufsteigender Reihenfolge (einmal tief Luft holen bitte):

1. **Deutscher Wein ohne Herkunftsangabe** (oder schlicht **Wein**; ersetzt die Bezeichnung Tafelwein): leichter, meist lieblicher Wein ohne näher festgelegte Eigenart.

2. **Wein mit geschützter geografischer Angabe (g.g.A.)** (ersetzt Landwein): trocken oder halbtrocken, gebietstypisch. Meist nicht zu empfehlen, doch einige erfolgreiche Güter nutzen die Kategorie Landwein bzw. g.g.A., um bürokratische Zwänge zu umgehen.

3. **Wein mit geschützter Ursprungsbezeichnung (g.U.)**: Ersetzt den bisherigen Begriff QUALITÄTSWEIN. Bis jetzt gibt's aber erst zwei davon: Bürgstatter Berg und UHLEN aus Winningen.

4. **Qualitätswein**: Trockener oder auch süßer Wein, dem vor der Gärung Zucker zugesetzt wurde, um ihn kräftiger zu machen. Qualitätsgetestet und von regional- und sortentypischem Geschmack. Jetzt nicht verzweifeln.

5. **Kabinett**: trocken bis lieblich (ungezuckert) mit ausgeprägter, gelegentlich vorzüglicher Eigenart und charakteristischer Leichtigkeit. Mehrjährige Reife tut ihm gut.

6. **Spätlese:** Kräftiger und meist süßer als ein KABINETT. Körperreich, aber ohne Botrytis. Trockene SPÄTLESEN (oder was man dafür halten mag) werden heute meist unter der Kategorie Qualitätswein verkauft.

7. **Auslese:** Süßer und kräftiger als Spätlese, vielfach mit an Honig erinnerndem Aroma, intensiv und langlebig. Gelegentlich trocken und schwer. Je weniger Alkoholgehalt das Etikett verrät, desto süßer ist der Wein.

8. **Beerenauslese:** Sehr süß, dicht und intensiv, aber nur selten alkoholstark. Kann hervorragend sein.

9. **Eiswein:** von im Winter am Rebstock gefrorenen Trauben der Qualitätsstufe für Beeren- oder Trockenbeerenauslese, hochkonzentriert, intensiv süß. Manchmal extrem unausgewogen.

10. **Trockenbeerenauslese:** intensiv süß und aromatisch, oft nicht allzu alkoholstark. Ein außergewöhnlicher, unendlich haltbarer Wein.

---

**Franken** Anbaugebiet mit eigenständigen trockenen Weinen, besonders Silvaner, meist in BOCKSBEUTEL-Flaschen. Mittelpunkt ist WÜRZBURG. Die besten Weine kommen aus Bürgstadt, ESCHERNDORF, IPHOFEN, Klingenberg und RANDERSACKER.

**Franzen** M ★★→★★★★ In Europas steilster Lage, dem Bremmer Calmont, erzeugt der junge Kilian Franzen dichte und »warme«, zugleich aber mineralische RIESLINGE.

**Franz Keller – Schwarzer Adler** Bad ★★★→★★★★ Seit 1969 kontinuierlich mit einem Michelin-Stern ausgezeichnetes französisches Restaurant in Oberbergen am KAISERSTUHL und außerdem ein Spitzenweingut. Der jun-

ge Friedrich Keller erzeugt SPÄTBURGUNDER, die stilistisch noch näher a
Burgund sind als die Weine seines Vaters Fritz.

**Fricke, Eva** Rhg ★★→★★★ Obwohl bei Bremen geboren und ohne jeden fa
miliären Weinhintergrund, ist Eva Fricke in kürzester Zeit zum Shootingsta
des RHEINGAUS avanciert. Ausdrucksvolle, straffe RIESLINGE aus KIEDRICH
und LORCH. Ökologischer Anbau auf 10 ha.

**Fuder** Traditionelles deutsches Fass für Gärung und (früher langen) Ausba
mit einem Fassungsvermögen von 600 bis 1800 l, je nach Anbaugebiet.

**Fürstlich Castell'sches Domänenamt** Fran ★★→★★★ Hervorragende
SILVANER und RIESLING von der Lage Casteller Schlossberg (Alleinbesitz),
gelegentlich auch als TROCKENBEERENAUSLESE (hervorragender Ries
ling 06) oder BEERENAUSLESE (Silvaner 67 08) ausgebaut.

**Fürst, Rudolf** Fran ★★★→★★★★ Erfolgreiches Vater-Sohn-Gespann i
Bürgstadt mit Weinbergbesitz dort und auf den steilen Terrassen von Klin
genberg. Die Spätburgunder (97' 05' 09 15' 16) von roten Sandsteinböde
zeigen große Finesse und brauchen 5–10 Jahre bis zur Trinkreife. Dich
gewirkte FRÜHBURGUNDER, hervorragende Weißweine. Der Name »pur mi
neral« steht für eine verlässliche Marke im mittleren Preissegment.

**Gallais, Le** M – Das Zweitgut von EGON MÜLLER mit der 4-ha-Lage Braune
Kupp (in Alleinbesitz) in WILTINGEN, deren Schieferboden einen höheren
Lehmanteil aufweist als der SCHARZHOFBERG. Die AUSLESEN können gran
dios sein.

**Geisenheim** Rhg – Das Städtchen im RHEINGAU kennt man v. a. als Sitz de
wichtigsten Hochschule Deutschlands für Weinbau und Önologie. Immer
hin eine GROSSE LAGE: Rothenberg.

**Goldkapsel** M, Na, Rhg, Rhh – In manchen deutschen Anbaugebieten wie
RHEINGAU, MOSEL und PFALZ verwendete Bezeichnung (auch der Fla
schenverschluss) für edelsüße Weine von AUSLESE bis TROCKENBEEREN-
AUSLESE mit strikt selektiertem Lesegut. Dabei geht es nicht um Gewicht
und Süße, sondern um Finesse und Komplexität. Die lange Goldkapse
steht für noch höhere Qualität.

**Graach** MM ★★★→★★★★ Ort zwischen BERNKASTEL und WEHLEN. GROSSE
LAGEN: Dompropst, Himmelreich, Josephshöfer. Spitzenerzeuger: Kees-
Kieren, KESSELSTATT, LOOSEN, Markus MOLITOR, J. J. Prüm, S. A. PRÜM,
SCHAEFER, Selbach-Oster, Studert-Prüm, VON KESSELSTATT, WEGELER.

**Griesel & Compagnie** Hess-B ★★★ Ein SEKT-Start-up in Bensheim mit einer
erstklassigen Prestigereihe (Rosé Extra Brut, Pinot Brut Nature).

**Große Lage** Die Spitzenkategorie der VDP-Lagenklassifikation, gilt jedoch nur
für Mitglieder des VDP. Darf auf keinen Fall mit der GROSSLAGE verwech
selt werden. Trockene Weine von einer Großen Lage werden als GROSSES
GEWÄCHS bezeichnet. Also immer ganz genau hinsehen.

**Großer Ring** M – Gruppe von Spitzenweingütern (VDP) im Anbaugebiet MOSEL,
bei deren jährlicher Auktion im September in TRIER manchmal sogar Welt-
rekordpreise erzielt werden.

**Großes Gewächs** Bezeichnung für einen trockenen Spitzenwein aus einer
GROSSEN LAGE (seit 2012) nach der Klassifizierung des VDP. Aus Gründen
der internationalen Verständlichkeit wird auch die Schreibweise »Grosses
Gewächs« verwendet (vom VDP nur so). Siehe auch ERSTES GEWÄCHS.

**Großlage** Ein Begriff, der vielleicht sogar mit Absicht verwirren soll. Wurde mit
dem katastrophalen Weingesetz von 1971 eingeführt. Zusammenfassung
einer Gruppe zweitrangiger Weinberge mit angeblich ähnlichen Eigen
schaften. Keine Qualitätsangabe. Hat rein gar nichts mit einer GROSSEN
LAGE zu tun! Behalten Sie das unbedingt im Kopf.

**Gunderloch** Rhh ★★★→★★★★ Historisches Weingut in Nackenheim, bekannt für elegante edelsüße RIESLINGE und den köstlichen Kabinett Jean-

Baptiste. Neuerdings rücken TROCKENE Weine in den Fokus, wie der dichte, terroirbetonte 2017er Rothenberg GROSSES GEWÄCHS.

**Gut Hermannsberg** Na ★★★ Die frühere Staatsdomäne NIEDERHAUSEN wurde 2010 privatisiert. Sie erzeugt einige der ausdrucksstärksten RIESLING-Weine GROSSES GEWÄCHS der NAHE, wie z. B. Kupfergrube und Felsberg aus SCHLOSSBÖCKELHEIM oder Hermannsberg in Niederhausen.

**Gutsabfüllung** Auf Weingütern (im Unterschied zu Genossenschaften) anstelle von ERZEUGERABFÜLLUNG verwendet.

**Gutswein** Wein, bei dem keine Weinberg- oder Ortsbezeichnung, sondern nur der Name des Erzeugers auf dem Etikett steht: Basiskategorie. Idealerweise sollte ein Gutswein eine ERZEUGERABFÜLLUNG (von eigenen Trauben) sein, aber das ist nicht immer der Fall.

**Haag, Fritz** M ★★★★ Brauneberges Spitzenweingut. Oliver Haag führt das Werk seines Vaters Wilhelm fort, aber seine Weine sind moderner im Stil. Siehe auch SCHLOSS LIESER.

**Haag, Willi** M ★★→★★★ Familienweingut in BRAUNEBERG, geleitet von Marcus Haag. RIESLING alter Schule, meist süß und voll, aber ausgewogen und preiswert.

**Haart, Julian** M ★★→★★★ Der talentierte Neffe von Theo Haart hat sich mit seinen dicht gewirkten, spontan vergorenen RIESLINGEN einen Namen gemacht.

**Haart, Reinhold** MM ★★★→★★★★ Das beste Weingut in PIESPORT verfügt über wertvollen Besitz in der berühmten Lage Goldtröpfchen. Die RIESLINGE, SPÄTLESEN, AUSLESEN und höheren PRÄDIKATE sind rassige Moselweine wie aus dem Bilderbuch mit großartigem Alterungspotenzial.

**Haidle** Würt ★★★ Das Familienweingut wird mittlerweile von dem jungen Moritz Haidle geführt. Er setzt auf das etwas kühlere Klima des Remstals und erzeugt RIESLINGE und LEMBERGER von unvergleichlicher Frische.

**Halbtrocken** Wein mit 9–18 g/l Restsüße. Die Bezeichnung »halbtrocken« auf dem Etikett kommt heute nicht mehr so gut an – FEINHERB klingt besser.

**Hattenheim** Rhg ★★→★★★★ Weinort, bekannt für klassischen RHEINGAU-RIESLING aus den GROSSEN LAGEN Nussbrunnen, Hassel, STEINBERG und Wisselbrunnen. Empfehlenswert: Barth, HESSISCHE STAATSWEINGÜTER, Kaufmann (vormals Lang), Knyphausen, Ress und SPREITZER. Die Lagen Nuss- und Wisselbrunnen haben einen Felsuntergrund, auf dem sich Wasser sammelt und der einen guten Schutz gegen Dürre bietet.

**Heger, Dr.** Bad ★★★ Das Weingut am KAISERSTUHL ist bekannt für seine trockenen Parzellenauslesen von vulkanischen Böden in Achkarren und IHRINGEN, besonders aus der Lage Vorderer Berg (der 2016er SPÄTBURGUNDER ist sensationell), womit die beste Parzelle, die sehr steile Terrassenlage Winklerberg, gemeint ist.

**Heitlinger/Burg Ravensburg** Bad ★★→★★★ Zwei führende Weingüter im Kraichgau in Baden-Württemberg unter derselben Leitung: Heitlinger steht für einen modernen, eleganten Stil, Burg Ravensburg für betont körperreiche Weine. Am besten sind in der Regel die RIESLINGE aus der Lage Schellenbrunnen und der Königsbecher PINOT NOIR.

**Hessische Bergstraße** ★→★★★ Deutschlands mit nur 440 ha kleinstes Anbaugebiet liegt nördlich von Heidelberg. Gefällige RIESLINGE von der Bergsträßer Winzergenossenschaft, den HESSISCHEN STAATSWEINGÜTERN, von GRIESEL (SEKT), Simon-Bürkle und dem Weingut der Stadt Bensheim.

**Hessische Staatsweingüter Kloster Eberbach** Hess-B, Rhg ★★→★★★★ Umfangreiche – und historisch bedeutsame – Domäne des Landes Hessen mit 220 ha in ASSMANNSHAUSEN, RÜDESHEIM, Rauenthal, HATTENHEIM (mit dem Alleinbesitz Steinberg), HOCHHEIM und an der HESSISCHEN BERGSTRASSE. Das schöne KLOSTER EBERBACH aus dem 12. Jh. verfügt über eine Vinothek und 12 historische Pressen. Seit 2018 gibt's einen neuen Kellermeister.

**Heyl zu Herrnsheim** Rhh ★★→★★★ Das ökologisch bewirtschaftete historische Gut in NIERSTEIN ist Teil des Weinguts ST. ANTONY. GROSSE GEWÄCHSE von der in Alleinbesitz befindlichen ERSTEN LAGE Bruderberg können ganz ausgezeichnet sein.

**Heymann-Löwenstein** M ★★★ Vorreiter an der Untermosel in WINNINGEN bei Koblenz. Spontan vergorener RIESLING von Steilterrassen, intensiv und sehr individuell in der Stilistik.

> **Bereich, Großlage und Große Lage – trau, schau, wem!**
>
> Ein »Bereich« nach dem deutschen Weinrecht bedeutet einen größeren Abschnitt innerhalb eines Anbaugebiets. Auf einem Etikett ist diese Bezeichnung, wie z. B. bei »Bernkastel (Bereich)«, als Warnsignal zu verstehen: Der Wein ist ein Verschnitt aus beliebigen Lagen innerhalb dieses Bereichs und sollte besser nicht gekauft werden. Das Gleiche gilt für Weine mit der Bezeichnung GROSSLAGE, obwohl diese viel schwerer zu erkennen sind. Wer könnte schon aus dem Stegreif erraten, ob »Forster Mariengarten« eine EINZELLAGE oder eine Großlage ist? (Es ist Letzteres.) Und seit dem Jahrgang 2012 ist es noch ein bisschen verzwickter geworden: Die GROSSEN LAGEN sind hinzugekommen, die man auf keinen Fall mit Großlagen verwechseln sollte. Es handelt sich nämlich ganz im Gegenteil nach der Klassifikation des Winzerverbands VDP um die besten Weinberge, sozusagen die Grands crus Deutschlands. Das soll einer verstehen ...

**Hochgewächs** Selten verwendete Bezeichnung für MOSEL-RIESLING, der strengeren Vorschriften unterliegt als einfacher QbA. Ein angesehener Advokat des Hochgewächses ist Kallfelz in Zell-Merl.

**Hochheim** Rhg ★★→★★★★★ Weinstadt am Main, östlich vom Hauptgebiet des RHEINGAUS. Volle, geerdete RIESLINGE aus den GROSSEN LAGEN Domdechaney, Hölle, Kirchenstück, KÖNIGIN VIKTORIABERG und Reichestal. Empfehlenswert: Domdechant Werner, Flick, HESSISCHE STAATSWEINGÜTER, Himmel, Künstler.

**Hock** Von »HOCHHEIM« abgeleitete traditionelle englische Bezeichnung für Rheinwein.

**Hövel, von** M ★★★ Feines SAAR-Bioweingut in Oberemmel mit der Lage Hütte (4,8 ha in Alleinbesitz), dem Hörecker im KANZEMER Altenberg sowie einem Anteil am SCHARZHOFBERG. Die 2017er Auslese Nr. 48 ist köstlich.

**Huber, Bernhard** Bad ★★★→★★★★★ Der junge Julian Huber hat eine Vision von BADEN-WÜRTTEMBERG als dem Burgund von Deutschland: Der 2016er SPÄTBURGUNDER Wildenstein zählt zu den besten Roten, die dieses feine Weingut je produziert hat. Ähnlich herausragend die dichten und anspruchsvollen CHARDONNAY-Weine, wie z. B. der 2016er Bienenberg.

**Ihringen** Bad ★→★★★ Der Ort am KAISERSTUHL ist für seine feinen SPÄTBURGUNDER und GRAUBURGUNDER vom Vulkanboden des steilen Winklerbergs bekannt. Spitzenweingüter: von Gleichenstein, Dr. HEGER, Konstanzer, Michel, Stigler.

**Immich-Batterieberg** MM ★★→★★★ Wiederbelebtes Traditionsweingut, benannt nach den Sprengungen, mit denen im 19. Jh. Felsnasen an den Schieferbergen beseitigt wurden. (Ein Bündel Dynamitstangen wurde als »Batterie« bezeichnet.) Tief mineralische TROCKENE und halbtrockene RIESLINGE, keine Süßweine.

## DEUTSCHLAND | Ing–Kie

**ngelheim** Rhh ★★→★★★ Weinbauort in RHEINHESSEN; Weinberge mit Kalksteinuntergrund. Der historisch für SPÄTBURGUNDER berühmte Ort erlebt neue Bekanntheit dank Erzeugern wie ADAMS, Arndt F. Werner, Bettenheimer, Dautermann, NEUS, Schloss Westerhaus und Wasem.

**phofen** Fran ★★→★★★ Weinbauort im STEIGERWALD mit der berühmten GROSSEN LAGE Julius-Echter-Berg. Sehr voller, aromatischer SILVANER mit Lagerpotenzial von Gipsböden. Erzeuger: Arnold, Emmerich, JULIUSSPITAL, RUCK, Seufert, VETTER, Weigand, WELTNER, Wirsching und Zehntkeller.

**Johannisberg** Rhg ★★→★★★★ Der Weinort im RHEINGAU genießt einen sehr guten Ruf für beeren- und honigduftige RIESLINGE von SCHLOSS JOHANNISBERG. Die Großlage Erntebringer unbedingt meiden!

**Johannishof – Eser** Rhg ★★→★★★ Familienweingut mit Lagen in JOHANNISBERG und RÜDESHEIM. Johannes Eser bereitet RIESLINGE mit perfekter Ausgewogenheit aus reifer Frucht und stahliger Säure.

**Josephshöfer** M ★★→★★★ GROSSE LAGE in GRAACH, Alleinbesitz von Reichsgraf von KESSELSTATT. Harmonischer, beerenfruchtiger RIESLING.

**Jost, Toni** MR ★★★ Führendes Weingut in BACHARACH mit der Lage Hahn (in Alleinbesitz), jetzt geleitet von Cecilia Jost. Aromatisch-nervige RIESLINGE und neuerdings ein bemerkenswerter SPÄTBURGUNDER (15). Die Familie besitzt noch ein Gut in WALLUF (RHEINGAU).

**Juliusspital** Fran ★★★ Alte kirchliche Stiftung in WÜRZBURG mit besten Lagen in ganz FRANKEN, bekannt für seine trockenen Silvaner, die sich sehr schön entfalten. In letzter Zeit weniger Üppigkeit und mehr Struktur – die GROSSEN GEWÄCHSE werden nun vor dem Verkauf ein Jahr länger gelagert.

**Kabinett** Siehe Kasten S. 213. Deutschlands einzigartiger Beitrag zur Weinwelt in der Federgewichtsklasse – die Erzeugung wird mit dem fortschreitenden Klimawandel allerdings immer schwieriger.

**Kaiserstuhl** Bad – Hervorragendes Weinbaugebiet mit ausgesprochen warmem Klima und vulkanischem Boden in der oberrheinischen Tiefebene. Der gute Ruf gründet sich v. a. auf die SPÄT- und GRAUBURGUNDER.

**Kanzem** M ★★★ Kleiner Ort an der Saar mit dem Altenberg, einer steilen GROSSEN LAGE auf Schiefer und Rotliegend. Erzeuger: BISCHÖFLICHE WEINGÜTER TRIER, von OTHEGRAVEN, Van Volxem.

**Karthäuserhof** M ★★★★ Herausragendes Weingut an der RUWER mit dem Karthäuserhofberg in Alleinbesitz. Die typischen Flaschen, die nur ein Etikett am Hals tragen, stehen für erfrischende trockene und feine Süßweine.

**Kauer** ★★→★★★ Familiengut in BACHARACH. Feiner aromatischer RIESLING. Randolf Kauer ist Professor für ökologischen Weinbau in GEISENHEIM.

**Keller, Franz** Siehe FRANZ KELLER – SCHWARZER ADLER.

**Keller, Weingut** Rhh ★★★→★★★★★ Star in RHEINHESSEN, kultisch verehrt für seinen kraftvollen RIESLING G-Max und die GROSSEN GEWÄCHSE aus den Lagen Hubacker und Morstein. Außerdem Riesling aus den NIERSTEINER Lagen Hipping und Pettenthal. Auch an der MITTELMOSEL präsent (PIESPORTER Schubertslay). Hervorragender SPÄTBURGUNDER.

**Kesseler, August** Rhg ★★★→★★★★ Der leidenschaftliche August Kesseler verabschiedet sich in den Ruhestand, aber seine langjährigen Angestellten halten das hohe Niveau der SPÄTBURGUNDER aus ASSMANNSHAUSEN und RÜDESHEIM. Dazu feine RIESLING, trocken und süß ausgebaut.

**Kesselstatt, Reichsgraf von** M ★★→★★★★★ Die 2016 verstorbene Annegret Reh-Gartner hat es in mehr als 30 Jahren harter Arbeit geschafft, dieses Weingut an die Spitze zu bringen. 35 ha Spitzenlagen an der MOSEL und ihren beiden Nebenflüssen, darunter ein erklecklicher Anteil am SCHARZHOFBERG.

**Kiedrich** Rhg ★★→★★★★ Erstklassiger Weinort im RHEINGAU, fast im Alleinbesitz des Weinguts Robert Weil. Andere Erzeuger (u. a. FRICKE, PRINZ VON

HESSEN und Knyphausen) besitzen hier nur kleine Parzellen. Berühmt fü Kirche und Chor.

**Kloster Eberbach** Rhg – Das herrliche Zisterzienserkloster aus dem 12. Jh bei HATTENHEIM mit dem legendären STEINBERG gehört den HESSISCHEN STAATSWEINGÜTERN.

**Klumpp, Weingut** Bad ★★★ Neuer Stern am Himmel des Kraichgau: SPÄT- BURGUNDER und LEMBERGER mit Tiefe und Eleganz. Markus Klumpp ist mit Meike Näkel vom Weingut MEYER-NÄKEL verheiratet.

**Knewitz** Rhh ★★★ Das 20 ha große Familienweingut rückt das Städtchen Appenheim in RHEINHESSEN in den Fokus. Die jungen Brüder Tobias und Björn erzeugen konzentrierte und sehr gekonnte Weißweine. Der RIESLING Hundertgulden ist großartig.

**Knipser** Pfz ★★★→★★★★★ Familiengut in der nördlichen PFALZ mit barrique- gereiftem SPÄTBURGUNDER (herausragend der 2015er Reserve du Pa- tron), geradlinigem RIESLING (aus der GROSSEN LAGE Steinbuckel) oder Cuvée X (Bordeaux-Verschnitt). Viele Spezialitäten, u. a. der historisch sehr trockene Gelbe Orleans.

**Königin Viktoriaberg** Rhg ★★→★★★ Klassifizierte Weinlage in HOCHHEIM, 4,5 ha entlang des Mainufers, bekannt für vorbildliche RHEINGAU-RIES- LINGE. Heute im Besitz des Weinguts Joachim Flick. Nach ihrem Besuch im Jahr 1845 erlaubte Queen Victoria dem damaligen Besitzer, die Lage in »Königin Viktoriaberg« umzubenennen.

**Kraichgau** Bad – Kleiner Bereich südöstlich von Heidelberg. Spitzenerzeuger: HEITLINGER/BURG RAVENSBURG, Hoensbroech, Hummel, KLUMPP.

**Krone, Weingut** Rhg ★★★ Für seinen SPÄTBURGUNDER berühmtes Wein- gut mit alten Parzellen in der Steillage Höllenberg in ASSMANNSHAUSEN (Schieferböden), betrieben von WEGELER. Ferner feiner Rosé-SEKT.

**Kühling-Gillot** Rhh ★★★★ Erstklassiges Ökoweingut, geleitet von Caroline Gillot und ihrem Mann H.O. Spanier. Sie überzeugen mit ihrem heraus- ragenden RIESLING vom ROTEN HANG: Rothenberg GROSSES GEWÄCHS von über 70 Jahre alten, wurzelechten Reben.

**Kühn, Peter Jakob** Rhg ★★★→★★★★ Ausgezeichnetes Weingut in OES- TRICH unter der Leitung von P. J. Kühn und Sohn. Dank leidenschaftlichem Bioweinbau und langen Maischestandzeiten entsteht unkonventioneller, aber aufregender RIESLING. Der Riesling Reserve PJK Unikat reift 4 Jah- re im Fass.

**Kuhn, Philipp** Pfz ★★★ Verlässliches Weingut mit großer Bandbreite. Üppige RIESLINGE wie Saumagen und Schwarzer Herrgott, komplexe, fassgereif- te SPÄTBURGUNDER und Spezialitäten wie FRÜHBURGUNDER, SAUVIGNON BLANC oder SEKT.

**Künstler, Franz** Rhg ★★★ Überragende trockene RIESLINGE aus HOCHHEIM, wie z. B. Hölle oder der Weiß Erd aus Kostheim. Auch von der anderen Seite des RHEINGAUS in RÜDESHEIM (Schlossberg, Rottland).

**Kuntz, Sybille** M ★★★ Modernes, individuelles 12-ha-Bioweingut in Lieser, v. a. in der Lage Niederberg-Helden. Die intensiven Weine, einer in jeder Reifekategorie, sind für die Gastronomie gemacht und stehen in vielen gu- ten Restaurants auf der Weinkarte.

**Laible, Alexander** Bad ★★→★★★ Gut in DURBACH, gegründet von Andreas LAIBLES jüngerem Sohn. Aromatischer trockener RIESLING, SCHEUREBE und WEISSBURGUNDER.

**Laible, Andreas** Bad ★★★ Kristallklarer trockener RIESLING von der Lage Plauelrain in DURBACH: Der 2017er Achat ERSTE LAGE oder das GROSSE GEWÄCHS Am Bühl sind der beste Beweis, was in Riesling steckt, der auf Granitböden gewachsen ist. Außerdem gute SCHEUREBE und GEWÜRZ- TRAMINER.

**Landwein** Ist jetzt »Wein mit geschützter geografischer Angabe« (g.g.A.). Siehe auch Kasten S. 222.

**Langwerth von Simmern** Rhg – Einst berühmt, heute Geschichte: Die Familie hat den Langwerther Hof in Eltville 2018 verkauft und ihre Weinlagen an das Gut CORVERS-KAUTER verpachtet. Die Marke wird eingestellt.

> ### Die neue EU-Terminologie
>
> Die Umsetzung der neuen EU-Klassifikation für Wein hat in Deutschland dazu geführt, dass der Begriff »Tafelwein« abgeschafft und seit Januar 2012 einfach durch »Wein« ersetzt wurde (im Amtsdeutsch »Deutscher Wein ohne Herkunftsbezeichnung«). »LANDWEIN« wird jetzt als »Wein mit geschützter geografischer Angabe« (g.g.A.) bezeichnet, die Stufen QUALITÄTSWEIN und PRÄDIKATSWEIN wurden zu »Wein mit geschützter Ursprungsbezeichnung« (g.U.) zusammengefasst. Die Prädikate (SPÄTLESE, AUSLESE usw.) können weiterhin an »g.U.« angehängt werden, die jeweiligen Vorschriften (siehe auch Kasten S. 213) ändern sich nicht.

**Lanius-Knab** MR ★★★ Ein oft übersehenes Familienweingut in Oberwesel am MITTELRHEIN. Kristalline und harmonische RIESLINGE aller Qualitätsstufen.

**Lauer, Peter** M ★★★ Feiner, präziser RIESLING: straff, ausgewogen. Abfüllungen aus einzelnen Parzellen der ausgedehnten Lage Ayler Kupp. Am besten: Kern, Schonfels, Stirn.

**Leitz, J.** Rhg ★★★ Familienbetrieb in RÜDESHEIM mit stoffigen, aber eleganten trockenen und süßen RIESLINGEN aus Einzellagen. Dazu die verlässliche und preiswerte Marke Eins-Zwei-Dry.

**Liebfrauenstift** Rhh – Besitzer der besten Parzellen in der historischen Lage LIEBFRAUENSTIFT-KIRCHENSTÜCK. Das Weingut wird wieder in Eigenregie geführt, nachdem die Weinberge jahrelang von einem anderen Gut bewirtschaftet wurden. Besonders vielversprechend, da Katharina Prüm (von J. J. PRÜM) berät.

**Liebfrauenstift-Kirchenstück** Rhh – Ein umfriedeter Weingarten in der Stadt Worms bringt auf Kiesböden blumige RIESLINGE hervor. Erzeuger: Gutzler, Schembs (2017 in jugendfrischer Form: 01'), Weingut LIEBFRAUENSTIFT. Hat nichts mit der billigen, faden Imitation Liebfrauenmilch zu tun!

**Lisa Bunn** Rhh ★★→★★★ Shootingstar in NIERSTEIN. Raffinierter RIESLING aus den Lagen Hipping und Ölberg, stilvoller CHARDONNAY Reserve.

**Loewen, Carl** M ★★★ RIESLING mit Eleganz, Spannung und Komplexität. Die beste Lage ist der 1896 bestockte, wurzelechte Maximin Herrenberg in Longuich. Ausgezeichnet das Preis-Leistungs-Verhältnis beim Einstiegswein Riesling Varidor.

**Loosen, Dr.** MM ★★→★★★ Der charismatische Ernst Loosen erzeugt traditionelle RIESLINGE von alten Reben in BERNKASTEL, ERDEN, GRAACH, ÜRZIG und WEHLEN. Sein Erdener Prälat AUSLESE wird für Jahrzehnte Kult bleiben, dicht gefolgt vom trockenen Prälat Reserve, 2 Jahre fassgelagert und 2011 erstmals abgefüllt. Der Dr. L Riesling von zugekauften Trauben ist verlässlich. Siehe auch J. L. WOLF in der PFALZ, Chateau Ste Michelle im US-Bundesstaat Washington und J. Christopher in Oregon.

**Lorch** Rhg ★→★★★ Ort im äußersten Westen des RHEINGAUS mit klimatischen Bedingungen wie am MITTELRHEIN. Wird gerade wiederentdeckt wegen seiner kristallin-scharfen Weine, sowohl RIESLING als auch SPÄTBURGUNDER. Beste Erzeuger: CHAT SAUVAGE, FRICKE, Johanninger, KESSELER und von Kanitz. BREUER startet gerade durch.

**Löwenstein, Fürst** Fran, Rhg ★★★ Fürstliches Gut mit Besitzungen im RHEINGAU und in FRANKEN. Klassischer RIESLING vom HALLGARTEN, einzigartige Silvaner und Riesling vom ultrasteilen Homburger Kallmuth.

**Lützkendorf, Weingut** Sa-Un ★★→★★★ Führend in Sachen Qualität in Saale-Unstrut. Herausragend ist der 2017er GROSSES GEWÄCHS Hohe Gräte (TRAMINER, WEISSBURGUNDER, RIESLING).

**Marcobrunn** Rhg – Historische, 7 ha umfassende GROSSE LAGE in Erbach mit Potenzial für tiefgründige und langlebige RIESLINGE. Erzeuger: HESSISCHE STAATSWEINGÜTER, Knyphausen, von Oetinger und Schloss Reinhartshausen.

---

### Schwarzriesling (Pinot Meunier)

PINOT MEUNIER gilt gemeinhin als das Arbeitstier des Champagners und wird nur selten als Rotwein vinifiziert. Mit ihrer dünnen Schale und der hellen Farbe funktioniert die Traube besser, wenn sie weiß ausgebaut wird. Nur in Deutschland gibt es eine Tradition für Rotweine aus der Meunier, meist unter dem irreführenden Begriff SCHWARZRIESLING. (Die Rebe zählt zur Burgunderfamilie und hat keinerlei Bezug zum RIESLING.) Bestens bekannt für zarten Duft und gut eingebundene Tannine ist z. B. Schwarzriesling Fyerst und Schwarzriesling Reserve von Konrad Schlör aus dem TAUBERTAL, der »R« von Thomas Seeger, Neipperger ORTSWEIN von Graf NEIPPERG, verschiedene Reserve-Weine der KRAICHGAUER Güter Heitlinger und Hummel oder der Terrain Calcaire vom Weingut Nehb in der PFALZ.

---

**Markgräflerland** Bad – Weinbaubezirk bei Freiburg, verdankt sein kühleres Klima den Winden aus dem Schwarzwald. Bekannt für den GUTEDEL (die Reserve von Lämmlin-Schindler ist einen Versuch wert, v. a. **16**), einen angenehmen Begleiter der regionalen Küche. Der Klimawandel macht den erfolgreichen Anbau verschiedener Burgundersorten möglich.

**Markgraf von Baden** Bad ★★→★★★ Renommiertes Nobelweingut mit 135 ha an den beiden Standorten Schloss Salem am BODENSEE und Schloss Staufenberg in der ORTENAU. Der junge Prinz Bernhard zeigt sich sehr viel engagierter als sein Vater. Die Qualität steigt.

**Maximin Grünhaus** M ★★★★ Erstklassiges Weingut an der RUWER unter der Leitung von Dr. Carl von Schubert, der auch Vorstand im VDP GROSSER RING an der MOSEL ist. Dank der sehr traditionellen Weinbereitung entsteht ein kräuterwürziger, feingliedriger, langlebiger Riesling. Umwerfender WEISSBURGUNDER und SPÄTBURGUNDER.

**Merkelbach, Weingut** MM ★★→★★★ Winziges Weingut in ÜRZIG mit nur 2 ha. Die Brüder Alfred und Rolf, beide um die 80, erzeugen preiswerte MOSEL-Weine, die nicht zum Nippen, sondern zum Trinken gedacht sind. Großartige Sammlung alter Jahrgänge.

**Meßmer** Pfz ★★→★★★ Die Brüder Gregor und Martin Meßmer besitzen einen beachtlichen Anteil in der Lage Burrweiler Schäwer, eine der wenigen Ecken der Pfalz mit Schieferboden. Sehr zuverlässige Qualität, viele Spezialitäten, etwa MUSKATELLER FEINHERB und fassvergorener GRAUBURGUNDER AUSLESE.

**Meyer-Näkel** Ahr ★★★→★★★★ Werner Näkel und seine Töchter erzeugen im Ahrtal sehr raffinierte und fruchtbetonte SPÄTBURGUNDER. Die Frische der Weine lässt nicht erahnen, wie viel Arbeit darin steckt: Allein der Walporzheimer Kräuterberg hat zehn Steilterrassen, jeweils nicht größer als ein Strafraum beim Fußball. Alles muss per Hand gemacht werden. Auch in

Südafrika (Zwalu, zusammen mit Neil Ellis) und Portugal (Quinta da Carvalhosa) engagiert.

**Mittelhaardt** Pfz – Der beste Teil der PFALZ (nördliche Mitte) mit DEIDESHEIM, FORST, RUPPERTSBERG und WACHENHEIM. Größtenteils mit RIESLING bestockt.

**Mittelmosel** Der mittlere und beste Teil der MOSEL mit BERNKASTEL, BRAUNEBERG, GRAACH, PIESPORT, WEHLEN usw. – ein RIESLING-Eldorado.

**Mittelrhein** ★★→★★★ Wildromantisches Anbaugebiet am Rhein in der Nähe der bei Touristen sehr beliebten Loreley. Beste Weinbaugemeinden: BACHARACH und BOPPARD. Die delikaten und zugleich stahligen Rieslinge werden unterschätzt und unter Wert verkauft. Dabei sind sie ähnlich langlebig wie ihre Nachbarn aus dem Rheingau und von der Mosel.

**Molitor, Markus** MM, M ★★★ Noch immer wachsendes Weingut von mittlerweile 100 ha mit 170 Parzellen entlang der MITTELMOSEL und an der SAAR. Der Perfektionist Markus Molitor liefert eine beeindruckende Bandbreite an Stilen, Weinlagen und Jahrgängen. Die erste Abfüllung des 2016er Bernkasteler Doctor erzielte auf einer Versteigerung 1.249 € pro Flasche.

**Mosbacher, Georg** Pfz ★★★ Einige der besten RIESLINGE der Kategorie GROSSES GEWÄCHS in FORST. Die eher finessereichen als massiven Weine reifen traditionsgemäß in großen Eichenfässern. Außerdem exzellenter SAUVIGNON BLANC (»Fumé«).

**Mosel** 90 01 05 09 11 15 16 17 18 – Das Anbaugebiet hieß früher Mosel-Saar-Ruwer. Die weinbaulichen Bedingungen an den Nebenflüssen SAAR und RUWER unterscheiden sich teils erheblich von denen der MOSEL. 60 % RIESLING.

**Mosellland, Winzergenossenschaft** M – Die riesige Genossenschaft in BERNKASTEL zählt seit den Zusammenschlüssen mit Genossenschaften an der NAHE und in der PFALZ 3.290 Mitglieder mit insgesamt über 2.400 ha Rebfläche. Mehr als Mittelklasse kommt allerdings selten dabei heraus.

**Nackenheim** Rhh ★→★★★★ Nachbarort von NIERSTEIN mit der GROSSEN LAGE Rothenberg auf Rotschiefer. Berühmt für den vollsten Riesling in Rheinhessen sowie herrliche TROCKENBEERENAUSLESEN. Spitzenerzeuger: Gunderloch, KÜHLING-GILLOT.

**Nahe** Nebenfluss des Rheins und dynamisches Anbaugebiet mit einer Handvoll Spitzengütern, Dutzenden weniger bekannter Erzeuger und sehr günstigen Preisen. Große Bodenvielfalt. Die besten RIESLINGE von Schieferböden zeigen eine fast moselartige Rasse.

**Naturrein** Die Angabe auf alten Etiketten (vor 1971) besagt, dass der Wein mit möglichst wenig technischen Eingriffen, z. B. ohne Chaptalisierung (Zuckerzugabe bei der Gärung) bereitet und ausgebaut wurde. Es wäre keine schlechte Idee, den Begriff wieder einzuführen.

**Neipperg, Graf von** Würt ★★★ LEMBERGER und SPÄTBURGUNDER voller Anmut und Reintönigkeit, dazu sehr feiner süßer TRAMINER. Stephan, der jüngere Bruder von Karl Eugen Graf von Neipperg, macht Wein in Canon La Gaffelière in St-Émilion und an anderen Orten.

**Neus** Rhh ★★★ Wiederbelebtes Traditionsweingut in Ingelheim, exzellenter SPÄTBURGUNDER, am besten ist der Pares.

**Niederhausen** Na ★★→★★★★ Weinbauort im mittleren Nahetal. Komplexe RIESLINGE aus der herrlichen GROSSEN LAGE Hermannshöhle und den benachbarten Steillagen. Spitzenerzeuger: CRUSIUS, Dönnhoff, Gut HERMANNSBERG, J. Schneider, Mathern, von Racknitz.

**Nierstein** Rhh ★→★★★★ Große Weinstadt (rund 800 ha) mit entsprechend unterschiedlichen Weinen. Die besten sind reichhaltig und straff, z. B. aus den GROSSEN LAGEN Brudersberg, Hipping, Ölberg, Orbel und Pettenthal. Weingüter: F. E. Huff, Gehring, GUNDERLOCH, Guntrum, HEYL ZU HERRNS-

HEIM, KELLER, KÜHLING-GILLOT, LISA BUNN, Manz, Schätzel, ST. ANTONY Strub. Vorsicht vor der Großlage Gutes Domtal, das sind Supermarktweine.

**Ockfen** M ★★→★★★ Weinbauort, der fast atypische, kraftvolle SAAR-RIESLINGE von der GROSSEN LAGE Bockstein hervorbringt. Erzeuger: OTHEGRAVEN, SANKT URBANS-HOF, WAGNER, Zilliken.

**Odinstal** Pfz ★★→★★★ Das Gut mit dem höchstgelegenen Weinberg der PFALZ, 150 m oberhalb von WACHENHEIM. Ökoanbau und Vinifizierung unter minimalem Einsatz von Technik ergeben reintönigen RIESLING, SILVANER und GEWÜRZTRAMINER. Die Lese zieht sich oft bis November hin.

**Oechsle** Maßeinheit für den Zuckergehalt des Traubenmosts.

**Oestrich** Rhg ★★→★★★ Vorbildlich stahliger RIESLING und feine AUSLESEN aus den GROSSEN LAGEN Doosberg und Lenchen. Spitzenerzeuger: August Eser, KÜHN, Querbach, SPREITZER, WEGELER.

---

### Die Landwein-Rebellen

Offizielle Qualitätstests können von Vorteil sein, will man den Markt von schlechtem Wein bereinigen. Aber es gibt auch eine Kehrseite: Sie können Winzer vom Experimentieren abhalten. So mussten die deutschen Pioniere in Sachen Barriqueausbau vor 35 Jahren ihre Weine zu Tafelwein herabstufen. Heute haben sich in BADEN-WÜRTTEMBERG ein Dutzend Winzer zusammengetan, um den LANDWEIN (g.g.A.) anstelle des QUALITÄTSWEINS nach vorn zu bringen. Der Grund: Ihre spontan vergorenen Proben waren bei der Qualitätsprüfung durchgefallen. Führender Kopf dieser Landwein-Rebellen ist der umtriebige Hanspeter ZIEREISEN. Einige andere sollte man ebenfalls im Auge behalten: Brenneisen, Enderle & Moll, Fendt, Forgeurac, Geitlinger, Nieger, Scherer und Wasenhaus.

---

**Oppenheim** Rhh ★→★★★ Stadt südlich von NIERSTEIN mit einer imposanten Kirche aus dem 13. Jh. GROSSE LAGEN: Kreuz und Sackträger. Weingüter: Guntrum, Kissinger, KÜHLING-GILLOT, Manz.

**Ortenau** Bad ★★→★★★ Bereich um und südlich von Baden-Baden. Vorwiegend Klingelberger (RIESLING) und SPÄTBURGUNDER von Granitböden. Beste Anbauorte: DURBACH, Neuweier, Waldulm.

**Ortswein** Zweitunterste Stufe in der Qualitätspyramide des VDP. Ortsweine stammen oft von Trauben aus Einzellagen. Viele sind echte Schnäppchen.

**Othegraven, Weingut von** M ★★★ Feines Gut an der SAAR mit der ausgezeichneten GROSSEN LAGE KANZEMER Altenberg sowie Anteilen am OCKFENER Bockstein und am Wawerner Herrenberg. Seit 2010 im Besitz des Fernsehmoderators Günther Jauch.

**Pfalz** Das zweitgrößte deutsche Anbaugebiet. Sehr mildes Klima, bekannt für genussreichen Lebensstil. Die besten RIESLINGE kommen aus der MITTELHARDT, in der südlichen Pfalz (SÜDLICHE WEINSTRASSE) gedeihen verschiedene Burgundersorten besser. ZELLERTAL kommt wegen seines kühleren Klimas gerade in Mode.

**Piesport** MM ★→★★★★ Weinort an der MITTELMOSEL, bekannt für körperreichen und aromatischen RIESLING. GROSSE LAGEN: Domherr und Goldtröpfchen. Erzeuger: Grans-Fassian, Joh. Haart, Julian HAART, Hain, KESSELSTATT, Reinhold Haart, SANKT URBANS-HOF. Die GROSSLAGE Michelsberg meiden.

**Piwi** ★→★★ Bezeichnung für Kreuzungen aus europäischen und amerikanischen Rebsorten, die gegen Pilzbefall widerstandsfähig sind. Bekannteste Sorten sind Johanniter (weiß) und Regent (rot).

**DEUTSCHLAND** | Prä–Res | **223**

**ädikatswein** Per Gesetz festgelegte Spitzenkategorie, umfasst alle Qualitätsweine mit Prädikat – vom Kabinett bis zur Trockenbeerenauslese. Siehe auch Kasten S. 213.

**inz** Rhg ★★★ Der Biowinzer Fred Prinz hat sich einen Namen gemacht mit ausgesprochen frischen, eleganten RIESLINGEN aus Höhenlagen in Hallgarten, u. a. Jungfer Goldkapsel Kabinett.

**inz von Hessen** Rhg ★★★ Ganz herrliche Weine kommen von dem Traditionsgut in JOHANNISBERG. Besonders empfehlenswert sind die SPÄTLESEN und höheren Prädikate sowie reife ältere Jahrgänge.

**üm, J. J.** M ★★★★ 59 71 76 83 90 03 15 16 17 18 – Legendäres Weingut mit besten Lagen in Wehlen sowie in BERNKASTEL und GRAACH. Grazile, doch extrem langlebige Weine mit Finesse und ganz eigenem Charakter.

**üm, S. A.** M ★★ Weniger traditionell im Stil und weniger zuverlässig in den Qualitäten als der Wehlener Nachbar J. J. PRÜM. Seien Sie sehr wählerisch!

**bA** – **Qualitätswein bestimmter Anbaugebiete** Hinsichtlich Anbaugebiet, Rebsorten und Jahrgang bestimmten Vorschriften unterliegende Weine. Die Zugabe von Zucker zum Most vor der Gärung (Chaptalisierung) ist erlaubt. Gedacht als Kategorie für mittlere Qualitäten, doch der VDP legt seinen Mitgliedern inzwischen nahe, ihre besten trockenen Weine (GROSSE GEWÄCHSE) als QbA zu etikettieren. Das neue EU-Label »g.U.« (geschützte Ursprungsbezeichnung) ist nur sehr selten auf einem Etikett zu finden (siehe Kasten S. 213).

**mP** – **Qualitätswein mit Prädikat** Spitzenkategorie deutscher Qualitätsweine, die den früheren Begriff NATURREIN ersetzen soll: Der Most darf nicht aufgezuckert werden. Ansonsten weniger strikt – es gibt 6 Kategorien, die den Reifegraden des Leseguts entsprechen: von KABINETT bis TROCKENBEERENAUSLESE.

**andersacker** Fran ★★→★★★ Ort südlich von WÜRZBURG mit der GROSSEN LAGE Pfülben. Spitzenerzeuger: BÜRGERSPITAL (hervorragender RIESLING), JULIUSSPITAL, SCHMITTS KINDER, STAATLICHER HOFKELLER, STÖRRLEIN & KRENIG.

**atzenberger** MR ★★→★★★ Das Familienweingut ist für rassigen RIESLING aus BACHARACH und guten SEKT bekannt. Hat 2017 im Oberdiebacher Fürstenberg 10 ha Steillagen dazugekauft, um sie vor dem Brachliegen zu bewahren.

**rauenthal** Rhg ★★→★★★★ Früher kamen von hier die teuersten RIESLINGE des RHEINGAUS. Würzige, strenge, aber komplexe Rieslinge von Hanglagen abseits des Rheins. Die Weinberge Baiken, Gehrn und Rothenberg enthalten Parzellen, die teils als GROSSE LAGEN, teils als ERSTE LAGEN eingestuft sind, während der benachbarte Nonnenberg (Alleinbesitz von BREUER) trotz seiner gleichermaßen hervorragenden Qualität nicht klassifiziert wurde. Spitzenerzeuger: A. ESER, BREUER, CORVERS-KAUTER, Diefenhardt, HESSISCHE STAATSWEINGÜTER.

**Raumland, Sekthaus** Rhh ★★★ SEKT-Spezialist mit einem tiefen Keller und breitem Angebot an schönen, ausgewogenen Cuvées. In der Regel am besten sind der CHARDONNAY Brut Nature (nach 10 Jahren degorgiert) und die Cuvée Triumvirat.

**Rebholz, Ökonomierat** Pfz ★★★ Spitzenweingut im Bereich SÜDLICHE WEINSTRASSE mit knochentrockenen, pikanten RIESLINGEN GROSSE GEWÄCHSE. Der beste ist in der Regel der Kastanienbusch, gewachsen auf rotem Schiefer (07' 11' 15 16 17). Auch guter CHARDONNAY und SPÄTBURGUNDER.

**Restsüße** Unvergorener Traubenzucker, der im Wein verbleibt (oder bei billigen Weinen zugesetzt wird), um ihm Süße zu verleihen. Das reicht von 1 g/l in trockenen Weinen bis zu 300 g/l in TROCKENBEERENAUSLESEN.

**Rheingau** ★★→★★★★ 08 09 15 16 17 18 – Der Geburtsort des RIESLING. Historische Süd- und Südwesthänge über dem Rhein zwischen Wiesbaden und RÜDESHEIM. Klassischer, gehaltvoller Riesling, berühmt für sein stahliges Rückgrat. Dazu kleine Mengen graziler SPÄTBURGUNDER. Außerdem ein Zentrum der SEKT-Erzeugung.

**Rheinhessen** ★→★★★★ Deutschlands mit Abstand größtes und immer noch wachsendes Anbaugebiet (26.600 ha) liegt zwischen Mainz und Worms, produziert viel Massenware, ist aber auch eine Fundgrube für preislich korrekte Weine von talentierten jungen Winzern.

**Richter, Max Ferd.** MM ★★→★★★ Verlässliches Weingut in Mülheim. Besonders gute RIESLING KABINETTE und SPÄTLESEN, voll und aromatisch. Runder, ansprechender Brut (EISWEIN-Dosage). Durchdachte Weinbereitung.

**Riffel** Rhh ★★★ Ökologisch bewirtschaftetes Familienweingut mit Besitz in Bingens einst berühmtem Scharlachberg (rote Erde). Der RIESLING Turm hat Klasse. Neu sind der unfiltrierte Pét-Nat-SEKT und der fassvergorene SILVANER.

**Rings, Weingut** Pfz ★★★→★★★★ Die Brüder Steffen und Andreas Rings haben sich mit trockenem RIESLING einen Namen gemacht, besonders mit dem Kallstädter SAUMAGEN. Dazu sehr präzise SPÄTBURGUNDER (Saumagen, Felsenberg im Berntal).

**Roter Hang** Rhh ★★→★★★★ 11 12 15 16 17' 18 – Führende RIESLING-Gegend in RHEINHESSEN zwischen NACKENHEIM, NIERSTEIN und OPPENHEIM. Der Name bezieht sich auf den roten Ton- und Sandstein an den Hängen.

**Ruck, Johann** Fran ★★★ Würziger, schön reifender SILVANER, RIESLING, SCHEUREBE und TRAMINER aus IPHOFEN.

**Rüdesheim** Rhg ★★→★★★★ Der berühmteste Riesling von Schieferböden im Rheingau; die besten GROSSEN LAGEN (Kaisersteinfels, Roseneck, Rottland und Schlossberg) tragen die Bezeichnung »Rüdesheimer Berg«. Körperreiche, aber nie schwerfällige Weine mit floralen Anklängen, auch in ungünstigeren Jahren gut. Beste Erzeuger: Breuer, CHAT SAUVAGE, Corvers-Kauter, HESSISCHE STAATSWEINGÜTER, Johannishof, KESSELER, KÜNSTLER, LEITZ, Ress.

**Ruppertsberg** Pfz ★★→★★★★ Ort in der MITTELHAARDT mit gutem Ruf für eleganten RIESLING. Weingüter: BASSERMANN-JORDAN, BIFFAR, BUHL, BÜRKLIN-WOLF, CHRISTMANN, VON WINNING.

**Ruwer** M ★★→★★★★ Bei TRIER in die MOSEL mündender Nebenfluss, höher gelegen als die MITTELMOSEL. Sowohl süffige leichte und trockene als auch intensive, süß ausgebaute RIESLINGE. Beste Erzeuger: Beulwitz, Karlsmühle, KARTHÄUSERHOF, KESSELSTATT und MAXIMIN GRÜNHAUS.

**Saale-Unstrut** ★→★★★ Nordöstlich von Leipzig gelegenes Anbaugebiet am Zusammenfluss dieser beiden Flüsse. Die Weinbergterrassen gehen auf die Zisterzienser zurück. Qualitätsbetriebe: Böhme, Born, Gussek, Hey, Kloster Pforta, LÜTZKENDORF (VDP-Mitglied), Pawis (VDP).

**Saar** M ★★→★★★★ Nebenfluss der MOSEL, eingebettet in steile Hügel. Bringt die herbsten, stahligsten, brillantesten RIESLINGE hervor – Charaktereigenschaften, die vom Klimawandel noch begünstigt werden. Zu den Anbauorten zählen AYL, KANZEM, OCKFEN, SAARBURG, Serrig und WILTINGEN (SCHARZHOFBERG).

**Saarburg** M –Kleine Stadt im Saartal mit der GROSSEN LAGE Rausch. Erzeuger: WAGNER, ZILLIKEN.

**Sachsen** ★→★★★ Anbaugebiet im Elbtal um Meißen und Dresden mit charaktervollen trockenen Weißweinen. Beste Erzeuger: Aust, Vincenz Richter, Schloss Proschwitz, Schloss Wackerbarth, Walter Schuh, Martin Schwarz (probieren Sie den durch Mischgärung erzeugten RIESLING/TRAMINER), ZIMMERLING.

**Salm-Salm, Michael Prinz zu** Na, Rhh ★★→★★★ Besitzer von Schloss Wallhausen an der NAHE mit Weinlagen dort wie auch im rheinhessischen Bingen; Ehrenpräsident des VDP.

**Salwey** Bad ★★★ Führender Weinbaubetrieb am KAISERSTUHL. Konrad Salwey befürwortet eine frühe Lese, damit die Frische erhalten bleibt. Beste Weine: GROSSE GEWÄCHSE GRAUBURGUNDER Henkenberg und Eichberg sowie der SPÄTBURGUNDER und der WEISSBURGUNDER vom Kirchberg.

> ### Salami-Taxi nach Wachenheim
>
> Als die Eltern von Nicola Libelli aus Piazenca ihren Sohn an seiner Wirkungsstätte bei BÜRKLIN-WOLF besuchten, hatten sie das Auto randvoll gepackt mit italienischer Salami und Schinken. Die japanische Kellermeisterin Fumiko Tokuoka betreibt auf dem Weingut BIFFAR ein japanisches Restaurant. Der dritte Zugereiste in der MITTELHAARDT ist Mathieu Kauffmann aus dem Elsass (bei von BUHL). Er könnte den anderen jetzt mal zeigen, wie man anständiges Sauerkraut zubereitet.

**Sankt Urbans-Hof** M ★★★ Großes Familiengut in LEIWEN, die Weinberge liegen an MITTELMOSEL und SAAR. Kristallklarer RIESLING von tadelloser Reintönigkeit und Rasse; schönes Reifepotenzial.

**Sauer, Horst** Fran ★★★ Bester Interpret der ESCHERNDORFER Spitzenlage Lump. Rassiger, schnörkelloser trockener Silvaner und RIESLING sowie sensationale TROCKENBEERENAUSLESEN.

**Sauer, Rainer** Fran ★★★ Das erstklassige Familienweingut erzeugt sieben verschiedene trockene SILVANER von der ESCHERNDORFER Steillage Lump. Die besten: GROSSES GEWÄCHS am Lumpen, ALTE REBEN und L (99' 03' 07').

**Saumagen** Beliebte kulinarische Spezialität und einer der besten Weinberge der PFALZ: eine kalkhaltige Lage in Kallstadt, die ausgezeichneten RIESLING und SPÄTBURGUNDER hervorbringt.

**Schaefer, Willi** M ★★★ Willi Schäfer und Sohn Christoph sind die besten Winzer in GRAACH (aber nur 4 ha). MOSEL-RIESLING vom Feinsten: rein, kristallin und federleicht; lohnend in allen Qualitätsstufen.

**Schäfer-Fröhlich** Na ★★★ Das ehrgeizige Familiengut an der NAHE ist für seine spontan vergorenen, ungeheuer intensiven RIESLINGE bekannt. Große Gewächse u. a. aus den Lagen Bockenau, Felseneck und Stromberg.

**Scharzhofberg** M ★★→★★★★ Spitzenlage an der SAAR: Ein seltenes Zusammenspiel von Mikroklima, Boden und menschlicher Intelligenz bringt RIESLING in Vollendung hervor. Spitzenerzeuger: BISCHÖFLICHE WEINGÜTER TRIER, EGON MÜLLER, HÖVEL, KESSELSTATT, VAN VOLXEM.

**Schloßböckelheim** Na ★★→★★★★ Ort mit den GROSSEN LAGEN Felsenberg und Kupfergrube. Straffer RIESLING, der Reife braucht. Spitzenweingüter: C. Bamberger, Crusius, DÖNNHOFF, GUT HERMANNSBERG, Kauer, SCHÄFER-FRÖHLICH.

**Schloss Johannisberg** Rhg ★★→★★★★ Historisches, ausschließlich RIESLING erzeugendes Gut und Villa des Fürsten von Metternich im RHEINGAU, im Besitz von Henkell (Oetker-Gruppe). Für gewöhnlich sehr gut ist die SPÄTLESE Grünlack. Verlässlicher GUTSWEIN (Gelblack). Neu ist der trockene Bronzelack (17) aus ERSTER LAGE, eine Art Zweitwein des GROSSEN GEWÄCHSES Silberlack.

**Schloss Lieser** MM ★★★→★★★★ Thomas Haag (der ältere Sohn von Fritz Haag) erzeugt sorgfältig ausgebaute trockene wie auch süße RIESLINGE aus Lieser (Lage Niederberg-Helden), BRAUNEBERG, WEHLEN und PIESPORT. Dazu kommt jetzt eine gepachtete Parzelle im BERNKASTELER

DOCTOR. Das gleichnamige Hotel Schloss Lieser hat mit dem Weingut übrigens nichts zu tun.

**Schloss Proschwitz** Sachsen ★★ Das von Prinz zur Lippe wieder aufgebaute Weingut im sächsischen Meißen ist in Sachen Wein der Leuchtturm Ostdeutschlands, besonders mit seinem trockenen Weißburgunder und GRAUBURGUNDER. 80 ha werden bewirtschaftet, der Kellermeister stammt aus Südafrika.

---

### Der Bocksbeutel-Automat

WÜRZBURG ist in Aufruhr: Ein cleverer Lebensmittelhändler hat einen BOCKSBEUTEL-Automaten vor seinem Geschäft aufgestellt. Da kann man jetzt rund um die Uhr mittels Kreditkarte eine gut gekühlte Flasche STEINWEIN erwerben. Er argumentiert, dass das Zahlungsmittel den Jugendschutz sicherstelle. Die Besitzer der umliegenden Bars und Kneipen sehen das natürlich anders. Wir sagen: her damit!

---

**Schloss Vaux** Rhg ★★→★★★ Die Sektmanufaktur ist bekannt für ihre RIESLING-SEKTE aus Einzellagen wie MARCOBRUNN oder RÜDESHEIMER SCHLOSSBERG.

**Schloss Vollrads** Rhg ★★→★★★ Historisch eines der großartigsten Traditionsweingüter im RHEINGAU, jetzt im Besitz einer Bank. Unlängst wieder deutliche Qualitätssteigerungen wie z. B. die feine 2017er Spätlese.

**Schmitt's Kinder** Fran ★★→★★★ Familienweingut in RANDERSACKER südlich von Würzburg, bekannt für seinen klassischen trockenen SILVANER, fassgereiften SPÄTBURGUNDER und edelsüßen RIESLANER.

**Schnaitmann** Würt ★★→★★★★ Exzellente, im Fass ausgebaute Rotweine aus Fellbach bei Stuttgart. Auch die Weißen wie RIESLING oder SAUVIGNON BLANC, Sekt (Evoé!) und selbst Weine von nicht ganz so hoch gehandelten Rebsorten wie SCHWARZRIESLING oder TROLLINGER sind gut.

**Schneider, Cornelia und Reinhold** Bad ★★★ Langlebige SPÄTBURGUNDER vom KAISERSTUHL, die nach Buchstaben unterschieden werden: »R« steht für Vulkanboden, »C« für Löss. Außerdem klassischer RULÄNDER.

**Schneider, Markus** Pfz ★★ Shootingstar in Ellerstadt, PFALZ. Umfassendes Angebot an sauber bereiteten Weinen mit trendigen Etiketten.

**Schoppenwein** Wein im offenen Ausschank.

**Schwegler, Albrecht** Würt ★★★→★★★★ Das 7 ha große Gut wird jetzt von dem jungen Aaron Schwegler geführt. Die roten Cuvées Beryll, Saphir und Granat glänzen mit ultrareiner Frucht. Die Spitzenauslese Solitär wird nur einmal in jedem Jahrzehnt erzeugt, zuletzt 2003 und 2011. Neu ist eine kraftvolle, aber schön ausgewogene CHARDONNAY Reserve.

**Seeger** Bad ★★★ Der beste Produzent an der badischen Bergstraße südlich von Heidelberg ist für seine kluge Fassreifung bekannt. Rot- und Weißweine sind gleichermaßen gut.

**Sekt** ★→★★★★ Deutscher Schaumwein, sehr unterschiedlich in der Qualität. Weder ist die Flaschengärung vorgeschrieben, noch müssen die Grundweine aus Deutschland stammen. Die ernst zu nehmenden Sektproduzenten machen jedoch spektakuläre Fortschritte, z. B. ALDINGER, Bardong, Barth, BUHL, GRIESEL, Melsheimer, RAUMLAND, Schembs, Schloss VAUX, Solter, S. Steinmetz, Strauch, WAGECK, DR. WAGNER oder Wilhelmshof.

**Selbach-Oster** MM ★★★ Sehr gewissenhaft arbeitender Erzeuger in ZELTINGEN mit einer Reihe exzellenter Lagen; bekannt für seinen klassischen Stil mit Fokus auf süße PRÄDIKATSWEINE. Großartig seine 2017er Zeltinger Sonnenuhr AUSLESE***.

**Sonnenuhr** MM — Name mehrerer GROSSER LAGEN in BRAUNEBERG, WEHLEN und ZELTINGEN.

**Sorentberg** MM ★★→★★★★ Der Weinberg in einem Seitental der MITTEL-MOSEL bei Reil lag 50 Jahre lang brach (bis auf eine kleine Parzelle mit 1.000 Rebstöcken) und wurde nun von dem jungen Tobias Treis und seinem Partner aus Südtirol größtenteils neu bestockt. Rotschiefer und eher kühles Klima.

**Spätlese** Prädikatsklasse über KABINETT; aus nach der Hauptlese geernteten, vollreifen Trauben. Meist reifer und potenziell auch süßer als Kabinett. Gute Exemplare halten sich mindestens 7 Jahre. Die Bezeichnung »Spätlese TROCKEN« haben die VDP-Mitglieder jetzt abgeschafft – eine Schande.

**Spreitzer** Rhg ★★★ Die Brüder Andreas und Bernd Spreitzer erzeugen köstlich rassige, harmonische RIESLINGE von Weinbergen in HATTENHEIM, OESTRICH und Mittelheim. Die Kollektion ALTE REBEN im mittleren Preissegment ist ein echtes Schnäppchen.

**Staatlicher Hofkeller** Fran ★★ Bayerisches Staatsweingut mit 120 ha feinsten Frankenweinlagen und prachtvollen Kellern unter der herrlichen Barockresidenz in WÜRZBURG. Dreimaliger Geschäftsführerwechsel in den letzten 5 Jahren – man hofft auf bessere Zeiten.

**Staatsweingut** (auch **Staatliche Weinbaudomäne**) Es gibt sie in BADEN (IHRINGEN, Meersburg), WÜRTTEMBERG (Weinsberg), im RHEINGAU (HESSISCHE STAATSWEINGÜTER), in RHEINHESSEN (OPPENHEIM), in der PFALZ (Neustadt) und an der MOSEL (TRIER). In den vergangenen Jahren wurden einige privatisiert, etwa in Marienthal (AHR) und in NIEDERHAUSEN (NAHE).

**St. Antony** Rhh ★★→★★★ Gut in NIERSTEIN mit erstklassigen Weinberglagen, bekannt für robusten RIESLING ROTER HANG und komplexen BLAUFRÄNKISCH. Neuer Kellermeister seit 2018.

**Steigerwald** Fran — Bereich im östlichen FRANKEN mit Weinbergen in beträchtlicher Höhe. Die Böden liefern kraftvollen SILVANER und RIESLING. Beste Erzeuger: CASTELL, Hillabrand, Roth, RUCK, VETTER, WELTNER und Wirsching.

**Steinberg** Rhg ★★★ Gänzlich von Mauern umgebene Lage oberhalb von HATTENHEIM, vor 700 Jahren von Zisterziensermönchen angelegt: eine Art deutsches Clos de Vougeot. Im Alleinbesitz der HESSISCHEN STAATSWEINGÜTER. 14 von insgesamt 37 ha der Parzellen sind klassifiziert und haben ebenso einzigartige wie vielfarbige Phyllitschieferböden. Mauern und auch die Höhe sorgen für ein besonderes Mikroklima. Beerenduftige RIESLINGE und faszinierende alte Jahrgänge wie ein 1943er NATURREIN oder eine TROCKENBEERENAUSLESE von 1959.

**Steinwein** Fran — Wein aus WÜRZBURGS bester Lage, dem Stein. Goethe liebte ihn. Es gibt nur 5 Erzeuger: BÜRGERSPITAL, JULIUSSPITAL, L. Knoll, Reiss und STAATLICHER HOFKELLER.

**Stodden, Jean** Ahr ★★★→★★★★ SPÄTBURGUNDER von der AHR mit burgundischem Einschlag, mit Feingefühl extrahiert und subtil. Meist am besten sind ALTE REBEN und der RIESLING Recher Herrenberg. Hochpreisig – aber die Produktion ist winzig.

**Südliche Weinstraße** Pfz — Bereich in der südlichen PFALZ, besonders bekannt für verschiedene PINOT-Sorten. Beste Erzeuger: BECKER, Leiner, Minges, Münzberg, REBHOLZ, Siegrist und WEHRHEIM.

**Taubertal** Bad, Fran, Würt ★→★★★ Weingebiet entlang der Tauber mit eher kühlem Klima, von Napoleon in eine BADISCHE, eine FRÄNKISCHE und eine WÜRTTEMBERGISCHE Sektion unterteilt. Nur hier wächst die rote Rebe Tauberschwarz; SILVANER gedeiht auf Kalksteinböden. Frost kann zum Problem werden. Erzeuger: Hofmann, Schlör. Gute Genossenschaft in Beckstein.

**Thanisch, Witwe Dr. H.** MM ★★★ 1636 gegründetes Weingut in BERNKASTEL, berühmt für seinen Anteil an der Lage DOCTOR. Nach der Trennung der Familie 1988 entstanden zwei Güter mit demselben Namen und ähnlicher Weinqualität. Zu unterscheiden sind sie nur durch den Zusatz »Erben Müller-Burggraef« bzw. »Erben Thanisch«.

**Trier** M – Die nördliche Hauptstadt des Römischen Reiches an der MOSEL, etwa auf halbem Weg zwischen SAAR und RUWER gelegen. Inmitten der beeindruckenden Ruinen aus römischer Zeit haben die großen Stiftungsweingüter von der Mosel ihre Keller.

**Trittenheim** MM ★★→★★★ Rassige, mustergültige RIESLINGE von der MITTELMOSEL, wenn sie aus den wenigen guten Parzellen der ausgedehnten GROSSEN LAGE Apotheke stammen. Erzeuger: A. CLÜSSERATH, Clüsserath-Weiler, E. Clüsserath, F. J. Eifel, Grans-Fassian, Milz.

**Trocken** Traditionell die Bezeichnung für einen Wein mit einem Restzuckergehalt von höchstens 9 g/l. Als Faustregel gilt: Je weiter südlich das Anbaugebiet liegt, desto mehr trockene Weine gibt es.

**Trockenbeerenauslese (TBA)** Die süßeste und teuerste Kategorie deutscher Weine. Sehr selten, dicht und konzentriert, voller Aromen von Trockenfrüchten. Von sorgfältigst selektierten ausgetrockneten Trauben mit Edelfäule (Botrytis) bereitet. Die halben Flaschen sind eine gute Idee.

**Ürzig** MM ★★★→★★★★ Weinort an der Mosel auf rotem Sandstein und rotem Schiefer, berühmt durch unveredelte alte Stöcke und einzigartigen, würzigen Riesling. GROSSE LAGE: Würzgarten. Erzeuger: Berres, Christoffel, Erbes, LOOSEN, MERKELBACH, MOLITOR, Mönchhof, Rebenhof. Die neue Autobahnbrücke überschattet die Weinberge in 160 m Höhe.

**Van Volxem** M ★★★ Der qualitätsbesessene Roman Niewodniczanski haucht dem historischen SAAR-Weingut neues Leben ein. Sehr geringe Erträge aus Spitzenlagen wie KANZEMER Altenberg, SCHARZHOFBERG und WILTINGER Gottesfuß. Bislang überwiegend trockene oder halbtrockene Weine, die 2016er SPÄTLESE Bockstein jedoch ist brillant. Auch die Kellerei ist neu.

**VDP** – Die Prädikatsweingüter Einflussreicher Verband von 200 Spitzenwinzern, der höchste Standards setzt. Achten Sie auf das Emblem mit dem Adler auf dem Etikett und auf das Traubenlogo, das Weine von GROSSEN LAGEN kennzeichnet. Ein VDP-Wein ist in der Regel eine gute Wahl. Präsident ist Steffen CHRISTMANN.

**Vetter, Stefan** Fran ★★→★★★ Erzeuger von Naturwein (siehe Kapitel »Technische Weinsprache« S. 39): auf den Schalen vergorener SILVANER. Im Auge behalten.

**Vollenweider** M ★★★ Ein Schweizer an der MITTELMOSEL: Exzellenter RIESLING in sehr geringen Mengen aus der Lage Wolfer Goldgrube bei Traben-Trarbach.

**Wachenheim** Pfz ★★★ Der berühmte Weinbauort verfügt über keine vom VDP als GROSSE LAGE ausgewiesenen Rebflächen. Urteilen Sie selbst. Spitzenerzeuger: Biffar, BÜRKLIN-WOLF, KARL SCHÄFER, ODINSTAL, WOLF und der preiswerte Zimmermann.

**Wageck** Pfz ★★→★★★ Weingut an der MITTELHAARDT mit ungekünsteltem, frischem CHARDONNAY (Still- und Schaumwein) sowie SPÄTBURGUNDER von großer Finesse.

**Wagner, Dr.** M ★★→★★★ Das Weingut mit Rebland in Saarstein und OCKFEN (SAAR) wird von der jungen Christiane Wagner geführt. Ihre RIESLINGE präsentieren sich frisch und reintönig.

**Wagner-Stempel** Rhh ★★★ Handwerklich toll gemachte Weine aus Siefersheim in RHEINHESSEN, unweit der Grenze zum Anbaugebiet NAHE. Der RIESLING GROSSES GEWÄCHS Heerkretz von Porphyrböden ist in der Regel am besten.

**Walluf** Rhg ★★★ Unterschätzter Weinbauort zwischen Wiesbaden und Eltville mit bedeutenden Lagen, darunter die GROSSE LAGE Walkenberg. Erzeuger: J. B. Becker, Jost.

**Wegeler** MM, Rhg ★★→★★★★ Bedeutende Weingüter in Familienbesitz in OESTRICH und BERNKASTEL; außerdem gehört ein Anteil am berühmten Gut KRONE in ASSMANNSHAUSEN zum Besitz. Die Cuvée Geheimrat »J« setzt sehr hohe Standards, Einzellagen-RIESLINGE sind in der Regel echte Kostbarkeiten. Auch alte Jahrgänge sind erhältlich.

**Wehlen** MM ★★★→★★★★ Weinbauort mit der legendären Steillage SONNENUHR, die RIESLING von Schieferböden in seiner schönsten Ausdrucksform hervorbringt: reichhaltig und fein, ewig haltbar. Beste Erzeuger: Kerpen, KESSELSTATT, LOOSEN, MOLITOR, J. J. PRÜM, S. A. PRÜM, RICHTER, SCHLOSS LIESER, SELBACH-OSTER, Studert-Prüm, THANISCH und WEGELER. Es besteht die Sorge, dass sich die neu gebaute Hochmoselbrücke auf den Wasserhaushalt im Unterboden der Weinberge auswirken könnte.

**Wehrheim, Dr.** Pfz ★★★ Ökologisch arbeitendes Spitzenweingut an der SÜDLICHEN WEINSTRASSE. Erzeugt sehr trockene und spritzige Weine mit toller Stilistik, besonders die weißen BURGUNDER-Sorten.

**Weil, Robert** Rhg ★★★→★★★★ 17 37 59 90 01 05 09 11 12 15 16 17 18 – Hervorragendes Weingut in KIEDRICH mit den klassifizierten Lagen Gräfenberg (steiler Hang mit Phyllitböden), Klosterberg und Turmberg. Ausgezeichneter süßer KABINETT bis hin zu TROCKENBEERENAUSLESEN (wunderbar: 17) und EISWEIN, gute GROSSE GEWÄCHSE.

**Weingart** MR ★★★ Hervorragendes Weingut in Spay mit Lagen in BOPPARD (u. a. Hammer Feuerlay). Raffinierte, straffe RIESLINGE, die ohne technischen Aufwand auskommen, ausgezeichnetes Preis-Leistungs-Verhältnis.

**Weins-Prüm, Dr.** MM – 4 ha mit erstklassigen Lagen in ERDEN, GRAACH, ÜRZIG und WEHLEN. Katharina Prüm (von J. J. PRÜM) und Wilhelm Steifensand (Weingut LIEBFRAUENSTIFT) haben das Gut 2016 gekauft. Sie werden es unter neuem Namen weiterführen.

**Weißherbst** Heller, sortenreiner Rosé (oft SPÄTBURGUNDER).

**Weltner, Paul** Fran ★★★ Das Familiengut im STEIGERWALD erzeugt dicht gewebten SILVANER mit gutem Lagerpotenzial von der unterschätzten Lage Rödelseer Küchenmeister und angrenzenden Parzellen in IPHOFEN.

**Wiltingen** M ★★→★★★★ Das Herz des Weinbaus an der SAAR. Der berühmte SCHARZHOFBERG ist die beste einer Reihe GROSSER LAGEN, zu denen auch Braune Kupp, Braunfels, Gottesfuß und Kupp gehören. Spitzenerzeuger: BISCHÖFLICHE WEINGÜTER TRIER, EGON MÜLLER, KESSELSTATT, LE GALLAIS, Sankt Urbans-Hof, VAN VOLXEM und Vols.

**Winningen** M ★★→★★★ Stadt an der unteren MOSEL nahe Koblenz; kraftvolle trockene RIESLINGE und TROCKENBEERENAUSLESEN. GROSSE LAGEN: Röttgen, Uhlen. Spitzenerzeuger: HEYMANN-LÖWENSTEIN, Knebel, Kröber und Richard Richter.

**Winning, von** Pfz ★★★→★★★★ Gut in DEIDESHEIM, zu dem auch der Traditionserzeuger Dr. DEINHARD gehört. Riesling von großer Reinheit und schönem Terroircharakter, durch Gärung in neuen FUDERN mit leichter Holznote versehen. Außerdem sehr ambitionierter SPÄTBURGUNDER und SAUVIGNON BLANC.

**Wirsching, Hans** Fran ★★★ Renommiertes Weingut in IPHOFEN, bekannt für klassisch strukturierte trockene RIESLINGE und Silvaner. Andrea Wirsching ergänzt ihr Angebot durch spontan vergorenen Riesling Sister Act und koscheren SILVANER. Auch exzellente SCHEUREBE von alten Reben.

**Wittmann** Rhh ★★★ Philipp Wittmann hat das Bioweingut in die Spitzenriege der deutschen Erzeuger geführt. Kristallklarer, schwungvoller trockener RIESLING GROSSES GEWÄCHS (Morstein 05 07' 08 11 12' 15 16 17).

**Wöhrle** Bad ★★★ Seit mehr als 25 Jahren Pionier im ökologischen Weinbau in Lahr. Sohn Markus ist Experte für Burgundersorten. Exzellente GROSSGEWÄCHSE.

**Wöhrwag** Würt ★★→★★★ Quelle für elegante trockene RIESLINGE, wohl die besten in ganz WÜRTTEMBERG. Inzwischen sind auch die Kinder Johanna, Philipp und Moritz beteiligt. Die Rotweine sind ebenfalls gut.

**Wolf, J. L.** Pfz ★★→★★★ Das Gut in WACHENHEIM ist von Ernst LOOSEN aus BERNKASTEL gepachtet und erzeugt trockene PFÄLZER RIESLINGE (v. a. FORSTER Pechstein). Eher solide und beständig als aufregend.

**Württemberg** Würt – Früher als »TROLLINGER-Republik« verschrien, heute ein aufstrebendes Weinbaugebiet dank der Experimentierfreude vieler junger Winzer. Am besten sind in der Regel LEMBERGER und SPÄTBURGUNDER. Nur 30 % weiße Rebsorten; RIESLING braucht höhere Lagen.

**Würzburg** Fran ★★→★★★★ Schöne alte Barockstadt am Main, Mittelpunkt des Weinbaus in FRANKEN. Klassifizierte Lagen: Innere Leiste, Stein, Stein-Harfe. Weingüter: BÜRGERSPITAL, JULIUSSPITAL, Reiss, STAATLICHER HOFKELLER, Weingut am Stein.

**Zell** M ★→★★★ Der bekannteste Weinort an der unteren MOSEL, besonders für die GROSSLAGE Schwarze Katz – unbedingt meiden! Eine gute Weinlage sind die Merler Königslay-Terrassen. Spitzenerzeuger: Kallfelz.

**Zellertal** Pfz ★★→★★★★ Hoch gelegener, kühler Bereich im Norden der PFALZ, in dem seit Kurzem Goldgräberstimmung herrscht: Battenfeld-Spanier und KUHN haben sich in der dortigen besten RIESLING-Lage Schwarzer Herrgott eingekauft; dazu Parzellen im benachbarten RHEINHESSEN in der Lage Zellerweg am Schwarzen Herrgott. Gute örtliche Erzeuger: Bremer, Janson Bernhard, Klosterhof Schwedhelm.

**Zeltingen** MM ★★→★★★★ Bedeutender, wenngleich manchmal unterschätzter Ort an der MOSEL unweit von WEHLEN. Voller und zugleich knackiger RIESLING. GROSSE LAGE: SONNENUHR. Spitzenweingüter: J. J. PRÜM, MARKUS MOLITOR, SELBACH-OSTER.

**Ziereisen** Bad ★★→★★★★ Hervorragendes Gut im MARKGRÄFLERLAND, vorwiegend Burgundersorten und GUTEDEL. Am besten sind die SPÄTBURGUNDER von den kleinen Parzellen Rhini, Schulen und Talrain. Selektionen von alten Reben heißen Jaspis. Siehe Kasten S. 222.

**Zilliken, Forstmeister Geltz** M ★★★→★★★★ 93 94 95 96 97 99 01 03 04 05 07 08 09 10 11 12 14 15 16 17 – Familienweingut an der SAAR: Intensiv rassig-mineralischer Riesling vom Saarburger Rausch und dem OCKFENER Bockstein, darunter köstliche, langlebige AUSLESEN und EISWEIN. Auch sehr guter SEKT – und Ferdinands Gin.

**Zimmerling, Klaus** Sachsen ★★★ Das nach Perfektion strebende kleine Weingut wurde als eins der ersten nach dem Fall der Mauer gegründet. Die beste Lage ist der Königliche Weinberg in Pillnitz bei Dresden. Der RIESLING, auch halbtrocken, kann sehr exquisit sein.

# Luxemburg

Das kleine Herzogtum Luxemburg liegt an der Mosel, kurz bevor diese nach Deutschland fließt. Die 600.000 Einwohner bilden gerade mal ein Viertel der Population so mancher Großstadt – und doch ist es ein richtiges Land. Der Wein ist aber nur von lokalem Interesse – einfach weil die Luxemburger und ein paar internationale Bürokraten alles selbst austrinken. Woanders steht der »Moselgeist« für goldene Süße und feine Säure, hier ist er ein wenig unentschieden, oder einfacher ausgedrückt: kein Schiefer, keine späte Lese. Die Kalksteinböden sind eher mit Chablis oder der Champagne zu vergleichen s mit Piesport. Nur elf Prozent der Flächen sind mit Riesling bestockt. Die Hauptrollen teilen sich Müller-Thurgau (alias Rivaner), Auxerrois, dazu Pinot blanc und Pinot gris. Eine sehr besondere Spezialität ist der schäumende Crémant. Der Klimawandel hat sich bisher von seiner freundlichen Seite gezeigt. 2018 erbrachte die gehaltvollsten Pinot-Weine in der Geschichte Luxemburgs. Trotzdem stellt der Frost noch immer eine Gefahr dar (2016 und 2017 hat er schwer zugeschlagen).

Die meisten Weißweine sind säurebetont mit leichter Restsüße – auf den Etiketten findet man keine Unterscheidung zwischen trocken und halbtrocken. Ein häufiger Begriff (wenn auch von geringer Aussagekraft) ist »Grand Premier Cru«. Verlässlicher sind da Winzervereinigungen, die ihre eigenen hohen Standards vertreten: Domaine et Tradition (acht Mitglieder) besitzt die größte Glaubwürdigkeit.

**Alice Hartmann** ★★★→★★★★ Starerzeugerin mit Selektionen aus einzelnen Parzellen von Luxemburgs bester RIESLING-Lage Koeppchen (Les Terrasses von 70 Jahre alten Reben, Au Cœur de la Koeppchen ist die Krönung der Mineralität aus Kalksteinböden). Die besten Riesling-, CHARDONNAY- und PINOT-NOIR-Gewächse heißen Sélection du Château. Der Clos du Kreutzerberg im mittleren Preissegment bietet außerordentlich günstigen Chardonnay und Pinot noir (16'). Außerdem exzellenter Crémant (Grande Cuvée, Rosé Brut). Besitzt auch Weinberge in Burgund (St-Aubin), an der Mittelmosel (Trittenheim) und hat eine kleine Parzelle im Scharzhofberg gepachtet. Immer schnell ausverkauft.

**Aly Duhr** ★★→★★★ Die Brüder Ben und Max Duhr sind bekannt für zuverlässige Weiße aus dem Barrique (PINOT BLANC/AUXERROIS – bestes Preis-Leistungs-Verhältnis) und den feinen RIESLING Ahn Palmberg. Dazu guter Crémant.

**Bastian, Mathis** ★★→★★★★ Körperreiche Weiße (sehr guter 2017er Domaine et Tradition RIESLING Wellenstein Foulschette).

**Bernard-Massard** ★→★★★ Großproduzent, vor allem für Crémant. Topmarken: Château de Schengen und Clos des Rocher. Erzeugt auch Sekt in Deutschland.

**Château Pauqué** ★★★→★★★★★ Voller Leidenschaft schlägt Abi Duhr eine Brücke zwischen dem Burgund und Deutschland (körperreicher RIESLING Paradaïs Vieilles Vignes, Riesling mit Botrytisnote in außergewöhnlich süßherben Stil einer Auslese). Aus der 2017er Lese stammt der atemberaubende Riesling »15 hl/ha«.

**Duhr Frères/Clos Mon Vieux Moulin** ★★→★★★ Klassisch ausgebaute Weiße: mineralischer RIESLING Ahn Palmberg (17) und der körperreiche, aber trockene PINOT GRIS Ahn Göllebur (17).

**Gales** ★★→★★★ Verlässlicher Erzeuger in Remich. Am besten sind Crémant (preiswerter Héritage Brut, Prestige Cuvée G Brut) und die Weine mit dem Etikett Domaine et Tradition. Der labyrinthische alte Keller ist sehenswert.

**Schumacher-Knepper** ★★→★★★ Einige sehr gute Weine unter der Traditionsmarke Ancien Propriété Constant Knepper wie der RIESLING Wintringer Felsberg. Hervorragend ist der 2015er PINOT GRIS aus dem Barrique.

**Sunnen-Hoffmann** ★★★ Corinne Sunnen und ihr Bruder Yves (in fünfter Generation) haben seit 2001 von Weinhändlern zu Biowinzern gewandelt. Das volle Programm an Weißweinen wie aus dem Bilderbuch, am besten in der Regel der RIESLING Wintrange Felsberg VV Domaine et Tradition von einem Weinberg, dessen Reben 1943 gepflanzt wurden.

**Weitere empfehlenswerte Erzeuger:** Cep d'Or, Fränk Kayl, L&R Kox, Paul Legill, Ruppert, Schmit-Fohl, Stronck-Pinnel. Domaines Vinsmoselle ist eine Vereinigung mehrerer Winzergenossenschaften.

# Spanien

**Die dunklen Flächen bezeichnen die Weinbaugebiete**

Die folgenden Abkürzungen werden im Text verwendet:

| | | | |
|---|---|---|---|
| Bask | Baskenland | Man | Manzanilla |
| Cas-L | Castilla y León | Mont-M | Montilla-Moriles |
| Cas-La M | Castilla-La Mancha | Mur | Murcia |
| Cos del S | Costers del Segre | Nav | Navarra |
| El B | El Bierzo | Pen | Penedès |
| Emp | Empordà | Pri | Priorat |
| Ext | Extremadura | R Ala | Rioja Alavesa |
| Gal | Galicien | R Alt | Rioja Alta |
| Kan | Kanarische Inseln | R Or | Rioja Oriental |
| Kat | Katalonien | Rib del D | Ribera del Duero |
| La M | La Mancha | Som | Somontano |
| Madr | Madrid, Vinos de | Tar | Tarragona |
| Mall | Mallorca | U-R | Utiel Requeña |

In puncto Anziehungskraft, Qualität und Vielfalt lässt Spanien nicht nach. In industriellem Maßstab erzeugte Markenweine großer Namen sucht man vergeblich, stattdessen findet man aber eine enorme Fülle kleiner Erzeuger, die alle ihr eigenes Stückchen Land bewirtschaften, ihre Ideen mit ihren Kollegen teilen und alte Reben wiederentdecken. Es gleicht einem bukolischen Traum, nur die Weine sind aufgrund der geringen Menge mitunter schwer ausfindig zu machen. Doch verzagen Sie nicht: Vom heroischen Weinbau in Ribeira Sacra bis zum außergewöhnlichen Reberziehungssystem Teneriffas, dem *cordon trenzado,* und den Garnacha-Aficionados in Zentral- und Nordspanien bieten sich ursprüngliche Geschmackserlebnisse. Von Katalonien bis hinunter zur Mittelmeerküste gibt es faszinierende Nischenprojekte, bei denen Weinmacher mit dem – sachkundigen – Gebrauch von *lagares* (Kelterbecken) und *tinajas* (Amphoren) zu den alten Methoden zurückkehren. In Katalonien kämpft Cava weiterhin um Auswege aus der Billigheimer-Ecke. Wie schwer dieser Kampf ist, zeigt die Tatsache, dass 2018 zwei führende Cava-Häuser den Besitzer wechselten. Sherry, ein anderer seit Langem auf Talfahrt befindlicher Wein, wird derzeit auf überraschende Weise wachgerüttelt: Eine junge Generation erkundet neue Wege im Umgang mit der Palomino-Traube. Die Versuche sind nicht alle von Erfolg gekrönt, verleihen dem Sherry aber zweifellos einen gehörigen Energieschub.

## Neuere Rioja-Jahrgänge

- **2018** Regen zur rechten Zeit sorgte für einen superüppigen Ertrag von ebenso hervorragender Qualität.
- **2017** Stark reduzierter Ertrag, die Qualität ist jedoch sehr gut.
- **2016** Schwieriger Frühling, sehr heißer Sommer, Regen zur Lesezeit. Erzeuger sorgfältig auswählen.
- **2015** Abermals verlässlich guter Rioja; die Spitzenweine könnten sich als so gut wie 2010 erweisen.
- **2014** Die Rückkehr zu alter Form hinsichtlich Qualität und Quantität nach zwei mageren Jahren.
- **2013** Kühles Jahr mit geringem Ertrag und einigen guten Weinen.
- **2012** Gute Qualität, obwohl der Ertrag zu den niedrigsten der vergangenen 20 Jahre zählte.
- **2011** Von offizieller Seite als *excelente* deklarierter Jahrgang; vielleicht nicht ganz so fantastisch wie 2010, aber trotzdem sehr gut.
- **2010** *Excelente*; ein perfektes Jahr. Die Weine können jetzt getrunken werden, die besten haben aber noch viele Jahre vor sich.
- **2009** Jetzt trinkreif, wird sich aber noch weiter entfalten.
- **2008** Kühles Jahr; die Weine sind frisch und aromatisch, mit etwas niedrigerem Alkoholgehalt; trinkreif.

**Aalto, Bodegas y Viñedos** Rib del D r ★★★→★★★★ Mächtige, geschliffene Weine mit schöner Struktur, dafür steht Aalto, v. a. mit dem Aushängeschild PS (von 200 Parzellen). Mariano García, früher bei VEGA SICILIA, macht Weine zum Einlagern. Zu Garcías Familienbesitz zählen u. a. San Román (TORO) MAURO (CASTILLA Y LEÓN) und Garmón (RIBERA DEL DUERO). Außerdem zusammen mit Bodegas Masaveu Eigentümer von Enate, Fillaboa und Murúa. Mitgründer Javier Zaccagnini hat Aalto 2018 verlassen, um sich seinem eigenen Projekt Sei Solo (Preludio) zu widmen.

**Abadal, Bodegas** Kat – Der Familienbetrieb in der DO Plà de Bages bietet beliebte Weine und Spezialitäten von CATALUNYA unter einer Reihe von Marken: Abadal, La Fou (Weißwein aus der Mandó-Traube in der DO TERRA ALTA), Ramón Roqueta. Bereitet außerdem Wein in traditionellen steinernen Gärtanks.

**Abadía Retuerta** Cas-L r ★★→★★★ Der Gipfel des Luxus: Sternerestaurant, Nobelhotel – und Kellerei, in direkter Nachbarschaft zu RIBERA DEL DUERO. Sehr gut ist der weiße Verschnitt Le Domaine (BV). Auch Einzellagenrotweine von internationalen Rebsorten, z. B. SYRAH Pago Garduña.

**Abel Mendoza** R Ala ★★→★★★ Kaum jemand weiß über Weinbaugemeinden und Rebsorten in RIOJA so gut Bescheid wie Abel und Maite Mendoza. Allein fünf sortenreine Weiße sind hier zu entdecken. Für die Weine der Reihe Grano a Grano wird jede TEMPRANILLO- und GRACIANO-Beere einzeln handverlesen.

**Albariño entspricht dem portugiesischen Alvarinho. Getrennt sind sie nur durch den Rio Miño/Minho.**

**Alexander Jules** Sherry ★★→★★★ US-Handelshaus, das Abfüllungen besonderer Sherrys aus ausgewählten BUTTS bietet.

**Algueira** Gal r w ★★ Sehr feine Auswahl an eleganten Rotweinen von lokalen Rebsorten, u. a. Brancellao und MENCÍA. Herausragend ist der Merenzao (im Jura Trousseau genannt) in fast burgundischem Stil.

**Alicante** r w; s ★→★★★ Die Region erzeugt würzige Rot- und Weißweine sowie den immer seltener werdenden gespriteten Fondillón und gilt als geistige Heimat der MONASTRELL-Traube. Auf dem Hochplateau im Hinterland sind alte Buschreben erhalten geblieben. Spitzenerzeuger: ARTADI, ENRIQUE MENDOZA, Bernabé Navarro (der Naturweinpionier verwendet tönerne TINAJAS).

**Allende, Finca R** Alt r w ★★→★★★★ Vom unverwüstlichen Miguel Ángel de Gregorio geleitete und in jeder Beziehung überragende RIOJA-BODEGA in einem Handelshaus in BRIONES, von dessen Turm man über die ganze Stadt zu den Weinbergen blickt. Mineralischer Calvario von einer Einzellage, reintöniger, feiner Aurus sowie prachtvoller, aromatischer weißer Martires. Weine auf Einsteigerniveau bietet die FINCA Nueva.

**Almacenista** Sherry, Man – Eine Kellerei mit Sherry-Beständen, die Weine an BODEGAS verkauft, die damit ihre eigenen Bestände auffrischen oder erweitern. Spielt bei MANZANILLA eine wichtige Rolle. Unter den wenigen verbliebenen Almacenistas setzen jetzt viele auf Direktverkauf an den Verbraucher, z. B. GUTIÉRREZ COLOSÍA oder El MAESTRO SIERRA. Oft eine Quelle individueller Händlerabfüllungen.

**Alonso, Bodegas** Man ★★★→★★★★ Neuerer Sherry-Erzeuger im Besitz der Brüder Asencio, denen auch Dominio del Urogallo (Asturien) gehört. Sie erwarben die außergewöhnlichen Bestände der insolventen BODEGAS Pedro Romero, darunter sehr feine SOLERAS von Gaspar Florido. Aus Letzteren wurde eine überragende, allerdings superteure Vier-Flaschen-Kollektion zusammengestellt. Preiswerter ist der Velo Flor und 9–10 Jahre alter MANZANILLA.

**Alonso del Yerro** Rib del D, Toro r ★★→★★★ Der önologische Berater Stéphane Derenoncourt aus Bordeaux vermag dem extremen Kontinentalklima in RIBEIRA DEL DUERA Eleganz zu entlocken. Mit dem Jahrgang 2016 setzte ein Wandel ein, die Weine sind jetzt graziler. Der Familienbetrieb erzeugt ausschließlich Gutsweine. Das Spitzengewächs heißt María – tintendunkel, aber nicht überzogen. Außerdem Paydos aus TORO.

**Alta Alella** Kat ★★→★★★ Die für ihre CAVAS bekannte BODEGA gleich oberhalb der Küste von Barcelona erzeugt auch höchst erfreulichen süßen roten Dolç Mataró von MONASTRELL. Ökologischer Anbau. Besucher erwartet ein warmherziger Empfang.

**Álvaro Domecq** Sherry, Man ★★→★★★ Relativ neue BODEGA, jetzt Teil der Avanteselecta-Gruppe, mit SOLERAS des einstigen ALMACENISTA Pilar Aranda. Geschliffene Weine, u. a. guter FINO La Janda und exzellente VORS-Reihe 1730.

**Alvear** Mont-M, Ext ★★→★★★★ Die historische Bodega verfügt über eine ganze Reihe hervorragender PX-Weine aus MONTILLA-MORILES. Gute trockene FINOS C.B. und Capataz, wunderbar süßer SOLERA 1927, üppiger Dulce Viejo. Sehr feine Jahrgangsweine. Zum Besitz gehört auch die BODEGA Palacio Quemado in der Extremadura. Außerdem vielversprechende neue Projekte mit ENVINATE: Tischweine sowie spezielle PX-Selektionen.

**Añada** Jahrgang.

**Arrayán, Bodegas** Méntrida ★★ Mit ihren feinen GARNACHA-Gewächsen aus indigenen Rebstöcken stellt Weinmacherin Maite Sánchez in dem 1999 gegründeten Betrieb den guten Ruf der DO MÉNTRIDA wieder her. Außerdem schöner weißer Albillo Real.

**Artadi, Bodegas y Viñedos** Alicante, Nav ★★→★★★★ 1985 von einer Winzergenossenschaft gegründeter Betrieb mit Weinbergen rings um Laguardia in Rioja Alavesa, dem der äußerst gewissenhafte Juan Carlos López de Lacalle zu überragendem Erfolg verhalf. Ende 2015 kehrte er der DO RIOJA den Rücken, weil sie seiner Meinung nach bei der Qualitätssicherung versagt; seither steht nicht mehr »Rioja«, sondern »Alava« auf dem Etikett. Preiswerter Viñas de Gain, luxuriöser La Poza de Ballesteros und dunkler, steiniger El Carretil; hervorragend ist der El Pisón von einer Einzellage. Auch in ALICANTE vertreten mit sehr gutem El Sequé (rot) und in NAVARRA mit Artazuri (rot; rosé BV).

**Atlantic Wines** Gal, Rioja, Bask r rs w – Im englischen Sprachraum inoffizieller Sammelbegriff für hellen, oft in Eiche ausgebauten Wein mit zumeist prägnanter Säure, wird aber zunehmend auch auf frische, grazile Rotweine angewandt. Bezieht sich insbesondere auf Wein aus Lagen in Atlantiknähe (RÍAS BAIXAS) bzw. im Umland des Golfs von Biskaya (TXAKOLÍ). Wird zudem zur Beschreibung kühlklimatischer Einflüsse verwendet, etwa in den Binnenland-DOS GALICIENS, sowie für spezielle Jahrgänge in RIOJA Alavesa und Rioja Alta.

**Baigorri** R Ala r w ★★→★★★ Die Weine sind so spektakulär wie die gläserne Architektur der BODEGA. Aus der mit Schwerkraft betriebenen Kellerei kommt wuchtiger, moderner RIOJA. Ein Besuch lohnt sich: gutes Restaurant, Degustationsmenüs und Blick auf die Weinberge.

**Barbadillo, Bodegas** Man ★→★★★★ Die kathedralenartige Kellerei beherrscht majestätisch die Oberstadt von SANLÚCAR. Das von Montse Molina gemanagte Angebot reicht von preiswert bis hervorragend. Pionier des MANZANILLA EN RAMA. Unschlagbar ist die Reihe Reliquia, v. a. AMONTILLADO und PALO CORTADO. Vorzüglicher 100 Jahre alter Amontillado

Versos. Sherry-Guru Armando Guerro berät bei gewagten neuen Kreationen (der Nude ist ein Tintilla de Rota im Beaujolais-Stil) und kehrt zu althergebrachten Methoden zurück, z. B. beim nicht gespriteten PALOMINO Mirabras. Augen auf: Der einst schlafende Riese ist jetzt hellwach. Zum Besitz gehören auch Vega Real (RIBERA DEL DUERO) und BODEGA Pirineo (SOMONTANO).

**Báscula, La** Alicante, Rioja, Jumilla r w; s ★★ Preiswerte Qualitätsweine aus aufstrebenden und klassischen Anbaugebieten. Geschäftsführer sind der südafrikanische Weinguru Bruce Jack und der britische Master of Wine Ed Adams. Auch in TERRA ALTA tätig.

**Belondrade** Cas-L, Rueda r w ★★→★★★ Didier Belondrade war einer der Ersten, die das Potenzial der Rebsorte VERDEJO unter Beweis stellten, als er 1994 seine auf dem Hefesatz ausgebaute RUEDA-Version herausbrachte. Außerdem Quinta Apollonia (weiß) und leichter, sommerlicher TEMPRANILLO Quinta Clarisa (rot), beide aus CASTILLA Y LEON.

**Bentomiz, Bodegas** Málaga ★★→★★★ Clara und André, Holländer von Geburt und Spanier aus Leidenschaft, haben sich als Erzeuger in Axarquía im Hinterland von MÁLAGA etabliert. Sie sind Experten für süßen Moscatel und MERLOT sowie für den wiederbelebten, seltenen Romé (Rosé).

**Beronia** Rioja r rs w ★→★★★ Die verkaufsstärkste RIOJA-BODEGA im Besitz von GONZÁLEZ BYASS. RESERVA von sehr verlässlicher Qualität; Spitzengewächs ist der schicke, aber unaussprechliche III a.C.

**Bodega** 1. Kellerei; 2. Weinhandlung; 3. eine Firma, die sich mit der Herstellung, dem Verschnitt bzw. dem Versand von Wein befasst.

**Butt** Sherry – Fass mit 600 l Fassungsvermögen aus lang gelagerter amerikanischer Eiche, das für den Sherry-Ausbau verwendet und nur zu fünf Sechsteln gefüllt wird, damit sich eine FLOR-Schicht bilden kann. In Schottland verwendet man gern gebrauchte Sherry-Fässer, um Whisky den letzten Schliff zu verleihen. Neuerdings besteht der Trend zum Ausbau von Weißweinen in einstigen FINO-Butts – CVNE hat diesen alten Brauch mit dem Monopole Clasico und BARBADILLO mit dem Mirabras wiederbelebt.

**Calatayud** Aragón r rs w ★→★★★ Dank der Qualität der alten, auf 700 bis 900 m Höhe wachsenden GARNACHA-Buschreben ist Calatayud schließlich ins Bewusstsein der Weinliebhaber gerückt, aber immer noch hauptsächlich für billige Genossenschaftsweine bekannt. Am besten sind die BODEGAS Ateca, El ESCOCÉS VOLANTE und San Alejandro.

**Callejuela** Sherry, Man ★★→★★★ Die Blanco-Brüder besitzen Reblagen in einigen der berühmtesten Sherry-Einzellagen. Sehr guter gereifter MANZANILLA, AMONTILLADO und OLOROSO, außerdem Jahrgangs-Manzanilla.

**Campo de Borja** Aragón r rs w ★→★★★ Das selbst ernannte »Reich der GARNACHA« ist dank des Schatzes alter Reben in Kombination mit jungen Weinbergen die erste Wahl für preiswerten Garnacha; allmählich kommt auch seriöse Qualität auf den Markt, z. B. von den BODEGAS Alto Moncayo, Aragonesas, Borsao und Frontonio.

**Campo Viejo** Rioja r rs w; sch ★→★★ Das Markenschwergewicht in RIOJA bietet neben preiswertem RESERVA und GRAN RESERVA auch sortenreinen GARNACHA und ergänzt den weißen Rioja um Tempranillo Blanco. Sehr gute Spitzen-Reserva Dominio. Gehört zu Pernod Ricard (besitzt auch die von Santiago Calatrava entworfene Kellerei Ysios in Rioja, deren Weine in letzter Zeit sehr viel besser geworden sind).

**Cañas, Bodegas Luis** R Ala r w ★→★★★ Geschliffene Weine in verlässlicher Qualität: Klassiker wie die RESERVA Selección de la Familia sowie jugendlicher, sofort trinkreifer GRAN RESERVA, aber auch Modernes wie der extrem konzentrierte Hiru 3 Racimos oder der Amaren, die beide Flaschenreifung benötigen.

**SPANIEN | Can–Cav | 237**

**Cangas** ★→★★ Die isolierte DO im wilden Asturien bringt ihre Weine nun allmählich auch in den Export. Die abgeschiedene Lage hat eigenständige Rebsorten und Charaktere hervorgebracht: frischer Albarín blanco (weiß), fester Roter von Albarín negro, Verdejo negro rot, am vielversprechendsten, Carrrasquín. Erzeuger: v. a. Dominio del Urogallo (im selben Besitz wie Bodegas ALONSO) und Monasterio de Corias.

**Capçanes, Celler de** Montsant r rs w; s ★→★★ Eine der besten Genossenschaften Spaniens. Sehr faire Preise, ausdrucksstarke Weine aus MONTSANT. Auch ein auf koschere Weine spezialisierter Erzeuger mit dem empfehlenswerten Peraj Ha'abib.

**Cariñena** Aragón r rs w ★→★★ Die DO trägt denselben Namen wie die Rebsorte, die im PRIORAT ganz hervorragende Weine erbringen kann. Hier, in diesem einst von Genossenschaften dominierten Gebiet, sind die Weine nicht besonders aufregend, aber dafür preiswert. Zum Beispiel der vielversprechende 3 de Tres Mil von der FINCA Aylés (VINO DE PAGO), deren önologischer Berater Jorge Navascués auch Weinmacher bei CONTINO ist und bei Navascués Enología seine eigenen Weine erzeugt, den Cutio und den Mas de Mancuso.

**Casa Castillo** Jumilla r ★★→★★★ Der Familienbetrieb auf dem *altiplano* beweist, dass JUMILLA tipptopp sein kann. Sehr fein ist der Einzellagenverschnitt Las Gravas, exemplarisch der MONASTRELL, v. a. der Pie Franco aus einer kleinen Monastrell-Parzelle, die der jüngsten Reblausplage entging.

**Castell d'Encús** Cos del S r w ★★→★★★ Katalanische Kellereien sind auf der Suche nach kühleren Lagen. Raül Bobet (auch bei FERRER BOBET im PRIORAT) hat auf 1000 m so viel Kühlklima, wie er sich nur wünschen kann für seine herrlich frischen, originellen Weine. Hier trifft Tradition auf Moderne: Die Trauben werden in steinernen *lagares* vergoren, die Kellerei ist mit neuester Technik ausgestattet. In weniger als zehn Jahren sind der RIESLING Ekam, der SYRAH Thalarn und der PINOT NOIR Acusp zu Klassikern avanciert. Neu ist hingegen der MERLOT-ROSADO.

**Castilla y León** r rs w ★→★★★ Der größte Weinbaubereich Spaniens. Es gibt viel Erfreuliches und eine Fülle neuer Unternehmungen. DOS: Arlanza, Arribes, BIERZO, CIGALES, Tierra de León, Tierra del Vino de Zamora, TORO, Sierra de Salamanca (im Auge behalten), Valles de Benavente, Valtiendas. Rote Sorten: Juan García, MENCÍA und TEMPRANILLO-Varietäten; weiße Sorte: Doña blanca. Guter ROSADO mit intensiver Farbe von der Prieto-Picudo-Traube. Die Stars unter den unabhängigen Erzeugern sind ABADÍA RETUERTA, Dehesa La Granja, MAURO und Prieto Pariente.

**Castillo de Cuzcurrita** R Alt – Ummauerter Weinberg, Burg aus dem 14. Jh., vortreffliche Beraterin Ana Martín: beste Voraussetzungen für sehr guten RIOJA.

**Castillo Perelada** Emp, Nav, Pri r rs w; sch ★→★★★ Glamouröses Weingut und beliebtes Touristenziel. Temperamentvolle CAVAS, v. a. Gran Claustro, und moderne Rote. Zudem seltener, 12 Jahre in der Solera gereifter GARNATXA de l'Empordà. Sehr fein ist der Casa Gran del Siurana aus dem PRIORAT. Vor Kurzem wurde CHIVITE, einer meiner Lieblinge, dem Besitz hinzugefügt.

**Catalunya** r rs w; sch – Sehr große DO, umfasst ganz Katalonien: Küste, Berge und alles, was dazwischen liegt. Spitzenköche und Spitzen-BODEGAS (z. B. TORRES), viele sehr kreativ. Die derzeitige DO ist allerdings nur ein Verbund, der zu groß ist für eine gemeinsame Identität – eine Ausrede für charakterlose DO-übergreifende Verschnitte.

**Cava** Nach der traditionellen Methode und oft auch aus den gleichen Rebsorten wie Champagner bereiteter spanischer Schaumwein. Angesichts der mediterranen Reife der Frucht ist Zero Dosage bzw. Brut Nature sehr beliebt. Erzeugt wird er überwiegend im PENEDÈS, v. a. in und um Sant Sadurní d'Anoia, aber auch in RIOJA (v. a. Conde de Haro von MUGA) und VALENCIA. Die einheimischen Rebsorten sind wieder angesagt: MACABEO (VIURA in Rioja), PARELLADA, XAREL-LO (am besten zum Einlagern). Die besten Weine können 10 Jahre reifen; die Mindestreifezeit beträgt 9 Monate. Die höchste Qualitätsstufe heißt CAVA DE PARAJE CALIFICADO. Dennoch gibt es immer noch zu viele schwächliche Schaumweine, weshalb einige Erzeuger die DO verlassen haben oder umgehen – TORRES etwa etikettiert seine Schaumweine nicht als Cava, ebenso die Gruppe CORPINNAT. Siehe auch CLÀSSIC PENEDÈS, CONCA DEL RÍU ANOIA.

**Cava de Paraje Calificado** Seit 2017 bestehende Spitzenkategorie für Einzellagen-CAVA mit strikten Vorschriften. Die Mindestreifezeit beträgt 36 Monate, wird aber meist überschritten.

**César Florido** Sherry ★→★★★ Seit 1887 ein Meister des MOSCATEL. Entdecken Sie das wunderbar duftende, saftige Trio Dorado, Especial, Pasas.

**Chacolí** Siehe TXAKOLÍ.

**Chipiona** Sherry – Aus diesem sandigen Küstengebiet stammen die MOSCATEL-Trauben für Sherry: im Bestfall von floraler Anmut und viel weniger dicht als PX. Ein Klassiker ist CÉSAR FLORIDO.

**Chivite** Nav r rs w; s ★★→★★★ Beliebt ist die Reihe Gran Feudo (BV). Der Colección 125 ist ein erstklassiger Chardonnay (önologischer Berater war bis zu seinem Tod 2016 Denis Dubourdieu). Ferner guter Spätlese-MOSCATEL. Der historische Betrieb, einst ein bekannter Name in NAVARRA, jedoch in jüngerer Zeit in Schwierigkeiten geraten, wurde 2017 an CASTILLO PERELADA verkauft. Stellen Sie sich auf Veränderungen und zügige Umgestaltung ein.

**Clàssic Penedès** Pen – Kategorie der DO PENEDÈS für Schauwein nach der traditionellen Methode, strengere Regeln als für CAVA, mindestens 15 Monate Reifung. Seit 2017 Ökoanbau. Zu den Mitgliedern gehören Albet i Noya, Colet, LOXAREL und Mas Bertran.

**Clos Mogador** Pri r w ★★★ René Barbier gehört zum Quintett jener Erzeuger, die das PRIORAT wiederentdeckten, war für viele ein Mentor und flößt noch immer Respekt ein. Erwarb als einer der Ersten den Status VI DE FINCA. Nun ist Sohn René jr. am Ruder, und auch er arbeitet mit Sara Pérez von MAS MARTINET zusammen.

**Codorníu Raventós** Cos del S, Pen, Pri, Rioja r rs w; sch ★→★★★★ Die im Jugendstil erbaute CAVA-Kellerei ist einen Besuch wert. Weinmacher Bruno Colomer hat die Qualität des gesamten Angebots beeindruckend gesteigert. Sehr feine Cavas in der Reihe Ars Collecta, drei sortenreine CAVAS DE PARAJE CALIFICADO aus Einzellagen sowie 456, ein Verschnitt aus drei Lagen und die teuerste Cava, die je das Licht der Welt erblickte. Legaris in RIBERA DEL DUERO und Raimat in COSTERS DEL SEGRE werden immer besser. Die BODEGA Bilbaínas in RIOJA bietet den beliebten Viña Pomal, die sortenreinen Vinos Singulares und die originelle Cava Blanc des Noirs (GARNACHA). Der Eigentümer hat kürzlich gewechselt – stehen uns nun stürmische Zeiten bevor? Siehe auch die überragende PRIORAT-Bodega SCALA DEI.

**Conca de Barberà** Kat r rs w – In der kleinen katalanischen DO, die früher ausschließlich große Unternehmen mit hochwertigem Traubengut versorgte, gibt es inzwischen einige exzellente Erzeuger, darunter Escoda-Sanahuja (biologisch-dynamisch) und TORRES.

**Conca del Ríu Anoia** Kat – Kleine DO für nach dem traditionellen Verfahren bereiteten Schauwein, 2013 von RAVENTÓS I BLANC geschaffen, um strengere Qualitätskontrollen als für CAVA zu gewährleisten: biologisch-dynamische Methoden, geringere Erträge, Mindestreifezeit von 18 Monaten und ausschließlich lokale Rebsorten.

**onsejo Regulador** Amtliche Organisation für Erhaltung, Kontrolle und Förderung einer Denominación de Origen; jede DO hat ihren eigenen Consejo Regulador. Die Qualität ist so uneinheitlich wie die Weine, die die Organisation vertritt – mal steht Bürokratie, mal unternehmerisches Denken im Vordergrund.

**ontino, Viñedos del** R Ala r rs w ★★→★★★★ Zu dem Gut im Besitz von CVNE gehört eine der großartigen Einzellagen von RIOJA. Weinmacher Jorge Navascués trat 2017 in die Fußstapfen von Jesús Madrazo und wird sich, da er GARNACHA-Spezialist ist, möglicherweise stärker auf diese Sorte konzentrieren.

**orpinnat** Kat sch – Neue (2018) Gruppe erstklassiger Schaumweinerzeuger nach der traditionellen Methode mit strengeren Qualitätskontrollen; dabei sind u. a. RECAREDO und GRAMONA. Verließ 2019 die DO CAVA.

**Costers del Segre** r rs w; sch ★→★★★ Die geografisch geteilte DO vereint Erzeugerbetriebe in so unterschiedlichen Lagen wie etwa CASTELL D'ENCÚS in den Bergen und Castell del Remei und Raimat weiter unten.

**Cota 45, Bodegas** Sherry ★→★★ Bodega des Sherry-Starerzeugers Ramiro Ibáñez in SANLÚCAR. Der Ube wird von PALOMINO aus verschiedenen berühmten Einzellagen bereitet, u. a. Carrascal und Miraflores. Er wird nicht gespritet, aber in Sherry-Fässern gereift, damit er dennoch FINO-Charakter erhält. Enthüllt große Terroirunterschiede. Siehe auch Kasten »Sherry-Trends«, S. 240.

**Jerez feiert seinen ersten Michelin-Stern: Erhalten hat ihn das Restaurant »Lu«.**

**Crianza** Ein Etikettbegriff, der für eine gewisse Reifezeit, nicht jedoch für Qualität bürgt. Neuer oder nicht gealterter Wein ist *sin crianza* (ohne Eichenausbau) oder JOVEN. In der Regel sind Crianza-Weine mindestens zwei Jahre gereift, davon sechs Monate bis ein Jahr im Eichenfass, und dürfen erst ab dem dritten Jahr freigegeben werden. Siehe auch RESERVA.

**Cusiné, Tomàs** Cos del S r w ★★→★★★ Der innovative Weinmacher ist jetzt wieder zu Castell del Remei zurückgekehrt; außerdem gehören Cara Nord, Cérvoles, Finca Racons und Vilosell zu seinem Imperium. Individuelle, moderne Weine, darunter der aus diversen Rebsorten bereitete weiße Auzells.

**CVNE – Compañía Vinícola del Norte de España** R Ala, R Alt r rs w ★★→★★★★ Einer der großen Namen in RIOJA (ausgesprochen »Kune«); gegründet wurde die Compañía Vinícola del Norte de España 1879 in Haro. Heute besteht sie in Rioja aus vier Kellereien: CONTINO, CVNE, Imperial und Viña Real. Außerordentlich eindrucksvoll im Spitzenbereich: Die großen Weine können sehr alt werden (**64 70**). Kürzlich Neuerwerbungen in RIBERA DEL DUERO und RÍAS BAIXAS.

**Delgado Zuleta** Man ★→★★ Die älteste Bodega in SANLÚCAR, 1774 gegründet. Flaggschiff ist der 5–6 Jahre alte La Goya MANZANILLA PASADA, der bei der Hochzeit von König Felipe VI. serviert wurde; außerdem 10 Jahre alter Goya XL EN RAMA. AMONTILLADO Quo Vadis? mit beeindruckender 40-jähriger Reifezeit.

**Díez-Mérito** Sherry ★→★★★ Nach etlichen Eigentümerwechseln gehört die Kellerei jetzt zu Salvador Espinosa. Verlässliche Reihe Bertola; außerdem feine gereifte VORS Sherrys: AMONTILLADO Fino Imperial, OLOROSO Victoria Regina, Vieja SOLERA PX.

**DO (Denominación de Origen), DOP (Denominación de Origen Protegida)** – Denoninación de Origen Protegida (DOP) ersetzt die bisherige Kategorie Denominación de Origen (DO).

**Domaines Lupier** Nav r ★★★ GARNACHA von alten Reben ist der Star in NAVARRA – Lupier rettet verstreute Weinberge mit altem Garnacha-Bestand und erzeugt davon den hübschen, blumigen La Dama und den dichteren breitschultrigen El Terroir. Biologisch-dynamischer Anbau.

**Dominio do Bibei** Gal r w ★★ Einer der Stars der DO RIBEIRA SACRA. Der Lapena stammt von auf Schieferboden wachsendem GODELLO, der Lalama ist ein würziger MENCÍA-Verschnitt.

---

### Sherry-Trends

Endlich ist die Sherry-Welt wieder zum Leben erwacht. Es tut sich eine Menge: Fade alte Verschnitte verschwinden langsam vom Markt, stattdessen schenkt uns das Pendant zur burgundischen Gutsabfüller-Revolution wesentlich individuellere Weine. Zu den Neuerungen zählen Négociants (z. B. EQUIPO NAVAZOS), Einzellagen, ungespriteter PALOMINO als mindestens 15-prozentiger Zusatz zu FINO, in der Sonne rosinierte Trauben zur Erhöhung des Alkoholgehalts und Jahrgangs-Sherrys (z. B. von GONZÁLEZ BYASS oder WILLIAMS & HUMBERT). Sogar von Weinmachern ist die Rede …

---

**Dulce** Süß. Entsprechende Schätze finden man u. a. bei den Erzeugern ALTA ALELLA, BENTOMIZ, GUTIÉRREZ DE LA VEGA, OCHOA, TELMO RODRÍGUEZ und TORRES bzw. in den DOS EMPORDÁ, Málaga und YECLA.

**El Bierzo** r w ★→★★★★ Die MENCÍA-Trauben von Schieferböden erbringen knackigen, Pinot-noir-artigen Rotwein. Die besten Versionen stammen aus hohen Lagen und werden ohne viel Eicheneinsatz bereitet. Stil und Qualität variieren stark, am besten orientieren Sie sich am Erzeuger. Empfehlenswert: Descendientes de J. PALACIOS und Raúl PÉREZ sowie Dominio de Tares, Losada, Luna Berberide, MENGOBA und Vinos Valtuille. Auch feiner GODELLO (weiß) gibt es hier.

**Emilio Hidalgo** Sherry ★★★→★★★★ Hervorragende BODEGA in Familienbesitz in JEREZ. Alle Weine (außer PX) reifen zunächst unter FLOR. Ausgezeichneter, ungefilterter, 15 Jahre alter FINO La Panesa, fesselnder 50 Jahre alter AMONTILLADO Tresillo 1874 und seltener PX Santa Ana 1861.

**Emilio Rojo** Gal w ★★★ Ein Mann, eine Kellerei, ein Wein. Sein gleichnamiges Gewächs ist eine Cuvée von Treixadura, LOUREIRO, ALBARIÑO, Lado, TORRONTÉS und GODELLO: ausgezeichnet und von erregender Frische. Der Star von RIBEIRO.

**Empordà** Kat r rs w; s ★→★★ Eines von vielen Zentren der Kreativität in Katalonien. Die besten Erzeuger sind CASTILLO PERELADA, Celler Martí Fabra, Pere Guardiola und Vinyes dels Aspres. Das spleenige junge Weingut Espelt baut stolze 17 Sorten an; probieren Sie den Sauló (GARNACHA/CARIGNAN). Celler Espolla bietet mit dem SOLERA GRAN RESERVA einen üppigen natursüßen Wein an.

**En rama** Sherry – Ohne Filtration aus dem Fass abgefüllter Sherry, der auf diese Weise maximale Frische bewahren soll.

**Enrique Mendoza** Alicante r w; s ★→★★ Enriques Sohn Pepe ist nicht nur ein seriöser Weinmacher und lebhafter Gastgeber, sondern auch Cheerleader der DO ALICANTE und ihrer MONASTRELL-Traube. Die Spitzenerzeugnisse kommen vom trockenen *altiplano* im Landesinneren: der lebhafte La Tremenda und der Einzellagenwein Las Quebradas. Neu: Casa Agrícola.

**Envínate** Ein Team junger Weinmacher, die in Almansa, der Extremadura, in RIBEIRA SACRA und auf TENERIFFA als Berater tätig sind und für ursprüng-

**Epicure Wines** Kat, Pri r w; sch ★★ Sommelier Franck Massard baut ein Portfolio charaktervoller Weine von DOS in ganz Spanien auf, u. a. CAVA, MONTSANT, RIBEIRA SACRA, TERRA ALTA und VALDEORRAS. Lebhafter ROSADO Mas Amor.

**Equipo Navazos** Sherry ★★★→★★★★ Mit der Auswahl hervorragender einzelner BUTTS waren Jesús Barquín und Eduardo Ojeda Wegbereiter des Négociant-Sherrys. Sie arbeiten u. a. mit Dirk Niepoort, Colet-Navazos (Schaumwein; Sherry wird für den *liqueur d'expédition* verwendet), Navazos-Palazzi (Brandy), RAFAEL PALACIOS und Pérez Barquero (MONTILLA-MORILES) zusammen. Zu den Vorreitern zählt Equipo Navazos auch bei ungespritetem PALOMINO; siehe Kasten »Sherry-Trends«, S. 240.

**Escocés Volante, El** Gal, Aragón r w ★→★★★ Der schottische Master of Wine Norrel Robertson war als Flying Winemaker (*escocés volante* bedeutet »fliegender Schotte«) in ganz Spanien tätig, bevor er sich 2003 in CALATAYUD niederließ. Dort konzentriert er sich auf GARNACHA von alten Reben aus Höhenlagen, den er gern mit lokalen Rebsorten verschneidet. Die individuellen, charaktervollen Weine tragen zur (positiven) Veränderung Aragóns bei. Erzeugt außerdem ALBARIÑO in RÍAS BAIXAS und GODELLO in MONTERREI.

**Espumoso** Schaumwein, der jedoch – anders als CAVA – nicht nach der traditionellen Methode hergestellt wird.

**Ferrer Bobet** Pri r ★★★ Feine Weine von Sergi Ferrer-Salat (Besitzer der Vinothek »Monvínic« in Barcelona) und Raül Bobet (CASTELL D'ENCÚS). Schieferböden und alte Reben zeigen sich aufs Schönste im Selecció Especial Vinyes Velles von 100 % CARIÑENA. Spektakuläre Kellerei.

**Finca** Landgut, Weingut, ländliches Anwesen.

**Flor** Sherry – Das spanische Wort für »Blume« bezeichnet die Schicht aus *Saccharomyces*-Hefen, die sich in einem zu fünf Sechsteln gefüllten BUTT auf der Oberfläche von FINO- und MANZANILLA-Sherry bildet. Die Flor-Schicht bindet Sauerstoff und weitere Stoffe (ein Vorgang, den man »biologische Reife« nennt) und bewahrt den Wein vor Oxidation. Traditionell bereitete AMONTILLADOS beginnen als Fino oder Manzanilla, bevor der Flor auf natürliche Weise oder durch die Zugabe von Alkohol abstirbt. In EL PUERTO DE SANTA MARÍA und SANLÚCAR, die näher an der Küste liegen, ist die Flor-Schicht dicker, was die feinere Art der dortigen Sherrys erklärt. Neuerdings gelangt auch immer mehr ungespriteter und kurzzeitig unter Flor gereifter PALOMINO auf den Markt. Das Interesse an der Schöpfung von Flor-Weinen wächst – nicht nur in ganz Spanien, sondern auch anderswo in der Welt.

**Fondillón** Alicante s ★→★★★ Legendärer ungespriteter roter lieblicher *rancio*-Wein von überreifen MONASTRELL-Trauben, der lange Seereisen überstehen sollte. Heute wird er mind. 10 Jahre in Eiche gereift; einige SOLERAS sind sehr alt. Leider schrumpfende Produktion, u. a. von Brotons, GUTIÉRREZ DE LA VEGA und Primitivo Quiles.

**Freixenet, Cavas** Pen, Cava rs w; sch ★→★★★ Größter CAVA-Erzeuger, bekannt vor allem für den in schwarzen Flaschen abgefüllten Cordón Negro. Etwas nobler ist Elyssia; Casa Sala heißt die prestigeträchtige Spitzenmarke, eine CAVA DE PARAJE CALIFICADO. La Freixeneda (rot) stammt vom Gut der Familie aus dem 13. Jahrhundert. Weitere Cava-Marken: Castellblanch, Conde de Caralt und Segura Viudas. Zudem: Morlanda (PRIORAT), Solar Viejo (RIOJA), Valdubón (RIBERA DEL DUERO), Vionta (RÍAS BAIXAS).

Außerdem die Champagnerfirma Henri Abelé, das Bordeaux-Handelshaus Yvon Mau sowie Gloria Ferrer (USA), Katnook (Australien) und Finca Ferrer (Argentinien). Freixenet wurde kürzlich an den Sektgiganten Henkell verkauft, es stehen also wohl Veränderungen ins Haus.

**Frontonio** Aragón – Neuere Unternehmung (seit 2014) des Master of Wine Fernando Mora und seines Teams in Valdejalón mit Fokus auf GARNACHA und GARNACHA BLANCA. Das zweite Projekt, Cuevas de Arom, wird in einer unterirdischen Kellerei in der DO CAMPO DE BORJA vinifiziert.

**Fundador Pedro Domecq** Sherry – Die ehemaligen Domecq-BODEGAS wurden im Zuge der diversen Umbildungen von Sherry-Erzeugern in Stücke gerissen. Die VORS-Weine sind jetzt im Besitz von OSBORNE; La Ina, Botaina, Rio Viejo und Viña 25 sind an LUSTAU übergegangen. Andrew Tan von Emperador, dem weltgrößten Branntweinhersteller, kaufte den Rest und legt den Schwerpunkt auf Fundador-Brandy. Zum Unternehmen gehören auch Terry Centenario (Brandy), Harvey's, berühmt für Bristol Cream und sehr guten VORS, und Garvey, bekannt für den FINO San Patricio.

**Galicien** r w; (sch) – Abgelegener Anbaubereich in Nordwestspanien, Ziel der Pilger auf dem Jakobsweg, Heimat vieler Spitzenweißweine Spaniens (siehe MONTERREI, RÍAS BAIXAS, RIBEIRA SACRA, RIBEIRO, VALDEORRAS) und strahlender, knackig-frischer Roter. Die isolierte Lage sorgt für zahlreiche seltene Rebsorten.

**Ultramoderner Garnacha ist der Pinot noir des kleinen Mannes: Trifft hinsichtlich Aromatik und Finesse voll den Geschmack.**

**Genéricos** Rioja – Um einen *genérico* handelt es sich, wenn sonst nichts auf dem Etikett steht (wie z. B. »Reserva«). Bei Genéricos dürfen die Verkelterungs- und Ausbauvorschriften der DO teilweise außer Acht gelassen werden, wodurch das Terroir besser zum Ausdruck gebracht werden kann. Manche Exemplare kommen allerdings arg protzig daher.

**Gómez Cruzado** R Alt – Historische BODEGA in RIOJA, zwischen MUGA und La RIOJA ALTA gelegen, deren Wiederbelebung ein tatkräftiges Duo in die Hand genommen hat.

**González Byass** Sherry, Cádiz ★★→★★★★ González Byass (gegründet 1845) ist und bleibt ein Familienunternehmen. Der liebenswürdig-poetische Kellermeister Antonio Flores entwickelt ein faszinierendes Portfolio: eine En-rama-Abfüllung und die Palmas Finos, alle basierend auf der Tío Pepe-SOLERA. Begleitet werden sie weiterhin vom stets geschliffenen AMONTILLADO Viña AB, dem OLOROSO Matúsalem und dem PX Noë. Ferner gute Weinbrände. 2018 wurde der *botellero histórico,* ein historischer Weinkeller, in Jerez eröffnet, für 2019 ist die Eröffnung eines Hotels geplant. Weitere Kellereien: BERONIA (RIOJA), Pazos de Lusco (RÍAS BAIXAS), Vilarnau (CAVA) und Viñas del Vero (SOMONTANO) sowie Croft Original Pale Cream (keine Offenbarung, aber beliebt). Die FINCA Moncloa in der Nähe von JEREZ erzeugt nach wie vor Rotweine sowie Tintilla de Rota, einen gespriteten roten Süßwein.

**Gramona** Pen r w; s; sch ★★→★★★★ Die Cousins erzeugen beeindruckend langlebige Schaumweine nach der traditionellen Methode, v. a. Enoteca, III Lustros und Celler Batlle. Es wird viel – inspirierende – Forschung betrieben, u. a. Versuche mit biodynamischem Anbau. Ferner süße Abfüllungen einschließlich Eiswein sowie experimentelle Weine. Gehört zur Gruppe CORPINNAT.

**Grandes Pagos** Netzwerk von in Familienbesitz befindlichen Erzeugerbetrieben in ganz Spanien, die ein gemeinsames Marketing betreiben. Der Name sorgt für Verwechslungsgefahr mit VINO DE PAGO, hat damit aber nichts zu tun: Einige Betriebe genießen diesen Status, andere nicht.

**Gran Reserva** In RIOJA sind für Gran Reserva mindestens zwei Jahre im Barrique (225 l) und drei Jahre Flaschenreifung vorgeschrieben. Die Suche nach großartigen alten Rioja-Gran-Reserva-Weinen lohnt sich, zumal sie oft erstaunlich günstig sind. Viele neuere Abfüllungen sind weniger interessant.

**Guímaro** Gal r w ★★ Die treibende Kraft hinter der Wiederherstellung des guten Rufs der DO RIBEIRA SACRA. Eine einheimische Familie kehrt zu traditionellen Methoden zurück: Wildhefen, Stampfen der Trauben mit den Füßen, alte Eichenfässer, Einzellagen. Der GODELLO Cepas Viejas von den ältesten Reben des Weinguts ist intensiv und schön strukturiert, der Finca Pombeiras ein MENCÍA von alten Reben. Der Ladredo entsteht in Zusammenarbeit mit Dirk Niepoort (siehe Kapitel »Portugal«).

**Guita, La** Man ★→★★★ Verlässlicher Manzanilla. Im Besitz der Grupo Estévez, der auch VALDESPINO gehört.

**Gutiérrez Colosía** Sherry ★→★★★ Eine der wenigen am Fluss verbliebenen BODEGAS in EL PUERTO DE SANTA MARÍA. Ehemaliger ALMACENISTA mit herrlichem altem PALO CORTADO.

**Gutiérrez de la Vega** Alicante r w; s ★★→★★★ Die bemerkenswerte BODEGA in ALICANTE ist auf Süßwein spezialisiert, hat der DO aber nach einem Zerwürfnis wegen der Vorschriften den Rücken gekehrt. Wunderbar ausdrucksstarker MOSCATEL, v. a. Casta Diva.

**Hacienda Monasterio, Bodegas** Rib del D r ★★★ Peter SISSECK ist auf dem 160-ha-Gut Berater. Die Weine, die im Preis und am Gaumen zugänglicher sind als sein PINGUS, werden immer ansprechender.

**Haro** R Alt – Die Stadt im Herzen von RIOJA ALTA erlangte Bedeutung mit dem Bau der Eisenbahnlinie, die Exporte in das von der Reblaus geplagte Bordelais ermöglichte. Die Spitzenerzeuger von RIOJA sind am und um den Bahnhof versammelt: BODEGAS Bilbaínas (CODORNÍU RAVENTÓS), CVNE, GOMEZ CRUZADO, La RIOJA ALTA, LÓPEZ DE HEREDÍA, MUGA und RODA. Am alljährlichen Tag der offenen Tür kann man sie besichtigen.

**Harveys** Sherry ★→★★★ Einst ein großer Name in JEREZ, berühmt für den Bristol Cream. Jetzt im Besitz von Emperador, ebenso wie FUNDADOR PEDRO DOMECQ. Sehr gute VORS-Sherrys.

**Herederos de Argüeso** Man ★★→★★★ Einer der besten Erzeuger (und Reblandbesitzer) in SANLÚCAR, jetzt Teil von Yuste: sehr guter, dicht gewirkter, salziger San León Reserva sowie jugendlicher Las Medallas. Außerdem beeindruckend lebhafter AMONTILLADO Viejo VORS.

**Hidalgo La Gitana** Man ★★→★★★★ 1792 gegründeter Familienbetrieb in SANLÚCAR. Der sehr kultivierte MANZANILLA La Gitana ist ein Klassiker. Feinster Manzanilla ist der Pasada Pastrana von einer Einzellage, der fast die Reife eines AMONTILLADO besitzt. Hervorragende VORS-Reihe, darunter Amontillado Napoleon, PX Triana und Palo Cortado Wellington.

**Jean León** Pen r w ★★→★★★ Bereitete CABERNET SAUVIGNON in Spanien in den 1950er-Jahren den Weg; seit 1995 im Besitz von TORRES mit Mireia Torres als Geschäftsführerin. Die Qualität legt fortwährend zu; der moderne Ansatz kommt durch Experimente und die Etikettengestaltung zum Tragen.

**Jerez de la Frontera** Sherry – Hauptstadt der Sherry-Region zwischen Cádiz und Sevilla. Das Wort Sherry ist eine Abwandlung des maurischen Namens Sherish, französisch Xérès. Der DO-Name lautet daher Jerez-Xérès-Sherry. MANZANILLA hat eine eigene DO: Manzanilla-SANLÚCAR DE BARRAMEDA.

**Jiménez-Landi, Dani** Méntrida – Führender Vertreter der jungen Generation von GARNACHA-Erzeugern, v. a. in MÉNTRIDA und Gredos (nördlich von Madrid).

**Joven** (vino) Junger, nicht in Eiche gereifter Wein. Siehe auch CRIANZA.

**Juan Carlos Sancha, Bodegas** Rioja r w ★★ Ein Universitätsprofessor für Önologie, der sich zum Weinmacher wandelte: Juan Carlos Sancha versteht sich auf RIOJAS Böden und Traditionen. Er arbeitet mit weniger bekannter Rebsorten wie Tempranillo blanco, Maturana tinta, Maturana blanca und Monastel, aber auch mit GARNACHA.

**Juan Gil Bodegas Familiares** Jumilla r w ★→★★★ Ihren mittlerweile guten Ruf verdankt die DO JUMILLA nicht zuletzt diesem Familienbetrieb. Gute junge MONASTRELL-Weine (z. B. 4 Meses), langlebige Spitzengewächse Clio und El Nido. Zum Unternehmen gehören weitere Kellereien wie Ateca (CALATAYUD), Can Blau (MONTSANT) und Shaya (RUEDA).

**Jumilla** Mur r (rs) (w) ★→★★★ Sehr trockenes Anbaugebiet in den Bergen nördlich von Murcia mit einem Erbe alter MONASTRELL-Reben; daneben TEMPRANILLO, MERLOT, CABERNET SAUVIGNON, SYRAH und PETIT VERDOT. Spitzenerzeuger: CASA CASTILLO und JUAN GIL, gefolgt von Agapito Rico und Carchelo.

**Juvé y Camps** Pen, Cava w; sch ★★→★★★ Beständig guter Familienbetrieb mit hochwertiger CAVA. Die RESERVA de la Familia ist der Grundpfeiler, La Capella eine CAVA DE PARAJE CALIFICADO.

**Kanarische Inseln** r rs w ★→★★ Sieben Hauptinseln mit neun DOS, wobei TENERIFFA allein schon fünf sein Eigen nennt, erzeugen jede Menge langweilige Touristenweine. Dabei gibt es durchaus seltene Sorten, alte Reben, ausgeprägte Mikroklimata und Böden mit Vulkangestein. Die trockenen Weißen von LISTÁN (alias PALOMINO) und Marmajuelo sowie die Roten von Listán negro, Negramoll (TINTA NEGRA) und Vijariego bieten erfreulich ursprüngliche Geschmackserlebnisse. Außerdem gute MALVASÍA- und MOSCATEL-Dessertweine, v. a. der gespritete Malvasía El Grifo aus Lanzarote. Spitzenerzeuger: Borja Pérez, ENVINATE, Matias i Torres und SUERTES DEL MARQUÉS.

**La Mancha** Cas-La M r rs w ★→★★ Das Land des Don Quijote südlich von Madrid ist (mit Ausnahme seiner Ausdehnung) das am wenigsten beeindruckende Anbaugebiet Spaniens und liefert v. a. Trauben für die Brandy-Produktion. Zu viel Massenwein, dennoch sind Spitzenleistungen durchaus möglich: JUAN GIL mit dem Volver, MARTÍNEZ BUJANDA mit dem Finca Antigua und PESQUERA mit dem El Vínculo.

**López de Heredia** R Alt r rs w ★★→★★★★★ Der älteste Erzeugerbetrieb in Haro, gegründet 1877, Inbegriff der Tradition und in Familienhand, bietet Weine, die inzwischen Kult geworden sind. Den Besuch lohnen allein schon der Txori-toki-Turm, die spinnwebverhangenen Keller und der von Zaha Hadid entworfene Laden. Ein Ort, an dem man sehen kann, wie RIOJA erzeugt wurde (und hier immer noch wird). Viña Cubillo heißt die jüngere Reihe mit GARNACHA, dunkler ist Viña Bosconia, anmutig und reif der Viña Tondonia. Auch die Weißen reifen ausgiebig in Fass und Flasche; einzigartig ist der ROSADO GRAN RESERVA.

**Loxarel** Pen r rs w; sch ★★ Josep Mitjans ist seinem Terroir und der Rebsorte XAREL-LO leidenschaftlich verbunden (»Loxarel« ist ein Anagramm). Zum Angebot gehören u. a. Weine mit Hülsenmaischung und Amphorenweine. Frisch und fröhlich ist der weiße Cora, ein originelles Schmankerl der Cent Nou 109 Brut Nature RESERVA: nach der traditionellen Methode bereiteter Schaumwein, allerdings wird die Hefe nicht durch Degorgieren entfernt. Komplex, trüb, ungeschwefelt und auch nach 109 Monaten noch immer sehr jugendlich. Biologisch-dynamischer Anbau.

**.ustau** Sherry ★★★→★★★★ Brachte die originale ALMACENISTA-Kollektion heraus. Sherrys aus JEREZ, SANLÚCAR und EL PUERTO DE SANTA MARÍA. Die einzige Bodega, die EN-RAMA-Sherry aus allen drei Städten erzeugt – faszinierende Kontraste. Der Emilín ist ein erlesener MOSCATEL, der PX VORS überragend – trotz Alter und Süße kommt er leichtfüßig daher. Eine der wenigen Bodegas, die Jahrgangs-Sherry herausbringen.

**Maestro Sierra, El** Sherry ★★★ Die kleine BODEGA zeigt, wie es früher in JEREZ-Kellereien zuging. Sie wird von Mari-Carmen Borrego geleitet, die ihre Respekt einflößende Mutter Pilar Plá abgelöst hat. Feiner AMONTILLADO 1830 VORS, FINO sowie OLOROSO 1/14 VORS. Weine von hervorragender Qualität.

**Málaga** r w sw ★→★★★ MOSCATEL-Liebhaber sollten die Hügel von Málaga erkunden. TELMO RODRÍGUEZ ließ den einstigen Ruhm mit seinem subtilen süßen Molino Real wieder aufleben. Der fassgereifte Moscatel No 3 Viejas Viñas von Jorge Ordoñez ist wunderbar üppig, bei BENTOMIZ findet man eine beeindruckende Auswahl. Für trockene Tischweine gibt es die DO Sierras de Málaga; der Botani von Ordóñez ist zart aromatisch.

**Mallorca** r w ★→★★★ Die Weine werden stetig besser, sind allerdings teuer und außerhalb der Insel schwer aufzutreiben. Erzeuger: u. a. 4 Kilos, Án Negra, Biniagual, Binigrau, Hereus de Ribas und Son Bordils. Die Roten sind Verschnitte von traditionellen Rebsorten (Callet, Fogoneu, Mantonegro) plus CABERNET SAUVIGNON, SYRAH und MERLOT. Die Weißen (v. a. CHARDONNAY) holen schnell auf. DOS: BINISSALEM und PLÁ I LLEVANT.

**Manchuela** r w; s ★→★★ Die DO war einst Quelle von Fassweinen, verspricht jetzt aber mehr mit u. a. von Bobal, MALBEC und PETIT VERDOT bereiteten Weinen. Führende Erzeuger: Alto Landón, SANDOVAL und Ponce (wurzelechte Reben).

**Ein Drittel des weltweiten Garnacha-blanca-Rebbestands wächst in der kleinen DO Terra Alta.**

**Marqués de Cáceres, Bodegas** R Alt r rs w ★→★★ Der Erzeuger leistete in den 1970er-Jahren einen wichtigen Beitrag zur Entwicklung RIOJAS und führte dort französische Bereitungsmethoden ein. Außerdem frischer Weißer und Rosé. Gaudium heißt der moderne Spitzenwein, die GRAN RESERVA zeigt sich traditionell klassisch. Zum Besitz gehört auch Deusa Nai in RÍAS BAIXAS.

**Marqués de Murrieta** R Alt rs w ★★★→★★★★ RIOJA ist quasi eine Schöpfung der beiden »Markgrafen«, Marqués de Murrieta und MARQUÉS DE RISCAL (beide immer noch in Familienbesitz). Qualitativ hat Murrieta einen Sprung nach vorn getan. Weine in klassischem wie auch in modernem Stil – einer der großen Rioja-Klassiker ist die GRAN RESERVA Castillo de Ygay. Die neueste Abfüllung einer Gran Reserva Blanco ist der Jahrgang 1986 (!), dazu Gran Reserva Tinto 1975. Das beste Preis-Leistungs-Verhältnis bietet die gereifte, traditionelle RESERVA; einen beeindruckenden Kontrast stellt der sehr gut bereitete rote Dalmau im modernen Rioja-Stil dar. Capellanía heißt der frische, straffe, komplexe Weiße – einer von Riojas besten. Sehr hell ist der Primer Rosé (CARIÑENA). Außerdem sehr guter ALBARIÑO Pazo de Barrantes (RÍAS BAIXAS).

**Marqués de Riscal** R Ala, Cas-L, Rueda r (rs) w ★★→★★★ Hier wird die Geschichte von RIOJA lebendig: Die BODEGA konnte eine Verkostung aller Jahrgänge bis zurück zu ihrem ersten, dem 1862er, auf die Beine stellen. Man hat die Wahl unter diversen Stilen: verlässliche RESERVA, moderner FINCA Torrea und ausgewogene GRAN RESERVA. Kraftvoll ist der Barón de

Chirel Reserva. Marqués de Riscal entdeckte RUEDA und brachte 1972 seinen ersten Rueda-Wein heraus; erzeugt wird dort lebhafter SAUVIGNON BLANC und VERDEJO (beide BV). Außerdem sehr guter VERDEJO Barón de Chirel aus CASTILLA Y LEÓN. Das von Frank Gehry entworfene Hotel neben dem Firmensitz in Elciego ist ein umwerfender Anblick.

**Martínez Bujanda, Familia** Cas-La M, Rioja r rs w ★→★★ Das geschäftstüchtige Unternehmen besitzt eine ganze Reihe von Kellereien. Am charmantesten ist der Finca Valpiedra von einem bezaubernden Gut in RIOJA, der FINCA Antigua kommt aus LA MANCHA.

**Mas Doix** Pri ★★→★★★ Gutes Familienunternehmen in Poboleda, gesegnet mit 70–100 Jahre alten GARNACHA- und CARIÑENA-Reben, die auf Schiefer wachsen. Das beste Stück ist der rare, großartige Cariñena 1902, benannt nach dem Jahr, in dem der Weinberg angelegt wurde: ganz Blaubeer und Samt, erstaunlich reintönig. Nach dem Pflanzjahr der Reben benannt ist die neueste Abfüllung, 1903: Garnacha In Kleinstauflage.

**Mas Martinet** Pri r ★★→★★★ Sara Pérez, Tochter von Josep Lluís Pérez, der zum Quintett der ursprünglichen PRIORAT-Entdecker gehört, ist die leidenschaftlichste unter den Priorat-Erzeugern der zweiten Generation. Sie vergärt ihre frisch gelesenen Trauben in Bottichen im Weinberg sowie in TINAJAS. Venus La Universal heißt ihr Projekt in Montilla-Moriles, das sie gemeinsam mit ihrem Mann René Barbier jr. betreibt. Außerdem ist sie in ganz Spanien als önologische Beraterin tätig.

**Mauro, Bodegas** Rib del D, Cas-L, Toro r w ★★→★★★ Gegründet von Mariano García (jetzt Teilhaber von AALTO, früher bei VEGA SICILIA), dem Paten von RIBERA DEL DUERO. Die Mauro-Weine sind typisch García: körperreich und auf ein langes Leben angelegt. Neu herausgekommen ist ein GODELLO. Die Söhne Eduardo und Alberto sind auch mit von der Partie und ebenfalls bei San Román (TORO) und Garmón (Ribera del Duero) tätig.

**Mengoba** El B r rs w ★→★★★ Nicht alle Weine, die Grégory Pérez erzeugt, entsprechen den DO-Vorschriften. Für den Le Vigne de Sanchomartín vergärt er einen gemischten Satz von MENCÍA, Garnacha Tintorera und GODELLO gemeinsam. Las Tinajas ist ein in Amphoren gereifter Godello, ein Orange Wine. Las Botas (Godello) reift 10 Monate in MANZANILLA-Fässern.

**Méntrida** Cas-La M r rs ★→★★ Früheres Genossenschaftsgebiet südlich von Madrid, erlangt jetzt Bekanntheit dank Erzeugern wie ARRAYÁN, Canopy und JIMÉNEZ-LANDI mit den Sorten GARNACHA und Albillo.

**Monterrei** Gal w ★→★★ Die kleine DO an der portugiesischen Grenze, wo einst die Römer Wein erzeugten, entdeckt gerade ihr Potenzial. Der beste Erzeuger ist QUINTA DA MURADELLA: faszinierende Parzellen mit ungewöhnlichen Rebsorten.

**Montilla-Moriles** ★→★★★ Der andalusische DO-Bereich bei Córdoba ist ein verborgenes Kleinod, das ungerechterweise als armer Verwandter von JEREZ gilt. Von hier kommen Weine in trockenem bis hin zum süßesten Stil, sämtlich von PX bereitet. Am besten greift man am oberen Ende des Angebots zu, bei den herrlich vollen, zum Teil lange in SOLERAS gereiften Leckereien. Spitzenerzeuger: ALVEAR, PÉREZ BARQUERO, TORO ALBALÁ. Wichtiger Lieferant von PX-Trauben für die DO Jerez.

**Montsant** Kat r (rs) w ★→★★★ Die das PRIORAT umschließende DO bietet viel Entdeckenswertes. Feiner GARNACHA BLANCA, v. a. von Acústic. Dicht gewirkte Rote gibt es bei Alfredo Arribas, Can Blau, Celler de CAPÇANES, Domènech, Espectacle, Joan d'Anguera, Mas Perinet, Masroig und Venus la Universal.

**Muga, Bodegas** R Alt r rs w; (sch) ★★→★★★★ Die hochgewachsenen Muga-Brüder und ihr Cousin sind die sanften Riesen von HARO, ihre Rotweine zählen zu den feinsten von RIOJA. Heller ROSADO in ultramodernem Stil, lebhafte CAVA und fein gearbeitete, klassische Rote. Beste Weine: die klassische GRAN RESERVA Prado Enea, der moderne, kraftvolle Torre Muga und der ausdrucksstarke, komplexe Aro.

**Mustiguillo** Valencia r w ★★→★★★ Die BODEGA war die treibende Kraft bei der Wiederentdeckung der ungeliebten autochthonen Rebsorte Bobal und hauchte auch der Merseguera-Traube neues Leben ein. Sehr guter GARNACHA. Der FINCA Terrerazo ist ein VINO DE PAGO, das Spitzengewächs heißt Quincha Corral. Neues Projekt: Hacienda Solano in RIBERA DEL DUERO.

**Navarra** r rs (w); s ★→★★★ Die Nachbar-DO von RIOJA steht immer noch in deren Schatten; der frühzeitige Fokus auf internationale Rebsorten hat ihre Identität verschleiert. Am besten ist GARNACHA von alten Reben, z. B. von DOMAINES LUPIER. Weitere empfehlenswerte Erzeuger: CHIVITE, Nekeas, OCHOA, OTAZU, Tandem und VIÑA ZORZAL. Ferner süße MOSCATEL-Abfüllungen.

**Ochoa** Nav r rs w; s; sch ★→★★ Vater Javier Ochoa Martínez hat einen großen Beitrag zum modernen Wachstum der DO NAVARRA geleistet, nun tragen seine Töchter die Fackel weiter. Kellermeisterin Adriana Ochoa nennt ihre Reihe 8a; sie umfasst auch den Mil Gracias GRACIANO, einen vergnüglichen, an Asti erinnernden süßen Schaumwein sowie klassischen MOSCATEL.

**Osborne** Sherry ★★→★★★★ Die historische BODEGA ist eine Fundgrube für Sherry in eher vollem Stil, darunter AMONTILLADO AOS und PALO CORTADO PDP. Ist im Besitz einstiger VORS-Stars von DOMECQ, u. a. Amontillado 51-1a. Der FINO Quinta und der reife Fino Coquinero sind typische Sherrys aus El PUERTO DE SANTA MARÍA, wo Osborne seinen Sitz hat. Das Unternehmen erzeugt auch in RIOJA, RUEDA und RIBERA DEL DUERO Wein und außerdem den supersaftigen *jamón* Cinco Jotas.

**Pago de los Capellanes** Rib de D ★★→★★★ Das sehr schöne Gut war, wie der Name verrät, einst im Besitz der katholischen Kirche (*capellanes* heißt »Kaplane«); die BODEGA wurde 1996 gegründet. Ausschließlich TEMPRANILLO-Gewächse. El Nogal hat noch viele Jahre vor sich; der Spitzenwein El Picon zeigt RIBERA DEL DUERO von seiner besten Seite.

**Palacio de Fefiñanes** Gal w ★★★→★★★★ Der Rías-Baixas-Standardwein (BV) zählt zu den feinsten ALBARIÑO-Gewächsen überhaupt. Zwei höherwertige Stile sind der fassvergorene 1583 (benannt nach dem Gründungsjahr dieser ältesten Kellerei der DO) sowie der III — herrlich duftend, auf dem Hefesatz gelagert und durchtränkt von Mandarinenaromen. Der historische Palast mit Kellerei am gleichnamigen Platz in Cambados ist einen Besuch wert.

**Palacios, Álvaro** El B, Pri, Rioja r ★★★→★★★★ Nicht zuletzt Álvaro Palacios' Qualitätsbesessenheit und Eloquenz ist zu verdanken, dass Spaniens Weine heute weltweit einen hervorragenden Ruf genießen. Zudem war er einer der fünf Erzeuger, die das PRIORAT wiederentdeckten. Weine: Les Terrasses von alten Reben, geschliffener, strukturierter Village-Wein Gratallops, herrlich aromatischer Finca Dofí auf GARNACHA-Basis und Les Aubaguetes (aus Bellmunt) mit befeuernden 20% CARIÑENA. Kraftvoll zeigt sich der L'Ermita von ertragsarmen GARNACHA-Reben. Bei PALACIOS REMONDO stellt Álvaro den Ruf des Bereichs RIOJA Baja und seiner Garnacha-Gewächse wieder her, daneben ist er auch bei Descendientes de J. PALACIOS (BIERZO) tätig.

**Palacios, Descendientes de J.** El B r ★★★→★★★★ Großartige Weine, die die MENCÍA-Traube in Bestform zeigen. Ricardo Pérez Palacios, Álvaro PALA-

CIOS' Neffe, baut auf biodynamisch bewirtschafteten, steilen Schieferhängen alte Reben an. Leider sind nicht alle Weine auf dieser Höhe Preiswerter, blumiger Pétalos und Villa de Corullón; Las Lamas und Moncerbal bringen beide ihr – sehr unterschiedliches – Terroir zum Ausdruck einmal vorwiegend Lehmboden, einmal Felsgestein. Außergewöhnlich ist der La Faraona aus der gleichnamigen, sehr steilen Parzelle (es gibt aber nur ein Fass davon). Die neue Kellerei verspricht noch höhere Qualität.

**Palacios, Rafael** Gal w ★★★→★★★★ Der nicht aufzuhaltende, alles kritisch hinterfragende Rafael, Álvaro PALACIOS' jüngerer Bruder, kann in VALDEORRAS gar nichts falsch machen. Er hat sich seit mehr als zehn Jahren ausschließlich der Sorte GODELLO aus vielen kleinen Parzellen verschrieben. Ergebnis: der hübsche Louro do Bolo, der eine Stufe höher angesiedelte As Sortes und der Sorte O Soro, fraglos Spaniens bester Weißwein.

**Palacios Remondo** R Or r w ★★→★★★ Álvaro PALACIOS hat Rioja Baja und dessen GARNACHA-Weine verdientermaßen ins Rampenlicht gerückt. Ein komplexer Weißer ist der ursprünglich von Álvaros Bruder Rafael PALACIOS kreierte Plácet. Rote: der rotfruchtige Ökowein La Montesa auf Garnacha-Basis und der mächtige Propiedad mit Maulbeeraroma von alten Reben. Spitzengewächs ist der Quiñon de Valmira aus Hanglagen am Monte Yerga.

**Pariente, José** Rueda w ★★→★★★ Victoria Pariente bereitet VERDEJO-Weine von funkelnder Klarheit. Die Cuvée Especial wird in eiförmigen Betontanks vergoren; außerdem seidige Spätlese Apasionado. Tochter Martina leitet gemeinsam mit ihrem Bruder Ignacio auch die Bodegas Prieto Pariente, die CASTILLA-Y-LEÓN- sowie GARNACHA-Weine (Sierra de Gredos) erzeugen.

**Pazo Señorans** Gal w ★★★ Das prachtvolle Gut in RÍAS BAIXAS erzeugt beständig hervorragende ALBARIÑO-Weine. Der hervorragende Selección de Añada ist der beste Beweis, dass Albariños sehr wohl alt werden können.

**Penedès** Kat r w; sch ★→★★★★ DO-Anbaugebiet westlich von Barcelona mit sehr unterschiedlichen Stilen. Beste Erzeuger: Agustí Torelló Mata, Alemany i Corrio, Can Ràfols dels Caus, GRAMONA, JEAN LEÓN, Parés Baltà und TORRES.

Tüten-Sherry? Bodegas in Sanlúcar planen tatsächlich Bag-in-Box-Verpackungen. Ist bis jetzt allerdings nicht erlaubt.

**Pérez Barquero** Mont-M ★→★★★ Einer der Vorreiter bei der Wiederbelebung des PX in MONTILLA-MORILES. Guter Gran Barquero FINO, AMONTILLADO und OLOROSO sowie PX La Cañada. Beliefert EQUIPO NAVAZOS.

**Pérez, Raúl** El B – Der Familienbetrieb dieses Stars der spanischen Weinwelt liegt in Castro Ventosa in BIERZO, und so ist er hauptsächlich im Nordwesten tätig. Das Terroir steht bei ihm im Mittelpunkt, was viele interessante Weine ergibt. Er lässt neue Weinmacher seiner Kellerei bei sich wohnen und ist ein Anziehungspunkt für (v. a. spanische und argentinische) Kellermeister, die ihn besuchen, um sich mit ihm auszutauschen.

**Pesquera, Grupo** Rib del D r ★★ Alejandro Fernández machte RIBERA DEL DUERO mit seinem Wein, den er schlicht Tinto Pesquera nannte, international bekannt. Heute gehören auch Condado de Haza, Dehesa La Granja (CASTILLA Y LEÓN) und El Vínculo (LA MANCHA) dazu, außerdem ein Hotel, ein Restaurant und ein Bauernhof.

**Pie franco** Ungepfropfte, wurzelechte Reben, manche (deutlich) mehr als 100 Jahre alt. Typischerweise wachsen sie auf sandigen Böden, wo die Reblaus keine Chance hatte.

**Pingus, Dominio de** Rib del D r ★★★★ Einer der ganz großen Namen in RIBERA DEL DUERO. Das kleine, biodynamisch wirtschaftende Weingut erzeugt den Pingus (so wurde der gebürtige Däne Peter SISSECK als Kind genannt) von alten TINTO-FINO-Reben und enthüllt die feineren Nuancen der Traube in einem extremen Klima. Der Flor de Pingus stammt von jüngeren Reben; der nach Sissecks Frau benannte weiße Amelia ist eine Einzelfass-Selektion. Für den PSI wird Lesegut von Winzern verwendet – ein langfristiges soziales Projekt Sissecks, damit die Weinbauern ihre Rebstöcke und Weinbaupraktiken bewahren und nicht in die Stadt abwandern.

**Priorat** r w ★★→★★★★ Von hier kommen einige der feinsten Weine Spaniens. Der Name rührt von dem unter schroffe Felsen geduckten ehemaligen Kloster her. In den 1980er-Jahren wurde das Gebiet mit seinem – mittlerweile berühmten – eisenhaltigen Schieferboden (*llicorella*) von René Barbier (CLOS MOGADOR), Álvaro PALACIOS und drei Mitstreitern vor dem Vergessen bewahrt. Die besten Weine zeigen bemerkenswerte Reinheit und Terroirverbundenheit. Das Priorat ist Pionier bei der Einführung von »Village«-Crus und der Kategorie VI DE FINCA.

**Puerto de Santa María, El** Sherry – Eine der drei Städte, die das »Sherry-Dreieck« bilden. Die Produktion geht zurück; zu den verbliebenen BODEGAS gehören u. a. GUTIÉRREZ COLOSÍA, OSBORNE und TERRY. Die Finos aus Puerto werden besonders geschätzt, weil sie leichter sind als die aus JEREZ und weniger »salzig« als die aus SANLÚCAR. Probieren Sie das EN-RAMA-Trio von Lustau, Sie werden die Unterschiede zwischen den in den drei Städten ausgebauten Sherrys erkennen.

**Raventós i Blanc** Kat rs w ★★→★★★ Einer der Stars des spanischen Schaumweins nach der traditionellen Methode. Pep Raventós kehrte der DO CAVA den Rücken und begründete die höhere DO-Stufe CONCA DEL RÍU ANOIA. Sehr reiner ROSADO De Nit, lebhafter und gut strukturierter Extrem (ohne Zusatz von Schwefeldioxid). Der Textures de Pedra ist ein außerordentlich reintöniger Blanc de Noirs. Biodynamischer Anbau. Neues Naturweinprojekt: Can Sumoi.

**Recaredo** Pen w; sch ★★→★★★ Der kleine, biodynamisch arbeitende Familienkonzern erzeugt erstklassige Schaumweine nach der traditionellen Methode – wenige Weine, aber durchweg großartig. Alle Flaschen werden von Hand degorgiert. Paradepferd ist der charaktervolle, mineralische Turó d'en Mota von im Jahr 1940 gepflanzten Reben, der hervorragend altert. Mitglied der Gruppe CORPINNAT.

**Remelluri, La Granja Nuestra Señora** R Ala r w ★★→★★★ Auf dem Gut seiner Familie erzeugt TELMO RODRÍGUEZ seinen originellen, aus einer Vielzahl von Rebsorten verschnittenen Weißwein. Neuerliche Aufmerksamkeit erhalten nun die außergewöhnlichen, mit alten GARNACHA-Reben bestockten Lagen. Eine Handvoll ätherischer Weine.

**Reserva** Das Wort hat in RIOJA tatsächlich etwas zu besagen – dort muss rote Reserva mindestens drei Jahre gereift sein, davon ein Jahr im 225-l-Eichenfass. Immer mehr Erzeuger folgen jetzt aber ihren eigenen Maximen. Siehe auch GENÉRICOS.

**Rey Fernando de Castilla** Sherry ★★→★★★★ Wunderbar beständige Qualität. Besonders empfehlenswert ist die Reihe Antique Sherries: Alle Weine wären als VOS oder VORS qualifiziert, aber auf dem Etikett steht das nicht. Der jüngste von allen, der FINO Antique, ist faszinierend, komplex und auf die traditionellen, aber unübliche 17 Vol.-% aufgespritet. Daneben sehr feiner Brandy sowie Essig. Bevorzugter Lieferant von EQUIPO NAVAZOS.

**Rías Baixas** Gal (r) w ★★→★★★★ In der DO am Atlantik wird ALBARIÑO in fünf Unterbereichen angebaut, meist BV. Beste Erzeuger: Forjas del Salnés, Gerardo Méndez, Martín Códax, PALACIO DE FEFIÑANES, Pazo de Barrantes, Pazo Señorans, Quinta do Couselo, Terras Gauda und ZÁRATE; daneben gibt es viele kleine Erzeuger zu entdecken. War bis vor Kurzem Spaniens beste DO für Weiße, läuft jetzt aber Gefahr, zu viel zu produzieren.

Zur einflussreichen neuen Generation von önologischen Beratern gehören Dominique Roujou de Boubée (Adega Pombal) und Raúl PÉREZ (Sketch).

**Ribeira Sacra** Gal r w ★★→★★★ Die märchenhafte DO im Nordwesten GALICIENS mit terrassierten Steillagen, die zum Fluss Sil hin abfallen, kommt zunehmend in Mode, besonders die frischen Rotweine. Spitzenerzeuger: Adegas Moure, ALGUEIRA, DOMINIO DO BIBEI, FINCA Viñoa und GUÍMARO.

**Ribeiro** Gal (r) w ★→★★★ Historisches Anbaugebiet, im Mittelalter für den Süßwein Tostado berühmt. Verdient eine Wiederentdeckung wegen der frischen, schön texturierten Weißweine von GODELLO, LOUREIRO und Treixadura. Spitzenerzeuger: Casal de Armán, Coto de Gomariz, EMILIO ROJO und FINCA Viñoa.

**Ribera del Duero** r rs (w) ★→★★★★ Die ambitionierte DO (geschaffen 1982) steht in Spanien hoch im Kurs. Alles, was von AALTO, HACIENDA MONASTERIO, PESQUERA, PINGUS und VEGA SICILIA kommt, ist selbstverständlich ernst zu nehmen, Einheitlichkeit hingegen darf man nicht erwarten: Es gibt zu viele Reblagen an ungeeigneten Orten. Allmählich setzt sich aber Eleganz durch. Weitere Spitzenerzeuger: Alión, ALONSO DEL YERRO, Cillar de Silos, Pago de los Capellanes. Außerdem interessant: Arzuaga, Bohórquez, Dominio de Atauta, Dominio del Aguila, Garmón, Hacienda Solano, O. Fournier, Pérez Pascuas, Tomás Postigo. Siehe auch ABADÍA RETUERTA und MAURO im benachbarten CASTILLA Y LEÓN.

**Rioja** r rs; s; sch ★→★★★★ Spaniens berühmteste Weinregion, mit den drei Unterbereichen Rioja Alta, Rioja Oriental (ehemals Rioja Baja) und Rioja Alavesa. Die viel diskutierten neuen Regelungen gestatten Erzeugern die Nennung von Weinbaugemeinden und »singulären« Lagen sowie die Produktion von Rioja-Schaumwein.

**Rioja Alta, Bodegas La** R Ala, R Alt r ★★→★★★★ Bevorzugte BODEGA für Liebhaber klassischer RIOJA-Gewächse. Spitzenweine sind die Gran Reserva 904 mit einem Hauch Vanille und die sechs Jahre in Eiche gereifte GRAN RESERVA 890. Aber auch das restliche Angebot, vom Ardanza bis hinunter zu Arana und Alberdi, ist geprägt vom klassischen Stil des Hauses. Torre de Oña mit Weinen in modernem Stil, u. a. der neue Martelo (Rioja Alavesa), Lagar de Cervera (RÍAS BAIXAS) und Áster (RIBERA DEL DUERO) gehören ebenfalls zum Besitz.

**Rioja 'n' Roll** Rioja – Etwas Neues in RIOJA. Die jüngste Generation von Weinmachern hat ein Netzwerk gegründet, aus Spaß und zu Marketingzwecken. Allen gemein sind kleine Produktionsmengen und ernsthaftes Interesse am Weinberg. Mitglieder: Alegre & Valgañón, Artuke, Barbarot, Exopto, Laventura, Olivier Rivière und Sierra de Toloño.

**Roda, Bodegas** Rib del D, R Alt r ★★→★★★ Eine der sieben HARO-BODEGAS im »Bahnhofsviertel«, spezialisiert auf TEMPRANILLO: Roda, Roda I, Cirsión und zugänglicher Sela. Außerdem Eigentümer der Bodegas La Horra in RIBERA DEL DUERO, die den weißen Corimbo sowie den Corimbo I erzeugen.

**Romeo, Benjamín – Bodega Contador** Kat, R Alt r w ★★★ Benjamín Romeo, früher bei ARTADI tätig, konzentriert sich gewissenhaft auf sein Terroir unterhalb der Ortschaft San Vicente de la Sonsierra. Aushängeschild ist der rote Contador, der »Superzweitwein« heißt La Cueva del Contador. Ferner sehr voller, erstklassiger weißer Que Bonito Cacareaba. Weine zum Einlagern; früher zugänglich ist der Predicar (rot und weiß). Von Vins del Massis (CATALUNYA) kommt der weiße Macizo, ein kraftvoller, seidiger Verschnitt von GARNACHA BLANCA und XAREL-LO.

**Rosado** Rosé. Die dunklen GARNACHA-Rosados aus NAVARRA sind letzten Endes dem provenzalischen Hellrosa unterlegen. Neuerdings schlägt Spanien mit blassen Rosés zurück, v. a. mit dem Pla dels Àngels von SCALA DEI

(PRIORAT), dem Primer Rosé von MARQUÉS DE MURRIETA (RIOJA) und dem Pícaro Clarete von Dominio del Águila (RIBERA DEL DUERO).

**Rueda** Cas-L w ★→★★★ Spaniens Antwort auf SAUVIGNON BLANC: zitrusfrischer VERDEJO (meist BV). Ein »Rueda Verdejo« besteht zu mind. 85% aus Verdejo, beim »Rueda« kommt z. B. Sauvignon blanc oder VIURA dazu. Die Qualität lässt allerdings allzu oft zu wünschen übrig. Beste Erzeuger: Belondrade, MARQUÉS DE RISCAL, Naia, Ossian und José PARIENTE. Wiederbelebt wurde der Rueda Dorado, ein trockener Rancio-Stil.

**Saca** Entnahme von Sherry aus der SOLERA (der ältesten Reifestufe) für die Flaschenabfüllung. Die *saca* für EN-RAMA-Sherrys findet üblicherweise im Frühling *(primavera)* und im Herbst *(otoño)* statt, wenn die schützende FLOR-Schicht am dicksten ist.

**Sacramento, El** Rioja ★→★★★ Der beeindruckende neue Betrieb mit klassischem Ansatz steckt noch in den Kinderschuhen, die Voraussetzungen sind jedoch vielversprechend.

**Sánchez Romate** Sherry ★★→★★★ 1781 gegründete BODEGA mit umfangreichem Angebot, die zudem seltene BUTTS für Händler abfüllt. Fino Perdido (8 Jahre alt), nussiger AMONTILLADO NPU und PALO CORTADO Regente, ausgezeichneter VORS Amontillado und OLOROSO La Sacristía de Romate, üppiger PX Sacristía.

**Sandeman** Sherry ★→★★ Hat als Portweinhaus einen besseren Ruf denn als Sherry-Erzeuger. Interessante VOS-Weine, z. B. AMONTILLADO Royal Esmeralda oder OLOROSO Royal Ambrosante Corregidor Rich Old.

**Sandoval, Finca** Manchuela r ★★→★★★ Die Kellerei des einflussreichen Weinautors und -kritikers Victor de la Serna in der DO MANCHUELA. Er setzt sich für den Anbaubereich und dessen autochthone Rebsorten Bobal und MONASTRELL ein.

**Sanlúcar de Barrameda** Sherry, Man – Stadt des »Sherry-Dreiecks« (neben JEREZ und El PUERTO DE SANTA MARÍA) an der Mündung des Guadalquivir. Von ihrem Hafen aus stachen Magellan, Kolumbus und der Kommandant der Armada in See. Die Feuchtigkeit in den tief gelegenen Kellern begünstigt das FLOR-Wachstum, und die Meeresluft sorgt angeblich für eine salzige Note. In Sanlúcars BODEGAS unter Flor gereifte Weine dürfen die DO MANZANILLA-Sanlúcar de Barrameda in Anspruch nehmen.

**Scala Dei, Cellers de** Pri r rs w ★★★ Die kleinen Parzellen der »Himmelsleiter« ziehen sich an zerklüfteten Hängen entlang. Der Betrieb wird von Miteigentümer CODORNÍU gemanagt. Weinmacher Ricard Rofes kehrt zu uralten Methoden zurück und vergärt z. B. in steinernen *lagares*. Schwerpunkt auf lokalen Sorten, v. a. GARNACHA und jetzt auch CARIÑENA. Die Einzellagenweine Sant'Antoni und Mas Deu geben ihr Terroir zu erkennen. Im Monasterio de Poblet (UNESCO-Weltkulturerbe) in COSTERS DEL SEGRE arbeitet Rofes mit den Rebsorten Garnacha, Garrut und Trepat.

**Whisky liebt Sherry.** Jede Woche werden 1.000 gebrauchte Sherry-Fässer an die schottische Whiskybrennerei Macallan verschickt.

**Sierra Cantabria** R Ala, Toro r w ★★★ RIOJA-Marke von stiller, aber beständiger Größe. Die Familie Eguren hat sich auf mit minimalen Eingriffen bereitete Weine von Einzellagen spezialisiert. Ein Weißer namens Organza, die Roten werden durchweg von TEMPRANILLO bereitet. Vom Gut Viñedos de Paganos kommen der vorzügliche El Puntido und der kraftvolle, gut strukturierte La Nieta. Außerdem zählen Señorío de San Vicente (Rioja) und Teso la Monja (TORO) zum Besitz.

> ### Sherry-Stile
>
> **Amontillado** Ein Fino, bei dem der Flor, die schützende Hefeschicht, die sich im Fass auf der Weinoberfläche bildet, abgestorben ist. Durch Sauerstoff gewinnt der Wein an Komplexität. Von Natur aus trocken. Beispiel: Los Arcos von LUSTAU. Viele Marken-Amontillados sind gesüßt, erkennbar durch den Etikettbegriff »medium«.
>
> **Añada** Sherry mit Jahrgangsangabe – entgegengesetzt zur Tradition der SOLERA, die verschiedene Jahrgänge verschneidet. Früher nur private Abfüllungen, jetzt öffentlich anerkannt. Beispiel: süßer Oloroso Añada 1997 von LUSTAU.
>
> **Cream** Mit Traubenmost, PX und/oder MOSCATEL gesüßter Verschnitt – ein kommerzielles, mittelsüßes Getränk. Wenige großartige Creams als alte VQRS, z. B. von La Bota No. 21 von EQUIPO NAVAZOS.
>
> **En rama** Manzanilla oder Fino, der un- oder kaum gefiltert und ohne Kaltstabilisierung vom Fass (BUTT) in die Flasche abgefüllt wird und den unverfälschten Charakter eines Sherry zeigt. Ist aromatischer und angeblich empfindlich. Saisonale Abfüllungen in kleinen Mengen, schnell ausverkauft. Die SACA, die Entnahme, findet statt, wenn der Flor am dicksten ist. Im Kühlschrank aufbewahren und rasch austrinken.
>
> **Fino** Heller, trockener, in JEREZ oder EL PUERTO DE SANTA MARÍA biologisch gereifter Sherry, gewichtiger als MANZANILLA; beide müssen mindestens 2 Jahre lagern, doch so jung ist Fino noch nicht der wahre Genuss. Beispiel: 4 Jahre alter Tío Pepe von GONZÁLEZ BYASS. Innerhalb einer Woche austrinken, wenn die Flasche erst einmal geöffnet ist. Der Trend geht zu mehr als 8 Jahre lang gereiften Finos; Beispiele: Antique von REY FERNANDO DE CASTILLA und die Reihe Palmas von González Byass.
>
> **Manzanilla** Derzeit angesagter blasser, weniger alkoholstarker (15 Vol.-%) Wein, der Noten von frischen grünen Äpfeln haben sollte. Gekühlt serviert ist er ein Genuss zu fast jedem Essen, v. a. zu Krustentieren. Reift in SANLÚCAR DE BARRAMEDA nahe am Meer, wo der FLOR eine dicke Schicht bildet und der Wein eine salzige Note bekommt. Die angebrochene Flasche leeren; Manzanilla wird wie jeder Spitzenweißwein nach dem Öffnen schnell schal. Beispiel: San León Reserva von HEREDEROS DE ARGÜESO.

**Sisseck, Peter** Sherry, Rib del D – Mit seinem PINGUS lenkte der Däne die Aufmerksamkeit der Weinwelt auf RIBERA DEL DUERO. Womöglich gelingt ihm dieselbe Wundertat in Bezug auf Sherry, denn 2018 erwarb er eine BODEGA in JEREZ. Zudem besitzt er gemeinsam mit Silvio Denz das Bordeaux-Château Rocheyron.

**Solera** Sherry – System zum Verschneiden von Sherry und, seltener, von Madeira (siehe Portugal): Fässer (BUTTS) mit reiferem Wein werden nach und nach mit jüngerem Wein derselben Sorte aus der vorherigen Stufe (*criadera*) aufgefüllt. Dies erhält die Vitalität des FLORS, sorgt für Einheitlichkeit und hält die reifen Weine frisch.

**Somontano** r rs w ★→★★ DO-Zone in den Ausläufern der Pyrenäen, deren fortdauernde Suche nach einer eigenen Identität durch das Vorhandensein internationaler Rebsorten erschwert wird. Am ehesten zu empfehlen ist der in Spanien seltene GEWÜRZTRAMINER. Beste Erzeuger: Enate und Viñas del Vero (im Besitz von GONZÁLEZ BYASS) – vom hoch gelegenen

**Manzanilla Pasada** Gereifter MANZANILLA, dessen Florschicht am Absterben ist; sehr trocken und komplex. Beispiel: Einzellagen-Manzanilla Pasada Pastrana von HIDALGO LA GITANA.

**Moscatel** Aromatisch und ansprechend mit nur etwa halb so viel Zucker wie PX. Beispiele: Emilín von lustau, Toneles von VALDESPINO. Darf jetzt »Jerez« genannt werden.

**Oloroso** Nicht unter Flor gereift. In der Jugend schwerer und weniger brillant, reift aber zu nussiger Intensität heran. Von Natur aus supertrocken, manchmal sogar richtig sauer. Kann auch gesüßt und als Oloroso Cream verkauft werden. Beispiele: Gobernador (trocken) und Old East India (süß), beide von EMILIO HIDALGO. Lagerfähig.

**Palo Cortado** Zurzeit sehr beliebt. Traditionellerweise ein Wein, der seinen Flor verloren hat und im Stil zwischen AMONTILLADO und sehr delikatem OLOROSO steht. Schwer zu identifizieren, auch wenn ihm eine typische »milchige« Note oder ein Hauch »bitterer Butter« nachgesagt wird. Voll und komplex – äußerst lohnend. Beispiele: Reliquia von BARBADILLO, Antique von REY FERNANDO DE CASTILLA. Zu Fleisch oder Käse genießen.

**PX – Pedro Ximénez** Rosinensüßer dunkler Wein von teilweise in der Sonne getrockneten PEDRO-XIMÉNEZ-Trauben. Die Trauben stammen meist aus MONTILLA-MORILES; der Wein selbst wird in der DO JEREZ erzeugt. Üppig, süffig und relativ günstig, lecker zu Eiscreme. Alles in allem – ausgenommen Tokaji Essencia –wahrscheinlich der süßeste Wein der Welt. Beispiele: Santa Anna 1861 von EMILIO HIDALGO, VORS von LUSTAU.

**VOS/VORS** Sherrys (nur AMONTILLADO, OLOROSO, PALO CORTADO und PX) mit Jahrgangsangabe: einige Schätze der BODEGAS von JEREZ. Ein mehr als notweniger Schritt, um das Ansehen des Sherrys in der allgemeinen Wahrnehmung zu heben. Weine, die über 20 Jahre alt sind, heißen VOS (Very Old Sherry/Vinum Optimum Signatum), ab 30 Jahren VORS (Very Old Rare Sherry/Vinum Optimum Rare Signatum). Auch 12 und 15 Jahre alte Exemplare sind erhältlich. Beispiel: VOS Jerez PALO CORTADO Wellington von HIDALGO LA GITANA. Manche VORS-Weine werden mit PX gesüßt – leider übertreiben es die Erzeuger damit gelegentlich. VORS mit mehr als 5 g/l Restzucker werden als »medium« etikettiert.

Gut Secastilla kommen gute GARNACHA- und GARNACHA-BLANCA-Weine von alten Reben.

**Suertes del Marqués** Kan r w ★→★★ Der angehende Star auf TENERIFFA erzeugt lebhafte »Village«- und Einzellagenweine von LISTÁN blanco, Listán negro, Vijariego und Tintilla. Außergewöhnliche Weinberge mit einzigartigen *trenzado*-Rebstöcken, die in Zöpfen zurückgeschnitten werden.

**Telmo Rodríguez, Compañía de Vinos** Rioja, Mál, Toro r w; s ★★→★★★ Der bahnbrechende Weinmacher Telmo Rodríguez ist zu REMELLURI in RIOJA zurückgekehrt, doch sein Pioniergeist ist ungebrochen. Seine Ideen verwirklicht er in den DOS MÁLAGA (Moscatel Molina Real), ALICANTE (Al-Murvedre), RIOJA (Lanzaga), RUEDA (Basa), TORO (Dehesa Gago), Cigales (Pegaso) und Valdeorras (GODELLO Gaba do Xil; BV). Mit seiner Rückkehr nach Rioja ging die Beschäftigung mit GARNACHA einher, die u. a. in den außergewöhnlich reintönigen Las Beatas von einer Parzelle mit alten Reben mündete.

**Teneriffa** Kan – Kommender Star der Kanarischen Inseln mit den Spitzenerzeugern Borja Pérez, ENVINATE und SUERTES DEL MARQUÉS.

**Terra Alta** Kat – Die aufstrebende Binnen-DO neben dem PRIORAT ist Garnacha-Land: Hier liegen 90% der katalanischen und 75% der gesamtspanischen GARNACHA-BLANCA-Weinberge. Empfehlenswerte Erzeuger: Bárbara Forés, Celler Piñol, Edetària, Lafou.

**Tinaja** Amphore. Die Tonbehälter kommen im Zuge der Wiederbelebung traditioneller Bereitungsmethoden in ganz Spanien zum Einsatz, z. B. bei ALVEAR, LOXAREL oder MAS MARTINET.

**Wenn Sie erst einmal Fino zu Räucherlachs probiert haben, werden Sie Sauvignon blanc vergessen.**

**Toro** r ★★→★★★ Die kleine DO westlich von Valladolid ist bekannt für ihre rustikalen Rotweine von Tinta del Toro (TEMPRANILLO). Die besten sind mittlerweile etwas zurückhaltender, haben aber immer noch zupackende Tannine, z. B. der dicht gewirkte MAURO San Román von alten Reben. Für Glamour sorgen Pintia, Teil des VEGA-SICILIA-Portfolios, und Numanthia, im Besitz von LVMH. Empfehlenswert sind auch Las Tierras de Javier Rodríguez, Paydos und Teso la Monja.

**Toro Albalá** Mont-M ★→★★★★ Ob mit seinen jungen trockenen FINOS oder prachtvollen süßen Weinen, dieser Erzeuger ist ein Aushängeschild für MONTILLA-MORILES, etwa mit dem lebhaften AMONTILLADO Viejísimo. Besonders empfehlenswert ist der bemerkenswerte, luxuriöse Don PX Convento Selección 1931.

**Torres** Kat, Pri, Rioja r rs w; s ★★→★★★★ Miguel junior ist Geschäftsführer, seine Schwester Miereia Technische Direktorin sowie Chefin von JEAN LÉON, Miguel senior ist an vielen Fronten engagiert. Spitzenweine: der hervorragende, elegante Bordeaux-Verschnitt Reserva Real und der erstklassige CABERNET SAUVIGNON Mas la Plana (PENEDÈS). Hinzu kommt das umwerfende CONCA-DE-BARBERÀ-Duo Milmanda (einer der feinsten CHARDONNAY-Weine Spaniens, erinnert an einen Burgunder) und Grans Muralles, ein Verschnitt von lokalen Sorten. Außerdem gibt es eine Reihe preiswerter Weine, darunter hübscher MOSCATEL. Neuere, sich steigernde Betriebe in RIBERA DEL DUERO (Celeste), RIOJA (Ibéricos) und im PRIORAT (Salmos). Torres ist ein Pionier in Chile und mit dem Marimar Torres Estate ein Star von Sonoma.

**Tradición** CZ, Bodegas Sherry ★★→★★★★ Die BODEGA unter der Leitung des großartigen José Ignacio Domecq kann sich einer außergewöhnlichen Auswahl an SOLERAS rühmen, die von der ältesten bekannten Sherry-Kellerei (Bodega CZ – J.M. Rivero, gegründet 1650) stammen. Gloriose VOS- und VORS-Sherrys sowie ein 12 Jahre alter FINO. Vortreffliche Kunstsammlung und Archiv zur Sherry-Geschichte.

**Txakoli/Chacolí** Bask (r) (rs) w; (s) ★→★★ Wein aus den ländlichen baskischen DOS in Getaria, Bizkaia und Alava. Viele Weinberge sind den Atlantikwinden und strömendem Regen ausgesetzt. Daraus erklärt sich die Säure des weißen Perlweins, v. a. in Getaria, wo der Txakoli (BV) in langem Strahl aus der Höhe ins Glas gegossen wird, sodass er zusätzliche Spritzigkeit erhält. Die Weine aus Bizkaia, wo die Weinberge weniger exponiert liegen, besitzen Tiefe und können ein paar Jahre halten. Spitzenerzeuger: Ameztoi, Astobiza, Doniene Gorrondona und Txomín Etxaníz sowie Gorka Izagirre mit dem Restaurant »Azurmendi« (drei Michelin-Sterne) unweit des Flughafens von Bilbao.

## SPANIEN | Uti–Viv | 255

**Utiel-Requena** r rs (w) ★→★★ Nach zwei Städten benannte DO, die mit Hilfe ihrer Bobal-Traube langsam zu einer eigenen Identität findet. Empfehlenswerte Erzeuger: Bruno Murciano, Caprasia, Cerrogallina.

**Valdeorras** Gal r w ★→★★★ Die wärmste und am weitesten im Landesinneren liegende DO in GALICIEN ist nach dem von den Römern in den Tälern gefundenen Gold benannt. Die ausgezeichnete GODELLO-Rebe ist potenziell interessanter als ALBARIÑO. Beste Erzeuger: Godeval, Rafael PALACIOS, TELMO RODRÍGUEZ und Valdesil.

**Valdepeñas** Cas-La M r (w) ★→★★ Große DO südlich von LA MANCHA, historischer Lieferant billiger Roter. Das beste Preis-Leistungs-Verhältnis bieten derzeit die Rotweine aus Aragón.

**Valdespino** Sherry ★★→★★★★ Heimat des FINO Inocente aus der erstklassigen Einzellage Macharnudo, ein seltener, in Eiche vergorener Sherry (die EN-RAMA-Version wird von EQUIPO NAVAZOS abgefüllt). Außerdem grandioser trockener AMONTILLADO Tío Diego und überragender 80 Jahre alter MOSCATEL Toneles (der beste in JEREZ). Weinmacher Eduardo Ojeda experimentiert auch gern (siehe Kasten »Sherry-Trends«, S. 240). Gehört zur Grupo Estévez (Eigentümer von La GUITA).

**Valencia** r rs w; s ★→★★ Nach wie vor bekannt für Massenweine und billigen MOSCATEL. Erzeuger wie z. B. El Angosto, Aranleon, Celler del Roure und Los Frailes arbeiten mit ihren unter minimalen Eingriffen bereiteten Gewächsen von alten Reben in höheren Lagen auf die Wende zum Guten hin.

**Vega Sicilia** Rib del D r ★★★★ Spaniens »Premier cru« hat seit Kurzem einen neuen Kellermeister. Doch da diese Weine viele Jahre reifen müssen, werden sich stilistische Veränderungen erst allmählich zeigen. Der Único liegt 6 Jahre in Eiche; der Zweitwein Valbuena ist trotz seines geringeren Status hervorragend. Aushängeschild ist die RESERVA Especial oJ, ein Verschnitt von drei Jahrgängen, der bis zu 10 Jahre im Fass reift. Der Alión vom Nachbargut ist die moderne Interpretation eines RIBERA-DEL-DUERO-Weins. Ist auch Eigentümer von Pintia in TORO, von Oremus in Tokaji (Ungarn) und betreibt mit Rothschild in RIOJA das Joint Venture Macan.

**Vendimia** Weinlese.

**Vi de Finca** Pri – Einzellagenkategorie: im PRIORAT-Wein, der seit 10 Jahren von Trauben derselben Einzellage erzeugt wird und auf dem Markt als solcher anerkannt ist. Eingeführt von Álvaro PALACIOS und Kollegen nach dem burgundischen Modell der Weinbergklassifizierung.

**Viña** Weinberg; Rebstock.

**Viña Zorzal** Nav, Rioja – Die unternehmerisch denkende junge Generation erzeugt junge, preiswerte Weine, z. B. sortenreinen GRACIANO sowie NAVARRA-GARNACHA von rekultivierten alten Reben, z. B. Malayeto.

**Vino de la Tierra** (VdT) Tafelwein zumeist höherer Qualität aus einer bestimmten Region ohne DO-Status. Diese Kategorie bietet große geografische Freiheiten, weshalb viele renommierte Erzeuger unter ihr produzieren. Sie stellen sich damit absichtlich außerhalb ihrer DO, um deren oft starren Regeln zu entkommen und die Rebsorten anzubauen, die sie für richtig halten. (Siehe auch »Supertoskaner« im Kapitel »Italien«.)

**Vino de Pago** Offiziell die höchste Stufe innerhalb der Kategorie DOP (ein *pago* ist eine Einzellage), was in Wirklichkeit jedoch nicht immer zutrifft. Momentan gibt es knapp 20 Vinos de Pago, in der Regel in weniger namhaften Anbaubereichen – Rioja, Priorat und Ribera del Duero zählen beispielsweise nicht dazu.

**Vivanco** R Alt r rs w; s ★→★★ BODEGA in Briones mit dem hervorragenden Museo Vivanco de la Cultura del Vino (Weinmuseum).

**Williams & Humbert** Sherry ★→★★★★ Weinmacherin Paola Medina modelt die historische BODEGA um: War Williams & Humbert ursprünglich für seine Marken Dry Sack und Winter's Tale (AMONTILLADOS) sowie den süßen OLOROSO As You Like It bekannt, gibt es hier jetzt Spezialitäten wie Sherry aus ökologischem Anbau oder Jahrgangs-Sherry (einschließlich FINO). Einer der neuen Anführer in Sachen Sherry; siehe Kasten »Sherry-Trends«, S. 240.

**Ximénez-Spínola** Sherry – Sehr guter kleiner Erzeuger, der auf PX spezialisiert ist und diesen in JEREZ anbaut, was äußerst selten ist; PX-Lesegut stammt zumeist aus MONTILLA-MORILES. Faszinierend ist die Rarität Exceptional Harvest, ein nicht gespriteter PX von überreifen Trauben.

**Yecla** Mur – Der traditionelle Anbaubereich für Fasswein verändert sich, in erster Linie dank der Familie Castaño mit ihren MONASTRELL-Weinen (z. B. Hécula) und Verschnitten (GSM). Der Castaño DULCE ist ein moderner Klassiker.

**Zárate** Gal (r) w ★★→★★★ Bodega in Val do Salnés (RÍAS BAIXAS) mit elegantem ALBARIÑO, der lang auf dem Hefesatz reift. El Palomar stammt von 100 Jahre alten wurzelechten Reben in einem der ältesten Weinberge der DO und erhält durch den Ausbau im *foudre* Textur und Komplexität. Himmlisch. Besitzer und Weinmacher Eulogio Pomares ist eine der Schlüsselfiguren in GALICIEN.

# Portugal

Portugals Trumpf ist schwer auszusprechen, doch findet man all diese rätselhaften Rebsorten nirgendwo sonst auf der Welt. Sie sind es, ob solo oder im Verschnitt, die den ganz großen Unterschied gegenüber Spanien oder sonst einem Anbaugebiet ausmachen. Nach 20-jährigem rapidem Fortschritt, der neue Kellereien, neue önologische Diplome und jede Menge Praktika rund um den Globus einschließt, haben sich portugiesische Weinmacher ein solides Renommee erworben. Sprechen Sie mir nach: Antão Vaz (Alentejo), Alvarinho (Vinho Verde), Bical (Bairrada), Encruzado (Dão) sowie Rabigato (Douro) für Weißweine und Bastardo (Douro), Baga (Bairrada), Jaen (Dão), Moreto sowie Tinta Grossa (Alentejo) für Rote. Sie stehen für schöne Säure, angenehme lebhafte Frische und entschiedene Fruchtigkeit. Zudem ist Weinbereitung in der traditionellen Amphore *(talha)* wieder im Kommen: Dieser große Tonbehälter ergibt frische, elegante Weiße ohne Eichennote und Rotweine, die eine reine Freude sind. Genau das, was wir jetzt gern trinken.

**Die Portugal-Karte ist auf Seite 232 zu finden.**

Die folgenden Abkürzungen werden im Text verwendet:

| | | | |
|---|---|---|---|
| **Alen** | Alentejo | **Mad** | Madeira |
| **Bair** | Bairrada | **Set** | Setúbal |
| **Bei At** | Beira Atlântico | **Res** | Reserva |
| **Lis** | Lisboa | | |

# Neuere Port-Jahrgänge

Port-Jahrgänge werden »deklariert«, wenn ein Wein die höchsten Qualitätsstandards des Unternehmens erfüllt. In guten, aber nicht ganz klassischen Jahren verwenden die meisten Erzeuger (und zunehmend auch Einzellagen-Erzeuger in Spitzenjahren) die Namen ihrer Quintas (Güter) für Single-Quinta-Weine, die echten Charakter besitzen, aber weniger Flaschenreife brauchen. Die Jahrgänge, die man nun trinken sollte, sind 1963, 1966, 1970, 1977, 1980, 1983, 1985,1987, 1992, 1994, 2000, 2003, 2004, 2005, obwohl auch sehr junger Vintage Port ein unkonventioneller Genuss sein kann, vor allem zu Schokoladenkuchen.

2018 Ungewöhnlich späte Lese nach einem extrem regenreichen Winter. Gute Qualität bei einigen Erzeugern.

2017 Ein warmes Jahr. Wird wohl von den meisten Erzeugern deklariert werden.

2016 Ein klassisches, großteils deklariertes Jahr. Großartige Struktur und Finesse nach einer schwierigen Lese.

2015 Ein sehr trockenes, sehr heißes, zwiespältiges Jahr, von vielen Erzeugern deklariert (Spitzenqualität bei Niepoort und Noval), allerdings nicht von Fladgate, Symington und Sogrape.

2014 Hervorragendes Lesegut von Reblagen, die vom Regen im September verschont wurden; geringe Produktion.

2013 Single-Quinta-Jahr. Regen mitten in der Lesezeit. Die Stars sind Vesuvio, Fonseca Guimaraens.

2012 Single-Quinta-Jahr. Aufgrund von Dürre sehr geringe Erträge. Die Stars sind Quinta do Noval und Malvedos.

- **2011** Klassischer Jahrgang, großteils deklariert. Wird weithin mit dem Kultjahrgang 1963 gleichgesetzt. Tintendunkle Weine von hervorragender Konzentration und Struktur. Die Stars sind Noval Nacional, Vargellas Vinha Velha und Fonseca.
- **2010** Single-Quinta-Jahr. Heiß, trocken, aber mit höheren Erträgen als 2009. Senhora da Ribeira und Vesuvio sind die Stars.
- **2009** Zwiespältiges Jahr. Deklariert von Fladgate, nicht jedoch von Symington oder Sogrape. Die Stars sind Taylor, Niepoort, Fonseca, Warre.
- **2008** Single-Quinta-Jahr. Geringer Ertrag, kraftvolle Weine. Die Stars sind Noval und Vesuvio.
- **2007** Klassisches Jahr, von den meisten Erzeugern deklariert. Tieffarbige, sehr volle, aber gut ausbalancierte Weine. Dow, Taylor und Vesuvio sind die Stars.

**Weitere gute Jahrgänge:** 2005, 2003, 2000, 1997, 1994, 1992, 1991, 1987, 1983, 1980, 1977, 1970, 1966, 1963.

# Neuere Jahrgänge von Tischweinen

- **2018** Außergewöhnlich späte Lese. Geringerer Ertrag als sonst, aber durchweg gute Qualität.
- **2017** Der dritte gute Jahrgang in Folge. Ausnahmslos sehr gute Qualität. Einlagern.
- **2016** Sehr gute Qualität bei jenen Erzeugern, die geduldig abwarteten. Hält sich viele Jahre.
- **2015** Ein qualitativ und quantitativ gutes Jahr; aromatische, ausgewogene, besonders schön zu trinkende Rotweine zum Einkellern.
- **2014** Regenreicher Winter, kühler Sommer. Frische Weiß- und strahlende Rotweine (vorausgesetzt, es wurde vor dem Regen gelesen). Jetzt trinken.
- **2013** Großartige Weißweine und ausgewogene Rote (falls die Lese vor dem Regen stattfand). Jetzt trinken oder noch liegen lassen.
- **2012** Offenherzige, duftende Rotweine und elegante Weiße. Bald trinken.
- **2011** Durchweg überragender Jahrgang; das Maß aller Dinge sind die Douro- und Alentejo-Rotweine, die sich viele Jahre halten werden.

**Açores** w (r); s ★→★★★ Die Atlantikinselgruppe der Azoren besteht aus neun vulkanischen Inseln mit den DOCs Pico, Biscoitos, Graciosa für Weißwein und dem traditionellen *licoroso* (Spätlese- oder gespriteter Wein). Die Landschaft der Insel Pico und ihre die Reben schützenden *currais* (Steinmauern) sind UNESCO-Welterbe. Junge, tatkräftige Weinmacher haben für aufregende Weine von vulkanischen (allerdings vom Meer bedrohten) Böden gesorgt, die von den autochthonen Rebsorten Arinto dos Açores, Terrantez do Pico und VERDELHO bereitet werden. Im Auge behalten: Azores Wine Company sowie die Winzergenossenschaften Biscoitos und Pico Wines.

**Adega** Keller; Weinkellerei.

**Alentejo** r (w) ★→★★★★ Beliebter Anbaubereich mit verlässlich warmem Klima in Zentralportugal, der in acht regionale Sub-DOCs aufgeteilt ist: Borba, Évora, Granja-Amareleja, Moura, PORTALEGRE, Redondo, Reguengos und Vidigueira (bekannt für Qualitätsweißwein). Aus dem vom Atlantik beeinflussten Bereich Costa Vicentina kommen frische Weiß- und Rotweine (im Auge behalten: CORTES DE CIMA und Vicentino). Die alte Tonamphorenmethode erlebt mit dem Vinho de TALHA ein Comeback. Viele Spitzenerzeuger bevorzugen die liberalere Kategorie VINHO REGIONAL Alentejano. Gehaltvolle, reife Rotweine, v. a. von den Sorten ALICANTE BOUSCHET, SYRAH, TRINCADEIRA und TOURIGA NACIONAL. Die Weißweine legen rasch an Qualität zu. Erzeuger wie CARTUXA, ESPORÃO, João Portugal RAMOS, MALHADINHA NOVA, MOUCHÃO, MOURO und José de SOUSA bereiten Weine mit Kraft und Stil. Ebenfalls Beachtung verdienen DONA MARIA, Susana ESTEBAN, Fita Preta, MONTE DE RAVASQUEIRA, do Peso, do Rocim und Terrenus.

**Algarve** r rs w; sch ★→★★ An der Südküste wird hauptsächlich Vinho Regional erzeugt, von einheimischen und internationalen Rebsorten. Mit den Weinen geht es stetig voran, aber mit den berühmten Stränden und den Sternerestaurants können sie immer noch nicht mithalten. Erwähnung verdienen Barranco Longo und QUINTA dos Vales.

**Aliança, Caves** Bair r rs w; sch ★→★★★ Die große Firma erzeugt gute Rot- und Schaumweine, die zusammen mit Kunst im Aliança Underground Museum präsentiert werden. Hält auch Anteile an Erzeugern in ALENTEJO (QUINTA da Terrugem, Alabastro), DÃO (Quinta da Garrida) und DOURO (Quinta dos Quatro Ventos). Eigentümer der beliebten Marke Casal Mendes.

**Alves de Sousa** Douro, Port r w ★★→★★★ Familiengeführter DUORO-Pionier. Charaktervolles Sortiment von verschiedenen QUINTAS, v. a. Quinta da Gaivosa, und einzigartige, erst spät freigegebene RESERVA Pessoal. Sehr guter Abondonado und Vinha de Lordelo aus dem gemischten Satz von alten Reben. Wachsendes Portweinangebot, u. a. eleganter VINTAGE PORT und sehr guter 20 Jahre alter TAWNY.

**Ameal, Quinta do** Minho w; s; sch ★★★ Erstklassiger, langlebiger LOUREIRO aus Ökoanbau, darunter Escolha mit Holznote und – in Spitzenjahren (11 14) – Solo von ertragsarmen Reben mit minimalen Eingriffen bei der Vinifizierung. Besucher sind willkommen.

**Andresen** Port ★★→★★★★ Erzeuger in portugiesischem Besitz mit ausgezeichneten fassgereiften Portweinen, v. a. 20-Year-Old TAWNY und hervorragenden Colheitas (die Jahrgänge **1900'** und **1910'** werden auf Wunsch immer noch abgefüllt; **68' 80' 91' 03'**). Wegbereiter des WHITE PORT mit Altersangabe: 10-, 20- und (sehr guter) 40-Year-Old

**Aphros** Minho r rs w; sch ★★★ Wegbereiter des biodynamischen Anbaus und des Naturweins in VINHO VERDE. Sehr guter LOUREIRO und Vinhão (schäumender und in Eiche ausgebauter Silenus), die wunderbar altern. Die neue Kellerei bei Ponte de Lima macht den alten »mittelalterlichen« Keller frei für traditionelle Weinbereitung ohne Elektrizität (Amphoren, *lagares*). Ein abgeschiedener Rückzugsort für Weinliebhaber.

**Aveleda, Quinta da** Minho r rs w ★→★★ BV – Die Heimat von Casal García, der seit 1939 verkaufsstärksten VINHO-VERDE-Marke. Ordentliches Angebot an Gutsweinen. Ist nun Eigentümer der QUINTA do VALE DONA MARIA (DOURO). Kürzlich eröffnetes Besucherzentrum am Firmensitz in Penafiel.

**Bacalhôa – Vinhos de Portugal** Alen, Lis, Set r rs w; sch ★★→★★★ Hauptmarke und Sitz des Unternehmens des Milliardärs und Kunstliebhabers José Berardo, zu dem auch die denkmalgeschützte QUINTA da Bacalhôa (sehr guter CABERNET SAUVIGNON von 1974 angepflanzten Reben, der auch für den roten Spitzenwein Palácio da Bacalhôa verwendet wird) und das Schaumweingut Quinta dos Loridos gehören. Erstklassige Fässer mit MOSCATEL DE SETÚBAL (u. a. seltener Roxo). Außerdem die Marke Quinta do Carmo (ein historisches ALENTEJO-Gut) mit sehr guten Roten. Modern und gut bereitet sind Serras de Azeitão, Catarina, Cova da Ursa (SETÚBAL) und TINTO da Ânfora (Alentejo). Besuchen Sie den hinreißenden Garten in FUNCHAL.

**Baga Friends** Bair — Eine Gruppe von BAIRRADA-Erzeugern, die ganz verrückt sind nach der BAGA-Traube: BAGEIRAS, BUÇACO, Dirk NIEPOORT, Filipa PATO, Luis PATO, Quinta da Vacariça und Sidónio de Sousa.

**Bágeiras, Quinta das** Bair r w; sch ★★★→★★★★ Kulterzeuger in BAIRRADA mit bemerkenswerten, sehr langlebigen Weißen (v. a. der fassgereifte sortenreine MARIA GOMES Avô Fausto) sowie in alten Fässern gereiften Roten von der BAGA-Traube (v. a. GARRAFEIRA RESERVA, Pai Abel und der mit TOURIGA NACIONAL verschnittene Avô Fausto), Schaumweinen und gespritetem Baga Abafado.

**Bairrada** Bair r rs w; s; sch ★★→★★★★ Vom Atlantik beeinflusster DOC-Bereich und VINHO REGIONAL Beira Atlântico (ein auch für Spanferkel berühmtes Gebiet). Rotweine von der BAGA-Traube mit Struktur und Alterungspotenzial sowie sehr gute Schaumweine (die besten tragen neuerdings die Bezeichnung Baga Bairrada). Zu den erstklassigen Baga-Spezialisten gehören QUINTA DAS BÁGEIRAS, Casa de Saima, Caves SÃO JOÃO, Filipa PATO, Luís PATO und Sidónio de Sousa. Im Auge behalten sollte man ALIANÇA, Quinta de Baixo (im Besitz von NIEPOORT), CAMPOLARGO, V. Puro, Colinas de São Lourenço und Vadio. Siehe auch BAGA FRIENDS.

**Barbeito** Mad ★★→★★★★ Innovativer MADEIRA-Erzeuger mit auffälligen Etiketten. Einzigartige Einzellagen-Einzelfass-COLHEITAS und überragende 20-, 30- und 40-jährige MALVASIAS. Neuer 40 Jahre alter BOAL namens Vinho do Embaixador. Ausgezeichnet ist die Reihe Ribeiro Real: 20-Year-Old Boal, Malvasia, SERCIAL und VERDELHO mit einem Schuss TINTA NEGRA von in den 1950er-Jahren gepflanzten Reben. Der 96er Colheita ist der erste Wein, der Tinta Negra vorn auf dem Etikett nennt. Die Reihe Historic Series nimmt auf die Tatsache Bezug, dass im 18. und 19. Jahrhundert Madeira der begehrteste Wein in den USA war. Ferner Rainwater und neuerdings Verdelho-Tischwein.

**Barca Velha** Douro r ★★★★ 91' 95' 99 00 04 08' — Portugals Kultrotwein, 1952 von FERREIRA geschaffen, ist für den Weltklasseruf der DOURO-Tischweine verantwortlich. Er kommt nur in besonders guten Jahren auf den Markt, bisher 18-mal, nach etlichen Jahren Reifezeit. Wenn es keinen Barca Velha gibt, wird von den besten Fässern der CASA FERREIRINHA der — ebenfalls sehr gute und ebenfalls außerordentlich langlebige — Zweitwein Reserva Especial erzeugt (v. a. **89' 94' 97' 01' 07 09**); die Jahrgänge **89' 94' 97' 01' 09** hätten sich durchaus für Barca Velha geeignet.

**Barros** Port ★★→★★★ 1913 gegründet, seit 2006 im Besitz von SOGEVINUS, hält beträchtliche Bestände von gereiftem VINTAGE und COLHEITA. Letztere sind seit den 1930er-Jahren sehr gut (außerdem **63 66' 74' 78 80' 97'**), ebenfalls sehr gut ist der 20-, 30- und 40-Year-Old Tawny. Ferner VINTAGE PORT (**87 95 05 07 11** 16).

**Barros e Sousa** Mad ★★→★★★★ 2013 vom Nachbarn PEREIRA D'OLIVEIRA aufgekauft, der die Vorräte unter seinem Namen abfüllen wird. Das alte Lagerhaus soll das neue Besucherzentrum werden. Versuchen Sie den seltenen Bastardo Old RESERVE aufzutreiben.

**Beira Interior** r rs w ★→★★ Markante DOC zwischen DÃO und der spanischen Grenze mit einigen der höchsten Berge Portugals. Die alten, bis 750 m hoch gelegenen Weinberge haben enormes Potenzial, insbesondere für die Weißweinsorten Siria und Fonte Cal. Sehr preiswert sind Beyra sowie die QUINTAS do Cardo, dos Currais und dos Termos. Ferner Anselmo MENDES (VINHO VERDE).

**Blandy** Mad ★★→★★★★ Altehrwürdiges MADEIRA-Familienunternehmen mit dem jungen, tatkräftigen Geschäftsführer Chris Blandy. In der Wine Lodge in Funchal wird dem Besucher die Firmengeschichte präsentiert, einschließlich alter FRASQUEIRA-Jahrgänge (BUAL **1920' 1957' 1966'**;

MALMSEY **1988' 1988'**; SERCIAL **1968' 1975' 1988'**; VERDELHO **1979'**). Sehr guter 20-Year-Old Terrantez und COLHEITA-Weine (Bual **1996 2008**; Malmsey 1999; Sercial 2002; Verdelho 2000). Vorzüglicher 50 Jahre alter Malmsey, hervorragender Terrantez (**1980'**) und TINTA NEGRA (1995). Ferner RAINWATER und Tischwein Atlantis: Weißwein von VERDELHO, Rosé von Tinta Negra.

**Borges, H. M.** Mad ★→★★★ Die Schwestern Helena und Isabel Borges besitzen kleine Restbestände des feinen 1877er Terrantez (das Gründungsjahr des Betriebs) in Glasballons. Sehr guter 30-Year-Old MALVASIA, u. a. von 1932. Sehr guter 1990er SERCIAL.

**Branco** Weiß.

**Bual (oder Boal)** Mad – Klassische MADEIRA-Rebsorte: rauchige Weine von mittlerem Körper (süß) mit würziger Note, weniger voll als MALVASIA. Hervorragend zu härterem Käse und leichteren Desserts. Ist meist sehr dunkel.

**Buçaco** Bei At r w ★★★ Im denkmalgeschützten und manuelinischen Stil erbauten Bussaco Palace Hotel reicht die Karte mit den klassisch strengen, langlebigen Weinen bis in die 1940er-Jahre zurück. Verschnitte aus zwei Anbaubereichen; Rotweine: BAGA (BAIRRADA) und TOURIGA NACIONAL (DÃO), Weißweine: Encruzado (Dão) sowie MARIA GOMES und Bical (Bairrada). Die Verwendung von Barriques und neuer Eiche seit 2000 haben den Stil etwas modernisiert, v. a. bei den Weißen und dem roten Vinha da Mata (kurz VM) aus einer Einzellage. Mitglied von BAGA FRIENDS.

**Bucelas** Lis w; sch ★★ Aus der winzigen DOC kommen frische, rassige Weiße auf ARINTO-Basis. Preiswerter Schaumwein. Im England des 19. Jahrhunderts als »Lisbon Hock« (»Rheinwein aus Lissabon«) äußerst beliebt. Spitzenerzeuger: da Murta und da ROMEIRA.

**Burmester** Port ★→★★★ 1730 gegründet, seit 2005 im Besitz von Sogevinus. Elegante, fassgereifte, preiswerte Ports, v. a. 20- und 40-Year-Old TAWNY. COLHEITAS (**1890 1900' 1937' 1952' 1955' 1957'**) und WHITE PORTS mit Jahrgangsangabe (u. a. feiner 30- und 40-Year-Old). Ferner guter VINTAGE PORT.

**Cálem** Port ★→★★★ 1859 gegründet, seit 1998 im Besitz von Sogevinus. Beliebter Velhotes auf Einsteigerniveau. Am besten sind die COLHEITA-Weine (**1961'**) sowie der 10- und der 40-Year-Old TAWNY. 100.000 Besucher jährlich verzeichnet das Lagerhaus in VILA NOVA DE GAIA.

**Campolargo** Bair r w; sch ★→★★★ Das große Gut führte als eines der ersten Bordeaux-Rebsorten in Portugal ein, erzeugt aber auch sehr gute Weine von den indigenen Sorten ARINTO, Bical und CERCEAL (alle weiß) sowie Alvarelhão (rot). Außerdem PINOT NOIR, roter Verschnitt Rol de Coisas Antigas und Bordeaux-Verschnitt Calda Bordaleza.

**Canteiro** Mad – Die natürliche Fassreifung feinster MADEIRAS in warmen, feuchten Lagerhäusern. Die Canteiro-Methode bringt subtilere, komplexere Weine hervor als das ESTUFAGEM-Verfahren.

**Carcavelos** Lis br; s ★★★ Der neue Villa Oeiras – einzigartig, packend, halbtrocken und gespritet – hat der sehr alten, küstennahen, mit einer Rebfläche von nur 12,5 ha dahinvegetierenden DOC neues Leben eingehaucht.

**Cartuxa, Adega da** Alen r w; sch ★★→★★★★ Die Keller aus dem 17. Jahrhundert, das Restaurant und das Kunstmuseum sind ein Touristenmagnet, das Spitzengewächs Pêra Manca in roter (**03 05' 07** 08' 10' 11' 13') und weißer Version zieht Kenner an. Preisgünstige rote Massenmarken Vinea und EA (auch als Ökoversion erhältlich). Stets ein Schnäppchen ist die Cartuxa RESERVA; Scala Coeli heißt ein renommierter (jedes Jahr anderer) reinsortiger Wein.

**Carvalhais, Quinta dos** Dão r r s w; sch ★→★★★★ Sehr gutes, beständig hochwertiges Angebot an langlebigen Gutsweinen in kleiner Auflage, v. a. der in

Eiche ausgebaute Encruzado, die RESERVA (rot und weiß), TOURIGA NA‑
CIONAL, Alfrocheiro, TINTA RORIZ, und das Spitzengewächs Único. Unge‑
wöhnlich ist der oxidativ ausgebaute Branco Especial (weiß). Heimat der
beliebten Marken Duque de Viseu und Grão Vasco; im Besitz von SOGRAPE.

**Castro, Álvaro de** Dão ★★ → ★★★★ Mustergültiger Erzeuger; die charak‑
tervollen Weine tragen vorwiegend die Namen der QUINTAS Saes (preis‑
wert) und Pellada (erstklassig). Ausgezeichnet sind Pape (rot) und Primus
(weiß). Der Carrocel von TOURIGA NACIONAL wird nur in besonders guten
Jahren erzeugt.

**Cello, Casa de** Dão, Minho ★★ Familiengeführter Betrieb. Einzigartige Weiß‑
weinreihe QUINTA de San Joanne (VINHO VERDE) zum Einlagern mit dem
überragenden Superior (wird nur in Spitzenjahren erzeugt). Ferner sehr
guter Escolha, preiswerter Terroir Mineral und die entschieden klassische
Rotweinreihe Quinta da Vegia (Dão), v. a. RESERVA und Superior.

**Chaves, Tapada do** Alen ★★★ Historischer Erzeugerbetrieb, jetzt im Besitz
von CARTUXA. Außergewöhnlich alte, hoch gelegene Weinberge erbringen
gute Weiß- und sehr gute, langlebige Rotweine, v. a. VINHAS VELHAS.

**Chocapalha, Quinta de** Lis r rs w ★★★ Das familiengeführte, klimatisch vom
Atlantik beeinflusst Gut verschneidet vorwiegend einheimische mit einigen
internationalen Rebsorten. Kellermeisterin ist Sandra Tavares da Silva von
WINE & SOUL. Die Roten gehören zu den besten aus Lisboa, v. a. die Reihe
QUINTA de Chocapalha (CASTELÃO, CABERNET SAUVIGNON) sowie die Spit‑
zengewächse Vinha Mãe und CH (TOURIGA NACIONAL). Lebhafte, frische
Weiße, v. a. der fabelhaft günstige ARINTO von alten Reben.

**Chryseia** Douro r ★★ → ★★★★ Gemeinschaftsprojekt von Bruno Prats aus Bor‑
deaux und SYMINGTON FAMILY ESTATES. Der ausgefeilte Rotwein auf Basis
von TOURIGA NACIONAL und TOURIGA FRANCA fällt frischer und feiner aus,
seit das Lesegut von der QUINTA de Roriz kommt. Zweitetikett: Post Scrip‑
tum. Außerdem preiswerter Prazo de Roriz.

**Churchill** Douro, Port r rs w; s ★★★ 1981 von John Graham, dessen Fami‑
lie erst Graham gründete, ins Leben gerufenes Portweinhaus. Sehr guter
DRY WHITE PORT (10-Years-Old), 20- und 30-Year-Old (neu), ungefilterter
LBV sowie VINTAGE PORT (**82 85 91 94** 97 00 03 07' 11'). Von der QUINTA
da Gricha stammen der zupackende Single Quinta Vintage Port von alten
Reben und ein sehr guter DOURO-Einzellagen-Rotwein. Gut ist die Marke
Churchill's Estates (v. a. TOURIGA NACIONAL).

**Cockburn** Port ★★ → ★★★ Teil des SYMINGTON FAMILY ESTATES und jetzt
wieder in Form, v. a. beim VINTAGE PORT (**11' 15' 16'**) in trockenerem, fri‑
scherem Stil und insbesondere beim üppigen, straffen Vintage Port Bicen‑
tenary. Außergewöhnlich sind die Jahrgänge **1908' 1927' 1934 1963
1967**. Der beständig gute Special wird länger im Fass gereift als andere,
der lebhafte LBV ein Jahr weniger. Sehr guter Single-QUINTA dos Canais.
Neues Besucherzentrum in VILA NOVA DE GAIA; Interessenten können eine
Führung durch die Küferei von Symington mitmachen.

**Colares** Lis r w ★★ Einzigartiger historischer DOC-Bereich (seit 1908) an
der Küste. Vom Wind gebeutelte wurzelechte Ramisco-Reben auf sandi‑
gen Böden erbringen tanninstarke Rote, MALVASIA-Reben frische, salzige
Weißweine. Fundação Oriente und das wiederbelebte Haus Casal Santa
Maria verleihen dem von der Genossenschaft Adega Regional de Colares
und Viúva Gomes gepflegten traditionellen Stil einen modernen Touch.

**Colheita** Port, Mad – Portwein oder MADEIRA mit Jahrgangsangabe. Fassreife:
mindestens 7 Jahre bei TAWNY Port (oft mehr als 50, manchmal sogar
100 Jahre), mindestens 5 Jahre bei Madeira. Das Abfülldatum ist auf dem
Etikett angegeben. Gekühlt servieren.

**Cortes de Cima** Alen r w ★★★ 1988 aus dem Nichts erschaffen von einem dänisch-kalifornischen Paar, das sich als Vorreiter in Sachen SYRAH im ALENTEJO, nachhaltige Bewirtschaftung und Reblagen an der Atlantikküste erwies. Sehr guter, jetzt eleganterer Spitzenrotwein Incógnito (**11' 12'** 14'). Beständig gutes Sortiment, v. a. Cortes de Cima (rot und weiß), RESERVA und sortenreine Weine (ARAGONEZ, PINOT NOIR, Syrah, TRINCADEIRA). Ferner sehr gute Weiße von neu angelegten Weinbergen an der Küste, u. a. ALVARINHO und SAUVIGNON BLANC. Führend beim Ausbau in Amphoren.

**Cossart Gordon** Mad ★★★ Marke der MADEIRA WINE COMPANY mit trockenerem Stil als bei BLANDY. Der schmissige BUAL (**1962'**) etwa ist Elektrizität in Flaschen.

In Portugal gibt es fünf mit zwei Michelin-Sternen ausgezeichnete Restaurants, zwei davon in Lissabon.

**Côtto, Quinta do** Douro r ★★★ Seit den 1970er-Jahren ein Vorreiter für Tischwein vom DOURO. Feiert nach jahrelangem Dämmerschlaf ein vielversprechendes Comeback. Sehr guter, nur in Spitzenjahren erzeugter Kultwein Escolha (**15'**), Vinha do Dote aus einer Einzellage mit alten Reben und Bastardo in kleiner Auflage. Ferner preiswerter roter Quinta do Côtto.

**Covela, Quinta de** Minho w ★★ Erhebende Wiederauferstehung der beeindruckenden Finca aus dem 16. Jahrhundert im Grenzgebiet von VINHO VERDE und DOURO. Sehr gutes Angebot an langlebigen Weinen auf Avesso-Basis: sortenreiner Edição Nacional Avesso, Escolha Branco (Avesso/CHARDONNAY), im Eichenfass gereifte Reserva (Avesso/ARINTO/Chardonnay/VIOGNIER). Außerdem guter Rosé.

**Crasto, Quinta do** Douro, Port r w ★★★ → ★★★★ Eines der renommiertesten Güter am DOURO. Umwerfende Hügellage. Die Kronjuwelen sind zwei Weine von einer sehr alten, gemischt bestockten Einzellage: Vinha da Ponte (**03 04 07' 10' 12** 14) und María Theresa (**03 05' 06 07 09' 11' 13**) sowie der neue Star Honore, ein »Superverschnitt« der beiden Ersteren (und außerdem der Name des exquisiten, mind. 100 Jahre alten TAWNY). Sehr preiswerte RESERVA aus alten Weinbergen sowie vorzüglicher sortenreiner TINTA RORIZ und großartiger TOURIGA NACIONAL. Die Rebflächen im Gebiet Douro Superior versorgen den Markt mit preiswerten Weinen, darunter ein ansprechender Roter, ein innovativer, in Akazienholz ausgebauter Weißer und SYRAH mit einem Schuss VIOGNIER. Guter VINTAGE PORT und ungefilterter LBV.

**Croft** Port ★★ → ★★★ Historisches Portweinhaus im Besitz von FLADGATE mit Besucherzentrum in den grandiosen Weinbergen nahe Pinhão. Süßer, fleischiger VINTAGE PORT (**75 77 82 85 91 94** 00 03' 07 09' 11' 16'). Der Vintage Port Quinta da Roêda (**07 08' 09 12'** 15') bietet viel fürs Geld. Beliebt sind Indulgence, Triple Crown, Distinction und der ROSÉ PORT Pink.

**Crusted** Port – Feiner, seltener, traditioneller Portwein oJ für wenig Geld, fast ein Geheimtipp. Verschnitt aus zwei oder mehr guten Jahrgängen, bis zu 4 Jahre im Fass und 3 Jahre in der Flasche gereift. Da er nicht gefiltert wird, bildet sich ein Depot (»crust«), er muss also dekantiert werden. Gute Versionen bei DOW, FONSECA, GRAHAM, NIEPOORT und NOVAL.

**Dão** r rs w; sch ★★ → ★★★ Die historische, von Bergen umschlossene und oft als Portugals Burgund bezeichnete DOC erlebt gerade eine Renaissance. Die Pioniere des modernen Weinbaus CARVALHAIS, Álvaro de CASTRO, Cabriz, Casa de Santar, Falorca, MAIAS, Roques und Vegia erzeugen feine, langlebige Rote und schön texturierte, aromatische Weiße (Encruzado ist der Star). Zu den neueren Betrieben zählen Caminhos Cruzados, Casa da PASSARELLA, Casa de MOURAZ und Júlia Kemper. Im Auge behalten sollte man Conciso (im Besitz von NIEPOORT), Druida (hervorragend), Lemos, António Madeira, MOB, Paço dos Cunhas und Ribeiro Santo. Die Spitzenbezeichung Dão Nobre (»nobel«) wird jetzt verwendet. Ferner ausgezeichnete, preiswerte GARRAFEIRA-Weine.

**DOC/DOP (Denominação de Origem Controlada/Protegida)** Qualitätsorientierte geschützte Herkunftsbezeichnung unter Aufsicht eines regionalen Ausschusses. Ähnlich wie die französische AC. Siehe auch VINHO REGIONAL.

**Doce (vinho)** Süß(wein).

**Douro** r rs w; s ★→★★★★★ Der weltweit erste abgegrenzte und regulierte Weinbaubereich (1756) ist nach seinem Fluss benannt und wegen der spektakulären Landschaft seit 2001 UNESCO-Welterbe. Früher war die Region unzugänglich, doch nun ist sie bereit für den Weintourismus. Ihr Ruhm gründet sich auf Port, aber inzwischen wird genauso viel Qualitätstischwein erzeugt (DOC Douro). Die drei Subregionen (Baixo Corgo, Cima Corgo und der rasch wachsende Bereich Douro Superior) sind äußerst vielfältig hinsichtlich des Terroirs. Über 100 einheimische Rebsorten (oft zusammen angepflanzt, mindestens 80 Jahre alt) wachsen auf Terrassen mit erbarmungslosen Schieferböden. Kraftvolle, zunehmend elegante, langlebige Rot- und feine, charaktervolle Weißweine. Die besten Erzeuger sind ALVES DE SOUSA, BARCA VELHA, da BOAVISTA, Casa FERREIRINHA, QUINTA das Carvalhas, CHRYSEIA, CRASTO, Muxagat, Niepoort, POEIRA, Quinta Nova, RAMOS PINTO, Vale Dona Maria, Vale Meão, VALLADO, do Vesúvio und WINE & SOUL. Im Auge behalten sollte man Conceito, Costa Boal, do CÔTTO, Maria Izabel, dos Murças, do NOVAL, POÇAS, do Pôpa, Quanta Terra, REAL COMPANHIA VELHA, de S. José und Transdouro Express. Der VINHO REGIONAL heißt Duriense.

**Dow** Port ★★★→★★★★★ Das historische Portweinhaus gehört zu SYMINGTON FAMILY ESTATES, pflegt beim VINTAGE PORT (85' 94' 00' 07' 11' 16') aber einen trockeneren Stil. Single-QUINTAS do Bomfim und Senhora da Ribeira (2015 sehr gut) in nicht deklarierten Jahrgängen. Schönes Besucherzentrum am Fluss in der Kellerei Bomfim in Pinhão.

**Duorum** Douro, Port r w ★★→★★★ Konsequent durchgezogenes Projekt von João Portugal RAMOS und José Maria Soares Franco (früher FERREIRA/BARCA VELHA) in DOURO Superior. Preiswerter fruchtiger Tons und COLHEITA auf Einsteigerniveau; feine RESERVA. Sehr guter, dichter, fruchtbetonter VINTAGE PORT (07' 11' 12 15' ) von 100 Jahre alten Reben. Gutes Zweitetikett Vinha de Castelo Melhor und preiswerter LBV.

**Esporão, Herdade do** Alen r w; s ★★→★★★★ Gut mit weithin sichtbarem weißem Turm und sukzessive ökologisch zertifizierten Reblagen. Hochklassige, fruchtbetonte, moderne Weine. Preiswerter Monte Velho auf Einsteigerniveau und allseits geschätzte RESERVA (rot und weiß). Sehr gute Reihe mit sortenreinen Einzellagenweinen. Raffinierter, GARRAFEIRA-artiger Private Selection und nur hin und wieder erzeugter Torre do Esporão (07' 11). Mit den in talhas (Tonamphoren) ausgebauten neuen Roten und Weißen besinnt man sich auf die jahrhundertealte Alentejo-Tradition. Das verheißungsvolle Projekt QUINTA das Murças (Douro) erzeugt gute Rotweine aus ökologisch bewirtschafteten Einzellagen.

**Espumante** Schaumwein. Meist gutes Preis-Leistungs-Verhältnis. Am besten aus den Anbaugebieten BAIRRADA (v. a. von BÁGEIRAS, Colinas São Lourenço, Kompassus und São Domingos; auf die Bezeichnung BAGA Bairrada achten), DOURO (v. a. VÉRTICE), Távora-Varosa (v. a. MURGANHEIRA) und VINHO VERDE (v. a. SOALHEIRO, Valados de Melgaço).

**Esteban, Susana** Alen r w ★★→★★★★ Ein angehender Star im ALENTEJO. Im umwerfenden Flaggschiff Procura (rot und weiß) werden Trauben aus sehr alten, ertragsarmen Weinbergen in PORTALEGRE verwendet (im Rotwein kommt ALICANTE BOUSCHET aus Évora hinzu). Sehr gut ist der in *talhas* (Amphoren) ausgebaute Wein, preiswert das Zweitetikett Aventura. Der innovative Sidecar entsteht unter Mitwirkung anderer Weinmacher, der Sem Vergonha, ein eleganter, frischer, sortenreiner CASTELÃO, war ein Gemeinschaftsprojekt mit Dirk NIEPOORT.

> #### Aufstieg am Douro
> Die DOC DOURO ist der größte Gebirgsanbaubereich der Welt und stellt die Winzer vor einzigartige Herausforderungen. In keiner anderen großen europäischen Weinregion beispielsweise wird ausnahmslos von Hand gelesen. Doch wegen der steilen Hänge haben Maschinen kaum eine Chance. Zugleich hat der Tourismusboom die Menschen von der Landwirtschaft fortgetrieben, weshalb es schwierig ist, genau dann, wenn die Trauben reif sind, genügend Lesehelfer zu finden. Heißt das, dass die Preise für Douro-Weine steigen werden? Höchstwahrscheinlich.

**Estufagem** Mad – Methode, mit der MADEIRAS mind. 3 Monate lang streng kontrolliert in Tanks erhitzt werden, damit sie schneller reifen und dabei den charakteristischen Beigeschmack von verbrannter Erde annehmen. Hauptsächlich für Weine auf Einsteigerniveau verwendet. Feinere Resultate werden mit Heizmänteln und niedrigerer Temperatur (45 °C) erzielt.

**Falua** Tejo r rs w ★★→★★★ João Portugal RAMOS' früheres Gut gehört jetzt der französischen Groupe Roullier. Gut bereitet und vorwiegend für den Export bestimmt sind die Verschnitte der Marke Tagus Creek von einheimischen und internationalen Reben. Preiswerter Conde de Vimioso auf Einsteigerniveau (die RESERVA ist eine Stufe besser). Ferner gute neue Reihe Falua Reserva (rot und weiß).

**Ferreira** Port ★★→★★★ Altes Portweinhaus, heute im Besitz von SOGRAPE. Die Jahrgänge 2011' und 2016' sind überragend. Nach Ansicht von Weinmacher Luis Sottomayor (BARCA VELHA) sind die LBV-Weine inzwischen genauso gut wie die VINTAGE PORTS des vergangenen Jahrzehnts; beide Kategorien sind hier im Aufwind. Sehr guter, würziger TAWNY, u. a. RESERVA Dona Antónia, sowie 10- und 20-Year-Old Tawnys (QUINTA do Porto und Duque de Bragança).

**Ferreirinha, Casa** Douro r w ★★→★★★★ Im Besitz von SOGRAPE befindlicher Erzeuger mit bemerkenswertem Angebot an langlebigen DOURO-Weinen. Preiswerte Einsteigerweine sind Callabriga, Esteva, Papa Figos und Vinha Grande. Vorzüglich sind QUINTA da Lêda (rot) und Antónia Adelaide Ferreira (rot und weiß). Nur selten erzeugt werden die RESERVA Especial und der (legendäre) BARCA VELHA.

**Fladgate** Port – Bedeutendes unabhängiges Familienunternehmen, Eigentümer der führenden Port-Häuser TAYLOR, FONSECA, CROFT und KROHN sowie der Luxushotels »Infante Sagres« (Porto), »The Yeatman« (VILA NOVA DE GAIA) und »Vintage House« (Pinhão).

**Fonseca** Port ★★★→★★★★★ Portweinhaus im Besitz von FLADGATE, 1815 gegründet. Preiswerter Bin 27. Sehr guter 20- und 40-Year-Old TAWNY, herausragender VINTAGE PORT (**85' 94' 00'** 03' 11' 16'). Vorzügliches Zweitetikett Fonseca Guimaraens. Außerdem Single-QUINTA Panascal.

**Fonseca, José Maria da** Alen, Set r rs w; s; sch ★→★★★★ Seit rund 200 Jahren bestehender Erzeugerbetrieb mit umfangreichem Rebbestand (650 ha) und großem Sortiment: LANCERS und PERIQUITA sind die Marken für das Alltagsgeschäft, Kronjuwel ist der gespritete Moscatel de Setúbal, von dem beachtliche alte Bestände gebunkert werden (sehr preiswerte 20 Jahre alter Alambre). Bemerkenswerter Superior (55' 66 71) sowie Roxo Superior (18') in limitierter Auflage. Ist Eigentümer des historischen Guts José de SOUSA (ALENTEJO) mit seinen großteils in Amphoren ausgebauten, erstaunlich preiswerten Weinen. Innovative Weinbars in Lissabon und Azeitão.

**Frasqueira** Mad – MADEIRA-Spitzenkategorie, auch Vintage genannt. Wein eines einzigen Jahrgangs von einer einzigen edlen Rebsorte, der mindestens 20 Jahre, aber meist viel länger im Fass reift. Das Datum der Flaschenabfüllung muss angegeben werden. Hochgeschätzt, sehr gesucht und teuer.

**Garrafeira** – Bezeichnung für besondere Qualität auf dem Etikett. Traditionell die »Privat-RESERVA« eines Händlers. Die Reifezeit beträgt mindestens 2 Jahre im Fass und 1 Jahr in der Flasche (oft aber viel länger). Weißweine müssen 6 Monate im Fass und 6 Monate in der Flasche reifen. Spezielle Verwendung für Port bei NIEPOORT.

**Global Wines** Bair, Dão r w; sch ★★★→★★★★ Einer der größten Weinerzeuger in Portugal, auch unter dem Namen Dão Sul bekannt, mit Sitz in DÃO und Gütern in vielen weiteren Regionen. Äußerst preiswert und beliebt sind die Marken Cabriz (v. a. RESERVA) und Casa de Santar (v. a. Reserva und großartiger Nobre). Erstklassiger Paço dos Cunhas von der Einzellage Vinha do Contador. Moderne Weine, auffällige Architektur, Besucherzentrum in der QUINTA do Encontro in BAIRRADA. Weitere Marken: Grilos, Encostas do Douro (DOURO), Monte da Cal (ALENTEJO), Quinta de Lourosa (VINHO VERDE).

**Graham** Port ★★★→★★★★★ Portweinhaus im Besitz von SYMINGTON FAMILY ESTATES mit erstklassigem Sortiment, vom RESERVE RUBY Six Grapes bis hin zu VINTAGE PORT (85' 91' 94' 97 00' 03' 07' 11' 16'), einschließlich des Stone Terraces (11' 15' 16') und des preiswerten Single-QUINTA dos Malvedos. Sehr günstiger, ansprechender 20-, 30- und 40-Year-Old TAWNY sowie LBV. Feine COLHEITAS namens Single Harvest (v. a. 52' 63' 69' 72'). Eine echte Wucht ist der Very Old Tawny Ne Oublie aus einem der drei Fässer, die A.J. Symington 1882 befüllte.

**Gran Cruz** Port ★→★★★ Portugals größte Portweinmarke, Porto Cruz, wird von der französischen La-Martiniquaise-Gruppe gemanagt, mit Schwerpunkt auf Quantität und Cocktails. Das Museum in VILA NOVA DE GAIA, die Dachterrassenbar und das neue Hotel in Porto sind Touristenmagneten. Die Marke Dalva umfasst ausgezeichnete TAWNY-Bestände (v. a. COLHEITAS; w 52' 63' 73') und guten VINTAGE PORT. Ferner gute Weine von QUINTA de Ventozelo in Pinhão.

**Henriques & Henriques** Mad ★★→★★★★ MADEIRA-Haus im Besitz des Rum-Giganten La Martiniquaise. Einzigartig ist der extratrockene Aperitif Monte Seco. Am besten sind der 20 Jahre alte MALVASIA und Terrantez, die 15 Jahre alte Weine (v. a. Sercial), Single Harvest (in alten Bourbon-Fässern ausgebaut: 97' 98'; BUAL 00') und die Jahrgangsweine VERDELHO (57), Terrantez (54') und Sercial (71'). Sehr guter 50 Jahre alter TINTA NEGRA.

**Justino** Mad ★→★★★ Das größte MADEIRA-Unternehmen ist im Besitz des Rum-Giganten La Martiniquaise und erzeugt auch die Weine der Marke Broadbent. Recht große Einsteigerreihe. Einige Perlen: Terrantez Old RESERVE (ohne Jahrgangsangabe, vermutlich rund 50 Jahre alt), Terrantez (78'), MALVASIA (64' 68' 88').

**Kopke** Port ★→★★★★ Das älteste Portweinhaus (gegründet 1638), jetzt im Besitz von Sogevinus, ist bekannt für seine sehr guten würzigen, festen COLHEITAS von den mittleren/oberen Hanglagen der QUINTA S. Luiz (35' 41' 57' 64' 65' 66 78 80' 84 87). Einzigartiges Angebot an WHITE PORT,

**PORTUGAL** | Kro–Mat | 267

**Krohn** Port ★→★★★ Jetzt zu FLADGATE gehörende Port-Firma mit außergewöhnlichen alten Lagerbeständen an TAWNY (füllige 10 und 20 Jahre alte Versionen) und COLHEITA (83' 87' 91 97), die bis 1863 zurückreichen (die Quelle des TAYLOR 1863 Single Harvest). Auch gute VINTAGE PORTS (16').

**Lancers** rs w; sch ★ José Maria da FONSECAS halbtrockenen perlenden ROSADO gibt es jetzt auch als weiße, als schäumende (rosé und weiß) und als alkoholfreie Version.

**Lavradores de Feitoria** Douro r w ★★→★★★ Gut geführter Zusammenschluss von 15 Erzeugern (19 Weinberge). Gute Weißweine, v. a. SAUVIGNON BLANC und Meruge (sortenrein von alten Viosinho-Reben, Eichenausbau), und günstige Rotweine, u. a. Três Bagos RESERVA. Sehr guter Grande Escolha (v. a. der lange gereifte Estágio Prolongado), QUINTA da Costa das Aguaneiras und eleganter Meruge (vorwiegend TINTA RORIZ von einem Weinberg mit Nordausrichtung in 400 m Höhe).

**LBV (Late Bottled Vintage)** Port – Zugängliche und erschwingliche Alternative zu VINTAGE PORT. Ein Jahrgangswein, der 4–6 Jahre, also doppelt so lang wie Vintage Port, im Fass reift. Auch sehr gute, langlebige, ungefiltert abgefüllte Versionen, z. B. von FERREIRA, NIEPOORT, NOVAL, RAMOS PINTO, de la ROSA, SANDEMAN, WARRE, die man dekantieren sollte.

**Lisboa** Lis r rs w; s; sch ★→★★ Ausgedehnter, hügeliger Bereich nördlich von Lissabon mit unterschiedlichen Terroirs und einem Mischmasch lokaler und internationaler Rebsorten. Die bekanntesten DOCS sind ALENQUER mit seinem speziellen Mikroklima (langlebige, preiswerte Rote von der Boutiquekellerei de CHOCAPALHA und von SYRAH-Pionier MONTE D'OIRO) sowie BUCELAS und COLARES mit traditionellen Weinen. Knackig-frische Weiße von zunehmender Qualität, v. a. wenn sie von Küsten- oder Hochlagen auf Kalksteinboden stammen, gibt es bei Adega Mãe (Viosinho), Casal Figueira (Vital), Casal Sta Maria (in Colares), Quinta do Pinto (Verschnitte), Quinta de Sant'Ana (PINOT NOIR, RIESLING), Quinta da Serradinha (naturnaher Anbau) und Vale da Capucha (öko).

**Madeira wird jetzt nicht mehr in 0,75-, sondern in 0,5-Liter-Flaschen abgefüllt. Achten Sie auf den Preis.**

**Madeira** Mad r w ★→★★★★ Die Atlantikinsel mit eigener DOC ist berühmt für ihre gespriteten Weine, erzeugt aber auch Tischweine von bescheidenem Anspruch; am besten sind die VERDELHO-Gewächse. Empfehlenswert: Atlantis, BARBEITO, Barbusano, Moledo, Palmeira, Primeira Paixão, Terras do Avô, außerdem Ilha (innovativ, vorwiegend TINTA NEGRA).

**Madeira Wine Company** Mad – 1913 gegründeter Zusammenschluss aller 26 britischen MADEIRA-Unternehmen. Eigentümer von BLANDY, COSSART GORDON, Leacock und Miles; erzeugt über 50 % aller abgefüllten Madeira-Exporte. Seit die Familie Blandy die Leitung übernommen hat, konzentriert sich das Geschäft nahezu ausschließlich auf die Förderung der Marke Blandy.

**Malmsey (Malvasia Candida)** Mad – Die süßeste und vollste der traditionellen edlen MADEIRA-Traubensorten, jedoch mit der für Madeira charakteristischen eigenartigen Schärfe. Passt hervorragend zu reichhaltigen Obst- und Schokoladendesserts – oder einfach nur zum Träumen.

**Mateus Rosé** rs (w); sch ★ Der meistverkaufte halbtrockene und mit etwas Kohlensäure versetzte Rosé der Welt wird jetzt in Klarglasflaschen abgefüllt und ist auch als (trockenere stille) weiße oder als schäumende (rosé und weiß) Version erhältlich. Zur Reihe Expressions gehören ein MARIA GOMES/

**Mendes, Anselmo** Minho r rw w; s; sch ★★★ Gefeierter Weinmacher und Berater. Mehrere mustergültige ALVARINHO-Weine zum Einlagern, u. a. preiswerter (auf dem Hefesatz gereifter) Contacto, exzellenter sinnlicher Curtimenta mit Eichennote, grandioser Parcela Única von einer Einzellage, erstklassiger Muros de Melgaço und lebhafter neuer Expressões. Ferner guter LOUREIRO und seidiger, moderner roter VINHO VERDE (Pardusco) sowie der überraschende Orange Wine Vin Tempo. Achten Sie auf die neuen BEIRA-INTERIOR-, DÃO- und DOURO-Weine.

**Minho** Fluss, der die Nordwestgrenze zu Spanien bildet, und VINHO-REGIONAL-Gebiet, das sich mit dem VINHO-VERDE-Bereich deckt. Einige führende Vinho-Verde-Erzeuger verwenden lieber die Vinho-Regional-Kategorie.

**Monte da Ravasqueira** Alen r rw w ★★→★★★ Ein Gut mit großartigem Terroir (hoch gelegener Weinberg in Halbkreisform, Ton-Kalkstein auf Granit), Präzisionsweinbau und ein erfahrener Kellermeister: sehr gute Reihe Premium, v. a. ALICANTE BOUSCHET, und gutes Sortiment, darunter der Vinha das Romas von einer Einzellage.

**Monte d'Oiro, Quinta do** Lis r rs w ★★→★★★ Der Familienbetrieb begann mit Hermitage-Reben von Maison Chapoutier (siehe Frankreich) und erzeugt nun aromatischen, cremigen SYRAH, eigentümlichen VIOGNIER (Madrigal) und feinen TINTA RORIZ (Têmpera). Besonders empfehlenswert ist der Ex Aequo (Syrah/TOURIGA NACIONAL) von Bento & Chapoutier.

**Moscatel de Setúbal** Set s ★★★ Gespriteter süßer MOSCATEL mit exotischen Duftnoten, u. a. der rare Roxo; oft mit dem Zusatz »Superior« auf dem Etikett. Beste Erzeuger: BACALHÔA, José Maria da FONSECA (verfügt über die ältesten Bestände, u. a. den berühmten 100 Jahre alten Torna-Viagem), Horácio dos REIS SIMÕES und QUINTA do Piloto. Günstig: Casa Ermelinda Freitas, Adega de PEGÕES, SIVIPA.

**Moscatel do Douro** Douro – Aus dem hoch gelegenen Anbaubereich Favaios kommt überraschend frischer gespriteter Moscatel Galego branco (MUSCAT blanc à petit grains). Empfehlenswerte Erzeuger: ADEGA de FAVAIOS, POÇAS und PORTAL.

**Mouchão, Herdade do** Alen r w; s ★★★ Auf die ALICANTE-BOUSCHET-Traube spezialisierter alteingesessener Familienbetrieb. Sehr guter roter Gutswein, COLHEITAS Antigas (Fassabfüllungen; 02' 03'), Tonel 3–4 (05' 08 11' 13') und gespriteter *licoroso*. Preiswert sind die Verschnitte Ponte das Canas (mit SYRAH) und Dom Rafael.

**Mouraz, Casa de** Dão r w ★★ Boutique-Erzeuger und Pionier in Sachen ökologischer Anbau. Moderne, aber charaktervolle Weine (v. a. Elfa) von in Familienbesitz befindlichen Weinbergen auf 140–400 m Höhe. Der Keller und einige Reblagen wurden durch Waldbrände zerstört. Die Weine der Reihe AIR werden von zugekauften Ökotrauben aus den Bereichen ALENTEJO, DOURO und VINHO VERDE bereitet.

**Murganheira, Caves** sch ★★★ Namhafter ESPUMANTE-Erzeuger; auch Eigentümer von RAPOSEIRA. Cuvées und sortenreine Schaumweine von einheimischen und französischen Rebsorten: Vintage, Grande RESERVA, Czar (rosé).

**Niepoort** Bair, Dão, Douro r rs w ★★★→★★★★ Auf vielen Gebieten tätiges Portweinhaus im Besitz von Dirk Niepoort und Pionier für DOURO-Tischweine. Portwein-Highlights: VINTAGE PORT, CRUSTED Port, einzigartige, in Glasballons gereifte GARRAFEIRA und Bioma von einer Einzellage. Sehr guter TAWNY, v. a. die eleganten flaschengereiften COLHEITAS. Der in Lalique-Flaschen abgefüllte 1863er Port ist der teuerste der Welt: Auf einer Auktion erbrachte er mehr als 100.000 Euro. Schöne Reihe von Douro-Weinen,

v. a. Redoma (rot, rosé, weiß und weiße RESERVA), Coche (ein großartiger Weißwein), der legendäre Turris und der einzigartige Turris von einer Einzellage mit 130 Jahre alten Reben. Das beeindruckende Projectos-Sortiment umfasst Weine von Lesegut aus verschiedenen Regionen, bei denen verschiedene Weinmacher zusammenarbeiten, darunter BUÇACO, Vitor Claro (ALENTEJO), Ladredo (Ribeira Sacra, Spanien) und Navazos (Jerez de la Frontera, Spanien). Dirks Vision richtet sich nun auf BAIRRADA (v. a. Garrafeira, Gonçalves Faria, Poeirinho, VV), DÃO (v. a. Conciso) sowie aufs VINHO-VERDE-Gebiet.

**Noval, Quinta do** Douro, Port r w ★★★→★★★★ Historisches Gut, seit 1993 im Besitz von AXA. Beständig feiner VINTAGE PORT (97' 00' 03' 07' 08' 11' 12' 13' 15' 16') und das (teure) Kronjuwel, der außergewöhnliche Nacional (63' 66' 94' 96' 97' 00' 01' 03' 04' 11' 16') von 2,5 ha wurzelechten Reben. Das Vintage-Port-Zweiteitikett heißt Silval. Daneben grandiose COLHEITAS, 20- und 40-Year-Old, und ungefiltert abgefüllter LBV. Erzeugt seit 2004 auch DOURO-Tischweine, u. a. den günstigen Cedro (Verschnitt aus einheimischen Trauben und SYRAH), sehr guten Noval und sortenreinen TOURIGA NACIONAL.

**Den besten gegrillten Fisch bekommt man in den küstennahen Gegenden des Alentejo, in Bairrada, Lissabon, Setúbal und Vinho Verde.**

**Offley** Port ★→★★ Traditionsreiches Portweinhaus, jetzt im Besitz von SO-GRAPE. In neuerer Zeit guter, fruchtbetonter VINTAGE PORT, ungefiltert abgefüllter LBV und TAWNY. Aperitif- und Cocktailweine: WHITE PORT Cachuca RESERVE und ROSÉ PORT.

**Palmela** Set r w ★→★★★ Auf die Rotweinsorte CASTELÃO konzentrierte DOC. Beste Erzeuger: Herdade Pegos Claros, Horácio dos REIS SIMÕES, QUINTA do Piloto. Im Auge behalten.

**Passarella, Casa da** Dão r rs w ★★→★★★ Das Gut aus dem 19. Jahrhundert führt die DÃO-Renaissance an. Sehr gutes Sortiment, v. a. der Flaggschiffwein Villa Oliveira von Encruzado und TOURIGA NACIONAL (aus einem alten Weinberg mit gemischtem Satz) sowie roter Pedras Altas von einer Einzellage, weißer Vinha do Província, erstklassiger Edição (ein Verschnitt von 5 Encruzado-Jahrgängen) und hervorragender roter 125 Anos. Ferner sehr gute Boutiquereihe Fugitivo, v. a. Enólogo, Enxertia (Jaen), Vinhas Centenárias (roter Verschnitt von 100 Jahre alten Reben) und neuer Curtimenta. Ausgezeichneter, preiswerter GARRAFEIRA (weiß).

**Pato, Filipa** Bair r w; s; sch ★★→★★★ Die Maßstäbe setzende Weinmacherin in der von altem Rebbestand geprägten DOC BAIRRADA beharrt auf »ungeschminkten Weinen«. So etwa beim sehr guten Aushängeschild, den Nossa-Calcario-Gewächsen von 90 Jahre alten Reben: seidiger, duftender BAGA (rot) und komplexer Bical (weiß). Sehr gut ist der in *lagares* aus Eichenholz vergorene Territorio Vivo von alten Reben. Wie ihr Vater Luís PATO lotet Filipa die Grenzen aus, v. a. mit dem fesselnden, in Amphoren gereiften Post Quercus (rot und weiß).

**Pato, Luís** Bair r w; s; sch ★★→★★★★ Berechtigterweise selbstbewusster Winzer in BAIRRADA. Seinen Spitznamen »Mr. BAGA« verdankt er den wahrhaft langlebigen Baga-Weinen aus Einzellagen (Vinhas Barrio, Barrosa und Pan) sowie den beiden Pé-Franco-Weinen von wurzelechten Reben von der Quinta do Ribeirinho (ausgezeichneter Sandboden) und Valadas (Kreide-Ton-Boden). Sofort trinkreif und preiswert: VINHAS VELHAS (rot und weiß), Baga Rebel und der exzentrische (auf Baga-Schalen vergorene) rote FERNÃO PIRES. Sehr gute Weißweine, z. B. Vinhas Velhas (von der Einzellage Vinha Formal), und Schaumwein (MARIA GOMES Método Antigo sowie Informal von früh gelesenen Trauben). Tochter Filipa PATO ist au dem Weg zum Star.

**Pegões, Adega de** Set r rs w; s; sch ★→★★ Die rührige Genossenschaft biete mit der Marke Stella und dem alkoholarmen weißen Nico schöne, saubere Frucht und mit den Rot- und Weißweinen namens COLHEITA Seleccionada ein gutes Preis-Leistungs-Verhältnis.

**Península de Setúbal** Set ★→★★ Küstenregion südlich von Lissabon. Die Trauben für den VINHO REGIONAL wachsen hauptsächlich auf Kreide- oder Sandhügeln an den Flüssen Sado und Tejo. Bewährte Erzeuger: BACALHÔA, Casa Ermelinda Freitas, José Maria FONSECA, ADEGA de PEGÕES, SIVIPA. Im Auge behalten: QUINTA do Piloto und Herdade do Portocarro.

> **Zertifizierter Einkaufszettel**
>
> Weine aus zertifiziert ökologischem oder biologisch-dynamischem Anbau spielen auf dem portugiesischen Markt nach wie vor lediglich eine Nebenrolle. Dabei betreiben viele Erzeuger umweltfreundlichen Weinbau, nur ist ihnen das Zertifizierungsprozedere zu mühsam. Die besten zertifizierten Tischweine: APHROS, Quinta de Baixo (NIEPOORT), ESPORÃO, Julia Kemper, Casa de Mouraz, Quinta da Palmirinha, Filipa PATO, Quinta do Romeu und Vale da Capucha. Die besten zertifizierten Portweine: Bioma (Niepoort), Quinta do Infantado und Terra Prima (FONSECA).

**Pereira d'Oliveira Vinhos** Mad ★★→★★★★ Der Familienbetrieb verfügt über einen enormen Vorrat (1,6 Millionen Liter) an altem FRASQUEIRA, der nur auf Bestellung vom Fass abgefüllt wird; viele der Weine kann man in der sehenswerten Kellerei von 1619 verkosten. Zu den besten gehören überwältigende Jahrgänge aus dem 19. Jahrhundert (MOSCATEL 1875, SERCIAL 1875, Terrantez 1880) und der seltene Bastardo 1927.

**Periquita** Zweiter Name der CASTELÃO-Traube, aber auch der Name der erfolgreichen Marke von José Maria da FONSECA.

**Poças** Douro, Port ★★→★★★ 1918 gegründeter Familienbetrieb mit sehr alten Beständen, die den fantastischen, über 90 Jahre alten 1918 Very Old TAWNY sowie die hervorragenden 20-, 30- und 40-Year-Old Tawnys und COLHEITAS (00 01 03 07) ermöglichen. Zudem wächst das Sortiment an Tischweinen. Der sehr gute Símbolo entsteht in Zusammenarbeit mit Hubert de Boüard (Eigentümer von Château Angélus in Bordeaux). Ferner gute RESERVA (rot und weiß) und preiswerter Vale de Calvados.

**Poeira, Quinta do** Douro r w ★★★ Das eigene Projekt des önologischen Beraters Jorge Moreira. Die Weine von den kühlen, nach Norden ausgerichteten Hängen sind intensiv und sanft zugleich, v. a. der Rote. Außerdem sehr guter Verschnitt Ímpar auf CABERNET-SAUVIGNON-Basis aus einer Einzellage. Ferner straffer, zupackender, eichenwürziger ALVARINHO (eine Seltenheit in DOURO). Hochklassiges Zweitetikett Pó de Poeira (rot und weiß).

**Portalegre** Alen r rs w ★→★★★★ Die Wiederbelebung des nördlichsten ALENTEJO-Unterbereichs schreitet voran; ein Zeichen dafür sind der Kauf hoch gelegener Weinberge (durch SYMINGTON) und historischer Weingüter (TAPADA DO CHAVES). Zu den Vorreitern zählen QUINTA do Centro (jetzt im Besitz von SOGRAPE) und João Afonso (Cabeças do Reguengo), der Lissaboner Starkoch Vitor Claro, der önologische Berater Rui REGUINGA (Terrenus), Weinmacherin Susana ESTEBAN und Herdade do ESPORÃO. Erhöht gelegene Weinberge mit Granit- und Schieferböden, alte Reben und viel

Regen – all das sorgt für frischere, strukturiertere Alentejo-Weine mit mehr Tiefe. Im Auge behalten.

**Quinta** Weingut. Als »Single-Quinta« werden VINTAGE PORTS von einzelnen Weingütern bezeichnet, die in nicht deklarierten Jahren erzeugt werden (und von Winzern mit einem einzigen Gut immer häufiger auch in Spitzenjahren).

**Rainwater** Mad – MADEIRA in leichterem Stil, in den USA sehr beliebt: köstlich als Aperitif, aber auch zu einer Vielzahl von Speisen.

**Ramos, João Portugal** Alen r w ★→★★★ Einer der angesehensten Weinmacher des ALENTEJO, der unter eigenem Namen auch in der DOC VINHO VERDE sowie unter anderen Markennamen (DUORUM, Foz de Arouce, QUINTA da Viçosa, Vila Santa) tätig ist. Sein Erfolg beruht auf preiswerten, ihrer Region verpflichteten Weinen mit kommerziellem Potenzial, u. a. roter Marquês de Borba (auch als RESERVA) plus neuer Marquês de Borba VINHAS VELHAS in Rot und Weiß. Estremus heißt das hochklassige Spitzengewächs.

**Ramos Pinto** Douro, Port ★★★ 1880 gegründeter, wegweisender Portwein- und DOURO-Tischweinerzeuger, im Besitz des Champagnerhauses Roederer. Beständige Qualität, v. a. bei Duas Quintas RESERVA (rot) und RESERVA Especial (hauptsächlich TOURIGA NACIONAL von Bom Retiro). Sehr guter VINTAGE PORT zum Einlagern, einschließlich Single-QUINTA Vintage (Quinta de Ervamoira). Komplexer 10-Year-Old Single-Quinta TAWNY (de Ervamoira) und 20-Year Old (Bom Retiro) – der Klassenbeste. Der gute 30-Year-Old enthält einen Schuss 100-jährigen Tawny. Weinmacherin Ana Rosas hat den in den Ruhestand getretenen João Nicolau de Almeida abgelöst.

**Raposeira** Douro sch ★★ Schaumwein nach der traditionellen Methode. Aushängeschild ist der Velha Reserva (CHARDONNAY/PINOT NOIR), der 4 Jahre auf der Hefe reift. Eigentümer ist MURGANHEIRA.

**Real Companhia Velha** Douro, Port r rs w; s ★→★★★ Der Betrieb wurde 1765 gegründet, ist also wirklich ziemlich *velha* (alt). Die Familie Silva Reis haucht ihrem Sortiment an Port- (inkl. Royal Oporto und Delaforce) und DOURO-Weinen neues Leben ein dank Präzisionsweinbau (540 ha) und -bereitungsmethoden (unter Jorge Moreira von POEIRA). Grandjó ist die beste Spätlese in ganz Portugal, einzigartig der 149 Jahre alte Very Old TAWNY Carvalhas Memories. Sehr guter Flaggschiffwein QUINTA das Carvalhas (rot und weiß), VINTAGE PORT und 20-Year-Old Tawny. Preiswert sind die Marken Aciprestes und Evel, Cuvées liefert die Quinta de Cidrô (mit gutem CABERNET SAUVIGNON/TOURIGA NACIONAL und Rufete). Neue, faszinierende Weißweine von der Quinta do Síbio: u. a. seltener Samarrinho und sehr guter ARINTO (hervorgegangen aus dem experimentellen Projekt Séries).

**Reguinga, Rui** Alen, Tejo ★★★ Önologischer Berater mit eigenen Projekten: im ALENTEJO die sehr gute Reihe Terrenus von alten Reben, darunter der weiße Vinha da Serra von einer Einzellage mit 100 Jahre alten Reben; im Bereich TEJO der von der Rhône inspirierte Tributo (SYRAH/GRENACHE/VIOGNIER). Ist außerdem in Argentinien tätig.

**Reis Simões, Horácio dos** Set r w; s ★★ Kleiner, innovativer Erzeuger mit häufig wechselndem Angebot: u. a. Spätlese und gespriteter MOSCATEL (besonders empfehlenswert sind Roxo Single Cask und Excellent). Außerdem fesselnder, seltener gespriteter Bastardo. Im Auge behalten sollte man die Tischweine: leichter, fruchtiger Bastardo, BOAL (v. a. die Grande RESERVA von 100-jährigen Reben) und CASTELÃO.

**Reserva/Reserve** Port – Höhere Qualität als normal oder vor dem Verkauf länger gereift (oder beides); eine gewisse Skepsis ist allerdings angebracht. Bei Portwein: ohne Altersangabe abgefüllt (für RUBY und TAWNY verwendet). Bei Tischweinen sind die Vorschriften für die Reifung je nach Region unterschiedlich.

**Romeira, Quinta da** r rs w; sch ★→★★ Das historische Gut in BUCELAS hält seine Stellung unter dem neuen Eigentümer Wine Ventures. Die Rebflächen wurden vergrößert (75 ha, vorwiegend ARINTO) und umfassen jetzt auch Süd- und Nordhänge für etwas unterschiedliche Stile. Sehr guter Arinto (Prova Régia RESERVA, eichenwürziger Morgado Sta Catherina Reserva). Preiswerter Prova Regia Arinto sowie Principium – Verschnitt von französischen und portugiesischen Rebsorten (VINHO REGIONAL LISBOA).

**Rosado** Rosé. Wachsende Kategorie. Zu den besten Erzeugern zählen Colinas de São Lourenço (Tête de Cuvée), Cortes de Cima, Covela, QUINTA Nova, Monte da Ravasqueira, SOALHEIRO (Schaumwein) und Vértice (Schaumwein).

**Rosa, Quinta de la** Douro, Port r rs w ★★★ Gut in schöner Lage am Fluss in Pinhão. Die Qualität des Angebots an Port- und DOURO-Weinen steigt unter Weinmacher Jorge Moreira (POEIRA). Sehr guter VINTAGE PORT, LBV und neuerdings 30-Year-Old TAWNY. Volle, dennoch elegante Tischweine, v. a. RESERVA (rot und weiß). Bemerkenswerter, neuer weißer TIM zum Einlagern. Die Marke Passagem umfasst preiswerte, generöse Weine. DouROSA ist die Einsteigerreihe.

> ### Wie in der guten alten Zeit
>
> Der gemischte Satz war die tradtionelle portugiesische Pflanzweise, bis das 20. Jahrhundert Einzug hielt: Man setzte diverse Rebsorten auf ein und dieselbe Parzelle. Die wenigen verbliebenen Bestände werden heute wie ein Schatz gehütet und gehätschelt – und die Besitzer beneidet. Einige Beispiele für gemischt bestockte Lagen: Abandonado (im Besitz von ALVES DE SOUSA, DOURO): mehr als 20 Rotweinsorten, 80 Jahre alte Reben; Pintas (WINE & SOUL, Douro): mehr als 30 rote Sorten, 80 Jahre alte Reben; Procura (Susana ESTEBAN, ALENTEJO): 80 Jahre alte Weißweinreben; Turris (NIEPOORT, Douro): ein 130 Jahre alter gemischter Satz von weißen Reben, einer der ältesten Weinberge Portugals; Vinha da Ponte (Quinta do CRASTO, Douro): 49 Rotweinsorten, 90 Jahre alte Reben.

**Rosé Port** Port – Initiiert durch den Pink von CROFT (2005) und nun auch von anderen Port-Häusern (z. B. POÇAS) erzeugt. Uneinheitliche Qualität. Servieren Sie ihn gekühlt, auf Eis oder (wenn's sein muss) als Cocktail.

**Rozès** Port ★★★ Die Port-Firma gehört zu Vranken-Pommery. Das Lesegut für die VINTAGE PORTS (einschließlich LBV) stammt von den drei QUINTAS Grifo, Anibal und Canameira, alle im Bereich DOURO Superior. Der Vintage Port Terras do Grifo ist ein Verschnitt aus den Trauben aller drei Quintas, der sehr gute LBV kommt von Grifo.

**Ruby** Port – Die einfachste, jüngste und billigste Portweinart; kann trotzdem köstlich sein. RESERVE ist die nächsthöhere Stufe.

**Sandeman Port** Port ★★→★★★ Die historische Firma ist heute im Besitz von SOGRAPE. Sehr guter, preiswerter 20-, 30- und 40-Year-Old TAWNY (jetzt in neuer, ansprechender Flasche) und ungefiltert abgefüllter LBV. Der großartige VINTAGE PORT (07' 11' 16') stellt den früheren Qualitätsstandard des Hauses wieder her. Wunderbarer Very Old Tawny Cask 33.

**São João, Caves** Bair r w; sch ★★→★★★ Der Tradition verpflichteter Familienbetrieb, der sich mit guten Rot- und Weißweinen im alten Stil einen Namen gemacht hat. Besonders empfehlenswert sind Frei João und Poço de Lobo (beide BAIRRADA) sowie Porta dos Cavalheiros (DÃO). Aus den umfassenden Beständen (ab 1963) kommen regelmäßig ältere Jahrgänge auf den Markt; gutes Preis-Leistungs-Verhältnis. Guter Weißwein (ARINTO/CHARDONNAY) und schäumende Cuvées.

**Sercial** Mad – Weinweintraube, die den trockensten MADEIRA hervorbringt – ein überaus feiner Aperitif, gut zu Räucherlachs oder Sushi. Siehe auch Kapitel »Rebsorten«.

**Wie legt man in Douro einen Weinberg an? Mit Dynamit. Bitte zurücktreten!**

**Smith Woodhouse** Port ★★★ Die 1784 gegründete kleine Port-Firma ist im Besitz von SYMINGTON FAMILY ESTATES. Guter ungefilterter LBV und einige sehr gute, trockenere VINTAGE PORTS (83 85 91 94 97 00' 03 07 11'). Single-QUINTA da Madalena.

**Soalheiro, Quinta de** Minho r rs w; sch ★★→★★★ Führender ALVARINHO-Spezialist, zu dessen Sortiment eine Reihe mit langlebigen Ökoweinen zählt. Sehr gut sind der subtil fassvergorene Primeiras Vinhas von alten Reben, die in Eiche ausgebaute RESERVA, der in Kastanienholz ausgebaute Terramatter mit partiellem biologischem Säureabbau, der ungefilterte Pur Nature und die mineralische Granit. Der erste Rotwein, Oppaco, ist ein ungewöhnlicher Verschnitt von Vinhão und Alvarinho. Außerdem sehr gute ROSADO-Cuvée (PINOT NOIR/Alvarinho) und großartiger Schaumwein (rosé und weiß).

**Sogrape** Alen, Douro, Minho ★→★★★★ Das erfolgreichste Unternehmen Portugals ist weltweit engagiert (Portugal, Argentinien, Neuseeland, Spanien). Die Kronjuwelen, wenngleich aus unterschiedlichen Gründen, sind MATEUS ROSÉ und BARCA VELHA. Das portugiesische Angebot umfasst Weine aus den Bereichen ALENTEJO (Herdade do Peso), DÃO (Boutique-Erzeuger CARVALHAIS), DOURO (beliebt: Casa FERREIRINHA, renommiert: Legado) und VINHO VERDE (u. a. preiswerter Azevedo) sowie Portwein (FERREIRA, SANDEMAN, OFFLEY).

**Sousa, José de** Alen r (w) ★→★★★★ Prestigeträchtiges Gut aus dem 19. Jahrhundert. Mit der Verwendung von 114 Tonamphoren (die größte Sammlung von *talhas* in ganz Portugal) wird die uralte Tradition der Römer wachgehalten. Hervorragend ist der J de José de Sousa, ein Schnäppchen der Mayor und der José de Sousa. Die Reihe Talha wird zu 100 % in *talhas* vergoren.

**Symington Family Estates** Douro, Port r w ★★→★★★★ Der größte Grundbesitzer am DOURO mit einer Reihe von erstklassigen Portweinhäusern (u. a. COCKBURN, DOW, GRAHAM, VESÚVIO, WARRE). Erstklassige Douro-Reihe (CHRYSEIA, Vesúvio und gut bereiteter Öko-Altano). Symington engagiert sich jetzt auch im nördlichen ALENTEJO.

**Tawny** Port – In Holzfässern gelagerter Portwein (daher die bräunliche – *tawny* – Farbe), der trinkreif ist, wenn er auf den Markt kommt. Weine mit Altersangabe (10-, 20-, 30-, 40-Year-Old) und RESERVES besitzen deutlich mehr Komplexität und sind teurer. Jahrgangs-COLHEITAS und die üppigen Very Old Tawny Ports (mind. 40 Jahre alt, aber meistens viel älter) können ins Geld gehen, bereiten aber ein ganz anderes Vergnügen als VINTAGE PORT. Die besten Versionen: 1918 (POÇAS), 5G (WINE & SOUL), Honore (Quinta do CRASTO), Ne Oublie (GRAHAM), Scion (TAYLOR), Tributa (VALLADO) und VV (NIEPOORT).

**Taylor, Fladgate & Yeatman (Taylor's)** Port ★★→★★★★★ Historisches Portweinhaus und Kronjuwel von FLADGATE mit imposanten VINTAGE PORTS (92' 94 97 00' 03' 07' 09' 11' 16'). Zu diesen zählen auch Single-QUINTA-

Weine (Terra Feita und Quintas Vargellas), darunter der seltene Vargellas Vinha Velha von über 70 Jahre alten Reben. Marktführer bei TAWNY, u. a. sehr gute Versionen mit Altersangabe, 50-Year-Old COLHEITAS und üppiger Very Old Tawny Scion 1863.

**Tejo** r w ★→★★ Der Anbaubereich nördlich von Lissabon am gleichnamigen Fluss ersetzt ganz allmählich Quantität durch Qualität. Solide Erzeuger sind FALUA sowie die QUINTAS da Alorna, da Lagoalva und da Lapa. Ambitionierter ist Casal Branco; Rui REGUINGAS Tributo zeigt das Potenzial des Spitzenterroirs. Alte Reben der Traditionssorten CASTELÃO und FERNÃO PIRES erbringen gute Ergebnisse.

**Tinto** Rot.

**Trás-os-Montes** DOC im bergigen Landesinnern unmittelbar nördlich des Bereichs DOURO. Renommiertester Erzeuger ist Valle Pradinhos; im Auge behalten sollte man Encostas de Sonim, Sobreiró de Cima und Valle de Passos.

**Vale Dona Maria, Quinta do** Douro, Port r rs w ★★★→★★★★ Der renommierte DOURO-Tischwein-Pionier ist jetzt im Besitz von AVELEDA. Sehr gute, opulente und dennoch elegante Rotweine, z. B. die beiden hervorragenden Einzellagengewächse Vinha do Rio und Vinha da Francisca. Rauchig und mit Eichennote, aber trotzdem flott sind die Weißen aus zugekauften Trauben unter Etiketten wie Vinha do Martim, CV (das Aushängeschild), Van Zellers (mittlere Kategorie), VVV (neu) und Rufo (Einsteigerniveau). Außerdem sehr guter Port (16').

**Vale Meão, Quinta do** Douro r w ★★★ Das führende Gut im Bereich DOURO Superior war einst Traubenlieferant für den BARCA VELHA. Feiner langlebiger, eleganter Spitzenrotwein und preiswertes Zweitetikett Meandro (auch weiß). Außerdem guter Single-QUINTA VINTAGE PORT. Die Reihe Monte Meão umfasst sortenreine Weine.

**Vallado, Quinta da** Douro r rs w ★★→★★★ Familienweingut in Baixo Corgo mit moderner Kellerei. Die QUINTA do Orgal (mit Boutiquehotel »Casa do Rio«) im Bereich DOURO Superior erzeugt einen neuen, frischen Roten aus Ökoanbau. Beachtenswerte Reihe von Douro-Weinen (rot und weiß), u. a. RESERVA vom gemischten Satz. Guter 10-, 20-, 30- und 40-Year-Old TAWNY. Der Name Adelaide steht für den Spitzenrotwein vom Douro, VINTAGE PORT und den aufregenden Very Old Tawny Tributa (aus Zeiten vor der Reblaus).

**Vasques de Carvalho** Douro, Port ★★★ Neuer Erzeugerbetrieb, gegründet 2012 von António Vasques de Carvalho (der die Keller, Bestände und Weinberge der Familie geerbt hat) und seinem Geschäftspartner Luis Vale (der das Kapital heranschaffte). Sehr guter, stilvoller 10-, 20-, 30- und 40-Year-Old TAWNY.

**Verdelho** Mad – MADEIRA-Traube für die gleichnamigen halbtrockenen Weine; pikant, aber ohne das Rückgrat der SERCIAL-Traube. Guter Aperitif oder Begleiter zu Paté. Zunehmend auch für Tischweine beliebt.

**Vértice** Douro sch ★★★ Namhafter Schaumweinerzeuger am DOURO mit sehr preiswertem Gouveio und vorzüglichem, 8 Monate gereiftem PINOT NOIR aus einer Höhenlage.

**Vesúvio, Quinta do** Douro, Port ★★★★ Prachtvolle QUINTA, deren Portwein dem besten VINTAGE PORT (07' 08' 11' 13' 15' 16') ebenbürtig ist. Hier werden die Trauben noch mit menschlichen Füßen (statt von Robotern) gestampft. Ferner sehr guter, langlebiger roter Vesúvio von alten Reben und preiswertes Zweitetikett Pombal do Vesúvio (rot).

**Vila Nova de Gaia** Douro, Port – Historischer Sitz der Lagerhäuser *(lodges)* der großen Portweinfirmen, gegenüber von Porto auf der anderen Seite des

Douro. Die Hotels, Restaurants, Bootstouren und Besichtigungen klassischer Lodges (CALÉM, COCKBURN, GRAHAM, SANDEMAN) ziehen jede Menge Touristen an.

**Vinhas Velhas** Alte Reben. Was genau »alt« bedeutet, ist allerdings nicht definiert.

**Vinho Regional (VR) / Indicação Geográfica Protegida (IGP)** Entspricht der französischen Kategorie Vin de pays und bietet mehr Freiraum zum Experimentieren als eine DOC/DOP.

**Vinho Verde** Minho r rs w; sch ★→★★★ Das größte portugiesische Anbaugebiet liegt im kühlen, regnerischen, grünen Nordwesten. Nach jahrzehntelanger Mittelmäßigkeit sind nun Zeichen eines Aufbruchs zu erkennen, sprich frische und bessere Verschnitte. Am besten sind die erstklassigen ALVARINHO-Weine aus dem Unterbereich Monção e Melgaço (z. B. ADEGA de Monção, Anselmo MENDES, do Regueiro, Reguengo de Melgaço, QUINTA de Santiago, Luís Seabra, SOALHEIRO, Valados de Melgaço), die LOUREIRO-Gewächse aus Lima (z. B. Quinta do AMEAL, APHROS) und Avesso-Weine aus Baião (Quinta de COVELA). Die rote Vinhão-Traube soll von den führenden Erzeugern (z. B. APHROS, Anselmo Mendes, Soalheiro) nun einer Runderneuerung unterzogen werden. Vinho Verde von Großproduzenten ist spritzig und muss rasch getrunken werden. Im Auge behalten sollte man Quinta de San Joanne und Vale dos Ares.

Vintage Port sollte man entweder sehr jung oder erst in gesetzterem Alter trinken. Pubertierenden Port schließt man am besten weg.

**Vintage Port** Port – Die besten Weine, die nur in besonders guten, »klassischen« Jahren von den einzelnen Portweinhäusern »deklariert« werden. Nach 2-jähriger Fasslagerung füllt man sie ungefiltert ab und lässt sie dann sehr langsam in der Flasche reifen. Dabei bilden sie Ablagerungen und sollten daher immer dekantiert werden. Moderne Vintage Ports sind früher zugänglich (und jung im Genuss), die besten halten sich jedoch über 50 Jahre. Auch Single-QUINTA Vintage Ports sind früher trinkreif; die besten können aber 30 Jahre und mehr überdauern.

**Warre** Port ★★★→★★★★ Die älteste britische Portweinfirma überhaupt (1670 gegründet), heute im Besitz von SYMINGTON FAMILY ESTATES, erzeugt volle, langlebige VINTAGE PORTS (83 85 91 94 97 00' 03 07' 09' 11' 16') und ungefilterten LBV. Im eleganten Single-QUINTA und im 10- und 20-Year-Old TAWNY Otima spiegeln sich die erhöhte Lage und das kühle Klima der Quinta da Cavadinha wider.

**White Port** Port – Von weißen Trauben hergestellter Port. Die Stile reichen von trocken (*dry*) bis süß (*lágrima*), meist wird weißer Portwein aber halbtrocken und als Verschnitt mehrerer Jahrgänge bereitet und pur oder auf Eis mit Tonic Water und frischer Minze als Aperitif getrunken. Wachsende Qualitätsnischen sind White Port mit Altersangabe (10-, 20-, 30- oder 40-Year-Old), z. B. von ANDRESEN, KOPKE oder QUINTA de Santa Eufemia, sowie die seltenen weißen COLHEITAS, etwa der Dalva von C. da Silva.

**Wine & Soul** Douro, Port r w ★★★→★★★★ Boutiqueprojekt in DOURO von Sandra Tavares und Jorge Serôdio Borges. Zu ihren das Terroir deutlich zum Ausdruck bringenden Weinen zählen der sehr gute, eichengereifte weiße Guru, der vorzügliche QUINTA da Manoella VINHAS VELHAS und der komplexe, dichte Pintas (von 80-jährigen Reben). Sehr gut sind auch der Pintas Character und das Zweitetikett Manoella (rot und weiß). Außerdem sehr guter VINTAGE PORT Pintas und umwerfender Very Old TAWNY 5G (ein über fünf Generationen aufbewahrtes 120-jähriges Fass).

# Schweiz

Die folgenden Abkürzungen
werden im Text verwendet:

| | |
|---|---|
| AG | Aargau |
| BE | Bern |
| FR | Freiburg (Fribourg) |
| GE | Genf (Genève) |
| GR | Graubünden |
| LU | Luzern |
| NE | Neuenburg (Neuchâtel) |
| SG | St. Gallen |
| SH | Schaffhausen |
| TG | Thurgau |
| TI | Tessin (Ticino) |
| VD | Waadt (Vaud) |
| VS | Wallis (Valais) |
| ZH | Zürich |

Die dunklen Flächen bezeichnen
die Weinbaugebiete

Die Schweizer sind bekannt als begeisterte Käufer feiner und seltener Weine. Viele private Keller in Genf, Bern oder Zürich sind bestens gefüllt mit großartigem Burgunder oder Bordeaux. Und die Schweizer Weine? Die besten sind zu wertvoll für den Export. Chasselas kann trivial sein. Aber die Liebhaber schätzen die traditionellste Rebe der Schweiz als feines Vehikel, um das Terroir zum Ausdruck zu bringen. Kaufen Sie nur bei Spitzenproduzenten – eine Empfehlung, die natürlich für fast jeden Wein dieser Welt gilt, aber für den Chasselas ganz besonders, wenn Sie eine Idee von seiner Feinheit und Raffinesse bekommen wollen. Und dann die Raritäten wie Petite Arvine und Completer, dazu Cornalin und Humagne Rouge. Aber dafür muss man höchstpersönlich in die Schweiz reisen und sie sich hart erkämpfen.

## Neuere Jahrgänge

**2018** Kraftvolle, runde Weine quer durchs Land.

**2017** Frost; einige Kantone konnten nur 20 % der üblichen Menge ernten. Sehr gute Qualität.

**2016** Frost im April, verregneter Sommer, später sonnig: überwiegend mittelschwere Weine.

## SCHWEIZ | Aar–Bün

**2015** Großer Jahrgang, vielleicht der beste in 50 Jahren: reife Frucht, perfekt ausgewogene Säure.
**2014** Ein Jahrgang mittelschwerer, klassisch strukturierter Weine.
**2013** Sehr geringer Ertrag. In der Ostschweiz hervorragend, Weine von großartiger Frische und Reintönigkeit.

**Ältere gute Jahrgänge:** 2009, 2005 (alle), 2000 (v. a. Pinot noir, Walliser Rotweine), 1999 (Dézaley), 1997 (Dézaley), 1990 (alle).

**Aargau** (AG) – Weinbaukanton südöstlich von Basel, vorwiegend Blauburgunder (PINOT NOIR) und MÜLLER-THURGAU. Gute Erzeuger: u. a. Weinbaugenossenschaft Döttingen, Haefliger (biodynamisch), Hartmann, LITWAN, Meier (zum Sternen). Ihren Namen gab der Gemeinde Habsburg mit der gleichnamigen mittelalterlichen Burg, dem Stammsitz der Adelsfamilie.

**Aigle** VD ★★→★★★ Weinbaugemeinde für CHASSELAS, bestens bekannt für den Les Murailles von BADOUX. Empfehlenswert: Terroir du Crosex Grillé.

**AOC** Das Äquivalent zur französischen Appellation Contrôlée, das jedoch nicht wie in Frankreich auf nationaler Ebene festgelegt wird, sondern jeder Kanton hat seine eigenen Regeln. Insgesamt gibt es 85 AOCs.

**Bachtobel, Schlossgut** TG ★★★ Seit 1784 in Besitz von Nachfahren der Familie Kesselring, bekannt für raffinierten PINOT NOIR von Hängen bei Weinfelden.

**Bad Osterfingen** SH ★★★ Restaurant und Weingut in einer historischen Badeanstalt von 1472. Als Winzer ist Michael Meyer PINOT-Spezialist, als Küchenchef nennt man ihn den »Spätzleköng.« In Koproduktion entsteht der ZWAA.

**Badoux, Henri** VD ★★ Großer Erzeuger, dessen CHASSELAS AIGLE les Murailles (mit der klassischen Eidechse auf dem Etikett) zu den beliebtesten Schweizer Weinmarken zählt. Guter Chasselas Barrique d'Yvorne (mit Fassausbau) aus der sehr ambitionierten Kollektion Lettres de Noblesse.

**Baumann, Ruedi** SH ★★★ Führender Erzeuger in Oberhallau mit beerenduftigem, lagerfähigem PINOT NOIR, insbesondere -R und Ann Mee. ZWAA entsteht in Zusammenarbeit mit dem Gut BAD OSTERFINGEN.

**Bern** (BE) – Bundesstadt der Schweiz und Kanton. Die Weinorte Ligerz, Schafis und Twann am Bielersee sowie Spiez am Thunersee produzieren überwiegend CHASSELAS und PINOT NOIR. Spitzenerzeuger: Andrey, Johanniterkeller, Schlössli und Steiner.

**Besse, Gérald et Patricia** VS ★★★ Führendes Familiengut im WALLIS; Gérald und Patricia Besse erhalten jetzt Unterstützung von Tochter Sarah. Überwiegend Lagen in Steilterrassen auf bis zu 600 m Höhe. Der großartige Ermitage Les Serpentines von alten Reben (10' 13' 15 16) trägt seine Herkunft im Namen: MARSANNE von Granitböden, auf denen die Reben 1945 gepflanzt wurden.

**Blattner, Valentin** Rebenzüchter im Kanton Jura, bekannt für Kreuzungen wie Cabertin oder Pinotin, in denen sich Pilzresistenz und hohe Qualität vereinen.

**Bonvin** VS ★★→★★★ Ein alter Name im WALLIS, neuerdings stark verbessert, besonders dank lokaler Sorten, etwa in der Reihe Nobles Cépages (z. B. HEIDA, PETITE ARVINE, SYRAH).

**Bovard, Louis** VD ★★→★★★★ Familienweingut in zehnter Generation. Der DÉZALEY La Médinette ist ein Wein wie aus dem Bilderbuch 99' 05' 12' 15 16 17. Auf der Domaine sind auch ältere Jahrgänge erhältlich. Ähnlich herausragend ist der CALAMIN Ilex.

**Bündner Herrschaft** GR ★★→★★★★ 05' 09' 11 13' 15' 16 17 18 – Das Burgund der Schweiz: PINOT NOIR, hier BLAUBURGUNDER genannt, mit Struktur, Frucht und gutem Lagerpotenzial. Individualistische Winzer und nur vier Gemeinden: FLÄSCH, Jenins, Maienfeld und MALANS. Das Klima verdankt seine Balance milden Winden aus dem Süden und kühleren Strömungen aus den nahen Bergen.

**Calamin** VD ★★★ GRAND CRU im LAVAUX, bringt einen herberen CHASSELAS-Stil als sein Nachbar DÉZALEY hervor. Nur 16 ha, Erzeuger sind u. a. BOVARD, Dizerens und DUBOUX.

**Castello di Morcote** TI ★★★ Eine der Weinlagen im TESSIN mit der schönsten Aussicht, gepflegt von der Kunsthistorikerin Gaby Gianini. Dabei kommen gut ausbalancierte, warme und geschmeidige MERLOTS heraus; dazu kleine Mengen an CABERNET FRANC.

**Chablais** VD ★★→★★★ Weinbaugebiet am oberen Ende des Genfer Sees; Spitzengemeinden: AIGLE, YVORNE. Der Name leitet sich vom lateinischen *caput lacis*, Kopf des Sees, ab.

**Changins** Zweitrangiger Weinort in LA CÔTE, aber die Heimat der Schweizerischen Hochschule für Lehre und Forschung in Sachen Weinbau und Önologie.

**Chanton, Josef-Marie und Mario** VS ★★★ Großartige Walliser Spezialitäten von Weinbergen, die bis zu 800 m Höhe: Eyholzer Roter, Gwäss, HEIDA, Himbertscha, Lafnetscha und Resi.

**Chappaz, Marie-Thérèse** VS ★★★→★★★★ Das kleine, biodynamisch bewirtschaftete Gut in Fully ist berühmt für großartige Süßweine aus der lokalen Traube Petite ARVINE 04′ 06′ (430 g/l Restzucker!) und Ermitage (MARSANNE). Schwer aufzutreiben.

**Colombe, Domaine la** VD ★★→★★★ Biodynamisch arbeitender Familienbetrieb mit 15 ha in FÉCHY, La CÔTE. Am bekanntesten für eine Reihe lagerfähiger CHASSELAS-Weine, z. B. La Brez.

**Côte, La** VD ★→★★★ 2.000 ha westlich von Lausanne am Genfer See, hauptsächlich CHASSELAS in sehr leichtem und kommerziellem Stil. Die bekanntesten Gemeinden: FÉCHY, Mont-sur-Rolle und Morges.

**Cruchon, Henri** VD ★★→★★★ Biodynamisch arbeitender Winzer in LA CÔTE mit vielen Spezialitäten wie VIOGNIER, Altesse, Servagnin und BLATTNER-Kreuzungen. Spitzengewächs ist der PINOT NOIR Raissennaz.

**Dézaley** VD ★★★ Berühmter GRAND CRU des LAVAUX, der steil zum Genfer See hin abfällt, 50 ha, im 12. Jh. von Zisterziensermönchen angelegt. Mächtige CHASSELAS-Weine, die sich mit der Reifung ab 7 Jahren schön entwickeln. Am besten sind DUBOUX, Fonjallaz, Louis Bovard, Monachon, Ville de Lausanne. Außerdem kleine Rotweinproduktion, meist Cuvées.

**Dôle** VS ★★ Die Antwort des WALLIS auf den Burgunder Passe-tout-grains: PINOT NOIR mit GAMAY. Der leicht roséfarbene Dôle Blanche wird aus direkt nach der Lese gepresstem Traubengut hergestellt.

**Donatsch, Thomas** GR ★★★ Seit 1974 Barrique-Pionier in MALANS, neuerdings unterstützt von seinem Sohn Martin. Voller, geschmeidiger PINOT NOIR, knackiger CHARDONNAY. Das gastfreundliche Familienrestaurant Zum Ochsen gehört dazu.

**Duboux, Blaise** VD ★★★ 5-ha-Familienbetrieb im LAVAUX. Herausragender DÉZALEY *vieilles vignes* Haut de Pierre (sehr üppiger, mineralischer Stil), CALAMIN Cuvée Vincent.

**Epesses** VD ★→★★★ Bekannte AOC im LAVAUX mit 130 ha rund um den GRAND CRU CALAMIN: robuste, körperreiche Weißweine. Erzeuger: u. a. BOVARD, DUBOUX, Fonjallaz und Luc Massy.

**Féchy** VD ★→★★★ Berühmte, aber unzuverlässige AOC in La CÔTE, überwiegend CHASSELAS.

**Federweisser** Ostschweizer Bezeichnung für hellen Rosé- oder sogar Blanc de Noirs von BLAUBURGUNDER – analog zum Weißherbst in Deutschland, wo die Bezeichnung Federweißer für gärenden Traubenmost verwendet wird (der in der Schweiz Sauser heißt).

▶ **Fendant** VS ★→★★★ WALLISER Appellation für körperreichen CHASSELAS; die ideale Begleitung zu Käsefondue oder Raclette. Empfehlenswert: BESSE, Domaine Cornulus, GERMANIER, PROVINS und SIMON MAYE. Der Name ist abgeleitet von franz. *se fendre* (springen, platzen), da die reifen Beeren des lokalen Chasselas-Klons aufplatzen, wenn man sie zwischen den Fingerspitzen zerdrückt.

---

### Die Goethe-Bank

In der steilen, nach Süden ausgerichteten Weinlage Sternenhalde in Stäfa lädt eine »Goethe-Bank« den Wanderer ein, sich auszuruhen und den Blick auf die Reben und den Zürichsee zu genießen. Der bekennende Weinliebhaber Goethe verbrachte 1797 auf seiner dritten Schweizreise einen ganzen Monat in Stäfa, um seinen Freund, den Maler Johann Heinrich Meyer, zu besuchen. Hier schrieb er einen Brief an Schiller, in dem er ihm von der Wilhelm-Tell-Sage als möglichem literarischen Stoff berichtete. Bekanntermaßen hat Schiller dann das Stück geschrieben. Die Kombination aus Stäfner Clevner (BLAUBURGUNDER) und Goethe ergibt ein schönes Schweizer Nationalepos.

---

**Fläsch** GR ★★★→★★★★ Weinort in der BÜNDNER HERRSCHAFT, bekannt für seine Schiefer- und Kalkböden, die sehr mineralischen und straffen PINOT NOIR hervorbringen. Viele empfehlenswerte Güter, vor allem Mitglieder der Familien Adank, Hermann und Marugg. Gantenbein sticht besonders hervor.

**flétri/mi-flétri** Spät gelesenes Traubengut, aus dem süßer bzw. leicht süßer Wein gekeltert wird, v. a. bei Walliser Spezialitäten üblich.

**Fribourg** (Freiburg FR) – 115 ha am Ufer des Murtensees (Mont Vully): kraftvoller CHASSELAS, eleganter TRAMINER, runder PINOT NOIR. Empfehlenswert: Château de Praz, Chervet, Cru de l'Hôpital, Derron.

**Fromm, Georg Weingut** GR ★★★ 05' 09' 13' 15' 16 17 18 – Spitzenerzeuger in MALANS, bekannt für subtilen PINOT NOIR aus den Einzellagen Fidler, Selfi/Selvenen, Spielmann und Schöpfi. Der Plan, einen neuen Weinkeller mit dem Architekten Peter Zumthor zu bauen, liegt aus verschiedenen Gründen auf Eis.

**Gantenbein, Daniel und Martha** GR ★★★★ 09' 10' 13' 15' 16 17 18 – Winzerstars mit Sitz in FLÄSCH. Erzeugen erstklassigen PINOT NOIR von Klonen, die von der Dom. de la Romanée-Conti (siehe Frankreich) bezogen wurden, und Riesling von Klonen, die vom Weingut Dr. Loosen (siehe Deutschland) stammen. Herausragender CHARDONNAY in äußerst limitierten Mengen.

**Genève** (Genf GE) – Die Stadt ist umgeben von rund 1.400 ha Rebflächen, oft weit vom gleichnamigen See entfernt. Die meisten Weinberge gehören dort zum benachbarten Kanton WAADT. Angebaut werden viele verschiedene Rebsorten. Erzeuger: Balisiers, Grand'Cour, Les Hutins und Novelle.

**Germanier, Jean-René** VS ★★→★★★ Bedeutendes Gut im WALLIS, verlässlicher FENDANT Les Terrasses, eleganter SYRAH Cayas und AMIGNE von Schieferböden in Vétroz (Mitis trocken und süß).

**Glacier, Vin du (Gletscherwein)** VS ★★★ Fast schon legendärer, aus der seltenen Sorte Rèze gekelterter und oxidativ in (Lärchen-)Holz ausgebauter Walliser Weißwein aus dem Val d'Anniviers. Zu finden im Rathaus von Grimentz. Fast eine Art alpiner Sherry.

**Grain Noble ConfidenCiel** VS – Qualitätsbezeichnung für ursprünglich Süßweine. Empfehlenswert: CHAPPAZ, DOMAINE DU MONT D'OR, Dorsaz (beide Güter), GERMANIER, Philippe Darioli und PROVINS.

**Grand Cru** VS, VD Uneinheitlich verwendete Bezeichnung, gebräuchlich im WALLIS ( Die Gemeinde SALGESCH hat eine Regelung für PINOT NOIR) und in der WAADT (dort darf »Premier Grand Cru« für eine Vielzahl von Gutsabfüllungen verwendet werden). Die Schweiz besitzt nur zwei Grands Crus im Sinne einer Weinbergklassifikation: CALAMIN und DÉZALEY.

**Graubünden** (Grisons GR) – Hauptsächlich deutschsprachiger Bergkanton. BLAUBURGUNDER ist der König. Siehe BÜNDNER HERRSCHAFT. Die besten Erzeuger in anderen Gebieten: Manfred Meier, VON TSCHARNER.

**Huber, Daniel** ★★→★★★ Pionier, der vermutlich historische Lagen wieder urbar gemacht hat. Er hat sie 1981 als Brachland erworben und bearbeitet sie seit 2003 teilweise biodynamisch. Wird jetzt von seinem Sohn Jonas unterstützt. Premiummarke ist der Montagna Magica (MERLOT/CABERNET FRANC), gleichzeitig dicht und elegant.

**Johannisberg** VS – Synonym für SILVANER im WALLIS, oft halbtrocken oder süß ausgebaut. Schmeckt großartig zu Fondue. Exzellent von der Domaine du Mont d'Or.

**Joris, Didier** VS ★★★→★★★★ Nur 3 ha groß, aber ein Dutzend verschiedener Rebsorten bringen dort Weine von großer Tiefe und Komplexität hervor. Dazu zählt der außergewöhnliche und seltene MARSANNE. Außerdem wird hier die lokale weiße Rebsorte Diolle vor dem Aussterben bewahrt.

**La Rodeline, Domaine** VS ★★★ Familienweingut im WALLIS, bekannt für den Anbau regionaler Rebsorten auf erstklassigen terrassierten Einzellagen in Fully und Leytron wie den MARSANNE Les Claives.

**Lavaux** VD ★★→★★★★ Die 30 km steilen, nach Süden ausgerichteten Weinbergterrassen östlich von Lausanne sind UNESCO-Welterbe. Einzigartig voller, mineralischer CHASSELAS. Zwei GRANDS CRUS (DÉZALEY, CALAMIN) und diverse Gemeinde-AOCS.

**Litwan, Tom** AG ★★★ Leidenschaftlicher Bioerzeuger in Schinznach, der 3 ha bewirtschaftet. Delikater, feinkörniger PINOT NOIR Auf der Mauer und Chalofe (»Kalkbrennofen«).

**Malans** GR ★★→★★★★ Gemeinde in der BÜNDNER HERRSCHAFT. Spitzenerzeuger des hiesigen PINOT NOIR sind u. a. Donatsch, FROMM, Liesch, Studach und Wegelin. Aus der spät reifenden Lokalsorte Completer wird ein langlebiger phenolischer Weißwein bereitet, der den Mönchen früher als Trunk zum Abendgebet diente, dem Completorium. Adolf Boner (01' 05') ist hier der Gralshüter.

**Maye, Simon et Fils** VS ★★★ Perfektionistischer Betrieb in St-Pierre-de-Clages. Der dicht gewebte SYRAH *vieilles vignes* ist vielleicht der Beste der gesamten Schweiz, dazu würziger, kraftvoller Païen (HEIDA) – und die FENDANTS sind ebenfalls sehr gut.

**Mémoire des Vins Suisses** Verband von 56 führenden Erzeugern mit dem Ziel, einen Bestand an Schweizer Weinikonen aufzubauen, um deren Alterungspotenzial nachzuweisen. Die ältesten Weine sind von 1999.

**Mercier, Anne Catherine et Denis** VS ★★★→★★★★★ Familienweingut in SIERRE. Anne-Catherine und Denis Mercier werden jetzt von ihrer Tochter Madeleine unterstützt. Das akribisch betriebene Weinbergsmanagement erzeugt dichte, aromatische Rote wie z. B. den archetypischen und seltenen CORNALIN 05' 07 09' 10' 15 16, dazu SYRAH.

**Mont d'Or, Domaine du** VS ★★→★★★★ Legendäres Gut im WALLIS. Liebliche und edelsüße Weine wie der JOHANNISBERG Saint-Martin.

**Neuchâtel** (Neuenburg NE) ★→★★★ 600 ha im Umland der Stadt und des Sees mit kalkhaltigen Böden. Leicht perlender CHASSELAS und exquisiter

PINOT NOIR von einem örtlichen Klon (Cortaillod). Beste Erzeuger: Domaine de Chambleau, Château d'Auvernier (auch PINOT GRIS), La Maison Carrée, Porret und TATASCIORE.

**Œil de Perdrix** NE – »Rebhuhnauge«; Blasser Rosé von PINOT NOIR. Ursprünglich aus NEUCHÂTEL, jetzt auch anderswo anzutreffen.

**Pircher, Urs** ZH ★★★→★★★★ Spitzenerzeuger in Eglisau an einem steilen Südhang über dem Rhein. Hervorragender PINOT NOIR Stadtberger Barrique 05' 09' 15' 16 17 von alten Schweizer Klonen. Die Weißen bestechen durch ihre wunderbare Reintönigkeit.

**Provins** VS ★→★★★ Winzergenossenschaft mit mehr als 4.000 Mitgliedern, der größte Produzent der Schweiz mit 1.500 ha Rebflächen und 34 verschiedenen Traubensorten. Ordentliche Einstiegsweine, sehr gute Kollektion Maître de Chais (Eichenausbau).

**Rouvinez Vins** VS ★→★★★★ Berühmter Erzeuger in SIERRE, am bekanntesten für die Cuvées La Trémaille (w) und Le Tourmentin (r). Die Familie betreibt auch die Güter BONVIN, Caves Orsat und Imesch.

**Ruch** SH ★★★ Exzellenter PINOT NOIR aus Hallau, z.B. der Chölle von 60 Jahre alten Reben oder der Haalde von einer Steillage. In Amphoren vergorener MÜLLER-THURGAU. Nur 2,5 ha groß.

**Schaffhausen (SH)** ★→★★★★ Nahe des Rheinfalls gelegene Hauptstadt des gleichnamigen Kantons. Hochburg des BLAUBURGUNDERS. Die bekannteste Gemeinde ist Hallau, doch Vorsicht ist geboten. Spitzenerzeuger: BAD OSTERFINGEN, BAUMANN, RUCH und Strasser.

**Schenk S.A.** VD ★→★★★ Weltweit agierender Weingigant mit Hauptsitz in Rolle, 1893 gegründet. Klassische Weine (vor allem aus der WAADT und dem WALLIS); beträchtliche Exporte.

**Schwarzenbach Weinbau** ZH ★★★ Führender Familienbetrieb am ZÜRICHSEE, bekannt für knackige Weißweine. Die örtlichen Spezialitäten sind Räuschling und MÜLLER-THURGAU. Gute Begleiter zu Süßwasserfisch.

**Sierre** VS ★★→★★★ Die auf sechs Hügeln erbaute Stadt im WALLIS ist die Heimat körperreicher, üppiger Weine. Die bekanntesten Erzeuger sind des Muses, Imesch, MERCIER, ROUVINEZ und Zufferey.

**Sion** VS ★★→★★★ Hauptstadt des WALLIS und Zentrum seines Weinbaus, Standort großer Erzeuger: Charles Bonvin Fils, Gilliard, PROVINS und Varone.

**Spezialitäten** Rebsorten, die nur in geringen Mengen vorkommen, bringen mit die besten Weine der Schweiz hervor: Räuschling, GEWÜRZTRAMINER und PINOT GRIS in der Deutschschweiz oder lokale Sorten (wie JOHANNISBERG, MARSANNE und SYRAH) im WALLIS.

**Sprecher von Bernegg** GR ★★★ Das historische Gut in Jenins in der BÜNDNER HERRSCHAFT wurde vom jungen Jan Luzi wiederbelebt. Vor allem PINOT NOIR: Vom Lindenwingert, Vom Pfaffen/Calander.

**St. Jodern Kellerei** VS ★★★→★★★★ Die Genossenschaft in VISPERTERMINEN ist bekannt für ihren Heida Veritas von wurzelechten alten Reben, der auf wunderbare Weise das alpine Terroir spiegelt.

**St-Saphorin** VD ★→★★★ Nachbar-AOC von DÉZALEY. Die Weine sind leichter, aber ebenso fein. Empfehlenswert: Les Manchettes von Pierre Monachon.

**Stucky, Werner** TI ★★★→★★★★ Pionier des MERLOT del Ticino, jetzt unterstützt von seinem Sohn Simon. Drei Weine sind im Angebot: Temenos (Completer/ SAUVIGNON BLANC), Tracce di Sassi (Merlot) und Conte di Luna (Merlot/ CABERNET SAUVIGNON). Stuckys beste Lage ist nur per Seilbahn erreichbar.

**Tatasciore, Jacques** NE ★★★★ Shootingstar in NEUCHÂTEL, dessen raffinierter PINOT NOIR beweist, dass das Burgund nicht so weit entfernt ist.

**Tessin** (TI) ★→★★★ Italienischsprachige Südschweiz, auch als »Sonnenstube« bezeichnet, obwohl die nahen Berge reichlich Regen bringen. MERLOT ist seit 1948 die vorherrschende Rebsorte und wird im straffen Sti ausgebaut. Die besten Erzeuger: Agriloro, CASTELLO DI MORCOTE, Gialdi, HUBER, Klausener, Kopp von der Crone Visini, STUCKY, Tamborini, Valsangiacomo, Vinattieri, ZÜNDEL.

---

### Weinregionen der Schweiz

Die Schweiz ist grob in sechs Weinregionen unterteilt: WALLIS (Valais), WAADT (Vaud), TESSIN (Ticino), Drei-Seen-Land (Neuenburger-, Murten- und Bielersee) und die Deutschschweiz, zu der ZÜRICH, SCHAFFHAUSEN, GRAUBÜNDEN, der AARGAU, St. Gallen, der Thurgau und einige kleinere Weinbaukantone gehören.

---

**Tscharner, Gian-Battista von** ★★★ Familienbetrieb auf Schloss Reichenau in GRAUBÜNDEN. Tanninbetonter BLAUBURGUNDER (Churer Gian-Battista oder Jeninser aus dem Tscharnergut) mit Lagerpotenzial. Kraftvoller, klassischer Completer in sehr kleinen Mengen. Der Sohn Johann-Baptista strebt nach mehr Eleganz als sein Vater Gian-Battista.

**Visperterminen** VS ★→★★★ Weinbaugebiet im OBERWALLIS, v. a. bekannt für HEIDA. Besitzt mit dem Rieben einen der höchsten Weinberge Europas auf über 1.000 m Höhe. Empfehlenswert: CHANTON, ST. JODERN KELLEREI.

**Waadt** (Vaud VD) – Für seine konservative Einstellung bekannter Weinbaukanton. Bedeutende große Erzeuger: Bolle, Hammel, Obrist und SCHENK. CHASSELAS gibt den Ton an – aber nur gute Terroirs rechtfertigen die Treue der Winzer.

**Wallis** (Valais VS) – Größter Weinbaukanton der Schweiz im trockenen, sonnigen oberen Rhône-Tal. Einheimische Sorten wie MARSANNE sind herausragend. Der SYRAH verweist so manche französischen »Legenden« auf die Plätze. Spitzenerzeuger: BESSE, CHANTON, CHAPPAZ, Cornulus, DARIOLI, des Muses, Dorsaz, GERMANIER, JORIS, MAYE, MERCIER, MONT D'OR, PROVINS, ROUVINEZ, ST. JODERN und Zufferey (beide Güter).

**Yvorne** VD ★★→★★★ Ort im CHABLAIS mit Rebflächen auf dem Untergrund eines 1584 niedergegangenen Bergsturzes. Empfehlenswert: Badoux, Château Maison Blanche, Commune d'Yvorne und Domaine de l'Ovaille.

**Zündel, Christian** TI ★★★→★★★★ Deutschschweizer Geologe im TESSIN. Biologisch-dynamischer Anbau, Weine von großer Reintönigkeit und Finesse, besonders der MERLOT/ CABERNET SAUVIGNON Orizzonte und die CHARDONNAYS Velabona und Coò.

**Zürich** (ZH) – Größter Weinbaukanton in der Deutschschweiz mit 610 ha. Angebaut wird überwiegend BLAUBURGUNDER; Räuschling ist eine lokale SPEZIALITÄT. Die besten Erzeuger sind Gehring, Lüthi, PIRCHER, SCHWARZENBACH und Zahner.

**Zur Metzg, Winzerei** ZH ★★→★★★ Ein Banker wurde zum Winzer und erzeugt seither raffinierten SPÄTBURGUNDER und fassvergorenen MÜLLERTHURGAU von zugekauften Trauben; vinifiziert wird in einer ehemaligen Metzgerei.

**Zwaa** SH ★★★ Zusammenarbeit zweier führender Weingüter in SCHAFFHAUSEN: BAUMANN hat schwere tiefe Lehmböden, bei Meyer in OSTERFINGEN wächst der Wein auf Kalk und Kies. Der Rote ist ein PINOT NOIR (94' 09' 13' 15' 16), sein weißes Gegenstück aus WEISSBURGUNDER und CHARDONNAY ist genauso langlebig.

# Österreich

Die dunklen Flächen bezeichnen die Weinbaugebiete

Die folgenden Abkürzungen werden im Text verwendet:

| | |
|---|---|
| **Bgl** | Burgenland |
| **Carn** | Carnuntum |
| **M-Bgl** | Mittelburgenland |
| **NÖ** | Niederösterreich |
| **N'see** | Neusiedlersee |
| **N'see-Hü** | Neusiedlersee-Hügelland |
| **S-Stm** | Südsteiermark |
| **Stm** | Steiermark |
| **S-Bgl** | Südburgenland |
| **Therm** | Thermenregion |
| **Vulk** | Vulkanland Steiermark |
| **W-Stm** | Weststeiermark |

In Österreichs Weinbau kommt alles unverfälscht, knackig und blitzsauber daher. Die Winzer arbeiten wie besessen daran, ihr Terroir zum Ausdruck zu bringen – und zwar bis in jedes Detail ihrer Weinlagen. Fast könnte man meinen, in anderen Gegenden der Welt lägen sie auf der faulen Haut. Sie sind alles andere als engstirnig und betrachten es als Spiel, alles Mögliche auszuprobieren: sperrige orangefarbige Weine etwa oder jede Menge Biodynamie beim Anbau. In vielen Weingütern findet der Besucher ein Kuhhorn auf der Fensterbank. Eine Art Totem, das sagt: Wir arbeiten biodynamisch. Der Einsatz von ausschließlich heimischen Hefen hat sich durchgesetzt, das ergibt nach der Gärung Weine, die weniger fruchtbetont, dafür dichter und weiniger sind. Das DAC-System hat sich seit 2002 entwickelt: 2018 waren es 13 DACs, die Wachau soll 2019 dazukommen. In einigen Gegenden steht es für regionale Weine, Ortsweine oder Einzellagenweine, andere DACs gelten für eine bestimmte Rebsorte in einer bestimmten Region. Insgesamt rückt das System die Herkunft in den Mittelpunkt, gepaart mit einer sinnigen Klassifizierung.

## Neuere Jahrgänge

**2018** Das Hitzewellenjahr: Reifes Lesegut in Hülle und Fülle.
**2017** Gute saftige und runde Weine.
**2016** Schöne Frucht, feine Frische, aber genaues Hinsehen bei der Auswahl lohnt sich.
**2015** Sehr gute Qualität. Körperreiche, reife Weine mit Lagerpotenzial.
**2014** Schwieriges, kühleres Jahr, mit Vorsicht zu behandeln. Aufregende Frische, wo das Lesegut streng selektiert wurde. Grazile und charmante Rotweine.
**2013** Schlanke, sehr frische, aber ausdrucksstarke Weißweine, straffe und knackige Rote.
**2012** Warmes Jahr, reifes Lesegut. Überwiegend milde und runde, sogar opulente Weißweine, körperreiche Rote.
Zögern Sie nicht, auch ältere Jahrgänge von guten Produzenten zu probieren.

**Achs, Paul** Bgl r (w) ★★★ 10 13 14 16 – Spezialist in Sachen BLAUFRÄNKISCH: Edelgrund und Heideboden.

**Allram** Kamptal w ★★★ 10 13 14 – Immer zuverlässig ausdrucksstarke GRÜNER VELTLINER, besonders aus den Lagen Renner und Gaisberg. Dazu RIESLING Heiligenstein.

**Alphart** Therm w ★★ Legt den Fokus auf regionale Rebsorten wie ROTGIPFLER und ZIERFANDLER, mit Heurigenwirtschaft.

**Alzinger** Wachau w ★★★★ 06 08 09 10 13 14 – Unterschätzt, aber erstklassig. Fragen Sie nach RIESLING und GRÜNEM VELTLINER aus den Lagen Steinertal und Loibenberg.

**Arndorfer** Kamptal r w ★★★ Jung, unternehmungslustig und gut. Vorwiegend ZWEIGELT oder RIESLING mit Eichennote.

**Ausbruch** Qualitäts- und Stilbezeichnung für Prädikatswein; begrenzt auf RUST und produziert aus edelfaulen oder getrockneten Trauben. Das Mostgewicht muss mindestens 27° KMW, umgerechnet etwa 138,6° Oechsle betragen.

**Ausg'steckt** Frische grüne Zweige am Eingang sind das traditionelle Zeichen für einen geöffneten HEURIGEN oder BUSCHENSCHANK. Ein »Busch«, hinter dem sich guter Wein nicht zu verstecken braucht.

**Bauer, Anton** Wagram r w ★★★→★★★★ Herausragender Produzent von intensivem GRÜNEN VELTLINER aus den Einzellagen Rosenberg und Spiegel. Ein PINOT NOIR wie gemalt.

Die niederösterreichische Weinstraße verbindet mit ihren 830 km Länge alle acht Anbaugebiete der Region.

**Braunstein, Birgit** Bgl r w ★★★ 10 13 15 16 – Führende biodynamisch arbeitende Winzerin, die elegante Rote vom LEITHABERG liefert. Probieren Sie den CHARDONNAY Magna Mater, der in Amphoren ausgebaut wird.

**Bründlmayer, Willi** Kamptal r w; s; sch ★★★★ 06 08 10 11' – Spitzenerzeuger in Langenlois. GRÜNER VELTLINER und RIESLING aus den Lagen Heiligenstein und Steinmassl. Frankophiler Sekt aus traditioneller Flaschengärung und PINOT NOIR.

**Burgenland** r (w) – Bundesland und Weinbauregion im Osten Österreichs an der ungarischen Grenze. Wärmeres Klima als in NIEDERÖSTERREICH, deshalb vorwiegend rote Reben wie BLAUFRÄNKISCH, ST. LAURENT und ZWEIGELT. Rund um den flachen NEUSIEDLER SEE herrschen ideale Bedingungen für edelfaule Süßweine, besonders in RUST.

## ÖSTERREICH | Car–Gol | 285

**Carnuntum** NÖ r w – Unterschätztes und oft übersehenes Weinbaugebiet südöstlich von WIEN, das sich auf Rotweine spezialisiert hat, besonders auf ZWEIGELT, der als Rubin Carnuntum vermarktet wird. Die Region Spitzerberg entwickelt sich gerade rasant. Beste Erzeuger: G. Markowitsch, MUHR-VAN DER NIEPOORT, NETZL und TRAPL.

**Christ** Wien r w ★★★ Eine Institution in WIEN mit eigenem HEURIGEN. Exquisiter GEMISCHTER SATZ und ungewöhnliche rote Cuvées.

**Districtus Austriae Controllatus (DAC)** Herkunfts- und qualitätsbasiertes Appellationssystem, Bezeichnung für gebietstypische Weine- und Stile. Der erste DAC war 2002 das WEINVIERTEL, was zu einem steilen Qualitätsanstieg in der Region führte. Aktuell sind es 13 DACs: EISENBERG, KAMPTAL, KREMSTAL, LEITHABERG, MITTELBURGENLAND, NEUSIEDLERSEE, TRAISENTAL, WEINVIERTEL, Wiener GEMISCHTER SATZ, SCHILCHERLAND. Neu dabei sind die SÜDSTEIERMARK, WESTSTEIERMARK und das VULKANLAND STEIERMARK mit einer Hierarchie nach Region, Ortsweinen und Weinen aus Einzellagen. Die WACHAU steht in den Startlöchern.

**Domäne Wachau** Wachau w ★★★→★★★★ Die beste österreichische Genossenschaft mit einem beeindruckenden Portfolio an Einzellagen wie Achleiten, Bruck oder Kellerberg. Großartige Weine quer durchs Sortiment. Tolles Preis-Leistungs-Verhältnis.

**Ebner-Ebenauer** Weinviertel w sch ★★★ Das junge Paar sorgt gerade für mächtig Furore im WEINVIERTEL mit seinen GRÜNEN VELTLINERN aus Einzellagen. Großartiger Blanc de Blancs mit traditioneller Flaschengärung.

**Eichinger, Birgit** Kamptal w ★★★→★★★★ Weltklasse-RIESLING wie z. B. Heiligenstein und außergewöhnlich ausdrucksstarker GRÜNER VELTLINER wie der Hasel.

**Alle Rebflächen von Österreich zusammengenommen machen gerade einmal 41 % der Weinregion Bordeaux aus.**

**Eisenberg** Bgl – Kleiner DAC (seit 2009); begrenzt auf BLAUFRÄNKISCH von Schieferböden der Region. Kraftvoll und trotzdem elegant.

**Erste Lage** Spitzenkategorie der Weinbergslagen im KAMPTAL, KREMSTAL, TRAISENTAL und in WAGRAM. 2018 kamen WIEN und CARNUNTUM dazu: Jetzt gibt es 62 erste Lagen, weitere warten auf ihre Klassifizierung.

**Esterhazy** Bgl r (w) ★★★ Historisches Schloss (Haydn hat hier gearbeitet) in Eisenstadt (BURGENLAND), solide Rote, blitzblanke Weiße.

**Federspiel** Wachau – In der Klassifizierung der VINEA WACHAU die mittlere Kategorie in Sachen Reife und Alkohol: mindestens 11,5 %, maximal 12,5 %. Unaufdringliche Weine für die Gastronomie, manche mit Reifepotenzial wie der SMARAGD.

**Feiler-Artinger** Bgl r w; s ★★★→★★★★ Führender Produzent von hervorragendem AUSBRUCH im Herzen der historischen Altstadt von RUST.

**Gemischter Satz** Wien – Wiederbelebte Traditionsmethode, bei der mehrere weiße Rebsorten im selben Weinberg wachsen und gemeinsam vinifiziert werden. Weit verbreitet v. a. im WEINVIERTEL und in WIEN. In Wien erhielten bestimmte Erzeuger 2013 DAC-Status. Keine Sorte darf zu mehr als 50 % enthalten sein. Empfehlenswert z. B. von CHRIST, GROISS, LENIKUS und WIENINGER. Siehe auch Kasten S. 287.

**Gesellmann** Bgl r w; (s) ★★★ Spezialisiert auf regionale rote Rebsorten.

**Geyerhof** Kremstal r w ★★★→★★★★ Biodynamisch arbeitender Spitzenerzeuger mit erstklassigem RIESLING, v. a. dem Sprinzenberg. Bemerkenswert der Einsteigerwein Stockwerk.

**Gols** Bgl r (w) – Weinbauort am Nordufer des NEUSIEDLER SEES. Beste Erzeuger: BECK, G. HEINRICH, NITTNAUS, PITTNAUER, PREISINGER.

**Gritsch Mauritiushof** Wachau w ★★→★★★ Rebflächen in großer Höhe in der GROSSEN LAGE 1000-Eimerberg; da wächst spannender RIESLING und GRÜNER VELTLINER.

**Groiss, Ingrid** Weinviertel w ★★→★★★ Mitreißende, qualitätsbesessene junge Winzerin, spezialisiert auf alte Weinberge. Pfeffriger GRÜNER VELTLINER und GEMISCHTER SATZ von ungewöhnlichen Rebsorten.

**Grosse Lage** Stm – Höchste Klassifikation für einen Weinberg in der STEIERMARK, an der Donau wird immer noch daran gearbeitet (siehe ERSTE LAGE).

**Gruber-Röschitz** Weinviertel w ★★ Die unternehmungslustige Familie erzeugt rassigen RIESLING von Granitböden und feinen GRÜNEN VELTLINER.

**Gumpoldskirchen** Therm –Einst berühmter und immer noch beliebter Ort für HEURIGEN südlich von WIEN. Heimat von weißen Raritäten wie ZIERFANDLER oder Rotgipfler.

**Gut Oggau** Bgl r w ★★→★★★ Unkonventioneller, trendiger Bio-Produzent, der solide arbeitet.

Ein »G'spritzter« ist in Österreich das perfekte Sommergetränk: Weißwein und Mineralwasser. Besonders lecker mit Gelbem Muskateller.

**Harkamp** S-Stm w sch ★★★ Spitzenproduzent von Prickelndem in der Steiermark, langlebige Sekte nach der *méthode traditionelle*.

**Heinrich, Gernot** Bgl r w; tr s ★★★ Mitglied der Winzervereinigung PANNOBILE und Spezialist für BLAUFRÄNKISCH, erweitert sein Spektrum um Weine, die auf den Schalen vergoren sind und Naturweine.

**Heinrich, Johann** Bgl r w ★★★ 08 09 10 – Mächtiger und trotzdem elegante BLAUFRÄNKISCH, v. a. der Goldberg.

**Heuriger** Steht erstens für den Wein der letzten Ernte, zweitens für eine gemütliche Weinschenke, in der die Winzer ihre eigenen Weine ausschenken und dazu rustikale regionale Speisen servieren. Eine Institution in WIEN. Siehe AUSG'STECKT.

**Hiedler** Kamptal w; s ★★★ Akkurater RIESLING, aromatische GRÜNER VELTLINER wie Thal und Kittmannsberg.

**Hirsch** Kamptal w ★★★ 10 13 – Herausragender RIESLING und GRÜNER VELTLINER aus den Lagen Heiligenstein und Lamm. Der Einstiegswein Grüner Veltliner Hirschvergnügen ist ebenso zugänglich wie erschwinglich.

**Hirtzberger, Franz** Wachau w ★★★★ 06 07 08 10 13 – Herausragender kraftvoller RIESLING im typischen WACHAU-Stil. Dazu GRÜNER VELTLINER, besonders aus den Lagen Honivogl und Singerriedel.

**Huber, Markus** Traisental w ★★★ Junger Produzent, der die Kostbarkeit des TRAISENTALS in Sachen RIESLING und GRÜNER VELTLINER neu definiert.

**Illmitz** Bgl s – Gemeinde in Seewinkel am Neusiedlersee, bekannt für Beeren- und Trockenbeerenauslesen (siehe Deutschland). Beste Erzeuger: Kracher und Opitz.

**Jäger** Wachau w ★★★ Erzeugt wunderbaren GRÜNEN VELTLINER und RIESLING, besonders aus den Lagen Achleiten oder Klaus.

**Jalits** Bgl ★★★ Führendes Weingut am EISENBERG, eleganter wie kraftvoller BLAUFRÄNKISCH, besonders die RESERVEN Szapary und Diabas.

**Jamek, Josef** Wachau w ★★★→★★★★ Eine Ikone der WACHAU mit Donaublick und berühmtem Restaurant in Joching, jetzt wieder obenauf. RIESLING und GRÜNER VELTLINER aus den Lagen Achleiten und Klaus.

**Johanneshof Reinisch** Therm r w ★★★→★★★★ Weingut in Tattendorf. Drei talentierte Brüder mit einem erklärten Ziel: Sie werden verehrt für ihre PINOT NOIR, ROTGIPFLER, ST. LAURENT und ZIERFANDLER. Am besten aus den Einzellagen Frauenfeld, Holzspur, Satzing und Spiegel.

## ÖSTERREICH | Jur–Lau | 287

urtschitsch Kamptal w; sch ★★★→★★★★ Beispielhaftes Bio-Weingut in Langenlois; durch die Bank sehr beeindruckend. Auch gute Schaumweine.

**Kamptal** NÖ (r) w – Weinbaugebiet am Kamp, einem Nebenfluss der Donau, nördlich der WACHAU: runderer Stil, flachere Hügel. Spitzenlagen: Heiligenstein und Lamm. Beste Erzeuger: BRÜNDLMAYER, EICHINGER, HIEDLER, HIRSCH, JURTSCHITSCH, LOIMER, SCHLOSS GOBELSBURG. Das Kamptal ist DAC für GRÜNEN VELTLINER und RIESLING.

---

### Gemischter Satz

Der gemischte Satz ist Österreichs ebenso schillernde wie unberechenbare Trumpfkarte. Gemeinsam gepflanzt und gemeinsam vinifiziert, handelt es sich um (meist) weiße Verschnitte, bei denen immer wieder neue Nuancen zum Vorschein kommen. Man darf Fülle, Komplexität und Kraft erwarten. Fritz Wieninger, der Wiener Häuptling für Gemischten Satz, vergleicht ihn gern mit einem Orchester. Hier kommen einige der Besten: **Fritz Wieninger**, WIEN: Wiener Gemischter Satz Ried Ulm, von einem Weinberg mit neun verschiedenen Rebsorten, und Wiener Gemischter Satz Ried Rosengartl mit fünf Sorten. **Ingrid Groiss**, WEINVIERTEL: Braitenpuechtorff mit 17 Sorten. **Mehofer**, WAGRAM: Luventus mit acht Sorten. **Rainer Christ**, Wien: Wiener Gemischter Satz mit vier Sorten und **Zahel**, Wien: Wiener Gemischter Satz Ried Kaasgraben mit neun verschiedenen Sorten.

---

**Kerschbaum, Paul** Bgl ★★★ 09 13 – Spezialist für BLAUFRÄNKISCH, bemerkenswerte Einzellage Hochäcker.

**Klosterneuburg** Wagram r w – Wichtigste Weinstadt in WAGRAM, Sitz der bereits 1860 gegründeten Weinbauschule mit Weinforschungsanstalt. Siehe auch nächsten Eintrag.

**KMW** Abkürzung für »Klosterneuburger Mostwaage«, in Österreich gebräuchliche Maßeinheit für den Zuckeranteil im Most. 1° KMW entspricht etwa 4,86° Oechsle (siehe Deutschland). In England ist die Maßeinheit Brix gebräuchlich. Zum Vergleich: 20° Brix entsprechen 83° Oechsle.

**Knoll, Emmerich** Wachau w ★★★★ 05 06 07 **08 10** – Ein Produzent, der in der WACHAU Maßstäbe für intensive und langlebige Rieslinge setzt, dazu GRÜNE VELTLINER aller Qualitätsstufen. Bemerkenswerte Auslesen, die gereift am besten sind.

**Kollwentz** Bgl r w ★★★ **10 11** – Andi Kollwentz gilt als nationaler Champion, gleichermaßen berühmt für CHARDONNAY, BLAUFRÄNKISCH und Verschnitte auf CABERNET-Basis.

**Kracher** Bgl sw ★★★★ 03 04 05 **06 07 08 10** 15 – Botrytis-Spezialist in ILLMITZ, berühmt für seine Trockenbeerenauslesen (siehe Deutschland). Die Serie Nouvelle Vague ist im Eichenfass gereift. Es lohnt sich, einige seiner tollen 2015er in den Keller zu legen.

**Kremstal** (r) w – Weinbaugebiet und DAC für GRÜNEN VELTLINER und RIESLING. Beste Erzeuger: MALAT, MOSER, NIGL, SALOMON-UNDHOF, STIFT GÖTTWEIG, WEINGUT STADT KREMS.

**Krutzler** Bgl r ★★★ **08 09 11 13** – Sein BLAUFRÄNKISCH lässt die Muskeln spielen. Spitzenwein: Perwolff.

**Lagler** Wachau w ★★★ Präziser RIESLING, GRÜNER VELTLINER und der seltene NEUBURGER SMARAGD.

**Laurenz V.** Kamptal ★★★ Kollektion GRÜNER VELTLINER verschiedener Qualitätsstufen, von denen das meiste in den Export geht.

**Leithaberg** Bgl – Bedeutendes DAC am Nordufer des NEUSIEDLER SEES. Überwiegend Kalkstein- und Schieferböden. Als rote Rebe darf ausschliesslich BLAUFRÄNKISCH kultiviert werden, bei den Weißen sind GRÜNER VELTLINER, WEISSBURGUNDER, CHARDONNAY und NEUBURGER zugelassen.

**Lenikus** Wien w ★★ Weit mehr als ein unternehmerisches Projekt der Eitelkeit: Guter GEMISCHTER SATZ von der Lage Bisamberg.

**Lenz Moser** Kremstal ★→★★ Österreichs größter Erzeuger und Weinhändler.

**Lesehof Stagård** Kremstal w ★★★ Das älteste Weingut von KREMS: beschwingter, spannender RIESLING.

**Loimer, Fred** Kamptal (r) w; sch ★★★→★★★★★ 10 11 13 – Wegbereiter in Sachen biodynamischer Weinbau. Herausragende Weiße wie die Einzellagenweine vom Heiligenstein und Steinmassel. Das Angebot an PINOT NOIR wird größer, und er setzt neue Standards mit wunderbarem Schaumwein.

**Malat** Kremstal ★★★→★★★★ Lebendiger, ausdrucksstarker RIESLING und GRÜNER VELTLINER, z. B. aus den Einzellagen Gottschelle und Silberbichl.

**Mantlerhof** Kremstal w ★★★ Biodymisch arbeitender Produzent von ausdrucksstarkem GRÜNEM VELTLINERN von Lössböden.

**Mayer am Pfarrplatz** Wien (r) w ★★ Eine Institution im Wiener Stadtteil Heiligenstadt. In diesem HEURIGEN hat Beethoven seine 3. Symphonie geschrieben, heute ist er der 7. Himmel für Touristen. Wein und Essen – beides ist gut.

**Mittelburgenland** Bgl r – DAC (seit 2005) nahe der ungarischen Grenze: strukturierter, lagerfähiger BLAUFRÄNKISCH. Erzeuger: GESELLMANN, J. HEINRICH, KERSCHBAUM und WENINGER.

**Moric** Bgl ★★★→★★★★★ 06 08 10 11 12 13 15 – Kultproduzent von hervorragendem BLAUFRÄNKISCH, besonders von den Einzellagen Neckenmarkt und Lutzmannsburg.

**Muhr-van der Niepoort** Carn r w ★★★ Unkonventioneller und kompromissloser BLAUFRÄNKISCH. Hat den Spitzerberg wiederbelebt. Ansprechender Samt & Seide, Spitzerberg und Liebeskind mit Lagerpotenzial.

**Netzl, Franz & Christine** Carn ★★★ Vater-Tochter-Gespann, spezialisiert auf Spitzen-ZWEIGELT, vor allem vom Ried Haidacker. Gute rote Cuvées und preisgünstiger Zweigelt Rubin CARNUNTUM.

**Neumayer** Traisental w ★★★ Etablierter Qualitätserzeuger von intensivem GRÜNEM VELTLINER und RIESLING.

**Im Jahr 1681 hat sich Rust seinen Status als freie Stadt mit seinem damals schon berühmten süßen Ausbruch erkauft.**

**Neumeister** Vulk ★★★ 09 11 – Der Spezialist für Sauvignon blanc in der Weststeiermark, vor allem aus den Einzellagen Klausen und Moarfeitl. Auch der Stradener Alte Reben ist einen Versuch wert, ebenso wie der Gewürztraminer.

**Neusiedler See** Bgl – Größter Steppensee Europas und Naturreservat an der ungarischen Grenze. Mikroklima und die Luftfeuchtigkeit begünstigen das Auftreten von Edelfäule. Der DAC NEUSIEDLERSEE gilt für ZWEIGELT.

**Niederösterreich** Die Region gliedert sich in drei Teile: Die Donau (KAMPTAL, KREMSTAL, TRAISENTAL, WACHAU, WAGRAM), das WEINVIERTEL mit WIEN im Nordosten und den Süden (CARNUNTUM, THERMENREGION). Umfasst 59 % der Rebflächen von Österreich.

**Nigl** Kremstal w ★★★★ Stilvolle, saftige und straffe RIESLINGE und GRÜNE VELTLINER, vor allem die Privatabfüllungen.

**Nikolaihof** Wachau w ★★★→★★★★★ 08 09 10 13 – Der bedeutende Demeterbetrieb in Mautern am rechten Donauufer geht auf Ursprünge aus der römischen Antike zurück. Eher reintönige als kraftstrotzende Weine. Spannender RIESLING und GRÜNER VELTLINER von Weltklasse, vor allem die aktuelle Kollektion unter dem Label Vinothek.

**Nittnaus, Anita und Hans** Bgl r w; s ★★★→★★★★ Führender biodynamisch arbeitender Erzeuger von konzentrierten, eleganten Rotweinen. BLAUFRÄNKISCH aus den Einzellagen Tannenberg, Lange Ohn und Jungenberg. Bemerkenswert die PANNOBILE-Cuvée und der Comondor.

**Nittnaus, Hans & Christine** Bgl ★★★ Feine elegante Rotweine wie der ZWEIGELT Heideboden, der BLAUFRÄNKISCH Edelgrund oder die Cuvée Nit'ana. Super Trockenbeerenauslesen und Eiswein.

**Ott, Bernhard** Wagram w ★★★→★★★★ Führender und wegweisender Produzent von GRÜNEM VELTLINER, besonders aus den Einzellagen Rosenberg, Spiegel und Stein.

**ÖTW (Österreichische Traditionsweingüter)** Kamptal, Kremstal, Traisental, Wagram – Private Vereinigung, die sich mit der Klassifizierung von Weinbergslagen befasst. Hat sich 2018 ins CARNUNTUM und nach WIEN erweitert, was die Mitgliederzahl 33 auf 62 steigen ließ. Die WACHAU bleibt außen vor. Siehe auch ERSTE LAGE, GROSSE LAGE.

**Pannobile** Bgl – Zusammenschluss von neun Qualitätswinzern im Anbaugebiet NEUSIEDLERSEE mit dem Zentrum GOLS. Die Pannobile-Abfüllungen dürfen nur aus heimischem Lesegut erzeugt werden (ZWEIGELT, BLAUFRÄNKISCH, ST. LAURENT für Rote, WEISSBURGUNDER, GRAUBURGUNDER, CHARDONNAY und NEUBURGER für Weiße). Mitglieder u.a.: ACHS, BECK, G. HEINRICH, NITTNAUS, PITTNAUER, PREISINGER.

**Pfaffl** Weinviertel r w ★★→★★★ 13 14 15 16 – Großer, unternehmungslustiger Produzent und Weinhändler. Gute Reserveweine, aber besonders gefeiert für die extrem erfolgreichen Marken The Dot Austrian Pepper, Austrian Cherry und andere.

**Pichler, Rudi** Wachau w ★★★★ 09 10 13 – Intensive, präzise RIESLINGE und GRÜNE VELTLINER aus den Spitzen-Einzellagen Achleiten und Steinriegl.

**Pichler, Franz Xaver** Wachau w ★★★★ 06 07 08 09 – Herausragender Produzent von kristallinem Riesling. Kultstatus hat der Riesling Unendlich. Dazu GRÜNER VELTLINER von Toplagen aus der WACHAU.

**Pichler-Krutzler** Wachau w ★★★ Außerordentliche Weißweine aus erstklassigen Einzellagen in der Wachau, spannender Riesling wie In der Wand oder Kellerberg.

**Pittnauer, Gerhard** Bgl r ★★★ Innovatives, sich ständig weiterentwickelndes Talent für Rote. Der ST. LAURENT hat Weltklasse, dazu gibt's den orangefarbigen Wein MashPitt und den prickelnden Spaßmacher Pitt Nat.

**Polz, Erich und Walter** S-Stm ★★★ Spezialist für SAUVIGNON BLANC und CHARDONNAY in der SÜDSTEIERMARK, besonders aus der Einzellage Hochgrassnitzberg. Dazu kommt ein wenig Sekt.

**Prager, Franz** Wachau w ★★★★ 07 08 10 – Ein Visionär und Wegbereiter in der WACHAU. RIESLING und GRÜNER VELTLINER von Weltklasse aus einer beeindruckenden Ansammlung von Spitzenweinlagen.

**Preisinger, Claus** Bgl r ★★★ Modernes, talentiertes und respektloses Mitglied von PANNOBILE. Der rote Puszta Libre mit Kronkorken macht wirklich Spaß.

**Prieler** Bgl r w ★★★→★★★★ Langlebiger, kraftvoller BLAUFRÄNKISCH, besonders aus den Lagen Marienthal und Goldberg, dazu Weißburgunder vom Haidsatz und Seeberg. Geben Sie den Weinen Zeit.

**Proidl, Weingut** Kremstal w ★★★ Saubere, klare, verlässliche RIESLINGE und GRÜNE VELTLINER, beide von der Lage Ehrenfels. Einige wertvolle ältere RIESLING-Abfüllungen.

**Reserve** Attribut für DAC-Weine mit mind. 13% Alkohol und längerer Fassreifung.

**Ried** Österreichischer Ausdruck für Lage. Seit 2016 gebräuchlich für Abfüllungen aus Einzellagen.

**Rust** Bgl r w; tr s – Gut erhaltener, befestigter Ort aus dem 17. Jahrhundert an NEUSIEDLER SEE. Halten Sie Ausschau nach den lauten, brütenden Störchen. Berühmt für den Ruster AUSBRUCH. Beste Erzeuger: E. TRIEBAUMER, FEILER-ARTINGER und SCHRÖCK.

**Sabathi, Hannes** S-Stm w ★★★ Ausdrucksstarker SAUVIGON BLANC mit Lagerpotenzial. Bemerkenswert aus der Einzellage Pössnitzberg.

**Salomon-Undhof** Kremstal w ★★★→★★★★ Mühelos zuverlässiger GRÜNE VELTLINER und RIESLING, durchweg rassig, straff und ausdrucksstark – aus den Einzellagen Kögl, Pfaffenberg oder Wachtberg. Der Pét Nat macht Spaß. Bert Salomon führt das Weingut.

**Sattlerhof** S-Stm w ★★★→★★★★ 10 12 – Langlebiger SAUVIGNON BLANC und MORILLON von Weltklasse mit schönem Schmelz, besonders aus den Einzellagen Kranachberg und Sernauberg.

**Schiefer, Uwe** Bgl r ★★★ Individueller, eleganter BLAUFRÄNKISCH von EISENBERG wie z. B. der Szapary.

**Schilcher** W-Stm – Rassiger und pfeffriger Rosé aus der heimischen Rebsorte Blauer Wildbacher, einer Spezialität der WESTSTEIERMARK und von großer lokaler Bedeutung.

**Schilfwein (Strohwein)** Süßer Wein aus Trauben, die auf Schilfmatten vom NEUSIEDLER SEE getrocknet werden.

**Schloss Gobelsburg** Kamptal r w; tr s sch ★★★★ 09 10 **13** 14 15 – Von Zisterziensern gegründetes Gut mit herausragenden Weinen. Unter der Leitung von Michael Moosbrugger. RIESLING und GRÜNER VELTLINER aus Einzellagen wie Gaisberg, Heiligenstein, Lamm oder Renner. Exzellente rote RESERVEN.

Noch vor 30 Jahren war es in der Steiermark zu kühl für Rotweine. Heute gibt es sie – fein, reif und komplex, mit 12–13 % Alkohol.

**Schlumberger** sch – War im 19. Jh. Pionier in Sachen Sekt. Produziert heute im großen Stil hochwertig Prickelndes nach der traditionellen Methode.

**Schmelz, Johann** Wachau w ★★★ Exquisite und authentische Weine, die erstaunlicherweise viel zu wenig wahrgenommen werden.

**Schröck, Heidi** Bgl (r) w; s ★★★ Winzerin von Weltklasse in RUST, die ausgezeichneten, hochkonzentrierten AUSBRUCH produziert, dazu bemerkenswerten trockenen FURMINT.

**Seewinkel** Bgl – Naturreservat und Teil des Weinbaugebiets NEUSIEDLERSEE. Ideale Voraussetzungen für Botrytis-Weine.

**Smaragd** Wachau – Kategorie für den höchsten Reifegrad der VINEA WACHAU, die Weine müssen einen Alkoholgehalt von mind. 12,5 % haben, erreichen aber oft bis zu 14 %. Sie sind trocken, mächtig und lagerfähig. Oft mit Botrytis-Einfluss und trotzdem trocken ausgebaut. Benannt nach einer heimischen Eidechse.

**Spätrot-Rotgipfler** Therm – Verschnitt von ROTGIPFLER und Spätrot (= ein Synonym für ZIERFANDLER). Aromatisch, gewichtig und gut strukturiert. Typisch für GUMPOLDSKIRCHEN. Siehe auch das Kapitel »Rebsorten«.

**Spitz an der Donau** Wachau w – Pittoresker Weinbauort an der Donau im engsten und kühlsten Teil der WACHAU. Berühmt für die Lagen Singerriedel und 1000-Eimerberg. Erzeuger: GRITSCH MAURITIUSHOF, HIRTZBERGER und LAGLER.

**Stadlmann** Therm r w; s ★★→★★★★ Ausgezeichneter ZIERFANDLER und ROTGIPFLER, besonders aus den Einzellagen Tagelsteiner und Mandelhöh. Weicher, aromatischer PINOT NOIR.

**Steiermark** Südlichste Weinbauregion Österreichs, bekannt für aromatische, frische trockene Weißweine wie SAUVIGNON BLANC. Siehe auch SÜD-STEIERMARK, VULKANLAND STEIERMARK und WESTSTEIERMARK.

**Steinfeder** Wachau – Leichteste Kategorie der VINEA WACHAU für trockene Weine mit einem maximalen Alkoholgehalt von 11,5 %. Benannt nach dem duftenden Steinfedergras, das hier wächst. In warmen Jahren ist es schwierig bis unmöglich, ihn zu produzieren.

**Stift Göttweig** w ★★→★★★ Die Hügellage macht das Benediktinerstift weithin sichtbar, umgeben von Weinbergen. Hoher Qualitätsanspruch; kristalline RIESLINGE und GRÜNE VELTLINER aus den Einzellagen Gottschelle und Silberbichl.

*Die malerischen Bruchsteinmauern in den Weinbergen der Wachau datieren zurück auf das 12. Jahrhundert.*

**Strobl, Clemens** Wagram r w – Relatives neues Weingut, qualitätsorientiert. Ausdrucksstarker PINOT NOIR.

**Südsteiermark** Weinbaugebiet in der STEIERMARK nahe der slowenischen Grenze, berühmt für seinen zarten, aber hocharomatischen MORILLON, MUSKATELLER und SAUVIGNON BLANC aus Steillagen. DAC seit 2018. Beste Erzeuger: SABATHI, SATTLERHOF, TEMENT und WOHLMUTH.

**Tegernseerhof** Wachau w ★★→★★★ Saftiger, makelloser RIESLING und GRÜNER VELTLINER. Wunderbares FEDERSPIEL.

**Tement, Manfred** S-Stm w ★★★ 09 10 12 13 15 – Die langlebigen Weine von SAUVIGNON BLANC und MORILLON setzen Maßstäbe. Toplagen: Grassnitzberg und Zieregg.

**Thermenregion** NÖ r w – Kurregion östlich von Wien. Berühmt für die einheimischen Reben ZIERFANDLER und ROTGIPFLER. Traditioneller »Hotspot« für PINOT NOIR. Erzeuger: ALPHART, JOHANNESHOF REINISCH und STADLMANN.

**Tinhof, Erwin** Bgl r w ★★★ BLAUFRÄNKISCH in bester biodynamischer Qualität, v. a. Gloriette, und ST. LAURENT, v. a. Feuersteig. Nussige, runde Weiße aus der Lage Golden Erd wie WEISSBURGUNDER und NEUBURGER.

**Traisental** NÖ – Kleiner Bezirk südlich von Krems. Der vorherrschende Kalkstein verleiht den Weinen Finesse. Spitzenerzeuger: HUBER, NEUMAYER.

**Trapl, Johannes** Carn r ★★→★★★ Talentierter und ehrgeiziger Newcomer; gut ausbalancierter BLAUFRÄNKISCH mit floralen Noten, vor allem Spitzerberg und ZWEIGELT mit Burgunderanmutung.

**Triebaumer, Ernst** Bgl r (w); (s) ★★★★ 08 09 10 12 – Ikone unter den Erzeugern in RUST. Wegbereiter für die Wiedereinführung alter Rebsorten wie dem BLAUFRÄNKISCH in den 1980ern. Bemerkenswerter Mariental und sehr guter AUSBRUCH.

**Umathum, Josef** Bgl r w; tr s ★★★→★★★★ Herausragende, elegante Rotweine aus biologisch-dynamischem Anbau: ZWEIGELT Hallebühl und BLAUFRÄNKISCH Kirschgarten.

**Velich** w; s ★★★ Produziert im SEEWINKEL Österreichs Kult-CHARDONNAY Tiglat. Dazu großartige Süßweine.

**Veyder-Malberg** Wachau w ★★★ Rigoroses Boutiqueweingut in der Wachau. Produziert RIESLING und GRÜNEN VELTLINER von großer Klarheit.

**Vinea Wachau** Wachau – Wegweisende Winzervereinigung von 1983 in der WACHAU. Strenge Qualitätscharta, die nach einer Reifeskala drei Kategorien für trockene Weine definiert: FEDERSPIEL, SMARAGD und STEINFEDER.

**Vulkanland Steiermark** Stm (r) w – Das früher als Südoststeiermark bekannte Weinbaugebiet ist seit 2018 DAC und berühmt für seinen GEWÜRZTRAMINER. Beste Erzeuger: NEUMEISTER und Winkler-Hermaden.

**Wachau** NÖ – Die Weinbauregion an der Donau genießt weltweites Ansehen für ihre langlebigen RIESLINGE und GRÜNEN VELTLINER. Spitzenerzeuger: ALZINGER, DOMÄNE WACHAU, F. PICHLER, HIRTZBERGER, JAMEK, KNOLL, NIKOLAIHOF, PICHLER-KRUTZLER, PRAGER, R. PICHLER, TEGERNSEERHOF und VEYDER-MALBERG.

**Wachter-Wiesler, Weingut** Bgl r (w) ★★★ Spitzenerzeuger für BLAUFRÄNKISCH vom EISENBERG, dazu WELSCHRIESLING.

**Wagentristl** Bgl r (w) ★★ Ein inspirierter, gefühlvoller junger Winzer mit einem glücklichen Händchen für PINOT NOIR und BLAUFRÄNKISCH.

**Wagram** NÖ (r) w – Weinregion gleich westlich von WIEN, zu der auch KLOSTERNEUBURG gehört. (Eine weitere Eroberung von Napoleon.) Die tiefen Lössböden sind ideal für GRÜNEN VELTLINER und zunehmend auch PINOT NOIR. Spitzenerzeuger: BAUER, Leth, OTT und STROBL.

**Weingut Stadt Krems** Kremstal r w ★★ → ★★★ Das Gut befindet sich im Besitz der Stadt Krems und verfügt über 31 ha Weinberglagen innerhalb der Stadtgrenzen.

Im Weinviertel gibt es eine Lage, die allen Ernstes »tödt den Hengst« heißt. Sie ist sehr steil.

**Weinviertel** (r) w – Mit 13.886 ha die größte österreichische Weinregion, zwischen Donau und der tschechischen Grenze gelegen; auch gleichnamiger DAC für GRÜNEN VELTLINER. Lange hat die Gegend den Weindurst von Wien gestillt, heute baut sie auf Qualität. Empfehlenswert: EBNER-EBENAUER, GROISS, GRUBER-RÖSCHITZ und PFAFFL.

**Weninger, Franz** Bgl r (w) ★★★★ 08 10 12 13 15 16 – Langlebiger BLAUFRÄNKISCH aus den Einzellagen Hochäcker und Kirchholz.

**Weststeiermark** Kleine Weinbauregion mit der Spezialität SCHILCHER. Seit 2018 als neues DAC-Gebiet eingetragen.

**Weszeli** Kamptal w – Ausdrucksstarker, würziger GRÜNER VELTLINER, vor allem der Schenkenbichl. Klasse RIESLING.

**Wien** (r) w – Die Hauptstadt protzt mit 637 ha Rebflächen innerhalb der Stadtgrenzen. Lange Tradition, jetzt mit wiedererstarktem Qualitätsbewusstsein. Der traditionelle Anbau verschiedener Reben in einem Weinberg ist seit 2013 als DAC GEMISCHTER SATZ verankert. Der Heurigen-Besuch ist ein Muss. Beste Erzeuger: Christ, LENIKUS, WIENINGER und Zahel.

**Wieninger, Fritz** Wien r w; sch ★★★ → ★★★★ 13 14 – In WIEN ein Star, sein biodynamisch erzeuger GEMISCHTER SATZ vom Nussberg und Rosengartl setzt Maßstäbe. Großartiger PINOT NOIR. Sein Wiener HEURIGER inmitten der Weinlage Nussberg ist eine Institution.

**Winzer Krems** Kremstal w ★★ Genossenschaft, der 962 Weinbauern mit insgesamt 990 ha angehören. Produziert preiswerten RIESLING, GRÜNEN VELTLINER und ZWEIGELT.

**Wohlmuth** S-Stm w ★★★ → ★★★★ Herausragender Produzent in der STEIERMARK von SAUVIGNON BLANC, CHARDONNAY und RIESLING, besonders aus den Einzellagen Edelschuh, Gola und Hochsteinriegl.

# England

Ein neues Jahr und gleich ein ganzer Schwung völlig neuer Namen – und es sind wirklich gute dabei. Der typische Stil englischer Weine ist superfrisch, elegant, mit Noten, die manchmal an Apfel oder auch weiße Blüten erinnern. Die Dosage ist nicht höher als in der Champagne: Das ist eine Überraschung für Genießer, die glauben, man müsste höhere Säuregrade mit höherer Dosage ausgleichen. Die Qualität der Spitzenerzeuger für Schaumwein geht gerade durch die Decke. Der Schlüssel dazu liegt neben der sorgfältigen Arbeit im Weinberg, einer sauberen Vinifizierung und den wärmeren Sommern vor allem in der Länge des Hefelagers, während dem die Weine Tiefe und Harmonie entwickeln. Auch die weitere Reifung in der Flasche tut ihnen gut. Englischen Schaumweinen sollte man die Zeit geben, die sie benötigen. Die meisten der hier aufgeführten Weine sind nur in England erhältlich, und auch da nicht alle überall, doch wenn Sie im Land sind, probieren Sie sie! Auf diese Tropfen können die Briten sehr wohl stolz sein.

**Black Chalk** Hampshire – Ein neuer Name mit einem präzisen und eleganten 2015er sowie sehr gutem Rosé Wild Rose – delikat, straff und von sehr heller Farbe.

**Bluebell Vineyard Estates** Ost-Sussex ★★ Hier sollte man auf den Blanc de Blancs setzen: Subtil und gut ausbalanciert. Die Classic Cuvée ist gehaltvoller. Der fassgereifte Blanc de Blancs kommt ein wenig zu mächtig rüber.

**Bolney Wine Estate** West-Sussex ★ In diesem schon lange gut eingeführten Weingut ist die Classic Cuvée die beste Empfehlung: Ganz ohne biologischen Säureabbau kommt sie frisch, säurebetont und mit zarter Holundernote daher.

**Breaky Bottom** Ost-Sussex ★★★ Wunderbare Eleganz und Präzision aus einem kleinen, schon lange bestehenden Betrieb. Empfehlenswert: Die auf SEYVAL BLANC basierende Cuvée Koizumi Yakumo und die Champagner-Cuvée Gerard Hoffnung.

**Bride Valley** Dorset ★★ Die Weine von Steven und Bella Spurrier wachsen nah am Meer. Superfrische ist das Ziel, nicht die Zeit auf dem Hefelager. Brut mit Apfelnoten, guter Bella Rosé, ergänzt um den neuen Crémant und ebenfalls guten stillen CHARDONNAY.

**Camel Valley** Cornwall ★★ Saftiger schöner Rosé und eleganter weißer Brut oJ, der von Flaschenreife profitiert. Camel Valley war der erste königliche Hoflieferant.

**Chapel Down** Kent ★→★★★ Großer Erzeuger von sehr gefälligen Weinen. Blanc de Blancs und Coeur de Cuvée von der Einzellage Kit's Coty sind deutlich interessanter, aber auch megateuer.

**Coates & Seely** Hampshire ★★★ Wundervoll reifer und lebhafter Brut Reserve oJ, würzig-kräftiger Rosé oJ, Blanc de Blancs mit Schmelz. Zum Sachverstand kommt hier auch viel Selbstbewusstsein. Prickelndes trägt den Beinamen »Britagne«.

**Cottonworth** Hampshire – Straffe Weine mit Charakter aus dem Test Valley.

**Court Garden** Ost-Sussex ★★ Guter körperreicher Stil mit ordentlich Kraft. Straffer Blanc de Blancs, elegante Classic Cuvée mit Biskuitnote, voller Blanc de Noirs. Knackiger Rosé mit Aromen von roten Früchten.

**Denbies** Surrey ★ Die größte Einzellage Großbritanniens. Vom Stil her eher kommerziell, mit ausgeprägten Toastaromen. Guter stiller PINOT NOIR. Das Gut ist auch touristisch sehr gut erschlossen – es gibt ein neues Hotel in den Weinbergen.

**Digby** Hampshire, Kent, West-Sussex ★★★ Négociant, der Trauben aus verschiedenen Countys aufkauft. Gut gereifte, überzeugende Weine von Kellermeister Dermot SUGRUE, der bei WISTON unter Vertrag steht. Schaumwein oJ auf PINOT-Basis, stilvoller Reserve Brut und sehr guter Leander Pink oJ., produziert für den gleichnamigen sehr exklusiven Ruderclub.

**Exton Park** Hampshire ★★★ Weine mit Charakter, die einem das Wasser im Munde zusammenlaufen lassen, und das mit vergleichsweise wenig Dosage. Schöner, dichter Rosé oJ und reichhaltiger, energiegeladener Blanc de Noirs. Auch in halben Flaschen erhältlich.

**Greyfriars** Surrey ★★ Am besten sind die ausgewogene Classic Cuvée (13) und der Blanc de Blancs (13). Auch die Schaumweine oJ von CHARDONNAY, PINOT NOIR und PINOT MEUNIER sind einen Versuch wert.

**Gusbourne** Kent, West-Sussex ★★★ Weinberge auf Ton in Kent und auf Kreide in Sussex. Sehr guter Blanc de Blancs, dazu Brut Reserve und als Stillweine CHARDONNAY und knackiger PINOT NOIR. Der neue 2010er Late Disgorged kommt 2019 heraus.

**Hambledon Vineyard** Hampshire ★★★ Vollendete Weine, wunderbar üppig und harmonisch. Alles unter der Marke Hambledon ist wirklich gut, auf Topniveau. Weine aus der Reihe Meonhill sind preiswerter, aber auch gut.

**Harrow & Hope** Buckinghamshire ★★ Der Name des Guts mit seinem steinigen Weinberg bei Marlow klingt wie der eines Pubs. Von den 2010 gepflanzten Reben ist der erste Wein 2016 auf den Markt gekommen. Eleganter Blanc de Blancs, ausgewogener Brut Reserve oJ, zarter, würziger Brut Rosé mit Himbeernote.

**Hart of Gold** Herefordshire ★★ Komplexer tiefgründiger, ernst zu nehmender Schaumwein, fast vornehm. Witziges Etikett.

**Hattingley Valley** Hampshire ★★★ Große Klasse: Subtile und gut strukturierte Classic Reserve, der Rosé (14) präsentiert sich in schönster Form. Spitze ist der Blanc de Blancs (11) mit seinen vier Jahren auf der Hefe: voller Aroma und Schmelz.

**Henners** Ost-Sussex ★★ Klassische Reife, gute Balance im Brut (11), dem Brut Reserve (10) und dem kirschwürzigen Rosé.

**Herbert Hall** Kent ★★ Vielversprechende Weine, oft ein bißchen zu jung. Sehr hübsch ist der Rosé.

**Hoffmann & Rathbone** ★★ Mit Sitz in Sussex, kauft das Lesegut ein und produziert daraus Blanc de Blancs mit Schmelz und leichter Toastnote. Es lohnt sich, auch die Classic Cuvée zu probieren.

**Hush Heath Estate** Kent ★★★ Am Besten ist der Balfour Brut Rosé. Der neue Blanc de Blancs Skye zeigt sich reif und elegant. Produziert auch Cider und besitzt einige Pubs in der Gegend.

**Jenkyn Place** Hampshire ★★ Frischer und floraler Stil, souverän und harmonisch. Sehr guter Brut, üppiger Blanc de Noirs mit Charakter und eine fruchtige Classic Cuvée.

**Leckford Estate** Hampshire ★ Das Lesegut stammt vom eigenen Weingut der Supermarktkette Waitroses, vinifiziert wird bei RIDGEVIEW. Gut ausbalanciert, aber es fehlt ein wenig der Pep.

**Nyetimber** West-Sussex ★★★★ Überzeugende, gekonnt gemachte Weine. Die Reserven oJ reifen mindestens 5 Jahre, was ihnen Tiefe verleiht. Herrlicher 10er Blanc de Blancs (5 Jahre auf der Hefe, Röstaromen). Die elegante Einzellagenabfüllung Tillington ist noch runder. Die neue Prestige Cuvée 1086 (in jenem Jahr erschien das Grundbuch Domesday Book, in dem Nytimber Erwähnung findet) ist besonders fein und delikat.

**Plumpton College** Ost-Sussex ★★ Das einzige College für Wein in Großbritannien; die dort erzeugten Weine sind von gutem Niveau, der Rosé oJ ist ausgezeichnet.

## ENGLAND | Pom–Wyf | 295

**Pommery England** Hampshire – Für den ersten Vorstoß des Champagnerhauses auf englischen Boden konnte Pommery die Kellertechnik von HATTINGLEY VALLEY nutzen, bevor das Gut den eigenen Wein abgefüllt hat. Die Erstausgabe ist vielversprechend frisch, aromatisch und elegant.

**Reben fühlen sich oft wohl, wo auch Äpfel gut gedeihen – mit Ausnahme des Granny Smith, der wächst überall.**

**Raimes** Hampshire – Neuer Erzeuger. Feiner Brut mit Noten von Zitronenkuchen; eleganter, gewichtiger Blanc de Noirs. Beide schön und sehr weinig.

**Rathfinny** Ost-Sussex – Neuer Erzeuger. Die enormen Investitionen zahlen sich jetzt aus mit präzisen, sauberen Weinen, vor allem dem Blanc de Blancs. Dicht und straff sind PINOT BLANC und GRIS. Dazu kommen Experimente mit Vermouth und anderen Spirituosen.

**Ridgeview** Ost-Sussex ★★ Ausnahmslos gut gemachte Weine, angenehm, zuverlässig und mit gutem Preis-Leistungs-Verhältnis. Die zweite Generation hat die Führung übernommen. Verschiedenste Cuvées: Spitze sind Blanc de Blancs, Blanc de Noirs und Rosé de Noirs. Vertragskellerei für verschiedene andere Marken.

**Simpsons** Kent – Vielversprechender Newcomer. Ruth und Charles Simpsons haben Wein im Languedoc produziert; jetzt bewirtschaften sie gute Südhänge mit Kreideböden nahe Canterbury. Gelungener stiller CHARDONNAY, die erste Schaumweinabfüllung ist straff und schlank, mehr Zeit auf der Flasche wird ihr guttun.

**Stopham Estate** West-Sussex ★ Ansprechender stiller PINOT BLANC, sehr saftig mit nussigen und würzigen Noten. PINOT GRIS voller exotischer Aromen.

**Sugrue** Ost-Sussex ★★★★ (früher Sugrue Pierre) Dermot Sugrue arbeitet als Kellermeister bei WISTON, wo er im Auftrag auch für JENKYN PLACE, DIGBY und Black Dog Hill produziert. Jedes Jahr macht er genau einen CHARDONNAY-dominierten Wein von seinen eigenen Rebflächen – und der ist umwerfend. Der The Trouble with Dreams glänzt mit dem Aroma von Zitronenkuchen und überbordender Frucht, er ist komplex, dicht und kristallin. Der Allerbeste: Cuvée Dr Bernard O'Regan.

**Westwell** Kent – Neuer Erzeuger mit eleganten, präzisen Schaumweinen sowie interessantem, gutem stillem Ortega.

**Windsor Great Park** Berkshire ★ Tony Laithwaite vom Weinhandelshaus Laithwaite's und dem Sunday Times Wine Club baut auf einem 4 ha großen Südhang selbst CHARDONNAY, PINOT NOIR und PINOT MEUNIER an – ja, mitten im Park der Royals. Ein paar Jahre mehr werden den Reben wie den Weinen guttun.

**Wiston** West-Sussex ★★★★ Hervorragender Blanc de Blancs. Die gekonnte Hefesatzlagerung erzeugt Tiefe und Spannkraft quer durchs Sortiment. Der Brut oJ besteht jetzt zu 40 % aus Reserveweinen: ein großes Plus. Die Cuvée Brut ist zu 100 % in alten Eichenfässern gereift, das ergibt Schmelz ohne dominante Holznote.

**Wyfold** Oxfordshire ★★ Das winzige Gut (1 ha) mit Champagnerrebsorten auf 120 m Höhe in Chilterns gehört z. T. der rührigen Familie Laithwaite. Weine: Brut (**11**), Rosé (**14**).

# Mittel- und Südosteuropa

Die folgenden Abkürzungen werden im Text verwendet:

**Ungarn**
- **Bal** Balaton
- **N-Pan** Nordpannonien
- **NU** Nordungarn
- **S-Pan** Südpannonien
- **Tok** Tokaj

**Bulgarien**
- **Don** Donauebene
- **Thrak** Thrakische Ebene

**Slowenien**
- **Pod** Podravje
- **Pos** Posavje
- **Prim** Primorska

**Kroatien**
- **Dalm** Dalmatien
- **Is & Kv** Istrien und Kvarner Bucht

**Tschechische Republik**
- **Bö** Böhmen
- **Mäh** Mähren

**Rumänien**
- **Cri-Mar** Crişana und Maramures
- **Dob** Dobrogea (Dobrudscha)
- **Mold** Moldau
- **Munt** Muntenien und Oltenien

Die dunklen Flächen bezeichnen die Weinbaugebiete

# Ungarn

Ungarn hat sich Zeit gelassen, um in die Riege der Marktfavoriten vorzustoßen. Die Sprache, die Stile und die Trauben wollen erst mal kennengelernt sein. Einzigartig ist der Tokaji, einer der größten Süßweine der Welt – aber auch das ist eine Kategorie, für die sich nicht jeder begeistert. Besser fährt Ungarn mit trockenen Weinen und eigenständigen Roten. Furmint, die wichtigste Tokajertraube, mausert sich gerade zum nächsten Hit bei den Weißweinsorten. Sie kann einfach alles, von feinen Schaumweinen bis zu Weißen mit burgunderartiger Komplexität – und natürlich prachtvollen Süßweinen. Leichtere Rote wie Kékfrankos (alias Blaufränkisch) und Kadarka sprechen Sommeliers an, die auf Eleganz aus sind. Zudem erlebt die feine Gastrokultur in Ungarn einen Boom und braucht Weine, die eher unterstützen als dominieren. Wie wir alle.

**Aszú** Tok – Wörtlich »trocken«, steht hier aber für aufgrund von Botrytis geschrumpfte Trauben sowie den süßen Wein, der in TOKAJ daraus gekeltert wird. Seit 2014 ist die gesetzlich vorgeschriebene Mindestsüße 120 g/l Restzucker, was 5 PUTTONYOS entspricht. Es ist möglich, die Weine als 5 oder 6 Puttonyos zu etikettieren. Gute Aszú-Jahrgänge waren 99' 05 06 07 08 09 13' 16 17. In den sehr nassen Jahren 10 und 14 entstand nur wenig Aszú, und nur bei sorgfältiger Auslese. 11, 12 und 15 gab es kaum Botrytis. 2018 sehr gute Qualität, aber geringe Mengen.

**Aszú Essencia/Eszencia** Tok – Begriff für die zweitsüßeste Kategorie des TOKAJER (7 PUTTONYOS und mehr); seit 2010 nicht mehr erlaubt. Nicht mit ESSENCIA/ESZENCIA verwechseln.

**Ein ungarisches Wort sollten Sie kennen: Egészségére (ausgesprochen ungefähr »Ägischeegeerä«). Heißt »Prost«.**

**Badacsony** Bal ★★→★★★ Anbaugebiet auf vulkanischen Hängen am Nordufer des BALATON; volle, reichhaltige Weißweine. Empfehlenswert: Gilvesy, Laposa (Bazalt Cuvée, KÉKNYELŰ, 4-Hegy OLASZRIZLING), Szeremley (alterungswürdiger KÉKNYELŰ und SZÜRKEBARÁT), Villa Sandahl (exzellenter RIESLING), Villa Tolnay.

**Balassa** Tok w; tr s ★★→★★★ Ausgezeichneter Mézes-Mály FURMINT und Villő ASZÚ aus der eigenen Kellerei des Winzers von GRAND TOKAJ.

**Balaton** Bal – Weinregion um den Plattensee, wie der Balaton auf Deutsch genannt wird; Mitteleuropas größter Süßwassersee.

**Balatonboglár** Bal r w; tr ★★→★★★ Name eines Weinbaubezirks am Südufer des BALATON, aber auch eine bedeutende Kellerei im Besitz von TÖRLEY. Gut sind Budjosó, GARAMVÁRI, IKON, KONYÁRI, Kristinus, Légli Géza, Légli Otto, Pócz, Varga.

**Barta** Tok w; tr s ★★→★★★ Vom höchstgelegenen Weinberg in TOKAJ kommen eindrucksvolle trockene Weiße, v. a. Öreg Király FURMINT, HÁRSLEVELŰ, sehr guter süßer SZAMORODNI und ASZÚ.

**Béres** Tok w; tr s ★★ Die hübsche Kellerei in Erdőbénye erzeugt sehr guten ASZÚ und trockene Weine, v. a. Lőcse FURMINT und Diókút HÁRSLEVELŰ.

**Bikavér** r ★→★★★ Wörtlich »Stierblut«; geschützte Ursprungsbezeichnung nur für EGER und SZEKSZÁRD. Immer ein Verschnitt aus mindestens 3 Sorten. In SZEKSZÁRD ist KADARKA vorgeschrieben, mit maximal 7 % sowie mindestens 45 % KÉKFRANKOS, wenn keine neue Eiche verwendet wird. Achten Sie auf die Erzeuger Eszterbauer (v. a. Tüke), HEIMANN, Mészáros, Sebestyén, TAKLER. Hauptanteil im Egri Bikavér ist KÉKFRANKOS; keine Rebsorte darf zu mehr als 50 % vertreten sein. Mindestens 6 Monate Reifung in Eiche ist vorgeschrieben. Für Supérior sind mindestens 5 Sorten und 12 Monate Fassausbau vorgeschrieben, zudem sind nur bestimmte Lagen zugelassen. Spitzenerzeuger für Egri Bikavér: BOLYKI, DEMETER, GÁL TIBOR, Gróf Buttler, ST. ANDREA, Thummerer.

**Bock, József** S-Pan r ★★→★★★ Der Betrieb in VILLÁNY erzeugt volle, körperreiche Rote mit Eichennote. Empfehlenswert: Bock CABERNET FRANC Fekete-Hegy, Bock & Roll, SYRAH, Capella Cuvée.

**Bolyki** NU r rs w ★★ Bemerkenswerte Kellerei in einem Steinbruch in EGER, tolle Etiketten. Sehr guter EGRI CSILLAG, Meta Tema, Rosé, Indián Nyár (wörtlich »Indian Summer«, also Altweibersommer) und exzellenter BIKAVÉR, v. a. Bolyki & Bolyki.

**Csányi** S-Pan r rs ★→★★ Die größte Kellerei in VILLÁNY hat ehrgeizige Pläne. Empfehlenswert: Ch. Teleki CABERNET SAUVIGNON, Kővilla CABERNET FRANC, KÉKFRANKOS ohne Eichennote.

**Csopak** Bal – Weinbaugebiet nördlich des BALATON. Schutzstatus für OLASZRIZLING von erstklassigen Lagen. Empfehlenswert: FIGULA, Homola (Sáfránykert), Jasdi (v. a. Einzellagenauslesen), St. Donát.

**Degenfeld, Gróf** Tok w; tr s ★★→★★★ Deutlich besser gewordenes Gut mit angeschlossenem Luxushotel. Die Süßweine sind am besten: 6 PUTTONYOS, SZAMORODNI. Ordentlicher Zomborka FURMINT.

**Demeter, Zoltán** Tok w; tr s; sch ★★★★ In Tokaj die maßgebliche Kellerei für elegante, intensive trockene Weine, v. a. Boda und Veres (beide FURMINT), auch exzellenter Szerelmi HÁRSLEVELŰ und schöner Oszhegy MUSCAT. Sehr guter PEZSGŐ (Schaumwein), Spätlese-Cuvée Eszter, ausgezeichneter ASZÚ.

**Dereszla, Chateau** Tok w; tr s ★★→★★★ Bekannt für exzellenten ASZÚ. Auch guter trockener FURMINT und Kabar und guter PEZSGŐ. Seltener, unter Flor gereifter trockener SZAMORODNI Experience.

**Districtus Hungaricus Controllatus (DHC)** Begriff für Weine mit geschützter Ursprungsbezeichnung (g.U.), symbolisiert durch eine Krokusblüte auf dem Etikett und die Aufschrift »DHC«.

**Disznókő** Tok w; tr s ★★★→★★★★ Bekanntes »Grand cru«-Gut mit Restaurant und Kellereitouren. Feiner, expressiver ASZÚ, großartig der Kapi (Einzellage) in Spitzenjahren. Auch preisgünstige Spätlese und Édes SZAMORODNI (süß).

**Dobogó** Tok (r) w; tr s ★★★ Tadelloses kleines Tokajer-Gut (der Name steht lautmalerisch für den Herzschlag). Maßstäbe setzender ASZÚ und Spätlese Mylitta, ausgezeichneter langlebiger trockener FURMINT und wegweisender Pinot noir Izabella Utca.

**Dűlő** Einzellage mit eigenem Namen. Erstklassige Lagen in TOKAJ sind: Betsek, Király, Mézes-Mály, Nyúlászó, Szent Tamás, Úrágya.

**Duna** Die Große Tiefebene mit den Bezirken Hajós-Baja (zu empfehlen: Sümegi, Koch – auch VinArt in VILLÁNY), Csongrád (Somodi) und Kunság (Frittmann, Font).

**Eger** NU r w; tr s ★→★★★ Die erstklassige Rotweinregion Nordungarns produziert mehr Rote im burgundischen Stil und ist bekannt für Egri BIKAVÉR. Spitzenerzeuger: BOLYKI, Gróf Buttler, Demeter, Gál Tibor, Kaló Imre (Naturweine), KOVÁCS NIMRÓD, Pók Tamás, ST. ANDREA, Thummerer.

**Egri Csillag** NU – »Stern von Eger.« Trockener Weißweinverschnitt von Sorten aus den Karpaten.

**Essencia/Eszencia** Tok ★★★★ Legendärer, üppiger Vorlaufmost aus ASZÚ-Trauben; wird nur gelegentlich abgefüllt. Der Alkoholgehalt liegt in der Regel deutlich unter 5 %, dafür gibt's Zucker ohne Ende. Sogar medizinische/aphrodisische Kräfte werden Essencia nachgesagt.

**Etyek-Buda** N-Pan – Dynamische Weinregion, bekannt für ausdrucksstarke, frische Weißweine, gute Schaumweine und vielversprechenden PINOT NOIR. Führende Erzeuger: ETYEKI KÚRIA (v. a. Pinot noir, SAUVIGNON BLANC), György Villa (das Premiumgut von Törley), HARASZTHY (Sauvignon blanc, Sir Irsai, Öreghegy), Nyakas (sehr guter CHARDONNAY), Kertész, Rókusfalvy.

**Etyeki Kúria** N-Pan r rs w ★★ Führende Kellerei in ETYEK mit sehr gutem SAUVIGNON BLANC, elegantem PINOT NOIR und KÉKFRANKOS.

**Figula** Bal r rs w ★★→★★★ Familienweingut am BALATON mit Fokus auf Lagenselektionen von OLASZRIZLING, v. a. Sáfránkert, Szákas. Exzellenter Weißweinverschnitt Köves.

**Gál Tibor** NU r w ★★ Der neue Keller hat enorme Verbesserungen gebracht. Probieren Sie den ansprechenden EGRI CSILLAG, den feinen KADARKA und den lebhaften, modernen TiTi BIKAVÉR.

**Garamvári** Bal r rs w; tr; sch ★→★★★ Führender Erzeuger von Schaumwein mit Flaschengärung (ehemals Ch. Vincent). Topweine: Optimum Brut, FURMINT Brut Natur, PINOT NOIR Evolution Rosé. Gute Reihe Garamvári, v. a. SAUVIGNON BLANC, IRSAI OLIVÉR. Verlässliche, sehr preisgünstige Sortenweine unter dem Etikett Lellei.

**Gere, Attila** S-Pan r rs ★★★→★★★★ Der Vorzeigebetrieb in VILLÁNY erzeugt einige der besten Rotweine des Landes, v. a. eleganten MERLOT Solus, intensive Cuvée Kopár und die Fass-Selektion Attila. Neuer Fekete Járdovány von einer seltenen historischen Sorte.

**Gizella** Tok w ★★ Kleine Familienkellerei mit köstlichen trockenen Weißen.

**Grand Tokaj** Tok w; tr s ★→★★★ Große staatseigene Genossenschaft in TOKAJ, ehemals Crown Estates, neu gestartet 2013. Neue Kellerei, neuer Kellermeister (Karoly Áts, früher bei ROYAL TOKAJI). Ansprechender Arany Késői Late-Harvest, trockener FURMINT Kővágó DŰLŐ und sehr guter Szarvaz ASZÚ 6 PUTTONYOS.

**Haraszthy** NU r w ★★ Schönes Weingut in ETYEK. Sehr guter SAUVIGNON BLANC und frischer weißer Sir Irsai.

**Heimann** S-Pan r ★★→★★★ Eindrucksvolle Familienkellerei in SZEKSZÁRD v. a. mit intensivem Barbár und BIKAVÉR. Auch feiner KADARKA und KÉKFRANKOS Alte Reben.

**Hétszőlő** Tok w; tr s ★★★ Historische Kellerei und toller Weinberg im Besitz von Michel Rebier, dem Eigentümer von Cos d'Estournel (Bordeaux). Für seine Delikatesse bekannt. Eindrucksvoller 6 PUTTONYOS ASZÚ.

**Heumann** S-Pan r rs w ★★→★★★ Das kleine Gut in Siklós in deutsch-schweizerischem Besitz erzeugt großartigen KÉKFRANKOS Reserve und CABERNET FRANC; ansprechender SYRAH und roter Lagona.

**Hilltop** N-Pan r rs w ★★ – Kellerei in Neszmély; sorgfältig bereitete sortenreine Weine (BV) mit gutem Preis-Leistungs-Verhältnis unter den (Export-) Etiketten Hilltop und Moonriver. Sehr gute Premiumreihe Kamocsay (v. a. CHARDONNAY, Ihlet Cuvée).

**Holdvölgy** Tok w dr; s ★★→★★★ Supermoderne Kellerei in MÁD, bekannt für komplexe trockene Weine (v. a. Vision, Expression) sowie sehr gute Süßweine.

**Ikon** Bal r w ★★ Gut bereitete Weine aus Lagen von KONYÁRI und der ehemaligen Abtei Tihany. Probieren Sie den CABERNET FRANC Evanglista.

**Kikelet** w; tr s ★★★ Wunderbar ausgewogene Weine von einem kleinen Familiengut im Besitz einer französischen Kellermeisterin und ihres ungarischen Ehemanns.

**Királyudvar** Tok w; tr s; sch ★★★ Biodynamischer Erzeuger in den alten königlichen Gewölben in Tarcal. Hoch angesehen für FURMINT Sec, Henye

PEZSGŐ, Cuvée Ilona (Spätlese) sowie das Aushängeschild ASZÚ Lapis 6 PUTTONYOS.

**Konyári** Bal r rs w ★★→★★★ Guter Familienbetrieb nahe dem BALATON. Probieren Sie den Rosé (BV), den Loliense (rot und weiß) und den sehr schönen Szárhegy. Spitzenrotweine: Jánoshegy KÉKFRANKOS, Páva.

**Kovács Nimród** NU r rs w ★★→★★★ Erzeuger in EGER mit vom Jazz inspirierten Etiketten. Empfehlenswert: Battonage CHARDONNAY, Blues KÉKFRANKOS, Monopole Rhapsody, NJK, 777 PINOT NOIR.

**Kreinbacher** w; tr; sch ★★→★★★ Ungarns bester Schaumwein: Der Prestige Brut ist Weltklasse, der Classic Brut PEZSGŐ sehr gut (beide auf FURMINT-Basis). Sehr guter trockener Juhfark, HÁRSLEVELŰ, Öreg Tőkék (alte Reben).

**Mád** Tok – Historische Stadt in TOKAJ mit großartigen Lagen und Kellern; Sitz des Mád Circle, einer Gruppe führender Weingüter: Árvay, Áts, BARTA, Budaházy, Demetervin (guter trockener FURMINT, süßer Elvezet), HOLDVÖLGY, Lenkey, Orosz Gabor, ROYAL TOKAJI, SZENT TAMÁS WINERY, SZEPSY, Tokaj Classic, Úri Borok.

**Malatinszky** S-Pan r rs w ★★★ Zertifizierter Bioerzeuger in VILLÁNY. Exzellenter langlebiger Kúria Cabernet franc und roter Kövesföld. Gut auch die als »Noblesse« etikettierten Weine.

**Mátra** NU ★→★★ Weinregion im nördlichen Hügelland für frische Weiße, Rosés und leichtere Rote mit vernünftigem Preis-Leistungs-Verhältnis. Bessere Erzeuger: Balint, Benedek, Gábor Karner, NAG, NAGYRÉDE, Szőke Mátyás, Naygombos (rosé).

**Mór** N-Pan w ★→★★ Die kleine Region ist bekannt für den feurigen Ezerjó; vielversprechend auch für CHARDONNAY, TRAMINI. Empfehlenswert ist die Kellerei Czetvei.

**Nagyréde** NU (r) rs w ★ Preisgünstige kommerzielle Sortenweine (BV) unter den Marken Nagyréde und Mátra Hill.

Niemals mit Biergläsern anstoßen in Ungarn – das bringt Unglück. Besser beim Wein *(bor)* bleiben.

**Oremus** Tok w; tr s ★★→★★★★ Perfektionistische Kellerei in Tolcsva im Besitz von Vega Sicilia (Spanien). Herausragender ASZÚ; sehr guter Late Harvest und trockener FURMINT Mandolás.

**Pajzos-Megyer** Tok w; tr s ★★→★★★ 1991 von Franzosen gegründete Kellerei in Sarospatak, jetzt wieder in Form. Das Etikett Megyer steht für reinsortige moderne trockene und Spätleseweine (süß). Pajzos ist die Marke für erstklassigen, besonders langlebigen ASZÚ und schönen Spätlese-HÁRSLEVELŰ.

**Pannonhalma** N-Pan w r rs w ★★→★★★ Die 800 Jahre alte Abtei erzeugt fokussierte, aromatische Weißweine, v. a. RIESLING, SAUVIGNON BLANC und TRAMINI. Schöner Hemina (weiß), passabler PINOT NOIR.

**Patricius** Tok w; tr s ★★→★★★ Schönes Weingut in Bodrogkisfalud. Verlässlicher trockener FURMINT, v. a. der Selection, guter spät gelesener Katinka und ASZÚ.

**Pendits** Tok w; tr s ★★ Demeter-zertifiziertes Bioweingut in Abaújszántó. Üppiger, lagerfähiger ASZÚ, hübscher trockener MUSCAT (BV).

**Pezsgő** – Ungarisch für »Schaumwein« – eine weitere Facette der ungarischen Weinlandschaft. Muss seit 2017 flaschenvergoren sein, wenn er aus TOKAJ stammt.

**Puttonyos (Butten)** Traditionelle Angabe für den Süßegehalt des TOKAJI ASZÚ. Muss seit 2013 nicht mehr genannt werden, kann aber (siehe ASZÚ). Historisch war ein Puttony eine Trage bzw. Butte von 25 kg Aszú-Trauben, und der Süßegrad des Weins bemaß sich nach der Anzahl der einem 136-l-Fass (*gönci*) Grundwein oder gärendem Most hinzugegebenen Butten.

**Royal Tokaji Wine Co.** Tok tr s – Kellerei in MÁD, die 1990 die Renaissance des TOKAJERS einläutete (ich selbst bin Mitbegründer). Vorwiegend Lagen »erster Klasse«. 6-PUTTONYOS-Einzellagenabfüllungen: v. a. Betsek, Mézes-Mály, Nyulászó (auch 5 Puttonyos) und Szent Tamás. Die Gold, Blue und Red Labels sind 5-Puttonyos-Verschnitte. Sehr gut auch der trockene FURMINT und The Oddity. Das Etikett By Appointment steht für exklusive Kellermeisterprojekte: No 4 ist eine Szent-Tamás-Spätlese, No 5 ein Betsek-HÁRSLEVELŰ.

**Sauska** S-Pan, Tok r rs w ★★→★★★★ Tadellose Kellerei in VILLÁNY. Sehr guter KADARKA, KÉKFRANKOS und CABERNET FRANC sowie eindrucksvolle rote Verschnitte, v. a. Cuvée 7 und Cuvée 5. Der Ableger Sauska-TOKAJ konzentriert sich auf exzellente trockene Weiße, v. a. FURMINT Birsalmás und Medve Furmint. Sehr guter PEZSGŐ (Schaumwein) Extra Brut.

**Ungarn hat Hunderte erloschene Vulkane und über 1.000 heiße Quellen.**

**Somló** Bal – Markanter erloschener Vulkan, berühmt für langlebigen herben weißen Juhfark (»Schafschwanz«); auch FURMINT, HÁRSLEVELŰ und OLASZRIZLING. In der Region dominieren kleine Erzeuger, v. a Fekete, Györgykovács, Kolonics, Royal Somló, Somlói Apátsági, Somlói Vándor, Spiegelberg. Auch die größeren Betriebe TORNAI (v. a. die Reihe Top Selection) und Kreinbacher sind sehr gut (beachtlicher PEZSGŐ).

**Sopron** N-Pan – Bezirk nahe der österreichischen Grenze am Fertő-See. KÉKFRANKOS ist die wichtigste Traube, dazu kommen CABERNET SAUVIGNON, PINOT NOIR und SYRAH. Hervorragend ist der biodynamisch arbeitende Weninger, der Einzelgänger Ráspi ist für Naturweine bekannt. Außerdem: Luka, Pfneiszl, Taschner.

**St. Andrea** NU r rs w ★★★ Führender Erzeuger in EGER und Wegbereiter für modernen, hochklassigen BIKAVÉR (Áldás, Hangács, Merengő). Gute Weißweinverschnitte: Napbor, Örökké und der köstliche rosé Szeretettel. Flaggschiffweine sind Mária (weiß) und Nagy-Eged-Hegy (rot).

**Szamorodni** – Ursprünglich aus dem Polnischen stammender Begriff mit der Bedeutung »wie er gewachsen ist«; wird verwendet für TOKAJER aus Ganztraubenvergärung, mit oder ohne Botrytis. *Édes* (süß) ist er mit mind. 45 g/l Zucker und 6 Monaten Eichenfassreifung – beliebt, seit ASZÚ mit 3 und 4 PUTTONYOS verboten wurden. Erzeuger: BARTA, Bott, HOLDVÖLGY, KIKELET, OREMUS, Pelle, SZENT TAMÁS, SZEPSY. Die besten trockenen (*szaraz*) Versionen reifen unter Flor wie Sherry, etwa von CH. DERESZLA, Karádi-Berger, Tinon.

**Szekszárd** S-Pan – Das Gebiet ist bekannt für reife, reichhaltige Rote. Das Augenmerk liegt zunehmend auf BIKAVÉR, KÉKFRANKOS und der wiederbelebten leichteren KADARKA. Erzeuger: v. a. Dúzsi (rosé), Eszterbauer (v. a. Tüke Bikavér, Nagyapám Kadarka), HEIMANN, Mészáros, Remete-Bor (Kadarka), Sebestyén (Ivan-Volgyi Bikavér), TAKLER, Vesztergombi (Csaba's Cuvée, Turul), Szent Gaal, VIDA.

**Szent Tamás** Tok w; s ★★★ Bedeutende Kellerei (mit nettem Café) in MÁD. Gute trockene FURMINT-Weine, v. a. Dongó und Percze. Bei den Süßweinen liegt der Fokus jetzt auf SZAMORODNI: Nyulászó und Dongó sind superb. Außerdem beliebte Weine unter dem Etikett Mád auf »Village«-Niveau.

**Szepsy, István** Tok w; tr s ★★★★ Brillanter, vom Terroir besessener, kompromissloser TOKAJI-Erzeuger in der 17. Generation in MÁD. Konzentriert sich jetzt auf trockenen FURMINT (v. a. Urágya, Betsek und Nyúlászó DŰLŐ) und die Wiederbelebung des süßen SZAMORODNI. Großartiger ASZÚ (v. a. Dűlő Úrágya) und umwerfender seltener ESZENCIA.

**Szeremley** Bal w; tr s ★★ Pioniergut in BADACSONY. Intensiver, feiner RIESLING, Szürkebarát (alias PINOT GRIS), alterungswürdiger KÉKNYELŰ, ansprechender süßer Zeus.

**Takler** S-Pan r rs ★★ Sehr reife, geschmeidige Rotweine aus SZEKSZÁRD. Ordentliche, preisgünstige Rote und Rosés auf Einsteigerniveau. Am besten sind die Reserve-Auslesen von CABERNET FRANC und KÉKFRANKOS.

> **Furmint – Freunde und Verwandte**
>
> Mit Programmen wie dem FURMINT February und dem International ASZÚ Day rücken Furmint-Weine vielleicht auch näher an Sie heran. Die Traube hat etwas von RIESLING und etwas von CHARDONNAY: lebhafte, stahlige, knackige Weiß- und tolle Süßweine auf der Riesling-Seite, das Potenzial für feine Schaum- und vielschichtige Weißweine auf der Chardonnay-Seite – tatsächlich ist sie beiden eine Halbschwester. Auch ihre Fähigkeit, das Terroir auszudrücken und gut zu altern, geht in die gleiche Richtung.

**Tinon, Samuel** Tok w; tr s ★★★ Der Mann aus dem Bordelais lebt seit 1991 in TOKAJ. Außergewöhnliche trockene FURMINT-Lagenselektionen. Unverwechselbarer, komplexer Tokaji ASZÚ, bereitet mit langer Maischestandzeit und Fassausbau. Ausgezeichneter süßer und ikonischer trockener unter Flor gereifter Szamorodni.

**Tokaj Nobilis** Tok w; tr s ★★★ Kleiner, aber sehr feiner Erzeuger in Bodrogkisfalud unter Leitung von Sarolta Bárdos, die zu den inspiriertesten Weinmacherinnen in TOKAJ gehört. Exzellenter trockener Barakonyi HÁRSLEVELŰ, FURMINT, sehr guter SZAMORODNI, seltener Kövérszőlő Edes (süß).

**Tokaj/Tokaji (Tokajer)** Tok ★★→★★★★ Nach der Stadt und Weinregion Tokaj wurde der berühmte süße Likörwein Ungarns benannt: Tokaji auf Ungarisch, Tokajer auf Deutsch. Neben den Erzeugern mit eigenem Eintrag sind zu empfehlen: Árvay, Áts, Bardon, Basilicus, Bodrog Borműhely, Bott Pince, Carpinus, Demetervin, Erzsébet, Espák, Füleky, Hommona Atilla, Juliet Bravo, Karádi-Berger, Lenkey, Pelle, Orosz Gábor, Sanzon, Zombory, Zsadányi.

**Törley** r rs w; tr ★→★★ Der wichtigste Markenname hier ist Chapel Hill. Gut bereitete, preisgünstige sortenreine Weine (BV) von internationalen Rebsorten und den lokalen Trauben IRSAI OLIVÉR, Zenit und Zefir. Großer Erzeuger von Schaumwein (v. a. mit den Marken Törley, Gala und Hungaria); sehr gut der François Président Rosé Brut und der CHARDONNAY Brut (oJ) nach den klassischen Verfahren. Spitzenauslesen unter dem Etikett György-Villa.

**Tornai** Bal w ★★ Zweitgrößtes Gut in Somló. Preisgünstige sortenreine Weine auf Einsteigerniveau, exzellente Reihe Top Selection mit FURMINT und Juhfark.

**Tűzkő** S-Pan r w ★★ Erzeuger im Besitz von Antinori. Guter TRAMINI, KÉKFRANKOS, MERLOT.

**Vida** S-Pan r ★★ Sehr guter BIKAVÉR, KADARKA von alten Reben, Hidaspetre KÉKFRANKOS, La Vida.

**Villány** S-Pan – Ungarns südlichste Weinbauregion, bekannt für ernsthafte, reife Weine von Bordeaux-Sorten (v. a. CABERNET FRANC) sowie Verschnitte. Saftiger Kékfrankos und PORTUGIESER. Hohe Qualität liefern: ATTILA GERE, Bock, CSÁNYI, Gere Tamás & Zsolt (Aureus Cuvée), HEUMANN, Hummel, Jackfall, Janus, Kiss Gabor, Lelovits (Cabernet franc), Malatinszky, Polgar, Riczu (Symbol Cuvée), Stier (MERLOT, Villányi Cuvée), Ruppert, Sauska, Tiffán, Vylyan, WENINGER-GERE.

**Villányi Franc** S-Pan – Neue Klassifikation für CABERNET FRANC aus VILLÁNY. Für Premiumversionen sind eine Ertragsbegrenzung und ein Jahr Eichenfassreifung vorgeschrieben. Für Superpremiumweine gelten seit 2015 maximal 35 hl/ha.

**Vylyan** S-Pan r rs ★★→★★★ Rotweinspezialist mit guten Einzellagenselektionen, v. a. Gombás PINOT NOIR, Mandolás CABERNET FRANC, Montenuovo und Pillangó MERLOT. Das rote Aushängeschild ist die Cuvée Duennium. Auch köstlicher, seltener Csoka.

**Weninger** NU r w ★★★ Standards setzender biodynamischer Erzeuger in SOPRON, geleitet von dem Österreicher Franz Weninger jr. Der Steiner Kékfrankos von einer Einzellage ist großartig. Eindrucksvoll auch SYRAH, CABERNET FRANC und der rote Verschnitt Frettner. Verführerischer Orange Zenit.

**Weninger & Gere** S-Pan r rs ★★→★★★ Gemeinschaftsunternehmen des Östereichers Franz Weninger sen. mit Attila GERE. Ausgezeichneter CABERNET FRANC, leckerer Tinta (TEMPRANILLO), dazu die Cuvée Phoenix und der frische Rosé (BV).

# Bulgarien

Neue Investitionen und der Abbau von Vorschriften haben zu einer dynamischen Phase im bulgarischen Weinbau geführt. Man experimentiert mit ungewöhnlichen Verschnitten, oft mit großem Erfolg. Amphoren, Pét-Nat und Orange Wines tauchen ebenfalls auf. Die meisten Kellereien besitzen oder kontrollieren nun auch Rebflächen, was zu mehr Betonung von regionaler Identität und Authentizität mittels einheimischer Rebsorten führen dürfte. Achten Sie auch auf Cabernet franc, der sich eindrucksvoll macht.

**Alexandra Estate** Thrakische Ebene r rs w ★★ 60-ha-Gut mit gutem VERMENTINO, Rosé und weichen Roten.

**Angel's Estate** Thrakische Ebene r rs w ★★ Reife, eichenholzwürzige, geschliffene Rote und weiche Weiße unter dem Etikett Stallion, auch eindrucksvoller Deneb.

**Bessa Valley** Thrakische Ebene r rs ★★★ Pionierkellerei nahe Pazardjik. Weiche, füllige Rote und fester, frischer Rosé. Zu empfehlen sind der Enira, die sehr guten Weine SYRAH Enira und Enira Reserva und die exzellente Grande Cuvée.

*Bulgarien hat nie seinen Namen geändert, seit es im Jahr 681 gegründet wurde.*

**Better Half** Thrakische Ebene r rs w ★★ Echte Garagenkellerei, verwendet Amphoren. Sehr gute rote Verschnitte, CHARDONNAY, MARSANNE/ROUSSANNE, rosé NEBBIOLO.

**Black Sea Gold** Thrakische Ebene r rs w ★ Große Kellerei an der Schwarzmeerküste. Zu den besseren Etiketten gehören: Pentagram, Golden Rhythm, Salty Hills sowie Villa Marvella aus einer Mikrokellerei.

**Borovitsa** Donauebene r w ★★★ Von Hand bereitete Terroirweine aus dem Nordwesten. Aushängeschild ist der langlebige Dux. Sehr gut sind auch MRV (weiße Rhône-Sorten), Cuvée Bella Rada (RKATSITELI), GAMZA (Granny's, Black Pack), Bouquet (lokale Sorte) und Ogy's Legacy (weiß).

**Boyar, Domaine** Thrakische Ebene r rs w ★→★★★ Große Pionierkellerei. Von Etiketten auf Einsteigerniveau (BV) wie Deer Point oder Bolgare über die Mittelklasseweine Platinum, Elements und Quantum bis hin zu den Premiumgewächsen Supreme und Solitaire gibt es alles. Besitzt auch die Boutiquekellerei Korten mit sehr gutem MERLOT, SYRAH und CABERNET FRANC, v. a. Single Barrel.

**Bratanov** Thrakische Ebene r w ★★ Familienkellerei in Sakar, arbeitet mit Minimalintervention und Wildhefen. Sehr guter Tamianka, CHARDONNAY *sur lie,* SYRAH und rote Verschnitte.

> **Unabhängige Erzeuger**
>
> Weingüter gab es vor 15 Jahren in Bulgarien so gut wie gar nicht, heute sind sie überall. Achten Sie auf: Bendida (MISKET, RUBIN), Bononia (GAMZA, rosé Ooh La La), Ch. Copsa (Zeyla Misket), Gulbanis (CABERNET FRANC), Ivo Varbanov (CHARDONNAY, VIOGNIER), Rousse Wine House (RIESLING, Vrachanski Misket, Chardonnay), Staro Oryahovo (Vrachanski Misket, Varnenski Misket), Stefan Pirev Wines (Chardonnay Kosara, Top Blend), Stratsin (SAUVIGNON BLANC, Rosé, MERLOT), Uva Nestum, Varna Winery (frische Weiße BV, fruchtiger PINOT NOIR), Via Vinera (DIMIAT, Red Misket, MAVRUD), Villa Yustina (Reihe 4 Seasons, Monogram Rubin/Mavrud), Yalovo (Misket-Verschnitt, Rubin, Schaumwein).

**Burgozone** Donauebene r w ★★ Gute Weißweine von einem Familienbetrieb nahe der Donau; v. a. VIOGNIER, SAUVIGNON BLANC, Eva und Iris Creation.

**Damianitza** Thrakische Ebene r rs w ★★ Ganzheitlicher Erzeuger im Struma-Tal mit einigen zertifizierten Bioweinen. Empfehlenswert: Ormano (weiß), Volcano SYRAH, Uniquato und das Aushängeschild Kometa.

**Dragomir** Thrakische Ebene r rs w ★★→★★★ Sehr gute Garagenkellerei mit intensiven, körperreichen Roten, v. a. Pitos und das Flaggschiff RUBIN Reserve, dazu kommt die frische Sarva (rot, rosé, weiß). Eindrucksvoller neuer CABERNET FRANC.

**Eolis** Thrakische Ebene r w ★★ Winziges Gut mit biodynamischen Prinzipien. Sehr guter VIOGNIER, MERLOT, CABERNET FRANC.

**Katarzyna** Thrakische Ebene r rs w ★ Die große, moderne Kellerei im Grenzgebiet zu Griechenland ist für reife, weiche Rotweine bekannt. Probieren Sie La Vérité CABERNET FRANC, Harvest MERLOT, Encore MALBEC.

**Logodaj** Thrakische Ebene r rs w; sch ★★ Kellerei im Struma-Tal; bei der Weinbereitung berät ein Protégé von Riccardo Cotarella. Sehr guter flaschenvergorener Satin, v. a. Rosé. Reichhaltiger CHARDONNAY und exzellenter Nobile MELNIK, auch seriöser Incantesimo SYRAH.

**Maryan** Donauebene r w ★→★★ Familienbetrieb mit sehr gutem Reserve (rot), Queen Elena (rot) und DIMIAT Sense of Tears.

**Medi Valley** Thrakische Ebene r rs w ★★ Erzeuger mit dem höchstgelegenen kommerziell bewirtschafteten Weinberg in Bulgarien, plus einer Parzelle nahe Vidin. Empfehlenswert: Incanto Black, MELNIK 55, MAVRUD, eXentric VIOGNIER.

**Menada** Thrakische Ebene r rs w ★ Drittgrößter Erzeuger, bekannt für die süffigen Verschnitte namens Tcherga.

**Midalidare Estate** Thrakische Ebene r rs w ★★ Makellose Boutiquekellerei mit präzisen Weiß- und sehr guten Rotweinen. 60 ha Rebland. Neuer, eleganter Brut-Schaumwein.

**Minkov Brothers** Thrakische Ebene r rs w ★★ Der Boutiqueableger eines der größten bulgarischen Weinproduzenten. Zu empfehlen sind die preisgünstige rote Cuvée sowie Reserve CABERNET SAUVIGNON, Le Photografie CABERNET FRANC und das Flaggschiff Oak Tree.

**Miroglio, Edoardo** Thrakische Ebene r rs w; sch ★★→★★★ Weingut in Elenovo in italienischem Besitz. Guter flaschenvergorener Schaumwein. Guter PINOT NERO in allen Stilen, inkl. lagerfähigem Reserve, sowie sehr guter Soli Invicto, das Flaggschiff. Auch Elenovo CABERNET FRANC und RUBIN.

**Neragora** Thrakische Ebene r w ★★ Das Bioweingut erzeugt guten MAVRUD und Verschnitte.

**Power Brands** r rs w ★ Ehemals Vinprom Peshtera. Besitzt Villa Yambol (probieren Sie die bessere Reihe Kabile) und New Bloom für die süffigen Etiketten Pixels und Verano Azur; dazu charaktervolle Rotweine namens F2F.

**Preslav, Vinex** Thrakische Ebene r w ★→★★ Die Weißen sind hier am besten, v. a. der langlebige Rubaiyat CHARDONNAY. Probieren Sie auch den Novi Pazar PINOT GRIS und RIESLING.

**Rossidi** Thrakische Ebene r rs w ★★→★★★ Boutiquekellerei nahe Sliven. Feiner, teilweise im Beton-Ei vergorener CHARDONNAY. Sehr guter RUBIN, eleganter PINOT NOIR. Der verführerische orangefarbige Wein ist ein GEWÜRZTRAMINER.

**Rumelia** Thrakische Ebene r w ★★ Sehr guter Spezialist für MAVRUD, sortenrein und in Verschnitten der Reihe Erelia.

**Salla Estate** Donauebene r w ★★ Klare, präzise Weiße, v. a. Vrachanski MISKET, RIESLING, CHARDONNAY. Eleganter CABERNET FRANC.

**Santa Sarah** Thrakische Ebene r w ★★★ Wegweisender *garagiste*. Sehr gut sind die Roten namens Bin, Flaggschiff ist der langlebig Privat. Außerdem weicher Petite Sarah (rot) und ansprechender No Saints Rosé.

**Slavyantsi, Vinex** Thrakische Ebene r rs w ★→★★ Besitzt das Zertifikat »Fair for Life« für ihre Arbeit mit der lokalen Roma-Gemeinschaft. Verlässliche preisgünstige sortenreine Weine und Verschnitte, v. a. unter dem Markennamen Leva.

▶ **Hühner wurden zum ersten Mal in Bulgarien domestiziert, und zwar in der Jungsteinzeit in der Region Haskovo.**

**Struma-Tal** Thrakische Ebene – Wärmste Region im Südwesten, kooperiert mit Touristenstraßen und plant eine geschützte Ursprungsbezeichnung. Der Fokus liegt auf Lokalsorten: Shiroka Melnik, Melnik 55, Sandanski MISKET. Interessante Erzeuger: Abdyika, Augeo, DAMIANITZA, Kapatovo, LOGODAJ, Orbelia, Orbelus (bio), Rupel, Seewines, Via Verde, VILLA MELNIK, Zlaten Rozhen.

**Svishtov** Donauebene r rs w ★→★★ Deutlich verbesserter Großproduzent in Donaunähe mit italienischer Beratung. Zu empfehlen: Gorchivka, Legio.

**Terra Tangra** r rs w ★★ Großes Gut in Sakar mit zertifiziert ökologischen Lagen für die Rotweine. Guter MAVRUD (rot, rosé), MALBEC und seriöser Roto.

**Tohun** Donauebene r rs w ★→★★ Erfrischende Weiß- und Roséweine, v. a. Greus SAUVIGNON BLANC/SEMILLON, und rosé SYRAH, sowie zurückhaltende kühlklimatische Rote.

**Tsarev Brod** Donauebene r w ★★ Neuer Erzeuger mit experimentellem Ansatz, v. a. Pét-Nat-RIESLING, Gergana (seltene lokale Sorte), Amber CHARDONNAY, komplexer SAUVIGNON BLANC Reserve. Ordentlicher junger PINOT NOIR.

**Villa Melnik** Thrakische Ebene r rs w ★★ Familienweingut mit Fokus auf lokale Trauben, v. a. MELNIK, MAVRUD. Guter orangefarbiger SAUVIGNON BLANC, seriöse Weine unter den Etiketten Reserve und Hailstorm.

**Yamantiev's** Thrakische Ebene r w ★→★★ Saubere kommerzielle Weine plus exzellente Auslesen namens Marble Land von einer Lage in 400 m Höhe auf Marmorgrundgestein.

**Zagreus** Thrakische Ebene r rs w ★★ MAVRUD in allen Stilen, vom in Azazienholz vergorenen Rosé bis zum komplexen Vinica von halb getrockneten Trauben im Amarone-Stil.

**Zelanos** Donauebene r w ★★ Makellose neue Kellerei. Zu empfehlen: frischer Red MISKET (weiß), PINOT GRIGIO, eleganter PINOT NOIR (v. a. die Reihe Z).

# Slowenien

Mit seiner grandiosen Landschaft, dem Essen und den Weinen gehört das Land zu den Juwelen Zentraleuropas. Die westliche Ecke (v. a. Brda und Vipava) nimmt in puncto Qualität schon lange eine führende Stellung ein, doch mehr und mehr erfahren auch andere Regionen ernsthaft Beachtung, von der alpinen slowenischen Untersteiermark mit ihren frischen Weißweinen bis zu den lange übersehenen grünen Hügeln Dolenjska im Südosten. Neuere Entdeckungen zeigen, dass die hoch gehandelte Traube Blaufränkisch aus dem Gebiet des heutigen Slowenien stammt – hier wird sie als Modra Frankinja angebaut.

**Batič** Prim r rs w; s ★★ Erzeuger von biodynamischen und Naturweinen in VIPAVA. Bestseller ist der Rosé. Auch Pinela, Rebula, Verschnitte namens Angel und süßer Valentino.

**Bjana** Prim sch ★★→★★★ Sehr guter PENINA nach den traditionellen Methoden aus BRDA, v. a. feiner Brut Rosé, Schaumwein oJ, Brut Zero.

**Blažič** Prim w ★★→★★★ Erzeuger in BRDA mit langlebigem, komplexem Rebula, v. a. Robida, Selekcija. In Spitzenjahren auch Blaž.

**Die weltberühmten Lipizzaner stammen aus dem Gestüt Lipica, das auch nach 425 Jahren immer noch läuft.**

**Brda (Goriška)** Prim – Erstklassiger Bezirk in der Region PRIMORSKA; viele führende Erzeuger: BJANA, BLAŽIČ, Dobuje, DOLFO, EDI SIMČIČ, Erzetič, JAKONČIČ, KLET BRDA, KRISTANČIČ, MOVIA, Prinčič, Reya, ŠČUREK, Zanut. Orange Wines von KABAJ und Klinec.

**Burja** Prim r w ★★★→★★★★ Das Bioweingut in VIPAVA baut alle Lokalsorten plus PINOT NOIR an. Exzellenter Burja Bela, Burja Noir (Pinot noir) und Burja Reddo auf der Basis von Schioppettino. Fantastischer Žorž, ein Einzellagen-Pinot-noir.

**Čotar** Prim r w ★★ Verführerische langlebige Bio-/Naturweine aus KRAS, v. a. weißer Vitovska, MALVAZIJA, SAUVIGNON BLANC, TERAN und roter Verschnitt Terra Rossa.

**Cviček** Pos – Traditioneller, aber im Rückgang begriffener alkoholarmer, scharfer, hellroter Verschnitt aus POSAVJE; basiert auf der lokalen Žametovka-Traube. Probieren Sie ihn von Albiana.

**Dolfo** Prim r w ★★→★★★ Sehr guter Spirito PENINA, Gredic (weiß), CABERNET SAUVIGNON Reserve.

**Dveri-Pax** Pod r w; s ★★→★★★ Historische Kellerei nahe Maribor im Besitz von Benediktinern. Frische, straffe, preisgünstige Weißweine, v. a. FURMINT, PINOT GRIS, SAUVIGNON BLANC. Sehr gute Auslesen von alten Reben: RIESLING, GEWÜRZTRAMINER. Großartige Süßweine.

**Edi Simčič** Prim r w ★★★★ Rotweinsuperstar in BRDA mit dem Duet Lex und der Fassauslese Kolos. Exzellente Weiße: Rebula, SAUVIGNON BLANC, Triton Lex. Ausgezeichneter CHARDONNAY Kozana.

**SLOWENIEN** | Gaš–Kup | 307

ašper Prim r w; sch ★★ Die Marke eines slowenischen Spitzensommeliers, zusammen mit KLET BRDA. Sehr guter MALVAZIJA, PENINA, Rebula, Pinot grigio. Vielversprechender CABERNET FRANC.

ross Pod w ★★★ Familiengut unter österreichischer Führung. Toller Gorca FURMINT, Colles SAUVIGNON BLANC, orangefarbiger TRAMINEC (GEWÜRZ-TRAMINER).

---

### Europas orangefarbenes Zentrum

Slowenien und Kroatien sind immer noch führend bei Orange Wines (die oft genug eigentlich bernsteinfarben sind), insbesondere nah an der Grenze zum Collio, wo Erzeuger wie Gravner, Radikon und Prinčič den Trend zu Weißweinen mit Schalenkontakt wiederbelebt haben. Die Maischestandzeit kann von ein paar Tagen bis zu Wochen oder sogar Monaten dauern. Solche Weine sind orangefarbig und oft nur minimal geschwefelt. Sie sind — jedenfalls potenziell — langlebig, komplex und gute Essensbegleiter. Achten Sie auf: BATIČ, ČOTAR, GROSS, JNK, KABAJ, Klinec, Mlecnik, MOVIA, Ražman, und jenseits der kroatischen Grenze auf Clai, KABOLA, KOZLOVIČ, Roxanich und TOMAC.

---

uerila Prim r w ★★ Biodynamischer Erzeuger in VIPAVA mit sehr gutem PINELA, Weißweinverschnitt Retro, BARBERA.

stenič Pos sch ★★ Guter Schaumweinspezialist. Probieren Sie den Prestige Extra Brut, Gourmet Rosé, N°1 Brut, BARBARA Sec.

strien Küstenbezirk, der sich jenseits der Grenze in Kroatien fortsetzt. Hauptrebsorten sind REFOŠK und MALVAZIJA. Beste Erzeuger: Bordon (E Vin Rosé, Malvazija), Korenika & Moškon (PINOT GRIS, Refošk, roter Kortinca), MonteMoro, Rodica (bio), Rojac (Renero, Stari d'Or), Pucer z Vrha (Malvazija), SANTOMAS, Steras (Refošk Saurih Hills), VINAKOPER.

akončič Prim r w; sch ★★★ Sehr guter Erzeuger in BRDA, v. a. mit der Reihe Carolina: Rebula, Bela (weiß), Rdeča (rot). Auch guter PENINA.

oannes Pod r w ★★ RIESLING-Spezialist bei Maribor. Auch frischer, leichter PINOT NOIR.

Kabaj Prim r w ★★★ Unter französischer Leitung. Bekannt für lange gereiften Amfora, dazu mit Schalenkontakt bereiteter Rebula, Ravan (FRIULANO), Corpus, ernsthafter MERLOT.

Klet Brda Prim r w; sch ★★→★★★ Sloweniens größte Genossenschaft präsentiert sich überraschend gut und zukunftsorientiert. Probieren Sie die Lagenselektionen namens Bagueri. Auch sehr gute weiße Sortenweine Quercus, Krasno ohne Eichennote, Colliano für den US-Markt. Exzellenter Flaggschiffwein A+ (rot und weiß).

Kobal Pod w ★★ Der ehemalige Kellermeister von PULLUS hat sich selbstständig gemacht. Sehr guter FURMINT, SAUVIGNON BLANC.

Kogl Pod r rs w ★★ Auf einem Hügel nahe Ormož gelegenes Gut, gegründet 1542. Lebhafte, präzise gearbeitete Weiße, v. a. Mea Culpa AUXERROIS, Ranina (alias BOUVIER).

Kras Prim – Renommierter Bereich mit Terra-Rossa-Böden in der Region PRIMORSKA. Am bekanntesten für TERAN und MALVAZIJA. Empfehlenswert: Vinakras (v. a. Teranton, Prestige Teran, Vitovska).

Kristančič r w ★★→★★★ Familienkellerei in BRDA (nicht mit dem gleichnamigen Kellermeister bei MOVIA verwandt). Empfehlenswert die Weine von alten Reben namens Pavó.

Kupljen Pod r rs w ★★ 15 16 – Pionier für trockene Weine nahe Jeruzalem. Verlässliche sortenreine Weiße.

**Marof** Pod r w ★★→★★★ Wegweisende Kellerei in Prekmurje. Alle Weine reifen jetzt in Eiche und sind als Classic, Breg und Cru etikettiert. Zu empfehlen: Breg CHARDONNAY und Mačkovci Cru BLAUFRÄNKISCH.

**Movia** Prim r w; sch ★★★→★★★★ Sehr bekannter Bioerzeugerbetrieb unter der Führung des charismatischen Aleš Kristančič. Exzellenter, langlebiger Veliko Belo (weiß) und Rdeče (rot); umwerfender Schaumwein Puro Ros Sehr guter MODRI PINOT. Der orangefarbene Lunar liegt volle 8 Monate a den Schalen.

**Pasji Rep** Prim r w ★★ Bioweingut in VIPAVA, jetzt vom Sohn geführt. Sta verbesserte, verfeinerte Weine, v. a. MALVAZIJA, Verschnitte namens Jeba schin, PINOT NOIR.

**Penina** Name für Qualitätsschaumwein (Tankgärung oder traditionelle Methode). Sehr im Trend, wird inzwischen von vielen Erzeugern bereitet.

In Slowenien gibt es mehr Traktoren pro Kopf als irgendwo sonst auf der Welt.

**Podravje** Die größte Weinregion umfasst Štajerska und Prekmurje im Oster Am besten sind die frischen, trockenen Weißen, gut auch die Süßweine; di Roten von Modra Frankinja (BLAUFRÄNKISCH) und PINOT NOIR sind meis leichter.

**Posavje** Weinregion im Südosten. Sehr gute Süßweine, v. a. von Mavretič Prus, Šturm. Auch besser werdender PENINA und trockene Wein, v. a. i den Regionen DOLENJSKA und Bizeljsko-Sremič.

**PRA-VinO** Pod w; s – War in den 1970er-Jahren der Vorreiter der private Weinerzeugung. Am besten sind die Süßweine (★★★★), u. a. Eiswei (ledeno vino) und edelfaule Gewächse von LAŠKI RIZLING, RIESLING un ŠIPON.

**Primorska** Im Westen gelegene Region (auch Primorje genannt), die das slo wenische ISTRIEN, BRDA, VIPAVA, UND KRAS umfasst.

**Puklavec Family Wines** Pod w; sch ★★→★★★ Große Familienkellerei mi verlässlich frischen aromatischen Weißweinen unter den Etiketten Pukla vec & Friends und Jeruzalem Ormož. Die Spitzenauslesen der Reihe Sever Numbers sind exzellent, v. a. der FURMINT und der PINOT GRIGIO.

**Pullus** Pod rs w ★★ Sehr gute moderne Weißweine aus der Kellerei in Ptuj Pullus SAUVIGNON BLANC, RIESLING. Exzellente Weine mit dem Etikett »G« Süßer LAŠKI RIZLING, Rumeni MUŠCAT.

**Radgonske Gorice** Pod sch ★→★★ Erzeuger der slowenischen Schaumwein- Bestseller Srebrna (silberner) PENINA, Zlata (goldener) Penina nach der klassischen Methode und des beliebten halbtrockenen TRAMINEC mi schwarzem Etikett.

**Santomas** Prim r rs w ★★→★★★ Das führende Weingut in ISTRIEN erzeugt einige der besten Refošk- und REFOŠK/CABERNET-SAUVIGNON-Weine des Landes, v. a. den Antonius von 60 Jahre alten Reben und den Verschnitt Grande Cuvée.

**Ščurek** Prim r rs w; s ★★→★★★ Familienweingut in BRDA; fünf Söhne. Gute Weine von CABERNET FRANC, Jakot, PINOT BLANC, REBULA. Die besten stammen von lokalen Sorten: Kontra, Pikolit, Stara Brajda (rot und weiß).

**Simičič, Marjan** Prim r w; s ★★★★ Aufregende Weißweine, v. a. Opoka Rebula, SAUVIGNON BLANC, von Einzellagen. Immer sehr gut sind Selekcija, SIVI PINOT und die Teodor-Verschnitte. Eleganter MODRI PINOT. Der süße Leonardo ist stets großartig.

**Štajerska** Pod – Große Weinregion im Osten, zu der die bedeutenden Bezirke Ljutomer-Ormož, Maribor und Haloze gehören. Knackige, raffinierte Weiße und erstklassige Süßweine. Beste Erzeuger (ohne eigenen Eintrag): Dopp-

..ler, Frešer, Gaube, Heaps Good Wine, Krainz, Miro, M-vina (v. a. ExtremM SAUVIGNON BLANC), Oskar, Šumenjak, Valdhuber, Zlati Grič.

..teyer Pod w; s; sch ★★ Spezialist für TRAMINER in der ŠTAJERSKA.

..utor Prim r w ★★★ Ausgezeichneter kleiner Erzeuger in VIPAVA. Probieren Sie den Sutor White von Rebula/MALVAZIJA; außerdem sehr guter Malvazija, feiner CHARDONNAY, eleganter Rotwein.

..lia Prim r w ★★→★★★ »House of Pinots« in VIPAVA, seit einer der Besitzer mit Studien über PINOT NOIR seinen Doktor machte. Sehr guter PINOT GRIS, appetitanregender SAUVIGNON BLANC.

..erus Pod r w ★★★ Feine, fokussierte, lebhafte Weiße, v. a. sehr guter FURMINT, knackiger SAUVIGNON BLANC, aromatischer PINOT GRIS und raffinierter RIESLING. Auch vielversprechender PINOT NOIR.

> ### Dolenjska
>
> Die Weinregion konzentriert sich jetzt auf höhere Qualität, während der Verkauf des traditionellen leichten roten CVIČEK zurückgeht. Vielversprechende Schaumweine von den Lokaltrauben Žametovka (Domaine Slapšak) und Rumeni Plavec. Interessante Rotweine: MODRA FRANKINJA von Kobal (v. a. grandioser Luna), Albiana von Žaren, Klet Krško, Kozinc, Dular Selekcija.

..inakoper Prim r w ★→★★ Großer Erzeuger in ISTRIEN. Empfehlenswert: junger MALVAZIJA und REFOŠK unter den Etiketten Capris und Rex Fuscus.

..ipava Prim – Für seine kühlen Brisen bekanntes Tal in der Region PRIMORSKA. Empfohlene Erzeuger ohne eigenen Eintrag: Benčina (PINOT NOIR), Fedora (Zelen, Goli Breg), Jangus (SAUVIGNON BLANC, MALVAZIJA), JNK (Orange Wines), Lepa Vida (Malvazija, oOo orange), Miška (PINELA), Mlečnik (orange/Naturwein), Štokelj (Pinela), Vina Krapež (exzellenter Lapor Belo).

# Kroatien

Vergangenes Jahr konnte Kroatien eine Rekordzahl von Touristen vermelden: 18,5 Millionen in einem Land, das selbst nur 4,2 Millionen Einwohner hat. Die Weinexporte bleiben bescheiden aufgrund der hohen Preise, die die Besucher zu zahlen bereit sind, und auch weil im Ausland kaum Werbung betrieben wird. In Bezug auf den Wein ist es immer noch ein sehr uneinheitliches Land mit 2600 eingetragenen Erzeugern, von denen etwa 500 kommerziell verkaufen. Daraus resultieren fast unendliche Möglichkeiten für Entdeckungen, nicht zuletzt weil das Land so viele einzigartige Trauben besitzt, kombiniert mit einer zunehmend selbstbewussten Weinbereitung.

**Agrokor** r rs w ★→★★ Das Firmenkonglomerat steckt in Schwierigkeiten und wird umstrukturiert. Besitzt Agrolaguna in ISTRIEN mit gutem Vina Laguna Festigia und Riserva (sehr guter MALVAZIJA, v. a. Vižinada, MERLOT, Castello) und Vina Belje in Donaunähe (v. a. Goldberg GRAŠEVINA, Premium-CHARDONNAY).

**Ahearne** r rs w ★★ Die Britin Jo Ahearne ist Master of Wine und erzeugt auf HVAR eleganten PLAVAC MALI, tiefgründigen rosé Rosina Darnekuša und weißen Wild Skins.

**Arman, Franc** Is & Kv r w ★★ Familienkellerei in der sechsten Generation. Sehr guter TERAN, MALVAZIJA (BV), Malvazija Classic mit Hülsenmaischung. Gut auch MERLOT, CABERNET FRANC.

**Badel 1862** r w ★★ Gruppe von Kellereien; am besten sind Korlat SYRAH u⸳ CABERNET SAUVIGNON, v. a. Supreme. Preisgünstige Reihe Duravar, v. SAUVIGNON BLANC und GRAŠEVINA. Guter PLAVAC und Dingac 50°.

**Benvenuti** Is & Kv r w ★★★ Eindrucksvoller Familienbetrieb in Motovun. Se⸳ gute Rotweine, v. a. Caldierosso, TERAN. Mustergültiger frischer MALV⸳ ZIJA, komplexer Anno Domini (weiß), umwerfender süßer San Salvato⸳ MUŠKAT.

---

### Istrien & Kvarner Bucht

MALVAZIJA ist die Haupttraube auf der Halbinsel in der nördlichen Adria und der Inselwelt außen herum. Gut gedeihen auch CABERNET SAUVIGNON, MERLOT und TERAN. Erzeuger: v. a. ARMAN FRANC, Arman Marijan, Banko Mario, BENVENUTI, Capo (Malvazija, Reihe Stellae), CATTUNAR, CLAI, CORONICA, Cossetto, DAMJANIČ, Degrassi (VIOGNIER, CABERNET FRANC), Deklič, Domaine Koquelicot (Belaigra Grand Cru), FAKIN, Frankovič, GERZINIČ, KABOLA, KOZLOVIČ, MATOŠEVIČ, Medea, MENEGHETTI, Misal Peršurič (Schaumwein), Novacco, PILATO, Piquentum, Radovan (REFOŠK, Merlot), ROXANICH, SAINTS HILLS, Sirotic, Tomaz (Avantgarde, Sesto Senso), TRAPAN, Zigante. Auf den Inseln interessant: Boškinac (Cuvee), KATUNAR.

---

**BIBICh** Dalm r w ★★→★★★ Erzeuger mit Fokus auf lokale Sorten, v. a. di⸳ weiße Debit, plus SYRAH. Probieren Sie den Lučica von einer Einzellage un⸳ den süßen Ambra. Auch die lokale Rarität Lasin.

**Bolfan** Hochland r rs w; tr ★★ Erzeuger von biodynamischen und Naturwei⸳ nen. Guter Primus RIESLING, SAUVIGNON BLANC und PINOT NOIR.

**Bura-Mrgudič** Dalm r rs ★★ Bekannt für DINGAČ und Mare POSTUP.

**Cattunar** Is & Kv r w ★★ Weingut auf einem Hügel mit guter Auswahl an MALVAZIJA-Weinen von vier verschiedenen Böden. Exzellenter spät gelesene Collina.

**Clai** Is & Kv r w ★★ Bewundert für seine Orange Wines mit Schalenkontakt, v. a. Sveti Jakov MALVAZIJA und die Ottocento-Verschnitte.

**Coronica** Is & Kv r w ★★ Einflussreiche Kellerei in ISTRIEN, v. a. mit fassgereiftem Gran MALVAZIJA und dem Maßstäbe setzenden Gran TERAN.

**Dalmatien (Dalmacija)** Die Felsküste der kroatischen Adria mit ihrer wunderbaren Inselwelt südlich von Zadar. Bei Touristen sehr beliebt – ein Schauplatz für *Game of Thrones*. Viele spannende Kellereien.

**Damjanič** Is & Kv r rs w ★★ Aufstrebende Familienkellerei. Der beste Borgonja (alias BLAUFRÄNKISCH) ISTRIENS. Sehr guter MALVAZIJA und roter Clemente.

**Dingač** Dalm **10** 11' 12 13 (15) – War 1961 die erste Qualitätsbezeichnung und ist heute eine geschützte Ursprungsbezeichnung auf der Halbinsel Pelješac im südlichen Dalmatien. Körperreicher PLAVAC MALI. Erzeuger: BURA-MRGUDIČ, Kiridžija, Lučič, Madirazza, Matuško, Miličič, SAINTS HILLS, Skaramuča, Vinarija Dingač.

**Enjingi, Ivan** Slaw w; s ★★ Einflussreicher Naturweinerzeuger in SLAWONIEN. Bekannt für GRAŠEVINA und langlebigen Venje.

**Fakin** Is & Kv r w ★★★ Der junge *garagiste*-Weinmacher beeindruckt mit MALVAZIJA, v. a. La Prima, Il Primo TERAN.

**Feravino** Slaw r rs w ★ Einigermaßen preisgünstige Weine auf Einsteigerniveau.

**Galič** Slaw r w ★★ Sehr guter GRAŠEVINA und roter Verschnitt Crno 9.

**KROATIEN** | Ger–Rox | 311

**Gerzinić** Is & Kv r rs w ★★ Brüder, die sehr guten TERAN (rot, rosé), MALVAZIJA, SYRAH und Muskat Zuti (alias Gelber MUSKATELLER) erzeugen.

**Gracin** Dalm r rs ★★→★★★ 12 13 (15) – Die kleine Kellerei mit felsigen Lagen nahe der Küste bei Primošten im Besitz von Prof. Leo Gracin erzeugt den besten Babić des Landes, auch Opol (rosé) und Prošek (süß).

**Grgić** Dalm r w ★★→★★★ Mike Grgic, die Legende aus dem kalifornischen Napa Valley (ehemals Ch. Montelena) ist zu seinen kroatischen Wurzeln zurückgekehrt und erzeugt mit Tochter und Neffen auf der Halbinsel Pelješac PLAVAC MALI und reichhaltigen POŠIP.

**Hvar** Wunderschöne Insel mit den ältesten kontinuierlich kultivierten Weinbergen der Welt (unter UNESCO-Schutz). Bekannt für Lavendel und PLAVAC MALI, einschließlich der Lage Ivan Dolac. Gute Erzeuger: Carić, PZ Svirče, TOMIĆ, ZLATAN OTOK und neu AHEARNE.

**Ilocki Podrumi** Slaw r rs w ★★→★★★ Wiederbelebte historische Kellerei mit tiefen Kellern aus dem 15. Jh. und ehrgeizigen Pflanzungen. Hervorragender Premium-GRAŠEVINA, TRAMINAC und die Reihe Principovac.

**Kabola** Is & Kv r rs w ★★→★★★ Makelloses Weingut in ISTRIEN. Sehr guter MALVAZIJA als Schaumwein, als junger Wein, als fassgereifter Unica und als Amfora-Version. Leckerer Rosé (BV); sehr guter TERAN.

**Katunar** Is & Kv r w ★★ Führender Erzeuger von Žlahtina, einer Sorte, die man nur auf der Insel Krk findet. Probieren Sie den Sv. Lucija. Auch guter PLAVAC MALI.

**Korta Katarina** Dalm r rs w ★★→★★★ Moderne Weinbereitung auf Korcula. Exzellenter POŠIP und PLAVAC MALI, v. a. Reuben's Reserve.

**Kozlović** Is & Kv r w ★★★ Maßstäbe setzender Malvazija in allen Spielarten, v. a. aufregender, komplexer Santa Lucia, Po Mojem. Großartiger Santa Lucia Crna und MUŠKAT Momjanski.

**Krajančić** w ★★ Spezialist für die aufregende weiße POŠIP-Traube. Probieren Sie den Sur Lie und den Intrada.

**Krauthaker, Vlado** Slaw r w; s ★★★ Spitzenerzeuger in KUTJEVO, v. a. GRAŠEVINA Mitrovac, Vidim und Izborna Berba. Auch sehr guter PINOT NOIR und Incrocio Manzoni.

**Kutjevo Cellars** Slaw w; tr s ★★ 800 Jahre alte Kellerei in der Stadt Kutjevo – bekannt für guten GRAŠEVINA (v. a. De Gotho), Turković und schönen Eiswein.

*Vrhunsko vino:* Wein von Premiumqualität; *Kvalitetno Vino:* Qualitätswein; *Stolno Vino:* Tafelwein. *Suho:* trocken; *Polsuho:* halbtrocken.

**Matošević** Is & Kv r w ★★ Mustergültiger MALVAZIJA, v. a. Alba, Alba Robinia (in Akazienholz gereift), Antiqua. Sehr guter roter und weißer Grimalda.

**Meneghetti** Is & Kv r w ★★ Geschmeidige Verschnitte (rot und weiß), feiner, präziser MALVAZIJA.

**Miloš, Frano** Dalm r rs ★★ Viel bewundert für seinen legendären, langlebigen Stagnum, dazu ein zugänglicherer PLAVAC und Rosé.

**Pilato** Is & Kv r w ★★ Verlässlicher Familienbetrieb mit sehr gutem MALVAZIJA, PINOT BLANC, TERAN, MERLOT.

**Postup** Dalm – Berühmte Weinberglage nordwestlich von DINGAČ. Körperreiche, füllige Rotweine von PLAVAC MALI. Erzeuger: Donja Banda, Miličič, Marija Mrgudič und Vinarija Dingač.

**Prošek** Dalm – Historischer Süßwein von sonnengetrockneten lokalen Trauben in DALMATIEN. Erstmals erwähnt im Jahr 1556. Gute Versionen: GRACIN, STINA, TOMIĆ Hectorovich.

**Roxanich** Is & Kv r w ★★→★★★ Naturweinerzeuger mit kraftvollen, verführerischen orangefarbigen Weinen (MALVAZIJA Antica, Ines U Bijelom) und beeindruckend komplexen Roten, v. a. TERAN Ré, SuperIstrian Cuvée und MERLOT.

**Saints Hills** Dalm, Is & Kv r rs w ★★→★★★ Betreibt zusammen mit dem französischen Berater Michel Rolland zwei Kellereien und drei Lagen. Sehr guter weißer Nevina aus ISTRIEN, üppig-fruchtiger PLAVAC MALI St. Roko, ernst zu nehmender DINGAČ.

Die zweitgrößte jemals gefundene Trüffel wurde im Gebiet Istrien/Kvarner Buch entdeckt: 1,31 kg. Der Finder gab daraufhin ein Fest.

**Slawonien** Region in Nordkroatien, berühmt für ihr Eichenholz und ihre Weißweine, v. a. von GRAŠEVINA. Inzwischen gibt es auch gute Rote. Erzeuger Adzič, Antunovič, Bartolovič, Belje, ENJINGI, FERAVINO, GALIČ, KRAUTHAKER, KUTJEVO, Orahovica, Zdjelarevič.

**Stina** Dalm r rs w ★★ Von den sehr steilen Weinbergen auf der Insel Brač kommen sehr guter POŠIP und PLAVAC MALI, v. a. mit dem Etikett Majstor. Guter Tribidrag (alias ZINFANDEL), Opol Rosé, PROŠEK.

**Tomac** Hochland r w; sch ★★ Weingut bei Zagreb mit 200-jähriger Geschichte. Berühmt für Schaumwein und die wegweisenden Amfora-Weine.

**Tomić** Dalm r rs w ★★ Charakterkopf auf HVAR mit ökologisch bewirtschaftetem PLAVAC-MALI-Weinberg und mächtigen Weinen. Gute Rote, v. a. Plavac Barrique; auch PROŠEK Hectorovich.

**Trapan, Bruno** Is & Kv r w ★★→★★★ Dynamischer junger Erzeuger. Probieren Sie den MALVAZIJA, u. a. den Naturwein Uroboros, den orangefarbigen Istradtional und den Ponente (BV). Auch geschmeidige Rote: The One! und Terra Mare TERAN.

**Veralda** Is & Kv r rs w ★★ Die geschmeidigen Hochglanzroten sind das Markenzeichen, dazu frische Weiße und orangefarbige Amphorenweine.

**Zlatan Otok** Dalm r rs w ★★ Familienweingut auf HVAR; Weinberge auch in Makarska und Šibenik. Berühmt für reife Rotweine, insbesondere BABIČ, Crljenak, PLAVAC MALI. Guter POŠIP (BV).

# Bosnien-Herzegowina, Kosovo, Nordmazedonien, Serbien, Montenegro

Die Weinszene in den Balkanländern entwickelt sich weiter rasant. Der Schlüssel dazu ist die Wiederentdeckung lokaler Rebsorten. Neue kleine, auf Qualität bedachte Kellereien tauchen weiterhin auf, während die großen früheren Staatsbetriebe sich entweder weiterentwickeln oder untergehen.

**Bosnien-Herzegowina** Von den 3.500 ha Rebland kommen spannendere Weine denn je, unterstützt von den dominierenden lokalen Rebsorten, v. a. der aromatischen weißen Žilavka und der saftigen, weichen roten Blatina; im Süden gibt es auch sehr guten Vranac. Erzeuger: Andrija, Carski, Čitluk, Crnjac & Zadro, Hercegovina Produkt, Keža, Nuič, Podrum Vilinka, Škegro, Tvrdos Monastery, Vukoje.

**Kosovo** hat 3.200 ha Weinberge, hängt aber zwischen zwei Gesetzeswerken zum Wein fest – dem eigenen und dem Serbiens –, was dem Fortschritt nicht zuträglich war. Es gibt inzwischen circa 15 Kellereien, von denen die größten Stonecastle und Bodrumi i Vjetër Old Cellar sind. Am häufigsten angebaut werden Prokupac, Vranac, Smederevka.

**Nordmazedonien** (das so heißt, nachdem der Namensstreit mit Griechenland endlich beigelegt ist) versucht, seine Kandidatur für die EU voranzutrei-

en. 25.000 ha stehen unter Reben; 74 Kellereien produzieren kommerziell
nd stellen immer mehr von Fassware auf abgefüllte Weine um, auch wenn ei-
ge kleinere Investitionen gescheitert sind. Die einheimische Kultur von Wein
nd Essen ist limitiert. Ungewöhnlicherweise sind die größten Kellereien hier
e Motoren, die die Standards heben. Der Gigant Tikveš hat einen in Frank-
eich ausgebildeten Kellermeister, unterhält ein intensives Forschungs- und
usbildungsprogramm und beeindruckt weiterhin mit Weinen wie Barovo und
ela Voda von Einzellagen; gut sind die Reihen Special Selection und Domaine
epovo (Eichennote), v. a. Grande Cuvée. Stobi arbeitet nur mit Trauben von
en eigenen 600 ha Rebland; probieren Sie Vranec Veritas, Vranec Classic,
minta (rot), Žilavka und den verfeinerten Petit Verdot. Ch. Kamnik ist die füh-
ende Boutiquekellerei mit gutem 10 Barrels, Temjanika Premium, Vranec Ter-
oir, Cuvée Prestige. Andere empfehlenswerte Kellereien: Bovin (v. a. A'gupka,
aron, Dissan), Dalvina (Reihe Dionis), Ezimit (Reihe Stardust, Vranec Bar-
que), Lazar (Kratošija, roter Erigon), Popov (guter Weißwein, Verschnitte
Dom Vrshnik), Popova Kula (Stanušina in drei Stilen), Puklavec & Friends (aus
lowenien, produzieren hier Rotwein).

**Montenegro** hat 2.651 ha Weinberge und über 500 Erzeuger, es domi-
iert allerdings die Firma 13. Jul Plantaže mit 2.310 ha – einer der größten
Weinberge Europas, doch die Weine sind recht gut (z. B. Vranac Reserve, Epo-
a, Vladika, Stari Podrumi, Vranac Pro Corde). Außerdem Lipovac (sehr guter
oter und weißer Amfora, Vranac Concept), Sjekloča. Vranac herrscht mit 97 %
or, auch wenn neuere Forschungen nahelegen, dass die Kratošija/ZINFANDEL-
Traube von hier stammt, nicht aus Kroatien.

**Serbien** hat 25.000 ha registriertes Rebland und etwa 400 Kellereien, viele
davon neu und winzig. Man konzentriert sich jetzt auf die Wiedereinführung
ehemaliger Allerweltstrauben wie Prokupac und Raritäten wie Bagrina oder
Seduša und versucht sich an neueren Lokalsorten wie Probus, Morava und
Neoplanta. Empfohlene Erzeuger: Aleksandrović (Reihe Trijumf, Regent, Ro-
doslav), Aleksič (Biser Brut, Amanet), Botunjac (Sveti Grai), Budimir (Triada,
Svb Rosa, Boje Lila), Cilić, Čokot (Radovan, Experiment), Despotika (Morava,
Dokaz), Deurić (Probus, PINOT NOIR), Doja (Prokupac), Dukay-Sagmeister,
vanović (Prokupac, No. 1/2), Janko (Vrtlog, Zavet Stari, Zapis), Kovačević
(CHARDONNAY, Aurelius), Matalj (Kremen Chardonnay, Kremen Kamen),
Maurer, Pusula (CABERNET FRANC), Radovanović (Cabernet Reserve, Saga),
Temet (Ergo, Tri Morave), Tonkovič (KADARKA), Virtus (Prokupac, Marselan),
Zivković, Zvonko Bogdan (Cuvée No. 1, Icon Campana Rubimus).

# Tschechische Republik

Zwei Weinregionen werden hier von 18.300 Erzeugern bewirtschaftet: das
kleine Böhmen nördlich von Prag mit 640 ha und das viel größere Mähren
mit 17.200 ha in der Südostecke des Landes. Auch wenn dies anderswo kaum
bekannt ist, reicht die Geschichte zurück bis in römische Zeiten. Weiterhin
fließt Geld in riesige neue Kellereien, und einige traditionelle Dorfkellerei-
anlagen wirken inzwischen wie Industriebetriebe. Der Weintourismus hält
diese Anlagen am Laufen, auch wenn der Boom auf seinem Höhepunkt ange-
kommen sein dürfte. Mit 600.000 hl erreicht die Jahresproduktion noch nicht
einmal die Hälfte des Jahresverbrauchs, was zusammen mit den patriotischen
Instinkten der Verbraucher den Erzeugern eine vorteilhafte Lage beschert.
Schnäppchen sind selten. Sauvignon blanc kann gut sein, überraschenderweise auch Pinot noir. Mit Ausnahme von Nischenprodukten sind die Exporte
vernachlässigbar.

**Baloun, Radomil** Mäh ★→★★★ Mittelgroßer Erzeuger vieler verschieden‹ süffiger Weine, alle trocken. Kuriositäten sind der Pinot Noir Blanc und d‹ Blaufränkisch Blanc.

**Dobrá Vinice** Mäh ★★★ Einer der sogenannten Authentisten, spezialisie auf amphorenähnliche *qvevri*, importiert aus Georgien. Auch Brut Nature

**Dva Duby** Mäh ★★★ Überzeugter »Terrorist«, biodynamische Prinzipie‹ Das Muttergestein aus Granodiorit in Dolní Kounice eignet sich besonde‹ für BLAUFRÄNKISCH und ST. LAURENT. Spitzenverschnitte: Vox In Excels‹ Rosa Inferni, Ex Monte Lapis.

**Hartman, Jiří** Mäh ★★ Kleiner Erzeuger von sehr guten Weiß- und Rotweine im Burgunderstil in einem pittoresken Dorfkeller.

**Lobkowicz, Bettina** Bö ★★→★★★ Hervorragender PINOT NOIR und Schaum weine nach der klassischen Methode: RIESLING, Pinot noir Blanc de Noirs Cuvée PINOT BLANC/PINOT GRIS, CHARDONNAY Brut.

**Mádl, František** Mäh ★★ Spitzname »Malý vinař« (kleiner Winzer), familien geführtes Gut; Spitzenrotweine Mlask, Cuvée 1+1, auch sehr guter PINO GRIS.

**Spielberg** Mäh ★★ Moderner Betrieb nahe dem Schauplatz der Dreikaiser schlacht bei Austerlitz. Eine Spezialität ist der Souvignier gris.

**Stapleton & Springer** Mäh ★★★ Einzellagen-PINOT-NOIRS: Trkmanska Čtvrtě, Craig's Reserve, Ben's Reserve, auch Roučí-Verschnitt Jarosla Springer. Exportiert 20%, auch nach Großbritannien. Exzellenter Pinot noi Springer Family Reserve.

**Stávek, Richard** Mäh ★→★★★ Spezialist für »rohe« Weine und Pét Nat Seine Orange Wines führen einige Spitzenrestaurants und Weinbars, v. a in New York.

**Vinselekt Michlovský** Mäh ★→★★★ Technikbegeisterter Innovator. Große Bandbreite an Rebsorten, von denen er einige selbst gezüchtet hat. Sein WELSCHRIESLING aus den Pálava-Hügeln ist ein Muss.

**Znovín-Znojmo** r w ★→★★★ Wichtiges Weinzentrum im Süden nahe der öster- reichischen Grenze. Ordentlicher SAUVIGNON BLANC, aromatische Weiße.

# Slowakische Republik

Zentraleuropäische Sorten dominieren hier neben den internationale‹ Favoriten. Die 12.000 ha große Rebfläche der Slowakei beginnt bei Bratis- lava an der Donau, verläuft dann entlang den Ausläufern der Kleinen Karpaten nach Nitra in der Mitte des Landes, folgt im Süden auf 450 km der unga- rischen Grenze nach Osten bis in die kleine slowakische Tokajer-Region, die an ihre größere ungarische Schwester angrenzt, und reicht dann nordöstlich bis in die Ostslowakei. Größter Weinerzeuger des Landes ist Vinárske závody Topolčianky, größter Sektproduzent J.E. Hubert Sereď (beide Nitra).

**Château Belá** Sudslowakei ★★★ Feiner RIESLING aus einem Joint Venture von Egon Müller (Deutschland) und Miroslav Petrech.

**Elesko** Kleine Karpaten ★★★ Riesige Kellerei; konkurrenzlos in Ostmittel- europa (140 ha).

**Fedor Malík & Son** Kleine Karpaten ★★ Der Universitätsprofessor der Öno- logie hat 15 ha in Modra bepflanzt. Stillweine und Modragne, ein klassi- scher Schaumwein.

**J&J Ostrožovič** Tok ★★★ Sehr guter slowakischer Tokajer, traditionell wie auch modern.

**Karpatská Perla** Kleine Karpaten ★★ Sehr gute Weine von vorbildlich gepfleg- ten Weinbergen (60 ha).

**Movino** Zentralslowakei ★★ Wichtigster Erzeuger in der Zentralslowakei, 1973 in Veľký Krtíš gegründet.

**Víno Matyšák** Kleine Karpaten ★→★★★ Große, moderne Kellerei in Pezinok, die 2,5 Millionen Liter pro Jahr erzeugt.

# Rumänien

Der robuste rumänische Inlandsmarkt ist Segen und Fluch zugleich. Viele Verbraucher geben sich immer noch zufrieden mit den billigen halbtrockenen Weinen, die hier lange Standard waren, aber ein Kulturwechsel kündigt sich an. Das Land hat eine Vergangenheit edler, stark von Frankreich beeinflusster Weine. Die natürlichen Bedingungen könnten kaum besser sein, und viele einheimische Rebsorten müssten eigentlich gut ins derzeitige weltweite Verlangen nach Authentizität passen. Rumäniens unterschiedliche Klimazonen, von den kühlen, wilden Bergen Siebenbürgens bis zu den warmen, sonnigen Hängen von Dealu Mare, versprechen eine große stilistische Vielfalt. Nur noch etwas Geduld.

**Aurelia Vișinescu** Munt r w ★★ Weingut in DEALU MARE. Empfehlenswert: roter und weißer Artizan von Lokalsorten. Anima ist das Spitzenetikett, v. a. Fete Negre 3, CHARDONNAY.

**Avincis** Munt r rs w ★★ Historisches Familiengut mit spektakulärer, hochmoderner Kellerei in DRĂGĂȘANI. Spezialist für Negru de Drăgășani (auch in der sehr guten Cuvée Grandiflora). Eindrucksvoller Crâmpoșie Selecționată, hübsche süße Cuvée Amelie.

**Balla Gèza** Cri-Mar r rs w ★→★★ Erzeuger in Miniș. Am besten ist die Reihe Stone Wine von Lagen in 500 m Höhe. Sehr guter Cadarca und frischer Mustoasă de Măderat.

**Banat** Weinregion im Westen, inkl. DOC Recaș.

**Bauer Winery** Munt r w ★★ Familienbetrieb des Kellermeisters von PRINCE ȘTIRBEY. Sehr guter Crâmposie, FETEASCĂ NEAGRĂ, PETIT VERDOT. Pionier für Orange Wine.

**Budureasca** Munt r w ★→★★ Großes Gut in DEALU MARE mit britischem Kellermeister. Verlässlicher Budureasca, v. a. Fumé, TĂMÂIOASĂ, Noble 5, und Spitzenreihe Origini.

**Catleya** Munt r rs w ★★ Persönliches Projekt des französischen Kellermeisters von CORCOVA; exzellente Spitzenselektion Epopée.

**Corcova** Munt r rs w ★→★★ Renovierte Krondomäne aus dem 19. Jh. mit grandiosen Weinbergen. Empfehlenswert: FETEASCĂ NEAGRĂ, SYRAH, ansprechender SAUVIGNON BLANC, Rosé.

**Cotnari** Mold – DOC-Region in der MOLDAU. Angebaut werden nur Lokalsorten, v. a. FETEASCĂ ALBĂ, Frâncușă, GRASĂ und TĂMÂIOASĂ.

**Cotnari Wine House** Mold rs w ★ Erzeuger der nächsten Generation in COTNARI mit 350 ha; der Fokus liegt auf trockenen Weinen. Am besten ist das Etikett Colloquium, v. a. GRAȘA de Cotnari und Busuioacă de Bohotin.

**Cotnari Winery** Mold w; s ★ Ehemaliges Weinbaukollektiv mit 1.360 ha, neu bepflanzt 2006/2007. Hauptsächlich trockene und halbtrockene Weiße von lokalen Trauben. Die gereiften süßen Collection-Weine können eindrucksvoll sein.

**Crama Girboiu** Mold r w ★→★★ 200 ha im erdbebengefährdeten Vrancea, daher Etiketten wie Tectonic (v. a. Șarba) und Epicentrum (v. a. Plavaie/Șarba). Guter Bacanta FETEASCĂ NEAGRĂ, schäumender Cuartz.

**Crama Oprișor** Munt r rs w ★★→★★★ Beständig gut ist die Reihe La Cetate. Auch interessant: Caloian Rosé, lebhafter Rusalca Alba, Crama Oprișor CABERNET SAUVIGNON, exzellenter roter Verschnitt Smerenie.

**Cramele Recaș** Banat r rs w ★★→★★★ Rumäniens erfolgreichster Exporteur verarbeitet über 20.000 t jährlich. Die progressiven, verlässlichen Weine werden seit Langem von einem australischen und einem spanischen Kellermeister bereitet. Sehr gutes Preis-Leistungs-Verhältnis bei den Sortenweinen unter den Etiketten Calusari, Dreambird, Frunza, I am, I heart, Paparuda, Werewolf. Mittlere Lage: La Putere, Sole. Exzellent sind die Premiumweine, v. a. Cuvée Überland, die Selene-Rotweine und der Solo Quinta.

**Crişana und Maramures** Region im Nordwesten, zu der auch die DOC Miniş gehört. Empfehlenswert: Carastelec (flaschenvergorener Schaumwein Carassia und guter PINOT NOIR) sowie der renovierte Naturweinerzeuger Nachbil (Grunspitz, Grandpa).

Davino Munt r w ★★★→★★★★ Verlässlich hervorragender Erzeuger in DEALU MARE. Fokus auf Verschnitte, etwa die sehr guten, alterungswürdigen Weine Domaine Ceptura, Flamboyant, Revelatio. Lokale Trauben unter dem Etikett Monogram.

**Dealu Mare/Dealul Mare** Munt — »Der große Berg«. DOC an Südhängen. Heimat mehrerer führender Erzeuger (siehe individuelle Einträge). Außerdem: Crama Basilescu (MERLOT, FETEASCĂ NEAGRĂ), winziger handwerklicher Dagon Clan mit dem Australier Mark Haisma, Domeniile Franco-Române (Ökoweinbau).

**Dobrogea (Dobrudscha)** Dob Zu der Region am Schwarzen Meer gehören die DOCs MURFATLAR, Babadag und Sarica Niculiţel (inkl. der besser gewordenen Kellerei gleichen Namens). Hat heute einen Ruf für reife Rotweine; historisch berühmt waren süße Weiße.

**DOC** *Denumire de Origine Controlată* ist der rumänische Ausdruck für »geschützte Ursprungsbezeichnung« (g.U.). Unterkategorien sind etwa DOC-CMD für Weine aus vollreif gelesenen Trauben, DOC-CT für Spätlesen und DOC-CIB für edelfaule Weine. Das Äquivalent zur g.g.A. ist *Vin cu Indicatie Geografica* (IG).

**Domeniul Coroanei Segarcea** Munt r p w ★→★★ Historische Krondomäne. Berühmt für den TĂMÂIOASĂ Roze. Auch probierenswert: Minima Moralia CABERNET SAUVIGNON, Principesa Margareta Marselan, Rotweinverschnitt Simfonia.

**Drăgăşani** Munt — Dynamische Weinregion am Fluss Olt für aromatische Weiß- und verführerische Rotweine. Führende Erzeuger: AVINCIS, BAUER, PRINCE ŞTIRBEY.

**Halewood Romania** Munt r rs w; sch ★→★★ Verlässliche, preiswerte kommerzielle Reihe, v. a. La Umbra, Colina Pietra und Lagenselektionen. Hyperion ist das Spitzenetikett; probieren Sie den FETEASCĂ NEAGRĂ und den CABERNET SAUVIGNON. Auch Schaumweine namens Rhein.

**Jidvei** Siebenbürgen w ★→★★ Rumäniens größte Einzellage umfasst 2.460 ha. Halten Sie sich an die trockenen Premiumweine (mit Marc Dworkin von Bessa Valley in Bulgarien), v. a. Owner's Choice.

**LacertA** Munt r w ★★ Qualitätsweingut in DEALU MARE, das nach einer lokalen Eidechsenart benannt ist. Empfehlenswert: rote Cuvée IX und weiße Cuvée X sowie der SHIRAZ.

**Licorna Wine House** Munt r w ★★ 2013 in DEALU MARE eröffnet, beeindruckt mit dem Serafim (Lokalsorten) und dem Bon Viveur (internationale Verschnitte).

**Liliac** Siebenbürgen r rs w; sch ★★→★★★ Tadelloser Erzeuger in österreichischem Besitz; der Name bedeutet »Fledermaus«. Knackige, feine Weißweine, köstlich süßer Nectar und Eiswein in Zusammenarbeit mit Kracher (Österreich). Pionier für organgefarbene Weine und guten PINOT NOIR (rot und rosé). Sehr guter Superpremiumwein Titan.

**Moldau (Moldova)** Die größte Weinregion des Landes liegt nordöstlich der Karpaten. Knackig-frische Weiß- und Roséweine, u. a. Gramma, Hermeziu. Guter FETEASCĂ NEAGRĂ, Zghihara de Huși unter dem Etikett Nativus von der verbesserten Crama Averești.

**Muntenien und Oltenien** Große Weinregion im Süden mit den DOC-Gebieten DEALU MARE, Dealurile Olteniei, DRĂGĂȘANI, Pietroasa, Sâmburești, Stefanești, Vanju Mare.

**Petro Vaselo** Banat r rs w ★★ Italienische Investition im BANAT. Guter Schaumwein Bendis, Melgris FETEASCĂ NEAGRĂ, roter Ovas. Sehr gut auf Einsteigerniveau sind Alb, Roșu und Rosé.

**Prince Știrbey** Munt r rs w; sch ★★→★★★ Pioniergut in DRĂGĂȘANI. Sehr gute trockene Weißweine, v. a. von der lokalen Crâmpoșie selectionată (still und schäumend), SAUVIGNON BLANC, FETEASCĂ REGALĂ und TĂMÂIOASĂ Sec, sowie lokale Rote (Novac und Negru de Drăgășani).

**S.E.R.V.E.** Munt r rs w ★★→★★★ Rumäniens erste private Kellerei wurde von dem 2011 verstorbenen korsischen Grafen Guy de Poix gegründet. Verlässliche Einsteigerweine namens Vinul Cavalerului. Sehr gut: Terra Romana, v. a. PINOT NOIR, Rosé, Cuvée Amaury (weiß) sowie eindrucksvoller Guy de Poix FETEASCĂ NEAGRĂ. Cuvée Charlotte setzt den Qualitätsmaßstab für Rotweine.

**Siebenbürgen** Kühle Hochebene im Zentrum Rumäniens. Meist Weißweine mit guter Säure.

**Valahorum** Munt r w ★★ Neue Premiumkellerei der Besitzer von Tohani und Mennini aus DRĂGĂȘANI in DEALU MARE. Südafrikanischer Kellermeister.

**Viile Metamorfosis** Munt r w ★★ In Teilen zu Antinori (Italien) gehörendes Weingut in DEALU MARE. Spitzenwein: Cantvs Primvs in den besten Jahren. Sehr guter Coltul Pietrei, v. a. Negru de Drăgășani, PINOT NOIR, und die fruchtbetonte Reihe Metamorfosis.

**Villa Vinèa** Siebenbürgen r w ★★ Erzeugerbetrieb in italienischem Besitz in Târnave. Gute Weiße, v. a. GEWÜRZTRAMINER, SAUVIGNON BLANC und Diamant sowie Rotweinverschnitt Rubin (nicht die gleichnamige bulgarische Traube).

**Vinarte, Domaine** Munt r w ★★ 20 Jahre altes Unternehmen mit Weinbergen in Sâmburești (Castel Bolovanu) und Stărmina (Mehedinși). Beste Weine: Nedeea, Soare (beide rot), Sirena Dunării (süß).

# Malta

Ein feuchtheißes Klima sorgt für robuste Weine: Rote von Cabernet Sauvignon, Merlot und weiteren mediterranen Sorten wie Syrah und Grenache, Weiße von Sauvignon blanc, Chardonnay, Chenin blanc und Moscato. Die meisten Winzer verkaufen ihre Ernte an die großen Kellereien, darunter Delicata, Marsovin und die zu Antinori gehörende Meridiana. Zusätzlich werden Weine aus italienischen Importtrauben erzeugt. Wenn Sie etwas typisch Maltesisches möchten, dann achten Sie auf die lokalen Sorten Gellewza (leichte Rote, auch passable Schaumweine) und die weiße Girgentina, die oft mit Chardonnay verschnitten wird. Der am höchsten gehandelte Wein Maltas ist der Grand Maître von Marsovin (Cabernet Sauvignon und Cabernet franc) – teuer, aber das viele Geld nicht wirklich wert. Auch eine Handvoll Boutiquekellereien existieren, manche sind rustikal, während andere, etwa San Niklaw, beste Qualität hervorbringen, wenn auch nur in sehr begrenzten Mengen. Der Vermentino, Sangiovese und Syrah von San Niklaw sind wirklich bemerkenswert.

# Griechenland

Die griechische Qualitätsrevolution begann Mitte der 1980er-Jahre mit dem Kult um den Weinmacher: Er war ein Zauberer, der aus jeder Art von Trauben großartigen Wein bereiten konnte – die Weinberge waren da eher eine lästige Bürde. In den letzten Jahren hat sich der Wind gedreht: Immer mehr Winzer haben aufgehört, ihre Trauben zu verkaufen, und eine Kellerei errichtet; etablierte Betriebe dehnen ihre Rebflächen aus – es macht sich ein Kult um den Weinberg breit. Hat Griechenland einen nationalen Weinstil? Wenn ja, dann ist er sauber, kraftvoll, mit Aromen, die etwas anders als gewöhnlich sind. Die Rebsorten sind vermutlich der beste Ausgangspunkt.

Die folgenden Abkürzungen werden im Text verwendet:

| | | | |
|---|---|---|---|
| Äg | Ägäische Inseln | Pelop | Peloponnes |
| Ion | Ionische Inseln | Thess | Thessalien |
| Mak | Makedonien | | |

**Alpha Estate** Mak ★★★ Hochgelobtes KTIMA in Amynteon mit hervorragenden Weinbergen. Klassischer Verschnitt von MERLOT/SYRAH/XINOMAVRO, wegweisende Reihe Ecosyste und umwerfender XINOMAVRO Reserve von wurzelechten Reben.

**Amynteo** Mak POP – Packende XINOMAVRO-Rotweine und hervorragende Rosés (sowie Schaumwein) aus der kühlsten (und coolsten) griechischen Appellation.

**Argyros** Äg ★★★★ Spitzenerzeuger auf SANTORINI mit mehreren grandiosen VINSANTOS (je älter, desto besser). Erstklassiger Assyrtikos, der zehn Jahre altern kann.

**Avantis** Mittelgriechenland ★★★ Boutiquekellerei in Evia mit exquisitem Aghios Chronos Syrah/VIOGNIER und an die Rhône erinnerndem Syrah Collection. Die Reihe Plagies Gerakion ist ebenfalls gut. Die neue Kellerei auf SANTORINI zeigt sich sehr vielversprechend (empfehlenswert: Afoura).

**Möchten Sie Ihren eigenen Assyrtiko keltern? Die Trauben kosten 7 € das Kilo – das ergibt ungefähr eine Flasche.**

**Biblia Chora** Mak ★★★ Klassischer SAUVIGNON BLANC/ASSYRTIKO. Die Reihe Ovilos (rot und weiß) könnte dreimal so teurem Bordeaux Konkurrenz machen. Die griechischen Sorten stehen kurz vor der Machtübernahme; probieren Sie den Vidiano und den AGIORGITIKO. Schwestergut von GEROVASSILIOU.

**Bosinakis** ★★★ Relativer Neuzugang in MANTINIA, kraftvoller Stil, aber typisch Moschofilero.

**Boutari, J. & Sohn** ★→★★★ Historische Marke in vielen Regionen, ursprünglich aus NAOUSSA. Ausgezeichnetes Preis-Leistungs-Verhältnis, v. a. für den 40 Jahre und länger haltbaren Naoussa Grande Reserve. Spitzenwein ist der Naoussa 1879 Legacy aus einem sehr alten Weinberg.

**Carras, Domaine** Mak ★★ Historisches Gut auf der Chalkidike. Chateau Carras ist ein Klassiker; ambitionierter Grand Blanc und SYRAH sowie der originale MALAGOUSIA; das beste Preis-Leistungs-Verhältnis hat der rote Limnio.

**Dalamaras** ★★★→★★★★ Junger, aber bereits preisverdächtiger Erzeuger in NAOUSSA für XINOMAVRO-Weine von großer Reinheit. Der Palaiokalias von einer Einzellage ist Weltklasse.

# GRIECHENLAND | Dou–Kef

**Dougos** Mittelgriechenland ★★★ Reichhaltige Rote, doch der Fokus verlagert sich immer mehr auf RAPSANI, v. a. den Old Vines (von alten Reben). Probieren Sie den roten Mavrotragano – der beste außerhalb von Santorini.

**Economou** Kreta ★★★ Einer der großen Weinkunsthandwerker Griechenlands bereitet den brillanten roten Sitia, der an einen Burgunder erinnert.

**Gaia** Äg, Pelop ★★★ Spitzenerzeuger in NEMEA und auf SANTORINI. Großartiger Thalassitis Santorini (der seltene Submerged wird unter Wasser ausgebaut), moderner VINSANTO und gedankenanregender, mit Wildhefen vergorener Assyrtiko. Der Spitzenwein Gaia Estate aus Nemea entwickelt sich immer weiter. Außerdem umwerfender roter »S« (AGIORGITIKO mit einem Schuss SYRAH).

> **Griechische Appellationen**
>
> Im Einklang mit den anderen EU-Staaten ändert Griechenland seine Etikettbegriffe. Die Qualitätskategorien OPAP und OPE werden in der neuen Bezeichnung POP (geschützte Ursprungsbezeichnung) zusammengefasst. Die bisher als TO bekannten Regionalweine heißen nun PGE (geschützte geografische Angabe).

**Gentilini** Ion ★★→★★★ Führender Erzeuger auf Kefallonia, u. a. mit stahligem Robola. Der Wild Paths definiert die ROBOLA-Traube neu. Der wunderbare trockene MAVRODAPHNE Eclipse (rot) hat das Zeug zum Altern.

**Gerovassiliou** Mak ★★★ Der führende Erzeuger in Sachen Qualität und Trend. Originaler ASSYRTIKO/MALAGOUSIA und erstklassiger Malagousia (er ist der Spezialist). Spitzenrotweine: Avaton von einheimischen Sorten und Evangelo. Ist mit BIBLIA CHORA verbunden. Unbedingt probieren.

**Goumenissa** Mak POP ★→★★ Appellation für erdigen, ausdrucksstarken roten XINOMAVRO/Negoska. Erzeuger: Chatzyvaritis, Tatsis (Naturweine), Aidarinis (Einzellagenweine), BOUTARI (Filiria).

**Hatzidakis** Äg ★★★★ Erzeuger der Spitzenklasse, der sich tragischerweise 2017 das Leben nahm. Alle noch vorhandenen Flaschen sollten wie nationale Schätze behandelt werden. Seine Kinder haben das Ruder übernommen.

**Helios** Mittelgriechenland, Pelop ★★ Gemeinsamer Name für die Weine von Semeli, Nassiakos und Oreinos Helios; die rasch wachsende Reihe hat durch die Bank ein gutes Preis-Leistungs-Verhältnis. Spitzenwein: MANTINIA.

**Karydas** Mak ★★★ Winziges Familiengut mit großartigem Weinberg in NAOUSSA, das seltenen klassischen, kompakten, aber immer ausgefeilten XINOMAVRO erzeugt.

**Katogi-Strofilia** Pelop, Epirus ★★→★★★ Katogi war der erste griechische Kultwein und ist jetzt eine ordentliche Massenweinmarke. Am besten ist die Reihe Rossiu di Munte aus Lagen in über 1.000 m Höhe.

**Katsaros** Thess ★★★ Winziger Betrieb am Olymp. Der KTIMA (CABERNET SAUVIGNON/MERLOT) ist ein griechischer Klassiker, der XINOMAVRO Valos ist auf dem Weg dahin.

**Kechris** ★★→★★★ Erzeuger von The Tear of the Pine, dem vielleicht weltbesten Retsina: ein fantastischer Wein – ohne Witz.

**Kefallonia** Ion – Große Insel im Ionischen Meer mit drei POPs: mineralischer ROBOLA (weiß), seltener MUSCAT (weiß, süß) und exzellenter MAVRODAPHNE (rot, süß). Trockener Mavrodaphne liegt hier (wie überall in Griechenland) im Trend, hat aber keinen POP-Status.

**Kir-Yianni** Mak ★★→★★★ Weinberge in ganz Makedonien. Alterungswürdige Rotweine, u. a. Naoussa Ramnista, Diaporos, Blue Fox. Bemerkenswert ist der Akakies-Schaumwein, der ASSYRTIKO Tarsanas ist fabelhaft. Beständig exzellent.

**Ktima** Weingut. Sollte statt »Weingut« oder »Estate« auf Exportetiketten stehen.

**Lazaridi, Domaine Costa** Attika, Mak ★★★ Kellereien in Drama und Attika (unter dem Etikett Oenotria Land). Beliebte Weine unter dem Namen Amethystos. Spitzengewächs ist der CABERNET FRANC Cava Amethystos, gefolgt vom CABERNET SAUVIGNON/AGIORGITIKO Oenotria Land. Die Neuanpflanzungen im oberen Drama sind sehr vielversprechend.

> ### Griechischer Geschmack
>
> Essen zum Wein (und umgekehrt) ist in Griechenland ein Muss. Deshalb hat man dort seit Jahrtausenden lieber Weine mit Kanten als Weichheit, bevorzugt einen hohen Säure- statt einen hohen Alkoholgehalt und Komplexität statt Intensität. Während viele Weine sich immer noch zu sehr abmühen, sind die griechischen im Idealfall ein Muster an Ausgewogenheit und Süffigkeit.

**Lazaridi, Nico** Mak ★→★★★ Ursprünglich aus Drama. Mehrere preiswerte Reihen in großen Mengen erzeugter Weine. Spitzenwein ist der Magiko Vouno (CABERNET SAUVIGNON).

**Ligas** Mak ★★★ Überzeugter Naturweinerzeuger in Pella. Probieren Sie den Orange Wine Kydonitsa.

**Lyrarakis** Kreta ★★→★★★ Erzeuger mit Sitz in Heraklion, der alte, fast ausgestorbene kretische Sorten wie Plyto, Dafni und Melissaki wiederbelebt. Die Einzellagenabfüllungen sind außergewöhnlich.

**Malvasia** Gruppe von Appellationen, die in den 2010er-Jahren geschaffen wurden, um die Weine des Mittelalters wiederauferstehen zu lassen. Sie beruhen nicht auf MALVASIA-Trauben, sondern auf einheimischen Sorten. Es gibt vier POPs: Monemvasia-Malvasia in Lakonien (von Monemvasia/ASSYRTIKO/Kydonitsa), Malvasia von Paros (von Monemvasia/Assyrtiko), Malvasia Chandakas-Candia (von Assyrtiko/Vidiano/MUSCAT) und Malvasia von Sitia (dieselben plus Thrapsathiri), die beiden Letzteren aus Kreta.

**Manoussakis** Kreta ★★★ Großartiges Gut, das ursprünglich Verschnitte im Rhône-Stil hervorbrachte, doch griechische Sorten setzen sich durch, etwa ASSYRTIKO und ein interessanter MUSCAT von Spinas.

**Mantinia** Pelop POP w; sch – Hoch gelegene, kühle Appellation für frische, knackige, alkoholarme Weine schon fast im deutschen Stil von der MUSCAT-ähnlichen Rebsorte Moschofilero. Exzellente Schaumweine von TSELEPOS.

**Mercouri** Pelop ★★★ Eines der schönsten Weingüter Griechenlands, an der Westküste gelegen. Sehr guter KTIMA (rot), köstlicher RODITIS (weiß), komplexer trockener MAVRODAPHNE (rot), REFOSCO (rot).

**Naoussa** Mak POP ★★→★★★ Region für raffinierten, duftenden XINOMAVRO der Spitzenklasse. Die besten Exemplare stehen qualitativ und stilistisch (aber nicht preislich) auf einer Stufe mit Barolo. Spitzenerzeuger: DALAMARAS, KARYDAS, KIR-YIANNI, THIMIOPOULOS.

**Nemea** Pelop POP ★★→★★★ AGIORGITIKO-Rotweine. Manchmal überwältigend; die Stile reichen von frisch über klassisch bis exotisch. Empfehlenswert: Driopi von Tselepos, GAIA, HELIOS, Ieropoulos, NEMEION, PAPAÏOANNOU, SKOURAS. Immer mehr Einzellagenabfüllungen.

## GRIECHENLAND | Pal–Tse | 321

**lyvos** Pelop ★★→★★★ Exzellenter Erzeuger in NEMEA mit modernen, ausladenden Rotweinen. Schöne Einzellagenselektionen. Probieren sie den mehr als erstklassigen Nohma oJ.

**païoannou** Pelop ★★★ Papaïoannou nimmt in NEMEA eine Rolle ein wie Jayer in Burgund. Mustergültige Weine: außerordentlich günstiger KTIMA, Palea Klimata von alten Reben, Microklima von einer winzigen Einzellage und als Spitzenwein der Terroir. Alles zum Lagern.

**vlidis** Mak ★★★ Hervorragendes Sortiment aus Drama. Schicker weißer Thema (ASSYRTIKO/SAUVIGNON BLANC). Die Reihe Emphasis bietet ausdrucksstarke sortenreine Weine, u. a. AGIORGITIKO und TEMPRANILLO.

**apsani** Thess – POP am Olymp. Durch TSANTALIS in den 1990er-Jahren berühmt geworden (v. a. Grande Reserve); nun sorgen DOUGOS und Thimiopoulos für zusätzliche Spannung. XINOMAVRO, Stavroto und Krasato.

**etsina** Neue, herrlich frische Retsinas (z. B. von GAIA, KECHRIS oder als Naturwein von Kamara) sind eine ausgezeichnete Alternative zu Fino Sherry. Jawohl, es gibt großartigen, sogar alterungswürdigen Retsina!

**amos** Äg POP ★★→★★★★ Die Ägäisinsel ist berühmt für ihren süßen MUSCAT blanc. Am besten sind der gespritete Anthemis und der Nectar aus sonnengetrockneten Trauben. Rare alte Abfüllungen sind echte Schnäppchen, etwa der seltene Nectar der Jahrgänge 75 oder 80.

**anto** Äg ★★→★★★ Äußerst erfolgreiche Genossenschaft auf SANTORINI mit solidem Weinangebot, inkl. einer erstaunlichen Grande Reserve, in VINSANTO-Fässern ausgebautem Irini und reichhaltigen, aber dennoch frischen Vinsantos. Äußerst preiswert sind ASSYRTIKO und Nyhteri.

**antorini** Äg ★★★→★★★★ Vulkaninsel mit dramatischer Landschaft und entsprechender POP für trockene und süße Weißweine. Üppiger VINSANTO, sehr trockener Assyrtiko mit Salznote. Spitzenerzeuger: GAIA, HATZIDAKIS, SANTO, SIGALAS. Wo sonst bekommt man trockene ★★★★-Weißweine, die 20 Jahre altern können, so billig? Weltklasse! Auch die Rotweine von der MAVROTRAGANO-Traube (nicht Teil der POP) können großartig sein. Der Gipfel des griechischen Weins.

*Eine alte griechische Kirmesgaudi: auf einem eingefetteten Weinschlauch balancieren.*

**Sigalas** Äg ★★★★ Spitzenerzeuger auf SANTORINI mit feinem Athiri und wegweisendem MAVROTRAGANO. Die trockenen Weißen Nyhteri und Cavalieros sind einfach himmlisch. Die Mikrocuvée namens Seven Villages ist eine Abhandlung über das Terroir von Santorini.

**Skouras** Pelop ★★★ Sehr beständiges Angebot. Schlanker, mit Wildhefen vergorener MOSCHOFILERO Salto; Spitzenrotweine: NEMEA Grande Cuvée von einer Hochlage, Megas Oenos. Der in einer Solera zusammengestellte Labyrinth ist seltsam, aber wunderschön, während der Rosé Peplo den Horizont erweitert.

**Tatsis** Mak ★★★ Naturweinerzeuger in GOUMENISSA. Spitzengewächs ist der Old Roots XINOMAVRO.

**Thimiopoulos** Mak ★★★★ NAOUSSA der neuen Generation mit spektakulärem Exporterfolg. Neue Projekte in RAPSANI (Terra Petra) und SANTORINI. Beliebte, preiswerte Reihe Atma.

**Tsantalis** Mak ★→★★★ Alteingesessener Erzeuger mit riesigem Angebot. Guter RAPSANI Reserve, Grande Reserve, preiswerte Weine aus Thrakien. Hat die Weine vom Kloster Athos berühmt gemacht, etwa den exzellenten Avaton.

**Tselepos** Pelop ★★★ Führender Erzeuger in MANTINIA, NEMEA (unter dem Namen Driopi) und Santorini (Canava Chrysou) mit überwältigendem, ausgefeiltem Angebot. Griechenlands bester MERLOT (Kokkinomylos ★★★★ nicht weit dahinter folgt der CABERNET SAUVIGNON Avlotopi von einer E zellage. Großartig der Driopi Reserve.

> ### Die Rückkehr der Kreter
>
> Kreta galt jahrzehntelang weithin als verlässliche Quelle billigen Weins von namenlosen Rebsorten, und damit hatte es sich. In den letzten zehn Jahren kann man kaum Schritt halten mit den Entwicklungen in Sachen Qualität, ganz zu schweigen vom Wiederauftauchen fast vergessener Rebsorten wie Vidiano, Dafni, Liatiko, Melissaki oder Plyto.

**Vinsanto** Äg ★★★★ Der fassgereifte, üppige Wein aus sonnengetrocknete ASSYRTIKO- und Aidani-Trauben von SANTORINI ist praktisch unbegren lagerfähig. Unfassbar niedrige Erträge. Die Essenz von Santorini.

# Östlicher Mittelmeerraum und Nordafrika

## Östlicher Mittelmeerraum

Die Geschichte des Weins im östlichen Mittelmeerraum reicht so weit zurück wie der Weinbau an sich. Und man beschäftigt sich wieder damit in der Region und macht sich Gedanken über die von Noah gepflanzten Reben (wo hatte er die Stecklinge her?), über die Weine, die Jesus und König David tranken, und über die, die in den Gedichten von Omar Khayyam vorkommen. Heute machen hohe Reblagen, felsige, steinige, unwirtliche Böden und jede Menge Sonne das Gebiet zu einem Paradies für die Weinerzeugung; das lassen sich Weinmacher aus aller Welt nicht zweimal sagen. Die Region erstrahlt in altem Glanz.

## Zypern

Im Mittelpunkt steht das Erbe fast vergessener Rebsorten wie Promara, Morokanella und Yiannoudi, die auf alten, von der Reblaus verschont gebliebenen Weinbergen geborgen wurden. Jetzt geht es darum, »unsere eigene Geschichte neu zu schreiben, anstatt andere zu kopieren«, wie es ein Erzeuger ausdrückt. Es ist auch ermutigend, einen gewissen Stolz auf zypriotische Weine im Land selbst zu konstatieren: Immer mehr Spitzenrestaurants bieten nun die besten einheimischen statt ausländischer Weine an. Ein Problem sind und bleiben leider die billigen Importe, mit denen den All-inclusive-Touristen der Rachen gestopft wird.

**Aes Ambelis** w rs r br ★→★★ Sehr guter moderner COMMANDARIA; ansprechender XYNISTERI (BV) und Rosé.

**Anama Concept** br ★★ Ein Ehepaar bereitet mit handwerklichem Können ausschließlich erstaunlich reichhaltigen COMMANDARIA von alten MAVRO-Reben.

**Argyrides Vasa Winery** r w ★★ Tadelloses Pionierweingut mit neuem Besucherzentrum. Exzellenter MARATHEFTIKO und MOURVÈDRE. Auch sehr guter VIOGNIER.

**Ayia Mavri** w br; s ★→★★ Die Süßweine sind empfehlenswert: MUSCAT und COMMANDARIA.

**Commandaria** Reichhaltiger, süßer Wein mit geschützter Ursprungsbezeichnung von sonnengetrockneten XYNISTERI- und MAVRO-Trauben. Vermutlich der älteste Wein mit Eigennamen, der immer noch erzeugt wird – seit 800 v. Chr. Erzeuger der neuen Generation: AES AMBELIS, ANAMA, Ayia Mavri, KYPEROUNDA, TSIAKKAS. Traditionelle Stile: St Barnabas (Kamanterena), St John (KEO), Alasia (Loel), Centurion (ETKO).

**Constantinou** r w ★→★★ Erzeuger in der Region Lemesos mit gutem CABERNET SAUVIGNON und SHIRAZ.

**ETKO & Olympus** r w br ★→★★ Ehemaliger Großproduzent; seit dem Umzug in die Kellerei Olympus besser. Am besten: COMMANDARIA (St Nicholas und Centurion).

**Kamanterena (SODAP)** r rs w ★→★★ Große Genossenschaft in den Hügeln bei Paphos; günstige Weißweine (BV) und Rosés, junger MARATHEFTIKO ohne Eichennote.

**KEO** r rs w br ★ Die Weinbereitung findet jetzt in der Kellerei Mallia in den Hügeln statt. Am besten ist die Reihe Ktima Keo.

**Kyperounda** r rs w br ★★→★★★ Hat mit die höchsten Weinberge Europas au 1.450 m. Der Petritis setzt weiterhin Maßstäbe für XYNISTERI. Flaggschi ist die Reihe Epos aus eigenen Lagen mit CHARDONNAY und einem Rot wein. Sehr gut sind SHIRAZ Skopos und Andessitis (Verschnitt). Exzellente moderner COMMANDARIA.

**Makkas** r w ★→★★ Ein ehemaliger Ökonom betreibt diese Garagenkellerei i der Region Paphos. Guter XYNISTERI, MARATHEFTIKO und SHIRAZ.

**Tsiakkas** r rs w br ★★→★★★ Ehemaliger Banker, der zum Winzer wurde Ausdrucksstarke Weißweine, v. a. SAUVIGNON BLANC, XYNISTERI und Pro mara. Auch sehr guter COMMANDARIA, Vamvakada (alias MARATHEFTIKO) Yiannoudi und Öko-Rosé Rodinos.

**Vlassides** r rs w ★★→★★★ Vlassides, der in Davis (Kalifornien) studiert hat bereitet großartigen SHIRAZ, guten Grifos (BV), vielversprechenden Yian noudi und exzellenten lagerfähigen Opus Arti aus den besten Lagen.

**Vouni Panayia** r w ★★ Dynamischer Familienbetrieb mit Fokus auf einheimi schen Sorten. Empfehlenswert: XYNISTERI Alina, MARATHEFTIKO, Promara Spourtiko, Yiannoudi.

**Vasilikon Winery** r rs w ★★ Die einzige Kellermeisterin in Zypern erzeugt seh gute Weißweine, v. a. XYNISTERI und Morokanella, sowie ansprechende Rote: Ayios Onoufrios, MARATHEFTIKO und Methy.

**Zambartas** r rs w ★★→★★★ Der in Australien ausgebildete Kellermeister erzeugt intensiven Rosé (CABERNET FRANC/LEFKADA), exzellenten MARATHEFTIKO und würzigen XYNISTERI. Faszinierend ist der MAVRO von alten Reben (der Weinberg wurde 1921 angelegt), vielversprechend der einheimische Yiannoudi.

# Israel

Israel ist eine Art Kalifornien im östlichen Mittelmeerraum, und das ist teils als Kompliment, teils als Kritik zu verstehen. Rebsorten vom Mittelmeer erfreuen sich wachsender Beliebtheit, Verschnitte im Stil der südlichen Rhône sind in, und manche Erzeuger kombinieren interessanterweise Mittelmeer- und Bordeaux-Sorten. Es wird weiterhin experimentiert, während Israel seiner Weinidentität auf den Grund geht. Hochgelegene Anbaugebiete sind am besten.

Die folgenden Abkürzungen werden im Text verwendet:

| Gal | Galiläa | Sam | Samson |
| Jud | Judäisches Bergland | Shom | Shomrom |
| O-Gal | Obergaliläa | | |

**Abaya** Gal ★★ »Terroirist« mit CARIGNAN aus ökologischem Anbau und spritzigem Colombard.

**Agur** Jud r w ★→★★ Der ehemalige Schreiner bereitet Weine, die ebenso viel Charakter besitzen wie er selbst.

**Amphorae** ★→★★ Die neuen Besen in der schönen Kellerei kehren besser, was sich bei Weiß- und Roséweinen bemerkbar macht.

**Ashkar** Gal ★→★★ Stellt eine Verbindung zwischen einem Volk, dem Land und seiner Erbe her. Einzigartiger SAUVIGNON BLANC.

**Barkan-Segal** Gal, Sam ★★ Israels größte Kellerei. Die Marke Beta ist interessant. Spritziger Colombard und blumiger Marawi. Vielversprechende Veränderungen unter dem neuen Kellermeister.

**Bar Maor** Shom ★★ Weinbereitung mit minimalen Eingriffen. Schlanker CHARDONNAY, frischer Rosé.

**Carmel** O-Gal ★→★★ Die historische Kellerei konzentriert sich auf Standardweine. Die Private Collection ist preiswert, der 4 Vats fruchtig und süffig.

**Château Golan** Golan ★★★ Der rote und der weiße Geshem sind sehr gute Verschnitte von Mittelmeersorten. Ausgezeichneter SYRAH, mächtiger Eliad. Innovativer Kellermeister.

**Clos de Gat** Jud ★★★ Weingut mit Qualität, Stil und Individualität. Kraftvoller SYRAH Sycra, seltener, konzentrierter MERLOT. Traditioneller Qualitäts-CHARDONNAY. Äußerst preiswerter Syrah Harel, frischer Chanson (weiß) auf Einsteigerniveau.

**Cremisan** Jud ★→★★ Palästinensische Weine von den einheimischen Trauben Hamdani, Jandali, Dabouki und Baladi, bereitet in einem Kloster; der (weiße) Hamdani/Jandali ist am besten.

**Dalton** O-Gal ★★→★★★★ Familienbetrieb, kreativer Weinmacher. Erfrischender PINOT GRIS, mineralischer Chenin blanc, würziger (roter) Alma.

**Domaine du Castel** Jud ★★★★ Der Pionierbetrieb im JUDÄISCHEN BERGLAND setzt für Israel Standards in Bezug auf Stil und Qualität. Schöne Kellerei. Der neueste Grand Vin ist der wohl beste überhaupt, mit Tiefe und Komplexität. Vornehmer Petit Castel; der wunderbar ausgewogene CHARDONNAY hat zu seiner Bestform zurückgefunden. Ausdrucksstarker Rosé. Die Basisreihe heißt La Vie.

**Feldstein** Jud, Gal ★★→★★★ Handwerkliche Kellerei mit großartigen Roséweinen (GRENACHE, Carignan), mineralischem SÉMILLON/SAUVIGNON BLANC, blumigem Dabouki und Argaman von rosinierten Trauben.

**Flam** Jud, Gal ★★★→★★★★★ Wunderbar elegant zeigt sich der Bordeaux-Verschnitt Noble. Fruchtbetonter SYRAH, tiefgründiger MERLOT. Sehr preiswert ist der Classico. Exzellenter, frischer, duftender Weißer (SAUVIGNON BLANC/CHARDONNAY), knackiger Rosé.

**Galiläa** Qualitätsanbaugebiet im Norden; v. a. das höher gelegene Obergaliläa hat viel Potenzial. Teilweise vulkanisch.

**Galil Mountain** O-Gal ★ Der Prestige-Verschnitt Yiron ist immer preiswert.

**Golanhöhen** Hochplateau (bis 1.200 m) mit vulkanischen Tuff- und Basaltböden.

**Gush Etzion** Jud r w ★→★★ Rebflächen im zentralen Bergland; Guter GRENACHE/SYRAH/MOURVÈDRE.

**Jezreel Valley** Shom ★★ Der beste Argaman in Israel. Netter Pét Nat Dabouki. Anspruchsvoller Icon.

**Judäisches Bergland** Qualitätsweinbauregion, die nach Jerusalem hin ansteigt. Terra rossa auf Kalkstein.

**Koscher** Für religiöse Juden eine Notwendigkeit, für die Qualität irrelevant. Koschere Weine können sehr gut sein; sie machen mehr als 90 % der Gesamtproduktion aus. Die größten Kellereien erzeugen ausschließlich koscheren Wein.

**Lahat** Golan, Jud ★★ Rhône-Spezialist mit präzise bereiteten Weinen; der Weiße hat das Zeug zum Altern.

**Lewinsohn** Gal ★★★ Ein »Garagenwein«-Qualitätserzeuger in einer Garage! Guter CHARDONNAY. Der Rote ist ein stämmiger, würziger und doch eleganter Verschnitt aus PETITE SIRAH und Marselan.

**Maia** Shom ★→★★ Erfrischende, süffige Weine im mediterranen Stil, griechische Berater.

**Margalit** Gal, Shom ★★★→★★★★★ Im Besitz von Vater und Sohn; Israels erster Kultwein. Bordeaux-Veschnitt Enigma. Komplexer CABERNET FRANC, feiner CABERNET SAUVIGNON. Alterungspotenzial. Duftender Paradigma, fesselnder (weißer) Optima und RIESLING.

**Mia Luce** Gal ★★→★★★ Der *Garagiste* keltert SYRAH mit den Stielen; die Weine erinnern an die nördliche Rhône. Grandioser MARSELAN.

**Nana** Negev ★→★★ Wüstenpionier mit großartigem CHENIN BLANC: knackig, zitrusfruchtig, erfrischend.

**Negev** Wüstenregion im Süden des Landes. Weinberge in Hochlagen, kalte Nächte.

**Ortal** Golan ★→★★ Der ROUSSANNE/VIOGNIER besitzt Fülle und eine schöne Säure. Knackiger Rosé.

**Pelter-Matar** Golan ★★ Gute Weißweine: frischer CHARDONNAY Matar und knackiger SAUVIGNON BLANC/SEMILLON.

**Psagot** Jud ★★ Rebflächen im zentralen Bergland. Der Peak ist ein saftiger Verschnitt im mediterranen Stil.

**Recanati** Gal ★★→★★★ Komplexer Wild Carignan. Sommerrotwein von (der einheimischen Sorte) Bittuni. Der Special Reserve ist ein tiefgründiger, samtiger Prestige-Rotwein.

**Samson** Zentrales Weinbaugebiet, das von der Tiefebene westlich der Hügel von Judäa bis zur Küstenregion südöstlich von Tel Aviv reicht.

**Sea Horse** Jud ★★ Eigenwilliger Weinmacher mit fleischigem Counoise.

**Shomron** Anbaubereich mit Weinbergen hauptsächlich um den Berg Carmel und Zichron Yaakov.

**Shvo** O-Gal ★★★ Kellermeister, der möglichst wenig eingreift. Saftiger, frischer, komplexer BARBERA, äußerst rustikaler roter Verschnitt. Seltener SAUVIGNON BLANC Gershon, rassiger CHENIN BLANC, charaktervoller Rosé.

**Sphera** Jud ★★★→★★★★ Erzeugt nur Weißweine im kühlklimatischen Stil. Rassige, spritzige, sortenreine Weine der Marke White Concepts (RIESLING, CHARDONNAY, SAUVIGNON BLANC) und knackiger Verschnitt First Page. Hervorragender seltener White Signature (SEMILLON/Chardonnay).

**Tabor** Gal ★★→★★★ Sehr gute Weißweine, v. a. fantastisch preiswerter SAUVIGNON BLANC. Sehr günstige Qualität unter dem Etikett Adama. Komplexer anspruchsvoller CABERNET SAUVIGNON Malkiya. Strahlender Einzellagen-TANNAT, fruchtiger MARSELAN.

**Teperberg** Jud, Sam ★→★★ Israels größter Familienbetrieb, jetzt in der fünften Generation. Exzellenter, aromatischer CABERNET FRANC und knackiger PINOT GRIS.

**Tulip** Gal ★★→★★★ Innovativer, progressiver Erzeuger mit opulentem Black Tulip, tiefgründigem SHIRAZ und komplexem CABERNET FRANC/MERLOT. Beschäftigt Menschen mit Behinderung.

**Tzora** Jud ★★★★ Präzisionsweinerzeugung mit Sinn fürs Terroir. Talentierter Kellermeister (Israels einziger Master of Wine). Die Weine zeichnen sich durch Intensität, Ausgewogenheit und Eleganz aus. Knackiger SAUVIGNON BLANC Shoresh, äußerst preiswerter Red aus dem JUDÄISCHEN BERGLAND. Prestigewein ist der komplexe, elegante Misty Hills (CABERNET SAUVIGNON/SYRAH). Seltener, üppiger Dessertwein Or.

**Vitkin** Jud ★★→★★★ Qualitätvoller CARIGNAN, komplexer GRENACHE BLANC. Preiswertes Einsteigerniveau.

**Vortman** Shom ★→★★ Haben Sie ein Auge auf diesen Erzeuger. Lauter gute Weine: COLOMBARD, FUMÉ BLANC, GRENACHE/CARIGNAN-Verschnitt.

**Yaacov Oryah** Sam ★★→★★★ Kreativer Kunstandwerker mit wagemutigem Ansatz und großartigem flaschengereiftem SÉMILLON.

**Yarden** Golan ★★→★★★★ Pionierbetrieb mit nachhaltigem Anbau. Seltener Prestigewein Katzrin, massiver CABERNET SAUVIGNON/SYRAH Bar'on. Massenmarke Mount Hermon (Rotwein). Der Cabernet Sauvignon besticht mit beständiger Qualität zum guten Preis. Besonders feiner Blanc de Blancs, köstlicher süßer Heights Wine. Zweitmarke: Gamla. Interessanter SANGIOVESE.

**Yatir** Jud ★★★ Kellerei in der Wüste mit bewaldeten Hochlagen. Samtiger, konzentrierter roter Yatir Forest, tiefgründiger PETIT VERDOT.

# Libanon

Der französische Einfluss und kräftige, würzige Rotweine bestimmen nach wie vor den Nationalcharakter, doch »leichtere« Verschnitte (mit weniger Eiche und Extrakt) können ein Gefühl für den Ort vermitteln, während in über 1.000 m Höhe angebaute Weißweine sich als erstaunlich frisch erweisen. Es werden über 20 Rebsorten angebaut, doch Cabernet Sauvignon, Syrah, Cinsault, Chardonnay, Sauvignon blanc, Clairette und Viognier sind die Grundpfeiler, wobei den einheimischen Merwah und Obeideh sowie den roten »Traditionssorten« Grenache und Carignan zunehmend Respekt gezollt wird.

**Atibaia** r ★★★ *Garagiste*. Eleganter roter Verschnitt im Bordeaux-Stil mit weichen Tanninen.

**Chateau Belle-Vue** r (w) ★★ Schicker Verschnitt von Bordeaux-Sorten Le Château sowie SYRAH.

**Château Ka** r w ★→★★ Der fruchtige Cadet de Ka mit Kirsch- und Beerenaromen hat ein großartiges Preis-Leistungs-Verhältnis. Source Rouge und Source Blanche sind geschniegelter.

**Château Kefraya** r w ★★→★★★★ Feiner, reifer, konzentrierter, komplexer Comte de M, fülliger, duftender eichentöniger Comtesse de M (CHARDONNAY/VIOGNIER). Der Les Breteches ist ein fruchtiger roter Verschnitt auf Cinsault-Basis.

**Chateau Ksara** r w ★★★ 1857 gegründetes Gut. Der Reserve du Couvent ist fruchtig, süffig und voller Geschmack, der Blanc de Blancs (CHARDONNAY/SAUVIGNON BLANC/SÉMILLON) der beste Weißwein.

**Château Marsyas** r (w) ★★ Tiefgründig, kraftvoll, fruchtig (vorwiegend CABERNET/SYRAH). Besitzt auch Bargylus in Syrien, wo ein Wunder von Wein unter unmöglichen Bedingungen entsteht (★★★).

**Chateau Musar** r w ★★★→★★★★ Ikonischer Wein des östlichen Mittelmeerraums. CABERNET SAUVIGNON/CINSAULT/CARIGNAN (02 03 05' 07' 08 09 10). Einzigartiger, unverwechselbarer Stil, am besten nach 15 bis 20 Jahren in der Flasche. Die Weine von den autochthonen weißen Sorten Obaideh und Merweh können unbegrenzt altern; das Zweitetikett Hochar (rot) wird jetzt mehr beachtet. Der Musar Jeune ist weicher und süffiger.

**Clos St-Thomas** r w ★→★★★ Die Toumas sind eine berühmte Weinbaufamilie aus der Bekaa-Ebene. Fruchtiger, eleganter Les Gourmets auf CINSAULT-Basis. Aromatischer Obaidy (sic!).

**Domaine de Baal** r (w) ★★ Knackiger CHARDONNAY/SAUVIGNON BLANC und alkoholstarker Gutsrotwein aus Öko-Weinbergen in Zahleh.

**Domaine des Tourelles** r w ★★→★★★ Straßenfeger-SYRAH, guter Marquis des Beys. Herausragender neuer CINSAULT von 70 Jahre alten Reben. Die Kellerei macht schnelle Fortschritte.

**Domaine Wardy** r (w) ★★★ Les Terroirs (CABERNET SAUVIGNON/MERLOT/CINSAULT) und Clos Blanc (Obeideh/CHARDONNAY/SAUVIGNON BLANC/VIOGNIER/MUSCAT) sind außerordentlich preiswert.

**IXSIR** r w ★★→★★★ Mineralische Verschnitte auf SYRAH-Basis, florale Weiße und Prestigewein El. Die Reihe Altitudes und der Rosé Grande Reserve sind ausgezeichnet.

**Massaya** r w ★★ Der Terraces de Baalbeck ist ein raffinierter, eleganter GRENACHE/SYRAH/MOURVÈDRE. Die Reihe Les Colombiers bietet ein sehr gutes Preis-Leistungs-Verhältnis auf Einsteigerniveau. Außerdem (roter) Cap Est von Lagen im Anti-Libanon.

**Vertical 33** r w ★→★★ Ökologisch angebaute (und esoterische) sortenreine Weine von CINSAULT, CARIGNAN und Obeideh. Neo-Musar!

## Türkei

Wer heute in den türkischen Weinbau investiert, hat Lob und Zuspruch verdient. Die Türkei ist und bleibt ein faszinierendes Land mit enormer Vielfalt und all diesen einheimischen Rebsorten, deren Namen niemand aussprechen kann.

**Büyülübag** ★★ Eine der neuen kleinen Qualitätskellereien. Guter CABERNET SAUVIGNON.

**Corvus** ★★ Kellerei auf der Insel Bozcaada. Intensiver, konzentrierter Corpus, üppiger Passito.

**Doluca** ★→★★ Einheimische Sorten unter dem Etikett DLC. Guter, abgerundeter ÖKÜGÖZÜ.

**Kavaklidere** ★→★★★ Gut bereitet, elegant. Am besten ist das Gut Pendore, v. a. ÖKÜZGÖZÜ und SYRAH. Yakut mit Kirsch- und Beerenaromen. Stéphane Derenoncourt berät.

**Kayra** ★→★★ Würziger SHIRAZ, frischer NARINCE. Reifer ÖKÜZGÖZÜ aus Ostanatolien.

**Pasaeli** ★→★★ Lebhafte Verschnitte im Bordeaux-Stil aus einer Einzellage.

**Sevilen** ★→★★ Spezialist für internationale Sorten. Würziger SYRAH, aromatischer SAUVIGNON BLANC.

**Sulva** ★→★★ Körperreicher Bordeaux-Verschnitt Sur und von Eiche unterstützter fruchtiger SYRAH.

**Urla** ★★ Der rote Tempus besitzt Komplexität und Tiefe. Ausdrucksstarker weißer NARINCE-Beyazkere.

**Vinkara** ★ Charmanter NARINCE sowie kirsch- und beerenfruchtiger KALECIK KARASI.

## Nordafrika

Abgesehen von ein oder zwei Marken bemüht sich in der Region niemand um internationale Anerkennung. Es gibt durchaus gute Weine und ausländische Investoren, doch das Hauptaugenmerk gilt dem Tourismus vor Ort.

Die folgenden Abkürzungen werden im Text verwendet: **Mar** Marokko / **Tun** Tunesien

**Baccari** Mar – Vielleicht der beste marokkanische Rotwein: Premiere de Baccari aus Meknès.

**Bernard Magrez** Mar ★★ Investition eines Bordeaux-Tycoons. Tanninbetonter, würziger SYRAH/GRENACHE-Verschnitt.

**Castel Frères** Mar ★ Das Gut erzeugt preiswerte Marken wie Bonassia, Halana, Larroque, Sahari.

**Celliers de Meknès, Les** Mar ★→★★ Praktisch Monopolist in Marokko. Bester Wein: Château Roslane.

**Domaine Neferis** Tun ★→★★ Gemeinschaftsunternehmen mit Calatrasi (Italien). Bester Wein: Selian CARIGNAN.

**Ouled Thaleb** Mar ★★ Üppiger Verschnitt Medaillon (CABERNET SAUVIGNON/MERLOT/SYRAH). Lebhafter Syrah Tandem (in den USA: Syrocco). Joint Venture mit Thalvin und Graillot (Rhône).

**Val d'Argan** Mar ★→★★ Betrieb nahe Essaouira. Preiswert ist der Mogador, am besten der Orients.

**Vignerons de Carthage** Tun r rs w ★ Am besten von der tunesischen Genossenschaft UCCV ist die Rotweinreihe Magon Magnus.

**Vin Gris** Mar ★ Blasser rosé Durstlöscher in Marokko. Am bekanntesten ist die Marke Castel Boulaouane.

**Volubilia** Mar r rs w ★→★★ Delikater rosé VIN GRIS, der beste in Marokko.

# Asien und die ehemalige Sowjetunion

## Asien

### China

China ist immer noch ein großer Weinkonsument, obwohl die Produktion im Jahr 2018 um fast 40 Prozent sank. Erfolge bei internationalen Verkostungen durch Grace Vineyard (Shanxi) und Ch. Zhongfei (Xinjiang) haben die MARSELAN (CABERNET SAUVIGNON x GRENACHE) als wichtigste Traube etabliert, und mehr davon wird gepflanzt. Chinas circa 800.000 ha Rebfläche liefert aber immer noch vorwiegend Tafeltrauben; nur 15 Prozent sind für Wein. Xinjiang ganz im Nordwesten und Ningxia im nördlichen Zentralchina teilen sich je ein Viertel der Pflanzungen. Hebei und Shandong an der Küste haben zusammen weitere 25 Prozent, der Rest verteilt sich auf andere Provinzen wie Shaanxi und Yunnan (an der Grenze zu Laos und Myanmar), wo in den Ausläufern des Himalaya der Ao Yun (Cabernet/MERLOT) von der Shangri-La Winery im Besitz von Moët-Hennessy entsteht, Chinas teuerster Wein. CABERNET SAUVIGNON ist mit 60 Prozent Anbaufläche am weitesten verbreitet, gefolgt von Merlot, CHARDONNAY, Cabernet Gernischt (alias CARMENÈRE), Marselan, SYRAH, CABERNET FRANC und WELSCHRIESLING. Weitere Sorten sind u. a. RIESLING, UGNI BLANC, SÉMILLON, PETIT MANSENG, PINOT NOIR, GAMAY und PETIT VERDOT. Strenge Winter im Norden, wo die Temperaturen auf −20 °C sinken können, erfordern ein Eingraben der Reben im Herbst, damit sie überleben können. In der Küstenprovinz Shandong lassen Regen und Taifune Fäulnis entstehen. Beste Erzeuger: Jia Bei Lan, Ch. Zhongfei, Grace Vineyard, Tiansai Skyline of Gobi (inkl. Rosé), Silver Heights, Legacy Peak, Domaine Helan Mountain (Pernod Ricard), Ch. Rongzi, Leirenshou, Silkroad, Domaine Fontaine Sable, Li's Family, Guofei und Shangri-La Winery. Die teuersten Abfüllungen sind oft überholzt; am besten fährt man häufig mit Weiß- und Rotweinen der Mittelklasse. Tiansai hat einen sehr guten Chardonnay Selection dieser Kategorie, Chinese Zodiac einen Chardonnay/MUSCAT. Jade Valley außerhalb von Xi'an bietet einen guten Pinot noir. Chinas feinster Süßwein, ein Petit Manseng, kommt von der Taila Winery in Shandong. Der Gigant Changyu hat einen guten Eiswein im Angebot. Die Schaumweinkrone gebührt sicherlich der Domaine Chandon in Ningxia, die zu Moët-Hennessy gehört.

### Indien

Religiöse Empfindlichkeiten (sowohl von Moslem- als auch von Hinduseite), Gleichgültigkeit vor Ort und ein bürokratisches Minenfeld von Abgaben und Steuern machen es der Weinwirtschaft Indiens nicht leicht. Trauben wachsen auf circa 115.000 ha, doch nur 2.000 ha dienen der Weinbereitung, die meisten in Maharashtra, Karnataka und Andhra Pradesh. Die Domaine Chandon von Moët-Hennessy erzeugt guten Schaumwein. Ebenfalls gut: York Sparkling Cuvée (CHENIN BLANC), Sula SAUVIGNON BLANC sowie Sauvignon blanc von Indus, Charosa und Grover (v. a. Zampa Art Collection). Der Engländer Steven Spurrier (siehe Bride Valley, England) ist bei Fratelli in Maharashtra tätig. Bei Grover hat nun mit Karishma Grover, ausgebildet an der UC Davis, die dritte Generation übernommen.

## Japan

Japans eigene Traube ist die weiße KOSHU, die wahrscheinlich vor 1.000 Ja̶ ren über die Seidenstraße ins Land kam. Die Gesamtrebfläche Japans beträ̶ rund 20.000 ha, wovon 6 Prozent für Wein sind, bei etwa 280 Kellereien. Et̶ 30 Prozent der Rebfläche liegen in Yamanashi; Nagano hat einen Anteil v̶ 12 Prozent. Meist werden auch Tafeltrauben angebaut. Große Brauereien ̶ Sapporo, Kirin und Suntory dominieren die Weinbranche, doch die ambit̶ niertesten Erzeuger sind kleine, familiengeführte Unternehmen, die ihre eig̶ nen Trauben verwenden. Mit ihren floralen, Zitrus- und pikanten Noten sow̶ ihrer Säurebetontheit ist Koshu (am besten ohne Eicheneinfluss) zum Liebli̶ von Autoren und Sommeliers avanciert. Die Hybridsorte Muscat Bailey A ṉ ihrem Zuckerwatte-Aroma ist die meistangebaute rote Traube; die best̶ Abfüllungen kommen von Domaine Hide. Der beste Koshu-Wein ist Cuv̶ Misawa Akeno von Grace Wine, die auch guten Schaumwein von CHARDO̶ NAY erzeugt. Andere gute Kellereien: Ch. Mercian, Haramo, Lumière, Sory̶ Marquis, L'Orient und die Chitose Winery mit PINOT NOIR.

> Laut einer lokalen Legende hat der buddhistische Mönch Gyoki im Jahr 718 ̶
> Yamanashi Japans erste Reben gepflanzt.

# Die ehemalige Sowjetunion

**V**on allen Weinbaugebieten rund um das Schwarze Meer und im Kaukas̶ bekommt Georgien die meiste internationale Anerkennung. Die lange f̶ archaisch gehaltene dortige Praxis der Weinbereitung in eingegrabenen t̶ nernen *qvevri*s (Amphoren) inspiriert nun Weinmacher rund um den Glob̶ Armenien, Georgiens Nachbar, hat ebenfalls ein reiches Weinbauerbe. Beid̶ Länder können sich einer jahrtausendealten Geschichte und erstklassiger ei̶ heimischer Trauben rühmen. In Russland ist Qualitätsweinbereitung in Mod̶ gekommen, was neue Zeiten und Verbrauchervorlieben ankündigt. Moldawi̶ setzt auf den Tourismus, um seine ziemlich glanzvollen Weine – und einig̶ einzigartige Weinkeller – bekannter zu machen. Abseits der ausgetreten̶ Pfade liegen große Anpflanzungen in über 1.000 m Höhe für Qualitätswei̶ in Kasachstan.

## Armenien

Das Land wetteifert mit Georgien darum, wo der Weinbau seinen Ursprun̶ hatte (die älteste Kellerei stammt von vor 6.100 Jahren). Seine abgeschie̶ denen, gebirgigen Weinberge sind reblausfrei. Gute Qualität können die i̶ digenen Sorten Voskeat und Garandamak (weiß) sowie Areni, Hindogny un̶ Kakhet (rot) liefern. Private Investoren und internationale Berater heben d̶ Standards bei ArmAs, Armenia Wines, Karas Wines und Zorah (sehr gut).

## Georgien

Prähistorische Weinbereitungsmethoden mit *qvevri*s, ein Füllhorn an eigen̶ Traubensorten (etwa 500, auch wenn nur eine Handvoll davon dominier̶ sowie 8.000 Jahre Weinbaugeschichte heben Georgien vor dem Rest de̶ Welt hervor. Eingegrabene tönerne *qvevri*s, die sogar unter UNESCO-Schut̶ stehen, dienen für Rot- und Weißweine sowohl als Gärbehälter wie auch zur Ausbau der Weine. Die Weißen werden zudem oft auf den Schalen mazeriert̶ was man in Georgien als »kachetische Methode« kennt und anderswo al̶ Orange Wines. Charakteristische Rebsorten sind die rote SAPERAVI (ausgebau̶

**MOLDAWIEN / RUSSLAND / UKRAINE | 331**

vielen Stilen von leicht und halbtrocken bis kraftvoll, trocken, tanninstark und lagerfähig) und die weiße RKATSITELI (lebhaft). Mtsvane und Kisi (beide weiß) werden zunehmend beachtet. Führende Erzeuger sind u.a. Badagoni, Ch. Mukhrani, Dakishvili, GWS, Jakeli Khashmi, Kindzmarauli Marani, Marani (KWC), Pheasant's Tears, Schuchmann, Tsinandali (eine restaurierte Adelsdomäne), Tbilvino.

## Moldawien

Das Land ist Sechster in Europa in Bezug auf die Rebfläche, bleibt aber weitgehend unbekannt. Lieferte einstmals neben der Krim die besten Weine für die Zaren. War früher ein Teil Rumäniens und hat dessen Trauben geerbt: FETEASCĂ ALBĂ, FETEASCĂ REGALĂ (beide weiß) sowie Rară neagră und FETEASCĂ NEAGRĂ (beide rot). Daneben stehen auch alle möglichen anderen Sorten in den Weinbergen, von CHARDONNAY und PINOT GRIS bis CABERNET SAUVIGNON und PINOT NOIR. Die Weine können ein ausgezeichnetes Preis-Leistungs-Verhältnis haben. Rotweinverschnitte wie Roşu de Purcari (Cabernet Sauvignon/Merlot/Malbec) und Negru de Purcari (Cabernet Sauvignon/SAPERAVI/Rara neagră) sowie Eiswein sollte man sich nicht entgehen lassen. Den besten Ruf genießt Vinăria Purcari; weitere gute Erzeuger sind: Asconi, Carpe Diem, Ch. Vartely, Cricova (Schaumwein), Et Cetera, Fautor, Gitana, Ion Gri, Salcuta, Vinăria Bostavan, Vinăria din Vale.

## Russland

Vor zehn Jahren war es fast unmöglich, Russen davon zu überzeugen, ihre eigenen Weine zu trinken. Das ist nun anders. Russische Weine liegen im Inland im Trend; anderswo müssen sie erst noch reüssieren. Die besten Bedingungen herrschen am Schwarzen Meer und am Fluss Kuban. Internationale Trauben (einschließlich RIESLING) dominieren. Das raue Klima im Tal des Don, bekannt für indigene Sorten (rote Krasnostop, Tsimliansky), bedingt, dass die Reben im Winter eingegraben werden müssen. Ch. le Grand Vostock und Lefkadia bieten beständig gute Qualität. Eingeführte Großproduzenten sind Ch. Tamagne, Fanagoria, Myskhako, Yubileinaya, Abrau Durso (Schaumwein); zu den Kleinen gehören Burnier und Gai-Kodzor.

## Ukraine

Die Weinproduktion verteilt sich hauptsächlich auf die Gebiete am Schwarzen Meer. Die Krim brummt, angeführt von kleinen Kellereien (Uppa Winery, Oleg Repin), deren Weine dem Terroirgedanken folgen. Neben internationalen werden auch einige lokale Sorten (weiße Kokur, rote Ekim Kara) und Hybride angebaut. Erzeuger wie Massandra, Solnechnaya Dolina und Koktebel führen die Tradition der gespriteten Weine aus Zarenzeiten fort. Auch Schaumweine nach dem Vorbild des Champagners sind ein ebenso wichtiges wie populäres Erbe, z. B. von Artyomovsk, Novy Svet, Zolotaya Balka. Hochwertige trockene Weine erzeugen Inkerman (Special Reserve), Guliev Wines, Prince Trubetskoy Winery, Satera (Esse, Kacha Valley) und Veles.

# Vereinigte Staaten

**Die dunklen Flächen bezeichnen die Weinbaugebiete**

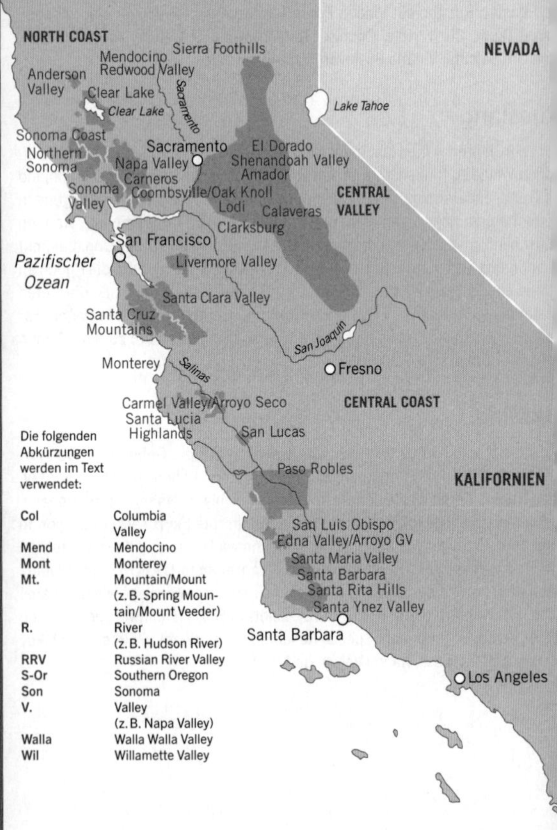

NORTH COAST
Sierra Foothills
Mendocino
Redwood Valley
Anderson Valley
Clear Lake
*Clear Lake*
*Sacramento*
Sonoma Coast
Northern Sonoma
Sacramento
El Dorado
Napa Valley
Shenandoah Valley
Carneros
Amador
Sonoma Valley
Coombsville/Oak Knoll
Lodi Calaveras
Clarksburg

CENTRAL VALLEY

NEVADA

*Lake Tahoe*

*Pazifischer Ozean*

San Francisco
Livermore Valley
Santa Clara Valley

Santa Cruz Mountains

Monterey *Salinas*

*San Joaquin*

○ Fresno

CENTRAL COAST

Carmel Valley/Arroyo Seco
Santa Lucia Highlands
San Lucas

Paso Robles

KALIFORNIEN

San Luis Obispo
Edna Valley/Arroyo GV
Santa Maria Valley
Santa Barbara
Santa Rita Hills
Santa Ynez Valley
Santa Barbara

○ Los Angeles

**Die folgenden Abkürzungen werden im Text verwendet:**

| | |
|---|---|
| Col | Columbia Valley |
| Mend | Mendocino |
| Mont | Monterey |
| Mt. | Mountain/Mount (z. B. Spring Mountain/Mount Veeder) |
| R. | River (z. B. Hudson River) |
| RRV | Russian River Valley |
| S-Or | Southern Oregon |
| Son | Sonoma |
| V. | Valley (z. B. Napa Valley) |
| Walla | Walla Walla Valley |
| Wil | Willamette Valley |

Kalifornien dominiert die Weinproduktion der USA so stark (der Staat steht für 90% des Gesamtvolumens), dass kein Hahn nach den anderen Staaten kräht. Dabei entwickeln einige gerade sehr ernst zu nehmende Weinprofile. Sie können zwar bei der schieren Menge nicht mithalten, dafür stehen sie für klare stilistische Unterschiede: Oregon für eleganten, frischen Pinot noir; Washington für reiferen, runden Merlot und Cabernet Sauvignon; Virginia für konzentrierte und trotzdem frische Verschnitte aus Viognier, Petit Manseng, Tannat und Petit Verdot (nicht alle auf einmal); New York State für kühlklimatischen Riesling; Texas überrascht mit einer großen Bandbreite von Weinen – im Rhône-Stil bis hin zu gutem Schaumwein. Das sei nur am Rande erwähnt, bevor wir uns den Unterschieden innerhalb Kaliforniens widmen – dort sind die Bedingungen ja auch nicht überall gleich. Napa entdeckt gerade die Tugend der Ausgewogenheit (endlich); die Weine der Küstengegend von Sonoma zeigen sich dicht und straff. Es gibt sehr viele individuelle Produzenten mit Talent und Vorstellungskraft, die hohe Risiken eingehen und dem Luxusimage des Staates trotzen. Leider träumen noch zu viele Winzer davon, genau in dieser Spitzenkategorie mitzuspielen.

### American Viticultural Areas (AVAs)

Ich bin nicht sicher, ob AVAs jemals als Verkaufsargument wirken werden. Sie sind nicht genau (und nicht einmal annähernd) das gleiche wie Appellations Contrôlées. Immerhin stärken sie den Lokalpatriotismus und das Gefühl, etwas Besonderes zu sein, und das ist immerhin etwas. Die bundesstaatlichen Bestimmungen in Bezug auf geschützte Herkunftsbezeichnungen in den USA wurden 1977 erlassen. Warum Sie das interessieren könnte? Es gibt zwei Kategorien. Die erste richtet sich schlicht nach den politischen Grenzen, sodass eine AVA einen ganzen Bundesstaat umfassen kann, z. B. Kalifornien, Washington, Oregon usw. Auch einzelne Countys können AVA-Status erhalten, wie etwa Santa Barbara oder Sonoma. In diesem Fall müssen die Weine ausschließlich von Trauben aus dem betreffenden County bereitet werden. Die zweite Kategorie gilt geografischen Bereichen innerhalb eines Bundesstaats, beispielsweise Napa Valley in Kalifornien oder Willamette Valley in Oregon. Diese AVAs sollten theoretisch auf einer Ähnlichkeit der Böden, Wetterbedingungen usw. basieren. In der Praxis schließen sie jedoch eher alles Mögliche ein als weniger Erlesenes aus. Innerhalb dieser Art von AVAs sind weitere Subappellationen möglich. Beispielsweise umfasst die AVA Napa Valley Unterbereiche wie die AVAs Rutherford, Stags Leap und andere. Auch für diese geografischen AVAs gilt, dass nur Trauben aus dem jeweiligen Bereich verwendet werden dürfen. Ein Erzeuger, der die entsprechenden Vorgaben erfüllt, hat die Wahl, ob er für seine Weine eine »politische« AVA wie etwa Napa oder eine »geografische« AVA wie Napa Valley verwendet. Es wird vermutlich noch Jahre dauern, bis die Unterschiede jedem klar sind, aber es steht außer Zweifel, dass manche AVAs schon jetzt ordentliche Prämien einfahren.

# Arizona

Unbemerkt hat sich hier eine hippe und kreative Weinszene etabliert. Böden und Klimazonen bieten ähnliche Bedingungen wie im Burgund. Das hoch gelegene Wüstenterroir mit Böden von vulkanischem Fels und Kalkstein zeichnet sich durch gutes Wetter für die Traubenreifung aus. Kellereien: u.a. **Arizona Stronghold:** ★ roter Rhône-Verschnitt Nachise als Aushängeschild, die exzellente weiße Cuvée Tazi und der Dessertwein VIDAL BLANC. **Alcantara Vineyards:** elegante, erdige Rote wie Confluence IV oder Grand Rouge. **Burning Tree Cellars:** kunsthandwerkliche, intensive rote Cuvées in kleinen Mengen. **Bodega Pierce:** Familienweingut, in dem nur eigene Trauben verarbeitet werden, guter SAUVIGNON BLANC. **Caduceus Cellars:** ★★→★★★ Im Besitz des Rocksängers Maynard James Keenan, was der Kellerei einen Kick gab und auch die Weine besser werden ließ; exzellenter weißer Verschnitt Dos Ladrones, Spitzenrotweine sind Sancha und Nagual del Marzo. **Callaghan Vineyards:** ★★ Wird im Weißen Haus serviert, TANNAT, AGLIANICO und rote Cuvées ragen heraus; der sehr gut bewertete Caitlin wird von der Tochter des Winzers bereitet. **Dos Cabezas WineWorks:** Sollte man für seinen Schaumwein nach traditioneller Methode im Auge behalten, auch als Rosé. **Page Springs Cellars:** GSM-Verschnitt sowie reinsortige Weiße von anderen Rhône-Sorten wie der Dragoon MARSANNE. **Pillsbury Wine Company:** ★ Der Filmemacher Sam Pillsbury erzeugt den exzellenten Dessertwein Symphony Sweet Lies, einen PETITE SIRAH Special Reserve, sehr guten CHENIN BLANC, die legendäre aromatische weiße Cuvée WildChild, MALVASIA, GRENACHE und den Guns & Kisses SHIRAZ.

# Colorado

Colorado hat einige der höchstgelegenen Weinberge des Landes und ein Klima ähnlich wie an der Rhône oder der Central Coast. AVAs: u.a. Grand Valley und West Elks. Auf dem Radar sind **Bookcliff:** ★★ Exzellenter MALBEC, SYRAH, Reserve CABERNET FRANC, CABERNET SAUVIGNON, VIOGNIER. **Boulder Creek:** ★ Bordeaux-Verschnitt Ensemble und Verschnitt Crescendo Souzao. **Carlson:** ★ Die unprätentiöse Kellerei arbeitet mit GEWÜRZTRAMINER, RIESLING und LEMBERGER (rot); gut bereitete, preisgünstige Weine. **Colterris:** nutzt ausschließlich vor Ort angebaute Trauben; Bordeaux-Stil. **Creekside:** sehr guter Verschnitt Robusto, ausgebaut in Eiche aus den Appalachen, guter PETIT VERDOT. **Grande River:** konzentriert sich auf die traditionelle Stile von Bordeaux und der Rhône; der Lavande Vin Blanc ist ein mit Lavendel aromatisierter SEMILLON/Viognier. **Guy Drew:** ★★★ ambitionierte Weiße, u.a. Viognier, trockener Riesling, CHARDONNAY ohne Eichennote, interessanter Baco Noir. **Infinite Monkey Theorem:** ★ hippe, urbane Kellerei, die ihrem eigenen Takt folgt; sehr guter Rotweinverschnitt 100th Monkey, erster Schaumwein Colorados nach der traditionellen Methode ist Grand Valley ALBARIÑO. **Jack Rabbit Hill:** ★ die einzige zertifizierte biodynamische Kellerei im Staat; beachtlicher Riesling. **Snowy Peaks (Grande Valley):** Rhône-Sorten von sehr hoch gelegenen Weinbergen; in die Oso-Verschnitte kommen auch Trauben von Hybriden. **Sutcliffe:** sehr guter Cabernet franc, Chardonnay, MERLOT. **Turquoise Mesa:** ★ preisgekrönter Syrah, FUMÉ BLANC. **Two Rivers:** ★ exzellenter Cabernet Sauvignon, sehr guter Chardonnay, Riesling sowie Wein im Port-Stil. **Whitewater Hill Vineyards:** außergewöhnlicher Rotweinverschnitt Ethereal. **Winery at Holy Cross:** ★ historische Kellerei mit Schwerpunkt auf Rotwein; preisgekrönter Reserve Merlot, Verschnitt Sangre de Cristo Nouveau.

# Idaho

Trauben werden hier zwar schon seit langer Zeit angebaut, dennoch gibt es nur 53 Kellereien und rund 525 ha Weinberge. Anfangs sahen die CHARDONNAYS erfolgversprechend aus, jetzt weisen die Resultate eher auf SYRAH-Weine hin, auf die man ein Auge haben sollte.

Cinder Wines Snake R.V. ★★ Melanie Krause, ehemals Assistentin des Weinmachers bei Ch. Ste Michelle (Washington), hat ein Händchen für hochklassigen SYRAH und RIESLING. Auch sehr guter VIOGNIER.

Coiled Snake R.V. ★★ Einer der Spitzenerzeuger im Bundesstaat mit köstlichem trockenem RIESLING und SYRAH.

Ste Chapelle Snake R.V. ★ Idahos älteste und größte Kellerei gehört der in Washington ansässigen Firma Precept Wines. Rot- und Weißweine in trockenen und halbtrockenen Stilen, u. a. süffiger RIESLING und SAUVIGNON BLANC.

# Kalifornien

Zerstörerische und tödliche Waldbrände haben den Norden und Süden Kaliforniens 2017 und 2018 jeweils gegen Ende der Lesezeit heimgesucht. Der Rauch hat die zuletzt eingebrachte Ernte in einigen Countys verdorben. Die Feuer haben einen großen Tribut gefordert und ganze Nachbarschaften ausgelöscht. Aber abseits von Naturkatastrophen erleben wir gerade eine Welle von Übernahmen im Bereich der mittelgroßen Weingüter. In den letzten zwei Jahren hat sich Duckhorn sowohl Kalera als auch Kosta Browne einverleibt. Swanson und die Napa-Legenden Heitz Cellar und Stony Hill Vineyard haben ebenfalls neue Besitzer. Gallo hat sich The Prisoner geschnappt, ein Piratenlabel, dass hochklassige Cuvées hervorgebracht hat. Viele Winzer bleiben dran, die kühleren und höheren Lagen von Sonoma Coast, Mendocino County und Lake County zu sondieren – und erreichen dabei sprichwörtlich neue Höhen. Für Cabernet Sauvignon aus Paso Robles (nicht nur aus Napa) muss man mittlerweile ein stattliches Sümmchen hinblättern. Santa Barbara bleibt weiterhin die Keimzelle für Innovationen und Experimente. Die führenden Spitzenproduzenten tauchen jetzt auch in den Sierras und in Lodi auf.

# Neuere Jahrgänge

Kalifornien ist zu unterschiedlich für schlichte Verallgemeinerungen. Sicher gibt es Unterschiede zwischen den nördlichen, mittleren und südlichen Teilen des Staates, aber in den vergangenen zehn Jahren hat es keine wirklich schlechte Lese gegeben. Manche, die vielleicht eine Herausforderung für den Winzer war, hat die Weintrinker umso glücklicher gemacht. Hier eine kurze Übersicht der jüngeren Jahrgänge, die gerade im Rennen sind, und was wir von ihnen erwarten können.

2018 Rekordernte von großartiger Qualität, aber Rauch hat einiges Lesegut weiter im Norden in Lake County zerstört. Einige Weinberge in Malibu in Südkalifornien sind abgebrannt.
2017 Katastrophale Buschfeuer in Napa und Sonoma, aber erst zum Ende der Lese. Überwiegend sehr gute Qualität.
2016 Gute Qualität; charmante Rote und Weiße, geprägt von großer Frische.
2015 Trockenes Jahr, geringer Ertrag, aber von überraschend guter Qualität, sehr konzentriert.

**2014** Ein drittes trockenes Jahr in Folge, doch scheint die Qualität hoch zu sein
**2013** Erneut große Erntemengen mit exzellenten Qualitätsaussichten.
**2012** Herausragender Cabernet Sauvignon; hinsichtlich der meisten Sorter sehr vielsprechend.
**2011** Schwieriges Jahr. Wer spät gelesen hat, konnte sich über guten Cabernet Sauvignon und Pinot noir freuen. Zinfandel hat gelitten.
**2010** Kühl und nass. Einige Abfüllungen sind jedoch hervorragend, v. a. von Rhône-Sorten und Zinfandel.

# Bedeutende Weinbaugebiete in Kalifornien

Es gibt weit über 100 American Viticultural Areas (AVAs) in Kalifornien. Nachfolgend sind die wichtigsten aufgeführt.

**Alexander Valley** (Sonoma). Warmer Anbaubereich im oberen Sonoma Valley. Bekannt für guten Zinfandel und Cabernet Sauvignon von Hügellagen.
**Amador County** Warmes Gebiet in der Sierra Nevada. Sein ganzer Reichtum sind alte Zinfandel-Reben. Trauben von der Rhône gedeihen ebenfalls gut.
**Anderson Valley** (Mendocino). Winde und Nebel vom Pazifik durchziehen das Tal des Navarro-Flusses landeinwärts. Großartiger Pinot noir, Chardonnay und Schaumwein. Sehr guter Riesling und Gewürztraminer, mancher Syrah ist herausragend. Grandioses Potenzial.
**Arroyo Seco** (Monterey). AVA mit warmem Klima. Guter Riesling, Merlot und Chardonnay.
**Atlas Peak** (Napa). Außergewöhnlicher Cabernet Sauvignon und Merlot.
**Calistoga** (Napa). AVA am Nordende des Napa Valley für Rotwein, v. a. Cabernet Sauvignon.
**Carneros** (Napa, Sonoma). Kühle AVA am Nordende der San Francisco Bay. Guter Pinot noir, Chardonnay; Merlot, Syrah und Cabernet Sauvignon aus wärmeren Lagen. Sehr guter Schaumwein.
**Coombsville** (Napa). Kühle AVA in der Nähe der der San Francisco Bay. Ausgezeichneter Cabernet Sauvignon im Bordeaux-Stil.
**Diamond Mountain** (Napa). Reben in hohen Lagen; hervorragender Cabernet Sauvignon.
**Dry Creek Valley** (Sonoma). Überragender Zinfandel, guter Sauvignon blanc, Cabernet Sauvignon und Zinfandel aus Hanglagen.
**Edna Valley** (San Luis Obispo). Kühle Winde vom Pazifik. Sehr guter Chardonnay.
**El Dorado County** Hochgelegenes Gebiet im Inland rund um Placerville. Hier entwickeln sich gerade große Talente mit Rhône-Sorten, Zinfandel, Cabernet und anderen.
**Howell Mountain** (Napa). Klassischer Napa-Cabernet-Sauvignon von steilen Hanglagen.
**Livermore Valley** (Alameda). Historischer, zum größten Teil von den Vororten der Stadt Livermore geschluckter Weißweinbereich mit Kiesböden, der sich jedoch mit New-Wave-Weinen von Cabernet Sauvignon und Chardonnay einen Namen macht.
**Mendocino Ridge** Die Gegend im Mendocino County entwickelt sich gerade. Ihre Hügel sind bis zu 365 m hoch. Kühles Klima, kaum Nebel, leichte Böden.
**Mount Veeder** (Napa). Hoch gelegene Rebflächen für guten Chardonnay und Cabernet Sauvignon.
**Napa Valley** (Napa). Cabernet Sauvignon, Merlot, Cabernet franc. Halten Sie sich an die Sub-AVAs für aussagekräftige Weine mit Terroircharakter und an die Berggegenden für komplexe Weine mit Lagerpotenzial.

**Oakville** (Napa). Perfektes Gebiet für Cabernet Sauvignon, der hier auf einem Kiesbett gedeiht.

**Paso Robles** (San Luis Obispo). Beliebt bei Besuchern. Rhône- und Bordeaux-Sorten, überwiegend Rotwein.

**Pritchard Hill** (östlich von Napa). Hoch gelegenes und schroffes Weingebiet, perfekt für Cabernet Sauvignon.

**Red Hills** (Lake County). Nördliche Verlängerung der Bergkette von Mayacama, großes Potenzial für Cabernet Sauvignon.

**Redwood Valley** (Mendocino). Wärmerer Bereich im Landesinneren. Guter Zinfandel, Cabernet Sauvignon, Sauvignon blanc.

**Russian River Valley** (Sonoma). AVA am Pazifik, oft bis mittags in Nebel gehüllt. Pinot noir, Chardonnay und guter Zinfandel am Fuß der Berge auf dem flachen Uferland.

**Rutherford** (Napa). Hervorragender Cabernet Sauvignon, v. a. aus Hanglagen.

**Saint Helena** (Napa). Herrlich ausgewogener Cabernet Sauvignon.

**Santa Lucia Highlands** (Monterey). Höher gelegene Südhänge, großartige Pinot noir, Syrah und Rhône-Sorten.

**Santa Maria Valley** (Santa Barbara). Kühler Bereich an der Küste, guter Pinot noir, Chardonnay und Viognier.

**Sta Rita Hills** (Santa Barbara). Exzellenter Pinot noir.

**Santa Ynez** (Santa Barbara). Am besten sind Weine von Rhône-Sorten (rot und weiß), Chardonnay und Sauvignon blanc.

**Sierra Foothills** El Dorado County, Amador County, Calaveras County. Alle werden so langsam besser.

**Sonoma Coast** (Sonoma). Sehr kühles Klima, kantiger Pinot noir, Chardonnay.

**Sonoma Valley** (Sonoma). Guter Chardonnay, sehr guter Zinfandel; hervorragender Cabernet Sauvignon aus der Sub-AVA Sonoma Mountain. Achtung: Sonoma Valley ist ein Teil des größeren Anbaubereichs Sonoma.

**Spring Mountain** (Napa). Edler Cabernet Sauvignon, sehr unterschiedliche Böden und Lagen.

**Stags Leap** (Napa). Klassische Rotweine, Cabernet Sauvignon mit Noten von dunklen Früchten; sehr guter Merlot.

**Abreu Vineyards** Napa V. ★★★→★★★★★ Geschmeidige Weine auf CABERNET-SAUVIGNON-Basis aus ausgewählten Lagen. Die Spitzenlage ist Madrona mit kraftvollem, ausgewogenem Auftakt und langem, vielschichtigem Abgang. Kann 10–12 Jahre in den Keller.

**Acaibo** ★★★ Das an Bordeaux erinnernde Gut von Gonzague und Claire Lurton in der AVA Chalk Hill heißt Trinité (CABERNET SAUVIGNON, MERLOT, CABERNET FRANC). Acaibo ist der Spitzenwein, ein echter Schlager. Auch verführerischer Verschnitt G & C Lurton.

**Alban Vineyards** Edna V. ★★★→★★★★★ John Alban, SYRAH-Pionier und einer der frühen Spezialisten für Rhône-Sorten, bereitet immer noch großartigen Wein am idealen Standort im Edna Valley. Erstklassiger VIOGNIER und GRENACHE.

**Albatross Ridge** Mont ★★★ Die Familie Bowlus hat ihr sehr hoch gelegenes Quartier 11 km vom Pazifik entfernt bei Carmel aufgeschlagen. Ihre jungen CHARDONNAY- und PINOT-NOIR-Weine sind frisch und lebendig. Es lohnt sich, sie im Auge zu behalten.

**Alma Rosa** Sta Rita Hills ★★★→★★★★ Der nächste Streich von Richard Sanford nach dem Verkauf des gleichnamigen Weinguts. Er bleibt der Tradition treu und macht weiterhin raffinierten PINOT NOIR und CHARDONNAY, ebenso wie sehr guten Rosé.

**Andrew Murray** Santa Barbara ★★★ Hier dreht sich alles um Rhône-Trauben, und ein Renner jagt den nächsten. SYRAH hat die Nase vorn, aber

VIOGNIER, ROUSSANNE oder der frische GRENACHE BLANC machen ebenfalls Spaß.

**Antica** Napa V. ★★★ Im ersten Anlauf ist das Projekt von Piero Antinori mit SANGIOVESE von seinen Napa-Weinbergen gefloppt. Nachfolgende Pächter haben gute Arbeit geleistet und bewiesen, dass das Potenzial für feinen CABERNET SAUVIGNON und CHARDONNAY vorhanden ist. Schlau von Antinori, die Parzellen wieder für sich zu beanspruchen.

**A Tribute to Grace** North Coast ★★★ Hommage der Neuseeländerin Angela Osborne an die GRENACHE-Rebe. Die Trauben stammen von außergewöhnlichen Lagen mit unterschiedlichen Terroirs aus dem gesamten Bundesstaat, und der großartigste unter ihnen ist der von Bergen umgebene Weinberg in den Santa Barbara Highlands in 975 m Höhe.

**Au Bon Climat** Santa Barbara ★★★ Jim Clendenen erzeugte schon PINOT NOIR und knackigen CHARDONNAY, bevor es cool war. Er setzte sich für den ausgewogenen Stil ein, der jetzt in Mode ist. Bedeutend wie immer.

Der abziehende Rauch von Waldbränden trifft nur die Rotweine. Bei Weißweinen wird der Most ohne Schalen vergoren.

**Banshee Wines** Son Coast ★★★ Wachsende Marke, die stark auf PINOT NOIR setzt; ohne eigene Weinberge, aber mit besten Verbindungen zu anderen Winzern. Neu ist eine Reihe gut gemachter Einzellagenweine.

**Beaulieu Vineyard** Napa V. ★→★★★ Das Flaggschiff CABERNET SAUVIGNON Privat Reserve von Georges de Latour ist wieder in der Spur, ebenso wie andere Rote. Die preiswerte Marke Coastal Estate ist was für den Notfall.

**Beckmen Vineyards** Santa Barbara ★★★ Das von Steve Beckmen biologisch-dynamisch bewirtschaftete Bergweingut Purisma Mountain erzeugt hervorragenden SYRAH, GRENACHE und GRENACHE BLANC. Seine Cuvée le Bec von Rhône-Sorten ist zu Recht im ganzen Land beliebt.

**Bedrock Wine Co.** Son V. ★★→★★★ Morgan Peterson stimmt mit seinen Eigenmarken den Lobgesang auf die alten Zinfandelweinberge und traditionelle Methoden an. Großartig, wie sich hier die Weisheit des Alters mit dem klaren Blick der Jugend paart. Einige Rote sind ein wenig ruppig.

**Beringer** Napa ★★→★★★★ (Private Reserve) Großproduzent von sowohl durchschnittlichen Supermarktweinen als auch außergewöhnlichen Gewächsen mit Spitzenbewertungen. Der CABERNET SAUVIGNON Private Reserve und einige Cabernets aus Einzellagen sind durchaus ernst zu nehmen und bringen Lagerpotenzial mit. Der Cabernet Sauvignon Howell Mountain zeigt Stärke, die CHARDONNAYS werden frischer und besser. Weinmacher Mark Beringer ist ein direkter Nachkomme des Gründers.

**Berryessa Gap Vineyards** Central V. ★★★ Durchstarter in Yolo County nahe Sacramento. Produziert frische Weine mit leichter Holznote im iberischen Stil. Glänzender TEMPRANILLO, auch VERDEJO und DURIF sind köstlich. In der Region und darüber hinaus sehr beliebt.

**Bokisch** Lodi ★★→★★★ Für spanische Rebsorten ist Markus Bokisch der Erste im Staate Kalifornien. Ein sehr guter TEMPRANILLO führt die Riege an, gefolgt von großartigem GRACIANO und ALBARIÑO, charmanter Rosado.

**Bonny Doon** Mont ★★★ Das Marketing von Randall Grahm mag wunderlich erscheinen, aber er macht ernst zu nehmende Weine, mehr denn je vom Terroir bestimmt. Der *Vin gris* ist hervorragend, saftig der GRENACHE Clos de Gilroy, der Verschnitt Le Cigare Volant Rhône immer beeindruckend. Und jede Wette: Der Mann hat noch mehr Asse im Ärmel.

**Bonterra** Siehe FETZER.

**Brewer Clifton** Santa Barbara ★★★ Nach dem jüngst erfolgten Verkauf an den Titan JACKSON FAMILY WINES ist eine der ersten Kultmarken für PINOT

NOIR wieder im Spiel: mächtiger, reifer Pinot sowie beeindruckender CHARDONNAY mit Ausgewogenheit und Verve.

**Bronco Wine Company** ★→★★ Das Unternehmen des Provokateurs Fred Franzia, berühmt für den »Two Buck Chuck« und viele weitere kommerzielle Marken.

**CADE** Napa V. – Hervorragende Weine wie beispielsweise CABERNET SAUVIGNON oder SAUVIGNON BLANC kommen von diesem schicken und ultramodernen Weingut in Howell Mountain. CADE ist eine Partnerschaft der Getty-Familie mit dem kalifornischen Gouverneur Gavin Newsom und dem Manager John Conover.

> **Halt mal den Kakao**
>
> Es ist eine Plage: Preiswerte Weine werden massenhaft mit Holzersatzprodukten traktiert, damit sie ansatzweise so schmecken, als seien sie in einem anständigen Fass gereift. Stattdessen erinnern sie dann eher an Kakao oder einen Vanilleshake. Es gibt zum Glück Anzeichen, dass die Kopien in Form von Sägemehl oder Holzchips wieder weniger werden.

**Cakebread** Napa V. ★★★ CABERNET SAUVIGNON wird noch immer gern als Wein der Babyboomer-Generation abgestempelt. Der SAUVIGNON BLANC ist beliebt, sehr gut der CHARDONNAY. Das Management hat den Direktvertrieb zum Endkunden ausgeweitet.

**Calera** ★★★→★★★★ Josh Jensen, seines Zeichens Pionier für den PINOT NOIR an der Central Coast, war auf der Suche nach Land mit Kalkstein und Höhe. Er hat ins Schwarze getroffen. Seine Weinberge hat er 2017 an DUCKHORN verkauft – da ist die Marke in guten Händen. Jensen Vineyard und Selleck Vineyard sind stets Weine mit Stil.

**Caymus** Napa V. ★★★ 12 14 15 – Eine der Marken aus Napa, die vor allem internationales Ansehen genießen. Die CABERNET SAUVIGNONS, allen voran die herausragende Special Selection, kommen voller Saft und ein wenig süß daher. Hohe Qualität, dichte Struktur – aber nicht ewig haltbar.

**Cedarville** Sierra Foothills ★★★ Die Durchstarter Jonathan Lachs und Susan Marks haben ein echtes »Kraftwerk« im granitreichen Fairplay District in El Dorado County errichtet. Spitzenweine durch das gesamte, überwiegend rote Sortiment. GRENACHE und SYRAH, feiner CABERNET SAUVIGNON, ZINFANDEL und VIOGNIER.

**Chalone** Mont ★★★ Historisches Besitz, den es in der Vergangenheit ein wenig gebeutelt hat. Er wartet jetzt auf seine Wiederbelebung unter der Schirmherrschaft der Familie Foley. Bekannt für feinen CHARDONNAY und PINOT NOIR.

**Chappellet** Napa V. ★★★★ Ein Original in Pritchard Hill, konstant großartig seit den 1960ern. Die rauhe Gegend erzeugt sehr langlebige Rote. CABERNET SAUVIGNON aus der Signature-Reihe ist hervorragend und bezahlbar. Sehr guter CHARDONNAY, der trockene CHENIN BLANC ist ein Genuss. Immer noch in Familienbesitz, zu dem auch SONOMA-LOEB zählt.

**Charles Krug** Napa V. ★★→★★★ Die historisch bedeutende Kellerei hat unlängst ihr Comeback geschafft und verdient Aufmerksamkeit für ihre Rolle im modernen Napa Valley. Der verstorbene Besitzer Peter Mondavi war Roberts Bruder, von dem er sich jedoch entfremdet hatte. Geschmeidiger CABERNET SAUVIGNON, knackiger und reiner SAUVIGNON BLANC.

**Château Montelena** Napa V. ★★★ Jede Menge Geschichte mit großer Kontinuität in Sachen Betreiber und Stilistik. Ernst zu nehmender CABERNET

SAUVIGNON mit Kellerpotenzial, der CHARDONNAY hält, was er verspricht. Das schlossähnliche Weingut aus Naturstein lohnt den Besuch.

**Chateau St. Jean** Son V. ★★★ Ein Fels in der Brandung von Sonoma Valley, solide Weine quer durchs Sortiment. Das Flaggschiff ist seit Jahrzehnten der Cinq Cépages, eine Cuvée aus fünf Bordeaux-Sorten, zuverlässig und lagerfähig.

**Chimney Rock** Stags Leap ★★★→★★★★ 10 12 14 15 – Unterschätzter Erzeuger, der unter der kontinuierlichen Führung der Master of Wine Elisabeth Vianna bessere Weine produziert als je zuvor. Der CABERNET SAUVIGNON aus der Lage Tomahawk ist erstklassig.

**Cliff Lede** Stags Leap ★★★ Der wunderbare CABERNET SAUVIGNON ist breit, aber mit Tannin und Säure gut ausbalanciert. Die Produktion von Cabernets vom Howell Mountain und Diamond Mountain ist klein und in Eiche ausgebaut. Auch der SAUVIGNON BLANC mit Hefenote ist bemerkenswert. Besitzt die Marke Fel im Anderson Valley und der Sonoma Coast.

**Clos du Val** Napa V. ★★★ Ein Klassiker im Stags Leap District. Die neuen Besitzer haben die Produktion radikal reduziert und setzen jetzt auf ein hochwertiges Geschäftsmodell, dass sich an kleineren Weingütern orientiert. Ob die Weinberge diesen radikalen Schritt mitmachen? Der CABERNET SAUVIGNON könnte besser sein, der PINOT NOIR ist solide, lässt aber noch keine endgültige Bewertung zu.

**Clos Pegase** Napa V. ★★★ Die Kellerei ist ein Hingucker; sehr guter MERLOT von einem Weinberg in Carneros, auch guter CABERNET SAUVIGNON. Der Wein teilt sich die Bühne mit Gemälden und Skulpturen.

**Cobb Wines** Son Coast ★★★ Ross Cobb produziert zurückhaltenden, ausgewogenen PINOT NOIR und CHARDONNAY aus ausgewählten Weinbergen an der Sonoma Coast. Die Pinots werden mit den Jahren immer besser. Emaline Ann und Coastlands sind die Spitzenlagen.

**Constellation** ★→★★★ Riesiges Unternehmen, das international Wein, Bier und Spirituosen vertreibt. Besitzt so bekannte kalifornische Marken wie Estancia, Franciscan, Ravenswood, ROBERT MONDAVI, Simi oder Clos de Bois. Neuerdings konzentriert sich das Unternehmen wieder auf Bier und Cannabis-Produkte.

**Continuum** St Helena, Napa V. ★★★★ Tim Mondavi brach mit der Familientradition, als er sein Gut in Pritchard Hill aufmachte. Er scheute weder Kosten noch Mühen, um seinen außergewöhnlichen Gutswein aus Bordeaux-Sorten weiter zu entwickeln. Einer der besten im Napa Valley und extrem teuer.

**Copain Cellars** Anderson V. ★★★ Weine nach dem Vorbild der »Alten Welt«, also klassisch ausgebaut. Unlängst an JACKSON FAMILY WINES verkauft. Führend ist PINOT NOIR, besonders würzig und strahlend aus der Lage Kiser Vineyard. Die Reihe Tous Ensembles bietet unkomplizierte, ausgewogene Weine.

**Corison** Napa V. ★★★★ Während viele im Napa Valley dem Sirenengeheul nach super fetten Weinen folgen, die zwar hohe Punktzahlen ergattern, aber dafür umso weniger Spaß machen, bleibt sich Kathy Corison treu und produziert weiterhin elegante, frische Weine. Allen voran den konzentrierten CABERNET SAUVIGNON aus der Lage Kronos Vineyard.

**Cuvaison** Carneros ★★★ Unaufgeregtes historisches Gut, das kontinuierlich großartige Weine erzeugt. Die Bestnoten gehen an PINOT NOIR und CHARDONNAY aus Carneros. Daneben guter SYRAH und CABERNET SAUVIGNON vom Mount Veeder. In der Reihe Single Block u. a. herrlicher Rosé und sehr guter SAUVIGNON BLANC.

**Dalla Valle** Oakville ★★★★ Erstklassiges Weingut in den Hügeln, das gerade den Übergang in die zweite Generation durchläuft. Der CABERNET SAUVI-

GNON Maya ist legendär, der Zweitwein aus der gleichen Rebe hat Kultstatus. Die Marke Colina ist ein preiswerter Einstieg in das Luxussegment aus Napa.

Daou Paso Robles ★★★ Das hoch gelegene Weingut im Adelaida District treibt CABERNET SAUVIGNON aus Paso Robles sprichwörtlich in ganz neue Höhen. Diese Weine sind schwer gefragt.

Dashe Cellars Dry Creek V., North Coast ★★★ Mike Dashe, der Veteran aus RIDGE bereitet köstlichen, ausgewogenen ZINFANDEL aus dem Dry Creek Valley und dem Alex Valley in seinem Weingut in Oakland. Außerdem fantastischer CARIGNANE von alten Reben und knackiger Rosé aus GRENACHE.

Davis Bynum RRV ★★→★★★ Der PINOT-NOIR-Pionier des Russian River Valley produziert dort immer noch ausladende, saftige Einzellagenweine sowie runden CHARDONNAY. Der Stil entwickelt sich zunehmend in Richtung Eleganz.

Dehlinger RRV ★★★ Der PINOT-NOIR-Spezialist ist auch nach vier Jahrzehnten noch immer auf der Höhe seines Könnens. Außerdem sehr guter CHARDONNAY, SYRAH und ausgewogener CABERNET SAUVIGNON.

DeLoach Winery Son ★★★ Der extravagante Maestro Jean-Charles Boisset hat gleich den Wert dieses fortschrittlichen und öko-orientierten Weinguts erkannt. Hier entsteht großartiger PINOT NOIR und CHARDONNAY und ebenso großartiger trockener GEWÜRZTRAMINER. Ein solides, wenn nicht sogar ziemlich heißes Investment.

Diamond Creek Napa V. ★★★★ 06 09 14 – Eines der Juwelen in Napa Mountain. Entsprechend hoch sind die Preise für lagerfähigen, mineralischen CABERNET SAUVIGNON von den berühmten Hügellagen des Diamond Mountain. Geduld wird belohnt.

Domaine Carneros Carneros ★★★→★★★★ Taittinger-Niederlassung in Carmel mit stets guten Schaumweinen wie dem Jahrgangs-Blanc-de-Blancs Le Rêve. Der Rosé oJ ist sehr gut, beeindruckend der Vintage Brut. Der PINOT NOIR The Famous Gate ist sensationell.

Domaine Chandon Napa V. ★★→★★★ Dependance von Moët in Yountville. Schäumende Spitzengewächse sind der sehr gute Reserve Étoile oJ und der Rosé. Das passende Essen dazu oder köstliche Kleinigkeiten gibt es auf der Außenterrasse.

Domaine de la Côte Sta Rita Hills ★★★ Anspruchsvoller Guts-PINOT-NOIR im Burgunderstil aus der küstennahen Ecke der Sta Rita Hills, erzeugt von dem ehemaligen Sommelier Rajat Parr und dem Kellermeister Sashi Moorman. Siehe auch SANDHI.

Dominus Estate Napa V. ★★★★ Das brilliante Weingut von Christian Moueix (siehe Frankreich) ist toll, aber leider nicht öffentlich zugänglich. Die Weine wachsen auf einem Kiesbett und sind durchweg elegant und beeindruckend. Auch der Zweitwein Napanook ist sehr gut. Ein wichtiger Vertreter des südlichen Napa Valley.

Donum North Coast ★★★→★★★★ Anne Moller-Racke beackert seit 1981 leidenschaftlich die Böden in Carneros – mit einem klaren Ziel: DER PINOT NOIR aus vier Lagen ist konzentriert, großzügig und komplex. Gehört zu den Spitzenerzeugern der Region.

Drew Family Anderson V. ★★★→★★★★ Der Visionär aus Mendocino Ridge produziert minimalistischen, »wilden« PINOT NOIR im Anderson Valley und in höheren Lagen. Es lohnt unbedingt, nach dem Gutswein Field Selections Pinot Noir von der Mendocino Ridge Ausschau zu halten oder nach dem SYRAH von den Valenti Vineyards in Küstennähe.

Dry Creek Vineyard Dry Creek V. ★★★ Die Fahnenträger von Dry Creek sind zurück in der 1. Liga. Die Inspiration durch die Loire geht auf, grasiger FUMÉ BLANC und andere SAUVIGNON-BLANC-Weine sind durchweg köstlich. Alle Roten wie CABERNET SAUVIGNON, MERLOT und ZINFANDEL haben unlängst zugelegt.

**Duckhorn Vineyards** ★★★→★★★★ Begeistert die Massen mit beständig wunderbarem CABERNET SAUVIGNON und MERLOT, besonders vom Three Palms Vineyard, dazu guter SAUVIGNON BLANC. Der Zweitwein Decoy ist besser als je zuvor. Ebenfalls zum Besitz gehören die Marken Migration, Goldeneye im Anderson Valley, CALERA und Kosta Browne.

**Dunn Vineyards** Howell Mt. ★★★→★★★★ »Bergmann« Randy Dunn hat sich immer beharrlich geweigert, bei dem Wettrennen um den fettesten und marmeladigsten CABERNET SAUVIGNON mitzumachen. Er bevorzugt einen zurückhaltenden Stil mit Alterungspotenzial. Seine Weine sind nicht immer makellos, aber die richtig guten halten sich Jahrzehnte.

**Dutton-Goldfield** RRV ★★★ Mit sicherer Hand gemachter, klassisch kühlklimatischer kalifornischer PINOT NOIR und CHARDONNAY vom Power-Winzer aus dem Russian River Valley. Weine ohne große Ecken und Kanten, aber das kann ja auch von Vorteil sein.

**Die besten Cabernet-Sauvignon-Trauben aus Napa kosten 20.000 $ pro Tonne, aus Sonoma nur 5.000 $. Beides von alten Reben aus Höhenlagen.**

**Edna Valley Vineyard** Edna V. ★★★ Süffige Sortenweine von der milden Central Coast. Hübscher, beschwingter SAUVIGNON BLANC, knackiger CHARDONNAY mit Tropenfruchtaromen, dazu eindrucksvoller SYRAH und guter CABERNET SAUVIGNON aus einer Spitzenlage.

**Ernest Vineyards** Son ★★★ Dieser Neuling bringt viel Verve, Säure und Stil in seine hippe Kollektion exzellenter regionaler und Einzellagenweine mit interessanten Etiketten. Komplex, rassig und sehr trinkbar.

**Etude** Carneros ★★★→★★★★ Eine ewig beständige Marke, deren Erfolg auf den gleichermaßen großartigen Weinen von CABERNET SAUVIGNON und PINOT NOIR fußt. Beide Rebsorten werden unter einem Dach mit der gleichen Sorgfalt behandelt. Jetzt im Besitz der Treasury Company, die dem Vermächtnis treu bleibt. Der PINOT Rosé ist unwiderstehlich.

**Failla** Son Coast ★★★ Ehren Jordan, einer der klügsten und talentiertesten Weinmacher Kaliforniens, erzeugt herzhaften, fesselnden, komplexen PINOT NOIR, SYRAH und CHARDONNAY aus kühlen Küstenlagen.

**Far Niente** Napa V. ★★★→★★★★ Pionier für CABERNET SAUVIGNON und CHARDONNAY aus Einzellagen im ausladenden, generösen Napa-Stil. Hedonismus mit Seele. Gefeierter Süßwein namens Dolce.

**Fetzer Vineyards** North Coast ★★→★★★ Vorreiter in Sachen ökologischer/nachhaltiger Weinbau in Mendocino County. Jetzt im Besitz von Concha y Toro aus Chile, aber die Weine sind durchweg gut geblieben. Einige Mitglieder der Familie Fetzer haben sich nach dem Verkauf auf andere Güter verstreut.

**Field Recordings** Paso Robles ★★★ Beeindruckend tiefgründige und klug gemachte Weine von Andrew Jones. Am besten sind die Verschnitte Neverland und Barter & Trade, aber probieren Sie auch den Alloy und den Fiction in 0,5 l Dosen: köstlich!

**Firestone** Santa Ynez ★★→★★★ Von den Erben des Reifenherstellers gegründete solide Marke, 2007 an Foley Estates verkauft. Steht noch immer für Weine mit gutem Preis-Leistungs-Verhältnis.

**Flowers Vineyard & Winery** Son Coast ★★★→★★★★ Der Extrempionier der Sonoma Coast (erste Chardonnay-Reben 1991 gepflanzt) wurde 2009 von Huneeus gekauft; die Weine sind weiterhin großartig. Betreibt jetzt Ökoweinbau für reintönigen PINOT NOIR und CHARDONNAY.

**oppiano** Son ★★→★★★ Ehrliche Tischweine mit reichlich sonniger Frucht und wenig Anspruch. PETITE SIRAH und SAUVIGNON BLANC sind bemerkenswert.

**Forman Vineyard** Napa V. ★★★ Ric Forman, ein überzeugter Anhänger des Terroirgedanken, erzeugt elegante, langlebige Weine auf der Basis von CABERNET SAUVIGNON aus Hanglagen. Auch sehr guter CHARDONNAY mit einem Seitenblick auf Chablis.

**Fort Ross** Son Coast ★★★ Das sehr hoch gelegene Weingut ist nur einen Steinwurf vom Pazifik entfernt und schlicht fantastisch. Zupackender PINOT NOIR, pikanter CHARDONNAY und überraschend guter PINOTAGE (!).

**Freeman** RRV, Son Coast ★★★→★★★★ Zurückhaltender, terroirbetonter PINOT NOIR und CHARDONNAY aus kühlen Lagen in den AVAs Sonoma Coast und Russian River Valley – Burgund lässt grüßen. Der Chardonnay Ryo-fu (Japanisch für »kühle Brise«) ist fantastisch, genau wie der Pinot noir Akiko's Cuvée.

**Freemark Abbey** Napa V. ★★★ Ein klassischer Name, den JACKSON FAMILY WINES 2006 übernommen hat; wird zunehmend besser. Tolles Preis-Leistungsverhältnis, einschließlich der Einzellagenabfüllungen Sycamore und Bosché aus CABERNET SAUVIGNON.

**Freestone** Son Coast ★★★ Intensiver, rassiger CHARDONNAY und PINOT NOIR aus küstennahen Lagen mit schöner Struktur und langem Abgang, besonders der Chardonnay. JOSEPH PHELPS aus Napa hat hier investiert.

**Frog's Leap** Rutherford ★★★ John Williams ist der wahre Held des ökologischen und biodynamischen Weinbaus, er holt das Beste aus seinem in der Talsohle gelegenen Gut heraus. Geschmeidiger CABERNET SAUVIGNON und MERLOT, eleganter CHARDONNAY, beliebter SAUVIGNON BLANC und großartiger ZINFANDEL.

**Gallo of Sonoma** Son ★★★ Eindrucksvolle Weine aus den großartigen Lagen in Sonoma und anderen Gebieten, so unkompliziert, wie es sich die Gründer gewünscht hätten. Die Qualität des Leseguts spricht für sich.

**Gallo, E. & J.** ★→★★★ Gigantische Kellerei in Privathand und der Schlüssel zur Entwicklung der amerikanischen Weinkultur nach dem Ende der Prohibition. Volksnah im Kern und dennoch geheimnisvoll. Marken: Barefoot, Ecco Domani, Louis Martini, Turning Leaf und andere. Siehe auch GALLO OF SONOMA.

**Gary Farrell** RRV, Son Coast ★★★ Der namengebende Winzer hat das Gut vor Jahren verkauft, aber die Topleistung setzt sich fort. Exzellenter PINOT NOIR, CHARDONNAY von kühlklimatischen Weinlagen. Der Chardonnay aus der Lage Rocholi ist hervorragend.

**Gloria Ferrer** Carneros ★★★→★★★★ Überragender kalifornischer Schaumwein. Ein Hoch auf das seit Jahrzehnten bewährte Team aus Besitzern, Winzern und Kellermeistern, das dieses von Freixenet geführte Unternehmen so außergewöhnlich macht. Alle Weine sind sehr gut, am besten die Jahrgangs-Cuvée Royal.

**Grace Family Vineyard** Napa V. ★★★★ 05 06 07 09 10 11 12 – Überwältigender CABERNET SAUVIGNON, für lange Lagerung gemacht. Einer der wenigen Kultweine, die ihren hohen Preis tatsächlich wert sind.

**Graziano Family** Mend ★★★ Ist vor allem bekannt für italienische Rebsorten, die unter den Labels Enotria und Monte Volpe vertrieben werden. Dahinter verbergen sich BARBERA, MONTEPULCIANO, PINOT GRIGIO und SANGIOVESE. Die versierten Veteranen darf man als die Champions von Mendocino County bezeichnen.

**Green and Red** Napa V. ★★★ Der Name rührt von den Farben der Weinbergböden her (rotes Eisen und grüner Serpentin). Der Napa-Klassiker ist immer noch auf herzhafte, ausgewogene ZINFANDEL-Weine alter Schule spezialisiert. Der exotische SAUVIGNON BLANC vom neuen Kellermeister kann einem glatt den Kopf verdrehen.

**Grgich Hills Cellars** Napa V. ★★★ Mike Grgich, dem Mann mit der Baskenmütze, gebührt ein Platz in der Hall of Fame. Schließlich war er einer der Ersten, die im Napa Valley auf CHARDONNAY gesetzt haben. CABERNET SAUVIGNON und köstlicher ZINFANDEL haben sich anschließend ebenso gut entwickelt. Unlängst hat Grgich den biodynamischen Weinbau für sich entdeckt.

> **Leichtgewichte**
>
> Wein in Dosen ist schwer auf dem Vormarsch. Blech ist praktisch, leicht zu transportieren und recycelbar. Es hält Weißweine und Rosés schön frisch. Perfekt für das Picknick im Park oder für Camper. Die Dose erobert gerade die gesamte Outdoor-Szene in Kalifornien, Oregon, Washington und Colorado.

**Gundlach Bundschu** Son V. ★★★ Kaliforniens älteste familiengeführte Kellerei ist mit ihrem einladenden Charme ein beliebtes Ziel für Verkostungen. Abenteuerliche Konzerte locken jüngere Leute. Am besten sind MERLOT, CABERNET SAUVIGNON und Gewürztraminer.

**Hahn** Santa Lucia Highlands ★★★ Bietet sehr viel fürs Geld. Bei den Bordeaux-Sorten macht die Mischung aus Trauben von Monterey und Paso Robles richtig was her, der Meritage kann grandios sein. Auch die PINOT-NOIR-Abfüllungen namens Lucienne sind fantastisch.

**Hall** Napa V. ★★★→★★★★ Das schillernde Weingut in St. Helena macht großartigen CABERNET SAUVIGNON im Napa-Stil, allerdings in einer verwirrenden Sortimentsvielfalt. Die Reihe Signature bietet sehr guten, samtweichen SAUVIGNON BLANC, der MERLOT zählt zu den besten in Kalifornien. Ebenfalls im Besitz der Marke WALT, die PINOT NOIR und CHARDONNAY von der Küste liefert.

**Hanzell** Son V. ★★★★ Der Pinot-Pionier der 1950er bereitet immer noch CHARDONNAY und PINOT NOIR von gutseigenen Reben. Beide profitieren von einigen Jahren Kellerreifung. Einer der besten Erzeuger Kaliforniens. Chardonnay Sebella von jungen Reben strotzt vor strahlend frischer Frucht.

**Harlan Estate** Napa V. ★★★★ Konzentrierter, robuster CABERNET SAUVIGNON – einer der Kultweine, die man nur via Mailingliste zu Spitzenpreisen bekommt.

**HdV Wines** Carneros ★★★ Unterschätztes Juwel in Sonoma mit feinem, komplexem Chardonnay der geschliffenen Art und sehr gutem PINOT NOIR vom Gut des Winzers Larry Hyde in Zusammenarbeit mit Aubert de Villaine von der Domaine de la Romanée-Conti (Frankreich). Sehr guter CABERNET SAUVIGNON und SYRAH.

**Heitz Cellar** Napa V. ★★★ Einst eine Ikone, heute eine zuverlässige Quelle für anständigen CABERNET SAUVIGNON zum fairen Preis. Dazu guter Sauvignon blanc und sogar GRIGNOLINO. Ist 2018 verkauft worden.

**Hendry** Oak Knoll ★★★ Klassische, reintönige und minimalistische Weine. Das Gut existiert seit 1939. Unverwechselbarer CABERNET SAUVIGNON mit Brombeernoten und ZINFANDEL (probieren Sie den Block 28) aus einer kühleren Talecke nahe der Stadt Napa.

**Hess Collection, The** Napa V. ★★★ Großartiges Ziel für einen Ausflug in die Berge mit Kunstgalerie von Weltrang. Auch gute Weine: Eine Spezialität ist der CABERNET SAUVIGNON vom Mount Veeder, dazu die außergewöhnliche Cuvée 19 Block, ein Verkaufsschlager mit Marnieren.

**Hirsch** Son Coast ★★★ David Hirsch, ein Pionier der Sonoma Coast, hat sich mit seinem Weinberg den Ruf eines erstklassigen Traubenlieferanten erworben. Die Besten davon sichert sich die Familie jetzt für ihr eigenes Label von den hoch aufragenden Weinlagen an der Küste. Geschmeidiger PINOT NOIR und atemberaubender CHARDONNAY.

**Honig** Napa V. ★★★→★★★★ Die nachhaltig erzeugten Napa-Weine von CABERNET SAUVIGNON und SAUVIGNONS BLANC setzen landesweit Maßstäbe. Für ihre beständige Qualität kann man der hart arbeitenden Familie und ihrem Team nur dankbar sein. Spitzengewächs ist der Cabernet aus der Lage Bartolucci in St. Helena.

**Inglenook** Oakville ★★★★ Francis Ford Coppolas Rubicon trägt wieder das Inglenook-Etikett und steht für klassischen Napa-CABERNET-SAUVIGNON – ausgewogen, elegant und der Tradition treu. Auch sehr guter CHARDONNAY und MERLOT.

**Iron Horse Vineyards** Son ★★★ Beeindruckende Auswahl von zwölf Schaumweinen, allesamt wunderbar gemacht. Der Ocean Reserve Blanc de Blancs ist sehr gut, die Cuvée Wedding heimst Preise ein. Sehr guter CHARDONNAY und PINOT NOIR.

**Jackson Family Wines** ★★→★★★★ Visionärer Großgrundbesitzer von Weinbergen in Kalifornien, darunter die ersten Hochlagen. Besitzt die sehr beliebte Marke Kendall-Jackson, dazu nicht weniger beachtliche wie Lokoya, MATANZAS CREEK, COPAIN, Verité, FREEMARK ABBEY und Hartford Family. Die Reihe Jackson Estate ist toll für CABERNETS aus den Bergen.

**Jordan** Alexander V. ★★★ Bessere Traubenlieferanten haben den ausgewogenen, eleganten Weinen aus dem Vorzeigegut im Alexander Valley ein brillantes Comeback verschafft. Der CABERNET SAUVIGNON ist eine Hommage an Bordeaux und langlebig. Schwungvoller, köstlicher CHARDONNAY.

**Joseph Phelps** Napa V. ★★★→★★★★ Das teure »erste Gewächs« Insignia aus Napa ist eine der ersten ambitionierten kalifornischen Cuvées aus Bordeaux-Sorten. Immer noch großartig, wie auch CABERNET SAUVIGNON aus Napa. Das Angebot ist größtenteils von Topqualität, besonders der SYRAH. Siehe auch die Marke FREESTONE in Sonoma.

**Joseph Swan** Son ★★★ Alteingesessener Erzeuger im Russian River Valley mit intensivem ZINFANDEL von alten Reben und PINOT NOIR aus Einzellagen. Auch die oft übersehenen Weine von Rhône-Sorten sind sehr gut, besonders der SYRAH und ein ROUSSANNE/MARSANNE-Verschnitt.

**Josh Cellars** Napa ★★★ Schnell wachsende Marke des einstigen Weinmanagers und Sommeliers Joseph Carr; ausgewählte Trauben aus Zentral- und Nordkalifornien. Langweiliges Etikettendesign, aber der gefällige Geschmack trifft den Nerv der Konsumenten.

**Keller Estate** Son Coast ★★★ Klingt ein bisschen wie ein Überbleibsel der »neuen Welle«, aber dieses Gut ist ein weiteres schönes Beispiel für ausgewogene und elegante Weine aus den kühleren Küstenregionen Kaliforniens. Spannend sind PINOT NOIR und CHARDONNAY.

**Kenwood Vineyards** Son V. ★★→★★★★ Dieser Meilenstein im Sonoma Valley produziert am laufenden Meter gefällige Rote und Weiße. Ganz vorne marschiert CABERNET SAUVIGNON in der Einzellagenabfüllung Jack London.

**Kistler Vineyards** RRV ★★★★ Der Stil von PINOT NOIR und CHARDONNAY hat sich über die Jahre verändert, aber die Weine haben davon profitiert. Immer noch von einem Dutzend Weinberge pro Jahrgang und immer noch sehr gefragt.

**Konsgaard** Napa ★★★→★★★★★ John Kongsgaard, ein »Napaneser« in der 5. Generation, ist eine Art Urgestein und Vorreiter. Bemerkenswerter Chardonnay aus der Lage Judge Vineyard, dazu hervorragender CABERNET SAUVIGNON und SYRAH.

**Korbel ★★** Preiswerte Supermarktschaumweine, aber alle nach der klassischen Methode bereitet und erstaunlich gut für ihren Preis. Auch für einen Besuch am Russian River sehr nett.

**Ladera** Napa V. ★★★→★★★★ Der Stotesberry-Clan hat seine letzten Weinlagen in Howell Mountain verkauft und stattdessen ein neues Gut in St. Helena aufgemacht. Die CABERNET SAUVIGNONS und der MALBEC von Hanglagen sind großartig; auf keinen Fall sollte man sich den erstklassigen SAUVIGNON BLANC ihres neuseeländischen Weinmachers entgehen lassen.

**Lagier-Meredith** Mt. Veeder ★★★ Wein der namhaften Rebenforscherin der Universität Davis, Carole Meredith, und ihres Mannes, des Önologen Steve Lagier. Kleine, von Hand bereitete Produktion wunderbarer reinsortiger SYRAH-, MONDEUSE-, MALBEC und ZINFANDEL-Weine (die Herkunft letzterer Sorte aus Kroatien hat Meredith bekanntlich entdeckt).

**Lang & Reed** Mend, Napa ★★★ Kaliforniens passioniertester Bannerträger für den CABERNET FRANC ist definitiv John Skupny von Lang & Reed. Die Weine verbinden Duft und Geschmeidigkeit mit der für Napa typischen Üppigkeit. Auch köstlicher CHENIN BLANC aus Mendocino.

**Larkmead** Napa V. ★★★★ Das historische, von Kiesböden umgebene Weingut im Napa Valley hat zu alter Größe zurückgefunden. Hervorragender Cabernet Sauvignon sowie köstlich ausgewogener, strahlender SAUVIGNON BLANC. Der seltene Tocai FRIULANO ist pures Vergnügen.

**Laurel Glen** Son ★★★ Die Marke wurde geschrumpft, aber der CABERNET SAUVIGNON Counterpoint aus den Sonoma Mountains ist von hoher Qualität und besitzt internationale Schlagkraft.

**Lewis Cellars** Napa V. ★★★★ Der frühere Rennfahrer Randy Lewis erzeugt CABERNET SAUVIGNON, CHARDONNAY und SYRAH, die man nur als Vollgasweine bezeichnen kann. Hier herrscht Napa-Hedonismus vom Feinsten, ohne Wenn und Aber.

**Lioco** North Coast ★★★ Einflussreicher, minimalistischer Champion für elegante und subtile PINOT-NOIR-, CHARDONNAY- und CARIGNAN-Weine. Verlässlich, zurückhaltend, zufriedenstellend.

**Littorai** Son Coast ★★★★ Ted Lemon hat seine Ausbildung im Burgund gemacht und produziert an der Nordküste inspirierende, reintönige PINOT NOIRS und CHARDONNAYS mit Terroirverbundenheit. Es lohnt sich, nach diesen atemberaubenden, modernen Weinen Ausschau zu halten.

**Lohr, J.** ★★→★★★ Sehr produktiver Erzeuger an der Central Coast mit preisgünstigem, ausgewogenem CABERNET SAUVIGNON, PINOT NOIR und CHARDONNAY. Die Cuvée Pau und Cuvée St. E verneigen sich vor Bordeaux. Unbedingt probieren sollte man den blumigen roten Wildflower Valdiguié.

**Long Meadow Ranch** Napa V. ★★★→★★★★ Weingut mit ganzheitlichem Ansatz und Ausflugsziel mit Restaurant und Kälberzucht auf einem Biohof. Der geschmeidige, langlebige CABERNET SAUVIGNON hat ★★★★-Niveau erreicht. Auch lebhafter SAUVIGNON BLANC im Graves-Stil.

**Louis M. Martini** Napa ★★→★★★ GALLO hat zu seiner alten Größe zurückgefunden, seit er die Marke Martini und den unglaublichen Weinberg Monte Rosso erworben hat. Martini produziert anständige Alltagsweine aus CABERNET und ZINFANDEL.

**MacPhail** Son Coast ★★★ Jetzt im Besitz der HESS COLLECTION. Produziert überwiegend PINOT NOIR aus den kühleren Lagen in Sonoma und Mendocino. Highlights sind die Einzelabfüllungen von Gap's Crown, Sundawg Ridge und Toulouse.

**MacRostie** Son Coast ★★★ Der neue Verkostungsraum präsentiert sich modern und schick, und die Weine mit Schraubverschluss werden immer besser. Hübscher PINOT NOIR und SYRAH; der CHARDONNAY von der Sonoma Coast ist einfach köstlich.

## KALIFORNIEN | Mar–New | 347

**Marimar Torres Estate** RRV ★★★ Der Ableger der großen katalanischen Familie bringt mehrere Abfüllungen von CHARDONNAY und PINOT NOIR heraus. Alle Weinberge werden jetzt biodynamisch bewirtschaftet. Die Chardonnays sind ausgezeichnet und langlebig, v. a. der Acero (nicht in Eiche ausgebaut, frisch und ausdrucksvoll). Der Pinot noir aus der Lage Doña Margarita in Pazifiknähe ist intensiv und körperreich.

**Masút** Mend ★★★ Das relativ neue, hoch am Eagle Peak gelegene Gut von Ben und Jake Fetzer erzeugt himmlischen Guts-PINOT-NOIR. Andere Winzer werden nicht lange auf sich warten lassen, um das Terrain zu sondieren.

**Matanzas Creek** Son ★★★ Auf ihrem außergewöhnlichen Besitz im kühlen Bennett Valley konzentriert sich JACKSON FAMILIY WINES auf hervorragenden MERLOT und SAUVIGNON BLANC aus einem lavendelduftenden Umfeld.

**Matthiasson** ★★★ Experimentelle Weine, die Kultstatus genießen. Rassiger CHARDONNAY, eleganter CABERNET SAUVIGNON, beeindruckender weißer Verschnitt, dazu Exotisches wie RIBOLLA GIALLA und SCHIOPPETINO.

**Mayacamas Vineyards** Mt. Veeder ★★★ Gehört jetzt Charles Banks, dem früheren Partner von SCREAMING EAGLE. Den klassischen kalifornischen stämmigen Stil hat er nicht verändert, aber verbessert. Lagerfähiger CABERNET SAUVIGNON und CHARDONNAY erinnern an die großartigen Abfüllungen der 1970er- und 1980er-Jahre.

**Melville** Sta Rita Hills ★★★ Familienbetrieb in den Sta Rita Hills mit mächtigem, sehr gutem CHARDONNAY und PINOT NOIR, doch der Guts-SYRAH stiehlt allen die Schau. Probierenswert ist auch SamSara, die persönliche Marke von Chad und Mary Melville.

**Meritage** Der Ausdruck bezeichnet einen Verschnitt von roten oder weißen Bordeaux-Sorten. Geprägt wurde er in Kalifornien, hat sich aber inzwischen weiter ausgebreitet. Meritage ist ein geschütztes Markenzeichen und darf nur von Mitgliedern der Meritage Alliance verwendet werden. Insidertipp: Es handelt sich nicht um einen französischen Begriff, reimt sich auf »Heritage« (Erbe, Überlieferung).

**Merry Edwards** RRV ★★★ Einer der großen Weinmacher Kaliforniens und Pionier für PINOT NOIR. Die Sonoma-Einzellagenweine sind enorm beliebt: reif, rund, vielschichtig und leicht süß gemessen an heutigen Standards. Auch der halbtrockene SAUVIGNON BLANC mit Moschusnote ist sehr gefragt.

**Miraflores** Sierra Foothills – Weinmacher Marco Capelli hat Napa verlassen, um sich in den Sierra Mountains einzurichten, eine Gegend, der er zu Recht vertraut. Hier vinifiziert er ein breites Spektrum an feinen Weinen.

**Mount Eden Vineyards** Santa Cruz Mt. ★★★ Eine der ersten Boutiquekellereien Kaliforniens. Der Weinberg hoch oben in den Santa Cruz Mountains bietet eine sensationelle Aussicht. Dichter, mineralischer CABERNET SAUVIGNON und PINOT NOIR; den eindrucksvollen CHARDONNAY gibt es seit dem Jahr 1945.

**Mount Veeder Winery** Mt. Veeder ★★★ Klassischer kalifornischer CABERNET SAUVIGNON und CABERNET FRANC von zerklüfteten Steillagen in 500 m Höhe. Mächtige, dichte Weine mit reifen, gut integrierten Tanninen.

**Mumm Napa Valley** Napa V. ★★★ Qualitätsschaumwein, bemerkenswerter Blanc de Noirs und der teurere, komplexe DVX von einer Einzellage, der ein paar Jahre auf dem Hefesatz lagern darf.

**Nalle** Dry Creek V. ★★★ Familienweingut, das eleganten tiefroten ZINFANDEL mit weniger Alkohol erzeugt. War mal sehr angesagt und ist immer noch hervorragend. Lohnt einen Abstecher nahe Healdsburg.

**Newton Vineyards** Spring Mt. ★★→★★★★ Beeindruckendes Weingut am Fuße des Spring Mountain, jetzt im Besitz von LMVH. Die Weine sind unlängst besser geworden. Halten Sie Ausschau nach dem CABERNET SAUVIGNON und dem üppigen unfiltrierten CHARDONNAY.

**Niner** Edna V., Paso Robles – Junges und ehrgeiziges Familienweingut mit hervorragendem CABERNET SAUVIGNON aus Paso Robles. Großartiger CHARDONNAY und ALBARIÑO aus dem Edna Valley. Das Restaurant mit kalifornischer Küche empfiehlt sich zum Mittagessen im ländlichen Raum von Paso Robles.

**Obsidian Ridge** Lake ★★★ Star im Lake County, dessen Weinlagen sich über die Mayacamas Mountains erstrecken. Super CABERNET SAUVIGNON und SYRAH aus Höhenlagen bis zu 780 m, vulkanische Böden mit Einsprengseln von Glimmer. Der Cabernet Reserve Half Mile ist erste Wahl. Besitzt auch die Marke Poseidon aus Carmel.

**Ojai** Santa Barbara ★★★ Adam Tolmach, einst Teilhaber von AU BON CLIMAT, ändert seinen Stil – weg von mächtig und superreif, hin zu schlanker und feiner. Erzeugt nun die besten Weine seiner Karriere: PINOT NOIR, CHARDONNAY und Rhône-Sorten, alle sind sehr gut. Der Rosé auf SYRAH-Basis ist köstlich.

**Opus One** Oakville ★★★★ Die aus dem Bordeaux stammende Familie Rothschild ist immer noch der Bannerträger für feinen CABERNET SAUVIGNON aus Napa. Beliebter Exportschlager der Luxusklasse aus Kalifornien. Die Weine gehören für 10 Jahre und mehr in den Keller.

**Ovid** St Helena ★★★★ Ungemein luxuriöses Bioweingut in Pritchard Hill. Geschmeidige Bordeaux-Verschnitte sind die Spitzengewächse, aber auch der SYRAH ist gut.

**Pahlmeyer** Napa V. ★★★→★★★★ Marmeladige, hochpreisige, aber gut gemachte Napa-Weine. Bordeaux-Verschnitte und MERLOT, dazu bemerkenswert üppiger CHARDONNAY. Ein gutes Preis-Leistungs-Verhältnis bietet der Zweitwein Jayson.

Die kalifornischen Weinmacher sträuben sich mit Händen und Füßen gegen Rotweine mit Schraubverschluss. Warum?

**Palmina** Santa Barbara ★★★ Akkurater italienischer Stil, ungewöhnliche Rebsorten: FRIULANO, VERMENTINO, LAGREIN und NEBBIOLO. Weine mit üppigem kalifornischem Flair, als Essensbegleiter gedacht.

**Patz & Hall** North Coast ★★★★ Jim Hall, einer der umsichtigsten kalifornischen Weinmacher, holt sein Lesegut aus Spitzenlagen von der Central Coast bis Mendocino. Sein Stil ist großzügig, geschmackssicher und immer zuverlässig. Der Chardonnay Zio Tony ist etwas Besonderes, zitronig, üppig, mitreißend.

**Paul Hobbs** North Coast ★★★→★★★★ Globetrotter und Weinmacher Paul Hobbs ist noch immer der Überflieger in seiner Region. Die Abfüllungen aus Einzellagen von CABERNET SAUVIGNON, CHARDONNAY, PINOT NOIR und SYRAH sind außerordentlich. Der Zweitwein Crossbarn hat ein sehr gutes Preis-Leistungs-Verhältnis.

**Peay Vineyards** Son Coast ★★★→★★★★ Herausragende Marke aus einer der kühlsten Zonen der Sonoma Coast. CHARDONNAY und PINOT NOIR von großer Finesse, der SYRAH ist hervorragend. Ähnlich gut ist der Zweitwein Cep, hier vor allem der Rosé. Federleichte, tadellos gemachte Weine.

**Pedroncelli** Son ★★ Erzeuger der alten Schule im Dry Creek Valley; Weinberge und Kellerei sind erneuert. Wunderbar süffiger ZINFANDEL, CABERNET SAUVIGNON und solider CHARDONNAY. Erfrischend unprätentiös.

**Peter Michael Winery** Mont, Son ★★★★ Für Sie bitte *Sir* Peter Michael! Der Brite im Knight's Valley, Napa und an der Sonoma Coast verkauft seine herausragenden CHARDONNAY-Abfüllungen, den Bordeaux-Verschnitt Les Pavots und den hedonistischen PINOT NOIR vor allem an Restaurants und per Mailingliste.

**Philip Togni Vineyards** Spring Mt. ★★★★ 07 09 10 – Togni, der noch bei Emile Peynaud in Bordeaux studiert hat, ist ein Relikt des frühen, klassischen Napa: Seit 1959 ist er hier. Der herausragende Gutswein basiert auf CABERNET SAUVIGNON – tiefrot, kraftvoll und langlebig.

**Pine Ridge** Napa V. ★★★ Hervorragender CABERNET SAUVIGNON aus verschiedenen Lagen im Napa Valley. Die Gutsabfüllung aus Stags Leap ist ein seidiger, harmonischer Wein, der lebendige CHENIN BLANC/VIOGNIER-Verschnitt ein innovativer Klassiker.

**Pisoni Vineyards** Santa Lucia Highlands ★★★ Der Familienbetrieb ist quasi ein Synonym für den PINOT-NOIR-Boom mit seinen breiten, marmeladigen Weinen. Trotzdem waren und sind die Pinots gut gemacht und sehr beliebt.

**Presqu'ile** Santa Maria V. ★★★ Neue Kellerei an der Central Coast; PINOT NOIR und SYRAH in elegantem Stil. Wird im Auge behalten.

**Quintessa** Rutherford ★★★★ Großartiges Gut im Herzen von Napa Valley, im Besitz des chilenischen, weltweit agierenden Agustin Huneeus. Produziert wird nur ein einziger Wein, ein raffinierter, wunderbarer Bordeaux-Verschnitt – der Preis im dreistelligen Bereich ist durchaus gerechtfertigt.

**Qupé** Santa Barbara ★★★→★★★★★ Einer der ersten »SYRAH-Champions« mit brillanter Kollektion an Weinen von Rhône-Sorten, besonders aus dem X Block, einer der ältesten Weinlagen Kaliforniens. Hillside Estate ist ebenfalls grandios, nicht zu vergessen MARSANNE und ROUSSANNE. Der SYRAH von der Central Coast ist unschlagbar im Preis.

**Ravenswood** ★★★ Im Besitz von CONSTELLATION, aber die ZINFANDEL-Weine stammen von so bemerkenswerten Einzellagen wie Teldeschi, Bedrock und Old Hill. Das Motto lautet nach wie vor: »Keine Weine für Weicheier.«

**Red Car** Son Coast ★★★ Die angesagte Kellerei produziert präzisen CHARDONNAY, filigranen, fruchtbetonten PINOT NOIR und umwerfenden Rosé.

**Ridge** North Coast, Santa Cruz Mt. ★★★★ Gründer Paul Draper ist im Ruhestand, doch sein Geist lebt fort. Der legendäre, majestätische Gutswein CABERNET SAUVIGNON Montebello ist stets grandios und hat Lagerpotenzial. Etwas Besonderes sind die ausgezeichneten Einzellagen-ZINFANDELS. Nicht zu vergessen der sublime, mineralische CHARDONNAY.

**Robert Mondavi** ★★→★★★ Seit CONSTELLATION das Gut im Jahr 2004 übernommen hat, könnten viele Weine besser sein. Ein Wechsel an der Spitze der Kellermeister wäre von Vorteil. Der hauseigene Weinberg To Kalon ist immer noch großartig und hat jede Menge Potenzial.

**Robert Sinskey Vineyards** Carneros ★★★ Großartiges Napa-Gut, das auf Ausgewogenheit und Zurückhaltung setzt. Ausgezeichneter CABERNET SAUVIGNON und PINOT NOIR aus Carneros. Exzellent sind auch der rassige weiße Verschnitt Abraxas und der Rosé Pinot.

**Rodney Strong** Son ★★★ Strong heißt nicht nur so, er ist es auch, und zwar quer durchs Sortiment aus 14 ausgezeichneten Weinlagen. Sehnig sind PINOT NOIR und CHARDONNAY aus der Küstenregion, super der CABERNET SAUVIGNON Alex V aus den Einzellagen Alexanders Crown und Rockaway. Besitzt auch DAVIS BYNUM.

**Roederer Estate** Anderson V. ★★★★ Die abenteuerliche Unternehmung des Champagnerhauses Roederer hat Glamour ins Anderson Valley gebracht. Finesse und Spitzenklasse finden sich insbesondere in der Luxuscuvée L'Ermitage. Produziert auch Schaumwein von Scharffenberger. Die PINOT-NOIR-Abfüllungen der Domaine Anderson sind ebenfalls exzellent.

**Saintsbury** Carneros ★★★ Pionier aus der Region, dessen sehr gute PINOT-NOIR- und CHARDONNAY-Weine nach wie vor Maßstäbe setzen. Lecker ist der Rosé Vincent van Gris.

**St. Supéry** Napa ★★★ Im Besitz der Eigentümer von Chanel (ebenso wie Ch. Rauzan-Ségla in Bordeaux) und halbwegs kontinuierlich in der Leistung.

Sowohl der weiße Verschnitt Virtú als auch der rote Élu aus Bordeaux-Sorten sind wohlschmeckend und ausgewogen, und ein SAUVIGNON BLANC wie der Dollarhide Ranch ist wirklich spannend.

**Sandhi** Sta Rita Hills ★★★ Dasselbe Weinmacherteam wie bei DOMAINE DE LA CÔTE, die Trauben werden von lokalen Spitzenlagen bezogen. Wer weißen Burgunder mag, kommt nicht daran vorbei: rassiger, intensiver CHARDONNAY. Ferner guter PINOT NOIR.

---

### Wein in der City

Urbane Weingüter bringen ihre Verkostungsräume in die Innenstädte. Das verwischt die Trennlinie zwischen Verkostungsräumen auf dem Land und städtischen Weinbars. Stellen Sie sich darauf ein, künftig über jeden Schluck im Glas zu diskutieren, und kümmern Sie sich nicht um den Dreck an Ihren Schuhen.

---

**Schramsberg** Napa V. ★★★★ Die besten Schaumweine in Kalifornien? Der hohe Qualitätsanspruch steckt hier in jeder Cuvée, besonders der Luxusabfüllung J. Schram und dem Blanc de Noirs. Bietet tolle Touren durch die historischen Weinkeller.

**Screaming Eagle** Napa V., Oakville ★★★★ Wenn es einen »Kult«-CABERNET-SAUVIGNON gibt, dann diesen, berühmt für seine Reife, seine Seltenheit und seinen vierstelligen Preis. Begehrtes Sammlerobjekt, das sich jetzt mehr Frische verordnet hat. Auch kleine Produktion von SAUVIGNON BLANC. Jonata ist das Schwesterweingut.

**Scribe** Son ★★★ Der Hipster-Landhausstil trifft bei jüngeren Weintrinkern voll ins Schwarze. Im Verkostungsraum werden den ganzen Tag lang gut gemachte Exotika wie SYLVANER, ST. LAURENT oder Rosé PINOT NOIR ausgeschenkt.

**Sea Smoke** Sta Rita Hills ★★★ Das Weingut produziert kultigen PINOT NOIR und CHARDONNAY auf hohem Niveau. Ziel ist immer ein ausgewogenes Verhältnis zwischen Wucht und Frische. Meistens überwiegt die Opulenz.

**Seghesio** Son ★★★ Klassische ZINFANDELS aus Sonoma. Körperreich, kräftig, aber harmonisch. Weine von alten Reben bilden den Maßstab für die Preisgestaltung. Im Zinfandel Rockpile steckt reichlich Zündstoff.

**Selene** Napa V. ★★★ Hübsche Rotweine aus Bordeaux-Sorten und Weiße von der prominenten Kellermeisterin Mia Klein, die hier berät. Dazu zählen großartiger CABERNET FRANC und der SAUVIGNON BLANC Musqué aus der Weinlage Hyde.

**Sequoia Grove** Napa V. ★★★ Seit 30 Jahren eine Institution in Rutherford und immer noch sehr gut. Das Flaggschiff Cambium ist ein überwältigender CABERNET-Verschnitt, ausgewogen und langlebig. Sehr guter CHARDONNAY.

**Shafer Vineyards** Napa V. ★★★→★★★★ Prestigeträchtige und weithin geachtete Marke. Der CABERNET SAUVIGNON Hillside Select ist und bleibt ein üppiger Kalifornienklassiker. Kraft steckt im clever gemachten SYRAH/PETITE SIRAH-Verschnitt Relentless, ein Prachtstück ist auch One Point Five. Dazu kommen feiner MERLOT und CHARDONNAY von Trauben aus dem nahen Carneros.

**Shannon Ridge** Lake ★★★ Großes und ambitioniertes Weingut im höher gelegenen High Valley. Ehrliche und gut gemachte Weine zu einem tollen Preis-Leistungs-Verhältnis. Eine schnell wachsende Marke, einschließlich des Zweitweins Vigilance.

**Silverado Vineyards** Stags Leap ★★★ Seit 1976 im Besitz von Nachkommen der Disney-Familie und immer auf der Höhe der Zeit. Der CABERNET SAU-

VIGNON Solo aus einer Einzellage ist kraftvoll, aber weich. Der neue Bordeaux-Verschnitt Geo aus der AVA Coombsville zeigt sich dunkel und dicht. Sehr guter Cabernet franc.

**Silver Oak** Alexander V., Napa V. ★★★ Dermaßen beliebt in den 1990ern, dass sich die Sommeliers in den 2000er-Jahren abgewendet haben. Die CABERNETS aus Napa und dem Alexander Valley sind saftig und geschmeidig wie eh und je.

**Smith-Madrone** Spring Mt. ★★★ Ernsthafter, puristischer Erzeuger, der es wagt, auf den mageren Bergböden Trockenanbau zu betreiben. Ausgezeichneter RIESLING mit brillanter floraler Lebhaftigkeit. Auch kraftvoller CABERNET SAUVIGNON aus einem hoch gelegenen Weinberg.

**Sonoma-Cutrer Vineyards** Son ★★★ Das Flaggschiff des Betriebs ist klassischer CHARDONNAY, den man im ganzen Land noch immer offen ausgeschenkt bekommt. Der PINOT NOIR Owsley aus dem Russian River Valley ist üppig mit Noten von schwarzen Früchten.

**Sonoma-Loeb** Carneros, RRV ★★★ Präzise bereiteter kühlklimatischer PINOT NOIR und CHARDONNAY. Wurde 20 Jahre lang vom Weinmacher von CHAPPELLET in deren Kellerei produziert – der 2011 erfolgte Verkauf an die Napa-Marke war also durchaus sinnvoll.

**Spottswoode** St Helena ★★★★ Das Kronjuwel von St. Helena, das stetig nach Perfektion strebt. Der CABERNET SAUVIGNON ist teuer, nicht zu wuchtig und seinen Preis wert. Der Cabernet Sauvignon Lyndenhurst wird hochgeschätzt, ebenso wie der köstliche SAUVIGNON BLANC Spottswoode.

**Spring Mountain Vineyard** Spring Mt. ★★★★ Erstklassiges Gut, das Weine aus den Bergen mit Lagencharakteristik und gutem Alterungspotenzial liefert. Der Bordeaux-Verschnitt Elivette zeigt sich vielschichtig und robust. Sehr gut sind auch die Gutsweine CABERNET SAUVIGNON und der SAUVIGNON BLANC. Letzterer ein fast »barocker« Genuss.

**Staglin Family Vineyard** Rutherford ★★★★ Zuverlässig erstklassiger und körperreicher CABERNET SAUVIGNON aus dem Familienweingut. Kraftvoller und komplexer CHARDONNAY Salus.

**Stag's Leap Wine Cellars** Stags Leap ★★★→★★★★ Auch nachdem der Gründer Winiarsky an ein großes Unternehmen verkauft hat, ist die Qualität zum Glück hoch geblieben. Seidige, verführerische CABERNET SAUVIGNONS wie die Spitzengewächse Cask 23, Fay und SLV.

**Sterling** Napa V. ★★ Ein Besuch, der Spaß macht. Mit der Seilbahn geht's 90 m hinauf in den Verkostungsraum, von dem aus man einen tollen Blick über das Valley hat.

**Stony Hill Vineyard** Spring Mt. ★★★★ Das berühmte Weingut im Napa Valley wird für seine Weißen verehrt, vor allem den mineralischen CHARDONNAY mit Lagerpotenzial, dazu RIESLING und GEWÜRZTRAMINER. 2018 an die LONG MEADOW RANCH verkauft. Das hohe Niveau wird wohl bleiben.

**Sutter Home** Siehe TRINCHERO FAMILY ESTATES.

**Tablas Creek** Paso Robles ★★★ Joint Venture von Beaucastel (siehe Frankreich) und dem Importeur Robert Haas mit Rebenstecklingen aus Châteauneuf-du-Pape. Mit ihren roten und weißen Verschnitten sind sie auf dem richtigen Weg: Die Kollektionen Patelin, Côtes de Tablas und Esprit sind erste Klasse.

**Terre Rouge / Easton** Sierra Foothills ★★★ Ein Gut mit zwei Gesichtern: Traditionelle Weine wie der ZINFANDEL von alten Reben laufen unter dem Etikett Easton, die neueren aus Rhône-Rebsorten nennen sich Terre Rouge. Überwiegend Rote. Preiswerter Verschnitt Tête-àTête.

**Thomas Fogarty** Santa Cruz Mt. ★★★ Hier steckt viel zündende Energie drin, vom konzentrierten PINOT NOIR über den pikanten GEWÜRZTRAMINER bis hin zum CHARDONNAY. Dieser Erzeuger verdient jede Beachtung.

**Trefethen Family Vineyards** Oak Knoll ★★★ Das historische Familienweingut in einer kühleren Zone produziert elegante CABERNET SAUVIGNON, MERLOT, knackigen und langlebigen CHARDONNAY. Außerdem erfrischender Napa Riesling, der gut zum Essen passt. Ein beständiger Liebling.

**Trinchero Family Estates** ★→★★★ Alteingesessener Napa-Erzeuger mit einer verwirrenden Anzahl von Marken; allen überlegen ist der erschwingliche, sehr gefällige CABERNET SAUVIGNON der Marke Napa Cellars.

**Truchard** Carneros ★★★ Freuen sie sich auf pikanten CHARDONNAY, konzentrierten MERLOT und leicht rustikalen, erdigen PINOT NOIR von diesem wunderbaren Produzenten aus Carneros.

**Turley Wine Cellars** North Coast ★★★★ Verkauft hauptsächlich über Mailinglisten, deshalb kaum auf dem Markt vertreten. Bekannt für mächtigen, brombeerfruchtigen ZINFANDEL von 100 Jahre alten Reben. Ein wahrer kalifornischer Schatz.

**Unti** Dry Creek V. ★★★ Die Entwicklung dieser Weine beginnt in den Weinbergen im Dry Creek Valley. Der Winzer arbeitet ständig an der Verfeinerung seiner Rebsorten mit üppigem und köstlichem SYRAH, GRENACHE, ZINFANDEL und BARBERA.

**Viader Estate** Howell Mt. ★★★★ Die reifen, kraftvollen Weine begeistern nach wie vor. Der V ist ein wunderbarer Bordeaux-Verschnitt auf Basis von PETIT VERDOT und CABERNET FRANC.

**Vineyard 29** Napa V. ★★★ Die Handschrift von Spitzenweinmacher Philippe Melka ist auf all den großartigen CABERNETS dieses sich mehr und mehr etablierenden Guts zu erkennen. Guter SAUVIGNON BLANC, wenn man das Eichenaroma mag.

**Vino Noceto** Sierra Foothills ★★★ Einer der besten SANGIOVESE im Lande, Star der »kalifornisch-italienischen« Bewegung in den Sierras.

Zinfandel wird wieder interessant: tolle Jahrgänge und der Trend zu mehr Eleganz.

**Volker Eisele Family Estate** Napa V. ★★★ Sehr spezielle Lage versteckt im Hinterland des Chiles Valley in Napa. Kontinuierlich überdurchschnittlicher CABERNET SAUVIGNON und andere Weine. Sie suchen das Abenteuer? Dann auf zum Offroad Trip mit 1000 Kurven ins Chiles Valley.

**Wente Vineyards** ★★→★★★★ Die älteste dauerhaft betriebene Familienkellerei hat bessere Weiße als Rote, allen voran der herausragende SAUVIGNON BLANC von Kiesböden.

**Wind Gap** Son Coast ★★★→★★★★ Pax Mahle ist einer der talentiertesten Weinmacher Kaliforniens und Experte für kühles Klima. PINOT NOIR und CHARDONNAY sind sehr gut, aber in den besten Jahrgängen ist sein SYRAH von der Sonoma Coast schlicht genial.

**Wine Group, The** Central V. ★ Mengenmäßig der zweitgrößte Weinerzeuger der Welt mit preiswerten Marken wie Almaden, Big House, Concannon, Cupcake oder Glen Ellen.

# Michigan

Der Staat wird auch die »dritte Küste« genannt, weil er am riesigen Lake Michigan liegt. Fünf AVAs, davon drei ganz im Norden; knapp 1250 ha. Die Produktion hat sich in den letzten Jahren um 47% gesteigert; von den 148 Kellereien machen viele aber auch Cider und Obstweine. Die drei PINOT-Sorten schlagen sich gut, ebenso RIESLING, CHARDONNAY, CABERNET FRANC, MERLOT. Beste Erzeuger: **2 Lads, Bel Lago** (u. a. AUXERROIS), **Hawthorne Vineyards** (Old Mission Peninsula Pinot noir, Cabernet franc, Pinot gris), **Left Foot**

**MICHIGAN / MISSOURI / NEW MEXICO / NEW YORK | 353**

Charley, Mari, Mawby (Schaumweine, u.a. Chardonnay nach der traditionellen Methode, Verschnitte mit Spontangärung), Nathaniel Rose (v.a. Einzellagen), Rove Estate (frische Weiße).

Die meisten Weinberge in Michigan liegen nicht weiter als 40 km vom Lake Michigan entfernt, was die Wachstumsperiode um bis zu vier Wochen verlängert.

# Missouri

Die University of Missouri hat eine neue Versuchskellerei eingerichtet, um Bereitungsmethoden und Rebsorten unter den hiesigen – warmen und feuchten – Bedingungen zu testen. Bislang schneiden Chambourcin, SEYVAL BLANC, VIDAL und Vignoles (trocken und süß) am besten ab. **Stone Hill** in Hermann erzeugt sehr guten Chardonel (eine winterharte Hybride von Seyval blanc und CHARDONNAY) und Norton sowie guten Seyval blanc und Vidal. Der **Hermannhof** erregt Aufsehen mit Vignoles, Chardonel und Norton. Außerdem: **Adam Puchta** mit gespriteten Weinen, Norton, Vignoles und Vidal, **Augusta Winery** mit Chambourcin, Chardonel und Eiswein, **Les Bourgeois** mit SYRAH, Norton und Chardonel sowie **Montelle** mit sehr gutem Cynthiana und Chambourcin; **Mount Pleasant** in Augusta mit üppigen gespriteten Weinen und Norton; **St James** mit Vignoles, Seyval, Norton.

# New Mexico

Hoch gelegene Weinberge und große Temperaturunterschiede zwischen Tag und Nacht bringen Weine mit frischem Charakter und niedrigerem Alkoholgehalt hervor, dazu hervorragende Schaumweine. **Black Mesa: ★★** Legt den Schwerpunkt auf Rotwein, hat aber auch einen preisgekrönten Verschnitt von Traminette und SEYVAL im Angebot. **Casa Abril:** familiengeführt; spanische und argentinische Sorten. **Gruet: ★★★** Setzt immer noch den Standard in der Region für Schaumwein, verschneidet Lesegut aus Washington State und dem kalifornischen Lodi, v.a. Blanc de Noirs, Brut Rosé, Sauvage, aber auch sehr guter Chardonnay und PINOT NOIR. **La Chiripada: ★** Die älteste Kellerei im Staat verarbeitet über 20 Sorten; erstklassiger Reserve CABERNET SAUVIGNON. **Noisy Water: ★★** ambitionierte Kellerei; Verschnitt Absolution (CABERNET/MERLOT), neue Reihe Dirty (unfiltriert). **Vivác: ★★** ausgezeichnete rote Verschnitte Divino (italienische Trauben) und Diavolo (französisch) sowie sehr guter Amante im Portweinstil.

# New York

Der drittgrößte Weinbaustaat der USA. Es gibt zehn AVA's, überall Frost im Winter und Hybridsorten, die teilweise ernst zu nehmende trockene Weine hervorbringen. Die Einflüsse der Seen, Flüsse und des Meeres sind entscheidend, damit sich die Reben dort wohlfühlen. Das Klima ist ähnlich wie in Nordeuropa. 113 km von New York City entfernt liegen das maritime Long Island und das etwas kühlere Hudson Valley. Am größten ist das weiter entfernte Finger Lakes. Noch weiter im Norden und Westen finden sich Champlain Valley, Niagara Escarpment und Lake Erie.

**21 Brix ★★** Außergewöhnlicher Betrieb am Lake Erie mit erstklassigem RIESLING, CHARDONNAY, GEWÜRZTRAMINER, GRÜNEM VELTLINER, dazu aromatischer BLAUFRÄNKISCH und CABERNET SAUVIGNON. Ernsthafter Noiret und der Eiswein VIDAL blanc.

**Anthony Road** Finger Lakes ★★★ Hervorragende trockene und halbtrockene RIESLINGE (einige der besten der USA); außerdem ausgezeichneter GEWÜRZTRAMINER, GRÜNER VELTLINER, PINOT GRIS, CABERNET FRANC, MERLOT und PINOT NOIR. In gleicher Qualität kommen Weine im neuen Stil: auf den Schalen vergorener CHARDONNAY und RIESLING oder fassvergorener Pinot gris und Gewürztraminer.

**Bedell** Long Island ★★★ Führendes Weingut auf Long Island seit 1980. Das maritime Klima erzeugt kraftvolle Weine mit Salznoten, unterstützt von natürlichen Hefen. Spitzenetikett ist der Musée aus MERLOT, PETIT VERDOT und MALBEC. Von diesen Rebsorten gibt es weitere Abfüllungen, dazu SYRAH. Dazu kommen verschiedene Cuvées aus VIOGNIER, SAUVIGNON BLANC und CHARDONNAY. Die Etiketten wurden u. a. von den Künstlern Chuck Close und April Gornik gestaltet.

**Benmarl Winery** Hudson V. – Pionier mit Blick über das Hudson Valley; die trockenen Gutsabfüllungen von Baco noir und SEYVAL BLANC sind durchaus ernst zu nehmen. Guter CABERNET FRANC, MERLOT, SAUVIGNON BLANC und Blanc de Blancs. Aus Neupflanzungen kommen BLAUFRÄNKISCH, MUSCAT Ottonel und SAPERAVI.

**Bloomer Creek** Finger Lakes ★★★ Weinerzeugung mit minimalen Eingriffen. RIESLING in der Reihe Tanzen Dame gibt es als Jahrgangsabfüllung, als Spälese und im Stil eines Edelzwickers. Die Marke White Horse ist ein Verschnitt von CABERNET FRANC und MERLOT.

**Die Kohlensäuremaischung im Beaujolais-Stil ist gerade sehr angesagt in den New Yorker Weingütern: betonte Frucht, knackige Säure.**

**Boundary Breaks** Finger Lakes ★★★ Erstklassige RIESLINGE von trocken bis süß – üppig und säurebetont. Dazu seriöser GEWÜRZTRAMINER und rote Verschnitte im Bordeaux-Stil auf Basis von CABERNET.

**Channing Daughters** Long Island ★★★ Der Erzeuger im Bereich South Fork produziert köstliche experimentelle Weine, u. a. BLAUFRÄNKISCH, DORNFELDER, LAGREIN, MALVASIA oder RIBOLLA GIALLA, dazu eine Reihe von Perlweinen, CABERNET FRANC, MERLOT und SYRAH. Gekonnter, spielerischer Umgang mit CHARDONNAY, in der Stilistik von naturbelassener Gärung auf den Schalen bis hin zu starker Eichennote.

**Element Winery** Finger Lakes ★★ Mastersommelier Christopher Bates erzeugt terroirbetonten CHARDONNAY, RIESLING, CABERNET FRANC, LEMBERGER, PINOT NOIR und SYRAH. Die kleine Produktion genießt Kultstatus.

**Fjord** Hudson V. ★★ Die 2. Generation mit Verbindung zur BENMARL WINERY. Sehr guter ALBARIÑO mit floralen Noten, guter CABERNET FRANC (z. T. Spontangärung), dazu Rosé und CHARDONNAY (auch als Eiswein).

**Fox Run** Finger Lakes ★★★ Der RIESLING von einem der besten Erzeuger am Lake Seneca setzt Maßstäbe. Das gilt ebenso für CHARDONNAY, CABERNET FRANC, PINOT NOIR, LEMBERGER und den Rosé. Das Café mit Seeblick verarbeitet regionale Produkte aus dem Gemüsegarten des Weinguts.

**Frank, Dr. Konstantin (Vinifera Wine Cellars)** Finger Lakes ★★★★ Pionier in Sachen Edelreben am Finger Lake und noch immer einer der führenden RIESLING-Erzeuger der USA; dazu ausgezeichneter GEWÜRZTRAMINER, GRÜNER VELTLINER, PINOT GRIS, RKATSITELI, SAPERAVI und PINOT NOIR von alten Reben plus tadelloser Schaumwein Château Frank. 1961 gegründet, ist nun die vierte Generation am Ruder.

**Heart & Hands** Finger Lakes ★★★ Eine kleine und feine Produktion mit nur zwei Rebsorten: RIESLING und PINOT NOIR vom Ufer des Cayuga Lake mit an den Finger Lakes seltenen Kalksteinböden. Klassisch kühlklimatische Weiße, dazu Rosé und köstlicher Rotwein.

**Hermann J. Wiemer** Finger Lakes ★★→★★★ 1979 von einem deutschen Kellermeister gegründet und einer der besten RIESLING-Produzenten der USA mit drei eigenen Weinlagen, die biologisch bewirtschaftet werden. Erzeugt auch feinen CHARDONNAY, GEWÜRZTRAMINER, CABERNET FRANC, PINOT NOIR und Schaumwein der Spitzenklasse. Die fantastischen Standing Stone Vineyards (SAPERAVI) gehören ebenfalls dazu.

> ### Der Staat New York und seine Regionen
>
> Dass man sich hier verstärkt auf das Terroir konzentriert und Weine produziert, die von Natur aus wenig Alkohol, dafür mehr Säure haben, erregt internationale Aufmerksamkeit. Die Qualität steigt steil nach oben an den **Finger Lakes** (genauso viele Sonnenstunden wie in Napa, aber innerhalb von 190 Tagen; RIESLING und CABERNET FRANC geben den Ton an. Wer auf PINOT NOIR setzt, liegt richtig, wenn er ihn am Ufer des tiefen Lake Seneca pflanzt) und kontinuierlich im **Hudson Valley** (die älteste Weinregion der USA mit der kürzesten Reifeperiode und den komplexesten Böden). In der Sommerfrische **Long Island** (die längste Reifeperiode, sandige Lehmböden, umgeben vom Meer, der Bay und dem Long Island Sound) macht sich die hohe Luftfeuchtigkeit ebenso bemerkbar wie die hohen Bodenpreise. Gut zu sehen z. B. bei dem gewagten Sortiment von CHANNING DAUGHTERS in den Hamptons, den Champagnermethoden von SPARKLING POINTE oder Trauben von den Böden der North Fork. Sowohl **Champlain Valley** (Schaum- und Eiswein) als auch **Niagara Escarpment** (schnell wachsendes Gebiet mit dem in New York seltenen Kalksteinböden) befinden sich auf ehemaligem Seegrund. Für die Region des **Lake Erie** gilt: Ein wenig CHARDONNAY und RIESLING in einem Meer aus Traubensaft von der Rebsorte Concord.

**Keuka Lake Vineyards** Finger Lakes ★★★ Rassige RIESLINGE wie der Falling Man von Steillagen am Lake Keuka. Sehr guter CABERNET FRANC, dazu Hybride wie Vignole oder die alte Elsässer Rebsorte Léon Millot (Kultflaschen).

**Lakewood** Finger Lakes ★★★ Der CABERNET FRANC setzt Maßstäbe, dazu hochklassiger GEWÜRZTRAMINER, RIESLING und PINOT NOIR.

**Lamoreaux Landing** Finger Lakes ★★★ Exzellenter RIESLING, Chardonnay, GEWÜRZTRAMINER und Eiswein, dazu CABERNET FRANC, MERLOT und PINOT NOIR. Auch ältere Jahrgänge sind erhältlich. Das Gebäude im griechischen Stil bietet einen schönen Blick über den Lake Seneca.

**Liten Buffel** ★★ Die Reben für die Gutsabfüllungen von PINOT NOIR, SYRAH und RIESLING wachsen auf einem langen Hang nahe des Niagara Escarpment. Wilde Hefen, keine Filtration, neutrale Eiche. Manche Jahre bringen Edelfäule.

**Die Cornell Universität betreibt ein Forschungslabor an der Stelle, wo sich Long Island in die North Fork und die Hamptons teilt. Ernsthafte Wissenschaft.**

**Macari** Long Island, North Fork ★★★ Das Gut liegt hoch auf der Klippe über dem Long Island Sound. Erstklassiger SAUVIGNON BLANC; die herausragenden Roten sind CABERNET FRANC, MERLOT, Bordeaux-Verschnitte, einschließlich Alexandra, der aber nur in den besten Jahrgängen erzeugt wird. Bio-Anbau mit Kühen, Schweinen und Kompost.

**McCall** Long Island, North Fork ★★★ Spitzen-PINOT-NOIR von Einzellagen sowie Reserve-Abfüllungen. Guter CABERNET FRANC und CHARDONNAY, frischer SAUVIGNON BLANC. Die roten Verschnitte enthalten MERLOT und andere Bordeaux-Sorten. Züchtet auch Charolais-Rinder.

**McGregor** Finger Lakes ★★ Schön gelegen am malerischen Lake Keuka. Die gutseigenen Reben sind im Kaukasus beheimatet: Sereksiya Charni, SAPERAVI, RKTSATELI und Sereksiya rosé. Dazu guter RIESLING, PINOT NOIR Bordeaux-Verschnitte und Blanc de Blancs/Noirs.

**Martha Clara** Long Island, North Fork ★★★ Größerer Produzent, dessen Reben auf einer ehemaligen Kartoffelfarm gepflanzt wurden. Sehr guter MERLOT, MALBEC, PINOT GRIS und SAUVIGNON BLANC.

**Millbrook** Hudson V. ★★★ In den 1980ern auf einem alten Milchbauernhof mit Schieferböden gegründet. Hat als Erster im Hudson Valley ausschließlich Vinifera-Reben gepflanzt. Es gibt gutseigenen RIESLING, CHARDONNAY, PINOT NOIR, Einzellagen-Tokaier (FRIULANO) und CABERNET FRANC. Die Roten können aufgrund ihres Säuregehalts einige Jahre lagern.

**Paumanok** Long Island ★★★ Saftiger CHENIN BLANC, dazu exzellente Bordeaux-Verschnitte, feiner CHARDONNAY (fassvergoren), RIESLING und MERLOT. Weine der Reihe Minimalist sind spontan vergoren, und manche werden wenig bis gar nicht geschwefelt, z. B. der CABERNET SAUVIGNON.

**Ravines Wine Cellars** Finger Lakes ★★★ Ausgezeichneter Riesling, GEWÜRZTRAMINER, CABERNET FRANC und PINOT NOIR sowie ein Schaumwein (CHARDONNAY/Pinot noir). Tolles Bistro.

**Red Newt** Finger Lakes ★★★ Weingut am Lake Seneca. Konzentriert sich auf RIESLING in Topqualität. Eleganter GEWÜRZTRAMINER und PINOT GRIS, guter CABERNET FRANC, MERLOT und PINOT NOIR. Mit Weinbistro.

**Red Tail Ridge** Finger Lakes ★★★ Liegt am Lake Seneca. Großartiger CHARDONNAY, RIESLING, PINOT NOIR und TEROLDEGO, ferner DORNFELDER, LEMBERGER und Schaumwein.

**Sheldrake Point** Finger Lakes ★★ Die kühlklimatischen Bordeaux-Verschnitte präsentieren sich schwungvoll, erdig und frisch. Dazu guter RIESLING, GEWÜRZTRAMINER und PINOT GRIS.

**Shinn Estate** Long Island ★★★ Lebhafter SAUVIGNON BLANC, erdiger CABERNET FRANC und SEMILLON, feiner MERLOT, knackiger Blanc de Blancs. BioBetrieb mit hübschem Landgasthof.

**Sparkling Pointe** Long Island ★★★ Überzeugende Schaumweine, ein französischer Kellermeister und traditionelle Champagnerreben auf Lehmböden. Die traditionelle Methode versteht sich von selbst. Schäumender RIESLING auf ähnlich hohem Niveau ist in Arbeit.

**Stoutridge Vineyard** Hudson V. ★★ Die Hybridsorten wachsen 2 km im Umkreis des Gut und spiegeln das Terroir des Hudson Valley wider. Die Weine werden trocken ausgebaut und kommen erst nach 6 Jahren Reife in den Verkauf. Erdige, weder geschönte noch filtrierte Weine von Noiret, Niagara und SEYVAL BLANC. CABERNET FRANC (Rosé) ist die einzige Vinifera-Sorte.

**Whitecliff** Hudson V. ★★ Geschicktes Lagen- und Böden-Management, auch ein ehemaliger Kirschgarten wird bewirtschaftet. Die stark quartzhaltigen historischen Hügellagen von Olana eignen sich für sehr guten GAMAY (Reserve) und CABERNET FRANC. Mineralischer CHARDONNAY mit Anklängen von Pfirsich, der PINOT NOIR wächst auf Kalksteinböden.

**Wölffer Estate** Long Island ★★★ Erstklassiger Betrieb und schönes Ausflugsziel in South Fork. Der klassische Ansatz des in Deutschland geborenen Kellermeisters bringt qualitätsvollen CHARDONNAY, MERLOT und CABERNET SAUVIGNON hervor. Auf den guten Rosé sind die Urlauber in den Hamptons ganz wild.

# North Carolina

Lange heiße Sommer; mal trockene, mal regnerische Jahre. Milde Winter, die aber auch recht kühl werden können. Drei AVAs, darunter Yadkin Valley. Die Blue Ridge Mountains bieten Lagen besserer Qualität; die Rebflächen im Flachland – wo früher Tabak wuchs – sind weniger interessant. Angebaut wird häufig die einheimische Muscadine-Variante Scuppernong (traditionelle Weine des Südostens der USA). Guter CABERNET FRANC, MERLOT, CHARDONNAY, VIOGNIER von: **Junius Lindsay** (auch SYRAH), **McRitchie** (auch trockener MUSCAT), **RayLen** und **Shelton**. Italienische Sorten wie SANGIOVESE, MONTEPULCIANO kultiviert **Raffaldini**.

# Ohio

Der extrem kalte Winter wird durch den Lake Erie gemildert. Fünf AVAs mit hauptsächlich CHARDONNAY, RIESLING, PINOT NOIR, PINOT GRIS, Bordeaux-Sorten, MÜLLER-THURGAU, DOLCETTO. **Debonne** (familiengeführt), **Ferrante** (auch GRÜNER VELTLINER, GEWÜRZTRAMINER), **Firelands** (rosé DOLCETTO, MERLOT), **Harpersfield** (KERNER/Riesling/MUSCAT OTTONEL), **Laurentia** (Weißweine aus Betontanks), **Markko** (Spätlese Chardonnay) und **M Cellars** (RKATSITELI, Meritage).

Mitte des 19. Jahrhunderts erzeugte Ohio ein Drittel der US-Weine, v.a. den Schaumwein Catawba, den Kalifornien vergeblich zu kopieren versuchte.

# Oregon

Wer Hitze und Trockenheit mag, findet sie im Südwesten von Oregon. Wer Berge und Wüsten mag, geht in den Osten des Bundesstaates. Wer ein maritimes Klima sucht, ist ebenfalls richtig: Oregon hat viele Seiten. Der PINOT NOIR wird immer besser, trotz der Buschfeuer, die hier 2017 und 2018 gewütet und viele Sorgen wegen möglicher Rauchschäden bereitet haben. Sowohl große Firmen als auch kleine Sommelierprojekte aus Kalifornien investieren nach wie vor in Rebflächen und Weingüter, darunter u. a. Foley Family Wines, Coppola Family Wines, Jackson Family Wines, Failla, Evening Land, Lingua Franca und Lavinea.

## Bedeutende Weinbaugebiete in Oregon

**Southern Oregon.** Umfasst einen Großteil des westlichen Oregon und den Süden des Willamette Valley, einschließlich der Sub-AVAs Rogue, Applegate und Umpqua Valleys. Inmitten eines großen Experimentierfeldes schlagen sich Rebsorten wie Albariño, Gewürztraminer, Grüner Veltliner, Viognier, Cabernet franc, Syrah und Tempranillo besonders gut.

**Willamette Valley.** Verfügt über Sub-AVAs wie Dundee Hills, Chehalem Mountains, Ribbon Ridge, Yamhill-Carlton, Eola-Amity Hills und McMinnville. Vier weitere warten auf ihre Klassifizierung. Chardonnay, Pinot blanc, Pinot gris und Riesling gedeihen hier prächtig. Und das sind die kommenden AVAs: **Laurelwood District** erstreckt sich über die Nordseite der bestehenden AVA Chehalem Mountains. Der Name bezieht sich auf einen bestimmten Bodentyp. Die benachbarten **Tualatin Hills** befinden sich westlich von Portland, während **Lower Long Tom** nordwestlich von Eugene liegt. Trotzdem ist es die südlichste AVA im Valley. **Mount Pisgath** im Polk County umfasst auch die prestigeträchtige Lage Freedom Hill mit Dutzenden von Weinbauern. Als fünfter Anwärter

wurde eben erst der **Van Duzer Corridor** bestätigt, westlich der AVA Eola-Amity Hills. Die Gegend steht unter dem Einfluss von Meeresbrisen, die durch eine schmale Felsspalte in den Coast Mountains hereinströmen.
**Rocks District of Milton-Freewater.** Der Teil des Walla Walla Valley, der ganz in Oregon liegt. Hier entstehen die Kultweine von Cayuse und Syrah-Gewächse anderer Erzeuger.

**Abacela** Umpqua V. ★★★ 14' 15 16 – Hat als Erster in den USA TEMPRANILLO gepflanzt; die Barrel-Select-Auslesen sind sehr gut. Preiswert sind der Fiesta und die Vintner's Blend oJ. Tiefgründiger, mächtiger MALBEC Reserve und SYRAH, ALBARIÑO mit Biss.

**Adelsheim Vineyard** Wil ★★★ 14' 15 16 – Die Gründer sind längst in Rente, produzieren aber immer noch verlässlichen PINOT NOIR und CHARDONNAY. Am besten sind die Pinot-noir-Weine aus Einzellagen mit braunem Etikett und der Chardonnay Caitlin's Reserve.

**Alloro** Chehalem Mt. ★★★ 14' 15 16 – Eleganter PINOT NOIR und CHARDONNAY von einer wunderschönen Lage. Riservata und Justina haben sehr gutes Lagerpotenzial.

**Andrew Rich** Wil ★★ 14' 15' 16 – Feiner PINOT NOIR Prelude, der seinen Preis wert ist, und der beste Sauvignon blanc aus Oregon.

**Archery Summit** Dundee Hills ★★★★ 14' 15' 16 – Der Spitzenproduzent in den Dundee Hills hat einen neuen Kellermeister. Probieren Sie den CHARDONNAY, außerdem die PINOT-NOIR-Weine Arcus, Red Hills, Looney und Summit. Zu den Exoten zählt der in Betoneiern vergorene PINOT GRIS namens Ab Ovo.

**Argyle** Wil ★★→★★★ Sehr guter Jahrgangsschaumwein und Brut Rosé. Die Kollektionen von CHARDONNAY und RIESLING sind um Klassen besser als die PINOT-NOIR-Reihe.

**A to Z Wineworks** S-Or ★★ 16' 17 – Vernünftige Preise für solide gemachten und überall erhältlichen CHARDONNAY, RIESLING, PINOT GRIS und PINOT NOIR. Die Trauben stammen überwiegend aus dem Süden von Oregon.

**Ayoub** Dundee Hills ★★★→★★★★ 14' 15 16 – Brillant in seinem Einsatz von Eiche. Hervorragende Weinlagen bilden die Grundlage für gut strukturierte CHARDONNAY- und PINOT-NOIR-Weine mit Kultcharakter.

**Beaux Frères** Ribbon Ridge ★★★→★★★★ Robert Parker ist Mitbegründer dieses Weinguts, das kürzlich an die Maisons & Domaines Henriot verkauft wurde. Es gibt keinerlei Expansionspläne; Kellermeister Mike Etzell konzentriert sich jetzt auf das sehr gute Zweitetikett Sequitur.

**Bergström** Ribbon Ridge ★★★★ 14' 15' 16 – Eleganter, ausdrucksstarker PINOT NOIR und CHARDONNAY. Der Chardonnay Sigrid ist betörend, der Chardonnay Old Stones vergleichsweise preiswert. Die besten Pinot noirs nennen sich Bergström, Shea und Temperance Hill.

**Bethel Heights** Eola-Amity Hills ★★★→★★★★ 14' 15' 16 – Der PINOT NOIR Æolian liegt in der mittleren Preisklasse, Casteel kommt dicht, dunkel und muskulös daher. CHARDONNAY von alten Reben und der gelegentlich produzierte PINOT BLANC sind ebenfalls sehr gut.

**Big Table Farm** Wil ★★★ 14' 15' 16 – Von Hand gezeichnete und im Hochdruckverfahren gefertigte Etiketten. Komplexe, etwas eigenartige Weine, insbesondere der CHARDONNAY Elusive Queen, der Rosé Laughing Pig und die PINOT NOIRS aus Einzellagen.

**Brick House** Ribbon Ridge ★★★ 14' 15' 16 – Bio-Betrieb im Besitz des ehemaligen Auslandskorrespondenten Doug Tunnell. Dicht gefügt sind die PINOT NOIRS Evelyn's, Les Dijonnais und Cuvée du Tonnelier mit Anklängen an Wild und Erde. Gut ist auch der seltene GAMAY noir.

**Brittan Vineyards** McMinnville ★★★★ **14' 15'** 16 – Der Veteran Robert Brittan verfügt über ein wunderbar konzentriertes Portfolio von asketisch präzisen PINOT NOIRS mit Lagerpotenzial und körperreichen CHARDONNAYS.

**Broadley** Wil ★★★ **14' 15'** 16' 17 – Ein herrliches Weingut, das auch zugekauftes Lesegut verarbeitet (vor allem für den Zenith und den Shea), um würzigen, blitzblanken PINOT NOIR zu erzeugen. Außerordentliche Qualität für das mittlere Preissegment.

**Brooks** Eola-Amity Hills ★★★ **15'** 16 17 – RIESLING-Spezialist (bis zu 20 Cuvées, quer durch alle Stile bis hin zu Schaumwein), auch sehr guter PINOT BLANC, PINOT NOIR und weißer Verschnitt Amycas.

**Cowhorn** Applegate V. ★★★ **14' 15'** 16' – Biodynamischer Familienbetrieb; erzeugt dichten, detailgenauen VIOGNIER, GRENACHE und SYRAH. Dazu sehr gute rote und weiße Verschnitte von Rhône-Sorten.

**Cristom** Wil ★★★ **14** 15' 16 – Leicht kräuterwürziger und langlebiger PINOT NOIR von den gutseigenen Lagen Louise, Marjorie, Jessie und Eileen. Weitere werden gerade angelegt. Sehr gut sind der VIOGNIER und der seltene SYRAH.

**DanCin** S-Or ★★★ **15'** 16 17 – Schöne Auswahl an CHARDONNAYS (v. a. der Chassé) und PINOT NOIRS mit gutem Preis-Leistungs-Verhältnis. Die Trauben stammen aus dem westlichen Oregon. Ein Weingut, das man im Auge behalten sollte.

**De Ponte** Dundee Hills ★★★ **14** 15' 16 – Der Standort in den Dundee Hills liegt gleich neben der DOMAINE DROUHIN OREGON. Die Weinmacherin Isabelle Dutartre ist gebürtige Französin und steht für seidig geschmeidigen PINOT NOIR, wie z. B. Reserve Baldwin Family.

**Domaine Drouhin Oregon** Dundee Hills ★★★ **14'** 15 16 – Der erste Produzent aus Burgund, der 1987 in Oregon investiert hat. Am besten sind die Édition Limitée, die PINOT-NOIR-Cuvée Laurène und der CHARDONNAY Arthur. Die Weinreihe Drouhin Oregon Roserock aus der Lage Eola-Amity Hills ist sehr vielversprechend.

**Domaine Serene** Dundee Hills ★★★★ **14' 15'** 16 – Hervorragender CHARDONNAY und PINOT NOIR aus Einzellagen, besonders der Grace und Evanstad Reserve. Coeur Blanc ist ein weiß gekelterter Pinot noir. Unlängst wurden die Schaumweinkellerei in Betrieb genommen und ein großes Besucherzentrum eröffnet – jetzt schon eine Pilgerstätte. Besitzt auch Grund und Boden im Burgund.

Für weiß gekelterten Pinot noir wird vor der Gärung aus den rotschaligen Trauben der (farblose) Saft gepresst.

**Elk Cove** Wil ★★★ **14'** 15 16' – Winzer in zweiter Generation. Zuverlässig guter PINOT NOIR aus Einzellagen, vor allem Clay Court, La Bohème und der Reserve. Die neue Marke Pike Road steht für Weine aus zugekauften Trauben.

**Erath** Wil ★★ **15** 16 – Fast überall erhältliche, eher schlichte Weine von PINOT BLANC, PINOT GRIS und PINOT NOIR. Eine der ersten Kellereien in Oregon, jetzt im Besitz von Ste Michelle Wine Estates aus Washington.

**Evening Land** Eola-Amity Hills ★★★ **14' 15'** 16 – Gehört einem Sommelier und produziert CHARDONNAY und PINOT NOIR aus der exklusiven Lage Seven Springs. Der hochpreisige Summum ist ein Spitzengewächs. La Source hat ein gutes Preis-Leistungs-Verhältnis.

**Eyrie Vineyards, The** Dundee Hills ★★★★ **13' 14'** 15 16' – Gründer David Lett pflanzte den ersten PINOT GRIS und PINOT NOIR im Willamette Valley. Heute führt Sohn Jason sein Werk fort im traditionellen, eleganten Stil mit Reifepotenzial. CHARDONNAY und Pinot noir der Reihe Original Vines und die Reserve-Weine sind ein Wunder in Sachen Textur. Dazu seltener Trousseau und PINOT MEUNIER.

**Failla** Eola-Amity Hills ★★★→★★★★ 15 16' – Der kalifornische Superstar Ehren Jordan erweitert sein Portfolio in Oregon mit umwerfendem GAMAY und PINOT NOIR, vor allem aus den Lagen Björnson, Eola Springs und Seven Springs.

**Foris** S-Or ★★ **15'** 16' 17 – Verlässlicher und preiswerter RIESLING, PINOT BLANC, PINOT GRIS und PINOT NOIR. Hervorragender trockener GEWÜRZTRAMINER.

**Hyland Estates** McMinnville ★★★ **14' 15'** 16 – Der PINOT NOIR von alten Reben besticht mit ausdrucksstarker Mineralität. Auch der RIESLING von alten Reben und der CHARDONNAY mit Toastnote sind sehr gut.

**Ken Wright Cellars** Wil ★★★★ **13 14** 15' 16' – Profundes Wissen über die Arbeit im Weinberg führt zu PINOT NOIR mit ausgeprägter Frucht. Das »Zuviel« an Alkohol hat sich reduziert, die hohe Qualität ist geblieben.

**King Estate** Wil ★★→★★★ **15'** 16 17 – Jetzt zu 100% biodynamisch bewirtschaftet einschließlich der neuen Lagen in der AVA Willamette Valley. Spezialist für PINOT GRIS, aber auch der PINOT NOIR wird immer besser. Die besten Weine sind Domaine und Backbone.

**Lange Estate Winery** Wil ★★★ **15'** 16' 17 – Feiner PINOT GRIS, aber noch besserer CHARDONNAY. Muskulöser PINOT NOIR Reserve mit Lagerpotenzial, herausragend der Freedom Hill.

**Lavinea** Wil ★★★→★★★★ **14'** 15 16' – Isabelle Meunier war früher bei EVENING LAND und produziert hier lebendigen, AVA-spezifischen CHARDONNAY und PINOT NOIR aus Spitzenlagen.

**Lingua Franca** Eola-Amity Hills ★★★ **15'** 16' – Der frühere Mitarbeiter von EVENING LAND und Topsommelier Larry Stone leitet dieses neue Projekt und konzentriert sich auf dichten, eleganten CHARDONNAY und PINOT NOIR, vor allem unter dem Etikett AVNI.

**Ovum** ★★★ **15' 16'** 17 – Handwerklich erzeugter, beeindruckender RIESLING und GEWÜRZTRAMINER; das Lesegut kommt sowohl aus Nord- als auch aus Süd-Oregon.

**Panther Creek** Wil ★★→★★★ **14 15'** 16' – Langzeitproduzent mit kraftvollem PINOT NOIR. Die besten sind Lazy River, Carter und De Ponte.

**Patricia Green** Wil ★★★★ **14** 15' 16' – Tadelloser PINOT NOIR aus einer Einzellage, der das Zeug zum Kultwein hat. Die Gründerin ist 2017 verstorben; trotzdem ist weiterhin ein wichtiges Weingut, das man im Auge behalten sollte. Etzel Block und Bonshaw Block sind sensationell.

**Ponzi Vineyards** Wil ★★★→★★★★ **14'** 15' 16 – Luisa Ponzi erzeugt in zweiter Generation herausragende Weine quer durch alle Preissegmente. Die PINOT NOIRS Aurora und Abetina sind umwerfend, das gleiche gilt für die CHARDONNAYS Avellana und Aurora. Den brillanten ARNEIS sollte man sich ebenfalls nicht entgehen lassen. Günstiger Einstiegswein ist der Pinot noir Tavola.

**Purple Hands** Wil ★★★ **14'** 15' 16' – Cody, der Sohn von Ken Wright, hebt sich angenehm ab mit seinen feinen PINOT-NOIR-Weinen aus Einzellagen.

**Quady North** Applegate V., S-Or, Rogue Valley ★★→★★★ **15'** 16' 17 – Weinmacher Herb Quady mischt geschickt die Einflüsse von Rhône und Loire, besonders bei VIOGNIER, CABERNET FRANC und SYRAH. Unter den Weißen sticht der Rhône-Verschnitt Pistoleta heraus. Reserve-Wein von der Lage Mae's und sehr guter Rosé.

**Résonance** Wil ★★★ **14'** 15' 16 – Das Projekt von Jadot in Oregon verfügt jetzt auch über ein Weingut. Weinmacher Guillaume Large erzeugt geschmeidige PINOT NOIRS und CHARDONNAYS, dazu preiswerte Cuvées aus dem Willamette Valley.

## OREGON | Rex–Win | 361

**Rex Hill** Wil ★★★→★★★★ 14' 15' 16 – Sorgfältig ausgewählte Weinbergselektionen, darunter aus den Lagen Jacob-Hart, Antiquum Farm, La Colina oder Shea, ergeben eine herausragende PINOT-NOIRS-Kollektion.

**Rose & Arrow** Wil – Neue Unternehmung von Mark Tarlov. Als Kellermeister hat er Louis Michel Liger-Belair an seiner Seite, in Sachen Terroir wird er von Pedro Parra beraten. Umwerfender PINOT NOIR in Spitzenqualität. Der erste Jahrgang war 2016. Im Auge behalten!

**Scott Paul** Wil ★★★ 14' 15' 16 – Innerhalb von drei Jahrgängen hat hier zweimal der Kellermeister gewechselt – das wirft Fragen auf. Aber die PINOT NOIRS von 2015 sind sehr gelungen, vor allem Ribbon Ridge und Maresh.

**Shea Wine Cellars** Wil ★★★★ 14' 15' 16 – Die besten Kellermeister kaufen die Trauben von Shea, aber die eigenen Weine der Kellerei sind mindestens genauso gut: allen voran PINOT NOIR Block 5, Block 23 und Reserve Homer. Dazu kommt ausgezeichneter CHARDONNAY.

**Sineann** Wil ★★★ 15' 16 17' – Strahlend fruchtiger PINOT NOIR aus Weinlagen im Willamette Valley und Columbia Gorge: TFL, Wyeast und Yates-Conwill. Auch sehr guter ZINFANDEL von alten Reben.

**Sokol Blosser** Wil ★★→★★★ 14 15' 16' 17 – Der Weinmacher in zweiter Generation stellt sein Talent mit der hochwertigen Linie Evolution unter Beweis. Big Tree, Goosepen und Orchard sind mustergültige Gutsabfüllungen von PINOT NOIR.

**Soter Vineyards** Wil ★★★★ 14 15' 16 – Den legendären kalifornischen Weinmacher Tony Soter zog es nach Oregon, um PINOT NOIR zu erzeugen. Aber seine Schaumweine quer durch alle Stile sind Weltklasse und mindestens genauso gut. In jedem Fall die feinsten von ganz Oregon.

**Stoller Family Estate** Dundee Hills ★★★ 14' 15 16' – Die ausgedehnten Weinlagen in den Dundee Hills bringen kraftvolle PINOT NOIR- und CHARDONNAY-Weine hervor. Zur Stoller Wine Group gehören jetzt auch die Marken Canned Oregon, Chehalem, History und Chemistry.

**Trisaetum** Wil, Ribbon Ridge ★★★→★★★★ 14' 15' 16 – Der Eigentümer, Künstler und Kellermeister James Frey erzeugt großartigen RIESLING, von knochentrocken bis hin zu Spätlesen; die Reserve-Gewächse stammen von drei gutseigenen Weinbergen. Spitzentropfen ist Ribbon Ridge. Sehr guter PINOT NOIR und CHARDONNAY; Schaumwein läuft unter der Marke Pashey.

**WildAire** Wil ★★★ 14' 15' 16' – Kleine Produktion von komplexem, lagerfähigem CHARDONNAY, PINOT BLANC und PINOT NOIR. Gutes Preis-Leistungs-Verhältnis.

**Willamette Valley Vineyards** Wil ★★→★★★ 15 16 – Hunderte von Aktionären und Teilhabern, ausgedehnte Weinlagen mit unterschiedlicher Ausrichtung, überwiegend bestockt mit PINOT NOIR und CHARDONNAY. Die Eigenmarke heißt jetzt Elton, neu ist die Lage Pambrun im Walla Walla Valley. Hat unlängst das Weingut Maison Bleue übernommen.

**Winderlea** Wil ★★★ 14' 15' 16' – Biodynamisch arbeitender Spitzenerzeuger von lebhaftem PINOT NOIR aus Einzellagen wie Shea, Weber oder Winderlea. Sehr guter CHARDONNAY mit Lagerpotenzial. Die Napa-Legende Robert Brittan ist für den Wein verantwortlich.

# Pennsylvania

Der fünftgrößte Weinproduzent der USA hat über 200 Kellereien und drei AVAs vom Nordwesten, wo der Erie-See die Temperaturen mildert, bis zu den höheren Lagen im Osten. RIESLING, GRÜNER VELTLINER, CHARDONNAY, PINOT NOIR, CABERNET FRANC und MERLOT können in diesem Kontinentalklima mit seinen beiden Extremen gut gedeihen. Es gibt viele neue Weinmacher, die noch lernen, sich aber clever anstellen. Führend sind: **Allegro** seit der 1970ern, verlässlich; **Briar Valley**, **Chaddsford**, **Fero V'ds**, **Galen Glen** (ausgezeichnete aromatische Weiße), **Galer**, **Karamoor**, **Penns Woods** (der italienische Besitzer importiert auch Weine wie Cantina Zaccagnini und Ruggeri), **Setter Ridge**, **Va La** (CORVINA, BARBERA, FIANO, NEBBIOLO – sowohl Michet als auch Lampia), **Vox Vineti**, **Waltz**. Vielversprechende Neulinge: **Wayvine** (BARBERA), **1723 Vineyards**.

# Texas

Die ersten Reben wurden um 1650 von Missionaren gepflanzt. In den vergangenen 10 Jahren ist die Qualität enorm gestiegen (wir sprechen von 400%), angeführt von Texas Fine Wine. Der Verband mit fünf Mitgliedern fördert den Absatz von Weinen aus Texas. Dazu kommt eine neue Generation von Winzern, die die Latte höher hängt. Auf dem Vormarsch sind auch kleine Kollektive wie Dandy, Wine for the People oder The Grower Project. Sie haben sich der Produktion von kleinen Mengen verschrieben, machen terroirbezogene Weine und beweisen damit tiefes Verständnis für die Bedingungen in Texas. Die Trockenheit hat 2018 die Erntemenge reduziert, aber vielerorts hört man von guter Qualität mit konzentrierter Frucht. Das betrifft alle mediterranen Sorten sowie TANNAT und die portugiesische Souzão. Die ersten Versuche mit CARIGNAN kommen jetzt auf den Markt. Pét-Nat ist schwer angesagt. Die Stars unter den weißen Reben heißen VERMENTINO, VIOGNIER und PICPOUL blanc.

**Becker Vineyards** ★★★ Produziert seit 20 Jahren Weine im Bordeaux-, Burgunder- und Rhône-Stil. Glanzlichter: TEMPRANILLO Reserve, Prairie Rotie und der MALBEC/PETIT VERDOT-Verschnitt Raven. Dazu die CABERNET-SAUVIGNON-Gewächse Canada Family Reserve und Newsom Vineyard Reserve sowie MALBEC Reserve und Rosé Provençal.

**Bending Branch** ★★→★★★ Dieses Weingut ist Pionier in Sachen Nachhaltigkeit und wird dafür immer wieder ausgezeichnet. Spezialisiert auf robuste mediterrane Sorten. TANNAT ist die Vorzeigerebe. Sehr gut sind Souzão, ROUSSANNE und TEMPRANILLO von der Lage Newsom. Der PICPOUL blanc ist in gebrauchten Bourbon-Fässern gereift.

**Brennan Vineyards** ★★→★★★ Bekannt für trockenen VIOGNIER; der weiße Rhône-Verschnitt Lily räumt Preise ab, dazu TEMPRANILLO Reserve und sehr guter NERO D'AVOLA namens Super Nero.

**CapRock** – Joshua Fritsche, Kellermeister bei William Chris, hat sein neues Weingut und einen 100% MOURVÈDRE Rosé nach seinem Erstgeborenen Tatum benannt. Die Trauben kommen von den Weinlagen Lost Draw und Salt Lick mit dem Fokus auf Mourvèdre, z. B. die Marke Hotspur.

**Duchman Family Winery** ★★★ Spezialisiert auf italienische Rebsorten und Verschnitte. Preisgekrönter DOLCETTO und VERMENTINO. Guter TEMPRANILLO, erfrischender weißer Grape Growers Blend, AGLIANICO Rosé; sehr guter Salt Lick Cellars GSM und BBQ White.

**Fall Creek Vineyards** ★★★ Die Pionierkellerei im Hill Country etabliert mit ExTERRA eine neue Reihe an Rotweinen aus Einzellagen. Eindrucksvoller

TEMPRANILLO Salt Lick, der rustikale GSM passt perfekt zu Burgern. Exzellenter Bordeaux-Verschnitt Maritus, Weißweine von alten Reben, sehr guter CHARDONNAY Reserve und köstlicher halbtrockener CHENIN BLANC.

**Haak Winery ★★** Guter trockener, aromatischer Blanc du Bois aus Küstenlagen; außergewöhnliche »Madeiras« von einem spanischen Kellermeister.

**Inwood Estates ★★★** Außergewöhnlicher TEMPRANILLO und CABERNET SAUVIGNON Mericana, sehr guter PALOMINO/CHARDONNAY-Verschnitt sowie der Chardonnay Dallas County. Kleiner, aber spezieller Erzeuger; ein Versuch lohnt sich.

**Kuhlman Cellars** – Junges Weingut, das vorwiegend rote Verschnitte auf Basis von PETITE SIRAH produziert. Das Aushängeschild heißt Kankar. Dazu der Gutswein CARIGNAN Rosé und ein Verschnitt von MARSANNE und ROUSSANNE.

**Lewis Wines ★★→★★★** Produziert hochwertige Trauben mit Fokus auf spanischen Rebsorten. Rosé-Spezialist mit vier Marken, der auch eindrucksvolle Rote erzeugt, etwa von TEMPRANILLO (sortenrein und im Verschnitt mit CABERNET SAUVIGNON) sowie der portugiesischen Sorte TINTA CÃO.

**Llano Estacado ★→★★★** Historische Kellerei mit außergewöhnlichen, aber auch nur sehr einfachen Weinen. Exzellenter MALBEC, roter und weißer 1836. Sehr gut ist der weiße Viviana, die rote Version macht auf Supertoskaner. TEMPRANILLO THP aus texanischen Trauben ist hervorragend.

**Lost Draw Cellars ★★★** Mediterrane Rebsorten in kleiner Auflage: CARIGNAN, PICPOUL blanc, VIOGNIER. Vorzeigewein ist der weiße Verschnitt Gemütlichkeit (sic!) von GRENACHE BLANC/VIOGNIER/ROUSSANNE. Auch sehr guter TEMPRANILLO.

**McPherson Cellars ★★★** Köstlicher Les Copains, exzellenter ROUSSANNE Reserve. Einfacher ALBARIÑO und MARSANNE. Produziert seit mehr als 40 Jahren Wein und hat als Erster SANGIOVESE in Texas gepflanzt.

**Messina Hof Wine Cellars ★→★★★** Große Palette. Exzellenter RIESLING, v. a. als Spätlese; sehr gut die Weine im Portweinstil namens Papa Paolo; dazu CABERNET FRANC Reserve und eine CHARDONNAY ohne Eichennote.

**Pedernales Cellars ★★★→★★★★** Weine im spanischen und Rhône-Stil. Der VIOGNIER Reserve setzt Maßstäbe, dazu exzellenter TEMPRANILLO, GSM und der texanische rote Verschnitt Valhalla.

**Perissos Vineyard and Winery ★★** Familienweingut mit überzeugenden Roten, z. B. ausgezeichnetem AGLIANICO, PETITE SIRAH und TEMPRANILLO. Beweist Können bei italienischen Verschnitten.

**Ron Yates** – Seit 2016 aufstrebendes Schwesterweingut von SPICEWOOD VINEYARDS. Produziert zehn Weine mit Fokus auf spanischen, italienischen und Rhône-Stil. Neu im Programm ist der SANGIOVESE Pét-Nat.

**Southold Farm and Cellar** – Ehrgeizige neue Kellerei in Fredericksburg von Kellermeister Regan Meador, der nach erfolgreicher Arbeit auf Long Island nach Texas zurückgekehrt ist. Die merkwürdigen Namen der Weine sollten nicht über die ernsthaften Absichten dahinter hinwegtäuschen: mit Füßen gestampfte Trauben, Spontangärung und weniger Schwefel: Auch Schaumweine, u. a. aus LAGREIN, und SANGIOVESE Pét-Nat.

**Spicewood Vineyards ★★→★★★** Außergewöhnlicher, an Sancerre erinnernder SAUVIGNON BLANC. Guter TEMPRANILLO, kraftvolle rote Verschnitte. Alle Trauben kommen vom eigenen Gut. Sehr besucherfreundlich.

**William Chris Vineyards ★** Schwimmt auf der Welle der Erneuerer in Texas. Teuer, aber man fährt gut mit MALBEC Rosé, PETIT VERDOT und dem roten Verschnitt Enchante. Schäumender Pét-Nat, vor allem der Rosé.

# Virginia

**K**ontinentalklima mit Wetter ähnlich dem der Ostküste. Zehn AVAs und 281 Erzeuger. Wer sich mit dem Terroir auskennt, baut im Streifen von der Ostküste bis zu den Hängen der Blue Ridge Mountains an, um mit der Luftfeuchtigkeit und dem Winterfrost klarzukommen. Elegante Weine von Weltklasse sowohl in klassischen (viel Regen auf den gut wasserabführenden Tonböden für CABERNET FRANC und PETIT VERDOT) wie auch in experimentellen Stilen (die widerstandsfähige, säurereiche PETIT MANSENG aus dem Jurançon glänzt in Süß- und Stillweinen; außerdem bemerkenswerter PINOT NOIR aus hoher Lagen). VIOGNIER, TANNAT sind ebenfalls beliebt. Dazu jede Menge CABERNET SAUVIGNON, MERLOT. In den Weinbergen stehen 79% Vinifera-Reben (davon 20% CHARDONNAY und 16% CABERNET FRANC), 15% Hybride, unter 1% Amerikanerreben einschließlich Norton, der ältesten Weintraube der USA.

**Ankida Ridge ★★★** Erstklassiger, lagerfähiger PINOT NOIR und CHARDONNAY mit wenig Alkohol, dazu Schaumwein Blanc de Blancs. Viele halten den Pinot noir für den besten in Virginia, doch nur ein paar Wenige kommen in seinen Genuss, da kaum 1.000 Kisten erzeugt werden. Die Reben stehen auf steilen Granithängen in 518 m Höhe in den Blue Ridge Mountains.

**Barboursville ★★★★** Eines der US-Spitzengüter im Osten (1976 von der italienischen Familie Zonin gegründet). Es steht in Monticello, wo es der von der Reblaus geplagte Weinliebhaber Thomas Jefferson ein Jahrhundert früher schon einmal versucht hatte. Bekannt für elegante Rotweine im Bordeaux-Stil, v. a. Octagon, dazu großartiger CABERNET SAUVIGNON, NEBBIOLO und PETIT VERDOT. Der Paxxito ist ein üppiger Verschnitt von VIDAL und MUSCAT Ottonel. Restaurant und Gasthof sind Musterbeispiele für die ländliche Eleganz Virginias.

**Boxwood ★★** Der Gründer der AVA Middleburg baut alle Bordeaux-Sorten an: Verschnitte auf Basis von CABERNET FRANC und MERLOT, dazu CABERNET SAUVIGNON und PETIT VERDOT, sowohl im klassischen Bordeaux-Stil als auch frischer und unmittelbar trinkreif. Rosé von denselben Trauben, ferner ein SAUVIGNON BLANC. Kurze Fahrt von Washington DC.

**Chrysalis ★★** Exponierter Fürsprecher für die in Virginia heimische Norton-Traube, die älteste Sorte für die Weinbereitung in den USA. Hat auch früh VIOGNIER angebaut, außerdem ALBARIÑO, PETIT VERDOT, TEMPRANILLO.

**Early Mountain ★★★** Hochwertige Bordeaux-Verschnitte (gewichtig und säurereich) mit der Luxusabfüllung Rise und dem Flaggschiff Eluvium; souveräner PETIT MANSENG; vier vom Terroir geprägte CABERNET-FRANC-Weine; Pét-Nats von SYRAH und MERLOT. Das Gut möchte die Qualitätsweine des Bundesstaates unterstützen und bietet im Verkostungsraum deshalb auch Weine anderer Erzeuger aus Virginia an. Der Kellermeister ist Gründungsmitglied der Winemakers Research Exchange.

**Gabriele Rausse ★★** Kleines Weingut in der Nähe von Thomas Jeffersons Monticello. Im Besitz des ersten kommerziellen Traubenanbauers in Virginia, der auch BARBOURSVILLLE mit Gianni Zonin anlegte. CHARDONNAY, CABERNET SAUVIGNON und FRANC, MERLOT, NEBBIOLO.

**Glen Manor Vineyards ★★** Historische Farm in der 5. Generation. Die Reben wachsen an felsigen Steilhängen bis auf über 305 m Höhe. Begann 1995 mit SAUVIGNON BLANC, jetzt auch voller CABERNET FRANC von 20–30 Jahre alten Reben, dazu halbtrockener PETIT MANSENG, PETIT VERDOT.

**Keswick ★★** Opulente Weine mit Eichennote, oft mit Spontangärung erzeugt: dichter, dunkler CABERNET FRANC und CABERNET SAUVIGNON, dazu MERLOT, Bordeaux-Verschnitte, PINOT GRIS, VIOGNIER, CHARDONNAY und etwas Traminette.

## VIRGINIA / WASHINGTON | 365

**King Family Vineyards ★★★** Französischer Weinmacher für ehr- und alterungswürdigen Meritage, hervorragenden, aber nur in minimalen Mengen erzeugten PETIT MANSENG im Stil eines *vin de paille* sowie für die experimentelle Small Batch Series (er ist Mitglied des Winemakers Research Exchange), die jährlich etwas Neues bringt: derzeit lebhafter, ungeschwefelter CHARDONNAY und VIOGNER mit Schalenkontakt.

**Linden ★★★** Führender Erzeuger im Norden des Staates mit beachtlichen Weinen aus drei unterschiedlichen Lagen: reichhaltiger CHARDONNAY, lebhafter SAUVIGNON BLANC, schmackhafter PETIT VERDOT, elegante, komplexe rote Verschnitte im Bordeaux-Stil, die reifen müssen. Köstlicher halbtrockener PETIT MANSENG. Der experimentierfreudige Jim Law gründete in den 1980er-Jahren den Betrieb, um das Terroir anstatt die Frucht hervorzuheben; seitdem ist er ein Weinmentor für Virginia.

**Michael Shaps Wineworks ★★** Modern eingestellter Erzeuger mit soliden, üppigen Weinen von VIOGNIER, CHARDONNAY, PETIT MANSENG; auch leckerer TANNAT und PETIT VERDOT, Meritage sowie Raisin d'Être aus getrockneten Trauben in weiß (Petit MANSENG) und rot (Verschnitt).

**Pollak ★★** Die internationale Seite Virginias: gewichtiger CABERNET SAUVIGNON und FRANC, MERLOT, Meritage, üppig-würziger VIOGNIER, cremiger PINOT GRIS.

**RdV Vineyards ★★★** Spitzenerzeuger im Osten, bereitet ausschließlich von Bordeaux inspirierte rote Verschnitte von Reben, die auf Granitböden in Hanglagen wachsen. Elegante, komplexe Weine mit Kraft; der Lost Mountain ist der erste über 100 $ teure Wein Virginias.

**Veritas ★★★** Gegründet 1995, besitzt auch 20 Jahre alte Steillagen im Wald. Der konzentrierte, florale CABERNET FRANC mit reichlich Säure kann 10 Jahre und mehr reifen. Bei den Weißen ist ein üppiger, eleganter VIOGNIER zu nennen; auch guter CHARDONNAY, MERLOT, PETIT VERDOT.

# Washington

Washington – das ist der wilde Westen: Hier wachsen über 85 verschiedene Rebsorten und weitere sollen folgen. 80 % der Produktion werden von CHARDONNAY, RIESLING, CABERNET SAUVIGNON, MERLOT und SYRAH bestimmt. Manche der besten Weine stammen aber von Sorten, die nur in kleinen Mengen produziert werden. Jahrelang wurde wie verrückt Cabernet Sauvignon gepflanzt – zusammen mit den Bordeaux-Verschnitten eine der großen Stärke dieses Staates. Für Kenner ist Syrah der eigentliche Star, entstehen daraus doch unwiderstehliche Weine mit Terroircharakter. Weine aus Washington bieten oft ein gutes Preis-Leistungs-Verhältnis. Viele stammen von kleinen Produzenten und sind anderswo schwer aufzutreiben.

## Bedeutende Weinbaugebiete in Washington

**Columbia Valley.** Riesige AVA in der Mitte und im Osten Washingtons mit einem Zipfel in Oregon. Cabernet Sauvignon, Merlot, Riesling, Chardonnay und Syrah hoher Qualität. Wichtige Unterbereiche: u. a. Yakima Valley, Red Mountain, Walla Walla Valley.

**Red Mountain.** Unterbereich der AVAs Columbia Valley und Yakima Valley. Heißes Gebiet, bekannt für Cabernet Sauvignon und Bordeaux-Verschnitte.

**Walla Walla Valley.** Unterbereich des Columbia Valley mit einer eigenen Identität und eigenen Reben in Washington und Oregon. Heimat wichtiger Boutique- und Prestigemarken, hauptsächlich mit Cabernet Sauvignon, Merlot und Syrah hoher Qualität.

**Yakima Valley** Unterbereich der AVA Columbia Valley. Fokus auf Merlot, Syrah und Riesling.

**Abeja** Walla ★★★ Spitzenerzeuger von CABERNET SAUVIGNON und CHARDONNAY aus der AVA Columbia Valley. Sehr guter SYRAH.

**Andrew Will** Col, Red Mt. ★★★→★★★★ 10' 12' 14' – Feierte 2020 sein 30-jähriges Bestehen. Einige der besten roten Verschnitte des Staates mit Lagerpotenzial. Flaggschiff ist der Sorella, aber auch das übrige Sortiment kann sich mehr als sehen lassen. Eine entscheidende Rolle spielt dabei Will Camarda, Weinmacher in zweiter Generation.

**Avennia** Yakima V., Col ★★★ 10 12' 14' – Aufgehender Stern, der sich auf alte Reben aus besten Weinlagen konzentriert. Kann einem den Kopf verdrehen mit seinen lagerfähigen Weinen im Bordeaux- und Rhône-Stil. Spitzenweine sind der Bordeaux-Verschnitt Sestina und der SYRAH Arnaut. Auch sehr guter SAUVIGNON BLANC.

**Betz Family Winery** Col ★★★→★★★★ 10 12' 14' – Der neue Weinmacher Louis Skinner steht für qualitativ hochwertige Weine im Rhône- und Bordeaux-Stil. Der CABERNET SAUVIGNON Père de Famille und der SYRAH La Côte Patriarche stechen immer wieder heraus.

**B. Leighton** Yakima V. ★★★ Liebhaberprojekt von Brennon Leighton, dem früheren Kellermeister von CHATEAU STE MICHELLE. Aktuell arbeitet er für K. VINTNERS. Der Rhône-Verschnitt Gratitude, SYRAH und PETIT VERDOT sind durch die Bank sehr gut.

> Washingtons Geheimwaffe in Sachen Weinbau ist der Boden. Er stammt aus gewaltigen Überflutungen vor 15.000 Jahren.

**Brian Carter Cellars** Col ★★★ Spezialist für Verschnitte, der dem Wein vor der Abfüllung extra viel Reifezeit gönnt. Flaggschiff ist der Bordeaux-Verschnitt Solesce.

**Cadence** Red Mt. ★★★ 10' 12' 14 – Produziert einige der schönsten Weine des Staates mit dem größten Lagerpotenzial. Hat sich Verschnitten im Bordeaux-Stil verschrieben. Die Trauben dafür stammen vom Red Mountain. Preiswert ist der Coda aus gebrauchten Eichenfässern.

**Cayuse** Walla ★★★★ 10 11 12' 14' – Wer hier Wein kaufen will, muss auf einer Mailingliste stehen und jahrelange Geduld mitbringen. Alle Abfüllungen von den gutseigenen Weinlagen erzielen astronomische Bewertungen. Erdig-würziger SYRAH wie Cailloux und Bionic Frog oder der GRENACHE God Only Knows lohnen aber die Mühe. Auch der TEMPRANILLO ist sehr gut. Die Schwesterbetriebe No Girls, Horsepower und Hors Categorie sind ebenfalls erstklassig.

**Charles Smith Wines** Col ★★ Wurde 2016 für 120 Millionen Dollar an Constellation verkauft. Der Fokus liegt auf preisgünstigen Weinen. Achten Sie auf den RIESLING Kung Fu Girl.

**Chateau Ste Michelle** Col ★★→★★★ Weltweit größter Einzelerzeuger von RIESLING in allen Preisklassen und Stilrichtungen, von sehr guten Alltagstropfen (ausgezeichneter Columbia Valley Riesling) bis zu Raritäten im Stil von Trockenbeerenauslesen (Eroica Single Berry Select). Preiswert sind Rote und Weiße aus dem Columbia Valley genauso wie die Gutsabfüllungen aus Cold Creek und Canoe Ridge.

**Col Solare** Red Mt. ★★★→★★★★ 10 12' – Gemeinschaftsprojekt von Ste Michelle Wine Estates und Antinori aus der Toskana. Der Fokus liegt auf der Produktion eines einzigen CABERNET SAUVIGNON vom Red Mountain: komplex und mit langem Abgang.

**Columbia Crest** Col ★★→★★★ Washingtons mit Abstand größte Kellerei bietet zugleich auch das beste Preis-Leistungs-Verhältnis. Sie produziert Unmengen an sehr guten und günstigen Weinen unter den Marken Grand Estates, H3 und mehreren Reserve-Etiketten. Wer bei den Reserve-Weinen ein Schnäppchen machen möchte, sollte zu CABERNET SAUVIGNON oder dem roten Walter Clore greifen.

**Corliss Estates** Col ★★★ 08' 10 12' – Erzeuger im Walla Walla Valley von Bordeaux-Verschnitten und CABERNET SAUVIGNON mit Kultstatus. Alle Weine dürfen eine angemessene Zeit im Fass und in der Flasche verbringen, bevor sie auf den Markt kommen. Das Schwesterweingut Tranche bietet ebenfalls gute Qualität zu fairen Preisen.

**Côte Bonneville** Yakima V. ★★★ 09' 10 12' – Das Gut mit der hochgelobten Lage DuBrul produziert lagerfähige Weine in sehr elegantem Stil, die vor dem Verkauf noch in der Flasche reifen. Preisgünstiger ist der Carriage House. CHARDONNAY und RIESLING sind ebenfalls zu empfehlen.

**DeLille Cellars** Col, Red Mt. ★★★ 10' 12' 14' – Langjähriger Produzent von Weinen im Bordeaux- und Rhône-Stil. Der Chaleur Blanc gilt als einer der besten Weißen im ganzen Staat. Der Bordeaux-Verschnitt Harrison Hill ist klasse, der rote D2 sehr gut und günstig. Keine Ausfälle im Sortiment.

**Doubleback** Walla ★★★ 10' 12 – Der frühere Footballer Drew Bledsoe produziert nur einen Wein: Sein CABERNET SAUVIGNON betont die »femininen« Aromen der Trauben aus Walla Walla und bringt Lagerpotenzial mit. Das Schwesterweingut Bledsoe Family bereitet sehr guten SYRAH.

**Dusted Valley Vintners** Walla ★★★ Weine im Bordeaux- und Rhône-Stil. Der SYRAH Stoney Vine von gutseigenen Lagen ist sehr empfehlenswert. Preiswerte Reihe namens Boomtown.

---

### Zauberer in Washington

In Washington kommen jedes Jahr um die 40 Weingüter dazu, und einige unter ihnen produzieren die besten Weine des Bundesstaates. Hier lohnt es sich, vorbeizuschauen: **Kerloo Cellars** (Walla Walla Valley), **Kevin White** (Woodinville), **Savage Grace** (Woodinville; mit Verkostungsraum), **WT Vintners** (Woodinville), **Two Vintners** (Woodinville) und **Waters** (Walla Walla Valley).

---

**Efesté** Yakima V., Col, Red Mt. ★★★ Produziert in Woodinville pikanten RIESLING und rassigen CHARDONNAY aus der kühlen Lage Evergreen. Außerdem sehr guter SYRAH und CABERNET SAUVIGNON von alten Reben. Preiswert ist der Final Final.

**Fidélitas** Red Mt. ★★★ Verschnitte im Bordeaux-Stil und CABERNET SAUVIGNON aus der AVA Red Mountain im reifen, breiten Stil. An der Spitze steht der Cabernet Sauvignon aus der Weinlage Quintessence.

**Fielding Hills** Col ★★★ Der Fokus des kleinen Produzenten liegt auf dem gutseigenen Weinberg am Wahluke Slope. CABERNET SAUVIGNON und MERLOT sind hervorragend und dazu noch preiswert.

**Figgins** Walla ★★★ 10 12 14 – Chris Figgins ist Kellermeister in zweiter Generation und bereitet auch den Wein für das berühmte Gut LEONETTI. Hier erzeugt er die Gutsabfüllung eines Bordeaux-Verschnitts und RIESLING aus Walla-Walla-Valley-Trauben. Sein PINOT-NOIR-Projekt in Oregon nennt sich Toil (Mühsal).

**Force Majeure** Red Mt. ★★★ Gutsabfüllungen von Weinen im Bordeaux- und Rhône-Stil aus den Red Mountains. Der VIOGNIER ist herausragend. Unlängst ins Walla Walla Valley umgezogen.

**Gramercy Cellars** Walla ★★★ 10 12' 13 – Gründer und Mastersommelier Greg Harrington produziert Weine mit vergleichsweise wenig Alkohol und höherem Säuregehalt. Spezialitäten sind erdige SYRAHS (v. a. Lagniappe) und kräuterwürziger CABERNET SAUVIGNON. An der Spitze steht der Syrah Reserve John Lewis. Die preiswerte Linie nennt sich Lower East.

**Hedges Family Estate** Red Mt. ★★★ Respektable Familienkellerei für geschliffene, verlässliche Weine wie der rote Gutsverschnitt oder der SYRAH DLD. Preiswert ist der Verschnitt CMS.

**Januik** Col ★★★ 10 12' – Mike Januik, früher Kellermeister von CHATEAU STE MICHELLE, produziert preisgünstige Weine im Bordeaux-Stil. Abfüllungen aus Einzellagen sind etwas teurer. Herausragend ist der CABERNET SAUVIGNON aus der Lage Champoux. Das Schwestergut heißt Novelty Hill.

**K. Vintners** Col, Walla ★★★ Der Inhaber Charles Smith ist eine außergewöhnliche Persönlichkeit, der den Fokus auf SYRAH und Verschnitte von Syrah und CABERNET SAUVIGNON aus Einzellagen legt. Die Weine aus dem Walla Walla Valley sind sehr gut. Das Schwestergut Sixto widmet sich CHARDONNAY. Weitere Marken heißen CasaSmith, Substance und ViNO.

**Latta Wines** Col ★★★ Der früher bei K. VINTNERS beschäftigte Weinmacher Andrew Latta produziert tollen GRENACHE und MOURVÈDRE. Sein ROUSSANNE ist einer der besten Weißen des Staates. Preiswert ist Latta Latta.

**L'Ecole No 41** Walla ★★★ 10 12' 14 – Eine der ersten Kellereien im Walla Walla Valley mit breit gefächertem Angebot an Weinen – auch aus dem Columbia Valley. Der beste Bordeaux-Verschnitt heißt Ferguson. CHENIN BLANC und SEMILLION mit sehr gutem Preis-Leistungs-Verhältnis.

**Leonetti Cellar** Walla ★★★★ 08 10' 12' 14 – Die Gründungskellerei im Walla Walla Valley konnte 2018 ihre 40. Lese feiern. Genießt Kultstatus und verlangt Höchstpreise für ihre bei Sammlern beliebten Weine von CABERNET SAUVIGNON, MERLOT und SANGIOVESE. Neu hinzugekommen ist der AGLIANICO, Flaggschiff der Bordeaux-Verschnitt Reserve.

**Long Shadows** Walla ★★★→★★★★ Allen Shoup, ehemals CEO von Ste Michelle Wine Estates, versammelt eine Gruppe von Spitzenkellermeistern aus aller Welt in Washington, damit jeder seinen eigenen Wein bereitet. Durchweg Spitzenqualität, nach der man Ausschau halten sollte.

**Maison Bleue** Walla ★★★ Das auf den Rhône-Stil fokussierte Weingut nutzt Trauben aus dem Walla Walla Valley für aufsehenerregenden GRENACHE und SYRAH. Unlängst an Willamette Valley Vineyards aus Oregon verkauft.

**Mark Ryan** Yakima V., Red Mt. ★★★ Erzeuger von wuchtigen, breiten Weinen im Bordeaux- und Rhône-Stil. Herausragend sind der MERLOT-basierte Long Haul und der CABERNET SAUVIGNON Dead Horse. Der MOURVÈDRE Crazy Mary bringt einen ins Schwärmen. Der Zweitwein nennt sich Board Track Racer.

Das Columbia Valley bekommt nur rund 17 cm Regen im Jahr ab. Im Bordeaux sind es etwa 58 cm.

**Milbrandt Vineyards** Col ★★ Ein gutes Preis-Leistungs-Verhältnis steht bei diesem Gut im Mittelpunkt. Die besseren Weine laufen unter dem Etikett The Estates und stammen von Einzellagen in den AVAs Wahluke Slope und Ancient Lakes. Empfehlenswert sind PINOT GRIS und RIESLING.

**Northstar** Walla ★★★ 10 – Auf MERLOT konzentriertes Weingut. Der Merlot Premier (Einkellern!) ist fantastisch. Dazu kommt sehr guter CABERNET SAUVIGNON.

**Pacific Rim** Col ★★ Der RIESLING-Spezialist erzeugt Unmengen an leckeren, preiswerten und trotzdem ausdrucksstarken Weinen von trocken bis süß sowie aus Bio-Anbau. Mehr Tiefe zeigen die Einzellagen-Abfüllungen.

**Passing Time** Col ★★★ Ein neues Projekt der früheren Footballer Dan Marino und Damon Huard, das sich auf CABERNET SAUVIGNON konzentriert. Die Weine bereitet Chris Peterson von AVENNIA.

# WASHINGTON | Pep–Woo

**Pepper Bridge** Walla ★★★ Weine im Bordeaux-Stil von gutseigenen Trauben. Die Verschnitte aus den Weinlagen Pepper Bridge und Seven Hills gehören zu den besten in ganz Washington. Einige Zeit im Keller tut ihnen gut.

**Quilceda Creek** Col ★★★★ 04' 07 10 12' 14' 15 – Bekannter Erzeuger von CABERNET SAUVIGNON mit Kultstatus, bekannt für sein Lagerpotenzial. Einer der meistgelobten US-Erzeuger, dessen Weine nur per Zuteilung erhältlich sind. Glücklich ist, wer sie auftreiben kann.

**Reynvaan Family Vineyards** Walla ★★★→★★★★ 10' 11 12' 14 – Alle Trauben stammen von eigenen Weinbergen im Rocks District und am Fuß der Blue Mountains. Hat sich ganz SYRAH und CABERNET SAUVIGNON verschrieben, dazu weiße Verschnitte im Rhône-Stil. Ein Weingut mit Warteliste, aber es lohnt sich.

**Rôtie Cellars** Walla ★★★ Spezialist in Sachen Rhône-Stilistik. Der Northern Blend aus dem Walla Walla Valley fällt immer wieder positiv auf. Sehr gut ist auch der GRENACHE BLANC.

**Saviah Cellars** Walla ★★★ Exquisiter SYRAH, TEMPRANILLO und Bordeaux-Verschnitte. Der Syrah aus der Lage Funk ist zum Niederknien, Spitzenverschnitt ist Une Vallée. Weine unter dem Etikett The Jack sind günstig.

**Seven Hills Winery** Walla ★★★ 10 12' 14 – Eine der ältesten und angesehensten Kellereien im Walla Walla Valley, bekannt für ihre lagerfähigen Roten im Reserve-Stil. Wurde kürzlich von der Crimson Wine Group gekauft, aber der Kellermeister ist geblieben.

Das State Government von Washington erzielt mittlerweile mehr Steuereinnahmen durch Cannabis als durch Wein.

**Sleight of Hand** Walla ★★★ Weinmacher und Musikfreak Trey Busch bereitet umwerfende Bordeaux-Verschnitte und Weine im Rhône-Stil. Der SYRAH aus dem Rocks District hat psychedelische Wirkung – unbedingt probieren. Dazu gesellen sich sehr guter CHARDONNAY und die preisgünstigeren Renegade-Weine.

**Sparkman Cellars** Yakima V., Red Mt. ★★★ Erzeuger in Woodville, der sage und schreibe 27 Weine im Angebot hat – alle voller Saft und Kraft. Die Bordeaux-Verschnitte Stella Mae und Ruby Leigh überzeugen in Qualität und Preis. Der CABERNET SAUVIGNON Evermore von alten Reben sollte eine Weile in den Keller.

**Spring Valley Vineyard** Walla ★★★ 10' 12' 14' – Ausschließlich gutseigene Rotweine. Der MERLOT-Verschnitt Uriah ist zuverlässig herausragend, der CABERNET FRANC Katherine Corkrum steht ihm in nichts nach.

**Syncline Cellars** Col ★★★ Der Produzent hat sich ganz der Rhône verschrieben und erzeugt Weine in reintönigem, frischem Stil. Preiswert ist der Rote Subduction. Dazu der MOURVÈDRE NB und köstlicher Schaumwein von GRÜNEM VELTLINER. Der PICPOUL sticht immer wieder heraus.

**Woodward Canyon** Walla ★★★★ 07 10 12' 14 – Eine der ältesten Kellereien im Walla Walla Valley, fokussiert auf den Bordeaux-Stil. Der Old Vines Cabernet Sauvignon ist komplex und lagerfähig. Der CHARDONNAY zählt zu den besten im Staat. Das preisgünstigere Label heißt Nelms Road.

# Kanada

Der Weinbau Kanadas wurde auf Eiswein gegründet und bringt nach wie vor große Mengen davon hervor, doch der jüngsten Generation von Winzern in landesweit rund 700 Betrieben geht es um kühlklimatischen trockenen Wein. Sie strebt nach authentischen, reinen Aromen mit kanadischer Identität oder jener schwer zu fassenden Eigenschaft namens Terroirverbundenheit. Schaumwein mannigfaltigen Stils tritt an die Seite der weißen Favoriten Chardonnay und Riesling, während der Pinot noir einen Paradigmenwechsel beim Rotwein einleitet: Säuregleichgewicht und Finesse sind gefragter als früher. Syrah und Cabernet franc machen sich ebenfalls gut und das gilt ebenso für rote Meritage-Verschnitte.

Die folgenden Abkürzungen werden im Text verwendet:

**Niag** Niagara Peninsula
**V.** Valley

# Ontario

Die Hauptursprungsbezeichnungen (Appellations of Origin) sind Niagara Peninsula, Lake Erie North Shore und Prince Edward County. Niagara Peninsula ist in die zwei regionalen Appellationen Niagara Escarpment und Niagara-on-the-Lake sowie zehn Subappellationen unterteilt und in Lake Erie North Shore gibt es einen neuen Unterbereich namens South Islands.

**Bachelder** Niag r w ★★★★ 13 15' 16' – Thomas Bachelder erzeugt reintönigen, präzis bereiteten, eleganten, alterungswürdigen CHARDONNAY und PINOT NOIR in Burgund, in Oregon und auf dolomitischen Kalkstein- und Tonböden auf der Niagara Peninsula.

**Cave Spring** Niag r w; s; (sch) ★★★ 16' 17 (18) – Angesehener Pionier mit der Marke CSV (alte Reben), v. a. RIESLING und CHARDONNAY. Die eleganten Gutsweine entfalten sich anmutig: CABERNET FRANC, Chardonnay, eine großartige Spätlese und Eiswein.

**Château des Charmes** Niag r w; s; (sch) ★★ 16' 17 (18) – Die Pionierfamilie Bosc begann 1978 mit dem Kellereibetrieb und bewirtschaftet heute 114 ha. Schaumwein, RIESLING (von knochentrocken bis Eiswein) und ein einzigartiger GAMAY Droit (von einem regionalen Klon); Flaggschiff ist der rote Verschnitt Equuleus.

**Flat Rock** Niag r w; (sch) ★★★ 16' 17 (18) – Zwei Reihen: Estate (sortenrein) und Reserve (von Einzelparzellen). Saftiger, spritziger RIESLING, PINOT NOIR und CHARDONNAY. Die beste Wahl sind der Riesling Nadja's und der Chardonnay Rusty Shed. Durchweg Schraubverschlüsse.

**Henry of Pelham** Niag r w; s; sch ★★ 16' 17 (18) – Die Brüder Speck, Winzer in der sechsten Generation, erzeugen CHARDONNAY und RIESLING; sehr gut sind der Schaumwein Cuvée Catherine Brut, der Speck Family Reserve (SFR), der eigenwillige Baco noir und der Riesling-Eiswein.

**Hidden Bench** Niag r w ★★★★ 15 16' 17 (18) – Hochgelobter handwerklich arbeitender Erzeuger im Gebiet Beamsville Bench: RIESLING, PINOT NOIR und CHARDONNAY, hervorragend der Terroir Series Roman's Block Riesling sowie die Verschnitte Nuit Blanche und La Brunate.

**Huff Estates** Prince Edward County r rs w; sch ★★ 17 (18) – Eine 9-ha-Reblage an der South Bay mit Ton-Schiefer-Boden über Kalkstein. Schaumwein nach der traditionellen Methode sowie Stillweine von CHARDONNAY, PINOT NOIR und RIESLING.

**Inniskillin** Niag r w; s ★★★ 16' 17 (18) – Der kanadische Eiswein-Pionier erzeugt saftigen RIESLING Reserve, PINOT GRIS, PINOT NOIR und fantastischen CABERNET FRANC. CHARDONNAY und Pinot noir der Single Vineyard Series werden nur in Spitzenjahren bereitet.

**Malivoire** Niag r rs w; (sch) ★★★ 16' 17 (18) – Das Erfolgsrezept lautet: wirtschaftlich, sozial und umweltfreundlich. Leckerer GAMAY, CABERNET FRANC, CHARDONNAY, PINOT NOIR, GEWÜRZTRAMINER und drei Rosés.

**Norman Hardie** Prince Edward County r w ★★★★ 15 16' 17 (18) – Gefeierter Pionier im Prince Edward County, der handwerklichen CHARDONNAY, PINOT NOIR, RIESLING und CABERNET FRANC von Kalkstein-Ton-Böden bereitet. In den besten Jahren v. a. Cuvée L von Chardonnay bzw. Pinot noir.

Eine unangenehme Angewohnheit von Bären ist es, Reben auszugraben und mitzunehmen – wahrscheinlich nicht, um sie anderswo anzupflanzen.

**Pearl Morissette** Niag r w ★★★ 16' 17 (18) – Mit minimalen Eingriffen und wenig Schwefel bereiteter, in *foudres* gereifter RIESLING; dazu CHARDONNAY, CABERNET FRANC und PINOT NOIR, die in Betoneiern und *foudres* ausgebaut werden.

**Ravine Vineyard** Niag r rs w; sch ★★★ 16' 17 (18) – Die ökologisch bewirtschaftete 14-ha-Lage David's Bench liegt in einem ehemaligen Flussbett. Spitzenweine sind CHARDONNAY und CABERNET FRANC Reserve; Sand und Gravel heißen die Weine für sofortigen Genuss.

**Stratus** Niag r w ★★★★ 15 16' 17 (18) – In den sehr guten CABERNET FRANC/GAMAY-Verschnitten und dem RIESLING Charles Baker von Kellermeister Jean-Laurent Groux kommt tatsächlich so etwas wie Terroir zum Ausdruck.

**Tawse** Niag r rs w; (sch) ★★★★ 15 16' 17' (18) – Der Eigentümer Moray Tawse ist auch an Marchand-Tawse und Domaine Tawse in Burgund beteiligt. Sehr guter CHARDONNAY und RIESLING sowie guter PINOT NOIR, CABERNET FRANC und MERLOT. Die Weinberge sind ökologisch und biologisch-dynamisch zertifiziert.

**Two Sisters** Niag r rs w ★★★ 13 14 15 16' – Neu in der Niagara-Peninsula-Szene, Schwerpunkt auf hochklassigen gereiften Gutsrotweinen von CABERNET FRANC, CABERNET SAUVIGNON und MERLOT; Spitzenreiter ist der Verschnitt Stone Eagle.

# British Columbia

Die geografischen Angaben für Qualitätsweine aus British Columbia lauten British Columbia, Fraser Valley, Gulf Islands, Kootenays, Lillooet, Okanagan Valley, Golden Mile Bench und Okanagan Falls (Unterbereiche des Okanagan Valley), Shuswap, Similkameen Valley, Thompson Valley und Vancouver Island.

**Blue Mountain** Okanagan V. r w; sch ★★★ 16' 17 (18) – Die zweite Generation erzeugt Schaumwein nach der traditionellen Methode, einschließlich smarter R.D.-Versionen (»recently disgorged« = vor Kurzem degorgiert). Verlässlicher PINOT NOIR, CHARDONNAY, PINOT GRIS und GAMAY mit Alterungspotenzial. Hervorragender Pinot noir Reserve.

**Burrowing Owl** Okanagan V. r w ★★ 16' 17 (18) – 25 Jahre altes Pionierweingut am Black Sage Bench mit exzellentem CABERNET FRANC, sehr gutem PINOT GRIS und SYRAH. Auch Boutiquehotel mit Restaurant.

> **Ohne Wasser kein Wein**
>
> In Kanada ist Wasser ein großes Thema. Diese nördlichen Breiten sind angesichts des Klimawandels zwar vielversprechend, doch es muss sich einiges ändern, damit die Reben ohne den mäßigenden Einfluss großer Wasserflächen den Winter überleben. So kann man zum Beispiel in British Columbia nicht mehr als einen Kilometer vom Okanagan Lake entfernt Reben anpflanzen, weil es im Winter einfach zu kalt ist. Im Gaspereau Valley in Nova Scotia verursacht die rund 15 m hohe Tide in der Bay of Fundy zweimal am Tag beträchtliche Luftbewegungen. Auf der Niagara Peninsula und im Prince Edward County, so heißt es, verzögert die Wirkung der kühlen Winde vom Ontario-See die Blüte im Frühling und hält den Weinbergen frühe Herbstfröste vom Leib.

**CedarCreek Estate Winery** Okanagan V. r w ★★★ 16' 17 (18) – Breites Angebot an aromatischem RIESLING und GEWÜRZTRAMINER, Ehrenfelser sowie Einzellagenweinen von PINOT NOIR und CHARDONNAY aus der Platinum-Reihe. Neues Besucherzentrum.

**Haywire** Okanagan V. r rs w; sch ★★★ 16' 17 (18) – Der Erzeuger in Summerland bereitet in Betongärbehältern und Amphoren Natur-, Bio- und Pét-Nat-Weine mit Präzision und Charme: CHARDONNAY, PINOT GRIS, PINOT NOIR, GAMAY und Schaumwein.

**Mission Hill** Okanagan V. r rs w; (sch) ★★★★ 14 15 16' 17 (18) – Die edle Legacy Series setzt Maßstäbe in Kanada: Oculus, Perpetua, Quatrain und Compendium; außerdem sehr gute Terroir Series mit sortenreinen Weinen. Interessantes Besucherzentrum und Terrassenrestaurant.

**Nk'Mip Cellars** Okanagan V. r w ★★★ 16' 17 (18) – Verlässlich frischer RIESLING und PINOT NOIR; erstklassiger CHARDONNAY und SYRAH Qwam Qwmt. Teil einer von Ureinwohnern betriebenen 25-Millionen-Dollar Ferienanlage mit Desert Cultural Centre.

**Osoyoos Larose** Okanagan V. r ★★★ 15' 16' (17) – 33-ha-Einzellage im Besitz der in Bordeaux ansässigen Groupe Taillan. Aus dem alterungswürdigen Le Grand Vin spricht das Okanagan Valley, doch Bordeaux schwingt deutlich mit.

Painted Rock Okanagan V. r w ★★★ 15 16' 17 (18) – Die 24 ha große, 13 Jahre alte Steillage unterhalb von 500 Jahre alten Felsmalereien in Skaha Bench erbringt üppigen, gewichtigen SYRAH, CABERNET FRANC und CHARDONNAY; Aushängeschild ist der rote Verschnitt Icon.

Quails' Gate Okanagan V. r w ★★★ 16' 17 (18) – Inspirierter Stil: frischer, aromatischer RIESLING und CHENIN BLANC; weiter verfeinert werden die Aushängeschilder PINOT NOIR, CHARDONNAY und die Weine der limitierten Reihe Collector.

In British Columbia gibt es mehr als 80 Rebsorten, die in 929 Weinbergen auf insgesamt 4.152 ha angebaut werden.

Road 13 Okanagan V. r w; (sch) ★★★★ 16' 17 (18) – Ausgezeichneter Erzeuger in Golden Mile Bench mit VIOGNIER und SYRAH im Rhône-Stil, geschätztem CHENIN BLANC von alten Reben (still und schäumend) sowie PINOT NOIR und CABERNET FRANC der Spitzenreihe Jackpot.

Stag's Hollow Okanagan V. ★★★ 16' 17 (18) – Eklektischer Erzeuger in Okanagan Falls mit ALBARIÑO, VIOGNIER, GRENACHE, PINOT NOIR und SYRAH sowie in besonders guten Jahren der hervorragenden Reihe Renaissance.

Tantalus Okanagan V. r w; sch ★★★ 16' 17 (18) – Naturbelassener, terroirgeprägter RIESLING. PINOT NOIR, CHARDONNAY und Schaumwein aus den ältesten (seit 1927) kontinuierlich bewirtschafteten Weinbergen im Okanagan Valley.

# Nova Scotia

Benjamin Bridge Gaspereau V. sch ★★★ 08' 11' 12 – Im Gaspereau Valley ansässiger Erzeuger von Schaumwein nach dem traditionellen Verfahren. Ausgezeichnete Brut-Versionen zum Einlagern mit und ohne Jahrgangsangabe, basierend auf Verschnitten von CHARDONNAY, PINOT NOIR und PINOT MEUNIER.

# Südamerika

Die folgenden Abkürzungen werden im Text verwendet:

| | |
|---|---|
| Aco | Aconcagua |
| Cach | Cachapoal |
| Casa | Casablanca |
| Cata | Catamarca |
| Col | Colchagua |
| Cur | Curicó |
| Elq | Elqui |
| Ley | Leyda |
| Lim | Limarí |
| Mai | Maipo |
| Mau | Maule |
| Men | Mendoza |
| Neuq | Neuquén |
| Pat | Patagonien |
| Rap | Rapel |
| Río N | Río Negro |
| Sal | Salta |
| San A | San Antonio |
| San J | San Juan |

# Chile

Einst war es nur chilenischer Merlot (auch wenn es sich eigentlich um Carmenère handelte), dann immerhin Sauvignon blanc von der Küste oder Cabernet Sauvignon aus den Bergen, doch inzwischen bietet das Land mit 500-jähriger Weinbautradition sehr viel mehr. Alte Reben im Süden bringen charaktervollen País, Muscat, Cinsault, Carignan, Malbec und Sémillon hervor, während Neuanpflanzungen nach Chardonnay, Syrah, Pinot noir und Riesling schielen. Es gibt Weinberge in der Atacama-Wüste und im kühlen Nebel an der Küste, an patagonischen Seen mit Blick auf Vulkane und in schwindelnden 2000 m Höhe in den Anden. Säure ist wieder in (hurra!).

## Neuere Jahrgänge

Nun, da sich die Anbaugebiete immer weiter nach Norden und Süden ausdehnen und der Klimawandel das Seine tut, machen sich die Unterschiede zwischen den einzelnen Jahrgängen deutlicher bemerkbar. Während die letzten beiden mit zu viel und zu wenig Regen etwas mehr Probleme bereiteten, markierte 2018 so etwas wie eine Rückkehr zur Normalität und ist somit einer der besten der letzten zehn Jahrgänge. Zu erwarten sind volle, körperreiche Weine mit Komplexität und Tiefe.

Aconcagua Die Region nördlich von Santiago reicht von den Anden bis zu den Hügeln an der Küste. Die Anden tun sich mit Rotwein hervor, die Küste mit CHARDONNAY, SYRAH und PINOT NOIR.

Almaviva Mai ★★★★ Das französisch-chilenische Abenteuer der Familie Rothschild (Mouton) mit Concha y Toro erbringt seit 1996 reichhaltige, komplexe Bordeaux-Verschnitte in Puente Alto, MAIPO. Sammlerobjekte.

Altaïr Rap ★★★ Spitzenklasse von SAN PEDRO und einer der besten Rotweine in Cachapoal. Reichhaltiger, konzentrierter CABERNET-SAUVIGNON-Verschnitt. Zweitetikett: Sideral.

Antiyal Mai ★★★ Familienbetrieb des wichtigsten Biodynamie-Beraters in Chile, Álvaro Espinoza. Aufrichtige, umweltbewusst erzeugte, elegante Rotweine aus MAIPO.

Apaltagua ★★ Kellerei in Colchagua mit Weinbergen im ganzen Valle Central. Großes, oft preiswertes Angebot, u. a. der Marke Pacifico Sur.

Aquitania, Viña Mai ★★★ Angesehener Erzeuger und Pionier in MAIPO. Ausgezeichneter CABERNET SAUVIGNON Lazuli sowie eleganter CHARDONNAY, PINOT NOIR und SAUVIGNON BLANC.

Palomino, Hondarrabi Beltza, Mollar, Iona – um nur einige der alten Reben zu nennen, die in Bío-Bío entdeckt wurden.

Arboleda, Viña Aco ★★→★★★ Kleine Schwester von ERRÁZURIZ. In ACONCAGUA, aber an der kühlen Küste gelegen. Frisch, lebendig, modern. Sehr guter SAUVIGNON BLANC, CHARDONNAY und PINOT NOIR.

Aristos Cach ★★★→★★★★ CABERNET SAUVIGNON und CHARDONNAY aus Spitzenterroirs. Boutique-Abenteuer im Verein mit Louis-Michel Liger-Belair aus Burgund.

Bío-Bío Eines der ältesten und südlichsten Weintäler Chiles wird jetzt wiederentdeckt. Schatz alter Reben (PAÍS, MUSCAT) und vielversprechende neue Reben (RIESLING, SAUVIGNON BLANC, PINOT NOIR).

Bouchon Mau ★★→★★★ Historischer Familienbetrieb mit erfrischend neuer Vision. Spezialist für PAÍS und saftige Rotweine aus MAULE. Auch erstklassiger SÉMILLON.

**Caliboro** Mau ★★→★★★ Kleines Ökoprojekt eines Grafen (Cinzano) in MAULE. Saftige rote Verschnitte (Erasmo) und süßer Torontel (aus der MUSCAT-Familie) von alten Reben.

**Caliterra** Casa, Col, Cur, Ley ★★→★★★ Kellerei in Colchagua, im Besitz von ERRÁZURIZ. Sehr guter MALBEC; der Cenit ist der Spitzenverschnitt. Der DSTNTO ist lebhaft und saftig.

**Calyptra** Cach ★★★ Einer der besten Erzeuger in Cachapoal. Die große Höhe verleiht dem CABERNET SAUVIGNON Intensität und Duft. CHARDONNAY mit schöner Textur, fassgereifter SAUVIGNON BLANC.

**Carmen, Viña** Casa, Col, Mai ★★→★★★ Die älteste Kellerei in Chile (1850); moderne Weine. Sehr guter CARMENÈRE und CABERNET SAUVIGNON (am besten ist der Gold Reserve). Sehr interessante DO-Reihe.

**Casablanca** In den 1980er-Jahren die erste kühle, mittlerweile die größte Küstenregion in Chile. Die Hügel bieten eine breite Vielfalt an Temperaturen und Böden. Sehr gut für CHARDONNAY, SAUVIGNON BLANC, PINOT NOIR und SYRAH.

**Casa Marín** San A ★★★ Wegweisender Familienbetrieb in SAN ANTONIO, nur 4 km von der Küste entfernt. Das kalte Klima bringt sehr guten RIESLING, SAUVIGNON BLANC und SYRAH sowie den besten Sauvignon gris in Chile hervor.

**Casas del Bosque** Casa, Mai ★★→★★★ Seit Ende der 1990er-Jahre Spitzenweine aus CASABLANCA. Die für das Gebiet kühle Lage bringt u. a. bemerkenswerten SAUVIGNON BLANC, SYRAH und CHARDONNAY hervor.

**Casa Silva** Col, Südchile ★★→★★★ Fünfte Generation, immer noch unter Leitung der Familie. Vielfältiges Sortiment, hauptsächlich aus Colchagua (Spitzen-CARMENÈRE), aber auch aus Lago Ranco und Patagonien (PINOT NOIR und SAUVIGNON BLANC).

**Clos des Fous** Cach, Casa, Südchile ★★→★★★ Terroirjagdprojekt von Bodenspezialist Pedro Parra und Kellermeister François Massoc. Saftige rote Verschnitte, PINOT NOIR und CHARDONNAY.

Der tiefe Süden (Bío-Bío, Itata) nennt über 120 verschiedene alte Rebsorten sein Eigen, darunter über 20 unbekannte.

**Clos Ouvert** Mau ★★ Der führende Naturweinerzeuger in Chile ist der Franzose Louis-Antoine Luyt. Spezialist für PAÍS von alten Reben sowie CARIGNAN und CINSAULT aus MAULE.

**Concha y Toro** Valle Central ★→★★★★★ Wenige Erzeuger kommen so groß daher und wenige schaffen es, solche Mengen mit so einem Preis-Leistungs-Verhältnis zu produzieren. Weine aus allen wichtigen Anbaugebieten; man muss sich sehr anstrengen, um etwas zu finden, das Concha y Toro nicht im Angebot hat. Zu den Glanzlichtern zählen Terrunyo SAUVIGNON BLANC und CABERNET SAUVIGNON, die Reihe Maycas de Limarí, der SYRAH Gravas aus MAIPO sowie die erstklassigen Cabernet-Sauvignon-Weine Marques und Don Melchor. Casillero el Diablo heißt die Marke für Alltagsweine. Siehe auch ALMAVIVA und TRIVENTO (Argentinien).

**Cono Sur** Casa, Col, Bío Bío ★★→★★★ Einer der preiswertesten PINOT NOIRS der Neuen Welt (Bicicleta) und der größte Pinot-Erzeuger. Außerdem empfehlenswert: RIESLING, SAUVIGNON BLANC und CABERNET SAUVIGNON (der Silencio ist sehr gut).

**Cousiño Macul** Mai ★★→★★★ Traditioneller Familienbetrieb in MAIPO, 1810 gegründet. Beständig guter CABERNET SAUVIGNON, v. a. Lota.

**De Martino** Cach, Casa, Elq, Mai, Mau, Itata ★★→★★★ Führend in frischeren, schlankeren Weinen. Vielfältiges Sortiment aus ganz Chile, u. a. SYRAH von einem 2.000 m hoch gelegenen Weinberg in ELQUÍ sowie MALBEC und

CARIGNAN von alten Reben. Der Viejas Tinajas aus ITATA wird in Amphoren ausgebaut.

**Elqui** Markantes Anbaugebiet im Norden. Weine aus großen Höhen mit extremen Temperaturen und intensiver Sonneneinstrahlung. Sehr guter SYRAH, SAUVIGNON BLANC und PX. Auch groß in der Pisco-Produktion.

**Emiliana** Casa, Rap, Bío Bío ★★→★★★ Beständig gut, ökologischer Weinbau. Álvaro Espinoza (siehe ANTIYAL) ist Berater. Komplexe Rote, erfrischende Weiße und guter Schaumwein. Die Reihen Adobe und Novas bieten Preiswertes, G und Coyam sind für besondere Gelegenheiten.

> **Bio gewinnt**
>
> Mit jedem Jahrgang rekrutiert die Bio-Bewegung in Chile neue Mitglieder. Von Natur aus gesunde Bedingungen für Trauben (trocken, sonnig, warm) machen den biodynamischen und ökologischen Anbau relativ einfach. Die besten Bio-Betriebe sind MATETIC, KOYLE, LAPOSTOLLE, VERAMONTE und EMILIANA.

**Errázuriz** Aco, Casa ★★→★★★★ Einer der besten Erzeuger in Chile; widmet sich dem ACONCAGUA-Tal von der Küste bis zu den Anden. Ausgezeichnet sind CHARDONNAY und PINOT NOIR Pizarras; der Don Maximiliano ist ein angesehener CABERNET-SAUVIGNON-Verschnitt; sehr guter SAUVIGNON BLANC aus Costa (siehe Kasten S. 378). Siehe auch Viña ARBOLEDA, CALITERRA, SEÑA, VIÑEDO CHADWICK.

**Falernia, Viña** Elq ★★→★★★ Bemerkenswerter Erzeuger in ELQUI. Exzellenter SYRAH im Rhône-Stil, kräuterwürziger SAUVIGNON BLANC, ungewöhnlicher PX. Zu den Marken zählen Alta Tierra und Mayu.

**Garcés Silva, Viña** San A ★★→★★★ Großer Anbauer in Leyda (SAUVIGNON BLANC, CHARDONNAY, PINOT NOIR und SYRAH) mit den eigenen Weinen Amayna (sinnlich, komplex) und Boya (frisch, fruchtig).

**Haras de Pirque** Mai ★★→★★★ Sehr guter reichhaltiger, aromatischer CABERNET SAUVIGNON, Syrah und CABERNET FRANC sowie mineralischer SAUVIGNON BLANC.

**Itata** Alte Reben in neuem Gewand. Das historische Tal im Süden wird von einer neuen Generation von Kellermeistern aufgemischt. CINSAULT, PAÍS und MUSCAT der Spitzenklasse.

**Koyle** Col, Itata ★★→★★★ Die neue Vision von Toti Undurraga, Weinmacher in der fünften Generation (seiner Familie gehörte UNDURRAGA), bringt lebhafte, saftige Bio-Weine aus Colchagua und ITATA hervor.

**Lapostolle** Cach, Casa, Col ★★→★★★ Der wegweisende Biodynamie-Erzeuger in Apalta ist berühmt für seine reichhaltigen Rotweine (CARMENÈRE, SYRAH, CABERNET SAUVIGNON). Die Reihe Collection präsentiert die wildere Seite mit Einzellagen-Naturweinen.

**Leyda, Viña** Col, Mai, San A ★★→★★★ Pionier in Leyda und SAN ANTONIO. Die Weine aus kühlen Küstenlagen sind geballte Kraft (CHARDONNAY, SAUVIGNON BLANC, Sauvignon gris, SYRAH, PINOT NOIR). Oft sehr preiswert.

**Limarí** Kühles Küstengebiet mit Kalksteinboden im Norden. Ausgezeichneter CHARDONNAY, SAUVIGNON BLANC, SYRAH und PINOT NOIR, doch die Dürrejahre sind oft fatal für die Weinberge und die Geldbeutel der Investoren.

**Loma Larga** Casa ★★ Vorliebe für Rotweine aus Steillagen. Erstklassiger MALBEC und CABERNET FRANC; vegetabiler SAUVIGNON BLANC.

**Maipo** Das gefragteste CABERNET-SAUVIGNON-Gebiet in Chile. Schwemmland-Kies-Böden und sonniges Gebirgsklima. Die Unterbereiche Pirque, Puente Alto und Alto Jahuel sind am besten.

**Matetic** Casa, San A ★★★ Eines der besten biodynamisch arbeitenden Weingüter Chiles zwischen CASABLANCA und SAN ANTONIO. Sehr guter SYRAH, Sauvignon blanc und PINOT NOIR. Erstklassig, zurückhaltend.

**Maule** Haupttal, aber mehr als Standardweine: CARIGNAN (siehe VIGNO) und PAÍS von alten Reben sind wirklich sehr gut.

**Maycas del Limarí** Lim ★★→★★★ Produktive Kellerei in LIMARÍ mit sehr gutem Sauvignon blanc, CHARDONNAY, PINOT NOIR und SYRAH. Teil der CONCHA-Y-TORO-Familie.

> **Von den Bergen zur Küste**
>
> Wenn es um Chile im Zusammenhang mit Wein geht, sollte man die Gedanken nicht von Norden nach Süden, sondern von Osten nach Westen lenken. Die Anbauregionen des Landes und sein Appellationssystem sind gegliedert in: Andes (Berge, im Osten), Entre Valles (zentrale Täler) und Costa (Küste, im Westen).

**Montes** Casa, Col, Cur, Ley ★★→★★★★ Moderne Weinbaudynastie. Reichhaltige, komplexe Rotweine aus dem Landesinneren (CABERNET SAUVIGNON Alpha, Syrah Folly, CARMENÈRE Purple Angel) und frische Weine von der Küste (sehr gut sind SAUVIGNON BLANC und PINOT NOIR Outer Limits).

**MontGras** Col, Ley, Mai ★★ Preiswerte Rotweine von verschiedenen Rebsorten (empfehlenswert sind TEMPRANILLO und CABERNET FRANC). Produziert auch CABERNET SAUVIGNON Intriga aus MAIPO und den exzellenten SAUVIGNON BLANC Amaral aus Leyda.

**Montsecano** Casa ★★★ Biodynamische Boutiquekellerei, die keine Eiche einsetzt. Von PINOT NOIR gibt es nur zwei Etiketten, aber es lohnt sich, danach Ausschau zu halten. Vom Feinsten.

**Morandé** Casa, Mai, Mau ★★→★★★ Innovation ist von jeher ein Grundpfeiler dieses großen Betriebs; am deutlichsten wird das in der Reihe Limited Edition. Ein erstklassiger chilenischer Schaumwein ist der Brut Nature oJ (CHARDONNAY, PINOT NOIR).

**Neyen** Col ★★★ Eine Bio-Weinmarke von VERAMONTE. CARMENÈRE/CABERNET SAUVIGNON-Verschnitt von alten Reben in Apalta. Komplex und lagernswert.

**Odfjell** Cur, Mai, Mau ★→★★★ Kellerei in MAIPO, doch auch Rebflächen in Curicó und MAULE. Biodynamisch, nachhaltig, ökologisch. Reichhaltige Rotweine (sehr gute MALBEC, CARIGNAN und CABERNET SAUVIGNON).

**Pérez Cruz, Viña** Mai ★★→★★★★ Erstklassiger CABERNET SAUVIGNON, PETIT VERDOT und CABERNET FRANC; sehr guter SYRAH und GRENACHE. Hat Stil und Substanz.

**Pisco** Der traditionelle Traubenschnaps, berühmte »Sour«-Zutat, kommt wieder in Mode.

**Polkura** Col ★★→★★★ Unabhängiger Erzeuger in Marchigüe und Colchagua. Mediterrane Rebsorten, sehr guter SYRAH. Teilweise aus unbewässertem Anbau.

**Quebrada de Macul, Viña** Mai ★★→★★★ Der kultige CABERNET SAUVIGNON Domus Aurea ist einer der besten seiner Art in MAIPO. Peñalolén heißt die Einsteigerreihe.

**Rapel** Übergeordnete Appellation für Verschnitte aus dem Valle Central. Erstreckt sich von den Bergen bis zur Küste in Cachapoal und Colchagua.

**RE, Bodegas** Casa ★★★ Pablo Morandé 2.0, diesmal mit seinem talentierten Sohn Pablo jr. Experimentelle, oft exzellente Weine aus CASABLANCA und MAULE.

**Ribera del Lago** Mau ★★→★★★ Einer der markantesten SAUVIGNON BLANCS in Chile (und sehr guter PINOT NOIR) aus Rafael Tirados labyrinthischen Weingärten in MAULE.

**San Antonio** Ähnlich wie CASABLANCA, aber kühler. Das Tal an der Küste eignet sich am besten für SAUVIGNON BLANC, CHARDONNAY, SYRAH und PINOT NOIR. Leyda ist ein Unterbereich.

**San Pedro** Cur ★→★★★ Hauptsitz in Curicó, doch Marken und Reben in ganz Chile. Das Spektrum reicht von Supermarkttreihen (35 Sur, Castillo de Molina) bis zum Spitzenwein CABERNET SAUVIGNON Cabo de Hornos. Das gute Mittelfeld bildet die 1865 Limited Edition mit Einzellagenweinen. (ALTAÏR, Missiones de Rengo, Santa Helena, TARAPACÁ und Viña Mar gehören ebenfalls zum Besitz.)

**Santa Carolina, Viña** ★★→★★★★ Großer Betrieb mit Weinbergen in ganz Chile, historisch, aber nicht altmodisch. Durch die Bank sehr guter CABERNET SAUVIGNON und CARMENÈRE. Der Cabernet Sauvignon Luis Pereira ist großartig, der Herencia (Carmenère) einer der besten.

**Santa Rita** Mai ★★→★★★★★ Seit 1880 eine feste Größe und immer noch ganz oben mit dabei. Vielfältiges Sortiment, angefangen bei den Alltagsweinen (Tres Medallas, 120, Medalla Real); beständig preiswerter CABERNET SAUVIGNON und CARMENÈRE. Sehr gut sind Floresta, Triple C und Bougainville. Der Cabernet Sauvignon Casa Real ist das Sahnestückchen.

**Seña** Aco ★★★★ Mit diesem Wein qualifiziert sich ACONCAGUA für die Riege der besten Terroirs in Chile. Komplexer Verschnitt auf CABERNET-SAUVIGNON-Basis von Chadwick/ERRÁZURIZ.

**Tabalí** Lim ★★→★★★ Der Spitzenerzeuger in LIMARÍ ist auf kühle Küstenlagen mit Kalksteinboden spezialisiert. Sehr guter CHARDONNAY, SAUVIGNON BLANC, PINOT NOIR und SYRAH.

**Tarapacá, Viña** Casa, Ley, Mai ★★ Verlässliches Angebot aus Isla de MAIPO (über 600 ha). Sehr guter CABERNET SAUVIGNON, v. a. Etiqueta Negra. Im Besitz der VSPT Wine Group.

**Torres, Miguel** Cur ★★→★★★★ Spitzenbetrieb in Curicó mit Weinbergen in MAULE, ITATA und jetzt auch Patagonien. Das vielfältige Sortiment umfasst u. a. CABERNET SAUVIGNON (v. a. Manso de Velasco), schäumenden PAÍS und den komplexen PINOT NOIR Escaleras de Empedrado. Miguel Torres (siehe Spanien) wirkt seit 1979 als Erneuerer in Chile.

**Undurraga** Casa, Ley, Lim, Mai ★→★★★ Wichtiger Erzeuger in Chile, v. a. Schaumwein. Sehr gut sind Altazor und CARIGNAN Vigno. Die Reihe TH (Terroir Hunter) bietet Einzellagenweine mit ausgezeichnetem Preis-Leistungs-Verhältnis.

**Valdivieso** Cur, San A ★→★★★ Große Marke in Chile (v. a. für Schaumwein), deckt alle wichtigen Täler ab. Highlights sind die Einzellagenweine (v. a. CABERNET FRANC, MALBEC und CHARDONNAY aus Leyda), der Caballo Loco und der Éclat aus CARIGNAN-Basis.

**Vascos, Los** Rap ★→★★★ Klassisches Bordeaux-Sortiment in Colchagua im Rahmen eines etwas enttäuschenden chilenischen Projekts von Lafite Rothschild. Spitzenreiter: Le Dix und Grande Reserve.

**Ventisquero, Viña** Casa, Col, Mai ★→★★★ Bemerkenswerter Erzeuger mit breiter Palette an Tälern und Stilen. Fruchtbetonte Rotweine (v. a. CABERNET SAUVIGNON Enclave und SYRAH Pangea), frische Weißweine (Kalfu) und innovativer Tara (PINOT NOIR und CHARDONNAY) aus Atacama.

**Veramonte** Casa, Col ★★→★★★ Jetzt biodynamischer Weinbau und deutlich besser. Sehr guter PINOT NOIR, SYRAH und SAUVIGNON BLANC (v. a. Ritual) aus CASABLANCA. Im Besitz von González Byass (Spanien).

**Vigno** Mau – Verband für CARIGNAN von alten Reben in MAULE. Verschiedene Betriebe, doch alle erzeugen Weine von mind. 70 % Carignan aus mindestens 30 Jahre alten, ohne Bewässerung bewirtschafteten Weinbergen mi[t] mind. zwei Jahren Flaschenreife.

**Villard** Casa, Mai ★★ Familienbetrieb französischer Abstammung mit Sitz i[n] CASABLANCA. Erstklassige Rotweine aus MAIPO, sehr guter PINOT NOIR un[d] MERLOT, CABERNET SAUVIGNON Equis und frische Weißweine.

**Viñedo Chadwick** Mai ★★★→★★★★ Einer der besten Tropfen in Chile[.] 100 % CABERNET SAUVIGNON aus Puente Alto von Chadwick/ERRÁZURIZ.

**Viu Manent** Casa, Col ★★ Schwerpunkt auf MALBEC, aber auch jede Menge andere probierenswerte Weine (frischer SAUVIGNON BLANC von der Küste reichhaltiger CARMENÈRE). Sitz in Colchagua.

**Von Siebenthal** Aco ★★→★★★★ Unabhängiger Betrieb in ACONCAGUA. Kör[-]perreiche, volle Rotweine (Bordeaux-Sorten) und VIOGNIER. Der Verschnit[t] Parcela 7 ist äußerst preiswert.

# Argentinien

Für Argentinien ist »riesig« untertrieben: Die Provinz Mendoza allein ist mehr als anderthalbmal so groß wie Portugal. Und es gibt nach wie vor unerforschtes Weinland. Die jüngste Verlagerung der Erzeugerbetriebe in Richtung Atlantikküste, die Hügel in Cordoba empor und in die Schluchten Patagoniens hinein zeugen vom Potenzial außerhalb des traditionellen Andenkorridors. Und auch die weiterhin dort verorteten 99 % der Produktion wagen sich aus der Deckung: höhere Lagen, niedrigere Breitengrade und die ständige Suche nach kargen Böden und reicher Wasserversorgung. Malbec kommt für über ein Drittel der argentinischen Weinerzeugung auf, doch es gibt auch Weltklasse-Chardonnay, markantes Cabernet franc, vielversprechenden Garnacha und sogar Fiano. Torrontés, Criolla und Bonarda machen in ihren Nischen von sich reden. Trotz der wackligen Wirtschaft war argentinischer Wein noch nie so aufregend wie heute.

**Achaval Ferrer** Men ★★→★★★ Seit 1995 auf Einzellagen-MALBEC konzentriert, produziert heute aber noch viel mehr. Im Besitz des Spirituosenkonzerns Stolichnaya.

**Aleanna** Men ★★→★★★★ Die rebellische Marke El Enemigo ist das Werk von Alejandro Vigil, Kellermeister bei CATENA ZAPATA, und der Erbin des Betriebs Adrianna Catena. Ausgezeichneter CHARDONNAY, CABERNET FRANC und MALBEC.

**Alicia, Viña** Men ★★★ Alte Reben und komplexe Weine als Privatprojekt der Familie von LUIGI BOSCA. Besonders interessant sind Tiara (RIESLING/ALBARIÑO/SAVAGNIN) und NEBBIOLO.

**Alta Vista** Men ★→★★★ Französische Investition, Mendoza-Terroir. Schwerpunkt auf MALBEC (sehr gute Einzellagenweine), guter TORRONTÉS und Schaumwein.

**Altocedro** Men ★★→★★★ Karim Mussi ist Spitzenerzeuger in La Consulta mit sehr gutem TEMPRANILLO und MALBEC. Manche Reben sind mehr als 100 Jahre alt.

**Altos las Hormigas** Men ★★★ Spitzen-MALBEC-Erzeuger mit ausgezeichneten Einzellagenweinen von Luján bis Valle de Uco. Der Tinto ist ein neuer gesamtargentinischer BONARDA/SÉMILLON/Malbec-Verschnitt. Geführt von Alberto Antonini, Attilio Pagli, Pedro Parra und Leo Erazo. Auch guter Bonarda unter dem Namen Colonia Las Liebres.

**Anita, Finca La** Men ★★→★★★ Alte-Welt-Stil mit geduldiger Flaschenreife: eine Seltenheit in MENDOZA. Sehr guter CABERNET SAUVIGNON, SYRAH und PETIT VERDOT.

## ARGENTINIEN | Ata–Dia | 381

**tamisque** Men ★→★★★ Beindruckendes Gut am Stadtrand von Tupungato im Valle de Uco. Sehr guter CHARDONNAY und PINOT NOIR Catalpa; ein Schnäppchen sind CABERNET FRANC und SAUVIGNON BLANC Serbal.

**Benegas** Men ★★→★★★ Traditionelle Winzerfamilie, gründete 1883 TRAPICHE, jetzt mit einem eigenen Projekt. Komplexer CABERNET FRANC und Bordeaux-Verschnitte.

**Bressia** Men ★★→★★★ Familienbetrieb unter der Leitung von Walter Bressia. Ausgezeichnete alterungswürdige rote Verschnitte (Profundo, Conjuro, Ultima Hoja), sehr guter SYRAH und CABERNET FRANC Monteagrelo sowie CHARDONNAY Lagrima Canela.

> **Mendoza ist definitionsgemäß keine Wüste mehr: Inzwischen fällt 300 mm Regen im Jahr, früher waren es 150 mm.**

**Caelum** Men ★★ Der junge, energische Familienbetrieb in Luján wird von zwei Geschwistern geführt. Guter CHARDONNAY und MALBEC sowie einer der wenigen FIANO-Weine in Südamerika.

**Callia** San J ★→★★ Äußerst preiswerte Weine aus SAN JUAN. Der würzige, fruchtbetonte SYRAH ist die Visitenkarte.

**Canale, Bodegas Humberto** Río N ★→★★★ Alte Reben und Geschichte in RÍO NEGRO. Zu den Highlights zählen RIESLING, MALBEC und PINOT NOIR.

**Caro** Men ★★★→★★★★ Die Familien CATENA und Rothschild (siehe Frankreich) erzeugen gemeinsam reichhaltige Bordeaux-Verschnitte in MENDOZA.

**Casa Bianchi** Men ★→★★ Der führende Erzeuger in San Rafael ist nun auch im Valle de Uco vertreten (Bodega Enzo Bianchi). Viele Schaumweine und ein breites Sortiment an Stillweinen.

**Casarena** Men ★★→★★★ Moderner Betrieb mit Schwerpunkt auf Einzellagen-Rotweinen aus Luján. Sehr guter MALBEC, CABERNET FRANC und CABERNET SAUVIGNON. Ramanegra heißen zugänglichere Weine, 505 ist die Einsteigerreihe.

**Catena Zapata, Bodega** Men ★★→★★★★ Führende Winzerdynastie, jetzt ein großes Unternehmen mit vielen Projekten. Zu den Spitzenreitern zählen MALBEC, CHARDONNAY und CABERNET FRANC Adrianna Gualtallary. Alamos (vertrieben von Gallo) liefert probierenswerte Alltagsweine.

**Chacra** Río N ★★★→★★★★ PINOT-NOIR-Erzeuger mit raffinierten Bio-Weinen von alten Reben. Piero Incisa della Rocchetta, den man im Zusammenhang mit Sassicaia (siehe Italien) kennt, versuchte sein Glück in der Neuen Welt und gewann. Großartig!

**Clos de los Siete** Men ★★ Ein Verschnitt, den Michel Rolland von Trauben seines Guts (Bodega Rolland) und dreier anderer Bordeaux-Familien in Vista Flores (DIAMANDES, MONTEVIEJO, Cuvelier los Andes) bereitet.

**Cobos, Viña** Men ★★★→★★★★ Paul Hobbs gründete den Betrieb, der jetzt zum selben Unternehmen gehört wie NIETO SENETINER. Erstklassiger CABERNET SAUVIGNON (Volturno, Bramare), sehr guter MALBEC und CHARDONNAY.

**Colomé, Bodega** Sal ★★→★★★ Schwindelnde Höhen – die Reben ziehen sich bis auf 3.100 m hinauf. Auch die Weine sind extrem: komplexer, dunkler, intensiver MALBEC und spritziger TORRONTÉS.

**Decero, Finca** Men ★★→★★★ Geschickte Operation in Luján, in schweizerischem Besitz. Präzis gemachte Rotweine und sehr guter PETIT VERDOT.

**DiamAndes** Men ★★ Die Familie Bonnie (von Château Malartic-Lagravière in Bordeaux) erzeugt Bordeaux-Verschnitte in der Nachbarschaft von CLOS DE LOS SIETE. Lagernswerte, hochklassige Rote, knackig frische Weiße.

**Dominio del Plata** Men ★★→★★★★ Die erste Kellermeisterin Argentiniens ist als TORRONTÉS-Königin bekannt; jetzt ist ihr Sohn Anwärter auf den Thron. Daneben komplexe rote Verschnitte (empfehlenswert: Ben Marco und Nosotros) und sehr gute Weißweine.

**Doña Paula** Men ★★→★★★★ In chilenischem Besitz (SANTA RITA), unter argentinischer Leitung. Durchweg beständige Qualität im breiten Sortiment. Bekannt für stahligen SAUVIGNON BLANC, luxuriösen MALBEC (v. a. in der Reihe Parcel) und komplexe Verschnitte.

**Etchart** Sal ★→★★ Etablierter Betrieb in Cafayate, 1850 gegründet. Beständig preiswerter TORRONTÉS und intensive Rotweine aus hohen Lagen.

**Fabre Montmayou** Men, Río N ★★→★★★ Raffinierte Weine von alten Reben. Sehr guter CABERNET SAUVIGNON, MALBEC, MERLOT und Bordeaux-Verschnitte.

**Fin del Mundo, Bodega del** Neuq ★→★★ Pionier in NEUQUÉN und heute der größte Erzeuger. Muskulöse Rotweine (sehr guter CABERNET FRANC). Einsteigerreihe Postales; ebenfalls preiswert sind Ventus und Newen.

**Flichman, Finca** Men ★★→★★★ Großer Betrieb; die vielfältige Palette reicht von komplexen Rotweinen (sehr gut sind Dedicado und Paisaje) bis zu süffigen, preiswerten Tropfen (Caballero de la Cepa). Im Besitz von Sogrape (siehe Portugal).

**Fournier, O.** Men ★★→★★★ Im Valle de Uco; bekannt vor allem für Spitzen-TEMPRANILLO. Außerdem sehr guter SAUVIGNON BLANC und MALBEC.

**Kaikén** Men ★★→★★★ Projekt der Familie Montes (siehe Chile). Die reichhaltigen, reifen Rotweine machen sich am besten in Vistalba. Sehr guter CABERNET SAUVIGNON.

**Luca/Tikal/Tahuan/Alma Negra/Animal** Men ★★→★★★ Projekte der inzwischen flügge gewordenen Catena-Kinder. Laura (Luca) konzentriert sich auf Luxus und Klasse, Ernesto (Tikal/Tahuan/Alma Negra/Animal) tendiert zu Naturwein.

**Luigi Bosca** Men ★★→★★★ Historischer Familienbetrieb in Luján mit cleverer Auswahl an Rotweinen von alten Reben (Reihe Finca Los Nobles), modernen Weißen (sehr guter RIESLING) und Alltagsweinen namens La Linda.

**Manos Negras/Tinto Negro/TeHo/ZaHa** Men ★★→★★★ Ausgezeichnete Einzellagenweine aus MENDOZA und anderen Gebieten. Erstklassiger MALBEC und CABERNET FRANC.

**Marcelo Pelleriti** Men ★★→★★★ Die nach ihm selbst benannte Marke des Kellermeisters von MONTEVIEJO, der ein Faible für Rockmusik hat. Zum Sortiment zählen mehrere Reihen, die in Zusammenarbeit mit den bekanntesten argentinischen Musikern bereitet werden.

**Masi Tupungato** Men ★★→★★★ CORVINA in Argentinien! Nicht verwunderlich, dass der Wein von einer Familie aus Venetien erzeugt wird. Sehr guter MALBEC/Corvina/MERLOT im Ripasso-Stil und Corbec (Corvina/Malbec), der einem Amarone sehr nahe kommt.

**Matias Riccitelli** Men ★★→★★★ Riccitelli jr. macht sich einen Namen in der Kellerei der Familie. Aufregender MALBEC und SÉMILLON in der ersten Klasse; Hey Malbec! ist eine junge Marke für Millennials.

**Mendel** Men ★★★ Erstklassige Weine von Roberto de la Motta. Alte Reben in Maipú, neue Terroirs im Valle de Uco. Sehr guter SÉMILLON und MALBEC. Die Weine namens Lunta sind äußerst preiswert.

**Mendoza** MALBEC-Hochburg und das wichtigste Anbaugebiet in Argentinien, das für mehr als zwei Drittel der Gesamtproduktion des Landes aufkommt. Unterbereiche: das historische Maipú für alte Reben, Luján, die Wiege des Malbec und Heimat großer Kellereien, und das Valle de Uco, am weitesten weg, am kühlsten und am höchsten gelegen.

**Michel Torino** Sal ★★ Großer Betrieb in Cafayate. Preiswerter TORRONTÉS.

**Moët-Hennessy Argentina** Men ★→★★ Erzeugt seit den 1950er-Jahren Schaumwein in MENDOZA. Der Chandon (Tankgärverfahren, Partysekt) ist fürs Grobe, der Baron B. (traditionelle Methode) sein komplexes Gegenstück. Siehe auch TERRAZAS DE LOS ANDES.

**Monteviejo** Men ★★→★★★★ Spitzenkellerei in Vista Flores. Der Festivo ist für den täglichen Genuss, der Petite Fleur (v. a. MALBEC) äußerst preiswert, der Lindaflor lagernswert und der La Violeta großartig. Im Besitz der Bordelaiser Familie von Château Le Gay.

**Moras, Finca Las** San J ★→★★ Der Außenposten von TRAPICHE in SAN JUAN bietet äußerst preiswerte Weine. Saftiger, lebendiger SYRAH und BONARDA.

**Neuquén** Pat – Das Anbaugebiet im Süden, das ab dem Jahr 2000 in großem Stil mit Weinstöcken bepflanzt wurde, liefert jetzt reichhaltige Rotweine (MALBEC, CABERNET FRANC) und aromatischen PINOT NOIR. Ehemaliges Dinosaurierrevier.

**Cafayate, Chacayes, Vistalba und Gualtallary sind sowohl Marken als auch Anbaugebiete. Kompliziert.**

**Nieto Senetiner** Men ★→★★★ Großer, historischer Betrieb in Luján mit moderner Philosophie. Das Sortiment reicht von preiswerten Reihen (Benjamin, Emilia) bis zum Einzellagengewächs Don Nicanor. Guter MALBEC und frischer SÉMILLON. Groß im Schaumweingeschäft.

**Noemia** Pat ★★★→★★★★★ Elegante, komplexe MALBEC-Verschnitte aus RÍO NEGRO unter der Ägide von Hans Vinding-Diers.

**Norton, Bodega** Men ★★→★★★★ Der im In- und Ausland beliebte Erzeuger ist bekannt für gute Qualität zu erschwinglichen Preisen. Die MALBEC-Reihe Lot empfiehlt sich für besondere Gelegenheiten. 1895 von einem britischen Eisenbahningenieur gegründet, heute im Besitz von Gernot Langes Swarovski.

**Passionate Wine** Men ★★→★★★★ Der unkonventionelle Weinmacher Matias Michelini führt neue Stile im Valle de Uco ein. Nicht entgehen lassen sollte man sich den SAUVIGNON BLANC Agua de Roca und den komplexen CABERNET FRANC/MALBEC Demente.

**Peñaflor** Men ★→★★★ Der größte Erzeugerbetrieb in Argentinien. Besitzt u. a. Finca las MORAS, El Esteco, Santa Ana, Navarro Correas, Suter, Mascota und TRAPICHE.

**Piatelli** Sal ★★→★★★★ Sehr gute Rotweine (MALBEC, CABERNET SAUVIGNON, TANNAT) und bukettreicher TORRONTÉS. Weinberge und Kellereien in SALTA und MENDOZA.

**Piedra Negra** Men ★→★★★ Bestens bekannt als die Kellerei von François Lurton; Champion des Valle-de-Uco-Unterbereichs Chacayes mit reichhaltigem MALBEC und großartigen weißen Verschnitten, die auf Basis von PINOT GRIS bereitet werden.

**Porvenir de Cafayate, El** Sal ★★→★★★★ Die historische Kellerei in Cafayate hebt auf Präzision ab. Lebhafter TORRONTÉS, tiefgründiger TANNAT, MALBEC und CABERNET SAUVIGNON. Preiswerte Verschnitte namens Arnauta.

**Pulenta Estate** Men ★★→★★★★ Die Brüder Pulenta mögen schnelle Autos und langsame Weine. Ausgezeichnete Einzellagenweine von CABERNET FRANC, MALBEC und CABERNET SAUVIGNON. La Flor ist eine Reihe mit sehr guten Alltagsweinen.

**Renacer** Men ★★→★★★★ Die zweite Generation chilenischer Winzer ist jetzt am Ruder. Körperreicher MALBEC, reichhaltiger CABERNET FRANC, frischer SAUVIGNON BLANC aus CASABLANCA (siehe Chile) und ein Wein namens Enamore im Amarone-Stil.

**Riglos** Men ★★→★★★ Gut gemachte Weine aus Gualtallary im Valle de Uco. Sehr guter CABERNET FRANC, CABERNET SAUVIGNON und MALBEC.

**Riojana, La** La R ★→★★ Einsame Genossenschaftskellerei auf weiter Flur (die größte in Argentinien) im Fatamina-Tal, die die Trauben von 500 Winzern verarbeitet. Preiswert. Fairtrade und ökologischer Anbau.

**Río Negro** Das historische Anbaugebiet erfährt neue Wertschätzung wegen seiner älteren Reben und des milderen Klimas. Sehr guter PINOT NOIR, SÉMILLON und MALBEC.

**Ruca Malén** Men ★★ Verlässlicher Erzeuger guter Rotweine in Luján. Empfehlenswert ist der PETIT VERDOT.

**Salentein, Bodegas** Men ★★→★★★ Eindrucksvolles Gut in Los Arboles. El Portiollo heißen die Alltagsweine; die Einzellagengewächse und die Reihe Primus sind raffinierter. Die holländischen Eigentümer betreiben zudem eine tolle Kunstgalerie.

---

### Criolla-Comeback?

Ähnlich wie das Revival der PAÍS in Chile, erlebt nun die rote Rebsorte Criolla in Argentinien ein Comeback (und mit 75.000 ha Rebfläche gibt es jede Menge von ihr). Empfehlenswert: Cara Sur, Cadus, Ernesto Catena – passionierte Weine auf Einsteigerniveau.

---

**Salta** Kernland von TORRONTÉS und Ursprungsgebiet intensiver Rotweine (TANNAT, MALBEC) aus außerhalb der Stadt auf über 2.300 m in den Anden gelegenen Rebflächen.

**San Juan** Nördlich an MENDOZA angrenzend und einen Tick wärmer. Bringt preiswerten SYRAH, BONARDA und MALBEC hervor. Spannende neue Entwicklungen in den Hügeln.

**San Pedro de Yacochuya** Sal ★★★ Höhenprojekt der Familie ETCHART mit Michel Rolland (siehe Frankreich). Intensiver MALBEC und duftender TORRONTÉS.

**Schroeder, Familia** Neuq ★★ Der Schwerpunkt liegt auf PINOT NOIR (auch Schaumwein) in dieser Kellerei in NEUQUÉN, in der man auch Dinosaurierfossilien besichtigen kann.

**Sophenia, Finca** Men ★★→★★★ Präzise bereitete Weine aus Gualtallary. Einer der besten SAUVIGNON BLANCS im Valle de Uco (v. a. die Reihe Synthesis), sehr guter MALBEC und BONARDA.

**Tapiz** Men ★★→★★★ Sitz in Luján, aber Rebflächen in Maipú, Valle de Uco und jetzt auch in Patagonien. Preiswerte Einstiegsreihe; reichhaltiger MALBEC Black Tears in der Spitzenriege.

**Terrazas de los Andes** Men ★★→★★★ Reichhaltige, reife Rot- und sinnliche Weißweine. Sehr gute Reihe von MALBEC-Einzellagenweinen und köstlicher Verschnitt Cheval des Andes, der in Zusammenarbeit mit Cheval Blanc (Bordeaux) erzeugt wird.

**Toso, Pascual** Men ★★→★★★ Italienische Wurzeln, die seit mehr als 120 Jahren in MENDOZA wachsen. Fokus auf MALBEC; das Spitzengewächs Magdalena Toso ist hervorragend.

**Trapiche** Men ★→★★★ Eine der größten Marken in Argentinien, praktisch allgegenwärtig wie seine Rebflächen, mit ehrgeizigem Projekt Costa & Papa an der Atlantikküste. Zu den Spitzenreitern zählen der CABERNET SAUVIGNON Medalla, der MALBEC/CABERNET FRANC-Verschnitt Iscay und die Einzellagen-Reihe Finca. Gehört zu PEÑAFLOR.

**Trivento** Men ★→★★ Außenposten des chilenischen Unternehmens CONCHA Y TORO mit preiswerten Rotweinen. Der MALBEC Eolo ist das hochpreisige Aushängeschild.

**Val de Flores** Men ★★★ Michel Rollands (siehe Frankreich) Baby in der Nachbarschaft von CLOS DE LOS SIETE. Konzentrierte, bukettreiche, reichhaltige Rotweine (Val de Flores, Mariflor, Camille), außerdem intensiver SAUVIGNON BLANC.

**Vines of Mendoza/Winemaker's Village** Men ★★ Kleines Dorf mit Minikellereien renommierter Weinmacher und wohlhabender Weinliebhaber im Valle de Uco. Empfehlenswert: Abremundos (siehe MARCELO PELLERITI), Corazon del Sol, Recuerdo, Super Uco.

**Zorzal** Men ★★★ Breites Sortiment preiswerter, stilvoller Weine aus Gualtallary im Valle de Uco. Minimaler Eicheneinfluss, maximales Gefüge. Ausgezeichneter CABERNET FRANC, SAUVIGNON BLANC und PINOT NOIR (vor allem Eggo).

**Zuccardi** Men ★★→★★★★ Führender Familienbetrieb in Mendoza, inzwischen von der dritten Generation geführt. Moderne, stilvolle Weine aus dem Valle de Uco, sehr gut sind u. a. MALBEC Alluvional, BONARDA Emma und CHARDONNAY Fossil. Verwendet lieber Beton als Eiche. Santa Julia in Maipú ist die Marke für preiswerte, süffige Alltagsweine.

# Brasilien

Brasiliens Frohnatur spiegelt sich in seinem Hang zur Schaumweinproduktion wider, doch das Potenzial erschöpft sich bei Weitem nicht in Partysekt. Die kühleren Anbaugebiete im Süden machen Ernst mit Syrah, Merlot, Chardonnay, Cabernet Sauvignon und – kaum verwunderlich – Malbec. Die Anbaugebiete reichen von der Grenze zu Uruguay über das Großstadtgewusel von São Paulo bis hinauf ins Vale do São Francisco in Bahia. Der größte Teil liegt jedoch in Rio Grande do Sul – Brasiliens Antwort auf Piemont mit Hügellagen und niedrigeren Temperaturen.

**Aurora** ★→★★ Relevant schon aufgrund der schieren Zahlen: Über 1.000 Winzer tragen zu Brasiliens größter Genossenschaft bei. Vielfältiges Sortiment aus der Serra Gaúcha.

**Casa Valduga** ★→★★★★ Bekannt für guten Schaumwein, aber auch guter MERLOT und rote Verschnitte.

**Cave Geisse** ★★ Einer der besten Schaumweinerzeuger des Landes: durch die Bank nach der traditionellen Methode bereitet, komplex und lagernswert. Spitzenwein ist der Nature.

**Lidio Carraro** ★→★★ Sehr guter Erzeuger mit Rebflächen im Vale dos Vinhedos und in der Serra do Sudeste. Saftige, süffige Weine; der Verschnitt Quorum ist komplexer.

**Miolo** ★→★★★★ Großer Erzeuger mit Schwerpunkt im Premiumsegment (sehr guter MERLOT, CHARDONNAY und TOURIGA NACIONAL). Vielfältiges Sortiment aus den wichtigsten brasilianischen Anbaugebieten, darunter auch Schaumwein.

**Pizzato Vinhas** ★→★★★★ Persönlichkeit und Leidenschaft kennzeichnen Flavio Pizzatos Weine. Sehr guten CHARDONNAY, MERLOT und Schaumwein. Fausto heißt die Reihe junger Weine.

**Salton** ★→★★ Die älteste Kellerei in Brasilien und eine der größten mit einem breiten Sortiment. Guter Partysekt; sehr gut ist der Verschnitt Salton Gerações.

# Uruguay

Dieses kleine Land ist nicht zu unterschätzen. Es verbraucht pro Kopf mehr Wein als der restliche Kontinent und das meiste Rindfleisch überhaupt auf der Welt – und was würde besser zu all den Steaks passen als die uruguayische rote Rebe par excellence: Tannat. Hier sind die Tannine gebändigt, die Säure ist spritzig und die Weine sind häufig eher elegant als kräftig. Der Einfluss des Atlantik schafft außerdem ausgezeichnete Bedingungen für frische Weißweine.

**Alto de la Ballena** ★→★★ Familienbetrieb mit Pioniergeist. Ausgezeichneter SYRAH und CABERNET FRANC sowie ein fruchtig-saftiger TANNAT/VIOGNIER-Verschnitt von der Küste.

**Bouza** ★★→★★★ Einer der besten Erzeuger in Uruguay. Familienbetrieb in Montevideo mit Rebflächen auch in Pan de Azucar. Pionier des uruguayischen ALBARIÑO; erstklassiger TANNAT, RIESLING, MERLOT.

**Garzón** ★→★★★ Der argentinische Milliardär Bulgheroni hat seinen Worten Taten folgen lassen und beträchtliche Summen nahe der Punta del Este investiert. Energische, lebhafte Weine mit Alberto Antonini als Berater.

**Juanico Establecimiento** ★→★★★ Der größte Erzeuger in Uruguay. Die Marken auf Einsteigerniveau (Pueblo del Sol, Don Pascual) sind im Inland allgegenwärtig, die Premiumetiketten (Familia Deicas, Preludio) beeindrucken im Export. Sehr gut die Reihe Deicas mit Einzellagenweinen von TANNAT.

**Marichal** ★→★★ Inzwischen ist die dritte Generation für die Weinerzeugung zuständig. Guter TANNAT und PINOT NOIR (außerdem ein Verschnitt von beiden).

**Pisano, Bodega** ★→★★★ Energiegeladener Familienbetrieb mit sehr gutem TANNAT, TORRONTÉS und VIOGNIER.

**Viñedo de los Vientos** ★★→★★★ Interessantes Sortiment von der Küste. Eine Mischung aus italienischem Erbe (NEBBIOLO, ARNEIS, BARBERA, Ripasso-Methode) und uruguayischem Terroir.

# Andere Länder in Südamerika

## Bolivien

Im rundum von Bergen eingeschlossenen Bolivien spielt sich alles in der Höhe ab: Die Rebflächen beginnen auf 1800 m und ziehen sich bis auf 3000 m hinauf. Das Ergebnis sind Rotweine mit dunkler Farbe und messerscharfer Säure (Syrah, Cabernet Sauvignon) sowie duftende Weißweine (sehr guter trockener Muscat). Empfehlenswerte Erzeuger sind Campos de Solana, Kohlberg, Kuhlmann, La Concepción und Sausini – allerdings ist bolivianischer Wein außerhalb des Landes schwer aufzutreiben.

## Peru

Als erstes Weinbauland in Südamerika (seit Anfang des 16. Jh.) wurde Peru jahrhundertelang von den eifersüchtigen spanischen Erzeugern klein gehalten. Heute erlebt der peruanische Wein insbesondere in den Händen von Intipalka, Quebrada de Ihuanco, Mimo, Tacama und Vista Alegre ein Comeback. Grundlage sind eine Reihe internationaler Rebsorten sowie Pisco-Trauben.

# Australien

**Die dunklen Flächen bezeichnen die Weinbaugebiete**

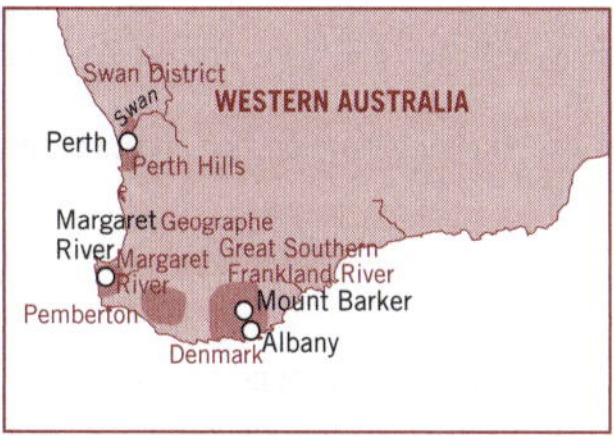

SOUTH AUSTRALIA
NEW SOUTH WALES
Upper Hunter
Mudgee
Lower Hunter
Clare Valley
Riverland
Orange
Sydney
Mildura
Griffith
Cowra
Barossa Valley
Big Rivers
Murrumbidgee
Southern Highlands
Adelaide
Eden Valley
Murray River
Riverina
Canberra
Adelaide Hills
McLaren Vale
Kangaroo Island
VICTORIA
Padthaway
Rutherglen
King Valley/Beechworth/Alpine Valleys
Grampians Pyrenees Goulburn Valley
Coonawarra Heathcote/Bendigo Macedon
Melbourne Yarra Valley
Geelong Mornington Peninsula
Gippsland
Indischer Ozean
Darling
Murray

TASMANIEN
Hobart

Swan District
Swan
WESTERN AUSTRALIA
Perth
Perth Hills
Margaret River
Geographe
Margaret River
Great Southern
Frankland River
Mount Barker
Pemberton
Denmark
Albany

Die folgenden Abkürzungen werden im Text verwendet:

| | |
|---|---|
| Marg R. | Margaret River |
| Morn P | Mornington Peninsula |
| Mt. | Mount (z. B. Mount Barker) |
| NSW | New South Wales |
| N-Tas | Nordtasmanien |
| NO-Vic | Nordostvictoria |
| Qld | Queensland |
| R. | River (z. B. Frankland River) |
| SO-Australien | Südostaustralien |
| SA | South Australia |
| S-Tas | Südtasmanien |
| Tas | Tasmanien |
| V. | Valley (z. B. Alpine Valley) |
| Vic | Victoria |
| WA | Western Australia |

# AUSTRALIEN

Die australischen Weinproduzenten sehen Australien nicht als ein großes Land, und wir sollten das auch nicht. Der landesweite Trend geht momentan hin zu frischeren, weniger starken Weinen, und deshalb stehen Gebiete mit kühlerem Klima hoch im Kurs. Der Südküste, ob im Westen, rund um Adelaide, südlich von Melbourne oder in Tasmanien, ergeht es besser als dem heißen, bewässerten Landesinneren, wo die globale Erderwärmung als Bedrohung empfunden wird. Doch überall gilt die Aufmerksamkeit den Böden und dem Mikroklima viel spezieller Bereiche, deren Weine besser sind als je zuvor.

Barossa Shiraz, Margaret River Cabernet und Yarra Pinot noir verfeinern alle ihr Spiel. Strafferer, komplexer Chardonnay ohne wahrnehmbaren Eichenton, aromatischer, heller Pinot, floraler, fast zarter Grenache und spritziger Riesling mit Limettenduft sind die heutigen Preisträger; italienische, spanische und portugiesische Trauben finden ihre Nische. Doch der größte Wandel findet im Markt statt: Die höchsten Absatzzahlen verzeichnet australischer Wein inzwischen in China. Und wenn man mit einberechnet, dass in den letzten zehn Jahren eine nicht unbeträchtliche Zahl australischer Kellereien in chinesische Hand übergegangen sind, entsteht ein klares Bild; Arbeitsurlaube in China sind bei australischen Winzern immer mehr angesagt. Bis jetzt hat all das noch keine Auswirkungen auf Stile und Preise, aber es ist nur eine Frage der Zeit: Wenn die Masse der Weinliebhaber in China merkt, wie gut junger lebhafter Pinot noir zu Pekingente und zu jeder Menge anderer klassischer chinesischer Gerichte passt, wird man sich umsehen. Australischer Pinot hat in den letzten 20 Jahren einen weiten Weg zurückgelegt, aber er ist und bleibt relativ günstig. Wenn die chinesische Nachfrage nach australischem Pinot beginnt, Löcher ins Angebot zu fressen, könnte es, gelinde gesagt, interessant werden.

# Neuere Jahrgänge

## New South Wales (NSW)

2018 Üppige, reife Rote mit Zukunft. Heißes/schwieriges Jahr für Weiße.
2017 Ein heißer Sommer folgte auf einen nassen Frühling; die Weißweine haben ihn aufgesogen, die Roten im Allgemeinen auch.
2016 Bei Rotweinen aus dem Hunter Valley sollte man aufpassen, aber überall sonst gute Rote/Weiße für mittelfristige Lagerung.
2015 In den meisten Gebieten schwierig, aber Orange und Canberra ausgezeichnet, Hilltops sehr gut.
2014 Der Hunter Shiraz wird außergewöhnlich gut. Canberra Riesling und Shiraz ebenfalls auf der Höhe.
2013 Reichhaltige Rot- und Weißweine. Hunter Valley Semillon und Canberra Riesling sind besonders gut.

## Victoria (Vic)

2018 Steht im Schatten des Vorjahres. Entwickelt sich langsam.
2017 Ausgezeichnetes Jahr. Rote und Weiße sahen jung gut aus und werden es bleiben.
2016 Eine warme, trockene Saison sorgte für viele überreife Rote. Mit Vorsicht genießen.
2015 Durch die Bank ein starker Jahrgang.
2014 Frostschäden en masse, aber bei den meisten ein sehr guter Rotweinjahrgang.
2013 Die Weine wirken erstaunlich lagernswert dafür, dass die Saison so heiß, trocken und schwierig war.

## South Australia (SA)

2018 Lässt herzhafte Rote mit vielen Jahren im Ärmel erwarten. Die Weißweine sind gut, spielen jedoch nicht in derselben Liga.
2017 Hoher Ertrag, hohe Qualität, hohe Trinkbarkeit in der Jugend.
2016 Große Hoffnung auf einen speziellen Jahrgang für Rot- und Weißweine.
2015 Die warmen Gebiete steckten den Sommer mit wilden Temperaturschwankungen gut weg.
2014 Heißes, ertragsarmes Jahr; üppige Rot- und Weißweine.
2013 Aufgrund von Wasserproblemen waren die Erträge sehr niedrig. Durchwachsener Jahrgang.

## Western Australia (WA)

2018 Die Rotweine werden die meisten von uns überleben; die Weißweine halten sich mittelfristig mit Bravour.
2017 Schwieriger Jahrgang. Weine für mittelfristigen Genuss.
2016 Feuchter, schwüler Jahrgang. Bei den Weinen alles in Ordnung; mittelfristig trinkbar.
2015 Schwieriges Jahr mit unterschiedlichen Ergebnissen. Es empfiehlt sich, wählerisch zu sein.
2014 Die Glückssträhne hielt an; es wird schon fast langweilig. Wieder ein tadelloses Jahr.
2013 Cabernet Sauvignon und Chardonnay sehr stark. Etwas Regen, aber erneut meinten es die Götter gut.

**Accolade Wines** r w – Name der Weine/Kellereien, die zu den einst einflussreichen Unternehmen CONSTELLATION und HARDYS gehörten. Meister der falschen Hoffnungen, aber die Qualität der Weine ist im Allgemeinen sehr gut.
**Adelaide Hills** SA – Kühle Lagen auf 450 m Höhe am Mt. Lofty. CHARDONNAY, SAUVIGNON BLANC und SHIRAZ stechen PINOT NOIR aus. ASHTON HILLS, HAHNDORF HILL, HENSCHKE, JERICHO, MIKE PRESS, MURDOCH HILL, SHAW & SMITH und TAPANAPPA sind in Bestform.
**Adelina** Clare V., SA r w ★★ Die Rotweine (von SHIRAZ, GRENACHE, MATARO, NEBBIOLO) sind hier die Stars. Eindrucksvoll, intensiv, aber ausgefeilt. Ausgezeichneter Erzeuger. Auch die Gestaltung der Etiketten hat etwas.
**Alkoomi** Mt. Barker, WA r w Riesling 05' 10' 17; Cabernet Sauvignon 10' 12' 16 – Veteran mit feinem RIESLING und rustikalen Rotweinen; sind jetzt in jungen Jahren zugänglicher als früher.
**All Saints Estate** Rutherglen, Vic br ★ Großartige gespritete Weine, früher und heute. Herzhafte Tischweine.
**Alpine Valleys** Vic – In den Tälern der Victorian Alps. Die besten Erzeuger sind BILLY BUTTON, MAYFORD und Ringer Reef. TEMPRANILLO ist der Star, doch die aromatische Weißweine haben sich interessant entwickelt.
**Andevine** Hunter V., NSW r w ★ War mit den ersten freigegebenen Weinen (SHIRAZ, SEMILLON, CHARDONNAY) von Reben im guten Alter im HUNTER VALLEY sofort ein Star, dümpelte seitdem dahin, ist jetzt aber offensichtlich wieder in Form.
**Andrew Thomas** Hunter V., NSW r w ★ SEMILLON von alten Reben und seidiger SHIRAZ. Die Rotweine sind für HUNTER-VALLEY-Standards besonders herzhaft.
**Angove** SA r w (br) ★★ Familienbetrieb im MURRAY VALLEY. Die billigeren Weine (rot und weiß) sind oft die besten in der breiten Angebotspalette. Mainstreamvariante des ökologischen Weinbaus, sowohl im preiswerten als auch im Premiumsegment.

**Annie's Lane** Clare V., SA r w – Im Besitz von TWE. Weine mit großer Aromenfülle. Das Flaggschiff Copper Trail ist (manchmal) ausgezeichnet, v. a. RIESLING und SHIRAZ. Die Weine im niedrigeren Segment tun ihren Dienst.

**A. Rodda** Beechworth, Vic r w ★★ Lebendiger CHARDONNAY aus gutseigenen Rebflächen; der Tempranillo, für den ganze Trauben aus hohen Lagen vergoren werden, ist stets wunderbar.

**Ashton Hills** Adelaide Hills, SA r w; (sch) ★★★ Pinot noir 05' 10' 15' 17 – Legendärer Erzeugerbetrieb in den ADELAIDE HILLS. Überzeugender PINOT NOIR von über 30 Jahre alten Reben. 2015 von WIRRA WIRRA erworben.

**Bailey's** NO-Vic r w br ★★ Voller SHIRAZ sowie vortreffliche MUSCAT- (★★★★) und TOPAQUE-Süßweine. Die Weinberge werden alle ökologisch bewirtschaftet. 2017 von TWE an CASELLA verkauft.

**Balgownie Estate** Bendigo, Vic, Yarra V. r ★★ Hat das Zeug zu mittelschwerem, schön ausgewogenem, minzigem CABERNET SAUVIGNON mit Eleganz, Finesse und Charakter aus seinen Lagen im Herzen von BENDIGO. Ableger im YARRA VALLEY.

**Balnaves of Coonawarra** SA r w ★★★ COONAWARRA-Champion in Familienbesitz. Massiver CHARDONNAY, sehr guter würziger SHIRAZ. Flaggschiff ist der volle CABERNET SAUVIGNON Tally. Der neue Cabernet im »joven«-Stil ist gut.

**Bannockburn** Vic r w ★★ Chardonnay 14' 15' 17; Pinot noir 10' 12' 17 – Intensiver, komplexer CHARDONNAY und würziger PINOT NOIR. Machte Geelong bekannt, hat aber nicht mehr die Strahlkraft von früher.

**Barossa Valley** SA – Die Heimat des australischen Rotweins. SHIRAZ, MOURVÈDRE, CABERNET SAUVIGNON und GRENACHE von sehr alten Reben. Kann sozusagen im Schlaf muskulöse, schwarze, wunderschöne Rotweine hervorbringen und hat das so gut wie immer getan. Eine neue Riege strebt nach frischeren, (etwas) leichteren Stilen, aber die Fülle lauert immer hinter der nächsten Ecke.

**Bass Phillip** Gippsland, Vic r ★★★★ Pinot noir 10' 14' 15' 16 – Kompletter Solist mit kleinen Mengen von nicht immer beständigem, aber meist herausragendem PINOT NOIR. In Bestform.

**Bay of Fires** N-Tas r w; sch ★★★ Heimat des Arras; der berühmteste (und beste) Schaumweinhersteller in Australien. Den PINOT NOIR sollte man nicht links liegen lassen, aber die erstklassigen Schaumwein-Cuvées haben zu Recht das Sagen. Im Besitz von ACCOLADE.

**Beechworth** Vic – Felsiges Hochland im Nordosten von VICTORIA. CHARDONNAY und SHIRAZ sind die leistungsfähigsten Reben, aber der NEBBIOLO taucht rasch aus dem (Winter-)Nebel auf. CASTAGNA, DOMENICA, FIGHTING GULLY ROAD, GIACONDA, SAVATERRE, SCHMÖLZER & BROWN und SORRENBERG heißen die wichtigsten Erzeuger.

**Bendigo** Vic – Heiße Region im Zentrum von VICTORIA. BALGOWNIE ESTATE ist der Platzhirsch. Heimat reichhaltiger SHIRAZ- und CABERNET-SAUVIGNON-Weine.

**Best's Grampians,** Vic r w ★★★ Shiraz 05' 10' 15' 17 – SHIRAZ-Meister mit sehr guten, mittelschweren Rotweinen. Der Thomson Family Shiraz von 120-jährigen Rebstöcken ist überragend. Die Weine sitzen im Allgemeinen auf der samtigen Seite der Eleganz.

**Billy Button** Vic r w ★ So viele Weine, so kleine Mengen. Alles von SHIRAZ und CHARDONNAY bis hin zu Verduzzo, VERMENTINO, SCHIOPPETTINO, SAPERAVI und so weiter und so fort.

**Bindi** Macedon, Vic r w ★★★ Pinot noir 04' 10' 15' 17 – Überaus gewissenhafter Erzeuger von herausragendem, langlebigem PINOT NOIR (hauptsächlich) und CHARDONNAY. Sehr kleine Mengen.

## AUSTRALIEN | Bra–Cla | 391

**Brash Higgins** McLaren Vale, SA r ★★ Brad Hickey ist ein cleverer Kerl. Er hat Englisch und Botanik studiert, als Brauer, Bäcker und Sommelier gearbeitet und erzeugt nun radikale Versionen von roten und weißen MCLAREN-VALE-Weinen. Hefen sind sein Ding. Modernes Gesicht des McLaren Vale.

**Bremerton** Langhorne Creek, SA r w ★★ Seidiger CABERNET SAUVIGNON und SHIRAZ mit großer Aromenfülle. Nie ein schlechter Wein.

**Brokenwood** Hunter V., NSW r w ★★ ILR Reserve Semillon **07' 09' 11**; Graveyard Shiraz **00' 06' 14** – Klassiker im HUNTER VALLEY. Außer dem Semillon/SAUVIGNON BLANC Cricket Pitch ist hier kaum etwas preisgünstig, aber die Qualität ist insgesamt gut.

**Brown Brothers** King V., Vic r w br; tr s; sch ★ Reiche Auswahl an gefälligen Stilen und Sorten, mit Schwerpunkt auf Süßwein. Innocent Bystander (YARRA VALLEY) und Devil's Corner/Tamar Ridge (TASMANIEN) sind (clevere) Neuerwerbungen.

**By Farr/Farr Rising** Vic r w ★★★★ Pinot noir **10' 14 15' 17** – Hervorragender Erzeuger in Bannockburn. Die CHARDONNAY- und PINOT-NOIR-Weine sind manchmal kleine Meisterwerke.

**Campbells** Rutherglen, Vic r (w) br ★ Weiche, reife Rotweine (v. a. Bobbie Burns SHIRAZ); außerdem herausragender Merchant Prince Rare Muscat und Isabella Rare TOPAQUE (★★★★).

**Canberra District** NSW – Sowohl die Qualität als auch die Mengen steigen; Lagenauswahl ist wichtig; kühles Klima. CLONAKILLA ist der bekannteste Erzeuger. Neue Stars: GUNDOG ESTATE, Mount Majura, EDEN ROAD und RAVENSWORTH.

**Cape Mentelle** Margaret R., WA r w ★★★ Cabernet Sauvignon **01' 10' 14' 15' 16** – Margaret-River-Pionier in guter Form. Der robuste CABERNET SAUVIGNON ist eleganter (und weniger alkoholstark) geworden, der CHARDONNAY ist sehr gut. Ferner ZINFANDEL und sehr populärer SAUVIGNON BLANC/SEMILLON. Im Besitz von LVMH Veuve Clicquot.

**Casella** Riverina, NSW r w ★ Die Yellow-Tail-Rot- und Weißweine des unteren Preisniveaus haben zur Entstehung eines australischen Weinimperiums beigetragen. Zum Besitz gehören jetzt BAILEY'S, Brand's of Coonawarra, MORRIS und PETER LEHMANN.

**Castagna** Beechworth, Vic r w ★★ Syrah **06' 10' 12' 14'** – Julian Castagna ist Anführer der australischen biodynamischen Bewegung. Ausgezeichnet sind SHIRAZ/VIOGNIER und SANGIOVESE/Shiraz von gutseigenen Trauben.

**Chambers' Rosewood** NO-Vic (r) (w) br ★★★★ – Gilt neben MORRIS als der beste Erzeuger von sehr süßem TOPAQUE (★★★★) und Muscat.

**Chapel Hill** McLaren Vale, SA r (w) ★★ Führender Erzeuger des MCLAREN VALE. SHIRAZ und CABERNET SAUVIGNON sind die Brotgeber, aber mit TEMPRANILLO und v. a. GRENACHE geht es aufwärts.

**Charles Melton Wines** Barossa V., SA r w; (sch) ★ Bescheidenes Weingut mit kräftigen, reifen traditionellen Rotweinen, allen voran Nine Popes, einem Verschnitt von alten GRENACHE- und SHIRAZ-Reben.

**Chatto** Tas r ★★★★ Junge Weinberge, aber schon jetzt einer der besten australischen PINOT-NOIR-Erzeuger. Frucht, Gewürznoten und alles andere sind ganz wunderbar. Eine Flasche öffnen und in seine Welt eintreten.

**Clarendon Hills** McLaren Vale, SA r ★★ Die ganze Palette an Rotweinen (hoher Alkoholgehalt, intensive Frucht) stammt von Trauben, die in den Hügeln oberhalb des MCLAREN VALE wachsen. Zigarrenweine.

**Clare Valley** SA – Kleiner, hübscher Bereich mit erstklassigen Lagen, rund 145 km nördlich von Adelaide. Am besten mit dem Rad zu erkunden, wie manche finden. Australiens berühmteste RIESLING-Region; auch eukalyptusduftiger SHIRAZ, ferner erdiger, tanninbetonter CABERNET SAUVI-

GNON. Wegweisende Erzeuger: ADELINA, GROSSET, KILIKANOON, KIRRIHILL, MOUNT HORROCKS, TIM ADAMS, WENDOUREE.

**Clonakilla** Canberra, NSW r w ★★★★ Shiraz 05' 07' **09' 10'** 14' **15'** 17 – Superstar des Anbaugebiets CANBERRA. RIESLING und VIOGNIER sind ausgezeichnet, der SHIRAZ/Viognier-Verschnitt ist berühmt.

**Clos du Tertre** Frankland R., WA ★★ Überwältigender RIESLING mit schöner Textur, intensiv, nachhaltig.

**Clyde Park** Vic r w ★★ Tiefer CHARDONNAY von einer Einzellage, PINOT NOIR in großartiger Form. Der SHIRAZ macht von sich reden.

**Coldstream Hills** Yarra V., Vic r w; (sch) ★★★★ Pinot noir **06' 10'** 15' 17; Chardonnay **10'** 12' **15'** 17 – 1985 von dem Publizisten James Halliday gegründet. Köstlicher PINOT NOIR, jung zu trinken, Reserve zum Altern. Außerdem ausgezeichneter CHARDONNAY (v. a. Reserve). Aufsehenerregende Einzellagenweine. Im Besitz von TWE.

**Coonawarra** SA – Fast in Victoria. In dem Landstrich mit der reichhaltigsten roten Erde (auf Kalkstein) entsteht mit der (in Qualität und Preis) beste australische CABERNET SAUVIGNON. WYNNS ist der älteste Erzeuger (und der Champion), BALNAVES, KATNOOK, LINDEMAN'S, MAJELLA, RYMILL und YALUMBA geben mit den Ton an.

**Coriole** McLaren Vale, SA r w ★★★ Lloyd Reserve Shiraz **04'** 10' 14' 16 – Renommierter Erzeuger von SANGIOVESE und SHIRAZ Lloyd Reserve von alten Reben. Interessante Italiener, v. a. FIANO und NERO D'AVOLA.

**Craiglee** Macedon, Vic r w ★★★ Shiraz **10'** 12' 14' 15 – Nicht wegzudenkender Betrieb, von der nördlichen Rhône inspiriert. Duftiger, pfeffriger SHIRAZ und alterungswürdiger CHARDONNAY.

**Crawford River** Heathcote, Vic w ★★★ Hervorragender RIESLING-Erzeuger. Cooler, kalter, funkelnder (trockener) Stil, großartig zu Fisch und Meeresfrüchten, höchst alterungswürdig.

**Cullen Wines** Margaret R., WA r w ★★★★ Cabernet Sauvignon/Merlot 05' 09' 12' 13' 14' **15'**; Chardonnay 10' **13'** 14' **15'** 16' 17 – Vanya Cullen, Star der zweiten Generation, bereitet gehaltvollen, aber subtilen SEMILLON/SAUVIGNON BLANC, vortrefflichen CHARDONNAY und eleganten, sehnigen CABERNET SAUVIGNON/MERLOT. Biodynamisch in allem, was sie tut. Strebt stets nach höchster Qualität.

**Curly Flat** Macedon, Vic r w ★★★ Pinot noir 10' 12' 13' 14' **15'** 16 – Robuster, aber duftender PINOT NOIR zweier Preis-/Qualitätsniveaus und vollmundiger CHARDONNAY, beide langlebig. In sicheren Händen beim neuen Kellermeister Matt Harrop.

**d'Arenberg** McLaren Vale, SA r w (br); (s); (sch) ★★ Prachtvoller SHIRAZ und GRENACHE. Viele andere Sorten und verrückte Namen (z. B. SAGRANTINO The Cenosilicaphobic Cat). Der Elton John der australischen Kellereien, mit bunt gemusterten Hemden und allem Drum und Dran. Oft in der unteren Preiskategorie am besten.

**David Franz** Barossa V., SA r w – SEMILLON von über 100 Jahre alten Reben, ein Rosé von 108 (!) verschiedenen Rebsorten, CABERNET SAUVIGNON von alten Reben, experimenteller VERMENTINO, makelloser CHARDONNAY. Es gibt nichts, was es hier nicht gibt.

**Deakin Estate** Vic r w ★ Außerordentlich alkoholschwacher MOSCATO. Würziger SHIRAZ, CABERNET SAUVIGNON.

**De Bortoli** Griffith, NSW, Yarra V., Vic r w (br); tr s ★★ Weingut in einem Bewässerungsbereich und führender Erzeuger im YARRA VALLEY. Ausgezeichneter PINOT NOIR aus kühlen Lagen, dazu SHIRAZ, CHARDONNAY und SAUVIGNON BLANC sowie sehr guter süßer edelfauler Noble Semillon im Sauternes-Stil. Hier, am Standort im Yarra Valley, ist es am interessantesten. Expandiert nach Victoria.

**AUSTRALIEN** | Dee–Gar | 393

**Deep Woods Estate** Margaret R., WA r w ★★★ Bestechender CHARDONNAY und CABERNET SAUVIGNON. Kraftwerkweine, wie gemacht, um zu beeindrucken und lange zu halten.

**Devil's Lair** Margaret R., WA r w ★ Opulenter CHARDONNAY und CABERNET SAUVIGNON/MERLOT. Fifth Leg ist ein gutes Zweitetikett. Im Besitz von TWE.

**Domaine A** S-Tas r w ★★ Sehr guter eichenfassgereifter SAUVIGNON BLANC. Polarisierender, sagen wir mal charismatischer CABERNET SAUVIGNON aus kühlem Klima. Vor kurzem von MOORILLA erworben.

**Domaine Chandon** Yarra V., Vic r (w); sch ★★ Schaum- und Tischweine von in kühlen Gegenden angebauten Trauben. Im Besitz von Moët & Chandon. In Großbritannien mit der Marke Green Point bekannt. Die Cuvées oJ sind besser in Form denn je.

**Domenica** Beechworth, Vic ★★★ Auffälliger neuer Erzeuger in BEECHWORTH mit gut eingewachsenen Weinbergen. Überschwänglicher, würziger SHIRAZ. MARSANNE mit schöner Textur. Der NEBBIOLO stiehlt den anderen Weinen so langsam die Schau.

**Eden Road** r w – Gut bereiteter SHIRAZ, CHARDONNAY und CABERNET SAUVIGNON aus den Bereichen Hilltops, TUMBARUMBA und CANBERRA DISTRICT.

**Eden Valley** SA – Der nächste Nachbar des BAROSSA VALLEY. Hügelige Gegend im Osten, in der u. a. Chris Ringland, HENSCHKE, PEWSEY VALE, Radford und TORZI MATTHEWS zu Hause sind. Rassiger RIESLING, (duftender, lebhafter) SHIRAZ und CABERNET SAUVIGNON von Spitzenqualität.

**Elderton** Barossa V., SA r w (br); (sch) ★★ Alte Reben; reichhaltiger, eichenholzwürziger CABERNET SAUVIGNON und SHIRAZ. Deckt alle Weinreihen ab. Teilweise ökologischer/biodynamischer Anbau. Die reichhaltigen Rotweine sind in ausgezeichneter Form.

**Eldorado Road** Rutherglen, Vic r ★★ Herzenssache des Weinmachers Paul Dahlenburg. Durif, SHIRAZ, NERO D'AVOLA sind elegant, dennoch kraftvoll.

**Eldridge Estate** Morn P, Vic r w ★★★ Weinmacher David Lloyd ist ein penibler Experimentierer, PINOT NOIR und CHARDONNAY sind den Aufwand aber wert, und der sortenreine GAMAY ist wirklich etwas Besonderes.

**Epis** Macedon, Vic r w ★ Langlebiger PINOT NOIR, eleganter CHARDONNAY aus kühlem Klima. Kraftvoll, wenn er auf den Markt kommt, für Komplexität braucht es Zeit.

**Evans & Tate** Margaret R., WA r w ★ Ist fast ausschließlich auf das preiswerte Marktsegment konzentriert, macht seine Arbeit aber sehr gut. SHIRAZ, CABERNET SAUVIGNON, CHARDONNAY und SAUVIGNON BLANC. Auch die anspruchsvollen Weine sind manchmal gut.

**Faber Vineyards** Swan V., WA r ★★★ Reserve Shiraz 11' 12' 14' 15 – John Griffiths ist ein Guru der westaustralischen Weinbereitung. Seine Gutsweine zeigten, was beim SWAN VALLEY SHIRAZ möglich ist. Ausgefeilte Kraft.

**Fighting Gully Road** Beechworth, Vic r w ★★ Maßstäbe setzender Erzeuger in BEECHWORTH. CHARDONNAY, AGLIANICO und TEMPRANILLO schießen den Vogel ab. Die Qualität schaltet gerade noch einen Gang hoch.

**Flametree** Margaret R., WA r w ★★ Außergewöhnlicher CABERNET SAUVIGNON; würziger, verführerischer SHIRAZ; oft bestechender CHARDONNAY.

**Fraser Gallop Estate** Margaret R., WA r w ★★ Konzentrierter CABERNET SAUVIGNON, CHARDONNAY und SEMILLON/SAUVIGNON BLANC (mit Holzeinfluss). Der Cabernet war in den letzten Jahren besonders gehaltvoll.

**Freycinet** Tas r w; (sch) ★★★ Pinot noir 10' 12' 13' 16 – Pionierfamilienbetrieb an der tasmanischen Ostküste mit kompaktem PINOT NOIR, gutem CHARDONNAY und ausgezeichnetem Schaumwein Radenti.

**Garagiste** Morn P, Vic r w ★★★ CHARDONNAY und PINOT NOIR mit Intensität und Finesse. Die Qualität scheint stes hoch oder noch höher zu sein. Die Verschnitte aus verschiedenen Weinbergen sind wirklich preiswert.

**Geelong** Vic – Bereich westlich von Melbourne mit kühlem, trockenem Klima Am besten: BANNOCKBURN, Bellarine Estate, BY FARR, CLYDE PARK, LETHBRIDGE, Provenance.

**Gemtree Vineyards** McLaren Vale, SA r (w) ★★ Warmherziger SHIRAZ sowie TEMPRANILLO und andere Exoten; allen gemein ist die Qualität. Überwiegend biodynamisch.

---

### Shiraz ist nicht gleich Shiraz

In Australien wird viel SHIRAZ angebaut und wer glaubt, er schmeckt grundsätzlich reichhaltig, tintig und süß, der kann ein wenig Nachhilfe gebrauchen. Wenn man sich von Westen nach Osten vorarbeitet, kann man grob folgende Shiraz-Stile unterscheiden: erdig, mittelschwer bis schwer in MARGARET RIVER und GREAT SOUTHERN (CAPE MENTELLE, HOWARD PARK, CHERUBINO); voll, warm, schokoladiger in BAROSSA VALLEY, EDEN VALLEY und MCLAREN VALE (WIRRA WIRRA, ST HALLETT, CHAPEL HILL, LANGMEIL, PENFOLDS, HENSCHKE, D'ARENBERG, YALUMBA); pfeffriger, kühler in verschiedenen Teilen Victorias (GIANT STEPS, CRAIGLEE, MOUNT LANGI, BY FARR, YABBY LAKE, SEVILLE ESTATE); wieder erdiger, ledrig, saftig-fruchtig im HUNTER VALLEY (TYRRELL'S, MOUNT PLEASANT, MEEREA PARK). Es gibt über 60 Anbaugebiete in Australien, deshalb kratzen wir mit dieser Zusammenfassung nur an der Oberfläche: Das australische Shiraz-Mosaik besteht aus unzähligen verschiedenfarbigen Steinchen.

---

**Giaconda** Beechworth, Vic r w ★★★★ Shiraz 10' 13' 14' 15'; Chardonnay 10' 11' 14' 15' 16 – Mitte der 1980er-Jahre stieg Rick Kinzbrunner einen steilen, trockenen, felsigen Hügel hinauf und kam als Weinmacherlegende wieder herunter. Dabei gab er den Startschuss für den Bereich BEECHWORTH. König des australischen CHARDONNAY. Kleine Mengen kraftstrotzender Weine.

**Giant Steps** Yarra V., Vic r w ★★★ Erstklassige Einzellagenweine von CHARDONNAY, PINOT NOIR und SHIRAZ. Die Jahrgänge 14' 15' 17' 18 sind bei den Weinen der drei Hauptrebsorten alle aufregend.

**Glaetzer-Dixon** Tas r w ★★★ Nick Glaetzer stellte die Geschichte seiner Familie auf den Kopf, als er seine Zelte in den kühlen TASMANIEN aufschlug: RIESLING im europäischen Stil, Rhône-artiger SHIRAZ und fleischiger PINOT NOIR. Die Stärke liegt in der Kraft.

**Glaetzer Wines** Barossa V., SA r ★ Üppige, ausgefeilte Rotweine mit passender auffälliger Verpackung. Sehr reifer SHIRAZ von alten Reben, allen voran die Ikone Amon-Ra.

**Goulburn Valley** Vic – Die Region mit gemäßigten Klima in Central Victoria bringt körperreiche, erdige Tischweine hervor. Am besten: MARSANNE, CABERNET SAUVIGNON und SHIRAZ. Die Kellereien MITCHELTON und TAHBILK sind die Standbeine. Ist auch unter dem Namen Nagambie Lakes bekannt.

**Grampians** Vic – Früher als Great Western bezeichnete Region mit gemäßigtem Klima im Nordwesten. Erstklassiger würziger SHIRAZ und Shiraz-Schaumwein. Heimat von BEST'S, MOUNT LANGI, SEPPELT (vorerst noch) und The Story.

**Granite Belt** Qld – Hoch gelegene und (relativ) kühle Weinbauregion an der Grenze zwischen Queensland und NSW, die man dort nicht erwarten würde. Würziger SHIRAZ und voller SEMILLON, z. B. Boireann, Golden Grove.

## AUSTRALIEN | Gra–Jac | 395

**Grant Burge** Barossa V., SA r w (br); (s); (sch) ★ Zarte Rot- und Weißweine von den besten Trauben aus dem großem, eigenem Weinbergbesitz. 2015 von ACCOLADE erworben.

**Great Southern** WA – Abgelegene kühle Gegend in der linken unteren Ecke Australiens. Die offiziellen Unterregionen heißen Albany, Denmark, Frankland River, Mt. Barker und Porongurup. Erstklassiger RIESLING, SHIRAZ und CABERNET SAUVIGNON. Hat Stil und gutes Preis-Leistungs-Verhältnis.

**Grosset** Clare V., SA r w ★★★★ Gaia 05' 12' 13' **14'** 15; Riesling 10' 15' 17' 18 – Penibler Kellermeister. Führender australischer RIESLING, herrlicher CHARDONNAY und sehr guter CABERNET SAUVIGNON/MERLOT namens Gaia. PINOT NOIR mit Rote-Beete-Noten.

**Gundog Estate** Canberra, NSW r w ★ Überaus ambitiöser SEMILLON und SHIRAZ aus CANBERRA und dem HUNTER VALLEY.

**Hahndorf Hill** Adelaide Hills, SA r w ★★ Viele Experimente in einer großen Angebotspalette, erzeugt jedoch einige faszinierende GRÜNER-VELTLINER-Weine und ist das australische Gesicht dieser Rebsorte.

**Hardys** r w; (s); sch ★★★ Eileen Shiraz 06'**10'** 12' **15**; Eileen Chardonnay 12' 15' **16** – Historischer Betrieb, jetzt im Besitz von ACCOLADE. Exzellenter CHARDONNAY, der SHIRAZ liegt nicht weit zurück.

**Heathcote** Vic – In der 500 Millionen Jahre alten Kambrium-Erde des Gebiets steckt ein großartiges Potenzial, um erstklassige Rotweine hervorzubringen, v. a. SHIRAZ. Nun, da die Aufregung sich gelegt hat, entstehen ausgezeichnete körperreiche Rotweine.

**Henschke** Eden V., SA r w ★★★★ Shiraz 04' 06' **12'** 13; Cabernet Sauvignon 04' **06'** 10' – Herausragender 150 Jahre alter Familienbetrieb, bekannt für köstlichen Hill of Grace (SHIRAZ), sehr guten CABERNET SAUVIGNON, Rotweinverschnitte, gute Weißweine und schwindelerregende Preise. Ein wunderbarer Erzeuger. Siehe auch Kasten S. 404.

**Hentley Farm** Barossa V., SA r ★★ Beständiger Erzeuger von SHIRAZ mit enormer Kraft und Konzentration – der Geschmack steht wie eine Wand – trotz des (im Allgemeinen) frischen, fast spritzigen Kontexts.

**Hewitson** SO-Australien r (w) ★★ Old Garden Mourvèdre **10'** 12' **14'** – Dean Hewitson spürt Parzellen mit den »ältesten MOURVÈDRE-Reben der Erde« auf. Sehr guter SHIRAZ verschiedener Preisklassen.

**Houghton** Swan V., WA r w ★★★ Jack Mann 08' 11' 12' 14' **15'** – Ehemals legendärer Weinbaubetrieb im SWAN VALLEY bei Perth, Teil von ACCOLADE. Der preisgünstige Weißweinverschnitt war lange ein nationaler Klassiker. Sehr guter CABERNET SAUVIGNON, SHIRAZ usw. aus GREAT SOUTHERN und MARGARET RIVER. Der Cabernet-Verschnitt Jack Mann ist ernsthaft gut.

**Howard Park** WA r w ★★★ Cabernet Sauvignon 09' 10' 11' **12'** **13'** 14; Riesling 12' **14'** 17 – Duftender RIESLING, CHARDONNAY und erdiger CABERNET SAUVIGNON. Das Zweitetikett MadFish hat ein sehr gutes Preis-Leistungs-Verhältnis. Der PINOT NOIR wird besser.

**Hunter Valley** NSW – Es ist absurd, aber es funktioniert. Subtropisches Kohlebergbaurevier, 160 km nördlich von Sydney, mit mittelschwerem, erdigem SHIRAZ und vornehmem SEMILLON mit 30 Jahren Haltbarkeit. Die wohl terroirbetontesten Stile in Australien. Aushängeschilder sind MOUNT PLEASANT, BROKENWOOD, ANDREW THOMAS und vor allem Tyrrell's.

**Inkwell** McLaren Vale, SA r (w) ★★ Große Eleganz, hohe Meinung, viel Charakter. Jede Menge verlockende Weine, v. a. auf SHIRAZ-Basis.

**Jacob's Creek (Orlando)** Barossa V., SA r w (br); (s); sch ★ Im Besitz des französischen Spirituosenkonzerns Pernod Ricard. Konzentriert sich fast ausschließlich auf verschiedene Reihen der uninspirierten, aber verlässlichen Jacob's-Creek-Weine, die alle Rebsorten und Preislagen abdecken. Die neue Rotweinreihe, in Whisky-Fässern ausgebaut, beweist, dass Bourbon, Cola und Wein einander nicht immer unähnlich sind.

**Jasper Hill** Heathcote, Vic r w ★★ Shiraz 09' 10' 17 — Emily's Paddock SHIRAZ/CABERNET FRANC und Georgia's Paddock Shiraz aus trockenen Lagen sind intensiv, straff, langlebig und biodynamisch. Den NEBBIOLO sollte man im Auge behalten.

**Jericho** Adelaide Hills, SA, McLaren Vale, SA r w ★★ Ausgezeichnete Traubenauswahl und kompetente Weinbereitung ergeben eine Reihe modernerer, schmackhafter, schön aufgemachter Weine, v. a. SHIRAZ und TEMPRANILLO.

**Jim Barry** Clare V., SA r w ★★ Auf hervorragenden Anbauflächen entstehen sehr guter RIESLING, McCrae Wood SHIRAZ und der reichhaltige, kostspielige, teuflisch eichenholzbetonte The Armagh Shiraz.

**John Duval Wines** Barossa V., SA r ★★★ John Duval, ehemaliger Urheber des PENFOLDS Grange, produziert köstliche Rotweine im Rhône-Stil, voller Intensität und Charakter.

**Kalleske** r ★★ Der alte Familienbetrieb in Greenock im äußersten Nordwesten des BAROSSA VALLEY erzeugt recht speziellen Einzellagen-Shiraz und viele andere geschmacksintensive Weine. Biodynamisch/ökologisch.

**Katnook Estate** Coonawarra, SA r w; (s); (sch) ★★ Odyssey Cabernet Sauvignon 05' 10' 13 — Teure SHIRAZ-Ikonen sind Odyssey und Prodigy. Die konzentrierte Frucht verschwimmt in der Eiche.

**Kilikanoon** Clare V., SA r w ★★ RIESLING und SHIRAZ haben ausgezeichnete Erfolge erzielt. Saftig, generös und wunderbar bereitet. 2017 an eine chinesische Investorengruppe verkauft.

**King Valley** Vic — Die Höhenlagen zwischen 155 und 860 m wirken sich stark auf die angebauten Rebsorten und den Weinstil aus. Über 20 Marken, qualitativ allen voran sind BROWN BROTHERS, Chrismont, Dal Zotto und vor allem PIZZINI.

**Kirrihill** Clare V., SA r w ★ Sehr guter CABERNET SAUVIGNON, SHIRAZ und RIESLING zu (oft) hervorragenden Preisen.

**Knappstein Wines** Clare V., SA r w ★★ Zuverlässiger RIESLING, SHIRAZ, CABERNET SAUVIGNON. 2016 von Lion Nathan an ACCOLADE verkauft. Tritt auf der Stelle, hat aber stets etwas Preiswertes im Angebot.

**Kooyong** Morn P, Vic r w ★★ PINOT NOIR und harmonischer, strukturierter, großartiger Chardonnay. Charmanter PINOT GRIS, ferner erstklassige Einzellagenweine.

**Lake Breeze** Langhorne Creek, SA r (w) ★★ Saftig-weicher, leckerer, preiswerter SHIRAZ und CABERNET SAUVIGNON; reicht ans mittlere Qualitätsniveau heran.

**Lake's Folly** Hunter V., NSW r w ★★ Cabernet Sauvignon 13' 14' 16; Chardonnay 13' 14' — Gegründet von dem Chirurgen Max Lake, dem Pionier des HUNTER VALLEY CABERNET SAUVIGNON. Der CHARDONNAY ist oft besser als der Cabernet-Verschnitt.

**Langmeil** Barossa V., SA r w ★★ Das Gut besitzt Mitte der 1880er-Jahre gepflanzte SHIRAZ-Reben, die somit zu den ältesten der Welt zählen, und dazu andere alte Weinberge, von denen Vollgas-Shiraz, -GRENACHE und -CABERNET-SAUVIGNON bereitet werden.

**Larry Cherubino Wines** Frankland R., WA r w ★★★ Intensiver SAUVIGNON BLANC, RIESLING, würziger Shiraz und Hochglanz-CABERNET-SAUVIGNON. Ehrgeizige Marke, die jetzt ihre Versprechen aus der Anfangszeit voll einlöst. Breite Palette.

**Leasingham** Clare V., SA r w — Die ehemals bedeutende Marke ist bestenfalls nur noch ein Schatten ihrer selbst. Gehört ACCOLADE.

## AUSTRALIEN | Lee–McW | 397

**Leeuwin Estate** Margaret R., WA r w ★★★★ Chardonnay 10' 13' **14' 15** – Erzeuger mit Kultstatus. Alles dreht sich um CHARDONNAY. Körperreicher, alterungswürdiger Art Series. SAUVIGNON BLANC und RIESLING können da nicht mithalten. Der Cabernet Sauvignon ist gelegentlich sehr gut.

**Leo Buring** Barossa V., SA w ★★ **02' 05'** 13' 14' – Im Besitz von TWE. Ausschließlich RIESLING; Leonay heißt die Spitzenmarke, die herrlich langlebig ist. Im Vergleich zu früher vielleicht einen Schritt zurückgefallen.

**Lethbridge** Vic r w ★★★ Stilvoller kleiner Erzeuger von CHARDONNAY, SHIRAZ, PINOT NOIR und RIESLING. Stets experimentierfreudig. Kühles Klima, doch die Weine sind fleischig und gehaltvoll.

**Limestone Coast Zone** SA – Wichtige Anbauzone, zu der auch Bordertown, COONAWARRA, Mount Benson, Mount Gambier, PADTHAWAY, Robe und WRATTONBULLY gehören.

**Lindemans** r w ★ Im Besitz von TWE. Die preiswerte Reihe Bin ist jetzt Produktionsschwerpunkt. Weit entfernt vom früheren Ruhm. Die Trio-Rotweine aus COONAWARRA sind immer noch okay.

**Luke Lambert** Yarra V., Vic ★ Unkonventioneller Erzeuger von wechselhaftem, manchmal jedoch ausgezeichnetem SHIRAZ, PINOT NOIR und NEBBIOLO (hauptsächlich aus kühlen Lagen).

**Macedon and Sunbury** Vic – Benachbarte Regionen. Macedon liegt höher als das nahe dem Melbourner Flughafen gelegene Sunbury. Qualität findet man bei BINDI, CRAIGLEE, CURLY FLAT, EPIS und Hanging Rock.

**Mac Forbes** Yarra V., Vic ★★★ Treibende Kraft im YARRA VALLEY. Unzählige verschiedene Einzellagenweine, hauptsächlich PINOT NOIR, CHARDONNAY und RIESLING.

**Main Ridge Estate** Morn P, Vic r w ★★ Reichhaltiger, langlebiger CHARDONNAY und PINOT NOIR. Gründer Nat White ist ein Altmeister der MORNINGTON PENINSULA; man kann sich diesen Bereich kaum ohne ihn vorstellen. Wechselte 2015 den Eigentümer.

**Majella** Coonawarra, SA r (w) ★★ So verlässlich, wie der Tag lang ist. Opulenter SHIRAZ und CABERNET SAUVIGNON. Die Quintessenz des heutigen COONAWARRA.

**Margaret River** WA – Anbaugebiet mit gemäßigtem Klima an der Küste, südlich von Perth. Kraftvoller CHARDONNAY, strukturierter CABERNET SAUVIGNON, würziger SHIRAZ. Erzeuger: CULLEN, DEEP WOODS ESTATE, DEVIL'S LAIR, FRASER GALLOP, LEEUWIN ESTATE, MOSS WOOD, VOYAGER ESTATE und viele andere. Großartiges Touristenregion (und ein Surferparadies).

**Marius** McLaren Vale, SA r ★★★ Sortenreiner SHIRAZ und Verschnitte von überwältigender Konzentration. Die Qualität verhält sich umgekehrt proportional zum Aufwand; Letzterer beschränkt sich aufs Nötigste.

**Mayford** NO-Vic, Vic r w ★★★ Winziges Gut in einem versteckten, in Privatbesitz befindlichen Tal. Hat dem Bereich ALPINE VALLEYS Bedeutung verschafft. SHIRAZ, CHARDONNAY und aufregend würziger TEMPRANILLO.

**McHenry Hohnen** Margaret R., WA ★★ Einer der besten Erzeuger von MARGARET RIVER CHARDONNAY und auf dem Weg nach oben. Auf diesen Zug sollte man aufspringen.

**McLaren Vale** SA – Beliebte maritime Region am südlichen Stadtrand von Adelaide. Im Allgemeinen enorm geschmacksintensive Rotweine, doch BRASH HIGGINS, CHAPEL HILL, CORIOLE, GEMTREE, INKWELL, S.C. PANNELL, WIRRA WIRRA und eine wachsende Zahl anderer Erzeuger zeigen auch Eleganz. SHIRAZ ist der Held, doch der sortenreine GRENACHE bewegt wirklich etwas in Sachen Qualität.

**McWilliam's** SO-Australien r w (br); (s) ★★ In Familienbesitz. Hanwood und MOUNT PLEASANT sind die wichtigsten Säulen. Der Verkauf von EVANS & TATE im Jahr 2017 war eine merkwürdige Aktion.

**Meerea Park** Hunter V., NSW r w ★ Die Brüder Garth und Rhys Eather bereiten alterungswürdigen SEMILLON und SHIRAZ, oft in Einzellagenversionen.

**Mike Press Wines** Adelaide Hills, SA r (w) ★★ Winzige Mengen, winzige Preise. CABERNET SAUVIGNON, SHIRAZ, CHARDONNAY, SAUVIGNON BLANC. Liebling der Schnäppchenjäger.

**Mitchelton** Goulburn V., Vic r w; (s) ★★ Solider Erzeuger von CABERNET SAUVIGNON, SHIRAZ und RIESLING; Spezialität: Marsanne und ROUSSANNE. Unbedingt einen Besuch wert; schickes neues Hotel inmitten von herrlichem Rotem Eukalyptus.

**Mitolo** r ★ SHIRAZ und CABERNET SAUVIGNON guter Qualität. Hochtrabender Stil.

**Montalto** Morn P, Vic r w ★★★ Ein paar Jahre lang war dies ein nettes Restaurant mit Galerie, kürzlich ist jedoch die Qualität des Weins geradezu explodiert. Ohne Zweifel eines der Produkte der MORNINGTON PENINSULA, die man probiert haben muss. Die Einzellagenabfüllungen sind erstklassig.

> **Dosenwein**
>
> 2018 kam in Australien Wein in Dosen auf den Markt und hatte sofort Erfolg. Eine tolle Idee. Wenn man Wein zum Campen oder zum Picknick mitnimmt, muss man die leere Flasche wieder zurücktragen. Die leere Dose kann man dagegen zerdrücken und sie wiegt fast nichts. Dosen sind recycelbar, bieten perfekten Schutz gegen Lichteinwirkung und lassen sich schnell kühlen.

**Moorilla Estate** Tas r w; (sch) ★★ Pionier nahe Hobart am Derwent River. Guter CHARDONNAY und RIESLING; außerdem PINOT NOIR. Sehr gutes Restaurant und eine außergewöhnliche Kunstgalerie. Erwarb vor kurzem die nahe gelegene DOMAINE A.

**Moorooduc Estate** Morn P, Vic r w ★★★ Seit Langem ein Erzeuger von stilvollem, kultiviertem CHARDONNAY und PINOT NOIR. Ein kleines bisschen anders als die anderen.

**Moppity Vineyards** Hilltops, NSW r w ★★ Kerniger, tanninreicher SHIRAZ/VIOGNIER und CABERNET SAUVIGNON (Hilltops); eleganter CHARDONNAY (TUMBARUMBA). Hat Qualitätsansprüche, doch ist vor allem als Erzeuger preiswerter Weine bekannt.

**Mornington Peninsula** Vic – Küstengegend, 40 km südöstlich von Melbourne. Viele gute Boutiquekellereien; kühles, windiges Klima; PINOT NOIR, CHARDONNAY, PINOT GRIS. Spielwiese für alle, die Wein, Surfen, Strand und Essen mögen. GARAGISTE, ELDRIDGE ESTATE, KOOYONG, MAIN RIDGE, MONTALTO, STONIER, TEN MINUTES BY TRACTOR u. a. Ein neuer Stern.

**Morris** NO-Vic (r) (w) br ★★★ Erzeuger in RUTHERGLEN mit den besten Muscat- und TOPAQUE-Dessertweinen Australiens (wenn nicht sogar weltweit). Im Besitz von CASELLA.

**Moss Wood** Margaret R., WA r w ★★★ Cabernet Sauvignon 05' 12' 13' 14' 15 – Die opulentesten (Rot-)Weine am MARGARET RIVER. SEMILLON, CHARDONNAY und wunderbar weicher Cabernet Sauvignon. Frucht- und eichenbetont.

**Mount Horrocks** Clare V., SA r w ★★ Feiner trockener RIESLING und süßer Cordon Cut Riesling. SHIRAZ und CABERNET SAUVIGNON sind gut in Form.

**Mount Langi Ghiran** Grampians, Vic r w ★★★★ Shiraz 10' 12' 13' 14' 15 – Reichhaltiger, pfeffriger, Rhône-ähnlicher Shiraz. Hervorragend der Cliff Edge Shiraz. Ein ganz spezielles Stückchen Erde, eine ganz spezielle Erfolgssträhne.

## AUSTRALIEN | Mou–Pen | 399

**Mount Majura** Canberra, NSW r w ★★ Führender TEMPRANILLO-Erzeuger. RIESLING, SHIRAZ und CHARDONNAY sind alle gut. Die Roten sind robust und würzig.

**Mount Mary** Yarra V., Vic r w ★★★★ Pinot noir 13' 14' **15' 16**; Quintet 10' 14' **15' 16** – Der verstorbene Dr. Middleton erzeugte sehr kleine Mengen charmanten CHARDONNAY, lebhaften PINOT NOIR und einen eleganten CABERNET-SAUVIGNON-Verschnitt. Alle altern makellos. Die neue Ära ist, wenn überhaupt, eine Veränderung zum Guten.

**Mount Pleasant** Hunter V., NSW ★★★ Alter Erzeugerbetrieb im HUNTER VALLEY im Besitz von MCWILLIAMS, nun aufgemöbelt. Empfehlenswert: SEMILLON-Einzellagenweine (v. a. Lovedale) und SHIRAZ.

**Mudgee** NSW – Weinbaugebiet nordwestlich von Sydney. Erdige Rote, feine SEMILLON- und vollmundige CHARDONNAY-Weine. Gute Qualität, bräuchte jedoch eine Helden.

**Murdoch Hill** Adelaide Hills, SA r w ★ Überwältigend pfeffriger PINOT NOIR; SYRAH. Produziert einfach weiterhin Knaller.

**Murray Valley** SA, Vic, NSW – Riesige bewässerte Weinbauregion, die in der Klimawandeldebatte oft zitiert wird.

**Ngeringa** Adelaide Hills, SA r w ★ Duftender PINOT NOIR und NEBBIOLO, dazu Rhône-ähnlicher SHIRAZ und schmackhafter Rosé. Biodynamisch.

**Nick Spencer** Canberra, NSW r w ★★ Früher bei EDEN ROAD tätiger Kellermeister mit Weinbergen in CANBERRA und Gundagai. Der CHARDONNAY und der rote Verschnitt (SHIRAZ/TEMPRANILLO/TOURIGA/CABERNET SAUVIGNON) sind besonders interessant.

**Ochota Barrels** Barossa V., SA r w ★★ Don-Quichotte-Erzeuger mit GRENACHE und SHIRAZ von (hauptsächlich) alten Reben aus dem MCLAREN VALE und dem BAROSSA VALLEY.

**O'Leary Walker Wines** Clare V., SA r w ★★ Zurückhaltender Auftritt, aber ausgezeichnete Qualität. CLARE VALLEY RIESLING und CABERNET SAUVIGNON sind die Spitzenreiter. Der MCLAREN VALE SHIRAZ ist eichenlastig, aber gut.

**Orange** NSW – Hoch gelegene Weinbauregion mit kühlem Klima. Lebhafter SHIRAZ (wenn reif), am besten aber für (intensive) aromatische Weiße und CHARDONNAY geeignet.

**Out of Step** Yarra V., Vic r w ★★★ Hat YARRA VALLEY SAUVIGNON BLANC ins Programm aufgenommen – mit Erfolg. Macht jetzt dasselbe mit CHARDONNAY, PINOT NOIR und NEBBIOLO aus verschiedenen Gebieten. Wer wagt, gewinnt.

**Padthaway** SA – Sehr guter SHIRAZ und CABERNET SAUVIGNON. Selten erwähntes, aber wichtiges Anbaugebiet. Nur die Salzigkeit des Bodens ist weiterhin ein Problem.

**Paringa Estate** Morn P, Vic r (w) ★★★ Erzeuger von unwiderstehlichem PINOT NOIR und SHIRAZ. Fleischige, fruchtige, auffällige Stile.

**Passing Clouds** Bendigo, Vic ★★ Der Pionier der modernen Ära des Victoria-Weins war lange Jahre vom Radar verschwunden, tauchte jedoch 2016 mit einem wunderbar eleganten, strukturierten Parade-CABERNET-Verschnitt wieder auf. Seitdem gut in Form.

**Paxton** McLaren Vale, SA r ★ Bekannter ökologisch/biodynamisch wirtschaftender Winzer und Erzeuger. Reifer, aber eleganter SHIRAZ und GRENACHE.

**Pemberton** WA – Region zwischen MARGARET RIVER und GREAT SOUTHERN; die anfängliche Begeisterung für PINOT NOIR ist inzwischen auf RIESLING, CHARDONNAY und SHIRAZ übergegangen.

**Penfolds** r w (br); (sch) ★★★★ Grange **86' 90'** 96' 04' **06'** 08' 10' 12' 14; Cabernet Sauvignon (Bin 707) 96' 02' 05' **06' 10' 12' 15' 16** und natürlich der »einfache« SHIRAZ St Henri. Ursprünglich Adelaide, heute im ganzen Bundesstaat South Australia vertreten. Australiens bester Erzeuger von Rotweinen aus warmem Klima. Der hervorragende Yattarna CHARDONNAY und der Bin Chardonnay sind jetzt ganz oben bei den Roten.

**Petaluma** Adelaide Hills, SA r w; sch ★★ Coonawarra Cabernet Sauvignon 05' 08' 12'; Riesling 11' 12' 13' 17; Chardonnay 12' 16 – Scheint seinen einstigen Besitzer und Schöpfer Brian Croser zu vermissen. Gut, aber jetzt eher zurückhaltend.

**Peter Lehmann Wines** Barossa V., SA r w (br); (s); (sch) ★★ Preisgünstige Weine, u. a. zugänglicher RIESLING. Luxuriöser, reizvoller SHIRAZ Stonewell, daneben viele andere Marken (rot und weiß). Der heldenhafte Peter Lehmann starb 2013, der Betrieb wurde 2014 an CASELLA verkauft.

**Pewsey Vale** Adelaide Hills, SA w ★ Sehr guter RIESLING – zwei Standardversionen sowie The Contours (flaschengereift) von einem wunderschön angelegten Weinberg.

**Pierro** Margaret R., WA r w ★★ Chardonnay 13' 14' 15' 16 – Erzeuger von teurem, säurebetontem SEMILLON/SAUVIGNON BLANC und hochtourigem CHARDONNAY.

**Pipers Brook** Tas r w; sch ★★★ Riesling 09' 13'; Chardonnay 13' 14 – Pionier in einer kühlen Region mit gutem RIESLING sowie zurückhaltendem Chardonnay und Schaumweinen aus dem Tamar Valley. Zweitmarke: Ninth Island. Im Besitz der belgischen Familie Kreglinger.

**Pizzini** King V., Vic r ★★ Sangiovese 14' 15' 16 – Führender Erzeuger in Australien für Weine von italienischen Sorten, v. a. NEBBIOLO und SANGIOVESE (der in letzter Zeit einen Gang hochgeschaltet hat). Treibende Kraft im KING VALLEY.

**Primo Estate** SA r w; tr (s) ★★ Zu den vielen erfolgreichen Weinen Joe Grillis zählen ein reichhaltiger MCLAREN VALE SHIRAZ, ein pikanter COLOMBARD, der kräftige CABERNET SAUVIGNON/MERLOT Joseph und ein (außergewöhnlich) komplexer Shiraz-Schaumwein.

**Punch** Yarra V., Vic r w ★★★ Die Familie Lance führte jahrzehntelang das Gut Diamond Valley. Als sie es verkaufte, behielt sie den dicht bepflanzten PINOT-NOIR-Weinberg, der manchmal präzise, maßgebliche, langlebige Weine hervorbringt.

**Pyrenees** Vic – Region in Central Victoria mit reichhaltigen, oft minzeduftigen Rotweinen. Blue Pyrenees, Dalwhinnie, Dog Rock, Mount Avoca, Summerfield und TALTARNI sind die Protagonisten, aber auch verschiedene kleine Erzeugerbetriebe finden hier ein ergiebiges Jagdrevier.

**Ravensworth** Canberra, NSW r w ★★ Aufgrund verschiedener Weinexperimente plötzlich ein heißer Tipp. Am bekanntesten ist der SANGIOVESE, aber die auf den Schalen vergorenen Weißweine und der GAMAY NOIR sorgen für Aufsehen.

**Riverina** NSW – Massenweinbauzone mit Bewässerung um Griffith.

**Robert Oatley Wines** Mudgee, NSW r w ★ Ehrgeiziges Projekt des ROSEMOUNT-ESTATE-Gründers Robert Oatley. Das Preis-Leistungs-Verhältnis ist gewöhnlich gut.

**Rockford** Barossa V., SA r (w); sch ★★ Weine von verschiedenen alten, ertragsarmen Weinbergen. Die Rotweine sind am besten. Basket Press SHIRAZ mit Kultstatus und bemerkenswerter Shiraz-Schaumwein Black.

**Rosemount Estate** r w – Ehemaliger Trendsetter. Kommt regelmäßig vom Weg ab, aber die Rotweine sind manchmal gut.

**Ruggabellus** Barossa V., SA r ★★ Erregt Aufsehen. Peppigere, saftigere Version des BAROSSA VALLEY. Alte Eiche, minimale Schwefelung, wilde Hefen, ohne Entrappung. Verschnitte von CINSAULT, GRENACHE, MATARO, SHIRAZ.

**Rutherglen und Glenrowan** Vic – Zwei von vier Regionen im warmen Nordosten von Victoria; eine Zone, die zu Recht berühmt ist für ihre kräftigen Rotweine und die herrlichen gespriteten Süßweine.

## AUSTRALIEN | Rym–Spi | 401

**Rymill** Coonawarra, SA r ★★ Etablierter Erzeugerbetrieb. Durch die Bank stets verlässlich, doch der CABERNET SAUVIGNON ist der klare Sieger.

**Saltram** Barossa V., SA r w ★ Der preiswerte Mamre Brook (SHIRAZ, CABERNET SAUVIGNON) und der (selten gesichtete) No. 1 Shiraz sind die Spitzenweine. Ist v. a. für den allgegenwärtigen Pepperjack Shiraz berühmt.

**Samuel's Gorge** McLaren Vale, SA r ★★ Justin McNamee bereitet (manchmal) tollen GRENACHE, SHIRAZ und TEMPRANILLO mit Charakter und Terroirverbundenheit.

**Savaterre** Beechworth, Vic r w ★★★ Pinot noir 10' 12' 13' 16 – Hervorragender Erzeuger von körperreichem CHARDONNAY, fleischigem PINOT NOIR, SHIRAZ von dicht gepflanzten Reben und SAGRANTINO.

**Schmolzer & Brown** Beechworth, Vic r w ★★ CHARDONNAY, PINOT NOIR und interessanter, intensiver, extrem würziger Rosé.

**S. C. Pannell** McLaren Vale, SA r ★★★ Ausgezeichneter (würziger, aus ganzen Trauben vergorener) SHIRAZ (oft als SYRAH etikettiert) und (v. a.) Weine auf GRENACHE-Basis. Den NEBBIOLO sollte man im Auge behalten. Penibel.

**Sentio** Beechworth, Vic r w ★★ Pickt die Rosinen aus verschiedenen Gebieten mit kühlem Klima, um bestechenden CHARDONNAY, PINOT NOIR und SHIRAZ zu erzeugen.

**Seppelt** Grampians, Vic r w br; sch ★★★ St. Peter's Shiraz 08' 10' 12' 13' 14' 16 – Der historische Betrieb ist im Besitz von TWE. Beeindruckende CHARDONNAY-, RIESLING- und v. a. pfeffrige SHIRAZ-Weine.

**Seppeltsfield** Barossa V., SA r br – Vom National Trust als nationales Erbe geführte Kellerei, 2013 von Warren Randall erworben. Die Bestände an gespriteten Weinen gehen bis aufs Jahr 1878 zurück.

**Serrat** Yarra V., Vic r w ★★★ Winziger Weingarten des berühmten Kellermeisters Tom Carson (YABBY LAKE) und seiner Frau Nadege. Komplexer, kraftvoller, präzise bereiteter SHIRAZ/VIOGNIER, PINOT NOIR und CHARDONNAY.

**Seville Estate** Yarra V., Vic r w ★★★ Shiraz 10' 14' 15' 17 – Ausgezeichneter CHARDONNAY, würziger SHIRAZ und feiner PINOT NOIR. Ein Pionier des YARRA VALLEY, der immer noch vormacht, wie es geht.

**Shadowfax** Vic r w ★★ Mehr als nur ein touristisches Anhängsel des historischen Werribee Park. Sehr guter CHARDONNAY, PINOT NOIR und SHIRAZ. Nie ein schlechter Wein.

**Shaw & Smith** Adelaide Hills, SA r w ★★★ Cleveres Outfit. Knackiger, harmonischer SAUVIGNON BLANC, komplexer, fassvergorener CHARDONNAY M3, beide werden vom Shiraz aber noch getoppt. Der PINOT NOIR wird langsam besser.

**Shy Susan** Tas r w ★★ Neue Reihe des Kellermeister Glenn James, früher Urheber von Spitzenweißweinen bei HARDYS und PENFOLDS. Die ersten Abfüllungen von CHARDONNAY, RIESLING und PINOT NOIR sind besonders beeindruckend und alterungswürdig. Sehr schöne Verpackung.

**Simao & Co** Rutherglen, Vic r w ★★ Der junge Simon Killeen, Mitglied der Inhaberfamilie von STANTON & KILLEEN, bereitet leckeren TEMPRANILLO, SHIRAZ, UGNI BLANC und andere Weine. Jede Menge Persönlichkeit.

**Sorrenberg** Beechworth, Vic r w ★★★ Allerhöchste Qualität ohne Firlefanz. SAUVIGNON BLANC/SEMILLON, CHARDONNAY, (Australiens bester) GAMAY, Bordeaux-Verschnitt. Eine der australischen Kellereien, die es einfach im Blut haben.

**Southern NSW Zone** NSW – Der südliche Bereich von New South Wales umfasst u. a. CANBERRA, Gundagai, Hilltops und TUMBARUMBA. Saftiger SHIRAZ, CHARDONNAY mit langem Abgang.

**Spinifex** Barossa V., SA r w ★★★ Kellerei nach Maß in BAROSSA VALLEY. Komplexer SHIRAZ und GRENACHE-Verschnitte. Liefert routinemäßig reichhaltige, aber ausgefeilte Rotweine.

**Stanton & Killeen** Rutherglen, Vic (r) br ★★ Hauptattraktion ist der gespritete Jahrgangswein.

**Stefano Lubiana** S-Tas r w; sch ★★★ Herrliche Weinberge am Ufer des Derwent River, 20 Minuten von Hobart entfernt. Ausgezeichneter PINOT NOIR Schaumwein, MERLOT und CHARDONNAY. Unprätentiös, aber energisch und ehrgeizig. Biodynamisch.

---

### Tasmanien-Fieber

Tasmanien lohnt einen genaueren Blick. Tasmanischer Wein sorgt seit 30 Jahren für Aufsehen, aber erst in jüngster Zeit haben sich einige kleine Erzeugerbetriebe zu erstklassigem PINOT NOIR hochgearbeitet. Wir betreten spannendes Terrain. Altbekannte Namen wie BAY OF FIRES, FREYCINET, Meadowbank, MOORILLA, PIPERS BROOK und STEFANO LUBIANA werden von CHATTO, Dr Edge, GLAETZER-DIXON, Holyman, Hughes & Hughes, Lisdillon, Pooley, Sailor Seeks Horse, Small Island, Stargazer, TOLPUDDLE, Two Tonne Tasmania und anderen in den Schatten gestellt. Von vielen dieser Weine gibt es nur ein Fass oder zwei, aber die sind wirklich verflixt gut!

---

**Stella Bella** Margaret R., WA r w ★★★ Herrliche Weine: CABERNET SAUVIGNON, SEMILLON/SAUVIGNON BLANC, CHARDONNAY, SHIRAZ und SANGIOVESE/Cabernet Sauvignon. Robust und charaktervoll.

**St Hallett** Barossa V., SA r w ★★→★★★ Old Block 08' 12' 13' 14 – Der Old Block SHIRAZ ist der Star, das übrige Programm ist tadellos, weich und stilvoll. Im Besitz von ACCOLADE.

**Stoney Rise** Tas r w ★★★ Joe Holyman war einst ein Weltklasse-Wicket-Keeper, doch das, was er bei PINOT NOIR und CHARDONNAY leistet, stellt all seine Cricket-Erfolge in den Schatten.

**Stonier Wines** Morn P, Vic r w ★★★ Pinot noir 12' 15' 17; Chardonnay 15' 17 – Beständig gut; Reserve-Abfüllungen mit bemerkenswerter Eleganz. Der PINOT NOIR ist besonders gut in Form, straff und ausdrucksvoll. Jetzt jede Menge Einzellagenweine.

**Sunbury** Vic – Siehe MACEDON und SUNBURY.

**Swan Valley** WA – 20 Minuten nördlich von Perth gelegener Geburtsort des Weins im australischen Westen. Das heiße Klima bringt starke Weine mit niedrigem Säuregehalt hervor. Führender Erzeuger ist FABER VINEYARDS.

**Tahbilk** Goulburn V., Vic r w ★★★ Shiraz 04' 10' 12'; Marsanne 06' 14' 16' 17 – Historischer Familienbesitz in Purbrick mit lagerfähigen Rotweinen; außerdem einer der besten Marsanne-Weine Australiens von alten Reben. Der CABERNET SAUVIGNON Reserve ist oft sehr gut. Seltener 1860 Vines SHIRAZ. Für Leute, die es rustikal mögen.

**Taltarni** Pyrenees, Vic r w; sch ★★ SHIRAZ und CABERNET SAUVIGNON präsentieren sich gut in Form. Langlebige Weine, aber man braucht keinen Presslufthammer mehr, um das Tannin vom Zahnfleisch zu lösen.

**Tapanappa** SA r ★★★★ Gemeinschaftsprojekt in WRATTONBULLY von Brian Croser, Bollinger und J.-M. Cazes aus Pauillac (Frankreich). Herrlicher CABERNET-SAUVIGNON-Verschnitt, SHIRAZ, MERLOT, CHARDONNAY. Erstaunlicher Pinot noir von der Fleurieu Peninsula.

**Tar & Roses** Heathcote, Vic r w ★★ SHIRAZ, TEMPRANILLO und SANGIOVESE, tadellos aufbereitet und präsentiert. Eine moderne Erfolgsgeschichte. Der Tod des Mitgründers Don Lewis 2017 ist ein großer Verlust, doch die Qualität bleibt auf hohem Niveau.

**AUSTRALIEN** | Tar–Tyr | 403

**Tarra****Warra Estate** Yarra V., Vic r w ★★ Reserve Pinot noir **12' 13'** 17; Reserve Chardonnay **12' 13'** 17 – Hat von stämmig und eigenwillig auf elegant und langanhaltend umgestellt. Der Reserve ist im Allgemeinen einen großen Schritt weiter als der normale Wein.

**Tasmanien** Kühle Inselregion mit ausgezeichnetem Ruf. Herausragende Schaumweine, PINOT NOIR und RIESLING. Sehr guter CHARDONNAY, SAUVIGNON BLANC und PINOT GRIS. Die Zukunft sieht rosig aus.

**Taylors Wines** Clare V., SA r w ★ Großer Produzent, vor allem von RIESLING, SHIRAZ und CABERNET SAUVIGNON. Exportiert die Weine unter dem Namen Wakefield Wines.

**Ten Minutes by Tractor** Morn P, Vic r w ★★★ Verrückter Name, clevere Etiketten und noch bessere Weine. Chardonnay und Pinot noir sind beide ausgezeichnet und werden sich lange halten. Stil trifft auf Substanz.

**Teusner** Barossa V., SA r ★★ Alte Reben, kluge Weinbereitung, reine Fruchtaromen. Anführer des Trends gegen zu viel Holzeinfluss, der sich im BAROSSA VALLEY breitmacht.

**Thousand Candles** Yarra V., Vic r w ★★ Unglaublicher Weinberg, und die wunderschöne Lage bringt wunderschöne Weine hervor. Delikater PINOT NOIR, würziger SHIRAZ und ein lebhafter Gemischter Satz. Kühles Klima. Die Qualität bewegt sich stetig aufwärts.

**Tim Adams** Clare V., SA r w ★ Stets verlässlicher RIESLING, CABERNET SAUVIGNON/MALBEC-Verschnitt, SHIRAZ und (körperreicher) TEMPRANILLO.

**Tolpuddle** Tas ★★★ SHAW & SMITH haben 2011 diesen ausgezeichneten, 1988 angelegten Weinberg im tasmanischen Coal River Valley gekauft. Funkelnder PINOT NOIR und CHARDONNAY in schlankem Stil mit langem Abgang.

**Topaque** Vic – Der EU zu verdankender Ersatzname für den legendären süßen »Tokay« aus RUTHERGLEN. Nach zehn Jahren ist es immer noch schwer, jemanden zu finden, der den neuen Namen mag.

**Torbreck** Barossa V., SA r (w) ★★★ Spezialisiert auf (oft von alten Reben stammenden) Rhône-Sorten, allen voran SHIRAZ und GRENACHE. Paradebeispiel für vollen, süßen, alkoholstarken Stil. Die Qualität blieb von den internen Streitigkeiten unberührt.

**Torzi Matthews** Eden V., SA r ★★ Aromatischer, generöser, stilvoller SHIRAZ. Preiswerter RIESLING. Jahr für Jahr unglaublich beständig.

**Tripe.Iscariot** Margaret R., WA r w ★★ Schwierig zu buchstabieren, einfach zu genießen. Komplexe Weiß-/Rotweine nach eigenem Entwurf. Passen in keine Schublade. Mitglied der Naturwein-Bewegung.

**Tumbarumba** NSW – Region mit kühlem Klima in den australischen Alpen in New South Wales; die Weinberge liegen in 500–800 m Höhe. Der Star ist CHARDONNAY. Der PINOT NOIR liegt weit zurück und wird wohl nie aufschließen.

**Turkey Flat** Barossa V., SA r rs ★★★ Spitzenerzeuger von glanzhellem Rosé, GRENACHE und SHIRAZ aus dem Herzen eines 150 Jahre alten Weinbergs. Alkoholgehalt und Verwendung von Eichenfässern sind begrenzt. Neue Einzellagenweine. Alt, aber modern.

**TWE (Treasury Wine Estates)** Australischer Weinmoloch mit Dutzenden bekannter Marken, u.a. COLDSTREAM HILLS, DEVIL'S LAIR, LINDEMANS, PENFOLDS, ROSEMOUNT, SALTRAM, WOLF BLASS, WYNNS.

**Two Hands** Barossa V., SA r ★★★ Üppige Rote, und zwar eine Fülle davon. Der Regler wurde endlich eine Tick niedriger eingestellt und die Frucht macht sich umso klarer/lauter bemerkbar.

**Tyrrell's** Hunter V., NSW r w ★★★★ Semillon **13' 14' 15' 16' 17'** 18; Vat 47 Chardonnay **14' 15'** 16' 17' 18 – Hier entsteht Australiens großartigster SEMILLON. Zum Vat 1 hat sich eine Reihe von Einzellagenweinen oder Weinen aus Unterbereichen gesellt. Auch der Vat 47, der erste CHARDONNAY Australiens, trotzt weiterhin den klimatischen Widrigkeiten. Hervorragend sind auch der 4 Acres SHIRAZ von alten Reben und der Vat 9 Shiraz. Eine der wirklich Großen.

**Vasse Felix** Margaret R., WA r w ★★★ Cabernet Sauvignon 10' 11' 12' 14' Chardonnay 13' 14' 15' – Zusammen mit CULLEN ein Pionier am MARGARET RIVER. Eleganter, mittelschwerer CABERNET SAUVIGNON mit bemerkenswerter Ausgewogenheit. Komplexer, aufgepeppter CHARDONNAY. Kehrt zu seinen Wurzeln der Gutsweinerzeugung zurück.

---

### 150 Jahre Henschke

Die Kellerei HENSCHKE im Eden Valley, bekannt vor allem für ihren Hill of Grace SHIRAZ von (sehr) alten Reben, feiert ihren 150. Geburtstag. Die Lage Hill of Grace wurde 1860 angepflanzt, die ersten Weine von Henschke wurden 1868 zum Verkauf angeboten. Der erste als Hill of Grace etikettierte Wein erblickte 1958 das Licht der Welt; der aktuelle 2013er-Jahrgang war die 55. Abfüllung. Die Reben, die inzwischen rund 160 Jahre alt sind, tragen nach wie vor und bringen nach wie vor den überaus raren Wein hervor – beim 2013er gibt es genau eine Flasche pro Kunde.

---

**Voyager Estate** Margaret R., WA r w ★★ Große Mengen von reichhaltigem, kräftigem Wein (hauptsächlich) aus eigenem Anbau: SEMILLON, SAUVIGNON BLANC, (v. a.) CHARDONNAY und CABERNET SAUVIGNON/MERLOT.

**Wantirna Estate** Yarra V., Vic r w ★★★ Pionier der Region, der keine Anzeichen von Ermüdung zeigt. CHARDONNAY, PINOT NOIR und die Bordeaux-Verschnitte sind alle ausgezeichnet in Form. Mengenmäßig klein, qualitätsmäßig groß.

**Wendouree** Clare V., SA r ★★★★ Hochgeschätzter Erzeuger kraftvoller, tanninreicher, konzentrierter Rotweine (in kleinen Mengen) auf der Basis von CABERNET SAUVIGNON, MALBEC, MATARO und SHIRAZ. Hat vor Kurzem auf Schraubverschlüsse umgestellt. Die Bedeutung des Worts »Langlebigkeit« erklärt man am besten mit dem Bild eines Rotweins von Wendouree. Dafür gibt man sein letztes Hemd her.

**West Cape Howe** Denmark, WA r w ★ Die Spezialität sind erschwingliche, geschmacksintensive Rotweine.

**Westend Estate** Riverina, NSW r w ★★ Boomender Familienbetrieb, der schmackhafte Schnäppchen erzeugt, v. a. Private Bin SHIRAZ/Durif. Auch die Neuzugänge aus kühlem Klima sind ziemlich preiswert.

**Willow Creek** Morn Pen, Vic r w ★★ Guter Erzeuger v. a. von eindrucksvollem CHARDONNAY und PINOT NOIR. Kraft und Ausgewogenheit.

**Wirra Wirra** McLaren Vale, SA r w; (s); (sch) ★★ RSW Shiraz 04' 05' 10' 12'; Cabernet Sauvignon Angelus 10' 12' 13' – Hochwertige, konzentrierte Weine in peppigem Design. Der CABERNET SAUVIGNON Angelus heißt außerhalb Australiens Dead Ringer.

**Wolf Blass** Barossa V., SA r w (br); (s); (sch) ★★ Cabernet-Sauvignon-Verschnitt Black Label 06' 08' 12' 13' 14 – Im Besitz von TWE. Nicht mehr der Erzeuger, der er einmal war, jagt aber immer noch riesige Mengen sauberer, unaufdringlicher Weine durch die Anlage.

**Woodlands** Margaret R., WA r (w) ★★ Mit über 40 Jahre alten CABERNET-SAUVIGNON-Reben bestockte 7 ha Weinberge, die zu den besten Lagen des Gebiets zählen; außerdem jüngere, aber sehr gute Anpflanzungen anderer Bordeaux-Rotweinsorten. Rotweine von beunruhigender Wucht.

**Vrattonbully** SA – Wichtiges Anbaugebiet an der LIMESTONE COAST. Durch TAPANAPPA, Terre à Terre und Peppertree ist der Anspruch gestiegen.

**Wynns** Coonawarra, SA r w ★★★★ Shiraz 10' 12' 14' 16; Cabernet Sauvignon 04' 05' 06' 12' 13' 14' 15 – COONAWARRA-Klassiker im Besitz von TWE. RIESLING, CHARDONNAY, SHIRAZ und CABERNET SAUVIGNON sind alle sehr gut, v.a. der Black Label Cabernet Sauvignon (15' wird ewig halten) und der John Riddoch Cabernet Sauvignon. Die neuen Einzellagenabfüllungen sind das Sahnehäubchen.

**Yabby Lake** Morn P, Vic r w ★★★ Machte sich mit CHARDONNAY und PINOT NOIR von gutseigenen Trauben einen Namen, blühte mit Einzellagenabfüllungen auf, und der intensiv würzige SHIRAZ steigert das Renommee nun noch weiter.

**Yalumba** Barossa V., SA, SA r w; sch ★★★ 169 Jahre alter Familienbetrieb. Volles Spektrum erstklassiger Weine, von preiswerten Abfüllungen bis zu Spitzen-Einzellagengewächsen. Sehr gutes Preis-Leistungs-Verhältnis bei der Y Series auf Einsteigerniveau.

**Yangarra Estate** McLaren Vale, SA r w ★★★★ In mancher Hinsicht konventionell, in anderer erfinderisch, je nachdem, was es braucht, um großartigen Wein zu erzeugen. Das volle Programm, über fast das ganze preisliche Spektrum. Der sortenreine GRENACHE ist besonders überzeugend.

**Yarraloch** Yarra V., Vic r w ★★ Der CHARDONNAY ist potenziell zum Dahinschmelzen. Oft aber auch außergewöhnlicher PINOT NOIR.

**Yarra Valley** Vic – Historisches Weinbaugebiet nordöstlich von Melbourne. Der Schwerpunkt verlagert sich auf den sehr erfolgreichen CHARDONNAY, PINOT NOIR, SHIRAZ und Schaumweine. Verhaltener, eleganter CABERNET SAUVIGNON.

**Yarra Yering** Yarra V., Vic r w ★★★ Dry Red 05' 06' 15' 17 – Einzigartiger Pionier im YARRA VALLEY. Kraftvoller PINOT NOIR, tiefgründiger, kräuterwürziger CABERNET SAUVIGNON (Dry Red No. 1) und SHIRAZ (Dry Red No. 2). Üppige, gewagte Geschmacksnoten in Rot- und Weißweinen.

**Yellow Tail** NSW – Siehe CASELLA.

*In Australien geht Prosecco weg wie warme Semmeln: hier eine Rebsorte, kein Anbaugebiet. In Italien sieht man das gar nicht gern.*

**Yeringberg** Yarra V., Vic r w ★★★★ Cabernet Sauvignon 05' 10' 12' 13' 14' 15; Marsanne/Roussanne 13' 14' 15 – Historisches Weingut, noch immer im Besitz der Schweizer Familie de Pury, die es 1862 gründete. MARSANNE, ROUSSANNE, CHARDONNAY, CABERNET SAUVIGNON und PINOT NOIR in extrem kleinen Mengen und sehr hoher Qualität.

**Yering Station/Yarrabank** Yarra V., Vic r w; sch ★★ Nach 80-jähriger Pause wurde der erste Weinberg Victorias in den 1990er-Jahren wieder mit Reben bestockt. Peppige Reserve-Weine von CHARDONNAY, PINOT NOIR, SHIRAZ und VIOGNIER; Yarrabank steht für die Schaumweine aus dem Joint Venture mit Champagne Devaux.

# Neuseeland

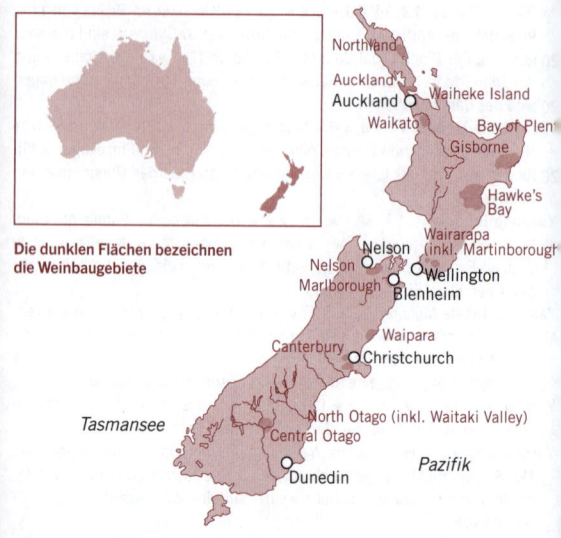

**Die dunklen Flächen bezeichnen die Weinbaugebiete**

Die folgenden Abkürzungen werden im Text verwendet:

| | | | |
|---|---|---|---|
| **Auck** | Auckland | **Hend** | Henderson (Auckland) |
| **Cant** | Canterbury | **Marlb** | Marlborough |
| **C-Ot** | Central Otago | **Martinb** | Martinborough |
| **Gis** | Gisborne | **Nel** | Nelson |
| **Hawk** | Hawke's Bay | **Waiheke** | Waiheke Island |

Fünf Millionen Gläser neuseeländischer Wein werden täglich weltweit getrunken. Neben Großbritannien, wo die Begeisterung seit Langem anhält, hat auch Amerika einen großen Durst auf den schwungvollen, markanten Sauvignon blanc aus Marlborough entwickelt; die USA sind in pekuniärer Hinsicht inzwischen dessen absatzstärkster Markt. In Australien ist der Marlborough Sauvignon blanc Oyster Bay der meistverkaufte Weißwein. Doch in Neuseeland gibt es heute nicht mehr Erzeuger als vor sechs Jahren, und die steigende Flut der Massenweinexporte hat auf höchster Ebene Sorgen im Hinblick auf den unerlaubten Verschnitt mit billigeren Weinen aus anderen Ländern geweckt. Deshalb wurde 2018 die Appellation Marlborough Wine ins Leben gerufen, deren Mitglieder sich verpflichten, für ihren Sauvignon blanc ausschließlich Trauben aus Marlborough zu verwenden und ihre Weine in Neuseeland abzufüllen.

Ein weiteres Hoffnungszeichen ist, dass Chardonnay und Cabernet Sauvignon – zwei in den 1980er-Jahren renommierte Rebsorten, die dann jedoch durch Sauvignon, Pinot gris, Pinot noir und Merlot verdrängt wurden – wieder en vogue sind: Chardonnay baut seine Präsenz im tiefen Süden aus, während Cabernet Sauvignon an der Hawke's Bay auf neues Interesse stößt.

# Neuere Jahrgänge

**2018** Der heißeste Sommer überhaupt, zerstörerische Unwetter im April. Reifer, weniger grasiger Marlborough Sauvignon blanc. Weitverbreitete Krankheiten, aber einige gute Weine bei früher Lese.

**2017** Schwieriger Jahrgang mit Regen vor der Lese. Central Otago war erfolgreicher.

**2016** Reifer Marlborough Sauvignon blanc mit Aromen von tropischen Früchten. An der Hawke's Bay ausgezeichneter Chardonnay, aber der Merlot wurde durch Herbstregen beeinträchtigt.

**2015** Aromatischer, lebhafter Marlborough Sauvignon blanc. An der Hawke's Bay eher duftende und anmutige denn kraftvolle Rotweine.

**Akarua** C-Ot r (rs) (w); (sch) ★★★ PINOT NOIR: hervorragender Bannockburn (17'); floraler, jung zu trinkender Rua (kurz in Eiche ausgebaut; 17'); v. a. kraftvoller The Siren (16). Lebhafte Schaumweine, u. a. komplexer Vintage Brut (11), lebendiger Brut oJ und erdbeerfruchtiger Rosé Brut oJ.

**Allan Scott** Marlb (r) (rs) w; (sch) ★★ Familienbetrieb. Lebhafter RIESLING (17), tropischer SAUVIGNON BLANC (18), CHARDONNAY mit sanftem Eichenton (17'). Die High-End-Reihe heißt Generations. Mit Frucht vollgepackter CENTRAL OTAGO PINOT NOIR namens Scott Base (17')

**Alpha Domus** Hawk r w ★★ Familienbetrieb im Bridge Pa Triangle. Eleganter CHARDONNAY The Skybolt (16). Reichhaltige Rotweine im Bordeaux-Stil, v. a. The Navigator (14) auf MERLOT-Basis und der erstklassige CABERNET SAUVIGNON AD The Aviator (15'). Generöser SYRAH Barnstormer (16). The Pilot ist jung zu trinken. Die Spitzenreihe heißt AD (saftiger Chardonnay; 16').

**Amisfield** C-Ot r (rs) (w) ★★★ Körperreicher PINOT GRIS (17), RIESLING mit Klasse (trocken: 17; mittelsüß: 18'), pikanter SAUVIGNON BLANC (18'), halbtrockener Pinot-Rosé (18') und anmutiger PINOT NOIR (16) – der RKV Reserve ist kraftvoll, das Rolls-Royce-Modell (15'). Jung genussreife Weine heißen Lake Hayes.

**Astrolabe** Marlb (r) w ★★★→★★★★ Charaktervolle Weine von Simon Waghorn. Reif-vegetabiler SAUVIGNON BLANC (18). Trockener PINOT GRIS (17) und ALBARIÑO (17); intensiver CHENIN BLANC (17'). Trockener und halbtrockener RIESLING, pfirsichfruchtiger CHARDONNAY. PINOT NOIR (16) mit langem Abgang.

**Ata Rangi** Martinb r (rs) (w) ★★★→★★★★★ Äußerst renommierter Familienbetrieb. Der PINOT NOIR (13' 14' 15' 16') ist ein neuseeländischer Klassiker (die ersten Reben wurden 1980 gepflanzt); köstlicher Crimson Pinot noir von jüngeren Reben (16). Beachtlich der Craighall CHARDONNAY (15' 16) von 1983 gepflanzten Reben; voller Lismore PINOT GRIS (17); nussiger, teilweise in Eiche ausgebauter Raranga SAUVIGNON BLANC (17).

**Auckland** Größte Stadt Neuseelands (im Norden; warm und wolkenreich) mit 0,9 % der Gesamtrebfläche; Hauptsitz vieler großer Erzeuger. Nahe gelegene Weinbaugebiete sind Kumeu/Huapai/Waimauku (schon länger etabliert); in den 1980er-Jahren entstanden Matakana, Clevedon und WAIHEKE ISLAND (bei Touristen sehr beliebte Inselweingüter). Vollmundige Bordeaux-Verschnitte in trockenen Jahrgängen (13' 14). Der muskulöse SYRAH (13' 14) expandiert rasch und macht qualitativ HAWKE'S BAY Konkurrenz; unterschätzter CHARDONNAY (15) sowie vielversprechender ALBARIÑO und PINOT GRIS. Die vergangenen Jahre waren feucht.

**Auntsfield** Marlb r w ★★→★★★★ Beständig eindrucksvolle Weine vom ersten Weinberg der Region, der 1873 angelegt und 1999 neu bepflanzt wurde. Intensiver, teilweise fassvergorener SAUVIGNON BLANC (18'), fülliger

CHARDONNAY, v. a. der Cob Cottage aus einer einzelnen Parzelle (**16'**), un kräftiger, geschmacksintensiver PINOT NOIR (**16'**).

**Awatere Valley** Marlb – Wichtiger Unterbereich mit wenigen Kellereien, abe ausgedehnten Rebanlagen (mehr als HAWKE'S BAY). Wegbereiter war 198( VAVASOUR; der wichtigste Erzeuger ist YEALANDS. Etwas kühler, trockener windiger, weniger fruchtbar als das WAIRAU VALLEY, mit rassigem (»Toma tenrispe«) SAUVIGNON BLANC (der von britischen Kritikern besser bewerte wird als von amerikanischen), lebhaftem RIESLING und PINOT GRIS sowi( leicht vegetabilem PINOT NOIR.

**Babich** Hend r w ★★→★★★ Der größte Familienbetrieb in Neuseelan( (1916), kroatischen Ursprungs. Weinberge in HAWKE'S BAY und MARL BOROUGH; Kellereien in AUCKLAND und Marlborough. Alterungswürdi ge Irongate-Weine aus GIMBLETT GRAVELS: CHARDONNAY und bordeaux artiger CABERNET SAUVIGNON/MERLOT/CABERNET FRANC (**13' 14'**). Am besten verkauft sich der wuchtige Marlborough SAUVIGNON BLANC. Spit zenrotwein ist der stilvolle The Patriarch im Bordeaux-Stil mit Malbec Einfluss (**13'**).

**Blackenbrook** Nel r w ★★ Kleine Kellerei mit eindrucksvollen aromatischer Weißweinen, v. a. GEWÜRZTRAMINER im Elsässer Stil und PINOT GRIS. Dazu ausdrucksstarker SAUVIGNON BLANC, generöser CHARDONNAY und anmu tiger PINOT NOIR. Zweitetikett: St Jacques.

**Black Estate** Cant r w ★★ Kleiner ökologischer Betrieb in WAIPARA mit rei fen (1994 angepflanzten) Reben. Intensiver Home Vineyard CHARDONNAY, saftiger, geschmeidiger PINOT NOIR, v. a. der hervorragende Damsteep.

**Blank Canvas** Marlb r w ★★ Im Besitz von Matt Thomson (früher bei SAINT CLAIR) und Sophie Parker-Thomson. Aromatischer SAUVIGNON BLANC, leichter RIESLING, komplexer PINOT NOIR.

**Borthwick** Wairarapa r w ★★ Erzeuger in Gladstone mit der Marke Paddy Borthwick. Schwungvoller SAUVIGNON BLANC, zitroniger CHARDONNAY, pfirsichfruchtiger PINOT GRIS, geschmacksintensiver Pinot-Rosé und reich haltiger PINOT NOIR.

**Brancott Estate** Marlb r (rs) w ★★→★★★ Hauptmarke von PERNOD RICARD NEW ZEALAND, die weltweit (außer in Neuseeland) an die Stelle von Mon tana getreten ist. Spitzenweine: Letter Series, z. B. der fleischige Brancott SAUVIGNON BLANC »B« (**16'**), der volle CHARDONNAY »O« und der hoch klassige PINOT NOIR »T«. Verkaufsschlager ist der preiswerte Sauvignon blanc. In der neuen Reihe Identity liegt der Schwerpunkt auf Unterberei chen, unter dem Etikett Living Land wird Biowein vertrieben, Flight steht für einfache, alkoholarme Weine. Lebhafte Brut-Cuvée mit Flaschengärung und ausgezeichnetem Preis-Leistungs-Verhältnis.

**Brightwater** Nel (r) w ★★ Eindrucksvolle Weißweine, v. a. intensiver SAUVI GNON BLANC, halbtrockener RIESLING. CHARDONNAY mit zarter Eichennote und frischer PINOT GRIS. Geschmeidiger PINOT NOIR. Spitzenweine: Lord Rutherford (u. a. reifer Sauvignon blanc, ausgefeilter, straffer Chardonnay).

**Canterbury** Fünftgrößte Weinbauregion Neuseelands. Fast alle Anbauflächen liegen im relativ warmen nördlichen Waipara (das zunehmend North Can terbury genannt wird). Den größten Erfolg haben der aromatische RIESLING (seit Mitte der 1980er-Jahre) und der reichhaltige PINOT NOIR. Neuerdings guter PINOT GRIS im Elsässer Stil. SAUVIGNON BLANC wird viel angepflanzt, ist aber häufig eine Nebenzutat für andere Weine der Region.

**Carrick** C-Ot r w ★★★ Kellerei in Bannockburn mit Schwerpunkt Biowein. Erstklassiger RIESLING (trocken und halbtrocken), eleganter CHARDONNAY, v. a. EBM, teilweise in Eiche ausgebauter PINOT GRIS und PINOT NOIR, der viele Jahre vor sich hat. Ansprechend ist der jung zu trinkende Pinot noir Unravelled. Der Spitzenwein Pinot noir Excelsior (**14'**) ist voll und mild.

## NEUSEELAND | Cen–Clo | 409

**Central Otago** r 16 17'; w 16 17' – Hoch gelegene, trockene Region im Landesinneren (nun die drittgrößte des Landes) im Süden der Südinsel mit vielen sehr kleinen Erzeugerbetrieben. Sonnige, heiße Tage, sehr kühle Nächte. Die meisten Reben stehen im Cromwell Basin. Knackiger RIESLING und PINOT GRIS; rasch steigendes Interesse an straff gewobenem CHARDONNAY; der berühmte PINOT NOIR (über 78 % der Anbaufläche) mit lebhafter Fruchtigkeit besitzt jung schon Charme, ältere Reben bringen aber saftigere Weine hervor. Ausgezeichneter Pinot noir Rosé und Schaumwein nach der traditionellen Methode.

**Chard Farm** C-Ot r w ★★ Pionierkellerei. Üppiger, trockener PINOT GRIS, duftender RIESLING und mittelschwerer PINOT NOIR (der River Run ist fruchtig, die Einzellagenweine The Tiger und The Viper haben mehr Komplexität). Jung zu trinkender Pinot noir Rabbit Ranch. Der Pinot noir Mata-Au ist ein süßfruchtiges Musterexemplar (**15**).

> ### Grünlich
>
> Neuseelands »sauberes«, »grünes« Image ist dem Absatz seiner Weine förderlich, aber nur 6 % der Rebflächen sind ökologisch zertifiziert: kaum mehr als der internationale Durchschnitt von 4,5 %. MILLTON bereitete in den 1980er-Jahren den Weg. Inzwischen steigt das Interesse an ökologischer Bewirtschaftung, v. a. in Central Otago, wo mehr als 16 % der Rebfläche zertifiziert sind.

**Church Road** Hawk r (rs) w ★★→★★★ Kellerei im Besitz von PERNOD RICARD NEW ZEALAND mit historischen Wurzeln an der Hawke's Bay. Buttriger CHARDONNAY; teilweise in Eiche ausgebauter SAUVIGNON BLANC; PINOT GRIS nach Elsässer Art; dunkler MERLOT/CABERNET SAUVIGNON; köstlicher, jung zu trinkender SYRAH – alle sehr preiswert. Beeindruckende Grand-Reserve-Reihe. Die Reihe McDonald – zwischen Standard und Grand Reserve angesiedelt – bietet bemerkenswerte Qualität zu günstigen Preisen (inkl. Chardonnay, Syrah, Cabernet Sauvignon, Merlot; alle **14**). Neu ist der delikate trockene Rosé Gwen. Die Prestigereihe TOM umfasst u. a. kraftvollen Merlot/Cabernet Sauvignon (**14'**), Chardonnay (**14'**) und Syrah mit herrlichem Bukett (**14'**).

**Churton** Marlb r w ★★ Von der etwas höheren Lage im Waihopai Valley kommt knochentrockener SAUVIGNON BLANC, z. B. der langlebige, in Eiche ausgebaute Sauvignon blanc Best End. Dazu robuster VIOGNIER (**15**) und saftiger PINOT NOIR, v. a. The Abyss von den ältesten Reben und mit größerer Tiefe (**13'**). Ferner bestechender süßer PETIT MANSENG.

**Clearview** Hawk r (rs) w ★★→★★★ Das Weingut an der Küste in Te Awanga (auch Trauben aus dem Landesinneren werden verwendet) ist bekannt für hedonistischen CHARDONNAY Reserve mit Eichennote (der Chardonnay Beachhead ist die ausgezeichnete Juniorausgabe), den vollen Enigma (auf MERLOT-Basis) und den CABERNET SAUVIGNON/MALBEC/CABERNET FRANC-Verschnitt Old Olive Block. Der Merlot namens Cape Kidnappers ist überaus preiswert.

**Clos Henri** Marlb r w ★★→★★★ 2001 von Henri Bourgeois aus Sancerre gegründeter ökologischer Betrieb. Gewichtiger SAUVIGNON BLANC von steinigen Böden, der zu den besten Neuseelands zählt, und robuster, saftiger PINOT NOIR von Lehmböden. Bei dem Zweitetikett Bel Echo ist das Trauben-Boden-Verhältnis umgekehrt. Drittetikett: Petit Clos (von jungen Reben). Eigenwillige, sehr überzeugende Weine zum angemessenen Preis.

**Cloudy Bay** Marlb r w; sch ★★★ Der in großen Mengen erzeugte, aber trotzdem ausgezeichnete SAUVIGNON BLANC (gewichtig, trocken, z. T. im Fass ausgebaut) ist Neuseelands berühmtester Wein. Der komplexe CHARDONNAY und der geschmeidige PINOT NOIR sind ebenfalls erstklassig. Stilvoller Schaumwein Pelorus, Rosé und oJ. Der Te Koko (in Eiche ausgebauter Sauvignon blanc) hat eine ausgeprägte Persönlichkeit. Auch in CENTRAL OTAGO engagiert mit dem vollmundigen, reichhaltigen Te Wahi PINOT NOIR (**14' 15' 16**). Im Besitz von LVMH.

**Constellation New Zealand** Auck r (rs) w ★→★★ Neuseelands größter Erzeuger, vormals Nobilo Wine Group und jetzt im Besitz von Constellation Brands (mit Sitz in New York). Großer Marktanteil in den USA (der Marlborough Sauvignon blanc KIM CRAWFORD ist der meistverkaufte neuseeländische Wein). Die große Stärke sind solide Weine zu mäßigen Preisen (v. a. Sauvignon blanc) unter den Markennamen Kim Crawford, Monkey Bay, NOBILO und SELAKS.

**Coopers Creek** Auck r w ★★→★★★ Innovativer mittelgroßer Erzeuger mit preiswerten Weinen aus mehreren Regionen, inkl. vollem MONTEPULCIANO von Reben aus eigenen Lagen. Toastwürziger Hawke's Bay CHARDONNAY Swamp Reserve, guter SAUVIGNON BLANC, RIESLING, MERLOT, süffiger PINOT NOIR und reichhaltiger SYRAH (v. a. der Hawke's Bay Syrah SV Chalk Ridge). Am besten sind die Reserve-Weine; die Reihe SV (Select Vineyard) deckt den mittleren Qualitätsbereich ab. Wagte sich als Erster in Neuseeland an ARNEIS, GRÜNEN VELTLINER, ALBARIÑO und MARSANNE.

**Craggy Range** Hawk r (rs) w ★★★→★★★★ Sehr bekannte Kellerei mit Gourmetrestaurant und großen Rebflächen in HAWKE'S BAY und MARTINBOROUGH. Stilvoller CHARDONNAY und PINOT NOIR, ausgezeichneter MERLOT und SYRAH der mittleren Qualitätsstufe aus GIMBLETT GRAVELS, außerdem dichter Sophia (MERLOT), umwerfender Syrah Le Sol (**14' 15 16'**), robuster The Quarry (CABERNET SAUVIGNON) und duftender Pinot noir Aroha (**14' 15' 16'**).

**Delegat's** Auck r w ★★ Großes börsennotiertes Unternehmen (über 2 Mio. Kisten/Jahr), das immer noch von der Familie Delegat kontrolliert wird. Weinbergbesitz in HAWKE'S BAY und MARLBOROUGH, drei Kellereien (auch in AUCKLAND). Enorm erfolgreich ist die Marke OYSTER BAY, v. a. der pikante SAUVIGNON BLANC, der pflaumenwürzige MERLOT und der neue trockene ROSÉ. Außerordentlich preiswert ist die Delegat-Reihe: zitroniger CHARDONNAY, voller Sauvignon blanc, lebhafter Merlot und saftiger PINOT NOIR. Zum Besitz gehören auch die Barossa Valley Estates.

**Delta** Marlb ★★→★★★ Im Besitz von SAINT CLAIR. Äußerst preiswerter PINOT NOIR, leicht salziger SAUVIGNON BLANC. Die Reihe Hatters Hill ist eine Qualitätsstufe höher angesiedelt.

**Destiny Bay** Waiheke r ★★→★★★ Amerikanische Auswanderer erzeugen überaus hochklassige, kostspielige (allerdings für Mitglieder des Patron Club günstigere) brombeerfruchtige, seidige Rotweine im Bordeaux-Stil. Flaggschiff ist der saftige Magna Praemia, hauptsächlich von CABERNET SAUVIGNON. Mystae heißen die saftigen Weine der mittleren Qualitätsstufe, Destinae die jünger zu trinkenden Weine mit weichem Gefüge.

**Deutz** Auck sch ★★★ Der Name für ausgefeilte, überaus preiswerte Schaumweine, die in MARLBOROUGH von PERNOD RICARD NEW ZEALAND produziert werden, kommt vom französischen Champagnerhaus. Der beliebte Brut oJ reift mindestens zwei Jahre auf dem Hefesatz. Der preisgekrönte Blanc de Blancs ist lebhaft und eindringlich. Knackig frischer Rosé oJ und überragender harmonischer Prestige (nach drei Jahren degorgiert), vorwiegend von CHARDONNAY.

## NEUSEELAND | Dog–Fro | 411

**Dog Point** Marlb r w ★★★ Winzer Ivan Sutherland und Kellermeister James Healy erzeugen markanten, lagerwerten eichenfassgereiften SAUVIGNON BLANC (Section 94), CHARDONNAY (elegant) und komplexen PINOT NOIR (13' 14' 15 16), die alle zu den besten der Region zählen. Größere Mengen von dennoch sehr gutem Sauvignon blanc ohne Holznote. Bio (seit 2017).

**Dry River** Martinb r w ★★★ Der kleine Pionierbetrieb, jetzt in US-amerikanischem Besitz, hat einen guten Ruf für elegante, langlebige Weißweine: CHARDONNAY (13' 14 15 16), intensiver RIESLING (13' 14' 15' 16'), robuster PINOT GRIS (14' 15' 16'), Neuseelands erste herausragende Pinot-gris-Version, sowie alkoholstarker GEWÜRZTRAMINER (16'). Außerdem weiße Spätlesen und dichter PINOT NOIR (13' 14' 15').

**Elephant Hill** Hawk (rs) w ★★→★★★ Stilvolle Kellerei mit Restaurant in Te Awanga an der Küste, bezieht auch Trauben aus dem Landesinneren. Reichhaltiger CHARDONNAY, muskulöser MERLOT/MALBEC und geschmeidiger SYRAH. Herausragende Reserve-Reihe, inkl. Chardonnay. Die beiden Spitzenweine sind der Syrah Airavata (bemerkenswert dicht und komplex) und der rote Verschnitt Hieronymus.

**Escarpment** Martinb r (w) ★★★ In australischem Besitz, mit Pionier Larry McKenna (früher bei Martinborough Vineyard). Bekannt für deftigen PINOT NOIR. Spitzenetikett: Kupe. Die Rotweine von alten Reben aus Einzellagen sind besonders gut. Der MARTINBOROUGH Pinot noir ist ein regionaler Verschnitt. Einfachere Weine heißen The Edge.

**Esk Valley** Hawk r rs w ★★→★★★ Im Besitz von VILLA MARIA. Renommierte Verschnitte auf MERLOT-Basis (v. a. Winemakers Reserve; 14' 16'); ausgezeichneter Merlot/Cabernet/MALBEC. Geschmeidiger SYRAH (reichhaltiger Reserve). Beliebter Merlot Rosé, fassvergorener CHARDONNAY mit tollem Preis-Leistungs-Verhältnis, körperreicher VERDELHO. Überaus interessanter Flaggschiffrotwein: Heipipi The Terraces (würziger Einzellagenverschnitt von Malbec, Merlot und CABERNET FRANC).

**Fairbourne** Marlb ★★ In Neuseeland der einzige Spezialist für SAUVIGNON BLANC: straff gebaut, knochentrocken, von Hand gelesen, aus hohen Lagen an Nordhängen auf der Südseite des WAIRAU VALLEY.

**Felton Road** C-Ot r w ★★★★ Die gefeierte Kellerei in Bannockburn ist v. a. für PINOT NOIR bekannt, aber RIESLING und CHARDONNAY sind ebenfalls bemerkenswert hochklassig. Mächtiger, gleichwohl anmutiger Pinot noir Block 3 (15' 17'), kraftvoller Block 5 (15' 17') aus der Lage The Elms; intensiver Riesling (trocken und halbtrocken); zitroniger CHARDONNAY (v. a. Block 2); Spitzenetikett: Bannockburn Pinot noir, ein Verschnitt von Trauben aus vier Weinbergen. Andere sehr feine Pinot-noir-Einzellagenweine: Calvert (in der Nähe der Kellerei) und Cornish Point (6 km entfernt).

**Forrest** Marlb r (rs) w ★★ Mittelgroßer Betrieb. Einschneidender Erfolg mit dem Marlborough SAUVIGNON BLANC The Doctors', einem grazilen, alkoholarmen Wein (9,5 %) mit spritziger Säure. Breite Palette ansprechender, preiswerter Marlborough-Weine, floraler Rosé und äußerst preiswerter PINOT NOIR. Die Marke Tatty Bogler vereint komplexe Weine aus CENTRAL OTAGO und WAITAKI VALLEY.

**Framingham** Marlb (r) w ★★→★★★ Im Besitz von Sogrape (Portugal). Besonders stark bei aromatischen Weißweinen: intensiver Riesling (v. a. der biodynamische Classic) von ausgereiften Reben, duftender PINOT GRIS und GEWÜRZTRAMINER sowie lebhafter CHARDONNAY. Außerdem feiner SAUVIGNON BLANC, saftiger Noble RIESLING und seidiger PINOT NOIR. Die Weine der Reihe F-Series (u. a. Old Vine Riesling und herrliche süße Weine mit Edelfäule) sind selten, aber voller Persönlichkeit.

**Fromm** Marlb r w ★★★ In Schweizer Besitz. Hervorragender PINOT NOIR, v. a. der seltene Clayvin Vineyard von einer biodynamisch bewirtschafteten

Hügellage (**15' 16'**). Der Fromm Vineyard ist kräftiger und fester. Stilvoller CHARDONNAY Clayvin. Die Reihe La Strada umfasst früher zu genießende Weine, u. a. reichhaltigen Pinot noir, pikanten SAUVIGNON BLANC, fleischigen PINOT GRIS und ausgezeichneten Rosé.

**Gibbston Valley** C-Ot r (rs) w ★★→★★★ Pionier mit Reblagen zunächst in Gibbston; inzwischen liegen die meisten Weinberge in Bendigo. Hervorragender Ruf für PINOT NOIR, v. a. für den geschmeidigen GV Collection. Der seidige Le Maitre (2017 besser denn je) stammt hauptsächlich von den ersten (1980 angepflanzten) Reben. Rassiger GV RIESLING, körperreicher GV PINOT GRIS und erstklassiger CHARDONNAY (v. a. China Terrace). Der Gold River Pinot noir zeigt jung seinen Charme.

**Giesen** Cant (r) w ★★ Der Familienbetrieb erzeugt große Mengen herben, reif-kräuterwürzigen MARLBOROUGH SAUVIGNON BLANC, leichten RIESLING (preiswert) und den hochklassigen Einzellagen-Riesling Gemstone. Der PINOT GRIS von Trauben aus verschiedenen Regionen ist ebenfalls preiswert. Kräftiger Sauvignon blanc The Brothers (mittlere Qualitätsstufe) und fassvergorener Sauvignon blanc The August. Rasch an Qualität zulegender PINOT NOIR. Hat kürzlich die berühmte Lage Clayvin Vineyard gepachtet und die Marke Ara erworben.

**Gimblett Gravels** Hawk – Weinbaugebiet (800 ha, hauptsächlich seit Anfang der 1980er-Jahre bepflanzt) in einem alten Flussbett mit meist gut wasserableitenden, wenig fruchtbaren Böden; bekannt für volle Rote im Bordeaux-Stil (hauptsächlich auf MERLOT-Basis, aber die steinigen Böden eignen sich auch für CABERNET SAUVIGNON, und dem wird in letzter Zeit verstärktes Interesse zuteil). Außerdem fantastischer SYRAH. Die besten Rotweine sind Weltklasse. Ferner CHARDONNAY zum Einlagern und guter MARSANNE/VIOGNIER.

**Gisborne** Neuseelands fünftgrößte (in den 1970er- und 80er-Jahren größte) Weinregion, an der Ostküste der Nordinsel gelegen. Reichlich Sonne, häufig aber auch regnerisch, fruchtbare Böden. Die besondere Stärke ist CHARDONNAY (duftende und in der Jugend weiche Weine; die besten entfalten sich schön). Ausgezeichnet sind GEWÜRZTRAMINER, CHENIN BLANC und VIOGNIER; MERLOT und PINOT GRIS sind etwas wechselhafter. Interesse an (regenresistentem) ALBARIÑO. Spitzenweine von MILLTON.

**Gladstone Vineyard** Wairarapa r w ★★ Der größte Erzeuger im nördlichen WAIRARAPA. Tropischer SAUVIGNON BLANC (inkl. Sophie's Choice mit Holznote), gewichtiger, würziger PINOT GRIS, sehr guter RIESLING, lebhafter VIOGNIER und ausgezeichneter trockener Rosé. Mit Frucht vollgepackter PINOT NOIR. 12,000 Miles ist eine Reihe mit früh trinkreifen Weinen im unteren Preissegment.

**Grasshopper Rock** C-Ot r ★★→★★★ Vom PINOT-NOIR-Spezialisten aus eigenen Weinbergen erzeugter feinster Rotwein (**14' 17'**) des Unterbereichs Alexandra: harmonisch, mit Kirsch-, Gewürz- und Trockenkräuteraromen. Alterungspotenzial und großartiges Preis-Leistungs-Verhältnis.

**Greenhough** Nel r w ★★→★★★ Einer der besten Erzeuger der Region mit tadellosem Apple Valley RIESLING (**16**), SAUVIGNON BLANC (**18**) aus Ökoanbau, beständig gutem CHARDONNAY (**17**) und PINOT NOIR (**16**). Spitzenmarke: Hope Vineyard: Bio-Chardonnay (**16'**), PINOT BLANC von alten Reben (**15'**) – der beste Neuseelands – und Pinot noir mit Pilznoten (15').

**Greystone** Waipara (r) w ★★★ Spitzenbetrieb (besitzt auch MUDDY WATER), teilweise ökologisch bewirtschaftet, mit aromatischen Weißweinen: trockener und halbtrockener RIESLING, PINOT GRIS im Elsässer Stil, CHARDONNAY mit Klasse, in Eiche ausgebauter SAUVIGNON BLANC und duftender PINOT NOIR. Am besten ist der Thomas Brothers, v. a. der Pinot noir.

**Greywacke** Marlb r w ★★★ Edle Weine von Kevin Judd (ehemals CLOUDY BAY). Hocharomatischer SAUVIGNON BLANC, gewichtiger, langlebiger CHARDONNAY, fleischiger, reichhaltiger PINOT GRIS, zart süßer RIESLING und seidiger PINOT NOIR. Der fassvergorene Wild Sauvignon hat eine ausgeprägte Persönlichkeit.

**Grove Mill** Marlb r w ★★ Attraktive, preiswerte Weißweine mit Schwerpunkt auf Unterbereichen des WAIRAU VALLEY: reifer SAUVIGNON BLANC, generöser CHARDONNAY, PINOT GRIS mit öliger Textur und leicht süßer RIESLING. Ferner milder PINOT NOIR. Im Besitz von Foley Family Wines.

**Hans Herzog** Marlb r w ★★★ Der warme, steinige, ökologisch bewirtschaftete, mit vielen Rebsorten bestockte Weinberg liefert kräftigen MERLOT/CABERNET und festen PINOT NOIR. Außerdem cremiger Chardonnay, aprikosenfarbener PINOT GRIS, in Eiche ausgebauter SAUVIGNON BLANC sowie erstklassiger TEMPRANILLO und MONTEPULCIANO. Wird in Europa und den USA unter dem Namen Hans verkauft.

**Hawke's Bay** Das zweitgrößte Anbaugebiet (12,6% der Rebfläche) Neuseelands mit einer langen Weinbautradition (seit den 1850er-Jahren); sonniges, recht trockenes Klima. In günstigen Jahren entstehen hier erstklassige Weine auf MERLOT- und CABERNET-SAUVIGNON-Basis; SYRAH (mit lebhaften Pflaumen- und Pfeffernoten) ist der rasant aufsteigende Star. Auch CHARDONNAY mit Pfirsichnoten, abgerundeter SAUVIGNON BLANC (passt zur Eiche) und Neuseelands bester VIOGNIER. PINOT GRIS im Elsässer Stil und vielversprechender PINOT NOIR kommen aus kühleren, höher gelegenen Bezirken im Landesinneren, v. a. Mangatahi und Central Hawke's Bay. Siehe auch GIMBLETT GRAVELS.

**Huia** Marlb (r) w; (sch) ★★ Sehr guter, z. T. eichengereifter SAUVIGNON BLANC aus Ökoanbau und schön runder PINOT GRIS. Eine Qualitätsstufe niedriger ist die Reihe Hunky Dory angesiedelt (u. a. The Tangle: guter Pinot gris/GEWÜRZTRAMINER/RIESLING für jeden Anlass).

**Hunter's** Marlb (r) (rs) w; (sch) ★★→★★★ Die besondere Stärke des Pionierweinguts sind Weißweine. Knackig frischer SAUVIGNON BLANC, in Eiche ausgebauter Kaho Roa, lebhafter CHARDONNAY, ausgezeichneter Schaumwein Miru Miru oJ (v. a. der spät degorgierte Reserve). RIESLING (halbtrocken), GEWÜRZTRAMINER und PINOT GRIS (trocken) sind alle lohnend und preiswert. Süffiger PINOT NOIR.

**Invivo** Auck r w ★★ Schnell expandierender junger Erzeuger mit aromatischem MARLBOROUGH SAUVIGNON BLANC, zitrusfruchtigem Marlborough PINOT GRIS und saftigem CENTRAL OTAGO PINOT NOIR. Neuerdings Schwerpunkt auf Prominenten-Labels, v. a. »Chefkellermeister« Graham Nortons Own Sauvignon blanc (süffig).

**Isabel** Marlb r w ★★ Früher ein ausgezeichneter Erzeuger von SAUVIGNON BLANC. Nach Qualitäts- und Finanzproblemen 2014 von dem australischen Supermarktgiganten Woolworths erworben. Der erstklassige Sauvignon blanc und der lebhafte CHARDONNAY geben Anlass zur Hoffnung.

**Johanneshof** Marlb (r) w; sch ★★ Kleine Kellerei mit gutem Ruf für duftenden GEWÜRZTRAMINER (einen der feinsten in Neuseeland). Außerdem lebhafter Blanc-de-Blancs-Schaumwein, sehr guter RIESLING und PINOT GRIS.

**Jules Taylor** Gis, Marlb (r) (rs) w ★★ Stilvolle, preiswerte Weine. Edler, teilweise fassgereifter Marlborough CHARDONNAY, köstlicher Marlborough SAUVIGNON BLANC (markant) und generöser PINOT NOIR. Die komplexen Spitzenweine heißen OTQ (»On The Quiet«).

**Kim Crawford** Hawk ★→★★ Die Marke ist im Besitz von CONSTELLATION NEW ZEALAND. Leicht zugängliche Weine (mit »Reserve« auf der Kapsel, aber nicht auf dem Etikett), darunter effektvoller MARLBOROUGH SAUVIGNON BLANC (Bestseller in den USA), floraler PINOT GRIS, fruchtiger HAWKE'S

BAY MERLOT und gehaltvoller Marlborough PINOT NOIR. Spitzenreihe: Small Parcels, u. a. duftender CHARDONNAY.

**Kumeu River** Auck (r) w ★★★ Der komplexe Estate CHARDONNAY stammt aus unterschiedlichen Lagen und ist preiswert. Der erstklassige Einzellagen-Chardonnay Mate's Vineyard (der Weinberg wurde 1990 angelegt) ist üppiger. Ein aufsteigender Stern ist der Einzellagen-Chardonnay Hunting Hill: bemerkenswert ausgefeilt und engmaschig gefügt. Außerordentlich preiswert ist der Chardonnay der Zweitreihe Village (**17** mit Trauben aus HAWKE'S BAY), ausgefeilt der PINOT NOIR Hunting Hill.

**Lawson's Dry Hills** Marlb (r) (rs) w ★★→★★★ Bekannt v. a. für intensiven SAUVIGNON BLANC und exotischen Gewürztraminer. Rasch besser werdender, preiswerter CHARDONNAY (**17'**) und PINOT NOIR. Spitzenreihe: The Pioneer (hervorragender GEWÜRZTRAMINER). In der neuen Reserve-Reihe gibt es durchdringenden Sauvignon blanc, leicht buttrigen Chardonnay und saftigen Pinot noir.

**Lindauer** Auck ★→★★ Schaumweine im unteren Preissegment, in Neuseeland enorm beliebt (v. a. Lindauer Brut Cuvée oJ mit Flaschengärung). Die neuesten Abfüllungen bieten leicht nussig schmeckenden, unkomplizierten Trinkgenuss. Der (zwei Jahre auf dem Hefesatz gelagerte) Special Reserve ist komplex und seinen Preis wert. Das Angebot wird stetig größer und umfasst auch alkoholarme und sortenreine Abfüllungen.

**Mahi** Marlb r w ★★ Stilvolle, komplexe Weine: schwungvoller SAUVIGNON BLANC (teilweise in Eiche ausgebaut), preiswerter CHARDONNAY (v. a. Twin Valleys Vineyard), gewichtiger PINOT GRIS, floraler Rosé und duftender PINOT NOIR.

**Man O' War** Auck r w ★★ Das größte Gut auf WAIHEKE ISLAND. Eindringlicher CHARDONNAY Valhalla, reichhaltiger PINOT GRIS von Reben, die auf der Nachbarinsel Ponui wachsen, pikanter SAUVIGNON BLANC, mineralischer Gravestone (Sauvignon blanc/SEMILLON). Das Rotweinangebot umfasst generösen MERLOT/CABERNET/MALBEC/PETIT VERDOT, köstlichen Death Valley Malbec und würzigen SYRAH Dreadnought.

**Marisco** Marlb r w ★★ Betrieb im Waihopai Valley (im Besitz von Brent Marris, ehemals bei WITHER HILLS) mit den beiden Marken The Ned und Marisco The King's Series. Eindrucksvoller SAUVIGNON BLANC Marisco The King's Favour, schwungvoller Sauvignon blanc The Ned. Ferner guter CHARDONNAY, PINOT GRIS, PINOT NOIR.

**Marlborough** Neuseelands dominantes Weinbaugebiet (68 % der Rebfläche) an der Spitze der Südinsel; die ersten Reben der modernen Zeit wurden 1973 gepflanzt (SAUVIGNON BLANC 1975). Heiße, sonnige Tage und kalte Nächte erbringen aromatische, frische Weiß- und Roséweine auf PINOT-NOIR-Basis. Intensiver Sauvignon blanc mit variantenreichem Bukett: von pikanten, an grüne Paprikaschoten erinnernde Noten bis zu reifen Tropenfrüchten (einige Spitzenweine haben einen leichten Eicheneinfluss). Frischer RIESLING (neue Welle von lieblichen Weinen mit niedrigem Alkoholgehalt), mit der beste PINOT GRIS und GEWÜRZTRAMINER in Neuseeland. Der CHARDONNAY ist etwas schlanker als in HAWKE'S BAY, aber lebhafter und kann gut reifen. Preiswerte Schaumweine hoher Qualität, erstklassiger edelfauler Riesling. Der Pinot noir wird unterschätzt, die besten Exemplare (von nach Norden ausgerichteten Hügellagen mit Lehmboden) gehören zum Feinsten, was Neuseeland zu bieten hat. Die Aufmerksamkeit richtet sich jetzt auch auf ALBARIÑO und GRÜNEN VELTLINER.

**Martinborough** Wairarapa – Kleiner, renommierter Bezirk im Süden WAIRARAPAS (am Fuß der Nordinsel). Kalte Südwinde verringern die Erträge, im Sommer warm, im Herbst normalerweise trocken; wasserableitende Böden. Erfolg mit mehreren weißen Trauben (SAUVIGNON BLANC und PINOT

GRIS werden beide großflächig angebaut), berühmt wurde das Gebiet jedoch Mitte/Ende der 1980er-Jahre durch seinen langlebigen PINOT NOIR (es gibt hier einen höheren Anteil »erwachsener« Rebstöcke als in anderen Regionen).

**Martinborough Vineyard** Martinb r (rs) (w) ★★★ Wegweisende Kellerei, berühmt für PINOT NOIR (ausgefeilter Home Block). Erstklassiger CHARDONNAY Home Block, intensiver RIESLING Manu. Te Tera heißt eine Reihe preiswerter Weine (frischer SAUVIGNON BLANC, geschmeidiger Pinot noir). Im Besitz des Amerikaners Bill Foley (seit 2014). Das Etikett Russian Jack bietet Weine auf Alltagsniveau.

**Matawhero** Gis r (rs) w ★★ Der Spitzenerzeuger von GEWÜRZTRAMINER der 1980er-Jahre hat jetzt andere Besitzer. Einzellagen-CHARDONNAY ohne Eichennote, gewichtiger, fassvergorener Chardonnay Irwin, bukettreicher Gewürztraminer, duftender PINOT GRIS, MERLOT mit Pflaumennoten, vielversprechender ALBARIÑO, fruchtiger, geschmeidiger Rosé.

**Matua** Auck r w ★→★★★ Der lange Zeit als Matua Valley bekannte Betrieb erzeugte 1974 den ersten SAUVIGNON BLANC Neuseelands (von Trauben aus AUCKLAND); jetzt er ist im Besitz von TWE. Die meisten Weine sind angenehm zu trinken und zugänglich. Beeindruckende Luxusreihe mit Einzellagenweinen, u. a. reintöniger Sauvignon blanc, erstklassiger ALBARIÑO, kraftvoller CHARDONNAY, dichter MERLOT /MALBEC (14') und Cabernet-Sauvignon (14').

**Maude** C-Ot r w ★★ Beständig guter, aromatischer PINOT GRIS und hervorragender RIESLING (trocken und halbtrocken) von älteren Reben im Mount Maude Vineyard in Wanaka. Fein gefügter Pinot noir, v. a. der langlebige Mt Maude.

**Mills Reef** Bay of Plenty r w ★★→★★★ Ansprechende Weine von Lesegut aus eigenen Lagen in GIMBLETT GRAVELS sowie Traubengut aus HAWKE'S BAY. Das Spitzensortiment Elspeth umfasst CHARDONNAY zum Einlagern, Rotweine im Bordeaux-Stil mit feiner Textur und SYRAH. Die weißen und roten Reserve-Gewächse sind meist recht preiswert. 2018 kamen zwei 2013er Prestige-Rotweine auf den Markt, zum Preis von 350 Dollar pro Flasche: stilvoller Syrah und Cabernet/MERLOT.

**Millton** Gis r (rs) w ★★→★★★★ Die besten Weine des Anbaugebiets vom ersten Bioerzeuger in Neuseeland. Umwerfend ist das Sortiment Clos de Ste. Anne (CHARDONNAY, CHENIN BLANC, VIOGNIER, SYRAH, PINOT NOIR in günstigen Jahrgängen) von einer hoch gelegenen Einzellage. Der langlebige, z. T. fassvergorene Chenin blanc (in nasseren Jahren mit Honignoten) ist einer der besten in Neuseeland. Jung zu trinkende Weine werden in der (preiswerten) Reihe Crazy by Nature angeboten. Erstklassig ist der neue Pinot noir La Cote.

**Misha's Vineyard** C-Ot r w ★★ Großes Gut in Bendigo. Duftender PINOT GRIS, RIESLING (trockener Lyric und halbtrockener Limelight), langlebiger SAUVIGNON BLANC, erstklassiger trockener Rosé und anmutiger PINOT NOIR High Note.

**Mission** Hawk r (rs) w ★★ Ältester Weinbaubetrieb Neuseelands, erste Rebpflanzungen 1851, erste Weinverkäufe in den 1890er-Jahren – und noch immer im Besitz der Catholic Society of Mary. Breite Palette preiswerter sortenreiner Weine aus der Region; die Vineyard Selection liegt eine Qualitätsstufe höher. Die Reserve-Reihe umfasst u. a. exzellenten MERLOT, CABERNET SAUVIGNON, SYRAH, MALBEC, CHARDONNAY und SAUVIGNON BLANC. Die Spitzenweine laufen unter dem Namen Jewelstone (delikater Chardonnay, floraler Syrah). Zum Besitz gehört auch ausgedehntes Rebland in AWATERE VALLEY. Erwarb 2017 Ngatarawa.

**Mondillo** C-Ot r w ★★ Aufgehender Stern in Bendigo mit trockenem RIESLING und duftendem PINOT NOIR. Der Pinot noir Bella Reserve ist komplex.

**Mount Edward** C-Ot r w ★★ Kleiner, angesehener Bioerzeuger mit zitrusfruchtigem CHARDONNAY, rassigem RIESLING, komplexem CHENIN BLANC und ausgefeiltem PINOT NOIR.

**Mount Riley** Marlb r (rs) w ★★ Mittelgroßer Familienbetrieb mit gutem Preis-Leistungs-Verhältnis. Ausdrucksstarker SAUVIGNON BLANC, feiner PINOT GRIS, halbtrockener RIESLING, CHARDONNAY mit zartem Eichenton, jung zu trinkender PINOT NOIR. Die Spitzenweine heißen Seventeen Valley (Chardonnay mit Biskuitnoten).

**Mt Beautiful** Cant r w ★★ Großes Gut in Cheviot, nördlich von WAIPARA. Toastwürziger CHARDONNAY, fülliger PINOT GRIS, verlockend aromatischer RIESLING, kräuterwürziger SAUVIGNON BLANC, komplexer PINOT NOIR.

**Mt Difficulty** C-Ot r (rs) w ★★★ Der Qualitätsbetrieb mit ausgedehnten Rebflächen in Bannockburn ist jetzt im Besitz des amerikanischen Milliardärs Bill Foley (siehe auch MARTINBOROUGH VINEYARD). Meist kraftvoller PINOT NOIR (16' etwas anfällig). Der Roaring Meg ist ein beliebter, für baldigen Genuss bestimmter Verschnitt aus dem Cromwell Basin. Die Growers Series bietet Einzellagenrotweine, u. a. den pflaumenwürzigen Havoc Farm Gibbston. Beständig hochklassige Weißweine (v. a. RIESLING und PINOT GRIS).

**Mud House** Cant r w ★★→★★★ Große Kellerei mit australischen Eigentümern und Sitz in MARLBOROUGH (sowie Rebflächen in WAIPARA und CENTRAL OTAGO). Zu den Marken zählen Mud House, Waipara Hills und Hay Maker (die untere Stufe). Regionale Verschnitte sind z. B. der preiswerte Marlborough SAUVIGNON BLANC, der duftende Marlborough PINOT GRIS, der halbtrockene WAIPARA HILLS RIESLING und der lebhafte Central Otago PINOT NOIR. Exzellent sind die Reihen Single Vineyard (Waipara Pinot gris Home Block) und Estate (jugendlicher Central Otago Pinot noir Claim 431).

**Nautilus** Marlb r w; sch ★★→★★★ Mittelgroßes, sehr verlässliches Angebot im Besitz von S. Smith & Sons (Australien). Spitzengewächse sind der kräuterwürzige SAUVIGNON BLANC, der hochklassige CHARDONNAY, der anmutige Southern Valleys PINOT NOIR, der gewichtige PINOT GRIS und der Schaumwein oJ mit Hefenote (mindestens drei Jahre auf dem Hefesatz), einer der feinsten seiner Art in Neuseeland. Ausgezeichneter neuer GRÜNER VELTLINER und ALBARIÑO.

**Nelson** Kleinere Region (3,1 % der Rebfläche) westlich von MARLBOROUGH mit feuchterem (v. a. 2016, 2017 und 2018), aber ebenso sonnigem Klima. Anbauflächen auf Lehmböden in den Upper-Moutere-Hügeln (körperrreiche Weine) und der schlammigen WAIMEA-Ebene (aromatischer). SAUVIGNON BLANC ist die vorherrschende Rebsorte, aber auch aromatische Weiße v. a. von RIESLING, PINOT GRIS und GEWÜRZTRAMINER sind eine Stärke. Ferner guter (manchmal hervorragender) CHARDONNAY und PINOT NOIR.

**Neudorf** Nel r (rs) w ★★★→★★★★ Recht kleine Kellerei mit gutem Ruf. Der ausgefeilte, zitronige CHARDONNAY Moutere gehört zu den besten Neuseelands. Ausgezeichneter Chardonnay Rosie's Block, großartiger Pinot noir Moutere, SAUVIGNON BLANC mit leichter Eichennote, halbtrockener PINOT GRIS; der RIESLING (trocken und lieblich) ist ebenfalls spitzenmäßig. Hochklassiger neuer ALBARIÑO.

**No. 1 Family Estate** Marlb sch ★★ Familienbetrieb des regionalen Pioniers Daniel Le Brun (ehemals Champagne). Hält keine Rechte mehr an der Marke Daniel Le Brun (im Besitz von Lion Nathan). Spezialist für sehr guten Schaumwein, v. a. den zitrusfruchtigen oJ auf CHARDONNAY-Basis und die Cuvée No 1. Spitzenwein ist die kräftige Cuvée Virginie.

**Nobilo** Marlb – Siehe CONSTELLATION NEW ZEALAND.

**Obsidian** Waiheke r (rs) w ★★ Von der Lage in Onetangi kommen der stilvolle Bordeaux-Verschnitt The Obsidian Reserve sowie schön runder CHARDON-

NAY Reserve und dichter SYRAH Reserve. Die Zweitmarke bietet u. a. den würzigen Estate Montepulciano. Ansprechender Rosé auf MERLOT-Basis.

**Oyster Bay** Marlb r w; sch ★★ Die Marke von DELEGAT ist ein Triumph des Marketings und verzeichnet einen riesigen Umsatz in Großbritannien, den USA und Australien. Lebhafte, ansprechende Weine auf mittlerem Preisniveau aus MARLBOROUGH und HAWKE'S BAY mit einem Hauch von Klasse: Der Marlborough SAUVIGNON BLANC ist mit 1,5 Mio. Kisten pro Jahr der Bestseller, dazu kommen zitrusfruchtiger Marlborough CHARDONNAY mit zarter Eichennote, mittelschwerer Hawke's Bay PINOT GRIS, pflaumenwürziger Marlborough PINOT NOIR und Hawke's Bay MERLOT, süffige Schaumweine sowie ein guter trockener Rosé.

> **Kultweine jetzt kaufen**
>
> In den vergangenen zehn Jahren sind die Preise für neuseeländische Weine im mittleren Segment nicht gestiegen, doch wie sieht es bei den Kultweinen aus? Leider gar nicht gut – zumindest für den Verbraucher: Der durchschnittliche Preis von renommierten Rotweinen wie dem PINOT NOIR Block 5 von FELTON ROAD, dem Coleraine von TE MATA und dem SYRAH Homage von TRINITY HILL hat seit Ende der Nullerjahre um 40 % zugelegt. Und da sich überall auf der Welt immer mehr die Erkenntnis durchsetzt, dass Neuseeland das Zeug zu anspruchsvollen Weinen hat, wird diese Tendenz wohl noch weiter anhalten.

**Palliser** Martinb r w ★★→★★★ Eine der größten und besten Kellereien des Bereichs, verschiedene Anteilseigner. Ausgezeichneter SAUVIGNON BLANC, sehr eleganter CHARDONNAY, Schaumwein (der beste von MARTINBOROUGH) und harmonischer PINOT NOIR. Spitzenweine: Palliser Estate; untere Stufe: Pencarrow (äußerst preiswert, Löwenanteil der Produktion).

**Pegasus Bay** Waipara r w ★★★ Pionierbetrieb in Familienhand mit hervorragendem Sortiment: kraftvoller CHARDONNAY, ein komplexer SAUVIGNON BLANC/SEMILLON, mittelschwerer RIESLING (Verkaufsschlager), exotischer GEWÜRZTRAMINER und seidiger PINOT NOIR, v. a. der Prima Donna von älteren Rebstöcken. Bester MERLOT/CABERNET SAUVIGNON der Südinsel ist der dichte Maestro. Herrlicher süßer Riesling, Sauvignon blanc und MUSCAT. Die Zweitmarke Main Divide bietet äußerst preiswerte Tropfen, v. a. PINOT GRIS.

**Peregrine** C-Ot r w ★★ Lebhafte, geschmacksintensive Weißweine: recht trockener PINOT GRIS, RIESLING Rastaburn; ferner guter Schaumwein oJ und ausgefeilter PINOT NOIR. Charmanter Biorosé. Zweitmarke: Saddleback.

**Pernod Ricard New Zealand** Auck r (rs) w; sch ★→★★★ Einer der größten Erzeuger in Neuseeland, früher Montana. Kellereien in AUCKLAND, HAWKE'S BAY und MARLBOROUGH. Ausgedehnte Rebflächen in Teilbesitz liefern Marlborough-Weißweine, v. a. den Verkaufsschlager BRANCOTT ESTATE SAUVIGNON BLANC. Die große Stärke liegt beim Schaumwein, v. a. DEUTZ Marlborough Cuvée. Wunderbar preiswerte Rotweine und CHARDONNAY unter dem Namen CHURCH ROAD. Eine weitere wichtige Marke ist STONELEIGH.

**Puriri Hills** Auck r (rs) ★★→★★★ Hochklassige, langlebige Rotweine auf MERLOT-Basis (mit CABERNET FRANC, CARMENÈRE, CABERNET SAUVIGNON und MALBEC verschnitten) aus Clevedon, ausgesprochen bordeauxartig. Duftender roter Estate. Die Reserve-Weine sind eindrucksvoll, mit einer kräftigeren Note von neuem Eichenholz. Spitzenetikett ist der üppige Pope. Zweitmarke: Mokoroa.

**Pyramid Valley** Cant r w ★★→★★★ Die kleine, hoch gelegene Rebfläche auf Kalksteinboden in Waikari wurde 2017 von dem amerikanischen Investor Brian Sheth und dem Winzer Steve Smith (früher bei CRAGGY RANGE) erworben. Weine von gutseigenen Trauben (rar, kostspielig, mit ausgeprägter Persönlichkeit), u. a. floraler PINOT NOIR (Angel Flower, Earth Smoke) und zitroniger CHARDONNAY. Erstklassige Weine (u. a. PINOT BLANC, CABERNET FRANC) der Reihe Growers' Collection aus anderen Regionen.

> **Stolze Preise**
>
> Seit Mitte der 1990er-Jahre verkauft MILLS REEF eine Fülle erstklassiger Rotweine auf der Basis von CABERNET SAUVIGNON, MERLOT und SYRAH von der steinigen Lage Mere Road im Bereich GIMBLETT GRAVELS in HAWKE'S BAY unter dem Etikett Elspeth zu Preisen um die 50 Neuseeland-Dollar. Jetzt kommt ein neues Paar Flaggschiffweine heraus – für 350 Dollar! Man hatte die Weine bei Mills Reef gegen berühmte Franzosen blind verkostet und befand, dass sie von ähnlicher Qualität seien. Je etwa 1.000 Flaschen vom Mills Reef Arthur Edmund Cabernet/Merlot 2013 und dem Arthur Edmund Syrah 2013 wurden erzeugt. Ein Weinjuror stufte sie hoch ein, aber noch hinter anderen Spitzengewächsen des Jahrgangs 2013 aus Hawke's Bay, die für 50 Dollar zu haben waren. Ein weiterer neuseeländischer Kritiker war zwar »schockiert« über den Preis, verlieh dem Cabernet/Merlot aber trotzdem die höchste Punktzahl.

**Quartz Reef** C-Ot r w; sch ★★→★★★ Kleiner biodynamischer Qualitätserzeuger mit großartigem trockenem PINOT GRIS, duftendem, saftigem, geschmeidigem Bendigo Estate PINOT NOIR und stilvollem, lebhaftem Schaumwein mit Hefenote: gut der Blanc de Blancs Vintage.

**Rapaura Springs** Marlb ★★ Kompetent bereitete, preiswerte Weiß- und Rotweine, v. a. die Reserve-Reihe: CHARDONNAY, PINOT GRIS, SAUVIGNON BLANC, PINOT NOIR.

**Rippon Vineyard** C-Ot r w ★★→★★★ Pionierbetrieb am Ufer des Lake Wanaka mit überwältigendem Blick und ebensolchen Weinen. Duftender, saftiger Stil. PINOT NOIR Mature Vine von 1985 bis 1991 angepflanzten Reben, Pinot noir Jeunesse von jüngeren Reben. Der Pinot noir Tinker's Field stammt von den ältesten Reben und ist langlebig. Weißweine, die sich langsam entwickeln, besonders herausragend ist der RIESLING Mature Vine.

**Rockburn** C-Ot r (rs) w ★★ Vollmundiger trockener PINOT GRIS, leichter RIESLING. Der harmonische PINOT NOIR stammt aus Trauben aus Cromwell Basin (Hauptanteil) und GIBBSTON. Der beliebte Stolen Kiss ist ein lebhafter Rosé. Zweitetikett: Devil's Staircase.

**Sacred Hill** Hawk r w ★★→★★★ Mittelgroßer Erzeuger. Gefeierter CHARDONNAY Riflemans (16'), ein muskulöser, aber ausgefeilter Wein von einer erhöhten Lage im Landesinnern. Der Chardonnay Wine Thief stammt aus derselben Lage, ist jedoch toastwürziger und geradliniger. Langlebiger MERLOT Brokenstone, CABERNET/Merlot Helmsman und SYRAH Deerstalkers aus GIMBLETT GRAVELS. Schwungvoller MARLBOROUGH SAUVIGNON BLANC, köstlicher, preiswerter HAWKE'S BAY Merlot/Cabernet Sauvignon. Halo und Reserve: mittlere Qualitätsstufe.

**Saint Clair** Marlb r (rs) w ★★→★★★ Der größte Familienbetrieb der Region (erster Jahrgang: 1994) genießt einen guten Ruf für zupackenden SAUVIGNON BLANC aus relativ kühlen Lagen im unteren WAIRAU VALLEY, v. a. den schwungvollen Wairau Reserve. Spitzenreiter sind die Reserve-Weine, gefolgt von der Reihe Pioneer Block mit eindrucksvollen Einzellagengewächsen und schließlich in großen Mengen produzierte, preiswerte regionale Verschnitte: Sauvignon blanc, RIESLING, PINOT GRIS, GEWÜRZTRAMINER, CHARDONNAY, GRÜNER VELTLINER, MERLOT (HAWKE'S BAY) und PINOT NOIR. Die Reihe Vicar's Choice deckt das untere Preissegment ab.

**Seifried Estate** Nel (r) w ★★ Die erste und größte Kellerei der Region ist in Familienbesitz und v. a. für halbtrockenen RIESLING und GEWÜRZTRAMINER bekannt. Preiswerter, oft exzellenter SAUVIGNON BLANC und CHARDONNAY. Außerdem zugänglicher Wurzer. Am besten: Winemakers Collection (v. a. Riesling Sweet Agnes und cremiger Chardonnay). Die dritte Riege heißt Old Coach Road. Die Weißweine sind besser als die Roten.

**Selaks** Marlb r w ★→★★ Alter Betrieb kroatischen Ursprungs, jetzt eine Marke von CONSTELLATION NEW ZEALAND. Solide und leicht zugänglich sind die Weine der Reihe Premium Selection. Preiswerte Reserve-Weine aus HAWKE'S BAY: CHARDONNAY, Rosé, MERLOT/Cabernet, SYRAH. Die Spitzenreihe Founders wurde kürzlich wiederbelebt, v. a. komplexer Chardonnay. Neu ist The Taste Collection: buttriger Chardonnay.

**Seresin** Marlb r w ★★→★★★ Bioweinerzeuger mit Qualitätsanspruch. Das Kellereigebäude und der angrenzende Weinberg wurden 2018 verkauft (nicht jedoch die Marke und die anderen Rebflächen). Der raffinierte SAUVIGNON BLANC ist einer der besten Neuseelands. Gehaltvoller CHARDONNAY, saftiger PINOT NOIR und z. T. fassgereifter PINOT GRIS. Knochentrockene Schaumweine. Am besten sind die Reserve-Gewächse. Drittmarke: Momo (sehr gutes Preis-Leistungs-Verhältnis). Komplexe, ausdrucksvolle Weine mit feinem Gefüge.

**Sileni** Hawk r (rs) w ★★ Große Kellerei, wurde 2018 an eine Investmentgesellschaft verkauft. Neuerdings starker Fokus auf HAWKE'S BAY PINOT NOIR. Spitzenweine: muskulöser CHARDONNAY Exceptional Vintage, SYRAH, MERLOT. Gut die Estate Selection im mittleren Qualitätsbereich: u. a. buttriger Chardonnay The Lodge, gehaltvoller MERLOT The Triangle und floraler PINOT NOIR Plateau; es folgt die Reihe Cellar Selection.

**Smith & Sheth Cru** Hawk r w ★★ Gemeinschaftsprojekt von Steve Smith (früher bei CRAGGY RANGE) und dem Milliardär Brian Sheth. Nur Einzellagenweine: komplexer HAWKE'S BAY CHARDONNAY, gewichtiger MARLBOROUGH SAUVIGNON BLANC, herzhafter Hawke's Bay SYRAH. Den Namen kann man sich schon einmal merken.

**Spy Valley** Marlb r (rs) w ★★→★★★ Sehr erfolgreiche Firma mit ausgedehnten Rebflächen. Die vollen Weißweine (recht trockener RIESLING, GEWÜRZTRAMINER, weicher PINOT GRIS) sind außergewöhnlich preiswert; außerdem eindrucksvoller SAUVIGNON BLANC, CHARDONNAY und PINOT NOIR. Erstklassig ist die Spitzenreihe Envoy (in Eiche ausgebauter Pinot gris, duftender Riesling und die komplexe Pinot noir Outpost).

**Staete Landt** Marlb r w ★★ Weingut in Rapaura (WAIRAU VALLEY) mit ausgefeiltem CHARDONNAY, Spitzen-SAUVIGNON-BLANC Annabel, gewichtigem PINOT GRIS, saftigem PINOT NOIR und pfeffrigem SYRAH. Zweitmarke: Map Maker (preiswert).

**Starborough Family Estates** Marlb (r) w ★★ In Familienbesitz, Rebflächen in AWATERE VALLEY und WAIRAU VALLEY. Der SAUVIGNON BLANC ist füllig. Frischer CHARDONNAY, duftender PINOT GRIS und eleganter PINOT NOIR. Vorsicht: nicht zu verwechseln mit der Marke Starborough von Gallo.

**Stonecroft** Hawk r w ★★ Kleine Biokellerei. Der erste ernst zu nehmende neuseeländische SYRAH (1989). Jugendfrischer Syrah Reserve; der Syrah Crofters besitzt jung zu genießenden Charme. Robuster MERLOT/CABERNET SAUVIGNON Ruhanui, üppiger, äußerst reichhaltiger GEWÜRZTRAMINER Old Vine, ausgefeilter CHARDONNAY und der einzige ZINFANDEL Neuseelands.

**Stoneleigh** Marlb r (rs) w ★★ Im Besitz von PERNOD RICARD NEW ZEALAND Hauptsächlich Rebgut aus warmen Rapaura-Weingärten. Gute, in großer Mengen produzierte Weißweine aus MARLBOROUGH: beliebter SAUVIGNON BLANC, zugänglicher RIESLING, leicht buttriger CHARDONNAY. Spitzenweine: Rapaura Series, v. a. intensiver Sauvignon blanc, rauchiger Chardonnay, voller PINOT GRIS und aromatischer PINOT NOIR. Für die neue Reihe Wild Valley werden einheimische Hefen verwendet: köstlicher Pinot gris und Rosé.

**Stonyridge** Waiheke r w ★★★→★★★★ Boutiquekellerei, seit Mitte der 1980er-Jahre bekannt für ihren außergewöhnlichen roten Verschnitt Larose auf CABERNET-SAUVIGNON-Basis, einer der großartigsten Rotweine Neuseelands. Der kleine Bruder des Larose heißt Airfield. Dicht gewirkter Rhône-Verschnitt mit SYRAH-Basis namens Pilgrim, früh genussreifer Syrah Faithful und unglaublich vollgepackter MALBEC Luna Negra.

**Te Awa** Hawk r w ★★→★★★ Gut in GIMBLETT GRAVELS, jetzt im Besitz von VILLA MARIA und Standort einer bedeutenden neuen Kellerei. Komplexer CHARDONNAY, ausgefeilter MERLOT/Cabernet, stilvoller SYRAH und fruchtiger TEMPRANILLO. Unter den Namen Left Field werden zugängliche, preiswerte Weine angeboten.

**Te Kairanga** Martinb r w ★★ Eine der ältesten und größten Kellereien des Gebiets, viel besser geworden, seit sie 2011 vom Amerikaner Bill Foley erworben wurde. Gewichtiger PINOT GRIS, SAUVIGNON BLANC, duftender PINOT NOIR (preiswert), köstlicher Rosé. Runholder heißt die mittlere Qualitätsstufe (anmutiger Pinot noir). Die Spitzenweine tragen den Namen John Martin: komplexer CHARDONNAY, harmonischer Pinot noir.

**Te Mata** Hawk r w ★★★→★★★★ Höchst renommierte Kellerei (erster Jahrgang: 1895), die seit 1974 von der Familie Buck betrieben wird. Von seltener Klasse und Langlebigkeit (der Jahrgang 1998 läuft derzeit auf Hochtouren) ist der Coleraine (13' 14' 15'), ein CABERNET SAUVIGNON/MERLOT/CABERNET FRANC-Verschnitt. Der viel günstigere Cabernet/Merlot Awatea ist ebenfalls hochklassig, aber zugänglicher. Der Syrah Bullnose gehört zu den besten seiner Art in Neuseeland. Eleganter CHARDONNAY Elston, erstklassiger, in Eiche ausgebauter SAUVIGNON BLANC Cape Crest, fülliger VIOGNIER Zara. Die Reihe Estate Vineyards bietet jung zu trinkende Weine.

**Terra Sancta** C-Ot r (rs) (w) ★★ Das erste Gut in Bannockburn, 1991 unter dem Namen Olssens gegründet. Sehr preiswerter, jung zu trinkender PINOT NOIR Mysterious Diggings; saftiger Pinot noir Bannockburn der mittleren Qualitätsstufe; herrlicher Pinot noir Slapjack Block (von den ältesten Reben des Bereichs). Duftender, voller PINOT GRIS. Der herausragende Pinot noir Rosé ist wohl einer der besten in Neuseeland.

**Te Whare Ra** Marlb r w ★★ Etikettname: TWR. Die 1979 angelegten Rebflächen des kleinen Betriebs im WAIRAU VALLEY sind mit die ältesten der Region. Bekannt für überaus duftenden GEWÜRZTRAMINER aus ökologischen Anbau; außerdem lebhafter SAUVIGNON BLANC und RIESLING (trockener »D« und mittelsüßer »M«).

**Tiki** Marlb (r) w ★★ Die Familie McKean besitzt ausgedehnte Rebflächen in MARLBOROUGH und WAIPARA VALLEY. Schwungvoller SAUVIGNON BLANC, v. a. Single Vineyard, fleischiger Waipara PINOT GRIS, cremiger HAWKE'S BAY CHARDONNAY Single Vineyard, gehaltvoller Waipara PINOT NOIR Koru. Zweitetikett: Maui.

**Tohu** r w ★★ Unternehmen in Maori-Besitz mit ausgedehnten Rebflächen in MARLBOROUGH und NELSON. Rassiger AWATERE VALLEY SAUVIGNON BLANC und komplexer, in Eiche ausgebauter Sauvignon blanc Reserve Mugwi; außerdem lebhafter Marlborough CHARDONNAY, starker RIESLING, ausgefeilter Blanc-de-Blancs-Schaumwein und mäßig komplexer PINOT NOIR.

**Trinity Hill** Hawk r (rs) w ★★→★★★ Kellerei mit sehr gutem Ruf, seit 2014 in amerikanischem Besitz. Ausgefeilter Bordeaux-Verschnitt The Gimblett (15'), stilvoller GIMBLETT GRAVELS CHARDONNAY (16'), großartiger SYRAH Homage (14' 15' 16), Marsanne/Viognier im Rhône-Stil und eindrucksvoller TEMPRANILLO. Die einfachere Reihe mit weißen Etiketten bietet ein gutes Preis-Leistungs-Verhältnis, v. a. der jung zu trinkende MERLOT.

**Two Paddocks** C-Ot r (w) ★★ Der Schauspieler Sam Neill erzeugt mehrere PINOT-NOIR-Weine. Einzellagen-Reserve-Gewächse: First Paddock (vegetabiler, aus dem kühlen Bereich GIBBSTON) und Last Chance (reifer, aus dem wärmeren Alexandra). Der jüngste Neuzugang ist der bukettreiche The Fusilier von Trauben aus Bannockburn.

**Two Rivers** Marlb r (rs) w ★★ SAUVIGNON BLANC Convergence mit Klasse. Lebhafter CHARDONNAY, reichhaltiger Rosé, geschmeidiger PINOT NOIR Tributary. Zweitmarke: Black Cottage (äußerst preiswert).

**Urlar** Wairarapa r w ★★ Kleiner Biobetrieb mit komplexem, in Eiche ausgebautem PINOT GRIS, duftendem RIESLING, kräftigem SAUVIGNON BLANC und einnehmendem PINOT NOIR.

**Valli** C-Ot ★★→★★★ Tolles Angebot an komplexem PINOT NOIR von Einzellagen (aromatischer GIBBSTON, reifer Bendigo, saftiger Bannockburn, duftender WAITAKI). Auch rassiger Waitaki RIESLING.

**Vavasour** Marlb r w ★★→★★★ Pflanzte 1986 die ersten Reben im AWATERE VALLEY. Jetzt im Besitz des amerikanischen Unternehmens Foley Family Wines. Lebhafter, tiefgründiger CHARDONNAY (der Anna's Vineyard von den ältesten Reben ist besonders straff und vielschichtig); v. a. bekannt für gewichtigen SAUVIGNON BLANC. Auch herrlicher Rosé und gehaltvoller PINOT NOIR.

**Vidal** Hawk r w ★★→★★★ 1905 gegründet und seit 1976 im Besitz von VILLA MARIA. Spitzenreihe Legacy: rauchiger CHARDONNAY, würziger SYRAH, hervorragender CABERNET SAUVIGNON. Reserve-Reihe im mittleren Bereich mit großartigem Preis-Leistungs-Verhältnis.

**Villa Maria** Auck r (rs) w ★★→★★★ Die größte Kellerei Neuseelands, vollständig in Familienbesitz; Sir George Fistonich ist der Chef, seine Tochter Karen steht dem Verwaltungsrat vor. 2018 wurde ein neuer CEO berufen. Zum Besitz gehören auch VIDAL, ESK VALLEY und TE AWA. Auf Weinmessen ausgerichtet, sehr erfolgreich. Die Spitzengewächse laufen unter der Bezeichnung Reserve (ausgeprägter Regionalcharakter) und Single Vineyard (hebt die einzelnen Lagen hervor). Cellar Selection: Mittelklasse (weniger Eichenholzeinfluss), ausgezeichnet, überaus preiswert; auch die in großen Mengen erzeugten Weine der dritten Qualitätsstufe Private Bin sind oft sehr gut. Kleine Mengen von sehr gutem ALBARIÑO, VERDELHO, GRENACHE und MALBEC. Der neuer Kultrotwein Ngakirikiri The Gravels (13') auf CABERNET-SAUVIGNON-Basis ist noch sehr jugendlich.

**Waiheke Island** r (rs) w ★★ Herrliche Insel im Hauraki Gulf, der Bucht vor Auckland (das Meer hat einen mäßigenden Einfluss auf die Temperaturen); 1978 von Goldwater für den Weinbau entdeckt. Der mit Abstand größte Erzeugerbetrieb ist MAN O' WAR. Zunächst für stilvolle CABERNET SAUVIGNON/MERLOT-Verschnitte bekannt, dann für dunklen, kräftigen SYRAH. Beliebtes Ziel für Touristen, viele Hubschrauberlandeplätze.

**Waimea** Nel r (rs) w ★★ Einer der größten und preiswertesten Erzeuger der Region; 2017 an einen Investmentfonds verkauft. Schwungvoller SAUVIGNON BLANC, duftender PINOT GRIS, bukettreicher GEWÜRZTRAMINER. Sehr guter RIESLING mit Honignote, schwungvoller ALBARIÑO. Körperreicher PINOT NOIR. Zweite Garde: Spinyback.

**Waipara Valley** Cant – Wichtigster Unterbereich von Canterbury im Norden von Christchurch (86 % der Anbaufläche des Bereichs) mit großem PINOT-

NOIR- und RIESLING-Renommé. Positioniert sich wegen des zu Verwechslungen führenden Namens derzeit als »North Canterbury« neu.

**Wairarapa** Neuseelands siebtgrößte Weinregion (nicht zu verwechseln mit WAIPARA VALLEY); siehe MARTINBOROUGH. Umfasst auch den Unterbereich Gladstone im Norden (etwas höher gelegen, kühler, feuchter). Das trockenste und kühlste Anbaugebiet auf der Nordinsel, besondere Stärke bei Weißweinen (SAUVIGNON BLANC und PINOT GRIS werden am häufigsten angepflanzt, aber auch RIESLING, GEWÜRZTRAMINER und CHARDONNAY sind gut) und v. a. PINOT NOIR (herzhaft, von vergleichsweise alten Reben). Beginnt sich als »Wellington Wine Country« zu vermarkten.

**Wairau River** Marlb r (rs) w ★★ Gute Weißweine: schwungvoller SAUVIGNON BLANC, reichhaltiger PINOT GRIS, duftender ALBARIÑO. Spitzenweine unter dem Etikett Reserve: Sauvignon blanc von Einzellagen, gewichtiger VIOGNIER, rauchiger CHARDONNAY, aromatischer PINOT NOIR.

**Wairau Valley** Marlb – Größte Unterregion in MARLBOROUGH (die ersten Reben wurden 1873 gepflanzt, die moderne Ära begann 1973). Die meisten Kellereien der Region stehen hier. Drei bedeutende Seitentäler im Süden: Brancott, Omaka und Waihopai (die unter der Sammelbezeichnung Southern Valleys bekannt sind). SAUVIGNON BLANC gedeiht auf steinigen Ebenen mit Silt-Untergrund, PINOT NOIR auf tonigen Nordhängen. In letzter Zeit wurden in Sachen Umweltschutz viele Erzeugerbetriebe vom District Council harsch kritisiert.

**Waitaki Valley** C-Ot – Sich langsam ausdehnende Unterregion in North Otago mit kühlem Klima und Frostgefahr und einer Handvoll Erzeugerbetriebe. Sehr vielversprechender PINOT NOIR (kann aber grüne Noten aufweisen), rassiger PINOT GRIS und RIESLING.

**Whitehaven** Marlb r (rs) w ★★ Mittelgroßer Erzeuger. Der geschmacksintensive, preiswerte SAUVIGNON BLANC ist ein Verkaufsschlager in den USA. Reichhaltiger GEWÜRZTRAMINER, zitrusfrischer CHARDONNAY, öliger PINOT GRIS), halbtrockener RIESLING, sehr guter trockener Rosé von PINOT NOIR und stämmiger Pinot noir.

**Wither Hills** Marlb r w ★★ Großer Erzeuger im Besitz der Brauerei Lion. Beliebte, preiswerte Weine, v. a. lebhafter SAUVIGNON BLANC (der Rarangi von einer Einzellage ist intensiv), fleischiger PINOT GRIS, generöser CHARDONNAY (v. a. Single Vineyard Benmorven) und preiswerter, fein ausbalancierter PINOT NOIR Single Vineyard Taylor River.

**Wooing Tree** C-Ot r (rs) w ★★ Einzellagenweine mit Schwerpunkt auf Roten. Muskulöser PINOT NOIR (der Beetle Juice ist köstlich und jung zu trinken), kraftvoller Pinot noir Reserve Sandstorm und gewichtiger CHARDONNAY. Zu den weniger »seriösen« Weinen, alle von Pinot noir, zählen der köstliche trockene Rosé, der Blondie (ein zartrosa halbtrockener Weißwein) und der Tickled Pink (süß, Himbeer-/Pflaumennoten).

**Yealands** Marlb r (rs) w ★★ Neuseelands größte »Einzellage« im AWATERE VALLEY, jetzt im Besitz des Versorgungsunternehmens Marlborough Lines. 2018 zu einer Strafe von 400.000 Dollar verurteilt, weil in wiederholter, absichtlicher und betrügerischer Verletzung der Bestimmungen des Wine Act u. a. nach Europa exportierten Weinen Zucker zugesetzt wurde. Das Lesegut besteht teilweise aus gutseigenen Trauben, der Hauptanteil kommt aus MARLBOROUGH. Genoss früher einen guten Ruf wegen nachhaltiger Bewirtschaftung, allerdings sind die meisten Weine nicht ökologisch zertifiziert. Single-Vineyard-Reihe: SAUVIGNON BLANC mit langem Abgang, duftender RIESLING und gehaltvoller PINOT NOIR. Äußerst Preiswertes gibt es in der Reihe Peter Yealands. Weitere wichtige Marken: Babydoll, The Crossings, Crossroads.

# Südafrika

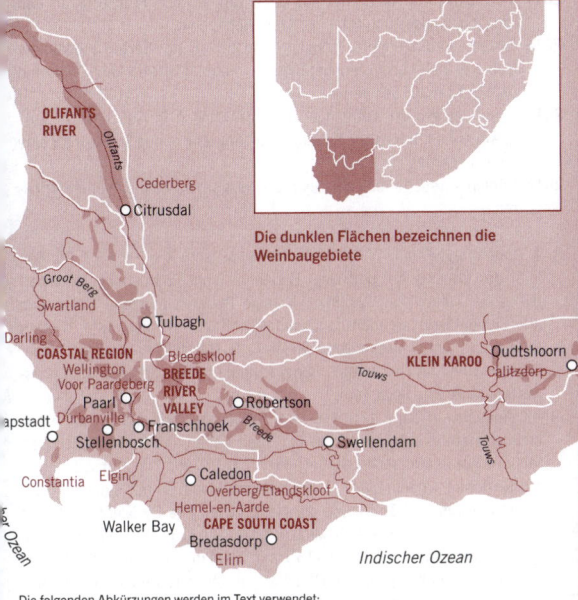

Die dunklen Flächen bezeichnen die Weinbaugebiete

Die folgenden Abkürzungen werden im Text verwendet:

| | | | |
|---|---|---|---|
| Coast | Coastal Region | Rob | Robertson |
| Con | Constantia | Stel | Stellenbosch |
| Fran | Franschhoek | Swart | Swartland |
| Hem | Hemel-en-Aarde | W-Cape | Western Cape |

Die Rebe fürs Grobe war früher Steen alias Chenin blanc; zusammen mit anderen bildete sie die Grundlage für Südafrikas mehr als passablen »Sherry«, das wichtigste Exportgut. In alten Weinbergen steht immer noch jede Menge davon; die Ironie der Geschichte ist, dass die Rebe fürs Grobe nun mit die feinsten Weine des Landes erbringt. Doch wir sind mittlerweile verwöhnt und dürsten nach Abwechslung. Es gibt saftigen Sauvignon blanc, festen, frischen Chardonnay, in diesem Land seltene Sorten wie Vermentino, vergessene Erbstücke wie Palomino und exotische Laborprodukte wie Therona. Die besten weißen Verschnitte aus Swartland suchen ihresgleichen, und zwar überall auf der Welt. Die Rotweine waren früher weniger interessant; in letzter Zeit sind sie im selben Maß feiner und frischer geworden und weniger auf Holz angewiesen, indem man sich an früheren Leseterminen versucht, am Ausbau in Ton-, Beton- oder Keramikbehältern und an anderen Fasstypen. Auch manche Abfüllungen von alten Reben verdienen Beachtung, und kostspieliger Rosé in edler Verpackung fließt in den entsprechenden Kreisen in Strömen. Derweil harren viele ernüchternde Fragen einer Antwort – in puncto Nachhaltigkeit, Umweltzerstörung, anhaltende Dürren, soziale Gerechtigkeit, um nur einige Themen zu nennen –, vonseiten der Produzenten und der Verbraucher. Südafrika steht mit diesen Problemen nicht allein, ist sich ihrer aber vielleicht etwas deutlicher bewusst.

# Neuere Jahrgänge

**2018** Das dritte Dürrejahr in Folge. Konzentrierte, geschmacksintensive Weine, die sich aber vermutlich nicht für eine lange Lagerung eignen.

**2017** In Qualität und Charakter mit 2015 vergleichbar. Früh trinkreif und möglicherweise auch früher auf dem Höhepunkt.

**2016** Extreme Bedingungen begünstigten später reifende Sorten und kühlere Gebiete. Viele ausgezeichnete Weine, die man trinken kann, während man auf die 2015er wartet.

**2015** Einer der großen Jahrgänge: außergewöhnlich in Geschmack, Ausgewogenheit, Intensität. Entfaltet sich langsam, genug Struktur für eine lange Lagerung.

**2014** Kühleres, feuchteres Jahr, leichtere, elegantere Weine, frühere Trinkreife.

**A. A. Badenhorst Family Wines** W-Cape r (rs) w; (sch) ★★→★★★★ Die Kellerei der Cousins Adi und Hein Badenhorst am Paardeberg verkörpert die neue Dynamik in Südafrika. Knotige Reben, natürliche Hefen und alte Eichenfässer ergeben hauptsächlich Mittelmeerverschnitte, CHENIN BLANC und einheimische Sortenweine (z. B. Cinsault, PALOMINO). Neuer Orange Wine (mit Hülsenmaischung) Riviera in der außerordentlich preiswerten Basisreihe Secateurs.

**Alheit Vineyards** W-Cape (r) w ★★★★ Das Ehepaar Chris und Suzaan Alheit erzeugt atemberaubende Weine von alten Reben und traditionellen Sorten. CHENIN BLANC/SÉMILLON Cartology (11' 15') von Trauben aus mehreren Regionen; Chenin blanc Magnetic North Mountain Makstok (13' 15'), Radio Lazarus (12' 15') sowie die Neuzugänge Fire By Night, Huilkrans und Nautical Dawn. Ferner SEMILLON La Colline (15' 17') und *field-blend* (gemischter Satz) Vine Garden (15') vom Heimathof in HEMEL-EN-AARDE. Jede neue Abfüllung ist eine Offenbarung. Stilvolle, früher zu trinkende Weine unter dem Namen Flotsam & Jetsam.

**Anthonij Rupert Wines** W-Cape r (rs) w (br), (sch) ★→★★★ Der Geschäftsmann Johann Rupert ehrt seinen verstorbenen Bruder mit einem umfassenden, zunehmend beeindruckenden Angebot von eigenen Rebflächen in DARLING, SWARTLAND, Overberg und dem imposanten Gut (mit Kellerei) L'Ormarins nahe FRANSCHHOEK. Am besten sind das Aushängeschild Anthonij Rupert und die Reihe Cape of Good Hope mit lagenspezifischen Weinen. Der Rosé Jean Roi hat Teil an Miniboom erstklassiger Roséweine.

**Ataraxia Wines** W-Cape r w ★★★ Spitzen-CHARDONNAY (15') und ein neuerer PINOT NOIR von Winzer und Miteigentümer Kevin Grant auf dem Gut Skyfields mit sehenswerter kapellenartiger Kellerei oberhalb von HEMEL-EN-AARDE.

**Babylonstoren** W-Cape r (rs) w; (sch) ★→★★★ Afrikaanses Gut (namens »Turm von Babylon«) aus dem 17. Jh. in der Nähe von PAARL, stilvoll restauriert von Karen Roos, der ehemaligen Chefredakteurin der südafrikanischen *Elle Decoration*, und ihrem Mann, dem Medienmogul Koos Bekker. Der Bordeaux-Rotwein Nebukadnesar (15') steht an der Spitze des immer beeindruckenderen Angebots.

**Bartho Eksteen** W-Cape r rs w; s sch ★★★ Bartho Eksteen mit Sitz in Hemel-en-Aarde ist auf Rhône-Sorten und SAUVIGNON BLANC spezialisiert und Mentor für jüngere Winzer und Brenner unter dem Banner von Trees of Knowledge/Wijnskool.

**Bartinney Private Cellar** Stel r (rs) w; (sch) ★→★★★ Aufgehender Stern auf den steilen Hängen des Banhoek Valley, in Familienbesitz. Originell der CABERNET SAUVIGNON (14' 15') und der CHARDONNAY (15'), die nun um ebenso bestechende Reserve-Versionen ergänzt werden. Noble Savage ist quasi eine Lifestyle-Reihe. Neue High-End-Schwestermarke Montegray.

**Beau Constantia** Con r w ★★ Elegante sortenreine Weine und Verschnitte im Bordeaux- und Rhône-Stil von steilen Rebflächen in den Bergen, die Anfang der 2000er-Jahre von der Eigentümerfamilie Du Preez bepflanzt wurden.

**Beaumont Wines** Bot R. r w br; (s) ★★→★★★ Ausgezeichnete handgearbeitete Weine von einem herrlichen ländlichen Gut. Seltener sortenrein abgefüllter MOURVÈDRE (10' 15'), eleganter CHENIN BLANC Hope Marguerite (12' 15' 16' 17') und der neue New Baby auf Chenin-blanc-Basis (15').

**Beeslaar Wines** Stel r ★★★★ Die persönliche Sicht des Kellermeisters von KANONKOP auf PINOTAGE (13' 14' 16'): ausgefeilt und sehr speziell.

**Bellingham** Coast r w ★★→★★★ Etablierte Marke von DGB mit der faszinierenden, erstklassigen, in kleiner Auflage erzeugten The Bernard Series, u. a. absolut extra sortenreiner ROUSSANNE (15'), und der Homestead Series mit sehr gutem CHENIN BLANC von alten Reben.

**Beyerskloof** W-Cape r (rs) (w) (br) ★→★★★ Südafrikas PINOTAGE-Champion, nahe STELLENBOSCH: Zehn Versionen mit dieser Sorte sind im Angebot (11), inkl. einer zum Aufspriten des portweinähnlichen Lagare Cape Vintage. Kraftvoller reinsortiger Diesel (13' 16') und ein Trio von CAPE BLENDS. Im Bistro der Kellerei gibt es sogar Pinotage-Burger. Auch klassischer CABERNET SAUVIGNON/MERLOT Field Blend (09' 14').

Durch die Flut von Neuzugängen ist die Anzahl der Appellationen (Wine of Origin) auf 124 gestiegen.

**Black Economic Empowerment (BEE)** Die Organisation setzt sich für eine höhere Beteiligung vormals benachteiligter Bevölkerungsgruppen in der Weinbranche ein.

**Boekenhoutskloof Winery** Fran r (rs) w; s ★→★★★★ Die Spitzenkellerei in FRANSCHHOEK bietet seit einem Vierteljahrhundert außerordentliche Qualität und Beständigkeit: Syrah (09' 12' 15'), jetzt ausschließlich von Trauben aus SWARTLAND, Franschhoek CABERNET SAUVIGNON (08' 09' 11') – auch die neuere Version aus STELLENBOSCH ist ausgezeichnet –, Sémillon von alten Reben, roter Chocolate Block im Mittelmeerstil (17') sowie die überaus süffigen Reihen Porcupine Ridge und Wolftrap. Siehe PORSELEINBERG.

**Bon Courage Estate** Rob r (rs) w (br); s (lbl) sch ★→★★★ Familienbetrieb mit breit gefächertem Angebot, angeführt von den Inkará-Rotweinen; stilvolles Brut-Trio nach der MÉTHODE CAP CLASSIQUE und aromatische Dessertweine (RIESLING, MUSCAT).

**Boplaas Family Vineyards** W-Cape r w br; (s) (sch) ★→★★★ Die Winzer Carel Nel und Tochter Margaux in CALITZDORP sind für Weine im Port-Stil bekannt, v. a. Cape Vintage Reserve (09' 12') und Tawny. Neuerdings Schwerpunkt auf ungespriteten Rot- und Weißweinen von portugiesischen Trauben.

**Boschendal Wines** W-Cape r (rs) w; (s); sch ★→★★★ Berühmtes, fotogenes Weingut bei FRANSCHHOEK, betrieben von DGB. Bekannt für SHIRAZ, SAUVIGNON BLANC, CHARDONNAY und Schaumwein nach der MÉTHODE CAP CLASSIQUE.

**Botanica Wines** W-Cape r (rs) w; (s) ★★→★★★★ Weine der Amerikanerin Ginny Povall mit Sitz in STELLENBOSCH. Der Mary Delany ist ein CHENIN BLANC der Superlative (12' 14' 15' 16' 17') von alten Buschreben an der Westküste; außerdem PINOT NOIR, z. T. aus HEMEL-EN-AARDE, SEMILLON (15') aus Elgin und *vin de paille* oJ von VIOGNIER aus Stellenbosch.

**Bouchard Finlayson** Cape South Coast r w ★★→★★★★ Sehr guter Erzeuger von PINOT NOIR in HEMEL-EN-AARDE mit Galpin Peak (13' 15') und der Fassauswahl Tête de Cuvée. Eindrucksvoller CHARDONNAY (Crocodile's Lair von Reben aus Elandskloof und Missionvale) sowie exotischer roter Hannibal (10' 11').

**Breedekloof** Großer DISTRICT (ca. 13.000 ha) im Binnenland, der v. a. Massenweine und solche auf Einsteigerniveau hervorbringt. Löbliche Ausnahmen: Bergsig, OLIFANTSBERG, OPSTAL ESTATE und Stofberg Family.

**Buitenverwachting** W-Cape r (rs) w; s; (sch) ★★→★★★ Erstklassiger Familienbetrieb in CONSTANTIA. Hervorragender CHARDONNAY (14'), SAUVIGNON BLANC Husseys Vlei (13') und Bordeaux-Rotwein Christine (09'). Heißt im Exportgeschäft Bayten.

**Calitzdorp** DISTRICT in Klein Karoo, der klimatisch dem Douro-Tal ähnelt und folgerichtig für Wein im Port-Stil, neuerdings auch für ungespritete rote und weiße Verschnitte und sortenreine Abfüllungen von Portweintrauben bekannt ist. Erzeuger: u. a. BOPLAAS, DE KRANS.

**Cape Blend** »Kap-Verschnitt«. Meist ein Rotweinverschnitt mit einem Anteil PINOTAGE, gelegentlich auch ein Chenin-blanc-Verschnitt oder einfach ein Wein mit »Kap-Charakter«. Empfehlenswerte Erzeuger: Alvi's Drift, Beaumont, Beyerskloof, Kaapzicht, KWV, Opstal.

**Cape Chamonix Wine Farm** Fran r w; (sch) ★★★★ Ausgezeichneter Weinbergbesitz eines Weinmachers, der von ihm selbst bewirtschaftet wird. Charakteristischer PINOT NOIR, PINOTAGE, CHARDONNAY, SAUVIGNON BLANC, Bordeaux-Verschnitte (rot und weiß) und CABERNET FRANC. Alle zum Einkellern.

**Capensis** W-Cape w ★★★ Südafrikanisch-amerikanisches Gemeinschaftsunternehmen von Antony Beck von GRAHAM BECK und Barbara Banke von Jackson Family. Luxuriöser CHARDONNAY von Trauben aus verschiedenen Regionen (15').

**Cape Point Vineyards** (r) w; (s) ★★★→★★★★ Hervorragender Erzeuger in Noordhoek auf der Kaphalbinsel. Komplexer, alterungswürdiger SAUVIGNON BLANC/SEMILLON Isliedh (12' 16' 17'), CHARDONNAY und Sauvignon blanc. Preiswert ist die Marke Splattered Toad. Das neue Schwesterunternehmen Cape Town Wine Company erzeugt Rot-, Weiß- und Schaumwein.

**Cape Rock Wines** W-Cape r (rs) w ★★→★★★ Der führende Boutiquewinzer in OLIFANTS RIVER, bekannt für äußerst charaktervolle rote und weiße Rhône- und Portweintraubenverschnitte mit auffallender Verpackung.

**Cape South Coast** Kühlklimatische »Super-REGION« (ca. 2.600 ha) mit den DISTRICTS Cape Agulhas, ELGIN, Overberg, Plettenberg Bay, Swellendam und WALKER BAY sowie den unabhängigen WARDS Herbertsdale, Napier, Lower Diuvenhoks River und Stilbaai East.

**Cape Town** DISTRICT (ca. 2.700 ha), der Kapstadt, die Kaphalbinsel sowie die WARDS CONSTANTIA, DURBANVILLE, Hout Bay und Philadelphia umfasst.

**Cape Winemakers Guild (CWG)** Unabhängiger Verband, dem man nur auf Einladung beitreten kann, mit gegenwärtig 47 Mitgliedern. Veranstaltet alljährlich eine Maßstäbe setzende Auktion für limitierte Spitzenabfüllungen.

**Catherine Marshall Wines** W-Cape r w (br) ★★★ Cathy Marshall, Expertin für kühlklimatische Lagen (hauptsächlich in ELGIN), und ihre Partner konzentrieren sich auf PINOT NOIR, MERLOT, SAUVIGNON BLANC und CHENIN BLANC. Köstlicher, mineralischer trockener RIESLING.

**Cederberg** Winziger, hoch gelegener eigenständiger WARD (ca. 100 ha) in den Cederberg Mountains. Vornehmlich SHIRAZ und SAUVIGNON BLANC. Driehoek und CEDERBERG PRIVATE CELLAR sind die einzigen Erzeuger.

**Cederberg Private Cellar** Cederberg, Elim r (rs) w; sch ★★→★★★★ Der Familie Nieuwoudt gehören die vielleicht höchsten (CEDERBERG) und am weitesten südlich gelegenen (ELIM) Weinberge Südafrikas. Elegant-intensiv präsentieren sich CABERNET SAUVIGNON, PINOT NOIR, die seltene Bukettraube, CHENIN BLANC, SAUVIGNON BLANC, SÉMILLON, der Schaumwein nach der MÉTHODE CAP CLASSIQUE und Shiraz, u. a. die herausragende CAPE-WINEMAKERS-GUILD-Abfüllung Teen die Hoog (10' **11'**).

**Central Orange River** Eigenständiger »Mega-WARD« (ca. 9.300 ha) von Northern Cape. Heiß, trocken, bewässerungsbedürftig; hauptsächlich Weiße und gespritete Weine. Der größte Erzeugerbetrieb ist Orange River Cellars.

> **Konzertierte Aktion für Cabernet**
>
> Innerhalb Südafrikas ist »Stellenbosch« gleichbedeutend mit »CABERNET SAUVIGNON der Spitzenklasse«, aber im Ausland nicht unbedingt. Deshalb hat sich der neue Verband Stellenbosch Cabernet Collective (Stellenboschcabernet.co.za) mit mehr als 30 Mitgliedern das Ziel gesetzt, das Bewusstsein für die Qualität, die Terroirvielfalt und die lange Tradition des sortenreinen Cabernet aus dem Kernland des südafrikanischen Weinbaus zu schärfen. Die südafrikanischen CHENIN-BLANC-Erzeuger haben es mit vereinten Kräften geschafft, aus ihrem Aschenputtel eine Prinzessin zu machen, und ihre Cabernet anbauenden Kollegen streben nun mit öffentlichen Verkostungen, der Teilnahme an Auktionen und Messen, Werbung in sozialen Netzwerken und Printmedien sowie anderen Maßnahmen nach dem gleichen Erfolg. Auf einer Rundreise gegen den Uhrzeigersinn trifft man auf die folgenden Mitstreiter: BARTINNEY, KAAPZICHT, KANONKOP, JORDAN, LE RICHE, RUSTENBERG, RUST EN VREDE, STARK-CONDÉ, VILLIERA, WARWICK ESTATE.

**Charles Fox Cap Classique Wines** Elgin sch ★★★ Erzeuger von Schaumwein im Champagnerstil mit französischem Weinberater im Gepäck. Sechs klassische, köstliche Bruts, u. a. zwei neue Reserve (rot und weiß).

**Coastal** Größte REGION (ca. 43.000 ha), die die vom Meer beeinflussten DISTRICTS CAPE TOWN, DARLING, STELLENBOSCH und SWARTLAND sowie seit 2018 den früheren unabhängigen WARD Lamberts Bay umfasst, seltsamerweise aber auch die nicht an der Küste gelegenen Districts FRANSCHHOEK, PAARL, TULBAGH und WELLINGTON.

**Colmant Cap Classique & Champagne** W-Cape sch ★★★ → ★★★★ Eine belgische Familie hat sich in FRANSCHHOEK auf Schaumwein spezialisiert. Brut und Sec Reserve, Rosé, CHARDONNAY und der neue Absolu Zero Dosage: alle nach der MÉTHODE CAP CLASSIQUE bereitet, ohne Jahrgangsangabe und exzellent.

**Constantia** Landschaftlicher schöner WARD an den kühlen Hängen des Constantiabergs in CAPE TOWN (ca. 430 ha). Das erste und mit das berühmteste Anbaugebiet Südafrikas für feine Weine wurde in den letzten Jahren von GROOT, KLEIN CONSTANTIA u. a. wieder zum Leben erweckt.

**Constantia Glen** Con r w ★★★ Ein Juwel der Familie Waibel in den höheren Lagen des Constantiabergs. Großartige rote und weiße Bordeaux-Verschnitte sowie sortenreiner SAUVIGNON BLANC.

**Constantia Uitsig** Con r w br; sch ★★★ Erstklassige Weinberge und eine Kellerei bringen hauptsächlich stillen Weißwein sowie nach der MÉTHODE CAP CLASSIQUE bereitete Schaumweine hervor. Verlässlicher, beeindruckender SÉMILLON (**12' 14'** 15').

**Creation Wines** Cape South Coast r w ★★→★★★ Erzeugerbetrieb in Familienbesitz mit eleganten, modernen Weinen von Bordeaux-, Rhône- und burgundischen Sorten sowie Verschnitten. Sehr fein ist der neue CHENIN BLANC Cool Climate.

**Dalla Cia Wine & Spirit Company** W-Cape r w ★★→★★★ Seit drei Generationen angesehene Winzer/Brenner in STELLENBOSCH. Flaggschiff ist der teure »Supertoskaner« Teano.

**Darling** DISTRICT (ca. 2.800 ha) rund um die gleichnamige Stadt an der Westküste, dessen beste Lagen sich in dem hügeligen WARD Groenekloof befinden. Cloof, Darling Cellars, Groote Post/Aurelia, Mount Pleasant, Ormonde und Withington füllen selbst ab; ein Großteil des übrigen Leseguts fließt in Fremdmarken.

**David & Nadia** Swart r w ★★★★ Das Ehepaar Sadie folgt den Prinzipien natürlicher Weinbereitung der Swartland Independent Producers und erzeugt den exquisiten Rhône-Rotwein Elpidios, GRENACHE NOIR, sortenreinen CHENIN BLANC sowie den Verschnitt Aristargos (**12' 13' 14'** 15'), SÉMILLON und einen neueren PINOTAGE, zum Großteil von alten Reben. Kellermeisterassistent André Bruyns eigene Marke ist ebenfalls sehr fein bereitet.

**Schätzungsweise 20 Prozent der südafrikanischen Kellereien sind teilweise oder ganz in ausländischem Besitz.**

**De Krans** W-Cape r (rs) w br; (sch) ★→★★★ Der Betrieb der Familie Nel in CALITZDORP ist bekannt für Weine im Port-Stil, v. a. Vintage Reserve (**08' 09' 10'** 11' 12' 13' 16') und gespriteten MUSCAT. In letzter Zeit auch Erfolg mit ungespriteten Weinen von Portweintrauben.

**Delaire Graff Estate** W-Cape r (rs) w (br); (s); (sch) ★→★★★★ Hoch gelegene Weinberge, dazu eine Kellerei und ein Luxusresort im Besitz des britischen Diamantenhändlers Laurence Graff nahe STELLENBOSCH. Spitzenwein des juwelengeschmückten Angebots ist der hochpreisige, alterungswürdige CABERNET SAUVIGNON Reserve Laurence Graff (**09'** 12' 13').

**Delheim Wines** Coast r (rs) w; (lbl) s; (sch) ★→★★★ Ökologisch ausgerichteter Familienbetrieb nahe STELLENBOSCH. SHIRAZ und PINOTAGE Vera Cruz; in den besten Jahren erzeugte Grand Reserve auf CABERNET-SAUVIGNON-Basis mit Kellerpotenzial sowie funkelnder edelfauler RIESLING Edelspatz (**13'** 15').

**DeMorgenzon** Stel r (rs) w; (s); (sch) ★★→★★★★ Hylton und Wendy Appelbaums gepflegtes Gut erklimmt den Gipfel des Erfolgs mit Bordeaux- und Rhône-Sortenweinen und -Verschnitten, CHARDONNAY und CHENIN BLANC. Der gelegentlich erzeugte Chenin blanc The Divas (**13'** 17') ist spektakulär.

**De Toren Private Cellar** Stel r ★★★ Nun mehrheitlich in Schweizer Besitz. Stets aromatisch der Bordeaux Fusion V (**09'** 15') und der früher trinkreife »Z« auf MERLOT-Basis; Délicate in leichterem Stil.

**De Trafford Wines** Coast r w; s ★★★→★★★★ Der Boutiquewinzer David Trafford hat Erfolgsgeschichte geschrieben mit mächtigen und doch harmonischen Weinen: Bordeaux/SHIRAZ Elevation 393, CABERNET SAUVIGNON, SYRAH Blueprint (**12'** 15') und CHENIN BLANC (trocken sowie *vin de paille*). Siehe SIJNN.

**De Wetshof Estate** Rob r w; s; sch ★★★ Der bekannte CHARDONNAY-Pionier und -Exponent erzeugt fünf Versionen (mit und ohne Eiche, still und schäumend), allen voran The Site aus einer Einzellage.

**DGB** W-Cape – Etablierter Erzeuger und Großhändler mit Sitz in Wellington und den High-End-Marken The Bernard Series und BOSCHENDAL; außerdem zugänglicher Bellingham, Brampton und Douglas Green.

**Diemersdal Estate** W-Cape r (rs) w ★→★★★ Das Familiengut in DURBANVILLE tut sich mit verschiedenen SAUVIGNON-BLANC-Weinen aus Einzellagen und Einzelreihen (u. a. Wild Horseshoe mit Hülsenmaischung), roten Verschnitten, PINOTAGE, CHARDONNAY und dem ersten und einzigen kommerziell erzeugten GRÜNEN VELTLINER Südafrikas hervor.

**Diemersfontein Wines** W-Cape r (rs) w ★→★★★ Familiengut mit Restaurant und Gästehaus in WELLINGTON, bekannt v. a. für seine kraftstrotzenden Weine der Reihe Carpe Diem. Der PINOTAGE hat den viel kopierten »Kaffeestil« begründet. Die BLACK-ECONOMIC-EMPOWERMENT-Marke heißt Thokozani.

**Distell** W-Cape – Das größte Getränkeunternehmen Südafrikas mit Sitz in STELLENBOSCH nennt viele Marken in allen Stilen und Qualitätsstufen zumindest anteilsmäßig sein Eigen. Siehe DURBANVILLE HILLS, Fleur du Cap, J. C. le Roux, Nederburg Wines.

**District** Siehe GEOGRAPHICAL UNIT.

**Dorrance Wines** W-Cape r (rs) w ★★→★★★ Französisch angehauchter Familienbetrieb mit einem von nur zwei Kellern mitten in Kapstadt (Grund genug für einen Besuch). Fabelhafter SYRAH, CHARDONNAY und CHENIN BLANC.

**Durbanville** Der kühle, hügelige WARD (ca. 1.350 ha) im DISTRICT CAPE TOWN ist v. a. für pikanten SAUVIGNON BLANC bekannt; außerdem MERLOT und weiße Verschnitte. Heimat von DURBANVILLE HILLS und vielen Familienbetrieben, u. a. dem neueren Canto mit seltenem SHIRAZ MÉTHODE CAP CLASSIQUE und anderen Schaumweinen.

**Durbanville Hills** Durbanville r (rs) w; (s); (sch) ★→★★★ Im Besitz von DISTELL, örtlichen Winzern und einem Mitarbeiter-Trust. Preisgekrönter PINOTAGE, CHARDONNAY und SAUVIGNON BLANC. Sehr guter neuerer roter und weißer Bordeaux-Verschnitt Tangram.

**Eagles' Nest** Coast r (rs) w ★→★★★ Familienbetrieb in CONSTANTIA mit verlässlich erstklassigem MERLOT, VIOGNIER und SHIRAZ. Außerdem lebhafter SAUVIGNON BLANC und nur in der Kellerei selbst verkaufter Rosé Little Eagle.

**Edgebaston** W-Cape r w ★★→★★★ Gut und Kellerei nahe STELLENBOSCH im Besitz von David Finlayson, Spross der renommierten südafrikanischen Winzerfamilie. Sehr guter CABERNET SAUVIGNON GS, Reihe Camino Africana von alten Reben und erstklassige jung zu trinkende Weine. Mit dem örtlichen Kellermeister erzeugt er außerdem seltenen sortenreinen TEMPRANILLO und feinen GRENACHE unter dem Namen Merwe & Finlayson.

**Eikendal Vineyards** W-Cape r w ★★★ Zu alter Form zurückgekehrter Betrieb nahe STELLENBOSCH in Schweizer Hand. Bordeaux-Rotwein Classique, MERLOT, neuerer roter Jahrgangsverschnitt Charisma. Der stets ausgezeichnete CHARDONNAY kommt nun als Trio daher: aus verschiedenen Lagen, von Buschreben und von einem einzigen Klon.

**Elgin** Der kühlklimatische DISTRICT (ca. 755 ha) erntet Anerkennung für seinen SAUVIGNON BLANC, CHARDONNAY und PINOT NOIR. Auch sehr interessanter SYRAH, RIESLING und MÉTHODE CAP CLASSIQUE. Vorwiegend Boutiquekellereien in Familienhand, u. a. Elgin Ridge, einer der beiden zertifiziert biodynamischen Betriebe in Südafrika (der andere ist Reyneke in Stellenbosch).

**Elim** Der WARD (ca. 140 ha) mit kühlem Klima im südlichsten DISTRICT Südafrikas, Cape Agulhas, bringt aromatischen SAUVIGNON BLANC, weiße Verschnitte und SHIRAZ hervor. Liefert auch Trauben an große Erzeuger wie KWV und Boutiquekellereien wie Flying Cloud.

**Ernie Els Wines** W-Cape r (rs) (w) ★→★★★★ Weinbaubetrieb des südafrikanischen Golfstars in der Nähe von STELLENBOSCH mit langlebigem sortenreinem und verschnittenem CABERNET SAUVIGNON in den Reihen

Signature und Proprietor's sowie früher trinkreifen Rot- und Weißweinen in der Reihe Big Easy. Dem Miteigentümer Hans Baron von Staff-Reitzenstein gehört auch der nahe gelegene Betrieb Stellenzicht, der unter seiner Ägide nun zum einstigen Ruhm zurückkehrt.

**Estate Wine** Weine, die auf »für die Produktion von Estate Wine registrierten geografischen Einheiten« angebaut, bereitet und abgefüllt sein müssen. Keine Qualitätsbezeichnung.

---

### Weinbau am Northern Cape

Man stelle sich vor: eine Halbwüste von der Größe Deutschlands mit Regen im Sommer (und den entsprechenden weinbaulichen Herausforderungen), bitterer Kälte und glühender Hitze – ein Weinbauparadies ist das nicht gerade, doch eine Handvoll kleiner Familienbetriebe schlagen mit stetig steigender Qualität, Leidenschaft und Ortsverbundenheit dem Schicksal ein Schnippchen. Man probiere Super Single Vineyards überaus charaktervollen NEBBIOLO, SYRAH, TEMPRANILLO und RIESLING mit Holznote von Reben in Sutherland, der kältesten und praktisch höchsten Lage in Südafrika, sowie die Weine von Lowerland (wörtlich »grünes Land«, was auf die Lage des Guts weiter nördlich an den fruchtbaren Ufern von Orange und Gariep River anspielt): TANNAT, VIOGNIER, COLOMBARD (Still- und Schaumwein nach der MÉTHODE CAP CLASSIQUE) aus ökologischem Anbau, von jungen Spitzenkellermeistern aus dem Western Cape bereitet.

---

**Fable Mountain Vineyards** W-Cape r rs w ★→★★★★ Renommierter Winzer in TULBAGH, Ableger von MULDERBOSCH. Überragender SHIRAZ (sortenrein und verschnitten), ein weißer Verschnitt und ein Rosé aus Rhône-Sorten. Neue Small Batch Series mit Weinen aus speziellen Lagen/Jahrgängen; die Reihe Raptor Post beste zugängliche Weine.

**Fairview** Coast r w (br); (s); (sch) ★→★★★ Der engagierte und innovative Eigentümer Charles Back erzeugt eine bunte Mischung an sortenreinen, verschnittenen, Einzellagen- und terroirspezifischen Weinen der Marken Fairview, Spice Route, Goats do Roam und La Capra.

**FirstCape Vineyards** W-Cape r rs w; sch ★→★★ BV – Überaus erfolgreiche Exportmarke, ein Joint Venture von fünf örtlichen Genossenschaften und dem britischen Unternehmen Brand Phoenix mit Weinen auf Einstiegsniveau in über einem Dutzend Reihen, darunter einige mit Trauben von außerhalb Südafrikas.

**Flagstone Winery** W-Cape r (rs) w (br) ★→★★★ Premiumerzeuger in Somerset West im Besitz von Accolade Wines mit eindrucksvollem PINOTAGE, SAUVIGNON BLANC und Bordeaux-Weißwein sowie dem luxuriösen neuen Velvet Red Blend. Ist mit den Marken Fish Hoek (mittleres Niveau) und KUMALA (Einstiegsniveau) verschwistert.

**Fleur du Cap** W-Cape r (rs) w; s ★→★★★ Spitzenmarke von DISTELL, umfasst u. a. die sehr gute Series Privée Unfiltered (früher Unfiltered Collection) sowie edelfaulen Dessertwein und den Bordeaux-Rotwein Laszlo, beide immer großartig.

**Foundry, The** Stel, Voor Paardeberg r w ★★★→★★★★ Eigene Marke des Kellermeisters von MEERLUST, Chris Williams, mit Weinpartner James Reid; sehr gute sortenreine Weine von Rhône-Trauben, v. a. GRENACHE BLANC (12' 13' 15').

**Franschhoek Valley** Von Hugenotten gegründeter DISTRICT (ca. 1.240 ha), bekannt für CABERNET SAUVIGNON, CHARDONNAY, SÉMILLON und MÉTHODE

CAP CLASSIQUE. Verfügt über einige der ältesten Reben in Südafrika. Empfehlenswert sind Abfüllungen von Alheit, Boekenhoutskloof, Eikehof, Mullineux/Leeu Passant (Cinsault), Rickety Bridge, Yardstick (Sémillon).

**Free State** Als GEOGRAPHICAL UNIT ausgewiesene Provinz. Der einzige Erzeuger ist The Bald Ibis im östlichen Hochland.

**Gabriëlskloof** W-Cape r (rs) w; (s) ★→★★★ Starkellermeister Peter-Allan Finlayson bereitet dieses stetig größer und besser werdende Angebot, allen voran die Landscape Series (CABERNET FRANC, SYRAH, CHENIN BLANC von alten Reben, Bordeaux-Weißwein), neben seiner eigenen ausgezeichneten Reihe Crystallum (PINOT NOIR, CHARDONNAY) in der familieneigenen Kellerei nahe Bot River.

**Geographical Unit (GU)** Geografisch größtes Gebiet innerhalb des WINE-OF-ORIGIN-Klassifikationssystems. Derzeit gibt es sechs GUs: Eastern, Northern und Western Cape, KWAZULU-NATAL, Limpopo und, vor Kurzem hinzugekommen, FREE STATE. Die anderen Bezeichnungen lauten (in absteigender Gebietsgröße): REGION, DISTRICT und WARD.

**Glen Carlou** Coast r (rs) w; (s) ★→★★★ Spitzenkellerei in Familienbesitz mit eigenen Lagen, Kunstgalerie und Restaurant nahe PAARL. Bekannt für Bordeaux-Rotweine und CHARDONNAY aus Einzellagen und als Cuvées aus verschieden Lagen.

**Glenelly Estate** Stel r w ★★★ Die Weinberge und die Kellerei sind der »Ruhesitz« der einstigen Eigentümerin des Bordeaux-Châteaus Pichon Lalande, May-Eliane de Lencquesaing. Eindrucksvolle Flaggschiffgewächse: Lady May (roter Bordeaux) sowie das Estate-Reserve-Duo (Bordeaux/SHIRAZ und CHARDONNAY). Die Glass Collection bietet ein besonders gutes Preis-Leistungs-Verhältnis.

**GlenWood** Coast r w; (s) ★★★ Gewissenhafter Winzer in FRANSCHHOEK mit dem renommierten Spitzenetikett Grand Duc (SYRAH, CHARDONNAY, weiße Bordeaux-Sorten und edelfauler SÉMILLON).

**Graham Beck Wines** W-Cape sch ★★★ Der erstklassige Erzeuger nahe ROBERTSON ist ausschließlich auf Schaumwein nach der MÉTHODE CAP CLASSIQUE spezialisiert. Die sieben Abfüllungen (mit und ohne Jahrgangsangabe, Brut, Sec, Démi-Sec) werden angeführt von der herrlichen Chardonnay-Cuvée Clive.

**Grangehurst** Stel r rs ★★→★★★ Der Spezialist für kleine Mengen ist bekannt und geschätzt dafür, dass seine Weine lange im Keller reifen, bevor sie auf den Markt kommen: CABERNET SAUVIGNON und Verschnitte, CAPE BLEND Nikela und PINOTAGE. Herrlicher trockener Rosé.

**Groot Constantia Estate** Con r (rs) w (br); s; (sch) ★★→★★★★ Historisches Gut und Touristenmekka in der ursprünglichen Qualitätsweinregion Südafrikas mit entsprechend ernsthaften Gewächsen, v. a. dem Muscat de Frontignan Grand Constance (14'), der dazu beiträgt, den im 18. Jahrhundert begründeten Ruhm der Dessertweine von CONSTANTIA wiederherzustellen.

**Hamilton Russell Vineyards** Swart, Hem V. r w ★★→★★★★ Bewunderter Pionier des kühlklimatischen Weinbaus und Burgunderspezialist in HEMEL-EN-AARDE. Eleganter PINOT NOIR (12' 15') und langlebiger CHARDONNAY (11' 12' 15') unter dem Namen HRV. Unter den Etiketten Southern Right und Ashbourne auch ausgezeichneter SAUVIGNON BLANC, PINOTAGE (sortenrein und im Verschnitt) und Sauvignon blanc/Chardonnay.

**Hartenberg Estate** W-Cape r w; (s) ★→★★★ Das Gut der warmherzigen Familie in STELLENBOSCH enttäuscht nie: SHIRAZ (mehrere sortenreine Abfüllungen und der neue Verschnitt The Megan), Bordeaux-Rotwein, CHARDONNAY, RIESLING (halbtrocken und edelfaul) und preiswerte (rote und weiße) Verschnitte namens Alchemy.

**Haskell Vineyards** W-Cape r w ★★→★★★ Die Weinberge und die Kellerei nahe STELLENBOSCH sind in amerikanischem Besitz; es hagelt Preise für die drei SYRAH-Einzellagenweine, den Einzellagen-CHARDONNAY und die roten Verschnitte. Sehr gut auch die Schwestermarke Dombeya.

**Hemel-en-Aarde** Trio von kühlklimatischen WARDS (Hemel-en-Aarde Valley, Upper Hemel-en-Aarde Valley, Hemel-en-Aarde Ridge) im DISTRICT WALKER BAY, die einige ausgezeichnete Weine von PINOT NOIR, CHARDONNAY und SAUVIGNON BLANC hervorbringen.

**Hermanuspietersfontein Wynkelder** W-Cape r rs w ★★→★★★ Führender Spezialist für SAUVIGNON BLANC sowie rote und weiße Rhône- und Bordeaux-Verschnitte, der die faktischen und historischen Verbindungen zum Seebad Hermanus kreativ vermarktet. Die Trauben (v. a. für den frischen Cabernet) kommen hauptsächlich aus der kühlen Lage Sunday's Glen ganz in der Nähe.

**Iona Vineyards** Cape South Coast r (rs) w ★★→★★★ Betrieb, der teilweise im Besitz der Belegschaft ist, mit hohen Lagen in ELGIN. Ausgezeichnete Verschnitte (auf SHIRAZ-Basis und Bordeaux-Weißwein), CHARDONNAY, SAUVIGNON BLANC (jetzt auch eine Version mit Holznote), PINOT NOIR und der neue RIESLING 8+8. Die Weine der Lifestyle-Marke Sophie & Mr. P liegen eine Qualitätsstufe höher.

Der Name des Northern-Cape-Wards Prieska heißt in der (bewundernswert unverblümten) Griqua-Sprache so viel wie »Ort der verlorenen Ziege«.

**J.C. le Roux, The House of** W-Cape sch ★→★★ Südafrikas größter auf Schaumwein spezialisierter Erzeuger in STELLENBOSCH, im Besitz von DISTELL. Am besten sind PINOT NOIR, Scintilla und der Brut (oJ) – alle MÉTHODE CAP CLASSIQUE.

**Jean Daneel Wines** W-Cape r w ★★→★★★ Familienbetrieb in Napier mit der kraftstrotzenden Director's Signature Series, v. a. roter Bordeaux und CHENIN BLANC.

**Joostenberg Wines** Paarl r w; (s) ★★→★★★ Stetig besser werdender Familienbetrieb mit ökologischem Anbau. SYRAH und CHENIN BLANC; einige Perlen in der experimentellen Small Batch Collection. Neben Stark-Condé Teilhaber der Marke MAN Family Wines mit stilvollen Weinen für den täglichen Genuss.

**Jordan Wine Estate** W-Cape r (rs) w; (s) ★→★★★★ Die Familienkellerei nahe STELLENBOSCH bietet Beständigkeit, Qualität und ein gutes Preis-Leistungs-Verhältnis, von der Reihe Chameleon auf Einstiegsniveau bis hin zu den makellosen Abfüllungen der CAPE WINEMAKERS GUILD. Aushängeschild sind der CHARDONNAY Nine Yards und der rote Bordeaux Cobblers Hill. Plant die Erzeugung von Schaumwein nach der traditionellen Methode in England.

**Julien Schaal** Cape South Coast w ★★★ Der Elsässer Winzer Julien Schaal und seine Frau Sophie Bollaert bereiten faszinierenden CHARDONNAY aus kühlen Parzellen in ELGIN und HEMEL-EN-AARDE.

**Kaapzicht Wine Estate** Stel r (rs) w; (s) ★★→★★★ Familienbetrieb in STELLENBOSCH mit weithin gelobter Spitzenreihe Steytler: CAPE BLEND Vision der besten Jahre (12'), PINOTAGE, Bordeaux-Rotwein Pentagon, CHENIN BLANC The 1947 (**13' 14'** 16') von alten Reben. Seit einiger Zeit CINSAULT Skuinsberg (15').

**Kanonkop Estate** Coast r (rs) ★★→★★★★ Seit Jahrzehnten unangefochtener Grand-cru-Status, v. a. mit PINOTAGE, »normal« (**09' 10'**) und Black Label von alten Reben (16'), dem Bordeaux-Verschnitt Paul Sauer

**SÜDAFRIKA** | Kee–Mee | **433**

(14' 15') und CABERNET SAUVIGNON. Ungebremste Nachfrage nach dem Zweitetikett namens Kadette (CAPE BLEND, trockener Rosé und Pinotage).

**Keermont Vineyards** Stel r w; s ★★★ Nachbar (und Traubenlieferant) von DE TRAFFORD auf steilen Berghängen in Stellenbosch. SHIRAZ und CHENIN BLANC (Einzellage und Verschnitt), seit Kurzem auch Merlot.

**Ken Forrester Vineyards** W-Cape r (rs) w; (lbl) s; (sch) ★→★★★ Der Weinhändler und Gastronom Ken Forrester in STELLENBOSCH konzentriert sich, mit dem internationalen Getränkegiganten AdVini als Partner, auf Rebsorten vom Mittelmeer und CHENIN BLANC (trocken, halbtrocken, edelfaul). Unwiderstehlich sind die Weine der preiswerten Reihe Petit.

**Klein Constantia Estate** W-Cape r (rs) w; s; sch ★★→★★★★ Gut mit Kultstatus, neu belebt, Schwerpunkt auf SAUVIGNON BLANC – mit zehn verschiedenen sortenreinen Abfüllungen – und einem üppigen MUSCAT DE FRONTIGNAN ohne Edelfäule zum Einkellern (12' 13' 14' 15), womöglich der beste überhaupt, auf jeden Fall eine überzeugende Wiedergeburt des legendären CONSTANTIA-Dessertweins aus dem 18. Jh.

**Kleine Zalze Wines** W-Cape r (rs) w; sch ★→★★★★ Starerzeuger in STELLENBOSCH mit brillantem CABERNET SAUVIGNON, SHIRAZ, CHENIN BLANC und SAUVIGNON BLANC in den Reihen Family Reserve und Vineyard Selection. Ein hervorragendes Preis-Leistungs-Verhältnis bietet die Reihe Cellar Selection.

**Klein Karoo** Die großteils halbwüstenartige Anbauregion (ca. 2.200 ha) ist bekannt für gespritete Weine, v. a. für den Port-Stil in CALITZDORP. Wiederbelebte alte Reben werden für Abfüllungen junger Kerle verwendet, z. B. den CHENIN BLANC Patatsfontein von Ron Burgundy Wines und den Chenin blanc von Le Sueur Wines.

**Krone** W-Cape (rs); sch ★→★★★ Ausgeklügelte, klassische Schaumweine nach der MÉTHODE CAP CLASSIQUE, u. a. der vor Kurzem eingeführte RD (02'), die im wiederbelebten Gut Twee Jonge Gezellen in TULBAGH bereitet werden.

**Kumala** W-Cape r rs w; lbl; (sch) ★ BV – Die Hauptexportmarke auf Einstiegsniveau gehört wie ihre Geschwister FLAGSTONE (Premiumgewächse) und Fish Hoek (mittleres Niveau) zu Accolade Wines.

**KwaZulu-Natal** Provinz und GEOGRAPHICAL UNIT an der Ostküste mit Regen im Sommer und subtropischem/tropischem Klima in den Küstengebieten, kühler auf dem zentralen Midlands-Plateau, Heimat der Kellereien Abdington und Highgate, und dem weiter nördlich gelegenen zentralen Drakensberg, wo steil aufragende Berge die Kulisse für das Cathedral Peak Estate abgeben.

**KWV** W-Cape r (rs) w br; (lbl) (s); sch ★→★★★ Die ehemalige nationale Winzergenossenschaft und Aufsichtsbehörde ist heute eines der größten Erzeuger- und Exportunternehmen mit Sitz in PAARL. Rot-, Weiß- und Schaumweine, Port-artige und andere gespritete Weine in mehr als einem Dutzend Reihen, allen voran die regelmäßig ausgezeichnete The Mentors.

**Lammershoek** Coast r (rs) w ★→★★★ Hat entscheidend zur jüngsten Entwicklung des Weinbaus in SWARTLAND und ganz Südafrika beigetragen; frühe Betonung auf alte Reben, ökologischen Weinbau, »natürliche« Praktiken usw. In der Reihe The Mysteries gibt es Einiges zu entdecken, z. B. den überaus raren sortenreinen HÁRSLEVELŰ.

**Le Lude Méthode Cap Classique** Fran sch ★★★ Gefeierter und innovativer reiner Schaumweinbetrieb in Familienbesitz. Das hochpreisige Angebot umfasst u. a. den CHARDONNAY/PINOT NOIR Agrafe, den ersten Schaumwein in Südafrika, bei dem die zweite Gärung unter Korkverschluss stattfindet.

**Meerlust Estate** Stel r w ★★★★ Historische Weinberge und Kellerei in Familienbesitz. Eleganz und Zurückhaltung prägen das Aushängeschild Rubicon (**09' 10' 15'**), einen der ersten Bordeaux-Rotweine Südafrikas. Hervorragender MERLOT, CABERNET SAUVIGNON, CHARDONNAY und PINOT NOIR.

**Méthode Cap Classique (MCC)** EU-kompatible Bezeichnung für Schaumweine mit Flaschengärung, eine der größten Erfolgsgeschichten Südafrikas. Inzwischen gibt es rund 350 Etiketten, Tendenz steigend.

**Miles Mossop Wines** Coast r w; s ★★★ Eigene Marke von Miles Mossop, dem Kellermeister von TOKARA. Beständig großartige rote und weiße Verschnitte sowie edelfauler CHENIN BLANC.

**Morgenster Estate** W-Cape r (rs) w; (sch) ★→★★★ Erstklassiger Betrieb in italienischer Hand mit Wein- und Olivenanbau nahe Somerset West. Pierre Lurton (vom Bordeaux-Château Cheval Blanc) berät. Traditioneller Morgenster Reserve (**11' 15'**), Zweitetikett ist Lourens River Valley (beides Bordeaux-Rotweine). Rebsorten aus der alten Heimat in der Italian Collection und der Reihe Single Varietal.

**Motte, La** W-Cape r w; s; sch ★★→★★★ Elegante Kellerei mit Verkostungsraum der Familie Koegelenberg-Rupert in FRANSCHHOEK. Sortenreine Weine und Verschnitte im klassischen Bordeaux- und Rhône-Stil, dazu CHARDONNAY, SAUVIGNON BLANC, Schaumwein nach der MÉTHODE CAP CLASSIQUE sowie VIOGNIER *vin de paille* (Strohwein).

**Mount Abora Vineyards** Swart r w ★★★ Den »swartländischen Schick« verkörpern der natürlich vergorene CINSAULT von alten Reben, der rote Rhône-Verschnitt und der CHENIN BLANC von Buschreben (**14' 16'**). Hinter ihnen steckt Johan Meyer, dessen nicht interventionistischer Ansatz sich auch in den Weinen seiner eigenen Marken Mother Rock, Force Majeure und JH Meyer Signature offenbart.

**Mulderbosch** W-Cape r rs w; (sch) ★★→★★★★ Hoch angesehene Kellerei in STELLENBOSCH, mit Fable Mountain Vineyards verschwistert, mit dem Spitzenreiter SAUVIGNON BLANC 1000 Miles, drei CHENIN-BLANC-Weinen aus einzelnen Parzellen und einem äußerst beliebten Rosé von CABERNET SAUVIGNON.

**Mullineux & Leeu Family Wines** W-Cape r w; s ★★★→★★★★★ Chris Mullineux und seine aus den USA gebürtige Frau Andrea verwandeln gemeinsam mit Investor Analjit Singh Shiraz Chenin blanc und eine Handvoll kompatibler Reben aus SWARTLAND abhängig vom Boden (Granit, Quartz, Schiefer) in köstliche Verschnitte und sortenreine Weine sowie CWG-Abfüllungen und *vin de paille*. Ebenso edel sind die Weine der neueren Reihe Leeu Passant, deren Rebgut aus zusätzlichen Quellen stammt: Dry Red und zwei CHARDONNAY-Gewächse (aus Stellenbosch und Overberg). Fog Monster ist eine Boutiquemarke für kalifornischen Wein.

**Mvemve Raats** Stel r ★★★★ Mzokhona Mvemve, Südafrikas erster ausgebildeter schwarzer Kellermeister, und Bruwer Raats (RAATS FAMILY) mit dem großartigen Bordeaux-Verschnitt MR de Compostella vom jeweils besten Lesegut des Jahrgangs (**09' 13' 15'**).

**Nederburg Wines** W-Cape r (rs) w; lbl s; (sch) ★→★★★★ Eine der größten (2 Mio. Kisten) und bekanntesten Marken Südafrikas, im Besitz von DISTELL und mit Sitz in PAARL. Exzellent sind der Flaggschiffwein Two Centuries von CABERNET SAUVIGNON (**10' 14' 15'**) sowie die Reihen Manor House, Heritage Heroes und Ingenuity. In kleinen Mengen werden die für die jährlich stattfindende Nederburg Auction vorgesehenen Weine der Reihe Private Bin erzeugt, darunter der edelfaule CHENIN BLANC Edelkeur (**09' 10' 11 12'**). Ferner preiswerte Still- und Schaumweine für den Alltagsgebrauch.

**Neil Ellis Wines** W-Cape r w; (s) ★★→★★★★★ Der in STELLENBOSCH ansässige Weinhandelspionier verarbeitet Trauben aus kühleren Parzellen, um den Weinen die spezifische Lagencharakteristik mitzugeben: meisterhaft die

## SÜDAFRIKA | New–Ral | 435

Reihe Terrain Specific, v. a. der CABERNET SAUVIGNON Jonkershoek Valley (**10' 15'**) und der GRENACHE aus der Lage Piekenierskloof (**15'**). Der neue Verschnitt Op Sy Moer auf PALOMINO-Basis ist der erste Vorstoß in Orange-Wine-Gefilde.

**Newton Johnson Vineyards** Cape South Coast r (rs) w; (s) ★→★★★★ Renommierte Familienkellerei im malerischen Upper HEMEL-EN-AARDE Valley. Herausragender PINOT NOIR Family Vineyards (**10' 11' 12' 13'** 14' 15' 17'), Chardonnay, SAUVIGNON BLANC, SYRAH/MOURVÈDRE Granum von eigenem und zugekauftem Lesegut; Südafrikas erster kommerziell erzeugter ALBARIÑO. Herrlicher edelfauler CHENIN BLANC L'illa aus dem ROBERTSON VALLEY. Einstiegsreihe Felicité.

**Olifants River** REGION an der Westküste (ca. 9.700 ha), deren Weinberge über warme, trockene Talböden verteilt sind und sich für den ökologischen Anbau eignen. Außerdem kühlere Lagen für feine Weine im DISTRICT Citrusdal Mountain und im dazugehörigen WARD Piekenierskloof sowie, näher am Atlantik, in Bamboes Bay und Koekenaap.

**Den Aufkleber mit der Aufschrift »Certified Heritage Vineyard« findet man auf Weinen von mehr als 35 Jahre alten Reben.**

**Opstal Estate** Slanghoek r rs w; (s) ★→★★★ Führender Qualitätserzeuger in BREEDEKLOOF; das Gut ist in Familienbesitz liegt in den Bergen. Guter CAPE BLEND (Rotwein und neuerdings auch ein großartiger Weißwein), CHENIN BLANC von alten Reben und SÉMILLON.

**Orange River Cellars** Siehe CENTRAL ORANGE RIVER.

**Paarl** Stadt und Wein-DISTRICT, gut 50 km nordöstlich von Kapstadt. Unterschiedliche Weinstile und Philosophien; am besten geraten Weine von roten und weißen Rebsorten aus dem Mittelmeerraum sowie CABERNET SAUVIGNON, PINOTAGE und CHENIN BLANC. Kleine Draken in Zandwijk ist einer der wenigen Erzeuger von koscherem Wein in Südafrika.

**Paul Cluver Estate Wines** Elgin r w; lbl s ★★→★★★★ Pionier des Anbaugebietes, im Besitz der Familie Cluver und von ihr geführt. Überzeugender PINOT NOIR (u. a. der Village für den alltäglichen Genuss), eleganter CHARDONNAY sowie umwerfender RIESLING: edelfaul (**11' 17'**) und eine neue halbtrockene Version mit Eichennote.

**Porseleinberg** Swart r ★★★★ Im Besitz von BOEKENHOUTSKLOOF, mit ökologisch bewirtschafteten Weinbergen und ansprechenden Kellertechniken. Ausdrucksstarker SYRAH (**12' 14' 16'**), der reine Handarbeit ist, inklusive seines edlen Etiketts, das vor Ort vom Kellermeister gedruckt wird.

**Raats Family Wines** Stel r w ★★★→★★★★★ Reinfruchtiger CABERNET FRANC und CHENIN BLANC mit und ohne (Eichen-)Holznote, u. a. die außergewöhnlichen neueren Einzellagenabfüllungen namens Eden, erzeugt von Bruwer Raats in STELLENBOSCH und seinem Cousin Gavin Bruwer Slabbert, die unter dem Namen B. Vintners gemeinsam vor Ort und in WALKER BAY Weinjuwelen ausgraben. Siehe MVEMVE RAATS.

**Radford Dale** W-Cape r w; (s) ★→★★★ Betrieb in STELLENBOSCH mit vielseitigen australisch-französisch-südafrikanisch-britischen Eigentümern; hieß früher The Winery of Good Hope. Kreativer, aber durchaus zusammenpassender Mix von Stilen, Einflüssen, Rebsorten und Terroirs. Sofort eingeschlagen ist die neuere Reihe Thirst: saftige sortenreine Weine mit niedrigem Alkoholgehalt von CINSAULT, GAMAY und CLAIRETTE. Kellermeister Jacques de Klerks Swartland CHENIN BLANC Reverie ist eine subtile Schönheit.

**Rall Wines** Coast r w ★★★→★★★★ Donovan Rall ist einer der ersten »Revolutionäre« in SWARTLAND. Neu: der einzige Cinsault blanc in Südafrika von einer winzigen alten Parzelle in Wellington, in dem die typische Verhaltenheit des Hauses zum Ausdruck kommt.

**Region** Siehe GEOGRAPHICAL UNIT.

**Reyneke Wines** W-Cape r w ★→★★★ Führender biodynamisch zertifizierter Erzeugerbetrieb nahe STELLENBOSCH mit dem bekannten Twitter-Handle (und der Weinmarke) Vine Hugger. Strahlender SHIRAZ, CHENIN BLANC, SAUVIGNON BLANC und ein neuerer CABERNET SAUVIGNON (15'), der in limitierter Auflage aus ausgewählten Fässern bereitet wird.

**Richard Kershaw Wines** W-Cape r w ★★★→★★★★ Der angesehene gebürtige Brite Richard Kershaw erzeugt ausgeklügelten PINOT NOIR, SYRAH und CHARDONNAY von Trauben aus ELGIN; in der separaten Reihe Deconstructed drücken sich die Weinberglagen wunderbar aus. Die neueren Reihen GPS und Smuggler's Boot sind weiter entfernt liegenden Gebieten und innovativen Techniken gewidmet.

**Riche Wines, Le Stel** r (w) ★★★ Christo, Sohn des vor Kurzem in Rente gegangenen Gründers Etienne Le Riche, bereitet in dieser Boutiquekellerei feine Weine auf der Basis von CABERNET SAUVIGNON und zudem eleganten CHARDONNAY.

**Rijk's** Coast r w; sch ★★→★★★ Pionierkellerei in TULBAGH mit diversen Reihen von sortenreinem SHIRAZ, PINOTAGE und CHENIN BLANC. Sehr guter CHARDONNAY nach der MÉTHODE CAP CLASSIQUE.

**Robertson Valley** Im Landesinneren gelegener DISTRICT mit geringen Niederschlägen und Kalksteinböden; die bereits bestehenden, neu abgegrenzten 9 WARDS wurden um 5 neue ergänzt; ca. 12.000 ha. Schon immer guter CHARDONNAY und Dessertweine, neuerdings auch SAUVIGNON BLANC, SHIRAZ und CABERNET SAUVIGNON. Zu den wichtigsten Kellereien gehören z. B. GRAHAM BECK und die ROBERTSON WINERY sowie viele kleine Familienbetriebe, darunter das vor Kurzem wiedereröffnete Gut Mont Blois.

**Robertson Winery** Rob r rs w; lbl s; sch ★→★★ Durchweg beständige Qualität und ein gutes Preis-Leistungs-Verhältnis in einem umfangreichen Angebot. Am besten: Constitution Roads (SHIRAZ und CHARDONNAY).

**Rupert & Rothschild Vignerons** W-Cape r w ★★★ Spitzenlagen und außergewöhnliche Kellerei bei PAARL im Besitz der Familie Rupert und Baron Benjamin de Rothschild: Baron Edmond und Classique (beides rote Verschnitte), CHARDONNAY Baroness Nadine.

**Rustenberg Wines** W-Cape r (rs) w (br); (s) ★→★★★★ Ehrwürdiger Familienbetrieb (Kellerei und Weinberge) mit Gärten, in wunderschöner Lage nahe Stellenbosch. Aushängeschild ist der CABERNET SAUVIGNON Peter Barlow (12' 15'). Herausragender roter Verschnitt John X Merriman, saftiger SYRAH, CHARDONNAY Five Soldiers aus einer Einzellage, vin de paille auf CHENIN-BLANC-Basis.

**Rust en Vrede Estate** W-Cape r (rs) (w); s ★→★★★★ Besitzer Jean Engelbrecht aus STELLENBOSCH erzeugt kraftvolle, hochpreisige Weine, u. a. rote Sortenweine und Verschnitte der Marke Rust en Vrede. Der Cirrus SYRAH ist ein Gemeinschaftsunternehmen mit Silver Oak aus Kalifornien; außerdem die Reihe Stellenbosch Reserve, Donkiesbaai PINOT NOIR und CHENIN BLANC (trocken und vin de paille) sowie sehr gute Weine unter dem Etikett Guardian Peak.

**Sadie Family Wines** Stel, Swart, Olifants R. r w ★★★★ Traditionell bereitete Weine des angesehenen Kellermeisters Eben Sadie. Der SHIRAZ/MOURVÈDRE Columella (09' 10' 15' 16') setzt Maßstäbe in Südafrika. Außerdem komplexer Weißweinverschnitt Palladius (12' 14' 15' 16') und die bahnbrechende Reihe Old Vines, die das südafrikanische Erbe mit acht tiefgründigen, reinfruchtigen Weinen feiert.

## SÜDAFRIKA | Sar–Ste | 437

**Saronsberg Cellar** W-Cape r (rs) w; (s); sch ★→★★★ Der mit Kunst geschmückte Familienbetrieb in TULBAGH erzeugt preisgekrönte rote Bordeaux-Verschnitte, sortenreine und Verschnittweine von weißen und roten Rhône-Trauben sowie erfrischenden CHARDONNAY nach der MÉTHODE CAP CLASSIQUE.

**Savage Wines** W-Cape r w ★★★ Starkellermeister Duncan Savage schweift von seiner Kellerei in Kapstadt aus in die Ferne für ein breit gestreutes Angebot an aufregend subtilen Weinen, v. a. von Rebsorten aus dem Mittelmeerraum. Der neue CHENIN BLANC Never Been Asked To Dance (17') von Trauben aus PAARL und dem fernen Malgas ist umwerfend gut.

**Shannon Vineyards** Elgin r w; (s) ★★★→★★★★ Der wohl beste MERLOT in Südafrika; außerdem umwerfender PINOT NOIR, SAUVIGNON BLANC, SÉMILLON und als Rarität ein edelfauler PINOT NOIR. Die Brüder James und Stuart Downes sind für die Reben, die Kellerei NEWTON JOHNSON ist für die Vinifikation zuständig.

**Sijnn** Malgas r rs w ★★★ Pionierprojekt des Teilhabers von DE TRAFFORD, David Trafford, in CAPE SOUTH COAST. Sijnn wird übrigens »Sein« ausgesprochen. Von steinigen Böden in maritimem Klima werden charaktervolle Sortenweine und Verschnitte sowie brillanter Rosé erzeugt. Kellermeisterin Charla Haasbroeks teilweise in Amphoren bereitete Weine der gleichnamigen Marke sind genauso bestechend.

**Simonsig Landgoed** W-Cape r w (br); (lbl s); sch ★→★★★ Das Gut der Familie Malan bei STELLENBOSCH wird für seine Beständigkeit und hohen Standards bewundert. Glanzpunkt ist der kraftvolle CABERNET SAUVIGNON The Garland, sehr fein auch SYRAH Merindol und PINOTAGE Red Hill. Kaapse Vonkel, der erste MÉTHODE CAP CLASSIQUE Südafrikas, ist nach wie vor ein köstlicher Festschaumwein.

**Spier** W-Cape r rs w; (s); (sch) ★→★★★★ Große, vielfach ausgezeichnete Kellerei und Touristenmagnet bei STELLENBOSCH. Aushängeschild ist der Frans K. Smit (»normaler« Bordeaux/SHIRAZ und reiner Bordeaux für die Auktionen der CAPE WINEMAKERS GUILD); die Weine namens Creative Block und 21 Gables sowie insbesondere die Gewächse der neuen Bioreihen zeugen von überaus sorgfältigem Anbau.

**Spioenkop Wines** W-Cape r w ★★★ Das belgische Energiebündel Koen Roose und seine Familie benannten das Gut nach einem Kampfgebiet im Zweiten Burenkrieg. Sehr guter, charaktervoller PINOTAGE, CHENIN BLANC und ein neuer PINOT NOIR namens Gandhi von einer Einzellage.

**Springfield Estate** Rob r w ★→★★★ Traditionell bereiteter CABERNET SAUVIGNON, CHARDONNAY, SAUVIGNON BLANC, Rotwein im Bordeaux-Stil, PINOT NOIR und süffiger Weißweinverschnitt von Kultwinzer Abrie Bruwer.

**Stark-Condé Wines** Stel r w ★★★→★★★★★ Projekt des Boutiquewinzers José Condé und des von der CAPE WINEMAKERS GUILD unterstützten Kellermeisters Rudger van Wyk im gebirgigen Jonkershoek in STELLENBOSCH. Außergewöhnlicher CABERNET SAUVIGNON und SYRAH sowie weißer Field Blend (gemischter Satz) in den Reihen Three Pines und Stark-Condé.

**Steenberg Vineyards** W-Cape (rs) w; sch ★★→★★★ Spitzenkellerei im Besitz von GRAHAM BECK mit Weinbergen und schicken Verkostungsräumen in CONSTANTIA. SAUVIGNON BLANC, Sauvignon blanc/SÉMILLON und Schaumwein nach der MÉTHODE CAP CLASSIQUE. Auch ausgefeilte Rotweine, u. a. sortenreiner NEBBIOLO, hier eine Rarität.

**Stellenbosch** Universitätsstadt, abgegrenzter Wein-DISTRICT (ca. 12.500 ha) und Herz des Weinbaus am Kap – sozusagen das Napa Südafrikas. Viele Spitzenweingüter, besonders für Rotwein, liegen verstreut in den zur Region gehörenden malerischen Tälern und Vorgebirgen. Zahlreiche Weinverkostungs- und Unterkunftsmöglichkeiten sowie feine Restaurants.

**Stellenbosch Vineyards** W-Cape r (rs) w; (s); (sch) ★→★★★ Große Kellerei mit der eindrucksvollen Reihe Flagship (z. B. der neue Verschnitt Right Bank r von Einlagern) sowie der originellen (und guten) Reihe Limited Release, u. a. Weine von der absolut seltenen, vor Ort entwickelten Therona-Rebe. Preisgünstige Weine unter dem Namen Welmoed.

**Storm Wines** Upper Hem, Hem V., Hem Rdg r w ★★★ PINOT-NOIR- und CHARDONNAY-Spezialist Hannes Storm bringt die Charakteristik seiner Lieblingslagen in HEMEL-EN-AARDE mit großer Präzision und Sensibilität zum Ausdruck.

**Sumaridge Wines** W-Cape r (rs) w ★★→★★★ Die kühlklimatischen Lagen und die Kellerei in britischem Besitz sind in letzter Zeit besser in Form; feiner PINOT NOIR, CHARDONNAY und ein neuer weißer Bordeaux namens Klip Kop.

**Swartland** Angesagter, international renommierter DISTRICT in der Region COASTAL. Zwei neue Wards ergänzen das offizielle Gebiet seines bekanntesten Markenzeichens Paardeberg Mountain (der dritte, früher eingerichtete WARD Voor Paardeberg gehört zu PAARL). Auf ca. 10.000 ha stehen meist ertragsarme, nicht bewässerte Buschreben, die konzentrierte, markante, frische Weine hervorbringen. Auch Traubenlieferant für viele Weine, die anderswo erzeugt werden, oft mit herausragenden Ergebnissen.

**Testalonga** Swart r w ★★→★★★ Ausgefallener SYRAH, GRENACHE, CARIGNAN, HÁRSLEVELŰ und CHENIN BLANC von Craig Hawkins, einem glühenden Verfechter nicht interventionistischer Weinbereitung, unter den Etiketten El Bandito und Baby Bandito. Jeder Schluck birgt eine Überraschung.

**Thelema Mountain Vineyards** W-Cape r (rs) w; (lbl); (sch) ★→★★★★ Der Pionier des modernen südafrikanischen Wein-Revivals mit Sitz in STELLENBOSCH ist nach wie vor ein Hort der Qualität und Beständigkeit mit CABERNET SAUVIGNON, MERLOT Reserve und dem roten Bordeaux Rabelais. Die ausgedehnten Sutherland-Weinberge in ELGIN erweitern das Angebot, z. B. um einen neuen GRENACHE NOIR Reserve, Petit Verdot und CHARDONNAY.

**Thorne & Daughters Wines** W-Cape r w ★★★→★★★★ Die Weine, zum Teil von sehr alten Reben, von John Thome Seccombe und seiner Frau Tasha sind ein Wunder an Reinheit und Ausgefeiltheit. Der Debüt-CHENIN-BLANC Cat's Cradle und der CLAIRETTE BLANCHE Man In The Moon verkörpern den hypnotischen kopf- und gleichzeitig herzgesteuerten Stil der Bot-River-Winzer und das Augenmerk auf traditionelle Sorten.

**Tokara** W-Cape r (rs) w; (s); (sch) ★→★★★★ Wein, Essen und Kunst auf höchstem Niveau bei STELLENBOSCH. Weinberge auch in ELGIN. Großartige Verschnitte (rot und weiß) in der Reihe Director's Reserve, eleganter CHARDONNAY und SAUVIGNON BLANC. Neuerer CABERNET SAUVIGNON Reserve (13' 15'), CABERNET FRANC und Chardonnay MÉTHODE CAP CLASSIQUE.

**Tulbagh** DISTRICT im Landesinneren (ca. 1.000 ha), der ursprünglich mit Weiß- und Schaumwein assoziiert wurde, nun aber auch für fleischige Rotweine und einige süßere Gewächse bekannt ist.

**Uva Mira Mountain Vineyards** Stel r w ★★★ Die hoch gelegenen Rebflächen und die Kellerei in Helderberg erklimmen unter Besitzer Toby Venter, CEO von Porsche Südafrika, neue Höhen. Zum brillanten Angebot gehören u. a. ein neuerer SYRAH sowie von jeher erstklassiger CHARDONNAY und SAUVIGNON BLANC.

**Vergelegen Wines** Stel r w; (s) ★★★→★★★★ Gutshaus des zweiten Gouverneurs Van der Stel, makellose Weinberge, Weine und Kampferbäume sowie ein stilvoller Verkaufsraum in Somerset West; in angloamerikanischem Besitz. Kraftvoller CABERNET SAUVIGNON V, opulenter Bordeaux-Verschnitt G.V.B. Red, duftender SAUVIGNON BLANC/SÉMILLON G.V.B. White und SÉMILLON Reserve mit Alterungspotenzial.

**Vilafonté** Paarl r ★★★ Die beiden Kalifornier Zelma Long (früher bei Simi) und Phil Freese (früher bei Mondavi für die Reben zuständig) haben sich mit Mike Ratcliffe (früher bei WARWICK ESTATE) zusammengetan. Den drei geschmacksintensiven Bordeaux-Verschnitten verleiht die jeweilige Dominanz von CABERNET SAUVIGNON, MERLOT und MALBEC Individualität.

**Villiera Wines** Elgin, Stel, Hem Rdg r w; (s) (lbl); sch ★→★★★ Weinberge und Kellerei der Familie Grier bei STELLENBOSCH mit außerordentlich preiswerten Qualitätsweinen, v. a. das Quintett an Brut-Schaumweinen nach der MÉTHODE CAP CLASSIQUE (auch eine alkoholarme Version).

**Vondeling** Voor Paardeberg r (rs) w; sch ★→★★★ Der Betrieb in britischem Besitz an den Ausläufern des Paardeberg setzt auf nachhaltige Bewirtschaftung. Vielseitiges Angebot, darunter einer der wenigen Schaumweine nach der *méthode ancestrale* in Südafrika.

**Walker Bay** Hochgeschätzter DISTRICT (ca. 1.000 ha) mit maritimem Klima. Die WARDS heißen HEMEL-EN-AARDE, Bot River, Sunday's Glen und Stanford Foothills. PINOT NOIR, SHIRAZ, CHARDONNAY und SAUVIGNON BLANC ragen heraus.

**Ward** Das geografisch kleinste der WINE-OF-ORIGIN-Gebiete. Siehe auch GEOGRAPHICAL UNIT.

**Warwick Estate** W-Cape r (rs) w; (sch) ★★→★★★★ Das besucherfreundliche Gut am Rand von STELLENBOSCH ist nun in amerikanischem Besitz und schließt auch das früher zu DISTELL gehörige Gut Uitkyk ein. Sehr feiner CABERNET SAUVIGNON, CABERNET FRANC, CHARDONNAY und der weiße Bordeaux-Verschnitt namens Professor Black (zuvor sortenreiner SAUVIGNON BLANC).

**Waterford Estate** W-Cape r (rs) w; (s); (sch) ★→★★★★ Stilvoller Familienbetrieb bei STELLENBOSCH; preisgekrönter Kellereiverkauf. Deftiger SHIRAZ Kevin Arnold, eleganter CABERNET SAUVIGNON und das höchst komplexe Flaggschiff The Jem auf Cabernet-Sauvignon-Basis. Interessante Experimente in der Library Collection; Pecan Stream heißen drei sofort und höchst angenehm zu trinkende Weine.

**Waterkloof** Elgin, Stel r (rs) w; (sch) ★→★★★★ Ökologisch bewirtschaftete Weinberge und architektonisch spektakuläre Kellerei mit Restaurant in der Nähe von Somerset West, im Besitz des britischen Weinhändlers Paul Boutinot. Spitzenmarken sind Waterkloof, Circle of Life, Seriously Cool und MÉTHODE CAP CLASSIQUE Astraeus. Qualität zu günstigeren Preisen bieten die Etiketten False Bay und Peacock Wild Ferment.

**Wellington** DISTRICT (ca. 4.000 ha) mit warmem Klima an der Grenze zu PAARL und SWARTLAND mit inzwischen fünf WARDS, nun im Einklang mit dem allgemeinen Trend zu Regionalität und Terroirbewusstsein. Gewinnt zunehmend Anerkennung für PINOTAGE, SHIRAZ, stämmige rote Verschnitte und CHENIN BLANC. Spitzenerzeuger: Bosman Family, Diemersfontein, Mischa, Welbedacht.

**Wine of Origin (WO)** Das südafrikanische Gegenstück zum französischen Appellationssystem, jedoch ohne dessen Beschränkungen. Bescheinigt werden mit diesem Siegel der Jahrgang, die Rebsorte(n) und das Herkunftsgebiet des Weins. Die optionale *sustainability*-Zertifizierung zielt zusätzlich darauf ab, eine nachhaltige, umweltbewusste Produktion zu garantieren. Siehe auch GEOGRAPHICAL UNIT.

**Worcester** Mit ROBERTSON VALLEY und BREEDEKLOOF verschwisterter DISTRICT (ca. 6.400 ha) in der Ebene des Breede River. Hauptsächlich Massenweinproduktion für den Export, doch die Abfüllungen von Arendskloof, Alvi's Drift, Conradie, Leipzig, Stettyn, Survivor (im Besitz von Overhex International) und Tanzanite sind probierenswerte Ausnahmen und meist das Werk einzelner Familien.

# Dank

Die hier vorliegende Sammlung ausführlicher Empfehlungen stammt teilweise aus meinen eigenen Aufzeichnungen, hauptsächlich aber von vielen guten Freunden. Ohne die großzügige Hilfe und Unterstützung unzähliger Winzer, Kellermeister, Händler und Weinkenner hätte ich sie nie zusammenstellen können. Ganz besonders danken möchte ich den nachstehend Genannten für ihre Recherchen in den Gebieten, in denen sie echte Experten sind:

Ian D'Agata
Helena Baker
Amanda Barnes
Lana Bortolot
Jim Budd
Michael Cooper
Michael Edwards
Sarah Jane Evans MW
Elizabeth Gabay
Susan Gordon
Caroline Gilby MW

Anthony Gismondi
Paul Gregutt
Michael Karam
Anne Krebiehl MW
James Lawther MW
Konstantinos Lazarakis MW
John Livingstone-Learmonth
Michele Longo
Campbell Mattinson
Adam Montefiore

Jasper Morris MW
Ch'ng Poh Tiong
André Ribeirinho
Margaret Rand
Ulrich Sautter
Eleonora Scholes
Paul Strang
Sean Sullivan
Tim Teichgraeber
Gal Zohar
Philip van Zyl

# Bildnachweis

**Alamy Stock Photo** Westend61 GmbH 445; **Getty Images** Eric Feferberg/AFP 452; **iStock** igorr1 441, itakdalee 447 oben rechts, mythja 451, Rouzes 447 links, Savushkin 447 unten rechts, wwing 448; **Richard Brendon** 456; **SEGUIN MOREAU** 443.

## Liebe Leserin und lieber Leser,

wir freuen uns, dass Sie sich für ein HALLWAG-Buch entschieden haben. Mit Ihrem Kauf setzen Sie auf die Qualität, Kompetenz und Aktualität unserer Bücher. Dafür sagen wir Danke! Ihre Meinung ist uns wichtig, daher senden Sie uns bitte Ihre Anregungen, Kritik oder Lob zu unseren Büchern. Haben Sie Fragen oder benötigen Sie weiteren Rat zum Thema? Wir freuen uns auf Ihre Nachricht!

**GRÄFE UND UNZER Verlag**
Leserservice
Postfach 86 03 13
81630 München

**Wir sind für Sie da!**
Montag – Donnerstag: 9.00 – 17.00 Uhr
Freitag: 9.00 – 16.00 Uhr

Tel.: 00800 / 72 37 33 33 (gebührenfrei in D, A, CH)
Fax: 00800 / 50 12 05 44 (gebührenfrei in D, A, CH)

E-Mail: leserservice@graefe-und-unzer.de

# DER GUIDE ZUR DEUTSCHEN GIN-SZENE

**MIXOLOGY**

**HOW TO DRINK GIN DEUTSCHLAND**

MIT DEN HIGHLIGHTS AUS ÖSTERREICH UND DER SCHWEIZ

DIE 100 BESTEN GINS

Hallwag

*Auch als eBook erhältlich.*

Zahlreiche Gin-Hersteller aus allen Teilen des Landes beweisen, wie vielseitig die neue Lieblingsspirituose der Deutschen ist. Es ist der erste Guide, der nicht nur die hiesige Szene in den Blick nimmt, sondern auch in bewährter „How to Drink"-Manier darüber aufklärt, welcher Gin sich für welchen Drink am besten eignet.

ISBN 978-3-8338-7023-1 | 19,99 € [D] / 20,60 € [A]

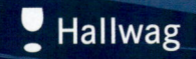

**Hallwag**

# GIN! VERBOTEN GUTER GENUSS!

Das neue Buch des preisgekrönten Autors Dave Broom stillt erstmals den Wissensdurst vieler Gin-Liebhaber. Sie finden dort faszinierende Fakten rund um den Gin-Genuss und seine ganze Geschichte und erfahren, wie Sie spannende Geschmackserlebnisse selber mixen können. Gin ist definitiv mehr als nur Gin Tonic!

ISBN 978-3-8338-5592-4 | 19,99 € [D] / 20,60 € [A]

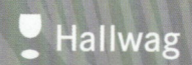

Hallwag

# LASS UNS ZUSAMMEN WHISKY TRINKEN!

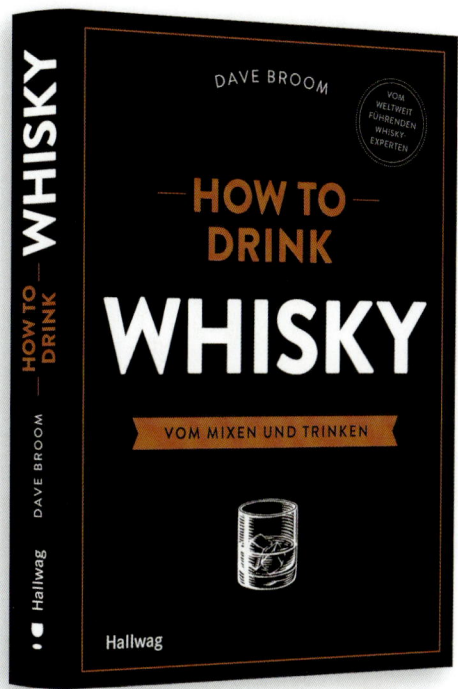

Dave Brooms amüsantes und kurzweiliges Buch eröffnet eine Welt, die selbst Whiskykenner überrascht und begeistert. Es geht um Genuss, um spannende Kreationen und um die Entdeckung völlig neuer Geschmackserlebnisse. Die Devise lautet: Ausprobieren, selbst mixen und genießen!

ISBN 978-3-8338-4531-4 | 19,99 € [D] / 20,60 € [A]

**Hallwag**

# Belebt den Weingenuss.

Ein guter Wein – das ist Genuss pur. Und zu jedem guten Wein empfiehlt sich ein ebenso gutes Wasser. Staatl. Fachingen ist perfekt, denn es wirkt ausgleichend auf den Geschmackssinn, indem es die Geschmacksnerven neutralisiert. Eine ideale Basis, um die vielschichtigen Aromen des Weines genießen zu können. Staatl. Fachingen – belebt den Weingenuss!

**STAATL. FACHINGEN**

Das Wasser. Seit 1742.

fachingen.de

# Wie Wein schmeckt

## Was, wieso, warum?

Wein schmeckt heute anders als in den 1950er-Jahren, ganz zu schweigen von 1850 oder 1550. Und wie er davor war, kann man höchstens raten.

Warum ist das so? Kalte Gärung könnte das Argument interessierter Weinfreunde sein. Bessere Hygiene. Klimawandel. Ja, das gehört auch dazu, ist aber nicht alles. Der letzte große Wechsel beim Weingeschmack war die Abwendung vom überdeutlichen Eichenaroma, das in den 1980ern in Mode gekommen war. Nun sind Begriffe wie »Mineralität« oder »Salznote« in Mode – ein enormer Geschmacksumschwung.

Mode, das ist es. Wir mögen neue Dinge und werden der alten überdrüssig. Aber wonach richtet sich die Mode? Nicht in erster Linie nach der Kundennachfrage. Klar, als wir den Vanillenoten der neuen Eiche zum ersten Mal begegneten, damals in den 80ern, waren sie neu und schmeckten teuer, und wir wollten eine Zeitlang mehr davon – aber bis diese Weine auf den Markt kamen, wussten wir ja gar nicht, dass es sie gab.

Die heute angebauten Weintrauben sind nicht die gleichen wie vor der Reblauskatastrophe und oft völlig anders als die im Mittelalter. Warum? Eine gute Rebe bleibt doch eine gute Rebe, oder? Warum sind so viele einfach verschwunden? Die Stammbäume, die wir anlegen können, haben große Lücken. Wir wissen oft nicht, wie man früher Reben angebaut hat – oder wie deren Weine schmeckten.

Klimaveränderungen der Vergangenheit haben beeinflusst, welche Sorten angebaut wurden, aber auch Handelsbeziehungen und vor allem veränderte politische und wirtschaftliche Machtverhältnisse. Dass wichtige Weinbaugebiete oft nahe an großen Städten und an Flüssen liegen, ist kein Zufall. Gute Weine brauchen wohlhabende städtische Absatzmärkte.

Auf den folgenden Seiten beschäftigen wir uns damit, warum der Wein so schmeckt, wie er schmeckt, und wie er sich in naher Zukunft verändern könnte. Wie viel Einfluss hat die Traube, was ist mit den Eingriffen im Keller? Wohin führt uns der Klimawandel? Und wie fügt sich das hochgelobte Terroir in das alles ein? Ein großes Thema – fast zu groß für 16 Seiten …

# Geschmacksmoden, Modegeschmack
## Von der Eiche zum Salz

**Die möglicherweise drastischste Veränderung für die meisten von uns ist, dass die Vanille- und Toastaromen aus neuer Eiche kaum mehr angesagt und dafür die unauffälligen oder nicht mehr vorhandenen Eichennoten en vogue sind. Einen Wein »mineralisch« oder »salzig« zu nennen ist heute das größte Kompliment, das man ihm machen kann – und es sind zudem nützliche Begriffe, wenn einem sonst nicht gleich etwas einfällt.**

Doch mit diesem Wandel ging ein anderer, nicht weniger großer einher: der Schwenk zu Kellerhygiene und temperaturgesteuerter Gärung. Das sind keine besonders glanzvollen Themen, aber sie machten dem Dreck im Wein den Garaus. Noch Ende der 1980er-Jahre bekam man beim Besuch recht rustikaler Kellereien in Frankreich ohne Weiteres zu hören, dass es Terroir sei, was man da im Wein schmecke. Es war kein Terroir. Es waren vor allem schmutzige Fässer, »Brett« (siehe gegenüber) und Oxidation. Dreck und das, was man heute als bakterielle Infektionen und Weinfehler ansieht, gehörten zum Geschmack des Weins wahrscheinlich von Anfang an dazu, seit die Menschen begannen, Wein zu bereiten. In gewisser Hinsicht sind wir die Ersten, die wissen, wie »sauberer« Wein schmeckt.

Ich setze das Wort in Anführungszeichen, denn es ist bereits eine weitere Veränderung im Gange. In dem Moment, als der Wein ein Maß an technischer Perfektion erreicht hatte, dass die Leute schon murrten, man könne ja überhaupt nicht mehr erkennen, woher er käme oder aus welcher Traube er erzeugt sei, und nur noch nach Laboranalysen produziert werde, da kam der Naturwein daher, um uns zurück auf den Boden zu bringen. Der extreme Flügel dieser Bewegung ist der Ansicht, dass es so etwas wie Weinfehler nicht gibt: Alles ist nur Teil der Reise, die ein Wein macht. Das ist Weinbereitung nach dem Zufallsprinzip, die für sich Authentizität beansprucht, gerade weil sie zufällig ist – so, als ob die angebrannte Weihnachtsgans authentischer sei, als die, die nach Rezept gebraten wurde.

Nicht jeder Naturwein entspricht einer angebrannten Gans, sollte ich hinzufügen: Ich habe schon viele wunderbare Naturweine verkostet, die oft in Tonamphoren auf alte Art bereitet wurden. Aber eine Frage stellt sich trotzdem: In Amphoren bereiteter Pinot noir (um das offensichtlichste Beispiel zu wählen) schmeckt nicht mehr wie Pinot noir, den wir kennen. Er hat nicht mehr die verführerische Frucht mit Gewürzen und Räucherwerk, nicht die überwältigenden Aromen, die seidige Textur. Amphoren, so empfinde ich es, ebnen die Unterschiede zwischen den Rebsorten ein und führen zu einem gleichartigen Geschmack – aber es ist eine andere Art von Geschmack. Vielleicht könnte ich die Unterschiede besser erkennen, wäre mein Gaumen nur besser eingestimmt, wer weiß. Doch der Geschmack von Wein ist ja nicht festgelegt. Verschiedene Rebsorten schmecken verschieden, weil sie sich strukturell (dickere oder dünnere Schalen, mehr oder weniger Kerne) und chemisch unterscheiden, und diese Unterschiede können Boden, Klima, Weinbau und Weinbereitung hervorheben oder einebnen. Wein schmeckt so, wie wir entscheiden, dass er schmecken soll.

Und weil wir gerade bei Weinfehlern sind: Oxidation wird als Weinfehler angesehen (zumindest von konventionellen Kellermeistern), ebenso wie Reduktion, wie Korkengeschmack, wie »Brett« und viele andere Dinge. Sie wurden zu Fehlern, sobald man herausgefunden hatte, wie man sie vermeiden kann. (Korkengeschmack ist eine Ausnahme; diesen Fehler kannte und beklagte man schon jahrelang, bevor die Korkindustrie sich damit befasste.) Techniker könnten flüchtige Säure für einen Fehler halten, doch ein Hauch davon kann einem alten Wein Größe verleihen. Erst als es möglich wurde, kalt zu vergären, wurden der Kompottgeschmack und die flachen Aromen, die von zu heißer Gärung herrühren, unattraktiv. »Verschwitzter Sattel« war eine normale Verkostungsnotiz für Hunter Valley Shiraz, bis eines Tages beschlossen wurde, dass das von »Brett« kam, und »Brett« war fortan schlecht.

»Brett« ist die Kurzform für *Brettanomyces*, eine Hefeart, die bei der Traubengärung nicht absichtlich eingesetzt wird. Sie erzeugt im Wein Verbindungen, die nach Heftpflaster riechen können, nach Bauernhof, nach Pferdestall oder auch nach verschwitzten Sätteln. Die Anti-Brett-Bewegung kam aus den USA nach Australien, und Brett gilt in beiden Ländern als Todsünde, auch wenn einige der größten Weine der Welt – Penfolds Grange manchmal, viele aus Südfrankreich – es erkennbar enthalten. Besonders gefährdet sind säurearme Weine, es ist also meist ein Problem warmer Klimata. Manche mögen die deftigen, wilden, strengen Noten (in einigen Bieren werden sie sogar sehr geschätzt), während andere jeden Anflug davon als katastrophales Versagen der Weinbereitung ansehen. Der Geschmack wird auf jeden Fall verändert. Gut oder schlecht? Nun, wer's mag ...

**Das Toasting beim Fassbau wirkt sich stark auf den Weingeschmack aus.**

# Terroir
## Kann man das Salz der Erde schmecken?

**Die Lage beeinflusst den Geschmack. Wenn man sich ansieht, wie nachmittags der Nebel ins Napa Valley zieht, oder wie sich im kanadischen Okanagan Valley Boden und Hangneigung alle paar Meter ändern, dann wird das unmittelbar klar.**

Auf die Lage kommt es also an, und zwar auf jeden Aspekt von ihr. Terroir wird klassischerweise definiert als die Kombination von Boden, Klima und Ausrichtung zur Sonne, die jeden Weinberg einzigartig macht. Auch die Arbeit des Menschen gehört dazu: Seit Reben für Wein angebaut werden, passen die Menschen das Terroir der Weinberge an – durch Drainage, durch Windschutz, durch Düngung und manchmal durch Veränderung des pH-Werts (in Galicien in Spanien gab es die Tradition, Muscheln in den Weinbergen zu verteilen). Mehr oder weniger Sonne, mehr oder weniger Wind oder Regen oder Wolken wirken sich auf den Weingeschmack aus, und zwar nicht nur auf die Traubenreife, sondern auch auf die Dicke der Schalen und die Größe der Weinbeeren – und damit auf Konzentration und Tannine. Weine aus warmen, sonnigen Jahren sind reichhaltiger und opulenter als Weine aus kühlen Jahren. Kühle Nächte sind für die ideale Kombination aus Reife und Frische ebenso wichtig wie warme Tage. Heiße Nächte dagegen bedeuten wenig Säure.

Doch am meisten wird über die Böden geredet – über die solide Kreide der Champagne, den Mergel und Kalk der Côte d'Or oder den Schiefer der Mosel. Die Weine schmecken aber nicht direkt danach – wenn jemand einen Wein »mineralisch« oder »salzig« nennt, dann ist das lediglich als Beschreibung einer Geschmacksnote zu verstehen, so wie »Kirsche« oder »Pflaume«. Man darf es nicht wörtlich nehmen.

Wie also wirkt sich der Boden auf den Weingeschmack aus? Im Wesentlichen durch Wasserabzug und Nährstoffe. Gut Wasser abführende Böden, Kies oder Kreide beispielsweise, sind wärmer. Sie erwärmen sich im Frühjahr schneller, was den Reben guttut und die Traubenreife begünstigt. Flachgründige Böden können zu weniger Laub, mehr Sonne auf den Trauben und somit zu volleren Aromen führen, tiefgründige Böden zu mehr Laub, mehr Schatten und frischeren Aromen. Die aromatische Spannweite von Pinot noir etwa – von straffer, frischer roter Kirsche über üppige schwarze Kirsche bis zu Pflaumenkonfitüre am überreifen Ende – resultiert aus verschiedenen Stadien der Traubenreife. Darum achten die Winzer so sehr darauf, zum genau richtigen Zeitpunkt zu lesen.

Doch auch auf Struktur und Tannine kann sich der Boden auswirken. Ton verleiht Gewicht, Kreide eine elegante Säure, die sich subtil von der anderer Böden unterscheidet, auch wenn beide in der Laboranalyse gleich erscheinen mögen. Schiefer führt zu einer »horizontalen Struktur«, wie es der Bodenspezialist Pedro Parra nennt; er meint auch, dass Granit Spannung erzeugt. Vulkanböden scheinen sich mit einer besonders sprühenden Energie im Wein auszudrücken. Die Rieslinge aus dem Ürziger Würzgarten werden mit ihren würzigen Noten der Lage vollauf gerecht. Manchmal bevorzugen bestimmte Trauben bestimmte Böden: Grüner Veltliner wird in Österreich vorzugsweise auf Löss gepflanzt, Riesling auf felsigen Böden.

Im neuseeländischen Marlborough bringen die fruchtbarsten Siltböden die intensivsten Weine mit einem hohem Gehalt an Thiolen (siehe dazu Seite 448–449) hervor, während Kiesböden mit weniger Nährstoffen mehr Methoxypyrazine ergeben und grünere Noten. In Sancerre kann man die Böden in *caillottes* (Kalkstein) für Finesse und Aroma, *terres blanches* (Kalk-Ton) für Fülle und Frische sowie *silex* (Feuerstein) für eine gewisse Lebhaftigkeit unterscheiden. Im Kasten auf S. 127 stehen einige Beispiele.

Könnte man in Marlborough einen Sancerre-Stil erzeugen oder umgekehrt? In einem gewissen Maße schon. Viele europäische Erzeuger wurden von der klaren Frucht der Neuen Welt beeinflusst, und man kann auch einen Sonoma Coast Chardonnay so machen, dass er als Burgunder durchgehen würde. Aber eine komplette Kopie herzustellen hieße, das eigene Terroir zu verleugnen. Ernsthafte Weinmacher wollen die Unterschiede zwischen verschiedenen Weinbergen ausloten, nicht verwischen.

Nigel Greening von Felton Road in Neuseeland etwa möchte den Charakter, den er in einer bestimmten Lage gefunden hat, beim Verschneiden noch deutlicher herausstellen. »Wenn wir einen Cornish Point bereiten«, sagt er, »probieren wir alle Fässer von dieser Lage durch, wählen die aus, die am meisten nach Cornish Point schmecken, und verschneiden sie miteinander. Das nenne ich ›place-ness‹.«

**Terrassierte Steillagen über der Donau in der Wachau, Österreich.**

# Was Temperatur bewirkt
## Reif, reifer, am reifsten

**Die Temperatur — das Klima, wenn Sie so wollen — bestimmt die Traubenreife, die wiederum den Geschmack bestimmt. Kühles Klima verbindet man mit frischen, saftigen Zitrusnoten bei Weißen und aromatischer, knackiger roter Frucht bei Roten; warmes Klima bringt eher Pfirsichnoten bei Weißen, schwarze Früchte bei Roten und insgesamt mehr Opulenz hervor.**

So weit die grundsätzliche Einteilung. Doch was für die eine Traube ein warmes Klima ist, kann für eine andere ein kühles sei. Als Faustregel lässt sich sagen, dass die besten Weine im klimatischen Randbereich für die jeweilige Traube entstehen: dort, wo sie reif, aber nicht überreif wird. Spät reifende Trauben brauchen es wärmer als früher reifende; Merlot, eine früh reifende Sorte, ergibt in einem warmen Klima schlaffe, suppige Weine. Die Montepulciano-Traube, die man meist im warmen Süditalien für gut aufgehoben hält, braucht in Wirklichkeit ein kühleres Klima, damit sie Zuckerreife und phenolische Reife etwa zur gleichen Zeit erlangt — und damit reife Tannine bei einem vernünftigen Alkoholgehalt. In einer heißen Lage erntet man entweder im August und erhält raue grüne Tannine, oder die Lese beginnt viel später und führt zu 16 % Alkohol.

Deshalb ist das Klima für den Geschmack mit entscheidend. Zucker bildet sich durch Sonne und Wärme, und zwar ziemlich schnell. Die Tanninreife jedoch braucht Zeit. Daher kann im falschen Klima der Zucker durch die Decke gehen, doch solange die Tannine noch grün sind, muss der Winzer warten. Oft lange warten. Wenn die Tannine dann endlich reif sind, entspricht der Zuckergehalt womöglich schon 15 % Alkohol. Die besten Terroirs der Welt sind üblicherweise die, auf denen sich Tanninreife und Zuckerreife etwa zur selben Zeit einstellen: seidige Tannine ohne grüne, raue Aromen und 13–14 % Alkohol.

Doch die Welt wird wärmer. Das Lesedatum rückt nach vorne, der Zuckergehalt steigt. Das könnten gute Nachrichten sein, wenn man bedenkt, dass es im 20. Jahrhundert sogar in den besten Lagen oft Probleme gab, die Trauben zur Reife zu bringen. Vorbei sind die grünen, harten Bordeaux-Jahrgänge, in denen die Tannine zehn oder mehr Jahre brauchten, um ansprechend zu werden. In Deutschland hat es seit Jahrzehnten keinen wirklich schlechten Jahrgang mehr gegeben. In der Champagne entstehen fast jährlich Jahrgangsweine anstatt nur drei oder vier pro Jahrzehnt. Der Flirt mit immer süßeren Weinen im Elsass hat sich in die Einsicht verwandelt, dass sich trockene Weine mit Traubenreife vertragen können. Sogar englischer Wein wird inzwischen profitabel.

Also: wärmere Sommer — und damit alles gut? Wenn man auf den Geschmack achtet, merkt man, wie schmal die Fehlergrenze sein kann. Die ideale Lage für Spitzenqualität an der Côte d'Or hat sich laut unserem Burgund-Korrespondenten Jasper Morris 50 m weiter nach oben verlagert. Allerdings haben die Winzer noch eine Menge Werkzeuge in ihrem Kasten:

Aromen des kühlen Klimas: Erdbeeren, rote Kirsche, rote Pflaumen.

den Behang nicht zu früh ausdünnen, um die Reifung der Trauben zu verzögern; Laub zur Beschattung stehen lassen; die Zeiten anpassen, wann gepflügt wird. Man hat gelernt, mit Hitze umzugehen.

Oder nehmen wir Mosel Kabinett. Einige der Weinberge, aus denen lange diese reinen, frischen, leichten Weine kamen – für manche die Essenz des Rieslings – sind nun zu warm und bringen mächtigere, reifere Weine hervor. Darum werden kühlere Lagen, womöglich abgewandt von der Sonne oder eingezwängt in kalte Nebentäler, die vor Jahren als zu kalt aufgegeben worden waren, neu bepflanzt.

Am deutlichsten zeigt sich der Einfluss des Klimas aber beim Syrah. Beziehungsweise Shiraz. Die beiden Namen machen den doppelten Charakter dieser Sorte deutlich: schwarze Oliven, Steine, Wildkräuter, Rosen an der nördlichen Rhône, Soja und dunkle Schokolade im Barossa Valley. (Siehe S. 394 für ein paar unterschiedliche Shiraz-Aromen in Australien.) Die nördliche Rhône gilt nicht unbedingt als kühl, aber für Syrah ist sie kühl genug. Und wenn man in Barossa die Sache übertreibt (was sehr wohl geschehen ist), bekommt man eine so dicke, schwarze, backpflaumartige Flüssigkeit, dass man die Traubensorte kaum erkennt. »Dead fruit« sagen die Australier dazu: Trauben, die in der Hitze zu lange am Stock hingen.

Ist das Klima zu kühl, entwickeln die Trauben nicht genug Aroma. Ist es zu heiß, verlieren sie es und schmecken alle gleich. Darum suchen die Winzer nach dem Klima, in dem sich die Traube perfekt ausdrücken kann.

Aber wer entscheidet, was perfekt ist? Und was passiert, wenn der- oder diejenige seine/ihre Meinung ändert?

# Rebsorten
**Der wichtigste Einzelfaktor**

**Wir schmeckt Chardonnay? Hm … Sahne? Rauch? Nüsse? Steinobst? Nicht schlecht. Und was ist mit tropischen Früchten und Karamellbonbon? Oder Salz und Kreide und Zitronenschale? Chardonnay kann nach all dem schmecken. Das verkompliziert die Sache: Die Rebsorte hat sicher einen wesentlichen Einfluss auf den Weingeschmack. Aber wie schmeckt die jeweilige Sorte?**

Ich habe auf Seite 442 Pinot noir angeführt, der seinen Geschmack stark verändert, wenn er in Amphoren ausgebaut wird. So weit muss man bei Chardonnay gar nicht gehen. Australischer Chardonnay beeindruckte uns einst mit seinen breiten, üppigen Ananas- und Sahnenoten. Das änderte sich plötzlich. Jetzt ist australischer Chardonnay straff, schlank und frisch. Die Winzer ernten früher und bereiten die Weine mit weniger Sauerstoffkontakt, was unmittelbar zu mehr Säure und weniger Toastnoten führt. Aber natürlich muss das Klima solche Eingriffe zulassen, denn reif müssen die Trauben schon sein. Dem Klima entkommt man nicht.

Die derzeitige Mode bei Chardonnay ist das rauchige Aroma eines abgebrannten Streichholzes, und das stammt aus Burgund. Alle, die den Stil der Côte d'Or bewunderten, kannten es. Man kann es imitieren, denn es kommt nicht vom Terroir, sondern aus der Weinbereitung, genauer: aus reduktiver Weinbereitung (also unter Ausschluss von Sauerstoff). Siehe S. 116 für einige Beispiele.

Auch Sauvignon blanc ist aromatisch ziemlich vielfältig – von Sancerre mit seiner straffen Zitrusfrucht bis Marlborough mit seinen stechenden Stachelbeer- und Passionsfruchtnoten. Die Aromen von Sauvignon blanc kennt man genauer als die der meisten anderen Sorten. Wenn man über sie spricht, sind Begriffe wie »Thiole« oder »Methoxypyrazine« fast unvermeidlich (um ein wenig Tech-Sprech kommen wir nicht herum). Letztere sorgen

**Abgebranntes Streichholz ist ein Aroma der Weinbereitung, nicht des Terroirs.**

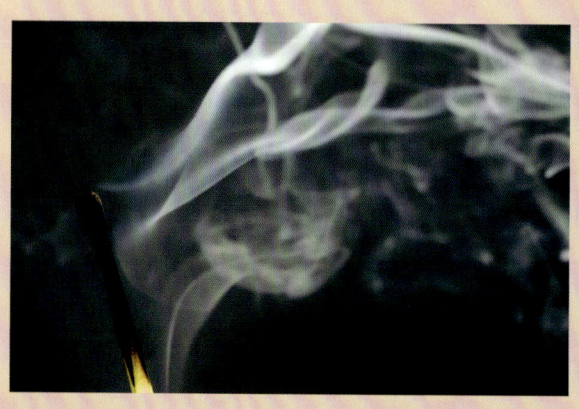

für grüne Aromen wie Gras und grüne Paprikaschote; man findet sie auch in unreifem Cabernet Sauvignon. Thiole bringen Noten von tropischer und Passionsfrucht. Sie sind besonders wichtig für Marlborough Sauvignon blanc und können von der Lage oder von der Maschinenlese kommen, das weiß man noch nicht genau.

Auch andere Trauben haben spezifischen Verbindungen: an Pfeffer erinnerndes Rotundon in Syrah; florale, zitrusartige Terpene in Gewürztraminer.

Es geht hier nicht darum, eine Chemiestunde abzuhalten, auch wenn der unterschiedliche Geschmack verschiedener Traubensorten in ihrer unterschiedlichen chemischen Zusammensetzung liegt. Manche haben mehr von dieser, andere von jener Verbindung. Doch was ich damit sagen will ist, dass die Begriffe, mit denen man Weine beschreibt, nicht völlig aus der Luft gegriffen sind. Vielleicht ist Ihr »Pfirsich« bei mir mehr »Aprikose« und Ihr »Rosmarin« für mich eher »medizinisch«, aber uns beiden geht es darum, dieselbe Sache zu beschreiben. Es sind die Aromen aus der Traube, aber modifiziert oder hervorgehoben vom Klima (Cabernet Sauvignon verliert seine grüne Paprikanote, wenn er reif wird, und unreif ist er furchtbar), vom Terroir und insbesondere von der Weinbereitung. Der Kellermeister kann die sortentypischen Aromen unterdrücken oder in den Vordergrund stellen, je nachdem, was er beabsichtigt. Das sehen wir uns auf S. 450–451 an.

Nicht alle Kellermeister möchten die Aromen der Traube durchscheinen lassen. In Burgund und vielen anderen Spitzenlagen gilt die Traube lediglich als Vermittler des Terroirs. Ein Erzeuger in Burgund möchte weniger einen Pinot noir als einen Pommard hervorbringen, und nicht einfach einen Pommard, sondern einen Pommard Rugiens, der genau den Charakter dieser Hanglage ausdrückt, sogar den speziellen Charakter seiner Parzelle – denn kein Weinberg ist komplett homogen. Nicht der fruchtbetonte Sortengeschmack wird angestrebt, sondern der spezielle Charakter, den der Winzer über die Jahre in diesem Weinberg entdeckt hat. Was Terroir ist und welche Bedeutung es hat, ist Thema der Seiten 444–445.

Eine andere Art, den Sortencharakter zu unterrücken, ist die Erzeugung eines gemischten Satzes. Dabei wachsen die Reben verschiedener Sorten, vielleicht sechs oder zehn, im selben Weinberg; die Trauben werden gemeinsam gelesen und vergoren. Früher entstanden die meisten Weine als gemischter Satz, er bedeutete eine Art Versicherung gegen Frostschäden. War die eine Sorte erfroren, hatte vielleicht die andere, später austreibende, überlebt. Der gemischte Satz war fast verschwunden, ist jetzt aber schon beinahe wieder Kult, vor allem in Wien und Teilen Portugals. Beispiele finden sich in den entsprechenden Kapiteln.

Wie schmecken diese Weine? Nun … weinig. Das Interessante ist, dass sie viel mehr sind als nur die Summe der einzelnen darin enthaltenen Sorten. Sie sind komplexer, spannender. Die Trauben separat zu vergären und dann später zu verschneiden bringt nicht das gleiche Ergebnis. Das ist die Magie der Weinbereitung, mit der wir uns auf S. 450–451 beschäftigen.

# Weinbereitung
## Die große Manipulation?

**Wein macht sich nicht von selbst. Wenn man die Trauben allerdings in eine Amphore wirft, diese verschließt und ein paar Monate später wiederkommt, tut er es doch. Weine auf diese Art zu bereiten ist gerade schwer in Mode (oder war es eben noch). Das kann fantastische Ergebnisse bringen. Oder ganz furchtbare.**

Aber selbst das zu tun heißt, eine Entscheidung zu treffen. Wer Wein bereitet, muss eine Reihe von Entscheidungen treffen, und jede davon wirkt sich auf den Geschmack des Endprodukts aus. Das geht mit dem Lesedatum los: Sind die Trauben erst einmal von den Reben geschnitten, sind die Würfel gefallen. Der fertige Wein kann niemals besser sein als seine Trauben.

Rotweine beziehen bekanntlich ihre Farbe und Tannine daraus, dass sie mit Schalen und Kernen gemeinsam vergoren werden. Aber presst man die ganzen Trauben oder zerquetscht man sie erst und gibt sie als eine Art Traubenmatsch in den Bottich? Das ist eine Entscheidung über den Geschmack. Ganztraubengärung ist insbesondere bei Pinot noir in Mode, da sie für mehr Würzigkeit, Gewicht und Farbe sorgt. Das erkennt man blind. Sie kann aber auch das Terroir verdecken. Ah, denkt man: Ganztraubengärung. Aber von woher? Maischt man die Schalen vor der Gärung im Saft ein – und, bei Weißwein, vor dem Pressen? Das bringt mehr Aromen (die ja auch in den Schalen stecken), manchmal aber auch zu viel Tannin. Einer von Natur aus tanninreichen Weißweintraube, etwa Verdicchio, bekommt Schalenkontakt nicht so gut.

Auch die Hefe ist wichtig, sogar entscheidend für die eigene Markenidentität. Ein paar Médoc-Châteaux wechselten einmal versuchsweise ihre Hefen, besannen sich aber schnell eines Besseren. Wer Sauvignon blanc erzeugt, kann eine Hefe wählen, die mehr Thiole fördert (zu Thiolen siehe Seite 448–449). Hefen können alle möglichen Aromen verstärken. Oder man nimmt eine neutrale Hefe oder vergärt den Saft mit den Wildhefen, die auf den Schalen und in der Kellerei von Natur aus vorhanden sind. Letztere bergen Risiken (man weiß nie, welche Hefen da sind und was passiert), bringen aber auch einen charakteristischen Geschmack hervor – weniger fruchtig, dafür, nun, weiniger und mineralischer.

Dann die Dauer: Eine längere Gärung ergibt rundere Weine. Oder die Temperatur: Kalte Gärung sorgt für knackige, frische Fruchtnoten; wenn sie zu kalt war, kann das allerdings langweilig sein. Ist sie aber zu heiß, verliert man Aromen und riskiert Kompottnoten. Gärbehälter: Neue Eiche bringt mehr Vanillenoten ein, alte Eiche weniger oder gar keine, doch für mehr Rundheit und Gewicht sorgt Eiche immer. Aus Edelstahl kommen straffe, knackige Weine. Tonamphoren ergeben eine Note von nassem Ton und eine schöne Textur. Beton tut nichts von all dem und ist neuerdings populär. Glasfaserbehälter sind ebenfalls unbedenklich.

Und was ist mit dem biologischen Säureabbau? Auch er wirkt sich auf den Geschmack aus, erheblich sogar.

## WEINBEREITUNG | 451

**Weinbereitung mit oder ohne Eingriffe?**

All diese Entscheidungen – und es gibt noch Unmengen mehr – können den Terroircharakter verdecken oder offenlegen. Zu starke Tanninextraktion ergibt die Art von undurchdringlicher Dichte, die zum Glück heute nicht mehr so in Mode ist. Übertriebene Säuerung in heißen Klimata kann zu einer künstlich wirkenden, nicht eingebundenen Säure führen. Und zu viel neue Eiche erschlägt einen bekanntlich mit Vanillenoten.

Apropos Eiche: Verschiedene Fässer heben viele unterschiedliche Aspekte des Weins hervor – Struktur, Länge, Gewicht auf der Zunge. Erzeuger in Burgund suchen sich je nach Weinberg verschiedene Küfereien aus, denn auch jeder Fassbauer hat seine eigene Signatur. Welcher Art gehört die Eiche an und in welchem Wald ist sie gewachsen? Feinporige Eiche kann einen ausladenden, reifen Wein möglicherweise straffer, offenporigere Eiche einen verschlossenen, schlanken vielleicht zugänglicher machen. Wie lange und in welchem Klima das Holz trocknet, beeinflusst die Aromavorstufen in den Fassdauben. Das »Toasting« (beim Zusammenbau werden die Dauben mit Feuer behandelt, um sie zu biegen) ist ein weiteres Thema, über das man viele Worte verlieren könnte. Mit Beton ist es einfacher.

Wenn Erzeuger also behaupten, sie würden ihren Wein »ohne Eingriffe« bereiten, was meinen sie damit? Es heißt nicht, dass sie diese Entscheidungen vermeiden würden, denn das ist unmöglich. Meist ist damit weniger Tanninextraktion gemeint, weniger analytische Perfektion, vielleicht werden Wildhefen verwendet – aber Eingriffe sind für jede Weinbereitung nötig, wenn man nicht gerade die Trauben in eine Amphore wirft und weggeht.

Am Ende sollten diese Entscheidungen aber im Glas nicht mehr sichtbar sein. Wir können den Entscheidungen der Kellermeister durchaus vertrauen – wenn wir den Wein mögen. Wann wir, nach dem Kauf, den Wein trinken, ist indes eine Geschmacksentscheidung, die wir selbst treffen müssen.

# Von jung zu alt
## Wie sich der Geschmack entwickelt

Junge Weine schmecken anders als alte. Die verbreitete Ansicht aber, dass älter auch besser bedeutet, trifft keineswegs auf alle zu. Jeder Wein hat seine eigene Lebensspanne, von der Jugend über die Reife bis ins hohe Alter, und so, wie sich die Weinbereitungstechniken verändert haben, ist auch der beste Zeitpunkt, die meisten Weine zu trinken, nicht mehr derselbe.

Die Geschmacksnoten der Jugend nennt man die »primären«: Frucht, Säure, Tannin und manchmal Eiche. Wenn ein Wein reift, werden die Tannine weicher, die Eiche fügt sich besser ein und ist weniger auffällig, und die Fruchtaromen ändern sich. Die Weißen werden honigartiger im Geschmack, die Roten nehmen deftige und kräuterige Noten an, später auch Unterholz und Leder – man hofft auf das feinste, seidigste, am angenehmsten duftende Leder. Irgendwann schmecken große Rot- und Weißweine ziemlich ähnlich und gleichen sich sogar im Aussehen einander an. Weißweine werden mit dem Alter dunkler, Rotweine heller.

Die Entscheidung, an welchem Punkt wir diesen Prozess unterbrechen, liegt nun bei uns. Junge Weine sind (sollen es zumindest sein) köstlich, und da die moderne Weinbereitung auf früher trinkreife Weine abzielt – sogar bei langlebigen Rhône- oder Bordeaux-Gewächsen –, sind ihre Tannine früher »zugänglich«. Man möchte sie von Beginn an ausgewogen haben. Allenfalls kann die Eichennote, falls vorhanden, etwas penetrant sein. Der einzige Zeitraum, den man möglichst meiden sollte, ist die Adoleszenz, in der sich die Weine verschließen und ausdruckslos werden. Diese Periode hinter sich zu bringen ist heute der Hauptgrund, Weine einzukellern.

Wann die Adoleszenz eintritt, ist von Wein zu Wein verschieden: bei feinem Riesling gar nicht, bei Verdicchio hier und da, bei rotem Burgunder ist sie oft höchst ärgerlich. Ganz junger Pinot noir kann grandios sein, so

**So lange muss man Burgunder nicht unbedingt altern lassen.**

aromatisch und verführerisch, dass man sich fragt, warum er überhaupt reifen sollte. In der Adoleszenz aber wird er unberechenbar. Cabernet Sauvignon dagegen braucht immer Zeit.

Weißer Burgunder wird heute meist jünger getrunken als früher, weil sich alle vor »Premox« fürchten, vorzeitiger Oxidation. Dieser Fehler fiel bei den Jahrgängen 1995 und 1996 auf, die oft zu früh braun und alt wurden. Viele Weinmacher haben eine Meinung dazu (zu wenig geschwefelt ist eine), und manche sagen, das Problem sei gelöst, aber so ganz mag man sich nicht darauf verlassen. Wenn Sie also die jugendlichen Zitrus-, Sahne- und Rauchnoten nicht verlieren wollen, warten Sie nicht zu lang.

Wir haben bisher noch nicht über Schaumweine gesprochen, die ein Thema für sich sind. Nicht alle sollten reifen, guter Champagner aber auf jeden Fall, ebenso wie englische Spitzenschaumweine. Bei ihnen wandeln sich Frische und Straffheit, die deutlichen Noten von Zitronenschale und Nüssen der jungen Weine zu Brioche und Konfitfrüchten, dann zu Sahne, Honig, Schokolade und Toast und schließlich zu Unterholz und Pilzen. Die ganz jugendlichen Aromen sind nicht selten zu eng, zu nichtssagend – ein guter jahrgangsloser Schaumwein profitiert von sechs Monaten bis zu einem Jahr in der Flasche. Ein guter Jahrgangswein braucht mindestens zehn Jahre (manche werden gar nicht früher freigegeben), und die besten sind auch nach Jahrzehnten immer noch unglaublich frisch und komplex.

Komplexität gilt ohnehin als Segen des Alters — manchmal. Zwischen Wein, der sich einfach nur hält, und Wein, der mit der Zeit besser wird, besteht ein Unterschied. Ein Priorat der dichtesten, undurchdringlichsten Art, der jung nach Kirschen in Weinbrand schmeckte, wandelte sein Aroma innerhalb weniger Jahre zu Backpflaumen in Weinbrand, und das war schwerlich eine Verbesserung. Heute sind die Priorat-Weine etwas leichter, man wird sehen. Bei der Fähigkeit zum Altern geht es ja nicht nur um Masse und Muskeln. Riesling etwa beginnt leicht, straff und zitrusduftig und erweitert sein Spektrum in Richtung Honignoten und unendlicher Vielschichtigkeit. Süßere Spätlesen und Auslesen verlieren im Alter an Süße, die (auf mysteriöse Weise) im Wein absorbiert wird, während die Frische bleibt.

Die meisten gespriteten Weine sind direkt nach der Abfüllung trinkfertig — sie sind vorgereift. Amontillado, Palo Cortado und Oloroso werden mit zunehmender Fassreife immer dunkler und konzentrierter und nehmen intensivere Noten von Nüssen, Bitterschokolade, Kaffee, verbranntem Toast, Trockenfrüchten und Zitrusschale an — die Aromen einer langsamen, jahrelangen Oxidation. In der Flasche verändern sie sich dann nicht mehr. Zehn Jahre alter Tawny Port zeigt immer noch etwas jugendliche Elastizität, bei einem 20-jährigen dominieren Nüsse und Gewürze. Bei Vintage Port ist es ähnlich, nur sind die Zeiträume länger, außerdem hat er in jedem Alter mehr Gewicht, Kraft, Frucht und Würzigkeit. Nach etwa 60 Jahren findet man Noten von Marmelade und Sandelholz — wenn man so lange warten möchte. Ansonsten ist Late Bottled Vintage (LBV) eine gute Alternative.

# Das A–Z der Aromen
## Noten, die man häufig findet

**Apfel:** kann grün (kühlklimatischer Weißwein) oder wie Kompott/gebacken sein (warmes Klima, v. a. Chenin blanc).
**Aprikose:** in Viognier, manchmal auch in Albariño, Petit Manseng oder kroatischer Zilavka.
**Balsamisch:** vor allem in hochklassigen Roten aus relativ warmem Klima, z. B. Bolgheri. Kommt von einem geringen Gehalt an flüchtigen Säuren.
**Bienenwachs:** entsteht bei der Alterung, v. a. Sémillon, weißer Rioja.
**Bitterkeit:** kommt vom Tannin. Ein Hauch davon bringt Frische in Champagner und andere Weißweine.
**Blätter:** frische Note in jungen Weißen, v. a. solchen ohne viel Charakter.
**Brombeere:** in Roten aus warmen Klimata, z. B. Barossa; v. a. Grenache.
**Butter:** kommt von der Weinbereitung – Lagerung auf dem Hefesatz, etwa bei Champagner, oder vom biologischen Säureabbau.
**Deftig:** in vielen gereiften Rotweinen, meist zum Guten; kann geringe Mengen von Brettanomyces bedeuten.
**Erdbeere:** in kühlklimatischen Roten; Erdbeerkompott zeigt Überreife an.
**Eukalyptus:** kann davon kommen, dass Eukalyptusöl von den Bäumen auf die Traubenschalen geweht und mitvergoren wird. Tritt ggf. bei Rotwein auf.
**Früchtekuchen:** in reifem Merlot. Typische Verkostungsnotiz für St-Émilion.
**Fruchtig:** die hier genannten Fruchtnoten stammen meist von Estern – aus den Trauben, v. a. aber aus Reaktionen bei der Gärung und Reifung.
**Gewürze:** kann von der Traube kommen, von der Eiche oder von der Reifung. Eine Nelkennote weist auf Eiche hin.
**Graphit:** (»Bleistiftmine«) in Rotweinen. Oft verbunden mit guter Qualität.
**Grüne Paprikaschote:** Aroma von Methoxypyrazinen in unreifem Cabernet.
**Himbeere:** kommt von der Traubenreife bei kühlklimatischen Rotweinen. Reifer als Erdbeere, nicht so reif wie Kirsche. Kommt von Himbeerketonen.
**Honig:** v. a. in gereiftem Riesling, entwickelt sich mit dem Alter.
**Kaffee/Mokka:** kommt normalerweise vom Eichenholz.
**Kirsche:** die Note reicht – mit zunehmender Traubenreife – von roter bis zu schwarzer Kirsche; v. a. in Pinot noir, aber auch sonst weit verbreitet.
**Kokosnuss:** übertriebener Einsatz von Eiche. Inzwischen seltener.
**Kräuterwürzig/Garrigue:** Wildkräuter, Thymian und Fenchel, je nach Traubenreife. Etwas zu reifer Pinot noir kann diese Note haben oder z. B. Douro. Manche meinen, sie hätte etwas mit der umgebenden Vegetation zu tun.
**Krautig/grün/Gras:** in noch etwas unreifem Sauvignon blanc und Cabernet Sauvignon. Kommt von Methoxypyrazinen in den Trauben, lässt mit zunehmender Reife nach.
**Lakritze:** meist in Rotweinen aus heißem Klima.
**Lavendel:** v. a. in Grenache. Manchmal auch in guten Weißen von der südlichen Rhône. Kommt von Terpenen im den Trauben.
**Leder:** in den meisten Roten mit Eichennote am Ende. Altersbedingt.
**Marmelade:** v. a. in gereiftem Port, jungem und reifem Sauternes. Kommt von Traubenreife/Edelfäule/Alter.

**Mineralisch/salzig:** kommt nicht von Mineralien im Boden oder Salz in der Luft, sondern von Schwefelverbindungen. Gehört für viele Weinmacher zum Ausdruck des Terroirs.

**Minze:** wie Eukalyptus, aber weniger aggressiv. Oft in Cabernet Sauvignon, wahrscheinlich bei einem bestimmten Grad der Traubenreife.

**Ölig:** in Weißwein, v.a. Viognier, Sauvignon blanc: hat mit zu heißem Sommer und Unausgewogenheit, vielleicht auch zu viel Schalenkontakt zu tun.

**Pfeffer:** schwarzer Pfeffer v.a. in Syrah, kommt von Rotundon in den Trauben. Weißer Pfeffer ist eine Eigenschaft von z.B. Grünem Veltliner.

**Pfirsich:** in vielen Weißweinen, v.a. Chardonnay; kommt von der Traubenreife (reifer als grüner Apfel).

**Pilze:** altersbedingt. Champagner und viele Weine nehmen nach vielen Jahren eine Pilznote an. Sollte frisch sein; schmutziger Pilzgeruch ist ein Fehler.

**Rauch:** der Geruch nach abgebrannten Streichhölzern ist eine Folge von reduktiver Weinbereitung. Tritt oft bei weißem Burgunder auf und wird in anderen Regionen gern imitiert.

**Rose:** v.a. in Syrah, Muscat, Gewürztraminer, in einigen auffälliger als in anderen. Kommt von Terpenen in den Trauben.

**Rote Johannisbeere:** v.a. in Malbec. In Rotweinen aus eher kühlem Klima.

**Schokolade:** schwarze Schokolade in warmklimatischen Roten, v.a. Syrah, aber auch einige Italiener. Kann ein Eichenholzeinfluss sein.

**Schwarze Johannisbeere:** typisch für reifen Cabernet Sauvignon.

**Soja:** v.a. in Shiraz. Kommt von heißem Klima.

**Suppig:** nicht wirklich ein Aroma. Bedeutet Mangel an Tannindefinition und schwammige Geschmacksnoten. Wird begleitet von Überreife und wenig Säure; meist bei Rotwein, aber nicht immer. Auch Weiße aus heißem Klima können suppig sein, wenn sich die Sorte nicht für das Klima eignet.

**Tee:** typisch für Sangiovese, bringt einen schönen Dreh ein. Sehr italienisch.

**Toast:** von der Eiche oder von Oxidization: Reifer Champagner kann auch ohne Eicheneinfluss eine Toastnote haben, ebenso Semillon. Angebrannter Toast ist ein Aroma langer Oxidation, v.a. bei altem Oloroso Sherry.

**Toffee:** v.a. in säurearmen Roten. Typisch für Merlot.

**Trüffel:** klingt kostspielig, oft in teuren Rotweinen. Hat aber eher mit dem Alter als mit dem Preis zu tun.

**Unterholz** (französisch »sous-bois«): kommt vom Alter.

**Vanille:** kommt von (zu viel) neuer Eiche. War mal in Mode, jetzt nicht mehr.

**Veilchen:** üblicherweise in Roten aus eher warmem Klima, v.a. Petit Verdot, Graciano, guter Tannat, Rhône-Weine. Wird sehr geliebt.

**Zitrus:** kann Zitrone, Zitronenschale, Orangenschale oder Grapefruit sein. Meist reife Trauben aus kühlem Klima; häufig in Champagner. Feiner Riesling kann mit einer Limettennote anfangen, die sich zu Orange entwickelt. Orangenschale in gereiftem Port. Pink Grapefruit in blassen Rosés.

**Zwetschge:** das Aroma von Rotwein aus reifen Trauben. Reifer als Pflaume, viel reifer als Kirsche.

# Wein servieren
## Wozu überhaupt Gläser?

**Skeptiker hören hier auf zu lesen. Es gibt so viele unterschiedliche Ratschläge zum Dekantieren, so viele Diskussionen um die Form der Gläser, so viel zur Temperatur, dass man alles beiseitelassen und den Wein einfach so servieren möchte, wie es kommt.**

Vieles kann man außer Acht lassen, doch die Temperatur des Weins hat einen enormen, tatsächlich entscheidenden Einfluss auf den Geschmack: zu kalt, und der Wein ist hart und freudlos, zu warm, und er wird suppig. Sie brauchen aber kein Thermometer; ein zu kalter Wein erwärmt sich im Glas bei Tisch schnell und entfaltet dann aufs Schönste seine Aromen.

Sollte man dekantieren? Nur alte Weine bilden ein Depot. Doch das Dekantieren verändert den Geschmack – ob Sie den Rotwein energisch, straff und eben erst entkorkt bevorzugen oder offener und geschmeidiger nach einer Stunde im Dekanter, bleibt Ihnen überlassen. Junge Rotweine mögen davon profitieren, auch wenn es eine Reifung nicht ersetzen kann: Ein junger, verschlossener Roter wird sich im Dekanter öffnen, aber immer noch jung schmecken. Bei sehr alten Weinen ist es Glückssache. Sie können im Nu dahinschwinden oder aber ungeahnte Tiefen offenbaren.

Auch verschiedene Glasformen brauchen Sie nicht, egal, was die Hersteller Ihnen erzählen. Investieren Sie lieber in eine richtig gute Grundform, die Sie für alle Weine verwenden können, wenn Sie wollen. Gläser von Zalto bringen das Aroma wunderbar zur Geltung, sind aber nicht billig. Es gibt jedoch inzwischen einige Nachahmer dieser eckigen Form. Auch Jancis Robinson befürwortet die »ein Glas für alles«-Politik. Enge, hohe Gläser tun keinem Wein gut, nicht einmal Champagner. In einem engen Glas schmeckt auch der Wein eng. Er braucht einen genügend großen Kelch, um sich zu entfalten. Niemand in der Champagne serviert ihn noch in Flöten. Das Riesling/Zinfandel-Glas von Riedel ist gut (ich verwende deren Wasserglas), ebenso, und billiger, das Rotweinglas von Spiegelau. Entsorgen Sie die alten Pokale und denken Sie nicht einmal daran, einen Tumbler zu nehmen. Das ist nicht cool, sondern nur eine Verschwendung von gutem Wein.

**Dekantieren verändert den Geschmack – Gläser ebenso.**